Karl Heinz Güntzer / Dr. Peter Hammacher

Handbuch der Auftragsabwicklung

5. vollständig überarbeitete Auflage

unter Mitwirkung von

Markus Lamberty, LL.M.
Rechtsanwalt, Fachanwalt für Arbeitsrecht, Frankfurt/Main
(Kapitel „Fremdpersonal und Haftungsfragen")

GHC Verlag und Seminare GbR, Heidelberg

Güntzer/Hammacher Handbuch der Auftragsabwicklung

© 2018 GHC – Verlag und Seminare, Hangäckerhöfe 7, 69126 Heidelberg
Herstellung : QuickPrinter GmbH, Im MediaPark 5B, 50670 Köln

www. GHC-Verlag.de

ISBN 978-3-00-056989-0

1 Vorwort

Zum 1. Januar 2018 hat sich der Gesetzgeber mit dem „Gesetz zur Reform des Bauvertragsrechts und zu Änderung der kaufrechtlichen Mängelhaftung" zurückgemeldet. Er setzt die seit langem geforderte Differenzierung von Bauverträgen zwischen Unternehmen und solchen, an denen Verbraucher beteiligt sind, sowie die eigenständige Einordnung von Ingenieur- und Architektenverträgen und von Bauträgerverträgen um. In diesem Zusammenhang finden auch Änderungen im Kaufrecht und im Werkvertragsrecht statt.

Dieses - mittlerweile in 5. Auflage erscheinende - Handbuch bietet den Projektleitern auf Auftraggeber- wie auf Auftragnehmerseite und ihren Beratern in Ingenieur-, Architektur- und Rechtsanwaltsbüros ein aktuelles und bewährtes Handwerkszeug, um sich schnell zu orientieren.

Insbesondere Praktiker in Industrie und Handwerk finden hier Hinweise und Antworten auf sich immer wieder stellenden Fragen. Musterbriefe und -verträge helfen, die Theorie schnell in die Praxis umzusetzen und auf Ansinnen der Vertragspartner zügig zu reagieren.

Studierende finden hier eine knappe und praxisbezogene Ergänzung zu ihrem Lehrmaterial.

Das Buch folgt in seinem Aufbau im Wesentlichen dem Verlauf eines Projektes vom Beginn der Vertragsverhandlungen bis zum Ablauf der Verjährung von Zahlungs-, Mängel- und Schadensersatzansprüchen.

Das Besondere:

Die Regelungen des *Kaufvertrages* sowie des *Werklieferungsvertrages* nach BGB und HGB, des *Werkvertrages* und des *Bauvertrages* nach BGB und *VOB/B*, des *Ingenieur- und Architektenvertrages* und des *Bauträgervertrages* werden nebeneinander behandelt und erläutert. Das Gemeinsame und das Trennende wird aufgezeigt.

Um die Übersichtlichkeit zu erhalten, wird dabei der Begriff des Auftraggebers gleichermaßen für AG, Besteller oder Käufer und der Begriff des Auftragnehmers für AN, Unternehmer, Verkäufer, Lieferant, verwendet. Aus Gründen der besseren Lesbarkeit wird auf die gleichzeitige Verwendung männlicher und weiblicher Sprachformen verzichtet. Sämtliche Personenbezeichnungen gelten gleichwohl für beiderlei Geschlecht.

Weiter wird berücksichtigt, dass viele Streitigkeiten sich an Verträgen entzünden, die noch vor dem 1. Januar 2018 geschlossen wurden und deshalb nach altem Rechtsstand zu beurteilen sind. Wo notwendig, wird auf eine abweichende Rechtslage hingewiesen.

Das Buch ist in erster Linie für die industrielle und handwerkliche Praxis geschrieben. Gleichwohl kommt der Projektleiter auch dort nicht umhin, die Bezüge zum Verbraucherrecht zu beachten. Deshalb wird an den jeweils relevanten Stellen das *Verbraucherrecht* einbezogen.

Das Buch geht von den Regeln des deutschen Bürgerlichen Gesetzbuches und des deutschen Handelsgesetzbuches aus, denn die Leser sollten zunächst ein Verständnis für „die eigene" Rechtsordnung entwickeln, bevor die abweichenden Wege anderer Rechtsordnungen und die Lösungsvorschläge anerkannter Vertragsmuster übernommen werden. Angesichts fortschreitender Globalisierung sind heute jedoch internationale Bezüge zu der internationalen Vertragspraxis unabdingbar. Deshalb wird auf das „Übereinkommen der Vereinten Nationen über Verträge über den internationalen Warenkauf" (CISG) verwiesen, das bei grenzüberschreitenden Kauf- und Werklieferungsverträgen – sofern es nicht ausdrücklich im Vertrag ausgeschlossen wurde – automatisch zwischen Unternehmen Anwendung findet, deren Staaten dem Abkommen beigetreten sind.

Als Beispiel für die internationale Vertragspraxis werden die Musterbedingungen für den Schlüsselfertigbau der FIDIC („Fédération Internationale des Ingénieurs Conseils") - EPC/Turnkey Contract (Silver Book) 1st Ed. (1999) ISBN: 2-88432-021-0 herangezogen. Sie sind mit freundlicher Genehmigung der FIDIC vollständig abgedruckt. Die Musterbedingungen sind gedruckt oder digital über den Buchhandel oder direkt bei FIDIC zu beziehen (www.fidic.com). Wir haben uns bewusst für die englische Version entschieden, um dem Projektleiter Formulierungsbeispiele für seine englischsprachige Praxis zu geben.

Die vorliegende 5. Auflage führt den bewährten Aufbau der Vorauflagen fort:

Im ersten Teil werden in 15 Kapiteln die grundlegenden Zusammenhänge, die für eine mangelfreie und erfolgreiche Abwicklung von Kauf-, Werklieferungs- und Werkaufträgen erforderlich sind, dargestellt.

Im zweiten Teil des Buches finden sich zahlreiche Musterbriefe, Musterformulare, Vordrucke und Musterverträge. Die Muster betreffen alle Vorgänge vom Verhandlungsprotokoll über den Vertragsschluss sowie Leistungsstörungen bis hin zur Rückgabe der Sicherheiten. Die Texte der Muster entsprechen den oft sehr strengen formellen Anforderungen von Gesetz und Rechtsprechung. Daher sollten die Muster – einmal abgesehen von den auszufüllenden Textpassagen – in ihrem Aussagegehalt und ihren Formulierungen nicht relativiert werden, auch wenn mancher Leser meinen mag, dass der Text auf den Empfänger sehr „streng" wirken könnte. Andernfalls droht Rechtsverlust.

Im dritten Teil befindet sich eine hilfreiche Synopse mit deren Hilfe die BGB-Rechtsnormen vor und nach dem 1. Januar 2018 zugeordnet und verglichen werden können, sowie eine vernünftige Auswahl wichtiger Normen, auf die in dem Buch Bezug genommen wird, um das Arbeiten mit dem Buch zu erleichtern.

Online erhalten die Käufer des Buches die Möglichkeit innerhalb von vier Wochen ab Kauf auf der Homepage des GHC-Verlages die Mustertexte auch als word-Dateien abzurufen - zur unmittelbaren Nutzung in der eigenen Textverarbeitung. Der Nutzer findet dort zu den Vertragsmustern Verhandlungsprotokoll/Nachunternehmervertrag (Muster-AN+AG 22) und Arbeitsgemeinschaftsvertrag (Muster-AN+AG 03) zusätzlich Pull-Up Hinweise, die sich automatisch öffnen und die schnelle Orientierung ermöglichen.

Alle hier zur Anwendung empfohlenen Muster sind bestrebt, die widerstreitenden Interessen der Auftraggeber- und Auftragnehmerseite in einem angemessenen Verhältnis zu berücksichtigen und im Sinne eines ausgewogenen Interessenausgleichs zu lösen. Daher können die hier empfohlenen Muster sowohl vom Auftraggeber als auch vom Auftragnehmer in die Vertragsverhandlungen eingebracht und vereinbart werden.

Heidelberg, 2018

Inserenten-Verzeichnis

Wir empfehlen auch die letzten Seiten dieses Buches Ihrer geschätzten Aufmerksamkeit:

Sie finden dort Anzeigen von Unternehmen, die den Inhalten dieses Buches in besonderer Weise verbunden sind:

Anerkannte Regeln der Technik:
    FRAUNHOFER IRB Verlag, Bundesanzeiger Verlag,
    www.baufachinformation.de, www.bundesanzeiger-verlag.de

Interessenvertretung Stahlbau:
    DSTV Deutscher Stahlbau-Verband / bauforumstahl
    www.deutscherstahlbau.de/, www.bauforumstahl.de/

Konstruktion, Fertigung und Montage:
    IBB Industriebau Bönnigheim,
    www.ibb-boennigheim.de

Lieferung und Logistik:
    CUNADO FLABOFORM,
    www.flaboform.com

Studiengänge und Nachwuchsförderung in Projektmanagement und Bau:
    SCHOOL OF ENGINEERING AND ARCHITECTURE
    www.hochschule-heidelberg.de

Inhaltsverzeichnis

1	Vorwort	3
	Inserenten-Verzeichnis	6
	Inhaltsverzeichnis	7
	Abkürzungs- und Literaturverzeichnis	19
2	Allgemeines Vertragsrecht (Hammacher)	23
2.1	Welches Recht gilt?	23
2.2	Vertragsschluss	25
2.3	Einigungsmangel	27
2.4	Annahmefristen	28
2.5	Bedingungen	28
2.6	Form der Willenserklärung	29
2.7	Zugang der Willenserklärungen	32
2.8	Kaufmännisches Bestätigungsschreiben	32
2.9	Letter of Intent	34
2.10	Option	34
2.11	Aufhebung eines Vertrages	35
2.12	Gesetzliche Vertragstypen	36
2.12.1	Kaufvertrag	37
2.12.2	Verbrauchsgüterkaufvertrag	38
2.12.3	Werkvertrag	38
2.12.4	Bauvertrag	38
2.12.5	Verbraucherbauvertrag	39
2.12.6	Architektenvertrag und Ingenieurvertrag	39
2.12.7	Bauträgervertrag	40
2.12.8	Werklieferungsvertrag	40
2.12.9	Dienstvertrag	41
2.12.10	Arbeitnehmerüberlassungsvertrag	41
2.13	Vertragstypen nach Leistung/Preis	42
2.13.1	Einheitspreisvertrag	42
2.13.2	Pauschalvertrag („lump sum – turn key")	42
2.13.3	GMP-Vertrag	42
2.13.4	Stundenlohnvertrag	43
2.13.5	Selbstkostenerstattungsvertrag	43
2.13.6	Rahmenvertrag	43
2.14	Vertragstypen nach Art der Zusammenarbeit	44
2.14.1	Verträge im Über-/Unterordnungsverhältnis	44
2.14.2	BIM-Verträge	46
2.14.3	BOT-Verträge	46
2.14.4	PPP-Verträge	46
2.14.5	ARGE-Vertrag/Konsortialvertrag/Joint-Venture-Vertrag	47
2.15	Vertretungsbefugnis	47
2.15.1	Geschäftsführung	47
2.15.2	Prokuristen	48

2.15.3	Handlungsbevollmächtigte	49
2.15.4	Duldungs- und Anscheinsvollmacht	50
2.15.5	Architekt	51
2.15.6	Prüfingenieur /-statiker	51
2.15.7	Vertreter ohne Vertretungsmacht	51
2.15.8	Empfehlungen	52
2.16	Vertragsgestaltung	53
2.17	Auftragsabwicklung	54
3	**Allgemeine Geschäftsbedingungen (Hammacher)**	55
3.1	Grundlagen	55
3.1.1	Definition	55
3.1.2	Einbeziehung	55
3.1.3	Auslegung	56
3.1.4	Rechtsfolge	57
3.1.5	Besonderheiten der VOB/B	58
3.1.6	Internationale Bedeutung	58
3.1.7	Keine Kontrolle bei Klauseln, die nur Leistung und Gegenleistung regeln	60
3.1.8	Keine AGB bei Aushandeln	61
3.1.9	Handlungsempfehlungen und Kritik	62
3.2	Typische unwirksame Vertragsklauseln der Auftraggeber	63
3.2.1	Individualisieren von AGB	63
3.2.2	Vertragsbestandteile	63
3.2.3	Schriftform	64
3.2.4	Vollständigkeitsklausel	65
3.2.5	Informationspflichten	66
3.2.6	Unkalkulierbare Leistungsausdehnungen	67
3.2.7	Preis	69
3.2.8	Subvergabe	71
3.2.9	Zeit	71
3.2.10	Vertragsstrafe	72
3.2.11	Haftung	74
3.2.12	Abnahme	75
3.2.13	Zahlung	76
3.2.14	Mängelbeseitigungsansprüche	77
3.2.15	Sicherheiten	78
3.3	Typische unwirksame Vertragsklauseln der Auftragnehmer	80
3.3.1	Verbindliches Angebot	80
3.3.2	Schriftform	82
3.3.3	Preis	82
3.3.4	Zahlungsbedingungen	83
3.3.5	Abnahme	83
3.3.6	Haftung	84
3.3.7	Zeit	85
3.3.8	Zurückbehaltungsrecht	86
3.3.9	Aufrechnung	86

Inhaltsverzeichnis

4	**Leistung und Vergütung (Hammacher)**	**87**
4.1	Was muss der Auftragnehmer leisten? Bestimmung des Liefer- und Leistungsumfangs	87
4.1.1	Auslegung eines Vertrages	87
4.1.2	Der Vertrag und seine Bestandteile	90
4.1.3	Öffentliche Aussagen	94
4.1.4	Beschaffenheitsvereinbarung	94
4.1.5	Zugesicherte Eigenschaften	96
4.1.6	Funktionalitätsvereinbarung beim Werkvertrag	96
4.1.7	Gesetze	97
4.1.8	Regeln der Technik	97
4.1.9	Nebenleistungen / Besondere Leistungen	101
4.1.10	Einseitiges Leistungserweiterungs-/änderungsrecht des Auftraggebers	102
4.1.11	Planen als Bestandteil des Liefer- und Leistungsumfangs des Auftragnehmers	109
4.1.12	Koordinieren als Bestandteil des Liefer- und Leistungsumfangs	111
4.1.13	Prüfen und Hinweisen als Bestandteil des Liefer- und Leistungsumfangs	112
4.2	Wie wird der Auftragnehmer für geänderte oder zusätzliche Leistungen vergütet?	114
4.2.1	Geänderte oder zusätzliche Sachleistungen	114
4.2.2	Geänderte oder zusätzliche Planungsleistungen	121
4.2.3	Geänderte oder verlängerte Zeiten für die Auftragsabwicklung	121
4.2.4	Geänderte gesetzliche oder technische Vorgaben	122
4.3	Wie wird der Auftragnehmer bei (Teil-)Beendigung des Auftraggebers aus Gründen, die der Auftragnehmer nicht zu vertreten hat, vergütet?	123
4.4	Wie wird der Auftragnehmer bei Mehr- oder Mindermengen vergütet?	127
4.5	Anpassung von Einheitspreisen, Preisgleitklausel	131
4.6	Anpassung eines Pauschalpreises	132
4.6.1	Funktionale Leistungsbeschreibung	133
4.6.2	Eingriffe des Auftraggebers in den Projektablauf	134
4.6.3	Änderung der Geschäftsgrundlage	134
4.6.4	Pauschalierte Einheitspreise	135
4.7	Vergütung für Leistungen ohne Auftrag	136
4.7.1	§ 677 ff. BGB Geschäftsführung ohne Auftrag	136
4.7.2	Änderung der Geschäftsgrundlage, § 313 BGB	137
4.7.3	Entschädigung für Rechtsverlust, § 951 BGB	137
4.8	Durchsetzung von Nachträgen	137
4.8.1	Präventive Vertragsgestaltung	139
4.8.2	Dokumentation der Auftragsabwicklung	140
4.8.3	Flexible Lösungsmöglichkeiten in Erwägung ziehen	140
5	**Störungen in der Auftragsabwicklung durch den Auftragnehmer (Hammacher)**	**143**

5.1	Vorbemerkung, allgemeines Leistungsstörungsrecht, besonderes Schuldrecht	143
5.2	Erfüllungsgehilfen – Zurechenbarkeit im Herstellungsprozess	144
5.3	Der Auftragnehmer gefällt dem Auftraggeber nicht	144
5.4	Der Auftragnehmer kann nicht leisten	146
5.5	Der Auftragnehmer arbeitet schon während der Auftragsabwicklung mangelhaft	147
5.5.1	Kontrolle des Herstellprozesses	147
5.5.2	Rechte des Auftraggebers	149
5.5.3	Kündigung aus wichtigem Grund	150
5.6	Der Auftragnehmer arbeitet zu langsam	153
5.6.1	Fälligkeit	153
5.6.2	Verzug	154
5.6.3	Rechte des Auftraggebers	154
5.7	Der Auftragnehmer hat zum Zeitpunkt des Gefahrübergangs mangelhaft geleistet	157
5.7.1	Mangel	157
5.7.2	Verschulden	160
5.7.3	Fristsetzung	161
5.7.4	Rechte des Auftraggebers – Überblick	161
5.7.5	Erfüllungsanspruch bei Verweigerung der Übergabe bzw. Abnahme	163
5.7.6	Nacherfüllung	164
5.7.7	Zurückbehaltungsrecht	167
5.7.8	Selbstvornahme	168
5.7.9	Kostenvorschuss	169
5.7.10	Rücktritt	170
5.7.11	Kündigung	171
5.7.12	Minderung	172
5.7.13	Schadensersatz neben Nacherfüllungsanspruch und Minderung oder Rücktritt	173
5.7.14	Schadensersatz statt Leistung	174
5.7.15	Ersatz von Aufwendungen	175
5.7.16	Verhalten des Auftragnehmers bei Mängelansprüchen des Auftraggebers	175
5.8	Der Auftragnehmer verletzt seine Prüf- und Hinweispflicht	176
5.8.1	Prüf- und Hinweispflichten des Auftragnehmers bei Vertragsschluss	177
5.8.2	Prüf- und Hinweispflichten des Auftragnehmers bei der Auftragsabwicklung	179
5.8.3	Regeln für die richtige Art der Bedenkenanmeldung	182
5.8.4	Keine Ausführung wider besseres Wissen	183
5.8.5	Prüf- und Hinweispflicht des Auftragnehmers bei Überschreitung eines Kostenanschlages	184
5.9	Der Auftragnehmer hält seine Garantien nicht ein	185

5.10	Der Auftragnehmer hat bei der Vergabe eine unzulässige Wettbewerbsbeschränkung begangen oder er hätte nach Vergaberecht nicht beauftragt werden dürfen.	186
5.11	Der Auftragnehmer gerät in Zahlungsschwierigkeiten	187
5.12	Der Auftragnehmer will bei seinem Lieferanten Rückgriff nehmen	188
5.13	Verjährung der Ansprüche des Auftraggebers	189
5.13.1	Was bedeutet es, wenn ein Anspruch verjährt?	189
5.13.2	Hemmung und Neubeginn	189
5.13.3	Verkürzung der gesetzlichen Verjährungsfristen	191
5.13.4	Verlängerung der Gewährleistung durch AGB	192
5.13.5	Geltendmachung von Nebenrechten nach Verjährung	192
5.13.6	Verjährung bei Mängelansprüchen vor Gefahrübergang	192
5.13.7	Verjährung bei Mängelansprüchen nach Gefahrübergang	193
5.13.8	Verjährung bei Arglist	195
5.13.9	Verjährung bei Organisationsverschulden	196
5.13.10	Verjährung von Schadensersatzansprüchen, die keine Mängelansprüche sind	196
5.13.11	Verjährung anderer Ansprüche des Auftraggebers	197
6	**Störungen in der Auftragsabwicklung durch den Auftraggeber (Güntzer)**	**199**
6.1	Der Auftraggeber unterlässt eine Mitwirkungshandlung	199
6.1.1	Annahmeverzug	199
6.1.2	Kooperationsgebot	200
6.1.3	Rechte des Auftragnehmers bei unterlassener Mitwirkung	201
6.2	Der Auftraggeber verstößt gegen Sorgfaltspflichten bei der Nutzung der Lieferung oder Leistung	206
6.2.1	Materialfehler	206
6.2.2	Betriebsfehler	207
6.2.3	Rechte des Auftragnehmers	207
6.3	Der Auftraggeber schließt keine Vereinbarung über die Vergütung von Nachträgen	208
6.4	Der Auftraggeber verstößt gegen seine Koordinationspflicht	210
6.5	Auftraggeber verhindert die Nacherfüllung durch den Auftragnehmer	212
6.6	Auftraggeber verweigert die Annahme /Abnahme	213
6.6.1	Leistungsbefreiung bei gleichzeitigem Vergütungsanspruch	213
6.6.2	Gefahrübergang	213
6.6.3	Leistungsverweigerung/Zurückbehaltung	215
6.6.4	Rücktritt / Kündigung	215
6.6.5	Entschädigung	215
6.6.6	Schadensersatz	215
6.7	Auftraggeber zahlt nicht	216
6.7.1	Fälligkeit der Zahlung	216
6.7.2	Rechte des Auftragnehmers	216
6.8	Der Auftraggeber erteilt Zusatzaufträge / Nachträge	217
6.9	Der Auftraggeber beendet den Vertrag vor Gefahrübergang	217

6.9.1	Kündigungsgründe	217
6.9.2	Rechte des Auftragnehmers bei von ihm zu vertretender vorzeitiger Beendigung	218
6.9.3	Rechte des Auftragnehmers bei nicht von ihm zu vertretender vorzeitiger Beendigung des Vertrages	219
6.9.4	Rechte des Auftragnehmers bei wirksamem Zurückbehaltungsrecht	219
7	**Störungen in der Auftragsabwicklung durch Dritte (Güntzer)**	**221**
7.1	Erfüllungsgehilfen	221
7.2	Lieferanten / Hersteller	221
7.3	Behinderung nach § 6 VOB/B	222
7.3.1	Unverzügliche schriftliche Anzeige	222
7.3.2	Adressat der Behinderungs- oder Unterbrechungsanzeige	223
7.3.3	Inhalt der Behinderungsanzeige	224
7.3.4	Behinderungsgrund vom Auftraggeber zu vertreten	224
7.3.5	Schadenminderungspflicht und Fortfall der hindernden Umstände	224
7.3.6	Verlängerung der Ausführungsfristen	225
7.3.7	Unterbrechung für voraussichtlich längere Dauer	225
7.3.8	Vertragskündigung nach dreimonatiger Unterbrechung	225
7.3.9	Schadensersatz	226
7.3.10	Empfehlungen zur Streitvermeidung	227
7.4	Störungen durch öffentliches Baurecht	227
7.4.1	Bauen ohne Baugenehmigung	227
7.4.2	Fertigung vor Freigabe durch den Prüfingenieur	229
7.4.3	Andere öffentlich-rechtliche Einflüsse	230
7.4.4	Nachbarschaftsklagen	230
7.5	Höhere Gewalt	231
7.5.1	Witterungseinflüsse	231
7.5.2	Streik und Aussperrung	232
8	**Abnahme (Güntzer)**	**233**
8.1	Bedeutung	233
8.2	Rechtsfolgen der Abnahme	234
8.2.1	Beweislastumkehr	234
8.2.2	Gefahrübergang	236
8.2.3	Besitzübergang	239
8.2.4	Fälligkeit der Vergütung	239
8.2.5	Verwirkung der Vertragsstrafe / Verzugsschaden	239
8.2.6	Beginn der Verjährungsfrist	240
8.2.7	Mündliche oder schriftliche Abnahme	240
8.2.8	Förmliche Abnahme	241
8.2.9	Konkludente Abnahme	241
8.2.10	Fiktive Abnahme	242
8.2.11	Teilabnahme	243
8.2.12	„Sicht-Abnahme"	244

8.2.13	Werksabnahme / Freigabe-Erklärungen	245
8.2.14	„Bilanz"-Abnahme	245
8.2.15	Abnahme in internationalen Werkverträgen	246
8.3	Termin für die Abnahme	248
8.4	Vorbehalt	249
8.5	Abnahmeverweigerung bei wesentlichen Mängeln	249
8.6	Entgegennahme bei Handelskauf	250
8.6.1	Anwendbarkeit	250
8.6.2	Genehmigungsfiktion	252
8.6.3	Fristen	254
8.7	Werkseigene Produktionskontrolle	254
9	**Rechnungslegung und Zahlung (Hammacher)**	257
9.1	Darlegen und Beweisen	257
9.2	Fälligkeit der Zahlung	259
9.3	Zahlungsplan, Zahlungsfristen	261
9.4	Prüfbarkeit der Rechnung	262
9.4.1	Zeitpunkt der Rechnung	263
9.4.2	Vollständigkeit	264
9.4.3	Gutschriftverfahren	265
9.4.4	Mehrwertsteuer	265
9.5	Abrechnung nach Aufmaß	265
9.5.1	Nehmen des Aufmaßes	266
9.5.2	Bedeutung des gemeinsamen Aufmaßes	266
9.5.3	Kosten	267
9.6	Abrechnung von geänderten und zusätzlichen Leistungen	267
9.7	Abrechnung von Stundenlohnarbeiten	269
9.8	Abrechnung von Leistungen bei vorzeitiger Beendigung des Vertrages	271
9.8.1	Einvernehmliche Aufhebung des Vertrages	271
9.8.2	Beendigung aus vom Auftragnehmer zu vertretenden Gründen	271
9.8.3	Beendigung aus vom Auftraggeber zu vertretenden Gründen	271
9.9	Abschlagszahlungen	275
9.10	Vorauszahlungen	278
9.11	Schlusszahlung	278
9.12	Skonti / Rabatte	280
9.13	Verzug	280
9.13.1	Voraussetzungen	280
9.13.2	Verzugszinsen	281
9.13.3	Fälligkeitszinsen	281
9.13.4	Abrechnungsbeschleunigung durch die Baustelle	282
9.14	Verjährung der Zahlungsansprüche des Auftragnehmers	282
9.14.1	Verjährung der Vergütungsansprüche	282
9.14.2	Verjährung von Schadensersatzansprüchen	283
9.14.3	Verjährung des Entschädigungsanspruches, § 642 BGB	284

10	ARGE, Konsortium, Joint Venture (Hammacher)		285
10.1	Begrifflichkeiten		285
10.2	Identität der Gesellschaft		286
10.3	Wesentliche Regelungspunkte der gesellschaftsrechtlichen Zusammenarbeit		287
10.3.1	Klare Entscheidungen zur Vertretung der Gesellschaft nach außen		288
10.3.2	Klare Verteilung der Aufgaben und Kompetenzen im Innenverhältnis		288
10.3.3	Klare Verteilung der Liefer- und Leistungsanteile, sowie von Kostentragung, Risiko und Gewinn		288
10.3.4	Klare Aussagen zur Haftung der Parteien nach außen und nach innen		289
10.3.5	Klare Regelungen über die Meinungsbildung und Entscheidungswege innerhalb der Gesellschaft		290
10.3.6	Klare Vorgaben zum Umgang mit Interessen und Streitigkeiten während der Auftragsabwicklung und - falls erforderlich - danach.		290
11	Sicherheiten und ihr Bestand in der Insolvenz des Vertragspartners (Güntzer)		293
11.1	Sicherungsbedürfnis		293
11.2	Sicherungsmöglichkeiten für den Auftragnehmer		294
11.2.1	Zahlungsbedingungen		294
11.2.2	Einfacher Eigentumsvorbehalt		296
11.2.3	Verlängerter Eigentumsvorbehalt		298
11.2.4	Forderungsabtretung		300
11.2.5	Unternehmerpfandrecht		301
11.2.6	Bauunternehmer-Sicherungshypothek		301
11.2.7	Zahlungsbürgschaft nach § 650f BGB		302
11.2.8	Zahlungsbürgschaft auf vertraglicher Grundlage		305
11.2.9	Schuldbeitritt		306
11.2.10	Zurückbehaltungsrecht der Gegenleistung wegen Vermögensverschlechterung		306
11.2.11	Zurückbehaltung von Sachen		307
11.2.12	Akkreditiv		307
11.2.13	Ausfall-Versicherung		309
11.2.14	Aufrechnung		310
11.2.15	Geltendmachung von Sicherheiten nach Ablauf der Verjährungsfrist durch den Auftraggeber		313
11.3	Sicherungsmöglichkeiten des Auftraggebers		313
11.3.1	Eigentumsübergang		313
11.3.2	Zurückbehaltungsrechte		314
11.3.3	Bürgschaft		315
11.3.4	Geltendmachung von Sicherheiten nach Ablauf der Verjährungsfrist durch den Auftraggeber		321
11.3.5	Besonderheiten für VOB/B - Werkverträge		321
11.3.6	Garantie		323

11.4	Absonderungsanspruch hinsichtlich der Ansprüche gegen Haftpflichtversicherung	323
11.5	Direktzahlung des Auftraggebers an den Subunternehmer	324
11.5.1	Möglichkeiten des Auftraggebers	324
11.5.2	Möglichkeiten des Subunternehmers (Auftragnehmers)	327
11.6	Wahlrecht des Insolvenzverwalters bei noch nicht vollständig erfüllten Verträgen	328
11.6.1	Vertrag von beiden Seiten erfüllt	329
11.6.2	Vertrag nur von einer Seite erfüllt	329
11.6.3	Vertrag von beiden Seiten noch nicht erfüllt	329
11.7	Rücktritts- und Kündigungsrechte des Gläubigers in der Insolvenz des Vertragspartners	331
12	**Versicherungen (Hammacher)**	**333**
12.1	Grundgedanken des Versicherungsrechts	333
12.1.1	Art der versicherten Tätigkeit	334
12.1.2	Ort der versicherten Tätigkeit	335
12.1.3	Zeitpunkt des Schadenseintritts	335
12.1.4	Mitversicherte	335
12.1.5	Verschulden	335
12.1.6	Gefahrerhöhung	335
12.1.7	Aufrechterhaltung der Prämie	336
12.1.8	Vorläufige Deckung	336
12.1.9	Obliegenheiten	336
12.2	Betriebshaftpflicht	337
12.2.1	Erfüllungsschäden	337
12.2.2	Spezialrisiken	341
12.3	Bauleistungsversicherung	341
12.3.1	Grundgedanke der Bauleistungsversicherung	341
12.3.2	Gefahrübergang	341
12.3.3	Deckungsumfang	342
12.4	Montageversicherung Grundgedanken	342
12.4.1	Beginn der Haftung	342
12.4.2	Ende der Versicherung	342
12.4.3	Deckungsumfang	343
12.5	Baugewährleistungsversicherung	344
12.6	Transportversicherung	345
12.7	Feuerbetriebsunterbrechungsversicherung	345
12.8	Kreditversicherung	345
12.9	Baufertigstellungsversicherung	345
13	**Haftung und gesetzliche Mithaftungstatbestände (Güntzer)**	**347**
13.1	Allgemeines	347
13.2	Haftung wegen Pflichtverletzung	348
13.2.1	Pflichtverletzung und Rechtsgutverletzung	349

13.2.2	Verletzungshandlung: Tun oder Unterlassen	349
13.2.3	Haftungsbegründende Kausalität	350
13.2.4	Schadensverursachung und haftungsausfüllende Kausalität	350
13.2.5	Schuldhaftes Handeln	352
13.3	Deliktische Haftung	352
13.3.1	§ 823 Abs.2 BGB in Verbindung mit diversen Strafgesetzen	353
13.3.2	§ 823 Abs.2 BGB i.V.m. anderen Schutzgesetzen	354
13.3.3	Sittenwidrige vorsätzliche Schädigung, § 826 BGB	355
13.3.4	Produzentenhaftung	355
13.3.5	Produkthaftung	357
13.4	Haftung für Dritte	358
13.4.1	Vertragliche Haftung	358
13.4.2	Deliktische Haftung	359
13.5	Haftungsbegrenzungen	359
13.5.1	Vertragliche Haftungsbegrenzungen	359
13.5.2	Haftungsbegrenzung kraft Verkehrssitte bzw. Handelsbrauch	360
13.5.3	Haftungsbegrenzungen kraft Gesetzes	361
13.5.4	Haftungsbegrenzung bei öffentlichen Aufträgen	361
13.5.5	Keine Haftungsbegrenzung zu Lasten Dritter	363
13.5.6	Haftungsübernahme / Freistellung	363
13.6	Haftungserweiterungen	364
13.7	Schadensumfang und Schadensberechnung	365
13.7.1	Schadensumfang	365
13.7.2	Schadensberechnung	365
13.8	Gesamtschuldnerische Haftung	366
13.9	Mitverschulden des Geschädigten	367
13.10	Gesetzliche Mithaftungstatbestände	367
13.10.1	Begriffsklärung	367
13.10.2	Gesamtschuldnerische Haftung nach dem Arbeitnehmerüberlassungsgesetz	368
13.10.3	Generalunternehmerhaftung nach dem Arbeitnehmerentsendegesetz	368
13.10.4	Haftung für Beiträge zur Berufsgenossenschaft bei Dienst- und Werkverträgen – sowie bei der Arbeitnehmerüberlassung	368
13.10.5	Einkommenssteuergesetz (EStG), Arbeitgeberhaftung nach § 42d EStG	369
13.10.6	Mithaftung für die Umsatzsteuerschuld nach § 13b UStG	369
13.10.7	Haftung für schuldhaft nicht abgeführte Umsatzsteuer nach § 25d UStG	370
13.10.8	Haftung nach dem Steuerhinterziehungsbekämpfungsgesetz	370
13.10.9	Praktische Hinweise	372
13.11	Haftung nach Bauforderungssicherungsgesetz (BauFordSiG)	372
13.12	Strafrechtliche Haftung	373
14	Fremdpersonaleinsatz und Haftungsfragen (Lamberty)	379

14.1	Einleitung	379
14.2	Einsatzes von Leiharbeitnehmern - Arbeitnehmerüberlassung	379
14.2.1	Erlaubnispflicht und Sonderfälle privilegierter Arbeitnehmerüberlassung	379
14.2.2	Höchstüberlassungsdauer	382
14.2.3	Equal Treatment - Gleichstellungsgrundsatz	384
14.2.4	Verbot des Einsatzes als Streikbrecher	384
14.2.5	Gesetzliche Vorgaben an den Inhalt des Überlassungsvertrages	385
14.2.6	Verbot der Arbeitnehmerüberlassung in das Baugewerbe	386
14.3	Einsatz von Nachunternehmern	387
14.3.1	Werkvertrag	387
14.3.2	Dienstvertrag	389
14.4	Überlassung von (Spezial-) Maschinen mit Bedienpersonal	389
14.5	Zusammenschluss zur Arbeitsgemeinschaft	391
14.6	Scheinselbstständigkeit	392
14.7	Hauptunternehmerhaftung bei Arbeitnehmerüberlassung und Nachunternehmereinsatz	394
14.7.1	Haftung für den Gesamtsozialversicherungsbeitrag	394
14.7.2	Haftung für den Beitrag zur Unfallversicherung (Berufsgenossenschaft)	395
14.7.3	Möglichkeiten der Verringerung von Haftungsrisiken	395
14.7.4	Arbeitgeberpflichten nach dem Mindestlohngesetz	397
14.7.5	(Haupt)Unternehmerhaftung nach MiLoG	401
14.8	Hauptunternehmerhaftung nach AEntG	403
14.8.1	Haftung für tarifvertraglichen Mindestlohn	405
14.8.2	Haftung für Urlaubskassenbeitrag (Soka-Bau)	407
14.8.3	Exkurs: Sozialkassen des Bauhaupt- und -nebengewerbes	407
14.8.4	Möglichkeiten der Verringerung von Haftungsrisiken	408
15	Streit vermeiden – Konflikte bearbeiten (Hammacher)	411
15.1	Lohnt sich der Streit?	411
15.2	Verhandeln	412
15.3	Mediation	413
15.3.1	Verfahren	413
15.3.2	Vorteile	414
15.3.3	Kosten	415
15.3.4	Auswahl der Mediatoren	415
15.4	Privatgutachten	416
15.5	Selbständiges Beweisverfahren	416
15.5.1	Allgemeines	416
15.5.2	Rechtliche Bedeutung des selbst. Beweisverfahrens	417
15.5.3	Streitverkündung	417
15.5.4	Verfahren	418
15.6	Schiedsgutachter	418
15.7	Schlichtung, Adjudikation, Expertenschlichtung	419
15.7.1	Schlichtung	419

15.7.2	Adjudikation	420
15.7.3	Experten-Schlichtung-Bau	420
15.8	Schiedsverfahren	422
15.9	Einstweilige Verfügung	422
15.10	Zivilprozess	423
15.11	Konfliktmanagement - Erfahrungen aus der Praxis	424

Musterbriefe und Verträge	427
FIDIC Conditions of Contract for EPC / Turnkey Projects	585
Synopse Vertragsrecht vor und nach dem 1. Januar 2018	660
Gesetzestexte (Auszüge)	677
Autoren und Serviceleistungen	871
Seminare	872
Bestellungen	873
Stichwortverzeichnis	874

Abkürzungs- und Literaturverzeichnis

Abs.	Absatz
AEntG	Arbeitnehmer-Entsendegesetz
AG	Auftraggeber
AGB	Allgemeine Geschäftsbedingungen
AHB	Allgemeine Haftungsbedingungen
AMoB	Allgemeine Montage-Versicherungsbedingungen
AN	Auftragnehmer
AO	Abgabenordnung
ARGE	Arbeitsgemeinschaft
ATV	Allgemeine Technische Vertragsbestimmung
Aufl.	Auflage
AÜG	Arbeitnehmerüberlassungsgesetz
Az.	Aktenzeichen
BAG	Bundesarbeitsgericht, Erfurt
BaubetriebeVO	Verordnung über die Betriebe des Baugewerbes
BauO NW	Landesbauordnung Nordrhein-Westfalen
BauR	Zeitschrift "Baurecht"
Baurechtsreport	Baurechtsreport
BayObLG	Bayerisches Oberstes Landesgericht, München
BB	Zeitschrift "Der Betriebsberater"
BeckRS	Beck-Online Rechtsprechungssammlung
BeckOK	Beck'scher Online Kommentar VOB / Preussner/Kandel/Jansen 27. /2017
Beschl.	Beschluss
Beck'scher	VOB -Kommentar, Teile B, 3. Auflage 2013
BetrVG	Betriebsverfassungsgesetz
BfA	Bundesanstalt für Arbeit, Nürnberg
BFH	Bundesfinanzhof, München
BGB	Bürgerliches Gesetzbuch
BGBl.	Bundesgesetzblatt
BGH	Bundesgerichtshof, Karlsruhe
BKartA	Bundeskartellamt, Bonn
BKR	Baukoordinierungsrichtlinie der EU
BOT	Build-Own–Transfer, Modell privater Investitionen im öffentlichen Interesse
CISG	United Nations Convention on Contracts for the International Sale of Goods, UN-Kaufrecht
c. i. c.	culpa in contrahendo = Verschulden bei Vertragsschluss

DASt	Deutscher Ausschuss für Stahlbau, gegr. 1908
DIN	Deutsches Institut für Normung, Berlin
DIS	Deutsche Institution für Schiedsgerichtsbarkeit e.V.
EU	Europäische Union
Einl.	Einleitung
EP	Einheitspreis
EP-Vertrag	Einheitspreis-Vertrag
EStG	Einkommenssteuergesetz
EU	Europäische Union
EuGH	Europäischer Gerichtshof, Luxemburg
EVM (K) A/BwB	Einheitsvordrucke der öffentlichen Hand (Vergabehandbuch)
EWG	Europäische Wirtschafts-Gemeinschaft
ff	und weitere Seiten (fort folgende)
FIDIC	Fédération Internationale des Ingénieurs Conseils, hier : Bezugnahme auf abgedruckten Mustervertrag
GewO	Gewerbeordnung
GoA	Geschäftsführung ohne Auftrag
Güntzer/Hammacher/Steinmann,	Kommentar zu ARV DIN 18335 „Stahlbauarbeiten", 1. Aufl. 2015
GWB	Gesetz gegen Wettbewerbsbeschränkungen
Hammacher/Erzigkeit/Sage,	So funktioniert Mediation im Planen + Bauen, Wiesbaden, 2. Aufl. 2011,
HandwerksO	Handwerksordnung
HGB	Handelsgesetzbuch
http://	Übertragungsprotokoll im Internet
IBR	Zeitschrift „Zeitschrift für Immobilien- und Baurecht"
IBR-Online	Zeitschrift „Zeitschrift für Immobilien- und Baurecht-Online"
IBRS	IBR – Online-Entscheidungssammlung
Ingenstau/Korbion	Ingenstau/Korbion Kommentar der VOB/A und VOB/B 20. Auflage/2017
Incoterms	einheitliche internationale Regeln für die Auslegung handelsüblicher Vertragsformeln im internationalen Warenhandel der internationalen Handelskammer
InsO	Insolvenzordnung
ISO	International Organization for Standardization, Genf
ISO 9000 ff	Internationale Qualitätsmanagement-Normenreihe

iVm	in Verbindung mit
JurionRS	Rechtsprechungssammlung Jurion, WoltersKluwer
Kapellmann	Kapellmann/Messerschmidt Kommentar VOB A und B,
KG	Kammergericht, Berlin
LG	Landgericht
LV	Leistungsverzeichnis
Lump sum	Pauschalvertrag
m.w.N.	mit weiteren Nachweisen
Mio.	Million(en)
MüKO VOB/B	Münchner Kommentar VOB/B Ganten/ Jagenburg/ Motzke,
NJOZ	Zeitschrift „Neue Juristische Onlinezeitschrift"
NJW	Zeitschrift „Neue Juristische Wochenschrift"
NJW-RR	Zeitschrift „Neue Juristische Wochenschrift Rechtsprechungs-Report"
NZBau	Zeitschrift „Neue Zeitschrift für Baurecht"
OLG	Oberlandesgericht
ORGALIME	European federation of national industrial associations representing the European mechanical, electrical and metal articles industries
OWiG	Gesetz gegen Ordnungswidrigkeiten
Palandt	BGB - Kommentar, 70. Auflage 2011
PPP	public private partnership – privat investierte und betriebene Einrichtungen im öffentlichen Interesse
Prütting,Wegen,Weinrich	Kommentar zum BGB 11.Aufl./2016
Rdnr. / RN / Rdz.	Randnummer oder -ziffer
SchwarzarbG	Gesetz zur Bekämpfung der Schwarzarbeit
SGB III, IV, VII	Sozialgesetzbuch, Teil 3, 4, 7
SKR	Sektorenrichtlinie der EU
StGB	Strafgesetzbuch
Turn Key Contract	Vertrag über eine schlüsselfertige Leistung
TVG	Tarifvertragsgesetz
UWG	Gesetz gegen den unlauteren Wettbewerb
VersR	Zeitschrift „Zeitschrift für das Versicherungsrecht"
VGH	Verwaltungsgerichtshof, Mannheim
VgRÄG	Vergaberechtsänderungsgesetz
VVG	Versicherungsvertragsgesetz
VOB	Vergabe- und Vertragsordnung für Bauleistungen

VOB/A	Teil A: Allgemeine Bestimmungen für die Vergabe von Bauleistungen Ausgabe 2016
VOB/B	Teil B: Allgemeine Vertragsbedingungen für die Ausführung von Bauleistungen (VOB/B)
VOL/B	Verdingungsordnung für Leistungen – außer Bauleistungen Ausgabe 2003
Vorb.	Vorbemerkung
ZPO	Zivilprozessordnung

Quellenangaben zu gerichtlichen Entscheidungen sind im Text angegeben. Auf eine wissenschaftliche Auseinandersetzung mit der juristischen Literatur wurde bewusst verzichtet. Soweit auf einzelne Veröffentlichungen Bezug genommen wird, sind die Quellen im Text angegeben.

2 Allgemeines Vertragsrecht (Hammacher)

2.1 Welches Recht gilt?

Wer in Vertragsverhandlungen eintritt, muss sich zunächst darüber im Klaren werden, nach welchen Regeln der Vertrag geschlossen und der Auftrag abgewickelt werden soll.

Bis heute stehen sich weltweit zwei Vertragsordnungen gegenüber: Das Vertragsrecht, Civil Law, das seine historischen Wurzeln im römischen Recht hat und dementsprechend die meisten Rechtsordnungen des Europäischen Kontinents geprägt hat, mit Export nach Latein-Amerika, in die Volksrepublik China und nach Japan und das Common Law, das seine Regeln aus der Rechtspraxis der königlichen Gerichte in Westminster entwickelte und in den Ländern des ehemaligen Commonwealth, in Afrika, Indochina, Australien, Kanada und insbesondere den USA verankert ist. Hinzukommen das islamische Recht mit seinen verschiedenen Ausprägungen sowie vielfältiges regionales, lokales Recht.

In einer globalisierten Welt stehen nationale Besonderheiten dem Handel, der Freizügigkeit und der Bewältigung gemeinsamer wirtschaftlicher, ökologischer und sozialer Herausforderungen im Wege.

Durch ihren friedlichen Zusammenschluss zur Europäischen Union ist es bereits gelungen, wichtige Teile der nationalen Rechtssysteme zu harmonisieren. Dieses supranationale Recht nennt man Unionsrecht.

Aber auch weltweit wurde bereits viel für ein gemeinsames Rechtsverständnis geleistet, auch im Vertragsrecht. Den Vereinten Nationen mit ihren internationalen Organisationen kommt bei dem Bemühen um einheitliche Rechtsstandards große Bedeutung zu. So entfaltet z.B. das Übereinkommen der Vereinten Nationen über Verträge über den internationalen Warenkauf (United Nations Convention on Contracts for the International Sale of Goods) vom 11.4. 1980 (BGBl. 1989 II S. 588) (CISG) als nationales Gesetz im Verhältnis zwischen Vertragspartnern Wirkung, wenn die beiden Mitgliedsstaaten, in denen die Vertragspartner ihren Sitz haben, dem CISG beigetreten sind. Für viele Liefergeschäfte zwischen deutschen und ausländischen Geschäftspartnern würde deshalb das CISG gelten, wenn es nicht, wie so oft in den Verträgen, standardmäßig ausgeschlossen würde. Das ist schade, weil sich damit Unternehmen aus Deutschland, die in besonderem Maße auf internationale Geschäftstätigkeit angewiesen sind, nicht an der Chance zur Verbesserung der internationalen Geschäftspraxis beteiligen. Der Ausschluss des CISG ist dabei meist nicht einmal das Ergebnis einer reiflichen Überlegung unter Abwägung der Vor- und Nachteile im Vergleich zum deutschen Zivilrecht, sondern schlicht Ausdruck von Bequemlichkeit.

Weltweit anerkannt sind auch die so genannten „Incoterms" der internationalen Handelskammer, zurzeit in der Fassung 2010, die als Internationaler Handelsbrauch praktiziert werden.

Die internationale Verflechtung der Wirtschaft, der internationale Wettbewerb und die internationale Ausschreibung von Großaufträgen bringen ebenfalls immer wiederkehrende Regeln und Klauseln, die sich zu einer internationalen Vertragspraxis entwickeln. Hier seien vor allem die Muster von FIDIC erwähnt.

Probleme, die sowohl bei der Auftragsabwicklung nationaler Vorhaben als auch bei der Durchführung internationaler Projekte auftauchen, bedürfen deshalb auch eines Blickes über den Brillenrand des nationalen Rechts hinaus. Dabei darf natürlich nicht übersehen werden, dass bei internationalen Verträgen meist die Geltung einer ganz bestimmten nationalen Rechtsordnung (meist des Endkunden oder des Landes, in dem der Vertrag ausgeführt werden soll) vereinbart wird. Im Zweifel sind diese Verträge nach dieser Rechtsordnung auszulegen.

Damit sich die Parteien nicht den Unwägbarkeiten aussetzen müssen, die mit der Auslegung von Verträgen durch Dritte immer verbundenen sind, bemüht man sich, zumindest die wichtigsten Eckpunkte in dem Vertrag abschließend zu regeln. Je klarer und umfassender der Vertrag, desto weniger Zweifelsfragen treten bei der Auftragsabwicklung auf. Das System des Common Law führt sogar dazu, möglichst alle Eventualitäten und Zweideutigkeiten durch Ausformulierung des Vertrages abzudecken, da auf eine Rechtsdogmatik nicht in der gleichen Weise zurückgegriffen werden kann, wie dies bei den Ländern des Civil Law möglich ist. Dies erklärt, warum *Internationale Verträge* häufig sehr umfangreich sind.

Ist bei der Ausführung des Vertrages nicht klar, welche Rechtsordnung anzuwenden ist, muss dies nach den Regeln des „Kollisionsrechtes" geklärt werden. Das so genannte „Internationale Privatrecht" ist in Wirklichkeit eine Sammlung nationaler Regeln, die beschreiben, wie diese Kollision nach den jeweiligen Vorstellungen des betreffenden Staates gelöst werden sollen.

Die Europäische Union ist für ihre Mitgliedsstaaten hier bereits viel weiter fortgeschritten:

Die Rom-I Verordnung regelt das auf vertragliche Schuldverhältnisse anzuwendende Recht, einschließlich der freien Rechtswahl und deren Ausnahmen.

Die Rom-II Verordnung regelt das auf außervertragliche Schuldverhältnisse anzuwendende Recht, u.a. in Fällen unerlaubter Handlungen, ungerechtfertigter Bereicherung, Geschäftsführung ohne Auftrag und Verschulden bei Vertragsverhandlungen.

Neben der Geltung des materiellen Rechts („substantive law") spielt auch die Frage nach dem anwendbaren Prozessrecht, insbesondere der Zuständigkeit der Gerichte, eine wichtige Rolle. Der Vertrag sollte hierzu eine klare Aussage treffen, insbesondere dann, wenn die Parteien sich für eine Mediation oder ein Schiedsgericht statt eines nationalen Gerichts entscheiden. Die Entscheidung für ein solches außergerichtliches Streitbeilegungsverfahren („Alternative Dispute Resolution") kann durchaus sinnvoll sein, denn anderenfalls kann es passieren, dass vor einem italienischen Gericht ein Vertrag über die Lieferung von Waren nach Norwegen verhandelt wird, der sich nach deutschem Werkvertragsrecht richtet.

Zu dem Verfahrensrecht gehört auch das Vollstreckungsrecht. Immer mehr internationale Abkommen bestimmen, dass ein national errungener Titel auch im Ausland anzuerkennen und zu vollstrecken ist. So ist die Vollstreckung von Forderungen zwischen Unternehmen mit Sitz in der Europäischen Union heute kein Problem mehr. Für die Zwangsvollstreckung reicht die im Ursprungsstaat ausgestellte Vollstreckungsbescheinigung mit Übersetzung aus. Die Verletzung des „ordre public" kann nur in seltenen Fällen erfolgreich eingewendet werden.

Für Schiedsverfahren gilt weltweit das UN-Übereinkommen über die Anerkennung und Vollstreckung ausländischer Schiedssprüche von 1958, sowie eine Vielzahl bilateraler Übereinkommen. Doch gibt es auch heute noch viele Länder, mit denen keine solchen Vollstreckungsvereinbarungen getroffen wurden (z.B. Deutschland - Saudi Arabien). In diesen Fällen ist daher besonders darauf zu achten, dass in den Verträgen Sicherungsmechanismen eingebaut werden.

Fazit: In jeden Vertrag gehören klarstellende Regeln hinsichtlich des anwendbaren materiellen Rechts und – wenn die Parteien keine andere Möglichkeiten sehen, einen evtl. Konflikt zu lösen – des Gerichtsstandes und damit des anzuwendenden Prozessrechts (vgl. das Muster des Verhandlungsprotokolls, dort Ziffer 22 am Ende, **Muster AN+AG 02**).

2.2 Vertragsschluss

Für das deutsche Zivilrecht gilt der Grundsatz der Privatautonomie: Alles ist erlaubt, was nicht verboten ist und was den Partner nicht nach Treu und Glauben unbillig benachteiligt! In diesem Rahmen können sich die Partner frei bewegen und ihre Vertragsbeziehungen gestalten. Was verboten ist, richtet sich nach den anzuwendenden Gesetzen, § 134 BGB. Wann ein Verhalten oder Unterlassen gegen „Treu und Glauben", §§ 138; 242 BGB, verstößt - in unserer modernen Sprache könnte man von einem Verstoß gegen das Gebot, sich fair zu verhalten, sprechen - ist hingegen oft nicht so leicht zu bestimmen. Sitten und Gebräuche, auch Handelsbräuche, sind örtlich und branchenspezifisch unterschiedlich und unterliegen auch zeitlich einem ständigen Wandel. Oft kommt es auf die Beurteilung des Einzelfalls an.

Beispiel: Eine Vereinbarung, in der sich ein Subunternehmer verpflichtet, zu einem unauskömmlichen Preis zu arbeiten.

Die Vereinbarung kann nichtig sein, wenn sie z.B. gegen das Mindestlohngesetz verstößt, § 134 BGB.

Die Vereinbarung kann nichtig sein, wenn der Subunternehmer unter bewusster Ausnutzung von Existenzängsten geschlossen wurde, § 138 BGB.

Die Vereinbarung kann rückwirkend nichtig sein, wenn der Auftragnehmer wegen Irrtums oder Drohung anficht (vgl. nachstehend Ziffer 2.11)

Ist sie wirksam kann dem Auftragnehmer dennoch nach Treu und Glauben ein Anspruch auf Anpassung des Vertrages oder gar die außerordentliche Kündigung zustehen, §§ 313, 242 BGB.

Vertragsschluss

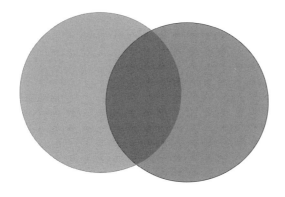

Wie kommt ein Vertrag zustande? Ein Vertrag besteht aus übereinstimmenden Willenserklärungen. Erst wenn sich diese Erklärungen decken, kommt ein Vertrag zustande. In dem Schaubild fehlt es an dieser Deckung.

Auf die Bezeichnung der Willenserklärungen kommt es dabei nicht an. So kann beispielsweise der Vertrag zustande kommen durch Abgabe eines Angebotes und die darauf folgende Bestellung - oder durch eine Bestellung und eine anschließende Auftragsbestätigung. Entscheidend ist nur, ob zu irgendeinem Zeitpunkt die Deckung zwischen den Willenserklärungen erreicht wurde. Fehlt auch nur ein Punkt, über den nach der Erklärung auch nur eines Vertragspartners eine Einigung erzielt werden sollte, ist der Vertrag im Zweifel nicht geschlossen („offener Einigungsmangel"), § 154 BGB. Es muss mühsam durch Auslegung der gewechselten Erklärungen ermittelt werden, ob der Vertrag ganz oder teilweise Wirkung entfalten konnte. Die Annahme des Angebotes unter Erweiterungen oder Änderungen („ja, aber ...") führt dazu, dass sich die Erklärungen nicht mehr decken. Eine solche abgeänderte Annahme stellt ein neues Angebot dar, über das dann erst wieder eine Einigung erzielt werden muss, usw..

Beispiele: Rücksendung des von dem Auftragnehmer ausgefüllten Leistungsverzeichnisses unter Veränderung der Vorgaben des Auftraggebers;
Auftragserteilung unter Abweichung vom Preis im Angebot;
Hinzufügen weiterer Bedingungen wie Termine, Vertragsstrafe, Bürgschaften.

Die bloße Anfrage ist noch keine bindende Willenserklärung. Soll auch das Angebot keine Rechtswirkungen entfalten, so muss es als „unverbindlich" oder „freibleibend" bezeichnet werden. Dabei ist allerdings die Gefahr der Unwirksamkeit einer Klausel zu beachten (siehe unten Kapitel 3 „Allgemeine Geschäftsbedingungen", Ziffer 3.3.1).

Bei der Vergabe von öffentlichen Aufträgen gelten bestimmte formalisierte Regeln, die für die Beschaffung von Bauleistungen in der Vertragsordnung für Bauleistungen, VOB Teil A und für andere Lieferungen in der VOL Teil A bestimmt sind. Das Angebot der Bieter wird hier durch „Zuschlag" der Vergabestelle angenommen.

Internationale Verträge

Das Prinzip des Vertragsschlusses durch übereinstimmende Willenserklärungen entspricht auch der Vorstellung der meisten Civil-Law-Rechtsordnungen. Im anglo-amerikanischen Rechtskreis muss, damit der Vertrag in Kraft treten kann, eine Gegenleistung zur Leistung versprochen werden (*„consideration"*).

2.3 Einigungsmangel

Ob sich die Willenserklärungen decken, lässt sich häufig erst später feststellen. Nach der gesetzlichen Auslegungsregel des § 154 BGB gilt, dass im Zweifel solange kein Vertrag zustande kommt, wie sich die Parteien nicht über alle Punkte geeinigt haben, über die nach der Erklärung auch nur einer Partei eine Vereinbarung getroffen werden soll. Das gilt selbst dann, wenn einzelne Punkte festgehalten wurden.

Beispiel: Auftraggeber und Baustoffhändler sind sich einig, dass der Baustoffhändler das Material für das Bauvorhaben liefern soll. Der Baustoffhändler erwähnt aber, dass der Auftraggeber die Kosten für das Abladen übernehmen soll. Als das Material später angeliefert wird, ist niemand bereit, das Abladen vorzunehmen.

Wenn sich die Parteien nicht jetzt noch verständigen, kann der Baustoffhändler sein Material wieder mitnehmen. Keiner kann von dem anderen Erfüllung verlangen, denn es gibt noch keinen Vertrag. Hat sich hier jemand schuldhaft falsch verhalten, kommt allenfalls ein Schadensersatzanspruch in Betracht.

Dramatischer sind die Fälle, in denen die Parteien meinen, sie hätten sich geeinigt, später aber feststellen, dass sie sich über einen Punkt doch nicht geeinigt haben. Man spricht von einem versteckten Einigungsmangel, § 155 BGB. In diesem Fall muss geprüft werden, ob die Parteien die Vereinbarung auch ohne diesen strittigen Punkt abgeschlossen hätten. Dann gilt das insofern Vereinbarte.

Beispiel: In dem Fall sind beide überzeugt, dass man sich in der Verhandlung geeinigt hat. Jede Partei meint, die jeweils andere hätte zugesagt, das Material abzuladen.

2.4 Annahmefristen

Die verspätete Annahme eines Angebots gilt als neuer Antrag, § 150 BGB.

Die Annahme eines Angebotes ist unter Anwesenden (auch telefonisch) nur sofort möglich, § 147 BGB.

Beispiel: Legt jemand den Telefonhörer auf, ohne das Angebot seines Telefon-Gesprächspartners zu akzeptieren, ist die Verhandlung vorbei. Er kann dessen letztes Angebot nicht mehr später ohne dessen Einverständnis annehmen.

Bei Annahme unter Abwesenden ist der Anbietende so lange an sein Angebot gebunden, wie normalerweise mit Antwort gerechnet werden muss. Bei der Berechnung dieser Frist müssen im Einzelfall Postlaufzeiten und Bedenkzeit berücksichtigt werden.

Beispiel: Es wird ein schriftliches Lieferangebot abgegeben. Nach fünf Monaten will der Kunde das Angebot annehmen. Das ist zu spät.

Bei öffentlichen Vergabeverfahren nach VOB/A ist die Zuschlagsfrist so kurz wie möglich und nicht länger zu bemessen, als der Auftraggeber für eine zügige Prüfung und Wertung der Angebote benötigt. Die Frist soll nicht mehr als 30 Kalendertage betragen und das Ende der Zuschlagsfrist durch Angabe des Kalendertages bezeichnet werden, § 19 Nr.2 u. 3 VOB/B.

Innerhalb der eingeräumten Frist ist der Partner an seine Erklärungen gebunden. Er kann die Erklärung nur widerrufen, wenn dieser Widerruf bei dem anderen Partner vor der Erklärung eingeht, sie also „überholt".

Um Unsicherheiten über die Dauer der Bindefrist zu vermeiden, sollte man diese kalendermäßig genau bestimmen.

Beispiel: An unser Angebot halten wir uns bis zum Ablauf des 1.3.2018 gebunden.

2.5 Bedingungen

Für die Vertragspraxis sind Bedingungen von großer Bedeutung. Es sind meist mehrere Interessen, die bei Projekten berücksichtigt werden sollen, die in einem Zusammenhang stehen. Die Parteien sind deshalb oft daran interessiert, diesen Zusammenhang zu erhalten, oder eine Handlung oder Unterlassen davon abhängig zu machen, dass auch der andere Vertragspartner etwas tut oder unterlässt. Auch die Realisierbarkeit des Projektes kann von äußeren Einflüssen abhängen, die ebenfalls berücksichtigt werden müssen.

Beispiel: Die Parteien schließen einen Vertrag über die Errichtung eines Gebäudes. Der Vertreter auf der Seite des potentiellen Auftraggebers möchte aber sicher gehen, dass alle maßgeblichen Kräfte innerhalb seines Unternehmens mit dem Vertrag einverstanden sind. Die Parteien vereinbaren, dass der Vertrag erst zustande kommt, wenn der Vorstand/der Aufsichtsrat/die

Gesellschafter dem Vertrag zustimmen („aufschiebende Bedingung").

Beispiel: Die Parteien vereinbaren, dass ein zwischen ihnen vereinbartes Verhandlungsprotokoll zum Vertrag werden soll, wenn sich der Auftraggeber für den Verhandlungspartner entscheidet und einen entsprechenden Auftrag erteilt (**Muster-AN+AG 02**).

Beispiel: Die Parteien schließen einen Vertrag über den Bau eines Kohlekraftwerks. Sie vereinbaren aber, dass der Vertrag wieder hinfällig wird, wenn der Bundestag innerhalb einer bestimmten Frist den Ausstieg aus dem Kohlestrom beschließt („auflösende Bedingung").

2.6 Form der Willenserklärung

Willenserklärungen können in verschiedenen Formen abgegeben werden.

<u>Mündliche Willenserklärung</u>

Wenn nicht gesetzlich vorgeschrieben oder ausdrücklich anders vereinbart, sind deshalb auch mündliche Erklärungen wirksam.

<u>Textform</u>

Um Missverständnisse über den Vertragsinhalt zu vermeiden und das Vereinbarte zu dokumentieren, wird häufig die Textform vorgesehen, § 126b BGB. Dazu muss der Text irgendwie dauerhaft wiedergegeben sein und der Text am Ende durch Nachbildung der Unterschrift oder anderswie abgeschlossen werden.

Verbrauchsgüterkaufvertrag / Verbraucherbauvertrag:

In Allgemeinen Geschäftsbedingungen (hierzu Kapitel 3) darf von dem Verbraucher keine strengere Form als die Textform verlangt werden, § 309 Nr. 13b) BGB.

Beispiel: In einem Verbraucherbauvertrag wurde die VOB/B wirksam vereinbart. Der private Auftraggeber verlangt per E-Mail Mängelbeseitigung.

Der Auftraggeber kann sich nicht auf die in § 13 Abs.5 VOB/B (Stand 2016) vorgesehene Schriftform berufen.

<u>Gesetzliche Schriftform, § 126 BGB</u>

In bestimmten Fällen hat der Gesetzgeber Schriftform, § 126 BGB, vorgeschrieben.

Beispiel: Kündigung eines Bauvertrages, § 650h BGB.

Dann muss die Urkunde von dem Aussteller eigenhändig durch Namensunterschrift oder mittels notariell beglaubigten Handzeichens unterzeichnet werden. Und ein Vertrag entweder von den Parteien auf derselben Urkunde unterzeichnet oder von auf einem für die andere Partei bestimmte Urkunde unterzeichnet werden.

Vereinbarte Schriftform, § 127 BGB

Wo die Parteien selbst die Schriftform vereinbart haben, müssen sie sich an diese Form halten; mündliche Willenserklärungen laufen dann Gefahr, nicht berücksichtigt zu werden. Daran ist besonders zu denken, wenn die Schriftform in allgemeinen Geschäftsbedingungen enthalten ist, was auch bei Vereinbarung der VOB/B der Fall ist.

Beispiele: VOB/B: Hinweis des Auftragnehmers § 4 Abs.3, Zustimmung zur Untervergabe des Auftraggebers, § 4 Abs.8, Sichtabnahme, § 4 Abs.10, Behinderungsanzeige des Auftragnehmers, § 6 Abs.1; Kündigung § 6 Abs.7, Kündigung § 8 Abs.6, Kündigung § 9 Abs.2, förmliche Abnahme § 12 Abs.4; Mängelbeseitigungsverlangen, § 13 Abs.5; Einwendungen gegen Stundenlohnabrechnung, § 15 Abs.3; Schlusszahlungsbelehrung und- Schlusszahlungserklärung, § 16 Abs. 2; Bürgschaftserklärung, § 17 Abs.4, Antrag auf Schlichtungsverfahren, § 18 Abs.2.

Für das Zustandekommen eines Vertrages reicht der Briefwechsel aus, § 127 BGB, es müssen also nicht unbedingt zwei Unterschriften unter ein Dokument gesetzt werden.

Für die Einhaltung der vereinbarten Schriftform genügt – soweit die Parteien nichts anderes bestimmt haben – auch die telekommunikative Übermittlung der Willenserklärungen, z.B. per Fax, § 127 BGB. Ob auch die gewechselte E-Mail als telekommunikative Übermittlung anzusehen ist, ist noch immer nicht eindeutig geklärt (Hierzu Hammacher, BauR 2016 (Heft 6) I-II Editorial, bejahend OLG Köln, Urt. v. 22.6.2016, Az. 16 U 145/15, IBR 2017; OLG Hamm, Urt. v. 4.10.2016, Az. 21 U 142/15, BeckRS 2016, 119491; OLG Frankfurt, Urt. v. 10.2.2015; OLG Hamburg, Beschluss vom 6.5.2013, Az. 2 W 35/13, BeckRS 2013, 08576 verneinend u.a. OLG Jena, Beschluss v. 30.4.2012). Da die Schriftform sehr häufig vereinbart wird, u.a. auch durch Vereinbarung der VOB/B (Stand 2016) sind die Parteien gut beraten, sich auch dann nicht auf die E-Mail zu verlassen, wenn auf diesem Weg eine pdf-Datei mit eingescannter Unterschrift übermittelt wird. In wichtigen Fällen, wie z.B. bei Bedenkenanmeldung, Behinderungsanzeige, Rücktritt, Kündigung, Minderung sollte ggf. zusätzlich die Erklärung auch noch per Fax oder Brief abgegeben werden.

Die Parteien können für den Austausch von Willenserklärungen auch die elektronische Form (E-Mail) vereinbaren, § 127 Abs.3 S.1 BGB. Dazu reicht – wiederum wenn die Parteien nichts anderes vereinbart haben – dass die jeweiligen elektronischen Erklärungen in irgendeiner Form elektronisch signiert sind, d.h. den Aussteller erkennen lassen, § 127 Abs.3 BGB. Allerdings besteht bei dieser einfachen Signierung die Unsicherheit, ob der Absender tatsächlich die Person ist, die er in der Erklärung vorgibt zu sein.

Hier würde es sich anbieten, jedenfalls für wichtige Erklärungen, die so genannte qualifizierte elektronische Signatur nach dem Signaturgesetz vorzusehen, § 126a BGB. Dazu muss sich der Absender bei einer Zertifizierungsstelle eine Chipkarte mit privatem Schlüssel geben lassen und dem Empfänger einen öffentlichen Schlüssel zukommen lassen, mit Hilfe dessen dieser die Authentizität des Absenders überprüfen kann. Bei öffentlichen

Aufträgen kann der Auftraggeber mit digitaler Signatur versehene Angebote zulassen, die verschlüsselt eingereicht werden müssen (vgl. z.B. § 13 Abs.1 Nr.1 VOB/A). Leider haben sich die angebotenen Verfahren in der Praxis bisher kaum durchsetzen können. Das könnte sich demnächst ändern, denn die Rechtsanwälte werden sich ab 2018 an dieses Verfahren gewöhnen müssen: Sie sollen elektronische Schriftsätze an die Gerichte verfassen (sog. Besonderes elektronisches Anwaltspostfach, „beA").

Konkludentes Verhalten

Willenserklärungen können aber auch durch ein tatsächliches, sog. „konkludentes" Verhalten abgegeben werden.

Beispiele: Der Auftraggeber erklärt, dass er den Auftragnehmer mit Bauleistungen beauftragen möchte und dass er bereit ist, hierfür einen bestimmten Preis zu zahlen. Der Auftragnehmer erklärt, er werde es sich überlegen und beginnt kurz darauf mit den Bauarbeiten. Damit hat der Auftragnehmer das Angebot angenommen, ein Vertrag ist zustande gekommen.

Der Auftraggeber zahlt eine Schlussrechnung des Auftragnehmers, obwohl er genau weiß, was gegen die Höhe der Forderung spricht (vgl. OLG Düsseldorf vom 22.08.2014 – I-22 U 7/14, NZBau 2015, 288) Diese unbedachte Handlung kann – ausnahmsweise – als eine konkludente Anerkenntnis-Erklärung gewertet werden.

Willenserklärung durch Schweigen

Schließlich stellt sich die Frage, ob Willenserklärungen auch durch bloßes Schweigen abgegeben werden können. Die Annahme eines Angebotes durch Schweigen ist grundsätzlich nicht möglich, da Schweigen gerade keine aktive Erklärung ist (vgl. § 241a BGB, Zusendung unbestellter Waren). Allerdings wird im kaufmännischen Verkehr das Schweigen auf ein Angebot als Annahme des Angebotes gewertet, § 362 HGB, wenn „entsprechend der Übung ordentlicher Kaufleute bei Ablehnung nach Treu und Glauben ein Widerspruch erforderlich gewesen wäre" (BGH, Urt. v. 28.3.1990, Az. VIII ZR 257/89, NJW 1990, 1655; BGH, Urt. v. 6.2.1990, Az. X ZR 39/89, NJW 1990, 1656).

Das trifft jedenfalls dort zu, wo geschäftliche Bindungen, z.B. in Form von Rahmenverträgen, zwischen den Vertragspartnern bestehen. Aber auch dort, wo für den einen Vertragspartner erkennbar wird, dass sich der andere gutgläubig darauf verlässt, der andere werde ihn schon informieren, wenn er von falschen Voraussetzungen ausgeht, muss der Vertragspartner reagieren. Zu hoch ist das Risiko, dass sein Schweigen als Zustimmung missverstanden wird.

Beispiele: Nach Abschluss des Vertrages sendet der Auftragnehmer eine Auftragsbestätigung, die inhaltlich von dem Vertrag abweicht.

Reagiert der Auftraggeber hierauf nicht, liegt hierin normalerweise keine Annahme des Angebotes auf Abänderung des Vertrages (BGH, Urt. v. 22.3.1995, Az. VII ZR 20/94, NJW 1995, 1672).

Dennoch: Wenn der Auftragnehmer aufgrund der besonderen Umstände des Einzelfalles davon ausgehen darf, dass der Auftraggeber der Auftragsbestätigung widersprechen wird, wenn er mit dem Inhalt nicht einverstanden ist, gilt das Schweigen als Zustimmung (vgl. OLG Dresden, Urt. v. 29.9.2002, Az. 7 U 994/01, IBR 2003, 401).

2.7 Zugang der Willenserklärungen

Solange die Willenserklärung den anderen nicht erreicht hat, kann sie durch die eigene Erklärung widerrufen werden.

Beispiel: Der Auftragnehmer versendet sein Angebot. Kurz nach Aufgabe zur Post bereut er seine Erklärung. Er widerruft per E-Mail, die vor dem Angebot beim Auftraggeber eingeht.

Wer etwas erklären will, trägt die Verantwortung dafür, dass seine Erklärung den anderen auch erreicht und dafür auch die Beweislast. Idealerweise lässt man sich deshalb den Zugang durch den Empfänger bestätigen, weshalb dieses Buch die Verwendung des Einschreibens mit Rückschein empfiehlt. Ein Telefax-Sendebericht, verbunden mit einer eidesstattlichen Versicherung, dass das Fax abgesendet wurde, kann als „Beweis des ersten Anscheins" ausreichen. Auch die elektronische oder telefonische Rückbestätigung kann ausreichen, wenn diese später nachgewiesen werden kann. Doch bleibt die Beweislast über den Zugang des E-Mails bei dem Versender (OLG Köln, Urt. v. 5.12.2006, Az. 3 U 167/05). In diesen Fällen genügt es nicht, wenn der Beweispflichtige vorträgt, er habe seine Unterlagen gründlich gesichtet und gehe deshalb davon aus, dass er nichts bekommen habe (BGH, Urt. v. 28.9.2016, Az. IV ZR 41/14, BeckRS 2016, 18052).

internationaler Kaufvertrag / Werklieferungsvertrag

vergleiche Regelungen in den Art. 15, 16 CISG

2.8 Kaufmännisches Bestätigungsschreiben

Jeder, der sich wie ein Kaufmann benimmt, kann gegenüber einem anderen, der ähnlich wie ein Kaufmann am Rechtsverkehr teilnimmt (OLG Koblenz, Urt. v. 26.6.2006, Az. 12 U 685/05, NJW-RR 2007, 813), den Inhalt einer mündlich (telefonisch) getroffenen Vereinbarung schriftlich bestätigen. Wenn die andere Partei nicht reagiert, gilt der Inhalt der schriftlichen Niederlegung als richtig. Dies trifft auch dann zu, wenn möglicherweise gar nicht ausdrücklich angesprochene Nebenpunkte bestätigt werden (z.B. Vereinbarung der VOB/B, der eigenen AGB) oder sogar, wenn von der mündlichen Vereinbarung leicht abgewichen wird. Natürlich nicht, wenn etwas anderes bestätigt wird, als das was besprochen wurde. Nur: derjenige, der die Abweichung vom Inhalt des Bestätigungsschreibens behauptet, muss dies auch beweisen, denn gerade dafür ist es ja da.

Das kaufmännische Bestätigungsschreiben muss zeitlich dicht auf die mündliche Vereinbarung folgen. Niemand sollte versuchen eine günstige Aktenlage zu produzieren, wenn er merkt, dass es brenzlig wird! Wird das Bestätigungsschreiben erst nach fünf Tagen und zwischenzeitlich erfolgter

Auslieferung der Ware verfasst, ist dies zu spät (BGH, Urt. v. 10.1.2007, Az. VIII ZR 380/04, BeckRS 2007, 01632).

Wer mit der schriftlichen Fixierung der mündlichen Vereinbarung durch seinen Vertragspartner nicht einverstanden ist, muss deshalb unverzüglich widersprechen, wobei nach der Rechtsprechung drei Tage ausreichend sind (BGH, Urt. v. 20.11.1961 Az. VIII ZR 126/60, NJW 1962, 246/9) und eine Woche zu lang sein kann (OLG Hamm, Urt. v. 15.1.1992, Az. 26 U 65/91, BeckRS 2007, 06854).

Diese Grundsätze lassen sich problemlos auch auf Baustellenprotokolle und Verhandlungsprotokolle anwenden. (BGH, Urt. v. 27.1.2011, Az. VII ZR 186/09, NJW 2011, 1965/1966).

Wurde in den AGB Schriftform vereinbart, sind mündliche Absprache u.U. nicht wirksam. Dann liegen aber auch die Voraussetzungen für ein wirksames kaufmännisches Bestätigungsschreiben nicht vor, sodass dessen heilsame Wirkung nicht eintreten kann (OLG Schleswig, Urt. v. 18.3.2004, Az. 11 U 137/02, IBRRS 46248).

Andererseits kann ein kaufmännisches Bestätigungsschreiben u.U. sogar über eine fehlende Vertretungsbefugnis (siehe oben Ziffer 2.4) hinweghelfen.

Beispiel: Auf der Baustelle einigen sich die Bauleiter von Auftragnehmer und Auftraggeber über eine andere Art der Ausführung, die zu Mehrkosten für den Auftraggeber führen wird. Der Bauleiter des Auftraggebers ist nicht vertretungsberechtigt. Der Auftragnehmer schickt dem Auftraggeber per Fax eine Bestätigung der getroffenen Vereinbarung. Der Auftraggeber reagiert nicht.

Der Inhalt des kaufmännischen Bestätigungsschreibens gilt als richtig, weil die Auftraggeber nicht widersprochen hat (BGH, Urt. v. 1.10.2007, Az. VIII ZW 380/04, BeckRS 2007, 01632).

Nicht unbedingt empfehlenswert ist es, ein kaufmännisches Bestätigungsschreiben zu versenden und den Empfänger wiederum um eine Gegenbestätigung zu bitten. Es muss dann später geklärt werden, ob der Verfasser damit bereits von einer verbindlichen mündlichen Vereinbarung ausgegangen ist oder ob die Wirksamkeit von der Gegenbestätigung abhängig sein sollte.

Beispiel: A lässt Stahl bei B veredeln (Veredelung durch Wärmebehandlung) und hat hierzu mit B eine Kontingentvereinbarung geschlossen. Als es zu Problemen wegen der zu veredelnden Mengen kommt, verhandeln A und B über eine Reduzierung und Verteilung der Menge auf das ganze Jahr. B fasst das Verhandlungsergebnis zusammen und schickt es A mit der Bitte um Gegenzeichnung, die jedoch ausbleibt.

Die Bitte um Gegenbestätigung bedeutet nicht unbedingt, dass der Inhalt des Schreibens einen Vertragsinhalt nur dann verbindlich festlegt, wenn die Gegenbestätigung erfolgt. Mit der Bitte um Gegenbestätigung kann auch lediglich das für den Empfänger erkennbare Anliegen des Absenders verbunden sein, einen urkundlichen Beweis für den Zugang seines Schreibens und den Vertragsschluss in die Hände zu bekommen (BGH, Urt. v. 24.10.2006, Az. X ZR 124/03, NJW-RR 2007, 325).

2.9 Letter of Intent

Der Letter of Intent ist eine Erklärung der Partner oder eines Partners, dass ein Vertrag mit den im Letter of Intent angerissenen, wesentlichen Punkten abgeschlossen werden soll. Je nachdem, wie stark sich die Partner binden wollen, kann es sich um einen wirksamen Vorvertrag handeln oder um eine bloße Absichtserklärung, die keine Rechtswirkungen entfalten soll. Ist letzteres der Fall, kann die Erfüllung nicht verlangt werden. Aber es können auch keine Schadensersatzansprüche geltend gemacht werden, sofern nicht der Vertragspartner aus anderen Gründen gegen eine Pflicht verstoßen hat.

In dem Letter of Intent sollten auch die Punkte aufgeführt werden, die ein Partner für wesentlich hält, über die aber noch keine Einigung erzielt werden konnte.

Soll der Letter of Intent bereits Kosten verursachende Handlungen einer Partei auslösen, z.B. Planungsleistungen oder Materialbestellung, empfiehlt es sich, wenigstens über diese Leistungen bindende Teilvereinbarungen zur Vergütung zu treffen.

2.10 Option

Die Option ist das Recht, durch einseitige Erklärung einen Vertrag zustande zu bringen oder zu erweitern. Sie begründet ein Gestaltungsrecht. Das Optionsrecht ergibt sich in der Regel aus einem aufschiebend bedingten Vertrag, der durch die Optionserklärung unbedingt wird. Von einem Optionsrecht spricht man aber auch dann, wenn dem Berechtigten ein langfristig bindendes Vertragsangebot gemacht worden ist.

Beispiel: Der Auftragnehmer hat den Auftrag über eine Lieferung von 10.000 t Stahlkonstruktion erhalten und verpflichtet sich, in diesem (Haupt-) Vertrag zu den gleichen Bedingungen noch weitere 2.000 t zu liefern, wenn der Auftraggeber dies wünscht.

Der Vorteil liegt für den Auftraggeber darin, dass der Aufwand für ein erneutes Vergabeverfahren für den optionalen Bauteil entfällt, er seinen Vertragspartner fest verpflichtet und Sicherheit über die Preise hat; für den Auftragnehmer liegt der Vorteil darin, dass er sich den Zusatzauftrag bereits gesichert hat, wenn er denn zur Ausführung kommt und seine Vergütung bereits feststeht.

Bei der Formulierung der Option ist darauf zu achten, dass auch geregelt wird, bis wann die Option gezogen werden kann, welche Vorlaufzeiten dem Auftragnehmer gewährt werden und ob sich die vereinbarten Preise durch Zeitablauf anpassen dürfen (Preisgleitklausel).

2.11 Aufhebung eines Vertrages

Der alte Satz „Verträge sind einzuhalten" (für die Lateiner: *„pacta sunt servanda"*) gilt noch immer. Alle Vertragsparteien sind so lange daran gebunden, bis der Vertrag aufgehoben wird. Dies kann auf unterschiedliche Weise geschehen:

- Die Parteien heben den Vertrag einvernehmlich auf, schließen also einen Aufhebungs-Vertrag.
- Eine Partei erklärt die Anfechtung ihrer Erklärung, mit der sie den Vertrag geschlossen hat, etwa wenn sie bei Abgabe der Erklärung einem Irrtum unterlag, § 119 BGB oder wenn sie getäuscht oder sogar zur Erklärung genötigt wurde, § 123 BGB. Hier ist jedoch besondere Vorsicht geboten, da die Voraussetzungen einer solchen Anfechtung sehr streng sind und hohe Anforderungen an die Beweisführung des Anfechtenden gestellt werden.

Beispiel: Beim Ausfüllen eines Angebotsblattes in einer öffentlichen Ausschreibung rutscht aus Versehen das Komma nach links, sodass der Auftragnehmer nur für 1/10 des Preises seiner Mitbewerber anbietet.

Dieser Erklärungsirrtum würde den Auftragnehmer zur Anfechtung berechtigen, § 119 Abs. 1 BGB. Er müsste aber dem Auftraggeber den Schaden ersetzen, der ihm möglicherweise durch die Anfechtung entsteht, § 122 BGB.

Beispiel: Ein Auftragnehmer gibt einen zu niedrigen Preis ab, weil er sich bei dem Aufwand für einige Teilleistungen verschätzt hat.

Ein Kalkulationsirrtum berechtigt grundsätzlich nicht zur Anfechtung eines Angebotes; selbst dann nicht, wenn der Auftraggeber diesen erkannt oder die Kenntnisnahme treuwidrig vereitelt hat. Hier können sich allenfalls Schadensersatzansprüche unter dem Gesichtspunkt von Treu und Glauben (BGH, Urt. v. 7.7.1998, Az. X ZR 17/97, IBR 1998, 419) oder eine Verletzung der Pflicht zur Rücksichtnahme, § 241 Abs.2 BGB (BGH, Urt. v. 11.11.2014, Az. X ZR 32/14, IBRRS 2014, 3221) ergeben.

- Eine Partei macht - falls die Voraussetzungen hierfür vorliegen - von ihrem vertraglichen oder gesetzlichen Rücktrittsrecht Gebrauch (z.B. § 323 BGB), d.h. der Vertrag wird rückabgewickelt, die Parteien müssen sich dasjenige zurückgeben, was sie von der anderen Partei erhalten haben.
- Eine Partei macht - wiederum falls die Voraussetzungen gegeben sind - von einem Kündigungsrecht Gebrauch, d.h. der Vertrag wird mit der Kündigungserklärung für die Zukunft beendet (z.B. §§ 648; 648a BGB und § 8 VOB/B).

Verbraucher-Verträge

Verbraucher ist jede natürliche Person, die ein Rechtsgeschäft zu einem Zweck abschließt, der weder ihrer gewerblichen noch ihrer selbständigen beruflichen Tätigkeit zugerechnet werden kann, § 13 BGB.

Dem Verbraucher-Auftraggeber räumt das Gesetz gelegentlich ein einseitiges Widerrufsrecht ein, z.B. wenn der Vertrag außerhalb von Geschäftsräumen geschlossen wird oder bei Fernabsatzverträgen, § 312g BGB. In den in § 312g Abs.2 BGB bestimmten Fällen besteht kein Widerrufsrecht, sofern die Parteien nichts anderes vereinbart haben.

Der Verbraucher-Auftraggeber hat 14 Tage nach Vertragsschluss Zeit, zu widerrufen; er ist dann nicht mehr an den Vertrag gebunden, § 355 BGB.

Bei Verbraucherbauverträgen, siehe unten Kapitel 2.12.5, beginnt die Frist erst ab Zugang der Belehrung über das Widerrufsrecht gem. Art. 249 § 3 EGBGB. Es erlischt spätestens 12 Monate und 14 Tage nach Vertragsschluss. (Muster-AN 01)

Architekten- und Ingenieurvertrag

§ 650r BGB sieht ein Sonderkündigungsrecht des Auftraggebers innerhalb von zwei Wochen nach Vorlage der Planungsgrundlage zur Ermittlung der Ziele des Auftraggebers verbunden mit einer Kosteneinschätzung für das Vorhaben vor, § 650p BGB.

Ist der Bauherr ein Verbraucher-Auftraggeber gilt die zwei Wochen-Frist nur dann, wenn der Auftragnehmer ihn bei Vorlage der Planungsgrundlagen in Textform über das Kündigungsrecht unterrichtet hat, § 650r Abs.1 BGB **(Muster-AN 01)**.

Umgekehrt kann der Auftragnehmer dem Auftraggeber auch eine angemessene Frist setzen, um der von ihm entwickelten Planungsgrundlage zuzustimmen. Stimmt der Auftraggeber nicht zu, kann der Auftragnehmer seinerseits den Vertrag kündigen, § 650r Abs.2 BGB.

2.12 Gesetzliche Vertragstypen

Das deutsche BGB hat verschiedene Vertragstypen herausgebildet, für die jeweils teilweise unterschiedliche Regelungen gelten sollen.

Das Spektrum der möglichen Vertragsgestaltungen ist damit aber nicht abschließend abgedeckt. So gibt es z.B. gemischte Verträge, wenn das Projekt verschiedene Aktivitäten erfassen. Auch ändern sich die wirtschaftlichen Verhältnisse schneller als der Gesetzgeber ihnen zu folgen vermag. Die folgende Übersicht kann nur einen groben Orientierungsrahmen bieten. Dabei beschränken wir uns auf diejenigen Vertragstypen, die für die Praxis unserer Leser von Bedeutung sind und die wir in diesem Buch behandeln.

Allgemeines Vertragsrecht (Hammacher)

> **Systematische Gliederung Titel 8 BGB**
> **Einzelne Schuldverhältnisse**
>
> *Buch 2*
>
> **Titel 1 Kauf, Tausch**
> § 433 Kaufvertrag
> Untertitel 3 Verbrauchsgütervertrag
> § 474 Verbrauchsgüterkauf
> **Titel 8 Dienstvertrag und ähnliche Verträge**
> Untertitel 1 Dienstvertrag
> § 4~~84~~ Dienstvertrag 611§
> **Titel 9 Werkvertrag und ähnliche Verträge**
> Untertitel 1 Werkvertrag
> Kapitel 1 Allgemeine Vorschriften des Werkvertragsrechts
> § 650 Werklieferungsvertrag
> Kapitel 2 Bauvertrag
> § 650a Bauvertrag
> Kapitel 3 Verbraucherbauvertrag
> § 650i Verbraucherbauvertrag
> Untertitel 2 Architekten und Ingenieurvertrag
> § 650p Architektenvertrag und Ingenieurvertrag
> Untertitel 3 Bauträgervertrag
> § 650u Bauträgervertrag

2.12.1 Kaufvertrag

Beim *Kaufvertrag* verpflichtet sich der Verkäufer, dem Käufer die Sache zu übergeben und das Eigentum an einer Sache zu verschaffen, und der Käufer verpflichtet sich, den vereinbarten Kaufpreis zu zahlen und die gekaufte Sache abzunehmen. Die Einzelheiten richten sich insbesondere nach den Bestimmungen der §§ 433 ff. BGB und des HGB. Für öffentliche Aufträge findet zusätzlich die VOL/B und die Vergabeverordnung (VgV) Anwendung. Die Sache muss so beschaffen sein, wie dies vertraglich vereinbart war (Beschaffenheitsvereinbarung).

Beispiel: Um endlich eine schnelle Internet-Verbindung zu bekommen kauft der Auftraggeber Hard- und Software. Es wird auch vieles besser, aber das Up-Loading dauert noch immer unendlich lang, weil der Netzbetreiber keine schnellere Leitung zur Verfügung stellen kann.

Dafür, dass der gewünschte Erfolg eintritt, steht der Auftragnehmer bei einem *Kaufvertrag* nicht ein. Das wäre anders, wenn ein Werkvertrag abschlossen worden wäre, oder der Auftragnehmer den Auftraggeber falsch beraten hätte.

Das CISG regelt den Abschluss des internationalen Kaufvertrages und die aus ihm erwachsenden Rechte und Pflichten des Verkäufers und des Käufers (Art. 3 CISG).

2.12.2 Verbrauchsgüterkaufvertrag

Für Verbraucher gelten teilweise abweichend und ergänzend die Vorschriften über den *Verbrauchsgüterkaufvertrag*, § 474 BGB. Verbrauchsgüterkäufe sind Verträge, durch die ein Verbraucher von einem Unternehmer eine bewegliche Sache kauft. Um einen *Verbrauchsgüterkauf* handelt es sich auch bei einem Vertrag, der neben dem Verkauf einer beweglichen Sache die Erbringung einer Dienstleistung durch den Unternehmer zum Gegenstand hat.

2.12.3 Werkvertrag

Durch den Werkvertrag wird der Auftragnehmer zur Herstellung des versprochenen Werkes, der Auftraggeber zur Entrichtung der vereinbarten Vergütung und Abnahme der Leistung verpflichtet, § 631 BGB. Der Auftragnehmer schuldet den Erfolg seiner Tätigkeit.

Beispiel: Der Auftragnehmer erhält den Auftrag, eine Anlage zu reparieren. Er wird dafür bezahlt, dass am Ende seiner Leistung die Anlage auch tatsächlich funktioniert. Für das bloße Tätigwerden allein gibt es kein Geld.

Diese Erfolgsbezogenheit unterscheidet den Werkvertrag und seine Unterarten insbesondere vom *Kaufvertrag, Werklieferungsvertrag* und dem *Dienstvertrag*. Mit dem zum 1.1.2018 in Kraft getretenen Gesetz zur Reform des Bauvertragsrechts und zur Änderung der kaufrechtlichen Mängelhaftung hat der Gesetzgeber eine seit langem geforderte Differenzierung im Werkvertragsrecht vorgenommen:

- *Bauvertrag*, §§ 650a ff. BGB
- *Verbraucherbauvertrag*, §§ 650i ff. BGB
- *Architekten- und Ingenieurvertrag*, §§ 650p ff. BGB
- *Bauträgervertrag*, §§ 650u f. BGB.

2.12.4 Bauvertrag

Ein Bauvertrag ist ein Vertrag über die Herstellung, die Wiederherstellung, die Beseitigung oder den Umbau eines Bauwerks, einer Außenanlage oder eines Teils davon. Ein Vertrag über die Instandhaltung eines Bauwerks ist ein Bauvertrag, wenn das Werk für die Konstruktion, den Bestand oder den bestimmungsgemäßen Gebrauch von wesentlicher Bedeutung ist, § 650a BGB.

Der Gesetzgeber wollte nicht jede Maßnahme, die einem Bauwerk dient als Bauvertrag einordnen. Unter Instandhaltung sind Arbeiten zu verstehen, die zur Erhaltung des Soll-Zustandes des Bauwerks dienen (s. auch § 2 Absatz 9 der Honorarordnung für Architekten und Ingenieure (HOAI); § 1 Vertragsordnung für Bauleistungen Teil A - VOB/A). Instandhaltungsarbeiten, die für Konstruktion, den Bestand oder den bestimmungsgemäßen Gebrauch des Bauwerks von wesentlicher Bedeutung sind, können etwa Pflege-, Wartungs- und Inspektionsleistungen sein, die der Erhaltung und/oder der Funktionsfähigkeit des Bauwerks dienen. (BT-Drucksache 123/16 Seite 56)

Beispiel: Inspektion von Brücken zur Pflege und Wartung von tragenden oder sonst für den Bestand eines Bauwerks wichtigen Teilen

Allerdings ist mit Abgrenzungsproblemen zu rechnen. So erfasst z.B. DIN 31051:2003-06 Instandhaltung sowohl Wartung als auch Inspektion, Instandsetzung, Verbesserung, Schwachstellenanalyse.

Beispiel: Vertrag über den Anstrich zur bloßen Verschönerung des Gebäudes dürfte kein Bauvertrag sein

2.12.5 Verbraucherbauvertrag

Verbraucherbauverträge sind Verträge, durch die der Unternehmer von einem Verbraucher zum Bau eines neuen Gebäudes oder zu erheblichen Umbaumaßnahmen an einem bestehenden Gebäude verpflichtet wird, § 650h BGB.

Beispiel: für erhebliche Umbaumaßnahme: Entkernung eines Gebäudes: Fassade bleibt, Rest wird erneuert

Zugunsten des Verbrauchers als Auftraggeber gelten Aufklärungspflichten (Baubeschreibung, § 650i BGB) und Übergabe von Planungsunterlagen zum Nachweis für die ordnungsgemäße Planung bzw. Ausführung gegenüber Behörden und für die Finanzierung, § 650m BGB.

Für diesen Vertragstyp sind auch die Informationsvorschriften in Artikel 249 des E-BGB zu beachten.

2.12.6 Architektenvertrag und Ingenieurvertrag

Auch der Architekt oder Ingenieur schuldet den Erfolg seiner Leistung sofern nicht etwas anderes vereinbart wurde.

Durch einen Architekten- oder Ingenieurvertrag wird der Unternehmer verpflichtet, die Leistungen zu erbringen, die nach dem jeweiligen Stand der Planung und Ausführung des Bauwerks oder der Außenanlage erforderlich sind, um die zwischen den Parteien vereinbarten Planungs- und Überwachungsziele zu erreichen, § 650o BGB.

Architekt und Planer müssen, falls wesentliche Planungs- oder Überwachungsziele noch nicht vereinbart sind, dafür die Grundlagen erstellen, zusammen mit einer Kosteneinschätzung.

Für die Vergütung bestehen Sonderregelungen, was damit zusammenhängt dass es für diese Tätigkeit auch 2017/2018 noch staatliche Preisregulierung in Form der HOAI - „Honorarordnung für Architekten und Ingenieure" gibt.

Des Weiteren gibt es ein Sonderkündigungsrecht sowohl für Architekten und Ingenieure - als auch für Auftraggeber, wenn sie sich über die Ausführung der geplanten Leistungen nicht einigen können, sowie ein Recht auf Teilabnahme. Schließlich wurde für den Fall der gesamtschuldnerischen Haftung von Architekten und Ingenieuren und der ausführenden Firma geregelt, dass der Auftraggeber zunächst die ausführende Firma erfolglos unter Fristsetzung zur Nacherfüllung aufgefordert haben muss, bevor er den Architekten/Ingenieur in Anspruch nehmen kann.

2.12.7 Bauträgervertrag

Ein *Bauträgervertrag* ist ein Vertrag, der die Errichtung oder den Umbau eines Hauses oder eines vergleichbaren Bauwerks zum Gegenstand hat und der zugleich die Verpflichtung des Unternehmers enthält, dem Besteller das Eigentum an dem Grundstück zu übertragen - oder ein Erbbaurecht zu bestellen oder zu übertragen.

Dieser Vertragstyp ist von der Besonderheit gekennzeichnet, dass der Auftragnehmer eine Immobilie verkauft, die erst noch - oft mit Gestaltungspotential für den Käufer – erstellt werden muss.

Hinsichtlich der Errichtung und des Umbaus findet grundsätzlich Werkvertragsrecht Anwendung, § 650u Abs.1, S.1, 1. Alt. BGB), allerdings sind zahlreiche wichtige Werkvertragsregelungen ausgeschlossen, § 650u Abs.2 BGB). Hinsichtlich der Eigentumsübertragung findet Kaufrecht Anwendung, § 650u Abs.1, S.1, 2.Alt. BGB, also insbesondere der Zwang zur notariellen Beurkundung des *Kaufvertrag*es und notwendige Eintragung in das Grundbuch.

2.12.8 Werklieferungsvertrag

Auf Produkte, die erst noch herzustellen oder zu erzeugen sind, ist Kaufrecht anzuwenden, § 650 BGB. Soweit es sich dabei um nicht vertretbare Sachen handelt, also Sachen, die extra angefertigt oder angepasst wurden und die nicht ohne weiteres weiterverkauft werden können, § 91 BGB) sind zusätzlich zu den Regeln des Kaufrechts auch noch einige Regeln aus dem Werkvertragsrecht anzuwenden, nämlich über die Mitwirkungspflichten des Auftraggebers, §§ 642; 643 BGB, seine Haftung für von ihm gelieferte Teile, § 645 BGB, sein jederzeitiges Kündigungsrecht, § 648 BGB und die Regelungen über den Kostenanschlag, § 649 BGB. Hingegen wird dem Werklieferer verwehrt, eine Zahlungsbürgschaft von seinem Auftraggeber gem. § 650c BGB zu verlangen, obwohl sich die Situation oft kaum anders darstellt als bei einem Werkunternehmer. Er hat auch keinen Anspruch auf Abschlagszahlungen gem. § 632a BGB.

Die Abgrenzung von Werklieferungs- / Kauf- / Werkvertrag ist nicht immer einfach, vor allem, wenn es sich bei den noch herzustellenden Produkten um Bauteile handelt.

Beispiele: Die Bauteile (z.B. Fenster) werden vom Händler geliefert; *Kaufvertrag.*

Die Bauteile werden gemäß Prospekt hergestellt und geliefert, aber nicht montiert: *Werklieferungsvertrag (vertretbare Ware).*

Die Bauteile werden nach Vorgaben des Architekten hergestellt und geliefert, aber nicht montiert: *Werklieferungsvertrag (unvertretbare Ware, mit zusätzlicher Anwendung von werkvertraglichen Bestimmungen).*

Die Bauteile werden lediglich montiert, ohne dass sie auch zu liefern waren: *Werkvertrag.*

Die Bauteile (z.B. Markise) werden geliefert und montiert, wobei die Montage nur eine untergeordnete Bedeutung spielt: *Kaufvertrag*, § 434 Abs.2 BGB.

Die Bauteile werden hergestellt, geliefert und montiert: Wenn die Funktion des Gebäudes von dem Einbau dieser Teile abhängig ist und diese Teile nicht ohne Beeinträchtigung wieder herausgelöst werden können, werden diese Teile Bestandteil des Gebäudes: *Werkvertrag*.

Internationaler Kaufvertrag

Auch international stehen Verträge über die Lieferung herzustellender oder zu erzeugender Waren den Kaufverträgen gleich (Art. 3 u. 4 CISG), es sei denn, dass der Besteller einen wesentlichen Teil der für die Herstellung oder Erzeugung notwendigen Stoffe selbst zur Verfügung zu stellen hat. UN-Kaufrecht ist nicht auf Verträge anzuwenden, bei denen der überwiegende Teil der Pflichten der Partei, welche die Ware liefert, in der Ausführung von Arbeiten oder anderen Dienstleistungen besteht.

2.12.9 Dienstvertrag

Durch den Dienstvertrag, § 611 ff. BGB wird derjenige, der Dienste zusagt, zur Leistung dieser versprochenen Dienste verpflichtet und der andere Teil zur Gewährung der vereinbarten Vergütung. Gegenstand eines Dienstvertrages können Dienste aller Art sein. Unter diesen Typus gehören auch alle Arbeitsverträge in ihrer durch Sondergesetze und Rechtsprechung geprägten Ausformung. Im Gegensatz zum Werkvertrag wird hier kein Erfolg der Leistung geschuldet, sondern „nur" die Tätigkeit an sich. Der Arbeitsvertrag ist eine gesetzlich besonders ausgeprägt geregelte Art des Dienstvertrages. Das heißt freilich nicht, dass derjenige, der die Dienstleistungen in Anspruch nimmt, nicht Schadensersatzansprüche gegen den Dienstleistenden geltend machen kann, wenn dieser ihm vorsätzlich oder fahrlässig einen Schaden zufügt. Dagegen gehören nicht zum Typ des Dienstvertrages die Leistungen des Ingenieurs, Statikers oder Architekten, da der Erfolg von deren Leistung sich in dem herzustellenden Werk niederschlägt; diese Verträge sind also als Werkvertrag zu behandeln.

2.12.10 Arbeitnehmerüberlassungsvertrag

Auch bei diesem Vertrag handelt es sich um einen Dienstvertrag, für den allerdings die strengen Regeln des Arbeitnehmerüberlassungsgesetzes (AÜG) gelten. Ein Verleiher stellt seine eigenen Mitarbeiter einem Entleiher zur Verfügung, die dieser nach seinen betrieblichen Bedürfnissen einsetzen kann, ohne dass ein Arbeitsverhältnis begründet wird.

Der Verleiher bedarf der behördlichen Genehmigung für die Personalgestellung. Geschuldet wird nur die Gestellung geeigneten Personals, nicht aber die Erbringung eines bestimmten Erfolges, weshalb in aller Regel der Rückgriff gegen den Verleiher ausgeschlossen ist, wenn das entliehene Personal schlecht leistet. Das entliehene Personal unterliegt den Weisungen des Entleihers, dieser muss sich dessen evtl. Fehlverhalten zurechnen lassen. Es bestehen Rückgriffsmöglichkeiten gegen den Entleiher bei Nichtabführung von Sozialbeiträgen und Steuern. (siehe unten Kapitel 13 „Haftung und gesetzliche Mithaftungstatbestände" sowie Kapitel 14 „Fremdpersonaleinsatz und Haftungsfragen").

2.13 Vertragstypen nach Leistung/Preis

Neben dieser gesetzlichen Typisierung kategorisiert die Praxis die benötigten Verträge auf unterschiedliche Weise, z.B. nach dem Verhältnis von Leistung und Vergütung oder nach Art der Zusammenarbeit.

2.13.1 Einheitspreisvertrag

Bei diesem Werkvertrag wird für technisch und wirtschaftlich in der Leistungsbeschreibung des Vertrages definierte Teilleistungen eine Vergütung pro Maßeinheit nach bestimmten Kriterien wie Menge, Maß, Gewicht oder Stückzahl vereinbart. Für eine bestimmte beschriebene Leistungsposition wird die vom Auftraggeber erwartete Menge angegeben und von dem Auftragnehmer der hierfür kalkulierte Einheitspreis eingesetzt.

Abgerechnet werden die nach Fertigstellung im Aufmaß ermittelten Mengen. Diese können höher oder niedriger liegen als prognostiziert. Es können auch ganze Positionen entfallen sein, neu hinzugekommen oder geändert worden sein.

2.13.2 Pauschalvertrag („lump sum – turn key")

Im Gegensatz zum Einheitspreisvertrag wird hier die Vergütung nicht an bestimmte Maßeinheiten und tatsächlich erbrachte Massen geknüpft, sondern es wird für die bei Vertragsabschluss vereinbarte Gesamtleistung ein Gesamtpreis vereinbart, der unabhängig von den tatsächlich erbrachten Massen unverändert bleibt. Das Massenrisiko trägt hier der Auftragnehmer. (siehe unten Kapitel 4 „Leistung und Vergütung", Ziffer 4.5). Die Terminologie ist nicht einheitlich; es wird auch von "Festpreis" gesprochen (vgl. OLG Stuttgart, Urt. v. 16.2.2000, Az. 4 U 126/99, IBRRS 6103). Deshalb bitte bei der Prüfung nicht nur am Wortlaut kleben.

Möglich ist auch, dass nicht der Gesamtvertrag pauschaliert wird, dass aber jeweils für einzelne Leistungspositionen Pauschalen gebildet werden.

Unterarten sind der Detailpauschalvertrag und der Globalpauschalvertrag (vgl. nachstehend Kapitel 4 „Leistung und Vergütung".

2.13.3 GMP-Vertrag

Als „Garantiert-Maximaler-Preis"-Vertrag bildet dieser Vertragstyp eine Preissicherung für den Auftraggeber. Ein Anspruch auf Vergütung über die vertraglich vorgesehene Vergütung hinaus, wird verbindlich ausgeschlossen. Diese Konstellation wird gerne im Verhältnis zwischen Endkunde (Investor) und einem Generalunternehmer vereinbart, der die Einhaltung des Budgets verbindlich zusichert. Meist hat dies zur Folge, dass der Generalunternehmer verstärkt auf Einsparpotential bei seinen Subunternehmern achtet, Auch hierzu gibt es verschiedene Erscheinungsformen.

2.13.4 Stundenlohnvertrag

Bei dieser vertraglich vereinbarten Vergütungsform werden die Leistungen nicht nach den Preisen für Leistungspositionen vergütet sondern nach Zeitaufwand. Dazu werden Stundenverrechnungssätze vereinbart. Bei den gewerblichen Leistungen werden diese Leistungen auch als Regiearbeiten bezeichnet (z.B. Montage, Reparaturleistungen). Diese Art der Vergütung kann bei Werkvertrag, Dienstvertrag oder Arbeitnehmerüberlassungsvertrag zur Anwendung kommen. Stundenlohnarbeiten finden sich häufig als Bedarfsposition, für den Fall dass unvorhergesehen Leistungen anfallen, die mit den Einheitspreispositionen nicht abgedeckt sind. Ansonsten versucht der Auftraggeber diese Art der Vergütung zu vermeiden, weil er das Arbeitstempo nur eingeschränkt beeinflussen kann, während der Auftragnehmer ein vermutetes Interesse daran haben könnte, die Arbeiten zu verzögern. Dem könnte man z.B. durch gleichzeitige Vereinbarung von Bonus-Regelungen für den Fall begegnen, dass die Arbeiten vorzeitig beendet werden können.

2.13.5 Selbstkostenerstattungsvertrag

Hierbei wird die Leistung des Auftragnehmers nach den tatsächlich erbrachten Leistungen auf der Grundlage der von ihm vorfinanzierten Selbstkosten abgerechnet. Der Selbstkostenerstattungsvertrag ist in der Praxis äußerst selten (vgl. § 4 Abs.4 VOB/A), wenn mit der Auftragsabwicklung vor allem andere Ziele verfolgt werden. Man findet ihn häufig bei Forschungs- und Entwicklungsaufträgen.

Eine Variante hiervon ist ein Vertrag, bei dem die Projektbeteiligten „gläserne Taschen" vereinbaren, um maximale Transparenz bei den Beschaffungspreisen zu erzielen.

2.13.6 Rahmenvertrag

Bei einem Rahmenvertrag stellt der Auftraggeber dem Auftragnehmer ein bestimmtes Volumen an zu erbringenden Lieferungen oder Leistungen in Aussicht Der Auftragnehmer verpflichtet sich, diese Lieferungen oder Leistungen zu den bei Vertragsabschluss bestimmten Preisen zu erbringen. Dabei erklärt der Auftraggeber häufig, dass er dieses Volumen ausdrücklich nicht zusagt, während sich der Auftragnehmer an seine Preise bindet. Bei der Kalkulation seiner Preise wird der Auftragnehmer seine Gemeinkosten auf die genannten Mengen umrechnen. Er kann deshalb nur dann den erhofften Gewinn realisieren, wenn die Mengen auch tatsächlich erbracht werden müssen. Der Auftraggeber wiederum profitiert von den günstigen Stückpreisen, wenn er ein hohes Volumen in Aussicht stellt. Lassen sich die prognostizierten Volumen nicht erreichen, hat der Auftraggeber günstige Stückpreise realisiert, während der Auftragnehmer den auf das Ganze kalkulierten Gewinn nicht erreichen kann. In einem Vertrag sollte deshalb eine faire Risikoverteilung vorgesehen werden. Ändert sich der Vertragsinhalt, handelt es sich um eine Vertragsänderung. Ändern sich die Vorstellungen der Parteien, ohne dass diese ihren Niederschlag im Vertrag gefunden haben, kommt eine Anpassung des Vertrages wegen Änderung der Geschäftsgrundlage in Betracht, § 313 BGB.

Je nach Vertragsgestaltung ist mit seiner Unterzeichnung der Rahmenvertrag bereits geschlossen und der Auftraggeber ist berechtigt, durch einseitige Erklärungen („Abrufe") die Lieferungen und Leistungen innerhalb einer vereinbarten Ausführungsfrist auszulösen. Oder der Rahmenvertrag regelt lediglich das kaufmännische Rahmenwerk, während die eigentliche Beauftragung erst mit Abschluss von Einzelverträgen zustande kommen soll. Die erste Möglichkeit räumt dem Auftraggeber eine sehr starke Stellung ein, die zweite Möglichkeit überlässt es dem Auftragnehmer, ob er die Lieferung oder Leistung tatsächlich erbringen will. Um den Entscheidungs- und Ausführungsprozess zu beschleunigen, wird bei der zweiten Möglichkeit deshalb häufig vereinbart, dass der Einzelauftrag als angenommen gelten soll, wenn der Auftragnehmer nicht innerhalb einer meist kurzen Frist widerspricht.

Bei der Vertragsgestaltung ist darauf zu achten, dass nicht durch zu hohe Formerfordernisse an die Willenserklärungen, unklare Regelungen über den Zugang von Willenserklärungen, zu kurze Erwiderungsfristen und zu lange Bindungszeiten der jeweils andere Partner unbillig benachteiligt wird.

2.14 Vertragstypen nach Art der Zusammenarbeit

2.14.1 Verträge im Über-/Unterordnungsverhältnis

<u>Subunternehmer oder Unterauftragnehmer-Vertrag</u>:
Der Begriff findet meist im Werkvertragsrecht Anwendung.

<u>Liefervertrag:</u>
Die Bezeichnung ist üblich für Kauf- und Werklieferungsverträge.

<u>Generalübernehmervertrag:</u>

Der Auftragnehmer tritt in jeder Hinsicht in die Funktion des Bauherrn ein und ist für die Herstellung des Gewerkes allein verantwortlich. Dieser Vertragstyp geht oft einher mit Absprachen über die Erstellung einer schlüsselfertigen Anlage. Der Generalübernehmer erbringt nicht selbst Bauleistungen sondern schuldet nur das Baumanagement.

<u>Generalunternehmervertrag:</u>
Der Auftraggeber übernimmt vom Bauherrn einen Auftrag zur Erstellung eines Gesamtwerkes, das aus verschiedenen Untergewerken besteht. Er vergibt diese Untergewerke ganz oder teilweise an Subunternehmer, behält aber die Koordination des Gesamtwerkes. Für die Untergewerke kann es wiederum Fach-GU's geben. Der Generalunternehmer übernimmt – im Gegensatz zum Generalübernehmer – einen Teil der Bauleistung mit dem eigenen Betrieb und vergibt den Rest an Nachunternehmer.

<u>Partnering/Alliancing</u>

Die am Bau Beteiligten machen immer öfter die Erfahrung, dass konfliktbelastete Beziehungen zwischen Auftraggeber und Auftragnehmer in höchstem Maße kontraproduktiv sind und die Kernziele des Projektes, die Einhaltung der Vorgaben für Kosten, Termine und Qualität, substanziell gefährden. Deshalb werden seit Jahren Versuche unternommen, die Baubeteiligten „in ein gemeinsames Boot" zu holen. Das Modell „Prefair" von Hochtief, aber auch viele andere Varianten mit gleichem Ziel waren durchaus erfolgreich. Partnering hat sich bei internationalen Großprojekten etwa in Australien bewährt. Die Beteiligten werden bereits in einer sehr frühen Projektphase zielorientiert zusammengeführt, um die dadurch entstehenden Synergieeffekte optimal nutzen zu können. Gemeinsam wird das Bausoll definiert. Konflikte aus der unterschiedlichen Auffassung zum Liefer- und Leistungsumfang werden dadurch vermindert.

Partnerschaftliche Modelle sind idealerweise zweigeteilt und bestehen aus einer Planungs- und Optimierungsphase, die Koordination, Steuerung und Erstellung der gesamten Planungsleistungen umfasst, und anschließend einer Ausführungsphase, die die Ausführungsplanung sowie die schlüsselfertige Ausführung der gesamten Bauleistung umfassen. Die Bauherren entscheiden entsprechend ihren individuellen Bedürfnissen zwischen einem garantierten Maximalpreisvertrag (GMP), einem Cost-plus-Fee-Vertrag oder dem traditionellen Pauschalvertrag.

In der Planungs- und Optimierungsphase, wird von dem Generalunternehmer für den Kunden der Planungsprozess koordiniert. Dabei sitzen alle Projektbeteiligten mit am Tisch: Kunde, Baudienstleister und Architekt bzw. Fachplaner. Sie sollen ihre Vorschläge und ihre Kompetenz bereits zu diesem Zeitpunkt einbringen und so gemeinsam das Bauvorhaben optimieren. Das Bauunternehmen spielt mit seiner Ausführungskompetenz dabei eine Schlüsselrolle; beispielsweise kann bereits in der Planungsphase über die Technische Gebäudeausrüstung nachgedacht werden, mit dem Ergebnis, dass ein großer Prozentsatz der Betriebskosten eingespart werden kann.

Planungsfehler, Planungslücken und unklares Bausoll entfallen, wenn sie bereits in der Planungsphase integriert sind. Zudem können Änderungswünsche gemeinsam erarbeitet, ausgeschrieben und vergeben werden. Die Kostenschätzung wird exakter.

Die Ausführungsphase wird bei dieser intensiven gemeinschaftlichen Vorbereitung weniger Störungen vorweisen, als dies üblicherweise der Fall ist.

Partnering baut auf Maßnahmen zur Verbesserung der Zusammenarbeit und schnelleren Konfliktlösung, die vor oder außerhalb des Bauvertrages vereinbart werden.

Alliancing vertieft und „verrechtlicht" die Kooperation zwischen den Baubeteiligten:

- Der Auftraggeber und die anderen Baubeteiligten bilden eine Projektgesellschaft.

- Vergütungssystem: Der Auftraggeber ist verpflichtet, alle direkten Kosten der Auftragnehmer zu tragen (Gläserne Taschen); Offenlegung und Prüfung durch Dritte.

- Der Auftragnehmer erhält einen erfolgsabhängigen Bonus, wenn bestimmte vereinbarte Schlüsselziele erreicht werden.

- Einstimmigkeitsprinzip bei allen Entscheidungen.
- No claim – no dispute: Rechtsmittelverzicht, keine Nachträg.
- Streitbeilegung – aber nicht kontradiktorisch, sondern partnerschaftlich – fachbezogen.

Der Vorteil solcher Vertragskonzepte, die in unterschiedlicher Intensität vorstellbar sind, liegt darin, dass Spannungen von vorneherein aus den Beziehungen herausgenommen werden. Wenn für den Auftragnehmer die Kostendeckung gesichert ist, entfällt der Druck, durch Nachträge die Ausgangsposition zu korrigieren. Die partnerschaftliche Einbindung der bauausführenden Firmen bietet Verbesserungs- und Einsparungspotential, auch für die Allgemeinheit.

2.14.2 BIM-Verträge

Mit starker Förderung der Bundesregierung hat sich das sogenannte „Building Information Modeling" (BIM) am Markt durchgesetzt. Es handelt sich um ein in hohem Maße IT-unterstütztes, modellbasiertes Planungs- und Steuerungsverfahren. Nicht die Gewerke-bezogene Planung, die in dem klassischen Gegeneinander statt Miteinander von Auftraggeber, Planer und verschiedenen Auftragnehmern mündet, soll hier bauteilorientiert geplant werden. Ziel ist es, ein Gebäudemodell zu entwickeln, mit höchstmöglicher Transparenz, Planungs- und Fertigungstiefe, unter frühzeitiger Einbindung aller am Projekt Beteiligten. Damit können Überraschungen während des Projektes vermieden werden. Der Planungsaufwand am Anfang ist dementsprechend hoch, doch können Abwicklungskosten optimiert und kostenverursachende Streitigkeiten vermieden werden.

2.14.3 BOT-Verträge

Die Verbindung von Herstellung einer Anlage mit dessen Finanzierung durch den Ersteller und die Vergütung durch den Betrieb der Anlage haben zu unterschiedlichsten Modellen geführt, die ursprünglich unter der Bezeichnung BOT-Projekte für Build, Operate and Transfer zusammengefasst wurden. Es gibt hierzu eine Vielzahl von Varianten. Die Komplexität dieser Gesamtvorhaben ist enorm und kann hier nicht im Einzelnen dargestellt werden. (vgl. insbesondere die Ausarbeitungen von Nicklisch, z.B.: Nicklisch (Hrsg.) „Rechtsfragen privatfinanzierter Projekte", Heidelberg 1994).

2.14.4 PPP-Verträge

Die knappen Finanzmittel zwingen die öffentliche Hand, gewisse Großprojekte der öffentlichen Daseinsvorsorge in die Hände privater Investoren zu legen. Neben dem Kern des Geschäfts, der Erstellung eines Werkes und der Erbringung von Dienstleistungen sind Fragen der Finanzierung, des Eigentumsübergangs und der nachhaltigen Sicherstellung öffentlicher Interessen zu regeln. Diese Zusammenarbeit wird als public private partnership bezeichnet.

2.14.5 ARGE-Vertrag/Konsortialvertrag/Joint-Venture-Vertrag

Ganz anderer Art ist der Arbeitsgemeinschafts-Vertrag. Bei diesem Typ handelt es sich um einen Gesellschaftsvertrag, § 705 BGB. Hier geht es nicht um die Zusammenarbeit zwischen Auftraggeber und Auftragnehmer, sondern um das Verhältnis zwischen Partnern bzw. Gesellschaftern einer in der Regel auf Zeit gegründeten Gesellschaft. Dieses Verhältnis ist insbesondere von dem Zweck der Gesellschaft und den gegenseitigen Treuepflicht der Parteien geprägt. Der ARGE-Vertrag regelt deren Innenverhältnis, nicht aber das Grundverhältnis zu den Kunden. Der Grund für den Zusammenschluss ist meist die Bündelung von Knowhow und Ressourcen um ein wettbewerbsfähiges Angebot abzugeben (Bietergemeinschaft „BIEGE") und den Auftrag erfolgreich abzuwickeln. Sie werden für alle möglichen Kunden-Aufträge geschlossen. Auch Banken oder Versicherungen schließen sich auf diese Weise zusammen um aufwändige Projekte stemmen zu können. (Hierzu näher unten Kapitel 10 und **Muster- AN+AG 03**).

2.15 Vertretungsbefugnis

Natürliche Personen können miteinander Vereinbarungen schließen. Juristische Personen brauchen dazu Menschen, die sie vertreten.

Für öffentliche Körperschaften (z.B. Gemeinde, Zweckverband, Land, Bund) ergibt sich die Vertretungsbefugnis aus den für sie maßgebenden Organisationsgesetzen und Verordnungen.

Für Unternehmen, die dem Handelsrecht unterliegen, ergibt sich die Vertretungsberechtigung aus dem HGB und ggf. den für sie geltenden Spezialgesetzen (z.B. GmbHG, Gesetz über die Aktiengesellschaft).

Zusätzlich gelten die Vertretungsregelungen des BGB.

2.15.1 Geschäftsführung

Unternehmen werden durch ihre Geschäftsführer/Vorstände vertreten. Ist jedoch bei mehreren Geschäftsführern die Gesamtgeschäftsführung angeordnet, ist das Unternehmen nur wirksam vertreten, wenn die Erklärung von mehreren Geschäftsführern abgegeben wird. Der eine kann dabei den anderen dazu bevollmächtigen, für ihn die Erklärung mit abzugeben oder dessen Erklärungen nachher zu genehmigen, §§ 177; 182 BGB.

§ 35 Abs.2 S.2 GmbHG bestimmt als Vertretungsorgan die Gesamtgeschäftsführung. Die Regel ist aber nicht die Praxis. Sie entspricht vor allem nicht der Erwartung des Geschäftspartners. Der Geschäftspartner sieht, dass ein Geschäftsführer unterzeichnet hat; er vertraut darauf, dass das Schreiben wirksam ist – und irrt. Durch die öffentliche Eintragung wird theoretisch jedem bekannt, dass der einzelne Geschäftsführer nichts zu sagen hat, sofern er die Willenserklärung nicht zusammen mit weiteren Geschäftsführern oder ggf. einem Prokuristen abgibt. Der Geschäftspartner kann wegen dieser öffentlichen Eintragung deshalb auch nicht in seinem Vertrauen in die Wirksamkeit der Erklärung getäuscht werden, weil er kein Vertrauen zu haben hat.

Diese Rückzugsmöglichkeit gehört abgeschafft: Wenn eine Gesellschaft jemanden zu ihrem Geschäftsführer bestellt, muss sie auch die Verantwortung dafür übernehmen, dass dieser in ihrem Namen Erklärungen abgibt. Es bleibt ihr unbenommen, im Innenverhältnis Grenzen zu setzen, im Außenverhältnis aber darf es nach diesseitiger Auffassung keine Begrenzungen geben. Das „Vieraugen-Prinzip" ist eine von vielen Gesellschaften zu ihrem Schutz eingeführte Vertretungsregelung, für die man angesichts zahlreicher Fälle der Kompetenzüberschreitung großes Verständnis haben muss. Das Vertrauen des Geschäftspartners in die Erklärungen des Vertreters muss dieser internen Vorsichtsmaßnahme jedoch vorgehen. Was täglich praktiziert wird, muss auch rechtlich nachvollzogen werden. Sind zwei Geschäftsführer berufen, darf sich die Gesellschaft nicht besser stellen, als wenn es nur einen gesetzlichen Vertreter gibt, dessen Vertretungsbefugnis nicht an eine zweite Unterschrift, etwa eines weiteren Geschäftsführers oder Prokuristen, gebunden ist. Warum soll eine Gesellschaft mit zwei Geschäftsführern einen Notanker bei Kompetenzüberschreitung werfen dürfen, diejenige mit nur einem Geschäftsführer jedoch nicht?

2.15.2 Prokuristen

Der deutsche Prokurist stellt **international** gesehen ein Unikum dar, was auch die Schwierigkeit erklärt, den Begriff in eine andere Sprache zu übersetzen, etwa „Fondé de Pouvoir" und „director with full power of attorney". Nach der Vorstellung des HGB ist der Prokurist so etwas wie ein „kleiner Geschäftsführer", der seine Kompetenz in der Regel von der Geschäftsführung ableitet. Wer mit „ppa." unterzeichnen darf, § 51 HGB, kann mit Ausnahme von Grundstücksverkäufen, vgl. § 49 Abs.2 HGB, das Unternehmen genauso vertreten, wie ein Geschäftsführer. Auch hier gibt es Prokuristen, die allein vertreten dürfen oder nur gemeinsam; die Information hierüber findet sich wieder im Handelsregister, weshalb auf das eben Gesagte verwiesen werden kann.

Für die Vertretungskontrolle durch den Geschäftspartner ergibt sich die zusätzliche Schwierigkeit, dass auf dem Brief des Vertretenen keine Pflichtangaben zu dem Prokuristen stehen, anhand derer er prüfen könnte, ob der Prokurist tatsächlich Prokurist ist und wie weit seine Prokura reicht. So muss er noch mehr darauf vertrauen dürfen, dass die Person, die sich als Prokurist ausgibt, tatsächlich ein solcher ist.

Für die Konstruktion des Prokuristen besteht im weltweiten Geschäftsverkehr keine Notwendigkeit mehr. Es sollte nicht so sein, dass sich ausländische Geschäftspartner in der so wichtigen Frage nach der Kompetenz seines Gesprächspartners erst mühsam über die spezifisch deutsche Rechtslage informieren müssen. Es wäre vollkommen ausreichend, nur noch zwischen Geschäftsführern einerseits und durch rechtsgeschäftliche Vollmacht Beauftragte andererseits zu unterscheiden, die das Unternehmen in dem Umfang vertreten dürfen, wie es ihnen nach den internen Richtlinien gestattet ist. Auf Hierarchie-Merkmale wird man dabei nicht verzichten. Im englischen Sprachgebrauch wird dies durch allerhand Funktionsbeschreibungen, etwa auf den Visitenkarten bewerkstelligt („senior manager"; „regional manager" „head of ... department", usw.) Das Vertrauen in die so bezeichneten Personen ist nicht größer, aber auch nicht geringer als das in einen Prokuristen. Ob und wenn, ja wie viel die Person zu sagen hat, muss nicht im Gesetz geklärt werden.

2.15.3 Handlungsbevollmächtigte

Die Vertretungsbefugnis des Geschäftsführers bzw. Prokuristen lässt sich in dem jedermann zugänglichen öffentlichen Unternehmensregister nachprüfen (www.unternehmens-register.de). Andere Vollmachten, auch die des Handlungsbevollmächtigten, hingegen nicht.

Der „gefährlichste" Vertreter für ein Unternehmen ist der Handlungsbevollmächtigte, gem. § 54 HGB. Wer „HV" hat, besitzt weitgehende Kompetenzen: Ist jemand ohne Erteilung der Prokura zum Betrieb eines Handelsgewerbes oder zur Vornahme einer bestimmten zu einem Handelsgewerbe gehörigen Art von Geschäften oder zur Vornahme einzelner zu einem Handelsgewerbe gehöriger Geschäfte ermächtigt, so erstreckt sich die Vollmacht auf alle Geschäfte und Rechtshandlungen, die der Betrieb eines derartigen Handelsgewerbes oder die Vornahme derartiger Geschäfte gewöhnlich mit sich bringt. Nur zur Veräußerung oder Belastung von Grundstücken, zur Eingehung von Wechselverbindlichkeiten, zur Aufnahme von Darlehen und zur Prozessführung benötigt er eine Spezialvollmacht. Da die Erteilung einer Handlungsvollmacht nicht im Handelsregister eingetragen wird, kann sich das Unternehmen nicht gegen Machtmissbrauch schützen, indem es wie bei Geschäftsführer oder Prokurist offiziell dessen Erklärung an eine zweite bindet. Auch hier bleibt ihm nur durch interne Maßnahmen für die Einhaltung von Organisationsrichtlinien zu sorgen (so wie wir dies auch für Geschäftsführer für richtig halten, z.B. durch eine „Geschäftsführerordnung"). Für den Handlungsbevollmächtigten sehen die Gesetze, ohne dass dies in der Bezeichnung nach außen in Erscheinung träte, mehrere Stufen der Verantwortung und Verantwortlichkeit vor: Bevollmächtigung zur Vornahme bestimmter Geschäfte, § 54 2.Alt. HGB, zum Betrieb eines Handelsgewerbes, § 54 2.Alt. HGB bzw. §§ 89; 105 AktG und § 15 KWG sowie - strafrechtlich - „in leitender Stellung", §§ 29; 30 OWiG, § 75 StGB.

Dass buchstäblich jeder Mitarbeiter ein Handlungsbevollmächtigter eines Unternehmens im Sinne des § 54 1.Alt. HGB sein kann, ergibt sich bereits daraus, dass es zur Bevollmächtigung keiner Form bedarf. Vielmehr ist die Bevollmächtigung auch mündlich, ja sogar konkludent möglich: „Bei einem großen Unternehmen können auch Vertragsabschlüsse von erheblicher finanzieller Tragweite noch zum gewöhnlichen Geschäftsbetrieb zu rechnen sein, sodass ein Dritter in Ermangelung gegenteiliger Äußerungen davon ausgehen kann, eine aus schlüssigem Verhalten zu entnehmende Handlungsvollmacht erstrecke sich auf derartige Verträge, wie auch auf Rechtsgeschäfte, die ihrer Durchführung dienen ..." (BGH, Urt. v. 19.3.2002, Az. X ZR 157/99, NJW-RR 2002, 967).

Handelt also jemand berechtigterweise als Handlungsbevollmächtigter, kann sich das von ihm vertretene Unternehmen gegen die Überschreitung interner Grenzen nicht schützen, der Geschäftspartner hingegen darf auf die Wirksamkeit der Erklärung des Handlungsbevollmächtigten vertrauen.

2.15.4 Duldungs- und Anscheinsvollmacht

Für die praktische Arbeit völlig ungeeignet ist die Rechtsfigur der Duldungsvollmacht. Der Geschäftspartner soll dann auf die Vertretungsmacht des anderen vertrauen dürfen, wenn es der Vertretene wissentlich geschehen lässt, dass jemand für ihn wie ein Bevollmächtigter auftritt. Ob die Geschäftsführer des Vertretenen von dem Verhalten des Mitarbeiters wissen, kann die Partei aber nicht prüfen. Sie müsste die Geschäftsführer fragen – ein im täglichen Geschäftsverkehr unmöglicher Vorgang.

Anscheinsvollmacht ist gegeben, wenn der Vertretene das Handeln der nicht bevollmächtigten Person deren Handeln zwar nicht weiß, - aber hätte erkennen und verhindern können und wenn der Geschäftspartner darauf vertrauen durfte, der Vertretene dulde und billige das Handeln (BGH, NJW 81, 1728 und NJW 98, 1854; BVerwG, NJW-RR 95, 73).

Beispiel: Auftraggeber und Auftragnehmer vereinbaren einen Termin zur Verhandlung und Erstellung eines Verhandlungsprotokolls. Der Auftraggeber muss nicht damit rechnen, dass der Auftragnehmer einen vollmachtlosen Vertreter entsendet, wenn nicht besondere Umstände vorliegen (BGH, Urt. v. 27.1.2011, Az. VII ZR 186/09, NJW 2011, 1965).

Ein einmaliges Handeln kann aber keinen Rechtsschein begründen und macht dieses Konstrukt damit praktisch nutzlos (BGH, NJW 56, 1673 und NJW 98, 1854; NJW-RR 90, 404). Man stelle sich die massenhaften Schreiben eines Versandhauses oder eines online-power-sellers vor: Immer wieder neue Schreiben, immer wieder neue Unterschriften. Oder: Einholung eines Angebotes für die Lieferung von Produkten bei einer Firma, mit der man noch nie etwas zu tun hatte. In allen diesen Fällen ist eine Anscheinsvollmacht erst dann möglich, wenn die Willenserklärungen stets von der gleichen Person abgegeben, mehrfach Bestellungen abgewickelt und von der Firma auch bedient (geliefert oder gezahlt) wurden.

Beispiel: Der Mitarbeiter des Auftraggebers vergibt mehrmals hintereinander Nachtragsaufträge in gleicher Höhe, die von dem Auftraggeber auch stets bezahlt wurden.

Der Auftragnehmer kann darauf vertrauen, dass auch ein weiterer Nachtrag in dieser Höhe von der Vertretungsbefugnis des Mitarbeiters gedeckt ist. Selbst dann besteht Vertrauensschutz, aber auch nur in dem Maße, wie die Unternehmen bisher kontrahiert haben.

Diese Grundsätze sind auch anzuwenden, wenn das bisherige Auftragsvolumen überschritten wird, führen aber zum ungewollten Ergebnis:

Beispiel: Der Bauleiter hat bisher mehrere Aufträge bis EUR 20.000 erteilt; jetzt aber steht ein Auftrag in Höhe von EUR 60.000 an.

Der Rechtsschein bezieht sich nur auf die bisherige Auftragshöhe und rechtfertigt nicht das Vertrauen in die Vertretungsmacht des Bauleiters über eine höhere Summe.

Zu beachten ist dabei, dass Auftraggeber in ihren Verträgen häufig das Recht, Nachträge zu erteilen oder den Vertrag abzuändern, nur der Geschäftsführung oder einer anderen Stelle im Unternehmen vorbehalten (z.B. dem Einkauf). In diesen Fällen greifen die Regeln über die Duldungs- und Anscheinsvollmacht nicht, da der Auftragnehmer über die Vertretungsbefugnis unterrichtet wurde und er deshalb auf einen „Rechtsschein" nicht vertrauen darf.

2.15.5 Architekt

Auch Architekten sind nicht „kraft Amtes" zur Vertretung des Bauherrn bevollmächtigt. Ihre Vertretungsbefugnis richtet sich nach dem zwischen ihnen und dem Bauherrn geschlossenen, Vertrag. Dessen Einzelheiten, etwa die beauftragten Leistungsphasen nach HOAI, sind dem Auftragnehmer meist nicht bekannt. Nach der Rechtsprechung ist im Zweifel davon auszugehen, dass der Architekt die Vollmacht nicht hat (so auch OLG Köln, Urt. v. 6.3.1996, Az. 5 U 33/96, BauR 1992, 812; OLG Stuttgart, Urt. v. 13.4.1994, Az. 9 U 320/93, BauR 1994, 789). Allerdings ist auch hier die Rechtslage nicht klar vorhersehbar: Enthält der Bauvertrag eine Regelung, wonach der Architekt Ansprechpartner und Vertreter des Bauherrn ist, begründet dies eine Außenvollmacht des Architekten zur Erteilung von Zusatz- und Änderungsleistungen (OLG München, Urt. v. 14.1.2004, Az. 27 U 468/03, IBRRS 49436).

2.15.6 Prüfingenieur /-statiker

Da der Prüfingenieur öffentlich rechtliche Aufgaben nach den Landesbauordnungen wahrnimmt, ist er kein Vertreter des Auftraggebers.

Da er seine Weisungen an den Auftraggeber erteilt, ist es dessen Sache, die Weisung gegenüber dem Auftragnehmer umzusetzen. Es wird also in der Regel auch eine entsprechende Anordnung gegenüber dem Auftragnehmer vorliegen, die nach § 2 Abs.5 u. 6 VOB/B maßgebend ist. Lässt sich dies nicht sicher feststellen, sollte der Auftragnehmer vor Ausführung geänderter oder zusätzlicher Leistungen die Anordnung des Auftraggebers einholen, damit sichergestellt ist, dass der Auftraggeber diese Art der Ausführung auch tatsächlich fordert. Denn auch die Anweisungen eines Prüfingenieurs können sich als falsch oder unzweckmäßig herausstellen, weshalb der Auftraggeber ein Interesse daran haben kann, diese überprüfen und ggf. auch korrigieren zu lassen.

(Zur Haftung der Prüfsachverständigen nach den Landesbauordnungen der Länder, bzw. der staatl. anerk. Sachverständigen in NRW und Hessen: Hammacher, Der Bausachverständige 6-2010,52).

2.15.7 Vertreter ohne Vertretungsmacht

Handelt jemand für das Unternehmen, ohne dass er hierzu bevollmächtigt war, wird das Unternehmen nicht Vertragspartner. Stattdessen haftet der „Vertreter ohne Vertretungsmacht" gegenüber demjenigen, der auf seine Vertreterstellung vertraut hat, § 179 BGB.

Beispiel: Der Bauleiter eines Auftraggebers erteilt einem Auftragnehmer Nachtragsaufträge. Später stellt sich heraus, dass dieser aufgrund der internen Richtlinien hierzu gar nicht befugt war. Der Auftraggeber genehmigt die Auftragserteilung des Bauleiters nicht. Der Geschäftspartner kann die Vergütung für die erbrachten Leistungen bei dem Bauleiter einfordern.

Das greift natürlich dann nicht, wenn von vornherein bekannt war, dass der Bauleiter keine entsprechende Kompetenz hatte.

Beispiel: In den Bestellbedingungen steht ausdrücklich: Für die Beauftragung von Nachträgen ist ausschließlich der Einkauf zuständig und berechtigt.

Wenn der Bauleiter bei dem Auftraggeber beschäftigt ist, kann es im Innenverhältnis u.U. einen (teilweisen) arbeitsvertraglichen Freistellungsanspruch des Bauleiters gegen seinen Arbeitgeber geben. Zur Durchsetzung seiner Forderungen könnte der, in seinem Vertrauen enttäuschte, Geschäftspartner diesen Anspruch pfänden, wenn der Bauleiter als Vertreter ohne Vertretungsmacht die Rechnung nicht bezahlen kann.

2.15.8 Empfehlungen

Wer sich darauf beruft, dass sein Vertragspartner wirksam vertreten war, muss dies beweisen. Alle Unsicherheiten gehen zunächst zu seinen Lasten.

Es empfiehlt sich dringend, die Vertretungsberechtigung bereits im Vertrag oder zu Beginn der Auftragsabwicklung zu klären, um vor Überraschungen sicher zu sein und nicht erst während der Projektabwicklung die mitunter peinliche Frage nach der Vollmacht des Gesprächspartners stellen zu müssen. In ausführlichen Verträgen sollte deshalb immer geklärt sein, wer berechtigt ist, verbindlich Erklärungen abzugeben und entgegenzunehmen, und zwar nicht nur für den Auftraggeber, sondern auch für den Auftragnehmer.

International: FIDIC, Ziffer 3.1 und Ziffer 4.3:

Wer im Namen seines Unternehmens eine Erklärung abzugeben hat, sollte seine Vollmacht dem Vertragspartner gegenüber deutlich machen (Handlungsbevollmächtigte zeichnen z.B. im Handelsverkehr mit „i.V.").

Bei wichtigen Erklärungen, etwa bei der Abgabe eines Angebotes, sollte der Unterschrift zugleich eine Vollmacht beigefügt werden, § 21 VOB/A.

Bei einseitigen Erklärungen, z.B. Kündigung ist dies auch deshalb erforderlich, damit die andere Seite die Erklärung nicht einfach unverzüglich zurückweisen kann, § 174 BGB, mit der Folge, dass möglicherweise Fristen für die Abgabe der Erklärung nicht eingehalten werden.

Besonders zu beachten ist die richtige Vertretung bei Erklärungen mit Gestaltungswirkung.

Beispiel: Der nur gesamtvertretungsberechtigte Prokurist eines Auftragnehmers setzt dem Auftraggeber eine Frist, weil der Auftraggeber entgegen §§ 650f Abs.5 BGB keine Zahlungssicherheit stellt.

Wenn der Vertretungsmangel nicht noch innerhalb der gesetzten Frist geheilt wird, etwa durch Zustimmung eines Geschäftsführers, ist die Kündigungserklärung unwirksam (BGH, Urt. v. 28.11.2002, Az. VII ZR 270/01, NJW-RR 2003, 303).

Gelingt der Nachweis der Vertretungsberechtigung nicht, ist ein Vertrag nicht zustande gekommen.

Allerdings sind damit noch nicht alle Chancen vertan, die behaupteten Forderungen durchzusetzen. Möglich ist, dass der Vertragspartner sich durch sein Verhalten Schadensersatzpflichtig gemacht hat und deshalb den Vertrauensschaden zu ersetzen hat. Auch Ansprüche aus sogenannter Geschäftsführung ohne Auftrag kommen in Betracht, also wenigstens die Erstattung desjenigen Aufwands, den der Auftragnehmer für notwendig halten durfte, um im Sinne des Auftraggebers zu handeln, §§ 677 ff. BGB. All das ist aber mit weiteren Risiken und Einbußen verbunden und kann durch eine vorausschauende Vertragsgestaltung und Auftragsabwicklung verhindert werden.

2.16 Vertragsgestaltung

Es sind überwiegend Verträge, die das Verhältnis zwischen den Projektbeteiligten bestimmen. Die Verträge sollten deshalb

- das Vertragsziel deutlich definieren,
- den Weg, wie das Vertragsziel erreicht werden soll, festlegen,
- die Rechtsfolgen aufzeigen, die sich ergeben, wenn die Parteien von den vertraglichen Regeln abweichen.

Dazu sollten die Verträge

- gegliedert,
- vollständig und
- so präzise formuliert sein, dass später keine Auslegungsprobleme auftreten können.

In vielen Fällen wird der Vertragspartner einen Vertragsentwurf vorlegen. Dagegen ist nichts einzuwenden, wenn der Vertragspartner Gelegenheit hat, sich mit dem Inhalt vertraut zu machen. Zur Prüfung des vorgelegten Vertrages stehen in diesem Buch der Projektbegleitbogen (**Muster-AN 37**) sowie die Muster für einen Nachunternehmervertrag (**Muster-AN+AG 05**) nebst Verhandlungsprotokoll (**Muster-AN+AG 02**), ein Ingenieur-Nachunternehmervertrag (**Muster-AN+AG 04**) und ein Arbeitsgemeinschaftsvertrag (**Muster- AN+AG 03**) zur Verfügung.

In dem Projektbegleitbogen werden in einem bestimmten Schema die wichtigen Punkte eines Vertrages aufgelistet, mit Angabe der Fundstelle im Vertrag.

Da die Vorstellungen des anfragenden Auftraggebers meistens nicht kommentarlos vom zukünftigen Auftragnehmer hingenommen werden kann, werden anschließend die Vorbehalte aus dem eigenen Angebot eingetragen, z.B. die eigenen Forderungen nach Zahlungssicherheiten, Gewährleistungszeit und Haftungsbegrenzungen. Man erkennt dann in diesem Projektbegleitbogen das „Risikoprofil" des bevorstehenden Geschäftes. Sofort nach Auftragserteilung werden dann die aktuellen, endgültigen Daten aus dem abgeschlossenen Vertrag eingetragen. Von dieser aktuellen Version erhalten alle wichtigen Stellen in der Firma, die unmittelbar mit der Ausführung befasst sind, eine Kopie, - z.B. die Bauleitung, der Einkauf, die Geschäftsführung.

Wie für jedes Hilfsmittel bei der Prüfung von Verträgen gilt auch hier, dass eine komplette Übernahme in den seltensten Fällen möglich sein wird. Vielmehr müssen die Besonderheiten des Einzelfalls bedacht und kalkuliert werden. Klar ist auch, dass Verträge kaum geschlossen werden können, wenn beide Seiten auf ihren Maximalpositionen verharren. Dort, wo eine Seite ihre volle Marktmacht in den Verhandlungen ausspielt, werden zwar Verträge geschlossen, es besteht aber die Gefahr, dass das Projekt unter den bei Vertragsschluss entstandenen atmosphärischen Störungen leidet. Gelegentlich wird deshalb bei Vertragsverhandlungen der Gedanke weiterbringend, dass die Parteien – als Auftraggeber wie als Auftragnehmer – angetreten sind, um das Projekt erfolgreich zu beenden und dass Risiken sinnvollerweise von demjenigen getragen und bewältigt werden sollten, der hierzu aufgrund seiner Kompetenz am besten in der Lage ist. Hierfür ist ein sinnvoller wirtschaftlicher Ausgleich zu schaffen.

2.17 Auftragsabwicklung

Verträge können umfangreich und komplex sein. Da sie aus der Feder zahlreicher Verfasser stammen und teilweise erhebliche Änderungen in den Vertragsverhandlungen erfahren, sind sie in Aufbau, Inhalt und Struktur sehr unterschiedlich.

Der Projektabwickler muss oft mehrere Projekte gleichzeitig betreuen, bei allen die Übersicht über die wesentlichen Parameter behalten und häufig sehr schnell entscheiden und handeln. Wenn er effektiv und sicher arbeiten will, kann er es sich nicht leisten, nicht zu wissen, was die wesentlichen Punkte des Vertrages sind und immer erst stundenlang im Vertrag zu blättern, wenn er etwas zu diesen wesentlichen Punkten wissen will. Der **Projektbegleitbogen** stellt eine wesentliche Erleichterung für seine Arbeit dar. Er kann zugleich als Risikoanalyse und als Entscheidungsgrundlage für die Geschäftsleitung genutzt werden, ob ein Angebot abgegeben werden soll.

Die konsequente Einführung und Nutzung von Standardschreiben, verbunden mit einem effizienten Vertragscontrolling, können helfen, korrekt vorzugehen und Fehler zu vermeiden. Sie entspricht damit zugleich der gesetzlichen Forderung nach Einführung eines Risikomanagements und Frühwarnsystems, § 289 HGB, und wird in vielen Fällen Voraussetzung für eine Zertifizierung nach ISO 9000 ff. sein.

3 Allgemeine Geschäftsbedingungen (Hammacher)

3.1 Grundlagen

Häufiger Bestandteil von Verträgen sind die sogenannten Allgemeinen Geschäftsbedingungen (AGB). Die deutsche Rechtsordnung hat sich dieser AGB in besonderer Weise angenommen und den Schutz derjenigen, die mit diesen AGB konfrontiert werden, über das Bedürfnis der Praxis nach standardisierten Vertragsmustern und -formulierungen gestellt.

3.1.1 Definition

Unter AGB versteht man alle für eine Vielzahl von Verträgen (mehr als zwei) vorformulierten Vertragsbedingungen, die eine Vertragspartei (Verwender) der anderen Vertragspartei bei Abschluss eines Vertrages stellt, § 305 Abs.1 BGB. Für die Charakterisierung einer Klausel als Allgemeine Geschäftsbedingung kommt es auf ihre Form nicht an. Auch eine handschriftlich auf Papier gebrachte Klausel, die bei mehreren Verträgen in dieser Form wiederholt wird, ist eine Allgemeine Geschäftsbedingung. Es reicht sogar aus, wenn die Klausel zum Zwecke der Einbeziehung in die zu schließenden Verträge "im Kopf" des AGB-Verwenders oder seiner Abschlussgehilfen "gespeichert" ist und aus dem Gedächtnis in den Vertrag gegenüber einer Mehrzahl von Vertragspartnern üblicherweise oder gegenüber eingefügt wird (BGH, Urt. v. 10.3.1999, Az. VIII ZR 204-98, NJW 1999, 2180; BGH, Urt. v. 13.11.1997, Az. X ZR 135-96, NJW 1998, 1066).

Wird der Text lediglich einmal formuliert, um ihn in einer Ausschreibung zwar mehreren Bietern zur Verfügung zu stellen, aber nur um mit einem von ihnen einen Vertrag abzuschließen, liegt hierin noch keine Vielzahl von vorformulierten Vertragsbedingungen (BGH, Urt. v. 26.9.1996, Az. VII ZR 318/95, NJW 1997, 135); wohl aber, wenn der erfolgreiche Bieter sodann den Vertrag „durchstellt" und mit mehreren Subunternehmern Teilleistungen zu denselben kaufmännischen Konditionen vereinbart.

Verbraucher-Verträge

Auf Verträge zwischen einem Unternehmer und einem Verbraucher finden die Vorschriften der §§ 307 bis 309 BGB auf vom Unternehmer vorformulierte Vertragsbedingungen auch dann Anwendung, wenn diese nur zur einmaligen Verwendung bestimmt sind und soweit der Verbraucher auf Grund der Vorformulierung auf ihren Inhalt keinen Einfluss nehmen konnte, § 310 Abs.3 Nr.2 BGB (BGH, Urt. v. 30.3.2017, Az. VII ZR 269/15, IBRRS 2017, 1480).

3.1.2 Einbeziehung

Ob die Allgemeinen Geschäftsbedingungen (Einkaufs-, Bestell-, Verkaufsbedingungen, kaufmännische und technische Bedingungen, allgemeine, zusätzliche, besondere Bedingungen, etc., im englischen Sprachgebrauch General, Special, Particular Conditions of the Contract) des Auftragnehmers oder Auftraggebers und/oder des Kunden gelten sollen, muss vereinbart werden. Dies kann entweder ausdrücklich geschehen, oder in Form einer Rahmenvereinbarung, wenn mit dem Partner häufig Geschäftskontakte bestehen.

Haben die Parteien die Einbeziehung bestimmter Allgemeiner Geschäftsbedingungen nicht ausdrücklich geregelt, sondern besteht jede Partei auf Verwendung der eigenen AGBs, gäbe es nach dem Grundsatz, dass ein Vertrag im Zweifel nur bei vollständiger Übereinstimmung von Willenserklärungen zustande kommt, ein Problem. Die Rechtsprechung hat dieses Problem so gelöst, dass in Fällen, in denen die Partner die AGBs des anderen nicht akzeptieren wollen, nur noch diejenigen Inhalte gelten, die sich nicht gegenseitig ausschließen. Alle anderen AGBs neutralisieren sich gegenseitig; an ihre Stelle treten die gesetzlichen Regeln. In den AGBs mancher Firmen befinden sich daher so genannte „Abwehrklauseln", mit denen die Gültigkeit der AGBs des Verhandlungs- bzw. Vertragspartners generell abgelehnt wird.

Beispiel einer Abwehrklausel:

> „Es gelten ausschließlich unsere Allgemeinen Vertragsbestimmungen. Andere allgemeine Geschäftsbedingungen haben auch dann keine Gültigkeit, wenn auf sie Bezug genommen wird."

Es genügt der Hinweis, dass unter Zugrundelegung der eigenen AGBs angeboten bzw. bestellt wird (§ 310 Abs.1 BGB); der Verweis auf eine Internet-Adresse ist ausreichend.

Verbraucher-Verträge

Verbraucher müssen die Möglichkeit haben, von den AGBs real Kenntnis zu bekommen, § 305 Abs.2 BGB); in der Regel ist dies nur durch Übergabe der AGBs (auch der VOB/B) möglich.

3.1.3 Auslegung

Allgemeine Geschäftsbedingungen sind nach objektiven Maßstäben so auszulegen, wie an den geregelten Geschäften typischerweise beteiligte Verkehrskreise sie verstehen können und müssen. Dabei kann eine Differenzierung nach unterschiedlichen Verkehrskreisen geboten sein (BGH, Urteil vom 17.06.2004 – VII ZR 75/02, BauR 2004, 1438).

Werden die Allgemeinen Technischen Vertragsbedingungen ATV DIN aus dem Teil C der VOB zwischen Bauunternehmern vereinbart, so ist das den Wortlaut sowie den Sinn und Zweck der Regelung berücksichtigende, redliche Verständnis der Vertragspartner des Baugewerbes maßgebend. (BGH, Urteil vom 17.6.2004, Az. VII ZR 75/02, BauR 2004, 1438).

Diese Regelung gilt sowohl für die Frage, ob im Gesamtsystem der VOB/C die Regelung der DIN 18299, Abschnitt 5 oder der DIN 18332 eingreift, als auch für die Frage, ob bei Anwendung der DIN 18332 deren Abschnitt 5.1.1.1 oder Abschnitt 5.1.1.3 anwendbar ist.

Zweifel bei der Auslegung gehen zu Lasten des Verwenders, § 305c Abs.2 BGB.

3.1.4 Rechtsfolge

Allgemeine Geschäftsbedingungen unterliegen der Inhaltskontrolle, § 307 BGB und sind unwirksam, soweit sie den Vertragspartner nach Treu und Glauben unangemessen benachteiligen, was insbesondere der Fall ist, wenn:

- die Klauseln mit wesentlichen Grundgedanken des Gesetzes nicht vereinbar sind,
- die Rechte und Pflichten so eingeschränkt werden, dass die Erreichung des Vertragszwecks gefährdet ist,
- die Klauseln nicht klar und verständlich sind („Transparenzgebot"),
- die Klauseln die Gleichwertigkeit von Leistung und Gegenleistung verletzen ("Äquivalenzprinzip").

Eine Klausel darf <u>nicht unvereinbar mit den gesetzlichen Grundgedanken</u> sein.

Beispiel: „Die Abnahme der Werkleistung erfolgt zusammen mit der Gesamtabnahme des Bauwerks durch den Endkunden".

Da § 640 BGB eine unverzügliche Abnahme nach Fertigstellung der Leistungen vorsieht, liegt eine Abweichung vom Grundgedanken des Gesetzes vor, die den Auftragnehmer auch unbillig benachteiligt, da er den Zeitpunkt für Gefahrübergang, Beginn der Verjährung und Fälligkeit der Vergütung nicht beeinflussen und kalkulieren kann. Eine solche Klausel ist unwirksam.

Das BGB sieht in den §§ 308; 309 BGB wichtige Klauselverbote vor. Diese können über § 307 BGB auch gegenüber einem Unternehmer gelten, wenn die oben genannten Voraussetzungen vorliegen. Allerdings ist auf die im Handelsverkehr geltenden Gewohnheiten und Gebräuche angemessen Rücksicht zu nehmen, § 310 Abs.1 BGB. Die Rechtsprechung hat den Schutz des Unternehmers vor unbilligen Klauseln sehr weit ausgedehnt, was dazu geführt hat, dass auch im Geschäftsverkehr mit Unternehmern in wichtigen Punkten kaum von der bestehenden Gesetzeslage abgewichen werden kann, wenn dies nicht im Einzelnen zwischen den Parteien individuell ausgehandelt wurde.

Bei der Auslegung der Klauseln legen die Gerichte stets die „Verwenderfeindlichste" Verständnismöglichkeit zu Grunde. Wenn sich eine Klausel also selbst unter ungewöhnlichen Bedingungen noch so verstehen lässt, dass sie den Geschäftspartner unangemessen benachteiligt, ist sie unwirksam.

Das <u>Transparenzgebot</u>, also die Verpflichtung, die Klauseln so zu fassen, dass die andere Partei nicht überrascht wird, nimmt bei der Prüfung der AGB eine immer stärkere Rolle ein.

Beispiel: Unter dem Abschnitt "Gewährleistung" in einem Klauselwerk wird eine Vertragsstrafe für die Nichteinhaltung von Vertragsfristen geregelt.

Damit muss der Auftragnehmer nicht rechnen. Die Klausel ist unwirksam.

Das Äquivalenzprinzip wird als wesentlicher Grundgedanke des Schuldrechts angesehen. (BGH, Urt. v. 23.4.2008, Az. XII ZR 62/06, NJW 2008, 2497) und muss erhalten bleiben.

Beispiel: „Werden aufgrund behördlicher Auflagen Leistungsänderungen erforderlich, trägt der Bauherr die dadurch eventuell entstehenden Mehrkosten. (...)"

Preisanpassungsklauseln sind nur zulässig, wenn die Befugnis des Verwenders zu Preisanhebungen von Kostenerhöhungen abhängig gemacht wird und die einzelnen Kostenelemente sowie deren Gewichtung bei der Kalkulation des Gesamtpreises offen gelegt werden (OLG Koblenz, Urt. v. 2.3.2017, IBRRS 2017, 1396). Dennoch raten wir, mit dem Argument der Verletzung des Äquivalenzprinzips zurückhaltend zu sein: Das Prinzip dient nicht dazu, einen Vertrag mit ungünstigem Preis /Leistungsverhältnis zu korrigieren. Jeder darf auch einen "schlechten Vertrag" abschließen.

3.1.5 Besonderheiten der VOB/B

Auch die Klauseln der VOB/B sind nichts anderes als Allgemeine Geschäftsbedingungen. Sie ändern die gesetzlichen Regelungen des BGB zum Bauvertrag teilweise zu Gunsten, teilweise zu Lasten der Vertragsparteien ab.

Ist die VOB/B als „Ganzes" vereinbart, d.h. ohne Modifikationen durch sonstige weitere Vertragsbedingungen, wird sie bisher von der Rechtsprechung als ausgewogenes Regelwerk betrachtet und unterliegt damit keiner Inhaltskontrolle, §§ 310 Abs.1 S.3; 307 Abs.1 und 2 BGB.

Werden jedoch eine oder mehrere wichtige Bestimmungen der VOB/B abgewandelt oder ausgeschlossen, so können sämtliche Vorschriften der VOB/B auf ihre Wirksamkeit überprüft werden.

Beispiel: Die förmliche Abnahme nach § 12 Abs.5 Nr.1 VOB/B wird ausgeschlossen (KG, Urt. v. 10.1.2017, Az. 21 U 14/16, IBR 2017, 120).

Verschiedene Klauseln der VOB/B sind dann unwirksam (z.B. § 13 Abs.4 VOB/B: BGH, Urt. v. 10.10.1985, Az. VII ZR 325/84, NJW 1986, 315; z.B. § 16 Nr.6 S.1 VOB/B: BGH, Urt. v. 21.6.1990, Az. VII RZ 109/89, NJW 1990, 2384).

Die VOB/B "pur" kommt in der Praxis aber allenfalls bei kleineren Aufträgen, etwa im Handwerksbereich vor, wo das technische Angebot gelegentlich mit dem Satz endet:

Beispiel: "Wir leisten nach VOB/B",

ohne Hinzusetzung weiterer kaufmännischer Bestimmungen. Damit sind im Regelfall auch die Klauseln der VOB/B zu überprüfen.

3.1.6 Internationale Bedeutung

International werden gerne Vertragsmuster und -standards herangezogen (z.B. Muster der FIDIC (Fédération Internationale des Ingénieurs Conseils) oder der ORGALIME (European federation of national industrial associations representing the European mechanical, electrical and metal articles industries). Ist deutsches Recht vereinbart, sind auch diese Vertragsbestandteile der Inhaltskontrolle unterworfen.

Allgemeine Geschäftsbedingungen werden in den, dem UN-Kaufrecht unterliegenden, Verträgen nur dann Vertragsbestandteil, wenn sie vom Verwender dem Vertragspartner übersandt werden (BGH, IBR 2002, 123). Gemäß Art. 32 CISG werden teilweise voneinander abweichende AGBs nur insoweit Vertragsbestandteil, als sie sich nicht widersprechen. (BGH, Urt. v. 9.1.2002, Az. VIII ZR 304/00, NJW 2002, 1651).

In grenzüberschreitenden Verträgen kann es zu Überraschungen kommen, wenn die Einbeziehung von AGBs sich nach deutschem Recht richtet, der ausländische Vertragspartner damit aber nicht rechnet, weil dies nach seiner Rechtsordnung nicht der Fall wäre.

Beispiel: Ein deutscher Exporteur sendet seinem Geschäftspartner in Österreich ein kaufmännisches Bestätigungsschreiben, in welchem er auf seine AGBs verweist, die wiederum formularmäßig die Vereinbarung deutschen Rechts vorsehen.

Nach Art.4 Abs.1 a) Rom I-VO unterliegen Kaufverträge über bewegliche Sachen dem Recht des Staates, in dem der Verkäufer seinen gewöhnlichen Aufenthalt hat. Nach deutschem Recht wird Schweigen des Kunden auf das kaufmännische Bestätigungsschreiben als Zustimmung gewertet. Die Rechtswahl und die sonstigen AGBs gelten also als vereinbart.

In der Europäischen Union sind bereits wesentliche Schritte zur Harmonisierung des Vertragsrechts und auch des Rechts der allgemeinen Geschäftsbedingungen vollzogen. Dennoch bestehen Unterschiede. Teilweise beschränken sich die Staaten bei ihrer Regelung allgemeiner Geschäftsbedingungen auf den Verbraucherschutz, sodass die Inhaltskontrolle für den hier interessierenden kaufmännischen Geschäftsverkehr keine Anwendung findet. Die sehr Verwender feindliche Grundhaltung des deutschen Gesetzgebers wird häufig nicht geteilt und dafür der Privatautonomie der höhere Rang eingeräumt.

Nach den Regeln des angloamerikanischen Rechtskreises sollen Verträge so eingehend und ausführlich gestaltet werden, dass sie aus sich selbst heraus alle Fragen beantworten („Selfexplanatory Contract"). Dadurch wird es nicht erforderlich, auf die nationalen Rechtsregeln oder Vertragsbestandteile, auf die lediglich Bezug genommen werden soll, hinzuweisen. Bei der Abfassung internationaler Verträge ist deshalb besondere Vorsicht geboten: Es ist zunächst zu klären, ob nach der vereinbarten Rechtsordnung überhaupt Allgemeine Geschäftsbedingungen zulässig sind, wenn ja, welche Wirkungen sich aus der Verwendung solcher Standardformulierungen für den Verwender ergeben und schließlich, ob es nicht sinnvoller ist, die Regelungen aus diesen Allgemeinen Geschäftsbedingungen in den Vertrag zu integrieren.

Beispiel: FIDIC, Ziffer 1.5

3.1.7 Keine Kontrolle bei Klauseln, die nur Leistung und Gegenleistung regeln

Die Parteien sollten eigentlich frei sein, in der Bestimmung dessen, was der eine zu leisten und der andere als Gegenleistung zu bringen hat. Deshalb ist der Kernbereich der Hauptleistungspflicht einer Inhaltskontrolle durch das Gericht entzogen (BGH, Urt. v. 18.4.2002, Az. III ZR 199/01, NJW 2002, 2386). Deshalb sind in der Regel weder Leistungsbeschreibungen noch Preisvereinbarungen für Haupt- und Nebenleistungen an den AGB-Regeln zu messen.

Beispiel: Die Kältezentrale einer medizinischen Hochschule wird umgerüstet. Der Auftragnehmer muss dabei eine mobile Kälteerzeugungsanlage einsetzen. In der Vorbemerkung zum Leistungsverzeichnis ist festgelegt, dass während der Durchführung der Baumaßnahmen die unterbrechungsfreie Kälteversorgung mit mindestens zwei Kälteerzeugern gewährleistet bleiben muss. Der Auftragnehmer hält diese Klausel als „Komplettheitsklausel" für unzulässig und verlangt deshalb Vergütung für den Einsatz des mobilen Kältemoduls.

Da die Klausel die Leistungspflichten des Auftragnehmers beschreibt und noch dazu auf das konkrete Projekt bezogen ist, finden die AGB-Regeln keine Anwendung (BGH, Urt. v. 26.4.2005, Az. X ZR 166/04, BauR 2005, 1317).

Beispiel: Übernimmt es der Bauunternehmer in einem Vertrag, sich um sämtliche Vorgänge im Zusammenhang mit der Erschließung zu kümmern, also nicht nur die eigentliche bauliche Einrichtung, sondern auch alles Weitere, von den Anträgen über etwaige Verhandlungen bis zum Ausgleich von Gebühren, so handelt es sich bei Klauseln, die diese Aufgaben konkretisieren, in erster Linie um eine Beschreibung der Leistungsverpflichtung und in zweiter Linie erst um eine Kostenregelung (BGH, Urt. v. 26.9.1996, Az. VII ZR 318/95; NJW 1997, 135).

Klauseln, die Art und Umfang von Preis und Leistung beschreiben, betreffen die Hauptpflichten der Parteien und sind deshalb nicht nach den AGB-Regeln zu überprüfen. Sofern aber die Leistungsbeschreibung durch Klauseln modifiziert oder eingeschränkt wird, also nicht der Umfang, sondern das Ob, Wie, Wann oder die Dauer geregelt werden, ist die Kontrollfähigkeit gegeben.

Gegenbeispiele:

Beispiel: „Grundlage der Bauausführung ist diese Baubeschreibung. Änderungen der Bauausführung, der Material- bzw. Baustoffauswahl, soweit sie gleichwertig sind, bleiben vorbehalten."

Das Leistungsverzeichnis regelt damit vordergründig zwar den Liefer- und Leistungsumfang. Sie enthält aber tatsächlich ein unbegrenztes Leistungsbestimmungsrecht des Auftraggebers (BGH, Urt. v. 23.6.2005, Az. VII ZR 200/04, NJW 2005, 3420).

Beispiel: In der Leistungsbeschreibung wird eine erhebliche Leistungsposition aufgenommen, ohne sie im Leistungsverzeichnis auszuweisen.

Zwar ist auch hier lediglich die Leistung Regelungsgegenstand. Diese Leistung ist aber an einer Stelle eingefügt, mit der der Bieter nicht rechnen muss. Das ist intransparent und unterliegt deshalb dennoch der Billigkeitskontrolle.

Leider ist die Abgrenzung zwischen den nicht kontrollfähigen Leistungsbestimmungen und den kontrollfähigen Nebenabreden oft schwierig. Hier kann nur an die Ersteller der Leistungsverzeichnisse appelliert werden, die Leistungspositionen klar zu beschreiben und nicht durch Generalklausel artige Formulierungen zu verwässern. Der Auftragnehmer soll wissen, worauf er sich einlässt (vgl. auch § 7 VOB/A).

3.1.8 Keine AGB bei Aushandeln

Nach § 305 Abs.1 S.3 BGB liegen keine AGB vor, wenn die Vertragsbedingungen zwischen den Vertragsparteien „im Einzelnen" ausgehandelt wurden. Die Rechtsprechung ist hier sehr strikt. Verlangt wird, dass der Verwender der AGBs diese dem Vertragspartner „zur Disposition" stellt. Das ist mehr als „Verhandeln" (OLG München, Beschl. v. 15.6.2015, Az. 27 U 520/15, IBRRS 2016, 2930). Er muss seine Bereitschaft erkennen lassen, dass er über die Klauseln mit sich sprechen lassen wird. Ist dies bereits rein faktisch nicht möglich, etwa dadurch, dass eine große Zahl von Klauseln in kurzer Zeit durchgesprochen werden sollen, liegen die Voraussetzungen nicht vor. Es muss tatsächlich zu einem Aushandeln kommen. Das bloße Vorlegen, Übersenden, Vorlesen und Erläutern von Klauseln - selbst durch einen Notar(!) - reicht nicht aus. Wird nur eine Klausel ausgehandelt, bleiben die übrigen, nichtverhandelten Klauseln AGBs.

In der Praxis werden die meisten Verträge – von Großprojekten einmal abgesehen – nur hinsichtlich ganz weniger Klauseln durchverhandelt, nämlich solcher, die sich unmittelbar auf Leistung, Preis und Zeit auswirken. Das führt dazu, dass der ganz überwiegende Teil eines Vertrages grundsätzlich einer Inhaltskontrolle zugänglich ist und jede Klausel stets die Gefahr in sich trägt, bei einer gerichtlichen Nachprüfung als unwirksam angesehen zu werden.

Nach Ansicht des BGH muss dies hingenommen werden; die Behauptung, dann seien Individualvereinbarungen im Baurecht praktisch ausgeschlossen, sei falsch: „Die Nutzung von ganz überwiegend formelhaften Klauseln in Verträgen schließt nicht aus, dass Individualvereinbarungen getroffen sind. Sind formelhafte Klauseln zum Beispiel in eine individuelle Gestaltung des Vertrags eingebettet, kann es an einem Anschein für eine Mehrfachverwendung fehlen. Ergibt die Vertragsgestaltung einen Anschein der Mehrfachverwendung, bleibt dem Verwender die Möglichkeit, diesen Anschein zu widerlegen. Kann der Verwender den Anschein nicht widerlegen, bleibt ihm der Nachweis, dass die Klauseln im Einzelnen ausgehandelt worden sind. Ist das nicht der Fall, ist es interessengerecht, die AGB-Regelungen des BGB anzuwenden. Auch ein großes Bauunternehmen kann sich auf die Regelungen der §§ 305 ff. BGB berufen" (BGH, Urt. v. 27. 11. 2003, Az. VII ZR 53/03, NZBau 2004, 146).

Wird eine Formularklausel im Rahmen der Vertragsverhandlungen auf Betreiben des Vertragspartners des Verwenders geändert, liegt nunmehr eine die AGB-Kontrolle ausschließende Individualvereinbarung vor (z.B. OLG Schleswig, Urt. v. 11.03.2011, Az. 5 U 123/08, JurionRS 2011, 36938).

Das führt dazu, dass Geschäftsführer oder andere hochrangige Vertreter eines Unternehmens Vertragsdokumente auf jeder Seite paraphieren und unterschreiben können, dass sich deren Unternehmen aber dennoch später mit Erfolg darauf berufen kann, bestimmte für sie nachteilige Bestimmungen dieses Vertrages seien unwirksam, weil hierüber ja keine Verhandlung stattgefunden habe.

3.1.9 Handlungsempfehlungen und Kritik

Gesetzgebung und Rechtsprechung haben das Konfliktpotential bei standardisierten Geschäftsvorgängen erheblich vergrößert. Die Vorstellung, jede Klausel in einem Vertrag könne individuell ausgehandelt werden, ist unrealistisch. Um die täglichen massenhaften Geschäftsvorgänge einigermaßen kontrolliert und effizient bewältigen zu können, müssen Unternehmen Standards entwickeln und können nicht das Rad jedes Mal neu erfinden. Der Gedanke des Verbraucherschutzes wird in überzogener Weise auf den kaufmännischen Geschäftsverkehr übertragen und führt zur Verletzung der Privatautonomie und erheblicher Rechtsunsicherheit. Gerade im internationalen Geschäftsverkehr müssen sich die Parteien auf das geschriebene Wort verlassen können. Die deutschen AGB-Regelungen können ein Grund sein, sich lieber einer anderen Rechtsordnung zuzuwenden, die praxisorientierter und verlässlicher ist („Forum-Shopping").

Bei der derzeitigen Rechtslage in Deutschland kann es für ein Unternehmen sinnvoller sein, zu allen Bedingungen des Verwenders pauschal „Ja und Amen" zu sagen und darauf zu vertrauen, dass ein Gericht ungünstige Klauseln später für unwirksam erklärt. Mäkelt das Unternehmen hingegen an der Klausel herum, ohne reale Chance, sich mit seinen Interessen durchzusetzen, führt dies zur Individualisierung der AGBs. Das Unternehmen entsagt so dem Rechtsschutz, der ihm durch die AGB-Regelungen gegeben wird und lässt eine möglicherweise unwirksame Klausel rechtssicher werden.

Will umgekehrt ein Unternehmen unbedingt eine wichtige Klausel rechtssicher vereinbaren, muss es auf einer individuellen Absprache bestehen.

Um eine solche später auch beweisen zu können, sollte zunächst der Standardtext der anderen Seite zugesandt werden, mit dem Hinweis, dass es sich um einen Entwurf handelt, dessen endgültiger Text in der kommenden Verhandlung abgestimmt werden solle (**Muster-AN+AG 01**).

Das dann folgende Gespräch sollte immer mit mehreren Leuten stattfinden, die die Verhandlung bezeugen können.

Aus der Form der Vereinbarung sollte erkennbar werden, dass die Parteien von den vorformulierten Bedingungen abgewichen sind und zwar zu Gunsten der Partei, von der die Texte nicht stammen. Je mehr in einem Vertragstext handschriftlich geändert, gestrichen und ergänzt wurde, desto eher spricht der Beweis des ersten Anscheins dafür, dass es sich bei der Vereinbarung um das Ergebnis einer Verhandlung handelt.

Als Beweis könnte auch eine Bestätigung der anderen Seite dienen, dass der Text tatsächlich ausgehandelt wurde (wann, wer). Diese Bestätigung darf aber nicht auf einer Vorlage oder Musterklausel des Verwenders beruhen und nicht in den Text der Vereinbarung selbst aufgenommen worden sein, sondern muss ihrerseits individuell erfolgen (**Muster-AN+AG 02 - Verhandlungsprotokoll, dort Ziff. 24**).

Es gibt unzählige geprüfte und für unwirksam erklärte Vertragsklauseln. Sieh hierzu: Markus/Kaiser/Kapellmann, AGB-Handbuch Bauvertragsklauseln 5./2017.

Wir stellen hier nur einige wenige Beispiele vor:

3.2 Typische unwirksame Vertragsklauseln der Auftraggeber

3.2.1 Individualisieren von AGB

Klausel	Urteil	Begründung
„Die im Vertrag festgelegten Klauseln wurden heute zwischen den Parteien im Einzelnen ausgehandelt und endgültig festgelegt."	BGH, Urt. v. 28.1.1987, Az. IVa ZR 173/85, NJW 1987, 1634	§ 309 Nr.12 BGB erfasst nicht nur die Beweislastumkehr, sondern schon jeden Versuch, die Beweisposition des Kunden zu verschlechtern. Eine vorformulierte Bestätigung, dass eine Individualvereinbarung getroffen wurde, fällt unter das Verbot.

3.2.2 Vertragsbestandteile

Klausel	Urteil	Begründung
„Eine unwirksame Bedingung ist durch solche zu ersetzen, die dem gewollten wirtschaftlichen Zweck am nächsten kommt."	BGH, Urt. v. 26.3.2015, Az. VII ZR 92/14, BeckRS 2015, 07406	§ 306 BGB. Eine salvatorische Ersetzungsklausel ist unwirksam.
"An die Stelle der unwirksamen Bestimmungen sollen Regelungen treten, die dem wirklich Gewollten möglichst nahe kommen."	OLG Frankfurt a.M., Urt. v. 3.6.2002, Az. 1 U 26/01, BauR 2003, 269	Anders Erhaltungsklauseln: Diese sind sinnvoll, um bei Problemen den Vertrag im Übrigen aufrecht zu erhalten.

„Stehen vertragliche Regelungen im Widerspruch zueinander, so ist die für den Auftraggeber günstigste anzuwenden."	OLG Hamburg, Urt. v. 6.12.1995, Az. 5 U 215/94, BauR 1997, 1036; BGH, v. 5.6.1997, Az. VII ZR 54/96, NJW-RR 1997, 1513	§ 305c BGB Verstoß gegen Transparenzgebot.

3.2.3 Schriftform

„Änderungen und Ergänzungen zu diesem Vertrag bedürfen zu ihrer Rechtswirksamkeit der Schriftform."	BGH, Urt. v. 31.10.1984, Az. VIII ZR 226/83, BB 1985, 689	Die Klausel darf nicht so gelesen werden können, dass der Vorrang der Individualabrede nach § 305b BGB, die auch mündlich getroffen werden kann, ausgehebelt wird.
„Werden Leistungen gefordert, zu denen der Auftragnehmer nach dem Vertragsbild nicht verpflichtet ist, so entfällt ein Anspruch auf zusätzliche Vergütung, wenn diese nicht vor der Ausführung schriftlich vereinbart wurde."	OLG Karlsruhe, Urt. v. 6.7.1993, Az. 3 U 57/92, NJW-RR 1993, 345	Nach der Klausel könnte der Verwender - ohne Schriftform - zusätzliche, d.h. „nach dem Vertragsbild" nicht geschuldete Leistungen vom Auftragnehmer fordern. Eine (zusätzliche) Vergütung soll jedoch von einer schriftlichen Vereinbarung vor Ausführung der Leistung abhängig sein.
„Besondere Abreden sind ungültig, es sei denn, dass [der Auftraggeber] sie schriftlich bestätigt."	BGH, Urt. v. 9.7.1991, Az. XI ZR 72/90, NJW 1991, 2559	§ 307 BGB Nach der gefestigten Rechtsprechung des BGH ist eine Schriftformklausel unwirksam, wenn sie auch nach Vertragsschluss getroffene mündliche Abmachungen zwischen dem Kunden und einem

		bevollmächtigten Vertreter des Verwenders ohne schriftliche Bestätigung für ungültig erklärt (BGH Urt. v. 31.10.1984, Az. VIII ZR 226/83, NJW 1985, 320; und NJW 1986, 1809/1810 = LM § 9 (Ca) AGBG Nr. 3.
„Jegliche Nachforderungen sind ausgeschlossen, wenn sie nicht auf schriftlichen Zusatz und Nachtragsaufträgen des Auftraggebers beruhen."	BGH, Urt. v. 27.11.2003, Az. VII ZR 53/03, NZBau 2004, 146	§ 307 BGB wie vorstehend
"Nachforderungen sind in jedem Fall, auch für den Fall außergewöhnlicher Steigerungen von Materialpreisen oder Lohnkosten der Bauindustrie, ausgeschlossen. Ausgenommen hiervon sind ausdrückliche schriftliche Zusatz- und Nachtragsaufträge des Auftraggebers."	BGH, Urt. v. 27.11.2003 Az. VII ZR 53/03, BauR 2004, 488; BGH Urt. v. 14.10.2004 Az. VII ZR 190/03, BauR 2005, 94	§ 307 Abs.2 BGB kann so ausgelegt werden, dass damit auch gesetzliche Ansprüche ausgeschlossen werden (Geschäftsführung ohne Auftrag; ungerechtfertigte Bereicherung).

3.2.4 Vollständigkeitsklausel

„Der Handwerker erkennt an, dass in dem Pauschalvertrag auch all die Arbeiten enthalten sind, die nicht ausdrücklich in der Leistungsbeschreibung benannt sind, jedoch dem Richtmaß der Baukunst entsprechen und sich während der Bauzeit als notwendig erweisen, damit das Werk des Handwerkers vollständig nach den anerkannten Regeln der Baukunst fertig gestellt werden kann."	OLG München, Urt. v. 22.5.1990, Az. 9 U 6108/89, BauR-Report 10/90	§ 307 BGB Verstößt gegen das Prinzip von Leistung und Gegenleistung, weil unbestimmter Leistungsumfang. Einseitiges Überwälzen von Ausschreibungsfehlern auf den Auftragnehmer.
„Mit Abgabe des Angebotes übernimmt der Bieter die Gewähr dafür, dass das Angebot alles enthält, was zur Erstellung des Werkes gehört."	BGH, Urt. v. 5.6.1997, Az. VII ZR 54/96, NJW-RR 1997, 1513	§ 309 Nr.7 BGB Verstoß gegen Transparenzgebot.
Achtung: „Die Angebots- und Vertragspreise gelten für die fertige Leistung bzw. Lieferung am Bau	BGH, Beschluss v. 26.2.2004, Az.	Wirksam! Klausel soll nur den Auftragnehmer

einschl. Abladen und Verpackung. Für die angebotenen Leistungen übernimmt der Auftragnehmer die Verpflichtung der Vollständigkeit, d.h. Leistungen und Nebenleistungen, die sich aus den Positionen zwangsläufig ergeben, sind einzukalkulieren, auch wenn sie im Leistungsverzeichnis nicht ausdrücklich erwähnt sind."	VII ZR 96/03, BauR 2004, 995	anhalten, notwendige Teilarbeiten bei der Kalkulation zu berücksichtigen, ohne das Massenrisiko dabei zu übertragen.
„Der Auftragnehmer hat auf Anforderung des Auftraggebers von seinen Leistungen Bestandspläne, Berechnungsunterlagen, Beschreibungen und Bedienungsanleitungen anzufertigen und dem Auftraggeber nach Fertigstellung der Arbeiten spätestens mit der Schlussrechnung einen Satz Originale oder Mutterpausen und zwei Sätze Lichtpausen kostenlos zu übergeben."	LG München, Urt. v. 27.7.1994, Az. 21 O 1308/93, BauR-Report 9/94, Revision durch Beschluss des BGH, Beschl. v. 13.7.1995, Az. VII ZR 233/94, abgelehnt	§ 307 Abs.2 Nr.1 BGB Verstoß gegen Äquivalenzprinzip, § 632 BGB.

3.2.5 Informationspflichten

„Der rechtsverbindlich unterzeichnete Unternehmer erklärt, dass ihm ... die örtlichen Verhältnisse bekannt sind ...."	BGH, Urt. v. 5.6.1997, Az. VII ZR 54/96 NJW-RR 1997, 1513	Änderung der Beweislast.
"Der Bieter erklärt, dass er sich Klarheit über die zu leistenden Arbeiten durch ausreichende Einsichtnahme in die Angebotsunterlagen, Zeichnungen sowie, sofern möglich, durch eingehende Besichtigung der Baustelle verschafft hat."	OLG Frankfurt/M., Urt. v. 3.6.2002, Az. 1 U 26/01, BauR 2003, 269	Unzulässige Überwälzung von Planungsfehlern.
„Der Bieter hat sich vor Kalkulation des Angebots von der Situation an Ort und Stelle zu informieren. Nachforderungen auf Grund unberücksichtigter Schwierigkeiten werden grundsätzlich nicht anerkannt."	BGH, Beschluss v. 26.2.2004, Az. VII ZR 96/03, NJW-RR 2004, 880	§ 307 BGB Klauseln, die eine umfassende Verpflichtung des Bieters zur Besichtigung der Baustelle enthalten und die Vergütung

		des Auftragnehmers bei Erschwerungen der Leistung einschränken, begegnen Bedenken.
„Der Bieter kann sich nicht auf Unkenntnis der Vertragsgrundlagen berufen, außer wenn er bei Angebotsabgabe in einem Begleitschreiben auf diesen Umstand hingewiesen hat."	LG München, Urt. v. 13.6.1991, Az. 7 O 22256/90, IBR 1992, 13	§§ 9; 307 und 308 Nr.1 BGB Die Klausel lässt offen, welche Vertragsbedingungen gemeint sind.
„Der Bieter erklärt, dass er sich Klarheit über die zu leistenden Arbeiten durch ausreichende Einsichtnahme in die Angebotsunterlagen sowie, sofern möglich, durch eingehende Besichtigung der Baustelle verschafft hat."	OLG Frankfurt/M., Urt. v. 3.6.2002, Az. 1 U 26/01, IBRRS 42697	Enthält eine unzulässige Fiktion und verstößt gegen Transparenzgebot.
„Nach Angebotsabgabe kann sich der Bieter auf Unklarheiten in den Angebotsunterlagen oder über Inhalt und Umfang der zu erbringenden Leistungen nicht berufen. Bei oder nach Auftragserteilung sind Nachforderungen mit Hinweis auf derartige Unklarheiten ausgeschlossen."	BGH, Urt. v. 5.6.1997, Az. VII ZR 54/96, NJW-RR 1997, 1513	§ 307 Abs.2 Nr.2 BGB Auslegungsregel, § 305c BGB ist abbedungen.

3.2.6 Unkalkulierbare Leistungsausdehnungen

„Der Auftraggeber kann verlangen, dass Besprechungen auch außerhalb des Ortes der Baustelle durchgeführt werden. Ein Anspruch auf Kostenerstattung entsteht dadurch nicht."	BGH, Urt. v. 5.6.1997, Az. VII ZR 54/96, NJW-RR 1997, 1513	Nicht kalkulierbar und unzumutbar.
„Grundlage der Bauausführung ist diese Baubeschreibung. Änderungen der Bauausführung, der Material- bzw. Baustoffauswahl, soweit sie gleichwertig sind, bleiben vorbehalten."	BGH, Urt. v. 23.6.2005, Az. VII ZR 200/04, NJW 2005, 3420	§ 308 Nr. 4 BGB Änderungsvorbehalt des Auftraggebers ohne Einschränkung ist unzumutbar; der Auftragnehmer muss im Zeitpunkt des Vertragsschlusses das Risiko kennen.

„Das Sichern jeglicher Leitungen, Versorgungskabel und dergleichen sowie ein ganz oder teilweise erforderliches Absteifen der Baugrube, das Vorhalten der Böschungen bis zur Übernahme durch die Bauunternehmung, Abfuhr von Schuttmaterial, etc. gilt mit dem Einheitspreis als abgegolten."	LG München I, Urt. v. 23.1.1992, Az. 7 O 10431/91	Verletzung des Äquivalenzprinzips.
„Der Auftragnehmer ist verpflichtet, sich Unterlagen und Angaben für alle im Baubereich verlegten Kabel, Leitungen und Rohre selbst zu beschaffen. Bei den Baulastträgern der Versorgungsleitungen ist rechtzeitig eine örtliche Einweisung zu beantragen. Für alle Schäden an unterirdischen Leitungen (Kanal, Gas, Wasser, Kabel aller Art, usw.) während der gesamten Bauzeit sowie auch nach der Bauvollendung, wenn der Schaden auf die Bauausführung zurückzuführen ist, ist der Auftragnehmer voll verantwortlich."	OLG München, Urt. v. 17.10.1995, Az. 9 U 6434/94, IBRRS 49268	Verschuldensunabhängige Haftung während der gesamten Bauzeit.
„Noch fehlende behördliche Genehmigungen sind durch den Auftragnehmer so rechtzeitig einzuholen, dass zu keiner Zeit eine Behinderung des Terminablaufs entsteht."	BGH, Beschl. v. 5.6.1997, Az. VII RZ 54/96, BauR 1997, 1036	Überbürdung des Risikos nicht rechtzeitiger Genehmigung; unangemessen
"Folgende besondere Leistungen gehören zu den Vertragsleistungen und werden nicht gesondert vergütet ... Gestellung, Vorhaltung – auch länger als 3 Wochen über die eigene Benutzungsdauer hinaus sowie ggf. erforderliche Umbauten aller erforderlichen Gerüste, auch für andere Gewerke ... ."	OLG München, Urt. 15.1.1987, Az. 29 U 4348/86, BauR 1987, 554, 555	Verletzung des Äquivalenzprinzips
„Der Auftragnehmer ist Bauleiter i. S. d. § 330 StGB und der Landesbauordnung an Stelle von Bauherr und Planverfasser	LG München, Urt. v. 6.7.1999, Az. 5 O 20404/98,	Ein Auftragnehmer muss nur für seine eigenen Leistungen einstehen.

auch für die Ausführung."	IBRRS 49156	
„Für Stoffe und Bauteile, die nach dem Vertrag vom Auftraggeber beizustellen sind, hat der Auftragnehmer auf Verlangen den Bedarf zu ermitteln." „Er hat sie rechtzeitig abzurufen und von der in der Leistungsbeschreibung angegebenen Stelle zur Verwendungsstelle zu schaffen."	LG Berlin, Urt. v. 18.7.2001, Az. 26 O 489/00, NZBau 2001, 559	Die Bedarfsermittlung kann verhältnismäßig hohe Kosten verursachen, vor allem wenn der Auftragnehmer nicht nur den quantitativen, sondern auch den qualitativen Bedarf ermitteln soll. Transparenzgebot: Der Umfang der Leistungspflicht, also die Ermittlung des Bedarfs, ist abhängig von der entsprechenden Position des Leistungsverzeichnisses. Der Grundsatz der Klarheit und Wahrheit gebietet es, die Leistung der Bedarfsermittlung bei der dazugehörigen Position auszuschreiben.

3.2.7 Preis

„Massenänderungen – auch über 10 % – sind vorbehalten und berechtigen nicht zur Preiskorrektur."	BGH, Urt. v. 4.11.2015, Az. VII ZR 282/14; BeckRS 2015, 1912	auch eine Preisanpassung zugunsten des Auftragnehmers nach den Grundsätzen über die Störung der Geschäftsgrundlage, § 313 BGB, wird ausgeschlossen.
„Die vereinbarten Festpreise schließen Nachforderungen jeglicher Art aus."	BGH, Beschl. v. 5.6.1997, NJW-RR 1997, 1513	Verstoß gegen Transparenzgebot.
„Die anrechenbaren Kosten für Leistungen der Leistungsphasen 2 bis 4 gemäß HOAI sind auf der Grundlage einer genehmigten Kostenberechnung zur Haushaltsunterlage Bau zu bestimmen."	BGH, Urt. v. 16.11.2016, Az. VII ZR 314/13, ZfBR 2017, 140	Der Auftraggeber, der regelmäßig ein Interesse daran hat, das Honorar möglichst niedrig zu halten, kann nach Vertragsschluss und

		(teilweiser) Leistungserbringung seitens des Architekten durch einseitige Abänderung der sich aus der Kostenberechnung ergebenden anrechenbaren Kosten im Rahmen des Genehmigungsverfahrens erheblichen Einfluss auf die Höhe des Honorars nehmen.
„Die Beförderung einschließlich aller zugehörigen Leistungen (Entladen, Stapeln, Zwischenlager, usw.) ist durch die Preise für die anderen Vertragsleistungen abgegolten, soweit die Leistungsbeschreibung hierfür keine besonderen Ansätze enthält."	LG Berlin, Urt. v. 18.7.2001, Az. 26 O 489/00, NZBau 2001, 559	Verstoß gegen das Transparenzgebot. Sofern im LV keine genaue Anschrift angegeben ist, kann der Auftragnehmer Umfang und Kosten der Beförderungspflicht nicht kalkulieren.
„Ein als vom Hundert-Satz angebotener Preisnachlass bezieht sich auf die Abrechnungssummen (netto) der Vertragsleistung wie auch der Nachtragsleistung und wird bei den Zahlungen ohne besondere Ankündigung abgesetzt. Das gilt auch, wenn der Preisnachlass auf die Angebots- oder Auftragssumme bezogen ist. Der AN verpflichtet sich, einen Pauschalnachlass in Prozentsätze umzurechnen. Es gilt dann der vorstehende Absatz entsprechend."	LG Berlin, Urt. v. 18.7.2001, Az. 26 O 489/00, NZBau 2001, 559	Verstoß gegen den Grundsatz des Vorrangs der Individualabrede. Ein vereinbarter Preisnachlass für Nachtragsaufträge gilt selbst dann, wenn die Parteien dies bei der Auftragserweiterung nicht mehr gewollt haben oder sogar das Gegenteil ausdrücklich vereinbart haben.
„Für anteilige Baureinigung werden dem Auftragnehmer 0,5% von der Schlusssumme in Abzug gebracht."	BGH, Urt. v. 6.7.2000, Az. VII ZR 73/00, NJW 2000, 3348	Pauschaler Abzug mit der Verantwortlichkeit für Abfall, unabhängig davon, ob der AN Abfall verursacht und nicht beseitigt hat.

3.2.8 Subvergabe

„Der Auftragnehmer darf den Nachunternehmern keine ungünstigeren Bedingungen, insbesondere hinsichtlich der Zahlungsweise und der Sicherheitsleistungen, auferlegen, als zwischen ihm und dem Auftraggeber vereinbart sind."	OLG Frankfurt/M., Urt. v. 3.6.2003, Az. 1 U 26/01, IBRS 42697	§ 307 BGB Unangemessene Beschränkung der Gestaltungsfreiheit.
„Vergibt der Auftragnehmer Leistungen ohne Zustimmung des Auftraggebers an Unternehmer oder vergibt ein Nachunternehmer ihm übertragene Leistungen ohne Zustimmung des Auftraggebers an weitere Nachunternehmer, so hat der Auftragnehmer eine Vertragsstrafe in Höhe von 3 v. H. des Gesamtauftragswertes an den Auftraggeber zu zahlen."	KG Berlin, Urt. v. 13.3.2001, Az. 4 U 2902/00, IBR 2001, 241	Verschuldensunabhängige Haftung. Außerdem Höhe unangemessen.

3.2.9 Zeit

„Befindet sich der Auftraggeber während seiner vorgegebenen Bauzeiten so offensichtlich im Rückstand mit der Ausführung seiner Leistungen, dass nach Lage der Dinge erwartet werden muss, dass die gesetzten Termine nicht erfüllt werden, ist der Auftraggeber berechtigt, auf Kosten des Auftragnehmers durch Verstärkung durch Fremdfirmen die Erfüllung der dem Auftragnehmer obliegenden Verpflichtungen zu sichern."	BGH, Urt. v. 5.6.1997, Az. VII ZR 54/96, NJW-RR 1997, 1513	§§ 307; 309 Nr.4 BGB Kosten würden auch bei fehlendem Verschulden anfallen.
„Massenmehrungen und -minderungen und Zusatzleistungen berechtigen nicht zu einer Verlängerung der Ausführungstermine."	LG München, Urt. v. 22.9.1988, Az. 7 O 3095/88, BauR-Report 6/88	§§ 307 Abs.2 Nr.1; 309 Nr.7 BGB Durch Verschulden des vom Auftraggeber verursachte Verlängerungen würden ausgeschlossen.
„Verschiebt sich der Beginn der	OLG Karlsru-	Der Auftragnehmer

Ausführungen, ist der Auftragnehmer verpflichtet, alles in seiner Macht Stehende zu tun, um den vorgesehenen Endtermin für seine Leistungen dennoch einzuhalten."	he, Urt. v. 6.7.1993, Az. 3 U 57/92, NJW-RR 1993, 1435	würde an Risiken, die aus der Sphäre des Auftraggebers stammen, in unangemessener Weise beteiligt.

3.2.10 Vertragsstrafe

"Überschreitet der AN die Vertragstermine (Zwischen- und Endtermine) schuldhaft, ist eine Vertragsstrafe von 0,3% der Nettoabrechnungssumme jedoch mindestens 520,- EUR je Werktag und nicht fertig gestellter WE vereinbart, höchstens jedoch 5% der Nettoauftragssumme."	KG, Urt. v. 23.2.2017, Az. 21 U 126/16	§ 306 Abs.1 BGB zu hoher Tagessatz
Vertragsstrafe, max 5 % der Auftragssumme sowie max 0,3 % / Werktag (Mo-Sa) max 0,3 % / Arbeitstag max 0,2 % / Kalendertag.	BGH, Urt. v. 6.12.2007, Az. VII ZR 28/07, NJW-RR 2008, 615 und Urt. v. 23.1.2003, Az. VII ZR 210/01 IBR 2003, 291	Derzeitiger Stand der Rechtsprechung zu den Höchstwerten.
„Der Auftragnehmer hat als Vertragsstrafe für jeden Werktag der Verspätung zu zahlen: Bei Überschreitung der Fertigstellungsfrist 0,1 v. H. des Endbetrages der Abrechnungssumme. Bei Überschreitung von Einzelfristen 0,2 % des Endbetrages der Abrechnungssumme.	BGH, BauR 1999, 645; BGH, BauR 2003, 879, OLG Celle, IBRS 51574, IBR 2005, 1244	Eine in BVB eines Einheitspreisvertrages vereinbarte Vertragsstrafe für die Überschreitung einer Zwischenfrist hält der Inhaltskontrolle nicht stand, wenn sich die Vertragsstrafe nach einem Promille-Satz der Endabrechnungssumme bemessen soll und nicht nach dem mit der Zwischenfrist zu erreichenden Leistungsstand.
Die Vertragsstrafe wird auf insgesamt 5,0 v. H. der Abrech-	OLG Brandenburg, Urt. v.	Eine Vertragsstrafeklausel ist überra-

nungssumme begrenzt."	16.1.2007, Az. 11 U 72/06, IBRS 60302	schend, wenn bereits bei Vertragsunterzeichnung feststeht, dass die Leistung nicht bis zum Zeitpunkt der Verwirkung der Vertragsstrafe fertig gestellt werden kann.
„Der Bauherr ist berechtigt, einzelne Positionen des Angebotes zurückzuziehen, zu streichen oder in den Massenansätzen zu vermindern, ohne dass der Auftragnehmer durch Minderleistungen Ersatzansprüche stellen kann; eine Preisänderung tritt dadurch bei solchen oder anderen Positionen nicht ein."	BGH, Urt. v. 5.6.1997, Az. VII ZR 54/96, NJW-RR 1997, 1513	§ 307 BGB Die Klausel verstößt gegen den Grundsatz des § 649 BGB.
„Die Geltendmachung von Aufrechnungen mit nicht rechtskräftig festgestellten Gegenansprüchen sowie von Zurückbehaltungsrechten ist ausgeschlossen."	BGH, Urt. v. 31.3.2005, Az. VII ZR 180/04, NZBau 2005, 392	Durch die Klausel wird auch ein Leistungsverweigerungsrecht nach §§ 320; 641 Abs.3 BGB ausgeschlossen. Eine Klausel, die das Zurückbehaltungs- und Leistungsverweigerungsrecht des Bestellers ohne Einschränkung ausschließt, hält der Inhaltskontrolle nicht stand.
„Der Auftragnehmer hat pro Tag und pro illegal beschäftigten Arbeitnehmer eine Vertragsstrafe in Höhe von EUR 5.000,- zu zahlen."	OLG Brandenburg, Urt. v. 8.11.2006, Az. 4 U 54/06, IBRS 57475	§ 307 BGB - Die Schwarzarbeiterregelung enthält keine Begrenzung der verwirkbaren Vertragsstrafe (BGH, BauR 1988, 86; BauR 1989, 327; BauR 2000, 1049). Vertragsstrafevereinbarungen in AGBs müssen auch die Interessen des Auftragnehmers ausreichend berücksichtigen.

3.2.11 Haftung

Klausel	Fundstelle	Bewertung
"Wird der Architekt wegen eines Schadens am Bauwerk auf Schadensersatz in Geld in Anspruch genommen, kann er vom Bauherrn verlangen, dass ihm die Beseitigung des Schadens übertragen wird."	BGH, Urt. 16.02.2017, IBRRS 2017, 0878	Der AG könnte keinen finanziellen Ausgleich durch Schadensersatz verlangen, und müsste einen Architekten arbeiten lassen, selbst wenn er in ihn das Vertrauen verloren hat.
„Der Auftragnehmer verzichtet, soweit gesetzlich zulässig, auf alle Schadensersatzansprüche gegen den Auftraggeber oder seine Beauftragten."	OLG Stuttgart, Urt. v. 19.12.1980, Az. 2 U 122/80, NJW 1981, 1105	§§ 307 und 309 Nr.7 BGB Die Klausel ist unwirksam.
Der Auftragnehmer hat den Auftraggeber von Ansprüchen Dritter wegen schädigender Auswirkungen (Schäden, Nachteilen oder Belästigungen) freizustellen.	OLG Frankfurt, Urt. v. 3.6.2002, Az. I U 26/01, NZBau 2003, 566	Die Klausel ist unwirksam.
„Der Ausführung dürfen nur Unterlagen zugrunde gelegt werden, die vom Auftraggeber als zur Ausführung bestimmt gekennzeichnet sind. Mit der Genehmigung von Plänen übernimmt der Auftraggeber keinerlei Verantwortung und Haftung für deren Richtigkeit."	LG Berlin, Urt. v. 18.7.2001, Az. 26 O 489/00. NZBau 2001, 559	Diese Klausel verstößt gegen den Grundsatz des Vorrangs der Individualabrede. Der Ausschluss der Haftung und Verantwortung für die Richtigkeit der eigenen genehmigten Pläne des Auftraggebers ist unangemessen.
„Die Urkunde über die Vertragserfüllungsbürgschaft wird auf Verlangen nach vorbehaltloser Annahme der Schlusszahlung zurückgegeben, wenn der Auftragnehmer die Leistung vertragsgemäß erfüllt hat, etwaige Ansprüche (einschließlich Ansprüche Dritter) befriedigt hat und eine vereinbarte	LG Berlin, Urt. v. 18.7.2001, Az. 26 O 489/00, NZBau 2001, 559	Die Klausel kann im Einzelfall dazu führen, dass der Auftraggeber, selbst wenn der Auftragnehmer sämtliche Pflichten vertragsgemäß erfüllt hat, die Fälligkeit des Bürgschaftsherausga-

Sicherheit für die Gewährleistung geleistet hat."		beanspruchs beliebig lange hinauszögern könnten, indem sie nämlich entweder überhaupt keine Schlusszahlung leisten oder eine solche, zu deren vorbehaltloser Annahme der Auftragnehmer nicht verpflichtet ist.

3.2.12 Abnahme

„Die Abnahme kann nur schriftlich erfolgen."	LG München I, Urt. v. 19.5.1988, Az. 7 O 23960/87	§§ 305b; 307 Abs.2 Nr.1 BGB Diese Klausel würde auch spätere mündliche Vereinbarungen über die Abnahme ausschließen.
„Die Abnahme des Gemeinschaftseigentums erfolgt durch die Verwaltung gemäß WEG, gegebenenfalls unter Anwesenheit von Erwerbern."	BGH, Urt. v. 30.6.2016, Az. VII ZR 188/13, NJW-RR 2016, 1143	Unangemessene Benachteiligung der Erwerber
„Eine Abnahme durch Ingebrauchnahme ist ausgeschlossen."	BGH, Urt. v. 25.1.1996, Az. VII ZR 233/94, NJW 1996, 1346	§ 307 BGB Der Beginn der Gewährleistungsfrist und der Eintritt der Fälligkeit des Werklohns können dadurch unangemessen hinausgeschoben werden, obwohl der Auftragnehmer seine Leistung erbracht hat und der Auftraggeber das hergestellte Werk bereits nutzt.
„Voraussetzungen für die Abnahme sind, dass der Auftragnehmer sämtliche hierfür erforderlichen Unterlagen, wie z.B. Revisions- und Bestandspläne, behördliche Bescheinigungen, usw. dem Auftraggeber übergeben hat."	BGH, Urt. v. 5.6.1997, Az. VII ZR 54/96, NJW-RR 1997, 1513	§§ 307 Abs.1; 308 Nr.1 BGB Verstoß gegen Transparenzgebot.

„Der Auftraggeber ist berechtigt, die Abnahme wegen fehlender Unterlagen zu verweigern."	OLG Rostock, Urt. v. 7.2.2005, Az. 3 U 43/04, BauR 2005, 1971	§ 307 Abs.1 S.2 BGB Verstoß gegen Transparenzgebot. Eine Abnahmeverweigerung wegen geringfügig fehlender Unterlagen würde den Auftragnehmer unangemessen benachteiligen.
„Die vertragsgemäß fertig gestellte Leistung des Nachunternehmers gilt als abgenommen, wenn diese im Rahmen der Abnahme des Gesamtbauwerks durch den Auftraggeber des Hauptunternehmers abgenommen ist."	BGH, Urt. v. 17.11.1994, Az. VII ZR 245/93, und BGH, Urt. v. 17.11.1994, Az. VII ZR 245/93, NJW 95, 526	§ 307 BGB Die Klausel ist unwirksam, denn die Abnahme durch den Hauptkunden ist für den Auftragnehmer nicht beeinflussbar.
„Die Unterschrift unter Stundenlohnzetteln gilt nicht als Anerkennung der ausgewiesenen Stunden."	BGH, Urt. v. 1.2.2000, Az. X ZR 198/97, NJW 2000, 1107	Die Unterschrift ist ein Schuldanerkenntnis (schließt aber die Nachprüfung nicht aus!).

3.2.13   Zahlung

„Die Schlussrechnungsforderung wird erst fällig, wenn sämtliche bei der Abnahme festgestellten Mängel beseitigt worden sind."	KG, Urt. v. 8.4.2014, Az. 27 U 105/13, IBRRS 2014, 1591	Damit könnte auch jeder noch so kleine Mangel, wie z. B. ein kleiner Haarriss, die Fälligkeit der gesamten Werklohnforderung hemmen.
„Alle Ansprüche des Auftragnehmers verjähren innerhalb von 6 Monaten nach Zusendung der Schlussrechnung an den Auftraggeber."	OLG Düsseldorf, Urt. v. 19.8.1987, Az. 19 U 92/86, BauR 1988, 222	§ 307 BGB Verkürzung der gesetzlichen Verjährungsfrist.
„Nachforderungen nach Einreichung der Schlussrechnung werden, gleichgültig aus welchem Grunde, nicht mehr anerkannt. Mit der Einreichung	BGH, Beschl. v. 5.6.1997, Az. VII ZR 54/96, NJW-RR 1997, 1513	Die Klausel ist unwirksam. Bei einem Werkvertrag hat sie keine Gültigkeit; selbst bei einem

der Schlussrechnung durch den Auftragnehmer sind seine sämtlichen Forderungen geltend gemacht. Versäumt der Auftragnehmer die Berechnung erbrachter Lieferungen und Leistungen, so ist der Auftraggeber auch ohne weitere Mitteilung an den Auftragnehmer von jeglicher Verpflichtung zur Bezahlung für eventuelle spätere Forderungen befreit."		*VOB/B-Bauvertrag* verstößt sie gegen den Grundsatz, dass erst die vollständige Begleichung der Schlusszahlung weitere Forderungen ausschließt.
„Auf die Vergütung besteht kein Anspruch, wenn der Endkunde, aus welchen Gründen auch immer, keine Zahlung leistet."	BGH, Urt. v. 9.5.1999, Az. III ZR 209/95, NJW-RR 1996, 1009	Ein Überwälzen des Ausfallrisikos ohne wirtschaftliche Gegenleistung ist unangemessen.

3.2.14 Mängelbeseitigungsansprüche

„Gewährleistung und Haftung des Unternehmers richten sich nach der VOB bzw. dem BGB. Bei unterschiedlicher Auffassung gilt jeweils die günstigere für den Bauherrn."	BGH, Urt. v. 21.11.1985, Az. VII ZR 22/85, NJW 86, 924	§ 307 BGB Verstoß gegen das Transparenzgebot
„Die Verjährungsfrist beginnt mit der Gesamtabnahme des Bauwerks durch den Bauherrn."	OLG Düsseldorf, Urt. v. 7.6.1994, Az. 21 U 90/92, BauR 95, 111; BGH, Urt. v. 23.2.1989, Az. VII ZR 89/87, NJW 1989, 1602 (1603)	Die Klausel weicht von den Abnahmeregelungen in § 640 BGB und § 12 VOB/B ab und benachteiligt den Subunternehmer deshalb in unangemessener Weise, weil für ihn der Zeitpunkt der Abnahme - und damit der Beginn der Gewährleistungsfrist - ungewiss ist und weil die Abnahme seines Werkes ohne zeitliche Begrenzung trotz Fertigstellung hinausgezögert wird.
„Der AG kann bis zur Behebung aller Mängel aus dem Abnahmeprotokoll 5 % der Abrechnungssumme einbehal-	LG München, Urt. v. 25.4.1991, Az. 7 O 20842/90,	§ 307 BGB Die Klausel ist unangemessen, weil sie nicht unterscheidet, ob

ten."	IBR 1991, 378	der Auftragnehmer die Mängel zu vertreten hat oder nicht.
„Der Einwand der Unverhältnismäßigkeit des Aufwands ist ausgeschlossen."	BGH, Urt. v. 5.6.1997, Az. VII ZR 54/96, NJW-RR 1997, 1513	§ 307 Abs.2 Nr.1 BGB Die Klausel ist unwirksam, weil eine wesentliche Abweichung von der gesetzlichen Regelung in § 635 Abs.3 BGB vorliegt.
„Gewährleistungsansprüche des Auftraggebers wegen bei Abnahme erkennbarer Mängel sind ausgeschlossen, wenn diese Mängel nicht binnen einer Frist von 2 Wochen seit Abnahme gerügt werden."	BGH, Urt. v. 28.10.2004, Az. VII ZR 385/02, NJW-RR 2005, 247	Der Verlust des Mängelrügerechts mit der Folge des Anspruchsverlustes ist grundsätzlich erst dann zu rechtfertigen, wenn der Auftraggeber zumutbaren, zur redlichen Abwicklung des Vertrags gebotenen, Obliegenheiten nicht nachkommt.

3.2.15 Sicherheiten

(1) Die Parteien vereinbaren - unabhängig von einer Ausführungsbürgschaft - den Einbehalt einer unverzinslichen Sicherheitsleistung durch den Auftraggeber i.H.v. 5% der Brutto-Abrechnungssumme für die Sicherstellung der Gewährleistung einschließlich Schadensersatz und die Erstattung von Überzahlungen. (2) Der Auftragnehmer ist berechtigt, den Sicherheitseinbehalt gegen Vorlage einer unbefristeten, selbstschuldnerischen und unwiderruflichen Bürgschaft einer deutschen Großbank oder Versicherung abzulösen; frühestens jedoch nach vollständiger Beseitigung der im Abnahmeprotokoll festgestellten Mängel oder	BGH, Urt. v. 30.3.2017, Az. VII ZR 170/16	unangemessene Benachteiligung des AN, weil die Ablösung des Sicherheitseinbehaltes zusätzlich davon abhängig ist, dass wesentliche Mängel nicht (mehr) vorhanden sind.

fehlender Leistungen.		
Erfüllungsbürgschaft i.H.v. 5% der Bruttoauftragssumme und Regelung, dass drei letzte Abschlagszahlungen zu je 5% der vereinbarten Vergütung an der vollständigen Fertigstellung des Objekts einbehalten werden dürfen.	BGH, Urt. v. 16.6.2016, Az. VII ZR 29/13, IBR 2016, 454	zurückverwiesen: Abschlagszahlungsregelungen, die vorsehen, dass der Auftraggeber trotz vollständig erbrachter Werkleistung einen Teil des Werklohns einbehalten darf, können zur Unwirksamkeit einer Sicherungsabrede betreffend eine Vertragserfüllungsbürgschaft führen.
„Der AN hat dem AG zur Sicherung sämtlicher Ansprüche aus dem Vertrag eine Vertragserfüllung über 10 % der vereinbarten Auftragssumme auszuhändigen."	BGH, Urt. v. 20.3.2014, Az. VII ZR 248/13	Damit werden auch Ansprüche über die Abnahme hinaus gesichert.
„Nach Empfang der Schlußzahlung und Erfüllung aller bis dahin erhobenen Ansprüche kann der Auftragnehmer verlangen (schriftlicher Antrag), dass die Bürgschaft in eine Gewährleistungsbürgschaft gemäß Formblatt EFB-Sich 2 in Höhe von 3. v.H. der Abrechnungssumme umgewandelt wird."	OLG München, Urt. v. 4.5.2016, IBRRS 2016, 2551	"bis dahin erhobenen Ansprüchen" könnten auch Ansprüche aus einem anderen Bauvorhaben umfassen, Verwender feindlichste Auslegung.
„Sicherheitsleistung in Höhe von 5 % der Bausumme, ablösbar durch Bankbürgschaft auf erstes Anfordern."	OLG Frankfurt/M., Urt. v. 13.7.2006, Az. 3 U 70/05, BeckRS 2007, 04776 BGH, Urt. v. 20.10.2005, Az. VII ZR 153/04; BGH NJW-RR 2005, 458; NZBau 2006, 107	§ 307 BGB Die Klausel benachteiligt den Auftragnehmer unangemessen, weil er im Falle einer unberechtigten Inanspruchnahme die damit verbundenen Nachteile, insbesondere das Liquiditätsrisiko, zu tragen hat. Ferner besteht kein angemessener Ausgleich für den Einbehalt, auch wenn die Klausel von einem öffentlichen Auftraggeber gestellt wird oder auf ein Verwahr-

		konto einzuzahlen ist.
„Der Generalunternehmer stellt eine Vertragserfüllungsbürgschaft zu 10% der Auftragssumme. Die Vertragserfüllungsbürgschaft muss bis zur Auszahlung der 1. Abschlagsrechnung dem AG vorgelegt werden. Die Bürgschaft muss unbedingt, unbefristet und selbstschuldnerisch sein. Eine Rückgabe erfolgt im Austausch mit der Gewährleistungsbürgschaft (siehe Ziffer V c).	BGH, Urt. v. 7.4.2016, Az. VII ZR 56/15, NZBau 2016, 422	Achtung: wirksam! Eine Vereinbarung, nach der die Auftragnehmerin eines Bauvertrages zur Stellung einer Vertragserfüllungsbürgschaft in Höhe von zehn Prozent der Auftragssumme verpflichtet ist, weicht nicht vom gesetzlichen Leitbild des § 632a Abs.3 S.1 BGB ab.
"Die Bürgschaft ist zurückzugeben, wenn alle unter die Gewährleistungsfrist fallenden Gewährleistungsansprüche nicht mehr geltend gemacht werden können."	BGH, Urt. v. 26.3.2015, Az. VII ZR 92/14, BeckRS 2015, 07406	Sie benachteiligt AN entgegen den Geboten von Treu und Glauben unangemessen, weil sie die "Rückgabe der Bürgschaft" insgesamt davon abhängig macht, dass keine Gewährleistungsansprüche mehr geltend gemacht werden können, und eine teilweise Enthaftung nicht vorgesehen ist.

3.3 Typische unwirksame Vertragsklauseln der Auftragnehmer

3.3.1 Verbindliches Angebot

"Die Preise sind freibleibend. Bei einer Steigerung von Material- und Rohstoffpreisen, Löhnen und Gehältern, Herstellungs- und Transportkosten ist der Lieferer berechtigt, die vom Tage der Lieferung gültigen Preise zu berechnen."	BGH, Urt. v. 6.12.1984, Az. VII ZR 227/83, NJW 1985, 855	Solche formularmäßigen Preisänderungsvorbehalte sind aber dann nicht mehr angemessen, wenn sie es dem Verwender ermöglichen, über die Abwälzung der Kostensteigerung hinaus den vereinbarten Preis ohne jede Begrenzung einseitig anzuheben.

Klausel	Fundstelle	Anmerkung
„Unsere Angebote sind freibleibend und unverbindlich."	LG Halle, Urt. v. 9.4.2001, Az. 8 O 504/00, NZBau 2001, 564	Die Klausel kann den Vorbehalt des Rechts zum freien Rücktritt vom Vertrag bis zu dessen Erfüllung ausdrücken.
„Die dem Auftrag zugrundeliegenden Mengenangaben, Gewichte und Maße sind überschlagsmäßig berechnet und insoweit unverbindlich, soweit von uns nicht vereinbarungsgemäß ein genaues Aufmaß erstellt und dies schriftlich als verbindlich vereinbart wurde. Ebenso sind Zeichnungen, Abbildungen oder sonstige Leistungsdaten nur bei ausdrücklicher Vereinbarung verbindlich."	LG Halle, Urt. v. 9.4.2001, Az. 8 O 504/00, NZBau 2001, 564	Die Klausel kann im Einzelfall die Haftung für zugesicherte Eigenschaften ausschließen. Es ist denkbar, dass Mengenangaben oder Zeichnungen, etwa durch bestimmte Zusätze, Formulierungen oder Umstände als Zusicherung anzusehen sind.
„Die von uns genannten Termine und Fristen sind unverbindlich, sofern nicht ausdrücklich schriftlich etwas anderes vereinbart ist."	LG Halle, Urt. v. 9.4.2001, Az. 8 O 504/00, NZBau 2001, 564	Der Auftragnehmer behält sich hierdurch nicht hinreichend bestimmte Fristen vor. Die Klausel kann im Einzelfall die Haftung für zugesicherte Eigenschaften ausschließen. Es ist denkbar, dass mündliche Zusicherungen bzw. bestimmte Umstände als Zusicherung zu werten sind.
„Proben und Muster gelten als annähernde Anschauungsstücke für Qualität, Abmessung und Farbe."	LG Halle, Urt. v. 9.4.2001, Az. 8 O 504/00, NZBau 2001, 564	Die Klausel kann im Einzelfall die Haftung für zugesicherte Eigenschaften ausschließen. Es ist denkbar, dass Proben und Muster, etwa durch bestimmte Zusätze, Formulierungen oder Umstände als Zusicherung anzusehen sind.

3.3.2 Schriftform

„Mündliche Nebenabsprachen haben nur Gültigkeit, wenn sie schriftlich vereinbart sind." „Abweichende Bedingungen des Auftraggebers, die wir nicht ausdrücklich schriftlich anerkennen, sind für uns unverbindlich, auch wenn wir ihnen nicht ausdrücklich widersprechen." „Abweichungen von diesen unseren Bedingungen sowie Nebenabreden bedürfen zu ihrer Wirksamkeit einer schriftlichen Vereinbarung."	LG Halle, Urt. v. 9.4.2001, Az. 8 O 504/00, NZBau 2001, 564	Stets haben individuelle - gegebenenfalls mündliche - Vertragsabreden Vorrang vor AGBs (BGHZ 12, 24 = NJW 1984, 2468). Mündlich gestellte Bedingungen des Auftraggebers, die der Auftragnehmer konkludent akzeptiert, bedürften dann der Schriftform. Dabei würden auch nach Vertragsschluss getroffene Vereinbarungen erfasst.
„Erklärung: der Auftraggeber bestätigt vorstehenden Text selbst gelesen und verstanden zu haben sowie den Erhalt einer Zweitschrift."	LG Halle, Urt. v. 9.4.2001, Az. 8 O 504/00, NZBau 2001, 564	Unzulässige Fiktion.

3.3.3 Preis

„Die angegebenen Preise verstehen sich als Netto-Preise, zuzüglich der derzeit gültigen gesetzlichen Mehrwertsteuer."	LG Heidelberg, Urt. 30.9.2016, Az. 3 O 149/16, BeckRS 2016, 17477	Im Verkehr mit Verbrauchern unwirksam: Bei vernünftigem Verständnis ist nämlich unklar, welchen zeitlichen Bezugspunkt die Formulierung „derzeit" betrifft. Sie widerspricht dem wesentlichen Grundgedanken der Preisangabenverordnung, die durch § 1 Abs.3 PAngV im Interesse der Preisklarheit und Preiswahrheit dient.

3.3.4 Zahlungsbedingungen

„Zahlungen sind sofort, in bar und ohne jeden Abzug frei Zahlstelle des Auftragnehmers fällig."	LG Halle, Urt. v. 9.4.2001, Az. 8 O 504/00, NZBau 2001, 564	Eine Klausel, wonach Zahlungen sofort in bar und ohne jeden Abzug fällig sind, schließt das Zurückbehaltungsrecht nach § 320 BGB bzw. nach § 273 BGB aus.
„Zahlung: Bar oder Scheck nach Baufortschritt / Fertigstellung."	LG Halle, Urt. v. 9.4.2001, Az. 8 O 504/00, NZBau 2001, 564	Die Klausel formuliert nicht ausreichend klar, dass Abschlagszahlungen lediglich in Höhe des Werts der jeweils nachgewiesenen vertragsgemäßen Leistungen zu gewähren sind.
„Verpackung wird billig berechnet und nicht zurückgenommen."	LG Halle, Urt. v. 9.4.2001, Az. 8 O 504/00, NZBau 2001, 564	Als AGB-Klausel verstößt die Rücknahmeverweigerung gegen die Verpackungsverordnung. Die Klausel legt dem Verbraucher weitere, nicht in dem angegebenen Vertragspreis enthaltene, Kosten, die nicht exakt beziffert werden, auf.

3.3.5 Abnahme

„Der Käufer ist zur Teilabnahme verpflichtet, wenn der Vertragsgegenstand bezugsfertig ist Der Abnahme der Bezugsfertigkeit steht es gleich, wenn der Käufer den Vertragsgegenstand - mit oder ohne Einverständnis des Verkäufers - in Gebrauch nimmt."	OLG Koblenz, Urt. v. 19.10.2016, Az. 5 U 458/16, IBRRS 2016, 2660	Insofern ist zu berücksichtigen, dass die als Teilabnahme geregelte "Abnahme der Bezugsfertigkeit" zum Beginn der Verjährungsfrist führt.

3.3.6 Haftung

„Die Haftung ist ausgeschlossen, sofern nicht Vorsatz oder grobe Fahrlässigkeit gegeben ist."	OLG Stuttgart, Urt. v. 26.4.2017, Az. 10 U 111/13, BeckRS 2017, 108019	Ein Haftungsausschluss für fahrlässig verursachte Schäden ist unwirksam, wenn er auch die Verletzung „wesentlicher" Vertragspflichten erfasst Außerdem bürdet die Klausel die Beweislast für eine vorsätzliche oder grob fahrlässige Pflichtverletzung den Erwerbern auf, was wesentlichen Grundgedanken der gesetzlichen Regelung in § 280 Abs.1 S.2 BGB widerspricht.
„Wir als Auftragnehmer haften insbesondere nicht für Fehler, die sich aus vom Besteller oder Dritten gemachten Angaben oder vorgelegten Unterlagen (Zeichnungen, Muster, Maße, Gewichte, Mengenangaben, etc.) ergeben."	LG Halle, Urt. v. 9.4.2001, Az. 8 O 504/00, NZBau 2001, 564	Die Klausel enthält einen vollständigen Haftungsausschluss für Erfüllungsgehilfen des Auftragnehmers, denn mit „Dritten" könnten alle nicht mit dem Auftragnehmer identischen Personen gemeint sein.
„Darüber hinaus ist der Auftraggeber dafür verantwortlich, dass die Boden-, Platz- und sonstigen Verhältnisse an der Einsatzstelle .... eine ordnungsgemäße und gefahrlose Durchführung des Auftrags gestatten. Insbesondere ist der Auftraggeber dafür verantwortlich, dass die Bodenverhältnisse am Be- und Entladeort bzw. Kranstandplatz sowie den Zufahrtswegen den auftretenden Bodendrücken und sonstigen Beanspruchungen gewachsen sind. Schließlich ist der Auftraggeber verantwortlich	BGH, Urt. v. 28.1.2016, Az. ZR 60/14, NJW-RR 2016, 498	Regelungen in Allgemeinen Geschäftsbedingungen eines Kranunternehmers, mit denen wie in Ziffer 20 I 1, 2 und 4 der AGB-BSK Kran und Transport 2008 dem Auftraggeber einschränkungslos und ohne Festlegung von Mitwirkungspflichten des Kranunternehmers die Verantwortlichkeit für die Eignung der Bodenverhältnisse für

für alle Angaben über unterirdische Kabelschächte, Versorgungsleitungen, sonstige Erdleitungen und Hohlräume, die die Tragfähigkeit des Bodens an der Einsatzstelle oder den Zufahrtswegen beeinträchtigen könnten. Auf die Lage und das Vorhandensein von unterirdischen Leitungen, Schächten und sonstigen Hohlräumen hat der Auftraggeber unaufgefordert hinzuweisen. Versäumt der Auftraggeber schuldhaft diese Hinweispflicht, haftet er für alle daraus entstehenden Schäden, auch für Sach- und Sachfolgeschäden an Fahrzeugen, Geräten und Arbeitsvorrichtungen des Unternehmers sowie Vermögensschäden..... ."		den vereinbarten Kraneinsatz und die Verpflichtung, auf die Lage und das Vorhandensein von unterirdischen Hohlräumen am Einsatzort unaufgefordert hinzuweisen, auferlegt werden.

3.3.7　　Zeit

„Verlängert sich die Lieferzeit oder werden wir von unserer Verpflichtung frei, so kann der Besteller hieraus keine Schadensersatzansprüche herleiten."	LG Halle, Urt. v. 9.4.2001, Az. 8 O 504/00, NZBau 2001, 564	Die Klausel lässt sich kundenfeindlich so auslegen, dass der Auftragnehmer nicht für von ihm verschuldete Verlängerungen der Lieferzeit oder von ihm verschuldetem Unvermögen haftet.
„Im Falle des Leistungsverzugs des Auftragnehmers oder der von ihm zu vertretenden Unmöglichkeit der Leistung sind Schadensersatzansprüche des Auftraggebers ausgeschlossen, es sei denn, sie beruhen auf Vorsatz oder grober Fahrlässigkeit des Auftragnehmers, eines gesetzlichen Vertreters oder eines Erfüllungsgehilfen."	LG Halle, Urt. v. 9.4.2001, Az. 8 O 504/00, NZBau 2001, 564	Die Klausel schließt auch die Haftung für einen nicht fahrlässig verschuldeten Verstoß gegen wesentliche Vertragspflichten aus.
„Bei verweigerter, verspäteter, verzögerter oder sonst sachwidriger Abnahme der Lieferung bzw. Leistung hat der Auftraggeber, unbeschadet seiner Verpflichtung zur Zahlung des Werklohns, die	LG Halle, Urt. v. 9.4.2001, Az. 8 O 504/00, NZBau 2001, 564	Die Klausel stellt nicht darauf ab, ob die verzögerte, verspätete oder verweigerte Abnahme des Kunden berechtigt

hierdurch entstandenen Schäden zu ersetzen."		oder unberechtigt ist. Die Androhung der Geltendmachung von Schadensersatz ist geeignet, den Kunden nachhaltig zu hindern, von seinem Recht der Abnahmeverweigerung Gebrauch zu machen.
„Der Auftragnehmer ist zu Teilleistungen und Teillieferungen jederzeit berechtigt."	OLG Hamm, Urt. v. 13.6.1986, NJW-RR 1987, 311 (316); OLG Koblenz, Urt. v. 19.2.1993, NJW-RR 1993, 1078 (1079)	Die Klausel suggeriert, dass durch das eingeräumte Recht auf Teillieferungen dem Kunden die Möglichkeit genommen wird, den Auftragnehmer in Verzug zu setzen oder unzumutbare Teilleistungen abzulehnen.

3.3.8 Zurückbehaltungsrecht

„Der Auftraggeber verzichtet auf die Geltendmachung eines Zurückbehaltungsrechts aus früheren oder anderen Geschäften der laufenden Geschäftsverbindung."	LG Halle, Urt. v. 9.4.2001, Az. 8 O 504/00, NZBau 2001, 564	§§ 307; 309 Nr.2 BGB

3.3.9 Aufrechnung

"Eine Aufrechnung gegen den Honoraranspruch (des Architekten) ist nur mit einer unbestrittenen oder rechtskräftig festgestellten Forderung zulässig."	BGH, Urt. v. 7.4.2011, Az. VII ZR 209/07, BeckRS 2011, 09198	Klausel belastet den Auftraggeber unangemessen, da er u. U. leisten muss, obwohl ihm entsprechende Gegenansprüche zustehen.

4 Leistung und Vergütung (Hammacher)

4.1 Was muss der Auftragnehmer leisten? Bestimmung des Liefer- und Leistungsumfangs

Was der Auftragnehmer versprochen hat, muss er auch halten. Aber, was hat er versprochen? Dies herauszubekommen kann bei allen Vertragstypen mitunter schwierig werden und ist doch so bedeutsam für die Bemessung der Vergütung einerseits (Nachträge für „mehr Leistung") und für mögliche Mängelansprüche des Auftraggebers andererseits (Mangel = „Negativabweichung vom Soll").

Wenn die Parteien es nicht geschafft haben, den Liefer- und Leistungsumfang des Auftragnehmers und die Schnittstellen zum Auftraggeber und zu den anderen Gewerken deutlich zu definieren, ist ein Streit vorprogrammiert. Gleiches gilt, wenn sich im Leistungsverzeichnis Fehler, Überlappungen oder Lücken ergeben.

Durch Auslegung des Vertrages und aller relevanten Umstände muss dann versucht werden, zu ermitteln, was sich die Vertragsparteien bei Abschluss des Vertrages zu der streitigen Frage gedacht haben. Es wird also im Nachhinein, oft nach Aktenlage, etwas rekonstruiert – von Leuten, die gar nicht dabei waren. Diese unerfreuliche und ineffiziente Abwicklung lässt sich nur vermeiden, wenn die Vertragsparteien von Anfang an auf die saubere Erarbeitung des Liefer- und Leistungsumfangs große Mühe verwenden. Leider ist dies unter Kosten- und Zeitdruck nicht immer der Fall.

Da dies alles im Baurecht am meisten diskutiert und durch Urteile präzisiert wurde, nehmen wir das Baurecht als Ausgangspunkt für die Auslegung des Liefer- und Leistungsumfangs bei allen besprochenen Vertragstypen.

4.1.1 Auslegung eines Vertrages

Leider gehört es zum Alltag von Jurist wie Projektleiter, dass Verträge die Frage, ob etwas zum Liefer- und Leistungsumfang gehört, scheinbar unbeantwortet lassen. Manche Dinge scheinen nicht ausreichend geregelt; manche Formulierungen sind zu allgemein oder ungenau, andere sogar widersprüchlich. Klar, dass bei divergierenden Interessen jede Partei den Text so interpretiert, wie es für sie vorteilhaft erscheint. Letztlich wird derjenige überzeugen, der die besseren Argumente für diese Interpretation hat.

Die Aufgabe, Texte auszulegen, kommt seit Jahrtausenden den „Schriftgelehrten" zu. In unserer Zeit muss sich auch der Projektleiter die dafür entwickelten Überlegungen zu Nutze machen. Natürlich kann hier kein Lehrbuch zur Vertragsauslegung präsentiert werden. Folgende keineswegs erschöpfenden Überlegungen können aber bei der Auslegung von Texten hilfreich sein:

- § 133 BGB bestimmt, dass bei der Auslegung einer Willenserklärung der wirkliche Wille zu erforschen und nicht an dem buchstäblichen Sinne des Ausdrucks zu haften ist.

- Die Auslegung erfolgt dabei aus der Sicht des objektivierten Empfängers der Willenserklärung (Empfängerhorizont). Es zählt also nicht, was jemand sagen will, sondern das, was der andere verstanden hat.
- § 157 BGB bestimmt, dass Verträge so auszulegen sind, wie Treu und Glauben mit Rücksicht auf die Verkehrssitte es erfordern.
- Bei der klassischen Auslegung wird der Vertrag zunächst nach seinem Wortlaut ausgelegt.
    o Dem Wortlaut kommt bei öffentlicher Ausschreibung besondere Bedeutung zu.
    o Nicht ausgesprochene Einschränkungen des Wortlauts können nur zum Tragen kommen, wenn sie von allen gedachten Empfängern so verstanden werden mussten.
    o Es kann nicht ohne weiteres gegen den Wortlaut eines Vertrages entschieden werden. Immerhin hält es der BGH aber für möglich, dass Risiken, mit denen der Auftragnehmer nicht zu rechnen braucht, trotz des eindeutigen Wortlauts auch nicht Vertragsbestandteil werden.
    o Bei der wörtlichen Auslegung ist auch danach zu fragen, wie ein Begriff von den beteiligten Verkehrskreisen normalerweise verstanden wird.
- Die historische Auslegung fragt nach dem Zustandekommen des Vertrages. Gesprächsnotizen, Protokolle, hin- und her gesandte Versionen eines Vertrages können später wertvolle Hilfe leisten. In einer Zeit schier unerschöpflicher Speicherplätze sollte man deshalb gut überlegen, ob man einen digitalen Text überschreibt, oder unter neuem Datum zusätzlich ablegt.
- Bei der systematischen Auslegung eines Textes wird nach der Stellung der auslegungsbedürftigen Passage im Vertragsgefüge gefragt. In welchem Zusammenhang wird die Passage genutzt, worum geht es dort?
- Wesentlichen Anteil hat die teleologische Auslegung. Gefragt wird nach dem Sinn und Zweck der Regelung. Was wollten die Verfasser des Textes damit erreichen?
- Neben dem Wortlaut der Ausschreibung sind die Umstände des Einzelfalls und die konkreten Verhältnisse des Bauwerks zu berücksichtigen.
- Das Verhalten der Parteien spielt eine Rolle. Vielleicht gelingt aus der Art, wie sie mit dem strittigen Punkt umgegangen sind, ein Rückschluss auf ihr Verständnis zum Zeitpunkt des Vertragsabschlusses.
- Der Vertrag ist als Ganzes auszulegen; erst wenn die Auslegung kein eindeutiges Ergebnis erzielt, kommt es auf die vorgesehene Reihenfolge an.
- Wenn zwei Vereinbarungen zum selben Thema vorliegen, kann man annehmen, dass diejenige jüngeren Datums der älteren vorgeht.

- Das Speziellere geht dem Allgemeinen vor. Deshalb ist es nicht entscheidend, ob sich die detailliertere Regelung in der Leistungsbeschreibung oder in vereinbarten Planungsunterlagen findet.
- Es besteht keine Auslegungsregel, dass ein Vertrag mit einer unklaren Leistungsbeschreibung allein deshalb zu Lasten des Auftragnehmers auszulegen ist, weil dieser die Unklarheiten vor der Abgabe seines Angebots nicht aufgeklärt hat.
- Umgekehrt wird oft die Regel angewandt, dass unklare Vertragsbestimmungen, die eine Partei formuliert hat, zu Gunsten der anderen Partei ausgelegt werden. Ausdrücklich ist dies in § 305c Abs.2 BGB für allgemeine Geschäftsbedingungen, sowie im Verbraucherbauvertrag in § 650k Abs.2 S.2 BGB angeordnet.
- Ist eine Leistung explizit einem anderen Unternehmen in Auftrag gegeben, kann davon ausgegangen werden, dass derselbe Auftrag nicht nochmals erteilt werden sollte.
- Der öffentliche Auftraggeber ist gehalten, so auszuschreiben, dass § 7 VOB/A und DIN 18299 erfüllt sind. Der Auftragnehmer darf annehmen, dass Leistungen, die von ihm erwartet werden, auch deutlich in dem Leistungsverzeichnis ausgewiesen sind.
- Enthalten die Vertragsunterlagen konkrete Angaben, kann sich der Auftragnehmer in der Regel darauf verlassen, dass diese Angaben richtig und vollständig sind.
- Unterlagen, die erst nach Vertragsschluss übergeben wurden, können logischerweise nicht den Inhalt des Vertrages zum Zeitpunkt des Vertragsschlusses wiedergeben. Anders dann, wenn die Parteien vereinbart hatten, dass noch etwas nachgeliefert werden soll.
- Dass von einer Partei nach dem Wortlaut etwas verlangt wird, was riskant oder unzumutbar erscheint, heißt noch nicht, dass sich die benachteiligte Partei nicht bewusst auf ein solches Wagnis eingelassen hat. Eine andere Frage ist es dann, ob der Vertrag an dieser Stelle noch wirksam ist, bzw. angepasst werden muss.
- Finden sich in den Vertragsunterlagen der anderen Beteiligten Hinweise darauf, dass eine bestimmte Aufgabe von diesen zu erledigen ist, spricht eine gewisse Wahrscheinlichkeit dafür, dass diese Leistung nicht zweimal in Auftrag gegeben wurde, der Auftragnehmer diese Aufgabe also nicht auch erfüllen soll. Dies gilt insbesondere auch für Leistungen, die in technischen Normen verlangt werden.
- War ursprünglich eine bestimme Lieferung oder Leistung im Angebot des Auftragnehmers enthalten, wurde sie aber im Zuge der Verhandlungen herausgenommen, etwa weil der Auftraggeber sie selbst oder durch ein anderes Unternehmen erledigen lassen wollte oder weil man sie zu diesem Zeitpunkt nicht mehr für erforderlich hielt, so ist diese Teilleistung definitiv nicht mehr im Liefer- und Leistungsumfang des Auftragnehmers enthalten.

International:

Wird in einem internationalen Vertrag das Recht und die Sprache eines Landes zugrunde gelegt, wird die Interpretation des Vertrages sich auch nach deren Regeln richten. Einzelheiten der Interpretation werden extra aufgeführt.

Beispiel: FIDIC, Ziff. 1.2

Hilfreich für die Auslegung internationaler Verträge können die UNIDROIT Principles of International Commercial Contracts, 2010 sein. Sie werden seit 1994 vom International Institute for the Unification of Private Law, Rom, herausgegeben. Sie sind nur verbindlich, wenn sie auch vereinbart wurden, stellen aber auch Empfehlungen dar.

4.1.2 Der Vertrag und seine Bestandteile

Was der Auftragnehmer an Leistung zu erbringen hat, ergibt sich zunächst und vor allem aus dem Vertrag mit all seinen Bestandteilen.

4.1.2.1 Rangfolge der Vertragsbestandteile

Die Rangfolge der Vertragsbestandteile entscheidet über die Wertigkeit der Vertragsbestandteile, deshalb sollte sie im Vertrag festgelegt werden. (Muster-AN+AG 02)

VOB/B-Bauvertrag:

Ist die VOB/B vereinbart, so gilt die in § 1 VOB/B festgelegte Reihenfolge. Aber auch diese kann individuell ergänzt oder verändert werden.

Internationale Verträge

Die Bestimmung der Wertigkeit wird in internationalen Verträgen regelmäßig vereinbart.

Beispiel: FIDIC, Ziffer 1.5

Interessant an diesem Beispiel ist, dass nach dem Konzept dieses FIDIC-Vertrages der Engineer als Vertreter des Auftraggebers im Falle von Unklarheiten oder Widersprüchen zwischen Vertragsdokumenten für die Klärung zu sorgen hat.

Die Vertragsschließenden sollten sich jedoch nicht zu sehr auf diese Reihenfolge verlassen. Die Rechtsprechung betrachtet stets den Vertrag als Ganzes.

Beispiel: Zwischen den Parteien ist unklar, ob eine bestimmte Leistung in der als vorrangig vereinbarten Leistungsbeschreibung bereits enthalten ist, oder ob der Formulierung des ebenfalls Vertragsbestandteil gewordenen, aber nachrangig aufgeführten Angebotsschreibens etwa anderes zu entnehmen ist.

Hier schlägt die Stunde der Juristen, die den Vertrag nach allen Regeln der Kunst „auslegen" müssen, nach Wortlaut, Sinn und Zweck, Stellung im Vertrag, historischer Entwicklung etc., §§ 153, 157 BGB, siehe oben Kapitel. 3.1.1. Die von den Parteien gewünschte Reihenfolge ist dabei zu berücksichtigen, ist aber für sich alleine nicht maßgebend.

So ist die häufig auftretende Frage, ob bei gleichzeitig übergebenen Zeichnungen/Plänen und Leistungsverzeichnis/Leistungsbeschreibung die technischen oder die textlichen Vertragsbestandteile vorgehen, nicht verbindlich festgelegt. Die Tendenz geht dahin, bei der Auslegung demjenigen Vertragsbestandteil den Vorrang einzuräumen, der den Sachverhalt detaillierter darstellt. Es empfiehlt sich, auch hierüber bereits bei Vertragsschluss eine Regelung zu treffen.

Soweit der Hauptvertrag mit dem Kunden in das Vertragswerk mit dem Auftragnehmer einbezogen werden soll (der Vertrag wird „durchgestellt"), ist zu bedenken, dass die Bedingungen des Hauptvertrages in vielen Fällen gar nicht auf die Leistung des Auftragnehmers passen, da der Hauptvertrag meist mehr regelt als nur dieses eine Gewerk. Entsprechende Klauseln können deshalb evtl. unanwendbar oder nach den Vorschriften über Allgemeine Geschäftsbedingungen (§§ 305 ff. BGB, hierzu oben Kapitel 3) unwirksam sein. Ganz davon abgesehen bedeutet die Verknüpfung unterschiedlicher Verträge auch die Verknüpfung unterschiedlicher Leistungsinhalte. Bei der Verknüpfung unterschiedlicher Verträge kommt es sehr darauf an, ob die Schnittstellen sauber beschrieben werden können, um spätere Konflikte zu vermeiden.

Wird vor Auftragsvergabe ein Verhandlungsprotokoll erstellt, ist auch dieses - vorrangig - in den Vertrag einzubeziehen (vgl. **Muster-AN+AG 02**).

4.1.2.2 Leistungsbeschreibung

Die Parteien haben über Leistung und Gegenleistung verhandelt und sich geeinigt. Deshalb kann grundsätzlich jede Partei von der anderen verlangen, dass der Vertrag, so wie abgeschlossen, erfüllt wird.

Der Auftragnehmer muss dazu alles Erforderliche unternehmen, damit seine Lieferung oder Leistung am Ende so beschaffen ist, wie er es versprochen hatte. Ergibt die Auslegung des Vertrages, dass hierzu auch Leistungen erforderlich sind, die nicht ausdrücklich beschrieben sind, muss der Auftragnehmer sie erbringen.

Beispiele: Der Auftragnehmer hat die Lieferung einer Maschine versprochen. Erfüllungsort ist das Werk des Auftraggebers. Obwohl der Vertrag hierzu nichts sagt, ergibt sich aus dem Erfüllungsort, dass der Auftragnehmer für den Transport der Maschine zu sorgen hat.

Der Auftragnehmer soll eine Anlage reparieren. Dazu wird der Einbau von Ersatzteilen notwendig. Auch wenn im Vertrag über Material nichts steht, gehört dies zur versprochenen Leistung dazu.

Eine Leistungserweiterung oder -änderung liegt in solchen Fällen nicht vor.

Der ausreichenden Beschreibung des Liefer- und Leistungsumfangs im Vertrag und seinen Bestandteilen, einschließlich Ausschreibungsunterlagen, Verhandlungsprotokoll, Pflichtenheft, etc. kommt eine zentrale Bedeutung zu.

Beschreibungen im Angebot des Aufragnehmers haben diese Bedeutung nur, wenn das Angebot auch zum Vertragsbestandteil wurde, bzw. wenn eindeutig geregelt ist, dass die Auftragsvergabe sich auf dieses so beschriebene Angebot bezieht. Deshalb sollten die Parteien klären, ob das Angebot mit in den Katalog der Vertragsbestandteile aufgenommen wird. Ist das

Angebot dort nicht aufgeführt, muss später untersucht werden, ob die dort enthaltenen Beschreibungen dennoch zur gemeinsamen Geschäftsgrundlage, § 313 BGB, geworden sind.

Internationaler Kaufvertrag

Wie nach jedem nationalen Kaufrecht hat der Verkäufer auch bei einem internationalen *Kaufvertrag* eine mangelfreie und gebrauchstaugliche Ware zu liefern, wobei Art. 35 Abs.1 CISG zunächst darauf abstellt, was im Vertrag selbst geregelt ist. In erster Linie kommt es auch nach internationalem Kaufrecht auf die im Vertrag festgelegten Anforderungen an. Für die Sacheigenschaften werden also nicht objektive Qualitätsstandards zugrunde gelegt, sondern die aufgrund der qualitativen Daten und Beschreibungen im Vertrag festgelegten Eigenschaften.

Art. 35 Abs.2 CISG enthält dann für den Fall, dass die Parteien es versäumt haben, die Sacheigenschaften im Vertrag näher zu beschreiben, einen Kriterienkatalog, unter welchen Voraussetzungen die gelieferte Ware als vertragsgerecht angesehen werden und als ordnungsgemäß verpackt gelten kann.

Internationaler Werkvertrag

Auch bei einem internationalen Werkvertrag wird in erster Linie auf die im Vertrag getroffenen Vereinbarungen abgestellt.

Beispiel: Ziffer 4.1, Abs.1 FIDIC.

Das fertige Werk soll dem im Vertrag definierten Zweck entsprechen.

Auch beim internationalen Werkvertrag muss die Leistung so erbracht werden, dass der Auftraggeber sie entsprechend seinen, in den Vertrag eingeflossenen, Vorstellungen nutzen kann.

4.1.2.3 Durchstellen von Kundenverträgen

Aus der Sicht des Auftraggebers, des Kunden, besteht häufig ein Interesse, vertragliche Regelungen mit dem Auftragnehmer auch auf dessen Subunternehmer auszudehnen (z.B. Verschwiegenheit, Qualität, Personalanforderungen, Montagebedingungen, etc.). Dabei dient dieses Instrument nicht selten auch der Schaffung einer Preiskontrolle und -transparenz (z.B. keine schlechteren Bedingungen als diejenigen des Auftragnehmers etc.). Der Auftragnehmer wird in diesen Fällen verpflichtet, diese vertraglichen Bedingungen an seine Subunternehmer durchzustellen.

Aus der Sicht des Auftragnehmers, der Leistungen für einen Auftraggeber mit Hilfe von Subunternehmern ausführen will, besteht ein Interesse daran, die Vertragsbedingungen des Auftraggebers auch im Verhältnis zum Subunternehmer zu vereinbaren, um keine Lücken offen zu lassen.

Aus der Sicht des Subunternehmers ist es häufig inakzeptabel, auch diejenigen Bedingungen des Auftraggebers in das eigene Vertragswerk aufnehmen zu müssen, die mit seinem eigenen Gewerk nichts zu tun haben.

Beispiel: Erstellung einer schlüsselfertigen Anlage durch den Auftragnehmer einerseits und Lieferung und Montage von Lüftungskanälen durch den Subunternehmer andererseits.

Die pauschale Einbindung der Vertragsbedingungen des Auftraggebers in das Vertragsverhältnis mit dem Subunternehmer kann dazu führen,

- dass die Bedingungen wegen Mehrfachverwendung zu AGB werden und damit unwirksam sind, soweit sie dem Gesetz widersprechen (siehe unten Ziffer 3.1.2),
- dass andere Vertragsbedingungen, von deren Wirksamkeit der Auftraggeber ausging, ebenfalls entfallen, weil die Bedingungen des Kundenvertrages als vorrangig vereinbart wurden.

Es empfiehlt sich deshalb, sorgsam zu prüfen, welche Bedingungen durchgestellt werden sollen. Es ist im Zweifel besser, einen stichhaltigen Vertrag mit dem Subunternehmer zu schließen, der nicht alle Kundenbedingungen enthält, als das genannte Risiko einzugehen.

Geht man den Weg der getrennten Verträge, müssen freilich alle diejenigen Bestimmungen des Kundenvertrages, die für die Auftragsabwicklung durch den Subunternehmer von Bedeutung sind, individuell in den Vertrag mit diesem eingebaut werden. Dies setzt die gute Kenntnis des Vertrages mit dem Auftraggeber voraus.

Hierzu gehören zum **Beispiel**:

- Preisgestaltung, Stundenverrechnungssätze, etc., die auch bei Zusatzleistungen gelten sollen,
- Regelung über die Zahlungsbedingungen, z.B. Zahlungsfluss, sind so zu gestalten, dass keine Zwischenfinanzierung erforderlich wird (aber Vorsicht: Eine Klausel, wonach Subunternehmer erst bezahlt wird, wenn auch der Kunde bezahlt hat, ist AGB-widrig),
- passende Sicherheiten für beide Seiten,
- Vereinbarung kürzerer Zwischentermine mit Kündigungsmöglichkeiten und ggf. Vertragsstrafe, um ausreichenden Puffer bei der Ausführung der eigenen Leistung zu haben,
- Regelung der Abnahme in Zusammenhang mit der Endabnahme durch den Kunden,
- Ausdehnung der Gewährleistungsfristen über den Ablauf der Gewährleistungsfrist des Kunden hinaus, um nach Mängelrüge des Kunden zum Fristablauf noch gegenüber dem Subunternehmer reagieren zu können,
- Koordination der Leistungen mit denen der anderen Baubeteiligten.

4.1.3 Öffentliche Aussagen

Kaufvertrag / Werklieferungsvertrag

Was man von einer Sache erwarten kann, wird im Kaufrecht auch von dem bestimmt, was der Verkäufer öffentlich über sein Produkt bekannt macht. Dies gilt für:

- öffentliche Äußerungen des Verkäufers, § 424 Abs.1 BGB,
- öffentliche Äußerungen des Herstellers oder seines Gehilfen, vgl. § 424 Abs.1 BGB, § 4 Abs.1 u. 2 Produkthaftungsgesetz,
- insbesondere in der Werbung,
- für Kennzeichnungen über bestimmte Eigenschaften,

es sei denn, der Verkäufer kannte die Äußerungen nicht und musste sie auch nicht kennen, § 434 Abs.1 BGB. Diese Haftungserweiterung zwingt den Verkäufer zur Überprüfung seiner Werbeaussagen.

Werkvertrag

Die Anwendung des kaufrechtlichen § 434 Abs.1 BGB auf den Werkvertrag ist zwar gesetzlich nicht vorgesehen. § 434 Abs.1 BGB ist aber Ausdruck des allgemeinen Gedankens, dass derjenige, der seine Lieferungen und Leistungen beschreibt, damit den Inhalt seiner Verpflichtungen selbst konkretisiert.

Auch beim Werkvertrag muss sich der Auftragnehmer nach § 633 Abs.1 BGB deshalb hinsichtlich der Beschaffenheit der von ihm angebotenen Werkleistungen wie ein Verkäufer an öffentlichen Werbeäußerungen festhalten lassen (OLG Düsseldorf, Beschluss vom 27.1.2015, Az. 22 U 154/14, IBRRS 2015, 0287).

4.1.4 Beschaffenheitsvereinbarung

Damit nicht erst später von einem (Schieds-)Richter durch Auslegung ermittelt werden muss, was für eine Lieferung oder Leistung die Parteien bei Vertragsabschluss im Sinn hatten, sollten diese sich mit der Leistungsbeschreibung, dem Leistungsverzeichnis, den Plänen etc. viel Mühe geben und ein gemeinsames Verständnis darüber entwickeln.

In den Fällen, in denen der Vertrag vom Auftraggeber vorgeplant wird und der Auftragnehmer keine Möglichkeit hat, maßgeblich darauf Einfluss zu nehmen, kommt der Vorbereitung durch den Auftraggeber und seine Planer besondere Bedeutung zu.

Für den öffentlichen Auftraggeber bestimmen § 7 VOB/A, bzw. für den *Kaufvertrag* § 8 VOL/A, die hohen Anforderungen.

> *„(1) Die Leistung ist eindeutig und so erschöpfend zu beschreiben, dass alle Bewerber die Beschreibung im gleichen Sinne verstehen müssen und ihre Preise sicher und ohne umfangreiche Vorarbeiten berechnen können.*

(2) Um eine einwandfreie Preisermittlung zu ermöglichen, sind alle sie beeinflussenden Umstände festzustellen und in den Vergabeunterlagen anzugeben.

(3) Dem Auftragnehmer darf kein ungewöhnliches Wagnis aufgebürdet werden für Umstände und Ereignisse, auf die er keinen Einfluss hat und deren Einwirkung auf die Preise und Fristen er nicht im Voraus schätzen kann."

Dabei handelt es sich nicht um eine bloße Zielformulierung. Vielmehr hat die Rechtsprechung in zahlreichen Entscheidungen bestätigt, dass der Auftragnehmer darauf vertrauen darf, dass der Auftraggeber sich an diese Verpflichtung halten will. Er darf deshalb grundsätzlich auf die Richtigkeit und Vollständigkeit der Ausschreibungsunterlagen vertrauen. In ATV DIN 18299 sowie allen ATVen DIN im Teil C der VOB für die jeweiligen Fachgewerke sind diese Eckpunkte weiter präzisiert. Dem Verfasser der Leistungsbeschreibung wird sehr klar vor Augen gehalten, was zu tun ist, um den Anforderungen zu entsprechen.

Zu beachten sind diese Regeln nicht nur von öffentlichen Auftraggebern, sondern auch von allen privaten Auftraggebern, die ein Ausschreibungsverfahren in Anlehnung nach VOB/A durchführen.

Ob dies auch für den privaten Auftraggeber gilt, der weder nach VOB/A ausschreibt, noch VOB/B vereinbart hat und auch keinen Bezug auf die in VOB/C aufgeführten Regeln der Technik nimmt, ist hingegen nicht so leicht zu beantworten. Nach unserer Auffassung wird in § 7 VOB/A, ATV DIN 18299 und Abschnitt 0 der jeweiligen Fach-DIN jedoch nichts anderes beschrieben, als Regeln, die von jedermann nach Treu und Glauben bei Vertragsschluss zu beachten sind.

Verbraucherbauvertrag

Gibt der Verbraucher-Auftraggeber oder sein Architekt wesentliche Planvorgaben, bleibt es dabei, dass der von ihm bestimmte Liefer- und Leistungsumfang maßgeblich ist.

Ist es allerdings so, dass der Auftragnehmer den Inhalt des Vertrages bestimmt, machen die §§ 650j bis 650k BGB in Verbindung mit Art. 249, §§ 1 u. 2 EGBGB zwingende Vorgaben darüber, welchen Inhalt eine vom Auftragnehmer erstellte Baubeschreibung haben muss. Der Auftragnehmer ist verpflichtet, dem Verbraucher-Auftraggeber rechtzeitig vor Abgabe von dessen Vertragserklärung eine Baubeschreibung in Textform zur Verfügung zu stellen. Aus Platzgründen verweisen wir hier auf den Gesetzeswortlaut.

Diese vorvertraglich zur Verfügung gestellte Baubeschreibung wird auch dann Inhalt des Vertrages, wenn sie dort nicht ausdrücklich erwähnt ist, sofern nichts anderes vereinbart, § 650k Abs.1 BGB. Zweifel bei der Auslegung unklarer oder lückenhafter Texte gehen zu Lasten des Auftragnehmers, § 650k Abs.2 BGB.

Besonders gefährlich: Wird im Vertrag nicht ausdrücklich etwas zum Fertigstellungsdatum oder zur Dauer der Bauausführung bestimmt, gelten die vorvertraglich in der Baubeschreibung übermittelten Angaben.

Damit ergänzt die Vorschrift den § 649 BGB, der von vorvertraglichen Angaben zu den Kosten des Vorhabens ebenfalls Rechtsfolgen ableitet.

4.1.5 Zugesicherte Eigenschaften

Kommt es dem Auftraggeber auf bestimmte Eigenschaften besonders an, kann er im Vertrag deutlich machen, dass der Erfolg der Lieferung und Leistung nur dann eingetreten sein soll, wenn diese Eigenschaften vorliegen (z.B. Standzeiten, technische Parameter, optische Besonderheiten, etc.). Dies ist vor allem dann erforderlich, wenn bei Nichteinhaltung dieser Eigenschaft die Lieferung oder Leistung durchaus funktionsfähig wäre und deshalb eigentlich gar kein Mangel vorliegen würde. Der Begriff „zugesicherte Eigenschaft" muss dabei nicht ausdrücklich erwähnt werden.

Beispiel: Ein Auftragnehmer liefert und montiert Fenster für das Bürogebäude des Auftraggebers. Der Auftraggeber zieht unter Vorbehalt ein, weigert sich aber abzunehmen und zu zahlen. Dem Vertrag waren die Maße aus dem Angebot/Aufmaß als Soll-Maße zugrunde gelegt worden; diese Maße weichen von den Maßen der tatsächlich gelieferten Fenster- und Türelemente ab. Nachteile hat der Auftraggeber eigentlich nicht.

Nach dem subjektiven Fehlerbegriff ist ein Werk frei von Mängeln, wenn es die vereinbarte Beschaffenheit hat. Ist vertraglich eine bestimmte Beschaffenheit vereinbart, ist das hergestellte Werk schon dann mangelhaft, wenn es die vereinbarte Beschaffenheit nicht aufweist, selbst wenn die Werkausführung wirtschaftlich oder technisch besser als die vereinbarte Leistung sein sollte (vgl. OLG Brandenburg, Urt. v. 8.2.2006, Az. 4 U 86/01, IBRRS 53760).

4.1.6 Funktionalitätsvereinbarung beim Werkvertrag

Nach gefestigter Rechtsprechung schuldet der Auftragnehmer eines Werkvertrages den Erfolg seiner Leistung. Hat der Auftragnehmer alle Leistungsschritte unternommen, die sich aus der Beschaffenheitsvereinbarung ergeben, hat er gleichwohl noch immer mangelhaft geleistet, wenn nicht auch die von den Parteien vorausgesetzte Funktion der Leistung eingetreten ist.

Beispiel: Der Auftragnehmer wird beauftragt, nach Vorgaben und Statik des Auftraggebers ein Hallentor zu fertigen und in eine vorhandene Halle einzubauen, was auch geschieht. Nach einigen Monaten fängt das Tor an, am Boden zu scheuern und lässt sich schließlich nicht mehr öffnen. Es stellt sich heraus, dass der vorhandene Träger dem Gewicht des Tors nachgibt.

Auch wenn der Auftragnehmer bei Fertigung und Montage alles richtig gemacht hat und selbst wenn von der Beschaffenheitsvereinbarung nicht abgewichen wurde, wird der Auftraggeber ein bestimmte Erwartungshaltung an das Tor gehabt haben: es soll sich länger als drei Monate reibungslos öffnen und schließen lassen. Für ihn spielt die Funktionalität eine wesentliche Rolle. Wenn diese berechtigte Erwartung des Auftraggebers zum Gegenstand einer Vereinbarung gemacht wurde, ist der Auftragnehmer verpflichtet, diesen Erfolg sicherzustellen. Diese Funktionalitätserwartung kann, (siehe oben Ziff. 1.6) auch konkludent, ggf. auch stillschweigend geschlossen worden sein. Will sich der Auftraggeber aber darauf berufen, muss er sie auch nachweisen. Sie einfach zu unterstellen, geht nicht an, denn die Parteien können durchaus auch abweichende Vereinbarung zu den üblichen Funktionalitätserwartungen getroffen haben.

Beispiel: Beim Umbau eines alten Hauses stellt sich heraus, dass die von dem Auftraggeber gewünschte Wendeltreppe, die die beiden Etagen verbinden soll, nur möglich ist, wenn die Stufen höher ausgebildet werden, als das bautechnisch üblich und zulässig ist.

Es wäre nicht fair, dem Auftragnehmer später vorzuwerfen, dass die Treppe den durch Normen definierten Erfolg nicht vorweist, wenn die Parteien zuvor den Erfolg anders definiert haben.

Auch hier ist den Parteien zu raten, genau zu überlegen, welchen Erfolg die Werkleistung eigentlich haben soll. Der Auftragnehmer sollte genau prüfen, was er versprechen kann und was nicht. Außerhalb des öffentlichen Vergaberechts, bei dem Änderungen der Ausschreibungsunterlagen nicht zulässig sind darf der Auftragnehmer in sein Angebot auch Einschränkungen vornehmen, die Vertragsbestandteil werden sollen.

Beispiele: „Zu unseren Lieferungen und Leistungen gehören nicht:

Die Prüfung von … ,
Die Sicherstellung der Funktion für ….“

„Der Auftragnehmer haftet nicht für das Erreichen der Funktionalität für …“

„Die Parteien sind sich aufgrund der Besonderheiten des Projektes einig, dass der Auftraggeber den Auftragnehmer nicht in Anspruch nehmen kann, wenn trotz Einhaltung der Beschaffenheitsvereinbarung, die Anlage nicht so funktioniert, wie von dem Auftraggeber geplant."

Solche Einschränkungen müssen aber individuell vereinbart werden.

Zu weiteren mit dem subjektiven Erfolgsbegriff verbundenen Fragen ausführlich: Hammacher, Prüf- und Hinweispflichten, 2. Auflage 2016.

4.1.7 Gesetze

Des Weiteren wird der Liefer- und Leistungsumfang bestimmt durch Gesetze, Verordnungen und Richtlinien (z.B. Baugesetzbuch, Landesbauordnung, Durchführungsverordnungen, Arbeits- und Sozialgesetze, Vorschriften der Berufsgenossenschaften, Sicherheitsvorschriften, UVV, VBG, etc.). Von dem Auftragnehmer wird erwartet, dass ihm die gesetzlichen Rahmenbedingungen seines Handelns bekannt sind. Dies gilt auch für Lieferungen und Leistungen im Ausland.

4.1.8 Regeln der Technik

Der Liefer- und Leistungsumfang wird auch durch technische Regeln bestimmt.

4.1.8.1 Allgemein anerkannte Regeln der Technik

Eine gesetzliche Definition für den Begriff der „allgemein anerkannten Regeln der Technik" gibt es zwar nicht, aber man ist sich über den Inhalt weitgehend einig:

Die allgemein anerkannten Regeln der Technik sind diejenigen technischen Regeln für den Entwurf und die Ausführung baulicher Anlagen, die sowohl in der Wissenschaft als theoretisch richtig anerkannt sind, als auch von den maßgeblichen, nach dem neuesten Erkenntnisstand vorgebildeten Technikern anerkannt werden und sich in der Praxis durchgesetzt und bewährt haben.

Die Anforderungen umfassen nicht nur die Akzeptanz durch die Wissenschaft und die Technik sondern auch der Praxis. Ob sich etwas bewährt hat, lässt sich in der Regel erst nach einiger Zeit beurteilen, was es neuen Verfahren schwierig machen kann, als allgemein anerkannte Regel der Technik zu gelten.

4.1.8.2 Normen

Das Deutsche Institut für Normung e.V. (DIN) ist durch Vertrag mit der Bundesrepublik Deutschland befugt, die Erkenntnisse der Fachleute in Normen zu fixieren und damit für Deutschland verbindlich zu formulieren. Durch Vereinbarungen auf europäischer Ebene (EN-Normen, Euro-Normen/Euro-Codes) werden diese Normen teilweise übernommen, teilweise ergänzt oder abgeändert und für den Bereich der Europäischen Union als allgemein verbindlich festgehalten. Durch Beteiligung der relevanten Verkehrskreise versucht das DIN sicher zu stellen, dass das gesamte Knowhow einfließt und eine breite Akzeptanz sichergestellt wird. (Näheres zum Verfahren in Güntzer/ Hammacher/ Steinmann, Kommentar zur ATV DIN 18335 „Stahlbauarbeiten", 1. Auflage 2016)

Regeln der Technik finden sich aber auch in Veröffentlichungen anderer Fachverbände (VDI, VDE, DVGW, DASt u.a.). Auch diese können für die Konkretisierung der Pflichten des Auftragnehmers erheblich sein und als allgemein anerkannte Regeln der Regeln der Technik gelten. In ihrer Wertigkeit gelten sie auf demselben Level wie DIN-Normen.

Immer ist jedoch zu prüfen, ob die weiteren hohen Anforderungen (oben 4.1.8.1) erreicht werden. Verbände bündeln die Interessen ihrer Mitglieder; d.h. deren Erkenntnisse sind nicht unbedingt allgemeinverbindlich. Die Art des Zustandekommens ist abhängig von der Zusammensetzung der vorbereitenden Fachgremien. Auch innerhalb der Verbände wird unterschieden z.B. zwischen bloßen Arbeitspapieren, Empfehlungen etc. und Richtlinien.

Regeln der Technik gelten als „antizipierte Sachverständigengutachten" (BGH, Urt. v. 25.3.1993, Az. III ZR 60/91, NJW 1993, 1700/1703). Die Kompetenz ihrer Verfasser unter Anhörung der beteiligten Kreise und die Beachtung von Anregungen aus der Praxis machen diese Normen zu einem anspruchsvollen und Beachtung verdienenden Regelwerk. Daraus folgt aber nicht, dass sie den Sachverständigen und den Richter uneingeschränkt binden. Vielmehr kann der Sachverständige im Einzelfall abweichende

Bewertungsparameter für angemessen halten; er muss dies allerdings nachvollziehbar begründen.

4.1.8.3 Fortentwicklung technischer Standards

Allgemein anerkannte Regeln der Technik ändern sich und der Fachmann muss die jeweils aktuellen Regeln anwenden, auch wenn Normen den neuesten Stand noch nicht abbilden. Zu beachten sind deshalb auch die Vorentwürfe der DIN (sogenannte „Gelbdrucke"), die den beteiligten Kreisen zur Prüfung und Stellungnahme zugeleitet werden. Weicht der Auftragnehmer in der Zeit, in der die Überarbeitung noch als „Gelbdruck" besteht, von dessen Inhalt ab und wird kurz danach der „Gelbdruck" zum „Weißdruck", spricht eine gewisse Wahrscheinlichkeit dafür, dass auch zum Zeitpunkt des Handelns bereits so hätte gearbeitet werden müssen, wie dies in der Neuauflage bestimmt ist.

4.1.8.4 Allgemeine Technische Vertragsbedingungen (ATV)

Bei der Bestimmung des Liefer- und Leistungsumfangs im Bauwesen sind auch die „Allgemeinen Technischen Vertragsbedingungen" (ATV) des Teils C der VOB zu beachten.

Es handelt sich um „Quasi-Regeln der Technik", denn sie regeln nicht nur technische, sondern auch vertragliche Fragen, z.B. zum Liefer- und Leistungsumfang, den Prüf- und Hinweispflichten der Baubeteiligten oder der Vergütung. Hierbei ist die betreffende Fachnorm stets in Zusammenhang mit der ATV DIN 18299 „Allgemeine Regelungen für Bauarbeiten jeder Art" zu lesen, in der allgemein gültige Dinge quasi vor die Klammer gezogen sind.

Soweit die allgemeinen technischen Vertragsbedingungen allgemein anerkannte Regeln der Technik enthalten, gilt das oben Gesagte auch für die ATV DIN. Soweit sie vertragsrechtliche Regelungen enthalten, gelten sie nur kraft Vereinbarung.

Beispiel: ATV DIN 18335 „Stahlbauarbeiten", Abschnitt 3.1.3: Bewegungsfugen des Bauwerks müssen konstruktiv mit gleicher Bewegungsmöglichkeit übernommen werden.

  aber ATV DIN 18335, Abschnitt 5.3: Ausschnitte und einspringende Ecken werden übermessen.

Güntzer / Hammacher / Steinmann
Kommentar zu VOB/B ATV DIN 18335 „Stahlbauarbeiten", 1. Auflage 2015-10
EUR 54,00 inkl. MwSt zzgl. Versand

ISBN 978-3-410-25592-5
Bestellformular am Ende des Buches

4.1.8.5 Regeln von Wissenschaft und Technik

Von den allgemein anerkannten Regeln der Technik abzugrenzen ist weiter der Begriff der „Regeln von Wissenschaft und Technik". Zwar gehören nach der obigen Definition auch die wissenschaftlichen Fundamente zu den einzuhaltenden Regeln. Werden aber die Regeln von Wissenschaft und Technik vereinbart, so kann der Auftraggeber von dem Auftragnehmer noch mehr erwarten: Der Auftragnehmer soll sich ständig auch über den Stand der Forschung informiert halten. Er soll neue Verfahren und Forschungsergebnisse kennen, sobald sie in Fachkreisen allgemein zugänglich sind. Er muss seine Planung und Ausführung unter Berücksichtigung dieser aktuellen wissenschaftlichen Erkenntnisse vornehmen und den Auftraggeber ggf. auf solche aktuellen Entwicklungen hinweisen.

Besondere Bedeutung hat die Vereinbarung dieses Standards in Maschinen- und Anlagenbau, Energie- und Umwelttechnik, IT-Bereich: In innovativen Bereichen kann die Entwicklung sprunghaft fortschreiten, sodass der Auftragnehmer noch während der Planung und Ausführung solcher Anlagen – deren Realisierung sich über mehrere Jahre hinziehen können – gezwungen ist, seine Leistung ständig zu verbessern. Bei der Formulierung des Vertrages müssen deshalb an dieser Stelle besonders sorgfältig Ziel und Leistungsfähigkeit abgewogen werden.

4.1.8.6 Wie werden die Regeln der Technik zum Vertragsinhalt?

VOB/B-Bauvertrag

§§ 4 Abs.2 Nr.1 S.2 und 13 Abs.1 S.2 VOB/B bestimmen, dass der Auftragnehmer nach den anerkannten Regeln der Technik zu arbeiten hat.

Werkvertrag / Bauvertrag

Für den Werkvertrag ohne Einbeziehung der VOB/B fehlt es an einer direkten Bezugnahme auf die anerkannten Regeln der Technik. Die Rechtsprechung geht jedoch davon aus, dass ein Auftraggeber bei Abschluss des Vertrages erwartet, dass das geschuldete Werk zum Zeitpunkt der Abnahme den Regeln der Technik entsprechen wird (stillschweigende Beschaffenheitsvereinbarung). Auf diesem Wege werden deshalb auch für den Werkvertrag die Regeln der Technik zur maßgeblichen Größe. Nach der Rechsprechung des BGH gelten die allgemein anerkannten Regeln der Technik grundsätzlich als Mindeststandard (BGH, Urt. v. 20.12.2012, Az. VII ZR 209/11, in BauR 2013, 624; BGH, Urt. v. 14.5.1998, Az. VII ZR 184/97; BGHZ 139, 16/19). Der Auftragnehmer sichert üblicherweise bei Vertragsschluss deren Einhaltung stillschweigend zu.

Architekten- und Ingenieurvertrag

Architekt und Ingenieur müssen die Regeln der Technik beachten.

Bauträgervertrag

Bei diesem Vertragstyp findet zwar Kaufrecht Anwendung, soweit es um die Eigentumsübertragung geht, im Übrigen aber Werkvertragsrecht, § 650u BGB. Bei diesem Vertragstyp ist das über die Regeln der Technik gesagte deshalb anzuwenden.

Kaufvertrag / Werklieferungsvertrag

Anders als beim Werkvertrag schuldet der Verkäufer keinen besonderen Erfolg. Wenn also die Regeln der Technik einzuhalten sind, muss sich dies aus der Beschaffenheitsvereinbarung ergeben. Soweit es anerkannte Regeln der Technik gibt, die auf bewegliche Sachen anzuwenden sind, z.B. über die Beschaffenheit von Bauprodukten, ist dies anzunehmen.

Internationale Verträge

Die Regeln der Technik können im Land der Auslieferung oder Montage abweichen von denen am Produktionsort oder der dem Vertrag zugrunde liegenden Rechtsordnung. Hier gilt es, Missverständnisse darüber zu vermeiden, was zur Erfüllung des Vertrages erforderlich ist, wer das Risiko unvorhergesehener Abweichungen trägt und wer für die Kosten notwendiger Änderungen aufkommen soll.

Beispiel: FIDIC, Ziffer 5.4 Technical Standards and Regulations

4.1.8.7 Vertragsprävention zur Vertragsanpassung / Entwicklungsrisiko

Komplexe und langdauernde Projekte laufen stets Gefahr, dass sich die Rahmenbedingungen ihrer Abwicklung ändern, sei es aufgrund technischer oder politischer Einflüsse. Die Parteien tun gut daran, dies bereits im Vertrag zu berücksichtigen. Wer trägt das Risiko der Änderung der gesetzlichen oder technischen Rahmenbedingungen, z.B. des Umweltschutzes oder Energieversorgung? („Entwicklungsrisiko") Sollen die Regeln der Technik in ihrer Fassung zum Zeitpunkt des Angebotes, des Vertragsschlusses oder der Abnahme maßgebend sein? Soll der Vertrag angepasst werden, wenn es unerwartete Veränderungen gibt?

4.1.9 Nebenleistungen / Besondere Leistungen

In den Ziffern 4.1 der jeweils einschlägigen ATV DIN-Normen wird geregelt, was als „Nebenleistung" geschuldet ist. Solche Leistungen gehören ebenfalls zum Liefer- und Leistungsumfang, und zwar ohne dass der Auftragnehmer hierfür eine besondere Vergütung verlangen könnte.

Beispiel: In ATV DIN 18299 „Allgemeine Regelungen für Bauarbeiten jeder Art" wird in Abschnitt 4.1.11 geregelt, dass die Entsorgung von Abfall aus dem Bereich des Auftragnehmers sowie Beseitigung von Verunreinigungen, die von den Arbeiten des Auftragnehmers herrühren, nicht gesondert zu vergütende Nebenleistungen sind.

Dies gilt nach Abschnitt 4.1.12 selbst für nicht Schadstoff belasteten Abfall aus dem Bereich des Auftraggebers bis zu einem Umfang von 1 qm.

Beispiel: Fassadenbauarbeiten leiden unter einem Kälteeinbruch. Der Auftraggeber verlangt die Einhausung, damit Klebearbeiten ausgeführt werden können.

Nach ATV DIN 18351, Abschnitten 3.1.5 und 4.2.2 gehört der Schutz vor ungeeigneten klimatischen Bedingungen zu den „Besonderen Leistungen", deshalb sind derartige Leistungen auch gesondert zu vergüten und zwar auch dann, wenn es sich nicht um eine Behinderung nach § 6 Abs.3 VOB/B handelt.

Beispiel: Ein Stahlbauer muss bei der Montage Unebenheiten und Maßabweichungen ausgleichen.

Überschreiten diese aber die Toleranzen nach DIN 18202, so handelt es sich um eine „Besondere Leistung" nach ATV DIN 18335, Abschnitt 4.2.7.

4.1.10 Einseitiges Leistungserweiterungs-/änderungsrecht des Auftraggebers

Die Parteien haben über Leistung und Gegenleistung verhandelt und sich geeinigt. Deshalb kann grundsätzlich jede Partei von der anderen verlangen, dass der Vertrag so wie abgeschlossen, erfüllt wird. Seine Änderung bedarf eines Änderungsvertrages oder der Beendigung des alten und Abschluss eines neuen Vertrages.

Manchmal besteht aber ein praktisches Bedürfnis, dass der Vertrag an sich ändernde Umstände angepasst werden kann, ohne dass der abgeschlossene Vertrag erst beendet und ein neuer Vertrag geschlossen werden muss. Oft treten erst im Laufe der Auftragsabwicklung nach Vertragsschluss Themen auf, an die die Parteien vorher noch nicht gedacht haben.

Für solche Fälle ist zum einen an eine Änderung der Geschäftsgrundlage zu denken, § 313 BGB, bei der eine Anpassung des Vertrages verlangt werden kann. Die Hürden sind jedoch sehr hoch.

Die Parteien können aber auch vereinbaren, dass der Auftraggeber berechtigt sein soll, in den vertraglich vereinbarten Grenzen, sonst nach billigem Ermessen, § 315 Abs.1 BGB, Änderungen oder zusätzliche Leistungen zu verlangen. Der Auftragnehmer begibt sich damit in die Hände des Auftraggebers und muss die geänderten oder zusätzlichen Leistungen ausführen.

Tatsächlich werden vor allem komplexe Projekte sehr oft anders ausgeführt als ursprünglich geplant. Gerade diese Änderungen während der Projektabwicklung sind der Hauptgrund für Mehrkosten und Bauzeitverzögerungen, die zahlreiche Baustreitigkeiten nach sich ziehen. Oft wäre es für alle Beteiligten besser, wenn der Auftraggeber etwas mehr Geld für eine gute Planung ausgäbe. Dann könnte so gebaut werden, wie vorgesehen und kostspielige Bauzeitverzögerungen und Nachträge würden minimiert.

Das Recht des Auftraggebers, den Liefer- und Leistungsumfang einseitig zu ändern, ist im deutschen Recht unterschiedlich stark ausgeprägt und abhängig von dem Vertragstyp. Es ist bemerkenswert, dass die ultimative Änderung des Vertrages, nämlich dessen Beendigung, oftmals leichter ist, als den Vertrag „nur" anzupassen.

4.1.10.1 *Kaufvertrag / Werklieferungsvertrag*

Der Liefer- und Leistungsumfang wird beim BGB Kauf- und Werklieferungsvertrag durch den Vertrag abschließend geregelt. Eine Änderung oder Erweiterung der Bestellung ist beim *Kaufvertrag* nur mit Zustimmung des Auftragnehmers möglich.

Beispiel: Der Auftraggeber bestellt nach seinen Plänen gefertigte Bauelemente. Während der Produktionsphase ändert der Auftraggeber seine Pläne und verlangt nun, dass der Auftragnehmer die Teile nach anderen Maßen fertigen solle.

Der Auftraggeber kann Änderungsleistungen nur mit Einverständnis des Auftragnehmers verlangen.

Nicht beim *Kaufvertrag* aber beim Werklieferungsvertrag ist dem Auftraggeber gem. § 650 BGB wenigstens die freie Kündigung nach § 648 BGB eröffnet, d.h. der Auftraggeber kann aus dem Vertrag aussteigen, muss den Auftragnehmer aber entsprechend vergüten.

Die Kündigung aus wichtigem Grund, § 648a BGB, steht dem Auftraggeber hingegen nicht zu, wohl aber der Rücktritt nach § 323 BGB, wenn die Leistung nicht vertragsgemäß erbracht wurde.

4.1.10.2 *Bauträgervertrag*

Auch bei dem Kauf einer noch zu errichtenden Immobilie besteht kein Recht des Auftraggebers, den Liefer- und Leistungsumfang einseitig zu erweitern. Die Anwendbarkeit des § 650b BGB ist für den *Bauträgervertrag* ausdrücklich ausgeschlossen, ebenso die freie Kündigung und die Kündigung aus wichtigem Grund, § 650u Abs.2 BGB.

Auch hier bleibt dem Auftraggeber das Rücktrittsrecht nach § 323 BGB.

4.1.10.3 *Werkvertrag*

Auch beim Werkvertrag gibt es keine dem Bauvertrag und § 1 Abs.3 u. 4 VOB/B vergleichbare Regelungen.

Beispiel: Der Auftragnehmer soll ein Programm für die Mess- und Regeltechnik für ein neues Kühlregallager entwickeln. Nach Vertragsabschluss kommt der Auftraggeber auf die Idee, den Auftrag auf ein bereits bestehendes Lager auszudehnen.

Der Auftraggeber ist nicht berechtigt, den Liefer- und Leistungsumfang einseitig, also ohne Zustimmung des Auftragnehmers zu erweitern oder zu verändern.

Die Rechtsprechung hat bisher dennoch im Einzelfall Ausnahmen gemacht, wenn dies billigerweise geboten erschien. Der Gesetzgeber hat sich jetzt aber dafür entschieden, das einseitige Anordnungsrecht nur für den Bauvertrag vorzusehen. Damit ist die bisher geltende Auffassung in Literatur und Rechtsprechung zu diesem Thema außerhalb des Bauvertrages nicht mehr anzuwenden, d.h. ein generelles einseitiges Anordnungsrecht beim Werkvertrag ist weder analog aus dem Gesetz, noch aus der VOB/B, noch aus Treu und Glauben (von den immer möglichen Einzelfällen abgesehen) zu begründen.

Beispiel: Der Auftragnehmer hat den Auftrag zur Reparatur einer Sägebohrmaschine in der Werkshalle des Auftraggebers. Der Auftraggeber möchte nach Auftragserteilung, dass die Maschine demontiert und in der Werkstatt des Auftragnehmers überarbeitet wird, damit er in der Zwischenzeit den Boden der Halle erneuern kann.

Der Auftragnehmer muss sich hierauf nicht einlassen und kann auf Erfüllung des Vertrages - so wie vereinbart - bestehen.

Will das der Auftraggeber nicht, kommt bei einem Werkvertrag eine „freie" Kündigung nach § 648 BGB oder wenn ihm die Fortsetzung nicht zumutbar ist, auch eine Kündigung aus wichtigem Grund nach § 648a BGB in Betracht (siehe unten Kapitel 5.5.3).

Der Auftragnehmer kann aber auch mit dem Auftraggeber eine Änderung des Vertrages unter Berücksichtigung der sich ergebenden Minder- oder Mehrkosten vereinbaren.

Es ist wichtig, die Beschaffenheit und den geschuldeten Erfolg der Leistung klar zu bestimmen, damit man weiß, ob es sich um Änderungen oder zusätzliche Leistungen handelt. Änderungen, die bereits von dem vereinbarten Werkerfolg erfasst sind und erforderlich werden, um den versprochenen Erfolg, die Funktionalität, des Werkes sicherzustellen, sind kein Änderungsbegehren des Auftraggebers. Verlangt der Auftraggeber, dass der Auftragnehmer handelt, ohne dass sich dadurch der vereinbarte Werkerfolg ändern würde, ist dies allenfalls eine Leistungskonkretisierung durch den Auftraggeber, aber keine Änderung. Wenn der Auftragnehmer dem nicht nachkommt, leistet er mangelhaft - mit allen Konsequenzen.

4.1.10.4 *VOB/B-Bauvertrag*

Nach § 1 Abs.3 VOB/B hat der Auftraggeber das Recht, den Bauentwurf zu ändern oder andere Anordnungen in technischer und zeitlicher Hinsicht zu treffen. Er kann sogar nach § 1 Abs. 4 VOB/B nicht vereinbarte Zusatzleistungen, die zur Ausführung der vertraglichen Leistung erforderlich werden vom Auftragnehmer verlangen, außer wenn dessen Betrieb auf derartige Leistungen nicht eingerichtet ist.

Ändert sich dadurch der Liefer- und Leistungsumfang, muss der Auftragnehmer diese geänderten Leistungen ausführen.

Beispiel: Aufgrund der vom Architekten freigegebenen Ausführungspläne beginnt der Auftragnehmer mit der Fertigung. Nachdem der Prüfingenieur die Statik moniert hat, sendet der Auftraggeber neue Pläne und verlangt von dem Auftragnehmer, dass er die bereits gefertigten Teile entsprechend abändert.

Wenn die Planung / Statik nicht im Auftragsumfang des Auftragnehmers enthalten ist, sind ihm Änderungsanforderungen des Prüfingenieurs nicht zuzurechnen. Es liegt eine von dem Auftraggeber veranlasste Leistungsänderung vor.

Die Änderungen bzw. Anordnungen müssen von dem Auftraggeber kommen, § 2 Abs.5 VOB/B. Die Parteien sollten deshalb vorher abstimmen, wer für den Auftraggeber berechtigt sein soll, solche ändernden Anweisungen zu erteilen (siehe oben Kapitel 2.15). Anderenfalls könnte sich der Auftraggeber später auf seine Unwissenheit berufen, wie es leider nicht selten vorkommt.

Die Änderungen bzw. Anordnungen sind Willenserklärungen, die schriftlich, mündlich, konkludent und u.U. auch schweigend abgegeben werden können (siehe oben Kapitel 2.6). Die VOB/B macht hier keine Vorschriften.

Beispiel: In dem obigen Beispiel liegt in der Übersendung neuer Pläne eine Entwurfsänderung.

Eine Änderung liegt auch vor, wenn das „Wie" der Ausführung betroffen ist.

Beispiel: Das Leistungsverzeichnis lässt - bei Auslegung auf der Grundlage eines objektivierten Empfängerhorizontes (siehe oben Kapitel 4.1.1) - dem Auftragnehmer die Wahl zwischen zwei Ausführungsvarianten. Der Auftraggeber besteht auf seiner Interpretation, die nur eine bestimmte Variante ermöglicht.

Wenn zwei Varianten möglich sind, ist es dem Auftragnehmer freigestellt, zu wählen, wie er den Erfolg seiner Leistung sicherstellen will (OLG Hamm, Urt. v. 14.10.2016, Az. 12 U 67/15, IBRRS 2016, 2836). Legt der Auftraggeber dann eine Variante fest, ist dies eine Änderung.

Immer wieder kommt es vor, dass Auftragnehmer um Weisung bitten, wie eine Leistung ausgeführt werden soll, die Auftraggeber-Vertreter sich aber nicht festlegen wollen, weil sie Mehrkosten, die sich aus ihrer Entscheidung ergeben könnten, fürchten.

Beispiel: Wie eben. Der Auftragnehmer bittet den Auftraggeber um Anweisung, wie ausgeführt werden soll. Der Auftragnehmer erhält zur Antwort: „Erfüllen Sie Ihren Vertrag!" oder „Im LV steht alles drin!"

Der Auftragnehmer geht hier ein erhebliches Risiko ein, wenn er nach seiner Interpretation die Leistung erstellt, da eine eindeutige Anweisung des Auftraggebers nicht vorliegt und er nicht weiß, wie später ein Gericht den Vertrag auslegen wird. Er sollte insistieren und seine Leistung ausdrücklich anbieten, § 294 BGB (**Muster-AN 06**) verbunden mit dem Hinweis auf die Risiken, die sich für den Auftraggeber aus der Verletzung seiner Mitwirkungspflicht - § 642 BGB und den Annahmeverzug, § 293 BGB - ergeben.

Höchst umstritten ist die Frage, ob auch das „Wann" der Leistung von dem Anordnungsrecht des Auftraggebers erfasst sein soll (bejahend Keldungs in Ingenstau/Korbion 20.Aufl./2017, § 1 Abs.3 RN 6). Richtig ist, dass viele Entwurfsänderungen auch eine zeitliche Komponente haben. Der Auftragnehmer erhält dadurch Druckpotential gegenüber dem Auftraggeber. Andererseits könnte der Auftraggeber auf diese Weise fast vollständig über die Ressourcen des Auftragnehmers verfügen. Im Hinblick darauf, dass der Gesetzgeber sich für den Bauvertrag entschieden hat, ein solches zeitliches Bestimmungsrecht nicht auszuüben, sollte auch § 1 Abs.3 VOB/B in diesem Sinne ausgelegt werden. Auch der Hauptausschuss Allgemeines (HAA) im Deutschen Vergabe- und Vertragsausschuss (DVA) vertritt die Auffassung, dass der Auftraggeber zeitliche Dispositionen nur im Einvernehmen mit dem Auftragnehmer treffen kann.

Noch weitergehender bestimmt § 1 Abs.4 VOB/B, dass der Auftraggeber vom Auftragnehmer sogar nicht vereinbarte Leistungen verlangen kann, die zur Ausführung der vertraglichen Leistung erforderlich werden. Er kann also nicht nur eine andere, sondern sogar eine zusätzliche Leistung verlangen und so den Liefer- und Leistungsumfang einseitig erweitern.

Der Auftragnehmer kann sich dagegen nur wehren, wenn und soweit der Betrieb des Auftragnehmers auf derartige Leistungen nicht eingerichtet ist.

Beispiele: Von einem Stahlbauunternehmen wird eine Tiefbauleistung verlangt; Betonarbeiten kann der Auftragnehmer aber gar nicht erbringen.

Die sofortige Ausführung einer geforderten Zusatzleistung macht erhöhte Personalkapazitäten erforderlich; die stehen aber nicht zur Verfügung.

Andere Leistungen, also solche, die für die vertraglich vorgesehene Leistung nicht erforderlich sind, bzw. auf die der Betrieb des Auftragnehmers gar nicht eingerichtet ist, können ihm nur mit seiner Zustimmung übertragen werden.

Schließlich ist der Auftraggeber auch berechtigt, aus freien Stücken den Vertrag zu beenden, vgl. § 8 Abs.1 VOB/B, der dem § 648 BGB entspricht.

4.1.10.5 Bauvertrag

Nach § 650b BGB kann der Auftraggeber einseitig eine geänderte Ausführung verlangen (Muster-AG 01).

Der Auftraggeber darf sowohl den ursprünglich vereinbarten Werkerfolg selbst, sozusagen das vereinbarte Ziel, § 650b Abs.1 Nr.1 BGB, als auch den notwendigen Weg dahin, § 650b Abs.1 Nr.2 BGB, ändern. Der erste Fall ist der weitergehende.

Zunächst muss wegen dieser Differenzierung ermittelt werden, welchen Werkerfolg, denn die Parteien vereinbart hatten. Die Abgrenzung zwischen den beiden Konstellationen wird erst die Rechtsprechung konkretisieren können. Sinn und Zweck der Bestimmung sollte es sein, dem Auftraggeber des Bauvertrages, wie schon bei § 1 Abs.3 und 4 VOB/B ein Anordnungsrecht zuzubilligen. Während aber dort nur Änderungen und für die Ausführung der vertraglichen Leistung erforderliche geänderte oder zusätzliche Leistungen auszuführen sind und andere gerade nicht, hat der Gesetzgeber hier dem Auftraggeber auch das Recht eingeräumt, den Gegenstand des Werkvertrages, den Erfolg i.S.d. § 631 BGB, zu ändern.

Den Erfolg durch eine freie Kündigung vereiteln, durfte der Auftraggeber schon lange, § 648 BGB. Jetzt ist auch das Recht auf einseitige Modifikation hinzugekommen.

Beispiel: Ein Fliesenleger wird beauftragt, Keramikfliesen zu verlegen. Nach Vertragsschluss entscheidet sich der Auftraggeber für Marmor.

War als Werkerfolg „Fliesen" vereinbart kommt es für das Erreichen nicht darauf an, womit. War jedoch „Fliesen mit Keramik" geschuldet, ist das neue Material, für das auch andere Verlegetechniken und Bindematerialien erforderlich sind, eine Zieländerung.

Die Parteien müssen künftig darauf achten, dass sie sich nicht nur nachvollziehbar über die Beschaffenheit der Leistung, sondern auch deren gewünschten Erfolg, die Funktionalität, einigen (hierzu Hammacher, Prüf- und Hinweispflichten).

Dann muss geprüft werden, ob der Auftraggeber eine Änderung des Ziels (§ 650b Abs.1 Nr.1 BGB) oder des Weges dorthin verlangt (§ 650b Abs.1 Nr.2 BGB).

Beispiele: für die Änderung des Werkerfolges (Nr.1):

Der Auftraggeber hat Maschinen bestellt, die größer sind als geplant, deshalb muss umgeplant und größer gebaut werden.

Die ursprüngliche Leistungsbeschreibung war lückenhaft oder fehlerhaft. Deshalb müssen jetzt Leistungen anders oder zusätzlich erbracht werden, die so nicht vereinbart waren, weil sonst kein funktionstaugliches Bauwerk entstehen würde (vgl. BT-Drucksache 18-8486, S. 53).

Beispiele: für die Änderung zur Erreichung des Werkerfolges (Nr.2):

Im Zuge von Dachdeckerarbeiten stellt sich heraus, dass die von dem Architekten ursprünglich vorgesehenen Abdeckungen hier nicht eingesetzt werden können.

Bei Straßenbauarbeiten stellt sich heraus, dass der Untergrund nicht die nötige Tragfähigkeit aufweist.

Wird der vereinbarte Werkerfolg an sich geändert, kann der Auftragnehmer die Vorlage eines Angebotes verweigern, wenn ihm dies „unzumutbar" ist. Die Unzumutbarkeit richtet sich nach dem Einzelfall und hängt damit stets auch von der subjektiven Situation der Betroffenen ab. Es bedarf einer Abwägung der wechselseitigen Interessen.

Beispiel: Der Auftragnehmer müsste für die gewünschten Änderungen erhebliche zusätzliche Personal-Kapazitäten einsetzen. Diese sind aber bereits für andere Aufträge vorgesehen.

Es ist zu erwarten, dass die Gerichte die Unzumutbarkeit zugunsten des Auftragnehmers weit auslegen. Es kann schließlich nicht sein, dass der Auftraggeber einen Auftragnehmer zwingen kann eine Leistung zu erbringen, die nicht verabredet war. Die Privatautonomie muss den Auftragnehmer davor schützen, mit der Ausführung von Leistungen belastet zu werden, die er – aus welchen Gründen auch immer – nicht ausführen will.

Da es sich bei dem Beispiel um „Unzumutbarkeitsgründe" handelt, die innerhalb der Organisation des Auftragnehmers angesiedelt sind, muss der Auftragnehmer den Nachweis für ihr Vorliegen führen, § 650b Abs.1 S.3 BGB. Im Umkehrschluss bedeutet dies, dass der Auftraggeber den Gegenbeweis zu führen hat, wenn sich der Auftragnehmer z.B. darauf beruft, dass die gewünschte Änderung gegen öffentliches Bau- oder Planungsrecht, Umweltschutz oder die guten Sitten verstoßen würde.

Geht es „nur" um den Weg (Nr.2) muss der Auftragnehmer dem Auftraggeber die Ausführung dieser geänderten Leistungen anbieten, § 650b Abs.1 S.2 BGB (**Muster-AN 03**).

Allerdings kann auch in dieser Alternative der Auftragnehmer ein Angebot gem. § 275 BGB verweigern, wenn ihm dies unmöglich ist (Abs.1), der Aufwand unverhältnismäßig wäre (Abs.2), oder ihm dies bei Interessenabwägung nicht zumutbar ist (Abs.3) **(Muster-AN 03)**.

Man wird vermuten dürfen, dass die Zumutbarkeitsanforderungen hier etwas höher liegen als bei § 650b Abs.1 Nr.1 BGB.

Das Gesetz verpflichtet den Auftragnehmer nicht zur Ausführung, sondern nur dazu, ein Angebot über die Mehr- oder Mindervergütung zu stellen, über die dann eine Vereinbarung zu treffen ist.

Wann dieses Angebot vorzulegen ist, wird nicht explizit erwähnt. Damit greift die allgemeine Regel des § 271 BGB: Der Auftragnehmer muss das Angebot „unverzüglich" unterbreiten.

Das Gesetz verlangt, dass die Parteien über die Änderung (und die damit verbundenen finanziellen Auswirkungen) Einvernehmen anzustreben haben. Das bedeutet, dass von der jeweils anderen Seite eine konstruktive Mitwirkung verlangt werden kann.

Verweigert der Auftraggeber die Verhandlung mit dem Auftragnehmer, so verstößt dieser gegen seine Mitwirkungspflicht. Dann kann auch der Auftragnehmer blocken (siehe unten Kapitel 6.3).

Kommt es innerhalb von 30 Tagen nicht zu einer Einigung, § 650b Abs.2 BGB kann der Auftraggeber die Änderungsleistung einseitig anordnen. Hierzu ist Textform erforderlich (siehe oben Ziff. 1.6) **(Muster-AG 02)**.

Der Auftragnehmer muss dem Folge leisten. Wird damit aber der vereinbarte Werkerfolg an sich geändert (Nr.1), muss er nur dann folgen, wenn dies dem Auftragnehmer zumutbar ist.

Besondere Sanktionen für den Fall, dass der Auftragnehmer der berechtigten Anordnung nicht nachkommt, sieht das Gesetz nicht vor. Da aber eine Pflicht des Auftragnehmers bestimmt ist, kann der Auftraggeber wegen dieser Pflichtverletzung die allgemeinen Rechte wie Schadensersatz, §§ 241; 280 BGB, und/oder Rücktritt, § 323 BGB, geltend machen und den Vertrag nach § 648a BGB aus wichtigem Grunde kündigen (siehe unten Kapitel 5.5.3). Auch eine Teilkündigung ist nach § 648a Abs.2 BGB möglich.

Natürlich können die Parteien im Vertrag auch Abweichendes regeln.

Gerade bei Projekten, die noch nicht vollumfänglich durchgeplant sind, finden sich Regelungen, wonach der Auftraggeber, bzw. seine Planer berechtigt sein sollen, noch Änderungen am Design vorzunehmen. Das kann erhebliche Auswirkungen auf den Liefer- und Leistungsumfang des Auftragnehmers haben: Dauernde Umplanungen führen auch zu dauernden Änderungen in der Werkstattplanung, verzögern die Bestellung von Materialien und ändern den kalkulierten Beschaffungspreis.

Beispiel: Der Auftragnehmer hat auch solche Mehrleistungen ohne Anspruch auf Mehrvergütung zu erbringen, die dadurch entstehen, dass der Auftraggeber nach Vertragsschluss die dem Vertrag zugrunde liegende Planung ändert.

Wegen der damit übernommenen Risiken sind an die Annahme einer solchen Vereinbarung strenge Anforderungen zu stellen (BGH, Urt. v. 13.3.2008, Az. VII ZR 194/06, BauR 2008, 1131 sog. "Bistro-Fall"). Als AGB wäre eine solche Klausel nicht wirksam (siehe oben Ziff. 3.2).

Schließlich besteht natürlich auch für den Bauvertrag das Recht des Auftraggebers der freien Kündigung, § 648 BGB.

International

Der Auftraggeber wird immer dafür sorgen, dass er ohne Rechtsnachteil von seinen ursprünglichen Plänen abweichen kann, damit er seine Flexibilität bei der Projektgestaltung und -abwicklung nicht einbüßt.

Beispiel: FIDIC, Ziffer 13.1

4.1.10.6 Verbraucherbauvertrag

Ein einseitiges Leistungserweiterungs-/änderungsrecht ist für den Verbraucher als Auftraggeber nicht ausdrücklich geregelt.

Allerdings wird in § 650m Abs.2 S.2 BGB im Zusammenhang mit der Vergütung des Auftragnehmers auf eine Anordnung des Verbrauchers nach § 650b BGB Bezug genommen. Hieraus lässt sich auf dessen Anwendbarkeit schließen. Es würde auch keinen rechten Sinn machen, diese zugunsten des Auftraggebers erlassenen Regeln gerade nicht auch zugunsten des Verbrauchers anzuwenden.

4.1.10.7 Architekten- und Ingenieurvertrag

§ 650q Abs.1 BGB erklärt die einseitige Leistungsanordnung für entsprechend anwendbar.

Beispiel: Der Auftraggeber ist von der vereinbarten Entwurfsplanung des Architekten so begeistert, dass er ihn auch gleich mit den restlichen Leistungsphasen nach HOAI beauftragt. Ist dem Architekten dies zumutbar, muss er nach § 650b Nr.1 BGB ein Angebot machen und wenn keine Einigung zustande kommt (vgl. § 650b Abs.2 BGB), die Leistung ausführen.

An diesem Beispiel wird deutlich, dass bei einseitiger Änderung des Werkerfolges die Unzumutbarkeit zugunsten des Architekten weit ausgelegt werden muss. Wenn die Chemie zwischen Bauherr und Architekt nicht stimmt, muss es ausreichen, dass der Architekt schlicht keine Lust hat, für diesen Bauherrn zu arbeiten um ihn davon zu befreien ein Angebot zu legen oder einer Anordnung Folge zu leisten.

4.1.11   Planen als Bestandteil des Liefer- und Leistungsumfangs des Auftragnehmers

Hier geht es nicht um diejenigen Planungsleistungen, die Hauptgegenstand des Vertrages sind, wie z.B. der Planungsauftrag an einen Architekten, Ingenieur, Statiker. Die Frage ist vielmehr, ob Planungsleistungen des Auftragnehmers auch dann zum Liefer- und Leistungsumfang gehören, wenn sie nicht ausdrücklich angesprochen wurden.

Kaufvertrag

Der Käufer eines Produktes interessiert sich nicht dafür, was alles an Planungsleistungen erforderlich war, um die Sache herzustellen; ihn interessiert nur, ob die Kaufsache dem entspricht, was er bestellt hat.

Werklieferungsvertrag

Bei einem Vertrag, bei dem der Aufragnehmer die Teile erst noch nach Plänen und Anweisungen des Auftraggebers zu erstellen hat, gilt das vorstehend Gesagte im Prinzip auch. Allerdings wird es bei komplexeren Lieferungen ohne eigene Planungsleistungen des Auftragnehmers nicht gehen.

In welchem Umfang diese geschuldet sein sollen, sollte im Vertrag geregelt werden und zwar in Abgrenzung zu der Planungsleistung des Auftraggebers, auf der diejenige des Auftragnehmers aufbaut.

Werkvertrag / VOB/B – Bau*vertrag / Bauvertrag*

Das Werkvertragsrecht mit Bauvertragsrecht geht im Grundsatz von der Trennung zwischen Planung und Ausführung aus. Der Auftraggeber hat für die planerischen Vorgaben einschließlich der Berechnungen, Genehmigungen, etc. zu sorgen. Er hat dem Auftragnehmer zu sagen, was er will und in der Regel auch wie er es will. Er entscheidet über den Ort, die Zeit und das Material, mit dem das Gewerk ausgeführt werden soll. Seine Vorgaben definieren den Liefer- und Leistungsumfang des Auftragnehmers. Die Planung seines Vorhabens ist seine Sache (vgl. § 3 Abs.1 VOB/B).

Der Auftragnehmer hingegen ist für die fachmännische Ausführung des Werkes zuständig. Seine Kenntnisse als Fachmann („Fachfirma") sind für die mangelfreie Erstellung des Gewerkes gefragt. Seine Planungsleistungen beschränken sich auf die Planung seiner Leistung zur Herstellung des versprochenen Werkes.

Beispiel: In ATV DIN 18335 Abschnitt 0.2.21 wird differenziert zwischen Ausführungsunterlagen, welche vom Auftraggeber zu übergeben sind und den Herstellungsunterlagen, die der Auftragnehmer zu beschaffen hat, z.B.: Werkstattzeichnungen; Montageübersichten; Stücklisten; Arbeitsanweisungen.

Durch Vereinbarung der jeweiligen Fach-DIN werden so Planungsleistungen des Auftragnehmers mitvereinbart, § 3 Abs.5 VOB/B (siehe oben Ziff. 3.1.8.4).

Je komplexer das Vorhaben, desto mehr Planung und Planer sind involviert. Es empfiehlt sich auch hier die Schnittstellen und vor allem die Prüf- und Hinweispflichten zwischen den Beteiligten ausreichend zu präzisieren.

Im Übrigen können die Parteien natürlich die Grenzen zwischen auftraggeberseitiger Planung und auftragnehmerseitiger Herstellung nach Belieben verändern.

So übernimmt der Auftragnehmer den größten Teil der Planung selbst, wenn er sich an einer Funktionalausschreibung (Leistungsbeschreibung mit Leistungsprogramm), § 7c VOB/A, beteiligt. Der Auftraggeber beschränkt sich dann auf die Beschreibung der Bauaufgabe und überlässt die Entwurfsbearbeitung dem Auftragnehmer, der - wenn er den Auftrag erhält - für seine Planung gerade stehen muss.

Ähnlich ist es bei der Vergabe von Aufträgen, bei denen der Auftraggeber die Einreichung von Nebenangeboten zugelassen hat. Vielleicht bekommt der Auftragnehmer den Zuschlag mit seiner eigenen Idee, wie man das Projekt besser und billiger ausführen könnte. Dann gehört aber die Planung zu seinem Liefer- und Leistungsumfang dazu – und er trägt für die Umsetzbarkeit die Verantwortung.

Im Extremfall wird die komplette Planung und Planungsverantwortung auf den Auftragnehmer übertragen, etwa im Schlüsselfertigbau.

International

Ein Beispiel für eine solche Planungsübertragung ist das in diesem Buch abgedruckte Muster der FIDIC „yellow book". Es handelt sich um einen sogenannten „EPC-Contract", das steht für Engineering-Procurement-Construction. Der Auftragnehmer plant, beschafft das Material und baut. Es ist zugleich ein Muster für den Bau einer schlüsselfertigen Anlage „turn-key" als Pauschalvertrag „lump-sum".

In diesem Muster liefert der Auftraggeber lediglich Grunddaten; das „design" wird vollständig in die Hand des Auftragnehmers gelegt, der die volle Verantwortung für die Planung übernimmt.

Beispiel: FIDIC, Ziffer 5

Der Vertrag wird übrigens wegen der als einseitig empfundenen Überwälzung der Verantwortung auf den Auftragnehmer von ausführenden Unternehmen nicht besonders geschätzt.

4.1.12 Koordinieren als Bestandteil des Liefer- und Leistungsumfangs

Mit der Ausführung des Bauwerks sind oft mehrere Firmen hintereinander oder gleichzeitig betraut. Die Abgrenzung der Verantwortlichkeit dieser Firmen richtet sich wiederum in erster Linie nach dem jeweiligen Vertrag mit dem Auftraggeber.

BGB-Bauvertrag / VOB/B-Bauvertrag

Der Auftraggeber hat für die Aufrechterhaltung der allgemeinen Ordnung auf der Baustelle zu sorgen und das Zusammenwirken der verschiedenen Unternehmen zu regeln, vgl. § 4 VOB/B. Grundsätzlich ist die Koordination des Projektes Sache des Auftraggebers bzw. der von ihm hierfür eigens bestimmten Erfüllungsgehilfen.

Nach § 3 BaustellenVO sind für Baustellen, auf denen Beschäftigte mehrerer Arbeitgeber tätig werden, ein oder mehrere geeignete Koordinatoren zu bestellen. Der Bauherr oder der von ihm nach § 4 BaustellenVO beauftragte Dritte kann die Aufgaben des Koordinators selbst wahrnehmen (näheres hierzu in Kapitel 14 „Einsatz von Fremdfirmen").

Die Koordination von Leistungen auf der Baustelle gehört deshalb nur insoweit zum Liefer- und Leistungsumfang des Auftragnehmers als sie die

Koordination der eigenen Leistungen und der vom Auftragnehmer eingesetzten Lieferanten und Subunternehmer betrifft.

Gleichwohl gilt für alle Beteiligten das Kooperationsgebot (BGH, Urt. v. 23.5.1996, Az. VII ZR 245/94, NJW 1996, 2158; BGH, Urt. v. 28.10.1999, Az. VII ZR 393/98, NJW 2000, 807). Soweit Absprachen unter den Bauausführenden erforderlich sind, um sich nicht gegenseitig zu stören, gehört dies zum Liefer- und Leistungsumfang dazu.

Der Auftraggeber kann hierzu auch verlangen, dass der Auftragnehmer an Besprechungen zwischen den Projektbeteiligten teilnimmt. Hierüber kommt es allerdings gelegentlich zum Streit.

Beispiel: Der Projektleiter des Auftraggebers beruft zweimal in der Woche eine große Besprechungsrunde sämtlicher Projektleiter aller beteiligten Unternehmen vor Ort ein. Der Projektleiter des Auftragnehmers muss jedes Mal extra anreisen, obwohl z.Zt. keine Arbeiten auf der Baustelle zu verrichten sind.

Ob ein exzessives Bedürfnis nach Abstimmung und Kommunikation des Auftraggebers noch im Liefer- und Leistungsumfang der Auftragnehmer enthalten ist, lässt sich letztlich nur nach „Treu und Glauben" entscheiden. Hier ist wieder die vorausschauende Vertragsgestaltung gefragt, die kalkulierbare Vorgaben zum Zeitaufwand des Auftragnehmers macht.

Vorsicht ist geboten, wenn individualvertraglich die Koordinationsleistung auf den Auftragnehmer übertragen werden soll. Er übernimmt damit originäre Auftraggeberpflichten, was nur geschehen sollte, wenn er diese Pflichten auch gegenüber anderen Baubeteiligte durchsetzen kann und wenn er hierfür eine angemessene Vergütung erhält. Koordinationsfehler kann er dem Auftraggeber dann natürlich nicht mehr anlasten.

4.1.13 Prüfen und Hinweisen als Bestandteil des Liefer- und Leistungsumfangs

Die obergerichtliche Rechtsprechung der letzten Jahre hat die Bedeutung der Prüf- und Hinweispflichten dramatisch erhöht. Seitdem versuchen Auftraggeber – oft erfolgreich – eigene Planungs- und Ausführungsfehler oder die ihrer Planer und Auftragnehmer auf „die Fachfirma" abzuwälzen.

Kaufvertrag / Werklieferungsvertrag / Bauträgervertrag

Muss der Auftragnehmer die bestellte Lieferung daraufhin überprüfen, ob sie für den Auftraggeber geeignet ist? Die Wahl des Produktes ist Sache des Auftraggebers, nicht des Auftragnehmers. Was der Auftraggeber damit anfangen möchte, weiß der Auftragnehmer meist gar nicht.

Anders, wenn dem Auftragnehmer der Vertragszweck bekannt ist und er weiß, dass bestimmte Eigenschaften für den Auftraggeber von wesentlicher Bedeutung sind. Dann kann eine solche Aufklärung nach Treu und Glauben unter Berücksichtigung der Verkehrsanschauung im Einzelfall erwartet werden (z.B. BGH, Urt. v. 6.12.1995, Az. VIII ZR 138/94, Jurion RS 1995, 17466).

Kommt es dem Auftraggeber gerade darauf an, von der Erfahrung und dem Rat des Auftragnehmers beim Kauf einer Sache zu profitieren, sollten beide zugleich auch einen Beratungsvertrag abschließen. Es ist dann nur fair, den Auftragnehmer für diese Beratung in irgendeiner Weise auch zu honorieren, denn ist seine Beratung falsch, haftet er dem Auftraggeber dafür auf Schadensersatz, §§ 675 Abs.2; 280 BGB.

Werkvertrag / Bauvertrag / VOB/B – Bauvertrag / Architekten- und Ingenieurvertrag / Verbraucherbauvertrag

Der Auftragnehmer muss prüfen, ob er seinen Werkerfolg erreichen kann. Das ist für die Prüfung der eigene Planung, Fertigung, Montage selbstverständlich. Dazu gehört auch eine Prüfung der fertiggestellten Leistung vor der Abnahme. Das ergibt sich aus dem Zweck des Vertrages, einer besonderen Regelung bedarf es nicht.

Darüber hinaus wird vom Auftragnehmer aber auch verlangt zu prüfen, ob die vom Auftraggeber vorgesehene Art der Ausführung, die Güte beigestellter Stoffe oder Bauteile oder Leistungen anderer vom Auftraggeber beauftragter Unternehmer, auch der Planer, geeignet ist. Für den *VOB/B-Bauvertrag* wird dies aus §§ 13 Abs.4 VOB/B und § 4 Abs.3 VOB/B hergeleitet und der BGH hat dies auch auf den Werkvertrag übertragen (BGH, Urt. v. 28.11.2007, Az. VII ZR 183/05, NZBau 2008, 109).

Beispiel: Der Auftragnehmer soll in einer Halle ein Schiebetor einbauen. Das Tor soll, wie vom Auftraggeber geplant, an einen bestehenden Träger montiert werden.

Obwohl die Statik nicht zu seinem Liefer- und Leistungsumfang gehört, muss er im Rahmen des Zumutbaren prüfen, ob der Träger das Gewicht halten wird. (OLG Rostock, Urt. v. 11.6.2009, Az. 3 U 213/08, NZBau 2010, 110).

Die Erfolgsbezogenheit dieser Verträge führt dazu, dass die Leistung mangelhaft ist, auch wenn der Mangel aus der Risikosphäre des Auftraggebers stammt, sofern sich der Auftragnehmer nicht von diesem Vorwurf „befreien" kann. Er muss nachweisen, dass er seiner Prüf- und Hinweispflicht genügt hat.

Die Schwierigkeit besteht darin, zu bestimmen, wieviel Prüfungsleistung der Auftragnehmer erbringen muss, um diesen Anforderungen zu genügen. Die Zumutbarkeit ist maßgeblich davon abhängig:

- was der Vertrag dazu bestimmt, wobei die Regeln der Technik (die Fach-DIN-Normen) oft sehr detailliert beschreiben, was zu prüfen ist,
- welches Fachwissen der Auftraggeber von dem Auftragnehmer üblicherweise erwarten kann, wobei auf ein durchschnittlich fachkundiges Unternehmen dieser Branche abzustellen ist,
- ob die Umstände des Einzelfalls besondere Prüfungen erforderlich machen, die für den Unternehmer bei hinreichend sorgfältiger Prüfung als bedeutsam erkennbar sind.

Beispiel: In dem obigen Torträger-Fall muss das Tor in einen Bestandsbau eingepasst werden. Das Tor hat ein hohes Gewicht und die Konstruktion ist eher ungewöhnlich. Alles dieses erhöht die Prüfungsanforderungen.

- Die Zumutbarkeit ist weiter davon abhängig, inwieweit der Auftragnehmer davon ausgehen darf, dass der Auftraggeber die Situation kennt. Eine besonders hohe Prüf- und Hinweispflicht besteht, wenn der Auftraggeber ersichtlich Laie ist. Umgekehrt lassen die Gerichte trotz hoher Kompetenz auf Auftraggeberseite in den wenigsten Fällen die Prüf- und Hinweispflichten des Auftragnehmers vollständig entfallen. Wenn der Auftraggeber selbst erkennbar hinreichend fachlich in der Lage ist, die Lage einzuschätzen, bzw. der Auftragnehmer sicher sein kann, dass z.B. ein Architekt über Risiken aufgeklärt hat, reduziert sich die Anforderung an die Zumutbarkeit.

(Ausführlich: Hammacher, „Prüf- und Hinweispflichten - Bauvertrag, Werkvertrag, Werklieferungsvertrag" 2.Aufl., 2016). (siehe auch unten Kapitel 5.8).

4.2 Wie wird der Auftragnehmer für geänderte oder zusätzliche Leistungen vergütet?

4.2.1 Geänderte oder zusätzliche Sachleistungen

Erhöht sich der Aufwand für die geänderte oder zusätzliche Lieferung oder Leistung, schlägt sich dies in der Regel auf der Kostenseite beim Auftragnehmer nieder.

Entstehen diese Kosten, weil der Auftragnehmer sonst seine Verpflichtungen aus der Beschaffenheits- oder Funktionalitätsvereinbarung nicht erfüllen könnte, sind diese Kosten bereits mit der geschuldeten Vergütung abgegolten. Der Auftragnehmer kann von dem Auftraggeber insoweit nichts zusätzlich verlangen.

Sind die Änderungen oder zusätzlichen Leistungen hingegen dem Auftraggeber zuzurechnen, muss der Auftraggeber den Auftragnehmer hierfür bezahlen. Je nach Vertragstyp weichen die Regeln hierfür sehr voneinander ab.

Kaufvertrag / Werklieferungsvertrag

Da eine Änderung des Liefer- und Leistungsumfangs hier nur mit Zustimmung des Auftragnehmers möglich ist, wird im Falle einer Vertragsänderung regelmäßig auch die Preisseite vereinbart werden.

Eine Regelung wie im Werkvertragsrecht in § 632 Abs.1 BGB, wonach eine Vergütung als stillschweigend vereinbart gilt, wenn die Herstellung des Werkes den Umständen nach nur gegen eine Vergütung zu erwarten ist, fehlt im Kaufrecht.

Ob die Parteien trotz der fehlenden Einigung über den Preis einen Vertrag schließen wollten, muss durch Auslegung ermittelt werden; im Zweifel ist er nicht zustande gekommen, § 154 BGB.

Dass diese sinnvolle Regelung nicht wenigstens für den Werklieferungsvertrag aufgenommen wurde, ist nicht verständlich, aber offenbar der Wille des Gesetzgebers.

Umgekehrt kann aber auch der Auftraggeber mangels Vertrages die Ausführung der Leistungen nicht verlangen.

Hat dann der Auftragnehmer trotzdem geleistet, kann der Auftragnehmer versuchen, wenigstens einen Teil seiner Vergütung als Aufwandserstattung wegen Geschäftsführung ohne Auftrag nach § 683 BGB, oder als Entschädigung für Rechtsverluste nach § 951 BGB oder als Schadensersatzanspruch nach §§ 241 Abs.2; 280 BGB einzufordern.

Internationaler Kaufvertrag

Art. 55 CISG sieht auch für den *Kaufvertrag* ebenfalls eine dem deutschen Werkvertragsrecht ähnliche Regelung vor. Ist ein Vertrag gültig geschlossen worden, ohne dass er den Kaufpreis ausdrücklich oder stillschweigend festsetzt oder dessen Festsetzung ermöglicht, so wird mangels gegenteiliger Anhaltspunkte vermutet, dass die Parteien sich stillschweigend auf den Kaufpreis bezogen haben, der bei Vertragsabschluss allgemein für derartige Ware berechnet wurde, die in dem betreffenden Geschäftszweig unter vergleichbaren Umständen verkauft wurde.

Werkvertrag / Bauträgervertrag

Für den Werkvertrag gilt, dass der Auftraggeber von dem Auftragnehmer keine Änderungen verlangen kann, es sei denn, dass die Parteien sich darüber einigen. Ein solcher Änderungsvertrag kann - wie stets - auch konkludent geschlossen werden. Im Zweifel wird man davon ausgehen, dass der Auftragnehmer einer solchen Änderungsvereinbarung nur dann zustimmen will, wenn auch die Vergütung für diese geänderte Leistung vereinbart wurde, § 154 Abs.1 BGB.

Regelungen über die Anpassung des Preises können bereits im Werkvertrag selbst vorgesehen sein.

Es kann aber auch sein, dass die Parteien die Änderungsvereinbarung auch ohne die Einigung über die Vergütung wirksam werden lassen wollten, zum Beispiel um das Projekt wegen der noch nicht geklärten Vergütung nicht zu gefährden. Kommt dann auch später keine Einigung über die Vergütung zu Stande, hilft im Werkvertragsrecht § 632 Abs.2 BGB. Gibt es für die geschuldete Leistung eine Honorarordnung (zum Beispiel für Architekten und Ingenieure HOAI) so wird die Vergütung nach dieser Honorarordnung ermittelt. Gibt es keine solche „Taxe" ist die übliche Vergütung geschuldet. Der Auftragnehmer muss vortragen, was in diesem Fall als übliche Vergütung anzusehen ist. In einem Rechtsstreit ist die Feststellung häufig eine Aufgabe für einen Sachverständigen.

Bauvertrag

Der Auftraggeber kann nach § 650b BGB Änderungen anordnen. Das Gesetz verlangt, dass die Parteien Einvernehmen über die Änderung und die infolge der Änderung zu leistende Mehr- oder Mindervergütung anstreben.

Das Gesetz unterscheidet hier zwischen den Fällen, in denen das Ziel (der vereinbarte Werkerfolg) geändert werden soll und solchen Änderungen, die den Weg zur Erreichung des vereinbarten Werkerfolgs betreffen, ohne das Ziel zu ändern.

In beiden Fällen ist der Auftragnehmer verpflichtet, ein Angebot über die Vergütung der geänderten Leistungen zu unterbreiten. Handelt es sich allerdings um eine Änderung des vereinbarten Werkerfolgs, muss er dieses Angebot nur dann unterbreiten, wenn ihm die Ausführung der Änderung auch zumutbar ist.

Für den Auftraggeber stellen sich mithin 2 Fragen:

1. Handelt es sich überhaupt um eine Zieländerung?
2. Wäre eine solche Zieländerung dem Auftragnehmer zumutbar?

Beispiel: Der Auftraggeber verlangt eine zusätzliche Unfallverhütungs-Maßnahme während der Montage: War eine solche Absicherung auch geschuldet, wenn sie nicht ausdrücklich in dem Leistungsverzeichnis genannt wurde? Ist sie erforderlich, um den Werkerfolg sicherzustellen, zum Beispiel, weil sonst die Stilllegung der Baustelle droht? Muss der Auftragnehmer sie erbringen, obwohl er meint, die Leistungen auch anders ausführen zu können?

Macht der Auftragnehmer betriebsinterne Vorgänge für die Unzumutbarkeit einer auftraggeberseitigen Anordnung nach § 650b Abs.1 S.1 Nr.1 BGB geltend, trifft ihn die Beweislast hierfür.

Kommt die Ausführungsplanung von dem Auftraggeber, so muss der Auftragnehmer ein Angebot über die geänderten Leistungen nur dann vorlegen, wenn der Auftraggeber diese Änderungen auch in seine Planung übernommen hat. Dadurch soll verhindert werden, dass sich der Auftragnehmer, der eigentlich nicht mit der Planung beauftragt war, in das Planungsgeschehen einmischen muss. Der Auftragnehmer hat so eine Basis für die Kalkulation seines Angebotes.

Trägt der Auftraggeber die Verantwortung für die Planung des Bauwerks oder der Außenanlage, ist der Auftragnehmer nur dann zur Erstellung eines Angebots über die Mehr- oder Mindervergütung verpflichtet, wenn der Auftraggeber die für die Änderung erforderliche Planung vorgenommen und dem Auftragnehmer zur Verfügung gestellt hat.

Bei der Kalkulation des Angebotes für die geänderten Leistungen muss der Auftragnehmer die tatsächlich erforderlichen Kosten ermitteln. Es kommt also nicht darauf an, was der Auftragnehmer ursprünglich einmal für die Ausführung dieser Leistungsposition kalkuliert hatte, sondern auf die tatsächlichen Kosten. Eine gute Dokumentation ist erforderlich.

Auf diese Kosten werden angemessene Zuschläge gemacht für allgemeine Geschäftskosten, Wagnis und Gewinn. Was als angemessen gilt, muss noch entschieden werden. Die Vergabehandbücher öffentlicher Auftraggeber können Anhaltspunkte geben (20 - 30 % Gesamtzuschläge für Baustellengemeinkosten, Allgemeine Geschäftskosten, Gewinn mit Wagnisanteil) aber je nach Einzelfall auch höher liegen.

Dabei wird man davon ausgehen können, dass sich diese Zuschläge für die geänderte Leistung gegenüber der Urkalkulation nicht ändern. Abweichungen wird der Auftragnehmer darlegen und beweisen müssen. Erspart der Auftragnehmer durch die geänderte Art der Ausführung Kosten, so muss er auch diesen verminderten Aufwand darlegen und in seinem Angebotspreis mindernd berücksichtigen, § 650c Abs.1 S.1 BGB („verminderter Aufwand").

Noch zu klären ist die Frage, ob der Auftragnehmer im Fall von vermindertem Aufwand den angemessenen Gewinnzuschlag nur auf die tatsächlich erforderlichen Kosten berechnen darf, wie dies der Wortlaut des § 650c BGB suggeriert. Dies würde dazu führen, dass bei erheblichen Kürzungen des Auftraggebers ein ursprünglich vereinbarter Gewinn verloren ginge. Dies passt mit der Wertung des § 648 BGB nicht zusammen. Es kann keinen Unterschied machen, ob der Auftraggeber den Vertrag kündigt oder durch Änderungen ganze Leistungspositionen entfallen lässt. Der Auftragnehmer muss in Fällen erheblicher Massenminderung zumindest den Gewinnanteil erhöhen dürfen, ohne dass man ihm vorwerfen kann, dass dies „unangemessen" sei.

§ 650c BGB steht mit seiner Berechnungsweise im Gegensatz zu der langjährigen Praxis und Rechtsprechung zum Werkvertrag, die durch die Auslegung von § 2 Abs.5 VOB/B geprägt war. § 650c Abs.2 BGB nimmt hierauf jedoch insoweit Bezug, als der Auftragnehmer statt auf die tatsächlichen Kosten auch auf die Ansätze einer vereinbarungsgemäß hinterlegten Urkalkulation zurückgreifen darf. Wenn nichts anderes vereinbart ist, ist dies ein Recht des Auftragnehmers, keine Pflicht. Also kann auch insbesondere der Auftraggeber von dem Auftragnehmer nicht verlangen, dass dieser auf der Grundlage der Urkalkulation seinen Nachtrag berechnet. Wenn aber der Auftragnehmer in dieser Weise vorgeht, dann gilt nach § 650c Abs.2, S.2 BGB die Vermutung, dass die Ansätze der Urkalkulation auch für die Berechnung der Änderungen zutrifft.

Wie stets, können die Parteien natürlich auch hier spezielle Regelungen über die Vergütung von Änderungen vereinbaren. Das Gesetz weist ausdrücklich auf die Bestimmungen der VOB/B zum Anordnungsrecht des Auftraggebers und zur Vergütungsanpassung hin, § 650c Abs.4 BGB. Diese Regelungen sind, sofern kein Verbraucher beteiligt ist, auch als allgemeine Geschäftsbedingung nicht zu beanstanden, wenn sie ohne inhaltliche Abweichungen in den Vertrag einbezogen wurden, § 650c Abs.4 S.2 BGB.

VOB/B-Bauvertrag

Sofern keine besonderen vertraglichen Vereinbarungen zur Vergütung getroffen worden sind, hat der Auftragnehmer bei einem VOB/B-Vertrag einen Anspruch auf Bezahlung seiner Leistungen auf der Grundlage der Einheitspreise, die in dem Leistungsverzeichnis vereinbart wurden. Diese Einheitspreise ändern sich, wenn Leistungen anders als geplant ausgeführt werden müssen. Dann sind neue Einheitspreise unter Berücksichtigung der Mehr- oder Minderkosten zu ermitteln und zwar auf der Grundlage der Preisermittlungsgrundlagen des bisherigen Vertrages („Urkalkulation") unter Berücksichtigung seiner Mehr- oder Minderkosten.

Die Berechnung der „richtigen" Vergütung von geänderten oder zusätzlichen Bauleistungen gehört zu den umstrittensten Themen des Baurechts.

Beispiel: Der Auftragnehmer muss aufgrund einer Planänderung nunmehr auch bei einer anderen Leistungsverzeichnis-Position Stahl-Profile einer beschriebenen Güte und Länge liefern und montieren.

Allgemein geht man davon aus, dass auch für diese ursprünglich nicht vorgesehenen Profile die Kalkulationsansätze heranzuziehen sind, die an anderer Stelle im Leistungsverzeichnis erwähnt wurden. Hier wird häufig der Satz zitiert: „Guter Preis bleibt guter Preis, schlechter Preis bleibt schlechter Preis!" Der Auftragnehmer soll möglichst in jeder Hinsicht an die Grundlagen seiner Angebotskalkulation gebunden werden, um zu verhindern, dass der Auftraggeber später, wenn es zu unabdingbaren Änderungen kommt, von dem Auftragnehmer in unredlicher Weise unter Druck gesetzt wird: Wird der Auftrag bereits abgewickelt, ist es fast nicht möglich, Änderungsleistungen nicht mit der ausführenden Firma zu vereinbaren, da jede andere Firma in das Gewerk eingreifen würde. Ein Auftragnehmer könnte diese Situation ausnutzen, um einen bislang nicht ausgewiesenen Preis über den Nachtrag zu korrigieren.

Die Bindung an die Urkalkulation ist jedoch schon dann nicht mehr gerechtfertigt, wenn diese Profile aufgrund der späteren Änderung auch später bestellt wurden. Preisvorteile, die sich bei der Sammelbestellung zu einem früheren Zeitpunkt realisiert haben mögen, würden hier nicht greifen, so dass auch hier der aktuelle Bezugspreis für die Neukalkulation heranzuziehen ist.

Der Auftragnehmer steht in der Darlegungs- und Beweislast hinsichtlich aller Tatbestandsmerkmale seines Mehrvergütungsanspruches.

Sinnvollerweise wird bereits vor Beginn der Ausführung eine Einigung über die Vergütung der Leistungen getroffen. Die VOB/B legt dies den Parteien auch dringend in § 2 Abs.5 und 6 VOB/B nahe. Ein Anspruch gegen den Auftraggeber auf Abschluss einer Vergütungsvereinbarung vor Ausführung der Arbeiten besteht jedoch nicht.

Das hängt damit zusammen, dass der Auftragnehmer eines Werk- und Bauvertrages grundsätzlich vorleistungspflichtig ist. Diese Vorleistungspflicht des Auftragnehmers bedeutet für ihn eine schwache Position. Deshalb ist an dieser Stelle eine zusätzliche Absicherung für den Auftragnehmer erforderlich (siehe unten Kapitel 11 „Sicherheiten"). Hier kommt auch eine umfassende Zug-um-Zug-Vereinbarung in Betracht, wenn dies nicht schon von vornherein an den Kräfteverhältnissen zwischen den Parteien scheitert.

Verweigert der Auftragnehmer die Leistung, weil er vorab keine Zustimmung zu seinem Nachtragsangebot bekommen hat, kann ihm der Auftraggeber gem. §§ 5 Abs.4 und 8 Abs.3 VOB/B nach Fristsetzung den Vertrag entziehen und Schadensersatz verlangen.

Nur dort, wo der Auftraggeber bereits im Vorfeld unzulässiger Weise die Zahlung endgültig verweigert, muss auch der Auftragnehmer nicht leisten und kann insoweit von seinem Zurückbehaltungsrecht Gebrauch machen.

Um zu dokumentieren, dass der Auftragnehmer den Auftraggeber zur Verhandlung aufgefordert hat, sollte er den Auftraggeber anschreiben (Muster-AN 04)

Beide Parteien sind grundsätzlich während der Auftragsabwicklung zur Kooperation verpflichtet (ständige Rechtsprechung des Bundesgerichtshofes, u.a. BGH, Urt. vom 23.5.1996, vom 28.1.1999 und vom 26.1.2001), das heißt zur Mitwirkung und gegenseitigen Information sowie zu dem Versuch, Konflikte einverständlich zu lösen.

Beispiel: Der Auftragnehmer meint, einen Anspruch auf Bezahlung seiner zusätzlichen Leistungen zu haben. Als der Auftraggeber nicht darauf eingeht, kündigt er den Auftrag aus wichtigem Grund.

Da der Auftraggeber nicht endgültig eine Vergütungsanpassung verweigert hat, der Auftragnehmer aber den Versuch einer Verhandlungslösung nicht unternommen hat, setzt er sich ins Unrecht. Der Auftraggeber kann seinerseits fristlos kündigen und die Mehrkosten als Schadensersatz beim Auftragnehmer einfordern.

Im Gegensatz zu der „im Vertrag nicht vorgesehenen Leistung" - also den eigentlichen „Zusatzleistungen" im Sinne des § 2 Abs.6 Nr.1 VOB/B - ist es für den Anspruch auf Mehrvergütung nach § 2 Abs.5 VOB/B in formeller Hinsicht nicht erforderlich, dass der Mehrvergütungsanspruch vom Auftragnehmer dem Auftraggeber vor der Ausführung angekündigt wird. Da aber die Abgrenzung zwischen einer „Änderung des Bauentwurfes" bzw. einer „anderweitigen Anordnung des Auftraggebers" und einer „im Vertrag nicht vorgesehenen Leistung" in der Praxis oft schwierig und selbst in der Rechtsprechung unklar ist, sollte der Auftragnehmer bei jeder Änderung der Leistung dem Auftraggeber mit dem **Muster-AN 02** die Mehrleistung anzeigen und den Anspruch auf zusätzliche Vergütung ankündigen.

Für diese Ankündigung ist die Bezifferung der Höhe des Mehrvergütungsanspruches durch den Auftragnehmer nicht erforderlich. Häufig wird der Auftragnehmer die genaue Höhe des Mehrvergütungsanspruches zu diesem Zeitpunkt auch noch nicht beziffern können. Er muss seinen Anspruch auf eine höhere Vergütung lediglich dem Grunde nach ankündigen, d.h. erklären, dass er hierfür eine Mehrvergütung beansprucht. Soweit möglich, sollte mit dem **Muster-AN+AG 01** (Zusatzvereinbarung/Nachtrag) schon bald eine vertragliche Regelung über die weiteren Leistungen und die Höhe der zusätzlichen Vergütung getroffen werden.

Mehr Leistung bedeutet in der Regel auch mehr Zeit; daher sollte der Auftragnehmer in diesem Schreiben auf jeden Fall darauf hinweisen, dass sich die Ausführungsfristen entsprechend dem jetzt größeren Leistungsumfang angemessen verlängern, weil der Auftraggeber sonst möglicherweise davon ausgeht, der Auftragnehmer werde dies in der vorgesehenen Zeit miterledigen. Den Umfang der Verlängerung muss der Auftragnehmer zu diesem Zeitpunkt noch nicht festlegen. Mit dem **Muster-AN 07** sollte die voraussichtliche Länge der Bauzeitverlängerung bekannt gegeben werden, sobald diese hinreichend genau abgeschätzt werden kann, damit der gesamte Bauablauf vom Auftraggeber koordiniert werden kann.

Liegt der Fall des § 2 Abs.6 Nr.1 VOB/B vor, führt das Unterlassen dieser vorherigen schriftlichen Ankündigung in der Regel zum Verlust des Mehrvergütungsanspruches. Allerdings sieht der BGH (Urt. v. 23.5.1996, Az. VII ZR 245/94, BauR 1996, 542) einen Verlust des Vergütungsanspruchs bei fehlender Ankündigung dann nicht für gerechtfertigt, wenn die Ankündigung im konkreten Fall für den Schutz des Auftraggebers entbehrlich und daher ohne Funktion war. Dies ist z.B. dann der Fall, wenn:

- der Auftraggeber schon bei der Anforderung der Zusatzleistung selbst davon ausging bzw. davon ausgehen musste, dass er sie auch bezahlen muss;
- dem Auftragnehmer nach Lage der Dinge keine Alternative zur sofortigen Ausführung der vom Auftraggeber angeordneten Zusatzleistung blieb (in diesem Fall bleibt die Darlegungs- und Beweislast jedoch beim Auftragnehmer); (OLG Köln, Urt. v. 28.1.2011, Az. 11 U 228/05, BauR 2011, 1000);
- der Auftragnehmer ohne Verschulden die Ankündigung versäumt hat, wobei den Auftragnehmer auch in diesem Fall die Darlegungs- und Beweislast trifft.

Der sorgfältig handelnde und auf die Bezahlung seiner Leistung bedachte Auftragnehmer sollte sich auf diese Ausnahmefälle nicht verlassen.

Kommt es später zu keiner Einigung über die Vergütung für die geänderten oder zusätzlichen Leistungen, verliert der Auftragnehmer nicht seinen vertraglichen Anspruch auf Bezahlung. Nach § 632 Abs.2 BGB steht dem Auftragnehmer die übliche Vergütung zu, die bei einem *VOB/B-Bauvertrag* nach den Preisermittlungsgrundlagen der Angebotskalkulation zu ermitteln ist.

In vielen Fällen enthalten die Verträge über die formalen Anforderungen der VOB/B hinaus weitere Vorschriften, wie im Falle von Nachträgen zu verfahren ist. Diese Regelungen haben Vorrang vor der VOB/B. Es gehört deshalb zu einem ordnungsgemäßen Vertragsmanagement, dass die Projektleitung bereits zu Beginn des Projektes über diese einzuhaltenden Vorschriften informiert wird und dass sichergestellt wird, dass keine Leistungen erbracht werden, die nicht dieses Genehmigungsverfahren abschließend durchlaufen haben.

Beispiel: „Leistungen dürfen nur erbracht werden, wenn zuvor ein schriftliches Nachtragsangebot an die hierfür nach dem Vertrag zuständige Stelle eingereicht und hierauf ein schriftlicher Nachtragsauftrag erteilt wurde. Nicht beauftragte Leistungen werden nicht vergütet."

Ergeben sich durch die Einhaltung eines vereinbarten Verfahrens zeitliche Störungen in der Auftragsabwicklung, kommt eine Behinderung in Betracht, die entsprechend anzuzeigen ist (siehe unten Kapitel 7 „Störungen in der Auftragsabwicklung durch Dritte").

Internationaler Werkvertrag

Das Verfahren bei Änderungen in der Auftragsabwicklung („variation procedure") wird in der Regel ausdrücklich und ausführlich im Vertrag beschrieben. Beide Seiten verpflichten sich, vereinbarte Formalien einzuhalten, damit die Veränderungen im Bausoll („variations", „adjustments") und die sich daraus ergebenden Mehrkosten dokumentiert und bei der Abrechnung nachvollzogen werden können.

Der Auftraggeber wird sich das Recht vorbehalten haben, Änderungen der Ausführung zu verlangen („request") bzw. Weisungen zu erteilen („instruction", „change orders").

In der Regel wird der Auftragnehmer verpflichtet, vor Ausführung von nicht vorgesehenen Leistungen einen Vorschlag oder ein Änderungsangebot vorzulegen, das sowohl die voraussichtlichen Kosten als auch die Auswirkungen auf den Zeitplan aufzeigt. Der Auftraggeber wird nach Prüfung der Unterlagen schriftlich den Auftrag zur Ausführung erteilen. Erst dann werden die geänderten Leistungen ausgeführt.

Beispiel: FIDIC, Ziffer 13

4.2.2 Geänderte oder zusätzliche Planungsleistungen

Werkvertrag / VOB/B-Bauvertrag

Die Beauftragung mit Änderungen oder zusätzlichen, bisher nicht im Auftrag enthaltenen Leistungen für Planung oder Berechnungen stellt lediglich einen Sonderfall dar, für den keine Besonderheiten gelten. In § 2 Abs.9 VOB/B hat man hierfür eine eigene Anspruchsgrundlage geschaffen.

Architekten- /Ingenieurvertrag

Gem. § 650q Abs.2 BGB gilt für die Vergütungsanpassung im Fall von Anordnungen nach § 650b Abs.2 BGB die HOAI, wenn die zu erbringenden oder entfallenden Leistungen von ihr erfasst werden. Anderenfalls ist die Vergütung für den vermehrten oder verminderten Aufwand auf Grund der angeordneten Leistung frei vereinbar. Soweit die Vertragsparteien keine Vereinbarung treffen, gilt § 650c BGB entsprechend.

4.2.3 Geänderte oder verlängerte Zeiten für die Auftragsabwicklung

Vom Auftraggeber veranlasste Änderungen oder zusätzliche Leistungen können sich auf die Zeit auswirken, die ursprünglich für die Auftragsabwicklung vorgesehen war. Ungeplante Verschiebungen und Verzögerungen verursachen regelmäßig Kosten, die in der Kalkulationsgrundlage nicht berücksichtigt werden konnten.

Kaufvertrag / Werklieferungsvertrag

Ist in dem Vertrag kein Termin vereinbart worden, kann der Auftragnehmer seine Leistung sofort bewirken, § 271 Abs.2 BGB. Wenn er dem Auftraggeber seine Leistung anbietet, § 294 BGB (**Muster-AN 06**) der Auftraggeber sie aber nicht annehmen kann, hat der Auftragnehmer Anspruch auf Ersatz der Mehraufwendungen, die er für das erfolglose Angebot sowie für die Aufbewahrung und Erhaltung des geschuldeten Gegenstands machen musste, § 304 BGB.

Beispiele: Der Auftragnehmer kündigt an, dass er die bestellte Klimaanlage am 1. März 2018 auf die Baustelle bringen wird. Der Auftraggeber teilt mit, dass er sie nicht vor dem 31. März 2018 haben will. Der Auftragnehmer kann die Bezahlung von Lagerkosten sowie die Stornokosten für den Transport verlangen.

Änderungsanordnungen des Auftraggebers können dazu führen, dass die Produktionszeit sich verlängert. Damit es hierüber keinen Streit gibt, sollten die damit verbundenen Kosten bereits bei der Ermittlung der Vergütung für die geänderte Leistung einkalkuliert werden. Anderenfalls muss der Auftraggeber nicht davon ausgehen, dass Mehrkosten entstehen.

Werkvertrag / Bauvertrag / VOB/B-Bauvertrag

Die durch Änderungen oder zusätzliche Leistungen des Auftraggebers verursachten Kosten können unter verschiedenen Aspekten eine zusätzliche Vergütung des Auftragnehmers hervorrufen. Es kann sich zum einen um Mehrkosten handeln, die im Rahmen der Preisbildung für die geänderten oder zusätzlichen Leistungen zu berücksichtigen sind. Dann sollte dies aber auch bei der Vereinbarung der neuen Preise rechtzeitig offen gelegt werden. Für den *VOB/B-Bauvertrag* ist hier darauf zu achten, dass die Tatbestandsvoraussetzungen der §§ 2 Abs.5 und Abs.6 VOB/B vorliegen müssen. Anderenfalls ist ein Vergütungsanspruch nicht darzustellen.

Es kann sich auch um die Verletzung einer Mitwirkungsobliegenheit handeln, § 642 BGB, oder um eine Pflichtverletzung i.S.d. § 6 Abs.6 VOB/B (siehe unten Kapitel 6 und Kapitel 7). Dann müssen die Tatbestandsmerkmale der Anspruchsgrundlagen vorliegen und dargelegt werden.

4.2.4 Geänderte gesetzliche oder technische Vorgaben

Der Auftragnehmer hat die gültigen Gesetze einzuhalten und, sofern nichts anderes vereinbart ist, zum Zeitpunkt der Abnahme den dann geltenden Stand der Technik einzuhalten. Diese können sich während der Auftragsabwicklung ändern.

Die Auslegung des Vertrages muss ergeben, wer in solchen Fällen das Änderungsrisiko tragen soll.

So kann eine Rolle spielen, ob

- die Parteien einen bestimmten Stand vertraglich festgeschrieben hatten;
- wenn nicht, ob der Auftragnehmer von den bevorstehenden Änderungen wissen musste, dies also bereits einkalkulieren musste;
- wenn nicht, ob der Auftragnehmer die Leistung nur aufgrund einer Weisung des Auftraggebers ausführen musste (vgl. § 2 Abs.5 VOB/B), sonst fehlt eine vereinbarte Voraussetzung für die Vergütung;
- ob mangels weiterer vertraglicher Festlegung davon ausgegangen werden kann, dass sich die Geschäftsgrundlage des Vertrages geändert hat, § 313 BGB.

Internationaler Werkvertrag

Ein vorausschauender Vertrag wird hierzu Regelungen enthalten, wobei zwischen Änderungen kraft Gesetzes („adjustments for changes in legislation") und kraft geänderter technischer Normen unterschieden werden kann.

Beispiel: FIDIC, Ziff. 13.7

4.3 Wie wird der Auftragnehmer bei (Teil-)Beendigung des Auftraggebers aus Gründen, die der Auftragnehmer nicht zu vertreten hat, vergütet?

Ändert der Auftraggeber den Liefer- und Leistungsumfang wirkt sich das auf die Vergütung des Auftragnehmers aus. Dies haben wir oben in Kapitel 4.2 erläutert.

Dramatischer als die bloße Änderung des Vertrages ist die Entscheidung des Auftraggebers, die Leistung ganz oder teilweise gar nicht mehr ausführen zu lassen.

Hier geht es um die Vergütungsfolgen einer Entscheidung des Auftraggebers, die ihre Ursache in seiner Sphäre hat. Beendigungen der Auftragsabwicklung durch den Auftraggeber, die ihre Ursache in einer mangelhaften oder verspäteten Lieferung oder Leistung des Auftragnehmers haben, behandeln wir unter Kapitel 5.

Art und Höhe Vergütung des Auftragnehmers sind von dem Vertragstyp abhängig.

Kaufvertrag

Eine freie Kündigung nach Gutdünken des Auftraggebers ist im Kaufrecht nicht vorgesehen.

Ist das Kündigungsrecht im Vertrag enthalten, wird die Regelung auch eine Aussage über die Vergütung des Auftragnehmers treffen.

Eine einseitige Beendigung eines Dauerschuldverhältnisses durch den Auftraggeber ist aus wichtigem Grunde möglich, § 314 Abs.1 BGB - oder bei Wegfall der Geschäftsgrundlage, § 313 Abs.3 BGB.

Beispiel: Es besteht ein Rahmenvertrag, wonach der Auftragnehmer monatlich bestimmte Verbrauchsmaterialien an den Auftraggeber zu liefern hat.

Liegt der Grund für die Kündigung bei dem Auftragnehmer, kann dieser lediglich die bis zur Kündigung erbrachten Lieferungen abrechnen. Liegt der Grund ausnahmsweise in der Sphäre des Kündigenden und hat der Auftraggeber diesen wichtigen Grund auch zu vertreten, kommt ein Schadensersatzanspruch des Auftragnehmers in Betracht, §§ 280, 311a Abs.2 BGB.

Internationaler Kaufvertrag

Eine freie Kündigung durch den Auftraggeber ist auch im internationalen Kaufrecht nicht vorgesehen. Der Auftraggeber verletzt seine Vertragspflicht und macht sich schadensersatzpflichtig. Die Höhe des Schadensersatzes richtet sich nach Art. 75 ff. CISG, wobei das CISG davon ausgeht, dass der Auftragnehmer sich um ein Deckungsgeschäft bemüht.

Werklieferungsvertrag / Werkvertrag / Bauvertrag

Im Werkvertragsrecht, Baurecht und für den Werklieferungsvertrag, §§ 648; 650 BGB, besteht die Möglichkeit der freien Kündigung des Vertrages. Auch Teilkündigungen sind möglich. Leistungen, die der Auftragnehmer bis dahin erbracht hat, werden gemäß den Bestimmungen des Vertrages abgerechnet. Hierzu ist in aller Regel ein Aufmaß der erbrachten Leistungen erforderlich.

Sinnvollerweise wird dieses Aufmaß gemeinsam vorgenommen, damit es über den Inhalt später keinen Streit gibt. War ein Detail-Pauschalvertrag vereinbart, muss anhand der Vertragsunterlagen versucht werden, die Vergütung zu bestimmen. Bei einem Global-Pauschalvertrag muss eine nachträgliche Kalkulation erstellt werden, um den erbrachten von dem nicht erbrachten Teil der Leistungen abgrenzen zu können, unter Offenlegung der Angebotskalkulation.

Der Teil der Leistungen, der von dem Auftragnehmer nicht ausgeführt werden kann, wird ebenfalls vergütet. Auch hier sind zunächst die Vergütungsregelungen anzuwenden, die der Hauptvertrag für die nicht erbrachten Leistungen vorsah. Der Auftragnehmer muss sich jedoch das anrechnen lassen, was er dadurch erspart hat, dass er diese Leistung nicht ausgeführt hat. Er muss auch dafür sorgen, dass er seine Ressourcen nach Möglichkeit anderweitig einsetzt. Unterlässt er dies „böswillig", muss er sich auch dies von seiner Vergütungsforderung abziehen lassen. Nach unserer Auffassung ist das nur dann der Fall, wenn der Auftragnehmer den Auftraggeber bewusst schädigen will, also treuwidrig seiner Schadensminderungspflicht nicht nachkommt (so auch Prütting/Wegen/Weinreich/Leupertz/Halfmeier BGB 12./2017 RN 16; §649 RN; Ingenstau/Korbion/Joussen/Vygen VOB/B 17./2017, § 8 I RN 79).

Die Abrechnung eines frei gekündigten Vertrages ist nicht einfach. § 648 S.3 BGB sieht deshalb eine erleichterte Abrechnungsmethode vor: Danach wird vermutet, dass dem Auftragnehmer 5 % der auf den noch nicht erbrachten Teil der Werkleistung entfallenden Vergütung zusteht. Dies reicht in der Regel bei weitem nicht aus, um den Verlust des Deckungsbeitrags auszugleichen.

Beispiel: Für ein Bürohochhaus bestellt der Architekt im Namen des Bauherrn 100 Fenster gemäß Zeichnung zum Preis von 500 EUR/Stück. Änderungswünsche des Bauherrn führen dazu, dass nur noch 80 Fenster benötigt werden.

Der Architekt kann den Werklieferungsvertrag bezüglich der 20 nicht mehr benötigten Fenster kündigen. Der Auftragnehmer kann es mit einer Abrechnung von 20 × 500 × 5 % bewenden lassen.

Wird der Vertrag nach § 313 Abs.3 BGB von dem Auftraggeber durch Rücktritt oder Kündigung beendet, gilt nach §§ 323; 326 Abs.2; 275 Abs.1 bis 3 BGB das Gleiche.

Eine (Teil-)Kündigung kann auch das Ergebnis einer Anordnung des Auftraggebers sein, denn § 650b BGB differenziert nur danach, ob es sich um eine Änderung des zu erreichenden Ziels oder des Wegs dahin handelt, aber nicht, ob die Leistung dafür ganz oder teilweise gekürzt wird. Dann ist die Höhe des Vergütungsanspruchs für den infolge einer Anordnung des Bestellers nach § 650b Abs.2 BGB vermehrten oder verminderten Aufwandes zu ermitteln. Dieser Aufwand kann sich auch auf andere Leistungspositionen als die gekürzte oder gestrichene Position erstrecken (zur Abrechnung nach § 650c BGB siehe oben Kapitel 4.2.1).

VOB/B-Bauvertrag

Das Recht zur freien Kündigung gilt auch bei diesem Vertragstyp, § 8 Abs.3 Nr.1 S.2 VOB/B. Die Abrechnungsmethode ist mit derjenigen nach § 648 BGB identisch.

Auch Teilkündigungen sind möglich.

Der Auftragnehmer erhält die Vergütung für den bis dahin erbrachten Teil der Leistung. Des Weiteren erhält er auch die ursprünglich vereinbarte Vergütung für den nicht erbrachten Teil der Leistung. Er muss sich allerdings anrechnen lassen, was er dadurch erspart, dass er nicht mehr leisten muss, z.B. Material, das er nicht mehr kaufen muss, Personal, das er anderweitig einsetzen kann, Mietkosten für Baustellencontainer, die er nicht aufwenden muss etc.. Er muss sich außerdem bemühen, diese Kosten nicht entstehen zu lassen. Wenn er das „böswillig" unterlässt, kann er insoweit keine Vergütung erwarten.

§ 2 Abs.4 VOB/B erlaubt dem Auftraggeber, Leistungen die dem Auftragnehmer bereits in Auftrag gegeben wurden, wieder herauszunehmen. Auch dieser Fall ist nach den Grundsätzen der Teilkündigung nach § 8 Abs.1 Nr.2 VOB/B zu behandeln.

Streicht der Auftraggeber hingegen eine Leistungsposition nicht völlig, sondern ändert den Bauentwurf, richtet sich die Vergütung nach § 2 Abs.5 VOB/B; sind lediglich die Massen deutlich niedriger als ursprünglich im Leistungsverzeichnis vom Auftraggeber angegeben, muss nach § 2 Abs.3 Nr.3 VOB/B abgerechnet werden.

Die Kürzung des Liefer- und Leistungsumfangs durch den Auftraggeber führt damit je nach Fallkonstellation zu sehr unterschiedlichen Ergebnissen.

Beispiel: Der Auftraggeber beauftragt den Auftragnehmer mit einer Dachkonstruktion aus Stahl. Die Einheitspreise richten sich nach dem Gewicht.

Entscheidet sich der Auftraggeber, eine Leistungsposition entfallen zu lassen, wird die angegebene Menge x EP – Ersparnis abgerechnet.

Ergibt das Aufmaß, dass die im Leistungsverzeichnis genannte Menge unzutreffend war und kann deshalb nur ein kleines Gewicht abgerechnet werden, muss der Einheitspreis nach § 2 Abs.3 VOB/B geändert werden.

Entscheidet sich der Auftraggeber, eine Leistungsposition anders ausführen zu lassen, sodass das Gewicht minimal, möglicherweise aber sogar komplizierter wird („filigraner Stahlbau"), sind alle sich hieraus ergebenden Änderungen bei den Mehr- und Minderkosten zu erfassen und bei der Neubildung der Einheitspreise zu berücksichtigen.

In der Praxis entstehen hier oft Probleme, weil die Planer und Bauleiter des Architekten darauf bestehen, nach § 2 Abs.3 VOB/B abzurechnen, ohne zugeben zu wollen, dass ihr Eingriff in die Art der Ausführung die Mehrkosten verursacht, und damit deutlich höhere Kosten verursacht hat, der durch bloße Umverteilung der Gemeinkosten nach § 2 Abs.3 VOB/B nicht ausgeglichen werden kann.

Gem. § 8 Abs.5 VOB/B kann der Auftraggeber den Vertrag auch dann kündigen, wenn er selbst eine Kündigung durch seinen Kunden erhalten hat. Zwar fehlt es an einer entsprechenden Verweisung auf § 8 Abs.1 VOB/B, doch handelt es sich auch hier um eine Kündigung, die ihre Ursache in der Risikosphäre des Auftraggebers hat. Auch hier ist wie bei einer freien Kündigung abzurechnen.

Handelt es sich um einen öffentlichen Bauvertrag oberhalb des Schwellenwertes, steht dem Auftraggeber noch ein weiterer a.o. Kündigungsgrund zu: Wird ein solcher öffentlicher Bauvertrag wesentlich geändert oder stellt der Europäische Gerichtshof die Verletzung von Europarecht feststellt, kann der Auftraggeber innerhalb von 12 Werktagen nach Bekanntwerden kündigen, § 8 Abs.4 Nr.2b) VOB/B.

Verbraucherbauvertrag

Auch für den Verbraucher-Auftraggeber besteht die Möglichkeit der freien Kündigung nach § 648 BGB, bzw. § 8 Abs.1 VOB/B, wenn die VOB/B vereinbart wurde, mit den oben genannten Vergütungsfolgen.

Darüber hinaus steht dem Verbraucher-Auftraggeber auch ein Widerrufsrecht nach §§ 355, 356d BGB zu. Macht er hiervon Gebrauch, müssen die bis dahin erbrachten Leistungen zurückgewährt werden. Ist dies ihrer Natur nach ausgeschlossen, kann der Auftragnehmer Wertersatz verlangen, § 357d BGB.

Beispiel: Der Verbraucher-Auftraggeber erteilt den Auftrag zum Bau eines Einfamilienhauses. Nachdem der Keller fertiggestellt und die Bodenplatte gesetzt ist, widerruft der Verbraucher-Auftraggeber, weil der Auftragnehmer es versäumt hatte, auf das Widerrufsrecht hinzuweisen (**Muster-AN 01**).

Bei der Berechnung des Wertersatzes ist auf die vereinbarte Vergütung abzustellen, § 357d BGB. Wurden also im Bauvertrag Einzelleistungen oder Bauabschnitte bepreist, ist hierauf abzustellen. Das Gesetz spricht ausdrücklich von der vereinbarten Vergütung, - diese umfasst auch die Zuschläge einschließlich Gewinn.

§ 357d, S.2 BGB sieht zum Schutz des Verbraucher-Auftraggebers zusätzlich vor: Ist die vereinbarte Vergütung unverhältnismäßig hoch, ist der Wertersatz auf der Grundlage des Marktwertes der erbrachten Leistung zu berechnen.

Architekten- und Ingenieurvertrag

§ 650r BGB sieht ein Sonderkündigungsrecht des Auftraggebers innerhalb von zwei Wochen nach Vorlage der Planungsgrundlage zur Ermittlung der Ziele des Auftraggebers vor verbunden mit einer Kosteneinschätzung für das Vorhaben, § 650p BGB.

Umgekehrt kann der Auftragnehmer dem Auftraggeber auch eine angemessene Frist setzen, um der von ihm entwickelten Planungsgrundlage zuzustimmen. Stimmt der Auftraggeber nicht zu, kann der Auftragnehmer seinerseits den Vertrag kündigen.

In diesen Fällen kann der Auftragnehmer nur die Vergütung verlangen, die auf die bis dahin erbrachten Leistungen entfällt, § 650r Abs.3 BGB. Bei Anwendung der HOAI wird dies die Phasen 1 und – da auch die Kosteneinschätzung genannt ist – Phase 2 erfassen.

Anderenfalls wird man die Leistung im Verhältnis zur vorgesehenen Vergütung für die gesamte Leistung ermitteln müssen. Eine Dokumentation der geleisteten Stunden kann für die Ermittlung hilfreich sein, wird aber nicht den Ausschlag geben.

4.4 Wie wird der Auftragnehmer bei Mehr- oder Mindermengen vergütet?

Kaufvertrag / Werklieferungsvertrag

Bei einem *Kaufvertrag* wird mit dem Liefergegenstand in aller Regel auch das Mengenvolumen vereinbart.

Beispiel: Lieferung von 100 t Stahl der Güte S235JR+AR und Größe ...

Liefert der Auftragnehmer weniger als vereinbart, liegt ein Mangel vor, er muss nachliefern. Liefert er mehr als vereinbart, ist dies sein Risiko; er hat keinen Anspruch auf zusätzliche Vergütung für die Mehrmengen.

Verlangt umgekehrt der Auftraggeber mehr oder weniger als vereinbart, muss der Auftragnehmer hierauf nicht eingehen. Die Parteien müssen sich ggf. auch hinsichtlich der Vergütung einigen.

Bei Vereinbarungen mit ca.-Angaben, wie sie manchmal fertigungs- oder transportbedingt notwendig sind, ist ein angemessener Toleranzrahmen hinzunehmen. Hier sollte vertraglich geregelt sein, wer die Mehr- oder Mindermengen zu tragen hat.

Werkvertrag

Auf Wünsche des Auftraggebers nach Änderungen, zusätzlichen oder Minderleistungen muss der Auftragnehmer nicht eingehen; ggf. ist eine Vereinbarung auch über die Vergütung zu treffen.

Die Höhe der Vergütung ist davon abhängig, wie der Vertrag formuliert wurde:

Beispiele: Der Auftragnehmer wird mit der Wartung von drei Maschinen in seiner Werkstatt beauftragt. Der Auftraggeber schickt jedoch nur zwei Maschinen, weil er die andere weiter in der Fabrikation einsetzen muss. Wurde nur ein Preis für alle drei Maschinen vereinbart (siehe unten „Pauschalpreis") bleibt es bei diesem Preis. Wurde ein Stückpreis vereinbart, ohne die Gesamtmenge festzulegen, werden nur zwei vergütet.

Bauvertrag

Mehr- oder Mindermengen schlagen sich im Preis nieder. Sind sie das Ergebnis von bauseitigen Änderungen des vereinbarten Werkerfolges oder des Weges dorthin, sind die Mehr- oder Mindervergütungen nach § 650b BGB zu behandeln (siehe oben Ziffer 4.2.1).

Enthält der Vertrag ein Leistungsverzeichnis mit zahlreichen Einzelpositionen, die Mengenangaben enthalten, so kann die Auslegung ergeben, dass nur die tatsächlich erbrachten Leistungen vergütet werden sollen, so wie dies auch bei Bauverträgen oft der Fall ist. Diese sind dann mit dem Einheitspreis zu vergüten, den der Auftragnehmer im Leistungsverzeichnis angegeben hatte.

Problematisch sind weniger die Fälle, in denen der Auftragnehmer mehr leistet, als geplant, als vielmehr jene, in denen er weniger leistet. Bei seiner Kalkulation geht der Auftragnehmer von den Angaben aus, die ihm der Auftraggeber macht. Gibt dieser z.B. eine große Menge gleichartiger Bauteile an, kann der Auftragnehmer entsprechend günstig einkaufen und dementsprechend einen wettbewerbsfähigen Preis anbieten. Stellt sich bei der Auftragsabwicklung heraus, dass die bauseitigen Angaben nicht stimmen, hat der Auftragnehmer finanzielle Einbußen. Wenn sich die Parteien aber auf die Abrechnung nach Einheitspreisen gem. LV geeinigt hatten, ist daran nichts zu ändern.

Hier kommt allenfalls eine Anpassung des Vertrages nach § 313 BGB in Betracht, wenn die im Vertrag angegebene Menge zur Geschäftsgrundlage wurde (BGH, Urt. v. 30.6.2011, Az. VII ZR 13/10, NJW 2011, 3287).

Auch ein Schadensersatzanspruch nach §§ 311 Abs.2; 280 BGB ist zu erwägen, wenn die Angaben schuldhaft falsch gemacht wurden.

VOB/B-Bauvertrag

Ändern sich die Mengen aufgrund der Anordnungen und Eingriffe des Auftraggebers gem. § 1 Abs.3 u. 4 VOB/B so ist die Vergütungsanpassung nach den oben beschriebenen Regeln der § 2 Abs.5 u. 6 VOB/B vorzunehmen. Bei der Abwicklung von Industrieaufträgen dürften dies die weitaus häufigsten Fälle sein.

Anders ist die Situation zu beurteilen, wenn das betreffende Bauvorhaben so ausgeführt und fertig gestellt wird, wie in Auftrag gegeben, jedoch die Mehrmengen lediglich auf unzutreffenden Vorgaben im ursprünglichen Vertrag, bzw. in einer dem Vertrag zugrunde liegenden Schätzung zurückzuführen sind. Eine solche Abweichung wird sich in der Regel erst beim Aufmaß der Leistungen bzw. bei der Rechnungslegung herausstellen. Die so festgestellten Mehrmengen sind dann mit dem vereinbarten Einheitspreis zu multiplizieren und ergeben die Abrechnungssumme.

Die VOB/B sieht in § 2 Abs.3 VOB/B die Möglichkeit einer Preisanpassung vor, wenn sich die ausgeführten Massen (Mengen) gegenüber den vorgesehenen Werten des Leistungsverzeichnisses um mehr oder weniger als 10 % verändert haben.

Die Anpassung der Preise bei <u>Minderleistungen</u> beruht auf der Überlegung, dass der Auftragnehmer Fest- und Gemeinkosten (z.B. Baustelleneinrichtungskosten, Geschäftskosten, Overhead, etc.) auf die einzelnen Positionen des Leistungsverzeichnisses verteilt hat („Zuschlagskalkulation"). Diese kalkulierten Zuschläge sollen dem Auftragnehmer erhalten bleiben. Unterschreitet die ausgeführte Menge 90 % des ursprünglich beauftragten Volumens einer Leistungsposition, so hat er einen Anspruch auf Erhöhung des Einheitspreises.

Allerdings muss es sich der Auftragnehmer anrechnen lassen, wenn er bei anderen Positionen einen Ausgleich erhalten hat.

Beispiel: Für Position 1.0.1 errechnen sich wegen nicht ausführbarer Leistungen < 90 % finanzielle Nachteile aus nicht mehr realisierbaren Zuschlägen für Baustellengemeinkosten und allgemeine Geschäftskosten sowie Wagnis und Gewinn in Höhe von 1.000,- EUR.

In Position 1.0.2 hingegen hat der Auftragnehmer 30 % mehr als die ursprünglich geplante Leistung erbracht. Für die Leistungen > 10 %, also für 20 % der Leistungen erhält er jetzt über seine Zuschlagkalkulation die Vergütung für Baustellengemeinkosten und allgemeine Geschäftskosten, die bereits abgedeckt waren, in Höhe von 750,- EUR.

Der Auftragnehmer kann deshalb nach Abrechnung lediglich 250,- EUR mehr verlangen.

In den Vorteilsausgleich werden auch Nachträge für geänderte und zusätzliche Leistungen einbezogen, also nicht nur die ursprünglichen Positionen des Leistungsverzeichnisses. Andere Aufträge, die daneben erteilt werden, sind nicht einzubeziehen.

Dieser „Umlagenausgleich" lässt sich ohne Excel-Tabelle kaum bewerkstelligen und ist wegen der zahlreichen Positionen und den verschiedenen Zuschlägen nur mit einigem Aufwand richtig zu ermitteln.

Die Voraussetzungen für eine Anhebung der vertraglich vereinbarten Einheitspreise muss der Auftragnehmer darlegen und beweisen. Das kann beispielsweise unter Bezugnahme auf die Urkalkulation erfolgen, die einzusehen der Auftraggeber nach ständiger Rechtsprechung ohnehin ein Recht hat. Bei öffentlichen Bauaufträgen ist dies in den Ausführungsvorschriften zur VOB/B festgehalten (bei öffentlichen Bauaufträgen muss der Anbieter die Urkalkulation entsprechend verschlossen mit der Angebotsabgabe einreichen). Auch muss der Auftragnehmer darlegen, dass er nicht in anderen Positionen einen Ausgleich für die Veränderungen erhalten hat.

Wurde > 10 % der Menge ausgeführt kann dies zu einer Reduzierung der entsprechenden LV-Position führen. Es wird meist der Auftraggeber sein, der dies verlangt. Ein „Umlagenausgleich" ist für diesen Fall nicht vorgesehen. Eine Reduzierung des Einheitspreises bei einer erheblichen Mengenmehrung im vorgenannten Sinne ist allerdings nicht in jedem Fall zwingend. Es sind auch Fälle denkbar, in denen bei erheblichen Mengenmehrungen sogar eine deutliche Anhebung der vereinbarten Einheitspreise erforderlich wird, z.B. wenn aufgrund erheblicher Mengenmehrungen auch die Baustelleneinrichtungskosten, Krankosten, Personalkosten, etc. des Auftragnehmers erheblich gestiegen sind.

Wollen die Parteien bei einem VOB/B-Vertrag die Flexibilisierung der Einheitspreise ausschließen, können sie vereinbaren, dass § 2 Abs.3 VOB/B nicht gelten soll. Eine solche Klausel ist wirksam, denn sie führt den Vertrag ja nur auf die vom BGB vorgegebene Grundlage zurück (BGH, Urt. v. 8.7.1993, Az. VII ZR 79/92, BauR 1993, 723; OLG Düsseldorf, Urt. v. 7.10.2016, Az. 22 U 79/16, IBR 2016, 3406).

Eine Verpflichtung des Auftragnehmers, den Auftraggeber darauf hinzuweisen, dass sich die Mengen erhöhen, trifft den Auftragnehmer grundsätzlich nicht (OLG Jena, Urt. v. 28.5.2003, Az. 7 U 1205/02, IBBRS 50238).

Lediglich bei exorbitanten Mengenüberschreitungen, die für den Auftragnehmer sichtbar werden, kann sich eine solche Hinweispflicht aus § 241 Abs.2 BGB ergeben (OLG Hamm, Urt. v. 16.3.2012, Az. 12 U 98/11, BeckRS 2013, 07130; OLG Celle, Urt. v. 9.8.2012, Az. 16 U 197/11, NZBau 2013, 38).

Ein Problem entsteht, wenn die Mengen sich erhöhen und es dadurch auch zu Auswirkungen hinsichtlich der Bauzeit kommt. Wie damit umzugehen ist, ist strittig, in Frage kommen:

- Fall des § 2 Abs.5 VOB/B Bauzeitverlängerung als Änderung oder andere Anordnung des Auftraggebers?
- Fall des § 2 Abs.3 VOB/B Massenerhöhung bei den evtl. Änderungen bei den Beschaffungskosten zu berücksichtigen sind?
- Fall des § 6 Abs.6 VOB/B, Behinderung, was freilich Behinderungsanzeige voraussetzen würde, die in diesen Fällen meist fehlt?

Der Auftragnehmer sollte versuchen, sich so zu verhalten, dass seine Mehrkosten möglichst nach allen drei Lösungsvarianten zu vergüten sind. Dabei ist die Lösung über § 2 Abs.5 VOB/B die für den Auftragnehmer günstigste.

Wird durch die Massenerhöhung das Verhältnis von Preis und Leistung empfindlich durcheinander gebracht, kann der Auftraggeber auch unter einem anderen Aspekt eine Preisänderung verlangen:

Beispiel: Eine kleine Position Abfallentsorgung wird mit 7 t und EUR 62,10/t im LV bepreist. Tatsächlich werden später 610 t ausgeführt. Wie sich später herausstellt liegt der EP 40fach höher als der seines Subunternehmers.

Der BGH (Beschluss v. 23.3.2011, Az. VII ZR 216/08, IBR 2011, 315) nimmt hier eine Preiskorrektur über den Gedanken der Störung der Geschäftsgrundlage vor (vgl. § 313 BGB). Zwar liegt es in der Natur der Sache, dass Einheitspreis-Verträge auch mehr Massen mit sich bringen können, als ursprünglich geplant. Bei einer so außergewöhnlichen Preisbildung sei aber das Verhältnis von Leistung und Gegenleistung gestört.

In einem anderen Fall hatte der BGH die Preisvereinbarung sogar für sittenwidrig und damit für unwirksam erklärt (BGH, Urt. v. 18.12.2008, Az. VII ZR 201/06, NZBau 2011, 353).

Beispiel: Der Auftragnehmer bietet in allen Positionen günstig an, nur in einer wählt er einen exorbitant hohen EP. Wie vorhergesehen wird diese Position relevant, sodass der ortsübliche Preis um das 800-fache überschritten wird.

Die Auftragnehmer werden sich auf harte Diskussionen einstellen müssen, denn der BGH betrachtet nicht etwa den gesamten Vertrag, sondern lässt bereits einen unverhältnismäßigen Preissprung bei einer Einheitspreisposition genügen. Wo die Grenze ist, muss jedes Mal neu ausgetestet werden, sodass vorherzusehen ist, wie Auftraggeber reagieren können, wenn sich einzelne Leistungspositionen als Kostenfalle erweisen, obwohl sie sie selbst ausgeschrieben haben.

Internationaler Werkvertrag

Die Anpassungsmöglichkeit des Preises („escalation", „adjustment") an die wirtschaftlichen Verhältnisse des Landes, in dem die Lieferungen und Leistungen zu erbringen sind, gehört zu den wichtigen Punkten im Rahmen der Vertragsgestaltung und Risikoeinschätzung eines Projektes. Hohe Inflationsraten, Abhängigkeit von Rohstoffen, sprunghafte Entwicklungen auf dem lokalen Arbeitsmarkt, Veränderungen der Miet- und Lebenshaltungspreise am Standort einer geplanten Großbaustelle etc. sind Kriterien, die in die Kalkulation und in den Preis einfließen müssen.

Beispiel: FIDIC, Ziffer 13.8

4.5 Anpassung von Einheitspreisen, Preisgleitklausel

Die bei Vertragsschluss vereinbarten und später der Abrechnung zugrunde zu legenden Einheitspreise sind „Festpreise", d.h. sie bleiben unverändert bis der Auftrag abgewickelt ist. Dies gilt für *alle Vertragstypen*.

Die Parteien können aber auch vertraglichen Regelungen über eventuelle Preisanpassungen treffen. Eine solche Preisgleitklausel muss von den Parteien ausdrücklich vereinbart werden. In einem solchen Fall vereinbaren die Parteien, dass die Angebotspreise entsprechend anzupassen sind, wenn sich die Grundlagen der Preisermittlung für Material, Fertigungskosten, Löhne und Gehälter ändern. Insbesondere bei starken Materialpreisschwankungen zwischen Angebotsabgabe und Materialbeschaffung/Einbau bzw. Lohnkostenschwankungen zwischen Angebotsabgabe und Ausführung der Leistung hat der Auftragnehmer ein vehementes Interesse daran, schon von vornherein eine Preisanpassungsklausel vorzusehen.

Die Deutsche Bahn AG, wichtiger Auftraggeber im Bereich des Stahlbaus, sowie die öffentliche Hand bei Bauaufträgen des Bundes und der Länder verwenden eine Stoffpreisgleitklausel, die auf den Zeitpunkt des "Einbaus bzw. der Verwendung" abstellt.

Beispiel: Für ein Brückenbauwerk sichert sich der Auftragnehmer sofort nach Vertragsschluss das für die Fertigung erforderlich Material zum dann gültigen Preis. Das Material wird 6 Monate später in die Werkstatt geliefert und dort bearbeitet. Nach weiteren 2 Monaten werden die Konstruktionsteile auf die Baustelle geliefert und dort zunächst gelagert, bis sie dann nach einem weiteren Monat sukzessive verbaut werden. Welcher Zeitpunkt ist nun bei der Formel zu berücksichtigen?

Um Missverständnissen vorzubeugen, sollte bei der Formulierung der Klausel grundsätzlich auf den Zeitpunkt der Beschaffung abgestellt werden.

In der Investitionsgüterindustrie - zu der der Maschinen- und Anlagenbau wie auch der Stahlbau gehören - ist die Preisberichtigungsklausel der ECE-Liefer- und Montagebedingungen der „Europäischen Wirtschaftskommission der Vereinten Nationen" branchenüblich. Diese sieht eine Preisanpassung wie nachstehend vor:

$$P1 = \frac{P0}{100} \times \left(a + b \times \frac{M1}{M0} + c \times \frac{L1}{L0} \right)$$

Die einzelnen Faktoren bedeuten hierbei:

P1 = Endpreis
P0 = Angebotspreis
a = Fixanteil für Gemeinkosten und „Overhead"
b = Materialanteil
c = Lohnanteil
M1 = Materialpreis bei Auftragsabwicklung (Materialbeschaffung/Einbau)
M0 = Materialpreis bei Angebotsabgabe
L1 = Lohnniveau bei Auftragsabwicklung (Ausführung der Leistung)
L0 = Lohnniveau bei Angebotsabgabe

Besondere Aufmerksamkeit bei Vereinbarung einer solchen Preisgleitklausel ist auf die exakte vertragliche Definition der Berechnungsparameter zu legen. In der vorstehenden Gleitklausel gilt dies insbesondere für den Zeitpunkt „M1", weil dies der Bezugszeitpunkt ist, zu dem bei steigenden bzw. fallenden Materialpreisen die Materialbeschaffungskosten in Bezug gesetzt werden. Auch bei dieser Preisgleitklausel empfiehlt es sich, bei dem Parameter „M1" auf den Zeitpunkt der Beschaffung abzustellen.

Die Vorteile dieser ECE-Preisberichtigungsklausel bestehen darin, dass sie eine Preisanpassung sowohl bei Materialkostenschwankungen als auch bei Lohn- und Gehaltskostenänderungen abdeckt. Außerdem berücksichtigt sie die Interessen beider Vertragsparteien ausgewogen, weil im abstrakt denkbaren Fall einer Materialpreissenkung oder Lohnkosteneinsparung auch der Auftraggeber eine entsprechende Preisanpassung in seinem Sinne verlangen kann.

4.6 Anpassung eines Pauschalpreises

Alle Vertragstypen

Während sich bei einem Einheitspreisvertrag die Vergütung nach der tatsächlich erbrachten Lieferung oder Leistung richtet, erhält der Auftragnehmer bei einem Pauschalvertrag nur die bei Vertragsschluss vereinbarte Summe.

Mit „Pauschalvertrag", in der Praxis auch missverständlich „Festpreis", zur Verstärkung manchmal sogar „Pauschalfestpreis" genannt, können sowohl solche Verträge gemeint sein, bei denen zwar die Leistung durch ein Leistungsverzeichnis ausführlich beschrieben, jedoch die Vergütung pauschaliert ist (sog. „Detail-Pauschalvertrag"). Es können aber auch solche

Verträge gemeint sein, bei denen sowohl die Leistung als auch die Vergütung pauschaliert ist (sog. „Global-Pauschalvertrag").

In beiden Fällen übernimmt der Auftragnehmer das Mengen- bzw. Massen-Risiko des Auftrages. Für die Abrechnung kommt es also nicht mehr darauf an, wie viel Material oder wie viele Stunden er für die Lieferung oder Leistung aufwenden musste. Ist es mehr als von ihm kalkuliert, trägt er den Verlust. Kann er den versprochenen Erfolg mit weniger Aufwand erreichen, hat er den Vorteil.

Kaufvertrag / Werklieferungsvertrag

Alles, was vereinbart ist, um die vertraglich vereinbarte Beschaffenheit zu erreichen, ist mit dem Pauschalpreis abgegolten.

Beispiel: Die Auftragnehmer haben Fahrradparklösungen und automatische Fahrradparksysteme mit Prototypen entwickelt. Sie verkaufen das gesamte Entwicklungsergebnis mit Register-Schutzrechte, Software, Internetdomains, "Know-how" und "Good-Will" zu einem Pauschalpreis an einen Käufer. Danach entsteht weiterer Optimierungsbedarf und es muss die Software angepasst werden, um das Stadium der Serienreife zu erreichen.

Das liegt außerhalb des Liefer- und Leistungsumfangs und ist nicht im Pauschalvertrag enthalten (vgl. OLG München, Urt. v. 19.12.2016, Az. 21 U 979/16, IBRRS 2017, 0260).

Werkvertrag / Bauvertrag / VOB/B-Vertrag / Architekten- und Ingenieurvertrag / Bauträgervertrag

Die Erfolgsbezogenheit des Werkvertragsrechts führt dazu, dass der Auftragnehmer auch dafür einstehen muss, dass der von den Parteien vereinbarte Erfolg eintritt. Der Auftragnehmer geht deshalb ein Massenrisiko ein, weil er oft nicht abschätzen kann, was er alles an Leistung zur funktionalen Erfüllung des Vertrages erbringen muss.

4.6.1 Funktionale Leistungsbeschreibung

Besonders deutlich wird dies, wenn der Pauschalvertrag aufgrund einer funktionalen Leistungsbeschreibung geschlossen wurde, bei der dem Auftragnehmer das Ziel, nicht aber jeder Schritt auf dem Weg zur Erfüllung seiner Liefer- und Leistungsverpflichtung vorgegeben wird (vgl. § 7 Abs.9 VOB/A).

Beispiel: Ein Auftragnehmer hatte Sanierungsarbeiten an einer 1925 errichteten Doppelschleuse mit zwei Kammern und einer 1973 versetzt errichteten Ersatzschleuse zu einem Pauschalpreis zu erbringen. Im Leistungsverzeichnis hieß es, dass die Flächenbewehrung nach der Zwangsbeanspruchung zu bemessen sei, mindestens aber eine angegebene Stärke aufzuweisen habe. Die Statik für die Bemessung der Zwangsbeanspruchung war nicht Vertragsgegenstand. Der Auftragnehmer verlangt eine zusätzliche Vergütung u.a. für Mehrverbrauch an Stahl sowie für die sich später nach Fertigstellung der Statik ergebenden umständlicheren und aufwendigeren Arbeiten für die Verankerungen.

Der BGH nimmt den sachkundigen Auftragnehmer bei einer funktionalen Leistungsbeschreibung in die Verantwortung. Das damit verbundene Risiko muss er erkennen und tragen. Wird das Risiko offen angesprochen, sog. „offene Risikozuweisung", trägt er das Risiko.

Außerdem müsse, wer ein pauschales Massenrisiko übernommen habe, auch für andere Risiken sensibilisiert sein(!) (BGH, Urt. v. 27.6.1996, Az. VII ZR 59/95, NJW 1997, 61).

4.6.2 Eingriffe des Auftraggebers in den Projektablauf

Alle Vertragstypen

Das vom Auftragnehmer übernommene Massenrisiko endet jedoch, wenn der Auftraggeber in den ursprünglich vereinbarten Liefer- und Leistungsumfang eingreift. Änderungen und zusätzliche Leistungen können von dem ursprünglich vereinbarten Pauschalpreis nicht erfasst sein.

Beispiel: Der Auftraggeber möchte bei dem bestellten Gebäude eine größere Traufhöhe haben; die Halle soll nun 2 m höher ausgeführt werden. Der Auftragnehmer hat auch bei einem Pauschalpreisvertrag Anspruch auf Vergütung dieser Mehrleistung.

Das Bausoll bestimmt sich bei einem Pauschalvertrag nicht nur durch den Umfang der Leistung, sondern auch durch die Art der Leistung (qualitativer Bauinhalt); ändert der Auftraggeber seine Kriterien, die bestimmen, was er für den vereinbarten Preis gefertigt haben will, und verlangt er mehr Leistung, so ist diese zusätzlich zu vergüten. (OLG Düsseldorf, Urt. v. 25.2.2003, Az. 21 U 80/02, IBR 2003, 232). Dies gilt auch, wenn der Auftraggeber den Liefer- und Leistungsumfang kürzt. Hier greifen wieder die Vergütungsregelungen für geänderte oder zusätzlicher Sachleistungen (siehe oben 4.4).

4.6.3 Änderung der Geschäftsgrundlage

Ein Pauschalpreisvertrag kann auch dann angepasst werden, wenn der Aufwand von dem vertraglich vorgesehenen so erheblich abweicht, dass ein Festhalten an der Pauschalsumme nicht zumutbar ist, § 313 BGB, § 2 Abs.7 VOB/B.

Beispiel: Der Auftraggeber erteilt den Auftrag zum Abbruch einer Klinik für 618.655,49 EUR. Diese Vergütung setzt sich zusammen aus Pauschalen für den Abriss der drei Bauteile und für Zulagepositionen für alle drei Bauteile u.a. für Abbruch, Estrich mit Trittschalldämmung und einer Estrichstärke mit 3 cm (geschätzt). Die Klägerin stellte während der Arbeiten Estrichmehrstärken von über 4 cm fest. Wegen des Mehraufwandes beansprucht sie eine Mehrvergütung von 124.695

EUR. (BGH, Urt. v. 30.6.2011, Az. VII ZR 13/10, BauR 2011, 1646).

Die Auslegung des Vertrages ergibt keine Leistungsänderung nach § 2 Abs.5 VOB/B. Das schließt aber die Möglichkeit einer Änderung der Geschäftsgrundlage nicht aus. Die Voraussetzungen nach § 313 BGB sind:

- die Umstände müssen zur Grundlage des Vertrags geworden sein,
- schwerwiegende Veränderung müssen sich nach Vertragsschluss ergeben haben,
- die Parteien hätten den Vertrag nicht oder nicht so abgeschlossen, wenn sie diese Veränderung vorausgesehen hätten,
- nach der vertraglichen oder gesetzlichen Risikoverteilung ist das Festhalten am unveränderten Vertrag nicht zumutbar.

Wann die Zumutbarkeitsgrenze überschritten ist, muss in jedem Einzelfall unter Abwägung aller Umstände festgestellt werden. Der BGH hat darauf hingewiesen, dass es keine starre Risikogrenze in Gestalt eines Prozentsatzes des vereinbarten Pauschalpreises gibt (vgl. dazu BGH, Urt. v. 2.11.1995, Az. VII ZR 29/95, BauR 1996, 250/251). Wirken sich die von den irreführenden Angaben im Vertrag abweichenden Mengen derart auf die Vergütung aus, dass das finanzielle Gesamtergebnis des Vertrages nicht nur den zu erwartenden Gewinn des Auftragnehmers aufzehrt, sondern auch zu Verlusten führt (vgl. BGH, Urt. v. 23.1.2003, Az. VII ZR 210/01, BGHZ 153, 311/324 f.), ist das Festhalten an der Preisvereinbarung häufig nicht mehr zumutbar.

Komplettheitsklauseln sind ein Indiz für eine umfassende Pauschalierung der Vergütung, können jedoch nicht zur Begründung dafür herangezogen werden, dass Angaben nicht zur Geschäftsgrundlage des Vertrages erhoben worden sind. Auch im Falle einer Pauschalierung der Leistungspflicht des Auftragnehmers können Detailangaben zur Geschäftsgrundlage des Vertrages erhoben werden mit der Folge, dass der Auftragnehmer eine Anpassung der Vergütung beanspruchen kann, wenn sich die Detailangaben nachträglich als unzutreffend erweisen (OLG Düsseldorf, Urt. v. 27.5.2014, Az. I-23 U 162/13, BeckRS 2014, 20297).

4.6.4 Pauschalierte Einheitspreise

In Leistungsverzeichnissen finden sich auch Einzel-Positionen, die von dem Auftragnehmer mit einem Pauschalpreis versehen werden.

Beispiel: 1 Stück Baustelleneinrichtung, pauschal 10.000,- EUR

Hier greifen dieselben Grundsätze ein, wie bei der Pauschalierung des gesamten Vertrages. Ein Anspruch auf Erhöhung des pauschalierten Einheitspreises besteht, wenn der Auftraggeber durch seine Änderungen etc. die Grundlage der Angebotskalkulation geändert hat.

4.7 Vergütung für Leistungen ohne Auftrag

4.7.1 § 677 ff. BGB Geschäftsführung ohne Auftrag

Führt der Auftragnehmer Leistungen ohne einen entsprechenden Auftrag, oder unter Abweichung oder Erweiterung vom ursprünglichen Auftrag aus, so kommt eine Vergütung dieser Leistungen auch nach den Grundsätzen der „Geschäftsführung ohne Auftrag – GoA" nach §§ 677 ff. BGB in Frage. Dies setzt voraus, dass der Auftragnehmer tatsächlich für den Auftraggeber ein „fremdes Geschäft" führt und dabei auch den Willen und das Bewusstsein hat, es – zumindest neben seinem eigenen Interesse – auch im Interesse des Geschäftsherrn zu führen. Umfasst werden nicht nur fremde Geschäftsbesorgungen organisatorischer Art, sondern auch alle tatsächlichen Handlungen und Bauleistungen.

Beispiel: Zur ordnungsgemäßen Durchführung des Montageauftrages sind eine Sondergenehmigung und entsprechende Absperrungs- und Sicherungsmaßnahmen erforderlich. Der Auftragnehmer beantragt für den Auftraggeber diese Sondergenehmigung und führt die erforderlichen Absperrungs- und Sicherungsarbeiten aus.

Da diese im Interesse des Auftraggebers liegen, muss er sie auch bezahlen.

Der Auftragnehmer muss diese fremde Geschäftsbesorgung so führen, dass sie dem Interesse des Auftraggebers mit Rücksicht auf dessen wirklichen oder mutmaßlichen Willen entspricht. Steht die Geschäftsbesorgung für den Auftraggeber in Widerspruch zu dessen Interessen und musste der Auftragnehmer dies erkennen, so macht er sich sogar Schadensersatzpflichtig, auch wenn ihm ein sonstiges Verschulden nicht zur Last fällt, vgl. § 678 BGB.

Will der Auftragnehmer aus GoA Ansprüche herleiten, muss er seine Argumentation sorgfältig bedenken.

Beispiel: Der Auftraggeber verlangt unberechtigterweise eine Beseitigung angeblicher Mängel, was Mehraufwand verursacht. (OLG Frankfurt, Urt. v. 16.6.2011, Az. 18 U 35/10, NJW 2012, 863).

Wenn der Auftragnehmer jetzt selbst vorträgt, dass die Leistungen dem Wunsche des Auftraggebers entsprochen haben, aber für die vertragsgemäße Ausführung der Leistung eigentlich gar nicht notwendig waren, liegt eine zwingende Voraussetzung für einen Anspruch aus GoA nicht vor.

VOB/B-Bauvertrag

Vergütungsansprüche für geänderte oder zusätzliche Leistungen setzen in aller Regel die Initiative des Auftraggebers voraus. In der Praxis kommt nicht selten der Fall vor, dass der Auftragnehmer die zu erbringende Leistung in anderer Art und Weise bzw. durch eine Mehrleistung erbringt, einfach weil es technisch so notwendig ist, ohne seinen Vergütungsanspruch jedoch dem Auftraggeber vorher anzuzeigen (vgl. § 2 Abs.6 VOB/B). Oft erscheint es dem Auftragnehmer selbstverständlich, dass bestimmte Leistungen erledigt werden, die zwar nicht erforderlich aber sinnvoll sind.

Stellt sich später heraus, dass eine auftraggeberseitige Entwurfsänderung oder Anordnung fehlte, steht dem Auftragnehmer dann eine Vergütung zu, wenn der Auftraggeber solche Leistungen nachträglich genehmigt.

Nach § 2 Abs.8 VOB/B steht dem Auftragnehmer auch dann eine Vergütung zu, wenn die Leistung technisch notwendig war, (und) dem mutmaßlichen Willen des Auftraggebers entsprach und ihm unverzüglich angezeigt wurde. Diese drei Voraussetzungen müssen kumulativ vorliegen.

Beispiel: Der Auftragnehmer hat den Auftrag, für den Auftraggeber eine Stahlhalle zu fertigen und zu montieren. Wegen der unmittelbaren Nachbarschaft zum Sportplatz einer Schule verfügt das Ordnungsamt der Gemeinde, dass während der Montage zusätzliche Sicherungsmaßnahmen in Form von Abspannungen und Hilfskonstruktionen vorzunehmen sind, andernfalls die Baustelle vorübergehend stillgelegt wird und nur zu besonderen Zeiten weitergearbeitet werden darf.

Der Auftragnehmer muss den Auftraggeber hierüber unverzüglich (am besten schriftlich) informieren – wie zweckmäßigerweise auch die übrigen Beteiligten, z.B. Bauherr, Architekt, etc.. Der Verfügung der Ordnungsbehörde ist unbedingt Folge zu leisten. Es liegt im wirtschaftlichen Interesse des Bauherrn und Auftraggebers, dass das Bauvorhaben zügig fertig gestellt und in der Halle produziert werden kann. Daher liegt der Aufwand für die zusätzlichen Montageabsicherungen auch im wohlverstandenen Interesse des Bauherrn und Auftraggebers (worüber letztlich im Streitfall Berufsrichter entscheiden).

4.7.2 Änderung der Geschäftsgrundlage, § 313 BGB

Auch eine Vertragsänderung wegen Änderung der Geschäftsgrundlage nach § 313 BGB ist nicht ausgeschlossen.

4.7.3 Entschädigung für Rechtsverlust, § 951 BGB

In Fällen, in denen die Lieferung mit Grund und Boden oder mit anderen Lieferungen verbunden wurde ist außerdem an eine Entschädigung nach § 951 BGB zu denken.

4.8 Durchsetzung von Nachträgen

Der Begriff „Nachtrag" wird nun erstmals gesetzlich verwendet in § 650c Abs.2 BGB.

Oft werden die berechtigten Ansprüche des Auftragnehmers auf Vergütung von Änderungen und Zusatzleistungen während der Bauzeit - und auch nach Fertigstellung - vom Auftraggeber nicht bezahlt, sodass der Auftragnehmer gezwungen ist, nach Fertigstellung der Leistung in einem oft jahrelangen Bauprozess hinter dem Auftraggeber herzuklagen. Hat er dann endlich den vollstreckbaren Titel in der Hand, meldet der Auftraggeber nicht selten Insolvenz an. Vor allem mittelständisch strukturierte Firmen haben nicht das „Durchhaltevermögen", jahrelang hinter erheblichen Nachtragssummen herzuklagen.

Andererseits beklagen sich vor allem öffentliche Auftraggeber über Auftragnehmer, die ursprünglich den Zuschlag bekommen hatten, weil sie den wirtschaftlichsten Preis abgegeben haben, dann aber versuchen, über Nachträge diesen Preis wieder aufzubessern. Hier wird ein geplantes Vorgehen der Auftragnehmer unterstellt.

Die Gründe warum die Nachträge nicht gezahlt werden, sind immer wieder die gleichen:

- die Nachtragsleistungen sind bereits in einer anderen Position des Leistungsverzeichnisses enthalten,
- die Nachtragsleistungen sind bereits in der allgemein gehaltenen Leistungsbeschreibung mit erfasst und damit auch mit geschuldet,
- die Nachtragsleistungen sind geschuldet, weil der Auftragnehmer ein funktionsfähiges Werk schuldet, was ohne die Nachtragsleistungen aber nicht der Fall ist,
- die Nachtragsleistungen sind das Ergebnis einer mangelhaften Auftragsabwicklung, also selbst „verschuldet" und können dem Auftraggeber nicht angelastet werden,
- die Nachtragsleistungen wären nicht angefallen, wenn der Auftragnehmer seiner Prüfungs- und Hinweispflicht nachgekommen wäre, sei es bereits bei der Abgabe seines Angebotes, sei es während der Auftragsabwicklung,
- die Voraussetzungen für behauptete Behinderungen oder Verletzungen einer Mitwirkungspflicht des Auftraggebers, aus denen der Auftragnehmer Nachträge herleiten will, sind nicht gegeben.

Es steht außer Frage, dass in jedem Einzelfall eines oder mehrere dieser Argumente tatsächlich zutreffen können und deshalb dem Auftragnehmer die Vergütung des Nachtrags zu Recht verweigert wird.

Häufen sich diese Fälle, sollten sich die Auftraggeber aber die Frage stellen, woran es denn liegen könnte, dass ihre Auftragnehmer sich so „beklagenswert" verhalten. Es könnte unter Umständen daran liegen, dass

- die planerischen Vorgaben nicht ausreichend präzise sind,
- die Leistungsbeschreibung und das Leistungsverzeichnis nicht ausreichend transparent oder lückenhaft sind. Dies ist insbesondere dann der Fall, wenn die Anforderungen der DIN 18299 und des § 7 VOB/A nicht erfüllt werden,
- die Nachträge die internen finanziellen Vorgaben gefährden und deshalb unbedingt verhindert werden müssen,
- Nachträge, insbesondere wenn sie mit Behinderungsanzeigen verbunden sind, als persönlicher Angriff missverstanden werden.

Die personelle Ausstattung der Planungs- und Bauämter in Ländern und Gemeinden ist aufgrund der angespannten Haushaltssituation nicht immer ausreichend, um eine qualifizierte Projektüberwachung und -begleitung sicherzustellen. Deshalb werden Planungs- und Projektleitungsaufgaben „nach außen" vergeben. Diese Planungs- und Objektüberwachungsleistungen werden aber nur unzureichend honoriert, mit der weiteren Folge, dass die Ingenieur- /Architekturbüros ihren Einsatz auf ein Minimum reduzieren müssen. Es kommt zu Lücken oder sogar Fehlern im Leistungsverzeichnis. Der Auftragnehmer, der die Planung lediglich auszuführen hat und sich im Prinzip auf deren Richtigkeit verlassen darf, wird dann selbstverständlich und völlig korrekt Nachträge für zusätzliche Leistungen in Rechnung stellen.

Dies wiederum bedeutet aber, dass das Ingenieurbüro gegenüber dem Auftraggeber eine Schwäche eingestehen müsste und evtl. Budgetüberschreitungen zu verteidigen hätte. Da fällt es leichter, den Nachtrag erst einmal abzulehnen und die Schlussrechnung zu kürzen.

Der Versuch der Planer, sich hiervor durch Aufnahme von „Vollständigkeitsklauseln" oder durch vage Formulierungen zu schützen, wird von der Rechtsprechung nicht akzeptiert. Es wäre unredlich, den Auftragnehmer mit Planungsrisiken zu überziehen, mit denen er gar nicht beauftragt ist. Allerdings geht diese Rechnung nur zu oft auf, weil sich der Auftragnehmer in der schwächeren Position fühlt.

Auch die Flucht in die Prüf- und Hinweispflicht des Auftragnehmers ist in der zur Zeit festzustellenden Häufigkeit nicht akzeptabel (siehe hierzu unten Kapitel 5 „Störungen in der Auftragsabwicklung durch den Auftragnehmer", Ziffer 5.3). Sie führt zu einer Übertragung des Planungsrisikos auf den Auftragnehmer ohne Gegenleistung.

4.8.1 Präventive Vertragsgestaltung

Um die Bezahlung von Nachtragsforderungen durchsetzen zu können, ist es erforderlich, jede Mehrleistung, die über den Hauptauftrag hinausgeht, frühzeitig zu erkennen und dem Auftraggeber vor der Ausführung unverzüglich schriftlich anzuzeigen, wobei zu diesem Zeitpunkt die Höhe der Mehrkosten noch nicht beziffert werden muss.

Das setzt allerdings voraus, dass der Projektleiter bei einer Änderung des Bauentwurfes, § 2 Abs.5, 1. Alternative VOB/B, oder einer anderen Anordnung des Auftraggebers, § 2 Abs.5, 2. Alternative VOB/B, oder beim Verlangen von Zusatzleistungen, § 2 Abs.6 VOB/B, mit hinreichender Sicherheit beurteilen kann, dass es sich um eine echte Mehrleistung handelt, die nicht bereits vom ursprünglichen Inhalt des Hauptvertrages umfasst ist.

Hierzu wird jedem Auftragnehmer dringend empfohlen, bei jedem Vertrag – insbesondere beim Pauschalvertrag – bereits bei den Vertragsverhandlungen und bei der Formulierung des Hauptauftrages alle Leistungen des Auftragnehmers so genau als irgend möglich zu beschreiben (detaillierte Leistungsbeschreibung - quasi „bis auf die einzelne Steckdose genau").

Auch der Auftraggeber tut sich keinen Gefallen, wenn er durch einen unklaren Vertrag den Grundstock für Streitigkeiten während und nach der Auftragsabwicklung legt. Das, was er bei der Honorierung seiner Planer glaubt gespart zu haben, verliert er wieder durch lang andauernde Baustreitigkeiten, den dadurch angerichteten „Kollateralschaden" einmal ganz außer Acht gelassen.

4.8.2 Dokumentation der Auftragsabwicklung

Qualitätssicherung und Qualitätsmanagement verlangen nach lückenloser Dokumentation aller wichtigen Vorgänge während der Auftragsabwicklung.

Der Projektleiter des Auftragnehmers muss zu jedem Zeitpunkt der Auftragsabwicklung in der Lage sein, bei allen Anweisungen und Forderungen von Seiten des Auftraggebers präzise entscheiden zu können, ob die betreffende Anordnung oder Forderung noch vom eigentlichen Hauptauftrag abgedeckt ist oder bereits ein Verlangen nach einer Mehrleistung darstellt. Dazu ist es erforderlich, dass beim Auftragnehmer der Projektbegleitbogen (**Muster-AN 37**) bereits bei den Vertragsverhandlungen als Checkliste verwendet und später laufend fortgeschrieben wird.

Während der Auftragsabwicklung muss der Projektleiter zu jedem Zeitpunkt in der Lage sein, unter Zuhilfenahme des Projektbegleitbogens sofort und präzise zwischen Hauptleistung und Mehrleistung unterscheiden zu können. Diese exakte Unterscheidung zwischen Hauptleistung und Mehrleistung ist auch zur Verdeutlichung und Anspruchsbegründung gegenüber dem Auftraggeber - und im Konfliktfall für eine gerichtliche Forderungsdurchsetzung - unter Zuhilfenahme einer entsprechenden Dokumentation unbedingt erforderlich.

Das Bautagebuch (**Muster-AN 38**) ist eine gute, aber nicht ausreichende Möglichkeit, Vorgänge zu erfassen. Eine stets verfügbare Sammlung von vorformulierten Schreiben, jedenfalls für Standard-Situationen der Auftragsabwicklung, gehört in die Hand von jedem Projektleiter, ebenso wie – aber das sind schon Selbstverständlichkeiten – ein hochwertiger Fotoapparat.

Bei größeren Projekten empfiehlt sich die Einschaltung eines externen Claim-Managers. Je professioneller das Projekt im Hinblick auf die Einhaltung der juristisch-kaufmännischen Eckpunkte und die Dokumentation begleitet wird, desto größer sind die Erfolgschancen für die Durchsetzung der Nachträge.

4.8.3 Flexible Lösungsmöglichkeiten in Erwägung ziehen

Führen die Verhandlungen zu einer Einigung über die Vergütung der Nachträge, sollte das Ergebnis schriftlich festgehalten werden (**Muster-AN+AG 09**).

Ein zu vereinbarender Kompromiss könnte ferner darin bestehen, dass der Auftraggeber dem Auftragnehmer den strittigen Nachtrag zunächst unter dem Vorbehalt der Rückforderung bezahlt und der Auftragnehmer dem Auftraggeber im Gegenzug eine Bankbürgschaft in gleicher Höhe stellt, die etwaige Rückforderungsansprüche des Auftraggebers aus dieser Zahlung abdeckt. Dann kann anschließend gegebenenfalls eine gerichtliche Klärung der Streitfrage herbeigeführt werden, ohne dass der Auftraggeber sich über etwaige fehlende Bonität des Auftragnehmers Sorgen machen muss.

Der Auftragnehmer muss bei diesen Maßnahmen allerdings beachten: Besteht die zusätzliche Forderung nicht, z.B. weil sie zum ursprünglich vereinbarten Leistungsumfang gehört und deshalb im ursprünglich vereinbarten Preis enthalten ist und stellt der Auftragnehmer die Arbeiten wegen der Nichtbezahlung seiner - dann nur vermeintlichen - Forderung ein, liegt eine unberechtigte Leistungsverweigerung vor, die den Auftraggeber zur Kündigung des Vertrages und/oder Geltendmachung von Schadensersatz wegen Verzuges berechtigt. Deshalb ist in allen Fällen, in denen die Berechtigung der Zusatzforderung vom Auftraggeber mit nicht offenkundig unrichtigen Argumenten bestritten wird, vor der Einstellung der Arbeiten der Rechtsrat eines im Baurecht erfahrenen Anwaltes einzuholen.

5 Störungen in der Auftragsabwicklung durch den Auftragnehmer (Hammacher)

5.1 Vorbemerkung, allgemeines Leistungsstörungsrecht, besonderes Schuldrecht

Bei der Erledigung von Aufträgen geht leider nicht immer alles reibungslos. Es kann zu Störungen in der Auftragsabwicklung („Leistungsstörungen") kommen, die entweder aus der Sphäre des Auftragnehmers, des Auftraggebers oder Dritter am Bau beteiligter Firmen herrühren – oder ihre Ursache sogar völlig außerhalb des Vertragsverhältnisses haben.

In diesem Kapitel werden typische Störungen aus dem Verantwortungsbereich des Auftragnehmers dargestellt. Hierbei handelt es sich vor allem um die Beantwortung der Fragen:

Welche Rechte stehen dem Auftraggeber in diesen Situationen zu?

Was kann er unternehmen, um diese Rechte erfolgreich geltend zu machen?

Wie sollte sich der Auftragnehmer verhalten, wenn er mit den Ansprüchen des Auftraggebers konfrontiert wird?

Das BGB und ihm folgend auch die VOB/B gewähren dem Auftraggeber verschiedene Rechte, wenn es Probleme mit der Auftragsabwicklung durch den Auftragnehmer gibt. Ein Teil dieser Rechte findet sich in dem für alle Schuldverhältnisse geltenden allgemeinen Schuldrecht, andere jeweils in den Titeln zur den Vertragstypen des besonderen Schuldrechts.

Lange Zeit war das Verhältnis dieser Rechte zueinander umstritten. Der BGH hat für das Werkvertragsrecht entschieden (BGH, Urt. v. 19.1.2017, Az. VII ZR 301/13, BeckRS 101777; BGH, Urt. v. 19.01.2017, Az. VII ZR 193/15, IBRRS 2017, 0804 und BGH, Urt. v. 19.1.2017, Az. VII ZR 235/15), dass die Mängelrechte des Werkvertragsrechts erst nach der Abnahme anzuwenden sind. Die Rechte auf Nacherfüllung, Vorschuss und Minderung können demnach vorher nicht geltend gemacht werden. Nur ausnahmsweise kann dies anders sein, wenn der Auftraggeber Erfüllung nicht mehr verlangen kann.

Für das Kaufrecht wird man jetzt von den gleichen Grundsätzen ausgehen können und die Mängelansprüche erst ab Gefahrübergang, also Übergabe der Sache anwenden.

Für die Praxis bedeutet dies: Wer Ansprüche wegen Mängeln geltend machen will, muss den Zeitpunkt beachten!

Dem Grundkonzept dieses Buches folgend, werden die Störungen deshalb in der Folge des Projektablaufs behandelt, also zunächst bis zur Abnahme, dann danach. Dabei werden die Rechte des Auftraggebers parallel für *Kaufvertrag*, Werkvertrag, Bauvertrag, behandelt und dabei auch internationale Bezüge hergestellt.

Besonders in diesem und dem nächsten Kapitel ist die Verwendung der Musterschreiben wichtig, auf die bei den entsprechenden Handlungsempfehlungen hingewiesen wird.

5.2 Erfüllungsgehilfen – Zurechenbarkeit im Herstellungsprozess

Der Auftragnehmer erfüllt seine Verpflichtungen meist unter Hinzuziehung von Mitarbeitern sowie von Lieferanten, Subunternehmern und Beratern.

Für die Frage, ob ein Mangel vorliegt, kommt es nur darauf an, ob eine Abweichung von der Beschaffenheitsvereinbarung vorliegt (siehe oben). Es kommt nicht darauf an, wie dieser Mangel zustande gekommen ist, bzw. wer genau in der Leistungskette ihn verursacht hat. Liegt der Mangel vor, stehen dem Auftraggeber die Mängelansprüche zu.

Nur wenn Schadensersatzansprüche geltend gemacht werden, ist zusätzlich zu fragen, ob der Auftragnehmer den Schaden auch zu vertreten hat, § 280 BGB. Für Pflichtverletzungen seiner Erfüllungsgehilfen muss der Auftraggeber einstehen, § 278 BGB. Dabei ist aber zu beachten, dass die Rechtsprechung Hersteller und Lieferanten nicht als Erfüllungsgehilfen des Auftragnehmers bei der Lieferung oder Leistung einstuft.

Ist also der Schaden durch das fahrlässige Verhalten eines Subunternehmers entstanden, haftet der Auftragnehmer dem Auftraggeber auch auf Schadensersatz.

Ist der Schaden durch das fahrlässige Verhalten des Produktherstellers oder eines Lieferanten entstanden, haftet der Auftragnehmer dem Auftraggeber nicht auf Schadensersatz, sondern nur bzgl. der anderen Mängelansprüche.

Der Vertragstyp sollte deshalb vor Anmeldung von Ansprüchen geklärt werden:

Beispiel: Der Auftragnehmer verkauft dem Auftraggeber Farbe für den Außenanstrich. Da der Auftraggeber hinsichtlich der Farbbeständigkeit unter den besonderen Bedingungen seines Bauvorhabens Sonderwünsche hat, lässt er sich von dem Auftragnehmer beraten, der hierzu auch die Fachleute des Herstellers hinzuzieht.

War der Rat falsch, kann der Auftraggeber hier von dem Auftragnehmer Schadensersatz verlangen, denn der Hersteller war hier als Gehilfe bei der Erfüllung eines Beratervertrages einbezogen.

5.3 Der Auftragnehmer gefällt dem Auftraggeber nicht

Der Auftraggeber ist bei einigen Vertragstypen berechtigt, den bereits erteilten Auftrag zu widerrufen. Das gilt selbst dann, wenn sich der Auftragnehmer nichts vorzuwerfen hat. Hintergrund ist ein weit gefasster Verbraucherschutz, der im gewerblichen Geschäftsverkehr keinen Platz hat.

Kaufvertrag / Werkvertrag / Werklieferungsvertrag

Der Widerruf führt dazu, dass der Vertrag als von vornherein nicht geschlossen behandelt wird (anders als bei der Beendigung des Vertrages durch Rücktritt oder Kündigung). Es gab also niemals eine vertragliche Grundlage, aus der heraus die Parteien Ansprüche gegeneinander geltend machen könnten. Da der Widerruf aber je nach Fallkonstellation auch zu einem späteren Zeitpunkt erklärt werden kann, haben die Parteien für die bis dahin erhaltenen Nutzungen in der Regel einen gesetzlichen Ausgleichsanspruch.

Der Verbraucher-Auftraggeber kann widerrufen, §§ 355 - 361 BGB

- bei außerhalb von Geschäftsräumen geschlossenen Verträgen und Fernabsatzverträgen, § 356 BGB,
- bei Teilzeitwohnrechteverträgen, langfristigen Urlaubsprodukten, Vermittlungsverträgen und Tauschsystemverträgen, § 356a BGB,
- bei Verbraucherdarlehensverträgen, § 356b BGB,
- bei Ratenlieferungsverträgen, § 356c BGB,
- und bei unentgeltlichen Darlehensverträgen und Finanzierungshilfen, § 356d BGB.

Verbraucherbauvertrag

Auch dem Verbraucher-Auftraggeber steht ein Widerrufsrecht zu, §§ 650l, 355 BGB, es sei denn der Vertrag wurde notariell beurkundet.

Dabei ist zu beachten,

- die Widerrufsfrist von 14 Tagen, § 355 Abs.2 S.1 BGB, beginnt nicht schon bei Vertragsschluss, sondern erst ab Zugang der Belehrung des Verbraucher-Auftraggebers, § 650l BGB;
- die Belehrung muss Art. 249 §3 EGBGB entsprechen (**Muster–AN 01**).

Es ist offensichtlich, wie wichtig diese Belehrung für Auftragnehmer ist, die private Kunden haben.

- das Widerrufsrecht erlischt 12 Monate und 14 Tage nach Vertragsschluss, § 355 Abs.2 S.2 BGB,
- die empfangenen Leistungen sind zurückzugewähren, § 355 Abs.3 BGB.

Beispiel: Nach Abschluss des Vertrages liefert der Auftragnehmer nach Eingang der ersten Anzahlung Bauholz auf die Baustelle. Bevor er mit der Montage beginnt, widerruft der Verbraucher-Auftraggeber.

- Ist der Widerruf der erbrachten Leistung ihrer Natur nach ausgeschlossen, schuldet der Verbraucher-Auftraggeber Wertersatz.

Beispiel: Der Auftragnehmer hat mit der Montage begonnen.

Für die bis dahin erbrachten Arbeiten ist eine anteilige Vergütung auf der Grundlage des Vertragspreises zu zahlen. Hierzu wird man auf die Urkalkulation zurückgreifen müssen, wie dies für ähnliche Fragestellungen auch gemacht wird. Ist der Vertragspreis unverhältnismäßig hoch, muss auf der Grundlage des Marktwertes der erbrachten Leistung abgerechnet werden.

- Ist der Verbraucherbauvertrag finanziert, entfällt auch der damit verbundene Darlehensvertrag. Hierzu sieht das Gesetz umfangreiche Detailregelungen vor, § 358 BGB.

Bauträgervertrag

Das Verbraucher-Widerrufsrecht nach § 650l BGB ist für den Bauträgervertrag nicht vorgesehen. Das erübrigt sich aber auch, denn solche Verträge werden notariell abgeschlossen.

5.4 Der Auftragnehmer kann nicht leisten

Kaufvertrag / Werklieferungsvertrag / Werkvertrag

Beispiel: Der Auftragnehmer verspricht eine Anlage Typ XY zu liefern und zu montieren. Die Anlage gibt es aber bei Vertragsschluss gar nicht mehr.

Der Vertrag wird nicht dadurch hinfällig, dass der Auftragnehmer etwas versprochen hat, was er gar nicht halten kann, § 311a Abs.1 BGB.

Doch kann der Auftraggeber den Auftragnehmer auch nicht zur Erfüllung zwingen, soweit dies für den Schuldner oder für jedermann unmöglich ist, § 275 BGB.

Ein Zurückbehaltungsrecht kann er nicht geltend machen, denn die Gegenleistung kann definitiv nicht erbracht werden. Erst recht kommt eine erhöhte Einbehaltung als Druckzuschlag, § 641 Abs.3 BGB, nicht mehr in Betracht (OLG Hamburg, Urt. v. 19.8.2016, Az. 9 U 47/0, IBR 2017, 2351).

Der Auftraggeber hat jetzt das Recht.

- vom Vertrag zurückzutreten, § 323 Abs.1 BGB (**Muster-AG 10**),
- Anzahlungen, die er bereits geleistet hat, zurückzufordern,
- Schadensersatz statt der Leistung oder Ersatz seiner Aufwendungen zu verlangen, §§ 284; 311a Abs.2 BGB.

Schadensersatz gibt es aber dann nicht, wenn der Auftragnehmer nachweisen kann, dass er bei Vertragsschluss nichts von dem Leistungshindernis wusste und dass er seine Unkenntnis auch nicht zu vertreten hat, §§ 311a Abs.2; 281 Abs.1 S.2, S.3, S.5 BGB.

Beispiel: Der Auftragnehmer kann nicht mehr leisten, nachdem seine Mitarbeiter von einem Konkurrenten abgeworben wurden.

Unmöglichkeit der Leistung kann auch nach der Abnahme gegeben sein (zur Abgrenzung von Erfüllungsansprüchen und Mängelansprüchen nach neuer Rechtsprechung siehe unten Kapitel 5.7.4). Wenn etwas unmöglich ist, kann es nicht erfüllt und nicht nach-erfüllt werden.

Beispiel: Auftraggeber beauftragte einen Generalunternehmer, einen schlüsselfertigen Bürohauskomplex zu errichten. Die Fassade war im Bereich von Stahlbetonstützen, Stahlbetonbrüstungen und der Stahlbetonaufkantung im Dachbereich mit emaillierten, thermisch vorgespannten Glasscheiben zu verkleiden (über 3000 Scheiben auf 5352 qm). In der Leistungsbeschreibung heißt es: „Durch den AN ist nachzuweisen, dass die zur Verwendung kommenden vorgespannten Glasscheiben keine zerstörenden Einschlüsse (z.B. Nickelsulfid) haben. Alle ESG-Scheiben sind einem fremdüberwachten Heißlagerungstest (Heat-Soak-Test) als ESG-H gemäß Bauregelliste zu unterziehen. Die Durchführung des Heat-Soak-Tests ist über eine Werksbescheinigung zu bestätigen. Die Ofenprotokolle müssen für jede einzelne Scheibe nachvollziehbar sein." Zusätzlich vereinbarten Klägerin und Beklagte unter § 1.8.7 des GU-Vertrages: „Der Auftragnehmer garantiert die Verwendung ausschließlich fabrikneuer, mängelfreier und einwandfreier Baustoffe und Materialien in der vereinbarten Qualität, auch soweit ihm diese vom Auftraggeber zur Verfügung gestellt werden, da er zu deren Überprüfung vor Verarbeitung verpflichtet ist." Nach einem Jahr gingen Scheiben an verschiedenen Stellen der Fassadenverkleidung zu Bruch. Der Auftraggeber verlangt Kostenvorschuss für den Austausch der gesamten Fassade (BGH, Urt. v. 8.5.2014, Az. VII ZR 203/11, BauR 2014, 1291).

Der vollständige Ausschluss von Nickelsulfid-Einschlüssen kann technisch nicht gewährleistet werden. Die vereinbarte Funktionalität ist deshalb nicht erreichbar. Daher liegt ein Fall der dauerhaften objektiven Unmöglichkeit i.S. von § 275 Abs.1 BGB vor. Damit ist die Fassade zwar mangelhaft, es kann jedoch keine Nacherfüllung verlangt werden. Wohl aber kann der Auftraggeber Schadensersatz unter den Voraussetzungen von §§ 634 Nr.4; 311a Abs.2 BGB verlangen, der auch Folgeschäden erfasst. Eine Haftung ist deshalb nur ausgeschlossen, wenn der Auftragnehmer das verbleibende Risiko von Nickelsulfid-Einschlüssen nicht kannte und diese Unkenntnis nicht zu vertreten hat.

5.5 Der Auftragnehmer arbeitet schon während der Auftragsabwicklung mangelhaft

5.5.1 Kontrolle des Herstellprozesses

Der Auftragnehmer muss eine vertragsgemäße Lieferung oder Leistung abliefern. Was dies im Einzelnen ist, richtet sich nach dem abgeschlossenen Vertrag und dem für ihn geltenden Regeln (siehe oben Ziff. 2.12 und 2.12.3).

Dass er seine vertraglichen Verpflichtungen erfüllt hat, muss der Auftragnehmer zum Zeitpunkt des Gefahrübergangs beweisen, beim *Kaufvertrag* also bei Ablieferung der Sache, beim Werkvertrag bei der Abnahme.

Wie er dieses Ziel erreicht, ist Sache des Auftragnehmers, sowohl in zeitlicher Hinsicht (siehe unten Ziff. 4.3) also auch in kaufmännischer, technischer oder personeller Hinsicht. Die einzelnen Schritte hin zum fertigen Produkt oder Werk sind dem Auftragnehmer überlassen; der Auftraggeber beurteilt nur die zum vereinbarten Zeitpunkt bereitgestellte Lieferung oder Leistung. Er muss darauf vertrauen, dass der Auftragnehmer den Herstellungsprozess fachkundig und verantwortungsvoll durchführt.

Der fertigen Lieferung/Leistung lässt sich aber nicht immer anmerken, ob die verwendeten Materialien geeignet waren, oder ob die Regeln der Technik in der Herstellung beachtet wurden. Je nach Bedeutung des Auftrags kann es deshalb nicht nur nützlich, sondern sogar notwendig sein, dem Auftraggeber vertraglich Kontroll-Rechte einzuräumen. (**Muster-AN+AG 02,** dort Ziff. 4.). Es kann notwendig sein, ein ausführliches Audit-Verfahren oder Controlling einzurichten, das es dem Auftraggeber erlaubt, in jeder Phase des Auftrags informiert zu sein und einzugreifen, wenn er Abweichungen von dem erforderlichen Herstellungsprozess erkennt. Dies kann Tests, Materialprüfungen und sonstige Maßnahmen umfassen, die sich insbesondere auf solche Lieferungen und Leistungen beziehen, die zu einem späteren Zeitpunkt nicht mehr oder nur noch unter erschwerten Umständen festgestellt werden können.

Technische Normen enthalten teilweise ausführliche Regelungen, wie die Parteien während der Herstellung zusammenwirken, welche Unterlagen dem Auftraggeber währenddessen zur Verfügung zu stellen sind. Dabei wird auch Wert darauf gelegt, dass Materialien geprüft und deren Richtigkeit von dem Hersteller oder Dritten bestätigt wird.

Beispiel: EN 10201:2005-01 „Metallische Erzeugnisse – Arten von **Prüfbescheinigungen"**

Prüfbescheinigungen nach EN 10204			
Art	Bezeichnung	Inhalt	Bestätigt von
2.1	Werksbescheinigung	Bestätigung der Übereinstimmung mit der Bestellung	Hersteller
2.2	Werkszeugnis	Bestätigung der Übereinstimmung mit der Bestellung unter Angabe von Ergebnissen nichtspezifischer Prüfung	Hersteller
3.1	Abnahmeprüfzeugnis 3.1	Bestätigung der Übereinstimmung mit der Bestellung unter Angabe von Ergebnissen spezifischer Prüfung	den von der Fertigungsabteilung unabhängigen Abnahmebeauftragten des Herstellers
3.2	Abnahmeprüfzeugnis 3.2	Bestätigung der Übereinstimmung mit der Bestellung unter Angabe von Ergebnissen spezifischer Prüfung	den von der Fertigungsabteilung unabhängigen Abnahmebeauftragten des Herstellers und den vom Besteller beauftragten Abnahmebeauftragten oder den in den amtlichen Vorschriften genannten Abnahmebeauftragten

In diesem Zusammenhang kann es für den Auftraggeber hilfreich sein, Zwischentermine zu vereinbaren, an denen bestimmte Leistungen fertig gestellt sein müssen.

VOB/B-Bauvertrag

Bei Vereinbarung der VOB/B ist der Zustand von Teilen der Leistung auf Verlangen gemeinsam von Auftraggeber und Auftragnehmer festzustellen, wenn diese Teile der Leistung durch die weitere Ausführung der Prüfung und Feststellung entzogen werden. Das Ergebnis ist schriftlich niederzulegen, § 4 Abs.10 VOB/B.

Internationaler Bauvertrag:

Beispiel: FIDIC, Kapitel 7 "Plan, Materials and Workmanship"

5.5.2 Rechte des Auftraggebers

Kaufvertrag / Werklieferungsvertrag / Werkvertrag / Bauvertrag

Stellt sich nun während der Auftragsabwicklung heraus, dass die Leistungen des Auftragnehmers mangelhaft sind, welche Rechte kann der Auftraggeber geltend machen?

Erfüllung

Der Auftraggeber hat nur Anspruch auf Erfüllung im Zeitpunkt des Gefahrübergangs.

Da der BGH die Mängelansprüche vor Gefahrübergang nicht für anwendbar hält, bleibt dem Auftraggeber nur übrig, den Auftragnehmer zur mangelfreien Leistung aufzufordern. Er hat kein Recht, von dem Auftragnehmer Aufstockung von Material oder Personal oder Änderung in der Reihenfolge der Auftragsabwicklung zu verlangen.

Das erscheint aber unbillig, § 242 BGB, denn warum sollte er warten müssen, bis es zu spät ist? Auch unter Schadensminderungsgesichtspunkten muss des dem Auftraggeber möglich sein, zu reagieren (vgl. auch die Regelung in § 4 VOB/B).

Will der Auftraggeber sich das Recht vorbehalten, in die Auftragsabwicklung einzugreifen, sollte er passende Regelungen in den Vertrag aufnehmen.

Rücktritt

Anderenfalls bleibt nur der ungewisse Weg des Rücktritts vom Vertrag: Nach § 323 Abs.4 BGB kann er zurücktreten, bevor die Leistung fällig ist. Es kann dem Auftraggeber nicht zugemutet werden, sehenden Auges den Zeitpunkt des Gefahrübergangs abzuwarten, wenn die Leistungen bereits als mangelhaft erkannt sind. So kann der Auftraggeber

- den Auftragnehmer auf erkannte Mängel hinweisen und Abhilfe verlangen,

- auf der Grundlage dieses Abhilfeverlangen eine Frist setzen (**Muster-AG 04**),

- vom Vertrag gem. § 323 BGB zurückzutreten (**Muster-AG 10**).

Für Dauerschuldverhältnisse besteht stattdessen auch die Möglichkeit, den Vertrag zu kündigen. Auf länger dauernde komplexe Verträge wird § 314 BGB analog angewendet.

Schadensersatz

Der Auftraggeber kann Schadensersatz neben der Leistung verlangen, wenn sich die mangelhafte Leistung als schuldhafte pflichtwidrige Handlung darstellt, § 280 BGB.

Der Auftraggeber kann aber auch Schadensersatz statt der Leistung verlangen. Tritt er vom Vertrag zurück, liegt darin zugleich die Erklärung, dass er die Leistung nicht mehr haben möchte, § 281 BGB.

VOB/B-Bauvertrag

Der Auftraggeber kann nach § 4 VOB/B wie folgt vorgehen:

- unter Wahrung der dem Auftragnehmer zustehenden Leitung (§ 4 Abs.2 VOB/B) Anordnungen treffen, die zur vertragsgemäßen Ausführung der Leistung notwendig sind, § 4 Abs.1 Nr.3 VOB/B (**Muster-AG 02**);

- den Auftragnehmer auffordern, solche Leistungen, die während der Ausführung als mangelhaft oder vertragswidrig erkannt werden, auf eigene Kosten durch mangelfreie zu ersetzen, § 4 Abs.7 S.1 VOB/B (**Muster-AG 01**);

- von dem Auftragnehmer verlangen, den sich aus dem Mangel oder der Vertragswidrigkeit ergebenden Schaden, zu ersetzen, § 4 Abs.7 S.2 VOB/B;

- dem Auftragnehmer eine angemessene Frist zur Beseitigung des Mangels setzen und erklären, dass er nach fruchtlosem Ablauf der Frist den Vertrag kündigen werde, § 8 Abs.3 VOB/B (**Muster-AG 06**).

5.5.3 Kündigung aus wichtigem Grund

Bei der Kündigung wird das Vertragsverhältnis durch die Kündigungserklärung beendet.

Kaufvertrag / Werklieferungsvertrag

Im Kaufrecht ist der Rücktritt das zur Beendigung vorgesehene Instrument; ein Kündigungsrecht ist nur bei Dauerschuldverhältnissen vorgesehen, § 314 BGB.

Beispiel: Die Parteien haben einen Rahmenvertrag abgeschlossen über Lieferungen oder Leistungen, die jeweils auf Abruf zu erbringen sind. Der Auftragnehmer wird von einem Wettbewerber des Auftraggebers aufgekauft.

Durch die Kündigung endet der Rahmenvertrag. Bisher erbrachte Leistungen sind abzurechnen.

Werkvertrag / Bauvertrag / Architekten- und Ingenieurvertrag / Bauträgervertrag

Der Auftraggeber kann zurücktreten (siehe unten 5.7.10), er kann aber auch aus wichtigem Grunde kündigen, § 648a BGB. Dazu kann er:

- den Mangel rügen und eine Frist zur Beseitigung setzen (**Muster-AG 04**),
- den Vertrag aus wichtigem Grunde kündigen (**Muster-AG 19**),
- Schadensersatz statt der Lieferung oder Leistung verlangen.

Es geht um Fälle, in denen es einer Partei nach Treu und Glauben nicht mehr zugemutet werden kann, mit der anderen Partei zusammenzuarbeiten. Es handelt sich nicht um wichtige Gründe, die in der eigenen Sphäre liegen, denn dafür besteht ja das Recht des Auftraggebers, den Vertrag jederzeit frei aufzuheben, § 648 BGB.

Beispiel: Der Auftragnehmer nervt den Architekten des Auftraggebers permanent mit Verbesserungsvorschlägen. Der Auftraggeber erträgt das nicht länger und schmeißt den Auftragnehmer raus.

Es muss ein Verstoß der anderen Seite gegen die Leistungstreuepflicht, der Pflicht zur gegenseitigen Rücksichtnahme, § 241 BGB, der Kooperationspflicht (BGH, Urt. v. 28.10.1999, Az. VII ZR 393/98, BauR 2000, 409) etc. vorliegen. Ein wichtiger Grund ist unter anderem dann anzunehmen, wenn der Auftragnehmer das für den Bauvertrag als einem auf Kooperation der Vertragspartner angelegten Langzeitvertrags vorauszusetzende Vertrauensverhältnis durch sein schuldhaftes Verhalten derart empfindlich stört, dass die Erreichung des Vertragszwecks gefährdet und dem Auftraggeber die Vertragsfortsetzung nicht mehr zumutbar ist (BGH, Urt. v. 7.4.2016, Az. VII ZR 56/15, BauR 2016, 1306; RN 52).

Beispiele: Täuschung, nachhaltige Erfüllungsverweigerung, Erpressung um unberechtigte Nachtragsforderungen durchzusetzen, Bestechung, schwerwiegende Beleidigungen, schuldhafte Überschreitung von Terminen, gravierende Mängel etc.

In der Praxis wird der Auftraggeber häufig nicht nur einen Grund nennen, sondern eine ganze Reihe von Gründen aufzählen; selbst wenn einer alleine als noch nicht so gravierend angesehen würde, wäre doch vielleicht die Gesamtheit der behaupteten Verfehlungen ausreichend. Dem so beschuldigten Auftragnehmer bleibt nichts anderes übrig, als jeden einzelnen Vorwurf zu entkräften und das womöglich schiefe Bild eines insgesamt unzuverlässigen Vertragspartners zu korrigieren. Ist der Ruf aber einmal ruiniert, ist die Rehabilitation schwer.

Einen Kündigungsgrund muss der Auftraggeber nicht angeben. Auch die Regelung in § 626 Abs.2 S.3 BGB, dass nach fristloser Kündigung eines Dienstvertrages aus wichtigem Grund der andere Teil auf Verlangen den Kündigungsgrund unverzüglich schriftlich mitteilen muss, hat der Gesetzgeber nicht übernommen.

Auch soll der kündigende Auftraggeber sogar noch Kündigungsgründe nachschieben können, auf die er ursprünglich seine Kündigung nicht gegründet hatte, sofern die Kündigungsgründe zum Zeitpunkt der Kündigung vorhanden waren (z.B. OLG Düsseldorf, Urt. v. 26.3.2013, Az. I-23 U 102/12, BauR 2014, 1698). Nach anderer Auffassung ist die Beendigung des Vertragsverhältnisses auf einen ausdrücklich angegebenen Kündigungsgrund beschränkt (OLG Stuttgart, Urt. v. 3.3.2015, Az. 10 U 62/14, BauR 2015, 2015).

Entscheidet sich der Auftraggeber, Kündigungsgründe zu nennen, muss er darauf achten, dass für jeden dieser Gründe die Kündigungsvoraussetzungen vorliegen. Das gilt insbesondere dann, wenn zuvor eine Frist gesetzt werden muss.

Der Auftraggeber muss nicht den gesamten Vertrag kündigen, sondern kann sich auf die Teile beschränken, wegen derer ein Kündigungsgrund vorliegt. Allerdings verlangt § 648a Abs.2 BGB, dass sich die Kündigung auf einen abgrenzbaren Teil des geschuldeten Werkes beziehen muss. Darin unterscheidet sich die gesetzliche Regelung im BGB von der in der VOB/B vorgesehenen Formulierung in § 8 Abs.3 Nr.1 S.2 VOB/B, die eine Teilkündigung nur für „abgeschlossene Teile" vorsieht. Abgrenzbar ist hier nicht funktional bestimmt (Kündigung eines Teilgewerks) sondern im Sinne von messbar, um Schnittstellen definieren und sauber abrechnen zu können.

Beispiel: Der Auftraggeber kündigt die Nacherfüllungsleistungen, weil der Auftragnehmer den Fehler nicht beseitigen kann.

Beispiel: Der Auftraggeber hält den Vertrag zur Erstellung einer Klimaanlage aufrecht, kündigt aber die Mess- und Regeltechnik.

Im letzten Beispiel ergäben sich erhebliche Probleme bei der Abgrenzung von Hauptleistung und gekündigter Teilleistung. Das kann auch nicht im Interesse des Auftraggebers liegen.

Der Auftragnehmer hat nach der Kündigung Anspruch auf die Vergütung der bis dahin erbrachten Leistungen. Damit diese festgestellt werden können, sollten sich die Parteien auf einen Termin zur Leistungsfeststellung einigen. Gelingt dies nicht, wird der Auftragnehmer dem Auftraggeber eine angemessene Frist zur Feststellung setzen (**Muster-AN 12**). Daran sollte der Auftraggeber teilnehmen. Verweigert er seine Teilnahme, trägt er später die Beweislast für den Leistungsstand zum Zeitpunkt der Kündigung, § 648a Abs.4 BGB.

Wenn der Auftraggeber aus Gründen, die er nicht zu vertreten hat, an dem Termin nicht teilnehmen kann, muss er dies dem Auftragnehmer unverzüglich vorher mitteilen. Sonst bleibt es bei der Beweislastverteilung.

VOB/B-Bauvertrag

Die Kündigung aus wichtigem Grund nach § 648a BGB ist durch Vereinbarung der VOB/B nicht ausgeschlossen.

Internationaler Bauvertrag

Der Rücktritt vom Vertrag macht bei komplexen Bauwerken, wie sie internationalen Bauverträgen zugrunde liegen, keinen Sinn. Auch hier ist der Auftraggeber in der Regel berechtigt den Vertrag zu kündigen.

Beispiel: FIDIC, Ziffer 11.4

Vertraglich sind hierzu meist verschiedene Eskalations-Stufen vereinbart, bevor zu diesem letzten Mittel gegriffen werden darf.

5.6 Der Auftragnehmer arbeitet zu langsam

5.6.1 Fälligkeit

Eine Forderung ist fällig, wenn alle Voraussetzungen erfüllt sind, um diese notfalls auch gerichtlich einzufordern. Sofern nichts anderes bestimmt ist, kann der Auftraggeber die Lieferung oder Leistung sofort verlangen und der Auftragnehmer sie sofort bewirken, § 271 BGB.

Kaufvertrag / Werklieferungsvertrag

Das Gesetz geht davon aus, dass Waren auch objektiv sofort geliefert werden können. Für den Werklieferungsvertrag passt das nicht, ohne dass dem im Gesetz Rechnung getragen wird.

Hier sollten zur Vermeidung von Streitigkeiten Regelungen in den Vertrag aufgenommen werden.

Denkbar ist es auch, dem Auftraggeber ein Recht auf Bestimmung der Leistungszeit einzuräumen, § 315 BGB, das dann aber nicht rechtsmissbräuchlich ausgenutzt werden darf.

Typischerweise wird eine Bestellung einen Liefertermin oder zumindest einen Lieferzeitraum enthalten.

Beispiel: „Lieferung 16./17. KW"

Dann tritt Fälligkeit erst mit Erreichen des Termins ein.

Verbrauchsgüterkauf

Sofern nichts anderes bestimmt ist, hat der Verbraucher-Auftraggeber kein Wahlrecht hinsichtlich der Fälligkeit der Lieferung. Vielmehr kann er nur die unverzügliche Lieferung verlangen.

Beispiel: Nach Abschluss des Kaufvertrages über die Lieferung eines Fernsehgerätes teilt der Verbraucher-Auftraggeber dem Auftragnehmer mit, dass er die Lieferung erst zum Weihnachtsfest wünscht. Das geht nicht.

Andererseits muss der Auftragnehmer die Sache spätestens innerhalb von 30 Tagen nach Vertragsschluss übergeben. Die sofortige Lieferung ist möglich, § 475 Abs.1 BGB.

Werkvertrag / Bauvertrag / VOB/B-Bauvertrag

Der Auftragnehmer hat im Werkvertragsrecht im Zweifel sofort zu beginnen, § 271 BGB. Für die Abwicklung von Bauverträgen bedeutet dies, dass er mit den Arbeiten innerhalb einer angemessenen sich nach Treu und Glauben richtenden Zeit mit den Arbeiten beginnen muss. Er muss die Leistungen in angemessener Zeit zügig fertigzustellen, wobei die für die

Herstellung notwendige Zeit in Rechnung zu stellen ist. Es kommt danach darauf an, wann nach den Umständen des Einzelfalls die angemessene Fertigstellungsfrist abgelaufen ist. Das muss der Auftragnehmer darlegen und beweisen (BGH, Urt. v. 21.10.2003, Az. X ZR 218/01, BauR 2004, 332).

5.6.2 Verzug

Voraussetzung dafür, dass eine Partei gegen die andere Ansprüche wegen deren zögerlicher Verhaltensweise gelten machen kann, ist in fast allen Fällen, dass ein „Schuldnerverzug" (zum sogenannten „Gläubiger- oder Annahmeverzug" siehe unten Kapitel 6.1.1.) vorliegt.

Das setzt zunächst voraus, dass die Forderung fällig ist. Der Leistungsschuldner gerät dann in Verzug:

- durch Mahnung, also ein Schreiben, in dem der Auftragnehmer zur Leistung ermahnt wird, § 286 Abs.1 BGB (**Muster-AG 17**),
- ferner durch Klage auf Leistung, § 286 Abs.1 S.2 BGB),
- bei Verstreichen eines Termins oder Ablauf einer Frist, die die Parteien bereits vorher nach dem Kalender bestimmt hatten, § 286 Abs.2 Nr. 1 BGB,
- wenn der Leistung zunächst ein bestimmtes Ereignis vorauszugehen hat und ab dann eine angemessene Zeit für die Leistung bestimmt ist, die nach dem Kalender bestimmt werden kann, § 286 Abs.2 Nr.2. BGB.

Beispiel: Fertigstellung des Bauwerks innerhalb von sechs Monaten ab Zugang der Baugenehmigung

- wenn der Schuldner seine Leistung ernsthaft und endgültig verweigert, § 286 Abs.2 Nr.3 BGB,
- wenn aus besonderen Gründen unter Abwägung beider Interessen der Eintritt des Verzuges gerechtfertigt ist, § 286 Abs.2 Nr.4. BGB (Abwägungsgebot).

5.6.3 Rechte des Auftraggebers

Kaufvertrag / Werklieferungsvertrag / Werkvertrag / Bauvertrag

Sieht der Vertrag Zwischentermine mit definierten Lieferungen/Leistungen vor, kann der Auftraggeber wenn der Zwischentermin überschritten ist,

- dem Auftragnehmer eine Frist setzen (**Muster-AG 17**),
- er kann dann vom Vertrag zurücktreten (**Muster-AG 10**) und
- Schadensersatz verlangen (**Muster-AG 16**).

Haben die Parteien keine Zwischentermine vereinbart und ist es nach dem Vertrag Sache des Auftragnehmers zu entscheiden, wann er mit seinen Leistungen beginnt und wie er den vereinbarten Endtermin sicherstellen wird, muss der Auftraggeber nicht warten, bis das Kind in den Brunnen gefallen ist.

Der Auftraggeber darf schon vor Fälligkeit der Leistung zurücktreten (**Muster-AG 10**), wenn offensichtlich ist, dass die Voraussetzungen des Rücktritts eintreten werden § 323 Abs.4 BGB.

Beispiel: Der Auftraggeber bestellt Flansche. Die Lieferung wird für die 16./17. KW vereinbart und vom Auftragnehmer nochmals bestätigt. In der 15. KW informiert der Auftragnehmer über Lieferprobleme und kündigt die Lieferung für die 21. KW an.

Der Auftraggeber kann vor Fälligkeit zurücktreten. Wenn bei Abwägung der beiderseitigen Interessen der sofortige Rücktritt gerechtfertigt ist, bedarf es auch keiner Fristsetzung, § 323 Abs.2 Nr.3 BGB.

Problematisch ist in solchen Fällen, ob der Auftragnehmer daneben auch Schadensersatz geltend machen kann, was § 323 Abs.5 BGB ausdrücklich nicht ausschließt.

Beispiel: Im obigen Beispiel kommt es durch die fehlenden Teile zu Betriebsablaufstörungen, die der Auftraggeber nur durch erhöhten Personaleinsatz auffangen kann.

Das sind Verzögerungs- oder Begleitschäden, §§ 280 Abs.1 u. 2; 286 BGB, die der Auftraggeber neben der Erfüllung verlangen kann. Allerdings setzt die Geltendmachung von Verzugsschäden nach § 286 BGB Fälligkeit voraus, die hier eben gerade noch nicht gegeben ist. Die Literatur schließt aus der in § 323 Abs.4 BGB genannten Voraussetzung der Offensichtlichkeit der Pflichtverletzung auch bei Fälligkeit, dass dann auch der Schadensersatz möglich ist (Prütting / Wegen / Weinrich 11./2016 BGB, § 280 RN 17).

Beispiel: Im obigen Beispiel führt der Deckungskauf zu höheren Aufwendungen, als wenn der Vertrag ordnungsgemäß erfüllt worden wäre. Der Auftraggeber will die Differenz vom Auftragnehmer erstattet bekommen.

Nach Ansicht des BGH handelt es sich bei den Mehrkosten des eigenen Deckungskaufs des Auftraggebers nicht um einen Verzögerungs- oder Begleitschaden (BGH, Urt. v. 3.7.2013, Az. VIII ZR 169/12, NJW 2013, 2959/2961).

Beim Deckungskauf entscheidet sich der Auftraggeber, die Leistung nicht mehr von dem Auftragnehmer sondern von einem Dritten zu beziehen. Dann besteht kein Vertragserfüllungsanspruch mehr. Der Auftraggeber kann Schaden statt der Leistung verlangen, §§ 280 Abs.1 u. 3; 281 BGB.

Kann der Auftraggeber VerzugsSchadensersatz verlangen, umfasst dies sämtliche Vermögensschäden, die auf den Verzug zurückzuführen sind.

Beispiel: Der Auftraggeber hat gegenüber seinem Kunden bei Nichteinhaltung des Endtermins eine Vertragsstrafe über 5 % des Auftragswertes in Höhe von EUR 2.000.000,- akzeptiert. Mit seinem Auftragnehmer vereinbart er ebenfalls eine Vertragsstrafe über 5 % von dessen Auftragswert in Höhe von EUR 200.000,- Der Auftragnehmer hält den Endtermin nicht ein, dadurch wird auch die Vertragsstrafe an den Kunden fällig.

Der Auftragnehmer hat aus Verzug zunächst seine Vertragsstrafe in Höhe von EUR 10.000,- zu zahlen, ohne dass es eines Nachweises über die Höhe des angeblichen Schadens bedarf. Darüber hinaus muss er dem Auftraggeber aber auch noch den weiteren nachgewiesenen Verzugsschaden ersetzen. Das sind hier die weiteren EUR 90.000,- (100.000,- Verzugsschaden-10.000,- Vertragsstrafe) die der Auftraggeber seinem Kunden als Vertragsstrafe nachweislich zahlt.

Um die Ungewissheit wegen fehlender Vertragstermine zu überwinden, kann der Auftraggeber die Fälligkeit der Leistungen auch dadurch bewirken, dass er dem Auftragnehmer einseitig eine angemessene Frist für den Beginn setzt (Muster-AG 17) und so die Leistung des Auftragnehmers konkretisiert (BGH, Urt. v. 14.7.1983, Az. VII ZR 306/82, BauR 1983, 571). Beginnt der Auftragnehmer dann noch immer nicht, kann der Auftraggeber ihn durch ein Mahnschreiben (Muster-AG 17) in Verzug setzen und ihm eine Frist bestimmen. Dann kann der Auftraggeber von dem Vertrag zurücktreten (Muster-AG 10).

Zusätzlich kann der Auftraggeber nach § 648a BGB den Vertrag aus wichtigem Grunde ganz oder hinsichtlich abgrenzbarer Teile kündigen. § 648a BGB knüpft nur an einen wichtigen Grund an, gleich ob wegen mangelhafter oder zu langsamer Arbeit und gleich, ob vor oder nach der Abnahme (Muster-AG 19).

VOB/B-Bauvertrag

Wenn nichts anderes vereinbart ist, kann der Auftraggeber:

- Beschleunigungsmaßnahmen verlangen, § 5 Abs.2 u. 3 VOB/B (Muster-AG 03), der Auftragnehmer hat mit den Leistungen innerhalb von 12 Werktagen nach Aufforderung zu beginnen und ist verpflichtet, unverzüglich für ausreichende Arbeitskräfte, Geräte, Materialien, etc. zu sorgen, wenn die Ausführungsfristen offenbar nicht eingehalten werden können.

- den Vertrag fortführen und Schadensersatz verlangen, §§ 5 Abs.4, 1. Alt.; 6 Abs.6 VOB/B, hierzu ist Inverzugsetzung (Muster-AG 03) erforderlich. oder

- eine Nachfrist mit Entziehungsandrohung zu stellen (Muster-AG 17) und dann

- den Auftrag ganz oder teilweise kündigen, §§ 5 Abs.4, 1. Alt.; 8 Abs.3 VOB/B, und Schadensersatz verlangen (Muster AG 20). Der Schadensersatzanspruch erfasst dann aber nicht den entgangenen Gewinn, es sei denn der Auftragnehmer handelt grob fahrlässig oder sogar vorsätzlich.

Internationale Verträge

„Time is of the essence", heißt es im anglo-amerikanischen Rechtskreis. Langfristige und komplexe Verträge werden das Zeitproblem differenziert regeln. Dabei geht es in erster Linie darum, durch Transparenz im Projektverlauf sowie durch Kontrollen und Tests Verzögerungen überhaupt zu vermeiden. Kommt es dennoch zu Stockungen, müssen Regeln getroffen werden, wie der Vertrag an die neue Situation angepasst werden soll.

Beispiel: FIDIC, Ziffer 8.3

Das erste Interesse liegt darin, die Störungen schnellstens zu beheben und größere Schäden zu vermeiden. Gelingt dies nicht und ist der Verzug vom Auftragnehmer zu vertreten, muss der Auftraggeber seinen Schadensersatz geltend machen können. Das Interesse des Auftragnehmers wiederum besteht darin, den durch den Verzug entstehenden Schaden berechenbar zu machen. Deshalb wird bei Vertragsschluss versucht, den Schadensersatz zu pauschalieren. Der Auftragnehmer zahlt dann für jede vereinbarte Zeiteinheit einen bestimmten Betrag, idealerweise bis zu einem Maximalbetrag. Das Recht des Auftraggebers, bei längerem Verzug den Vertrag zu kündigen oder – was ebenfalls vereinbart werden kann – die Leistung insgesamt zurückzuweisen, ist damit in der Regel nicht ausgeschlossen.

Beispiel: FIDIC, Ziffer 8.7

5.7 Der Auftragnehmer hat zum Zeitpunkt des Gefahrübergangs mangelhaft geleistet

In diesem Abschnitt geht es um die Mängelansprüche des Auftraggebers, die dieser nach Übergabe der Ware, bzw. Abnahme der Leistung gegen den Auftragnehmer geltend macht. Der Auftragnehmer hat bereits erfüllt. Die mit Gefahrübergang verbundenen Rechtsfolgen (siehe unten Kapitel 9) sind also bereits eingetreten, insbesondere also die Umkehr der Beweislast, ob überhaupt ein Mangel vorlag, § 363 BGB.

5.7.1 Mangel

Kaufvertrag / Werklieferungsvertrag / Werkvertrag / Bauvertrag / VOB/B-Bauvertrag

Das Gesetz definiert nicht, was ein Mangel ist, sondern wann eine Lieferung oder Leistung frei von Mängeln ist.

Dabei geht es vom Speziellen zum Allgemeinen. Die Lieferung oder Leistung ist frei von Mängeln, wenn sie

- bei Gefahrübergang die vereinbarte Beschaffenheit hat, sonst

- für die nach dem Vertrag vorausgesetzte Verwendung geeignet ist, sonst

- für die gewöhnliche Verwendung geeignet ist und eine Beschaffenheit aufweist, die bei Sachen der gleichen Art üblich ist und die der Auftragnehmer nach der Art der Sache erwarten kann,
  §§ 434; 633 BGB, 13 VOB/B.

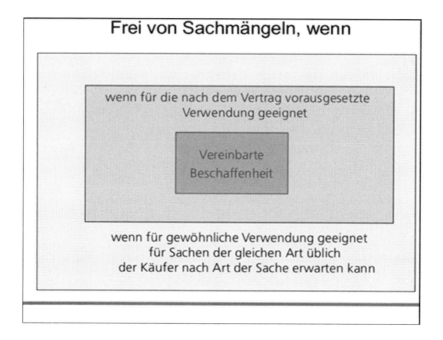

Umgekehrt formuliert: Ist zwischen den Parteien geklärt, was der Auftragnehmer zu liefern oder zu leisten hat, ist jede Abweichung von dem Versprechen („Soll-Ist-Vergleich") ein Mangel.

Achtung: Ist ausdrücklich eine bestimmte Beschaffenheit vereinbart, führt damit sogar eine bessere als die bestimmte Beschaffenheit zu einem Mangel!

Beispiel: Das bestellte Produkt ist nicht mehr lieferbar. Der Auftragnehmer schickt das Nachfolgermodell zum gleichen Preis, das bessere Leistungsparameter aufweist. Der Auftraggeber hat aber nicht das erhalten, was er bestellt hat.

Ein Mangel liegt auch vor, wenn die Lieferung oder Leistung mit Rechten Dritter belastet ist, § 435 BGB, z.B. wenn Eigentumsrechte bestehen oder wenn geistige Schutzrechte, wie z.B. Urheberrechte Dritter bestehen (vgl. Art. 41, 42 CISG).

Im *Kaufrecht* wird des Weiteren auch dann ein Mangel angenommen, wenn:

- die vereinbarte Montage der gekauften Sache durch den Verkäufer oder seinen Erfüllungsgehilfen unsachgemäß erfolgt, § 434 Abs.2, 1.Alt. BGB,

- die Montageanleitung für eine gekaufte Sache mangelhaft ist, es sei denn der Käufer hat die Sache trotzdem fehlerfrei montiert, § 434 Abs.2, 2.Alt. BGB.

5.7.1.1 Vertragliche Leistungsbestimmung

Entscheidend ist also zunächst, was die Parteien vereinbart haben (zur Bestimmung des Liefer- und Leistungsumfangs, u.a. durch Auslegung siehe oben Ziff. 4.1).

Nur wenn zwischen den Parteien klar ist, welche Pflichten den Auftragnehmer treffen, können auch die Abweichungen definiert werden. Negative Abweichungen können Mängelansprüche des Auftraggebers auslösen, positive Abweichungen können Ansprüche des Auftragnehmers auf zusätzliche Vergütung bedeuten. Den Vertragsparteien ist deshalb dringend zu raten, auf diesen Punkt ihr Hauptaugenmerk zu richten.

Wenn das Leistungsverzeichnis von dem Auftraggeber erstellt wurde, besteht eine Vollständigkeitsvermutung für den Auftragnehmer. Der Bieter muss das Leistungsverzeichnis nicht speziell auf Unvollständigkeiten untersuchen oder Berechnungen anschließen. Je intensiver der Auftraggeber durch Fachleute beraten wird, desto geringer wird die Nachprüfungspflicht des Auftragnehmers anzunehmen sein. Das Risiko von Fehlern bei der Planung kann nicht „unerklärt" auf den Auftragnehmer übergewälzt werden. Die Vollständigkeitsvermutung kann widerlegt werden. Die Beweislast trifft den Auftraggeber (Regel/ Ausnahmecharakter).

5.7.1.2 Gesetzliche Rahmenbedingungen

Auch wenn im Vertrag nicht ausdrücklich angesprochen, müssen Lieferungen und Leistungen den gesetzlichen Normen entsprechen, die die Gesetzgeber für sie vorgesehen haben (z.B. EU-Produkten-Richtlinie, Beachtung der Maschinenrichtlinie, Beachtung der Unfallverhütungsvorschriften, der Baubetriebe-Verordnung, etc.). Vom Auftragnehmer wird erwartet, dass ihm alle erlassenen Gesetze, Verordnungen und Richtlinien, die sein Produkt betreffen, bekannt sind (vgl. § 4 Abs.2 VOB/B). Das gilt für europäische, nationale, regionale, gemeindliche Vorschriften und deren Besonderheiten.

5.7.1.3 Technische Rahmenbedingungen

Gleichfalls hierzu gehören die technischen Normen, die für die Lieferungen und Leistungen des Auftragnehmers einschlägig sind (siehe oben Kapitel 4 „Leistung und Vergütung", Ziffer 4.1.5).

Beispiel: Ein Generalunternehmer beauftragt einen Auftragnehmer mit der Lieferung und Montage von Terrassentüren aus Kunststoff für eine Wohnhausanlage. Nach der Abnahme stellt sich eine unzureichende Entwässerung der Terrassentüren heraus. Der Auftragnehmer bestreitet einen Mangel: Er habe ein zertifiziertes Fenstersystem nach den Angaben der Herstellerin eingebaut und sich dabei auf Prüfzeugnisse stützen können. Dafür, dass es in der Fachwelt später neue Erkenntnisse über die Montage solcher Türen gegeben habe, könne er nichts. (BGH, Urt. v. 10.11.2005, Az. VII ZR 147/04, BauR 2006, 375).

Weicht die Lieferung oder Leistung von der vereinbarten Beschaffenheit ab, führt dies auch dann zu ihrer Mangelhaftigkeit, wenn die Ausführung den für diese Zeit anerkannten Regeln der Technik entsprach und wenn er nach allgemeinem Fachwissen auf Herstellerangaben und sonstige Informationen vertrauen konnte.

5.7.1.4 Verschleißteile

Für sogenannte „Verschleißteile" muss hingegen in der Regel keine besondere Regelung aufgenommen werden. Es liegt in der Natur solcher Teile, dass sie nicht ewig halten.

Beispiel: Glühbirnen, Silikonfugen, drehende Teile einer Anlage.

Fallen diese Teile nach Gefahrenübergang aus, bedeutet dies nicht, dass der Auftragnehmer zu diesem Zeitpunkt nicht ordnungsgemäß erfüllt hätte. Wurde im Vertrag nichts geregelt, ist zu fragen, was man von diesen Teilen nach der Art der Sache normalerweise erwarten kann. Haben diese Teile üblicherweise nur eine beschränkte Lebensdauer, liegt kein Mangel vor, wenn sie bereits vor Ablauf der Verjährungszeit kaputt gehen.

5.7.1.5 Materialfehler

Der Auftragnehmer muss eine mangelfreie Lieferung oder Leistung übergeben. Stellt sich heraus, dass sie Materialfehler hat, ist sie nicht mangelfrei.

Daran ändert sich auch nichts, wenn der Auftraggeber das Material selbst ausgesucht hat. Ein Fabrikationsfehler hat mit der Auswahlentscheidung des Auftraggebers nichts zu tun. Das Risiko bleibt beim Auftragnehmer, der ordnungsgemäßes Material zu besorgen hat.

Anders wäre es, wenn das vom Auftraggeber angestrebte Ziel mit dem von ihm gewählten Material nicht erreicht werden kann. Dann trifft den Auftragnehmer – je nach Vertragstyp – eine Prüfpflicht hinsichtlich des ausgewählten Materials und eine Hinweispflicht, wenn er die Untauglichkeit erkennen kann (siehe oben Ziff. 4.1.13). Hat er diese Pflicht nicht erfüllt, bleibt sein Werk mangelhaft.

Gleiches gilt für Material, das der Auftraggeber selbst beschafft und beistellt.

5.7.2 Verschulden

Mängelansprüche entstehen, wenn „Soll" und „Ist" zum Zeitpunkt des Gefahrübergangs objektiv voneinander abweichen. Sie sind nicht davon abhängig, ob der Auftragnehmer subjektiv schuldhaft gehandelt hat (also vorwerfbares, fahrlässiges oder sogar vorsätzliches Verhalten).

Auf Verschulden kommt es nur an, wenn Schadensersatzansprüche geltend gemacht werden (BGH, Urt. v. 10.11.2005, Az. VII ZR 147/04, BauR 2006, 375). Dann erst spielt es auch eine Rolle, ob die Leistung von dem Auftragnehmer selbst, oder einem von ihm eingesetzten Dritten ausgeführt wurde, ob also das Verschulden dem Auftragnehmer zuzurechnen ist, § 278 Abs.1 BGB (siehe oben Ziff. 4.2).

5.7.3 Fristsetzung

Weitere Voraussetzung zur erfolgreichen Geltendmachung von Mängelansprüchen ist in der Regel, dass der Auftraggeber dem Auftragnehmer eine angemessene Frist zur Erfüllung seiner Pflichten gesetzt hat (**Muster-AG 01**).

Welche Frist angemessen ist, richtet sich nach den Umständen des Einzelfalls. Dabei sind die beiderseitigen Interessen gegeneinander abzuwägen. Besteht die Gefahr großer Nachteile, wenn die Mängel nicht sofort beseitigt werden können, können die Fristen kürzer sein. Dies sollte auch für kleine Mängel gelten, die ohne großen Aufwand durch den Auftraggeber selbst beseitigt werden können.

Um das richtige Maß für die zu setzende Frist zu finden, kann es manchmal hilfreich sein, sich für einen Augenblick in die Lage des anderen zu versetzen.

Eine Fristsetzung ist ganz entbehrlich, wenn:

- der Auftragnehmer die Lieferung oder Leistung ernsthaft und endgültig verweigert,
- besondere Umstände vorliegen, die unter Abwägung der beiderseitigen Interessen die sofortige Geltendmachung des Anspruchs rechtfertigen,
- ein bereits im Vertrag bestimmter Termin oder Frist nicht eingehalten wird, von deren Einhaltung der Auftraggeber die Fortsetzung des Vertrages abhängig gemacht hatte, § 323 Abs.2 BGB,
- die Nacherfüllung fehlgeschlagen ist, §§ 440; 636; 637 Abs.2 BGB,
- die Nacherfüllung dem Auftraggeber unzumutbar ist, §§ 440; 636, 637 Abs.2 BGB.

Auch hier empfiehlt es sich, durch vorausschauende Vertragsgestaltung adäquate Prozesse zu gestalten: Bei großen Aufträgen sollte sich der Auftraggeber (einzelvertraglich) für Bagatell-Mängel ein sofortiges Selbstvornahmerecht einräumen lassen, das in der Regel auch im Interesse des Auftragnehmers liegt, denn der eigenen Aufwand zur Nacherfüllung kleiner Mängel kann höher sein, als die Selbstvornahme.

Bei IT-Dienstleistungen werden häufig sogenannte „Service-Level" vorgesehen, die dezidierte Reaktionszeiten für den Dienstleister vorschreiben, etwa die Beseitigung bestimmter Störungen innerhalb von 12 Stunden. Ähnliches ist auch für Kauf- und Werkvertragsleistungen vereinbar, insbesondere bei Abschluss von Rahmenverträgen.

5.7.4 Rechte des Auftraggebers – Überblick

Kaufvertrag / Werkvertrag / Bauvertrag

Bis zum Urteil des BGH vom 19.1.2017 (Az. VII ZR 2013/13, IBR 2017, 2427) war heftig umstritten, ob der Auftraggeber vor und nach Abnahme die gleichen Rechte hat. Der BGH hat jetzt klar entschieden, dass für den

Werkvertrag die Abnahme eine Zäsur darstellt: Bis zur Abnahme kann der Auftraggeber die Rechte geltend machen, die ihm das allgemeine Schuldrecht bietet, nach der Abnahme die Rechte, die das BGB in seinem besonderen Schuldrecht vorsieht.

Mängelansprüche Kaufvertrag/Werkvertrag

Vor Gefahrübergang	Nach Gefahrübergang
Zurückbehaltungsrecht, §§ 275, 320	Zurückbehaltungsrecht, §§ 275, 320
Erfüllung, § 241 Abs.1 BGB	Nacherfüllung, §§ 437, 439, §§ 634, 635
Rücktritt, §323	Rücktritt, §§ 437, 440, 323, 326 §§ 634, 636, 232, 326 Kündigung aus wichtigem Grund, §648a Kündigung statt Rücktritt: VOB/B § 8 III
	Minderung, §§ 431, 441 §§ 634, 638
	Nur Werkvertrag /Bauvertrag: Selbstvornahme, Aufwendungsersatz, Vorschuss § 634, 637
Schadenersatz, § 280 Ersatz vergeblicher Aufwendungen, §284	Schadenersatz, §§ 427, bzw. § 634 280, 281, 283, 311a; § 284

Die Entscheidung des BGH ist zwar zum Werkvertragsrecht gefallen, die Überlegungen sind jedoch nach unserer Auffassung auch für das Kaufrecht heranzuziehen. Zwar betont der Senat, das Recht des Auftragnehmers, das Werk herzustellen, weshalb der Auftraggeber vor der Abnahme nicht eingreifen dürfe. Bis zur Abnahme kann der Auftragnehmer grundsätzlich frei wählen, wie er den Anspruch des Bestellers auf mangelfreie Herstellung aus § 631 Abs.2 BGB erfüllt. Könnte der Besteller bereits während der Herstellungsphase Mängelrechte aus § 634 BGB geltend machen, kann das mit einem Eingriff in dieses Recht des Unternehmers verbunden sein.

Aber auch beim *Kaufvertrag* und Werklieferungsvertrag kann der Auftraggeber nach Vertragsschluss ohne Einwilligung des Auftragnehmers keine Änderungen vornehmen oder in den Herstellungs-/Lieferprozess eingreifen.

Ausnahmsweise lässt der BGH Mängelrechte vor der Abnahme auch dann zu, wenn der Auftraggeber die Erfüllung des Vertrages nicht mehr verlangen kann.

Beispiele: 1. Der Auftraggeber erklärt, dass er jetzt Schadensersatz statt der Leistung haben will.

2. Der Auftraggeber erklärt, dass er den Werklohn mindert (BGH, Urt. v. 19.2.2017, Az. VII ZR 235/15 und VII ZR 193/15).

Dann hat der Auftraggeber das Vertragsverhältnis umgestaltet. Er kann nicht mehr – wie vorher – verlangen, dass der Auftragnehmer seinen

Vertrag erfüllt. Jetzt geht es nur noch um die Abrechnung, aber nicht mehr um die Erfüllung.

Der BGH lässt die Mängelansprüche weiter auch in folgendem Beispiel zu:

Beispiel: Der Auftragnehmer hält seine Leistung für abnahmereif, aber der Auftraggeber verweigert die Abnahme ernsthaft und endgültig wegen angeblicher Mängel.

Auch in diesem Fall kann der Auftraggeber nicht mehr zu einem Erfüllungsanspruch gegen den Auftragnehmer zurückkehren. Die Rechte des Auftraggebers sind ausschließlich auf Geld gerichtet, sodass ausnahmsweise alle Mängelrechte – außer Nacherfüllungsanspruch - auch ohne Abnahme geltend gemacht werden können.

Macht der Auftraggeber hingegen beim Werkvertrag einen Vorschuss für die Beseitigung des Mangels im Wege der Selbstvornahme geltend, ändert dies nichts daran, dass der Auftraggeber nach wie vor die mangelfreie Erfüllung wünscht.

VOB/B-Bauvertrag

Die Abgrenzung zwischen Rechten des Auftraggebers vor und nach der Abnahme war in der VOB/B auch bisher schon angelegt. In der Übersicht:

Mängelansprüche VOB/B-Bauvertrag

Vor Gefahrübergang	Nach Gefahrübergang
Erfüllung, § 4 Abs. 7 Ressourcen-Erhöhung, § 5 Abs.3	Nacherfüllung, § 13 Abs.5
Zurückbehaltungsrecht, § 275, 320	Zurückbehaltungsrecht, § 275, 320
Schadenersatz neben der Leistung § 4 Abs.3	Schadenersatz statt der Leistung, § 15 Abs.7
Entziehen des Auftrags,§§ 4 Abs.7, 8 Abs.3	
	Selbstvornahme, § 15 Abs. 5
	Minderung, § 16 Abs.6

Zu den einzelnen Rechten im Folgenden:

5.7.5 Erfüllungsanspruch bei Verweigerung der Übergabe bzw. Abnahme

Verweigert der Auftraggeber die Entgegennahme der Ware oder die Abnahme der Leistung wegen Mängeln, erklärt er damit, dass der Vertrag nach seiner Ansicht noch nicht erfüllt ist. Der Auftraggeber kann deshalb weiterhin Erfüllung des Vertrages verlangen.

5.7.6 Nacherfüllung

Dem Anspruch des Auftraggebers, nach Gefahrübergang entdeckte Mängel zu beseitigen (Nacherfüllung) steht das Recht des Auftragnehmers gegenüber, dass ihm der Auftraggeber dazu auch die Chance einräumt.

Kaufvertrag / Werklieferungsvertrag / Werkvertrag / Bauvertrag

Ist die Lieferung oder Leistung mangelhaft, muss der Auftraggeber dem Auftragnehmer in der Regel zuerst die Möglichkeit geben, den Mangel zu korrigieren. Hierzu muss er den Mangel rügen und dem Auftragnehmer eine Frist zur Nacherfüllung setzen (Muster-AG 04). Es kann zweckmäßig sein, in diesem Schreiben gleich mehrere Fristen festzusetzen, um eine ordnungsgemäße Abwicklung der Mängelbeseitigung und Koordination mit anderen Gewerken sicherzustellen (Muster-AG 05).

5.7.6.1 Wahl der Nacherfüllungsart

Zur Nacherfüllung gibt es grundsätzlich zwei Möglichkeiten: Die Mängelbeseitigung oder die Neulieferung.

Kaufvertrag / Werklieferungsvertrag

Im Kaufvertragsrecht und beim Werklieferungsvertrag liegt die Wahl beim Auftraggeber. Beim Kauf einer mangelhaften Sache kann der Auftraggeber deshalb in dem Schreiben angeben, welche Form der Mängelbeseitigung er wünscht (Muster-AG 04).

Werkvertrag / Bauvertrag / VOB/B-Bauvertrag

Im Werkvertragsrecht hingegen kann der Auftragnehmer entscheiden, wie er den Erfolg sicherstellen will.

Zur Durchführung der Nacherfüllung kann der Auftragnehmer Vorschläge unterbreiten. Erklärt sich der Auftraggeber mit einer Nacherfüllungsvariante einverstanden, bedeutet dies jedoch in der Regel nicht, dass er damit auf seine Ansprüche wegen Mängeln insgesamt verzichtet (BGH, Urt. v. 6.12.2001, NJW 2002, 748). Stellt sich die Nacherfüllung deshalb als nicht erfolgreich heraus, kann sich der Auftragnehmer nicht mit Erfolg darauf berufen, der Auftraggeber habe ja selbst diesen Lösungsweg befürwortet. Will der Auftragnehmer deshalb - z.B. aus Kostengründen - Klarheit schaffen, muss er mit dem Auftraggeber eine eindeutige Vereinbarung abschließen.

Hat der Auftragnehmer die Mängel beseitigt sollte er dies dem Auftraggeber mitteilen und für die Abnahme der Nacherfüllungs-Leistungen einen Termin setzen, § 640 BGB (Muster-AN 25).

5.7.6.2 Kostentragung

Während im Werkvertragsrecht und Baurecht immer klar war, dass auch alle Kosten, die mit der Nacherfüllung von Mängeln zusammenhängen, von dem

Auftragnehmer zu tragen sind, gab es für das Kaufrecht und Werklieferungsvertragsrecht lange Streit, die sogar zu unterschiedlichen Urteilen zwischen Bundesgerichtshof und dem Europäischen Gerichtshof geführt hatten. Zuletzt war entschieden, dass diese Nebenkosten nur dann von dem Auftragnehmer zu tragen sind, wenn es sich um einen Verbraucher-Auftraggeber handelte, die Auftragnehmer in anderen Fällen nur dann im Rahmen der Nacherfüllung mit den Nebenkosten belastet werden konnten, wenn dies ausdrücklich vereinbart war. Ansonsten blieb nur das Recht des Auftraggebers, Schadensersatz zu verlangen, wenn denn auch ein schuldhaftes Verhalten des Auftragnehmers vorlag. Daran scheitert es nach der Rechtsprechung des BGH regelmäßig, wenn Lieferanten eingeschaltet sind, weil sich nach dieser Rechtsprechung der Auftragnehmer das Verschulden von Lieferanten nicht zurechnen lassen muss (siehe oben 4.2).

Der Gesetzgeber hat nun klargestellt, dass er keine Differenzierung wünscht. Der Auftragnehmer muss gem. § 439 Abs.3 BGB die erforderlichen Aufwendungen für das Entfernen der mangelhaften und den Einbau oder das Anbringen der nachgebesserten oder gelieferten mangelfreien Sache ersetzen, wobei hier gerade nicht auf die Voraussetzungen für einen Schadensersatzanspruch verwiesen wird.

Beispiel: Bestandteile einer Turbine werden „ex works" geliefert und nach Ägypten verschickt. Dort stellt sich heraus, dass die Bestandteile mängelbehaftet sind.

Die Kosten für den Ausbau der Turbine und den Rücktransport der Bestandteile bzw. für die Anreise der Reparaturkolonne trägt der Auftragnehmer – obwohl es sich um gewerbliche Vertragsparteien handelt und obwohl die Werkstatt des Auftragnehmers als Erfüllungsort vereinbart war.

Will der Auftragnehmer diese Risiken nicht tragen, muss er dies individuell mit dem Auftraggeber vereinbaren. Eine anderslautende AGB wäre auch zwischen Unternehmern unwirksam, §§ 309 Nr.8 cc; 310 Abs.1; 307 BGB.

5.7.6.3 Unzumutbarkeit der Nacherfüllung

Der Auftragnehmer kann die vom Auftraggeber gewünschte Art der Nacherfüllung oder die Nacherfüllung insgesamt verweigern, wenn die Nacherfüllung unverhältnismäßig wäre, §§ 439 Abs.4; 635 Abs.3 BGB. Dabei sind insbesondere der Wert der Sache in mangelfreiem Zustand, die Bedeutung des Mangels und die Frage zu berücksichtigen, ob auf die andere Art der Nacherfüllung ohne erhebliche Nachteile für den Käufer zurückgegriffen werden könnte, wie das Gesetz für das Kaufrecht präzisiert, § 439 Abs.4 BGB.

Beispiel: In dem o.a. Ägypten-Fall beeinträchtigt der Mangel die Funktionsfähigkeit der Turbine nicht.

Dann wäre der Ausbau der Turbine samt Hin- und Rücktransport unverhältnismäßig, wenn dem Interesse des Auftraggebers auch durch Reparatur vor Ort Rechnung getragen werden kann.

Liegt Unverhältnismäßigkeit vor, ist der Auftragnehmer lediglich insoweit von seiner Pflicht befreit, als er nicht in dieser Weise nacherfüllen muss; die anderen Rechte des Auftraggebers wegen der Mängel bleiben erhalten.

Nacherfüllt der Auftragnehmer durch eine Neulieferung, ist ihm die mangelhafte Sache auf Verlangen zurückzugeben, § 439 Abs.5 BGB.

Verbrauchsgüterkauf

Nach § 475 Abs.4 BGB gilt, dass der Auftragnehmer kein Verweigerungsrecht wegen Unverhältnismäßigkeit der Kosten hat, wenn die eine Art der Nacherfüllung nach § 275 Abs.1 BGB ausgeschlossen oder der Auftragnehmer diese nach § 275 Abs.2 oder 3 BGB oder nach § 439 Abs.4 S.1 BGB verweigern kann.

Beispiel: Der Verbraucher-Auftraggeber hat eine Video-Kamera zur Überwachung der Eingangstür gekauft. Das Bild ist gut, zeigt aber gelegentlich Streifen. Der Verbraucher-Auftraggeber verlangt von dem Auftragnehmer eine neue Kamera. Der Auftragnehmer meint, das Problem durch Aufspielen einer neuen Software lösen zu können.

Nach § 439 Abs.4 BGB kann der Auftragnehmer die Lieferung einer neuen Kamera wegen Unverhältnismäßigkeit verweigern, bei einem Verbraucher-Auftraggeber hingegen nicht.

Auch wenn sich die Unverhältnismäßigkeit erst dadurch ergibt, dass Ein- und Ausbaukosten hinzukommen, steht sich der Verbraucher-Auftraggeber besser als sonst.

Beispiel: Der Verbraucher-Auftraggeber hat eine Video-Kamera zur Überwachung der Eingangstür gekauft. Nach Montage ist der Eingangsbereich gut zu erkennen, aber das Bild zeigt gelegentlich Streifen. Der Verbraucher-Auftraggeber verlangt von dem Auftragnehmer Neulieferung inkl. Ein- und Ausbau. Letzteres käme so teuer, wie die Kamera selbst. Der Auftragnehmer meint, das Problem durch Aufspielen einer neuen Software lösen zu können.

Der Auftragnehmer kann hier die gewünschte Art der Nacherfüllung ebenfalls nicht verweigern. Immerhin darf er aber den Aufwendungsersatz auf einen angemessenen Betrag beschränken.

Muss also der Auftragnehmer die Kosten für den Ein- und Ausbau tragen, so doch nicht in unbegrenzter Höhe. Bei der Bemessung sind insbesondere der Wert der Sache in mangelfreiem Zustand und die Bedeutung des Mangels zu berücksichtigen.

Internationales Kaufrecht

Art. 47 Abs.1 CISG stellt klar, dass der Auftraggeber dem Auftragnehmer eine angemessene Nachfrist zur Erfüllung seiner Pflichten setzen kann. Vor Ablauf dieser Frist, darf der Auftraggeber in der Regel keine anderen Rechte ausüben, Art. 47 Abs.2 CISG.

Der Käufer kann Ersatzlieferung nur verlangen, wenn die Vertragswidrigkeit eine wesentliche Vertragsverletzung darstellt und die Ersatzlieferung entweder zusammen mit einer Anzeige nach Art. 39 CISG oder innerhalb einer angemessenen Frist danach verlangt wird, Art. 46 Abs.2 CISG.

Das Recht des Auftragnehmers auf Nacherfüllung bleibt auch nach Lieferung bestehen, wenn dies keine unzumutbare Verzögerung nach sich zieht und dem Käufer weder unzumutbare Unannehmlichkeiten noch Ungewissheit über die Erstattung seiner Auslagen durch den Verkäufer verursacht. Hier sind bei der richtigen Vorgehensweise weitere Schritte zu beachten, Art. 48 Abs.1 CISG.

VOB/B-Bauvertrag

Der Auftraggeber kann gem. § 13 Abs.5 Nr.1 VOB/B schriftlich die Beseitigung der Mängel verlangen. Der Auftraggeber muss den Auftragnehmer hierzu auffordern (**Muster-AG 04**). Ist die Beseitigung des Mangels nur mit einem unverhältnismäßig hohen Aufwand möglich, kann der Auftragnehmer die Nacherfüllung verweigern und den Auftraggeber auf die Minderung verweisen, § 13 Abs.6 VOB/B.

Internationale Werkverträge

Das englische Recht weist hier einen fundamentalen Unterschied zum deutschen Recht auf. Dort steht nicht die Nacherfüllung, sondern der Vertragsbruch im Vordergrund. Verstöße gegen Prüf- und Hinweispflichten münden deshalb in Schadensersatzansprüchen (Hillig, Die Mängelhaftung des Bauunternehmers im deutschen und englischen Recht, Frankfurt a.M. 2010).

Das ist bei internationalen Verträgen zu berücksichtigen. Das hier beigefügte FIDIC - Muster sieht eine dem deutschen Recht ähnliche Nacherfüllungsverpflichtung vor, bei deren Verletzung die anderen Ansprüche eintreten.

Beispiel: FIDIC, Ziff. 11

5.7.7 Zurückbehaltungsrecht

Kaufvertrag / Werklieferungsvertrag

Der Auftraggeber kann gem. § 320 BGB von seinem Zurückbehaltungsrecht Gebrauch machen und fällige Zahlungen aus diesem Auftrag zurückbehalten, bis der Mangel beseitigt ist (**Muster-AG 13**).

Die Geltendmachung des Zurückbehaltungsrechtes ist nur mit Leistungen und Gegenleistungen aus dem gleichen rechtlichen Verhältnis möglich, also im Prinzip nur im Rahmen des notleidenden Auftrages, nicht jedoch mit Forderungen aus einem anderen Projekt.

Einen darüber hinausgehenden „Druckzuschlag" wie beim Werkvertrag sieht das Gesetz nicht vor, obwohl diese unterschiedliche Behandlung durch den Gesetzgeber insbesondere beim Werklieferungsvertrag nicht verständlich ist.

Das Zurückbehaltungsrecht endet, wenn der Auftragnehmer seine Leistung erfüllt hat. Der zurückbehaltene Betrag muss dann ausgekehrt werden. Zur internen Überwachung vgl. **Muster-AG 07**.

Werkvertrag / Bauvertrag / VOB/B-Bauvertrag / Architekten und Ingenieurvertrag / Bauträgervertrag

Nach § 641 Abs.3 BGB kann der Auftraggeber zur Durchsetzung seines Nacherfüllungsanspruchs einen Betrag in Höhe von max. dem Doppelten der voraussichtlichen Mängelbeseitigungskosten zurückbehalten. **(Muster-AG 13)** Dazu muss:

- der Auftragnehmer mit seiner Leistung in Verzug sein (siehe oben Ziffer 5.6.2)
- und der Auftraggeber darf sich nicht seinerseits in Annahmeverzug befinden (siehe unten Kapitel 6).

Das Zurückbehaltungsrecht endet, wenn die Leistung erbracht ist. Den Druckzuschlag darf der Auftraggeber nur solange anwenden, wie er selbst noch auf Nacherfüllung besteht. Verlangt er also Minderung oder Schadensersatz statt der Leistung, tritt er zurück oder kündigt er, kann nur noch in Höhe der einfachen Mängelbeseitigungskosten zurückbehalten werden.

§ 641 Abs.3 BGB ist auch bei einem VOB-Vertrag anwendbar.

5.7.8 Selbstvornahme

Der Auftraggeber kann ein Interesse daran haben, dass erkannte Mängel schnellstmöglich und kompetent beseitigt werden. Er wird deshalb manchmal nicht abwarten wollen, bis der Auftragnehmer vor Ort erscheint, um die Mängel zu beseitigen.

Andererseits muss der Auftragnehmer grundsätzlich die Chance bekommen, seinen eigenen Fehler zu korrigieren, zumal dies meist billiger ist, als wenn ein Drittunternehmen beauftragt wird.

Diese Interessenkollision wird so gelöst, dass der Auftraggeber dem Auftragnehmer in aller Regel eine angemessene Frist setzen muss, um den Mangel zu beseitigen.

Gelingt die Nacherfüllung dann nicht, oder nimmt der Auftragnehmer die Chance nicht wahr, so kann er von dem Auftraggeber nicht mehr verlangen, dass er ihn selbst nacherfüllen lässt. Der Auftraggeber kann jetzt die Mängel selbst oder durch andere beseitigen lassen und Ersatz der dadurch entstandenen Kosten verlangen.

Das Vorgehen und die Ausnahmen hierzu sind allerdings je nach Vertragstyp unterschiedlich.

Will der Auftraggeber den Mangel selbst oder durch einen Dritten beseitigen, muss er dem Auftragnehmer eine angemessene Frist zur Nacherfüllung setzen **(Muster-AG 04)**. Ist die Frist fruchtlos verstrichen, kann der Auftraggeber Schadensersatz statt der Leistung nach §§ 280; 281 BGB verlangen **(Muster-AG 15)**. Dadurch endet die Pflicht des Auftragnehmers, den Vertrag nachzuerfüllen. Im Rahmen des Schadensersatzes besteht für den Auftraggeber die Möglichkeit, die Sache zu reparieren und die dadurch aufgewandten Kosten dem Auftragnehmer in Rechnung zu stellen.

Ein Recht, den Vertrag mit dem Auftragnehmer aufrecht zu erhalten und trotzdem die Mängel selbst zu beheben, sieht das Kaufrecht – im Gegensatz zum Werkvertragsrecht – nicht vor.

Werkvertrag

Will der Auftraggeber den Mangel selbst oder durch einen Dritten beseitigen, muss er dem Auftragnehmer eine angemessene Frist zur Nacherfüllung setzen (Muster-AG 04). Ist die Frist fruchtlos verstrichen, kann er die Mängel selbst oder durch einen Dritten auf Kosten des Auftragnehmers beseitigen, § 637 BGB. Es handelt sich um einen Kostenerstattungsanspruch, auf Verschulden wie bei einem Schadensersatzanspruch kommt es also nicht an.

Der Anspruch auf Mängelbeseitigung ist durch Beginn der Selbstvornahme nicht erloschen. Auch der Auftragnehmer darf noch immer von seinem Nacherfüllungsrecht Gebrauch machen. Will der Auftraggeber das nicht, muss er nach Ablauf der Frist die Nacherfüllung durch den Auftragnehmer verweigern. Die Kosten seiner Selbstvornahme muss er dann im Wege des Schadensersatzanspruchs geltend machen.

Der Auftraggeber kann Kostenerstattung auch für seine eigenen Leistungen verlangen. Er ist nicht gezwungen, den billigsten Weg zur Mängelbeseitigung zu wählen. Gleichwohl gilt auch hier der Grundsatz der Verhältnismäßigkeit der Mittel. Im Übrigen hat auch der Auftraggeber eine Schadensminderungspflicht nach § 254 BGB.

Internationale Verträge

vgl. FIDIC, Ziffer 11.4 und Ziffern 7.5 und 7.6

VOB/B-Bauvertrag

Die Vorgehensweise ist ähnlich. Der Auftraggeber setzt eine Frist zur Mängelbeseitigung (Muster-AG 04). Kommt der Auftragnehmer dem nicht nach, kann der Auftraggeber die Mängel auf Kosten des Auftragnehmers beseitigen lassen, § 15 Abs.5 Nr.2. VOB/B.

5.7.9 Kostenvorschuss

Kaufvertrag

Der Gesetzgeber räumt - anders als beim Werkvertrag - dem Auftraggeber kein Recht ein, vom Auftragnehmer einen Vorschuss zu verlangen, wenn er selbst die Mängel beseitigen will.

Macht aber der Auftraggeber einen Schadensersatzanspruch geltend, so kann er auch aus § 281 BGB den für die Mängelbeseitigung erforderlichen Geldbetrag verlangen, unabhängig davon, ob der Mangel tatsächlich beseitigt werden soll oder nicht (BGH, Urt. v. 6.11.1986, Az. VII ZR 97/85, NJW 1987, 645; BGH, Urt. v. 7.7.1988, Az. VII ZR 320/87, NJW 1988, 2728).

Verbrauchsgüter-Kaufvertrag

Zugunsten des Verbraucher-Auftraggebers sieht § 475 Abs.6 BGB ein Recht vor, Vorschuss zu verlangen und zwar für Aufwendungen, die ihm im

Rahmen der Nachverfüllung nach § 439 Abs.2 u. 3 BGB entstehen. Das sind die Kosten, die er begleitend aufwenden muss.

Beispiel: Ein Heimwerker-Set für den Selbstanbau eines Wintergartens wird zum Bestimmungsort versandt und mitten im Umbau stellt sich die Mangelhaftigkeit der Aufbau-Anleitung heraus. Der Verbraucher-Auftraggeber, will die Teile wieder abbauen, mit einem Versandunternehmen an den Auftragnehmer zurücksenden und die neuen Teile wieder einbauen. Hierfür kann er einen Vorschuss verlangen. Die sinnlose Arbeitszeit für den ersten teilweisen Aufbau könnte er - falls schuldhaftes Verhalten des Auftragnehmers vorliegt - als Schadensersatz geltend machen.

Werkvertrag

Der Auftraggeber kann vom Auftragnehmer den zur Beseitigung des Mangels erforderlichen Vorschuss auf seine Aufwendungen verlangen (**Muster-AG 11**) und ggf. auch einklagen, § 637 Abs.3 BGB, oder aufrechnen (**Muster-AG 12**). Er muss dann nach Abschluss der Selbstvornahme abrechnen.

VOB/B-Bauvertrag

Es besteht kein Grund, diesen Anspruch auf Vorschuss nicht auch dem Auftraggeber im Rahmen eines VOB/B - Vertrages einzuräumen.

5.7.10 Rücktritt

Bei einem Rücktritt wandelt sich durch die Rücktrittserklärung der Erfüllungsvertrag in ein Schuldverhältnis, bei dem sich die Vertragsparteien dasjenige zurückzugewähren haben, was sie bereits von der anderen Seite erhalten haben, § 323 BGB.

Der Auftraggeber kann die Lieferung oder Leistung zurückweisen und die Rückerstattung aller von ihm geleisteten (An-)Zahlungen verlangen. Der Auftragnehmer muss den Zustand wieder herstellen, der vor der mangelhaften Leistung bestand. Der Auftraggeber kann darüber hinaus zusätzlich den Schaden geltend machen, der ihm hierdurch entstanden ist.

Kaufvertrag / Werklieferungsvertrag

Wird eine fällige Lieferung nicht oder nicht vertragsgemäß erbracht, kann der Auftraggeber vom Vertrag zurücktreten, wenn er dem Auftragnehmer erfolglos eine angemessene Frist zur Leistung oder Nacherfüllung bestimmt hat, §§ 437 Nr.2, 323 Nr.3 BGB (**Muster-AG 10**).

Der Auftraggeber darf bereits vor Eintritt der Fälligkeit zurücktreten, wenn offensichtlich ist, dass die Voraussetzungen für einen Rücktritt eintreten werden, § 323 Abs.4 BGB. Die Beweislast liegt allerdings beim Auftraggeber.

Nach Ablauf der Frist, muss der Auftraggeber den Rücktritt erklären (**Muster-AG 10**).

Hat der Auftragnehmer bereits teilweise Leistungen erbracht, so soll der Auftraggeber grundsätzlich auch nur wegen der mangelhaften Teilleistungen zurücktreten. Vom ganzen Vertrag zurückzutreten kommt nur in Betracht, wenn der Auftraggeber kein Interesse an der Teilleistung hat, § 323 Abs.5 BGB.

Der Rücktritt ist nicht möglich, wenn:

- die Pflichtverletzung, hier also die mangelhafte Leistung, unerheblich ist, § 323 Abs.5 S.2 BGB,
- der Auftraggeber allein oder überwiegend verantwortlich ist, § 323 Abs.6 BGB,
- sich der Auftraggeber in Annahmeverzug befindet, §§ 323 Abs.6; 293 BGB.

Einzelvertraglich können die Parteien auch statt des Rücktritts die Kündigung des Vertrages für die Zukunft vereinbaren.

Werkvertrag / Bauvertrag

Auch hier besteht ein Rücktrittsrecht, §§ 634 Nr.3, 323 BGB. Die Vorgehensweise ist dieselbe, wie oben beim *Kaufvertrag*.

VOB/B-Bauvertrag

§ 8 VOB/B kennt nur die Kündigung des Vertrages.

5.7.11 Kündigung

Kaufvertrag / Werklieferungsvertrag

Für das Kaufrecht ist auch nach der Abnahme kein Kündigungsrecht vorgesehen, außer bei Dauerschuldverhältnissen, § 314 BGB.

Für den Werklieferungsvertrag ist aber das Recht der freien Kündigung eingeräumt, § 648 BGB.

Werkvertrag / Bauvertrag

Vor allem aber besteht das Kündigungsrecht aus wichtigem Grund, § 648a BGB, das jederzeit möglich ist, also auch noch nach der Abnahme (siehe oben Kapitel 5.5.3).

Beispiel: Der Auftraggeber nimmt zwar die Leistung ab, rügt aber Mängel. Der Auftragnehmer hält das für Unsinn und weigert sich.

Der Auftraggeber kann Selbstvornahme und Kostenvorschuss wählen (siehe oben Ziffer 5.7.8 und Ziffer 5.7.9). Er kann aber auch den Vertrag für die Zukunft kündigen. Eine solche Kündigungserklärung kann auch in der Forderung nach Schadensersatz statt der Leistung liegen. Er muss sich dann aber darüber im Klaren sein, dass er keinen Anspruch auf Nacherfüllung, also Beseitigung der Mängel mehr hat.

VOB/B-Bauvertrag

Der Auftraggeber kann kündigen, § 8 Abs.3 VOB/B, (Muster-AG 20).

5.7.12 Minderung

Kaufvertrag / Werkvertrag / Bauvertrag

Der Auftraggeber kann die Vergütung wegen Mängeln mindern. Erforderlich ist auch hier zunächst eine Fristsetzung (Muster-AG 04). Nach Ablauf ist die Minderung zu erklären (Muster-AG 14).

Die Minderung ist anders als beim Rücktritt, § 323 Abs.5 S.2 BGB, auch wegen kleiner Mängel zulässig. Bei der Herabsetzung der Vergütung ist das Verhältnis zwischen einer Lieferung oder Leistung mit und ohne Mängeln maßgebend, und zwar im Zeitpunkt des Vertragsschlusses, §§ 441; 638 Abs.3 BGB. Dies ist meist schwierig, denn wie will man hypothetisch den Wert einer mangelhaften Leistung feststellen. Deshalb wird in der Praxis der voraussichtliche Aufwand für die Mängelbeseitigung als Ausgangspunkt für Verhandlungen über den Minderungsbetrag herangezogen.

Ggf. muss dieser Wert durch Schätzung ermittelt werden. Im Ergebnis führt so die Minderung zur Erstattung der Kosten für die Selbstvornahme.

Ist die Nacherfüllung aber unmöglich oder unverhältnismäßig, so kann die Minderung nicht anhand der Mängelbeseitigungskosten ermittelt werden. Dann ist ein technischer Minderwert zu ermitteln. Ggf. kann zusätzlich auch ein merkantiler Minderwert angesetzt werden, wenn also das Teil später von den maßgeblichen Kreisen als weniger wertvoll angesehen wird (BGH, Urt. v. 9.1.2003, Az. VII ZR 18/00, NJW 2003, 1188).

Internationaler Kaufvertrag

Art. 50 CISG errechnet den Minderungsbetrag aus dem Vergleich des Wertes, den die tatsächlich gelieferte Ware im Zeitpunkt der Lieferung hatte mit dem Wert, den sie vertragsgemäß gehabt hätte. Art. 50 CISG stellt klar, dass der Auftraggeber dann nicht mindern kann, wenn der Auftragnehmer nacherfüllt oder der Auftraggeber die Nacherfüllung ablehnt.

VOB/B-Bauvertrag

Die Minderung kann bei einem *VOB/B – Bauvertrag*, § 13 Abs.6 VOB/B nur ausnahmsweise verlangt werden, nämlich dann, wenn:

- die Beseitigung des Mangels gar nicht <u>oder</u>
- nur mit unverhältnismäßig hohem Aufwand möglich wäre <u>und</u> deshalb der Auftragnehmer die Nacherfüllung verweigert <u>oder</u>
- ausnahmsweise, wenn die Beseitigung für den Auftraggeber unzumutbar ist.

Die Minderung nach VOB/B ist also deutlich schwieriger als bei einem Werkvertrag.

Internationaler Bauvertrag

vgl. FIDIC, Ziffer 11.4

5.7.13 Schadensersatz neben Nacherfüllungsanspruch und Minderung oder Rücktritt

Kaufvertrag / Werkvertrag

Der Auftraggeber ist berechtigt, neben der Nacherfüllung, der Minderung oder dem Rücktritt vom Vertrag auch Ersatz des Schadens zu verlangen, der ihm durch die mangelhafte Leistung entstanden ist. Durch das bestehende Auftragsverhältnis wird sein Verlangen nicht eingeschränkt oder beendet.

Die mangelhafte Leistung stellt eine Pflichtverletzung dar, § 280 Abs.1 BGB.

Anders als bei den anderen Rechten des Auftraggebers (Nacherfüllung, Minderung, Rücktritt) kann der Auftraggeber Schadensersatz jedoch nur dann verlangen, wenn der Auftragnehmer schuldhaft gehandelt hat. Dabei reicht leichte Fahrlässigkeit aus. Fahrlässig handelt, wer die im Verkehr erforderliche Sorgfalt außer Acht lässt, § 276 Abs.2 BGB. Die Pflichtverletzung alleine lässt bereits vermuten, dass der Auftragnehmer schuldhaft gehandelt hat. Es ist dann Sache des Auftragnehmers, nachzuweisen, dass dem nicht so ist, der Schaden etwa dadurch entstanden ist, dass ein Dritter, insbesondere der Auftraggeber selbst, die Mängel herbeigeführt hat (Umkehr der Beweislast, § 280 Abs.1 S.2 BGB).

Der Schadensersatzanspruch soll dem Auftraggeber seine vollen, auf die schuldhaft verursachten Mängel des Auftragnehmers zurückzuführenden, Vermögenseinbußen ausgleichen (Muster für die interne Erfassung der Kosten für Mängelbeseitigung: **(Muster-AG 08)**. Der Auftraggeber ist so zu stellen, wie er stehen würde, wenn die Sache keine Mängel hätte (Ersatz des „positiven Interesses").

Beispiel: Durch einen Montagefehler bei der Verlegung einer Gasleitung kommt es zur Explosion.

Der Auftraggeber kann neben den Mängelansprüchen als Schadensersatz auch Ersatz der Kosten für die Absicherung der Baustelle durch eigenes Personal verlangen, natürlich auch für die Wiederherstellung der beschädigten Konstruktionen etc..

VOB/B-Bauvertrag

Der Auftraggeber kann nach § 13 Abs.7 VOB/B Schadensersatz verlangen.

Hier ist zu differenzieren: Liegt der Schaden in den Kosten für eine Mängelbeseitigung (Mangelschaden) muss der Auftraggeber vorher unter Fristsetzung zur Mangelbeseitigung aufgefordert haben, § 13 Abs.5 Nr.2 VOB/B **(Muster-AG 04)**. Will er die Leistung des Auftragnehmers ablehnen, sollte er dies deutlich machen **(Muster-AG 15)**.

Will der Auftraggeber den weitergehenden Vermögensschaden geltend machen (Mangelfolgeschaden), ist eine solche erfolglose Fristsetzung nicht erforderlich.

Beispiel: Der Auftragnehmer hat den Auftrag, Ventile im Lüftungssystem eines Krankenhauses zu erneuern. Dabei werden versehentlich die Ventile nicht zugedreht. Der Dampf verteilt sich am Wochenende im ganzen System; die Rohrleitungen korrodieren und müssen vollständig ausgetauscht werden.

Die Ventile sind durch die Handlung funktionsuntauglich und schadhaft. Bezüglich dieses Mangelschadens bedarf es eigentlich der Fristsetzung.

Das System selber war nicht Gegenstand der Leistung. Um Ersatz für diesen Mangelfolgeschaden zu erhalten muss vorher keine Frist gesetzt werden (**Muster-AG 16**).

Ist eine Fristsetzung wegen der Mängelansprüche entbehrlich, (siehe oben Ziff. 5.7.3), wie in diesem Beispiel, weil das gesamte System einschließlich der Ventile erneuert werden muss, kann der Schaden auch insgesamt ohne eigenständige Fristsetzung geltend gemacht werden.

§ 13 Abs.7 VOB/B beschränkt die Höhe des Mangelfolgeschadens: Der Auftragnehmer haftet zwar vollständig für Schäden, die er grob-fahrlässig oder vorsätzlich verursacht hat. Bei mittlerer oder leichter Fahrlässigkeit hat er jedoch zunächst nur den Schaden an der baulichen Anlage selbst zu ersetzen, sofern ein wesentlicher Mangel vorliegt. Der darüber hinausgehende Schaden ist nur dann zu ersetzen, wenn die weiteren Voraussetzungen des § 13 Abs.7 Nr.3 VOB/B erfüllt sind:

- Verstoß gegen die anerkannten Regeln der Technik,
- Fehlen einer vertraglich vereinbarten Beschaffenheit,
- soweit der Schaden durch eine Haftpflichtversicherung gedeckt ist oder hätte gedeckt werden können.

5.7.14 Schadensersatz statt Leistung

Kaufvertrag / Werkvertrag / Bauvertrag

Der Auftraggeber kann sich wegen der Mängel auch dafür entscheiden, die Leistung des Auftragnehmers abzulehnen und stattdessen Schadensersatz zu verlangen (**Muster-AG 15**). Er kann insbesondere die Leistungen selbst oder durch einen Dritten in Ordnung bringen oder fertig stellen lassen und den ihm dadurch entstandenen Schaden beim Auftragnehmer geltend machen (BGH, Urt. v. 26.10.1972, Az. VII ZR 181/71, NJW 1973, 138). Entscheidet er sich für diesen Weg, kann er allerdings vom Auftragnehmer keine Erfüllung mehr verlangen, § 281 Abs.3 BGB (so auch BGH, Urt. v. 19.1.2017, Az. VII ZR 193/15; BGH, Urt. v. 19.1.2017, Az. VII ZR 235/15; BGH, Urt. v. 19.1.2017, Az. VII ZR 301/13; in Entscheidungssammlung des Bundesgerichtshofes).

Schadensersatz statt der Leistung kann nur gefordert werden, wenn erfolglos eine angemessene Frist zur Leistung bzw. Nacherfüllung bestimmt wurde, § 281 BGB (**Muster-AG 04**). Zur Entbehrlichkeit siehe oben Ziffer 5.7.3.

Dem Auftraggeber steht der volle Schadensersatzbetrag unabhängig davon zu, ob und in welchem Umfang er den Mangel tatsächlich beseitigen lässt (OLG Köln, Urt. v. 12.1.2012, Az. 7 U 99/98, BeckRS 2012, 02957).

5.7.15 Ersatz von Aufwendungen

Alternativ zum Schadensersatz statt der Leistung kann der Auftragnehmer auch den Ersatz der Aufwendungen verlangen, die er im Vertrauen darauf gemacht hat, dass der Auftragnehmer seine Vertragspflichten einhalten wird, § 284 BGB. Da sämtliche Voraussetzungen wie bei einem Schadensersatz erfüllt sein müssen, wird dieses Recht im Zusammenhang mit Mängelansprüchen selten geltend gemacht. Es handelt sich lediglich um eine andere Form der Schadensberechnung.

5.7.16 Verhalten des Auftragnehmers bei Mängelansprüchen des Auftraggebers

Ob eine Mängelrüge berechtigt ist oder nicht, lässt sich oft erst feststellen, wenn man sich mit der Störung vertraut gemacht hat. Von dem Auftragnehmer wird in der Regel erwartet, dass er sich das Problem ansieht und dann behebt. Zwingend ist das nicht! Der Auftragnehmer ist nicht verpflichtet, auf Zuruf vor Ort zu erscheinen, um sich die Sache anzusehen. Der Auftraggeber muss ihm hierzu lediglich die Chance und eine angemessene Frist einräumen. (hierzu Hammacher, Prüf- und Hinweispflichten, Ziff. 22.1).

Bei der Abwägung mag es eine Rolle spielen, ob der Mangel bereits vor Abnahme erkannt und gerügt wird (Beweislast beim Auftragnehmer) oder nach der Abnahme (Beweislast beim Auftraggeber). Eine Rolle könnte auch spielen, ob ein Mangel erst kurz vor Ende der Verjährungsfrist gerügt wird, denn dann könnte der Auftragnehmer geneigt sein, auf den Fristablauf zu spekulieren. Hier wiederum wird er sich überlegen müssen, ob dem Auftraggeber noch Sicherheiten zur Verfügung stehen, die dieser auch nach Ablauf der Verjährung noch geltend machen darf.

Schon aus Gründen der Kundenpflege wird der Auftragnehmer sich aber um den angeblichen Mangel kümmern. Damit der Auftraggeber hierüber informiert wird, zugleich aber auch erfährt, dass ihm Kosten entstehen, wenn es sich nicht um einen Mangel handelt, empfiehlt sich das Musterschreiben (**Muster-AG 15**).

Beispiel: Der Auftraggeber hatte eine Lichtrufanlage für ein Altersheim gekauft. Auf eine Störungsmeldung hin forderte der Auftraggeber den Auftragnehmer zur Mängelbeseitigung auf. Eine Untersuchung der Störung durch die Klägerin ergab, dass kein Sachmangel vorlag, sondern eine nachträgliche Fehlbedienung der Anlage durch das Pflegepersonal. Die Kosten im Rahmen der Fehlersuche und -beseitigung - im Wesentlichen Fahrt- und Personalkosten - verlangt der Auftragnehmer ersetzt (BGH in BauR 2008, 671 = NJW 2008, 1147).

Wenn der Auftraggeber fahrlässig nicht erkannt hat, dass kein Mangel vorliegt, z.B. weil er bei einer Störungsmeldung nicht zuerst sorgfältig prüft, ob sie im eigenen Verantwortungsbereich liegt, verstößt der Auftraggeber gegen das Gebot der Rücksichtnahme und macht sich schadensersatzpflichtig, § 241 BGB.

Je nachdem wie der Auftragnehmer reagiert, wirkt sich dies auf die laufenden Verjährungsfristen aus – freilich nur hinsichtlich des gerügten Mangels. (siehe unten Ziff.5.11.2).

5.8 Der Auftragnehmer verletzt seine Prüf- und Hinweispflicht

Die Prüf- und Hinweispflichten von Auftraggeber, Auftragnehmer, Architekten und Ingenieuren haben in den letzten Jahren eine neue Dimension erlangt. Durch zahlreiche Urteile werden die Verantwortlichkeiten und Risiken neu definiert und zugeordnet. An der Schnittstelle zwischen den Lieferungen und Leistungen der Baubeteiligten gibt es den höchsten Klärungsbedarf und den meisten Streit. Auch hier ist zwischen den unterschiedlichen Vertragstypen zu differenzieren. Mehrere Anspruchsgrundlagen sind zu unterscheiden und bei der Geltendmachung zu berücksichtigen. Chronologisch betrachtet, beginnen die Prüf- und Hinweispflichten bereits in der Angebotsphase. Sie setzen sich fort über Vertragsschluss, Auftragsabwicklung, Abnahme und darüber hinaus. Die damit zusammenhängenden Fragen können deshalb im Rahmen dieses Handbuchs nur angerissen werden. Umfassend und unter Analyse unzähliger Gerichtsentscheidungen wird das Thema in einer anderen Publikation behandelt, auf die wir hier hinweisen:

Dr. Peter Hammacher

Prüf- und Hinweispflichten,
Bauvertrag – Werkvertrag – Werklieferungsvertrag

2., überarbeitete Auflage 2016. 406 S. A5. Broschiert.

64,00 EUR | ISBN 978-3-410-26364-7

Bestellformular am Ende des Buches

Auch als E-Book unter:
www.beuth.de/go/pruef-hinweispflichten

5.8.1 Prüf- und Hinweispflichten des Auftragnehmers bei Vertragsschluss

Die Auseinandersetzungen zwischen Auftragnehmer und Auftraggeber sind von tief liegenden Vorurteilen geprägt (siehe unten Kapitel 15):

Der Auftragnehmer ist der Überzeugung, dass der Auftraggeber bewusst mit wichtigen Informationen hinter den Berg hält, um ein günstiges Angebot zu erhalten, oder dass der Auftraggeber bei der sorgfältigen Ausarbeitung der Ausführungsunterlagen spart und die Konsequenzen dem Auftragnehmer anlasten will.

Der Auftraggeber ist der Überzeugung, dass der Auftragnehmer bewusst die Ausschreibungsunterlagen auf Lücken, Schwächen, Fehler hin analysiert, dann einen niedrigen Preis angibt, um den Auftrag zu erlangen und sich dann mit Nachträgen gesund zu stoßen.

In diesem Spannungsfeld kommt den Prüf- und Hinweispflichten auf beiden Seiten eine besondere Rolle zu. Sie sollen die Risiken offen zuweisen, sodass jeder entscheiden kann, ob und zu welchen Bedingungen er sie eingehen will.

Deshalb muss sich der Auftragnehmer schon bei Vertragsschluss die ihm übergebenen Unterlagen daraufhin ansehen, ob er auf dieser Grundlage seine Leistungen erbringen kann. Ob er darüber hinaus auch weitere Prüfungen vornehmen muss, hängt davon ab, was vereinbart wurde.

Beispiel: In den Ausschreibungsunterlagen, die später Vertragsbestandteil werden, heißt es: "Bedenken gegen diese Unterlagen (Pläne und Leistungsverzeichnis) hat der etwaige Auftragnehmer noch vor Vertragsabschluss mitzuteilen. Nach Vertragsabschluss mitgeteilte Bedenken, die ihre Grundlage in den übergebenen Unterlagen haben, berechtigen den Auftragnehmer nicht, andere Preise oder zusätzliche Leistungen für die bedenkenfreie Art der Ausführung in Rechnung zu stellen." (OLG München, Urt. v. 30.1.1986, Az. 29 U 3832/85, NJW-RR 1986, 382).

Als AGB ist diese Klausel unwirksam, läuft sie doch auf eine Haftungsfreizeichnung des Auftraggebers hinaus. Individualrechtlich lassen sich solche Vereinbarungen schließen. Eine Bestimmung wie:

Beispiel: „Die vorherige Besichtigung der Baustelle wird dringend empfohlen."

ist hingegen nicht zu beanstanden.

Die Frage ist, wie intensiv sich der Bieter mit den Ausschreibungsunterlagen und den tatsächlichen Rahmenbedingungen beschäftigen muss.

Handelt es sich um Ausschreibungsunterlagen eines öffentlichen Auftraggebers darf der Auftragnehmer davon ausgehen, dass die von dem Auftraggeber erstellten Ausschreibungsunterlagen richtig und vollständig sind, wie es § 7 VOB/A verlangt.

Es ist Sache des Auftraggebers, die Ausschreibungsunterlagen so aufzubereiten, dass der Auftragnehmer mit der gebotenen durchschnittlichen

Sorgfalt sein Angebot kalkulieren kann. Darauf, ob der Auftragnehmer eine großes oder kleines Unternehmen ist, ob der Auftrag groß oder klein ist oder ob das Bauwerk einfach oder anspruchsvoll ist, kann es nicht ankommen. Der Prüfmaßstab ist auch nicht davon abhängig, welche Sonderfähigkeiten und -kenntnisse der Auftragnehmer mitbringt. Bewusst verwendet die Rechtsprechung einen objektivierten Maßstab.

Stellt der Auftragnehmer allerdings fest, dass die gegebenen Informationen für die Ausführung des Auftrags wichtige Fragen offen lassen, muss er den Auftraggeber um Aufklärung bitten. Tut er das nicht, sondern legt er stattdessen eigene Erfahrungen und Überlegungen zugrunde, geht er das Risiko ein, dass sich diese später als unzutreffend herausstellen. Da der Auftragnehmer seine Obliegenheit verletzt, durch Nachfragen zu prüfen, verliert er die Möglichkeit, Mehrkosten zu verlangen.

In der Phase vor Auftragsvergabe sind die Anforderungen an die Prüf- und Hinweispflicht des Auftragnehmers von der Aufgabe geprägt, ein wirtschaftliches Angebot für die von dem Auftraggeber erbetenen Lieferungen und Leistungen abzugeben. Die Prüfung, ob die vom Auftraggeber zur Verfügung gestellten Materialien, Vorleistungen etc. hierfür geeignet sind, findet erst dann intensiv statt, wenn der Auftragnehmer weiß, dass er den Auftrag bekommen hat. Alles andere wäre eine vollständige Überforderung des Auftragnehmers.

Für die Prüfung des Leistungsverzeichnisses sind damit von Bedeutung:

- Geht es um eine Position, die für die Erfüllung der eigenen Leistung von besonderer Bedeutung ist?
- Handelt es sich um eine Schwäche im Leistungsverzeichnis, die für den Auftragnehmer im Rahmen seiner für die Angebotserstellung notwendigen Sorgfalt erkennbar ist?
- Ist die Schwäche zwar nicht von besonderer Bedeutung, ist sie dem Auftragnehmer aber trotzdem aufgefallen, hat er sie also bewusst verschwiegen?

In all diesen Fällen wird man dem Auftragnehmer vorhalten können, dass er seiner Obliegenheit nicht nachgekommen ist, wenn er den Auftraggeber über seine Erkenntnisse nicht informiert.

Was von dem Auftragnehmer nicht verlangt werden kann, ist „detektivische Kleinarbeit". Hat er also trotz ansonsten sorgfältiger Angebotsbearbeitung den Fehler nicht erkannt und deshalb nicht darauf hingewiesen, verbleibt die alleinige Verantwortung für das Leistungsverzeichnis beim Auftraggeber bzw. seinen Planern.

Will der Auftraggeber eine intensivere Prüfung der Ausschreibungsunterlagen und -bedingungen, kann er mit dem Auftragnehmer eine erhöhte Prüfung vereinbaren, ggf. auch gegen ein gesondertes Honorar, z.B. die Prüfung bauseitig bereits vorliegender statischer Berechnungen, oder der ingenieurtechnischen Umsetzbarkeit eines bereits vorliegenden Architektenentwurfs.

Geschieht dies aber nicht, kann der Auftraggeber seine Planungsmängel nicht später mit dem Argument auf den Auftragnehmer überwälzen, er hätte ja bereits bei Vertragsschluss alles prüfen und als Fachfirma den Auftraggeber auf Fehler hinweisen müssen.

5.8.2 Prüf- und Hinweispflichten des Auftragnehmers bei der Auftragsabwicklung

Kaufvertrag / Werklieferungsvertrag

Die Rechtsprechung leitet ihre erhöhten Anforderungen an den Auftragnehmer aus der Erfolgsbezogenheit des Werkvertragsrechts her, die für Kauf- und Werklieferungsvertrag nicht besteht. Gleichwohl gibt es genügend Entscheidungen, die auch für die Lieferung solche Prüf- und Hinweispflichten für den Auftragnehmer begründen.

Deshalb sollte auch bei diesem Vertragstyp klargestellt werden, welche Risiken der Auftragnehmer zu übernehmen hat, und welche nicht.

Werkvertrag / Bauvertrag / VOB/B-Bauvertrag

Nach der Rechtsprechung vor allem des VII. Zivilsenates des BGH steht der vereinbarte Erfolg der Leistung im Werkvertragsrecht an erster Stelle. Tritt dieser nicht ein, ist die Leistung des Auftragnehmers mangelhaft.

Der Auftraggeber kann dann seine Mängelrechte geltend machen, (siehe oben Ziffer 5.7).

Der Auftragnehmer kann sich von diesem Vorwurf nur befreien, indem er nachweist, dass er seiner Prüf- und Hinweispflicht nachgekommen ist, § 13 Abs.3 VOB/B. Dieser Grundgedanke ist nach Auffassung des BGH eine Ausprägung von Treu und Glauben, § 242 BGB, und für das gesamte Werkvertragsrecht maßgeblich.

Beispiel: Der Auftraggeber hatte für sein Forsthaus ein Blockheizkraftwerk (BHKW) bauen lassen und dem Auftragnehmer den Auftrag zur Errichtung der Heizungsanlage und deren Verbindung mit dem BKHW erteilt. Die Heizkörper wurden jedoch nicht warm, weil das BHKW mangels ausreichender Stromabnahme nicht in der Lage war, den Wärme- und Warmwasserbedarf des Forsthauses zu decken.

Der BGH (Urt. v. 8.11.2007, Az. VII ZR 183/05, NZBau 2008, 109) hat entschieden, dass das Gewerk des Auftragnehmers selbst dann mangelhaft ist, wenn er zwar alles richtig gemacht hat, trotzdem aber die vereinbarte Funktion nicht erfüllt, weil Vorunternehmer nicht ordentlich geleistet haben.

Diese Rechtsprechung hat leider dazu geführt, dass „Fachfirmen" - und wer ist nicht Fachfirma auf seinem Gebiet – von ihren Auftraggebern für Risiken verantwortlich gemacht werden, die gar nicht Gegenstand ihres Liefer- und Leistungsumfangs sind („Hätten Sie uns darauf hingewiesen, wären die Kosten nicht entstanden und kein Mangel und kein Schaden eingetreten.").

Der Auftragnehmer steht also stets mit einem Bein in der Haftung, wenn der Erfolg seiner Arbeit nicht dem entspricht, was zu erwarten war. Er hat nur eine Chance: Er muss sich entlasten, indem er nachweist, dass er den Auftraggeber auf mögliche Probleme hingewiesen hat.

Um aber überhaupt hinweisen zu können, muss er sich wohl oder übel mit den ihm vorgelegten Planungsunterlagen ebenso auseinandersetzen wie mit den Vorleistungen der anderen Unternehmen. Hätte er Fehler erkennen müssen und weist er den Auftraggeber nicht darauf hin, hat der mangelhaft geleistet.

Entscheidend kommt es damit darauf an, welcher Aufwand dem Auftragnehmer zugemutet werden kann. Das wiederum ist eine Frage des Einzelfalls und damit für den Auftragnehmer nicht seriös kalkulierbar. Wesentlich kommt es darauf an, welches Fachwissen man normalerweise von einem auf dem betreffenden Fachgebiet tätigen Unternehmer voraussetzen kann. Das kann jeder Richter anders sehen.

Beispiel: In dem oben beschriebenen Forsthausfall wies der BGH die Sache an das OLG München zur Entscheidung zurück. Das OLG München entschied, dass von dem Auftragnehmer kein Fachwissen über Insel-Blockheizkraftwerke zu erwarten war, weil sich der Auftragnehmer nicht eigens in die Materie einarbeiten musste, weil er auf die Kompetenz des BHKW-Lieferanten vertrauen durfte, weil er ohne die Sachkunde eines Elektrikers die Problematik der Anlage nicht überblickte. (OLG München, Urt. v. 27.5.2008, Az. 28 U 4500/04, IBRRS 69955).

Wieviel Prüfung dem Auftragnehmer zugemutet werden kann, richtet sich nach der Rechtsprechung.

- nach dem Grundsatz der Zumutbarkeit, wie sie sich nach den Umständen des Einzelfalls darstellt
- nach dem vom Auftragnehmer zu erwartenden Fachwissen,
- nach seiner Kenntnis vom Informationsstand des Vorunternehmers,
- nach allen Umständen, die für den Auftragnehmer bei hinreichend sorgfältiger Prüfung als bedeutsam erkennbar sind.

Kommt er seinen hiernach bestehenden Verpflichtungen nicht nach und wird dadurch das Gesamtwerk beeinträchtigt, so ist seine Werkleistung mangelhaft (z.B. OLG Koblenz, Urt. v. 23.12.2014, Az. 3 U 81 814/14, IBRRS 2015, 6).

Da es für die Beurteilung auf den Einzelfall ankommt, ist es für das ausführende Unternehmen sehr schwierig, die Grenzen seines Liefer- und Leistungsumfangs zu erkennen. Es empfiehlt sich deshalb, bereits im Vertrag Regelungen aufzunehmen, die nicht nur die Beschaffenheitsvereinbarung (Bausoll) betreffen, sondern auch die Anforderungen an die Funktionalität des Gewerkes und den geschuldeten Grad der Überprüfungspflicht. Dies kann auch dadurch geschehen, dass ausdrücklich bestimmt wird, was der Auftragnehmer <u>nicht</u> zu prüfen hat (vgl. **Muster-AN+AG 02**, Ziff.3). Nochmals: AGB-Klauseln helfen hier nicht (siehe Kapitel 3).

Internationaler Bauvertrag

Bei Großprojekten wird dem Auftragnehmer in der Regel auch ein Großteil der planerischen Aufgaben übertragen werden. Dann reduziert sich das

Risiko des Auftraggebers entsprechend. Von dem Auftragnehmer wird erwartet, dass er seiner Kompetenz entsprechend prüft und auf Änderungsbedarf hinweist, der dann aber auch den Weg zu Nachträgen eröffnet.

Beispiel: FIDIC, Ziffer 5.2

5.8.2.1 Bedenken gegen die Art der Ausführung

Der Auftragnehmer muss prüfen, ob die von dem Auftraggeber vorgesehenen Maßnahmen überhaupt geeignet sind, den vereinbarten Erfolg zu erreichen. Dazu muss er auch Pläne und Zeichnungen überprüfen und ggf. entdeckte Probleme dem Auftraggeber mitteilen.

Zur Frage, ob sich hieraus ggf. Änderungen in der Vergütung des Auftragnehmers ergeben könnten, siehe oben Kapitel 4 „Leistung und Vergütung".

Der Auftragnehmer muss Bedenken gegen die vorgesehene Art der Ausführung unverzüglich - möglichst schon vor Beginn der Arbeiten - mitteilen, vgl. § 4 Abs.3 VOB/B.

Wenn der Auftraggeber dann aber trotzdem die Ausführung bestimmt, so trägt er auch die Verantwortung für sein Tun. Es handelt sich bei dieser Regelung mithin um das Spiegelbild der Feststellung, dass der Auftragnehmer umso mehr Verantwortung übernimmt, je stärker er sich in die originäre Sphäre (Planung) des Auftraggebers einmischt. Mischt sich - wie hier - umgekehrt der Auftraggeber in die eigentlich dem Auftragnehmer überlassene Ausführung ein, kann er Schäden, die sich daraus ergeben, nicht auf den Auftragnehmer abwälzen, sofern der Vertrag nicht etwas anderes bestimmt.

Die Bedenken erfassen den kompletten Rahmen dessen, was der Auftraggeber für die Ausführung vorgibt. Dabei hat der Auftragnehmer die DIN-Normen, bauordnungsrechtliche Vorschriften und die Vorschriften der Berufsgenossenschaften zur Unfallverhütung zu berücksichtigen.

5.8.2.2 Bedenken gegen beigestellte Materialien

Gefordert ist keine besondere Prüfung, sondern eine Prüfung, wie sie im gewerbüblichen Rahmen immer vorzunehmen ist, bzw. wie sie die anerkannten Regeln der Technik vorsehen.

Prüf- oder Gütezeichen machen die Prüfung durch den Auftragnehmer nicht entbehrlich. Durch CE-Kennzeichnungen und anderer Bescheinigungen auf Geräten sollen lediglich die Herstellung des Artikels unter Einhaltung bestimmter Normen bescheinigt werden (z.B. § 3 Abs.2 EMVG – Gesetz über die elektromagnetische Verträglichkeit von Geräten). Sie sind weder dazu bestimmt noch geeignet, handwerkliche Fehler und Verarbeitungsmängel auszuschließen. (OLG Köln, Urt. v. 28.3.2003, Az. 19 U 142/02, NJW-RR 2004, 1141) - (siehe hierzu unten Kapitel 8.8).

Eine besondere Prüfungspflicht besteht dann, wenn der Auftraggeber eine neuartige Bauweise vorsieht oder neuartige Baustoffe verwenden will, mit der der Auftragnehmer keine Erfahrung hat.

5.8.2.3 Bedenken gegen die Leistungen anderer Unternehmer

Mit den Leistungen anderer Unternehmer auf der Baustelle, die der Auftraggeber im Rahmen des Gesamtbaus beauftragt hat, hat der Auftragnehmer normalerweise vertraglich nichts zu tun. Er hat allerdings die Pflicht zu überprüfen, ob die Vorleistung, auf die er mit seiner eigenen Leistung aufbauen will, so beschaffen ist, dass er seine Leistung ohne weiteres anschließen kann. Er hat deshalb zunächst zu prüfen, ob die fremde Leistung die eigene überhaupt berührt. Ist dies der Fall, muss er feststellen, ob die fremde Leistung eine geeignete Grundlage für die Erfüllung seiner eigenen Vertragspflichten darstellt (**Muster-AN 10**).

5.8.3 Regeln für die richtige Art der Bedenkenanmeldung

Hat der Auftragnehmer erkannt, dass er Bedenken anmelden muss, sind gewisse Regeln einzuhalten, um ihn auch tatsächlich von seiner Verantwortung freizustellen:

5.8.3.1 Beratung durch Dritte ersetzt den Hinweis nicht

Ist der Auftraggeber selbst kompetent oder kompetent beraten, muss der Auftragnehmer zwar nicht in derselben Weise prüfen und hinweisen, wie dies etwa gegenüber dem Verbraucher-Auftraggeber der Fall ist.

Allerdings muss der Auftragnehmer sicher sein, dass der Auftraggeber die Risiken tatsächlich kennt, die mit der von ihm gewählten Art der Ausführung, Materialien, Unternehmer etc. verbunden sind. Die Beratung des Auftraggebers durch Fachleute entbindet den Auftragnehmer nur dann, wenn er sicher sein kann, dass der Auftraggeber informiert ist.

5.8.3.2 Schriftlicher Hinweis

Nach § 4 Abs.3 VOB/B müssen die Bedenken beim *VOB/B-Bauvertrag* schriftlich angemeldet werden. Die anderen Vertragstypen sehen dieses Formerfordernis nicht vor; dennoch ist auch hier Schriftlichkeit dringend anzuraten, um das korrekte Verhalten später auch beweisen zu können. Ein mündlicher Hinweis kann u.U. vorerst genügen, um den Auftraggeber über die Situation aufzuklären. Auf jeden Fall sollte aber diesem mündlichen Hinweis auch eine schriftliche Information folgen.

5.8.3.3 Hinweis gegenüber dem Berechtigten

Wer vom Auftraggeber bevollmächtigt ist, für ihn Erklärungen entgegenzunehmen, sollte sich aus dem Vertrag ergeben (siehe hierzu oben Kapitel 2 „Allgemeines Vertragsrecht", Ziffer 2.15). Wenn eine verlässliche Information über die Vertretungsverhältnisse nicht zu erhalten ist, ist der Hinweis an die gesetzlichen Vertreter zu senden.

5.8.3.4 Hinweis durch einen zur Erklärung Berechtigten

Hinweise und Bedenken, die ein nicht vertretungsberechtigter Mitarbeiter des Auftragnehmers von sich gibt, sind nicht ausreichend, um den Auftragnehmer zu entlasten. Er muss solche wesentlichen Erklärungen selbst abgeben oder durch einen hierzu Bevollmächtigten. Das ist auch bei Erklärungen einer ARGE zu beachten (siehe Ziffer 10.1.1).

5.8.3.5 Unverzüglich

Nach § 4 Abs.3 VOB/B müssen die Bedenken unverzüglich – möglichst schon vor Beginn der Arbeiten – mitgeteilt werden. Für die anderen Vertragstypen kann man ebenfalls erwarten, dass der Auftragnehmer hinweist, sobald er in seinem normalen Arbeitsprozess hiervon Kenntnis erhält (vgl. § 377 HGB).

5.8.3.6 Angabe der Folgen

Ein Hinweis hat nur dann Sinn, wenn der Auftraggeber die Bedeutung des Handelns oder Unterlassens verstehen kann. Deshalb muss der Auftragnehmer den Auftraggeber auch auf die technischen Folgen hinweisen, die sich für ihn ergeben können, wenn er die Bedenken des Auftragnehmers nicht berücksichtigt. Technische Einzelheiten muss er aber nicht ausbreiten. (OLG Koblenz, Urt. v. 10.3.2011, Az. 5 U 1113/10, BeckRS 2011, 10381).

5.8.3.7 Wiederholung der Prüfung

Ist der Auftraggeber den Bedenken des Auftragnehmers gefolgt und hat er deshalb seine Vorleistungen etc. verändert, so kann der Auftragnehmer nicht automatisch wieder an seine Arbeit gehen. Er muss vielmehr erneut prüfen, ob die Veränderungen nun die vertragsgerechte Erstellung der Leistung ermöglichen, denn es könnte ja sein, dass die Veränderungen untauglich waren.

5.8.4 Keine Ausführung wider besseres Wissen

Fraglich ist, wie der Auftragnehmer reagieren soll, wenn er zwar Bedenken angemeldet hat, der Auftraggeber diesen Bedenken aber nicht folgen will.

Zunächst muss sich der Auftragnehmer vergewissern, dass seine Bedenken auch entsprechend den oben aufgeführten Regeln formuliert und an den richtigen Adressaten gerichtet wurden. Ist dies nicht der Fall, muss er erneut und diesmal in der richtigen Form seine Bedenken erheben. Hat er aber alles richtig gemacht und reagiert der Bevollmächtigte des Auftraggebers nicht, so muss er überlegen, ob er es dabei belassen kann oder nicht. Wenn der Auftragnehmer damit rechnet, dass es zu schweren Beeinträchtigungen kommen wird, ist es ihm je nach Lage des Einzelfalls durchaus zuzumuten, seine Bedenken noch „eine Stufe höher" anzumelden, bevor er sich den Weisungen des Bevollmächtigten seines Auftraggebers beugt.

Der Auftragnehmer kommt dadurch nicht nur in einen Gewissenskonflikt, sondern setzt sich u.U. auch Schadensersatzansprüchen aus, wenn er, ohne einen weiteren Versuch zu starten, mit den Arbeiten beginnt. Ihm ist zuzumuten, auch den Vorgesetzten des Bauleiters über die Situation zu informieren und um Bestätigung der Anweisung des Bauleiters zu bitten.

Was aber, wenn er positiv weiß, dass es zwangsläufig zu einem erheblichen Schaden - womöglich mit Personenschäden - kommen wird? In einer solchen Situation muss der Auftragnehmer abwägen, was wichtiger ist: Leib und Leben von Menschen oder hohe Eigentumswerte einerseits und andererseits die Einhaltung seiner vertraglichen Pflichten auch unter der Gefahr, vom Auftraggeber mit Schadensersatzklagen oder Vertragsstrafen konfrontiert zu werden. Die Frage ist sicherlich nicht einfach und kann auch nur im Einzelfall beantwortet werden. Der Auftragnehmer muss aber wissen, dass die Rechtsordnung von ihm in solchen Extremsituationen mehr erwartet, als nur die „sklavische" Erfüllung seiner Vertragspflichten - sondern auch den Mut, persönliche Nachteile in Kauf zu nehmen, wenn er damit großes Unheil vermeiden kann.

5.8.5 Prüf- und Hinweispflicht des Auftragnehmers bei Überschreitung eines Kostenanschlages

Werkvertrag / Bauvertrag / VOB/B – Bauvertrag / Werklieferungsvertrag

Hat der Auftragnehmer für die geplante Baumaßnahme einen verbindlichen Kostenanschlag gemacht, ist dies ein Angebot, an das er gebunden ist und das ggf. zum Vertrag wird. Wird der Vertrag nicht erfüllt, gelten die allgemeinen Regeln (siehe Ziffer 5.1).

Hat der Auftragnehmer jedoch lediglich einen unverbindlichen Kostenanschlag unterbreitet und wird später ein Vertrag geschlossen, trifft den Auftragnehmer eine nebenvertragliche Hinweispflicht, den Auftraggeber auf jede nennenswerte Überschreitung der veranschlagten Kosten hinzuweisen, sobald sich hierfür konkrete Anhaltspunkte ergeben, § 649 Abs.2 BGB.

Werden die veranschlagten Kosten erheblich überschritten, darf der Auftraggeber den Werkvertrag aus diesem Grunde nach § 649 Abs.1 BGB kündigen und der Auftragnehmer kann nach §§ 649; 645 Abs.1 BGB nur einen der ausgeführten Leistung entsprechenden Teil der Vergütung sowie Ersatz der in der Vergütung nicht inbegriffenen Auslagen verlangen. Wann die Überschreitung wesentlich ist, lässt sich nicht mit einer in allen Fällen gültigen Prozentzahl sagen; hier kommt es entscheidend auf den jeweiligen Einzelfall an.

Es versteht sich von selbst, dass der Auftragnehmer dann nicht haftet, wenn falsche Angaben des Auftraggebers zu der Überschreitung geführt haben (BGH, Urt. v. 21.12.2010, Az. X ZR 122/07, NZBau 2011, 290).

Die Vorschrift ist auch auf den Werklieferungsvertrag anzuwenden.

Kaufvertrag

Eine dem § 649 BGB entsprechende Vorschrift gibt es im Kaufrecht nicht. Da sie für den Werklieferungsvertrag ausdrücklich zugelassen ist, lässt sich daraus nicht schließen, dass der Gesetzgeber dies auch für den einfachen Kauf so wollte, also keine Analogie zulässig ist.

Die in § 649 BGB für das Werkvertragsrecht formulierten Grundsätze lassen sich aber als eine Konkretisierung des Gedankens der Störung der Geschäftsgrundlage, § 313 BGB, einordnen, der auch für das Kaufrecht gilt.

Wenn eine unverbindliche Preisangabe des Auftragnehmers für den Vertragsschluss ausschlaggebend war, wird man deshalb dem Auftraggeber das Recht einräumen, die Anpassung oder sogar die Kündigung des *Kaufvertrages* zu verlangen.

5.9 Der Auftragnehmer hält seine Garantien nicht ein

Kaufvertrag / Werklieferungsvertrag / Werkvertrag / Bauvertrag / VOB/B-Bauvertrag

Hält der Auftragnehmer sein Versprechen nicht ein, richten sich die Konsequenzen nach Vertrag und Gesetz wie oben beschrieben.

Es steht dem Auftragnehmer frei, darüber hinaus auch sogenannte „Garantien" abzugeben: Der Auftragnehmer sichert dem Auftraggeber vertraglich Rechte zu, die neben den gesetzlichen und vertraglichen Mängelansprüchen stehen sollen.

Beispiel: Ein Hersteller gibt eine „Durchrostungsgarantie": Er verpflichtet sich, Lochfraß kostenlos zu beseitigen und dem Käufer für die Reparaturzeit ein Ersatzgerät zu stellen. Voraussetzung soll allerdings sein, dass das Gerät keine bloße Oberflächenkorrosion aufweist, zweimal jährlich von einem Fachbetrieb auf Durchrostung untersucht wurde und seit dem Kauf nicht mehr als sechs Jahre vergangen sind.

Der genaue Inhalt der Garantie, die Voraussetzungen, ihr Umfang und ihre Geltungsdauer richten sich nach den Erklärungen des Garanten, sei es in einer „Garantieurkunde" oder auch nur in öffentlichen Erklärungen, z.B. in der Werbung. Ist der Garantie-Fall eingetreten, kann der Berechtigte die Garantie in Anspruch nehmen, auch dann, wenn Mängelansprüche nicht oder nicht mehr bestehen.

Ist die garantierte Frist noch nicht abgelaufen, kann der Auftraggeber den Aufragnehmer aus der Garantie auch dann in Anspruch nehmen, wenn Mängelansprüche bereits verjährt sind (wie obiges Beispiel).

Gesetzlich geregelt ist die so genannte Beschaffenheits- und Haltbarkeitsgarantie, § 443 BGB.

Mit der besonderen Unterstreichung seiner Leistungsfähigkeit durch Abgabe einer Garantieerklärung wäre es nicht zu vereinbaren, wenn der Auftragnehmer gleichzeitig die gesetzlichen Mängelansprüche vertraglich begrenzen könnte. Die §§ 444; 639 BGB sehen deshalb vor, dass sich der Auftragnehmer bei gleichzeitiger Abgabe einer Garantie auf eine Haftungsbegrenzungsklausel nicht berufen kann, egal ob es sich bei der Klausel um eine AGB handelt.

Beispiel: Der Auftragnehmer garantiert, dass von ihm gelieferte und montierte Industrietore sanft und lautlos schließen und nur alle zwei Jahre gewartet werden müssen. In dem *Kaufvertrag* wird vereinbart, dass der Auftraggeber nur berechtigt sein soll, bei Mängeln an den Industrietoren den Preis um max. 25 % zu mindern; alle weiteren Ansprüche werden ausgeschlossen.

Selbst wenn die Vertragsparteien dies ausdrücklich individuell regeln und sich die Haftungsbegrenzung vielleicht sogar preislich niedergeschlagen hat, kann sich der Auftragnehmer später bei evtl. Auftreten eines solchen Mangels auf diese Haftungsbegrenzungsvereinbarung nicht berufen und muss die Ansprüche des Auftraggebers wegen des Mangels erfüllen.

Im Anlagenbau ist es üblich, den Auftraggebern Beschaffenheitsgarantien zuzubilligen. Da sich Beschaffenheit und Haltbarkeit oft nicht auseinanderhalten lassen, z.B. wenn dem Auftraggeber bestimmte Eigenschaften für eine bestimmte Zeit zugesagt werden, ist dem Auftragnehmer zu raten, im Vertrag klarzustellen, dass er keine Garantie im Sinne der §§ 444; 639 BGB abgeben will, oder deutlich zu machen, was genau er unter welchen Voraussetzungen und mit welchen Konsequenzen garantieren möchte.

Beispiel für eine vertragliche Formulierung:

> „Auftraggeber und Auftragnehmer sind sich einig, dass sie weder ausdrücklich noch konkludent Garantien im Sinne der §§ 442; 443; 444; 639 BGB vereinbart haben, selbst wenn gleichlautende oder synonyme Begriffe in diesem Vertrag und den nachfolgenden, sich hierauf beziehenden Vereinbarungen enthalten sind."

> „Der Haftungsmaßstab und die Rechtsfolgen bei Abweichungen von der vertraglich vereinbarten Beschaffenheit sind im Vertrag abschließend geregelt."

Internationale Verträge

Erschwert wird die Problematik dadurch, dass im internationalen Sprachgebrauch oft kein Unterschied zwischen Mängelansprüchen und Garantie gemacht wird (vgl. aber „guaranties" und „warranties"), weshalb in internationalen Verträgen noch deutlicher geklärt werden muss, was die Parteien sich nun tatsächlich gegenseitig für Rechte einräumen möchten, insbesondere dann, wenn der Text zwar in einer fremden Sprache abgefasst wird, dennoch aber deutsches Recht gelten soll.

Art. 36 Abs.2; Art. 39 CISG erwähnen die Garantie ausdrücklich.

Verbrauchsgüterkauf

Da Garantien gerade auch in der Werbung als Verkaufsargument gegenüber Verbrauchern verwendet werden, bestimmt das Gesetz, dass Garantieerklärungen einfach und verständlich abgefasst sein und bestimmte Informationen enthalten müssen, § 479 BGB. Der Verbraucher-Auftraggeber hat Anspruch auf Mitteilung der Garantieerklärung in Textform.

5.10 Der Auftragnehmer hat bei der Vergabe eine unzulässige Wettbewerbsbeschränkung begangen oder er hätte nach Vergaberecht nicht beauftragt werden dürfen.

VOB/B-Bauvertrag

Hat der Auftragnehmer aus Anlass des Vertragsschlusses eine unzulässige Preisabsprache getroffen und damit gegen Wettbewerbsrecht verstoßen, kann der Auftraggeber kündigen, § 8 Abs.4 Nr.1 VOB/B.

Handelt es sich um einen öffentlichen Bauvertrag, dessen Auftragswert die Schwellenwerte überschreitet, §§ 97; 106 GWB steht dem Auftraggeber ein besonderes Kündigungsrecht auch dann zu, wenn der Auftragnehmer nicht hätte beauftragt werden dürfen, § 8 Abs.4 Nr.1 u. 2a) VOB/B.

Die Kündigung muss in diesen Fällen innerhalb von 12 Werktagen nach Bekanntwerden des Kündigungsgrundes ausgesprochen werden, worunter der Zugang dieser Erklärung bei dem Auftragnehmer zu verstehen ist.

5.11 Der Auftragnehmer gerät in Zahlungsschwierigkeiten

Alle Vertragstypen

Solange noch kein Insolvenzverfahren eröffnet wurde, sind die Parteien in der Auftragsabwicklung frei. Sie können z.B. vereinbaren, dass der Vertrag aufgehoben wird.

Der Auftraggeber kann wie immer dem Auftragnehmer eine Frist setzen, um die Leistungen wie vereinbart zu beenden und dann vom Vertrag zurücktreten, wenn die Frist nicht eingehalten wurde, § 323 BGB. Das setzt aber voraus, dass der Auftragnehmer wegen seiner finanziellen Schwierigkeiten den Vertrag tatsächlich nicht vertragsgerecht erfüllt. Das sich abzeichnende Finanzproblem berechtigt den Auftraggeber nicht zurückzutreten. Er wird aber voraussichtlich fällige Abschlagszahlungen nur dann leisten, wenn er zu diesem Zeitpunkt keine Gegenforderungen hat, die ihn zur Zurückbehaltung oder Aufrechnung berechtigen.

Kommt es zur Beendigung des Vertrages, ist in der Regel die bis dahin erbrachte Leistung zu vergüten. Der Auftraggeber kann wegen der Nichtfertigstellung der Leistung Schadensersatzansprüche geltend machen und aufrechnen.

Nach Insolvenzeröffnung sind die Parteien nicht mehr frei in der Auftragsabwicklung. Jetzt tritt das Interesse der Gläubigergemeinschaft in den Vordergrund. Der Insolvenzverwalter kann wählen, ob er den Vertrag noch erfüllen will, oder nicht, § 103 InsO. Dieses Wahlrecht kann der Insolvenzverwalter auch konkludent ausüben, indem er die Mitarbeiter des Auftragnehmers Leistungen erbringen lässt.

Der Auftraggeber kann den Insolvenzverwalter auffordern, sich zu erklären, § 103 Abs.2 InsO. Reagiert dieser nicht unverzüglich kann der Auftraggeber nach den allgemeinen Regeln reagieren und ggf. vom Vertrag zurücktreten / kündigen.

Abgerechnet wird auch hier der Teil der erbrachten Leistungen. Schadensersatzansprüche des Auftraggebers werden bei Insolvenzeröffnung nur noch zur Tabelle angemeldet.

(Näheres unten Kapitel 11.6).

VOB/B-Bauvertrag

Gerät der Auftragnehmer in Liquiditätsschwierigkeiten oder wird ein Insolvenzverfahren oder ähnliches beantragt, gibt § 8 Abs.2 VOB/B dem Auftraggeber ein a. o. Kündigungsrecht. Dem Auftragnehmer wird ein solches Recht leider nicht gewährt.

Damit soll die Auftragsabwicklung von Abwicklungsfragen des insolventen Auftragnehmers weitgehend befreit werden. Ist bereits Insolvenz eröffnet, tritt auch § 8 Abs.2 VOB/B hinter dem insolvenzrechtlichen Schutz der Insolvenzgläubiger zurück.

5.12 Der Auftragnehmer will bei seinem Lieferanten Rückgriff nehmen

Kaufvertrag / Werklieferungsvertrag

Wird vom Auftraggeber ein Mangel geltend gemacht, muss der Auftragnehmer den Mängelansprüchen nachkommen. Er hat jetzt ein Interesse daran, seinerseits Mängelansprüche gegen seinen Lieferanten zu erheben, wie auch dieser u.U. gegen seinen Sub-Lieferanten Ansprüche erheben will. Die gesetzlichen Mängelansprüche bestehen in der gesamten Lieferkette. Auch die gesetzlichen Regelungen des § 377 HGB bestehen fort.

Zusätzlich zu den Mängelansprüchen kann der Auftragnehmer Ersatz der Aufwendungen verlangen. Es geht um diejenigen Aufwendungen, die er im Rahmen der Nacherfüllung für seinen Auftraggeber zu tragen hat, also für Transport, Arbeitszeit, Materialeinsatz auch bei Ein- und Ausbau mangelhafter Sachen, § 445a Abs.1 BGB. Der Ersatzanspruch gegen den Lieferanten ist natürlich nur dann gegeben, wenn es um einen Mangel handeln, der tatsächlich auch den Lieferanten betrifft. Voraussetzung für den Rückgriffsanspruch ist deshalb, dass der vom Auftraggeber gerügte Mangel bei der Lieferung an den Auftraggeber schon da war, § 445a Abs.1 BGB.

Um den Rückgriff in der Lieferkette zu vereinfachen, ist im Falle des Rücktritts oder der Minderung durch den Auftraggeber eine Fristsetzung des Auftragnehmers gegenüber dem Lieferanten nicht erforderlich, § 445a Abs.2 BGB.

Die Ansprüche gegen den Lieferanten verjähren frühestens zwei Monate, nachdem der Auftragnehmer den Mängelansprüchen des Auftraggebers nachgekommen ist und spätestens 5 Jahre nachdem der Auftragnehmer die Ware von dem Lieferanten erhalten hat, § 445b Abs.2 BGB.

Verbrauchsgüterkauf

Ist der Letztkunde ein Verbraucher ist der Zeitpunkt des Gefahrübergangs bei dem Verbraucher auch für die Fristen des Auftraggebers gegenüber dem Lieferanten maßgebend, § 478 Abs.1 BGB.

Der Lieferant kann seine Haftung aus dem gesetzlichen Ersatzanspruch vertraglich vor der Mängelrüge des Verbrauchers nicht begrenzen, § 478 Abs.2 BGB (außer für Schadensersatz im Rahmen des § 307 BGB). Ist der Fall eingetreten, können die Parteien natürlich vereinbaren, wie sie damit umgehen wollen.

Werkvertrag / Bauvertrag / VOB/B-Bauvertrag

Hier spielt erneut die richtige Einstufung des Vertrages als Werkvertrag oder Werklieferungsvertrag eine Rolle, denn beim Werkvertrag gibt es keine besonderen Regelungen über den Rückgriff (BGH, Urt. vom 2.4.2014, Az. VIII ZR 46/13).

Das mag ausnahmsweise bei einem gemischten Vertrag Werk-/*Kaufvertrag* anders sein.

Der Bauträger oder der Generalunternehmer können von diesem besonderen Aufwendungsersatzanspruch indes keinen Gebrauch machen.

5.13 Verjährung der Ansprüche des Auftraggebers

Alle Vertragstypen

5.13.1 Was bedeutet es, wenn ein Anspruch verjährt?

Der Auftraggeber hat einen Anspruch auf eine vertragsgerechte mangelfreie Lieferung oder Leistung. Dieser Anspruch geht nicht verloren. Allerdings soll nach dem Willen des Gesetzgebers auch irgendwann einmal Rechtsfrieden eintreten. Der Anspruch ist noch da, kann aber nicht mehr durchgesetzt werden. Der Verpflichtete kann die Leistung auf Dauer verweigern, wenn er sich gegenüber dem Berechtigten auf die Einrede der Verjährung beruft, § 214 Abs.1 BGB. Der Gesetzgeber überlässt also den Eintritt des Rechtsfriedens nach Ablauf der Verjährungsfrist den Parteien.

Der Gesetzgeber hat für die Verjährung von Ansprüchen im Gesetz unterschiedlich lange Fristen vorgesehen. So verjährt z.B. der Anspruch des Auftraggebers auf Mängelbeseitigung zu einem anderen Zeitpunkt als der Anspruch des Auftragnehmers auf Vergütung.

5.13.2 Hemmung und Neubeginn

Man kann den Ablauf der Verjährungsfrist durch bestimmte Maßnahmen stoppen, „hemmen", §§ 203 ff. BGB; d.h. die Uhr tickt erst weiter, wenn die hemmende Maßnahme beendet ist.

a) Schweben zwischen den Parteien Verhandlungen über den streitigen Anspruch oder über die zugrunde liegenden Umstände, so ist die Verjährung solange gehemmt, bis eine der Parteien die Fortsetzung der Verhandlungen verweigert, § 203 BGB. Die Verjährung tritt dann frühestens 3 Monate nach Ende der Hemmung ein.

b) Wird der streitige Anspruch vom Gläubiger durch gerichtliche Maßnahmen verfolgt, z.B. durch:

- Klageerhebung (auch Feststellungsklage),
- Zustellung eines Mahnbescheides,
- Veranlassung der Bekanntgabe eines Güteantrages,
- Geltendmachung der Aufrechnung des Anspruches im Prozess,
- Zustellung der Streitverkündung,
- Zustellung des Antrages auf Durchführung eines selbständigen Beweisverfahrens,

- Zustellung des Antrags auf Erlass eines Arrestes oder einer einstweiligen Verfügung oder einer einstweiligen Anordnung,
- Beginn des schiedsrichterlichen Verfahrens,
- sonstige gerichtliche oder behördliche Maßnahmen,

so wird die Verjährung bis zum Ablauf von 6 Monaten nach Beendigung des eingeleiteten Verfahrens gehemmt, § 204 BGB.

c) Solange der Schuldner aufgrund einer Vereinbarung mit dem Gläubiger zeitweise zur Verweigerung der Leistung berechtigt ist, wird die Verjährung ebenfalls nach § 205 BGB gehemmt.

d) Nach § 206 BGB ist die Verjährung auch gehemmt, solange der Gläubiger innerhalb der letzten 6 Monate der jeweiligen Verjährungsfrist durch höhere Gewalt an der Rechtsverfolgung gehindert ist.

e) Falls es einmal Streit mit der Versicherung über die Deckung geben sollte: Nach § 15 VVG wird ein Anspruch aus dem Versicherungsvertrag gehemmt von dem Augenblick der Anmeldung beim Versicherer bis zu dem Zeitpunkt, zu dem die Entscheidung des Versicherers dem Anspruchsteller in Textform zugeht.

Bei der Hemmung bleibt die Uhr also stehen und tickt erst weiter, wenn der Hemmungstatbestand abgelaufen ist.

Dass die Uhr wieder auf 0 zurückgedreht wird und neu zu laufen beginnt, wird eigentlich nur in einem Fall praktisch relevant: wenn der Verpflichtete den Anspruch gegenüber dem Gläubiger anerkennt, § 212 BGB.

Beispiel: Der Auftraggeber rügt ein Jahr nach Übergabe der Ware einen Mangel. Der Auftragnehmer repariert die Ware und gibt sie dem Auftraggeber zurück.

Damit drückt der Auftragnehmer aus, dass er die Mangelhaftigkeit seiner Leistung anerkannt hat. Die Verjährung für die Nacherfüllungsleistung beginnt erneut. Eine Willenserklärung mit der jemand den Anspruch eines anderen anerkennt, kann in jeder Weise, auch konkludent, abgegeben werden (siehe oben Kapitel 2.6). An die Annahme eines Anerkenntnisses sind aber gesteigerte Anforderungen zu stellen. Die vorbehaltlose Zahlung einer Rechnung reicht dafür noch nicht (BGH, Urt. v. 11.11.2008, Az. VIII ZR 265/07, NJW 2009, 580).

Zu beachten ist, dass nach dem Willen des Gesetzgebers der Lauf der Verjährungsfrist nur durch die im Gesetz geregelten Hemmungs- und Unterbrechungstatbestände angehalten werden kann, § 202 BGB.

Deshalb haben z.B. Mahnungen, Rechnungen oder sonstige schriftliche oder mündliche Korrespondenz grundsätzlich keinen Einfluss auf den Lauf der Verjährungsfrist. Auch die schriftliche Mängelrüge hat grundsätzlich keinen Einfluss (Ausnahme aber beim VOB/B – Vertrag, vgl. § 13 Abs.5 Nr.1 VOB/B).

Um den hierdurch drohenden Rechtsverlust zu vermeiden, muss unbedingt eine Fristenkontrolle mit ausreichend langen „Vorwarnzeiten" durch geeignete organisatorische Maßnahmen vorgesehen werden, z.B. durch Verwendung des Projektbegleitbogens (**Muster-AN 37**, dort Ziff. 6).

Steht das Ende der Verjährungsfrist kurz bevor und sind die Ansprüche noch nicht erfüllt, muss rechtzeitig eine der oben genannten Maßnahmen zur Hemmung der Verjährung eingeleitet werden.

5.13.3 Verkürzung der gesetzlichen Verjährungsfristen

Die gesetzlichen Verjährungsfristen können in den vom Gesetz und der Rechtsprechung gesetzten Grenzen bedingt abgeändert werden.

Für vorsätzliche Handlungen können die Verjährungsfristen nicht im Voraus reduziert werden, § 202 Abs.1 BGB.

Ansonsten ist generell eine Verkürzung der Verjährungsfristen für die einzelnen Ansprüche durch Individualvereinbarung möglich.

Verbrauchsgüterkauf

Besonderheiten gelten beim *Verbrauchsgüterkauf*. Ein solcher liegt vor, wenn ein Verbraucher von einem Unternehmer eine bewegliche Sache kauft, vgl. § 474 BGB.

Beispiel: Verkauf eines Gebrauchtwagens unter Privatpersonen durch Individualvertrag: „Gekauft wie gesehen und Probe gefahren, unter Ausschluss aller Gewährleistungsansprüche."

Im Fall eines Verbrauchsgüterkaufes kann die Verjährung der Mängelansprüche bei gebrauchten Sachen nicht unter 1 Jahr vereinbart werden, bei neuen Sachen auch individualvertraglich nicht unter 2 Jahren. Nur der Schadensersatzanspruch kann nach § 475 Abs.3 BGB individualvertraglich ausgeschlossen oder beschränkt werden.

Internationaler Werkvertrag

Die vertragliche Festlegung von Verjährungsfristen ist sinnvoll, um die Parteien nicht auf das ihnen nicht immer im Detail bekannte anzuwendende Recht zu verweisen.

Beispiel: FIDIC, Ziffer 20.1

5.13.3.1 Verkürzung durch AGB

Nach § 309 Nr.8 b) ff) BGB ist in Allgemeinen Geschäftsbedingungen eine Klausel unwirksam, mit der die Verjährungsfrist von 5 Jahren beim Kauf eines Bauwerkes oder Kauf von Baustoffen oder Baukomponenten, § 438 Abs.1 Nr.2 BGB) und für Leistungen für ein Bauwerk (Bausachleistung, Bauplanung und Bauüberwachung, § 634a Abs.1 Nr.2 BGB) reduziert wird. Das gilt selbst dann, wenn eine Abweichung von den gesetzlichen Vorschriften zulässig ist.

Für diejenigen Verträge, denen die VOB/B als Ganzes zugrunde gelegt wird, enthält § 309 Nr.8 b) ff) letzter Halbsatz BGB eine Privilegierung. Danach gilt das vorgenannte Klauselverbot nicht für solche Verträge, in denen die VOB/B ohne Abänderungen vereinbart wurde, weil der BGH die VOB/B als ein in sich ausgewogenes Regelwerk angesehen hat, wenn sie nicht verändert wird.

5.13.4 Verlängerung der Gewährleistung durch AGB

In AGB kann auch eine längere Verjährungsfrist vereinbart werden, wenn - wie z.B. bei Fassaden oder Flachdacharbeiten - Ausführungs- wie auch Planungsmängel häufig vorkommen und erfahrungsgemäß oft erst später als fünf Jahre nach der Abnahme auftreten.

Beispiel: 123 Monaten „auf die Dichtigkeit der Fassade" (OLG Köln, Urt. v. 28.7.2016, Az. 7 U 179/15, NZBau 2017, 82).

Auch eine Vereinbarung zwischen Auftragnehmer und Subunternehmer, dass dessen Verjährungsfrist 3 Monate länger sein soll, als zwischen Auftragnehmer und Auftraggeber vereinbart, ist sachgerecht und unbedenklich.

5.13.5 Geltendmachung von Nebenrechten nach Verjährung

Der Auftraggeber verliert seine Mängelansprüche mit Verjährung nicht, er kann sie nur nicht mehr erfolgreich durchsetzen. Dieser Gedanke zeigt sich auch in Folgendem:

- Wenn trotz mittlerweile eingetretener Verjährung geleistet wird, kann das Geleistete nicht mit der Begründung zurückverlangt werden, § 214 Abs.2 BGB.
- Auch eine Sicherheit kann nicht zurückgefordert werden.
- Ein nach Verjährung abgegebenes Anerkenntnis bleibt wirksam.
- Wenn vor der Verjährung ein Zurückbehaltungsrecht bestand, kann das Zurückbehaltungsrecht auch nach Eintritt der Verjährung noch geltend gemacht werden, § 215 BGB.
- Wenn vor der Verjährung eine Aufrechnung möglich war, ist dies auch nach Eintritt der Verjährung noch möglich, § 215 BGB.
- Die Sicherheiten, Hypotheken und Pfandrechte können auch nach Verjährung noch realisiert werden, § 216 Abs.1 BGB (siehe unten Kapitel 12).
- Sicherungsabtretungen können nicht wegen Verjährung zurückverlangt werden, § 216 Abs.2 S.1 BGB.
- Sicherungseigentum berechtigt auch nach Verjährung noch zum Rücktritt, § 216 Abs.2 S.2 BGB.

5.13.6 Verjährung bei Mängelansprüchen vor Gefahrübergang

Bis zur Abnahme stehen dem Auftraggeber nach der aktuellen Rechtsprechung des BGH (Urt. v. 19.1.2017, Az. VII ZR 301/13) – falls nicht ein Ausnahmefall vorliegt - nur die Ansprüche aufgrund des allgemeinen Leistungsstörungsrechts zu, also insbesondere der Erfüllungsanspruch und der Schadensersatzanspruch neben oder statt der Leistung (vgl. hierzu oben Ziffer 5.7).

Minderung, Rücktritt, Kündigung sind zwar Gestaltungsrechte, also keine Forderungsrechte, die verjähren könnten. Nach § 218 BGB gilt aber, dass auch diese Gestaltungsrechte nur solange wirksam sind, wie der zugrunde liegende Anspruch auf die Leistung oder Nacherfüllung noch nicht verjährt ist.

Diese Mängelansprüche verjähren in der regelmäßigen Verjährungszeit.

Beispiel: Der Auftraggeber nimmt am 31.8.2016 die Leistung wegen Mängeln nicht ab und setzt eine Frist zur Nacherfüllung. Er droht an, anderenfalls zurückzutreten, § 323 BGB, was er aber nicht tut. Am 1.2.2017 stellt der Auftragnehmer eine Schlussrechnung, die der Auftraggeber nicht bezahlt. Am 1.2.2020 klagt der Auftragnehmer auf Zahlung.

Der Zahlungsanspruch des Auftragnehmers wird auch ohne Abnahme fällig, wenn der Auftraggeber die Nacherfüllung nicht mehr verlangt. Er ist noch nicht verjährt. Die Mangelansprüche des Auftraggebers sind hingegen nicht entstanden, weil er ausdrücklich die Abnahme abgelehnt hat. Der Auftraggeber hat damit nur die Leistungsstörungsrechte, z.B. das Rücktrittsrecht. Er kann jetzt aber nicht mehr zurücktreten, weil dieses Gestaltungsrecht ist am 31.12.2019 verjährt ist, §§ 218; 195; 199 BGB.

Für Mangelfolgeschäden, vgl. § 280 Abs.1 BGB, ist zu differenzieren:

Beispiel: Wegen Auseinandersetzungen im Hinblick auf eine mangelhafte Leistung beauftragt der Auftraggeber einen Rechtsanwalt. Die Angelegenheit wird abgeschlossen. Bei der Schlussrechnung nach vier Jahren will der Auftraggeber diese Kosten abziehen.

Wenn keine hemmenden oder den Neubeginn der Verjährung auslösenden Ereignisse vorliegen, ist der Schadensersatzanspruch hinsichtlich der Anwaltskosten verjährt, denn Schadensersatzansprüche wegen Mangelfolgeschäden, die bereits während der Auftragsabwicklung entstehen, verjähren in der regelmäßigen Verjährungsfrist. Mangelfolgeschäden, die nach der Abnahme entstehen, verjähren in der Frist der Mängelansprüche. Das bedeutet, dass Schadensersatzansprüche bei Dauerbaustellen verjähren können, wenn das Projekt noch gar nicht abgeschlossen ist. (vgl. hierzu Steiner/Martin, Aktuelle Verjährungsprobleme bei Bausachen, 49. Baurechtstagung 2017, ARGE Baurecht).

5.13.7 Verjährung bei Mängelansprüchen nach Gefahrübergang

Kaufvertrag / Werklieferungsvertrag

Mängelansprüche verjähren innerhalb von 2 Jahren ab Gefahrübergang.

Mängelansprüche bei einem Bauwerk oder einer Sache, die entsprechend ihrer üblichen Verwendungsweise für ein Bauwerk verwendet worden ist oder dessen Mangelhaftigkeit verursacht hat (z.B. Baustoffe aller Art, auch Maschinen- und Elektro-/Elektronikausrüstung für ein Bauwerk), verjähren innerhalb von 5 Jahren ab Gefahrübergang, § 438 Abs.1 Nr.2 BGB. Voraussetzung ist allerdings, dass die betreffenden Gegenstände auch tatsächlich zeitnah in ein Bauwerk eingebaut worden sind und die Mangelhaftigkeit des

Bauwerks kausal herbeigeführt haben. Wurden Baustoffe auf Vorrat gekauft und längere Zeit gelagert bzw. hat der Mangel eines Einbauteils nicht zur Mangelhaftigkeit des Bauwerks geführt (z.B. unwesentlicher Mangel), werden diese Einbauteile wie alle anderen beweglichen Sachen behandelt, für die nur eine 2-jährige Verjährungsfrist gilt.

Wird ein *Kaufvertrag* über ein Grundstück geschlossen und stellt sich später heraus, dass es einem anderen gehört, verjähren die Ansprüche und Gestaltungsrechte des Auftraggebers wegen dieses Mangels erst in 30 Jahren ab Übergabe des Grundstücks, § 438 Abs.1 Nr.1 BGB.

Werkvertrag / Bauvertrag

Die Ansprüche des Auftraggebers auf Nacherfüllung, §§ 634a; 634 Nr.1; 635 BGB, Selbstvornahme bzw. Kostenersatz, §§ 634a; 634 Nr.2; 637 BGB, Schadensersatz bzw. Ersatz vergeblicher Aufwendungen, vgl. §§ 634a; 634 Nr.4; 636 BGB, sowie seine Gestaltungsrechte auf Rücktritt, §§ 634; 323 BGB und Kündigung aus wichtigem Grund, § 648a BGB, verjähren bei einem Bauwerk in 5 Jahren von der Abnahme an, § 634a Abs.1 Nr.2 BGB. Gleiches gilt für Planungs- oder Überwachungsleistungen für ein Bauwerk (z.B. Bausachleistung, Bauplanung, Bauüberwachung).

Für andere Werkverträge einschließlich Planungs- und Überwachungsleistungen gilt die kürzere Frist von 2 Jahren nach Abnahme, § 634a Abs.1 Anr.1 BGB.

Im Schaubild ergibt sich damit Folgendes:

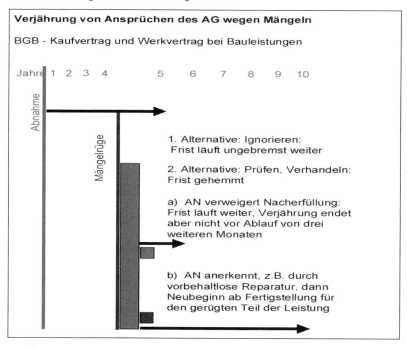

Da die Mängelrüge die Verjährung des Mängelanspruchs nicht hemmt, kommt ihr rechtlich keine weitere Bedeutung zu. Das Verhalten des Auftragnehmers entscheidet jetzt, ob es zu einem Neubeginn der Verjährung kommt (Anerkennung) oder zu einer Hemmung (Prüfung oder Verhandlung) oder ob die Uhr ungehemmt weiter tickt (ignorieren, Mangelanspruch ablehnen).

VOB/B-Bauvertrag

Die Verjährung ist hier differenzierter. Mängelansprüche verjähren nach § 13 Abs.4 VOB/B nach:

- 4 Jahren für Bauleistungen,
- 2 Jahren für Grundstücksarbeiten („andere Werke"),
- 2 Jahren für feuerberührte Teile (außer industriellen Feuerungsanlagen, bei denen die Verjährungsfrist nur 1 Jahr beträgt),
- 2 Jahren für elektrotechnische oder elektronische Teile, sofern der Auftragnehmer <u>keinen</u> Wartungsvertrag erhält (sonst bleibt es auch für diese Teile bei 4 Jahren).

Der wesentliche Unterschied zu der Verjährung nach BGB liegt damit bei Bauleistungen nicht so sehr in der Frist selbst (4 zu 5 Jahren). Entscheidend ist vielmehr, dass die einfache Mängelrüge nach § 13 Abs.5 Nr.1 VOB/B eine Verlängerung der Verjährungsfrist um 2 Jahre herbeiführt, während die Mängelrüge bei einem Werkvertrag keine Auswirkungen auf die Verjährungsfristen hat.

Architekten- / Ingenieurvertrag

Es gelten die Regeln des Werkvertragsrechts. Maßgeblich für den Beginn der Verjährung ist die Abnahme der Architekten-/Ingenieurleistung, - nicht aber die Abnahme des Bauwerks durch den Auftraggeber.

Hier ist eine vertragliche Regelung sinnvoll, wenn auch nach der Bauabnahme noch Leistungen vom Architekten erbracht werden sollen, wie Dokumentationsaufgaben oder die Überwachung der Mängelbeseitigungsleistungen oder noch später die Prüfung der Bauleistungen kurz vor Ablauf von deren Verjährungsfrist.

Um sein Risiko etwas zu reduzieren kann der Architekt/Ingenieur eine Teilabnahme verlangen, § 650s BGB.

Bauträgervertrag

Für die Verjährung gelten die Regeln des Kaufrechts, § 650u Abs.1 BGB, also insbesondere die lange Verjährung bei dinglichen Mängeln, § 438 Abs.1 Nr.1 BGB.

5.13.8 Verjährung bei Arglist

Alle Vertragstypen

Die „kurzen" Verjährungsfristen von 2 oder 5 Jahren gelten nicht, wenn es sich um arglistig verschwiegene Mängel handelt.

„Arglistig verschweigt, wer sich bewusst ist, dass ein bestimmter Umstand für die Entschließung seines Vertragspartners erheblich ist, nach Treu und

Glauben diesen Umstand mitzuteilen verpflichtet ist und ihn trotzdem nicht offenbart" (BGH, Urt. v. 12.10.2006, Az. VII ZR 272/05, BauR 2007, 114).

Beispiel: Der Bauleiter erkennt während der Dachdeckerarbeiten, dass das angelieferte Isoliermaterial nicht ausreicht, lässt aber die Arbeiten fertigstellen. Bei der Abnahme sagt er dazu nichts. Nach 8 Jahren regnet es durch.

Wenn jemand „sehenden Auges" Mängel zulässt, verjähren die Ansprüche in der regelmäßigen Verjährungsfrist von drei Jahren, gerechnet ab dem Ende des Jahres, in welchem der Anspruch des Berechtigten entstanden ist und er von den seinen Anspruch begründenden Umständen und der Person des Schuldners Kenntnis erlangt hat oder ohne grobe Fahrlässigkeit erlangen konnte, § 199 Abs.1 Nr.1 und 2 BGB. Wegen der 5-jährigen Gewährleistungsfrist des § 634a Abs.1 Nr.2 BGB verjähren arglistig verschwiegene Mängel nach Abs.3 dieser Vorschrift nicht vor Ablauf der regulären Gewährleistungsfristen.

5.13.9 Verjährung bei Organisationsverschulden

Bei komplexen Aufträgen kommt es vor, dass sich Mängel erst nach vielen Jahren offenbaren. Die Ursache dafür kann in einem unzureichenden Auftragsmanagement und fehlender Kontrolle von Lieferanten und Subunternehmern liegen.

Der Auftragnehmer kann sich seiner vertraglichen Offenbarungspflicht bei der Ablieferung des fertigen Werkes nicht dadurch entziehen, dass er sich durch Einschaltung eines Subunternehmers (arbeitsteilige Ausführung des Werkes) unwissend hält (BGH, Urt. v. 12.3.1992, Az. VII ZR 5/91, NJW 1992, 1754 ff.).

Art und Schwere eines Mangels können dabei ein Indiz für eine fehlende oder nicht richtig funktionierende Organisation und Kontrolle der Mitarbeiter sein. Dann muss der Auftragnehmer darlegen und beweisen, dass er die organisatorischen Voraussetzungen geschaffen hat, um sachgerecht beurteilen zu können, ob die Lieferungen und Leistungen seiner Mitarbeiter bzw. seiner Subunternehmer bei der Ablieferung mangelfrei waren. Hierzu muss er eine umfangreiche Dokumentation über eingesetztes Personal, Qualitätsmanagement, Protokolle, Bautagebücher und Schriftverkehr vorlegen. Gelingt dem Auftragnehmer dies nicht, so wird kraft Rechtsprechung ein „Organisationsverschulden" bejaht, denn bei richtiger Organisation des Auftragnehmers wäre nach der Argumentation des BGH der Mangel entdeckt und vermieden worden.

Diesem Aspekt ist bei der Erstellung von QS-Handbüchern und internen Ablaufdiagrammen Aufmerksamkeit zu widmen!

5.13.10 Verjährung von Schadensersatzansprüchen, die keine Mängelansprüche sind

Andere Schadensersatzansprüche, die keine Mängelansprüche sind, z.B.

- neben der Leistung, z.B. wegen einer Nebenpflichtverletzung, § 280 Abs.1 BGB und § 4 Abs.2 Nr.2 VOB/B,
- wegen Verzuges, §§ 280 Abs.1; 286 BGB und § 6 Abs.6 VOB/B,
- auf Vertragsstrafe, §§ 339; 341 BGB,

verjähren in der regelmäßigen Verjährungsfrist, §§ 195; 199 BGB.

Beispiel: Ein Auftragnehmer hat seinen Baukran vertraglich auch dem Auftraggeber für dessen Leistungen zur Verfügung zu stellen. Beim Aufbau des Krans prüft der Kranführer nicht ausreichend die Tragfähigkeit des Bodens. Bei der späteren Nutzung des Krans durch den Auftraggeber bricht der Kran zusammen und zerstört Anlagenteile des Auftraggebers.

Hier liegt kein Sachmangel vor, aber eine Nebenpflichtverletzung, die den Auftragnehmer zum Schadensersatz verpflichtet. Der Anspruch verjährt nicht erst nach 5 Jahren nach der Abnahme!

Hier wirkt sich auch die Rechtsprechung zur Prüf- und Hinweispflicht aus: Wären solche Pflichten einheitlich als Nebenpflichtverletzung einzuordnen, würde für alle §§ 195; 199 BGB anzuwenden sein; jetzt verjähren werkerfolgsbezogene Prüf- und Hinweispflichten wie Mängelansprüche. (Hammacher, Prüf- und Hinweispflichten).

Da die Umstände und die Person des Schädigers u.U. erst nach Jahren bekannt werden, sieht das Gesetz Höchstfristen für die Verjährung vor, nämlich spätestens 10 Jahre von der Entstehung an, § 199 Abs.3 Nr.1 BGB und allerspätestens 30 Jahre, wenn der Geschädigte nicht einmal wusste, dass es überhaupt einen Schadensersatzanspruch gab, § 199 Abs.3 Nr.2 BGB.

5.13.11 Verjährung anderer Ansprüche des Auftraggebers

Andere Ansprüche des Auftraggebers verjähren, soweit keine Sondervorschriften bestehen, ebenfalls in der regelmäßigen Verjährungsfrist, spätestens jedoch nach 10 Jahren ohne Rücksicht auf die Kenntnis oder grobfahrlässige Unkenntnis, § 199 Abs.4 BGB.

Beispiel: Der Auftraggeber ist eine Gemeinde. Das Rechnungsprüfungsamt stellt vier Jahre nach Schlusszahlung fest, dass der Auftragnehmer zu viel abgerechnet hat.

Auch dieser Erstattungsanspruch verjährt innerhalb der regelmäßigen Verjährungszeit, also drei Jahre nach Ende des Jahres, in dem der Anspruch entstand und er davon Kenntnis hatte. Kann man dem Auftraggeber vorwerfen, dass er die Überzahlung und damit seinen Zahlungsanspruch grob-fahrlässig nicht erkannt hat, so könnte sich der Auftragnehmer in dem Beispielsfall auf Verjährung berufen. Anderenfalls beginnt die Verjährungsfrist erst in dem Zeitpunkt, in dem der Rechnungshof die Überzahlung aufgedeckt hat, verjährt also mangels Kenntnis erst in zehn Jahren ab der Überzahlung.

Zu prüfen ist in diesen Fällen stets auch, ob ein solcher Anspruch nicht „verwirkt" sein könnte. Das ist dann der Fall, wenn der Berechtigte längere Zeit hindurch sein Recht nicht geltend gemacht hat und der Verpflichtete sich nach dem gesamten Verhalten des Berechtigten darauf einrichten durfte und auch eingerichtet hat, dass der Berechtigte das ihm an sich zustehende Recht auch in Zukunft nicht geltend machen wird (BGHZ 43, 289, 292; BGHZ 84, 280, 281). Bisher hat die Rechtsprechung in solchen Fällen allerdings eher zugunsten der öffentlichen Auftraggeber entschieden.

Verjährung

Anspruch	Frist
Mangelansprüche	2 Jahre ab Abnahme
Mangelansprüche bei Bauleistungen	5 Jahre ab Abnahme, bzw. 4 Jahre VOB/B
Schadenersatzansprüche bei Mängeln	2, bzw. 5 Jahre ab Abnahme
Mängelansprüche bei arglistiger Täuschung oder Organisationsverschulden	3 Jahre ab Ende des Jahres in dem entstanden und Kenntnis erhalten
Schadenersatz, wenn kein Mangel	10 Jahre ab Entstehung, ohne Kenntnis oder grob fahrlässige Unkenntnis
Schadenersatz, die auf der Verletzung des Lebens, des Körpers, der Gesundheit oder der Freiheit beruhen	30 Jahre von schadenauslösendem Ereignis
Andere Ansprüche, wie z.B. Herausgabeanspruch	3 Jahre ab Ende des Jahres in dem entstanden und Kenntnis erhalten 10 Jahre ab Entstehung, ohne Kenntnis oder grob fahrlässige Unkenntnis

6 Störungen in der Auftragsabwicklung durch den Auftraggeber (Güntzer)

6.1 Der Auftraggeber unterlässt eine Mitwirkungshandlung

6.1.1 Annahmeverzug

Der Auftraggeber gerät in Annahmeverzug (auch: Gläubigerverzug), wenn er die fällige Leistung des Auftragnehmers nicht annimmt. Der Auftragnehmer muss seine Lieferung oder Leistung so wie vereinbart tatsächlich anbieten.

Beispiel: Der LKW des Auftragnehmers mit der Ware fährt zum Hauptsitz des Auftraggebers.

War die Zweigstelle als Erfüllungsort vereinbart, oder war auch vereinbart, dass der Auftragnehmer abladen soll, oder handelt es sich gar nicht um die bestellte Ware, liegt kein tatsächliches Angebot vor, § 294 BGB. Auch die bloße Mitteilung, die Ware sei unterwegs ist noch kein tatsächliches Angebot.

Ein wörtliches Angebot reicht aber aus, wenn der Auftraggeber bereits erklärt hat, dass er nicht annehmen wird. Es reicht auch aus, wenn eine Mitwirkungshandlung des Auftraggebers erforderlich ist.

Beispiel: Der Auftragnehmer fordert den Auftraggeber auf, die Leistung bis zum .... abzunehmen.

In der Aufforderung liegt zugleich das Angebot, § 295 BGB.

Eine vorübergehende Annahmeverhinderung reicht noch nicht, es sei denn der Auftragnehmer hat angemessen früh angekündigt, § 299 BGB.

Beispiel: Der Auftragnehmer informiert den Auftraggeber zwei Tage vorher, dass er mit der Montage beginnen will und weist darauf hin, dass Baufreiheit herzustellen ist.

Dann liegt Annahmeverzug vor; zu den Konsequenzen sogleich.

Der Auftragnehmer muss aber, wenn er seine Leistung anbietet bzw. wenn der Auftraggeber handeln soll, auch wirklich in der Lage sein, seine Lieferung oder Leistung zu erfüllen, § 297 BGB.

Beispiel: Der Auftragnehmer soll Dachdeckerarbeiten ausführen. Seine Mitarbeiter rücken an, aber ohne Hubgerät oder Gerüste.

Der Auftragnehmer sollte insbesondere, wenn er seine Lieferung oder Leistung wörtlich anbietet, ausdrücklich seine Leistungsfähigkeit erwähnen (vgl. **Muster-AN 06**)

Liegt Annahmeverzug vor, hat dies folgende Konsequenzen:

6.1.1.1 Haftungsbegrenzung

Kommt es zu einem Schaden haftet der Auftragnehmer bei leichter Fahrlässigkeit nicht.

Beispiel: Der Auftragnehmer will den LKW mit der Ware wie vereinbart abladen, der Auftraggeber bittet ihn, das erst am nächsten Morgen zu machen. Der Fahrer stellt den LKW auf einem öffentlichen Parkplatz ab, statt auf dem gesicherten Werksgelände, wo die Ware gestohlen wird.

Sollte hier eine Nebenpflicht des Auftragnehmers verletzt sein, käme dennoch kein Schadensersatzanspruch in Betracht.

Beispiel: Der Auftraggeber nimmt zum bestimmten Termin die angebotene Leistung nicht ab, obwohl keine Mängel vorhanden. In der Folge kommt es zu Beschädigungen an der Leistung durch Mitarbeiter anderer Firmen, die auf der Baustelle arbeiten.

6.1.1.2 Zug-um-Zug-Leistung

Der Auftraggeber gerät in Annahmeverzug mit einer Zug-um-Zug-Leistung.

Beispiel: Der Auftraggeber verlangt die Fertigstellung der Leistungen, hat aber fällige Abschlagszahlungen nicht bezahlt und bietet sie auch nicht an.

6.1.1.3 Ersatz von Mehraufwendungen

Der Auftragnehmer kann Ersatz von Mehraufwendungen verlangen, die er für das erfolglose Angebot sowie für die Aufbewahrung und Erhaltung des geschuldeten Gegenstands machen musste, § 304 BGB.

Beispiel: Die fertig gestellten Bauteile können nicht auf die Baustelle gebracht werden, weil die Montageflächen noch von anderen Auftragnehmern des Auftraggebers belegt sind.

Lagerhaltungskosten und die Stornogebühren für den gemieteten Schwertransporter sind von dem Auftraggeber zu zahlen.

6.1.1.4 Kündigung

Der Auftragnehmer kann bei Werk-/Werklieferungs-/Bauvertrag/VOB/B-Bauvertrag nach Fristsetzung den Vertrag kündigen, §§ 642; 643 BGB, bzw. § 9 Abs.1 Nr.1 VOB/B.

6.1.2 Kooperationsgebot

Verträge und Schuldverhältnisse sind keine Einbahnstraßen. Beide Parteien sind zur Rücksichtnahme auf die Rechte, Rechtsgüter und Interessen des jeweils anderen Teils verpflichtet sind, § 241 Abs.2 BGB. Hierzu gehört auch das von der Rechtsprechung bemühte „Kooperationsgebot", das der BGH (Urt. v. 23.5.1996, Az. VII ZR 245/94, NJW 1996, 2158; BGH, Urt. v. 28.10.1999, Az. VII ZR 393/98, NJW 2000, 807) für den Bauvertrag herausgearbeitet hat, das im Prinzip aber für alle komplexen gegenseitigen Verträge gilt.

Damit trifft auch den Auftraggeber die Pflicht, alles zu tun, um das Projekt auch unter Beachtung der Interessen der anderen an dem Auftrag Beteiligten zum Erfolg zu führen. Auch der Auftraggeber hat eine Kooperationspflicht!

Welche Mitwirkungspflichten den Auftraggeber im Einzelnen treffen, ergibt sich aus dem Vertrag. Die Parteien sollten grundsätzlich darauf achten, dass dort nicht nur die Liefer- und Leistungspflichten des Auftragnehmers beschrieben werden, sondern ebenso die Mitwirkungspflichten des Auftraggebers.

Dies ist nicht nur ein Gebot der Fairness, - es ist unbedingte Voraussetzung dafür, dass die Verantwortlichkeiten an den Schnittstellen klar sind, um Fehler zu vermeiden. Selbst wenn dem Auftragnehmer die komplette Realisierung einer Leistung anvertraut worden ist, von der Planung über Ausführung, Koordination bis Inbetriebnahme, gibt es immer noch Eckpunkte, an denen der Auftraggeber seine Ressourcen und vor allem sein Geld zur Verfügung stellen muss, um den Auftrag störungsfrei abwickeln zu können.

Insbesondere, wenn Zeitpläne vereinbart wurden, an die der Auftragnehmer gebunden wird, kommt es darauf an, die zeitlichen Abhängigkeiten von Vorleistungen des Auftraggebers oder seiner Erfüllungsgehilfen klarzustellen.

Beispiel: Damit der Auftragnehmer mit der Fertigung von Stahlprofilen beginnen kann, benötigt er die Detailzeichnungen, z.B. sechs Wochen früher.

Dies gilt erst recht dann, wenn die Ecktermine pönalisiert wurden. Vereinbarte Ecktermine binden nicht nur den Auftragnehmer, sondern auch den Auftraggeber.

6.1.3 Rechte des Auftragnehmers bei unterlassener Mitwirkung

Die von dem Auftraggeber unterlassene Mitwirkungshandlung hat für den Auftragnehmer folgende Konsequenzen:

- Der Auftragnehmer wird bei dauernder Unmöglichkeit von seiner Leistungsverpflichtung frei, ohne seinen Vergütungsanspruch einzubüßen.
- Die Gefahr, nacherfüllen zu müssen, wenn der Liefer- und Leistungsgegenstand beschädigt wird, geht auf den Auftraggeber über.
- Der Auftragnehmer darf seine Leistung zurückbehalten / verweigern.
- Der Auftragnehmer darf bei einem *Kaufvertrag* den Rücktritt erklären.
- Beim Werkvertrag, Bauvertrag, und VOB/B-Bauvertrag kann der Auftragnehmer den Vertrag ganz oder teilweise kündigen. Er kann auch Entschädigung verlangen.
- Unter weiteren Voraussetzungen kommt auch ein Schadensersatz in Betracht.

6.1.3.1 Leistungsbefreiung bei gleichzeitigem Vergütungsanspruch

Beispiel: Der Auftragnehmer bekommt den Auftrag, ein einsturzgefährdetes Gebäude abzusichern. Er unterbreitet dem Auftrag-

geber zwei Lösungskonzepte und bittet um Entscheidung und
Freigabe damit zum vereinbarten Termin begonnen werden
kann. Der Auftraggeber ist hin und her gerissen. Das verkraftet das Gebäude nicht.

Kann der Auftragnehmer seine Lieferung oder Leistung überhaupt nicht erbringen, spricht man von subjektiver Unmöglichkeit der Leistung, oder Unvermögen. Der Auftragnehmer wird von seiner Leistungspflicht frei, § 275 BGB.

Seinen Anspruch auf Vergütung verliert er deshalb jedoch dann nicht, wenn der Auftraggeber wegen seiner fehlenden Mitwirkungshandlung die Unmöglichkeit im Wesentlichen allein zu vertreten hat oder wenn der Auftragnehmer dem Auftraggeber seine Leistung angeboten hat (**Muster-AN 06**). Der Auftragnehmer muss sich allerdings dasjenige anrechnen lassen, was er dadurch erspart hat, dass er die Lieferung oder Leistung jetzt nicht erbringen muss, § 326 Abs.2 BGB.

Die Frage, ob dies auch dann gilt, wenn die Lieferung dem Auftragnehmer wegen der fehlenden Mitwirkung des Auftraggebers nur vorübergehend nicht möglich ist, ist umstritten. Einige möchten diesen Fall genauso behandeln, andere halten dies nur bei dauernder Leistungshinderung für geboten und wenden bei Verzögerungen die Regeln über den Verzug an, §§ 280 Abs.1 u. 2; 286 BGB.

6.1.3.2 Leistungsverweigerung

Ob der Auftragnehmer darüber hinaus berechtigt ist, auch andere Teile seiner Leistung oder die Leistung insgesamt zurückzuhalten bzw. zu verweigern, hängt davon ab, ob man die Mitwirkungshandlung des Auftraggebers als eine Pflicht oder als eine bloße Obliegenheit begreift. Die Verletzung einer Vertragspflicht kann Ansprüche der anderen Partei auf Erfüllung oder Schadensersatz hervorrufen; die Verletzung einer Obliegenheit führt nur dazu, dass für denjenigen, der die Obliegenheit nicht erfüllt, Nachteile in eigener Sache entstehen.

Verletzt der Auftraggeber nur eine Obliegenheit in eigener Sache, berechtigt dies den Auftragnehmer nicht, seine eigene Leistungspflicht zu vernachlässigen (BGH, Urt. v. 10.5.1988, Az. IX ZR 175/87, NJW-RR 1988, 1265). Ein Zurückbehaltungsrecht kommt nach § 273 BGB nur in Betracht, wenn der Auftraggeber eine dem Auftragnehmer zustehende Leistung nicht erbringt.

Anders ist es dann, wenn die Mitwirkungspflichten des Auftraggebers nach dem Willen der Vertragsparteien zu einer Pflicht des Auftraggebers erhoben werden. Dies kann insbesondere dadurch geschehen, dass man die Mitwirkungspflichten explizit in den Vertrag aufnimmt und ggf. auch bereits die Folgen für die Auftragsabwicklung mitregelt. Dies kann bei komplexen Verträgen nicht nur sinnvoll, sondern notwendig sein. Darüber hinaus kann sich der Wille auch aus den Umständen des Einzelfalls, insbesondere dem Verhalten der Parteien oder der Art des abzuwickelnden Auftrages ergeben. Kommt dann der Auftraggeber seiner Mitwirkungspflicht trotz Aufforderung (**Muster-AN 06**) nicht nach, ist der Auftragnehmer berechtigt, die Leistung so lange zurückzustellen, bis die fehlende Mitwirkung vorgenommen wurde.

Der Auftraggeber wäre allerdings berechtigt, die Zurückbehaltung durch Leistung einer Sicherheit abzuwenden, § 273 Abs.3 BGB.

Ist nichts vereinbart und kann aus den Umständen auch nicht auf eine Nebenpflicht des Auftraggebers geschlossen werden, kommt eine Zurückbehaltung nicht in Betracht, sofern nicht ausnahmsweise in dem Leistungsverlangen des Auftraggebers zugleich ein Verstoß gegen Treu und Glauben gesehen werden muss, § 242 BGB.

6.1.3.3 Rücktritt/Kündigung

Alle Vertragstypen

Nur wenn die Mitwirkungspflicht vertraglich zu einer Nebenpflicht ausgestaltet ist, die den Auftraggeber zur besonderen Rücksicht auf die Interessen (Rechte und Rechtsgüter) des Auftragnehmers verpflichtet, § 241 Abs.2 BGB, kann der Auftragnehmer vom Vertrag zurücktreten, und zwar dann, wenn ihm ein Festhalten an dem Vertrag nicht mehr zuzumuten ist, § 324 BGB. Voraussetzung ist: eine Aufforderung mit Fristsetzung (**Muster-AN 06**). Ist die Frist verstrichen, tritt der Auftragnehmer zurück (**Muster-AN 14**). Oft wird er seine Rücktrittserklärung mit der Forderung nach Schadensersatz verbinden, was möglich ist.

Werklieferungsvertrag / Werkvertrag / Bauvertrag

Hier gelten zusätzlich die §§ 642; 643 BGB, wenn der Auftraggeber keine Pflicht verletzt, sondern nur seine Obliegenheit.

In diesem Fall kann der Auftragnehmer die Beendigung des Vertrages herbeiführen:

- Der Auftraggeber muss sich in Annahmeverzug befinden (vgl. oben Kapitel 6.1.1),
- Der Auftragnehmer muss dann ferner eine Nachfrist für die Bewirkung der Mitwirkungshandlung mit Androhung der Kündigung setzen (**Muster-AN 20**).

Mit Fristablauf gilt jetzt der Vertrag als gekündigt, § 643 S.2 BGB, wenn der Auftraggeber nicht bis Fristablauf seiner Mitwirkung nachgekommen ist. Es bedarf also keines weiteren Zutuns mehr.

Wenn der Auftragnehmer diese von ihm selbst ausgelöste automatische Konsequenz vermeiden will, muss er dies bereits in seinem Schreiben relativieren oder rechtzeitig vor Ablauf der Frist die Einschränkung nachschieben (**Muster-AN 13**).

VOB/B-Bauvertrag

Der Auftragnehmer kann gem. § 9 Abs.1 Nr.1 VOB/B den Vertrag kündigen,

- sofern der Auftraggeber in Annahmeverzug ist;
- der Auftragnehmer muss sodann dem Auftraggeber eine angemessene Frist zur Vornahme seiner Mitwirkungshandlung mit Kündigungsandrohung setzen (**Muster-AN 13**),
- danach ist die Kündigung schriftlich zu erklären (**Muster-AN 14**).

Anders als in den BGB-Verträgen bedarf es hier also noch einer ausdrücklichen Kündigungserklärung, um den Vertrag zu beenden.

Bei einer Behinderung gilt des weiteren § 6 Abs.7 VOB/B. Danach kann der Auftragnehmer den Vertrag auch dann kündigen, wenn die Unterbrechung länger als drei Monate andauert. Auch diese Kündigung muss schriftlich erklärt werden.

6.1.3.4   Entschädigung

Kaufvertrag

Eine besondere Regelung zur Entschädigung des Auftragnehmers sieht das Kaufrecht nicht vor. In Betracht kommt ein Schadensersatzrecht (siehe unten Ziffer 6.6.5) oder der Aufwandsersatz nach § 284 BGB.

Werkvertrag / Werklieferungsvertrag / Bauvertrag

Die Sondervorschrift des § 642 BGB billigt dem Auftragnehmer eine Entschädigung zu. wenn die Voraussetzungen vorliegen (siehe oben Kapitel 6.1.1 und 6.1.3). Die Höhe der Entschädigung richtet sich nach der Dauer des Annahmeverzuges, dem Auftragswert und demjenigen, was der Auftragnehmer durch die Nichtausführung der Leistung gespart hat.

Der BGH (Urt. v. 21.10.1999, Az. VII ZR 185/98, NJW 2000, 1336 ff.) hat diese Vorschriften ausdrücklich auch für den Fall anwendbar erklärt, dass nicht der Auftraggeber selbst, sondern eine seinem Risikobereich zuzuordnende Drittfirma die Mitwirkungshandlung unterlassen hat.

Die Berechnung dieser Entschädigung ist höchst umstritten. Im Vordringen ist die Auffassung (vgl. grundlegende Aufsätze von Glöckner, Leupertz, Sienz, BauR 2014 Heft 2a) die dem Auftragnehmer im Falle des Annahmeverzugs einen Zusatzanspruch gewährt, und zwar für die über die ursprüngliche, vertraglich vereinbarte Leistungszeit mit der sich der Auftraggeber in Annahmeverzug befindet, die aber zur Erbringung des Werkerfolgs benötigt wird. Der AN erhält also eine Entschädigung dafür, dass er Arbeitskraft und Kapital für die Zeit des Annahmeverzugs bereithält. Ansonsten erhält er die vertraglich zustehende Vergütung. Ob er aber auch für die Folgen des Annahmeverzuges eine angemessen Entschädigung erhält, obwohl diese nach dem Wortlaut der Vorschrift nicht innerhalb des Annahmeverzugsfrist, sondern außerhalb liegt, ist noch unentschieden (Franz, BauR 2017, 380).

Dementsprechend werden in der Rechtsprechung auch unterschiedlich hohe Anforderungen an den Nachweis der Kosten gestellt. Meistens wird auch für diesen Anspruch eine „bauablaufbezogene Darstellung" verlangt, wie sie zum Schadensersatz wegen Behinderung aufzustellen ist. Andere halten dies nicht für erforderlich (KG Berlin, Urt. vom 10.1.2017, Az. 21 U 14/16, IBRRS 2017, 0410).

Der Praktiker und seine Rechtsberater können an diesen Vorgaben verzweifeln.

Um überhaupt eine Chance zur Geltendmachung seiner Kosten zu haben, wird man dem Auftragnehmer raten:

- Aussagefähige Dokumentation sämtlicher Vorgänge während der Auftragsabwicklung in einer auch später noch nachvollziehbaren Weise,
- Erfassung sämtlicher Kosten und ihre Zuordnung zu den einzelnen Vorgängen,
- Führen eines auftragsbegleitenden „lebenden" Zeitplans, der die Veränderungen auch später noch nachvollziehen lässt,
- Frühzeitige Einschaltung eines auf Bauablaufstörungen spezialisierten Beraters.

Das alles ist mit ungeheurem Aufwand und Kosten verbunden, sodass Auftragnehmer mit kleinerem Auftragsvolumen geringer personeller und finanzieller Ausstattung von vorneherein nicht in der Lage sein werden, den Anforderungen gerecht zu werden. Ob solche Unternehmen ihr „Recht" bekommen, ist damit auch eine Frage des individuellen Reichtums geworden.

VOB/B-Bauvertrag

§ 6 Abs.6 VOB/B lässt § 642 BGB ausdrücklich unberührt, nachdem der BGH (Urt. v. 21.10.1999, Az. VII ZR 185/98, NJW 2000, S. 1336 ff.) die Anwendbarkeit auch für den VOB-Bauvertrag bestätigt hatte.

6.1.3.5 Schadensersatz

Kaufvertrag / Werkvertrag

Ein Schadensersatzanspruch allein aufgrund einer fehlenden Mitwirkung kommt nur in Betracht, wenn die Parteien zuvor die Mitwirkung zur Vertragspflicht des Auftraggebers erhoben haben (siehe oben Ziffer 6.1), was im Vertrag deutlich zum Ausdruck kommen muss.

Ist dies geschehen, kann der Auftragnehmer den Auftraggeber, der sich ja bereits in Annahmeverzug (siehe oben 6.1.1) befindet, zusätzlich auch in Schuldnerverzug setzen, §§ 280; 286 BGB.

Hierzu ist erforderlich, dass:

- entweder bereits im Vertrag ein Zeitpunkt für die Leistungspflicht des Auftraggebers festlegt wurde oder -
- ein solcher Zeitpunkt später einvernehmlich vereinbart wurde oder -
- dass der Auftragnehmer den Auftraggeber per Mahnschreiben zur Erbringung seiner Leistungspflicht auffordert (**Muster-AN 06**).

Der Auftragnehmer ist dann berechtigt, den ihm durch den Schuldnerverzug des Auftraggebers entstandenen Schaden ersetzt zu verlangen.

Beispiel: Die Parteien haben im Vertrag unter dem Punkt „Pflichten des Auftraggebers" festgelegt, dass der Auftraggeber gemäß Terminplan bestimmte Komponenten beistellen wird, die der Auftragnehmer mit anderen Teilen zusammenfügen soll.

Die Auslegung dieser Vereinbarung ergibt, dass der Auftraggeber zur Beistellung verpflichtet ist. Dann gerät er gem. § 286 Abs.2 BGB automatisch durch Überschreiten des im Terminplan bestimmten Datums in

Schuldnerverzug. Der Auftragnehmer wird alle Warte-, Vorhalte-, Lagerkosten, etc. als Schadensersatz geltend machen können.

VOB/B-Bauvertrag

Nach § 6 Abs.6 VOB/B kann der Auftragnehmer die durch eine Behinderung entstehenden Schäden beim Auftraggeber geltend machen, den entgangenen Gewinn allerdings nicht bei leichter Fahrlässigkeit. Schadensersatz kommt nur dann in Betracht, wenn der Auftraggeber den Schaden zu vertreten hat.

Geht die Behinderung von anderen aus, hängt der Schadensersatzanspruch davon ab, ob es sich um einen Erfüllungsgehilfen des Auftraggebers handelt (hierzu oben Kapitel 5.2 und Kapitel 7).

In solchen Fällen können aber auch eigene Pflichtverletzungen des Auftraggebers vorliegen, insbesondere die Pflicht zur Koordination der einzelnen Gewerke, § 4 Abs.1 Nr.1 VOB/B.

6.2 Der Auftraggeber verstößt gegen Sorgfaltspflichten bei der Nutzung der Lieferung oder Leistung

6.2.1 Materialfehler

Im Gegensatz zu denen, die ein Projekt planerisch vorbereitet haben, steht und fällt die Leistung des Ausführenden mit den Materialien, die er für die Erstellung des Werks benötigt und verwendet. Ist das Material ungeeignet oder mangelhaft, sind Mängel, Schäden und Ärger vorprogrammiert.

Bei der Beantwortung der Frage, wer für solche Materialfehler verantwortlich ist, kommt es entscheidend darauf an, wer für die Auswahl und wer für die Besorgung zuständig war. Dies ist mitunter sehr unterschiedlich geregelt.

Erhält der Auftragnehmer den Auftrag zur Erstellung eines Bauwerks oder eines Teilgewerks mit den Mitteln, die er für richtig hält, trägt er hierfür auch die Verantwortung. Hat er hierzu sogar eine Beschaffenheits- und/oder Haltbarkeitsgarantie abgegeben, § 443 BGB, muss sich der Auftragnehmer zusätzlich an die in der Garantieerklärung gemachten Versprechungen halten.

Anders liegt der Fall, wenn der Auftragnehmer das Material nicht selbst ausgesucht hat, sondern wenn der Auftraggeber das Material vorgeschrieben hat oder beistellt. Der Auftraggeber kann nicht auf der einen Seite durch Auswahl der Materialien die Leistungspflicht des Auftragnehmers konkretisieren, andererseits ihm aber den „Schwarzen Peter zuschieben", wenn seine Auswahl ungünstig war.

Allerdings muss der Auftragnehmer seine Bedenken gegen vom Auftraggeber ausgewählte oder beigestellte Materialien erheben, damit er auch wirklich aus der Verantwortung für Mängel/Schäden entlassen wird. Nur dann wird er von dem Mangelvorwurf frei (**Muster-AN 10**).

Eine Einschränkung gibt es, wenn das Material lediglich einen Fabrikationsfehler enthält: Grundsätzlich trägt der Auftraggeber - wie oben beschrieben - für seine Auswahl das volle Risiko. Ein Fabrikationsfehler des Herstellers hat aber mit seiner Auswahlentscheidung nichts zu tun. Eine solche Panne beim Hersteller hätte genauso gut auch bei dem Material eintreten können, das der Auftragnehmer beschafft. In einem solchen Falle wird der Auftragnehmer auch dann nicht von seiner Verpflichtung frei, ein ordnungsgemäßes Gewerk abzuliefern, wenn er - aus anderen Gründen - Bedenken gegen die Auswahl des Auftraggebers erhoben hat.

6.2.2 Betriebsfehler

Ist eine Funktionsstörung aufgetreten und wird sie von Fachleuten analysiert, so stellt sich in vielen Fällen heraus, dass entgegen dem ersten Anschein nicht etwa eine fehlerhafte Leistung des Auftragnehmers für die Funktionsstörung ursächlich war. Vielmehr kommt es häufig vor, dass der Schaden nicht entstanden wäre, wenn der Betreiber (z.B. der Auftraggeber bzw. der Eigentümer des Gebäudes oder der Unterhaltungspflichtige einer Anlage) nach Gefahrübergang seinerseits technische Regeln und Anweisungen des Auftragnehmers etc. beachtet hätte und sich bei der Nutzung des Gewerkes so verhalten hätte, wie ein verständiger Dritter dies unter normalen Umständen tun würde. In diesen Fällen trägt der Betreiber die Verantwortung für die Konsequenzen seines Handelns oder Unterlassens.

Wenn der Auftraggeber das von dem Auftragnehmer erstellte Werk über das vertraglich vorgesehene Maß hinaus nutzt, kann der Auftragnehmer hierfür keine Verantwortung übernehmen. Der Auftragnehmer steht nur für die vertraglich vorgesehene Tauglichkeit und Zweckerreichung, nicht aber für exzessives Verhalten des Auftraggebers ein. Welche Nutzungsintensität das Gewerk aushalten muss, ergibt sich wiederum aus dem Vertrag und den Umständen, die zu dem Vertrag geführt haben und die der Auftragnehmer in sein Angebot einbeziehen musste. Eine vom Auftraggeber zum damaligen Zeitpunkt bereits beabsichtigte Zweckänderungen oder eine höhere Nutzungsintensität, die er dem Auftragnehmer nicht mitgeteilt hat und die deshalb auch nicht Vertragsbestandteil geworden ist, liegt außerhalb der Verantwortung des Auftragnehmers.

6.2.3 Rechte des Auftragnehmers

Verstößt der Auftraggeber gegen seine Obliegenheiten, schädigt er sich also selbst, kann er den Auftragnehmer insoweit nicht für die Folgen verantwortlich machen.

Führen diese Obliegenheitsverletzungen zu Mängeln bleibt der Auftragnehmer dennoch für diese Mängel verantwortlich, es sei denn er kann nachweisen, dass er seiner Prüfpflicht genügt und den Auftraggeber auf erkannte Probleme hingewiesen hat.

In diesem Fall kann der Auftragnehmer immerhin den Einwand des Mitverschuldens, § 254 BGB, erheben, wenn der Auftraggeber oder seine Erfüllungsgehilfen an der Entstehung des Schadens mitgewirkt haben.

6.3 Der Auftraggeber schließt keine Vereinbarung über die Vergütung von Nachträgen

Dieses Problem tritt in der Praxis so oft auf, dass wir es hier als eigene Fallgruppe der Störungen in der Auftragsabwicklung behandeln möchten.

Beispiel: Der Architekt übergibt dem Auftragnehmer geänderte Ausführungszeichnungen. Der Auftragnehmer erkennt, dass er seine bereits fertig gestellten Werkstattzeichnungen neu anfertigen lassen muss. Die geänderte Konstruktion wird die Beschaffung von anderen Materialien erforderlich machen als kalkuliert und für die Montage werden jetzt andere Hilfsmittel erforderlich werden, die extra angemietet werden müssen. Der Auftragnehmer kalkuliert die geänderten Leistungen und bittet um Erteilung eines Nachtrags.

In der Praxis sind folgende Reaktionen zu beobachten: Der Auftraggeber:

- lehnt ab, mit der Begründung, die Leistungen seien bereits im Auftrag enthalten, -
- lehnt ab, mit der Begründung, die Nachtragsforderung sei nicht nachprüfbar dargelegt, -
- reagiert ausweichend und lässt sich auf keinen Verhandlungstermin und keine Zusage festlegen, -
- beauftragt den Nachtrag "dem Grunde nach".

Kaufvertrag / Werklieferungsvertrag

Da der Auftraggeber keine andere Art der Ausführung verlangen kann, muss der Auftragnehmer einer Leistungsänderung oder –erweiterung auch nicht zustimmen (oben Kapitel 4.2), von treuwidrigem Verhalten abgesehen.

Wird die weitere Auftragsabwicklung durch das Beharren des Auftraggebers auf einer Änderung behindert, kann der Auftragnehmer:

- von der Leistung frei werden, wenn sie dadurch unmöglich geworden ist, § 275 BGB,
- vom Vertrag zurücktreten, wenn sich das Verhalten als Verstoß gegen die Rücksichtnahmepflicht nach § 241 BGB darstellt und dem Auftragnehmer ein Festhalten nicht mehr zugemutet werden kann, § 324 BGB,
- Schadensersatz verlangen, § 280 BGB.

Bauvertrag

Hier kann der Auftraggeber auf einer anderen Ausführung bestehen, § 650b BGB. Der Auftragnehmer muss ein Angebot unterbreiten (siehe oben Kapitel 4.2.1). Der Auftragnehmer kann:

- verlangen, das über das Angebot verhandelt wird, § 650b BGB **(Muster-AN 04),**

- eine Abschlagszahlung verlangen, § 632a BGB, - und zwar in Höhe von 80 Prozent seines Angebot über die Mehrvergütung nach § 650b Abs.1 S.2 BGB (**Muster-AN 17**)
- eine einstweilige Verfügung in Streitigkeiten über das Anordnungsrecht gemäß § 650b BGB oder die Vergütungsanpassung gemäß § 650c Abs.3 BGB beantragen.

VOB/B-Bauvertrag

Vom Auftraggeber geänderte und zusätzliche Leistungen führen zu einem Anspruch des Auftragnehmers auf Vereinbarung eines neuen Preises, § 2 Abs.5 u. 6 VOB/B (**Muster-AN 04**). Das ist aber noch kein Anspruch auf Zahlung. Weigert sich der Auftraggeber, in die Verhandlungen einzusteigen, verletzt er seine Kooperationspflicht.

Leistungsverweigerung

Der Auftragnehmer ist dann berechtigt, seine Leistung insoweit zu verweigern, also die geänderten Leistungen nicht auszuführen.

Will sich der Auftragnehmer dazu entscheiden, die Leistung zu verweigern, sollte er Folgendes vorher geprüft haben:

- Ist der Auftragnehmer nach dem Vertrag zu Nachträgen verpflichtet oder wurden Ausschlüsse vereinbart?
- Liegt nachweislich eine Anordnung des Auftraggebers oder Gleichwertiges vor?
- Kann der Auftragnehmer wirklich nach Vertrag und Technik mehr Geld verlangen?
- Wurde ein nachprüfbares Nachtragsangebot vorgelegt unter Berücksichtigung der Preisermittlungsgrundlagen (Angebotskalkulation/Urkalkulation)?
- Wurde der Auftraggeber nachdrücklich und mehrmals aufgefordert seiner Kooperationspflicht nachzukommen (**Muster-AN 04**) und wurde ihm angekündigt, von dem Leistungsverweigerungsrecht Gebrauch zu machen (**Muster-AN 05**)?
- Ist die Mehrvergütung erheblich, oder wäre es dem Auftragnehmer zumutbar, die Leistung vorläufig ohne Vergütung auszuführen und sich später darüber zu streiten?
- Ist die Leistungsverweigerung noch angemessen im Verhältnis zum Schaden, der dem Auftraggeber hieraus erwachsen könnte?

Das sind keine K.O.-Kriterien. Die Leistungsverweigerung ist ein Druckmittel um den Auftraggeber seinerseits dazu zu bewegen, seine vertraglichen Pflichten einzuhalten. Druck muss aber auch als solcher spürbar sein. Trotzdem sollte sich der Auftragnehmer über die Chancen und Risiken seines Handels im Klaren sein und die Grenzen der Verhältnismäßigkeit nicht überschreiten: Wird der Nachtrag durch "Erpressung" erzwungen, kann er u.U. auch wieder angefochten werden, § 123 BGB, oder den Auftraggeber zu einem Schadensersatzanspruch berechtigten (BGH, Urt. v. 13.9.2001, Az. VII ZR 415/99, NJW 2001, 3779). Die Erpressung kann ihrerseits den Auftraggeber zur Kündigung aus wichtigem Grund berechtigen (siehe Ziffer 5.5.3).

Auftraggeber neigen derzeit dazu, die Vergütung „dem Grunde nach" zu gewähren. Dann liegt keine Zahlungsverweigerung vor, doch weiß der Auftragnehmer noch immer nicht, ob er über die Höhe seiner Vergütung wird streiten müssen. Zwar „soll" die Vereinbarung möglichst vor Ausführung getroffen werden, aber es „ist" ein neuer Preis zu vereinbaren, § 2 Abs.6 VOB/B. Mit dem bloßen Vertrösten des Auftragnehmers auf die Zeit nach der Abnahme wird der Auftraggeber seiner Mitwirkungspflicht nicht gerecht. Der Auftraggeber bestätigt damit lediglich, dass er seine vertragliche Vergütungspflicht nicht verletzen – eine Selbstverständlichkeit.

Der Auftragnehmer kann deshalb auch nach dieser substanzlosen Aussage auf die Einhaltung der Mitwirkungspflicht pochen. Betreibt der Auftraggeber weiter eine Ausweichstrategie, ist dem Auftragnehmer nicht zuzumuten, weiter in Vorleistung zu treten.

Der Auftraggeber weist in diesen Fällen gerne auf § 18 Abs.5 VOB/B hin, wonach Streitfälle den Auftragnehmer nicht berechtigen, die Arbeiten einzustellen. Damit kann und soll dem Auftragnehmer das ihm zustehende Leistungsverweigerungsrechte nach BGB oder VOB/B nicht abgeschnitten werden (BGH, Urt. v. 25.1.1996, Az. VII ZR 233/94, NJW 1996, 1346, 1348).

<u>Kündigung</u>

Der Auftragnehmer kann den Vertrag kündigen, § 9 Nr.1 VOB/B, wenn die fehlende Mitwirkung des Auftraggebers am Abschluss einer Nachtragsvereinbarung den Auftragnehmer zugleich in der Fortführung der Leistung behindert.

Beispiel: Der Auftraggeber verlangt umfangreiche Änderungsleistungen, die aber die Beschaffung teurer Materialien nach sich ziehen würden.

Wenn sich der Auftraggeber einer Vereinbarung entzieht, kann er nicht verlangen, dass der Auftragnehmer insoweit in Vorleistung tritt. Hilft auch die Einstellung der Baustelle nichts, wird der Auftragnehmer nach Fristsetzung den Vertrag beenden dürfen.

6.4 Der Auftraggeber verstößt gegen seine Koordinationspflicht

Den Auftraggeber trifft eine allgemeine Koordinationsobliegenheit, die bereits bei der Planung der Ausführungsleistung beginnt und sich über die Projektüberwachung bis zur Annahme/Abnahme fortsetzt. Es ist das Projekt des Auftraggebers. Er hat dafür zu sorgen, dass es so abgewickelt wird, wie er es sich vorgestellt hatte. Fehler gehen mit ihm heim.

Alle Vertragstypen

Wird die Lieferung oder Leistung für den Auftragnehmer aufgrund der Koordinationsfehler unmöglich, wird er von der Leistung frei, § 275 BGB.

Gerät der Auftraggeber in Annahmeverzug, stehen dem Auftragnehmer die dort genannten Rechte zu (vgl. oben Ziffer 6.1.1).

Kommt es aufgrund von Koordinationsfehlern zu Schäden, kommen auch Schadensersatzansprüche in Betracht, sofern sich die Obliegenheit zugleich auch als Nebenpflicht, z.B. auf Rücksichtnahme, § 241 BGB, darstellt.

VOB/B-Bauvertrag / Bauvertrag

Nach § 4 Abs.1 Nr.1 VOB/B, der nach alter Rechtslage auch auf den Werkvertrag anzuwenden war und deshalb auch bei dem neuen Bauvertrags-Typ von Bedeutung ist, obliegt es dem Auftraggeber, für die Aufrechterhaltung der allgemeinen Ordnung auf der Baustelle zu sorgen und das Zusammenwirken der verschiedenen Unternehmer zu regeln. Hierzu ist er befugt, unter Wahrung der dem Auftragnehmer zustehenden Leitung Anordnungen zu treffen, die zur vertragsgemäßen Ausführung der Leistung notwendig sind, § 4 Abs.1 Nr.3 VOB/B.

Die Anordnung von Maßnahmen ist ein Recht des Auftraggebers, keine Pflicht. Es liegt in seinem Ermessen, ob er in die Bauausführung des Auftragnehmers eingreift oder nicht. Auch nach VOB/B handelt es sich um eine Obliegenheit, keine Nebenpflicht, soweit nichts anderes vereinbart wurde.

Beispiel: Nachdem ein Stahlbauunternehmen seine Stahlkonstruktion erstellt hat, beginnen die Korrosionsanstricharbeiten. Oberhalb der Arbeitsbühne führt jedoch noch ein einzelner Schweißer Nachbesserungsarbeiten aus. Durch herabfallende Schweißperlen wird der Korrosionsanstrich beschädigt.

Obwohl sich die Mängel in dem Gewerk des Malers einstellen, trägt die Verantwortung hierfür das gleichzeitig arbeitende Stahlbauunternehmen.

Bei kleineren Aufträgen wird der Auftraggeber diese Koordinationspflicht selbst erfüllen. Hat der Auftraggeber die Koordination und Projektüberwachung einem Ingenieur- oder Architekturbüro (z.B. Projektsteuerer) übertragen, so hat er sich für einen Fachmann entschieden, der aufgrund seines Berufsbildes und des in der HOAI vorgesehenen Leistungskatalogs geradezu für diese Leistungen prädestiniert ist. Dementsprechend kann der Auftragnehmer bei der Einschätzung seiner Pflichten auch darauf vertrauen, dass dieser seine Aufgaben ernst nimmt und alles tut, damit der Auftragnehmer seine Leistung störungsfrei erbringen kann. Leider ist dies nicht immer der Fall. Die eigene Hinweispflicht des Auftragnehmers nimmt aber mit der Sachkunde des Auftraggebers und seiner Berater ab. Die Verantwortlichkeit für die Koordinierung des Projektes verbleibt in der Risikosphäre des Auftraggebers.

Die Übertragung der Projektüberwachung auf einen Fachmann bedeutet aber nicht, dass der Auftraggeber dem Auftragnehmer die Aufsicht schuldet. Der Auftragnehmer hat keinen Anspruch darauf, gut überwacht zu werden! Der Auftragnehmer kann deshalb nach herrschender Meinung auch kein Mitverschulden geltend machen, wenn dem Fachmann ein Fehler unterläuft, den der Architekt bei ordnungsgemäßer Projektüberwachung hätte verhindern können (BGH, Urt. v. 18.4.2002, Az. VII ZR 70/01, NJW 2002, 3326).

Nach unserer Ansicht bedarf es hier allerdings eines Umdenkens. Das Mitverschulden nach § 254 BGB ist, wie die Rechtsprechung oft bestätigt hat, auch auf Obliegenheiten anzuwenden. Dann kommt es aber nicht darauf an, ob der Auftraggeber eine Pflicht gegenüber dem Auftragnehmer verletzt hat, sondern nur, ob er eine Pflicht sich selbst gegenüber verletzt hat. Das ist aber bei Koordinationsfehlern regelmäßig der Fall. Deshalb muss auch in diesen Fällen ein Mitverschulden quotal berücksichtigt werden. (Ausführlich zu diesem Problem: Hammacher, Prüf- und Hinweispflichten, 2.Auflage, 2016).

Auch darf der Auftragnehmer, wenn er die Probleme feststellt, nicht die Arme verschränken. Er hat den Auftraggeber auf die Probleme, die sich aus der Nichtbeachtung von dessen Koordinierungspflicht ergeben, hinzuweisen. Der Auftragnehmer wird durch die Fehler des Auftraggebers auch nicht aus seiner Verantwortung für die vertragsgerechte Leistung entlassen. Fehlende Koordination ist keine Entschuldigung für schlechte Leistung.

Führt die mangelhafte Koordination zu zusätzlichen Leistungen, kann der Auftragnehmer hierfür Vergütung verlangen (siehe oben Ziffern 6.1 ff. und 4.2) – **(Muster-AN 09)**.

Ist der Auftragnehmer in der Ausführung seiner Leistungen behindert, kann er Verlängerung der Ausführungszeit und Schadensersatz verlangen (vgl. unten Kapitel 7). Er muss jedoch die Behinderung rechtzeitig angekündigt haben **(Muster-AN 07)**.

6.5 Auftraggeber verhindert die Nacherfüllung durch den Auftragnehmer

Der Auftragnehmer hat die Verpflichtung – aber auch einen Anspruch darauf, Mängel, die ihm zuzurechnen sind, selbst kostengünstig zu beseitigen. Was aber, wenn der Auftraggeber ihn nicht lässt?

Beispiel: Ein Bauträger kauft für die Bäder in einer neuen Wohnanlage hochweiße Fliesen. Nach dem Aufkleben und Verfugen der ersten Wohneinheit stellt sich heraus, dass diese Schattierungen aufweisen, die die Bäderwand schmutzig erscheinen lassen. Der Bauträger lässt die Fliesen sofort herausreißen und verlangt anschließend von dem Lieferanten außer der Neulieferung auch Erstattung der für den Abriss aufgewendeten Kosten.

Nach Ansicht des BGH trägt in diesen Fällen der Auftraggeber das alleinige Risiko (BGH, Urt. v. 23.2.2005, Az. ZR 1/05, NJW 2005, 3211, 3212) und verliert seine Rechte gegen den Auftragnehmer.

Man sollte aber wissen, dass dieser Standpunkt des BGH in der Literatur überwiegend nicht geteilt wird. Diese Verhinderung der Nacherfüllung müsse genauso behandelt werden wie der Fall, in der der Auftraggeber die Hauptleistung des Auftragnehmers unmöglich macht, z.B. indem er die Maschine, die der Auftragnehmer reparieren soll, vor Beginn der Arbeiten ruiniert. Auch in dem Fall der verhinderten Nacherfüllung müsse sich der Auftragnehmer dasjenige anrechnen lassen, was er dadurch erspart hat, dass der Auftraggeber selbst die Nacherfüllung durchgeführt hat (vgl. § 326 Abs.2 S.2 BGB, Bamberger/Roth BeckOK § 437, Rdnr. 37). In der Tat spricht einiges für diese Ansicht: Warum soll der Auftragnehmer, der mangelhaft geleistet hat, nur deshalb ungeschoren davon kommen, weil der Auftraggeber eine Formalie nicht beachtet hat? Mit Fristsetzung hätte er den ganzen Aufwand alleine getragen. Ohne Fristsetzung und nach Beseitigung der Mängel durch den Auftraggeber selbst, müsste er nach dieser Literaturansicht das abgeben, was er durch den Einsatz des Auftraggebers erspart hat.

Manche Auftragnehmer möchten ihre „Gewährleistung ablehnen", wenn der Auftraggeber an ihrem Gewerk selbst Leistungen erbringt oder erbringen lässt. Dies ist so nicht möglich. Richtig ist, dass der Auftraggeber durch seinen Eingriff Verantwortung übernimmt. Stellt sich später heraus, dass er durch seine Maßnahme den Zustand der Sache verschlechtert hat, kann dies nicht zu Lasten des Auftragnehmers gehen, und zwar auch dann nicht, wenn der Auftraggeber im Wege der Selbstvornahme einen Mangel auf Kosten des Auftragnehmers beseitigt hat, § 637 BGB. Darin erschöpft sich aber auch schon die Einschränkung der den Auftragnehmer treffenden Pflichten. Der Auftragnehmer bleibt nach wie vor dafür verantwortlich, dass seine Leistung dem entspricht, was er versprochen hat. Dies kann er nicht dadurch beeinflussen, dass er einseitig die Gewährleistung ablehnt.

6.6 Auftraggeber verweigert die Annahme /Abnahme

Erst wenn er Auftraggeber die Lieferung oder Leistung entgegen genommen hat, hat der Auftragnehmer erfüllt (siehe unten Kapitel 8). Verweigert sich der Auftraggeber ohne Grund, gerät er in Annahmeverzug, § 293 ff. BGB. (siehe oben Kapitel 6.1.1)

6.6.1 Leistungsbefreiung bei gleichzeitigem Vergütungsanspruch

Wer seine Leistung zur Abnahme anmeldet bzw. die Ware übergibt, hat seine Arbeiten in der Regel abgeschlossen, sodass sich die Frage der Leistungsbefreiung nur selten stellen wird.

6.6.2 Gefahrübergang

Bis zur Abnahme bzw. Übergabe der Ware trägt der Auftragnehmer das volle Risiko, dass seine Lieferungen oder Leistungen beschädigt werden, ohne dass irgendjemand dafür verantwortlich gemacht werden kann.

Beispiel: Einbau von Türen in ein Gebäude. Wenn noch viele Personen vor der offiziellen Übergabe des Gebäudes durchgehen müssen, ist die Gefahr von Dellen, Lackschäden, etc. erheblich.

Der Auftragnehmer ist zwar verpflichtet, seine Lieferungen und Leistungen bis zur Abnahme vor Fremdschäden zu schützen – praktisch ist dies manchmal ausgeschlossen, es sei denn, man würde das gesamte Umfeld absperren, was wiederum die Weiterarbeit behindern würde. (Zur Versicherungslösung siehe unten Kapitel 12 „Versicherungen").

Anders jedoch, wenn sich der Auftraggeber in Gläubigerverzug befindet.

Kaufvertrag / Werklieferungsvertrag

Ab dem Augenblick, wo der Auftraggeber die bestellte Ware nicht übernimmt, obwohl sie ordnungsgemäß angeboten wurde (Muster-AN 29),haftet der Auftragnehmer nur noch für Vorsatz und grobe Fahrlässigkeit, § 300 S.1 BGB (Gläubigerverzug).

Damit es keine Missverständnisse gibt, ob der Auftraggeber vielleicht nur vorübergehend daran gehindert war, die Ware abzunehmen (dann läge kein Gläubigerverzug vor, § 299 BGB), sollte im Vertrag stets ein Termin genannt werden, wann die Lieferung erfolgen wird oder jedenfalls der Auftraggeber mit angemessenem Vorlauf über die bevorstehende Leistung informiert werden (Muster-AN 26).

Hat der Auftragnehmer das Transportrisiko übernommen, kommt der Gläubigerverzug erst in Betracht, wenn die Ware dem Gläubiger am Bestimmungsort angeboten wird (vgl. INCOTERMS). Versendet der Auftragnehmer aber auf Verlangen des Auftraggebers die Ware an einen anderen Ort als den Erfüllungsort, so geht die Gefahr auf den Auftraggeber über, sobald der Auftragnehmer die Ware dem Transportunternehmen übergeben hat, § 447 BGB.

Internationaler Kaufvertrag

Ähnliches gilt für den Gefahrübergang nach UN-Kaufrecht, Art. 67; 68; 69 Abs.1 CISG.

Beachtenswert: Hat der Auftraggeber die Ware an einem anderen Ort als einer Niederlassung des Auftragnehmers zu übernehmen, so geht die Gefahr bereits über, sobald die Lieferung fällig ist und der Auftraggeber Kenntnis davon hat, dass ihm die Ware an diesem Ort zur Verfügung steht, Art. 69 Abs.2 CISG. Ist dies vertraglich so bestimmt, empfiehlt sich für den Auftragnehmer deshalb eine entsprechende Benachrichtigung (Muster-AN 26).

Werkvertrag / Bauvertrag VOB/B-Bauvertrag

Beim Werkvertrag findet der Gefahrübergang in der Regel erst mit der Abnahme statt. Deshalb tritt Gläubigerverzug erst dann ein, wenn der Auftraggeber die angebotene Leistung nicht abnimmt, § 644 BGB (zur Abnahme siehe unten Kapitel 8 „Abnahme"). Haben die Parteien Regelungen getroffen, die bereits früher zum Gläubigerverzug führen, geht auch die Gefahr zu diesem früheren Termin über.

Ist keine Teil-Abnahme vereinbart, trägt der Auftragnehmer ein erhebliches Risiko, dass die eigentlich bereits fertig gestellten Teile seiner Leistung durch andere Unternehmer bis zur Abnahme beschädigt werden, ohne dass er sich wirksam dagegen schützen kann. Hinzu kommt, dass nach § 4 Abs.5 VOB/B der Auftragnehmer seine Leistung vor Beschädigung und Diebstahl zu schützen hat. Im Stahlbau und Anlagenbau ist dies oft gar nicht sinnvoll möglich, weil diese Gewerke in ein Gesamtbauwerk integriert sind. Der Schutz würde den Bauablauf erheblich behindern und gewaltige Kosten verursachen, die weder Auftragnehmer oder Auftraggeber einkalkuliert haben. Es kann deshalb sinnvoll sein, den Auftraggeber von den Vorteilen einer Teil-Abnahme oder zumindest einer Regelung über den Gefahrenübergang zu überzeugen, indem man die Konsequenzen deutlich macht; (vgl. hierzu **Muster-AN 28**).

6.6.3 Leistungsverweigerung/Zurückbehaltung

Alle Vertragstypen

Die Abnahme ist bei Kauf- und Werkvertrag eine Vertragspflicht des Auftraggebers. Hält er diese nicht ein, darf der Auftragnehmer seine Leistungen zurückhalten.

Soweit der Auftragnehmer aus dem gleichen Rechtsverhältnis (die Rechtsprechung lässt einen natürlichen und wirtschaftlichen Zusammenhang zwischen den Ansprüchen genügen, „einheitliches Lebensverhältnis") noch andere Leistungen als die Übergabe der Sache schuldet, kann er diese bis zur Abnahme zurückbehalten, § 273 BGB.

Beispiel: Es war vereinbart, dass die zu liefernde Maschine im Werk des Auftragnehmers abgenommen wird. Danach sollte die Maschine auf Kosten des Auftragnehmers an ihren Bestimmungsort verschifft werden. Der Auftraggeber will aus Zeitgründen nicht extra zur Abnahme anreisen und verlangt vom Auftragnehmer, dass er die Maschine ohne Abnahme versendet.

Wenn der Auftraggeber die Maschine nicht im Werk abnimmt, kann der Auftragnehmer die weitere Erfüllung des Vertrages verweigern; er muss die Maschine also erst dann verschiffen, wenn der Auftraggeber sie im Werk abgenommen hat.

6.6.4 Rücktritt / Kündigung

Kaufvertrag

Die Pflichtverletzung führt zu einem Rücktrittsrecht des Auftragnehmers (siehe oben Ziffer 6.1.3).

Werklieferungsvertrag / Werkvertrag / Bauvertrag / VOB/B-Bauvertrag

Die Abnahme ist eine Mitwirkungshandlung, die für den Abschluss der Leistungen des Auftragnehmers erforderlich ist. Der Auftragnehmer darf kündigen, wenn er die erforderlichen formalen Schritte unternommen hat (siehe oben Ziffer 6.1.3).

6.6.5 Entschädigung

Mit Rücktritt bzw. Kündigung hat der Auftragnehmer Ansprüche auf Entschädigung (siehe oben Ziffer 6.1.3).

6.6.6 Schadensersatz

Die Pflichtverletzung kann auch einen Schadensersatzanspruch nach sich ziehen, wenn der Auftraggeber durch Mahnung auch in (Schuldner-)Verzug gesetzt wird §§ 280; 286 BGB (**Muster-AN 29**).

Beispiel: Der Auftragnehmer bietet seine Leistung zur Abnahme an. Der Auftraggeber nimmt pflichtwidrig die Leistung nicht ab. Daraufhin mahnt der Auftragnehmer den Auftraggeber.

Der Auftragnehmer kann jetzt z.B. auch die Zinsen für die Zwischenfinanzierung ersetzt verlangen.

Dies kann auch noch aus einem anderen Grunde sinnvoll sein:

Nach § 640 Abs.2 BGB gilt die Abnahme als erteilt, wenn der Auftragnehmer zuvor eine Frist gesetzt hatte, und der Aufraggeber nicht innerhalb dieser Frist unter Angabe mindestens eines Mangels verweigert hat. (siehe unten Kapitel 8 „Abnahme"). Mit Ablauf der Frist endet damit auch der Annahmeverzug, also auch der damit verbundene Entschädigungsanspruch, §642 BGB (siehe oben Ziffer 6.1.3). Die mit der Nicht-Abnahme verbundenen Nachteile lassen sich deshalb nur über den VerzugsSchadensersatz berechnen.

6.7 Auftraggeber zahlt nicht

Gerät der Auftraggeber mit einer fälligen Zahlung in Verzug, gleich ob als Abschlagszahlung oder Schlusszahlung, verletzt er seine Hauptpflicht. Die Verletzung dieser Pflicht eröffnet dem Auftragnehmer grundsätzlich alle Rechte.

6.7.1 Fälligkeit der Zahlung

Der Auftragnehmer kann von dem Auftraggeber nur dann Bezahlung seiner erbrachten Leistungen verlangen, wenn die Zahlung „fällig" ist. Umgekehrt formuliert ist „Fälligkeit" derjenige Moment, in dem der Auftragnehmer erstmals die Zahlung fordern darf.

Mehr zur Fälligkeit der Zahlung unten Kapitel 9.2.

6.7.2 Rechte des Auftragnehmers

6.7.2.1 Leistungsverweigerung/Zurückbehaltungsrecht

Der Auftragnehmer kann von seinem Zurückbehaltungsrecht Gebrauch machen. Da es sich um eine Hauptpflicht handelt, ergibt sich dies aus § 320 BGB. Ist die Zahlung fällig, muss der Auftraggeber zahlen; es besteht dann auch keine Vorleistungsverpflichtung des Auftragnehmers mehr.

VOB/B-Bauvertrag

Der Auftragnehmer darf nach § 16 Abs.5 Nr.5 VOB/B die Arbeiten bis zur Zahlung einstellen (**Muster-AN 20**). sofern eine dem Auftraggeber zuvor gesetzte angemessene Nachfrist erfolglos verstrichen ist (**Muster-AN 19**). Hier ist also ein weiteres Schreiben erforderlich.

6.7.2.2 Rücktritt / Kündigung

Kaufvertrag / Werkvertrag / Bauvertrag

Der Auftragnehmer kann vom Vertrag zurücktreten (siehe oben Ziffer 6.1.3).

Werkvertrag / Bauvertrag / VOB/B-Bauvertrag

Gerät der Auftraggeber in Zahlungsverzug, ist auch ein wichtiger Grund für die Kündigung durch den Auftragnehmer gegeben, § 648a BGB.

Nach § 9 Abs.1 Nr.2 VOB/B muss der Auftragnehmer dem Auftraggeber eine angemessene Frist zur Zahlung mit Kündigungsandrohung setzen (**Muster-AN 21**). Danach ist die Kündigung schriftlich zu erklären (**Muster-AN 22**).

6.7.2.3 Schadensersatz

Voraussetzung für einen Schadensersatz ist, dass sich der Auftraggeber mit der Zahlung in Verzug befindet (vgl. hierzu unten Kapitel 9.13).

Befindet sich der Auftraggeber mit einer fälligen Zahlung in Verzug, kann der Auftragnehmer den vollen Verzugsschadensersatz geltend machen, der ihm hieraus erwächst, also insbesondere auch Finanzierungskosten.

6.8 Der Auftraggeber erteilt Zusatzaufträge / Nachträge

Alle Vertragstypen

So erfreulich Zusatzaufträge und Nachträge für den Auftragnehmer sein mögen, sie können sich auch gravierend auf den Bauablauf, insbesondere auf die Zeit und den Fertigstellungsterminauswirken.

Der Auftraggeber rechnet normalerweise nicht damit, dass er sich durch den Abschluss eines Vertrages über zusätzliche Leistungen und deren Vergütung gleichzeitig schadensersatzpflichtig machen könnte.

Der Auftragnehmer sollte deshalb bei der Kalkulation der zusätzlichen Leistungen die Erschwernisse für den Hauptauftrag bereits berücksichtigen. Wenn diese Schadenspositionen nicht in den Nachträgen des Auftragnehmers enthalten sein sollten, muss er sich dies ausdrücklich vorbehalten (OLG Brandenburg, Beschl. v. 18.8.2009, Az. 11 W 25/08, IBR 2011, 395).

Der Auftragnehmer sollte deshalb bei jedem Nachtrag entweder erklären, dass damit weitere Kosten für den Auftraggeber ausgeschlossen sind, oder eben, dass dies nicht der Fall ist (**Muster-AN 02**).

6.9 Der Auftraggeber beendet den Vertrag vor Gefahrübergang

6.9.1 Kündigungsgründe

Wie in Kapitel 5 beschrieben, ist der Auftraggeber berechtigt, den Vertrag einseitig zu beenden, wenn:

- der Auftragnehmer erkennbar mangelhaft leistet und den vereinbarten Termin gefährdet,
- der Auftragnehmer in Verzug kommt,
- der Auftraggeber aus wichtigem Grund,
- der Auftraggeber aus freien Stücken kündigt.

In allen Fällen bedeutet die Beendigung für den Auftragnehmer einen gravierenden Einschnitt, denn er kann jetzt den Auftrag nicht mehr so abwickeln, wie er ihn kalkuliert hatte. Ressourcen, die er für die Abwicklung reserviert hatte, kann er nicht mehr dafür einsetzen und in der Regel nicht so schnell neue Einsatzmöglichkeiten finden. Einen Gewinn, den er sich aus der Abwicklung erhofft hatte, kann er nicht mehr durch seine Arbeit realisieren. Er sieht sich zusätzlichen Abwicklungskosten gegenüber. Je nach Fallkonstellation macht der Auftraggeber aus der Beendigung weitere Forderungen gegen den Auftragnehmer geltend. Weitere u.U. langfristige und womöglich irreparable Reputationsschäden und Verluste von Marktanteilen können die Folge sein.

6.9.2 Rechte des Auftragnehmers bei von ihm zu vertretender vorzeitiger Beendigung

Hat der Auftragnehmer die vorzeitige Beendigung des Vertrages zu vertreten, wird er meist mit den Konsequenzen leben müssen. Ansprüche auf Vergütung für nicht mehr erbrachte Leistungen hat er nicht. Anspruch auf Vergütung der bereits erbrachten Leistung hat er, muss aber damit rechnen, dass der Auftraggeber mit Gegenforderungen aufrechnet.

Dennoch kann der Auftragnehmer verlangen, dass der Auftraggeber mit ihm ein Aufmaß der erbrachten Leistungen vornimmt, denn die zu vergütende Leistung muss sauber von den Leistungsanteilen abgegrenzt werden, die durch den Auftraggeber oder andere oder gar nicht ausgeführt wurden. Kommt es zu keinem gemeinsamen Aufmaß ist dem Auftragnehmer dringend zu empfehlen, auch ohne den Auftraggeber ein Aufmaß durchzuführen und sich dabei von einem sachkundigen Dritten begleiten zu lassen. Denn kommt es später über die Abgrenzung und Qualität erbrachter und noch nicht erbrachter Lieferungen und Leistungen zu Streitigkeiten, liegt die Beweislast bei dem Auftragnehmer (**Muster-AN 12**).

Ferner kann der Auftragnehmer die Abnahme der Leistung verlangen (hierzu unten Kapitel 8). Waren allerdings mangelhafte Leistungen des Auftragnehmers der Grund für die Beendigung, wird vermutlich die Abnahme verweigert werden. Vielleicht kann man sich dann mit dem Auftraggeber wenigstens auf Teilabnahmen verständigen.

Waren bestimmte gravierende Mängel der Anlass für die vorzeitige Beendigung durch den Auftraggeber ist das Recht des Auftragnehmers zur Nacherfüllung anderer Mängel nicht ausgeschlossen. Es kann deshalb richtig sein, auch nach Empfang der Kündigung die eigene Leistung ausdrücklich nochmals anzubieten.

6.9.3 Rechte des Auftragnehmers bei nicht von ihm zu vertretender vorzeitiger Beendigung des Vertrages

Hält der Auftragnehmer die Kündigung aus wichtigem Grund für unberechtigt, sollte er dies dem Auftraggeber mitteilen **(Muster-AN 12)**.

Der Auftragnehmer kann verlangen, dass ein gemeinsames Aufmaß genommen und seine bis dahin erbrachte Leistung abgenommen wird **(Muster-AN 12)**. Kommt es nicht zu einem gemeinsamen Aufmaß mit dem Auftraggeber, sollte der Auftragnehmer alleine ein Aufmaß nehmen und sich zu Beweiszwecken von einem sachkundigen Dritten begleiten zu lassen.

Kaufvertrag / Werklieferungsvertrag / Werkvertrag

Hat der Auftraggeber den Rücktritt vom Vertrag erklärt oder den Vertrag gekündigt, ohne dass der Auftragnehmer ihm hierfür einen Grund gegeben hat, liegt hierin eine Vertragsverletzung.

Der Auftragnehmer kann Schadensersatz statt der Leistung verlangen, §§ 280, 281 BGB. Einer Fristsetzung bedarf es nicht, denn in der Rücktritts- bzw. Kündigungserklärung liegt die endgültige Leistungsverweigerung des Auftraggebers.

Werkvertrag / Bauvertrag / VOB/B-Bauvertrag

Wenn der Auftraggeber dem Auftragnehmer Mängel oder Verzug vorwirft und deshalb den Vertrag vorzeitig kündigt, sieht die Gegenseite die Situation meist ganz anders. Hat der Auftragnehmer die vorzeitige Beendigung nicht zu vertreten, wird die Kündigung meist als „freie" Kündigung beurteilt. Das hat Auswirkungen auf die Abrechnung: Der Auftragnehmer kann dann die volle Vergütung abzüglich des Ersparten verlangen (siehe unten Kapitel 9.8.3).

Der Auftragnehmer könnte das Verhalten des Auftraggebers auch zum Anlass nehmen, seinerseits aus wichtigem Grunde, § 314 BGB, § 648a BGB, § 9 Abs.1 VOB/B oder wegen fehlender Mitwirkung bzw. Behinderung den Vertrag zu kündigen, §§ 642; 643 BGB. Das ist zwar eine starke symbolische Geste, die vielleicht guttut; sie verbessert aber die Rechtsposition nicht. Zum einen ist eine Abrechnung nach § 649 BGB weitergehender als eine Abrechnung nach §§ 643; 643 BGB. Zum anderen könnte ein Gericht später auf die Idee kommen, beide Seiten hätten etwa zeitgleich beendet, weshalb eine einvernehmliche Aufhebung des Vertrags anzunehmen sei. Dann verliert der Auftragnehmer seinen Anspruch auf Ersatz oder Entschädigung für die nicht erbrachte Leistung.

6.9.4 Rechte des Auftragnehmers bei wirksamem Zurückbehaltungsrecht

Die Kündigung durch den Auftraggeber setzt einen fälligen Anspruch auf Leistung voraus. Darf der Auftragnehmer aber seine Leistung zurückbehalten, § 320 BGB, liegt diese Voraussetzung nicht vor. Also selbst wenn der Auftragnehmer tatsächlich einen wichtigen Grund zur Kündigung liefert, der Auftraggeber aber seinerseits den Grund für die Zurückbehaltung bietet, darf der Auftraggeber nicht kündigen.

Die wichtigsten Anwendungsfälle sind wiederum (siehe oben Kapitel 6.1.3):

- der Auftraggeber zahlt eine fällige Abschlagsrechnung nicht, vgl. § 16 Abs.5 Nr.4 VOB,

- der Auftraggeber leistet die verlangte Sicherheit nicht, § 650f BGB (siehe unten Kapitel 11).

- der Auftraggeber kommt seiner Mitwirkungspflicht nicht nach und bietet seine Leistung nicht an, § 298 BGB.

7 Störungen in der Auftragsabwicklung durch Dritte (Güntzer)

Störungen bei der Abwicklung von Aufträgen sind oft nicht unmittelbar durch den Auftragnehmer selbst oder durch den Auftraggeber verursacht, sondern „Dritten" zuzuordnen.

7.1 Erfüllungsgehilfen

Auftraggeber bzw. Auftragnehmer müssen sich dabei das Verhalten ihrer Mitarbeiter zurechnen lassen. Unterschiedlich wird hingegen die Frage beurteilt, ob auch andere Dritte so zu beurteilen sind.

7.2 Lieferanten / Hersteller

Kaufvertrag / Werklieferungsvertrag

Beim *Kaufvertrag* und Werklieferungsvertrag ist nach der Rechtsprechung der Lieferant, den der Auftragnehmer mit der Lieferung oder Bearbeitung der Ware betraut hat, kein Erfüllungsgehilfe des Auftragnehmers (BGH, Urt. v. 2.4.2014, Az. VIII ZR 46/13, NJW 2014, 2183; Bestätigung von BGHZ 48, 121). Gegenstand des *Kaufvertrag*es ist die Eigentumsübertragung (siehe oben Kapitel 2.12.1). Die Verpflichtung des Verkäufers soll sich auf die mangelfreie Verschaffung der Sache beschränken, nicht hingegen die Herstellung der Sache umfassen. Bei der Erfüllung der Verschaffungspflicht bedient sich der Verkäufer aber nicht des Herstellers.

Das gilt auch für den Werklieferungsvertrag, obwohl hier Herstellungsleistungen erbracht werden müssen. Dies folgt nach Ansicht des BGH aus der gesetzlichen Zuordnung des Werklieferungsvertrages zum Kaufrecht, (BGH, Urt. v. 2.4.2014, Az. VIII ZR 46/13, NJW 2014, 2183).

Werkvertrag / Bauvertrag / VOB/B-Bauvertrag

Der Hersteller von Baumaterialien ist auch nicht Erfüllungsgehilfe des Werkunternehmers, der solche Materialien bei der Herstellung des geschuldeten Werks verwendet (BGH, Urt. v. 9.2.1978, Az. VII ZR 84/77, NJW 1978, 1157).

Beispiel: Der Auftragnehmer bezieht Material von einem Lieferanten und baut es ein.

Die Leistung ist mangelhaft. Der Auftragnehmer kann dem Auftraggeber nicht liefern, was er versprochen hat, er muss nacherfüllen, ggf. auch eine Minderung, Rücktritt oder Kündigung erdulden. Ein Schadensersatzanspruch des Auftraggebers besteht hingegen nicht.

Anders sieht es bei den Sub-Unternehmern aus, also Unternehmen, die ihrerseits im Werkvertrags-Verhältnis zum Auftragnehmer stehen. Deren Verhalten oder Unterlassen muss sich der Auftragnehmer zurechnen lassen.

Beispiel: Der Auftragnehmer hat einen Subunternehmer damit beauftragt, die von ihm gefertigten Bauteile zu montieren.

Leistet der Subunternehmer schlecht, ist auch die Lieferung und Leistung des Auftragnehmers mangelhaft. Der Auftragnehmer muss sich das Verschulden des Subunternehmers zurechnen lassen, der Auftraggeber kann von ihm auch Schadensersatz verlangen.

7.3 Behinderung nach § 6 VOB/B

Auch nach der großen Schuldrechtsreform 2002 und der Einfügung des Bauvertragsrechtes zum 1.1.2018 kennt das BGB die Begriffe der „Behinderung" oder „Unterbrechung" nicht. § 6 VOB/B behandelt indes ausführlich die „Behinderung und Unterbrechung der Ausführung". Eine „Behinderung" liegt begrifflich vor, wenn Ereignisse eingetreten sind, die den vorgesehenen Leistungsablauf verzögern oder hemmen. Die Arbeit kann als solche zwar noch vorankommen, sie ist jedoch derart behindert, dass sie sich nur langsamer als geplant durchführen lässt. Eine „Unterbrechung" liegt demgegenüber vor, wenn seitens des Auftragnehmers nichts mehr getan werden kann, um seine vertraglichen Verpflichtungen zu erfüllen. Die Unterbrechung der Bauarbeiten setzt also einen Arbeitsstillstand voraus. Damit geht sie schon begrifflich über eine Behinderung hinaus.

Liegt ein Fall der Behinderung oder Unterbrechung vor, hat die sofortige schriftliche Anzeige an den Vertragspartner im Hinblick auf die Aussetzung der Vertragsfristen und bzgl. eventuell vereinbarter Vertragsstrafen, aber auch im Hinblick auf Verzugsschadensersatzansprüche größte Bedeutung. Es liegt im eigenen Interesse des Auftragnehmers (Obliegenheit), bei derartigen Störungen dem Auftraggeber sofort anzuzeigen, dass er - der Auftragnehmer - willens und in der Lage ist, seine Leistung in vollem Umfang zu erbringen, aber unverschuldet daran gehindert wird und alle daraus resultierenden Störungen, Kostensteigerungen, Zeitverzüge und Schäden nicht ihm zuzurechnen sind.

7.3.1 Unverzügliche schriftliche Anzeige

Nach § 6 Abs.1 VOB/B muss der Auftragnehmer eine Behinderung oder Unterbrechung dem Auftraggeber unverzüglich schriftlich anzeigen. Hierzu wird das **Muster-AN 07** vorgeschlagen, das im Falle einer Unterbrechung durch entsprechende Modifizierungen auch als „Unterbrechungsanzeige" verwendet werden kann. Nach der Definition in § 121 BGB bedeutet „unverzüglich", dass diese Anzeige ohne schuldhaftes Zögern - also sofort - erfolgen muss.

Es kommt auch nicht darauf an, ob eine Behinderung oder Unterbrechung nach objektiven Kriterien vorliegt, sondern der Auftragnehmer hat die Obliegenheit, den Auftraggeber sofort und immer schon dann zu informieren, wenn er sich in der Ausführung seiner Leistung behindert/unterbrochen „glaubt", - es gilt hier also ein subjektiver Auftragnehmer bezogener Maßstab.

Die Darlegungs- und Beweislast für die Umstände, dass seiner Meinung nach eine Behinderung oder Unterbrechung vorliegt, liegen beim Auftragnehmer. Daher ist in der VOB/B auch die Schriftform vorgeschrieben.

Vor dem Hintergrund möglicher Vertragsstrafe- und Verzugsschadensersatzansprüche des Auftraggebers geht der Auftragnehmer bei einem Unterlassen dieser Anzeigen das Risiko ein, nicht nur die ihm durch die Behinderung oder Unterbrechung entstandenen Mehrkosten nicht erstattet zu bekommen, sondern auch noch für einen Bauzeitverzug schadensersatzpflichtig gemacht zu werden und eine etwaige Vertragsstrafe zu verwirken. Liegen keine schriftlichen Behinderungs- oder Unterbrechungsanzeigen vor, spricht dies durch Beweis des ersten Anscheins zu Lasten des Auftragnehmers zunächst dafür, dass keine Behinderungen oder Unterbrechungen vorgelegen haben. Die Behinderungs- bzw. Unterbrechungsanzeige ist eines der wichtigsten Dokumente, die ein Auftragnehmer versenden sollte („Wer schreibt, der bleibt").

Unterlässt der Auftragnehmer die Behinderungs- oder Unterbrechungsanzeige, so hat er ausnahmsweise nur dann Anspruch auf die Berücksichtigung der hindernden Umstände, wenn dem Auftraggeber die Tatsache und deren hindernde Wirkung offenkundig bekannt waren, § 6 Abs.1 S.2 VOB/B. Die Beweislast dafür trägt jedoch der Auftragnehmer. Das dürfte im Einzelfall und im Konfliktfall vor Gericht jedoch äußerst schwierig nachzuweisen sein.

7.3.2 Adressat der Behinderungs- oder Unterbrechungsanzeige

Gemäß dem Grundsatz, dass man sich im deutschen Zivilrecht immer an seinen Vertragspartner wenden muss, ist eine Behinderungs- oder Unterbrechungsanzeige in jedem Fall stets dem Auftraggeber als Vertragspartner zu übersenden. Wer für den Auftraggeber berechtigt ist, Erklärungen entgegenzunehmen, richtet sich nach den vertraglichen Verhältnissen. Nähere Einzelheiten über die Befugnisse und die Vertretungsmacht enthält das Kapitel 2.15).

Aus Beweisgründen und Zweckmäßigkeitserwägungen sollte eine Kopie auch derjenigen anderen auf der Baustelle tätigen Firma zugestellt werden, die die Behinderung oder Unterbrechung nach Auffassung des Auftragnehmers verursacht hat.

Eine Behinderungs- oder Unterbrechungsanzeige auch an den eigentlichen Verursacher ist im Hinblick auf § 254 Abs.2 S.1 BGB erforderlich und geboten, wenn dadurch der Verursacher zu einer Beseitigung der hindernden Umstände veranlasst werden kann. Denn der Geschädigte hat die Pflicht, alles zu tun, um den Schaden so gering wie möglich zu halten (sog. Schadenminderungspflicht).

Ferner begründet § 254 Abs.2 S.1 BGB eine Warnpflicht des Geschädigten, wenn die Gefahr eines ungewöhnlich hohen Schadens besteht, die der Verursacher weder kannte noch kennen musste. Im Fall einer Störung durch Dritte hat der Auftragnehmer die Pflicht, durch entsprechend parallel laufende Informationen den Dritten zu warnen und den Schaden so gering als möglich zu halten.

7.3.3 Inhalt der Behinderungsanzeige

Die Behinderungsanzeige muss alle Tatsachen enthalten, aus denen der Auftraggeber mit hinreichender Klarheit die Gründe für die Behinderung entnehmen kann. Er muss Angaben machen, welche zu einem bestimmten Zeitpunkt vorgesehene Leistungen nicht oder nicht wie vorgesehen ausgeführt werden können (BGH, Urt. v. 21.10.1999, Az. VII 185/98, NJW 2000, 1336). Der Auftragnehmer braucht nicht bis ins Detail darzulegen, welche Ursachenketten und sonstigen Umstände mitgewirkt haben. Hier sind keine hoch-wissenschaftlichen Ausführungen gefragt. Es reicht aus, dass der Auftraggeber die Behinderungsgründe erkennen und nach Möglichkeit für Abhilfe sorgen kann. Hierbei muss der Auftragnehmer beachten, dass seine Darlegungen für den Adressaten hinreichend verständlich sind, - er muss also auf den „Empfängerhorizont" abstellen.

Angaben über den Umfang und die Höhe der aus der Behinderung resultierenden Ersatz- oder Mehrvergütungsansprüche muss die Anzeige zu diesem Zeitpunkt noch nicht enthalten. Oft kann der Auftragnehmer diese zu diesem frühen Zeitpunkt auch noch nicht beziffern. Diese Daten können dem Auftraggeber auch später nachgereicht werden.

7.3.4 Behinderungsgrund vom Auftraggeber zu vertreten

Nach § 6 Abs.2 Nr.1 Buchstabe a) VOB/B verlängern sich die Ausführungsfristen angemessen, wenn die Behinderung durch einen vom Auftraggeber zu vertretenden Umstand verursacht wurde. Hierbei kommt es vor allem darauf an, dass die hindernden Umstände ihre Ursache in der Sphäre des Auftraggebers haben.

Für den Anspruch auf Fristverlängerung sind sich Rechtsprechung und Literatur einig, dass sich der Auftraggeber im Verhältnis zum Auftragnehmer Fehlleistungen von anderen Auftragnehmern, die er bei dem Projekt beschäftigt, zurechnen lassen muss. Nur für die Frage der Schadensersatzpflicht kommt es darauf an, wer die Behinderung auch zu vertreten hat.

Beispiel: Beim Aufbringen von Außenputz im Spritzverfahren wird eine noch nicht abgenommene Stahltreppenkonstruktion beschädigt.

Wegen der Mehrkosten für die Beseitigung der Verschmutzung muss sich der Stahlbauer unmittelbar an den Schädiger wenden; wegen der Behinderung als solcher – auch hinsichtlich der Säuberung der Stahlkonstruktion und dem damit verbundenen Zeitverzug – muss sich der Auftraggeber jedoch das Verhalten des Schädigers anrechnen lassen.

7.3.5 Schadenminderungspflicht und Fortfall der hindernden Umstände

Trotz einer bestehenden Behinderung ist der Auftragnehmer verpflichtet, alles zu tun, was ihm billigerweise zugemutet werden kann, um die Fortführung der Arbeiten zu ermöglichen (vgl. § 6 Abs.3 S.1 VOB/B). Obwohl der Auftraggeber nach § 4 Abs.1 Nr.1 VOB/B vom Grundsatz her die Pflicht zur

Aufrechterhaltung der allgemeinen Ordnung auf der Baustelle und zur Koordinierung der Arbeiten hat, wächst dem Auftragnehmer im Behinderungsfall die Pflicht zu, den Fortgang der Bauarbeiten im Rahmen des ihm Zumutbaren zu fördern; das ist eine Ausfluss aus der Schadenminderungspflicht nach § 254 BGB.

Sobald die hindernden Umstände weggefallen sind, muss der Auftragnehmer in Eigeninitiative (!) die Arbeiten sofort wieder aufnehmen.

Er muss den Auftraggeber davon unterrichten, dass die Behinderung nicht mehr besteht, § 6 Abs.3 S.2 VOB/B. Dies macht auch Sinn, denn die Folgen der Behinderung lassen sich nur berechnen, wenn man auch das Ende der Behinderungsphase kennt und aktenkundig gemacht hat (Muster-AN 08).

7.3.6 Verlängerung der Ausführungsfristen

Wie die Verlängerung der Ausführungsfristen nach dem Fortfall der Behinderung neu zu berechnen sind, wird in § 6 Abs.4 VOB/B geregelt. Zu berücksichtigen sind:

- zum einen die Dauer der Behinderung als solche,
- zuzüglich eines Aufschlages für die Wiederaufnahme der Arbeiten,
- und schließlich auch der Zeitfaktor für eine etwaige Verschiebung der Arbeiten in eine andere - ungünstigere Jahreszeit.

Nicht jede Behinderung führt tatsächlich auch zu einer Fristverlängerung! Die Ermittlung der neuen Ausführungsfristen (Zwischentermine und Fertigstellungstermin) ist deshalb nicht trivial, insbesondere dann nicht, wenn die Arbeiten auf dem sogenannten „kritischen Pfad" liegen. Bei komplexen Bauvorhaben wird es ohne Einsatz einer geeigneten Software nicht gehen.

Von der Berechnung der neuen Fristen kann es u.U. abhängen, ob der Auftraggeber dem Auftragnehmer vorwerfen kann, er habe seine Vertragsfristen nicht eingehalten, mit allen Konsequenzen (siehe oben Kapitel 5.6).

7.3.7 Unterbrechung für voraussichtlich längere Dauer

Wenn sich absehen lässt, dass die Arbeiten für eine voraussichtlich längere Dauer ganz unterbrochen sein werden, kann der Auftragnehmer nach § 6 Abs.5 VOB/B den bereits ausgeführten Teil der Leistungen abrechnen und verlangen, dass er auch die Mehrkosten vergütet erhält, die ihm bereits entstanden sind und die in den Vertragspreisen des noch nicht ausgeführten Teiles seiner Leistung enthalten sind (Muster-AN 09).

7.3.8 Vertragskündigung nach dreimonatiger Unterbrechung

Dauert eine Unterbrechung länger als 3 Monate an, so kann jede Partei den Vertrag nach § 6 Abs.7 VOB/B durch schriftliche Kündigungserklärung gegenüber dem anderen Teil beenden. Die Abrechnung der erbrachten Leistungen erfolgt nach den oben dargelegten Regeln des § 6 Abs.5 u. 6 VOB/B. Auch wenn der Auftraggeber kündigt, bleibt es bei dieser Abrechnung; sie ist nicht als „freie" Kündigung anzusehen (KG, Urt. v. 10.1.2017, Az. 21 U 14/16, IBR 2017, 131).

7.3.9 Schadensersatz

Sind die hindernden Umstände von einem Vertragsteil zu vertreten, so hat der andere Vertragspartner Anspruch auf Ersatz des nachweislich entstandenen Schadens. Ein eventuell entgangener Gewinn kann jedoch nur bei Vorsatz bzw. grober Fahrlässigkeit vom Verursacher verlangt werden, § 6 Abs.6 VOB/B. „Zu vertreten" bedeutet hier Verschulden, also Vorsatz oder grobe bzw. einfache Fahrlässigkeit bezüglich der Verursachung der hindernden Umstände. Das Verschulden anderer von ihm beauftragter Unternehmer muss sich der Auftraggeber danach im Verhältnis zum Auftragnehmer nicht zurechnen lassen, wenn nichts Besonderes im Vertrag geregelt ist.

Für den Kausalitätsnachweis zwischen einer Behinderung und dem ihm entstandenen Schaden muss der Auftragnehmer eine geeignete Schadensermittlungsmethode verwenden, die zumindest den Anforderungen an eine richterliche Schätzung des Schadens nach § 287 ZPO genügt. Um hierbei keine Darlegungs- und Beweisschwierigkeiten zu bekommen, sollte der Auftragnehmer alle Beeinträchtigungen und die daraus für ihn folgenden wirtschaftlichen Nachteile sofort nach Eintritt der Behinderung aufzeichnen, z.B. durch entsprechende Berichte im Bautagebuch festhalten (**Muster-AN 38**). Gegebenenfalls sollten die Beweise durch Fotografien, Aktennotizen und weitere Dokumentationen gesichert werden.

Der Auftragnehmer muss seinen Anspruch durch eine konkrete, bauablaufbezogene Darstellung der Behinderung und ihrer Auswirkungen auf den ursprünglich geplanten Bauablauf untermauern (BGH, Urt. v. 21.3.2002, Az. VII ZR 224/00, NJW 2002, 2716). Dies kann sehr anspruchsvoll werden. Er muss die Behinderungen und ihre Kostenfolgen durch einen Soll-Ist-Vergleich zwischen geplantem Bauablauf und tatsächlicher Umstände mit allen Störungen konkret darlegen und beweisen. Er muss aufzeigen, wie sich die hindernden Umstände auf den Bauablauf ausgewirkt haben. Ferner muss er darlegen, dass er alle zumutbaren Möglichkeiten, die Behinderungen aufzufangen, genutzt hat. Er muss also aufzeigen, wie der tatsächliche Bauablauf ohne diese Behinderung gewesen wäre einschließlich aller anderen Veränderungen, die der Bauablauf mit sich gebracht hat, also nicht der Idealablauf, wie er bei Vertragsschluss vorgesehen war. Danach erst ist der Soll-Ist-Vergleich zu ziehen.

Der Auftragnehmer muss nachweisen, dass die Bauzeit mit den kalkulierten Mitteln bei ungestörtem Bauablauf eingehalten worden wäre, er selbst im Zeitpunkt einer Behinderung leistungsbereit war, keine von ihm selbst verursachten Verzögerungen vorlagen und keine Umstände gegeben waren, die gegen eine Behinderung sprechen, z.B. in Form der Umstellung von Bauabläufen oder Inanspruchnahme von Pufferzeiten. Hierbei handelt es sich um Fragen des Haftungsgrundes, die einer Schätzung nicht zugänglich sind (OLG Köln, Urt. v. 28.1.2014, Az. 24 U 199/12, IBR 2014, 257).

7.3.10 Empfehlungen zur Streitvermeidung

Kein anderer Vorgang bei Abwicklung von Bauverträgen ist konflikttrachtiger als die Behinderung. Die eingeübten Vorurteile der Baubeteiligten wiederholen sich hier:

Der auf der Seite des Auftraggebers für den Auftrag Verantwortliche empfindet die Behinderungsanzeige als Kritik an seiner Kompetenz, die reibungslose Abwicklung sicherzustellen. Er unterstellt dem Auftragnehmer, mit der Behinderungsanzeige die Voraussetzungen dafür schaffen zu wollen, sich von den Vertragsfristen zu lösen und Nachträge zu generieren.

Der Auftragnehmer sieht sich aufgrund der VOB/B-Vorgaben gezwungen, die Anzeige zu machen, weil er sonst seine Rechte verliert. Er unterstellt dem Auftraggeber, dass dieser die Behinderung ablehnt, um eigenes Fehlverhalten zu vertuschen.

Beiden Parteien ist hier zu raten, die Behinderungsanzeige nicht zu instrumentalisieren. Hier geht es um Hinweise, die eine Partei der anderen gibt, damit diese keine Nachteile erleidet. Der Hinweisende sollte dementsprechend nur auf das hinweisen, das den Vertragszweck tatsächlich gefährdet und dies so qualifiziert, dass der Empfänger die Behinderung abstellen kann.

Der Empfänger der Botschaft, sollte den Hinweis als Ausdruck der Kooperation entgegennehmen und prüfen, was er tun kann, damit die wahrgenommene Störung beseitigt werden kann – im eigenen und im Interesse der anderen Baubeteiligten. Die oft zu beobachtende, reflexartige sofortige Zurückweisung der Behinderungsanzeige durch den Projektleiter des Auftraggebers ist falsch. Sie ist im Übrigen nicht einmal erforderlich: Der Auftragnehmer hat mit seiner Behinderungsanzeige alles getan, was von ihm nach § 6 VOB/B verlangt wird. Was der Auftraggeber daraus macht, ist ihm überlassen.

Beide Seiten sollten sich gerade an dieser Stelle um besondere Sachlichkeit bemühen und alles vermeiden, was wie ein persönlicher Vorwurf aussieht. Wenn der als Störung wahrgenommene Sachverhalt geschildert wird und dann die Bitte folgt, die Störung zu beseitigen, ist dies für den Leser leichter zu verarbeiten, als wenn die Anzeige mit Anklagen, Ausrufezeichen, Paragrafen und Schuldzuweisungen beginnt (vgl. hierzu auch Erzigkeit/Hammacher/Sage, So funktioniert Mediation im Planen und Bauen).

7.4 Störungen durch öffentliches Baurecht

7.4.1 Bauen ohne Baugenehmigung

Bei vielen Industriebauvorhaben wird mit der Errichtung begonnen, bevor dem Bauherrn offiziell die Baugenehmigung zugestellt worden ist. In aller Regel verlangt der Auftraggeber, dass die bauausführenden Firmen bereits mit den Arbeiten beginnen, bevor die Baugenehmigung bzw. Teilbaugenehmigung offiziell vorliegt. Ebenso häufig verlangt bei Holz- oder Stahlbaukonstruktionen der Auftraggeber vom Auftragnehmer, dass dieser aus Zeitgründen bereits mit der Werkstattfertigung beginnt, bevor die Freigabe der Konstruktionszeichnungen durch den Prüfingenieur erfolgt ist. Damit stellt sich die Frage der Zulässigkeit eines Baubeginns vor Erteilung der Baugenehmigung bzw. Freigabe der Zeichnungen durch den Prüfingenieur und welche rechtlichen Konsequenzen dies für die Beteiligten haben kann.

In den Bauordnungen aller Bundesländer finden sich Vorschriften, wonach der Beginn der Bauausführung ohne offizielle vorherige Zustellung der Baugenehmigung an den Bauherrn als Ordnungswidrigkeit eingestuft wird und mit einer Geldbuße bis zu EUR 250.000 geahndet werden kann, ungeachtet weiterer Kosten und Gebühren. Diese Höchstsumme wird allerdings erst in besonders gravierenden Fällen und bei Wiederholungen verhängt werden.

Beispiel: § 63 Abs.1 Landesbauordnung Nordrhein-Westfalen - BauO NW: „Die Errichtung, die Änderung, die Nutzungsänderung und der Abbruch baulicher Anlagen sowie anderer Anlagen und Einrichtungen ... bedürfen der Baugenehmigung, ..."

Dieser Grundsatz gilt für alle größeren Bauvorhaben, für die eine formelle Baugenehmigung erforderlich ist und für die nicht - wie im privaten Wohnungsbau - eine einfache „Bauanzeige" genügt. Daher enthalten alle Landesbauordnungen ein vergleichbares Verbot.

Beispiel: § 75 Abs.5 BauO NW: „Vor Zugang der Baugenehmigung darf mit der Bauausführung nicht begonnen werden."

Wer trotzdem mit Ausführungsarbeiten beginnt, handelt ordnungswidrig (vgl. § 84 Abs.1 Nr.13 BauO NW).

Im Übrigen verlangen die Landesbauordnungen, dass auf der Baustelle die Baugenehmigungen bzw. Teilbaugenehmigungen und die Bauvorlagen vorliegen müssen (vgl. z.B. § 75 Abs.6 S.2 BauO NW). Wer diese Unterlagen nicht auf der Baustelle vorhält, handelt ebenfalls ordnungswidrig.

Diese Vorschriften richten sich an jeden für das Bauvorhaben Tätigen - also nicht nur an den Bauherrn, sondern auch an Architekten, Ingenieure, Generalübernehmer, Generalunternehmer und jedes bei der Bauausführung tätige Unternehmen. Der Bundesgerichtshof hat bereits in einem alten Grundsatzurteil vom 21.3.1974 ausgeführt, dass ein Auftragnehmer mit der Erfüllung seiner Leistungsverpflichtungen aus dem Werkvertrag so lange nicht in Verzug kommen kann, so lange die Baugenehmigung nicht erteilt ist, weil der Anspruch des Bauherrn bzw. Auftraggebers auf Herstellung des Werkes noch nicht fällig ist (BGH, Urt. v. 21.3.1974, Az. VII ZR 139/71, BauR 1974, S. 274 ff.).

Damit tritt für den Projektleiter die schwierige Situation ein, dass einerseits der Auftraggeber in Anbetracht der stets viel zu knappen Zeit den sofortigen Beginn der Arbeiten (Werkstattfertigung / Beginn der Bauarbeiten / Montage) verlangt, andererseits aber die Landesgesetze derartige Handlungsweisen verbieten und sie unter empfindliche Geldbußen stellen.

Eine Vereinbarung zwischen Auftraggeber und Auftragnehmer, dass der Auftraggeber die Geldbuße übernimmt, wenn der Auftragnehmer wegen des zu frühen Beginns belastet wird, ist unproblematisch, wenn sie nach Verhängung getroffen wird. Vorab könnte die Vereinbarung gem. § 138 BGB sittenwidrig sein, denn die Geldbuße soll ja gerade den ungesetzlich

Handelnden treffen. Der Auftragnehmer wird sich also nur dann darauf einlassen können, wenn er dem Auftraggeber vertrauen kann. Es kommt hinzu, dass Gewerbetreibende, gegen die ein Bußgeld verhängt wurde, auch im Gewerbezentralregister eingetragen werden, § 149 GewO, was möglicherweise später bei öffentlichen Aufträgen von Nachteil sein könnte.

In der Praxis werden die örtlichen Ordnungsbehörden jedwede weitere Bauausführung und Fortsetzung der Montage durch entsprechende Ordnungsverfügung bei Verwirkung weiterer erheblicher Geldbußen untersagen.

Jedem Architekten, Ingenieurbüro und Bauunternehmen wird empfohlen, diese Situation rechtzeitig mit dem Bauherrn und/oder Auftraggeber zu besprechen und auf die Rechtslage hinzuweisen.

Beim Stahlbau und beim Holzbau stellt sich zu diesem Thema die Frage, ob bei fehlender Baugenehmigung denn wenigstens schon mit der Werkstattfertigung begonnen werden darf. Die Verfasser dieses Handbuches vertreten die Auffassung, dass das Verbot des Baubeginns ohne Vorliegen einer Baugenehmigung sich nur auf die Baustelle, wo das Gebäude errichtet werden soll, bezieht. Sinn dieses Verbotes ist der Schutz der öffentlichen Sicherheit und Ordnung. Keine Personen und/oder Sachgüter sollen geschädigt oder gefährdet werden, solange nicht offiziell und sachkundig geprüft ist, dass das Bauwerk z.B. standfest und sicher ist und auch in der Bauphase keine Gefahren von ihm ausgehen.

In der Werkstattfertigung gewährleisten hingegen die Sicherheitsbestimmungen am Arbeitsplatz (z.B. Unfallverhütungsvorschriften etc.), dass kein Arbeitnehmer an seiner Person oder an seinen Sachen zu Schaden kommen soll. Nach Auffassung der Verfasser kann somit – vorausgesetzt, die Arbeitsschutzbestimmungen werden in der Fertigung eingehalten – auch schon vor offizieller Zustellung der Baugenehmigung mit der Werkstattfertigung begonnen werden.

Allerdings ist darauf hinzuweisen, dass es zu diesem Punkt auch die strengere Meinung gibt, dass sich das Verbot des Baubeginns ohne Vorliegen einer offiziellen Baugenehmigung auch auf die Werkstattfertigung erstreckt. Gerichtlich entschieden ist diese Frage – soweit ersichtlich – jedoch noch nicht.

7.4.2 Fertigung vor Freigabe durch den Prüfingenieur

Vergleichbar ist die Situation bei Stahlbaugewerken und im Holzbau, wenn der Auftragnehmer auf dringende Anweisung des Auftraggebers mit der Werkstattfertigung vor Freigabe der Konstruktionszeichnungen durch den Prüfingenieur beginnen soll. Zu dieser Fallkonstellation gibt es ein (nicht veröffentlichtes) Urteil des Landgerichts Heilbronn vom 7.8.1992, in welchem das Gericht in der Urteilsbegründung (auf Seiten 6 und 7) ausführt, dass ein Stahlbauunternehmen bei Fertigungsbeginn vor Freigabe der Konstruktionszeichnungen durch den Prüfingenieur auf eigenes Risiko handelt. Das bedeutet, dass alle später erforderlich werdenden - nicht selten sehr kostenaufwendigen - Änderungsmaßnahmen aufgrund entsprechenden Verlangens des Prüfingenieurs nicht vom Auftraggeber erstattet verlangt werden können, sondern allein auf Kosten und Risiko des Auftragnehmers gehen.

Beispiel: Im oben genannten Fall hatte das betreffende Stahlbauunternehmen für die Konstruktionszeichnungen ein Ingenieurbüro als Subunternehmer eingeschaltet. Nach Ausführungsbeginn verlangte der Prüfingenieur umfangreiche Änderungs- und Verstärkungsmaßnahmen. Deshalb kam das Stahlbauunternehmen, welches diese Kosten nicht vom Auftraggeber erstattet bekam, auf die Idee, diese Kosten dem Ingenieurbüro (im Wege der Aufrechnung) von der Vergütung abzuziehen.

Das Landgericht Heilbronn führt dazu aus, dass ein Bauunternehmen, welches unzulässiger Weise und vorschnell ungeprüfte und ungenehmigte Werkstattpläne umsetzt, auf eigenes Risiko handelt und letztlich alle daraus resultierenden Kosten selbst zu tragen hat und diese auch nicht einem als Subunternehmer eingeschalteten Ingenieurbüro entgegenhalten kann.

7.4.3 Andere öffentlich-rechtliche Einflüsse

Außer den vorgenannten Fällen einer fehlenden öffentlich-rechtlichen Baugenehmigung kann eine Behinderung auch vorliegen, wenn die örtliche Polizei- oder Ordnungsbehörde einen Arbeitsstillstand verfügt, weil beispielsweise behördliche Genehmigungen für die Sondernutzung angrenzender Straßen und Wege nicht oder nicht rechtzeitig beantragt wurden. Auch Gründe des Denkmalschutzes und anderer allgemeiner und vordringlicher Rechtsgüter (z.B. Schutz von Trinkwasserschutzgebieten) können die Fortführung der Arbeiten beeinträchtigen bzw. ganz vereiteln. In jedem Fall ist den Anordnungen der Polizei und der örtlichen Behörden (Ordnungsamt, Denkmalschutzbehörde, Wasserbehörde, etc.) unbedingt Folge zu leisten und der Vertragspartner muss unverzüglich – gegebenenfalls mit Kopien an den Bauherrn und Architekten – informiert werden.

In jüngster Vergangenheit wurden insbesondere auf Großbaustellen die Arbeitsgenehmigungen ausländischer Arbeitskräfte und Sozialversicherungsausweise deutscher Bauarbeiter kontrolliert. Ob in solchen Fällen eine Berufung auf eine drittseitige Behinderung möglich ist, hängt stark vom jeweiligen Einzelfall ab. Wenn gegen den Auftragnehmer berechtigte Verdachtsmomente der illegalen Arbeitnehmerbeschäftigung bestanden und aus diesem Grunde eine Großrazzia durchgeführt wurde, so ist dem Auftragnehmer eine Berufung auf einen Behinderungstatbestand verwehrt, weil bei einer Berufung auf Behinderung/Unterbrechung nicht das geringste Mitverschulden für das Arbeitshemmnis mitsächlich sein darf.

7.4.4 Nachbarschaftsklagen

In den Bereich der öffentlich-rechtlichen Hemmnisse fallen auch die Nachbarschaftsklagen. Insbesondere das Bauordnungsrecht enthält zahlreiche Vorschriften zum Schutz benachbarter Grundstücke vor zu naher Bebauung, vor Lärm und anderen Immissionen.

Eine Baugenehmigung wird unbeschadet der privaten Rechte Dritter erteilt. Die Nachbarn können ihre privatrechtlichen Einwendungen gegen ein Bauvorhaben auch noch nach erteilter Baugenehmigung geltend machen. Denn im Baugenehmigungsverfahren sind nur die öffentlich-rechtlichen

Bestimmungen zugunsten der Nachbarn von Amts wegen zu berücksichtigen. Soweit der Eigentümer eines benachbarten Grundstücks ein subjektives öffentliches Recht – also ein ihn schützendes öffentliches Recht – geltend machen kann, kann er auch gegen eine bereits erteilte Baugenehmigung vorgehen. Im Wege des einstweiligen Rechtsschutzes kann er dabei auch mit einer „einstweiligen Anordnung" (öffentlich-rechtliches Korrelat zur „einstweiligen Verfügung" im Zivilprozess) eine Baustelle per Gerichtsbeschluss stilllegen lassen.

Auch derartigen Gerichtsbeschlüssen ist unbedingt Folge zu leisten.

7.5 Höhere Gewalt

Die Rechtsprechung definiert den Begriff der „höheren Gewalt" als ein „von außen auf den Betrieb einwirkendes außergewöhnliches Ereignis, welches unvorhersehbar war und selbst bei Anwendung äußerster Sorgfalt ohne Gefährdung des wirtschaftlichen Erfolges des Unternehmens nicht abgewendet werden konnte" (BGH, Urt. v. 23.10.1952, Az. III ZR 364/51, JurionRS 1952,10118= BGHZ Z 7, 338 ff.).

Es muss sich dabei um ein von außen kommendes betriebsfremdes Ereignis handeln. Bereits das geringste eigene Verschulden des Auftragnehmers oder seiner Erfüllungsgehilfen bei der Entstehung dieses außergewöhnlichen Ereignisses schließt die Berufung auf „höhere Gewalt" aus.

Beispiele: Naturereignisse wie beispielsweise Erdbeben, Blitzschlag, Überschwemmungen, Fluten und Orkane. Ferner können Handlungen dritter Personen eine Berufung auf „höhere Gewalt" rechtfertigen, wie z.B. Brandstiftung, Herbeiführen einer Explosion, Terroranschläge oder mutwillige Sachbeschädigung.

Die Rechtsprechung stellt an das Vorliegen „höherer Gewalt" sehr strenge Anforderungen.

7.5.1 Witterungseinflüsse

Die Möglichkeit, eine Behinderung unter Berufung auf Witterungseinflüsse wegen „höherer Gewalt" geltend zu machen, wird durch § 6 Abs.2 Nr.2 VOB/B stark eingeschränkt. Solche Witterungseinflüsse während der Ausführungszeit, mit denen der Auftragnehmer bereits bei Angebotsabgabe rechnen konnte und musste, gelten nicht als Behinderung. Diese Einschränkung bezieht sich nur auf die allgemein vorhersehbaren Witterungsabläufe, wie z.B. jahreszeitliche Wetterverhältnisse (starker Frost im Februar, stürmischer Wind im November, etc.). Der Auftragnehmer muss eben auch örtliche Besonderheiten beachten, wie beispielsweise mehrmaliges Hochwasser in dem betreffenden Gebiet im Frühjahr und entsprechende Schutzvorkehrungen für die Baustelle treffen und diese Störungen in seinen Zeitplan einkalkulieren.

Alles, was an Wetterbedingungen für den konkreten Leistungsort und die betreffende Zeit ungewöhnlich ist, rechtfertigt indes einen Anspruch auf Fristverlängerung wegen „höhere Gewalt". Da bei der Frage der „Vorhersehbarkeit der Wetterbedingungen" Abgrenzungsprobleme entstehen können, empfiehlt es sich, jedenfalls bei überdurchschnittlich witterungsabhängigen Projekten bereits im Vertrag festzulegen, welche Wetterbedingungen nicht mehr zum allgemeinen Risiko des Auftragnehmers gehören und wie sie zu behandeln sind.

Beispiel: Die Windgeschwindigkeiten nehmen zu, je höher ein Bauwerk ist. Daher sollte im Vertrag gegebenenfalls eine Windgeschwindigkeit vereinbart werden, ab der der Auftragnehmer mit Anspruch auf entsprechende Bauzeitverlängerung die Arbeiten mit dem Kran vorübergehend einstellen darf und seine daraus resultierenden Stillstandskosten vom Auftraggeber mit einer im Vertrag ebenfalls festgelegten Pauschale erstattet bekommt.

7.5.2 Streik und Aussperrung

Ob auch Streik und Aussperrung unter den Begriff der „höheren Gewalt" fallen, ist sehr umstritten. § 6 Abs.2 Nr.1 Buchstabe b) VOB/B nennt den Streik und die von einem Arbeitgeberverband angeordnete Aussperrung als eigenen Tatbestand und als Grund für eine Verlängerung der Ausführungsfristen. Hiervon abgedeckt sind sowohl Streik und Aussperrung im eigenen Betrieb des Auftragnehmers als auch in einem unmittelbar für ihn arbeitenden Zulieferbetrieb (Subunternehmer des Auftragnehmers).

Internationaler Werkvertrag

In internationalen Verträgen wird dem Thema „höhere Gewalt" große Bedeutung beigemessen („acts of God", „force majeure"), insbesondere in Gebieten, in denen kriegerische Handlungen, Bürgerkriege und Unruhen nicht ausgeschlossen werden können, oder wo mit Willkürakten staatlicher oder halbstaatlicher Einheiten gerechnet werden muss.

Beispiel: FIDIC, Ziffer 19

Werden diese Akte als höhere Gewalt eingestuft, entfällt in der Regel eine Kompensation des Auftragnehmers für die ihm dadurch entstehenden Aufwendungen (anders in dem Mustervertrag von FIDIC Ziff. 19.4b).

Im Gegenteil wird der Auftragnehmer vertraglich u.U. verpflichtet, sein bisheriges Werk zu schützen oder in einem Zustand zu erhalten, der es ihm ermöglicht, die Leistungen fortzusetzen, wenn die die „höhere Gewalt" begründende Umstände wieder entfallen sind. Schließlich wird, wenn die „höhere Gewalt" länger andauert, eine vorzeitige Beendigungsmöglichkeit des Vertrages für die Parteien vorgesehen sein.

8 Abnahme (Güntzer)

8.1 Bedeutung

Werkvertrag / Bauvertrag / VOB/B-Bauvertrag

Bei Vertragsschluss übernimmt der Auftragnehmer die Pflicht, seine Lieferung oder Leistung zu erbringen. Ist erfüllt, ist der Auftraggeber verpflichtet, die Lieferung und Leistung des Auftragnehmers abzunehmen und zu bezahlen, § 433 Abs.2 BGB, § 640 Abs.1 BGB.

In dieser „Stunde der Wahrheit" muss der Auftragnehmer sein Versprechen einlösen. Jetzt entscheidet sich, ob die Lieferung oder Leistung so ist, wie es der Auftraggeber mit ihm vereinbart hat.

Nimmt der Auftraggeber die Lieferung oder Leistung entgegen, so erklärt er damit, a) dass das Werk dem entspricht, was er verlangt hat und dass der Auftragnehmer sein Versprechen vertragsgemäß erfüllt hat und b) dass er das Werk auch so übernimmt, d.h. in Besitz nimmt.

Verweigert der Auftraggeber jedoch die Abnahme, liegt darin die Erklärung, dass nach seiner Ansicht der Auftragnehmer sein Versprechen nicht eingelöst hat; der Auftragnehmer hat den Vertrag (noch) nicht erfüllt.

Bei der Abnahme handelt sich also um eine Moment-Aufnahme. Nur in dieser „Stunde der Wahrheit" – also zum Zeitpunkt der Abnahme – muss die Sache des Auftragnehmers im Wesentlichen mangelfrei und gebrauchstauglich sein (zum Mängelbegriff siehe oben Kapitel 5.7.1). Probleme, die erst später entstehen, gehen nicht mehr zu Lasten des Auftragnehmers.

Der Zeitpunkt der Abnahme hat damit eine zentrale Bedeutung in der Auftragsabwicklung.

Dieser Zusammenhang von Leistung und Abnahme wird in der Praxis oft verkannt. Insbesondere ist die Vorstellung weit verbreitet, der Auftragnehmer habe während einer sich an die Abnahme anschließenden „Gewährleistungsfrist" sämtliche auftretenden Störungen zu beseitigen. Dies gelte insbesondere für die sogenannten „versteckten Mängel". Nicht selten wird diese vertragsrechtliche Unkenntnis bei den Auftragnehmern von den Auftraggebern dazu ausgenutzt, um sich auf diese Weise über Jahre hinweg die stetige kostenlose Hilfe des Auftragnehmers zu sichern, wenn an der abgenommenen Sache Probleme auftauchen. So wurde die „Gewährleistung" schon für manchen Auftragnehmer zum kundenfreundlichen Wartungsvertrag. Überspitzt ausgedrückt ist die „Gewährleistung" jedoch kein „Full-Service-Vertrag" mit Ersatzteilgarantie.

Kaufvertrag / Werklieferungsvertrag

Während im Werkvertrag / Bauvertrag / VOB/B-Bauvertrag die Abnahme gesondert geregelt ist, und sich verschiedene Formen der Abnahme herausgebildet haben, kommt es für die Abnahme der Ware nach Kaufrecht nur auf die Übergabe der Ware an.

Bauträgervertrag

Typischerweise geht es hier um die Abnahme mehrerer Wohneinheiten. Während die Wohnungseigentümergemeinschaft per Beschluss das Recht an sich ziehen kann, Mängelrechte geltend zu machen, kann sie nicht beschließen, einheitlich die Abnahme zu erklären. Dieses Recht bleibt jedem Erwerber vorbehalten.

Eine AGB wonach der Bauträger oder ein Verwalter die Abnahme erklären kann ist unwirksam. Nachzügler, können nicht per AGB an die Abnahmeerklärung gebunden werden (BGH, Urt. v. 12.5.2016, Az. VII ZR 171/15, NJW 2016, 2878).

Internationaler Kaufvertrag

Art. 60 CISG: Die Pflicht des Käufers zur Abnahme besteht darin:

alle Handlungen vorzunehmen, die vernünftigerweise von ihm erwartet werden können, damit dem Verkäufer die Lieferung ermöglicht wird, und die Ware zu übernehmen.

Auch hier gilt, dass die Abnahme zwei Elemente beinhaltet: a) tatsächliche Inbesitznahme der Werkleistung und b) Billigung der Lieferung oder Leistung als vertragsgerechte Erfüllung.

Internationaler Werkvertrag

FIDIC, Ziffer 10.1

8.2 Rechtsfolgen der Abnahme

An die Abnahme der Lieferung und Leistung sind wichtige rechtliche und tatsächliche Konsequenzen geknüpft. Im Einzelnen hat die Abnahme folgende Wirkungen:

8.2.1 Beweislastumkehr

Bis zur Abnahme muss der Auftragnehmer darlegen und nachweisen, dass er die Lieferung und Leistung - so wie versprochen - erbringt. Zum Zeitpunkt der Abnahme trifft ihn die Darlegungs- und Beweislast der vertragsgemäßen, mangelfreien Erfüllung. Mängel, die bis zu diesem Zeitpunkt bereits auftreten, muss der Auftragnehmer auf eigene Kosten beseitigen, damit er erfüllen kann.

Mit der Abnahme geht diese Beweislast auf den Auftraggeber über. Nach der Abnahme ist es Sache des Auftraggebers, darzulegen und nachzuweisen, dass die Sache, die er abgenommen hat, bereits zum Zeitpunkt der Abnahme mangelhaft war.

Beispiel: Der Auftragnehmer liefert und montiert die Kupferrohrleitungen für ein städtisches Krankenhaus. Ein Jahr nach der Abnahme stellt das Krankenhaus erhebliche Korrosionsschäden an den Rohrleitungen fest. Das Krankenhaus verlangt den Austausch sämtlicher Kupferrohrleitungen.

Der Auftragnehmer ist nur dann zur Nacherfüllung verpflichtet, wenn die Leitungen zum Zeitpunkt der Abnahme mangelhaft waren. Bei der Abnahme selbst sind indes keine Mängel festgestellt worden; sonst hätten diese in dem Abnahmeprotokoll festgehalten werden müssen. Es ist jetzt Sache des Auftraggebers, darzulegen und nachzuweisen, dass die Rohre bereits bei der Abnahme „latent" mangelhaft waren, wenn das auch unerkannt geblieben ist. Daher stammt auch die in der Praxis oft zu hörende Formulierung „versteckter Mangel". Im deutschen Recht kommt diesem versteckten Mangel aber keine darüberhinausgehende eigenständige Bedeutung bei.

Beispiel: In dem obigen Beispiel hat der Auftragnehmer Fehler bei der Planung und Auslegung der Rohrleitungen gemacht oder ihm sind Montagefehler bei dem Verbinden der Rohre unterlaufen. Bei der Abnahme wurde dies nicht bemerkt.

Sind hingegen die Korrosionsschäden nach der Abnahme nicht nur erst aufgedeckt worden, sondern nach der Abnahme auch erst entstanden, trifft dies den Auftragnehmer nicht.

Beispiel: Die Zusammensetzung des Mediums, das nach der Abnahme durch die Kupferrohre floss, entsprach nicht der Spezifikation und hat die Kupferrohre von innen angegriffen.

Nach der Abnahme kann der Beweis auf unterschiedliche Weise geführt werden.

Hat der Auftragnehmer die Sache anschließend selbst begutachtet und kommt er selbst zu dem Ergebnis, dass ein Mangel vorliegt, ist der Beweis erbracht. In diesem Zugeständnis liegt rechtlich ein Anerkenntnis.

Da der Auftraggeber dem Auftragnehmer stets eine angemessene Frist zur Nachbesserung setzen sollte, muss dem Auftragnehmer auch ausreichend Zeit und Gelegenheit gegeben werden, den angeblichen Mangel zu inspizieren. Die Verpflichtung zur Nacherfüllung ist nicht nur eine „Pflicht" sondern auch ein „Recht"; der Auftragnehmer hat auch das Recht, informiert zu werden und die Gelegenheit zur Untersuchung und gegebenenfalls zur Nachbesserung zu erhalten, weil er einen eventuellen von ihm zu vertretenden Mangel mit eigenen Ressourcen kostengünstiger beheben kann, als Dritte es tun würden.

Der Auftragnehmer ist rechtlich aber nicht gezwungen, einer solchen Mitteilung und Aufforderung des Auftraggebers Folge zu leisten. Er wird das insbesondere dann nicht tun, wenn er das Vorliegen eines Mangels für sehr unwahrscheinlich hält oder wenn sich die Sache an einem weit entfernten Ort befindet, oder die Sache so eingebaut ist, dass die mit der Untersuchung verbundenen Kosten erheblich sind. Gegebenenfalls empfiehlt es sich für den Auftragnehmer, darauf hinzuweisen, dass er den Mangel zwar begutachten, die damit verbundenen Kosten aber dem Auftraggeber anlasten wird, wenn sich herausstellt, dass kein von ihm zu vertretender Mangel vorliegt (**Muster-AN 11**).

Der von der Rechtsprechung entwickelte „Beweis des ersten Anscheins" kann dabei für den Auftraggeber zu einer Beweiserleichterung führen. Dieser „Beweis des ersten Anscheins" erlaubt aufgrund von Erfahrungssätzen bei typischen Geschehensabläufen den Nachweis eines ursächlichen

Zusammenhangs oder eines schuldhaften Verhaltens, ohne dass exakte Tatsachengrundlagen nachgewiesen werden müssen.

Beispiel: Auftrag zur Planung, Lieferung und Montage des Elektrogewerkes für einen Bürokomplex.

Fällt 8 Tage nach Abnahme ein Leuchtkörper aus, lässt dies keine Rückschlüsse auf mangelhafte Elektroarbeiten zu. Fallen hingegen alle Leuchtkörper aus, spricht die Erfahrung dafür, dass ein Mangel in der Planung oder in der Montage vorliegt.

Dieser „Beweis des ersten Anscheins" ist jedoch widerlegbar, was dann allerdings Aufgabe des Auftragnehmers ist.

Als Beweis zugelassen sind weiterhin auch alle anderen von der Zivilprozessordnung vorgesehenen Beweismittel, wie z.B. Urkunden oder Zeugenaussagen, aus denen sich die Mangelhaftigkeit ergibt.

Im Bau- und Werkvertragsrecht fällt nicht zuletzt dem Sachverständigen, den der Auftraggeber oder der Auftragnehmer mit der Prüfung beauftragen kann, die vielleicht entscheidende Aufgabe zu, festzustellen, ob ein Mangel vorliegt oder nicht.

Gelingt dem Auftraggeber der Nachweis, dass der Mangel bereits bei der Abnahme latent vorhanden war, bleibt der Auftragnehmer zur „Nacherfüllung" verpflichtet (siehe oben Kapitel 5.7.6).

Verbrauchsgüterkauf

Hat ein Verbraucher, § 13 BGB, eine bewegliche Sache bei einem Unternehmer, § 14 BGB, gekauft, gilt eine besondere Beweislastumkehr, § 477 BGB: Zeigt sich innerhalb von 6 Monaten seit Gefahrübergang ein Sachmangel, so wird vermutet, dass die Sache bereits bei Gefahrübergang mangelhaft war. Etwas anderes gilt nur, wenn dies mit der Art der Sache oder des Mangels unvereinbar erscheint, § 477 2.Alternative BGB. Die Regel schützt mithin den Verbraucher was den Zeitpunkt des Mangels angeht. Trotzdem bleibt es bei dem Grundsatz, dass auch der Verbraucher nachweisen muss, dass es vorliegend überhaupt einen Mangel gibt.

8.2.2 Gefahrübergang

8.2.2.1 Leistungsgefahr

Bis zur Abnahme trägt der Auftragnehmer das Risiko – also die Gefahr, dass seine Lieferung oder Leistung sei es unverschuldet durch Zufall (z.B. Blitzschlag) oder böswillig durch Fremdverschulden (z.B. Sabotage) beschädigt oder ganz zerstört wird. Also muss er weiterhin liefern und leisten, denn er hat eine mangelfreie Leistung versprochen; dieses Versprechen muss er halten.

Beispiele: Einen Tag vor Abnahme einer Elektroinstallation schlägt der Blitz ein.
In der Nacht vor der Abnahme werden Teile der Bauleistung von Unbekannten demontiert und abtransportiert.

In beiden Fällen muss der Auftragnehmer die Schäden reparieren und eine abnahmefähige Leistung präsentieren.

Mit der Abnahme geht diese Gefahr der Beschädigung oder des völligen Übergangs der Werkleistung – sei es durch Zufall oder Fremdverschulden – auf den Auftraggeber über.

Kaufvertrag / Werklieferungsvertrag

Im Kaufrecht kommt es entscheidend auf die Übereignung, also Übergabe der Sache zur Übertragung des Eigentums an.

Deshalb tritt der Gefahrenübergang in aller Regel mit der Übergabe auf den Auftraggeber ein, § 446 S.1 BGB.

Wird die Ware versandt, ist zu differenzieren:

Ist der Transport im Lieferumfang des Auftragnehmers enthalten, finden die Übergabe und damit der Gefahrübergang erst beim Abladen am Erfüllungsort statt.

Ist der Erfüllungsort der Sitz oder das Werk des Auftragnehmers oder auch dessen Lieferanten, und versendet der Auftragnehmer die Ware auf Wunsch des Auftraggebers an einen anderen Bestimmungsort, so geht die Gefahr mit Übergabe an den Spediteur oder sonstige mit dem Transport beauftragte Personen über, § 447 BGB.

Internationaler Kaufvertrag / Werklieferungsvertrag

Auch Art. 36 CISG stellt auf den Zeitpunkt des Gefahrübergangs ab.

In der internationalen Praxis finden häufig die internationalen Handelsklauseln Anwendung, die von der Internationalen Handelskammer (ICC) erarbeitet und mehrfach angepasst wurden. In der derzeitigen Fassung der Incoterms 2010 sind vier Gruppen vorgesehen, danach eingeteilt, wie intensiv der Auftraggeber für den Transport verantwortlich sein soll:

Incoterms 2010	
Gruppe E	Abholklausel (EXW),
Gruppe F	Absendeklauseln ohne Übernahme der Kosten für den Haupttransport durch den Verkäufer (FCA, FAS, FOB),
Gruppe C	Absendeklauseln mit Übernahme der Kosten für den Haupttransport durch den Verkäufer (CFR, CIF, CPT, CIP),
Gruppe D	Ankunftsklauseln (DAP, DAT, DDP).
Dabei stehen die Kurzbezeichnungen für	
EXW	Ex Works/Ab Werk
FCA	Free Carrier/Frei Frachtführer
FAS	Free Alongside Ship/Frei Längsseite Schiff
FOB	Free On Board/Frei an Bord
CFR	Cost and Freight/Kosten und Fracht
CIF	Cost, Insurance and Freight/Kosten, Versicherung und Fracht
CPT	Carriage Paid To/Frachtfrei
CIP	Carriage, Insurance Paid To/Frachtfrei versichert
DAP	Delivered At Place/ Geliefert benannter Ort

DAT	Delivered At Terminal /Geliefert Terminal
DDP	Delivered Duty Paid/Geliefert verzollt

Beispiel: Vereinbarung: EXW Werk Lieferant
Vereinbarung: DAP Baustelle Kolumbien

Im ersten Fall geht die Gefahr bei Anzeige der Bereitstellung im Werk des Auftragnehmers, im zweiten Fall bei Abladen auf der Baustelle des Auftraggebers über.

Werkvertrag

Für den Gefahrübergang bei Versand von fertiggestellten Werken gilt dies entsprechend, § 644 Abs.2 BGB.

Beispiel: Das Ingenieurbüro versendet mehrere Aktenordner mit Plänen und Berechnungen an den Auftraggeber. Sie kommen nie an.

8.2.2.2 Preisgefahr

Inwieweit der Auftragnehmer in den vorgenannten Beispielsfällen eine Entschädigung (z.B. von einer Versicherung) oder eine Vergütung für seine – auch wenn nicht von ihm zu vertretende – doppelte Arbeit erhält, hängt vom individuellen Vertrag/Vertragstyp im Einzelfall ab:

Kaufvertrag / Werklieferungsvertrag

Das Risiko des zufälligen Untergangs liegt beim *Kaufvertrag* auch hinsichtlich der Kosten beim Auftragnehmer. Er muss die Kosten selbst tragen.

Werkvertrag / Bauvertrag

Gleiches gilt für den Werkvertrag und den Bauvertrag. Das Risiko lässt sich durch eine Bauleistungsversicherung für beide Parteien abdecken (siehe unten Kapitel 12.3).

VOB/B-Bauvertrag

Dagegen entlastet § 7 Abs.1 VOB/B in Verbindung mit § 6 Abs.5 VOB/B den Auftragnehmer insoweit, als dieser vom Auftraggeber die Vergütung der bereits ausgeführten Teile nach Vertragspreisen verlangen kann.

8.2.2.3 Beistellung von Material

In diesem Zusammenhang stellt sich die Frage, wie der Fall zu lösen ist, wenn der Auftraggeber mangelhaftes Material beigestellt hat oder falsche Anweisungen erteilt hat und die Sache deshalb beschädigt oder ganz zerstört wurde?

Werkvertrag / Werklieferungsvertrag / Bauvertrag / *VOB/B-Bauvertrag*

Nach § 645 Abs.1 S.1 BGB geht in diesen Fallvarianten die Gefahr voll und ganz auf den Auftraggeber über und der Auftragnehmer kann einen der geleisteten Arbeit entsprechenden Teil der Vergütung und Ersatz der in der Vergütung nicht enthaltenen Auslagen verlangen, wenn er an der Beschädigung oder der Zerstörung nicht die geringste Mitverantwortung trägt.

Selbst wenn es bei einer Beschädigung oder Zerstörung der Sache in diesen Fallvarianten an einem Verschulden des Auftraggebers und Bestellers fehlt, ist diese Regelung in § 645 Abs.1 S.1 BGB entsprechend anzuwenden, „in denen die Leistung des Unternehmers untergeht oder unmöglich wird, die in der Person des Bestellers liegen ... oder auf Handlungen des Bestellers zurückgehen ... auch wenn es insoweit an einem Verschulden des Bestellers fehlt." (BGH, Urt. v. 21.8.1997, Az. VII ZR 17/96, NJW 1997, 3018). In derartigen Fällen steht der Besteller nach Auffassung der Rechtsprechung der sich aus diesen Umständen ergebenden Gefahr für das Werk näher als der Unternehmer. Das gilt – trotz § 7 VOB/B – auch beim VOB/B-Vertrag.

8.2.3 Besitzübergang

Die Abnahme hat zwei Elemente: mit der Abnahme erklärt der Auftraggeber, a) dass der Auftragnehmer vertragsgemäß erfüllt hat und b) dass er das Werk auch so übernimmt, d.h. in Besitz nimmt.

Vor allem im Industriebau ist mit der Abnahme aber nicht zwingend stets eine Übertragung des Besitzes verbunden (OLG Braunschweig, Urt. v. 5.10.1999, Az. 8 W 47/99, BauR 2000, 105; vgl. auch OLG Stuttgart, Urt. v. 22.11.2011, Az. 10 W 47/11, NJW 2012, 625; BGH, Urt. v. 8.4.1984, Az. II RS 234, 83). Jedenfalls bis zur Abnahme – aber eben auch danach – will der Auftragnehmer im Einzelfall den Besitz gar nicht aufgeben.

Diese Entscheidung hat praktische Konsequenzen: Ist der Besitzübergang nicht mit der Abnahme verbunden, so bleibt der Auftragnehmer auch nach der Abnahme noch Besitzer der Sache. Er kann also auch die Störung seines Besitzes durch den Auftraggeber untersagen, §§ 861; 862 BGB, und auch nach Abnahme von seinem Zurückbehaltungsrecht nach § 320 BGB Gebrauch machen, etwa wenn der Auftraggeber die Sache bereits nutzen will, ohne zu bezahlen **(Muster-AN 28)**.

In diesem Punkt hat der Auftragnehmer ein hohes Interesse daran, sich abzusichern. Hierbei könnte ihm eine Vertragsklausel helfen des Inhalts: „Der Besitz geht erst nach erfolgter Abnahme und nach Eingang der Schlusszahlung auf den Auftraggeber über."

Um keine Probleme mit den AGB-Regeln zu bekommen (siehe oben Kapitel 3 „Allgemeine Geschäftsbedingungen", dort Ziffer 3.1.8 „Keine AGB bei Aushandeln"), sollte hierüber offen bei dem Verhandlungspunkt „Zahlungsmodalitäten" verhandelt werden.

8.2.4 Fälligkeit der Vergütung

Erst mit der Abnahme wird die Vergütung fällig. Näheres hierzu unten Kapitel 9.2.

8.2.5 Verwirkung der Vertragsstrafe / Verzugsschaden

Wurde ein Fertigstellungstermin als Vertragstermin vereinbart, ist die Abnahme auch aus diesem Grunde von besonderer Bedeutung. (siehe oben Kapitel 5.6).

8.2.6 Beginn der Verjährungsfrist

Mit der Abnahme beginnt ferner die Frist zu laufen, nach deren Ablauf sich der Auftragnehmer gegenüber dem Auftraggeber auf die „Verjährung" von dessen Ansprüchen berufen kann, sofern nicht die regelmäßige Verjährungsfrist eingreift (hierzu oben Kapitel 5.13).

Typen der Abnahme

Die Abnahme durch den Auftraggeber umfasst die Erklärung, dass die Sache im Wesentlichen dem entspricht, was er bestellt hat (vertragsgerechte Erfüllung). Eine solche Willenserklärung lässt sich in unterschiedlicher Form abgeben. In den Verträgen finden sich häufig spezielle Vorschriften, wie die Abnahme von statten zu gehen hat. Das BGB und die VOB/B regeln für den Werkvertrag verschiedene Fälle. Diese können auch für den *Kaufvertrag* vereinbart werden.

8.2.7 Mündliche oder schriftliche Abnahme

Der Auftraggeber kann dem Auftragnehmer mündlich oder schriftlich erklären, dass er die Sache abnehme. Dies reicht völlig aus, wenn nichts anderes vereinbart war. Bei der Abnahme sollte – wie immer – Klarheit herrschen, damit nicht später Überraschungen auftauchen (**Muster-AG 22**). So besteht die Möglichkeit, eine Abnahme unter einer Bedingung zu erklären.

Beispiel: Auftragnehmer verpflichtet sich zur Herstellung der Glassonderkonstruktionen. Im Dezember 2017 stellt der Auftragnehmer seine Schlussrechnung. Am 3.3.2018 unterzeichnet der Auftraggeber ein mit "Abnahmeprotokoll" überschriebenes Formular. Im Text heißt es: "Der Auftraggeber erteilt die Abnahme des oben aufgeführten Gewerkes, wenn folgende Mängel bis zum ... 2018 beseitigt sind." Außerdem enthält das Protokoll eine Mängelauflistung. Unter anderem wird die teilweise Undichtigkeit des Daches gerügt. Am 24.4.2018 erhebt der Auftraggeber Kostenvorschussklage wegen Dachundichtigkeiten und Feststellung, dass der Auftragnehmer etwa darüber hinaus erforderlich werdende Mängelbeseitigungskosten ebenfalls zu erstatten hat. Der Auftragnehmer beruft sich auf Verjährung. (OLG Saarbrücken, Urt. v. 24.6.2003, Az. 7 U 930/01-212, IBR 2005, 419).

Die Auslegung der Erklärung in dem Abnahmeprotokoll ergibt, dass der Auftraggeber die Abnahme nur unter der Bedingung erklärt hat, dass die Mängel bis zum genannten Zeitpunkt beseitigt sind. Ohne Abnahme beginnt die Verjährungsfrist aber nicht zu laufen.

Normalerweise wird eine Abnahme indes ohne Bedingung erteilt und der Auftragnehmer aufgefordert, seiner Verpflichtung zur Nacherfüllung wegen erkannter Mängel nachzukommen.

8.2.8 Förmliche Abnahme

Die förmliche Abnahme ist eine Sonderform der schriftlichen Abnahme. Die förmliche Abnahme wird durch Begutachtung des Werkes und Aufnahme eines schriftlichen Abnahmeprotokolls **(Muster-AG 22)** durchgeführt. Sie ist in § 12 Abs.4 Nr.1 VOB/B ausdrücklich geregelt und findet in dieser Form auch allgemein Anwendung. Ort, Zeit und Namen der Durchführenden werden festgehalten sowie etwaige Mängel, die bei der Abnahme aufgefallen sind und von dem Auftragnehmer noch nachzuerfüllen sind.

§ 12 Abs.4 Nr.2 VOB/B sieht vor, dass die Abnahme auch in Abwesenheit des Auftragnehmers durchgeführt werden kann, wenn der Termin vereinbart war und der Auftragnehmer nicht erscheint. Dies bedeutet, der Auftragnehmer muss nicht unbedingt zugegen sein – was jedoch angesichts der vorstehend geschilderten und an die Abnahme gekoppelten Konsequenzen sinnvoll ist.

Der umgekehrte Fall ist leider auch nicht selten (dass also der Auftraggeber einfach nicht erscheint), gibt dem Auftragnehmer aber natürlich nicht das gleiche Recht, denn die Abnahmeerklärung muss der Auftraggeber abgeben. Allerdings gerät der Auftraggeber in Annahmeverzug (siehe oben Ziffer 6.1.1).

8.2.9 Konkludente Abnahme

Die Abnahme kann auch durch konkludentes Handeln erklärt werden. Der häufigste Fall der konkludenten Abnahme liegt in der Inbenutzungnahme bzw. Inbetriebnahme der Sache. Nutzt der Auftraggeber die ihm übergebene Sache in der vertraglich vorgesehenen Weise, so dokumentiert er damit, dass die Sache wie vorgesehen genutzt werden kann – er erklärt damit die Abnahme.

Allerdings ist auch diese Willenserklärung auslegungsfähig. Es bedarf stets der Würdigung der Umstände des Einzelfalls.

Hat der Auftraggeber z.B. ausdrücklich erklärt, dass er die Lieferung oder Leistung nur in Benutzung nimmt, um größeren Schaden abzuwenden und gerade keine Abnahme erteilen will, lässt sich ein Abnahmewille auch nicht unterstellen.

VOB/B-Bauvertrag

§ 12 Abs.5 Nr.2 VOB/B hat eine Sonderregelung für den *VOB/B-Bauvertrag* getroffen:

- Voraussetzung ist zunächst, dass weder Auftraggeber noch Auftragnehmer eine Abnahme verlangt hat.
- Weitere Voraussetzung ist, dass keine anderweitigen Vereinbarungen getroffen wurden.
- 6 Werktage nach Inbenutzungnahme gilt die Abnahme als erteilt.
- Weitere Voraussetzung ist, dass der Auftraggeber nicht innerhalb dieser Frist erklärt, dass er nicht abnehmen will.

Für den Auftraggeber birgt die Möglichkeit einer konkludenten Abnahme besondere Gefahren. Er wird deshalb in vielen Fällen diese Abnahmeform im Vertrag bzw. in den AGBs ausdrücklich ausschließen. Dies ist insbesondere durch Vereinbarung einer „förmlichen Abnahme" möglich.

Noch immer ist nicht geklärt, ob der Auftraggeber durch Vereinbarung einer förmlichen Abnahme in seinen AGB die fiktive Abnahme gem. § 640 BGB durch Vereinbarung ausschließen kann, wie dies der BGH früher entschieden hatte (BGH, Urt. v. 10.10.1996, Az. VII ZR 224/95, NJW 1997, 394). Der Gesetzgeber hatte sich für die Aufnahme der fiktiven Abnahme in das Gesetz entschieden. Er verfolgte damit den Zweck, die dem Auftragnehmer zustehenden Zahlungen nicht durch Abnahmeverzögerungen vorzuenthalten. Der Ausschluss der fiktiven Abnahme würde das Erreichen dieses gesetzgeberischen Ziels in Frage stellen. Der Ausschluss der fiktiven Abnahme würde damit wesentlich von dem Gesetz abweichen; er ist gem. § 307 BGB unwirksam (Hammacher, BauR 2004, 1191). Nachdem nun der Gesetzgeber erneut die fiktive Abnahme geregelt hat, sollte es an dem gesetzlichen Leitbild keinen Zweifel mehr geben.

8.2.10 Fiktive Abnahme

Werkvertrag / Bauvertrag

Der Auftragnehmer hat ein Interesse daran, dass seine Leistung abgenommen wird. Dem hat der Gesetzgeber in § 640 Abs.2 BGB Rechnung getragen:

- Der Auftragnehmer kann dem Auftraggeber eine angemessene Frist zur Abnahme der Leistung setzen.

Der Auftragnehmer, der sein Gewerk nach seiner Auffassung mangelfrei und vollständig erbracht hat, kann dem Auftraggeber nach dieser Norm eine angemessene Frist zur Abnahme des Werkes setzen. Zu Beweiszwecken erfolgt diese Aufforderung am besten schriftlich per Einschreiben/Rückschein (Zugangsbeweis).

Was im jeweiligen Einzelfall als „angemessene Frist" anzusehen ist, richtet sich nach den konkreten Umständen des Einzelfalles, also der Größe und dem Umfang der Baumaßnahme und dem damit verbundenen Prüfungsaufwand und auch nach den Prüfungsmöglichkeiten und Voraussetzungen beim Auftraggeber. Gegebenenfalls muss der Auftragnehmer dem Auftraggeber die Möglichkeit einräumen, zur Prüfung der Frage, ob mangelfrei und vollständig erfüllt wurde, via Architektur- oder Ingenieurbüro fremde Fachkompetenz hinzuzuziehen.

- Der Auftraggeber kann die Leistung innerhalb der angemessenen Frist verweigern, muss aber mindestens einen Mangel angeben.

Aus § 640 Abs.1 S.2 BGB ergibt sich, dass eine Abnahme wegen unwesentlicher Mängel nicht verweigert werden darf. Der Auftraggeber muss also einen wesentlichen Mangel angeben.

- Gibt der Auftraggeber keine Erklärung ab oder nicht innerhalb der Frist oder stellt sich der angegebene Grund als nicht wesentlich heraus, gilt die Abnahme als erteilt.

Verbraucherbauvertrag

Ist der Auftraggeber ein Verbraucher, so treten die Rechtsfolgen der fiktiven Abnahme nur dann ein, wenn der Auftragnehmer den Verbraucher-Auftraggeber mit der Aufforderung zur Abnahme gleichzeitig auf die Folgen einer nicht erklärten oder ohne Angabe von Mängeln verweigerten Abnahme hingewiesen hat; der Hinweis muss in Textform erfolgen, § 640 Abs.2 S.2 BGB.

VOB/B-Bauvertrag

Auch hier besteht die Möglichkeit, eine Abnahme zu erlangen, ohne dass sich der Auftraggeber ausdrücklich äußert. Voraussetzungen sind:

- Weder Auftraggeber noch Auftragnehmer verlangen ausdrücklich eine Abnahme,
- der Auftragnehmer teilt dem Auftraggeber schriftlich mit, dass die Leistung fertig gestellt ist (Muster-AN 24).
- 12 Werktage nach der Mitteilung gilt die Leistung als abgenommen, § 12 Abs.5 Nr.1 VOB/B.

Diese VOB/B-Variante schließt die gesetzliche Form der fiktiven Abnahme nicht aus. Hingegen kann das bloße schriftliche Verlangen, die Abnahme durchzuführen, § 12 Abs.1 VOB/B, die Fiktionswirkungen weder des BGB noch der VOB/B auslösen.

Die schriftliche Mitteilung über die Fertigstellung der Leistung liegt auch in der Übersendung einer Rechnung, aus der sich ergibt, dass der Auftragnehmer die gesamte Leistung abschließend berechnen will (OLG Düsseldorf, Urt. v. 16.5.1997, Az. 22 U 232/96, BauR 1997, 842).

Noch immer ist nicht geklärt, ob der Auftraggeber durch Vereinbarung einer förmlichen Abnahme in seinen AGB die fiktive Abnahme gem. § 640 BGB durch Vereinbarung ausschließen kann, wie dies der BGH früher entschieden hatte (BGH, Urt. v. 10.10.1996, Az. VII ZR 224/95 NJW 1997, 394). Der Gesetzgeber hatte sich ab dem Jahr 2000 für die Aufnahme einer fiktiven Abnahme in das Gesetz entschieden. Er verfolgte damit den Zweck, die dem Auftragnehmer zustehenden Zahlungen nicht durch Abnahmeverzögerungen vorzuenthalten. Der Ausschluss der fiktiven Abnahme würde das Erreichen dieses gesetzgeberischen Ziels in Frage stellen. Der Ausschluss der fiktiven Abnahme würde damit wesentlich von dem gesetzlichen Leitbild abweichen; er ist gem. § 307 BGB unwirksam. (Hammacher, BauR 2004, 1191).

Nach anderer Auffassung sollen Regelungen in AGB über den Zeitpunkt, die Form und die Bestimmung der Abnahmereife zulässig sein, soweit nicht die Möglichkeit des Auftragnehmers ganz ausgeschlossen wird, nach § 640 Abs. 1 S.3 BGB vorzugehen (Kniffka, ibr-Kommentar, Stand 18.9.2016 § 640 RN 73).

8.2.11 Teilabnahme

Ohne besondere Absprache ist der Auftragnehmer nicht berechtigt, seine Lieferungen und Leistungen in Teilen abzuliefern, § 266 BGB. Der Anspruch auf Abnahme seiner Leistung steht dem Auftragnehmer grundsätzlich erst zu, wenn er die Leistung vollständig erbracht hat. Dies kann jedoch vertraglich auch anders geregelt werden. Insbesondere bei lang andauernden Projekten mit verschiedenen ineinander greifenden Gewerken macht es Sinn, die Rechtsfolgen der Abnahme auch schon für Teile der Leistung auszulösen.

Kaufvertrag / Werklieferungsvertrag

Teilabnahmen sind beim *Kaufvertrag* nur mit vertraglicher Sondervereinbarung möglich, denn auch Teilleistungen durch den Auftragnehmer sind nur bei entsprechender Vereinbarung zulässig, § 266 BGB.

Auch *international* steht es dem Auftraggeber frei, eine vorzeitige (Teil-)lieferung abzunehmen oder die Annahme zu verweigern, Art. 52 Abs.1 CISG.

Werkvertrag / Bauvertrag

Das BGB weist auf die Möglichkeit der Teilabnahme hin, §§ 632a; 641 Abs.1 S.2 BGB, billigt dem Auftragnehmer aber keinen Anspruch auf eine Teilabnahme zu.

VOB/B-Bauvertrag

Die VOB/B gibt dem Auftragnehmer das Recht, die Teilabnahme von in sich abgeschlossenen Teilen der Leistung zu verlangen, § 12 Abs.2 VOB/B (**Muster-AN 27**).

Solche abnehmbaren Teilleistungen sollten möglichst bereits im Vertrag definiert und an erfüllten „Milestones" festgemacht werden. Anderenfalls bestimmt sich die Abgeschlossenheit der Leistung danach, ob die Teile für sich genommen funktionstauglich sind und einen eigenen Zweck erfüllen.

8.2.12 „Sicht-Abnahme"

Nicht mit der Teilabnahme zu verwechseln ist die in § 4 Abs.10 VOB/B und in § 14 Abs.2 S.3 VOB/B geregelte „Sichtabnahme", auch „technische Abnahme" genannt sowie das gemeinsame Aufmaß. Zwar wird auch hier gemeinsam der Zustand der Leistung zu einem bestimmten Zeitpunkt x von den Parteien festgehalten. Der Auftraggeber gibt aber keine Erklärung dahingehend ab, ob er diese Leistung als vertragsgemäß anerkennt. Er will in der Regel von der Sichtabnahme keine Rechtsfolgen für sich oder den Auftragnehmer ableiten. Sinn der Sichtabnahme ist es lediglich, Teile, die zu einem späteren Zeitpunkt der Auftragsabwicklung nicht mehr zugänglich sind, begutachten zu können, um ggf. noch rechtzeitig Rügen wegen solcher Mängel aussprechen zu können, deren Beseitigung nach Abschluss der Arbeiten mit erheblich höherem Aufwand und ggf. Zeitverlust verbunden sein könnte.

Allerdings verletzt der Auftraggeber seine Mitwirkungsobliegenheit, wenn er trotz rechtzeitiger Aufforderung nicht zur gemeinsamen Feststellung bereit ist. Wenn jetzt später die Überprüfung nicht mehr mit zumutbarem Aufwand möglich ist, tritt eine Beweislastumkehr ein (BGH, Urt. v. 22.5.2003, Az. VII ZR 143/02, BauR 2003, 1207).

8.2.13 Werksabnahme / Freigabe-Erklärungen

Häufig behält sich der Auftraggeber vor, den Fortschritt und die Qualität der Leistungen des Auftragnehmers in dessen Werken oder bei dessen Subunternehmern zu überprüfen. Solche Qualitätsaudits geben dem Auftraggeber wichtige Informationen zur Auftragsabwicklung. Bei dieser Gelegenheit ausgestellte Bescheinigungen des Prüfungspersonals sind aber in aller Regel für die vertragsrechtliche Risikoverteilung ohne Belang. Ist im Vertrag nichts anderes geregelt, bleibt es dabei, dass der Auftragnehmer erst durch die Gesamtabnahme entlastet wird.

Gleiches gilt für Pläne, die der Auftragnehmer wie vertraglich vereinbart dem Auftraggeber zur Freigabe vorlegt und die dieser durch seine Ingenieure oder seinen Architekten prüfen und mit einem Freigabevermerk versehen zurückreichen lässt. Sofern der Vertrag hierzu nichts anderes regelt, kann sich der Auftragnehmer in aller Regel nicht darauf berufen, dass seine Leistung durch die Freigabe teilweise abgenommen sei.

Eine andere Frage ist es, ob der Auftragnehmer in solchen Fällen aus Treu und Glauben, § 242 BGB, oder Mitverschulden, § 254 BGB, des Auftraggebers gegen ihn gerichtete Ansprüche teilweise abwehren kann, wenn dem Auftraggeber bei seinen Prüfungen etwaige Mängel hätten auffallen müssen. Das ist in der Regel nicht so.

8.2.14 „Bilanz"-Abnahme

Eine nicht geregelte und auch nicht regelbare Form der Abnahme ist die „Bilanz-Abnahme". Obwohl die Leistung funktional noch gar nicht fertig gestellt ist, wird gelegentlich versucht, das Werk als abgenommen darzustellen. Ist das Bauvorhaben nämlich fertig gestellt und hierüber eine Schlussrechnung erstellt, kann diese als Forderung aus Werkvertrag in voller Höhe - also einschließlich des in der vereinbarten Vergütung enthaltenen Gewinns - in der Bilanz ausgewiesen werden. Ohne die Abnahme kann der Auftragnehmer lediglich die teilfertigen Bauten zu Herstellungskosten ansetzen, was die Aktivseite seiner Bilanz verschlechtert.

Der Auftraggeber wiederum hat möglicherweise ein Interesse daran, noch im alten Wirtschaftsjahr damit zu beginnen, das Werk abzuschreiben oder die Rechnung seines Auftragnehmers voll als Betriebsausgaben abzusetzen. Dieses Verhalten ist jedoch handelsrechtlich nicht zulässig.

Da einem Abnahmeprotokoll nicht angesehen werden kann, ob es sich lediglich um eine Scheinerklärung handelt oder ob sie baurechtliche Wirkung erzielen soll, kann es zu Diskrepanzen kommen, da bestätigte und tatsächliche Leistung auseinanderklaffen können.

Vorsicht ist auch geboten in versicherungsrechtlicher Hinsicht, da mit der Erklärung der Abnahme der Schutz der Montageversicherung entfällt (siehe unten Kapitel 12 „Versicherungen", dort Ziffer 12.4 „Montageversicherung").

8.2.15 Abnahme in internationalen Werkverträgen

Die Bedeutung der Abnahme bringt es mit sich, dass in der Praxis auch noch andere Formen der Abnahme entwickelt wurden. Vor allem bei Aufträgen mit langer Bauzeit und komplexen technischen Sachverhalten haben beide Seiten ein Interesse daran, Zwischenlösungen für den Gefahrübergang, für Zahlungen und für Haftungsfragen zu erreichen. Dies gilt insbesondere für den Anlagenbau. Der Auftraggeber möchte sukzessive Erfolge auf dem Weg zur Fertigstellung sehen. Er möchte, dass sich Fachleute um das Projekt kümmern und ihm den Stand der Arbeiten verbindlich mitteilen und dokumentieren.

Dadurch kann es zu einer Streckung der Abnahme bzw. zu ihrer Aufteilung in einzelne erforderliche Erklärungen kommen.

Es werden Prüfungsschritte erforderlich, Tests in Bezug auf das gelieferte und montierte Material, auf die Funktionsfähigkeit technischer Apparaturen „ohne Lasten" und „unter Lasten", im Probebetrieb und im Vollbetrieb. Es werden Bestätigungen von Fachleuten erwartet, die der Auftraggeber beauftragt hat, von Aufsichtsbehörden, etc.

Beispiel: FIDIC, Ziffer 9, Tests on Completion; Ziffer 11 Tests after Completion

Erst wenn alle vorgesehenen Tests erfolgreich abgeschlossen sind, die gesamte Dokumentation übergeben wurde und alle Bescheinigungen vorliegen, hat der Auftragnehmer seine Lieferung und Leistung erfüllt.

Häufig schließt sich an den Zeitpunkt der Inbetriebnahme noch eine Erprobungsphase an, in der sich die Lieferungen und Leistungen praktisch bewähren müssen.

Beispiel: FIDIC, Ziffer 11 „Defects Notification Period"

Die Parteien können vereinbaren, dass der Auftragnehmer erst dann aus seiner Erfüllungspflicht entlassen wird.

Mit der letzten Bescheinigung, dass alles in Ordnung ist (vgl. FIDIC, Ziffer 11.9 „performance Certificate") kann verbunden sein, dass der Auftraggeber von nun an keinerlei Ansprüche mehr gegen den Auftragnehmer stellen kann, denn die Erprobungsphase ist abgeschlossen und, wenn es Mängel gegeben haben sollte, hätten die in dieser Phase auftauchen müssen. Der Vertrag ist bei diesem Konzept endgültig beendet, es gibt also auch keine Verjährungsfrist mehr für bisher nicht aufgetauchte Mängel etc. (nicht so in dem FIDIC-Mustervertrag!).

Um dem Auftraggeber in der darauf folgenden Zeit Unterstützung zu sichern, können die Parteien für eine „Maintenance Period" den Einsatz des Auftragnehmers für Wartungs- und Unterstützungsleistungen vereinbaren, die entweder im Preis bereits eingerechnet sind oder gesondert vergütet werden.

Diese Modelle „gestreckter" und „differenzierter Abnahmen" sind mit der deutschen Abnahme nach BGB und VOB/B, die einen Anspruch des Auftragnehmers auf nur eine Erklärung - und zwar bei Fertigstellung der Leistung - vorsieht, nicht ohne weiteres in Übereinstimmung zu bringen.

Deshalb bedarf es hierzu vertraglicher Regelungen. Wurde der Vertrag dabei auf der Grundlage deutschen Rechts vereinbart, muss dies sorgfältig und transparent geschehen, damit keine Konflikte mit der Rechtslage, etwa in Bezug auf die AGB-Regelungen entstehen.

8.2.15.1 Vorläufige Abnahme/„Provisional Acceptance"

Bei größeren Projekten werden häufig sogenannte „vorläufige Abnahmen" durchgeführt, die nur das Ziel haben, das erbrachte Arbeitsvolumen zu bestätigen, zum Zwecke der Fakturierung und um Abschlagszahlungen zu erhalten. („Provisional Acceptance Certificate - PAC"). Eine Bestätigung der Mangelfreiheit der Leistungen soll damit in aller Regel nicht gegeben werden, sondern einer Endabnahme vorbehalten bleiben („Final Acceptance Certificate - FAC").

8.2.15.2 Preliminary Acceptance

Gelegentlich finden sich in Verträgen Regelungen, wonach zu dem Zeitpunkt, an dem normalerweise die Abnahme zu erwarten wäre, lediglich eine „Vorabnahme" erklärt werden soll („Preliminary Acceptance"). Erst nach erfolgreichem Ablauf einer weiteren oft sehr langen Frist, z.B. während der Inbetriebnahme einer Anlage, soll es zu der eigentlichen Abnahme kommen („Final Acceptance"). Zweck ist es, entweder die Beweislast für in dieser Zeit auftretende Mängel und die Gefahr der Verschlechterung auf den Auftragnehmer überzuwälzen (siehe oben Ziffer 8.2.2), oder die Verjährungszeit für den Auftragnehmer insgesamt zu verlängern. Für eine solche Regelung besteht bei komplexen Bauvorhaben durchaus ein Bedürfnis. Sie sollte aber den unterschiedlichen Interessen der Vertragsparteien angemessen Rechnung tragen.

8.2.15.3 Mechanical Completion

Ähnlich liegt es bei der Erbringung von Teilleistungen, etwa der Fertigstellung der Montage („Mechanical Completion"), wenn andere Gewerke folgen, die ebenfalls vom Auftragnehmer bzw. seinen Partnern in einer Arbeitsgemeinschaft zu erbringen sind. Auch hier wird in der Regel nur ein Status festgehalten und bestenfalls eine Regelung über den Gefahrübergang oder die Fälligkeit von Teilzahlungen getroffen. Eine echte Teilabnahme ist in der Regel nicht damit verbunden.

8.2.15.4 Verzicht auf Abnahme-Formalitäten

Soweit im Vertrag bestimmte Formalien bei der Abnahme vereinbart waren, können die Parteien diese Vereinbarung natürlich später auch wieder aufheben.

Dies ist auch durch „konkludentes Verhalten" möglich, eben, indem die Parteien auf ihre ursprüngliche Regelung nicht mehr zurückkommen. Da jedoch die Parteien hiermit auf ein Recht „verzichten", muss sich aus den gesamten Umständen ein solcher Wille auf die Aufgabe dieses Rechtes ergeben. Generell gilt, dass an die Annahme eines solchen Verzichtes hohe Anforderungen zu stellen sind, da normalerweise niemand freiwillig auf Rechte verzichtet (BGH, Urt. v. 15.1.2002, NJW 2002, 1045).

Beispiel: In der Anforderung der Schlussrechnung oder darin, dass die vereinbarte förmliche Abnahme über längere Zeit nicht verlangt wird, kann ein Verzicht nur gesehen werden, wenn aus dem Verhalten auf einen Verzichtswillen geschlossen werden kann (OLG Düsseldorf, Urt. v. 20.11.1998, Az. 22 U 104/98, BauR 1999, 404).

8.3 Termin für die Abnahme

Kaufvertrag / Werklieferungsvertrag

Die Ware ist zum vereinbarten Zeitpunkt abzunehmen. Nach Art. 52 CISG steht es dem Auftraggeber frei, eine vorzeitige Lieferung abzunehmen oder die Abnahme zu verweigern.

Die Abnahme ist zu erklären, wenn der Auftragnehmer mit seiner Leistung fertig ist. Der Auftragnehmer kann dem Auftraggeber die Fertigstellung mitteilen (**Muster-AN 29 und Muster-AN 30**).

Auch Nacherfüllungsleistungen sind erneut abzunehmen. Auch hierfür kann der Auftragnehmer eine Frist setzen (**Muster-AN 25**)

Werden gesetzte Fristen für die Abnahme nicht eingehalten, kann dies zu einer Abnahmefiktion führen. Vertraglich ist auch die Vereinbarung eines späteren Zeitpunktes möglich. Bei komplexen Bauvorhaben ist dies auch erforderlich, da sich die Mangelhaftigkeit einer Teilleistung häufig erst bei der Gesamtabnahme herausstellen kann.

Beispiel: Die Lieferung und Montage der Schalt- und Regeltechnik für eine Klimaanlage ist sinnvoll erst prüfbar, wenn die Verrohrung und der Einbau der Klimatechnik im Übrigen abgeschlossen sind.

Durch allgemeine Geschäftsbedingungen darf der Auftragnehmer allerdings nicht in seinem Recht auf schnelle Abnahme beeinträchtigt werden. In AGBs darf insbesondere nicht der Termin für die Abnahme an den Abnahmetermin mit dem Endkunden gebunden werden (siehe oben Kapitel 3 „Allgemeine Geschäftsbedingungen", dort Ziffer 3.2.12 „Abnahme") (BGH, Urt. v. 10.10.1996, NJW 1997, 394).

Einzelvertraglich lässt sich fixieren, dass die Abnahme der Leistung des Auftragnehmers zusammen mit dem Endkunden erfolgen soll und dass dessen Mängelrügen als offizielle Mängelrügen des Auftraggebers gegenüber dem Auftragnehmer gelten sollen. Hierzu empfiehlt sich eine einzelvertragliche Regelung im Verhandlungsprotokoll (**Muster-AN+AG 02**).

Ein entsprechendes Angebot kann auch durch Schweigen angenommen werden (siehe oben Ziffer 8.2.9). Für den Auftraggeber empfiehlt sich in einem solchen Fall das Musterschreiben (**Muster-AG 21**).

Beispiel: Schreiben Auftraggeber an Auftragnehmer: „Wir beziehen uns auf Ihr Schreiben, in dem Sie eine Abnahme Ihrer Leistung wünschen. Hierzu möchten wir Ihnen mitteilen, dass durch die Firma H eine Gesamtabnahme des Bauwerks erfolgt, d.h. keine Einzelgewerke abgenommen werden. Wir hoffen, dass Sie mit dieser Regelung einverstanden sind und verbleiben mit freundlichen Grüßen."

Nach Ansicht des BGH enthält ein solches Schreiben keine Verweigerung der Abnahme, sondern lediglich die Bitte um Einverständnis, mit der Abnahme noch etwas zu warten, bis das Gesamtwerk abgenommen werden kann. Bei einer derartigen Sachlage muss der Auftragnehmer schon wegen der erheblichen Rechtsfolgen, die mit einem Verzug verbunden sein können, nach Treu und Glauben antworten, wenn er entgegen der Bitte des Auftraggebers auf einer Einzelabnahme seiner Leistungen bestehen will (BGH, Urt. v. 11.4.1991, Az. VII ZR 369/89, NJW-RR 1991, 914).

Eine Fristverlängerung über die Fertigstellung hinaus um 4 Wochen wird noch für zulässig erachtet (OLG Düsseldorf, Urt. v. 7.6.1994, Az. 21 U 90/92, BauR 1995, 111).

8.4 Vorbehalt

Werkvertrag / Bauvertrag / VOB/B-Bauvertrag

Mit der Abnahme muss sich der Auftraggeber seine Rechte, mit Ausnahme seiner Schadensersatzansprüche, wegen erkannter Mängel ausdrücklich vorbehalten, § 640 Abs.3 BGB; § 12 Abs.5 Nr.3 VOB/B. Auch eine eventuell vereinbarte Vertragsstrafe muss er sich ausdrücklich vorbehalten, § 341 Abs.3 BGB, und zwar bei der Abnahme und nicht vorher; später nur, wenn dies vertraglich vereinbart war.

Kaufvertrag

Da die meisten Verkäufe formlos abgewickelt werden, fehlt eine entsprechende Vorschrift für Mängel.

Anders bei der Vertragsstrafe, § 341 Abs.3 BGB. Hier muss sich auch bei einem Kauf der Auftraggeber seine Rechte vorbehalten. Dazu das **Muster-AG 24**. Nach der Prüfung ist dem Auftragnehmer das Ergebnis mitzuteilen (**Muster-AG 25**).

8.5 Abnahmeverweigerung bei wesentlichen Mängeln

Kaufvertrag / Werklieferungsvertrag

Der Auftraggeber kann die Abnahme verweigern, wenn die Sache einen Mangel hat. Im Kaufrecht kommt es dabei nicht darauf an, ob der Mangel wesentlich oder unwesentlich ist. Dies ist jedoch bei den, dem Auftraggeber zustehenden Rechten zu berücksichtigen.

So kann der Auftragnehmer die Nacherfüllung verweigern, wenn sie nur mit unverhältnismäßigen Kosten möglich wäre, § 439 Abs.4 BGB (siehe oben Kapitel 5.7.6).

Internationaler Kaufvertrag

Art. 49 Abs.1b CISG: Die Aufhebung des Vertrages kommt nur in Betracht, wenn die Pflichtverletzung eine wesentliche Vertragsverletzung darstellt.

Werkvertrag / VOB/B-Bauvertrag

Bei einem Werkvertrag hingegen kann der Auftraggeber die Abnahme nur verweigern, wenn wesentliche Mängel vorliegen, § 640 Abs.1 S.2 BGB; § 12 Abs.3 VOB/B. Das bedeutet, dass die Mängel nicht „derart unbedeutend sein dürfen, dass das Interesse des Auftraggebers an der Beseitigung vor Abnahme nicht schützenswert ist (BGH, Urt. v. 27.2.1996, Az. X ZR 3/94, BauR 1996, 390).

Ein großes Problem liegt dabei in der Verweigerung wegen einer Vielzahl nicht ganz geringfügiger Mängel (vgl. Motzke/Schreiber in BauR 1999, 24, Versuch einer baubetrieblichen Bewertung).

Die endgültige Abnahmeverweigerung durch den Auftraggeber führt zum Beginn der Verjährungsfristen. Liegen hingegen die Voraussetzungen für Mängelbeseitigungsansprüche des Auftraggebers vor und verweigert der Auftraggeber deshalb ohne Verstoß gegen Treu und Glauben die Abnahme, so beginnen die Verjährungsfristen ebenfalls nicht zu laufen (BGH, Urt. v. 27.2.1996, Az. X ZR 3/94, BauR 1996, 386).

Internationaler Werkvertrag

Stehen Tests am Ende der Lieferungen und Leistungen, so lassen sich die Abweichungen des tatsächlich Erbrachten von dem Versprochenen messen. Ob jede noch so kleine Abweichung den Auftraggeber zur Verweigerung der Abnahme berechtigen soll, lässt sich nur durch Auslegung des Vertrages ermitteln. Im Anlagenbau kommt dem Erreichen zugesicherter Werte einer Anlage besondere Bedeutung zu, sodass auch kleine negative Abweichungen große Auswirkungen auf die Funktionalität und Wirtschaftlichkeit der Anlage haben können.

In vielen Fällen wird es deshalb nicht zur Abnahme kommen, sondern der Auftragnehmer stattdessen verpflichtet sein, alles zu tun, um eine neue Testreihe zu bestehen. Bleibt auch diese ohne Erfolg, wird der Auftraggeber die Wahl haben, die Anlage zurückzuweisen oder den Preis zu mindern, je nachdem, welche Mängelansprüche dem Auftraggeber in dem Vertrag eingeräumt wurden.

Beispiel: FIDIC, Ziffer 9.4

8.6 Entgegennahme bei Handelskauf

8.6.1 Anwendbarkeit

Kaufvertrag / Werklieferungsvertrag

Nicht mit der Abnahme des Werkvertragsrechts zu verwechseln und doch eng damit verbunden, ist die Sonderregelung über die Warenannahme beim Handelskauf nach § 377 HGB. Dabei wird der Werklieferungsvertrag dem

Kaufvertrag gleichgestellt, § 381 Abs.2 HGB. Sie gilt für alle Kaufleute, also auch jedermann, der einen Gewerbebetrieb betreibt, § 1 Abs.2 HGB.

Beim Werklieferungsvertrag hat der Auftragnehmer etwas zu liefern, was er erst noch herstellen muss. Grundsätzlich findet Kaufrecht Anwendung, § 651 BGB. Handelt es sich bei dem Werk um Sachen, die nicht standardmäßig hergestellt werden, z.B. nach Plänen des Auftraggebers, die nicht ohne weiteres anderweitig verkauft werden könnten, kommen zusätzlich noch einige Vorschriften aus dem Werkvertragsrecht zur Anwendung.

Dies gilt auch für Lieferung von Bau- und Anlagenteilen, die von einem anderen in das Bauwerk eingebaut werden sollen; auch dann, wenn der Herstellung der Anlagenteile Planungsleistungen vorausgehen, die nicht den Schwerpunkt des Vertrages bilden (BGH, Urt. v. 23.5.2009, Az. VII ZR 151/08, NZBau 2009, 644).

Beispiel: Lieferung von Teilen und Materialien für eine Siloanlage einschließlich einer prüffähigen Statik nach Russland.

Die Einordnung ist nicht nur für die Beurteilung von Nachträgen, sondern auch für die Anwendung handelsrechtlicher Rügepflichten von Bedeutung. Nach einer Entscheidung des OLG Naumburg (OLG Naumburg, Urt. v. 26.6.2009, Az. 1 U 14/06, IBRRS 73767) entsteht die Pflicht erst mit der ersten Inbetriebnahme der Gesamtanlage.

Durch die Genehmigungsfiktion des § 377 Abs.2 HGB werden nur die Ansprüche aus der Fehlerhaftigkeit der Ware, nicht aber aus der verspäteten Erfüllung berührt (BGH, Urt. v. 22.5.1985, Az. VIII ZW 140/84, NJW 1985, 2526). Gleichwohl fällt der maßgebliche Zeitpunkt, der Gefahrübergang, mit einer möglichen Vertragsstrafe des Auftraggebers zusammen. Deshalb kann es sinnvoll sein, dem Auftragnehmer den Gefahrübergang mitzuteilen und sich gleichzeitig die Rechte vorzubehalten (**Muster-AG 24 und Muster-AG 25**).

Werkvertrag

§ 377 HGB ist Kaufrecht – Handelskauf – und daher auf den Werkvertrag nicht anwendbar. Nach Ansicht des BGH sollen die Regelungen über Abnahme und Ablieferung nicht vermischt werden, da das Kaufrecht von Klarheit und möglichst schnellen Regulierungen geprägt sein soll (BGH, Urt. v. 22.12.1999, Az. VIII ZR 299, 98, BeckRS 1999, 30099431). Warum dies bei einem Werkvertrag nicht der Fall sein soll, ist nicht ersichtlich. Allerdings kann es zu problematischen Überlappungen führen, wenn einerseits die Parteien ein bestimmtes Abnahme-Procedere vereinbart haben, parallel aber die kurzen Fristen des Handelsrechts zur Anwendung kommen sollen.

Allerdings lässt sich eine solche Prüf- und Rügepflicht auch vertraglich vereinbaren, auch durch Allgemeine Geschäftsbedingungen.

Beispiel: Vertragsklausel, wonach die Software oder die Dokumentation innerhalb einer bestimmten Frist nach Abnahme/Übergabe zu überprüfen und offensichtliche Mängel anzuzeigen sind, anderenfalls der Auftraggeber keine Mängelansprüche mehr geltend machen kann.

Sind die Vertragspartner Kaufleute, sollte diese Klausel gültig sein, es sei denn, dass die Klausel für den Auftraggeber überraschend ist oder gegen das Transparenzgebot verstoßen würde.

Ist die Frist kürzer als 1 Jahr bzw. bei Bauwerken kürzer als 5 Jahre, wäre diese Klausel gem. § 309 Nr.8b) ee) BGB unwirksam, wenn sie gegenüber einem Verbraucher vereinbart worden ist.

8.6.2 Genehmigungsfiktion

Alle Rechtsfolgen knüpfen an der Übergabe der Sachen an den Auftraggeber an. Deshalb sollte dieser Zeitpunkt dokumentiert werden (**Muster-AG 24**).

Der Käufer hat die Ware unverzüglich nach der Ablieferung durch den Verkäufer, soweit dies nach ordnungsmäßigem Geschäftsgang tunlich ist, zu untersuchen und, wenn sich ein Mangel zeigt, dem Verkäufer diesen ebenso unverzüglich anzuzeigen. Unterlässt der Käufer die Anzeige, gilt die Ware als genehmigt (gesetzliche Genehmigungsfiktion!), es sei denn, es handelt sich um einen Mangel, der bei der Untersuchung nicht erkennbar war, § 377 HGB, ein versteckter Mangel.

Welche Anforderungen an die Prüf- und Hinweispflicht des Auftraggebers zu stellen sind, ist durch eine Abwägung der Interessen des Verkäufers und des Käufers zu ermitteln. Dabei ist einerseits das Interesse des Auftragnehmers zu berücksichtigen, sich nicht längere Zeit nach der Ablieferung der Sache mit Mängelrügen beschäftigen zu müssen, zumal Mängel nach längerer Zeit zuweilen nur schwer feststellbar und zuordnenbar sind. Andererseits dürfen die Anforderungen an eine ordnungsgemäße Untersuchung nicht überspannt werden (BGH, Urt. v. 24.02.2016, Az. VIII ZR 38/15, NJW 2016, 2645).

Beispiel: Es werden Materialien für eine Baustelle bei einer zentralen Stelle des Auftraggebers angeliefert. Die Materialien liegen auf Paletten. Der annehmende Mitarbeiter zählt lediglich die Paletten und verstaut diese anschließend in der Lagerhalle. Nach drei Wochen werden die Paletten zur Baustelle transportiert. Dort stellt das Montagepersonal fest, dass die Einzelteile völlig unbrauchbar sind. Auf die sofortige Rüge des Auftraggebers verweist der Auftragnehmer darauf hin, dass der Mangel nicht unverzüglich angezeigt wurde.

Da die Teile von dem Mitarbeiter ohne weiteres zumindest stichprobenhaft hätten überprüft werden können, verliert der Auftraggeber seine materiell-rechtlichen Mängelansprüche.

Die gleiche Konsequenz hat die unterlassene Prüfung und Rüge bei Falschlieferung oder Mengenfehler, da auch die Lieferung einer anderen Sache als der bestellten oder die Lieferung von zu wenig bestellten Teilen einen Mangel darstellen.

Beispiel: Statt 100 Stück Ersatzteilen werden nur 90 Stück geliefert. Die zu geringe Lieferung ist aus dem Lieferschein ersichtlich.

Der Auftraggeber muss die fehlenden Stücke unverzüglich anmahnen. Ist in dem Lieferschein nichts vermerkt und kann der Auftraggeber das Fehlen der Ersatzteile erst später bemerken, so muss er dies gegenüber dem Auftragnehmer dann nach Feststellung unverzüglich rügen.

Das Risiko für den Auftraggeber ist offensichtlich: Bei dem enormen Zeitdruck, der fast durchweg bei der Abwicklung von Projekten herrscht, ist die Eingangskontrolle oft nicht so stark besetzt, wie dies für rechtssichere Prüfungen von Lieferungen eigentlich erforderlich wäre. Hinzu kommt, dass Waren in Verpackungen geliefert werden, die möglichst nicht beschädigt werden sollen, um den Weitertransport zu ermöglichen.

Unterschiedlich wird die Frage beantwortet, ob die Prüfung des Auftraggebers dadurch ersetzt werden kann, dass die Parteien Herkunftszeugnisse oder Prüfzeugnisse von Dritten vereinbaren, wie dies auch in DIN EN 10204 vorgesehen ist.

Nach Ansicht des OLG Hamm (Urt. v. 28.10.1986, Az. 19 U 35/86, BB 1987, 363) macht die Stempelung eine Untersuchung der Ware durch den Auftraggeber nicht unbedingt überflüssig. Wenn ein hoher Mangelfolgeschaden bei Verwendung des Materials ohne hinreichende Untersuchung droht und die Untersuchung mit verhältnismäßig geringen Mitteln durchgeführt werden kann, sei sie geboten. Da die Verwendung wichtiger Ausgangsmaterialien eigentlich immer zu erheblichen Folgeschäden führen kann, bliebe dem Auftraggeber diese Untersuchung nie erspart – ein vertragliches Risiko für den Auftraggeber, das – wie die Praxis lehrt – bei wirtschaftlich vernünftiger Betrachtungsweise nicht gerechtfertigt ist.

Beispiel: Der Auftraggeber bestellt Stahl. Wie besprochen stellt der Stahllieferant ein Werkszeugnis 2.3 EN 10204 aus, wonach die Lieferung den Anforderungen der Lieferbedingung entspricht. Sechs Monate nach Lieferung stellt sich heraus, dass der Kohlenstoffgehalt über den vereinbarten 0,05 % liegt. Der Auftraggeber verlangt Schadensersatz.

Nach Ansicht des OLG Hamm (Urt. v. 25.6.2010, Az. I-19 U 154/09, BeckRS 2010, 19479) darf sich der Auftraggeber nicht unbesehen auf die Angaben zur chemischen Zusammensetzung verlassen, da gerade diese hier zentrale Bedeutung und negative Auswirkung für die vorgesehene Verarbeitbarkeit des Stahls hat. Unter Bezugnahme auf einen gerichtlich bestellten Sachverständigen hält es das Gericht für üblich und geboten, eigene Untersuchungen anzustellen.

Andere Oberlandesgerichte (OLG Hamburg, Urt. v. 23.1.2013, Az. 13 U 198/10, BeckRS 17529; OLG Düsseldorf, Urt. v. 7.2.2013, Az. I-16 U 66/12, BeckRS 2014, 04861) halten solche Prüfungen, die nur unter Einschaltung sachverständiger Dritter möglich sind, nicht für tunlich.

Nach unserer Auffassung muss § 377 HGB im Hinblick auf die branchenübliche Ersetzung der Prüfung des Auftraggebers durch Erklärungen des Auftragnehmers oder seiner Lieferanten/Hersteller einerseits sowie im Hinblick auf übliche Abläufe bei Herstellung, Lieferung und Montage weit ausgelegt werden (vgl. hierzu die ausführliche Darstellung in Hammacher, Prüf- und Hinweispflichten, 2. Aufl., 2016). Andererseits muss man bedenken, dass § 377 HGB eine Verkäuferschutzvorschrift ist. Es soll möglichst bald nach Lieferung von Waren Klarheit und Rechtsfriede zwischen den

Parteien eintreten. Daher ist es Sache des Käufers, angelieferte Waren unverzüglich zu kontrollieren und Mängel ebenso unverzüglich zu rügen.

Auf gar keinen Fall, dürfen die Prüf- und Hinweispflichten in der Materialeingangskontrolle vernachlässigt werden.

8.6.3 Fristen

Die Untersuchung und Rüge soll unverzüglich erfolgen, d.h. ohne schuldhaftes Zögern.

Beispiel: Der Mangel tritt am 7. Januar zu Tage, Berechtigung der Reklamation wird geprüft, Rüge erfolgt telefonisch und schriftlich am 11. Januar. Dies reicht noch aus (BGH, Urt. v. 13.2.1996, Az. VIII ZR 333/94, NJW 1996, 1537).

Wann diese Frist überschritten ist, richtet sich nach dem Einzelfall. Die Rechtsprechung ist leider sehr uneinheitlich und variiert von wenigen Tagen bis wenigen Wochen (vgl. Thamm, NJW 2004, 2710 m.w.N.). Damit die Fristen nachvollzogen werden können, empfiehlt es sich, ggfls. den Beginn und das Ende der Prüfung mitzuteilen (**Muster-AG 24** und **Muster-AG 25**).

Internationaler *Kaufvertrag / Werklieferungsvertrag*

Nach der großzügigeren Rechtsprechung des BGH zu Art. 39 Abs.1 CISG (BGH, Urt. v. 3.11.1999, NJW-RR 2000, 1361) sind einem Käufer bei grenzüberschreitenden Kaufgeschäften ein gewisser Entscheidungszeitraum von mindestens einer Woche zzgl. zweiwöchiger Dauer einer gutachterlichen Untersuchung zzgl. einmonatiger Rügefrist zuzubilligen.

Auf diese Entscheidung wird man sich auch bei der Überprüfung inländischer Rügefristen nach § 377 HGB berufen dürfen.

8.7 Werkseigene Produktionskontrolle

Damit eng in Zusammenhang stehendes Thema ist die – im Grunde genommen bereits seit vielen Jahren schon kodifizierte – Verpflichtung der Unternehmen, bei der Produktion von Bauwerken und Bauteilen bei der Abnahme dem Auftraggeber bzw. Bauherrn die nach öffentlichem Baurecht erforderliche Dokumentation zu übergeben (vgl. DIN 18800-7 bzw. EURO-Code 3 für Stahlkonstruktionen).

Nach allen Landesbauordnungen (z.B. in Nordrhein-Westfalen § 26 LBauO NRW) ist der Hersteller eines Bauwerkes oder Bauteiles verpflichtet, eine werkseigene Produktionskontrolle einzurichten und seinem Auftraggeber bzw. Bauherrn per Übereinstimmungserklärung schriftlich zu bestätigen, dass das von ihm hergestellte Bauprodukt den maßgeblichen technischen Regeln, der allgemeinen bauaufsichtlichen Zulassung, dem allgemeinen bauaufsichtlichen Prüfzeugnis oder der Zustimmung im Einzelfall entspricht.

Wie das in der Praxis konkret auszusehen hat, war schon seit vielen Jahren – allerdings von den Unternehmen wenig beachtet – für den Stahlbau in der DIN 18800-7 geregelt. Seit dem 1.1.2011 gilt im Stahlbau für den Bereich der Fertigung die DIN EN 1090. Bisher sind die Teile 1 bis 3 erschienen. Für die werkseigene Produktionskontrolle gilt heute DIN EN 1090-1. Nur für die Montage von Stahlbaukonstruktionen auf der Baustelle ist nach wie vor noch die DIN 18800-7 erforderlich und zunächst weiter gültig.

In der Bauwirtschaft gelten zwar andere Normen; der Inhalt und das System der werkseigenen Produktionskontrolle (Herstellererklärung etc.) sind indes gleich.

Die zitierten Normen sehen eine reine Systemprüfung vor, d.h. ein Stahlbauunternehmen (bzw. Bauunternehmen) muss in Umsetzung der Anforderungen aus diesen Normen (Rechtsgrundlagen: EG-Bauprodukten-Richtlinie, umgesetzt in der BRD durch das Bauproduktengesetz, vgl. dort § 8 Abs.2 Nr.6 BauPG zur werkseigenen Produktionskontrolle, seit kurzem gültig auch die EU-Bauproduktenverordnung) in seinem Unternehmen eine ständige Eigenüberwachung seiner Produktion als Hersteller von Bauwerken und Bauwerksteilen installieren. Es muss im Betrieb eine Organisation geschaffen werden, die durch sorgfältige Auswahl der betreffenden Mitarbeiter und Anordnung sorgfältig formulierter Anweisungen mit ständiger ebenso sorgfältiger Überwachung gewährleistet, dass die Regeln der Technik und Baukunst eingehalten und umgesetzt werden. Die konkrete Umsetzung ist von Firma zu Firma verschieden und richtet sich nach den individuellen Gegebenheiten eines Unternehmens und seiner Produktpalette. Wie die Installation einer solchen werkseigenen Produktionskontrolle – bei der die organisierte Materialeingangsprüfung ein wesentlicher und wichtiger Teil dieser Qualitätsprüfung ist – auszugestalten ist, muss sich aus einem individuellen Firmenhandbuch ergeben, das durch das Unternehmen selbst erarbeitet und aufgestellt werden muss, bei dessen Inhalt die betreffenden Verbände jedoch wertvolle Hilfe leisten.

Jedes im Baubereich tätige Unternehmen muss für die Integrität seiner Leistungen eine Herstellererklärung abgeben (und mit den entsprechenden Nachweisen auch urkundlich lückenlos belegen), was nicht zuletzt auch zur Haftungsfrage sowohl in zivilrechtlicher als auch in strafrechtlicher Hinsicht werden kann (vgl. unten Kapitel 13 Haftung und gesetzliche Mithaftungstatbestände). Dieses System erfordert im Aufbau und der fortlaufenden Pflege zwar viel Aufmerksamkeit, kann im Fall einer Inanspruchnahme sowohl in zivilrechtlicher als auch strafrechtlicher Hinsicht sehr hilfreich bei dem Nachweis sein, dass ein eventuell eingetretener Schaden nicht vom eigenen Unternehmen herrühren kann (Exkulpationsnachweis).

-

9 Rechnungslegung und Zahlung (Hammacher)

9.1 Darlegen und Beweisen

"Recht haben und Recht bekommen sind Zweierlei" sagt der Volksmund und bestätigt den täglichen Kampf vor Gericht. Wer diesen Kampf gewinnen will, muss alles dokumentieren, was er möglicherweise später einmal beweisen muss. Behaupten kann man viel: über getroffene Vereinbarungen, über Abläufe oder Ereignisse auf der Baustelle, über angebliche Kosten oder Marktpreise usw. Entscheidend ist, ob man das auch beweisen kann.

Für das Gericht spielt die Beweislastverteilung eine wichtige Rolle. Grundsätzlich gilt, dass jede Partei die Beweislast dafür trägt, dass die tatsächlichen Voraussetzungen einer vertraglichen oder gesetzlichen Norm erfüllt sind, die für die Partei günstig ist.

Beispiele: Der Auftragnehmer behauptet, dass ein Mitarbeiter des Auftraggebers ihn mündlich im Namen des Auftraggebers mit der Erbringung von Stahlbauarbeiten beauftragt hat.

Der Auftragnehmer muss nun beweisen, dass ein solcher Vertrag zustande gekommen ist. Dazu gehört auch der Beweis, dass der Mitarbeiter überhaupt vertretungsberechtigt war.

Beispiel: wie eben: Als der Auftragnehmer später das Geld für seine Leistung verlangt, behauptet der Auftraggeber, er habe den Auftragnehmer bereits bezahlt.

Das muss der Auftraggeber beweisen.

Beispiel: wie eben: Der Auftragnehmer rechnet seine Leistung nach Einheitspreisen ab. Der Auftraggeber behauptet, man habe einen niedrigeren Pauschalpreis vereinbart.

Man könnte jetzt meinen, dass der Auftraggeber diese für ihn günstige Absprache zu beweisen hätte, was ihm wahrscheinlich nicht gelingen würde. Stimmt aber nicht: Der Auftragnehmer muss die für ihn günstigen Tatbestandsvoraussetzungen beweisen, also dass ein Vertrag zustande kam und dass man sich auf die von ihm behauptete Vergütung geeinigt hat. Wenn ihm das nicht gelingt, kann er nach § 632 BGB nur die übliche Vergütung verlangen. Nach der BGH-Rechtsprechung gibt es keinen Vorrang des Einheitspreisvertrages gegenüber dem Pauschalpreisvertrag. Allerdings muss der Auftraggeber darlegen, wann und wo und unter welchen Umständen die Pauschalpreisabrede getroffen wurde. Das muss dann der Auftragnehmer widerlegen.

Vor allem die Darlegung und Beweisführung der für die Vergütung wichtigen Umstände ist schwer.

Beispiel: Der Auftragnehmer rechnet erbrachte Stundenlohnarbeiten ab. Der Projektleiter hält den Aufwand für zu hoch und kürzt pauschal um 50 %.

Der Auftragnehmer muss seine Stundenlohnarbeiten so darlegen, dass das Gericht in der Lage ist, den behaupteten Aufwand nachzuvollziehen. Der Auftragnehmer muss die Zahl der aufgewendeten Stunden darlegen und beweisen (BGH, Urt. v. 28.5.2009, Az. VII RZ 74/06, NJW 2009, 3426). Er muss aber nicht differenzieren, welche Arbeitsstunden für welche Tätigkeiten und an welchen Tagen angefallen sind (BGH, Urt. v. 5.1.2017, Az. VII ZR 184/14, IBRRS 2017, 0401). Wenn der Auftraggeber behauptet, die Stunden seien überzogen, muss darüber Beweis erhoben und geklärt werden, ob die Arbeitsstunden für den vertraglich geschuldeten Erfolg erbracht wurden. Der Auftraggeber trägt die Beweislast für die Verletzung der Nebenpflicht des Auftragnehmers zur wirtschaftlichen Betriebsführung. Der Auftragnehmer muss aber so viele Informationen geben, dass der Auftraggeber hierzu überhaupt etwas sagen kann (BGH, Urt. v. 1.2.2000, Az. X ZR 198/97, BauR 2000, 1196).

Noch deutlicher wird die Problematik der Darlegungs- und Beweislast bei der Abrechnung von Bauablaufstörungen.

Beispiel: Der Auftragnehmer kann den Auftrag nicht so abwickeln, wie geplant, weil der Auftraggeber Änderungen vornimmt, Pläne nicht stimmen, Vorleistungen nicht rechtzeitig fertig werden.

Die Anforderungen einiger Gerichte an die Darlegungs- und Beweislast sind so hoch, dass kleinere Unternehmen mit geringem Verwaltungsüberbau überfordert sind. Die Durchsetzung berechtigter Vergütungs-, Entschädigungs- oder Schadensersatzansprüche scheitert daran, dass sie sich diesen Aufwand einfach nicht leisten können. Dies gilt vor allem bei niedrigeren Beträgen. Diese zu erstreiten kostet manchmal genauso viel Arbeit, Geld und Manpower, ohne dass der Auftragnehmer die Gewissheit hat, dass die Forderung und die Aufwendungen realisiert werden können. Das Unternehmen wird nach Abwägung diese Forderung ausbuchen müssen – und damit nicht selten, den ohnehin schon schmal kalkulierten Gewinn!

Von vielen Gerichten wird eine bauablaufbezogene Darstellung des Projektes und seiner Kosten gefordert. Wie wäre das Projekt verlaufen, wenn es keine Störungen gegeben hätte? Dann ist zu prüfen, wie das Projekt abgelaufen wäre, wenn man vom Auftraggeber veranlasste Leistungsänderungen in die Betrachtung einbezieht. Dieser Darstellung ist dann der tatsächliche Verlauf gegenüberzustellen, bei dem die einzelnen Behinderungen in ihrer zeitlichen Bedeutung eingearbeitet werden. Da der Auftragnehmer in der Regel mehrere Leistungen gleichzeitig zu erbringen hat und er auch verpflichtet ist, den Schaden so gering wie möglich zu halten, lassen sich Behinderungszeiten nicht einfach addieren und an den aktualisierten Terminplan anhängen. Die Abhängigkeiten der einzelnen Leistungsschritte („kritischer Pfad") sollen dargelegt werden. Dieser Bauablauf muss mit Dokumenten untermauert sein. Sodann sind die Kosten darzustellen, die mit diesen Bauzeitverzögerungen verbunden sind. Der personelle und materielle Mehraufwand muss nachweisbar sein und er ist zu trennen von dem, was auf die unverändert gebliebene Vertragsleistung entfällt. Denn die Vertragsleistung ist mit dem Vertragspreis bereits abgegolten.

Der Rechtsanwalt weiß, was er für seine Partei vortragen und beweisen muss, damit diese erfolgreich ist. Die Grundlagen legt aber die Projektleitung bei Vertragsschluss und in der Auftragsabwicklung. Ein Rechtsanwalt kann nichts vortragen, was es nicht gibt.

9.2 Fälligkeit der Zahlung

Alle Vertragstypen

Der Auftragnehmer kann vom Auftraggeber die Bezahlung seiner erbrachten Leistung verlangen, wenn diese „fällig" ist. Fällig ist eine Forderung, wenn alle Voraussetzungen gegeben sind, um die Forderung erfolgreich – ggf. gerichtlich – geltend zu machen.

Wann dies der Fall ist, richtet sich in erster Linie nach dem Vertrag. Ist nichts Besonderes vereinbart bzw. gesetzlich vorgeschrieben, ist die Forderung sofort fällig, § 271 BGB.

In der Praxis werden oft Zahlungsvereinbarungen getroffen, die etwa besagen, dass die Zahlung erst mit der Übergabe der Ware (z.B. „Preis zahlbar bei Lieferung") oder nach Erreichen eines Zahlungszieles (z.B. „30 Tage netto") oder in Raten fällig wird. Solche Zahlungsziele können auch in AGBs vereinbart werden.

Kaufrecht / Werklieferungsvertrag

Ist keine Rechnung vereinbart, ist die vereinbarte Vergütung sofort mit Abnahme fällig, §§ 433 Abs.2; 271 BGB.

Internationaler Kaufvertrag

Nach Art. 58 CISG ist, wenn nichts vereinbart wurde, die Zahlung fällig, sobald dem Auftraggeber die Ware oder die Dokumente übergeben wurden, die zur Verfügung darüber berechtigen. Der Auftragnehmer kann die Übergabe der Ware oder der Dokumente von der Zahlung abhängig machen. Erfordert der Vertrag eine Beförderung der Ware, so kann der Auftragnehmer sie mit der Maßgabe versenden, dass die Ware oder die Dokumente, die zur Verfügung darüber berechtigen, dem Auftraggeber nur gegen Zahlung des Kaufpreises zu übergeben sind, Art. 58 Abs.2 CISG. Der Auftraggeber ist nicht verpflichtet, den Kaufpreis zu zahlen, bevor er Gelegenheit gehabt hat, die Ware zu untersuchen, es sei denn, die von den Parteien vereinbarten Lieferungs- oder Zahlungsmodalitäten bieten hierzu keine Gelegenheit, Art. 58 Abs.3 CISG.

Die Fälligkeit tritt ein, ohne dass es einer Aufforderung oder der Einhaltung von Förmlichkeiten seitens des Auftragnehmers bedarf, Art. 59 CISG.

Werkvertrag / Bauvertrag

Die Vergütung wird fällig

- bei der Abnahme der Leistung, § 641 Abs.1 BGB,

- bei Ablauf einer angemessenen Frist zur Abnahme, wenn der Auftraggeber die Abnahme nicht verweigert hat, § 641 Abs.2 S.1 BGB,

- wenn und soweit der Auftraggeber seinerseits bezahlt wurde, § 641 Abs.2 Nr.1 BGB,

- wenn und soweit der Auftraggeber seinerseits eine Abnahme bekommen hat, § 641 Abs.2 Nr.2. BGB (sogenannte „Durchgriffsfälligkeit"),
- wenn der Auftraggeber trotz Fristsetzung keine Auskunft über die Zahlung oder Abnahme durch dessen Kunden gibt, § 641 Abs.2 Nr.3. BGB (**Muster-AN 15**).

Hat der Auftraggeber gegenüber seinem Kunden Sicherheit leisten müssen, muss der Auftragnehmer seinerseits ebenfalls eine entsprechende Sicherheit an den Auftraggeber zahlen, wenn er seine Forderung gem. § 641 Abs.2 Nr.1 BGB fällig stellen will. Andererseits ist eine AGB des Auftraggebers, wonach die Zahlung erst dann fällig wird, wenn der Auftraggeber seinerseits von seinem Kunden bezahlt wurde, unwirksam. (BGH, Urt. v. 9.5.1999, Az. III ZR 209/95, NJW-RR 1996, 1009). Eine solche „Pay-when-Paid"-Klausel muss individuell vereinbart werden.

Der Auftragnehmer muss dem Auftraggeber mitteilen, wie hoch seine Forderung ist. Die Vorlage einer Rechnung ist keine Voraussetzung für die Fälligkeit.

Ist ein Zahlungsplan vereinbart, wird mit Erreichen des entsprechenden „Meilensteins" die entsprechende Zahlung fällig, ohne dass eine Teil-Abnahme vorausgehen muss, so bei Vereinbarung von die Zahlung auslösenden Terminen (z.B. „Anzahlung 10 Tage nach Vertragsunterzeichnung") oder Vereinbarung die Zahlung auslösender Handlungen (z.B. „Zahlung nach Leistungsfortschritt").

Haben die Parteien vereinbart, ein gemeinsames Aufmaß der Leistungen des Auftragnehmers zu nehmen, so liegt hierin keine Vereinbarung über die Fälligkeit der Vergütung (BGH, Urt. v. 29.4.1999, Az. VII ZR 127/98, NJW-RR 1999, 1180).

VOB/B-Bauvertrag

Die Abnahme ist Regel-Voraussetzung für die Fälligkeit. Die Abnahmeregelungen der §§ 640; 641 BGB sind auch bei einem *VOB/B-Bauvertrag* anwendbar. Die Durchgriffsfälligkeit gilt auch hier (OLG Celle, Urt. v. 28.5.2014, Az. 14 U 171/13, IBR 2015, 467).

Bei Vereinbarung der VOB/B muss der Auftragnehmer Rechnungen stellen.

Abschlagszahlungen werden binnen 21 Tagen nach Zugang der Abschlagsrechnung fällig, § 16 Abs.3 VOB/B.

Schlussrechnungen werden nach Prüfung und Feststellung, spätestens innerhalb von 30 Tagen nach Zugang der Schlussrechnung fällig, § 16 Abs.3 Nr.1 VOB/B (**Muster-AN 31**).

In der Praxis wird dieser Zeitrahmen meist voll ausgeschöpft. Ist die Prüfung bereits früher abgeschlossen oder wird die Prüfung mutwillig hinausgezögert, ist die Zahlung auch vor Ablauf der Frist fällig. Das Problem liegt hier in der Beweisbarkeit.

Hat der Auftraggeber die Prüfzeit verstreichen lassen, ohne eine korrigierte Schlussrechnung an den Auftragnehmer zu senden, bedeutet dies noch nicht, dass er mit dem Inhalt der Schlussrechnung einverstanden ist oder er seine Rechte insoweit verwirkt hat (BGH, Urt. v. 18.1.2001, Az. VII ZR 417/99, NZBau 2001, 314).

Internationaler Werkvertrag

Die Fälligkeit der Abschlagszahlungen, Schlusszahlung, Auszahlung von Sicherungseinbehalten („retention money"), etc. wird im Einzelnen verhandelt und in Zahlungsplänen festgelegt. Es wird sich in der Regel um sehr detaillierte Pläne mit einer Vielzahl von die Zahlung auslösenden Ereignissen handeln („milestones"). Meist ist die Vorlage schriftlicher Bestätigungen von Personen erforderlich, die der Auftraggeber mit der Steuerung oder Überwachung des Projektes beauftragt hat.

Beispiel: FIDIC, Ziffer 17.4

9.3 Zahlungsplan, Zahlungsfristen

Alle Vertragstypen

Ist ein Zahlungsplan vereinbart, wird mit Erreichen des entsprechenden „Meilensteins" die entsprechende Zahlung fällig, ohne dass eine Teil-Abnahme vorausgehen muss.

Beispiele: „Anzahlung 10 Tage nach Vertragsunterzeichnung". „Zahlung nach Leistungsfortschritt".

Lang andauernde Projekte ohne Zahlungsplan sind kaum vorstellbar. Der Interessenausgleich zwischen dem Auftragnehmer, der Lieferungen und Leistungen seiner Sub-Unternehmer möglichst wenig vorfinanzieren möchte, und dem Auftraggeber, der nur dann zahlen möchte, wenn er bereits eine entsprechende Leistung erhalten hat, muss sorgsam austariert werden. Es müssen objektive und messbare Größen gefunden werden, die nicht Anlass zu Auseinandersetzungen geben. Es müssen ggf. Absicherungsmaßnahmen für die vom Auftraggeber zu leistende Zwischenzahlung vorgesehen werden, usw..

Beispiel: FIDIC, Ziffer 14, insbesondere Ziffern 14.3, 14.4, 14.9

Verspätete Zahlungen sind ein wesentlicher Grund, warum Auftragnehmer in Liquiditätsengpässe geraten können, was zu ihrer Insolvenz und damit zum Verlust von Arbeitsplätzen führen kann. Der Gesetzgeber schränkt deshalb auch das Recht der Parteien ein, lange Zahlungsfristen zu vereinbaren, § 271a BGB:

Beim öffentlichen Auftraggeber müssen 30 Tage reichen und dürfen durch ausdrückliche Vereinbarung nur ausnahmsweise auf 60 Tage verlängert werden, § 271a Abs.2 BGB, § 16 Abs.3 VOB/B.

Andere Auftraggeber können mehr als 60 Tage vereinbaren, wenn das nicht grob unbillig erscheint, § 271a Abs.1 BGB. Maßgeblich für die Berechnung der Fristen ist der Zeitpunkt des Empfangs der Rechnung, sonst der Leistung, § 271a Abs.1 BGB.

Verbrauchsgütervertrag / Verbraucherbauvertrag

Verbraucher-Auftraggeber dürfen mit ihren Auftragnehmern auch längere Fälligkeitsfristen für ihre Zahlungsverpflichtung vereinbaren, § 271a Abs.5 Nr.2 BGB.

9.4 Prüfbarkeit der Rechnung

Kaufvertrag / Werklieferungsvertrag

Gesetzliche Vorgaben gibt es nicht. Wurde Zahlung gegen Rechnung vereinbart, muss natürlich die Rechnung auch nachzuvollziehen sein. Allerdings werden dort die Rechnungen häufig nicht so komplex sein, wie dies bei einem Werkvertrag mit Leistungsverzeichnis der Fall sein kann.

Werkvertrag / Bauvertrag

Für den Werkvertrag enthält das Gesetz keine ausdrückliche Regelung, doch wurde diese Lücke mittlerweile von der Rechtsprechung geschlossen (OLG Dresden, Urt. v. 16.10.1997, Az. 7 U 1476/97, BauR 1998, 787).

§ 632a Abs.4 BGB ist zu entnehmen, dass der Auftragnehmer jedenfalls eine geordnete leistungsbezogene Aufstellung vorlegen muss.

VOB/B-Bauvertrag

Bei einem *VOB/B-Bauvertrag* ist nach § 16 Abs.3 Nr.1 VOB/B Voraussetzung für die Fälligkeit einer Zahlung, dass der Auftragnehmer über seine Leistung eine prüfbare Rechnung legt (**Muster-AN 31**).

Durch eine prüfbare Rechnung wird der Auftraggeber in die Lage versetzt, festzustellen, ob die Forderung des Auftragnehmers dem Grunde und der Höhe nach berechtigt ist. Er soll nicht mehr zahlen müssen, als das, was er nach den getroffenen Vereinbarungen schuldet. Um dies zu gewährleisten, muss die Rechnung des Auftragnehmers mindestens folgende Merkmale aufweisen:

- Abrechnung nach den Positionen, wie in der Ausschreibung bzw. im Angebot vorgegeben. Die Bezugnahme auf frühere Abschlagsrechnungen statt auf Positionen ist für die Prüfbarkeit ohne Belang und damit unschädlich (BGH, Urt. v. 29.4.1999, Az. VII ZR 127/98, NJW-RR 1999, 1180).

- Die Leistungen sind so genau zu bezeichnen, dass es dem Auftraggeber ohne größere Mühe möglich ist, die vertraglichen Vereinbarungen mit dem Rechnungsinhalt zu vergleichen.

- Abweichende Leistungen sind zu kennzeichnen.

- Mengenberechnungen, Zeichnungen und andere Belege, die zur Erklärung oder zum Nachweis einzelner Rechnungspositionen notwendig sind, müssen beigefügt werden. Andererseits darf an die Prüfbarkeit auch kein übertriebener Maßstab angelegt werden.

Der Grad der Anforderungen an eine Rechnung ist abhängig von:

- den Verhältnissen des Einzelfalls (Verhältnismäßigkeit, Höhe des Liefer- und Leistungswertes, Überschaubarkeit der Leistungen, etc.),
- den Besonderheiten der Vertragsgestaltung (Festlegung der Kriterien zur Aufmachung der Rechnung im Vertrag),
- den Kenntnissen und Fähigkeiten des Auftraggebers und seiner Erfüllungsgehilfen (BGH, Urt. v. 29.4.1999, Az. VII ZR 127/98, NJW-RR 1999, 1180).

Gerade das letzte Kriterium ist von besonderer Bedeutung: Gelegentlich ist zu beobachten, dass sich Auftraggeber bewusst „dumm stellen" und die Rechnungen auch bei geringsten Beanstandungen als nicht prüfbar zurückschicken, mit dem einzigen Ziel, die Vergütungsforderung nicht fällig werden zu lassen und so die Bezahlung hinauszuzögern.

Eine Rechnung, die inhaltlich unrichtig ist, ist aber keineswegs automatisch auch „nicht prüfbar". Nimmt etwa das vom Auftraggeber eingeschaltete Ingenieurbüro berechtigte Kürzungen vor, so führt dies nicht zur Zurückweisung der ganzen Rechnung als „nicht prüfbar". Vielmehr ist der unstreitige Betrag fällig, vgl. § 16 Abs.3 Nr.1 VOB/B. Die strittig gebliebenen Kürzungen werden dann entweder vom Auftragnehmer anerkannt oder es muss hierüber gestritten werden. Die Rechnung kann aber nicht insgesamt als „nicht prüfbar" zurückgewiesen werden.

Die Ablehnung einer Rechnung als „nicht prüfbar" kommt auch dann nicht in Betracht, wenn zwar kein Aufmaß vorliegt, der Auftraggeber aber die vom Auftragnehmer geltend gemachten Massen gar nicht bestreitet, sondern sich lediglich auf seine formale Rechtsposition beruft.

Schließlich muss sich der Auftragnehmer in seiner Rechnung auch nicht selbstkritisch mit der Frage befassen, ob die Leistungen, für die er Vergütung verlangt, noch zu der vertraglichen Leistung gehören, oder nicht. Die Prüfung der Schlussrechnung ist Sache des Auftraggebers (BGH, Urt. v. 9.1.1997, Az. VII ZR 69/96, BauR 1997, 468) und beeinträchtigt die Prüfbarkeit der Rechnung nicht.

Diese Grundsätze gelten für alle Rechnungen, also auch für Abschlagsrechnungen.

Ist der Auftraggeber der Meinung, dass eine Rechnung „nicht prüfbar" sei, so muss er dies innerhalb von 30 Tagen (maximal verlängerbar auf 60 Tage, vgl. § 16 Abs.1 Nr.1 VOB/B) nach dem Zugang der Schlussrechnung dem Auftragnehmer kundtun. Anderenfalls ist der behauptete Anspruch fällig (BGH, Urt. v. 27.11.2003, Az. VII ZR 288/02, NZBau 2004, 216 - Architektenvertrag; BGH, Urt. v. 23.9.2004, Az. VII ZR 173/03, NZBau 2005, 40 – *VOB/B-Bauvertrag*; BGH, Beschluss. v. 28.9.2006, Az. VII ZR 103/05, NZBau 2006, 782). Der Verlust des Einwands schließt aber die Prüfung, ob die Forderung berechtigt ist, nicht aus (BGH, Urt. v. 22.12.2005, Az. VII ZR 316/03, NJW-RR 2006, 455).

9.4.1 Zeitpunkt der Rechnung

Kaufvertrag / Werklieferungsvertrag / *Werkvertrag / Bauvertrag*

Wann der Auftragnehmer seine Leistungen in Rechnung stellt, ist ihm grundsätzlich selbst überlassen. Lässt er sich damit Zeit, muss er lediglich damit rechnen, dass seine Forderungen irgendwann verjährt sind. Dies ist umso wichtiger, wenn der Vertrag selbst - unter Beachtung der Vorschriften über Allgemeine Geschäftsbedingungen - kurze Fristen für die Geltendmachung von Zahlungsforderungen vorsieht.

VOB/B-Bauvertrag

§ 14 Abs.3 VOB/B sieht ergänzend für kleinere Projekte mit einer Ausführungsfrist von höchstens 3 Monaten eine Frist zur Einreichung der Schlussrechnung von 12 Werktagen nach Fertigstellung vor; eine Frist, die sich pro Vierteljahr Ausführungsdauer um weitere 6 Werktage erhöht. Die Überschreitung der Frist führt aber nicht automatisch zu einem Verlust der Rechte des Auftragnehmers auf Vergütung seiner Leistung. Allerdings ist der Auftraggeber berechtigt, nach Fristsetzung die Rechnung selbst zu erstellen und diese dann als Basis für seine Schlusszahlung zu nehmen, was dann wiederum - unter Beachtung der unten noch näher bezeichneten Vorschriften - zur endgültigen Festlegung der dem Auftragnehmer zustehenden Vergütung führen kann.

9.4.2 Vollständigkeit

Mit der Schlussrechnung soll der Auftragnehmer möglichst die komplette Leistung abrechnen. Die Schlussrechnung hat deshalb alle Positionen zu erfassen, die der Auftragnehmer in Rechnung stellen will, also auch solche, von denen der Auftragnehmer weiß, dass sie zwischen den Parteien streitig sind. Selbst wenn die Hauptpositionen bereits abgerechnet (und bezahlt) wurden und nur noch strittige Einzelpositionen verblieben sind, gehören alle Positionen in die Schlussrechnung (BGH, Urt. v. 9.1.1997, Az. VII ZR 69/96, BauR 1997, 468).

Hieraus folgt, dass der Auftragnehmer seine Schlussrechnung nicht aufteilen darf in eine „unstrittige" und eine „strittige Schlussrechnung", wie dies manchmal versucht wird, um zu erreichen, dass der Auftraggeber wenigstens den unstrittigen Teil der Forderung endgültig begleicht, ohne dabei den bei Abschlagszahlungen üblichen Einbehalt vorzunehmen. Bei dieser Art der Abrechnung besteht die Gefahr, dass das Rechenwerk nicht als Schlussrechnung anerkannt wird, mit der Folge, dass die Schlusszahlung insgesamt nicht fällig wird.

Stellt der Auftragnehmer nach Einreichen der Schlussrechnung fest, dass er Positionen vergessen hat, die er noch berechnen will, so ist er an seine Schlussrechnung so lange nicht gebunden, wie nicht vorbehaltlos die Schlusszahlung geleistet wurde. Mit der Schlussrechnung kommt lediglich ein Abrechnungsverfahren in Gang, das erst mit der vorbehaltlosen Schlusszahlung sein Ende findet (BGH, Urt. v. 17.12.1987, Az. VII ZR 16/87, BauR 1988, 217).

Zulässig, allerdings weder gesetzlich noch in der VOB/B geregelt, sind auch „Teilschlussrechnungen", wenn die Parteien dies so vereinbart haben. Alle für Schlussrechnung und Schlusszahlung getroffenen Feststellungen greifen dann auch für diese.

9.4.3 Gutschriftverfahren

Es kann vereinbart werden, dass der Auftragnehmer keine eigene Rechnung schreibt, sondern dass die Rechnung automatisch vom Kunden selbst an Hand der - oftmals elektronisch vorhandenen - Stücklisten, Aufmaße, Tageszettel, etc. zusammengestellt wird. Diese Rechnungszusammenstellung wird dem Auftragnehmer zugesandt und ist die Basis der Schlusszahlung. Der Vorteil dieses Verfahrens liegt darin, dass Rechnungserstellung und Rechnungsprüfung zusammenfallen und dadurch auf beiden Seiten Arbeitsgänge eingespart werden können.

Buchhalterisch und steuerlich ist dieses Verfahren bedenkenlos. Vertragsrechtlich spricht ebenfalls nichts dagegen; die Parteien sind frei in der Vereinbarung ihrer Abrechnungsmodalitäten. Das Verfahren setzt allerdings eine hohe Transparenz auf beiden Seiten voraus, will man Widersprüche und Diskussionen effektiv vermeiden. Der Auftragnehmer muss weiter die Möglichkeit haben, innerhalb angemessener Fristen Unklarheiten oder Fehler in der Abrechnung zu prüfen und mit dem Auftraggeber zu klären. Ausschlussfristen zur Geltendmachung von Rechten dürfen nicht in Allgemeinen Geschäftsbedingungen enthalten sein, sondern müssen individuell mit dem Auftragnehmer besprochen werden.

9.4.4 Mehrwertsteuer

Die Umsatzsteuer ist durch den vereinbarten Kaufpreis grundsätzlich abgegolten. Wurde also bei Vertragsschluss nicht ausdrücklich etwas anderes bestimmt, gilt die Umsatzsteuer als bereits im Preis enthalten. Dies gilt auch bei vorsteuerabzugsberechtigten Vertragsparteien. Ausnahmen bestehen lediglich bei Existenz eines Handelsbrauches, § 346 HGB, oder einer Verkehrssitte, § 157 BGB, was der Anspruchsteller beweisen muss.

Auch durch Auslegung kommt man in diesen Fällen meist nicht weiter: „Ist davon auszugehen, dass sich eine Seite mit der Steuerbarkeit der Vorgänge nicht befasst, diese mithin nicht bedacht hat, lässt sich eine planwidrige Lücke des Vereinbarten nicht feststellen. Das Fehlschlagen einseitiger Planvorstellungen berücksichtigt das Gesetz in den Grenzen der Irrtumsanfechtung grundsätzlich also nur, wenn ... eine Diskrepanz zwischen Wille und Erklärung auftritt, § 119 ff. BGB." (so BGH, Urt. v. 11.5.2001, Az. V ZR 14/00, BauR 2001, 1431). Auch eine Anpassung im Wege der „Störung der Geschäftsgrundlage" nach § 313 BGB scheidet aus.

In den Rechnungen ist eine Mehrwertsteuer stets gesondert auszuweisen, soweit nicht der Auftraggeber selbst Bauunternehmer ist, § 13b UStG.

9.5 Abrechnung nach Aufmaß

Handelt es sich um einen Einheitspreisvertrag, so werden die in einem Leistungsverzeichnis erfassten Einheitspreise für einzelne Leistungspositionen mit den tatsächlich erbrachten Stückzahlen oder Massen multipliziert und es errechnet sich so die Vergütung.

Es ist Sache des Auftragnehmers, den Umfang der erbrachten Leistungen so zu dokumentieren, dass er für den Auftraggeber nachprüfbar wird. Dabei ist die Erstellung eines Aufmaßes von besonderer Bedeutung.

9.5.1 Nehmen des Aufmaßes

Wie Leistungen aufgemessen werden, ist von Gewerk zu Gewerk verschieden. In DIN 18299, Abschnitt 5, wird festgelegt, dass das Aufmaß grundsätzlich aus Zeichnungen herzuleiten ist. Gelegentlich sind die speziellen DIN-Normen hilfreich und verbindlich.

Beispiel: Bei ATV DIN 18335 „Stahlbauarbeiten" erfolgt die Abrechnung gemäß Abschnitt 5.1 nach Masse und wird durch Berechnen anhand von Zeichnungen und Stücklisten ermittelt. Die Masse von Formstücken, z. B. Guss- oder Schmiedeteilen, wird durch Wiegen ermittelt.

Es ist deshalb nicht zwingend erforderlich, sämtliche Leistungen körperlich aufzunehmen. Allerdings kann es bei strittigen Positionen erforderlich sein, zusätzlich eine körperliche Aufnahme durchzuführen, wenn eine Einigung nicht erzielt werden kann. Hiervon geht auch die VOB/B aus, wenn sie in § 14 Abs.2 VOB/B den Auftragnehmer verpflichtet, für Leistungen, die bei Weiterführung der Arbeiten nur schwer feststellbar sind, das Aufmaß zu beantragen.

9.5.2 Bedeutung des gemeinsamen Aufmaßes

Erstellt der Auftragnehmer ein Aufmaß und reicht er es dem Auftraggeber als Grundlage seiner Schlussrechnung ein, so erklärt er damit, Leistungen in diesem Umfang tatsächlich ausgeführt zu haben. Er kann dann nicht später behaupten, entgegen seinem Aufmaß mehr geleistet zu haben.

Haben Auftragnehmer und Auftraggeber das Aufmaß gemeinsam erstellt, allerdings ohne dass der Auftraggeber das Aufmaß unterzeichnet hat, ist damit noch kein Beweis für die Richtigkeit der Abrechnung durch den Auftragnehmer geführt. Dem Auftraggeber ist lediglich der Einwand abgeschnitten, es sei gar kein Aufmaß genommen worden oder das Aufmaß sei anders als in der von ihm begleiteten Form durchgeführt worden.

Stellt hingegen das Aufmaß die erbrachten Leistungen fest und hat der Auftraggeber dieses Aufmaß-Protokoll mit unterschrieben, so kommt ihm die Wirkung eines zumindest deklaratorischen Anerkenntnisses der vom Auftragnehmer erbrachten Leistungen zu (Ingenstau/Korbion § 14 VOB/B, Rdnr.35; OLG Hamm, Urt. v. 12.7.1991, Az. 22 U 33/91, NJW-RR 1991, 1464). Der Auftraggeber kann später nicht mehr einwenden, die Massen seien in Wirklichkeit gar nicht angefallen. Damit ist aber noch nicht gesagt, dass der Auftragnehmer dieses Aufmaß auch tatsächlich bezahlt bekommt. Dies ist eine Frage, die der Auftraggeber auf der Grundlage des Vertrages zu prüfen hat. Ob sich also z.B. die erbrachten Leistungen tatsächlich als zusätzliche Leistungen im Sinne des § 2 Abs.6 VOB/B darstellen oder ob diese Leistungen nicht vielmehr bereits in anderen Leistungspositionen enthalten und bezahlt sind, ist durch die Feststellung im gemeinsamen Aufmaß nicht geklärt.

Für Leistungen, die bei Weiterführung der Arbeiten nur schwer feststellbar sind, hat der Auftragnehmer rechtzeitig den Auftraggeber zu einem gemeinsamen Aufmaß aufzufordern, § 14 Abs.2 VOB/B. Kommt der Auftraggeber dem nicht nach, so kann er sich später nicht darauf berufen, das Aufmaß sei zu hoch, zumindest kehrt sich insoweit die Beweislast zu seinen Lasten um. Nach § 12 Abs.2 VOB/B hat der Auftragnehmer einen Anspruch darauf, dass der Auftraggeber solche Teile der Leistung, die durch die weitere Ausführung der Prüfung und Feststellung entzogen werden, besonders abnimmt. Kommt der Auftraggeber dieser Mitwirkungshandlung nicht nach, so kann dies zur Anmeldung von Behinderungskosten nach § 6 VOB/B führen, ja sogar in der Kündigung des Vertrages durch den Auftragnehmer nach § 9 Abs.1 Nr.1 VOB/B münden. Gegebenenfalls muss der Auftraggeber sogar für die Kosten eines Sachverständigen aufkommen, der später vom Auftragnehmer bemüht wird, um das Aufmaß für die Abrechnung nachzuvollziehen.

Diese Grundsätze gelten nach Treu und Glauben auch für den **Werkvertrag** (OLG Köln, Beschl. v. 5.7.1973, Az. 10 W 17/73, NJW 1973, 2111).

Bleibt der Auftraggeber einem gemeinsamen Aufmaß-Termin unberechtigt fern, ist dies keine Verletzung des Kooperationsgebotes. Ist in einem solchen Fall ein neues Aufmaß oder eine Überprüfung des einseitig genommenen Aufmaßes nicht mehr möglich, etwa weil das Werk durch Drittunternehmer fertiggestellt worden oder durch nachfolgende Arbeiten verdeckt ist, hat der Auftraggeber vorzutragen und zu beweisen, welche Massen zutreffend oder dass die vom Auftragnehmer angesetzten Massen unzutreffend sind (BGH, Urt. v. 22.05.2003, Az. VII ZR 143/02, NJW 2003, 2678).

9.5.3 Kosten

Die Kosten des Aufmaßes gehen zu Lasten des Auftragnehmers mit Ausnahme der persönlichen Kosten, die dem Auftraggeber entstehen, wenn er sich an dem Aufmaß beteiligt.

Die Kosten der Feststellung durch einen Gutachter hat zunächst der Auftragnehmer zu tragen; er kann sie jedoch unter dem Gesichtspunkt des Gläubigerverzuges, § 304 BGB, vom Auftraggeber erstattet verlangen, wenn sich dessen Behauptungen als unrichtig erwiesen haben.

9.6 Abrechnung von geänderten und zusätzlichen Leistungen

In der Rechnung werden die erbrachten Leistungspositionen aufgeführt. Statt der bisherigen Einheitspreise werden jetzt Preise eingesetzt, die sich aufgrund der Änderungen in der Auftragsabwicklung ergeben haben. Meist sind es Mehrkosten bei der Beschaffung des Materials, erhöhter Personalaufwand oder der Einsatz anderer Geräte. Gelegentlich werden zu den Positionen des Leistungsverzeichnisses Nachträge erstellt, und als solche auch so bezeichnet.

Beispiel: „LV-Post. 21.03.14 / NA 04 Isolierarbeiten"

Der Nachtrag enthält dann die Details zur Berechnung, sowie Nachweise zur Änderung, Pläne, Anordnungs-Schreiben etc. und wird der Rechnung als Anlage beigefügt.

Kaufvertrag / Werklieferungsvertrag

Die neuen Preise müssen vereinbart werden, siehe oben Kapitel 4.2.

Bauvertrag

Die Abrechnung erfolgt nach den tatsächlich erforderlichen Kosten mit angemessenen Zuschlägen für allgemeine Geschäftskosten, Wagnis und Gewinn, § 650c BGB. Der Auftragnehmer muss also seiner Rechnung Nachweise über die Beschaffungskosten vorlegen. Er wird auch darlegen, welche Zuschläge er normalerweise kalkuliert, doch sind diese nicht unbedingt maßgeblich, denn sie könnten ja unangemessen hoch sein. Notfalls wird hier auf die Branchenüblichkeit ggf. unter Berücksichtigung von Besonderheiten dieses Auftrags abzustellen sein.

Der Auftragnehmer kann für die Berechnung der Vergütung für den Nachtrag auf die Ansätze der Urkalkulation zurückgreifen. Dann wird vermutet, dass der Nachtrag, der diese Werte fortschreibt, die richtige Höhe des Vergütung wiedergibt, § 650c Abs.2 BGB. Die Vermutung muss dann von dem Auftraggeber widerlegt werden.

Die Parteien können aber auch andere Vereinbarungen treffen, insbesondere die VOB/B vereinbaren, § 650c Abs.4 BGB.

VOB/B-Bauvertrag

Noch stellen § 2 Abs.5 u. 6 VOB/B statt auf die tatsächlichen Kosten auf diejenigen Kosten ab, die der Auftragnehmer ursprünglich kalkuliert hatte. Der Satz „guter Preis bleibt guter Preis, schlechter Preis bleibt schlechter Preis" soll erreichen, dass der Auftragnehmer durch die Änderungswünsche des Auftraggebers kein unbilliges Geschäft macht, siehe oben Ziffer 4.2.1.

Für die Abrechnung muss der Auftragnehmer deshalb bei Änderungen des Einheitspreises seine Urkalkulation offen legen und erläutern, wie er ursprünglich auf den angebotenen Einheitspreis gekommen ist. Dann muss er darlegen, welche Änderungen der Auftraggeber initiiert hat und wie sich dadurch die Leistungen geändert haben und wie sich dies kostenmäßig ausgewirkt hat. Die so dargelegten Mehrkosten erhöhen die in die Berechnung des neuen Einheitspreises einbezogenen Kosten, allerdings auch etwaige Minderkosten. Auf das Ganze werden dann die Zuschläge gemacht, die auch bei der Urkalkulation verwendet wurden.

Handelt es sich um zusätzliche Leistungen für die es also noch keine Einheitspreis-Position gab, wird geschaut, ob vergleichbare Positionen als Grundlage für die Preisermittlung herangezogen werden können.

Handelt es sich um einen Pauschalpreis, gilt gem. § 2 Abs.7 Nr.5 VOB/B dasselbe. Typischerweise liegen hier aber nicht so viele Informationen über das ursprüngliche Angebot vor. Dann muss der Auftragnehmer eine fiktive Kalkulation erstellen und hieraus seinen Anspruch ableiten.

Architekten- und Ingenieurvertrag

Für Architekten- und Ingenieurverträge gelten die Vorschriften des Kapitels 1 des Untertitels 1 sowie die §§ 650b; 650e bis 650h BGB entsprechend, soweit sich aus diesem Untertitel nichts anderes ergibt.

Für die Vergütungsanpassung im Fall von Anordnungen nach § 650b Abs.2 BGB gelten die Entgeltberechnungsregeln der Honorarordnung für Architekten und Ingenieure HOAI in der jeweils geltenden Fassung, soweit infolge der Anordnung zu erbringende oder entfallende Leistungen vom Anwendungsbereich dieser HOAI erfasst werden. Im Übrigen ist die Vergütungsanpassung für den vermehrten oder verminderten Aufwand auf Grund der angeordneten Leistung frei vereinbar. Soweit die Vertragsparteien keine Vereinbarung treffen, gilt § 650c BGB entsprechend, § 650q BGB.

9.7 Abrechnung von Stundenlohnarbeiten

VOB/B-Bauvertrag

Bei einem *VOB/B-Bauvertrag* werden Stundenlohnarbeiten nur vergütet, wenn sie als solche vor ihrem Beginn ausdrücklich vereinbart worden sind, § 2 Abs.10 VOB/B. Statt nach wägbaren Einheiten wird nach verbrauchten Stunden abgerechnet. Sie bilden im System der VOB eine Ausnahme vom Grundsatz der Abrechnung nach Leistungspositionen. Gem. § 4 Abs.2 VOB/A dürfen Bauleistungen, die überwiegend Lohnkosten verursachen, nur im Stundenlohn vergeben werden, wenn sie geringeren Umfangs sind.

In der Praxis sind Stundenlohnarbeiten dagegen weit verbreitet; ganze Aufträge werden lediglich nach Stundensätzen abgerechnet (z.B. sogenannte „Regiearbeiten"). Viele Leistungsverzeichnisse enthalten Stundenlohnpositionen für Arbeiten auf der Baustelle, teilweise auch nur als Eventualpositionen, wenn sich bei Auftragsvergabe noch nicht absehen lässt, ob und wie viele Stundenlohnarbeiten anfallen werden.

Vor Beginn der Stundenlohnarbeiten muss der Auftragnehmer dies dem Auftraggeber anzeigen. Über die geleisteten Stunden rechnet der Auftragnehmer mit Hilfe von Stundenlohnzetteln (auch „Regienachweise" oder „Rapportzettel" genannt) ab. Dabei sind nicht nur die Stunden zu notieren, sondern auch wer wo gearbeitet hat und ggf. welche Hilfsmittel er dabei verwendet hat. Der Auftragnehmer muss diese Stundenlohnzettel dem Auftraggeber werktäglich oder wöchentlich einreichen, sofern keine andere Vereinbarung über die Abrechnung getroffen worden ist. Die zeitnahe Abrechnung ist gerade bei Stundenlohnarbeiten wichtig, da es schwerfällt, sich nach längerer Zeit an Einzelheiten zu erinnern. Kommt der Auftragnehmer dem nicht oder zu spät nach, so kann der Auftraggeber nach § 15 Abs.5 VOB/B verlangen, dass für die nachweisbar ausgeführten Leistungen eine dem Aufwand angemessene ortsübliche Vergütung vereinbart wird. Die Beweislast dafür und die damit zusammenhängenden Kosten (z.B. Sachverständigenkosten) trägt der Auftragnehmer, sodass es in seinem eigenem Interesse liegt, die Stundenlohnzettel rechtzeitig und korrekt vorzulegen.

Der Auftragnehmer muss die Stundenlohnzettel dem Vertreter des Auftraggebers vorlegen. Wer dies ist, sollte rechtzeitig, am besten bereits bei Vertragsschluss geklärt werden, damit keine Rechtsnachteile durch die Übergabe an die falschen Personen entstehen können.

Der Auftraggeber muss sich seinerseits schleunigst mit den Stundenlohnzetteln befassen. Er muss sie unverzüglich, spätestens innerhalb von 6 Werktagen, unterschrieben zurückgeben. Etwaige Einwände gegen die Abrechnungen muss der Auftraggeber auf den Stundenlohnzetteln vermerken. Erhebt er keine Einwände oder gibt er die Stundenlohnzettel nicht innerhalb dieser Frist zurück, so gelten die Stundenlohnzettel als anerkannt. Der Bauleiter des Auftraggebers wäre also schlecht beraten, die Stundenlohnzettel erst zu sammeln und dann insgesamt zu bearbeiten.

Allerdings wird damit vom Auftraggeber lediglich die Zahl der angefallenen Stunden und ggf. die Menge des verbrauchten Materials anerkannt. Ob diese Stunden auch tatsächlich bezahlt werden, steht damit noch nicht fest. Es kann durchaus sein, dass der Auftraggeber bei der Prüfung der Schlussrechnung feststellt, dass die Stundenlohnarbeiten ganz oder teilweise bereits in den Einheitspreisen oder dem Pauschalpreis des Hauptauftrages enthalten waren und deshalb nicht nochmals gesondert in Rechnung gestellt werden können. Eine saubere Vereinbarung von Stundenlohnarbeiten für konkret bezeichnete Leistungsteile, so wie in § 15 Abs.1 Nr.1 VOB/B gefordert, kann diesen späteren Diskussionen entgegenwirken.

Die Vereinbarung einer Abrechnung auf Basis geleisteter Stunden begründet zugleich eine Nebenpflicht des Auftragnehmers zur wirtschaftlichen Betriebsführung. Verletzt er diese Pflicht, z.B. durch unnötig hohen Zeitaufwand, macht er sich Schadensersatzpflichtig, § 280 Abs.1 BGB. Für die rechtliche Auseinandersetzung ist es dann wichtig, dass der Auftragnehmer nachprüfbar darlegt, was und wieviel er geleistet hat. Dann muss der Auftraggeber nachweisen, dass dies überzogen ist und der Auftragnehmer damit seine Nebenpflicht verletzt hat. Das wird dem Auftraggeber nicht immer gelingen. (BGH, Urt. v. 28.5.2009, Az. VII ZR 74/06, IBR 2011, 316; BGH, Urt. v. 1.2.2000, Az. X ZR 198/97, BauR 2000, 1196).

Werkvertrag / Bauvertrag

Bei anderen Verträgen sind diese spezifischen Regelungen nicht ohne weiteres anwendbar. Der Auftragnehmer hat eine bestimmte Leistung zu erbringen; wie er den Erfolg der Leistung sicherstellt, ist seine Sache. Freilich finden sich auch in vom Auftraggeber formulierten BGB-Verträgen häufig ähnliche Regelungen über die Abrechnung von Stundenlohnarbeiten, allerdings kaum mit einer Anerkenntnisfiktion wie in § 15 Abs.3 (letzter Satz) VOB/B.

Internationaler Werkvertrag

Selbst bei einem turnkey/lump-sum-Contract ist es sinnvoll, für Unvorhergesehenes Lohnarbeiten („day work") des Auftragnehmers zu vereinbaren, die nach vereinbarten Sätzen zusätzlich vergütet werden.

Beispiel: FIDIC, Ziffer 13.6

9.8 Abrechnung von Leistungen bei vorzeitiger Beendigung des Vertrages

9.8.1 Einvernehmliche Aufhebung des Vertrages

Wird der Vertrag vorzeitig von den Parteien durch Vertrag aufgehoben, wird im Aufhebungsvertrag auch eine Regelung getroffen werden, wie die Leistungen des Auftragnehmers abzurechnen sind.

9.8.2 Beendigung aus vom Auftragnehmer zu vertretenden Gründen

Kaufvertrag / Werkvertrag

Dem Auftraggeber stehen die oben unter Ziffer 5.5 genannten Rechte zu. Tritt er vom Vertrag zurück, sind die gegenseitig gewährten Leistungen Zug-um-Zug zurück zu gewähren, ggf. unter Beachtung eines Schadensersatzanspruchs des Auftraggebers nach § 280 BGB (siehe oben Ziffer 5.5).

Macht er Schadensersatz statt der Leistung geltend, §§ 281; 286 BGB, wird die bis dahin erbrachte Leistung des Auftragnehmers abgerechnet. Einen Anspruch auf Entschädigung für den nicht erbrachten Teil des Vertrages hat er nicht. Diesem Vergütungsanspruch steht der Anspruch des Auftraggebers auf Schadensersatz wegen Nichterfüllung gegenüber. Mit diesem Anspruch kann der Auftraggeber aufrechnen, so dass dem Auftragnehmer nur noch ein Teil oder gar nichts mehr verbleibt.

9.8.3 Beendigung aus vom Auftraggeber zu vertretenden Gründen

Werkvertrag / VOB/B-Bauvertrag / Werklieferungsvertrag

Abrechnungsprobleme nicht unbeträchtlicher Art entstehen, wenn der Vertrag aus Gründen, die der Auftraggeber zu vertreten hat, vorzeitig beendet wird, (hierzu oben Kapitel 6). Diese Fälle können auftreten wenn:

- der Auftraggeber sich entschließt, den Vertrag zu kündigen ("freie Kündigung"), § 648 BGB; § 8 Abs.1 Nr.1 VOB/B, wozu er jederzeit berechtigt ist,
- der Auftraggeber Leistungspositionen selbst ausführt oder durch andere ausführen lässt, § 2 Abs.4 VOB/B,
- Leistungspositionen, die ursprünglich beauftragt waren, nicht zur Ausführung kommen, ohne dass der Auftraggeber eingegriffen hätte, sogenannten "Null-Positionen", § 2 Abs.3 VOB/B analog,
- der Auftragnehmer den Vertrag kündigt, weil der Auftraggeber eine fällige Zahlung trotz Nachfrist nicht leistet, § 9 Abs.1 b) VOB/B,
- der Auftragnehmer den Vertrag kündigt, weil der Auftraggeber keine Sicherheitsleistung nach § 650f BGB stellt,
- der Auftragnehmer den Vertrag kündigt, weil der Auftraggeber einer Mitwirkungspflicht nicht nachgekommen ist, § 643 BGB; § 9 Abs.1 Buchstabe a) VOB/B.

Allen diesen Fällen ist gemeinsam, dass der Auftragnehmer den Vertrag nicht mehr so, wie ursprünglich geplant, ausführen kann. Seine Kalkulation, die von einem bestimmten Volumen an Lieferungen und Leistungen ausging, geht nicht mehr auf, ohne dass er den Grund für die Verminderung geliefert hätte. Es ist deshalb nicht einzusehen, warum der Auftragnehmer in diesen Fällen die wirtschaftlichen Folgen der Entscheidung des Auftraggebers tragen soll.

Durch die Beendigung des Vertrages zerfällt dieser abrechnungstechnisch in zwei Hälften: Zum einen ist derjenige Teil abzurechnen, den der Auftragnehmer tatsächlich ausgeführt hat. Dabei sind die erbrachten Leistungen aufzumessen und mit den vertraglichen Einheitspreisen zu multiplizieren. Für den nicht ausgeführten Teil der Leistung ist zu differenzieren:

9.8.3.1 Besonderheiten zu § 648 BGB freie Kündigung

Auszugehen ist vom Liefer- und Leistungsvolumen, wie es ursprünglich vorgesehen war. Von diesem Liefer- und Leistungsvolumen ist dasjenige abzuziehen, was der Auftragnehmer dadurch erspart hat, dass er den Auftrag nicht vollständig erbringen musste bzw. durfte. Worin diese Ersparnisse liegen und wie hoch sie sind, muss der Auftragnehmer schlüssig und nachprüfbar darlegen. Er kann sich also nicht darauf beschränken, bloße Prozentsätze anzugeben, die seinen Erfahrungswerten entsprechen, sondern muss konkret vortragen. Auch muss er Möglichkeiten, Ersparnisse zu machen, nutzen und dies von sich aus in die Abrechnung aufnehmen, bzw. erklären, warum er hierzu nicht in der Lage war.

So sind z.B. abzusetzen:

- die Ersparnisse für nicht gekauftes Material - oder Material, das zwar gekauft wurde, aber ohne weiteres vom Auftragnehmer weiter verwendet werden kann,

- die Ersparnisse für Personal, das für das Projekt vorgesehen war, nun aber anderweitig eingesetzt werden kann. Sind die Preise bei dem Ausweichprojekt niedriger, so sind auch die Ersparnisse entsprechend niedriger abzusetzen. Sind die Preise höher, muss sich der Auftragnehmer diese Vorteile anrechnen lassen,

- für fremde Baustelleneinrichtungen und Geräte, die nicht angemietet werden müssen, oder eigene, die anderweitig zu tatsächlichen oder kalkulatorischen Summen weitervermietet werden können,

- für Transporte, die nicht ausgeführt werden müssen,

- für ersparte (Zwischen-)Lagerung,

- für ersparte (Zwischen-)Finanzierungen.

Zu addieren sind die besonderen Kosten, die dem Auftragnehmer durch die vom Auftraggeber provozierte Beendigung entstanden sind:

- Mehraufwand, für die gesonderte Erstellung eines Aufmaßes, etwa durch einen Sachverständigen,

- Kosten für erhöhte Materialpreise, die dadurch entstehen, dass die höheren Abnahmemengen nicht erreicht werden,
- Kosten für Vertragsstrafen, Schadensersatz, etc., die an Lieferanten und Subunternehmer zu zahlen sind,
- Kosten für Teilabnahmen, wenn sonst keine förmliche Abnahme vorgesehen war,
- Kosten für die Dokumentation der erbrachten Leistung zur Festlegung der Schnittstellen zu etwaigen nachfolgenden Leistungen anderer Auftragnehmer.

Im Ergebnis soll der Auftragnehmer also auch den Deckungsbeitrag einschließlich Gewinn vom Auftraggeber erhalten, der ihm dadurch verloren gegangen ist, dass er die Leistung aus Gründen nicht erbringen konnte, die in der Risikosphäre des Auftraggebers liegen.

Wurde ein Pauschalvertrag vorzeitig beendet, erhöhen sich die Anforderungen an die Abrechnung des Auftragnehmers nochmals: Während er für einen Detail-Pauschalvertrag auf die Ansätze des ursprünglichen Leistungsverzeichnisses zurückgreifen kann, muss er sich bei einem Global-Pauschalvertrag der Mühe unterziehen, nachträglich ein fiktives Leistungsverzeichnis für das gesamte Projekt zu erstellen. Auf dieser Basis muss er zunächst die ausgeführten Leistungen abrechnen und dann für die nicht ausgeführten Leistungen die Ersparnisse errechnen; ein mühseliges Unterfangen, dem er sich nur unterwerfen wird, wenn es sich wirklich lohnt. Im Einzelnen ist hierzu vieles umstritten. Mehr denn je empfiehlt sich hier die Beratung durch einen mit der Materie vertrauten Rechtsanwalt oder Claim-Manager.

Nachlässe, die der Auftragnehmer im Hinblick auf den Gesamtauftrag gewährt hat, werden ihm nicht abgezogen (vgl. dazu OLG Celle, Urt. v. 22.6.1994, Az. 6 U 212/93, BauR 1995, 558). Mehrwertsteuer für den nicht ausgeführten Teil kann nicht verlangt werden, da insoweit kein umsatzsteuerlich relevantes Austauschgeschäft vorliegt (BGH, Urt. v. 24.2.1986, Az. VII ZR 139/84, BauR 1981, 198; BauR 1986, 577).

Wenn sich der Auftragnehmer nicht der Mühe unterziehen will, für den noch nicht erbrachten Teil der Leistung die Ersparnisse zu berechnen, kann er sich mit 5 % des noch nicht erbrachten Teils der Vergütung zufriedengeben. Es wird vermutet, dass dieser Prozentsatz dem Auftragnehmer auf jeden Fall zusteht, § 648 S.3 BGB. Das Gegenteil müsste der Auftraggeber beweisen.

9.8.3.2 Besonderheiten zu § 2 Abs.4 VOB/B analog (Nullpositionen)

Kommen beauftragte Leistungsposition gar nicht zur Ausführung, weil sie der Auftraggeber selbst ausführt oder durch andere ausführen lässt, kommt dies einer Teilkündigung gleich, mit der entsprechenden Abrechnung.

Kommen Positionen aber ohne Eingriff des Auftraggebers in den Vertrag nicht zur Ausführung, z.B. weil sie technisch einfach nicht anfallen, passt § 2 Abs.4 VOB/B nicht.

Der BGH hat entschieden, dass diese Fälle analog § 2 Abs.3 VOB/B zu behandeln sind, die einen Sonderfall des Wegfalls der Geschäftsgrundlage darstellt. Es kommt damit ein Erhalt des Deckungsbeitrags für die kalkulierten Positionen in Betracht, aber nur soweit der Auftragnehmer nicht in anderer Weise einen Ausgleich erhalten hat (BGH, Urt. v. 26.1.2012, Az. VII ZR 19/11, NZBau 2012, 226). Es steht dem Auftragnehmer grundsätzlich eine Vergütung nach den oben genannten Grundsätzen zu, wenn auch nur "analog", § 2 Abs.4 VOB/B. Denn der Auftraggeber hat ja nicht wirklich in die Auftragsabwicklung eingegriffen. Nach Ansicht des OLG Bamberg (Urt. v. 15.12.2010, Az. 3 U 122/10, BeckRS 2010, 30646) soll im Fall der Nullposition aber bei der Bewertung - anders als sonst - der Gedanke des § 2 Abs.2 VOB/B mit herangezogen werden. Wenn es in anderen Leistungspositionen zu Mehrungen gekommen ist, hat der Auftragnehmer hier Vorteile, weil er absolut betrachtet durch die Mehrungen mehr Gemeinkosten bezahlt bekommt, als ursprünglich von ihm kalkuliert. Diesen Vorteil müsse sich der Auftragnehmer anrechnen lassen. Dies entspreche dem Grundgedanken des § 649 Abs.2 BGB, dass sich der Auftragnehmer auch den anderweitigen Erwerb anrechnen lassen müsse.

Solange diese Frage nicht abschließend geklärt ist, muss der Auftragnehmer mit Kürzungen bei seiner Abrechnung rechnen. Es empfiehlt sich deshalb bereits vorab zu prüfen, ob sich der Aufwand für die Schlussrechnung auch dann lohnen würde, wenn sich diese Meinung durchsetzt.

9.8.3.3 Besonderheiten zu § 650f Abs.5 BGB Bauhandwerkersicherung

Auch hier hat der Auftragnehmer Anspruch auf die volle Vergütung für den nicht erbrachten Teil der Leistung, unter Abzug des Ersparten oder böswillig Nicht-Ersparten.

Die Höhe des dem Auftragnehmer zustehenden Teils der Vergütung für den nicht erbrachten Teil der Leistung wird gesetzlich mit 5 % der vereinbarten Vergütung vermutet, § 650f Abs.5 S.2 BGB, wenn der Auftragnehmer nichts Höheres darlegen kann.

9.8.3.4 Besonderheiten zu §§ 642; 643 BGB; § 9 Abs.3 VOB/B; Mitwirkungspflicht

Für den Fall der Kündigung durch den Auftragnehmer, wenn der Auftraggeber seinen Mitwirkungspflichten nicht nachkommt, wird ihm hingegen "nur" eine angemessene Entschädigung zugestanden, die ihm durch den Annahmeverzug des Auftraggebers entstehen. Es wird also nicht - wie in den anderen Fällen - die volle Vergütung abzüglich des Ersparten, sondern nur eine Kompensation ohne Gewinnanteil zugesprochen (BGH, Urt. v. 21.10.1999, Az. VII ZR 185/98, NJW 2000, 1336 ff.).

Eventuelle Vorteile muss sich der Auftragnehmer aber auch hier anrechnen lassen.

§ 9 Abs.3 VOB/B verweist auf die Regelung des § 642 BGB.

9.9 Abschlagszahlungen

Abschlagszahlungen werden im Hinblick auf die nach Fertigstellung und Abrechnung der Lieferungen und Leistungen geschuldete Vergütung von dem Auftraggeber vorgenommen. Der Auftragnehmer soll nicht die volle Last der Vorfinanzierung bis zu einem entfernt liegenden Zeitpunkt alleine tragen müssen. Es handelt sich um vorläufige Zahlungen, denn ein Anerkenntnis ist mit der Abschlagszahlung regelmäßig nicht verbunden. Der Auftragnehmer kann also nicht sicher sein, dass er die erhaltene Zahlung auf Dauer auch behalten kann.

Abschlagszahlungen sind in Zahlungsplänen bei Erreichen bestimmter Leistungsziele (Meilensteine) oder zu bestimmten Terminen vorgesehen (siehe oben Kapitel 9.3). Darüber hinaus können sich Abschlagszahlung auch aus dem Gesetz bzw. der VOB/B ergeben.

Kaufvertrag / Werklieferungsvertrag

Ein Anspruch auf Abschlagszahlungen ist für den *Kaufvertrag* nicht vorgesehen, lässt sich aber vertraglich vereinbaren, - und ist bei mittel- bis langfristigem Engagement dringend zu empfehlen.

Werkvertrag / VOB/B-Bauvertrag

Es besteht ein Recht des Auftragnehmers auf Abschlagszahlungen in Höhe der geschuldeten und erbrachten Leistungen, § 632a BGB; § 16 Abs.1 VOB/B. Früher noch vorgesehene Einschränkungen hinsichtlich des Umfangs oder der Abgeschlossenheit dieser Leistungen bestehen nicht mehr. Es können deshalb auch kleine Teilleistungen abgerechnet werden. Dabei darf aber eine rasche und sichere Beurteilung der Abrechnung nicht gefährdet werden.

Durch Allgemeine Geschäftsbedingungen darf der Auftraggeber dieses Recht auf Abschlagsrechnungen nicht beschneiden.

Auch angefertigte und bereitgestellte Materialien können in die Abschlagsrechnung einfließen, wenn - nach Wahl des Auftraggebers - entweder Eigentum übertragen oder Sicherheit geleistet wird (**Muster-AN 16**).

Es kann das Voll-Eigentum auf den Auftraggeber übertragen werden. (**Muster-AN+AG 08**). Die Zuordnung der Gegenstände ist damit endgültig vollzogen. Der Auftraggeber hat die volle Verfügungsgewalt und muss im Falle der Insolvenz des Auftragnehmers nicht den Zugriff von dessen Gläubigern befürchten. Ihm steht das Recht auf Aussonderung und nicht nur auf Absonderung zu (siehe unten Kapitel 11.4). In der Eigentumsübertragung liegt noch keine Abnahme der werkvertraglichen Leistungen. Wenn die Parteien dies damit verbinden möchten, sollte dies deutlich geregelt und nicht der späteren Auslegung der Umstände des Einzelfalls überlassen werden.

Die Übertragung des Eigentums kann auch in der Form einer Sicherungsübereignung geschehen (anzupassendes **Muster-AN+AG 07**). Als weitere Sicherheit stehen in der Praxis typischerweise Bürgschaften von Banken und Versicherungen zur Verfügung (vgl. **Muster AN+AG 11 ff.**).

Die Abschlagszahlung ist sofort nach Übergabe der prüfbaren Abschlagsrechnung fällig, § 271 BGB, bei einem *VOB/B-Bauvertrag* erst 18 Werktagen nach Zugang der prüfbaren Aufstellung über erbrachte Leistungen, § 16 Abs.1 Nr.3 VOB/B. Einer (Teil-)Abnahme bedarf es nicht.

Stellt sich später heraus, dass der Auftragnehmer zu viel Abschlagszahlung erhalten hat, ist er verpflichtet, den zu Unrecht erhaltenen Betrag an den Auftraggeber herauszugeben. Nach der höchstrichterlichen Rechtsprechung (BGH, Urt. v. 11.2.1999, Az. VII ZR 399/97, NJW 1999, 1867) folgt aus der Vereinbarung über Voraus- oder Abschlagszahlungen ein vertraglicher (!) Anspruch auf Rückzahlung des an den Auftragnehmer geleisteten Überschusses, wenn die Schlussrechnung einen entsprechenden Saldo ausweist. Ein Rückgriff auf die Regelungen über die sogenannte „ungerechtfertigte Bereicherung", §§ 812 ff. BGB, ist damit nicht mehr notwendig und möglich; der Auftragnehmer kann sich also insbesondere nicht darauf berufen, er habe das Geld anderweitig ausgegeben („Entreicherung").

Bauvertrag

Auch hier gilt zunächst § 632a BGB. Zusätzlich sieht das Gesetz für den Bauvertrag ein vereinfachtes Verfahren für Abschlagszahlungen vor, die sich auf auftraggeberseitige Leistungsänderungen beziehen. Will der Auftragnehmer auch für Nachträge, § 650c Abs.2 BGB, Abschlagsrechnungen stellen, und will der Auftraggeber die Höhe nicht anerkennen, soll der Auftragnehmer wenigstens einen großen Teil seines Nachtrags vorläufig realisieren können, § 650c Abs.3 BGB. Der hohe Vorfinanzierungslast des Auftragnehmers wird dadurch etwas abgemildert. Der Auftraggeber kann sich nicht vollständig verweigern.

Der Auftragnehmer darf bei seiner Abschlagsrechnung 80% seines Nachtragsangebotes ansetzen (**Muster-AN 17**). Diesen Betrag muss der Auftraggeber an den Auftragnehmer zahlen, anderenfalls riskiert er die Zahlungsklage, die Zurückbehaltung der Leistungen und ggf. sogar die Kündigung des Vertrages (**Muster-AN 23**).

Mit der Zahlung ist kein Anerkenntnis des Auftraggebers verbunden. Der Auftraggeber kann dies bei der Schlussrechnung korrigieren und sich dann mit dem Auftragnehmer über die Schlusszahlung einigen, notfalls darüber entscheiden lassen. Er kann auch schon während der Auftragsabwicklung die Abschlagsrechnung gerichtlich überprüfen lassen.

Stellt sich bei der Schlusszahlung heraus, dass der Auftragnehmer zu viel bekommen hat, muss er die Differenz zurückzahlen und sie mit dem hohen Verzugszinssatz von derzeit 9 % über dem Basiszinssatz verzinsen, § 288 Abs.1 S.2 u. Abs.2 BGB.

Es handelt sich auch bei der Abschlagszahlung nach § 650c Abs.3 BGB um eine Abschlagszahlung gem. § 632a BGB. Der Auftraggeber kann allerdings hier die Zahlung nicht wegen angeblich nicht vertragsgemäßer Leistungen verweigern, denn durch die Pauschal-Regelung soll ja gerade der Streit über die Höhe der Abschlagszahlung auf einen späteren Zeitpunkt verschoben werden. Das darf der Auftraggeber durch seine Zahlungsverweigerung nicht aushebeln.

Soweit die Abschlagszahlung auch angelieferte oder eigens angefertigt und bereitgestellte Stoffe oder Bauteile betrifft, gilt hingegen auch hier, dass der Auftragnehmer daran Eigentum übertragen oder Sicherheit anbieten muss.

Noch zu entscheiden ist die Frage, wie die Kündigung eines Auftragnehmers wegen Nichtzahlung der 80% zu beurteilen wäre, wenn die Abschlagsforderung deutlich zu hoch angesetzt ist. Nach unserer Auffassung wäre diese Kündigung – abgesehen natürlich von Fällen des Rechtsmissbrauchs, § 242 BGB, - auch dann wirksam. Der Wille des Gesetzgebers, den Auftragnehmer von der Vorfinanzierung zu entlasten, ist nur dann zu erreichen, wenn der Auftraggeber bei fehlender Einigung tatsächlich die 80 % zahlen muss. Will der Auftraggeber weder zahlen noch die Kündigung hinnehmen, bietet § 650d BGB ihm die Möglichkeit durch einstweilige Verfügung schnellen Rechtsschutz zu erlangen.

Eine andere Frage wird es dann sein, wie nach der Kündigung die gegenseitigen Ansprüche zu beurteilen sind. Macht dann der Auftragnehmer eine Entschädigung nach § 642 Abs.2 BGB oder einen Schadensersatz nach §§ 280; 241 Abs.2 BGB geltend, wird es darauf ankommen, inwieweit der Auftragnehmer durch sein Verhalten die Kündigung beeinflusst hat, § 254 BGB. Gleiches gilt auch umgekehrt, wenn der Auftraggeber meint, deswegen Ansprüche gegen den Auftragnehmer geltend machen zu können.

Architekten- und Ingenieurvertrag

Als Werkvertrag gilt auch hier § 632a BGB mit der Möglichkeit, Abschlagszahlungen zu verlangen.

Für die geänderten Leistungen gilt § 650c BGB auch für den Architekten oder Ingenieur, womit dann – wenn nichts anderes vereinbart wurde – auch Abschlagszahlungen in dem dort genannten Umfang verlangt werden können, §650q Abs.2 BGB.

Verbraucherbauvertrag

Zum Schutz des Verbrauchers wird das Recht des Auftragnehmers, nach § 632a BGB Abschlagszahlungen zu verlangen, auf 90% der vereinbarten Gesamtvergütung begrenzt, § 650m Abs.1 BGB. Das Gesetz lässt bei der Gesamtvergütung die Vergütung für Nachtragsleistungen außen vor, sonst hätte es Gesamtvergütung zuzüglich Vergütung heißen müssen.

Die Abschlagszahlungen können nur gegen Sicherheit verlangt werden. Bei der ersten Abschlagsrechnung sind dies 5 % der Gesamtvergütung.

Erhöht sich jetzt aufgrund von auftraggeberseitigen Änderungen diese Gesamtvergütung um mehr als 10 % muss der Auftragnehmer dem Verbraucher-Auftraggeber bei der nächsten Abschlagsrechnung eine weitere Sicherheit in Höhe von 5 % der errechneten Mehrvergütung anbieten.

Auf Verlangen des Auftragnehmers muss die Sicherheit durch Einbehalt der gesamten geschuldeten 10% bewirkt werden.

Möchte der Auftragnehmer Abschlagszahlungen verlangen oder einen Zahlungsplan vereinbaren, muss er aufpassen, wenn er sich gleichzeitig eine Sicherheit des Verbraucher-Auftraggebers über die vereinbarte Vergütung geben lassen will. Die darf dann nicht höher sein, als die nächste Abschlagszahlung oder 20 % der vereinbarten Vergütung, § 650m Abs.4 BGB.

Die Vorschriften über den Verbraucherbauvertrag beziehen sich nur auf den "Bau" bzw. "Umbau",§ 650h Abs. 1 BGB. Architekten- und Ingenieurverträge mit ihren Planungsleistungen sind von der zusätzlichen Sicherungspflicht bei Abschlagszahlungen freigestellt.

Bauträgervertrag

Abschlagszahlungen des Bauträgers sind in Art. 244 EGBGB festgelegt. Etwas anderes kann der Auftragnehmer von dem Auftraggeber nicht verlangen, § 650v BGB.

Danach wird die Möglichkeit von Abschlagszahlungen im Detail in einer Rechtsverordnung des Bundesministeriums der Justiz und für Verbraucherschutz geregelt.

Derzeit ist dies durch §§ 3 und 7 Makler- und Bauträgerverordnung MaBV geschehen, Stand 1.1.2013. Hier ist eine Anpassung zu erwarten.

9.10 Vorauszahlungen

Abschlagszahlungen und Vorauszahlungen werden im Sprachgebrauch häufig als Synonyme verwendet; sie sind es aber nicht:

In einer Abschlagszahlung liegt die teilweise vorläufige Erfüllung der Zahlungsverpflichtung durch den Auftraggeber. Der Auftragnehmer erhält bereits einen Teil dessen, was ihm als endgültige Vergütung zusteht.

Eine Vorauszahlung hat hingegen den Charakter eines Darlehens, das der Auftraggeber dem Auftragnehmer gewährt, damit dieser in der Lage ist, die Vorbereitungen für seine Lieferungen und Leistungen zu finanzieren.

Die beiden Begriffe meinen also etwas Verschiedenes. Hierauf ist - auch wegen der mit einer Vorauszahlung verbundenen Zinsbelastungen - bei Vertragsschluss zu achten.

VOB/B-Bauvertrag

Eine ausdrückliche Regelung hierzu findet sich in § 16 Abs.2 VOB/B. Danach können auch nach Vertragsabschluss Vorauszahlungen vereinbart werden; hierfür ist auf Verlangen des Auftraggebers ausreichende Sicherheit zu leisten. Diese Vorauszahlungen sind, sofern nichts anderes vereinbart wird, mit 3 v.H. über dem Basiszinssatz des § 247 BGB zu verzinsen, vgl. § 16 Abs.2 Nr.1 VOB/B (am Ende).

Internationaler Werkvertrag

Dies entspricht auch internationaler Praxis, vgl. FIDIC, Ziffer 14.2. Die Absicherung erfolgt auch hier über Sicherheiten, die Rückzahlung durch prozentuale Ableistung. FIDIC, Ziffer 14.2 geht von einem zinslosen Darlehen aus.

9.11 Schlusszahlung

Kaufvertrag / Werklieferungsvertrag / Werkvertrag / Bauvertrag

Bei einem *Kaufvertrag* oder Werklieferungsvertrag gibt es eine „Schlusszahlung" nur in dem Sinne, dass bei einem gestreckten Zahlungsverfahren - etwa bei Ratenzahlungen - eine letzte Zahlung geleistet wird. Eine besondere Rechtswirkung kommt dieser letzten Zahlung aber nicht zu. Der Auftraggeber muss lediglich überprüfen, ob damit alle Verbindlichkeiten des Auftragnehmers, also auch etwaige geschuldete Zinsen oder sonstige Nebenkosten, abgegolten sind.

Der Bauvertrag kennt die Schlussrechnung, § 650g Abs.3 BGB. Daraus ergibt sich, dass die Zahlung auf die Schlussrechnung eine Schlusszahlung darstellt. Bei einem Werkvertrag hat die Leistung einer „Schlusszahlung" ebenfalls keine weiterreichende Bedeutung.

Allen Schlusszahlungen ist gemein, dass sie nach den Umständen auch als eine weitergehende Erklärung des Auftraggebers verstanden werden können, z.B. dass er keine weiteren Zahlungen mehr leisten wird. Sie können auch als Anerkenntnis der Vertragsmäßigkeit der Leistung interpretiert werden, ggf. also auch als konkludente Abnahme. Das muss aber für jeden Einzelfall überprüft werden.

VOB/B-Bauvertrag

Bei einem *VOB/B-Bauvertrag* hingegen ist die „Schlusszahlung" ausdrücklich in § 16 Abs.3 Nr.1 VOB/B geregelt. Der Auftraggeber erklärt damit, dass er nicht bereit ist, weitere Zahlungen auf die Leistung des Auftragnehmers zu leisten. Er kann dies durch Bezeichnung seiner Zahlung als „Schlusszahlung" tun, er kann aber seine Haltung auch in anderer Weise dem Auftragnehmer gegenüber deutlich machen, etwa durch ein separates Schreiben, in dem er weitere Zahlungen unter Hinweis auf die bereits geleisteten Zahlungen endgültig und ernsthaft verweigert, § 16 Abs.3 Nr.3 VOB/B. Die Hinweis- und Warnfunktion erfordert dabei zwingend einen schriftlichen Hinweis des Auftraggebers (BGH, Urt. v. 17.12.1998, Az. VII ZR 37-98, NJW 1999, 944 - „Schlusszahlungsvermerk") - **(Muster-AG 23)**.

Um seine Rechte zu erhalten, sollte der Auftragnehmer, wenn er vom Auftraggeber einen solchen Brief erhalten hat, seinerseits schriftlich gegenüber dem Auftraggeber einen Vorbehalt erklären. Der Vorbehalt ist innerhalb von 28 Kalendertagen nach Eingang der Schlusszahlung zu erklären und innerhalb weiterer 28 Werktage durch prüfbare Rechnungen zu belegen oder eingehend zu begründen, § 16 Abs.3 Nr.5 VOB/B - **(Muster-AN 32)**. Dies gilt auch für früher gestellte noch unerledigte Forderungen, wenn sie nicht nochmals vorbehalten werden, § 16 Abs.3 Nr.4 VOB/B. Enthielt der Brief des Auftraggebers keinen Hinweis auf die Ausschlusswirkung, ist ein Vorbehalt des Auftragnehmers nicht erforderlich.

In der Praxis wird damit oft Angst und Unsicherheit bei den Auftragnehmern geschürt, die daraufhin einen erheblichen Aufwand betreiben, um dem Auftraggeber nochmals ihre Forderungen zu übermitteln.

Diesen Aufwand kann sich der Auftragnehmer aber dann sparen, wenn er bereits eine prüfbare Schlussrechnung aufgestellt hatte (BGH, Urt. v. 8.11.1979, Az. VII ZR 113/79, BauR 1980, 178), denn dann wäre die nochmalige Übersendung und Begründung eine unnötige Formalie, die keinem dient. Wenn der Auftraggeber Kürzungen an der Schlussrechnung vorgenommen hat, ergibt sich daraus, dass er sie auch hat prüfen können.

Schließlich ist auch daran zu erinnern, dass gerade diese Klausel gem. § 307 BGB unwirksam ist, wenn nicht die VOB/B "pur" vereinbart wurde, was kaum vorkommt (siehe oben Kapitel 3.1.5).

9.12 Skonti / Rabatte

Alle Vertragstypen

Sollen für schnelle Zahlungen Skontoabzüge gewährt werden, müssen diese ausdrücklich vereinbart werden (vgl. § 16 Abs.5 Nr.2 VOB/B). Die einseitige Auferlegung von Skonti in Allgemeinen Geschäftsbedingungen ist nur möglich, sofern die Billigkeitsgrenze damit nicht überschritten wird und kein Verstoß gegen das Transparenzgebot vorliegt. Dazu muss vor allem klar sein, ob Skonti nur auf die Schlusszahlung oder auch auf Abschlagszahlungen, Teilschlusszahlungen, etc. gewährt werden sollen.

Rabatte, die der Auftragnehmer dem Auftraggeber auf Positionen des Leistungsverzeichnisses gewährt hat, muss er auch auf Leistungspositionen gewähren, die erst während der Auftragsabwicklung hinzugekommen sind (Nachträge). Nur für Leistungen, die für die Ausführung der vertraglichen Leistung nicht erforderlich waren und die deshalb gesondert neben dem Vertrag vereinbart wurden (vgl. § 1 Abs.4 S.2 VOB/B) trifft dies nicht zu. Für diese Leistungen gelten die hierfür vereinbarten Preise. Die Parteien sollten deshalb bei Abschluss von Zusatzaufträgen klarstellen, ob die Konditionen des Hauptauftrages auch für die Zusatzleistungen Anwendung finden sollen.

9.13 Verzug

9.13.1 Voraussetzungen

Kommt der Auftraggeber seinen Zahlungsverpflichtungen nicht nach, so hat der Auftragnehmer die beschriebenen Rechte und Reaktionsmöglichkeiten (siehe oben Kapitel 6 „Störungen in der Auftragsabwicklung durch den Auftraggeber", dort Ziffer 6.7 ff. „Auftraggeber zahlt nicht"). Voraussetzung ist stets, dass der Auftraggeber mit der Zahlung „in Verzug" gerät.

Kaufvertrag / Werklieferungsvertrag / Werkvertrag / Bauvertrag

Der Auftraggeber gerät in Verzug, wenn:

- die Zahlung fällig ist, und
- der Auftragnehmer den Auftraggeber gemahnt hat, § 286 Abs.1 BGB) - (**Muster-AN 18**), oder
- der Auftragnehmer gegen den Auftraggeber einen Mahnbescheid hat zustellen lassen oder Klage erhoben hat,
- spätestens jedoch 30 Tage nach Fälligkeit und Zugang einer Rechnung oder gleichwertigen Zahlungsaufstellung.

Gegenüber einem Verbraucher gilt dies allerdings nur, wenn der Auftraggeber auf diese Folgen in der Rechnung oder Zahlungsaufstellung besonders hingewiesen worden ist, § 286 Abs.3 S.1 BGB. Wenn der Zeitpunkt des Zugangs unsicher ist, tritt bei einem Auftraggeber, der kein Verbraucher ist, Verzug 30 Tage nach Fälligkeit und Empfang der Gegenleistung ein, § 286 Abs.3 S.2 BGB.

Einer Mahnung bedarf es nicht, wenn:

- die Parteien für die Zahlung einen bestimmten Termin nach dem Kalender bestimmt haben,
- der Auftragnehmer dem Auftraggeber nach Übergabe/Abnahme eine angemessene Frist setzt, die sich nach dem Kalender berechnen lässt **(Muster-AN 19)**
- der Auftraggeber die Zahlung ernsthaft und endgültig verweigert,
- aus besonderen Gründen unter Abwägung beiderseitigen Interesses der sofortige Eintritt des Verzugs gerechtfertigt ist.

VOB/B-Bauvertrag

Bei einem VOB/B-Bauvertrag tritt Verzug ein, wenn:

- die Fristen für die Fälligkeit der Zahlung abgelaufen sind (also erst nach Ablauf von 18 Werktagen für eine Abschlagszahlung, vgl. § 16 Abs.1 Nr.3 VOB/B oder nach 2 Monaten für eine Schlusszahlung, vgl. § 16 Abs.3 Nr.1 VOB/B) - und zusätzlich
- der Auftragnehmer dem Auftraggeber eine angemessene Nachfrist gesetzt hat **(Muster-AN 19)**.

Für die Bemessung der angemessenen Nachfrist für eine Abschlagszahlung gibt es keine verbindlichen Vorgaben. Angesichts der schnellen Übertragungswege sollte eine Woche vollkommen ausreichen; - in besonderen Situationen, z.B. nach mehrfachen Anmahnungen oder erheblichen Schäden, die aus der Nichtzahlung erwachsen könnten, müssen auch kürze Fristen als angemessen gelten.

9.13.2 Verzugszinsen

Alle Vertragstypen

Um den Auftraggeber anzuhalten, seinen Zahlungsverpflichtungen zügig nachzukommen, wurde der Verzugszinssatz auf 9 % über dem Basiszinssatz festgelegt, § 288 Abs. 2 BGB.

Der Basiszinssatz wird in den Wirtschaftszeitungen und auf den Internetseiten der Europäischen Zentralbank bzw. der Deutschen Bundesbank veröffentlicht (siehe auch http://basiszinssatz.info/). Seit Januar 2013 ist der Basiszinssatz wegen der anhaltenden Niedrigzinsphase sogar negativ.

Verbrauchsgüterkauf / Verbraucherbauvertrag

Der Verzugszins bei Verbrauchern beträgt nur 5 % über dem Basiszinssatz, § 288 Abs.1 BGB.

9.13.3 Fälligkeitszinsen

Alle Vertragstypen – ohne Verbraucher

Selten angewandt werden §§ 352; 352 HGB. Kaufleute untereinander sind berechtigt, für ihre Forderungen aus beiderseitigen Handelsgeschäften vom

Tag der Fälligkeit an Zinsen zu fordern. Der Fälligkeitszins beträgt 5 %, was z.Zt. eine sehr gute Verzinsung darstellt.

Voraussetzung ist natürlich, dass die Zahlung tatsächlich fällig ist (siehe oben Ziffer 9.2 „Fälligkeit der Zahlung"). Also insbesondere dann nicht, wenn die Zahlung gestundet wurde, etwa durch Einräumung von Zahlungszielen, wie die Zahlungsfristen nach § 16 VOB/B.

9.13.4 Abrechnungsbeschleunigung durch die Baustelle

Die Projektleitung kann viel dafür tun, dass Forderungen des Auftragnehmers möglichst frühzeitig gestellt werden und so die Liquidität des Unternehmens erhöht wird. Nur wenn vor Ort die richtigen Weichen gestellt werden, kann die Buchhaltung den nächsten Schritt zur Abrechnung unternehmen. Hier liegt viel finanzielles Potential, das von den Auftragnehmern oft nicht ausgenutzt wird. So können die Abrechnungsprozesse gravierend beschleunigt werden, wenn:

- die Baustelle sofort darüber informiert, wenn Teilabnahmen möglich sind,
- Material auf die Baustelle gelangt ist und die Voraussetzungen für einen Eigentumsübergang auf den Auftraggeber vorliegen,
- die Baustelle über das vorzeitige Erreichen von „Meilensteinen" benachrichtigt,
- die Baustelle nach dem Vertrag erforderliche Abrechnungsunterlagen umgehend weiterleitet.

9.14 Verjährung der Zahlungsansprüche des Auftragnehmers

Alle Vertragstypen

Allgemein zur Verjährung vgl. oben Kapitel 5.13

9.14.1 Verjährung der Vergütungsansprüche

Zahlungsansprüche des Auftragnehmers aus Kauf- und Werkverträgen unterliegen nach § 195 BGB der regelmäßigen Verjährungsfrist von 3 Jahren.

Diese dreijährige Verjährungsfrist beginnt mit dem Ablauf des Jahres zu laufen, in welchem der Anspruch entstanden ist, und der Anspruchsgläubiger von den seinen Anspruch begründenden Umständen und der Person seines Zahlungsschuldners Kenntnis erlangt, vgl. § 199 Abs.1 BGB. Ein Zahlungsanspruch entsteht mit seiner Fälligkeit (siehe. oben Kapitel 9.2). Dies bedeutet, dass diese dreijährige Verjährungsfrist mit dem 1. Januar des an die Entstehung des Anspruches sich anschließenden Jahres zu laufen anfängt.

Beispiel: Ein Vergütungsanspruch, der am 27.4.2017 fällig geworden ist, verjährt am (31.12.2017 plus 3 Jahre, also am) 31.12.2020.

Bei Vergütungsansprüchen aus Kauf-, Werk- und Bauverträgen (nach dem BGB) ist für die Entstehung des Anspruches derjenige Zeitpunkt maßgeblich, zu dem der Auftragnehmer die Fälligkeit durch (Schluss-)Rechnungstellung <u>hätte bewirken können</u> (BGH, Urt. v. 18.12.1980, Az. VII ZR 41/80, BauR 1981, 199).

Bei Zahlungsansprüchen aus VOB/B - Bauverträgen ist nach der Rechtsprechung des BGH hingegen der Zeitpunkt maßgeblich, zu dem der Auftragnehmer seine Schlussrechnung <u>tatsächlich übergeben hat</u>. Hier kann der Auftragnehmer also den Beginn der Verjährungsfrist zu seinen Gunsten manipulieren, indem er seine Schlussrechnung nicht alsbald erstellt. Der BGH vertritt die Auffassung, dass der Auftraggeber nach § 14 Abs.3 und 4 VOB/B die Schlussrechnung auch selbst aufstellen kann und deshalb den Beginn der Verjährungsfrist seinerseits unter Kontrolle hat. (BGH, Urt. v. 8.11.2001, Az. VII ZR 480/00, NZBau 2002, 91).

Ist der Vergütungsanspruch des Auftragnehmers rechtskräftig festgestellt worden oder verfügt der Auftragnehmer über sonstige Vollstreckungstitel (z.B. aus vollstreckbaren Vergleichen oder vollstreckbaren Urkunden), so beträgt die Verjährungsfrist 30 Jahre.

Um eine Berührung mit teilweise sehr komplizierten Abgrenzungsfragen zu vermeiden, sollte man sich in der Praxis mit seinem Verhalten generell auf die kurzen Verjährungsfristen einstellen und Ansprüche nicht längere Zeit unbearbeitet liegen lassen, sondern zeitnah verfolgen und durchsetzen.

9.14.2 Verjährung von Schadensersatzansprüchen

Bei den Schadensersatzansprüchen wird bezüglich der Verjährungsfrist danach unterteilt, welches Rechtsgut des Geschädigten verletzt wurde.

Grundsätzlich verjähren auch Schadensersatzansprüche innerhalb der regelmäßigen Verjährungsfrist von 3 Jahren. Die Frist beginnt mit dem Datum, an dem der Auftragnehmer davon erfährt, dass und von wem er seinen Schaden ersetzt verlangen kann, § 199 Abs.1 BGB. Es kann sein, dass dem Auftragnehmer diese Umstände erst Jahre nach der schädigenden Handlung des Auftraggebers bekannt werden.

Beispiel: Der Auftragnehmer ist während seiner Auftragsabwicklung behindert, weil ein anderer Unternehmer nicht ordnungsgemäß geleistet hat. Der Auftraggeber ist nicht bereit, zu zahlen und verweist den Anspruchsteller auf den Unternehmer, der die Behinderung verursacht hat. Der Auftragnehmer verklagt daraufhin diesen Unternehmer, um dann nach drei Jahren in der Berufungsinstanz vor dem Oberlandesgericht zu erfahren, dass er doch seinen Auftraggeber hätte verklagen müssen.

In diesem Fall beginnt die Verjährungsfrist von drei Jahren erst ab der Kenntnis des Auftragnehmers von der Person des wahren Anspruchsgegners. Damit diese Fristen aber nicht zu einer zu langen Rechtsunsicherheit führen, bestimmt § 199 Abs.4 BGB, dass der Anspruch jedenfalls 10 Jahre nach seiner Entstehung verjährt, ohne dass es auf die eben genannte Kenntnis des Auftragnehmers ankommt.

Schadensersatzansprüche, die auf der Verletzung des Körpers, der Gesundheit, des Lebens oder der Freiheit beruhen (z.B. deliktische Schadensersatzansprüche), verjähren nach § 199 Abs.2 BGB erst in 30 Jahren von der Begehung der Handlung bzw. Pflichtverletzung oder dem sonstigen schädigenden Ereignis an. Diese 30-jährige Verjährungsfrist gilt ohne Rücksicht auf ihre Entstehung und die Kenntnis bzw. grob fahrlässige Unkenntnis vom Täter.

Sonstige Schadensersatzansprüche (z.B. aus der Verletzung des Eigentums oder des Vermögens) verjähren nach § 199 Abs.3 Nr.1 BGB in 10 Jahren von ihrer Entstehung an, - ebenfalls ungeachtet der Kenntnis oder grob fahrlässigen Unkenntnis vom Täter.

9.14.3 Verjährung des Entschädigungsanspruches, § 642 BGB

Dieser Anspruch verjährt nach §§ 195; 199 BGB. Das Problem liegt in der Frage, ab wann dieser Anspruch entsteht. Das ist bislang noch nicht höchstrichterlich geklärt. Vertreten wird, dass der Anspruch entsteht

- mit dem ersten entschädigungspflichten Ereignis (Grundsatz der Schadenseinheit),
- wenn der Annahmeverzug beendet ist (d.h., man fast alles bis dahin als eine Dauerhandlung auf),
- mit der Schlussrechnung, wenn alles abgerechnet werden kann.

Auftragnehmer, die Störungen in einem lang andauerndes Bauprojekt haben, sollten deshalb auch das Verjährungsrisiko im Auge haben.

10 ARGE, Konsortium, Joint Venture (Hammacher)

Je komplexer der Auftrag, desto mehr Fachleute müssen daran mitwirken. Zwischen den Beteiligten gelten meist die hier in den vorigen Kapiteln beschriebenen Regeln für Auftraggeber und Auftragnehmer.

Innerhalb der Unternehmen findet Arbeitsrecht Anwendung (vgl. dazu unten Kapitel 14).

Die Projektbeteiligten können sich aber auch auf Augenhöhe zusammenschließen, um einen bestimmten Unternehmenszweck zu erreichen.

Beispiele: Zwei Straßenbau-Unternehmen bewerben sich gemeinsam um den Auftrag zur Instandsetzung eines Autobahn-Abschnitts.

Zwei Architekturbüros entwickeln gemeinsam ihren Entwurf für ein neues Verwaltungsgebäude.

Mehrere internationale und nationale Banken wollen gemeinsam den Bau eines Flughafens finanzieren.

In diesen Fällen soll ein bestimmter Auftrag erfüllt werden. Die Erledigung dieses Auftrages stellt den Grund für die Zusammenarbeit dar, der Unternehmenszweck. Damit dies erreicht werden kann schließen sich die Parteien auf Zeit zu einer „Gesellschaft" zusammen. Ihr Verhältnis zueinander richtet sich nach dem zwischen ihnen geschlossenen Vertrag und nach dem jeweils anwendbaren Gesellschaftsrecht, unabhängig davon nach welchem Recht sich das Verhältnis zwischen dieser Gesellschaft zu ihrem Kunden richtet.

10.1 Begrifflichkeiten

Die Bezeichnungen dieser „Gesellschaft" auf Zeit sind vielfältig:

Bietergemeinschaft BIEGE für den Zusammenschluss von Unternehmen, die sich an einer Ausschreibung beteiligen und ein wettbewerbsfähiges Angebot abzugeben.

Arbeitsgemeinschaft ARGE für Unternehmen, die als Partner einen Auftrag abwickeln möchten. Hier sind öfters Unternehmen beteiligt, die der gleichen Branche angehören, z.B. aus der Bauwirtschaft, die aber gemeinsam stärker sind und so die Anforderungen besser erfüllen können. Findet der Mustervertrag der Bauindustrie Anwendung, kommt es zu einer engen Verbindung der Unternehmen: sachliche und personelle Ressourcen werden gebündelt, sodass die Unternehmenszugehörigkeit hinter dem gemeinsamen Zweck zurücktritt, jedenfalls theoretisch.

Die ARGE-Partner schließen sodann mit der ARGE nochmals eigene Subunternehmerverträge, die sich nach Werkvertragsrecht richten. Daraus ergeben sich zahlreiche dogmatische aber auch praktische Probleme, denn die gleiche Firma kann dann einmal als ARGE-Mitglied Auftraggeber und zugleich ihr eigener Subunternehmer sein. Dennoch ist der Muster-ARGE-Vertrag aufgrund der Organisationsstärke der Bauindustrie weit verbreitet.

Die DACH-ARGE entspringt ebenfalls dem Konzept des Mustervertrages der Bauindustrie. Hier sind aber außer den zur ARGE zusammengeschlossenen Bau-Unternehmen auch noch Unternehmen anderer Branchen beteiligt (z.B. Stahlbau, Elektro, etc.), die ihre Ressourcen nicht in der gleichen Weise einbringen können oder möchten. Die Dach-ARGE ist deshalb mehr auf die Wahrung der Interessen ihrer Mitglieder ausgerichtet und weniger eng konstruiert als die Bau-ARGE..

Das KONSORTIUM ist die im Anlagenbau, aber auch im Bankenbereich übliche Bezeichnung des Zusammenschlusses. Die Zusammenarbeit ist auch hier auf das Erreichen des gemeinsamen Zwecks ausgerichtet, aber unter Wahrung der größtmöglichen Eigenständigkeit ihrer Mitglieder.

Eine LOS-ARGE ist ebenfalls ein Begriff für den Zusammenschluss unterschiedlicher Gewerke („Lose").

Das JOINT VENTURE ist die internationale übliche Bezeichnung. Auch hier ist meist keine Pool-Bildung, wie bei der Bau-ARGE festzustellen. Der Begriff wird auch oft gewählt, wenn sich Investoren aus dem Ausland und (staatliche) Eigentümer im Inland zusammentun.

Beispiel: ICC MODEL CONSORTIUM AGREEMENT 2016

(vgl. hierzu die gute Darstellung von Mahnken/Kurtze, Konsortien im Anlagenbau und das ICC Consortium Agreement 2016, in NZBau 2017, 187).

Alle diese Begriffe sind gesetzlich nicht geregelt. Aus der Bezeichnung lässt sich für die Auslegung des Vertrages und das Verhalten der Gesellschafter nichts herleiten. Maßgeblich ist, was die Parteien vereinbaren.

International sind die Verträge meist sehr ausführlich, weil möglichst alles vertraglich erfasst werden soll, ohne auf die unterschiedlichen Rechtsordnungen der Gesellschafter oder des Landes, in dem die Gesellschaft tätig ist, zurückgreifen zu müssen. Subsidiär gilt das Gesellschaftsrecht desjenigen Staates, in dem die Gesellschaft ihren Sitz hat.

Für Deutschland kommt als Rechtsform insbesondere die Gesellschaft bürgerlichen Rechts, GbR oder BGB-Gesellschaft genannt, in Betracht, §§ 705 ff. BGB.

Wenn die Beziehungen sich verfestigt haben und auf längere Zeit angelegt sind, kann die Gesellschaft auch als Offene Handelsgesellschaft (OHG), § 105 HGB, angesehen werden, was Publikationspflichten und weitere handelsrechtliche Pflichten zur Folge hat.

Wollen die Gesellschafter noch weiter gehen, stehen ihnen auch alle anderen Gesellschaftsformen offen.

10.2 Identität der Gesellschaft

Haben sich Gesellschafter zu einer BIEGE zusammengeschlossen, um sich für einen öffentlichen Auftrag zu bewerben und später den Auftrag auch gemeinsam durchzuführen, darf sich „unterwegs" in der Zusammensetzung der Gesellschaft nichts ändert.

Beispiele: Es kommt zu einer Verschmelzung zweier Anbieter in der Phase zwischen Ablauf der Angebotsabgabefrist und dem Zuschlag. Einer von drei Gesellschaftern scheidet nach Auftragsvergabe aus.

Dann liegt ein Wechsel beim Anbieter vor, und damit eine inhaltliche Änderung des Angebotes, was zum Ausschluss führt (OLG Düsseldorf, Beschluss vom 18.10.2006, Az. VII-Verg 30/06, NZBau 2007, 254).

10.3 Wesentliche Regelungspunkte der gesellschaftsrechtlichen Zusammenarbeit

In diesem Buch bieten wir ein Muster für einen solchen Gesellschaftsvertrag an: **Muster-AN+AG 03.** Dieser Vertrag nimmt keine „Pool"-Bildung vor, wie der Vertrag der Bauindustrie und entspricht damit eher dem Konsortium oder Joint Venture. Es passt gut für Zusammenschlüsse von Unternehmen unterschiedlicher Branchen, z.B. Tiefbau mit Stahlbau und Maschinen- oder Anlagenbau, oder von Firmen der gleichen Sparte, die ihre weitgehende Unabhängigkeit wahren möchten.

Das Muster ist in seiner digitalen Fassung kommentiert, sodass hier nur auf einige Eckpunkte zum Verständnis hingewiesen werden soll.

Während im Austauschvertrag Leistung und Gegenleistung im Vordergrund stehen, also jede Seite darauf bedacht ist, die andere Seite anzuhalten, ihre Pflichten einzuhalten, geht es im Gesellschaftsrecht vorrangig um das Erreichen eines gemeinsamen Ziels. Erst wenn das Ergebnis dieser gemeinsamen Bemühungen einen Gewinn gebracht hat, kann er unter den Gesellschaftern verteilt werden. Das Kooperationsgebot ist im Gesellschaftsvertrag deshalb stärker verwurzelt als bei den Austauschverträgen, - jedenfalls theoretisch. Praktisch kämpfen natürlich auch hier die Gesellschafter um ihren Anteil und Menschen um ihr Ansehen, Einfluss und Geld. Diskussionen, Meinungsverschiedenheiten und Streit um die beste Lösung gehören auch hier dazu. Tiefgreifende Konflikte können jedoch das gemeinsame Vorhaben massiv beeinträchtigen. Der Gesellschaftsvertrag muss deshalb unbedingt transparent und eindeutig bestimme Punkte regeln:

- Klare Entscheidungen zur Vertretung der Gesellschaft nach außen,
- Klare Verteilung der Aufgaben und Kompetenzen im Innenverhältnis,
- Klare Verteilung der Liefer- und Leistungsanteile, sowie von Kostentragung, Risiko und Gewinn,
- Klare Aussagen zur Haftung der Parteien nach außen und nach innen,
- Klare Regelungen über die Meinungsbildung und Entscheidungswege innerhalb der Gesellschaft,
- Klare Vorgaben zum Umgang mit Streitigkeiten während der Auftragsabwicklung und - falls erforderlich - danach.

Daneben gibt es noch zahlreiche Detailfragen zu Finanzen, Steuern, Sicherheiten, Versicherungen, Schutzrechten, an die die Parteien vor Abschluss des Vertrages denken müssen.

10.3.1 Klare Entscheidungen zur Vertretung der Gesellschaft nach außen

Wie in vielen Personengesellschaften möchten die Gesellschafter in alle Angelegenheiten mitreden, selbst wenn sie eine Geschäftsführung eingesetzt haben. Die Vertretung der Gesellschaft nach außen und die Gesellschafter-Stellung nach innen müssen aber unterschieden werden. Das schließt den Gesellschafter-Geschäftsführer nicht aus. Kleinere Gesellschaften werden die Geschäftsführung mit übernehmen, sie bezeichnen sich dann gelegentlich als „Federführer". In anderen Fällen kann es auch ein eigenes Projektmanagement geben, das die Gesellschaft repräsentiert, intern aber der Gesellschafterversammlung verantwortlich ist.

Kunde, Subunternehmer und Dritte brauchen jemanden, der für die Gesellschaft verbindliche Aussagen treffen kann, insbesondere Verträge abschließen. Wird die Leine im Innenverhältnis zu eng angelegt, kann das die Aktionsfähigkeit der Gesellschaft behindern. Bei einer zu weit ausgelegten Kompetenz können Erklärungen nach außen kaum revidiert werden.

10.3.2 Klare Verteilung der Aufgaben und Kompetenzen im Innenverhältnis

Oft findet sich eine Aufteilung in kaufmännische und technische Geschäftsführung. Das ist nicht immer passend. In einer Gesellschaft mit verschiedenen Gewerken wird jedenfalls die technische Kompetenz bei den Gesellschaftern belassen und nur die übergeordnete Koordination einem von ihnen überlassen, ähnlich wie die übergeordneten kaufmännischen Angelegenheiten.

Besteht ein großes Ungleichgewicht in der Bedeutung der Gesellschafter, z.B. einer der Gesellschafter hat 60 % Anteile am Liefer- und Leistungsumfang, die anderen beiden nur jeweils 20 %, muss dies sinnvoll ausgewogen werden, damit nicht einer die anderen an die Wand spielt.

Wichtig ist, dass es keinen Zweifel darüber gibt, wer wofür zuständig ist und wieviel er zu sagen hat. Funktionen sollten immer auch mit einem Stellvertreter besetzt sein, um plötzliche Vakanzen während der Auftragsabwicklung auffangen zu können.

10.3.3 Klare Verteilung der Liefer- und Leistungsanteile, sowie von Kostentragung, Risiko und Gewinn

Ändert sich der Auftrag mit dem Kunden, z.B. aufgrund geänderter oder zusätzlicher Leistungen, muss geregelt sein, wie dies von der Gesellschaft zu bewerkstelligen ist, ebenso im Falle von Kürzungen oder gar vorzeitiger Beendigung des Vertrages durch den Kunden. Die theoretischen Gewinne müssen genauso zugewiesen werden wie die Kosten.

Es ist zu differenzieren zwischen Risiken, die ihre Ursache im Verhalten der Gesellschafter untereinander haben, und denjenigen der Gesellschaft, die diese gegenüber dem Kunden oder Dritten hat. Gesellschaften, die in einem Land tätig werden, das sie nicht besonders gut kennen, müssen hierauf besonders achten.

10.3.4 Klare Aussagen zur Haftung der Parteien nach außen und nach innen

Aufgrund der gesellschafts-rechtlichen Verbindung haften die Gesellschafter dem Kunden und anderen Gläubigern regelmäßig als Gesamtschuldner, (es sei denn der Kunde war ausnahmsweise bereit, mit ihnen als Gesellschaft mit beschränkter Haftung zusammen zu arbeiten).

Der Kunde kann grundsätzlich wählen, gegen wen er seinen Anspruch geltend machen will. Er kann sich ein Mitglied der ARGE heraussuchen und gegen dieses vorgehen, - oder alle Mitglieder verklagen, da die ARGE als Gesellschaft bürgerlichen Rechts als solche nach selbst verklagt werden kann.

Geht er den Weg, nicht die Gesellschaft selbst, sondern nur ein Mitglied zu verklagen, muss er bedenken, dass die Verjährungsfrist gegenüber den anderen Mitgliedern durch die Erhebung der Klage nicht gehemmt wird. Es besteht also die Gefahr, dass er seinen Anspruch nicht erfolgreich gerichtlich durchsetzen kann (OLG Frankfurt, Beschl. v. 13.8.2001, Az. 5 W 21/01, NJW-RR 2002, 1277).

Im Innenverhältnis kann es dann zu einem Gesamtschuldner-Ausgleich kommen. Zahlt ein ARGE-Mitglied den geforderten Betrag, so kann es von den anderen möglicherweise Erstattung oder vollständigen Ausgleich der verauslagten Summe verlangen, § 426 BGB.

Beispiel: Drei Firmen schließen sich zu einer ARGE zusammen. Wegen Überschreitung des Fertigstellungstermins verlangt der Auftraggeber Zahlung einer Vertragsstrafe und zieht diesen Betrag von der Schlussrechnung ab. Nach den internen Regelungen hat derjenige für den Schaden einzustehen, der den Verzug verursacht hat.

Der Anspruch der ausgleichsberechtigten ARGE-Mitglieder gegen den Verursacher verjährt mangels anderweitiger Regelungen in der regelmäßigen Verjährungsfrist von 3 Jahren ab Ende des Jahres, in dem sie von der Person/Firma und den Umständen Kenntnis erhalten, §§ 195; 199 Abs.1 BGB.

Ein wichtiger Regelungspunkt in jedem ARGE-Vertrag betrifft die Frage, ob die Gesellschafter die Risiken, Schäden und Verluste untereinander verteilen – also „sozialisieren" sollen.

Beispiel: Der Auftraggeber macht eine Vertragsstrafe gegenüber der Gesellschaft geltend, weil einer der Gesellschafter zu lange für sein Gewerk gebraucht hat und deshalb der garantierte Fertigstellungstermin nicht zu halten war.

Die beiden extremen Lösungsvorschläge lauten: „Wer zu spät kommt, zahlt alles!" contra „Mitgefangen - Mitgehangen!" - mit viel kreativem Differenzierungspotential, etwa nach Art der Haftung, nach Verursacher, nach Verteilungsquote, nach Betrag etc..

10.3.5 Klare Regelungen über die Meinungsbildung und Entscheidungswege innerhalb der Gesellschaft

Typischerweise gibt es mehrere Gremien in der Gesellschaft vom Construction-Management über die Geschäftsführung (Steering Committee) zur Gesellschafterversammlung (Partners' Meeting). Die Entscheidungsfindung muss in einem gewissen Maße formalisiert werden (Einberufungsfristen, Teilnehmer, Art der Abstimmung, Protokoll, Einspruchsfrist gegen das Protokoll etc.) damit die Gesellschaft funktionieren kann. Man muss sich vor Augen halten, dass hier Unternehmen und Menschen zusammenarbeiten müssen, die sich nicht (oder viel zu gut) kennen, und ein noch unbekanntes Projekt mit einem unbekannten Auftragnehmer und seinen unbekannten Erfüllungsgehilfen womöglich in einem unbekannten Land abwickeln müssen. Da ist es wichtig, dass Informationen dahin gelangen, wo sie benötigt werden, nichts verloren geht, was später noch gebraucht wird, niemand übergangen wird, der später mitwirken muss.

10.3.6 Klare Vorgaben zum Umgang mit Interessen und Streitigkeiten während der Auftragsabwicklung und - falls erforderlich - danach.

Vom Kick-up-Meeting bis zur Abschlussparty kann viel passieren. Die Beteiligten sind dabei nicht immer in der Lage, entstehende Konflikte alleine zu lösen.

Ein Eskalationsszenario besteht darin, Konflikte an das jeweils höhere Gremium, das mit jeweils anderen Leitungspersönlichkeiten besetzt ist, hoch zu delegieren.

Sinnvoll ist die Beauftragung eines externen Mediators / Schlichters / Gutachters / Adjudikators etc., der den Auftrag mitverfolgt und von den Beteiligten angerufen werden kann, wenn es droht, kompliziert zu werden.

Manche Verträge sehen hier das Recht dieses Dritten vor, eine vorläufig bindende Entscheidung zu fällen, damit es mit dem Auftrag weitergeht und es dann den Parteien zu überlassen, die Streitigkeit anderenorts zu klären. Oft wird es dazu dann gar nicht mehr kommen, weil der Streit durch neue Ereignisse im Auftrag überholt wird. Es ist tatsächlich so: manches löst sich auch von selbst. Man muss nicht jedes Mal einen Kampf führen. Zum Thema Konfliktbearbeitung siehe weiter in Kapitel 15.

Wichtig ist auch ein faires Exit-Szenario. Die weitere Zusammenarbeit in der Gesellschaft kann sich aus vielen Gründen als nicht mehr möglich erweisen. In solchen Situationen muss die Gesellschaft handlungsfähig bleiben, da die Gesellschafter gesamtschuldnerisch gegenüber dem Kunden zur Fertigstellung des Auftrags verpflichtet sind. In diesen Situationen muss es möglich sein, dass die Gesellschafter denjenigen, der die ordnungsgemäße Fertigstellung des Auftrags nicht mehr sicherstellen kann, aus der Gesellschaft auszuschließen.

Dabei müssen aber die Rechte des auszuschließenden Gesellschafters beachtet werden. Wichtig ist deshalb, dass die Gesellschafter in den Gremien, die der Gesellschaftsvertrag hierzu vorgesehen hat, vorher ausgiebig über die Situation beraten und der auszuschließende Gesellschafter Gelegenheit hat, seine Sicht der Dinge vorzutragen. Erst dann kommt ein Ausschluss als „Ultima Ratio" überhaupt in Betracht. Kommt es zum Ausschluss, müssen die verbleibenden Gesellschafter Zugriff auf Gerätschaften und Material des ausgeschlossenen Gesellschafters erhalten, damit die Fertigstellung des Auftrags nicht gefährdet wird.

11 Sicherheiten und ihr Bestand in der Insolvenz des Vertragspartners (Güntzer)

11.1 Sicherungsbedürfnis

Die in den letzten Jahren wieder erstarkte Wirtschaft lässt leicht vergessen, dass in den Jahren von 2003 bis 2006 eine sehr starke Rezession im Baubereich stattgefunden hatte und jährlich ca. 40.000 Unternehmensinsolvenzen registriert wurden. Forderungsausfälle hatten Kettenreaktionen und die Vernichtung von Existenzen zur Folge. Die Insolvenz großer Baukonzerne wie z.B. Holzmann oder Walther-Bau hatten ganze Insolvenzwellen bei ihren Subunternehmern und Zulieferern zur Folge, weil diese zwar mehr oder weniger weit in Vorlage getreten waren und bereits geleistet hatten, dafür jedoch keine Vergütung erhielten.

Vor diesem Hintergrund sollten Auftraggeber und Auftragnehmer auch in Zukunft ein starkes Interesse daran haben, ihre Ansprüche und Forderungen abzusichern. Beide Vertragsparteien möchten für ihre Leistung die adäquate Gegenleistung erhalten. Ist der Vertragspartner hierzu nicht (mehr) in der Lage, sollten die Nachteile, die sich hieraus ergeben, möglichst weitgehend abgedeckt sein.

Dieses Sicherungsbedürfnis besteht sowohl für Auftragnehmer wie für Auftraggeber. Aus diesem Grunde werden nachstehend auch die Sicherungsmöglichkeiten für beide Seiten dargestellt. Begonnen wird mit den Sicherungsmöglichkeiten für den Auftragnehmer und anschließend mit denen des Auftraggebers.

Die Sicherungsmöglichkeiten für Auftragnehmer sind in den Rechtsordnungen der einzelnen Staaten unterschiedlich ausgestaltet, was bei der Vertragsgestaltung zu beachten ist.

In den Niederlanden besteht z.B. die Möglichkeit, die Bankguthaben des Auftraggebers einzufrieren, wenn der Auftraggeber nicht zahlt. Da es unter Umständen Monate und Jahre dauern kann, bis in einem gerichtlichen Verfahren geklärt wurde, ob der Zahlungsanspruch des Auftragnehmers zu Recht besteht, ist dies ein erhebliches Druckmittel. Der für alle Betroffenen dadurch entstehende Schaden kann sehr hoch werden. Die Parteien sind gut beraten, bereits frühzeitig Lösungen zu suchen, statt es soweit kommen zu lassen.

In Frankreich ist die Sicherung durch Eigentumsvorbehalt sehr ungewöhnlich und nur zulässig, wenn im Vertrag in besonderer Weise darauf hingewiesen wurde. Dafür existiert in Frankreich, Belgien und Italien die Möglichkeit, dass der Auftragnehmer bei Nicht-Bezahlung seiner Lieferungen und Leistungen direkt an den Kunden seines Auftraggebers herantritt und im Wege der „action directe" seine Vergütung erhält, was in diesen Ländern auch gut funktioniert, jedoch bei den Richtern des deutschen Bundesgerichtshofes auf tiefe Skepsis stößt, obwohl die deutsche VOB/B in § 16 Abs.6 eine abgeschwächte Form dieses Instrumentariums vorhält, wie nachstehend noch aufgezeigt wird (vgl. unten Ziffer 11.5).

11.2 Sicherungsmöglichkeiten für den Auftragnehmer

Kaufvertrag / Werklieferungsvertrag

Bei einem Kaufvertrag stehen sich die Leistungspflichten der Vertragsparteien – Verkäufer und Käufer – gleichberechtigt gegenüber. Der Auftragnehmer muss erst dann leisten, wenn der Auftraggeber zahlt, - und der Auftraggeber zahlt erst dann, wenn der Auftragnehmer leistet. Man nennt dies eine Verpflichtung zur Zahlung „Zug-um-Zug" (vgl. § 322 Abs.1 BGB).

Bei Kaufgeschäften wird die Auftragsabwicklung in zeitlicher Hinsicht meist vertraglich geregelt (z.B. „Kaufpreis ... zahlbar bis ..."). Die Verpflichtung zur Zug-um-Zug-Leistung bietet dem Aufragnehmer die Möglichkeit, seine Stellung gegenüber dem Auftraggeber durch entsprechende Regelungen abzusichern.

Werkvertrag / Bauvertrag / VOB/B-Bauvertrag

Im Werkvertragsrecht sind die wechselseitigen Pflichten von Auftraggeber und Auftragnehmer jedoch anders geregelt. Beim Bau- und beim Werkvertrag ist der Auftragnehmer zur Vorleistung verpflichtet. Es gilt der Grundsatz: Erst die Werkleistung – dann die Vergütung. Strukturell gesehen ist der Auftragnehmer gegenüber dem Auftraggeber deshalb in einer schwächeren Position (vgl. § 322 Abs.2 BGB). Allerdings kann die Vorleistungspflicht des Auftragnehmers vertraglich modifiziert und umgestaltet werden. Teilweise sieht das Gesetz solche Modifizierungen vom Grundsatz der Vorleistungspflicht durch den Auftragnehmer vor, wie z.B. der Anspruch auf Abschlagszahlungen nach § 632a Abs.1 S.1 BGB für bereits erbrachte Leistungen (siehe oben Kapitel 9.9).

11.2.1 Zahlungsbedingungen

Trotz dieses Anspruches auf Abschlagszahlungen nach § 632a Abs.1 S.1 BGB führt das Prinzip der Vorleistungspflicht des Auftragnehmers in vielen Fällen dazu, dass er im jeweiligen Stadium der Abarbeitung eines Bau- bzw. Werkauftrages mehr Leistungen erbracht hat, als er dafür Zahlungen vom Auftraggeber erhalten hat. Betriebswirtschaftlich gesehen bedeutet dies eine „Unterdeckung" während der gesamten Laufzeit des Vertrages bis zum Zeitpunkt der vollständigen Bezahlung.

Diese Unterdeckung und Kreditierung des Auftraggebers während der gesamten Erfüllungsphase eines Bau- bzw. Werkvertrages ist jedoch nicht zwingend, denn die Zahlungsmodalitäten können bei jedem Vertrag zwischen den Partnern grundsätzlich frei ausgehandelt werden.

Wenn die wichtigen Vertragsparameter wie der Gesamtpreis, die Qualität, der Fertigstellungstermin etc. des Auftragnehmers „stimmen" und er das wirtschaftlichste Angebot gemacht hat, dann sind bei den Vertragsverhandlungen die Zahlungsbedingungen häufig derjenige Bereich des abzuschließenden Vertrages, bei dem beim Auftraggeber Gesprächsbereitschaft und auch ein Verhandlungsspielraum vorhanden ist, zumal alle anderen Formen der Absicherung zusätzliches Geld kosten und deshalb für den Auftraggeber nachvollziehbar zu einem höheren Preis führen müssen.

Der Auftragnehmer sollten diesen Verhandlungsspielraum dahingehend nutzen, die Zahlungsmodalitäten mit Anzahlung und Abschlagszahlungen während der Lieferzeit so zu gestalten, dass während der Laufzeit des Vertrages bis kurz vor der Fertigstellung und Abnahme eine „Überdeckung" zwischen erhaltenen Zahlungen und Leistungen – oder zumindest keine „Unterdeckung" – besteht.

Hierzu muss der Auftragnehmer speziell für den betreffenden Bauauftrag eine eigene Leistungskurve über die Bauzeit ermitteln und die Zahlungsraten des Auftraggebers zeitlich so legen und der Höhe nach so bemessen, dass stets mehr Geld aufgrund der Zahlungsbedingungen über Anzahlung und Abschlagszahlungen bei ihm eingehen, als er selbst an Leistungen aufgewendet hat. Das wird – aus technischen Gesichtspunkten – nicht bei allen Verträgen möglich sein, ist jedoch bei vielen Bau- und Werkaufträgen möglich.

Und noch ein Wermutstropfen besteht bei dieser „Absicherung durch Überdeckung": Fast alle Verträge sehen heute zur Absicherung der Erfüllungsansprüche des Auftraggebers eine 5 – 10%ige Sicherheit durch Einbehalt bei allen Zahlungen zugunsten des Auftraggebers vor. Dieser Sicherheitseinbehalt wird dann nach der Abnahme üblicherweise gegen Stellung einer entsprechenden Bürgschaft ausgezahlt. Dies bedingt, dass der Auftragnehmer kurz vor Fertigstellung und Abnahme seiner Leistung in Höhe von 5 – 10% des Auftragswertes in Unterdeckung geraten wird, weil ihm der Sicherheitseinbehalt erst anschließend nach Stellung einer Bankbürgschaft ausbezahlt wird.

Um aber während der Erfüllungsphase eine solche Überdeckung erreichen zu können, ist es erforderlich, dass eine nennenswerte Anzahlung nicht unter 20 % des Vertragspreises vereinbart wird und die Fälligkeit der weiteren, in ihrer Höhe schon im Vertrag festgelegten Abschlagszahlungen entweder an einen Kalendertag oder bestimmte, hinreichend genau definierte Ereignisse auf der Baustelle geknüpft werden (Erreichung bestimmter Fertigungsabschnitte = „milestones", z.B. „Ende Rohbau; Fertigstellung 1.Obergeschoß" etc.).

Erst bei der Schlußzahlung – die mit dem Sicherheitseinbehalt von 5 bis 10% kalkulatorisch identisch sein sollte – kommt man dann in die Unterdeckung und hat, wenn der Auftraggeber zu diesem Zeitpunkt in die Insolvenz geht, ein vertretbares Risiko, was das Unternehmen zwar den kalkulatorischen Gewinn oder sogar eine überschaubare Summe darüber hinaus kosten kann, aber für die Firma nicht existenzgefährdend ist – und das man noch auf andere Weise absichern kann, wie nachstehend noch aufzuzeigen sein wird.

Auf der anderen Seite wird der Auftraggeber die sich aus den vereinbarten Zahlungsmodalitäten resultierende Zahlungskurve über die Bauzeit meist nur unter dem Gesichtspunkt der eigenen Mittelbindung, Liquidität und Zinskosten beurteilen. Ob der Auftragnehmer bei einem Vergleich dieser Zahlungskurve mit seiner Leistungskurve eine „Überdeckung" oder eine „Unterdeckung" hat, wird er häufig mangels Detailkenntnis über Produktionsinterna des Auftragnehmers nicht beurteilen können. Sollte er beim Auftragnehmer eine „Überdeckung" vermuten und ihm dies bei den Vertragsverhandlungen vorhalten, kann ihm der Auftragnehmer hilfsweise die Absicherung erhaltener Zahlungen durch weitere Anzahlungsbürgschaften anbieten.

Während der Erfüllungsphase funktioniert dieses Modell der „Absicherung durch Überdeckung" letztlich nur, wenn der Auftragnehmer bei Ausbleiben von Abschlagszahlungen konsequent und zeitnah bereit ist, von seinem dann wieder auflebendem Zurückbehaltungsrecht nach § 273 Abs.1 BGB Gebrauch zu machen und die Arbeiten einzustellen. Denn wenn trotz dieses Zahlungsverzuges des Auftraggebers weiter gebaut wird, wandelt sich die Überdeckung sehr schnell in eine Unterdeckung.

11.2.2 Einfacher Eigentumsvorbehalt

Kaufvertrag / Werklieferungsvertrag

Beim Kauf- und beim Werklieferungsvertrag kann sich der Auftragnehmer (Verkäufer) das Eigentum an der von ihm zu liefernden beweglichen Sache bis zur vollständigen Zahlung des Kaufpreises durch den Auftraggeber (Käufer) mittels eines einfachen Eigentumsvorbehaltes solange zurückbehalten, bis seine Forderung vollständig erfüllt ist (vgl. § 449 Abs.1 BGB).

Das bedeutet, dass Besitz als tatsächliche Herrschaft über eine Sache und das Eigentum an der Sache auseinanderfallen können. Mit der Besitzübergabe wird nicht gleichzeitig auch das Eigentum auf den Erwerber übertragen. Vielmehr wird das Eigentum an der beweglichen Sache bis zur vollständigen Kaufpreiszahlung bzw. Bezahlung der Vergütung beim Werklieferungsvertrag zurückbehalten. Das Eigentum geht dann – quasi automatisch – mit der vollständigen Bezahlung auf den Erwerber über.

Zahlt der Auftraggeber den Kaufpreis nicht und gerät er in Zahlungsverzug, so kann der Auftragnehmer vom Vertrag zurücktreten und dann die Herausgabe „seiner" Sache verlangen, weil er ja noch Eigentümer ist.

Hat der Auftraggeber Insolvenz angemeldet, kann der Auftragnehmer „sein Eigentum" vom Insolvenzverwalter herausverlangen (Aussonderungsrecht nach § 47 InsO). Der Insolvenzverwalter hat die Wahl, entweder die offenstehende Forderung mit Mitteln der Insolvenzmasse zu bezahlen oder die Sache an den Auftragnehmer herauszugeben. Für die Ausübung dieses Wahlrechts kann er sich bis zum Berichtstermin Zeit lassen, und zwar bis zu drei Monaten, § 107 Abs.2 InsO.

Ist lediglich ein vorläufiger Insolvenzverwalter bestimmt worden, hängen dessen Kompetenzen von der Formulierung des Bestellungsbeschlusses durch das Insolvenzgericht ab. Denn als sogenannter „schwacher" Insolvenzverwalter hat er lediglich eine begleitende Funktion und darf keine Entscheidungen fällen. Der Eigentumsvorbehalt ist daher bei einer vorläufigen Insolvenzverwaltung gegenüber dem Geschäftsführer des insolventen Unternehmens geltend zu machen und mit diesem sind auch die Modalitäten der Herausgabe zu klären. Die vorgenannte Frist für die Ausübung des Wahlrechts gilt nur für den endgültigen Insolvenzverwalter.

Macht der Auftragnehmer von seinem Rücktrittsrecht Gebrauch, muss er allerdings alle erhaltenen Anzahlungen an den Auftraggeber zurückerstatten. Andererseits steht dem Auftragnehmer nach § 280 BGB ein Anspruch auf Ersatz aller Kosten für Schäden, die ihm durch den Vertragsbruch des Auftraggebers entstanden sind, zu.

Im Falle eines Rücktritts hat die Rückabwicklung nach § 348 BGB dann wieder Zug-um-Zug zu erfolgen, was die Herausgabe der Sache ggfls. verzögern kann. Denn der Auftragnehmer wird versuchen, die Rückzahlung bereits erhaltener Anzahlungen dadurch zu vermeiden, indem er die Nutzungs- und die Schadensersatzforderungen möglichst hoch ansetzt. Hierüber kann es zu Meinungsverschiedenheiten kommen, die es dem Auftraggeber wiederum erlauben, die Sache nicht herauszugeben. Daher kann es in derartigen Fällen sinnvoll sein, anderweitige Sicherheit anzubieten oder die Anzahlung zu hinterlegen, um die Voraussetzung für die Herausgabe der Sache zu schaffen.

Befinden sich die unter Eigentumsvorbehalt gelieferten Sachen noch im Besitz des insolventen Schuldners und werden sie im Laufe des Verfahrens veräußert, kann der Auftragnehmer nach § 48 InsO im Wege der Ersatzaussonderung die dafür erlangten Geldbeträge verlangen.

Der einfache Eigentumsvorbehalt bedarf keiner beiderseitigen Vereinbarung zwischen den Vertragsparteien, sondern wird voll wirksam schon mit Zugang einer entsprechenden einseitigen Erklärung des Auftragnehmers. Diese Vorbehaltserklärung muss allerdings spätestens zum Zeitpunkt der Übergabe der Sache erfolgen. Ein solcher Eigentumsvorbehalt kann auch in Allgemeinen Geschäfts- oder Lieferbedingungen des Auftragnehmers enthalten sein oder spätestens auf dem Lieferschein. Da er bereits aufgrund einseitiger Erklärung wirksam ist, ist es auch nicht erforderlich, dass der Auftragnehmer die Allgemeinen Lieferbedingungen des Vertragspartners akzeptiert hat (BGH, Urt. v. 3.2.1982, Az. VIII ZT 316/80, NJW 1982, 1749-1751). Diese AGBs müssen dem Auftraggeber lediglich vorgelegen haben.

Muster-AN 39 enthält ein Formulierungsbeispiel für einen einfachen Eigentumsvorbehalt.

Bei Lieferung von Sachen unter einfachem Eigentumsvorbehalt darf der Auftraggeber als Empfänger der Ware nicht über das Eigentum des Auftragnehmers durch Weiterverkauf an Dritte verfügen. Er darf erst verfügen, nachdem er durch volle Bezahlung des Kaufpreises selbst Eigentümer geworden ist. Verfügt er trotzdem vorher, macht er sich wegen Eigentumsverletzung schadensersatzpflichtig. In einem Fall, in dem verfügender Auftraggeber eine juristische Person ist (z.B. GmbH, AG, etc.), trifft diese Schadensersatzpflicht auch den Geschäftsführer persönlich, was im Falle der Insolvenz des Auftraggebers dem Auftragnehmer eine zusätzliche Regressmöglichkeit eröffnet (BGH, Urt. v. 5.12.1989, Az. VI ZR 335/88, NJW 1990, 976).

Werkvertrag / Bauvertrag / VOB/B-Bauvertrag

Eine Absicherung durch Eigentumsvorbehalt macht nur bei beweglichen Sachen Sinn, bei denen man zwar mit der Lieferung den Besitz überträgt und dem Vertragspartner schon einmal die Nutzung erlaubt – sich aus Sicherheitsgründen jedoch das ideelle Eigentum bis zur vollständigen Kaufpreiszahlung zurückbehält. An Arbeitsleistungen lässt sich indes kein Eigentum vorbehalten. Deshalb ist für den Werkvertrag auch kein Eigentumsvorbehalt vorgesehen.

Auch in allen Fällen, in denen der Auftragnehmer Material kauft und bearbeitet, um es dann fest in ein Gebäude oder fremden Grund und Boden einzubauen, hat ein erklärter einfacher Eigentumsvorbehalt nur so lange Wirkung, wie das Material bzw. die Bauwerksteile noch transportable bewegliche Sachen sind. Mit dem festen Einbau werden die Sachen wesentlicher Bestandteil des Baugrundstücks und der einfache Eigentumsvorbehalt erlischt kraft Gesetzes, § 946 BGB.

Dennoch macht es Sinn, auch bei Werkvertragsleistungen mit Lieferung von Material einen Eigentumsvorbehalt vorzusehen. Denn zum einen ist die Abgrenzung zwischen Werkvertrag und Werklieferungsvertrag keineswegs immer eindeutig und die Frage, ob die Teile aus dem Gebäude leicht und ohne Funktionsverlust getrennt werden können, kann im Einzelfall durchaus unterschiedlich beantwortet werden. Zum anderen ist § 449 BGB, der den einfachen Eigentumsvorbehalt definiert, lediglich eine für das Kaufrecht geschaffene Auslegungsregel. Dies hindert den Auftragnehmer eines Werkvertrages nicht, ebenfalls zu erklären, dass er das Eigentum an den von ihm zu liefernden Bauwerksteilen erst nach vollständiger Bezahlung seiner Rechnung einräumen will.

11.2.3 Verlängerter Eigentumsvorbehalt

Alle Vertragstypen

Wird eine bewegliche Sache mit einem Grundstück so verbunden, dass sie wesentlicher Bestandteil des Grundstücks wird, so erstreckt sich das Eigentum an dem Grundstück auf diese Sache. Immer dann, wenn die Sache zur Herstellung des Gebäudes so eingefügt wird, dass sie nicht mehr ohne weiteres aus dem Gebäude entfernt werden kann, geht das Eigentum kraft Gesetzes an dem Bauteil auf den Grundstückseigentümer über, § 946 BGB. Es kommt also auf das Grundstück an und alle darauf errichteten Gebäude und eingepflanzten Dinge sind wesentlicher Bestandteil des Grundstücks. Unerheblich ist dabei, ob der Auftraggeber selbst der Grundstückseigentümer ist oder ein Dritter, an den der Auftraggeber seinerseits die Sache weitergeliefert hat.

Der Auftragnehmer, der so sein Eigentum an Bauteilen verloren hat, hat zunächst einen bereicherungsrechtlichen Ausgleichsanspruch gegen den Eigentümer, § 951 BGB, der aber nicht notwendig zugleich der Auftraggeber ist.

Zur Klärung der Situation zwischen den Vertragsparteien und zur Absicherung des Vergütungsanspruches des Auftragnehmers kann es sinnvoll sein, einen sog. „verlängerten Eigentumsvorbehalt" zu vereinbaren, der besagt, dass der Auftraggeber, wenn er die noch nicht vollständig bezahlte Sache an einen Dritten weiter veräußert bzw. auf dem Grundstück seines Kunden einbaut, er gleichzeitig seinen Zahlungsanspruch gegen den Dritten an den Auftragnehmer im Voraus abtritt. So hat der Auftragnehmer zwar kein Eigentumsrecht mehr an der von ihm gelieferten Sache, wohl aber stattdessen einen schuldrechtlichen Zahlungsanspruch gegen diesen Dritten.

Eine vergleichbare Rechtslage entsteht, wenn eine vom Auftragnehmer gelieferte Sache mit anderen Sachen so verbunden oder vermischt wird, dass sie wesentlicher Bestandteil einer neuen Sache wird, §§ 947; 948 BGB. Auch dann geht das Eigentum des Auftragnehmers aufgrund gesetzlicher Vorschrift unter. Für diesen Fall empfiehlt sich der Abschluss einer besonderen Vereinbarung.

Beispiel: Durch Auftragen von Farbe auf ein Bauteil wird die Farbe Bestandteil des Bauteils.

Im Gegensatz zum einfachen Eigentumsvorbehalt kann der verlängerte Eigentumsvorbehalt nicht einseitig vom Auftragnehmer erklärt werden, sondern muss mit dem Auftraggeber ausdrücklich vertraglich vereinbart werden. Dies kann auch dadurch geschehen, dass man die Allgemeinen Geschäftsbedingungen des Vertragspartners, die eine entsprechende Klausel zum verlängerten Eigentumsvorbehalt enthalten, akzeptiert.

Das **Muster-AN 39** enthält ebenfalls ein Formulierungsbeispiel für einen verlängerten Eigentumsvorbehalt.

Im Falle der Insolvenz des Auftraggebers hat dieser verlängerte Eigentumsvorbehalt allerdings nicht die gleich starke Wirkung wie der einfache Eigentumsvorbehalt, da die Sache selbst - mangels Eigentum des Auftragnehmers - nicht ausgesondert werden kann. Aber immerhin sind die vom verlängerten Eigentumsvorbehalt erfassten Sachen vom Insolvenzverwalter abgesondert von der Insolvenzmasse zu verwerten und der Verwertungserlös ist nach Abzug der Kosten der Feststellung und der Verwertung an den Auftragnehmer auszuzahlen (Absonderung nach §§ 50; 166 ff. InsO). Durch diese abgesonderte Befriedigung des Auftragnehmers wird ihm in der Regel ein Kostennachteil von ca. 25 % seiner Forderung entstehen; immerhin hat er nicht einen Totalausfall seiner Forderung zu verzeichnen. Der Anspruch, eine Absonderung genau bezeichneter Gegenstände zu verlangen, muss bereits auf dem Anmeldeformular zur Insolvenztabelle vermerkt werden.

Hieraus folgt, dass der verlängerte Eigentumsvorbehalt nur bedingt tauglich für eine Anspruchssicherung ist. Denn solange der Dritte nichts von der Forderungsabtretung weiß, kann er mit für ihn schuldbefreiender Wirkung an den Auftraggeber bezahlen, § 407 Abs.1 BGB. Geschieht das, ist die an den Auftragnehmer abgetretene Forderung erfüllt, ohne dass er dafür Geld erhalten hat und seine Sicherung war wirkungslos.

Deshalb ist es wichtig, dass der Auftragnehmer mit dem **Muster-AN 40** den mit dem Auftraggeber vereinbarten verlängerten Eigentumsvorbehalt umgehend schriftlich dem/den Dritten anzeigt, zu denen er die Weiterlieferung seiner Sache durch den Auftraggeber vermutet, und zwar entweder generell unmittelbar nach Vertragsabschluss mit dem Auftraggeber, spätestens aber wenn er die ersten Anzeichen einer negativen Bonitätsänderung des Auftraggebers erfährt, z.B. bei ungewöhnlich verspäteten Zahlungen. Ab der Bekanntgabe des verlängerten Eigentumsvorbehaltes kennt der Dritte den Auftragnehmer als neuen Gläubiger der Forderung und kann nur noch an ihn direkt mit schuldbefreiender Wirkung bezahlen.

Eine weitere Schwäche des verlängerten Eigentumsvorbehaltes als Mittel zur Sicherung des Zahlungsanspruches des Auftragnehmers besteht darin, dass häufig zwischen dem Auftraggeber und dem Dritten ein Abtretungsverbot, § 399 BGB, vereinbart sein wird. Dieses Abtretungsverbot macht die im verlängerten Eigentumsvorbehalt enthaltene Forderungsvorausabtretung wirkungslos. Der Auftraggeber bleibt gegenüber dem Dritten Inhaber der

Forderung, und der Dritte kann und muss schuldbefreiend nur an ihn zahlen, es sei denn, der Dritte genehmigt die Vorausabtretung nachträglich.

Zwar ist ein solches Abtretungsverbot gem. § 354a HGB im kaufmännischen Geschäftsverkehr unzulässig und die Vorausabtretung damit wirksam, wenn der Vertrag zwischen Auftraggeber und Dritten für beide Teile ein Handelsgeschäft war oder der Dritte ein öffentlicher Auftraggeber ist. Allerdings sieht § 354a S.2 HGB vor, dass der Dritte nach seiner Wahl dennoch mit befreiender Wirkung an den Auftraggeber als bisherigen Gläubiger leisten kann. Im Endeffekt hat also bei einem Abtretungsverbot der Dritte es nach wie vor in der Hand, ob er bei einem verlängerten Eigentumsvorbehalt an den Auftragnehmer leisten will oder nicht.

Ferner kommt es in der Praxis oft vor, dass der Dritte gerade dann, wenn der Auftraggeber in eine Bonitätskrise geraten ist, Gegenforderungen gegen ihn besitzt, die höher sind, als die Forderung des Auftraggebers gegen ihn und mit denen dann der Dritte regelmäßig mit schuldbefreiender Wirkung aufrechnen kann. Auch in diesem Fall geht der Auftragnehmer leer aus, denn der Dritte als Zahlungsschuldner kann dem Auftragnehmer als neuem Gläubiger der Forderung alle Einwendungen entgegensetzen, die zur Zeit der Abtretung der Forderung gegen den bisherigen Gläubiger (Auftraggeber) begründet waren, § 404 BGB, und mit Gegenforderungen aufrechnen, § 406 BGB.

11.2.4 Forderungsabtretung

Alle Vertragtypen

Als Sicherungsmittel zugunsten des Auftragnehmers kommt auch die Abtretung der Forderungen in Betracht, die dem Auftraggeber gegen Dritte - z.B. gegen seine Kunden - zustehen. Hier ist insbesondere an die Fallkonstellation zu denken, in der der Auftraggeber seinem Auftragnehmer die Forderungen gegen den Bauherrn in Höhe der ausstehenden Vergütung abtritt. Eine solche Abtretung ist weitergehender, als die in § 16 Abs.6 VOB/B vorgesehene Regelung. Während der Auftragnehmer bei § 16 Abs.6 VOB/B auf die Zahlungswilligkeit des Bauherrn angewiesen ist, steht ihm hier ein rechtlicher Anspruch aus abgetretenem Recht zu.

Auch diese Abtretung führt in der Praxis nur zu einer Sicherung des Auftragnehmers, wenn er sie umgehend dem Dritten anzeigt. Ferner besteht auch hier das Problem des Abtretungsverbotes beim Dritten und der Aufrechnung mit Gegenforderungen, die der Dritte gegen den Auftraggeber besitzt. Es besteht insoweit die gleiche Risikolage, wie bei der oben geschilderten Vorausabtretung beim verlängerten Eigentumsvorbehalt.

Das **Muster-AN+AG 06** eines Sicherungsabtretungsvertrages sieht die Offenlegung gegenüber dem Dritten und dessen Bestätigung bereits vor. Einen Schutz vor einem Abtretungsverbot und Gegenforderungen des Dritten und damit eine hinreichende Sicherheit bietet dieser Vertrag nur, wenn der Dritte der Abtretung zustimmt und erklärt, dass er mit etwaigen Gegenforderungen gegen den Auftraggeber nicht aufrechnen wird. Eine entsprechende Offenlegung und Aufforderung an den Dritten enthält

Muster-AN 40 sowie ganz allgemein für Forderungsabtretungen **Muster-AG 27**.

Eine isolierte Abtretung nur einzelner Aktivposten aus der Schlussrechnung ist nicht möglich (BGH, Urt. v. 22.10.98, Az. VII ZR 167-97, NJW 1999, 417).

Umstritten ist die Abtretung aller gegenwärtigen und künftigen Forderungen zur Absicherung eines Anspruchs, die sogenannte Globalzession. Der BGH fordert bei einer Globalzession, dass keine Übersicherung stattfinden darf und nicht benötigte Sicherheiten freizugeben sind. Ohne Teilverzichtsklausel sei die Globalzession nur ausnahmsweise möglich (BGH, Urt. v. 8.12.1998, Az. XI ZR 302-97, NJW 1999, 940 m.w.N.).

11.2.5 Unternehmerpfandrecht

Werkvertrag

Als Sicherungsmittel für den Auftragnehmer nur bedingt tauglich ist das Unternehmerpfandrecht nach § 647 BGB. Derjenige Auftragnehmer, der für den Auftraggeber eine bewegliche Sache hergestellt oder bewegliche Sachen des Auftraggebers ausgebessert hat, kann an diesen Sachen ein Pfandrecht geltend machen, solange die Sachen sich in seinem Besitz befinden. Zahlt der Auftraggeber bei Abholung der Sache nicht, so braucht er die Sache deshalb nicht herauszugeben. Er kann dem Auftraggeber mit dem **Muster-AN 41** die Versteigerung der Sache als Pfandgut androhen und sie dann verwerten lassen. Entscheidende Voraussetzung ist jedoch, dass das Pfandgut dem Auftraggeber auch gehört. Ist dies nicht der Fall, kommt nur ein Zurückbehaltungsrecht in Frage, wonach der Auftragnehmer die Herausgabe der Sache solange verweigern kann, bis der Auftraggeber zahlt.

In der Insolvenz des Auftraggebers führt das Unternehmerpfandrecht zu einer abgesonderten Befriedigung des Auftragnehmers.

11.2.6 Bauunternehmer-Sicherungshypothek

Bauvertrag / VOB/B-Bauvertrag

Nach § 650e BGB – der fast wortgleich dem früheren § 648 Abs.1 BGB entspricht – kann der Auftragnehmer zur Absicherung seiner Vergütungsforderung die Einräumung einer Sicherungshypothek an dem Baugrundstück des Auftraggebers verlangen. Sind seine Arbeiten noch nicht abgeschlossen, kann er ab einer Forderung von mindestens 500,- EUR die Einräumung einer Sicherungshypothek für einen der geleisteten Arbeit entsprechenden Teil der Vergütung und auch für die in der Vergütung nicht inbegriffenen Auslagen verlangen.

Voraussetzung ist, dass der Auftraggeber der Eigentümer des Baugrundstücks ist. Dies wird nicht in allen Fällen zutreffen, zumal wenn der Auftraggeber in einer Wertschöpfungskette beim Bauen ebenfalls lediglich ein Auftragnehmer des Bauherrn (z.B. als Generalunternehmer) ist. Subunternehmer können vom Generalunternehmer dann keine Sicherungshypothek verlangen. Selbst ein Bauherr muss entgegen einem ersten Anschein nicht automatisch der Eigentümer des Baugrundstücks sein, da z.B. bei der Erbpacht und anderen im Gesetz vorgesehenen Fällen der Grundbesitz und die ideelle Eigentümereigenschaft auseinanderfallen können.

Ein weiterer Grund für die geringe praktische Bedeutung der Sicherungshypothek des Bauunternehmers nach § 650e BGB besteht darin, dass das Grundstück auf den vorderen Rängen im Grundbuch in aller Regel bereits mit Hypotheken oder Grundschulden zugunsten der den Bau finanzierenden Banken belastet sein wird. Im Falle eines finanziellen Kollapses des Bauherrn und Auftraggebers ist die Chance für den Auftragnehmer, in der Zwangsversteigerung des Grundstücks einen Teil der Vergütung zu erhalten, nicht sehr groß. Trotzdem sollte man für den Fall eines Falles nicht unterschätzen, dass die kreditgebenden Banken bei notleidend gewordenen Krediten nicht an einer Zwangsversteigerung des Baugrundstücks, sondern an dessen freihändiger Verwertung durch ihre bankeigenen Immobiliengesellschaften interessiert sind; - um aber im Markt bei der freihändigen Verwertung des Baugrundstücks einen möglichst hohen Preis erzielen zu können, benötigen die Banken die Zustimmung aller – auch der nachgeordneten – Grundpfandgläubiger, wodurch sich in bestimmten Anwendungsfällen für Auftragnehmer die Möglichkeit eröffnet, doch noch etwas mehr an Vergütung zu erhalten, als wenn sie auf diese Absicherung verzichtet hätten.

Zur Eintragung einer Sicherungshypothek nach § 650e BGB ist die Mitwirkung des Auftraggebers erforderlich. Verweigert dieser die Mitwirkung, so müsste er durch gerichtliche Schritte hierzu gezwungen werden, was wiederum Zeit kostet. Ist eine solche Absicherung erforderlich, sollte die Sicherungshypothek deshalb zugleich mit dem Vertragsabschluss beantragt werden. Da die Vereinbarung selbst von einem Notar beurkundet werden muss, enthält dieses Buch keine diesbezüglichen Muster.

11.2.7 Zahlungsbürgschaft nach § 650f BGB

Bauvertrag / VOB/B-Bauvertrag / Architektenvertrag und Ingenieurvertrag

Wegen der in Kapitel 11.2.6 beschriebenen Probleme bei einer Bauunternehmer-Sicherungshypothek hatte der Gesetzgeber bereits am 1.5.1993 einen § 648a BGB in das Werkvertragsrecht eingefügt, der dem heutigen § 650f BGB im Wesentlichen entspricht. Nur einige marginale Kleinigkeiten haben sich geändert bzw. wurden vereinfacht.

Nach § 650f BGB kann ein Bauunternehmer von seinem Auftraggeber für noch nicht gezahlte Vergütungsansprüche eine Sicherheit verlangen (**Muster-AN+AG 16**). Das gilt auch für die in Zusatzaufträgen vereinbarte und noch nicht gezahlte Vergütung einschließlich dazugehöriger Nebenforderungen.

Diese Sicherheit kann nach Abzug bereits gezahlter Vergütungsteile in voller Höhe des voraussichtlichen Vergütungsanspruches zuzüglich 10 % für Nachträge und Zusatzleistungen – maximal somit 110 % des Auftragswertes – verlangt werden. Entscheidend ist, dass sich die Parteien dem Grunde nach einig sind, dass der Auftragnehmer die Leistungen auszuführen hat.

Die Bürgschaft erstreckt sich auch auf Entgeltforderungen aus später vom Auftraggeber verlangten Auftragserweiterungen nach § 1 Nr.3 u. Nr. 4 S.1 u. 2 VOB/B, nur wenn für den Bürgen bei Abschluss des Bürgschaftsvertrags erkennbar war, dass der Bauvertrag der VOB/B unterliegt, oder derartige Erweiterungen ausdrücklich erwähnt werden (BGH, Urt. v. 15.12.2009, Az. XI ZR 107/08, NZBau 2010, 167). Selbiges gilt für alle darüber hinausgehenden Vereinbarungen über die Ausführung von Leistungen, die nicht zum Hauptauftrag gehören. Dieser Anspruch auf Erhalt einer Sicherung gilt auch für alle Ansprüche des Auftragnehmers, die an die Stelle seines Vergütungsanspruches treten, wie z.B. Minderungs- oder Schadensersatzansprüche.

Eine noch ausstehende Einigung der Parteien über die Höhe der Vergütung steht der Sicherungsforderung des Auftragnehmers nicht entgegen.

Der Gesetzgeber hat dabei in Kauf genommen, dass der Auftraggeber – wenn noch keine Vergütungsteile gezahlt wurden – im Extremfall 110 % des voraussichtlichen Vergütungsanspruches des Auftragnehmers besichern muss. Im Einzelfall kann das zu einer schweren Belastung der Kreditlinie des Auftraggebers bei seiner Bank führen. Die schwer vorhersehbare Grenze liegt dort, wo der Auftragnehmer rechtsmissbräuchlich handelt, §§ 242; 826 BGB.

Hat ein Auftraggeber bereits Vorauszahlungen bzw. Abschlagszahlungen gegen entsprechende Bürgschaften geleistet, können die so abgesicherten Beträge nicht in die Berechnung einfließen, denn sonst würde der Sinn der Vorschrift letztlich wieder ausgehebelt.

Es kommt bei § 650f BGB nicht darauf an, ob:

- die Leistungen bereits erbracht wurden,
- die Leistungen abgenommen wurden,
- eventuelle Nacherfüllungsansprüche bestehen,
- oder der Auftraggeber mit Gegenforderungen aufrechnet, es sei denn, der Auftragnehmer hat diese akzeptiert oder ein Gericht hat sie bestätigt, (vgl. § 650f Abs.1 S.4 BGB).

Natürlich muss nicht in Höhe der gesamten noch ausstehenden Vergütung eine Bürgschaft nach § 650f BGB verlangt werden. Im Hinblick auf die Belastung der Kreditlinie des Auftraggebers und die vom Auftragnehmer bis max. 2 % zu erstattenden Kosten einer Absicherung können auch Teilsummen oder Mischformen der Absicherung durch Anzahlungen etc. vereinbart werden (vgl. auch oben unter Ziffer 11.2.1 „Absicherung durch Überdeckung"). Ist dann der Schutz im Laufe der Auftragsabwicklung erschöpft und besteht noch immer ein Sicherungsbedürfnis für die restlichen Arbeiten, bleibt es dem Auftragnehmer unbenommen, erneut die volle Absicherung über § 650f BGB zu verlangen, § 650f Abs.7 BGB.

Als Sicherheit kommen nach § 650f Abs.2 BGB Bürgschaften, Garantien oder sonstige Zahlungsversprechen eines in Deutschland zugelassenen Kreditinstituts oder Kreditversicherers in Betracht. Die dem Auftraggeber entstehenden Kosten für die Herauslegung dieser Sicherheit muss der Auftragnehmer bis zur Höhe von max. 2 % p.a. tragen. Sofern das Thema bereits bei Vertragsschluss offen diskutiert wird, sollte man diese Kosten vertraglich bestimmen. Anderenfalls muss der Auftraggeber diese zu erstattenden Kosten nachweisen. Kosten, die aufgrund unberechtigter Einwendungen des Auftraggebers gegen den Vergütungsanspruch entstehen, muss der Auftragnehmer nicht bezahlen, § 650f Abs.3 S.2 BGB.

Im Gegensatz zu einer auf vertraglicher Vereinbarung beruhenden Zahlungsbürgschaft darf das Kreditinstitut oder der Kreditversicherer bei dieser Sicherheit nach § 650f BGB erst zahlen, wenn der Auftraggeber den Vergütungsanspruch anerkennt oder gegen ihn ein vorläufig vollstreckbares Zahlungsurteil vorliegt und die Voraussetzungen, unter denen die Zwangsvollstreckung beginnen darf, vorliegen, § 650f Abs.2 S.2 BGB. Das kann zwar einige Zeit dauern, dafür kann der Auftragnehmer jedoch sicher sein, dass er sein Geld auch bekommen wird.

Wurde die Sicherungs-Bürgschaft vom Kreditinstitut „auf erstes Anfordern" ausgestellt, was der Gesetzestext eigentlich nicht vorsieht, darf der Auftragnehmer dennoch das Kreditinstitut in Anspruch nehmen; er handelt nicht rechtsmissbräuchlich. (BGH, Urt. v. 21.1.2002, Az. IX ZR 204/00, NJW 2002, 1198).

Fällt der Auftraggeber in Insolvenz, wird die Wirksamkeit der Bürgschaft in keiner Weise geschmälert. Es ist gerade der Sinn dieser Sicherungs-Bürgschaft, dem Auftragnehmer über alle Unwägbarkeiten hinweg eine Absicherung zu bieten, auch wenn dem Auftraggeber ein Wahlrecht hinsichtlich der Art der Sicherheit zusteht.

Nach § 650f Abs.1 S.4 BGB darf sich der Bürge das Recht vorbehalten, seine Bürgschaft im Falle einer wesentlichen Verschlechterung der Vermögensverhältnisse des Auftraggebers mit Wirkung für die Zukunft zu widerrufen. Stellt der Auftragnehmer bei Eingang dieser Widerrufserklärung als Konsequenz seine Arbeiten sofort ein - das ist die Ausübung seines gesetzlichen Leistungsverweigerungsrechtes gem. § 321 BGB - bedeutet dieser Widerruf für die Zukunft für ihn kein Risiko.

Der Gesetzgeber geht davon aus, dass alle öffentlich-rechtlichen Auftraggeber als optimal sichere Zahlungsschuldner anzusehen seien und schließt in § 650f Abs. 6, 1. Alternative BGB diese von der Verpflichtung zur Stellung einer entsprechenden Sicherungs-Bürgschaft nach § 650f BGB aus.

Von dieser Verpflichtung sind nach § 650f Abs.6, 2. Alternative BGB ebenfalls Verbraucher ausgenommen, wenn es sich um einen Verbraucher-Bauvertrag im Sinne des § 650i BGB oder um einen Bauträgervertrag nach § 650u BGB handelt.

Es bleibt den Parteien aber unbenommen, die Gestellung einer Bürgschaft zur Zahlungssicherung vertraglich zu vereinbaren (Muster-AN+AG 17).

Der Auftragnehmer kann diese Sicherheit nach § 650f BGB jederzeit während der Auftragsabwicklung – und auch noch nach der Abnahme seiner Leistung – verlangen. Zweckmäßigerweise verlangt er sie unmittelbar nach Vertragsabschluss.

Ablauf des Verfahrens:

Der Auftragnehmer fordert den Auftraggeber auf, innerhalb einer angemessenen Frist die Sicherheit nach § 650f BGB zu leisten. Er kann in diesem Schreiben auch schon darauf hinweisen, dass er anderenfalls die Arbeiten einstellen oder sogar kündigen wird, um den Druck zu erhöhen. Er muss es aber nicht (Muster-AN 35).

Hat der Auftraggeber die ihm gesetzte Frist zur Stellung dieser Sicherungs-Bürgschaft fruchtlos verstreichen lassen, kann der Auftragnehmer nach § 650f Abs.5 BGB seine Leistungen einstellen und die Bürgschaft einklagen, oder er kann den ganzen Vertrag kündigen (**Muster-AN 36**).

Kaufvertrag / Werklieferungsvertrag

Für den Kaufvertrag und Werklieferungsvertrag besteht diese Absicherungsmöglichkeit nicht. Der Grund mag darin liegen, dass bei diesen Vertragstypen die Möglichkeit besteht, einfache Eigentumsvorbehalte geltend zu machen (vgl. oben Ziffer 11.2.2). Wie oben dargelegt, ist der einfache Eigentumsvorbehalt jedoch keineswegs ausreichend; auch lässt er sich in der Praxis bei einem Werkvertrag kaum durchsetzen. Die gesetzliche Wertung kommt zu einem ungerechten Ergebnis:

Beispiel: Der Auftrag lautet: Fertigung und Lieferung von Türen und Fenstern ohne Montage für ein Bürohochhaus nach Plänen des Architekten.

Es handelt sich um einen Werklieferungsvertrag nach § 650 BGB, der sich nicht über § 650f BGB absichern lässt. Würde der Auftragnehmer hingegen die Teile selbst fest einbauen, wäre dies ein Bauvertrag, er könnte seinen Vergütungsanspruch nach § 650f BGB voll absichern.

Leider hat der Gesetzgeber diese Ungleichbehandlung beibehalten (kritisch dazu schon Hammacher, BauR 2001, 1625).

11.2.8 Zahlungsbürgschaft auf vertraglicher Grundlage

Alle Vertragstypen

Das Risiko eines Zahlungsausfalles beim Auftragnehmer wegen Insolvenz des Auftraggebers ist natürlich nicht auf Leistungen bei Bauwerken beschränkt. Der Gesetzgeber hat sich mit § 650f BGB dazu entschlossen, im Bereich der Arbeiten an Bauwerken dem Auftragnehmer eine gesetzliche Möglichkeit an die Hand zu geben, den Auftraggeber zur Hergabe einer Sicherheit zu zwingen, ohne dass dies vorher mit ihm vereinbart worden sein muss.

Die Parteien können natürlich auch ohne Inanspruchnahme dieses gesetzlichen Rechts Sicherungsabsprachen treffen, insbesondere dort, wo der gesetzliche Schutz nicht eröffnet ist, nämlich beim Werklieferungsvertrag und beim Kaufvertrag.

Hier sind die Parteien an die Vorgaben des § 650f BGB nicht gebunden. Abweichende Vereinbarungen sind dann auch nicht unwirksam, wie dies nach § 650f Abs.7 BGB der Fall wäre. Das kann bedeuten:

- Die Kosten der Bürgschaft (Avalzinsen) hat nicht der Auftragnehmer, sondern der Auftraggeber zu übernehmen,
- und/oder es kann vom Auftragnehmer verlangt werden, dass er auf seine Kosten eine Erfüllungsbürgschaft in gleicher Höhe herauslegt.

Bei der Formulierung der Absprachen und der Bürgschaft muss auch das Interesse des Bürgen im Auge behalten werden. Der Bürge will keine unbekannten Risiken eingehen. Wenn also die Parteien später - ohne dass der Bürge vorher eingewilligt hat - den Liefer- und Leistungsumfang, und damit sein Risiko, erweitern, besteht die große Gefahr, dass der Bürge seine Einstandspflicht insoweit verweigern kann.

Einen Text für eine Zahlungsbürgschaft für das weite Feld der „sonstigen Fälle" außerhalb § 650f BGB schlägt **Muster-AN+AG 17** vor.

11.2.9 Schuldbeitritt

Alle Vertragstypen

Während bei einer Bürgschaft der Bürge für eine fremde Schuld einzustehen bereit ist, wird bei einem Schuldbeitritt die Verbindlichkeit des neu hinzukommenden Schuldners zur eigenen Schuld. Der Auftragnehmer hat statt einem Schuldner jetzt zwei Schuldner.

Beispiel: Zwischen der X-AG und dem Auftragnehmer finden Verhandlungen über einen großen Auftrag statt. Kurz vor Unterzeichnung stellt der Auftragnehmer fest, dass gar nicht die X-AG sein Auftraggeber werden soll, sondern eine Konzerntochter die X-GmbH&Co KG, deren finanziellen Verhältnisse dem Auftragnehmer gänzlich unbekannt sind.

Gelingt es dem Auftragnehmer, die X-AG dazu zu bewegen, dem Vertrag beizutreten, kann er sich im Falle eines Zahlungsausfalls in gleicher Weise an die X-AG wenden.

11.2.10 Zurückbehaltungsrecht der Gegenleistung wegen Vermögensverschlechterung

Alle Vertragstypen

Stellt sich nach Vertragsschluss heraus, dass die Bezahlung aufgrund der mangelnden Leistungsfähigkeit des Auftraggebers gefährdet ist, steht dem Auftragnehmer gemäß § 321 Abs.1 BGB das Recht zu, seine Leistung so lange zu verweigern, bis der Auftraggeber entweder gezahlt hat oder Sicherheit geleistet hat. Tritt diese Vermögensverschlechterung ein, wird es allerdings in der Praxis schon zu spät sein, wenn nicht für die bereits erbrachten Leistungen Abschlagszahlungen geflossen sind. Die noch zu erbringenden Leistungen brauchen dagegen nicht mehr ausgeführt zu werden. Dem Auftragnehmer steht sogar ein Rücktrittsrecht zu, § 321 Abs.2 BGB, das einen Schadensersatzanspruch gegen den Auftraggeber nicht ausschließt, § 325 BGB. Ein solcher Schadensersatzanspruch kann dazu führen, dass bereits erhaltene Abschlagszahlungen nicht zurückzugeben sind. Ein darüber hinaus gehender Schaden wegen Nichterfüllung des gesamten Vertrages wird im Falle der Einleitung des Insolvenzverfahrens allerdings nur noch einen geringen Wert haben.

11.2.11 Zurückbehaltung von Sachen

Alle Vertragstypen

Nach § 320 BGB kommen Zurückbehaltungsrechte bei einem gegenseitigen Vertrag nur dort in Betracht, wo es darum geht, die eigene Leistung zu verweigern, solange nicht die Gegenleistung aus demselben rechtlichen Verhältnis erbracht wird (vgl. oben Ziffer 11.2.5 „Unternehmerpfandrecht"). Um auf den Auftraggeber Druck auszuüben, kann es jedoch im Interesse des Auftragnehmers liegen, auch andere Lieferungen, die nicht Gegenstand des notleidenden Auftrags sind, zurückzubehalten.

Das Handelsrecht bietet diese Möglichkeit in § 369 HGB, wenn es sich beiderseits um Handelsgeschäfte handelt. Hier ist zu beachten, dass öffentliche Auftraggeber nicht hierzu gehören; die Öffentliche Hand ist kein Kaufmann! §§ 343; 6 HGB.

Ist danach die bewegliche Sache mit Willen des Auftraggebers in den Besitz des Auftragnehmers gelangt, kann dieser die Herausgabe verweigern, bis der Auftraggeber seinerseits aus einem anderen rechtlichen Verhältnis seine Pflichten erfüllt hat.

Beispiel: Ein Auftragnehmer erhält den Auftrag zum Aufbau von Mobilfunkstandorten; die Mobilfunktechnik wird vom Auftraggeber beigestellt: Hierzu steht dem Auftragnehmer ein Materiallager zur Verfügung, das er zu verwalten hat. Nach Abschluss der Arbeiten wären die überschüssigen Materialien zurückzugeben. Es steht aber noch eine offene Rechnung aus einem Altvertrag offen.

Der Auftragnehmer kann das Material nach § 320 Abs.1 BGB zurückbehalten.

Zahlt der Auftraggeber auch nach Ausübung des Zurückbehaltungsrechts nicht, kann der Auftragnehmer das Material öffentlich versteigern lassen, § 1235 BGB, wobei er dem Auftraggeber vorher eine Frist von einer Woche zur Zahlung setzen muss, § 371 Abs.2 HGB; § 1234 BGB. Für die öffentliche Versteigerung ist in der Regel der Gerichtsvollzieher der richtige Ansprechpartner.

Der Auftragnehmer darf dabei davon ausgehen, dass die Sachen dem Auftraggeber gehören, § 1248 BGB.

Es handelt sich bei diesem kaufmännischen Zurückbehaltungsrecht also nicht nur um eine Sicherungsgestaltung, sondern auch um eine Befriedigungsfunktion. Konsequenterweise darf deshalb der Auftraggeber diese Befriedigung dadurch abwenden, dass er dem Auftragnehmer Sicherheit leistet, § 369 Abs.4 Satz 2 HGB. Die Sicherheitsleistung durch Bürgschaft ist dabei - etwas altertümlich - ausgeschlossen.

11.2.12 Akkreditiv

Internationaler Kaufvertrag/Werklieferungsvertrag/Werkvertrag

Im internationalen Handelsverkehr kommt den Akkreditiven eine große Bedeutung zu. Sie wurden entwickelt, um Auftragnehmer und Auftraggeber wechselseitig Sicherheit bei dem Transfer von Lieferungen und Leistungen einerseits und der Zahlung der Vergütung andererseits zu geben.

Die Parteien richten sich bei der Akkreditiveröffnung nach den „Einheitlichen Richtlinien und Gebräuchen für Dokumentenakkreditive" (ERA 500) der Internationalen Handelskammer (ICC) in Paris.

Ein Dokumenten-Akkreditiv ist ein selbstschuldnerisches, abstraktes, bedingtes Zahlungsversprechen der Bank eines Importeurs, in der sie sich gegenüber dem Exporteur einer Ware verpflichtet, bei Vorlage akkreditivkonformer Dokumente, Zahlung zu leisten. Das Zahlungsversprechen der Bank ist abstrakt, also rechtlich unabhängig von dem Kaufvertrag. Die Erfüllung des Zahlungsversprechens ist jedoch an Bedingungen geknüpft, wobei es stets um die Vorlage von Dokumenten geht.

Der Ablauf ist in der Regel folgender:

- Abschluss eines Kaufvertrags mit der Zahlungsbedingung Dokumenten-Akkreditiv.

- Der Auftraggeber (Akkreditivsteller) beauftragt seine Hausbank damit, unter seiner Rückhaftung ein Akkreditiv zugunsten des Auftragnehmers (Begünstigter) zu eröffnen.

- Die Bank des Auftraggebers eröffnet das Akkreditiv unwiderruflich zu Gunsten des Auftragnehmers. Hierbei bedient sie sich zur Abwicklung einer Bank im Land des exportierenden Auftragnehmers (= avisierende Bank). Im Akkreditiv wird die Ware hinsichtlich Art, Menge und Verpackung beschrieben; es werden Fristen für den Versand der Ware vom Verladeort bis zum Abladeort sowie zur Vorlage der Dokumente genannt.

- Ferner werden die Dokumente spezifiziert, die die Bezahlung des Akkreditivs auslösen, z.B.:

    - Handelsrechnung, soweit vereinbart, in beglaubigter Form (commercial invoice),
    Frachtrechnung (freight invoice)
    Packliste (packing list),
    Ursprungszeugnis, meist beglaubigt durch die Handelskammer im Herkunftsland (certificate of origin),
    Ladepapiere oder Transportdokumente,
    Konnossement (bill of lading),
    Frachtbrief (express courier receipt, airway bill),
    Abladebestätigung,
    Übernahmebestätigung (forwarders certificate receipt),
    Versicherungszertifikate oder -policen für Transportrisiken,
    Qualitätszeugnisse oder Zertifikate von Reedereien oder Warenprüfgesellschaften,

- Des Weiteren verpflichtet sich die eröffnende Bank gegenüber dem Auftragnehmer, unwiderruflich an ihn alsbald Zahlung zu leisten, wenn er die Bedingungen des Akkreditivs erfüllt hat.

- Die Bank des Auftragnehmers prüft, ob das Akkreditiv rechtlich und formal in Ordnung ist und stellt die Eröffnung des Akkreditivs in Aussicht. Sie ist bereit, für den Auftragnehmer die bürokratische Abwicklung zu übernehmen.

- Der Auftragnehmer prüft, ob das Akkreditiv mit dem Kaufvertrag übereinstimmt, verlädt daraufhin die Ware am Verschiffungshafen und erhält die entsprechenden Dokumente, die er anschließend bei seiner Bank einreicht.

- Nach Prüfung der Dokumente erfolgt entweder die Zahlung an den Auftragnehmer (wenn bei der Akkreditiveröffnung die avisierende Bank die Zahlstellenfunktion übertragen bekommen hat) oder die Weiterleitung an die eröffnende Bank. Sie nimmt nach Feststellung der Ordnungsmäßigkeit der Dokumente die Zahlung vor.

- Die Dokumente werden anschließend dem Auftraggeber ausgehändigt.

Mit den Transportdokumenten kann der Importeur dann den Besitz an der Ware erlangen, wenn das Recht an der Ware durch die begleitenden Dokumente verbrieft ist (vgl. § 363 HGB; 'bills of lading', 'Seefrachtbriefe'). Ist der Importeur bereits im Besitz der Ware, ist das Akkreditiv keine Voraussetzung für die Übergabe der Ware, sichert aber die Bezahlung.

11.2.13 Ausfall-Versicherung

Das Risiko, mit der Bezahlung auszufallen, lässt sich in gewissem Rahmen auch durch den Abschluss einer Ausfallrisikoversicherung (Delkredere-Risiko) vermeiden oder mildern. Renommierte Kreditversicherer in Deutschland bieten diese Möglichkeit an. Unterschieden wird dabei zwischen Industrie-Kreditversicherung (IKV), die projektbezogen abgeschlossen werden kann und der Waren-Kreditversicherung (WKV), die im Prinzip den ganzen Kundenstamm abdecken soll. Hier ist vieles den einzelvertraglichen Regelungen überlassen.

Typisch für diese Versicherungslösung ist ein Prüfverfahren des Versicherers hinsichtlich der zu versichernden Risiken, insbesondere der Kunden. Diese Prüfung vermittelt dem Auftragnehmer mitunter mehr Informationen über die Bonität seines Kunden, als er selbst in Erfahrung bringen kann. Einige Aufträge werden deshalb möglicherweise schon gar nicht angenommen, weil der Versicherer zur Deckung des Risikos nicht bereit ist. Bei der Warenkreditversicherung kann es Limits für die einzelnen Kunden geben, die mitunter deutlich unterhalb des gesamten Auftragswertes mit dem Kunden liegen. Der Versicherer ist nach den allgemeinen Bedingungen ferner berechtigt, das Limit während der Laufzeit des Vertrages für die Zukunft zu senken, sodass zwar die bis dahin anstehenden Zahlungen, nicht aber weitere im Rahmen der Limits abgesichert sind. Die Höchstversicherungssumme bei der Warenkreditversicherung ist meist ein Vielfaches des versicherten Risikos. Selbstbehalte verringern die Versicherungsleistung weiter.

Der Vorteil der Kreditversicherung liegt zum einen in der besseren Bonitätsprüfung der Vertragspartner, die der Auftragnehmer mitunter nicht mit seinem eigenen Personal leisten kann oder will. Zum anderen kommt dem

Versicherungsnehmer der eigentliche Ausfallschutz zu Gute. Dieser ist allerdings je nach Einschätzung des Versicherers begrenzt.

Der Auftragnehmer sollte sehr genau prüfen, ob der Abschluss einer solchen Versicherung sein Ausfallrisiko tatsächlich deutlich verbessert, zumal die Versicherungsprämien nicht unerheblich sind.

11.2.14 Aufrechnung

Alle Vertragstypen

Mehr als eine bloße Sicherheit ist das Recht, eine eigene Forderung mit der Gegenforderung des Vertragspartners aufzurechnen. Voraussetzung ist,

- dass es sich um die gleiche Art von Forderung (Gleichartigkeit) handelt, also insbesondere auf beiden Seiten Geld verlangt wird,
- dass die Forderung, mit der aufgerechnet werden soll, fällig ist (siehe oben Kapitel 9 „Rechnungslegung und Zahlung", dort Ziffer 9.2 „Fälligkeit der Zahlung")
- dass die Forderungen im Gegenseitigkeitsverhältnis stehen.
- dass die Aufrechnung erklärt wird - Aufrechnungserklärung (vgl. Muster-AG 12)

Hingegen nicht erforderlich ist, dass die Forderungen aus dem gleichen Rechtsverhältnis stammen, wie dies bei den Zurückbehaltungsrechten nach § 273 BGB und § 320 BGB vorausgesetzt wird.

Beispiel: Der Auftragnehmer hat für den Auftraggeber eine Produktionshalle montiert und wartet auf seine Vergütung. Seinerseits hatte er bei dem Auftraggeber kürzlich Material eingekauft und bislang ebenfalls noch nicht bezahlt. Der Auftragnehmer rechnet jetzt seine Vergütungsforderung aus dem Werkvertrag mit dem Kaufpreiszahlungsanspruch des Auftraggebers auf. Dies ist möglich.

Durch die Aufrechnungserklärung erlischt sowohl die Forderung des Auftragnehmers als auch die des Auftraggebers in der Höhe, in der sich die Forderungen gegenüberstehen. Die Aufrechnung führt also nicht nur zu einer Sicherung, sondern sogar zur Befriedigung der aufrechnenden Partei.

Eine Aufrechnung wirkt auf den Zeitpunkt zurück, zu dem sich die gegenseitigen Forderungen erstmalig aufrechenbar gegenüberstanden, sie hat also ex Tunc-Wirkung.

Die Aufrechnung reguliert Forderungen ohne Wartezeiten und beschleunigt dadurch den Zahlungsverkehr enorm. Ist die Forderung durch Aufrechnung realisiert, bedarf es keines weitergehenden Sicherungsaufwandes mehr. Die Aufrechnung ist deshalb in jeder Hinsicht zu begrüßen.

Unverständlich ist daher, dass eine „Aufrechnung" in vielen Allgemeinen Geschäftsbedingungen eingeschränkt oder ganz ausgeschlossen wird. Die Rechtsprechung hat derart restriktive AGB-Klauseln in zunehmendem Maße für unwirksam erklärt, denn ein Aufrechnungsverbot kann im Extremfall dazu führen, dass z.B. ein Auftraggeber eine mangelhafte oder unfertige Leistung in vollem Umfang zu vergüten hat, obwohl ihm Gegenansprüche in gleicher Höhe zustehen. Damit würde nach Auffassung des BGH in unzumutbarer Weise in das Verhältnis von Leistung und Gegenleistung eingegriffen (BGH, Urt. v. 7.4.2011, Az. VII ZR 209/07, BeckRS 2011, 09108).

11.2.14.1 Aufrechnung in der Insolvenz

Im Falle der Insolvenz des Auftraggebers bedeutet die Aufrechnungsmöglichkeit des Auftragnehmers – wegen der ext Tunc-Wirkung – oft die einzige Chance, den Anspruch voll zu realisieren, vorausgesetzt natürlich, dass es Gegenforderungen des Auftraggebers gibt. Diese Aufrechnungslage muss bereits vor der Eröffnung des Insolvenzverfahrens bestanden haben, § 96 InsO. Ist dies der Fall, kann die Aufrechnung ohne weiteres gegenüber der insolventen Vertragspartei bzw. gegenüber dem Insolvenzverwalter erklärt werden. Es bedarf keiner weiteren formalen Schritte. Natürlich kann die durch die Aufrechnung erloschene Forderung dann nicht mehr zusätzlich zur Insolvenztabelle angemeldet werden.

Entsteht die Aufrechnungslage erst <u>nach</u> der Insolvenzeröffnung, dadurch,

- dass der Gläubiger erst jetzt etwas zur Masse schuldig wird, oder
- dass der Gläubiger erst jetzt von einem anderen Gläubiger eine Forderung erwirbt, damit er überhaupt aufrechnen kann,

so ist eine Aufrechnung nicht möglich.

11.2.14.2 Anfechtung

Die Aufrechnung in einer Insolvenz wird allerdings dadurch erheblich erschwert, dass der Insolvenzverwalter nach § 131 InsO die Möglichkeit hat, bestimmte Rechtsgeschäfte anzufechten. Nach § 131 InsO ist der Insolvenzverwalter berechtigt, alle Rechtshandlungen, die innerhalb eines Monats vor Eröffnung zu einer Befriedigung oder Sicherung des Gläubigers geführt haben, anzufechten, die der Gläubiger nicht, nicht in der Art oder nicht zu der Zeit zu beanspruchen hatte. Dabei kommt es auf die Kenntnis des Auftragnehmers von der wirtschaftlichen Situation des Schuldners nicht an.

Aber auch noch weiter zurückliegende Aufrechnungsmöglichkeiten können durch Anfechtung des Insolvenzverwalters rückgängig gemacht werden:

- nach § 130 InsO alle Handlungen, die zur Befriedigung oder Sicherung führen, bis 3 Monaten vor Antragstellung auf Eröffnung des Insolvenzverfahrens bei Kenntnis oder Kennenmüssen der wirtschaftlich angeschlagenen Situation des Zahlungsschuldners. Nach ständiger Rechtsprechung sind Sicherungen oder Befriedigungen, die in dieser „kritischen Zeit" erlangt werden, als „inkongruent" anzusehen und führen zum Anfechtungsrecht durch den Insolvenzverwalter (BGH, Urt. v. 11.4.2002, Az. IX 211/01, IBRRS, 37956),
- nach § 134 InsO alle unentgeltlichen Leistungen, bis 4 Jahre vor Antragstellung auf Eröffnung des Insolvenzverfahrens,
- nach § 133 InsO alle Handlungen, die der Schuldner vorsätzlich zur Gläubigerbenachteiligung durchgeführt hat, und der Empfänger dies

wusste, bis 10 Jahre vor Antragstellung zur Eröffnung des Insolvenzverfahrens.

Die Aufrechnungslage muss deshalb, um Bestand zu haben, bereits früher wirksam vorgelegen haben. Es macht deshalb Sinn, bereits frühzeitig zwischen den Vertragsparteien klarzustellen, dass aufgerechnet werden darf und soll.

Beispiel: Der Kunde beauftragte einen Generalunternehmer mit Bauarbeiten. Dieser vergab das Gewerk „mobile Trennwandanlagen" an einen Subunternehmer. Als der GU Zahlungsschwierigkeiten bekam, verlangte der Subunternehmer von dem GU die Gestellung einer Zahlungsbürgschaft nach § 650f BGB. Als er sie nicht erhielt, stellte er die Arbeiten ein (siehe oben Ziffer 11.2.10). Damit die Arbeiten weitergehen konnten, kamen die Beteiligten überein, dass der Kunde den Subunternehmer direkt bezahlt (siehe unten Ziffer 11.5), was auch geschah. Der Subunternehmer leistete und der Kunde bezahlte und reduzierte die Forderung des GU. Es dauerte keine drei Monate bis der GU insolvent wurde.

Nach § 131 Abs.1 Nr.2 u. 3 InsO ist die Sicherung oder Befriedigung eines Gläubigers durch den Insolvenzschuldner innerhalb des Zeitraums von zwei bis drei Monaten vor Stellung des Eröffnungsantrages anfechtbar, wenn der Insolvenzschuldner zu diesem Zeitpunkt bereits zahlungsunfähig war oder wenn dem Gläubiger zu diesem Zeitpunkt klar war, dass er einen Vorteil erlangt, der den anderen Gläubigern nicht gewährt wird.

Der Insolvenzverwalter konnte deshalb zu Recht von dem Subunternehmer die indirekt über den Kunden geleistete Vergütung zurückfordern (BGH, Urt. v. 10.5.2007, Az. IX ZR 146/05, BeckRS 2007, 09620).

Eine tragfähige Lösung dieses Problems hätte darin bestehen können, dass der Vertrag mit dem GU durch Kündigung seitens des Subunternehmers ganz beendet und ein neuer Vertrag direkt mit dem Kunden über die Fertigstellung der Leistung abgeschlossen worden wäre.

Das Problem der Insolvenz-Anfechtbarkeit gilt im Übrigen für alle Sicherungsrechte. Der Insolvenzverwalter wird stets prüfen, wann ein Gläubiger die Sicherheit bekommen hat und ob er sie nach den zugrunde liegenden vertraglichen Regelungen beanspruchen durfte. Es kommt hinzu, dass die Rechtsprechung in diesem Punkt sehr Masse-freundlich ist und häufig unterstellt wird, der Zahlungsgläubiger habe um die wirtschaftlich angeschlagene Situation seines Schuldners gewusst.

11.2.14.3 Konzernverrechnungsklausel

Da eine Aufrechnung grundsätzlich nur dann möglich ist, wenn auf beiden Seiten dieselben Unternehmen Gläubiger und Schuldner der gegeneinander aufzurechnenden Forderungen sind (sog. Gegenseitigkeitsverhältnis, vgl. oben Ziffer 11.2.14), ist die Anwendung der Aufrechnungsmöglichkeit begrenzt. In der Praxis sind viele Gesellschaften in einem Konzernverbund tätig und - obwohl man es eigentlich mit einem großen Konzern zu tun hat

- scheitert eine Aufrechnung daran, dass dieser in viele Einzelgesellschaften unterteilt ist und deshalb eigentlich keine Gegenseitigkeit vorhanden ist.

Um die Aufrechnungsmöglichkeiten zu erhöhen, finden sich deshalb in vielen Allgemeinen Geschäftsbedingungen sowohl für die Liefer- als auch für die Einkaufsseite sog. „Konzernverrechnungsklauseln", deren Aufgabe darin besteht, die Gegenseitigkeit der Forderungen sicherzustellen (näher hierzu: Hammacher, BauR 2003, 21). Solche „Konzernverrechnungsklauseln" sind aber nach der Rechtsprechung des BGH nur außerhalb einer Insolvenz wirksam (BGH, Urt. v. 13.7.2006, Az. IX ZR 12/04, NJW 2006, 3631).

11.2.15 Geltendmachung von Sicherheiten nach Ablauf der Verjährungsfrist durch den Auftraggeber

Der Auftraggeber hat Sicherheiten, die ihm gewährt wurden, grundsätzlich zum vereinbarten Termin – spätestens nach Ablauf der Verjährungsfrist – zurückzugeben. Der Ablauf der Verjährungsfrist bedeutet allerdings nicht, dass die Ansprüche des Auftraggebers auf Nacherfüllung etc. gegen den Auftragnehmer untergehen würden - sie sind nur nicht mehr gerichtlich durchsetzbar.

Beispiel: Der Auftraggeber eines BGB-Werkvertrages führt am letzten Tag vor Ablauf der Verjährungsfrist eine Begehung des Bauwerks durch. Dabei stellt er Mängel fest, die er dem Auftragnehmer schriftlich mitteilt.

Wenn die VOB/B nicht vereinbart war, ändert die Mängelrüge nichts daran, dass am nächsten Tag der Anspruch des Auftragnehmers auf Nacherfüllung verjährt ist.

Der Gesetzgeber hat für diese Fälle bestimmt, dass dingliche Sicherheiten, wie eine Hypothek oder ein Pfandrecht auch nach Ablauf der Verjährung der zugrunde liegenden Forderung noch genutzt werden können, um den gesicherten Anspruch zu realisieren, § 216 Abs.1 BGB. Ist unter Eigentumsvorbehalt geliefert worden, kann auch nach Ablauf der Verjährung der Rücktritt vom Vertrag erklärt werden, mit der Folge, dass der Gegenstand wieder an den Lieferanten zurückgegeben werden muss.

11.3 Sicherungsmöglichkeiten des Auftraggebers

Alle Vertragstypen

Das Sicherungsinteresse des Auftraggebers richtet sich darauf, den Vertrag vollständig, mangelfrei und termingerecht erfüllt zu bekommen. Sicherungsleistungen durch den Auftragnehmer zugunsten des Auftraggebers sind jedoch bei allen Vertragsarten nur zu erbringen, wenn dies vertraglich vereinbart wurde.

11.3.1 Eigentumsübergang

Der Auftraggeber erhält an den vom Auftragnehmer erstellten beweglichen Sachen normalerweise erst mit Übergabe/Abnahme Eigentum bzw. aufgrund gesetzlicher Regelung bei Einbau der Sachen in sein Grundstück. Es ist den Parteien jedoch unbenommen, vertraglich den Zeitpunkt des Eigentumsüberganges vorzuverlegen.

Beispiel: Der Auftragnehmer lagert in seiner Werkstatt bereits für den Auftrag fertiggestellte Bauteile oder speziell für diesen Auftrag bestimmte Materialien und möchte dafür entsprechend dem Leistungsfortschritt Abschlagszahlung erhalten (vgl. auch § 16 Abs.1 Nr.1 VOB/B).

Für eine solche Zahlung erhält der Auftraggeber eine Absicherung, wenn er sich im Gegenzug für seine Zahlung vom Auftragnehmer das Eigentum an diesen Bauteilen und Materialien übertragen lässt. Einen solchen Fall regelt **Muster-AN+AG 07**.

Der Vorteil dieser vertraglichen Regelung liegt darin, dass der Auftraggeber tatsächlich Eigentum an den Sachen erhält, welches ihm in der Insolvenz des Auftragnehmers nicht mehr verloren geht. Zu beachten ist jedoch die Möglichkeit der Anfechtung von Sicherungshandlungen durch den Insolvenzverwalter (vgl. oben Ziffer 11.2.14.2). Die Gefahr des zufälligen Untergangs und die Pflicht zur sorgfältigen Verwahrung bleiben nach diesem Muster bis zur endgültigen bestimmungsgemäßen Verwendungen der Sachen jedoch beim Auftragnehmer.

Nach § 632a BGB und nach § 16 Abs.1 VOB/B ist diese Form der Absicherung sogar gesetzlich gewünscht, um Abschlagszahlungen zu ermöglichen: Abschlagszahlungen sollen für solche Stoffe oder Bauteile fällig werden, die angeliefert oder eigens angefertigt und bereitgestellt sind, wenn dem Besteller nach seiner Wahl Eigentum an den Stoffen oder Bauteilen übertragen oder entsprechende Sicherheit hierfür geleistet wird.

Internationaler Kaufvertrag / Werklieferungsvertrag / Werkvertrag

Die Einräumung von Eigentum bereits vor Übergabe der Ware ist natürlich auch international ein geeignetes Sicherungsmittel. So lässt sich etwa vereinbaren, dass Ware, die irgendwo in einem Lager aufbewahrt wird, mit Zahlung des Kaufpreises dem Auftraggeber gehören soll, (was ohnehin der Rechtslage in vielen Rechtsordnungen entspricht, die nicht – wie in Deutschland – zwischen vertragsrechtlichen Verhältnissen und Eigentumsverhältnissen unterscheiden; sog „Abstraktionsprinzip").

Art. 4b CISG überlässt die Fragen des Eigentumsübergangs bewusst der jeweils vereinbarten Rechtsordnung.

Auch der FIDIC-Mustervertrag hält sich aus diesem Thema heraus:

Beispiel: FIDIC, Ziffer 7.7

11.3.2   Zurückbehaltungsrechte

Der Auftraggeber kann bei einem gegenseitigen Vertrag seine Zahlungen zurückbehalten, bis der Auftragnehmer seine Leistungen erbracht hat, § 320 BGB (vgl. **Muster-AG 13**).

Nach § 369 HGB kann er auch Gegenstände und Dokumente, die er vom Auftragnehmer im Rahmen der geschäftlichen Beziehungen erhalten hat, zurückbehalten, bis seine fällige Forderung erfüllt ist. Dabei muss es sich nicht einmal um Gegenstände oder Unterlagen handeln, die das konkrete Projekt betreffen.

Internationale Kaufvertrag / Werklieferungsvertrag / Werkvertrag

Hat der Auftraggeber die Ware bereits erhalten, will sie aber zurückweisen, z.B. weil sie mangelhaft ist, darf er die Ware zurückbehalten, bis ihm der Auftragnehmer seine angemessenen Aufwendungen erstattet hat, Art. 86 Abs.1 CISG.

Natürlich sehen gerade internationale Verträge Zurückbehaltungsrechte auch für den Auftraggeber vor.

Beispiel: FIDIC, Ziffer 14.9 und Ziffer 15.4

11.3.3 Bürgschaft

Bei einer Bürgschaft verpflichtet sich ein Dritter – „Bürge" genannt – für eine bestimmte Verbindlichkeit eines Schuldners gegenüber dessen Gläubiger einzustehen. Die Bürgschaft ist akzessorisch, also abhängig von dem Bestand dieser Hauptverbindlichkeit. Das bedeutet, dass die Bürgschaftsverpflichtung nur dann – und auch nur in diesem Umfang – besteht, wie die von ihr gesicherte Hauptverbindlichkeit reicht.

Bürgschaften dienen als Sicherheit dafür, dass der Schuldner seinen Verpflichtungen nachkommt. Tut er das nicht, muss der Auftraggeber, die Lieferungen oder Leistungen durch einen Dritten ausführen lassen. Hierfür muss er Vergütung zahlen, die der gesetzlichen Mehrwertsteuer unterliegt. Bei der Bemessung und Beschreibung der Bürgschaftssumme ist deshalb grundsätzlich der Bruttobetrag maßgebend, sofern nicht ausdrücklich etwas anderes vereinbart wurde.

Zur Sicherheit des Auftraggebers ist hier insbesondere die Rechtsprechung zu den Allgemeinen Geschäftsbedingungen zu beachten (siehe oben Kapitel 3.2.15).

International

Im Englischen werden je nach Land, Rechtsordnung und Branche verschiedene Begriffe verwendet, deren Inhalt sorgfältig vor Übernahme in den Vertragstext geprüft werden sollte: „bond", „guarantee", „warranty", „surety".

In der Praxis sind folgende Arten von Bürgschaften verbreitet:

11.3.3.1 Bieter-Bürgschaft

Sie ist eher im internationalen Geschäft anzutreffen („bid-bond", „tender-Security", vgl. FIDIC Ziffer 20.8). Um überhaupt an einer Ausschreibung teilnehmen zu können, muss sich der Bieter die Bieterunterlagen kaufen. Um sicherzustellen, dass der Bieter auch tatsächlich ein Angebot abgibt, verlangt der Auftraggeber eine Sicherheit – die „Bieter-Bürgschaft".

11.3.3.2 Anzahlungsbürgschaft

Zweck der Anzahlungsbürgschaft („downpayment-bond", „advance-payment-guarantee", vgl. FIDIC Ziffer 14.2) ist die Sicherung einer vom Auftraggeber an den Auftragnehmer nach den Zahlungsbedingungen des Vertrages geleisteten Anzahlung bzw. Vorauszahlung. Sie soll den Zeitraum sichern, bis der Auftraggeber durch Auslieferung von Teilleistungen durch den Auftragnehmer, die für den Auftraggeber verwertbar und in sein Eigentum übergegangen sind, eine wertmäßige Deckung für die von ihm geleistete Anzahlung/Vorauszahlung erhalten hat.

Das Muster dieser Anzahlungsbürgschaft (Muster-AN+AG 14) enthält deshalb eine Zeile, in der ein entsprechendes Ereignis von den Parteien festzulegen ist – z.B. „Fertigstellung des Rohbaus bis incl. 1. Obergeschoss" – was gleichzeitig der Zeitpunkt für das automatische Erlöschen dieser Anzahlungsbürgschaft ist.

Ferner ist in diesem Muster vorgesehen, dass die Bürgschaft erst in Kraft tritt, wenn die darin genannte Anzahlung auf das darin genannte Bankkonto des Auftragnehmers eingegangen ist. Dies ermöglicht abwicklungstechnisch bereits die Ausfertigung der Bürgschaftsurkunde und Übergabe an den Auftraggeber, bevor dieser die Anzahlung geleistet hat.

11.3.3.3 Erfüllungsbürgschaft

Zweck der Erfüllungsbürgschaft („performance-bond", „performance-surety", FIDIC Ziffer 14.6) ist die Sicherung der Ansprüche des Auftraggebers gegen den Auftragnehmer auf Erfüllung seiner vertraglichen Verpflichtungen. Sie soll dem Auftraggeber die Möglichkeit geben, auf die wirtschaftliche Potenz des Bürgen zurückzugreifen, falls der Auftragnehmer nicht leisten will oder nicht (mehr) leisten kann, um eine Mängelbeseitigung selbst oder durch einen anderen vornehmen zu können oder die Folgen des Rücktritts und/oder Schadensersatzes zu lindern.

Die Erfüllungsbürgschaft kann so formuliert werden, dass sie nur die Erfüllungsphase abdeckt und mit der Abnahme endet (Muster-AN+AG 13).

Nach erteilter Abnahme kann der Auftragnehmer die Erfüllungsbürgschaft zurückverlangen (Muster-AN 33), und muss sie, wenn vereinbart gegen eine Gewährleistungsbürgschaft zur Absicherung etwaiger Mängelansprüche bis zum Verjährungsablauf austauschen.

Man kann aber auch eine einheitliche Bürgschaft über den gesamten Vertragszeitraum vereinbaren (Muster-AN+AG 12). Dabei ist aber darauf zu achten, dass eine AGB-Klausel über eine Absicherung nach Abnahme in Höhe von 10 % nach der Rechtsprechung zu hoch ist und die Klausel damit unwirksam wäre (BGH, Urt. v. 1.10.2014, Az. VII ZR 164/12; BGH, Urt. v. 5.5.2011, Az. VII ZR 179/10).

Nach der in Bürgschaften gängigen Formulierung: „Zur Sicherung aller etwaiger Ansprüche des Auftraggebers gegen den Auftragnehmer auf Rückgewähr oder Auszahlung der vorgenannten Vermögenswerte, die der Auftragnehmer erhalten hat oder zu deren Verwendung er ermächtigt worden ist ..." werden nach der höchstrichterlichen Rechtsprechung auch die Ansprüche auf Ersatz für Aufwendungen zur Mängelbeseitigung umfasst (BGH, Urt. v. 14.1.1999, Az. IX ZR 140-98, NJW 1999, 1105).

Möglich ist auch, mit der Bürgschaft zugleich etwaige weitere Ansprüche gegen den Auftragnehmer abzusichern, die sich im Zusammenhang mit der Nichtbeachtung diverser steuerrechtlicher und sozialversicherungsrechtlicher Gesetze (wie z.B. aus dem Arbeitnehmerüberlassungsgesetz, Arbeitnehmerentsendegesetz oder Einkommensteuergesetz) ergeben können - sowie mögliche Rückzahlungsansprüche wegen Überzahlung oder im Falle eines Rücktritts. Dies ist aus der Sicht des Auftraggebers umso wichtiger, als der Gesetzgeber ständig bestrebt ist, den Auftraggeber immer stärker in die Rückhaftung zu nehmen.

Grundsätzlich gehört es zu den Pflichten des Auftragnehmers, den Auftraggeber nicht mit Haftungsansprüchen zu belasten, die aus seiner Risikosphäre stammen. Führt er Sozialabgaben, Steuern oder Löhne nicht ordnungsgemäß ab und wird der Auftraggeber dann an seiner Stelle in Anspruch genommen, hat der Auftragnehmer seine vertraglichen Pflichten nicht erfüllt und ist dem Auftraggeber wegen dieser Pflichtverletzung zum Schadensersatz verpflichtet. Dementsprechend muss der Auftraggeber auch berechtigt sein, sich gegen die Inanspruchnahme durch Dritte abzusichern.

Um über den Haftungsumfang der Erfüllungsbürgschaft keine Zweifel aufkommen zu lassen, sollte sowohl im Verhandlungsprotokoll bzw. Vertrag, als auch in der Bürgschaftsurkunde deutlich herausgestellt werden, welche Fälle abzusichern sind. Da diese Texte und Klauseln häufig unverhandelt bleiben, entspricht eine solche Behandlung auch dem in § 307 Abs.1 S.2 BGB normierten Transparenzgebot in Allgemeinen Geschäftsbedingungen.

11.3.3.4 Mängelbürgschaft (Gewährleistungsbürgschaft)

Im Normalfall wird ein während der Projektabwicklung vorgenommener Bareinbehalt durch die Gewährleistungsbürgschaft abgelöst. Deshalb ist in dem Muster der Gewährleistungsbürgschaft (**Muster AN+AG 15**) entsprechend der Situation bei der Anzahlungsbürgschaft ein Inkrafttreten der Bürgschaft erst mit dem Eingang des Gewährleistungs-Bareinbehaltes auf dem Konto des Auftragnehmers vorgesehen.

Die Gewährleistungsbürgschaft ist grundsätzlich unbefristet, denn die vereinbarten Verjährungstermine können sich durch Hemmung etc. verschieben. Wäre die Bürgschaft befristet, würde das Sicherungsrecht entfallen, obwohl der Anspruch noch durchsetzbar wäre. Dies soll vermieden werden.

Bleibt wegen eines aufgetauchten und reparierten Mangels nur noch eine Teilleistung in der Gewährleistung, hat der Auftragnehmer einen Anspruch auf Rückgabe der Bürgschaft Zug-um-Zug gegen Herausgabe einer neuen Bürgschaft mit einem niedrigeren Bürgschaftsbetrag zur Abdeckung der restlichen Ansprüche des Auftraggebers für den verbleibenden Teil der Leistung.

Nach Ablauf der Gewährleistungszeit kann die Gewährleistungsbürgschaft mit dem **Muster-AN 34** zurückgefordert werden.

Auch ohne dass die Bürgschaftsurkunde physisch zurückgegeben worden ist, ist sie wegen des Grundsatzes der Akzessorietät kraftlos, wenn die ihr zugrunde liegende Verpflichtung aus dem Vertragsverhältnis Auftraggeber/Auftragnehmer erloschen ist. Indes hat der Schuldner, für den die Bank die Bürgschaft herausgelegt hat, solange die Avalzinsen zu bezahlen, wie die Bürgschaftsurkunde der Bank nicht zurückgegeben wurde.

Ist in der Bürgschaftsurkunde eine echte Spätestfrist für ihr Erlöschen vereinbart worden, erlischt mit deren Ablauf die Verpflichtung des Bürgen, unabhängig vom Status der zugrunde liegenden Verpflichtung.

Der Auftragnehmer wird unangemessen benachteiligt, wenn der Umfang der nach Abnahme der Werkleistung für Gewährleistungsansprüche des Auftraggebers zu stellenden Sicherheiten 5 % der Abrechnungssumme deutlich überschreitet. (BGH, Urt. v. 1.10.2014, Az. VII ZR 164/12, NJW 2014, 3642 RN 25).

11.3.3.5 Bürgschaftsumfang

Der BGH hat den Haftungsumfang bei Bürgschaften – gerade durch Allgemeine Geschäftsbedingungen – eingeschränkt und entschieden: „Eine Formularklausel ist unwirksam, soweit sie vorsieht, dass sich die Bürgschaft auch dann auf Zinsen, Provisionen und Kosten erstreckt, die im Zusammenhang mit den gesicherten Forderungen entstanden sind, wenn dadurch der vereinbarte Haftungshöchstbetrag überschritten wird". „Der Bürge kann formularmäßig grundsätzlich nicht wirksam verpflichtet werden, die Haftung umfassend für alle gegenwärtigen und zukünftigen Forderungen aus der Geschäftsverbindung des Gläubigers mit dem Hauptschuldner zu übernehmen." Dies gilt auch für einen Kaufmann (BGH, Urt. v. 18.7.2002, Az. IX ZR 294/00, NJW 2002, 3167).

Der formularmäßige Ausschluss der Einreden des Bürgen, § 768 Abs.2 BGB, ist unwirksam (BGH, Urt. v. 12.2.2009, Az. IX ZR 294/00, NZBau 2009, 307).

Der formularmäßige Ausschluss der Aufrechnung, § 770 Abs.2 BGB, ist ebenfalls unwirksam (BGH, Urt. v. 16.1.2003, Az. IX ZR 171/00, NJW 2003, 1521). Zulässig ist der formularmäßige Ausschluss nur, wenn von vornherein eine Ausnahme für den Fall vorgesehen ist, dass die Gegenforderung weder unbestritten noch rechtskräftig festgestellt ist (vgl. **Muster-AN+AG 12**).

11.3.3.6 Tauglicher Bürge

Ist der Bürge im Vertrag zwischen Auftraggeber und Auftragnehmer genau definiert, ist er kraft vertraglicher Vereinbarung ein „tauglicher Bürge". Ist der Auftragnehmer eine Firma im Verbund eines größeren Konzerns, wird oft auch die Muttergesellschaft seines Konzerns vom Auftraggeber als tauglicher Bürge angesehen. Man spricht dann von einer „Konzernbürgschaft". Diese Konstellation wird von den Unternehmen auf der einen Seite gerne gewählt, um an eine Bank zu zahlende Avalzinsen zu sparen, auf der anderen Seite, um über die bloße finanzielle Absicherung hinaus auch die Führungsgesellschaft für die Erfüllung des Projektes in der Verantwortung zu nehmen.

Die Erfahrung hat gezeigt, dass in kritischen Zeiten die Insolvenz der Mutter häufig auch die Insolvenz der Tochter nach sich zieht, bzw. dass umgekehrt die Insolvenz einer bedeutenden Tochter auch zur Insolvenz des ganzen Konzerns führen kann. Die Konzernbürgschaft ist deshalb vom Grundsatz her risikobehafteter als die Bürgschaft eines großen Kreditinstituts oder Kreditversicherers. Das muss jedoch von Fall zu Fall entschieden werden; mangels eigener Erkenntnisse wird sich der Vertragspartner (Gläubiger) dabei auf Bonitätsaussagen Dritter verlassen müssen. Ist im Vertrag nur allgemein von „geeignetem Bürgen" oder „Bank oder Versicherung" die Rede, sind alle Kreditinstitute oder Kreditversicherer, die in der Europäischen Union zugelassen sind, taugliche Bürgen.

11.3.3.7 Schriftform/Selbstschuldnerische Bürgschaft

Ist die Bürgschaft für den Bürgen ein Handelsgeschäft, wie bei Banken und Kreditversicherern (vgl. § 766 BGB), ist die Schriftform zur Wirksamkeit nicht erforderlich, § 349 HGB. Das ist anders im Geschäftsverkehr mit Privatleuten, wo zur Erfüllung des Schriftformerfordernisses selbst ein Telefax nicht ausreicht (BGH, Urt. v. 28.1.1993, Az. IX ZR 259/91, NJW 1993, 1126).

Im kaufmännischen Geschäftsverkehr ist eine Bürgschaft ferner „automatisch" (auch ohne ausdrückliche Erklärung des Bürgen) eine „selbstschuldnerische" Bürgschaft § 351 HGB; §§ 771; 773 BGB). Dies bedeutet, dass der Bürge sich bereit erklärt, auch dann zu zahlen, wenn der Gläubiger es noch gar nicht versucht hat, zuerst und direkt bei seinem Schuldner als Vertragspartner zu vollstrecken.

11.3.3.8 Bürgschaft „auf erstes Anfordern"

Durch den Zusatz „auf erstes Anfordern" in einer Bürgschaftsurkunde wird es für den Gläubiger noch einfacher, eine Bürgschaft „zu ziehen". Es genügt, wenn er den Bürgen – ohne Angabe von Gründen – zur Zahlung auffordert. Damit erhält die Bürgschaft „auf erstes Anfordern" neben dem reinen Sicherungscharakter auch die Funktion einer schnellen Liquiditätsbeschaffung sowie eines Druckmittels auf den Vertragspartner, der sich sofort mit der Rückbelastung durch seine Bank und ggf. einer Beeinträchtigung seiner Kreditwürdigkeit konfrontiert sieht.

„Auf erstes Anfordern" bedeutet, dass der Bürge zunächst vorläufig keine Einwendungen gegen die Inanspruchnahme geltend machen darf, z.B. dass der Anspruch verjährt sei, kein Verschulden des Auftraggebers vorliege, die Höhe der Forderung nicht belegt sei, etc. - und den Betrag sofort an den Auftraggeber auszuzahlen hat.

In einem anschließenden Rückforderungsprozess gegen den Auftraggeber kann der Bürge oder der Auftragnehmer alle Einwendungen gegen den Auftraggeber geltend machen. Die Darlegungs- und Beweislast in diesem Rückforderungsprozess liegt beim verklagten Auftraggeber, da er durch die Zahlung „auf erstes Anfordern" keinen endgültigen prozessualen Vorteil haben soll (BGH, Urt. v. 9.3.1989, Az. IX ZR 64/88, NJW 1989, 1606).

Solche „verschärften" Bürgschaften „auf erstes Anfordern" dürfen nach der Rechtsprechung des BGH nur Kreditinstitute und Großunternehmen übernehmen.

Einreden sind nur möglich, wenn derjenige, der die Bürgschaft in Anspruch nehmen will, seine formale Rechtsstellung offensichtlich missbraucht. „Offensichtlich" sind aber nur solche Umstände, deren Sachverhalt klar auf der Hand liegen oder die sofort bewiesen werden können (BGH, Urt. v. 5.3.2002, Az. XI ZR 113/01, NJW 2002, 1493).

Wurde die Verpflichtung zur Herausgabe einer Bürgschaft „auf erstes Anfordern" in einer Allgemeinen Geschäftsbedingung formuliert, so ist diese Klausel unwirksam. Seit der Entscheidung des BGH (Urt. v. 4.7.2002, Az. VII ZR 502/99, NJW 2002, 3098), kann eine solche Bürgschaft auch nicht mehr gegen eine Bürgschaft ohne „erstes Anfordern" ausgetauscht werden.

Auch eine Vertragserfüllungsbürgschaft „auf erstes Anfordern" ist als AGB unwirksam (OLG Dresden, Urt. v. 26.4.2001, Az. 9 U 2867, BeckRS 2001, 30177361).

11.3.3.9 Verjährung der Ansprüche gegen den Bürgen

Wenn nichts anderes geregelt wurde, verjähren die Ansprüche gegen einen Bürgen unabhängig von den Ansprüchen gegen den Schuldner. Die Verjährung beginnt mit dem Entstehen der Hauptforderung (BGH, Urt. v. 29.01.2008, Az. XI ZR 160/07, NZBau 2008, 377). So kann es passieren, dass man gegen den Schuldner nach jahrelangem Rechtsstreit zwar ein Urteil erwirkt hat, der Schuldner aber insolvent ist. Geht man erst jetzt auf den Bürgen zu, kann sich dieser erfolgreich auf die Einrede der Verjährung berufen. Verhandlungen zwischen Auftraggeber und Auftragnehmer hemmen die Verjährung nach § 203 BGB. Diese Verjährungshemmung wirkt auch gegenüber dem Bürgen (BGH, Urt. v. 26.01.2010, Az. XI ZR 12/09, NJW-Spezial 2010, 173).

Die aktuell gebräuchlichen Bürgschaftsmuster enthalten deshalb meist eine Bestimmung, wonach die Ansprüche gegen den Bürgen nicht vor Ablauf der Verjährung der Ansprüche gegen den Schuldner verjähren. Aber auch dann kann es zeitlich knapp werden, weshalb es sich empfiehlt, die Verjährung noch zumutbar zu strecken (**Muster-AN+AG 12, Muster-AN+AG 13, Muster-AN+AG 14**).

Keine Bedenken gegen die Wirksamkeit einer Verjährungsvereinbarung in einer AGB besteht bei Vordrucken, die der Bürge selbst bereitstellt. Wird der Text von dem Unternehmen vorgelegt, könnte es aus Gründen, die außerhalb des Einflussbereichs des Bürgen liegen, zu einer erheblichen Verlängerung seiner Verpflichtungen kommen. Dann besteht das Risiko, dass die Klausel als unwirksam angesehen wird. Wer hier sicher gehen will, muss zum frühest möglichen Zeitpunkt die Verjährung hemmende Maßnahmen ergreifen.

Der Auftraggeber darf auch von seinem Recht auf Zurückbehaltung und von seinem Recht zur Aufrechnung Gebrauch machen, wenn sich seine Gegenrechte und die Rechte des anderen bereits zu einem Zeitpunkt gegenüberstanden („Zurückbehaltungs-" bzw. „Aufrechnungslage"), als sein Anspruch noch nicht verjährt war, § 215 BGB. Dies folgt aus der ex-Tunc-Wirkung der Aufrechnung.

Beispiel: In dem Fall von oben standen sich bei der Begehung der Baustelle der Anspruch des Auftragnehmers auf Auszahlung des restlichen Sicherungseinbehaltes und der Anspruch des Auftraggebers auf Nacherfüllung - ggf. auch auf Schadensersatz - gegenüber.

11.3.4 Geltendmachung von Sicherheiten nach Ablauf der Verjährungsfrist durch den Auftraggeber

Der Auftraggeber darf in Ausübung seines Zurückbehaltungsrechts auch eine Bürgschaftsurkunde zurückbehalten, wenn die Zurückbehaltungslage vor Verjährung seines gesicherten Anspruchs gegeben war (OLG Köln, Urt. v. 22.6.1993, Az. 22 U 47/93, NJW-RR 1994, 16).

Da der Gesetzgeber die Bürgschaft aber nicht in der gleichen Weise behandelt hat, wie die anderen Sicherungsrechte, kann sich der Auftraggeber aus einer hergereichten Bürgschaft nicht befriedigen. Verlangt er von dem Bürgen (der Bank/Kreditversicherer) Zahlung, kann diese erfolgreich die „Einrede der Verjährung" entgegenhalten, § 668 BGB. Dieses Recht des Bürgen, die „Einrede der Verjährung" zu erheben, lässt sich in vorformulierten Bürgschaftstexten nicht wirksam abändern (BGH, Urt. v. 8.3.2001, Az. IX ZR 236/00, NJW 2001, 1857). Individualabsprachen mit Banken sind eher unüblich. Bei dem in der Praxis am gebräuchlichsten Sicherungsrecht muss man also die Verjährung besonders gut im Blick behalten!

Für die Aufrechnung nach Verjährung ist zu beachten: Bei Aufrechnung nach Verjährung mit Werklohnansprüchen müssen Forderung und Gegenforderung aus demselben Werkvertrag stammen, da § 634a Abs.2 BGB auf die Abnahme und damit auf die Fälligkeit der Vergütung abstellt. Für die Aufrechnung mit Vorschuss oder Schadensersatz gilt dies nicht, § 215 BGB (Kapellmann/Messerschmidt VOB 3./2010, § 13 VOB RN 187).

Auch wenn der Leistungsort verschieden ist, kommt im Zweifel keine Aufrechnung nach Verjährung in Betracht (BGH, Urt. v. 17.12.1998, Az. VII ZR 272/97, BauR 1999, 511).

11.3.5 Besonderheiten für VOB/B - Werkverträge

Die VOB/B stellt es den Parteien frei, ob sie zugunsten des Auftraggebers Sicherheiten für die vertragsgemäße Ausführung und die Gewährleistung vereinbaren wollen, und falls ja, welche. Die Parteien können deshalb individualvertragliche Sicherungsabsprachen jeder Art treffen.

Nur für den Fall, dass keine anderweitige Regelung im Vertrag getroffen wurde, gelten gemäß § 17 Abs.2 VOB/B für den VOB/B - Werkvertrag die Regelungen des § 17 VOB/B.

Die VOB/B stellt drei gleichwertige Alternativen zur Verfügung:
- Einbehalt,
- Hinterlegung,
- Bürgschaft.

Zwischen diesen Sicherheiten hat der Auftragnehmer ein Wahlrecht und ein Austauschrecht, auch während der Abwicklung des Projektes.

Macht der Auftragnehmer von seinem Austauschrecht Gebrauch, indem er dem Auftraggeber eine Bürgschaft überreicht, um den Sicherheitseinbehalt ausbezahlt zu bekommen, und geht der Auftraggeber just in diesem Augenblick in Insolvenz, so kann der Insolvenzverwalter natürlich aus der Bürgschaft keine Rechte herleiten (OLG München, Urt. v. 19.11.1997, Az. 27 U 177-97, NJW-RR 1998, S.992; OLG Brandenburg, Urt. v. 1.9.1998, Az. U 252/97 und Urt. v. 1.9.1998, Az. 11 U 252/97, BauR 2000, 280).

Der Auftragnehmer muss die Sicherheit nach § 17 Abs.7 VOB/B innerhalb von 18 Werktagen nach Vertragsabschluss leisten, wenn nichts anderes vereinbart ist. Kommt er dem nicht nach, kann der Auftraggeber vom Guthaben des Auftragnehmers einen Betrag in der Höhe der vereinbarten Sicherheit einbehalten. Aber auch diese muss er auf ein Sperrkonto einzahlen (vgl. § 17 Abs.7 S.2 VOB/B).

Einbehalt von Geld

Wird eine Sicherheitsleistung gem. § 17 Abs.6 Nr.1 VOB/B durch Einbehalt von Geld vereinbart, so darf der Auftraggeber alle seine Zahlungen um bis zu 10 % kürzen, bis die vereinbarte Sicherungssumme erreicht ist. Es kann aber auch geregelt werden, dass der Einbehalt auf einmal – nämlich bei der Schlussrechnung – in Abzug kommen soll. Bei kleineren oder kurzfristigen Aufträgen bedarf es keiner gesonderten Vereinbarung.

Der Auftraggeber muss den Einbehalt innerhalb von 18 Werktagen auf ein Sperrkonto bei dem zu vereinbarenden Geldinstitut einzahlen. Etwaige Zinsen stehen dem Auftragnehmer zu. Zahlt der Auftraggeber nicht rechtzeitig ein, so kann der Auftragnehmer dem Auftraggeber eine Nachfrist setzen. Lässt der Auftraggeber diese Nachfrist ungenutzt verstreichen, kann der Auftragnehmer Auszahlung des Sicherungseinbehaltes verlangen und braucht keine Sicherheit mehr zu leisten. Bei öffentlichen Auftraggebern können diese den Einbehalt auf ein öffentliches Verwahrgeldkonto nehmen und brauchen den Betrag nicht zu verzinsen (vgl. § 17 Abs.6 Nr.4 VOB/B).

In der Insolvenz des Auftraggebers kommt der Pflicht zur Einzahlung auf ein Sperrkonto insofern besondere Bedeutung zu, als der gezahlte Sicherheitseinbehalt auf jeden Fall von dem Insolvenzverwalter zur Tabelle anzuerkennen ist. Verlangt der Auftragnehmer von dem Insolvenzverwalter die Einzahlung des Einbehaltes auf ein Sperrkonto, so kann der Insolvenzverwalter dem aus rechtlichen Gründen nicht nachkommen, denn dies käme der vollständigen Befriedigung einer Insolvenzforderung zu Lasten der anderen Gläubiger gleich. Damit verliert der Insolvenzverwalter das Recht auf jegliche Sicherheit und muss den Einbehalt voll zur Tabelle anerkennen.

Eine AGB, wonach der Bareinbehalt auch durch Vorlage einer Bürgschaft auf erstes Anfordern abgelöst werden könne, soll nach OLG München (13. Senat) zur Unwirksamkeit der Klausel und damit zur Rückgabepflicht des Bareinbehaltes führen (OLG München, Urt. v. 15.10.1991, Az. 9 U 2951/91; Urt. v. 20.6.1995, Az. 13 U 5787/94, BauR 1995, 859). Nach Ansicht des 9. Senats des gleichen OLG hat die AGB-Widrigkeit der Klausel nicht die Folge, dass die Sicherheit insgesamt entfällt (OLG München, Urt. v. 30.10.1996, Az. 27 U 4/96, BauR 1997, 319).

Eine AGB-Regelung außerhalb der VOB/B, wonach für die Dauer der Gewährleistung 5 % der Vergütung einbehalten werden dürfen, ist AGB-widrig, wenn kein angemessener Ausgleich dafür zugestanden wird. Das Angebot, den Einbehalt gegen Bürgschaft auf erstes Anfordern abzulösen, ist kein angemessener Ausgleich. Der Grund hierfür liegt in dem Insolvenzrisiko, das der Auftragnehmer über Jahre tragen müsste, obwohl er die Leistung voll erbracht hat (BGH, Urt. v. 8.3.2001, Az. IX ZR 236/00, NJW 2001, 1857).

Hinterlegung

Statt eines Einbehalts kann der Auftragnehmer den vereinbarten Sicherungsbetrag auch bei der Hinterlegungsstelle des Amtsgerichtes oder auf das Konto eines zu vereinbarenden Geldinstituts einzahlen, über das die Parteien nur gemeinsam verfügen können. Diese Sicherheit ist aber recht ungebräuchlich, weil unpraktisch.

Bürgschaft

Zur Bürgschaft kann auf die obigen allgemeinen Ausführungen verwiesen werden. Gewährleistungsbürgschaften bei einem VOB/B - Vertrag sind unbefristet zu stellen. Sie dürfen nicht „auf erstes Anfordern" lauten.

11.3.6 Garantie

Im Gegensatz zu einer Bürgschaft hängt das Schicksal einer Garantie nicht von dem zugrundeliegenden Vertragsverhältnisses ab; sie ist nicht akzessorisch, sondern abstrakt. Während also eine Bürgschaft dann automatisch endet, wenn auch die Schuld aus dem zugrunde liegenden Vertragsverhältnis („Hauptschuld") erloschen ist, bleibt die Garantie solange wirksam, wie dies im Garantievertrag vorgesehen war.

Wegen dieses Abstraktionsprinzips können Einwendungen aus dem zugrunde liegenden Vertragsverhältnis vom Garantiegeber nicht geltend gemacht werden. Insoweit hat sie Ähnlichkeiten mit einer Bürgschaft „auf erstes Anfordern" (vgl. oben Ziffer 11.3.3.8). Die durch die Rechtsprechung herausgearbeiteten Kriterien zur Unwirksamkeit in Allgemeinen Geschäftsbedingungen gelten auch hier (BGH, Urt. v. 10.9.2002, Az. XI ZR 305/01, NJW 2002, 3627). Es wird empfohlen, im Inland keine Garantien zu verwenden.

Internationaler Kaufvertrag / Werklieferungsvertrag / Werkvertrag

Im internationalen Geschäftsverkehr ist die Garantie weit verbreitet.

Nicht jede Rechtsordnung kennt akzessorische Sicherungen, wie die Bürgschaft nach deutschem Recht und die Praxis verlangt nach praktikablen und schnellen Instrumenten, die unabhängig vom Willen und von Einwendungen Dritter funktionieren.

11.4 Absonderungsanspruch hinsichtlich der Ansprüche gegen

Haftpflichtversicherung

Der Auftragnehmer hat in der Regel für seine Lieferungen oder Leistungen eine Haftpflichtversicherung abgeschlossen (siehe unten Kapitel 12.2 „Betriebshaftpflicht"). Liegt ein Versicherungsfall vor, besteht ein Anspruch des Auftragnehmers gegen seine Versicherung, diesen Fall zu regulieren. Im Falle der Insolvenz des Auftragnehmers wird dieser Anspruch von dem Insolvenzverwalter geltend gemacht. Er geht jedoch nicht einfach in das zu verteilende Vermögen ein, sondern kann von dem Geschädigten, häufig also dem Auftraggeber, im Wege der Absonderung gegenüber dem Insolvenzverwalter geltend gemacht werden, § 110 VVG. Ist der insolvente Auftragnehmer Architekt, Statiker, etc. greifen die besonderen Regelungen der Vermögenshaftpflichtversicherung ein, die unter Umständen auch Ansprüche wegen Schlechtleistungen absichern.

11.5 Direktzahlung des Auftraggebers an den Subunternehmer

Kommt der Auftragnehmer mit seinen Zahlungsverpflichtungen gegenüber seinem Subunternehmer in Verzug, ist die weitere Realisierung des Projektes oft gefährdet, weil der Subunternehmer wegen dieses Zahlungsverzuges wahrscheinlich seine Leistungen an den Auftragnehmer (seinen Auftraggeber) einstellen (Leistungsverweigerungsrecht wegen Nichtzahlung) und regelmäßig nur bereit sein wird, seine Leistungen fortzusetzen, wenn seine Zahlungsrückstände bezahlt werden und die Bezahlung seiner noch zu erbringenden Leistungen sichergestellt ist (Muster-AN 43).

11.5.1 Möglichkeiten des Auftraggebers

Damit die Leistungen vom Subunternehmer doch noch erbracht werden, hat der Auftraggeber ein Interesse, die gegenwärtigen offenen und alle zukünftigen Forderungen des Subunternehmers direkt an ihn bezahlen zu können. Damit er die Forderungen nicht zweimal bezahlen muss - einmal an den Subunternehmer und ein weiteres Mal an den Auftragnehmer als seinen unmittelbaren Vertragspartner - möchte er Zahlungen an den Subunternehmer mit schuldbefreiender Wirkung gegenüber seinem Auftragnehmer verrechnen können.

VOB/B-Bauvertrag

§ 16 Abs.6 VOB/B gibt unter folgenden Voraussetzungen dem Auftraggeber das Recht, mit schuldbefreiender Wirkung direkt an den Subunternehmer (Gläubiger seines Auftragnehmers) zu leisten:

- Der Subunternehmer muss einen Dienst- oder Werkvertrag mit dem Auftragnehmer geschlossen haben und
- der Auftragnehmer muss durch den Subunternehmer in Zahlungsverzug geraten sein (Muster-AN 18).

Bei diesen Voraussetzungen handelt es sich also um Interna des Vertragsverhältnisses zwischen Auftragnehmer und seinem Subunternehmer. Ob sie vorliegen, kann der Auftraggeber in der Praxis nur vom Subunternehmer des

Auftragnehmers erfahren, da der Auftragnehmer regelmäßig kein Interesse daran hat, diese Informationen dem Auftraggeber bekannt zu geben. Er möchte weitere Zahlungen vom Auftraggeber erhalten. Direktzahlungen seines Auftraggebers an seinen Subunternehmer interessieren ihn meistens nicht.

Der Auftraggeber muss für eine Direktzahlung also vorher Kontakt zum Subunternehmer aufnehmen.

§ 16 Abs.6 VOB/B nimmt dem Auftraggeber bei einer solchen Direktzahlung allerdings nicht das Risiko, dass die Forderung des Subunternehmers gegen den Auftragnehmer in Wirklichkeit nicht besteht, sondern der Subunternehmer sie nur als bestehend behauptet hat. Sie kann z.B. noch nicht fällig oder durch Aufrechnung mit Gegenforderungen des Auftragnehmers erloschen sein. Die Bezahlung einer nicht bestehenden Forderung des Subunternehmers gegen den Auftragnehmer hat auch nach der VOB/B keine schuldbefreiende Wirkung zugunsten des Auftraggebers. Allerdings ist in § 16 Abs.6 S.2 VOB/B eine gewisse Modalität vorgesehen, den Auftragnehmer deswegen zu befragen, um Klarheit zu schaffen. Der Auftraggeber kann vom Auftragnehmer verlangen, sich innerhalb einer gesetzten Frist darüber zu erklären, ob und inwieweit dieser die Forderungen seiner Gläubiger (Subunternehmer) anerkennt (**Muster-AG 26**).

Wird diese Erklärung nicht rechtzeitig abgegeben, so gelten die Forderungen als anerkannt und der Zahlungsverzug als bestätigt (rechtlich fingiertes Anerkenntnis nach Fristablauf). Der Auftraggeber kann dann unabhängig davon, ob die Forderungen tatsächlich bestehen oder nicht, mit schuldbefreiender Wirkung im Verhältnis zu seinem Auftragnehmer an den Subunternehmer in Höhe der von diesem geltend gemachten Forderung bezahlen.

Widerspricht der Auftragnehmer auf einen solchen Brief innerhalb der gesetzten Frist gegenüber dem Auftraggeber, dann kann der Auftraggeber zwar dennoch Zahlung an den Subunternehmer leisten. Er trägt jedoch dann das Risiko, ob die vom Subunternehmer erhobene Forderung besteht oder nicht. Zahlt er an den Subunternehmer und stellt sich später heraus, dass dessen Forderung nicht besteht, kann er allerdings vom Subunternehmer die geleistete Zahlung als ungerechtfertigte Bereicherung nach §§ 812 ff. BGB zurückverlangen.

§ 16 Abs.6 VOB/B enthält nur eine Modalität für die Regulierung bereits aufgelaufener Zahlungsrückstände des Subunternehmers. Ein Subunternehmer, der die Arbeiten wegen Zahlungsverzuges des Auftragnehmers eingestellt hat, wird in der Regel jedoch nicht schon weiter arbeiten, wenn seine Rückstände bezahlt wurden, sondern er will es sichergestellt sehen, dass für seine zukünftigen Leistungen keine weiteren Rückstände entstehen Deshalb wird er eine Vereinbarung mit dem Auftraggeber auch über die Bezahlung seiner zukünftigen Leistungen verlangen, bevor er seine Arbeiten wieder aufnimmt.

Der Zahlungsverzug des Auftragnehmers gegenüber seinem Subunternehmer hat ja meistens in einer „Vermögensverschlechterung" des Auftragnehmers seine Ursache, so dass der Subunternehmer ohnehin nach § 321 BGB nur gegen Leistung einer Sicherheit seine Arbeiten fortsetzen muss, wenn er nicht ohnehin eine Bürgschaft nach § 650f BGB (früher § 648a BGB) verlangen kann (vgl. oben Ziffer 11.2.7). Deshalb ist es auch beim VOB - Werkvertrag zweckmäßig, gleich den nachfolgend besprochenen Direktzahlungsvertrag für gegenwärtige und zukünftige Forderungen zu schließen, wenn der Auftragnehmer - wie in der Regel in einer solchen Phase des Zahlungsverzuges - eine Sicherheit nach § 321 BGB oder § 650f BGB zugunsten des Subunternehmers nicht erbringen kann.

Kaufvertrag / Werklieferungsvertrag / Bauvertrag

Ein dem § 16 Abs.6 VOB/B entsprechendes Verfahren gibt es im BGB nicht.

Die Direktzahlung kann aber dadurch erreicht werden, dass der Auftraggeber an den Subunternehmer bezahlt und der Subunternehmer als Gegenleistung seine gegen den Auftragnehmer bestehenden Vergütungsforderungen an den Auftraggeber abtritt (Direktzahlungsvertrag **Muster-AN+AG 10**). Der Auftraggeber (Kunde) kann dann mit dieser abgetretenen Forderung gegen den Vergütungsanspruch aufrechnen, den der Auftragnehmer gegen ihn hat.

Ist der Auftragnehmer kooperationsbereit, ist diese Vorgehensweise für Auftraggeber und Subunternehmer unproblematisch, wenn der Auftragnehmer die Anlage 2 zu dem Direktzahlungsvertrag unterschreibt. Die Ziffer 1.4 des Direktzahlungsvertrages enthält auch bereits Vorkehrungen zugunsten des Auftraggebers für den Fall des wirtschaftlichen Zusammenbruches (Insolvenz etc.) seines Auftragnehmers. Die Nichtbezahlung des Subunternehmers durch den Auftragnehmer ist in der Praxis oft nicht bloß ein Zeichen temporär fehlender Liquidität des Auftragnehmers, die behoben werden kann, sondern eine Durchgangsphase kurz vor dessen endgültigen wirtschaftlichen Zusammenbruch.

Der Auftragnehmer sollte grundsätzlich kooperativ sein, weil er dadurch Schadensersatzansprüche durch Bauzeitverzug vermeiden kann, die sonst sein wirtschaftliches Ende stark beschleunigen würden und dann auch Erfüllungsbürgschaften vom Auftraggeber gezogen würden, für die möglicherweise eine persönliche Rückhaftung der Firmeninhaber gegenüber den Banken besteht.

Ist der Auftragnehmer nicht kooperationsbereit, können Auftraggeber und Subunternehmer trotzdem den Direktzahlungsvertrag abschließen. Es muss dann in dem Muster lediglich die Wirksamkeitsklausel Ziffer 5 gestrichen werden. Ferner sollte der Auftraggeber seinem Auftragnehmer alsbald nach Abschluss des Vertrages schriftlich die Abtretung der in dem Vertrag genannten Forderungen des Subunternehmers anzeigen, um Doppelbezahlungen zu vermeiden, § 407 BGB (**Muster-AG 27**). Die Anzeige kann auch durch Übersendung einer Kopie des Vertrages geschehen.

Allerdings bestehen bei fehlender Kooperationsbereitschaft einige Risiken für den Auftraggeber hinsichtlich seines Interesses, dass er seine Zahlungen an den Subunternehmer schuldbefreiend im Verhältnis zu seinem Auftragnehmer verwenden kann:

Ein Abtretungsverbot im Vertrag zwischen Auftragnehmer und Subunternehmer kann die Abwicklung des Direktzahlungsvertrages zwischen Subunternehmer und Auftraggeber behindern. Wegen des § 354a HGB (vgl. oben Ziffer 11.2.3) ist im gewerblichen Bereich die Abtretung trotz Abtretungsverbot als solche wirksam. Der Auftragnehmer als Vertragspartner des Subunternehmers behält aber nach dieser Vorschrift das Recht, an den

Subunternehmer zu zahlen und dadurch die abgetretene Forderung wirksam zu erfüllen. Weist der Subunternehmer den Kunden nicht sofort auf den Eingang einer solchen Zahlung hin - eine solche Pflicht ist in Ziffer 4 des Direktzahlungsvertrages ausdrücklich vorgesehen - kann es zu einer Doppelzahlung des Kunden an den Subunternehmer kommen.

Ferner kann die vom Subunternehmer abgetretene Forderung nicht bestehen, weil der Auftragnehmer dagegen berechtigte Einwendungen hat, z.B. fehlende Fälligkeit, Leistung nicht erbracht, etc.. Alle gegen die Forderung bestehenden Einwendungen kann der Auftragnehmer dem Auftraggeber als neuem Gläubiger entgegenhalten, § 404 BGB.

Ferner kann die vom Subunternehmer abgetretene Forderung nicht bestehen, weil der Auftragnehmer Gegenforderungen gegen den Subunternehmer besitzt, mit denen er auch gegenüber dem Auftraggeber als neuem Gläubiger der Forderung des Subunternehmers aufrechnen kann, § 406 BGB. Beispielsweise können Gegenforderungen bestehen wegen Mängeln an den bisher vom Subunternehmer erbrachten Leistungen oder aus anderen Geschäften.

Vor die Wahl gestellt, weiterhin die Arbeitseinstellung des Subunternehmers seines Auftragnehmers und damit die Verzögerung oder Stillstand seines Projektes hinzunehmen oder die vorgenannten Risiken des Abschlusses einer Direktzahlungsvereinbarung mit dem Subunternehmer im Falle der fehlenden Kooperationsbereitschaft des Auftragnehmers zu tragen, wird vermutlich aus der Interessenlage des Auftraggebers regelmäßig zu der Beurteilung führen, dass der Abschluss der Direktzahlungsvereinbarung auch dann das wesentlich geringere Risiko darstellt. Denn wegen der meist bei Zahlungsverzug bestehenden wirtschaftlichen Probleme des Auftragnehmers sind die aus dem weiteren Stillstand des Projektes entstehenden Schadensersatzansprüche des Auftraggebers gegen den Auftragnehmer nichts wert.

11.5.2 Möglichkeiten des Subunternehmers (Auftragnehmers)

Alle Vertragstypen

Ein unmittelbares Recht, bei Zahlungsverzug seines Auftraggebers von dessen Kunden direkte Zahlung zu verlangen, sieht weder die VOB/B noch das BGB zugunsten des Subunternehmers vor.

Durch eine konsequente sofortige Arbeitseinstellung bei Zahlungsverzug hat er jedoch eine gute Chance, den Kunden seines Auftraggebers zum Abschluss des in der vorstehenden Ziffer 11.5.1 behandelten Direktzahlungsvertrages **(Muster-AN+AG 10)** zu veranlassen, der gegenwärtige und zukünftige Zahlungsansprüche bei dem Projekt sicherstellt.

Die weiteren rechtlichen Möglichkeiten, von seinem Auftraggeber Sicherheit nach § 321 BGB oder nach § 650f BGB (vgl. oben Ziffer 11.2.7) verlangen zu können, sind für den Subunternehmer bei Zahlungsverzug seines Auftraggebers meistens nicht mehr praktikabel, weil die notwendige Bonität des Auftraggebers zur Beschaffung dieser Sicherheiten in diesem Zeitpunkt fehlt.

Oft wird schon die Androhung der Arbeitseinstellung ausreichen, um den Kunden zum Abschluss dieses Direktzahlungsvertrages zu veranlassen. Die

Kontaktaufnahme mit dem Kunden in dieser Frage kann eingeleitet werden mit dem für diese Situation entworfenen **Muster-AN 42**.

Der Kunde wird den Direktzahlungsvertrag abschließen, wenn er dadurch weitere Terminverzögerungen von seinem Projekt abwenden und den möglichst störungsfreien Verlauf der Restleistungen sicherstellen kann. Zur Interessenlage des Kunden in dieser Situation und den Möglichkeiten der Argumentation für den Subunternehmer wird auf Ziffer 11.5.1 verwiesen.

In der Insolvenz des Auftragnehmers und kurz davor bestehen die Möglichkeiten einer vertraglichen Absicherung des Subunternehmers nicht mehr, da hier die Grundsätze der Insolvenzordnung vorgehen und alle Gläubiger weitgehend gleich behandelt werden sollen (BGH, Urt. v. 17.6.1999, Az. IX ZR 176/98, NJW 1999, 2969). Bereits geleistete Zahlungen an den Subunternehmer können von dem Insolvenzverwalter angefochten und zurückverlangt werden (BGH, Urt. v. 10.5.2007, Az. IX ZR 146/05, NZBau 2007, 514).

Internationaler Kaufvertrag / Werkvertrag

Die deutsche Rechtsordnung neigt dazu, auftretende Probleme nur in dem Verhältnis der Vertragsparteien zu belassen und zu lösen. Der „Durchgriff" auf andere, z.B. die Gesellschafter eines Unternehmens oder auf den Kunden des Auftraggebers, sind nur ausnahmsweise denkbar. In anderen Ländern ist dies mitunter anders geregelt.

Beispiel: Frankreich kennt die „action directe", die dem Subunternehmer einen direkten Zahlungsanspruch gegen den Auftraggeber zubilligt, wenn der Auftragnehmer nicht zahlt. Ähnliche Regelungen gibt es in Italien, Belgien, Dänemark und den Niederlanden.

Bei der Gestaltung von Verträgen mit internationalem Bezug ist die Kenntnis des lokalen Rechts wichtig. Nicht alles lässt sich abschließend in einem Vertrag regeln; meist behält sich die Rechtsordnung bestimmte Regelungen als „zwingendes Recht" vor.

11.6 Wahlrecht des Insolvenzverwalters bei noch nicht vollständig erfüllten Verträgen

Die Insolvenz des Vertragspartners bedeutet für den Gläubiger massive Rechtsverluste, und zwar sowohl bei Ausfall des Auftraggebers als auch bei Ausfall des Auftragnehmers. Dem Antrag auf Eröffnung des Insolvenzverfahrens folgt meist, wenn das Insolvenzgericht dies für ausreichend erfolgreich hält, die Bestellung des vorläufigen Insolvenzverwalters (siehe oben Ziffer 11.2.2). Hält er die Masse für ausreichend, wird in der Regel die Eröffnung des Verfahrens folgen. Der dann zu bestellende Insolvenzverwalter hat alle Befugnisse zu entscheiden, wie er mit den angefangenen und noch nicht beendeten Aufträgen verfahren will.

Wann ein Vertrag noch nicht vollständig erfüllt ist, ist teilweise strittig. Ausreichend sind jedenfalls offene Nacherfüllungsansprüche nach der Abnahme. Andererseits reichen noch so geringe Zahlungsrückstände des

Auftraggebers aus, also insbesondere auch dann, wenn ein Sicherungseinbehalt noch nicht ausgezahlt worden ist.

11.6.1 Vertrag von beiden Seiten erfüllt

Ist der Vertrag von beiden Seiten vollständig erfüllt, bereitet die Insolvenz des Vertragspartners jedenfalls für den konkreten Auftrag juristisch keine Probleme mehr: Die Leistung des Auftragnehmers ist erbracht bzw. die Vergütung durch den Auftraggeber geleistet. Allenfalls dann, wenn eine Anfechtung durch den endgültigen Insolvenzverwalter in Frage kommt, könnte es für den Gläubiger noch einmal ärgerlich werden (siehe oben Ziffer 11.2.14.2).

11.6.2 Vertrag nur von einer Seite erfüllt

Ist der Vertrag nur von einer Seite vollständig erfüllt, gilt:
- Ist der Vertrag bereits vollständig von dem Schuldner erfüllt, muss der Gläubiger die Gegenleistung noch erbringen.
- Ist der Vertrag bereits vollständig vom Gläubiger erfüllt, kann er seine Forderung nur zur Tabelle anmelden.

11.6.3 Vertrag von beiden Seiten noch nicht erfüllt

Ist der Vertrag von beiden Seiten noch nicht vollständig erfüllt, hat der Insolvenzverwalter ein Wahlrecht:

11.6.3.1 Insolvenzverwalter lehnt die Erfüllung ab

Der Gläubiger muss dann seinerseits den Vertrag auch nicht mehr erfüllen. Er hat wegen der nicht beglichenen eigenen Forderungen einen Schadensersatzanspruch, den er zur Tabelle anmelden kann.

11.6.3.2 Insolvenzverwalter wählt Erfüllung

Dann zerfällt der bisherige Auftrag in einen bereits erfüllten Teil, der abzurechnen ist. Auf Grund gegenseitiger Verträge geschuldete Leistungen sind regelmäßig teilbar, wenn sie sich vor und nach Eröffnung des Insolvenzverfahrens feststellen und bewerten lassen. Bei einem Werkvertrag über Bauleistungen erfolgt dies nach den gleichen Regeln, wie bei einer Kündigung aus wichtigem Grund (BGH, Urt. v. 25.4.2002, Az. IX ZR 313/99, NJW 2002, 2783). Sofern der Gläubiger aus dem von ihm bereits erfüllten Teil noch Forderungen gegen den insolventen Schuldner hat, sind diese zur Tabelle anzumelden und werden wie alle Gläubigerforderungen behandelt.

Für den Teil des Auftrages, von dem der Insolvenzverwalter fordert, dass er erfüllt werde, gilt hingegen, dass dieser zur Masseschuld wird, § 55 Abs.1 Nr.2 InsO. Wenn nicht gerade der Insolvenzverwalter fahrlässig die Situation falsch eingeschätzt hat, kann der Gläubiger für diese jetzt noch zu erbringende Leistung mit der Begleichung seiner Forderung rechnen.

Der Gläubiger hat die Möglichkeit, den Insolvenzverwalter zur Ausübung des Wahlrechts aufzufordern; erklärt dieser sich nicht unverzüglich, kann er auf Erfüllung nicht mehr bestehen, § 103 Abs.2 InsO. Geht es darum, dass der Gläubiger gleichzeitig seinen Anspruch auf Herausgabe des Eigentums wegen eines bestehenden Eigentumsvorbehaltes geltend macht, muss der Insolvenzverwalter die Erklärung erst nach dem Berichtstermin abgeben, was die Herausgabe erheblich verschleppt, § 107 Abs.2 InsO.

Durch die Erfüllungswahl wird über die noch vom Gläubiger zu erbringenden Leistungen kein neuer Vertrag geschlossen. Der Gläubiger kann aber durch die Erfüllungswahl wegen der noch nicht bezahlten Rechnung aus dem ersten Teil kein Zurückbehaltungsrecht mehr geltend machen. Sicherungsabtretungen, die sich auf den noch zu erfüllenden Teil beziehen, haben keine Wirkung mehr (BGH, Urt. v. 25.4.2002, Az. IX ZR 313/99, NJW 2002, 2783).

Dies kann zu der für den Gläubiger unbefriedigenden Situation führen, dass er aufgrund der Wahl des Insolvenzverwalters den Restauftrag noch erfüllen muss (und auch bezahlt bekommt), den Vergütungsanspruch für die bereits erbrachten Leistungen aber nur noch zur Tabelle anmelden kann. Schlimmer noch: Hat der insolvente Schuldner im ersten Teil mehr geleistet als die Gegenleistung, kann der Insolvenzverwalter hierfür sogar noch die entsprechende Gegenleistung verlangen oder das zu viel Geleistete zurückfordern und für den zweiten Teil Erfüllung verlangen, ohne dass dem Gläubiger hierfür irgendein Zurückbehaltungs- oder Aufrechnungsrecht zusteht.

Beispiel: Der Auftragnehmer ist mit der Erstellung einer Werkleistung im Werte von EUR 125.000,- beauftragt und erhält im Laufe der Auftragsabwicklung Anzahlungen in Höhe von EUR 100.000,-. Er erbringt jedoch nur Leistungen in Höhe von EUR 88.000,- und wird dann insolvent. Wegen kleinerer Mängel ergeben sich Ansprüche des Auftraggebers in Höhe von EUR 5.000,-. Der Insolvenzverwalter wählt Erfüllung und lässt von dem insolventen Unternehmen die Leistungen zu Ende ausführen.

Der Insolvenzverwalter kann die volle Vergütung von EUR 25.000,- für die geleisteten Restarbeiten verlangen. Der Auftraggeber kann hingegen seinen Anspruch auf Rückzahlung der zu viel geleisteten Anzahlungen und seinen Anspruch auf Schadensersatz oder Minderung in Höhe von EUR 5.000,- lediglich zur Tabelle anmelden (Beispiel nach Schmitz, „Die Bauinsolvenz", 2/2002, Rdnr.252).

Wählt der Insolvenzverwalter Erfüllung, muss er die Schnittstellen zwischen der Restabwicklung und dem bisherigen Auftrag im Auge behalten. In der Insolvenz des Auftragnehmers gehört hierzu auch, dass er den Auftraggeber auf Mängel des bisherigen Gewerkes aufmerksam macht und Bedenken anmeldet (vgl. hierzu § 4 Abs.3 VOB/B), da die bisherige Leistung des insolventen Auftragnehmers wie eine Leistung anderer Unternehmer zu werten ist.

11.6.3.3 Restabwicklungsvereinbarungen

In der Praxis werden häufig für den verbleibenden Teil Restabwicklungsvereinbarungen zwischen Insolvenzverwalter und Gläubiger geschlossen. Diese Vereinbarungen beenden das bisherige Vertragsverhältnis bis zur Insolvenzanmeldung bzw. Insolvenzeröffnung und begründen einen neuen Vertrag ab diesem Zeitpunkt bis zur Fertigstellung. Der Vorteil dieser Lösung liegt in einer klaren Schnittstellenregelung, was insbesondere im Interesse des Insolvenzverwalters liegt. Lässt sich der Gläubiger hierauf ein, muss er auch evtl. nachteilige Regelungen akzeptieren. Leider ist in der Praxis festzustellen, dass (vorläufige) Insolvenzverwalter mit dem Ziel, die Masse zu mehren, nicht davor scheuen, Druck auf den Gläubiger auszuüben.

Beispiel: Der Werkliefervertrag mit einem in Insolvenz geratenen Maschinenbauunternehmen ist noch nicht erfüllt. Es steht noch die Lieferung einer Teilkomponente aus. Diese könnte sofort ausgeliefert werden. Der vorläufige Insolvenzverwalter erklärt aber, dass er die Auslieferung nur dann genehmigen wird, wenn der Gläubiger den vertraglich vereinbarten Sicherungseinbehalt reduziert und auf sämtliche Ansprüche aus Mängeln, Verzug, etc. verzichtet.

Erschwert wird die Situation des Gläubigers dadurch, dass die InsO keine Fristen vorsieht, wann der Insolvenzverwalter die Auslieferung genehmigt. Die Aufforderung zur Entscheidung, ob der Vertrag erfüllt werden soll, greift zum einen deshalb nicht, weil die Vorschrift des § 105 InsO erst für den endgültigen Insolvenzverwalter - also nach Eröffnung des Verfahrens - gilt. Der vorläufige Insolvenzverwalter kann die Entscheidung also bis zum Eröffnungstermin verzögern. Zum anderen nutzt es in dem Beispiel dem Gläubiger wenig, wenn sich der vorläufige Insolvenzverwalter gegen die Erfüllung entscheiden würde.

Weicht der Insolvenzverwalter bei dem Vertragsabschluss zu sehr von der Rechtslage zugunsten des Gläubigers ab, besteht die Gefahr, dass die Restabwicklungsvereinbarung wegen Missbrauches durch den Insolvenzverwalter und Benachteiligung der anderen Gläubiger nichtig ist, was wiederum zu neuen Nachteilen für den Gläubiger führen kann (BGH, Urt. v. 25.4.2002, Az. IX ZR 313/99, NJW 2002, 2783).

11.7 Rücktritts- und Kündigungsrechte des Gläubigers in der Insolvenz des Vertragspartners

Kaufvertrag / Werkvertrag

Nach § 321 Abs.2 BGB kann der Vertragspartner eine angemessene Frist bestimmen, in welcher der andere Teil Zug um Zug gegen die Leistung nach seiner Wahl die Gegenleistung zu bewirken oder Sicherheit zu leisten hat. Nach erfolglosem Ablauf der Frist kann der Vorleistungspflichtige vom Vertrag zurücktreten.

Auch die fehlende Mitwirkungshandlung des insolventen Auftraggebers kann zu einer Beendigung des Vertrages durch Kündigung des Werkvertrages gem. §§ 642; 643 BGB führen.

VOB/B-Bauvertrag

Nach § 8 Abs.2 Nr.1 VOB/B kann der Auftraggeber den Vertrag kündigen, wenn der Auftragnehmer das Insolvenzverfahren beantragt oder ein solches Verfahren eröffnet oder mangels Masse abgelehnt wird. Ein gleiches Recht wird dem Auftragnehmer seltsamerweise in § 9 VOB/B nicht ausdrücklich eingeräumt. Es wird jedoch häufig mit der Nichtzahlung des insolventen Auftraggebers zusammenfallen, was wiederum die Kündigung ermöglicht.

Die Rechtsprechung zu § 8 VOB/B hat entschieden, dass die Kündigung selbst dann noch möglich ist, wenn der Insolvenzverwalter Erfüllung gewählt hat (BGH, Urt. v. 11.11.1993, Az. IX ZR 257/92, NJW 1994, 449 noch zur Konkursordnung).

Die Kündigungsklausel des § 8 Abs.2 VOB/B ist nicht wegen Verstoßes gegen Insolvenzrecht unwirksam (BGH, Urt. v. 07.04.2016, Az. VII ZR 65/15, NJW 2016, 1945).

12 Versicherungen (Hammacher)

12.1 Grundgedanken des Versicherungsrechts

Der Abschluss von Versicherungen für das Unternehmen ist Bestandteil des Risiko-Managements eines Unternehmens. Die hierfür erforderlichen Risikountersuchungen und -einschätzungen erfordern eine generelle Sicht und gehen über die Abwicklung einzelner Aufträge hinaus. In der Praxis beschäftigen sich deshalb meist andere Mitarbeiter mit Versicherungsfragen als die unmittelbaren Projektverantwortlichen. Wir haben uns für die Einbeziehung dieses Themas in das Handbuch entschieden, weil sich das Buch auch an die kaufmännischen Abteilungen des Unternehmens richtet und weil die Projektleitung für die Einschätzung von Schadensfällen, die leider jedem einmal passieren können, den Hintergrund des Versicherungsrechts kennen muss.

Unter Schaden versteht man jeden Nachteil, den jemand durch ein bestimmtes Ereignis an seinem Vermögen oder an seinen sonstigen rechtlich geschützten Gütern erleidet. Der Schaden liegt in der Differenz zwischen zwei Güterlagen: Der tatsächlichen durch das Schadenereignis geschaffenen und der unter Ausschaltung dieses Ereignisses gedachten Situation (Vorher-Nachher-Vergleich).

Fügt jemand einem anderen einen Schaden zu, so hat er den Schaden grundsätzlich vollständig zu ersetzen, wenn er ihn schuldhaft verursacht hat oder ihm das Verschulden eines anderen zuzurechnen ist. In einigen Fällen, wie z.B. bei der Kfz-Haftpflicht, trifft ihn darüber hinaus sogar eine Gefährdungshaftung, die schon allein daran anknüpft, dass er sich an der gefährlichen Handlung „Autofahren" beteiligt.

Um die Risiken, die sich aus solchen nie ganz auszuschließenden Schäden ergeben können, in Grenzen zu halten, sind die Baubeteiligten gezwungen, sich - soweit dies möglich und wirtschaftlich vertretbar ist - zu versichern. Der Deckungsschutz wird von den mit den Versicherern getroffenen Vereinbarungen bestimmt. Das Versicherungsvertragsgesetz (VVG) macht hierfür Vorgaben. Des Weiteren gelten standardmäßig allgemeine Versicherungsbedingungen, die aber in vielen Punkten abweichend geregelt werden können.

Wer einen Versicherungsvertrag abschließen will, sollte sich zunächst über die konkreten Notwendigkeiten seines Betriebes oder seines Projektes Gedanken machen. Nicht jeder denkbare Fall muss versichert werden; Risiken lassen sich durch vernünftige Vorsorgemaßnahmen und Organisationsregelungen begrenzen. Es macht unter wirtschaftlichen Gesichtspunkten Sinn, nur solche Risiken versicherungsmäßig abzudecken, bei deren Eintreten das Unternehmen oder das Projekt im Schadensfall vor gravierende Probleme gestellt werden könnte.

Zu beobachten ist die Versuchung vieler Mitarbeiter, bei Unklarheiten über die Zurechnung eines Schadens zur „Versicherungslösung" zu greifen. Ganz davon abgesehen, dass dabei die Grenze zum Versicherungsbetrug leicht überschritten werden könnte und dass durch ein solches Verhalten die

Versichertengemeinschaft möglicherweise zu Unrecht belastet wird, widerspricht dies auch dem Verursacherprinzip. Möglicherweise kommt ein solches Verhalten der Abrechnung des Projektes bzw. der Baustelle zu Gute. Das Unternehmen insgesamt muss jedoch letztlich den Schaden in Form von steigenden Prämien in den darauf folgenden Jahren tragen – wer soll diesen Mehraufwand dann tragen?

Die Auswahl des richtigen Versicherers ist von vielen Kriterien abhängig, nicht nur vom Preis. Branchenversierte Fachleute, z.B. Versicherungsmakler, können bei der Auswahl behilflich sein. In den letzten Jahren hat eine erhebliche Konzentration von Industrieversicherungsunternehmen stattgefunden, die die Spielräume einzuengen drohen.

12.1.1 Art der versicherten Tätigkeit

Insbesondere der Auftraggeber ist gut beraten, sicherzustellen, dass die vom Auftragnehmer abgeschlossene und ihm vorgelegte Versicherung auch tatsächlich den Leistungsumfang erfasst, den der Auftragnehmer ausführen soll. Bei Handwerksbetrieben und kleineren Fachbetrieben deckt die Betriebshaftpflichtversicherung gelegentlich eine weitergehende Bautätigkeit, z.B. als Generalübernehmer, nicht mit ab.

Beispiel: Ein Dachdecker stellt nach Abschluss seiner Arbeiten seine Gerüste gegen Geld auch anderen am Bau beteiligten Unternehmen zur Verfügung. Das Gerüst stürzt ein und begräbt den Mitarbeiter eines anderen Unternehmens unter sich.

Die Betriebshaftpflichtversicherung eines Dachdeckers umfasst nicht das Risiko, das sich aus der Weitervermietung der Gerüste an Dritte ergeben kann. Dies gilt auch, wenn der Umsatz aus diesen Vermietungen im Verhältnis zum Gesamtumsatz des Unternehmens relativ gering ist. Wenn also das Gerüst zusammenstürzt, muss die Betriebshaftpflichtversicherung des Dachdeckers hierfür nicht einstehen.

Ein Unternehmen entwickelt sich im Laufe der Zeit. Teil dieser Unternehmensentwicklung ist auch, dass neue Produkte und Serviceleistungen in die Leistungspalette der Firma aufgenommen werden. Nicht selten kann man im Laufe einiger Jahre sogar eine völlige Umorientierung – weg von alten nicht mehr nachgefragten Leistungen und hin zu neuen und gewinnbringenden Sparten – beobachten. Durch diesen dynamischen Unternehmensprozess ändert sich aber auch das Risikoprofil der Firma, welches für den Deckungsumfang der Betriebshaftpflichtversicherung und anderer Versicherungsarten maßgeblich ist. Kraft nebenvertraglicher Verpflichtung hat der Versicherungsnehmer die Pflicht, alle Änderungen im Risikoprofil dem Versicherer mitzuteilen. Aus diesem Grunde tut jedes Unternehmen gut daran, mit einem selbständigen Versicherungsmakler, der die Interessen des Versicherungsnehmers vertritt, zusammenzuarbeiten und in regelmäßigen Abständen das Risikoprofil der Firma erneut durchchecken zu lassen, verbunden mit der Suche nach der entsprechenden kostengünstigen, versicherungsmäßigen Risikoabsicherung.

12.1.2 Ort der versicherten Tätigkeit

Gerade im internationalen Geschäft müssen mögliche Ausschlüsse in den Policen beachtetet werden.

Beispiel: Wegen des großen Prozessrisikos durch Sammelklagen und immens hohen Schadensersatzansprüchen im Zusammenhang mit Personenschäden schließen viele Versicherer ihre Einstandspflicht für Lieferungen und Leistungen in die USA zunächst aus.

12.1.3 Zeitpunkt des Schadenseintritts

Der Schaden muss während der Versicherungszeit eingetreten sein. Abweichend von diesem Grundsatz genügt es bei Inanspruchnahme der Vermögensschadenhaftpflichtversicherung, z.B. der Architekten- oder Ingenieurhaftpflichtversicherung, wenn das Kausalereignis, also z.B. die falsche statische Auslegung, in die Vertragszeit fällt, § 2 Nr.1 AVB VermHaftpflicht, auch wenn das Gebäude erst sehr viel später zusammenbricht. Die Beweislast trifft den Versicherungsnehmer.

12.1.4 Mitversicherte

Regelmäßig sind die Mitarbeiter und andere Erfüllungsgehilfen des Versicherungsnehmers mitversichert. Insbesondere bei Ausführung von Großprojekten empfiehlt sich die ausdrückliche Regelung dieser Frage im Versicherungsvertrag, damit keine Lücken im Schutz auftreten. Wenn eine Arbeitsgemeinschaft (ARGE mit der Bauausführung beauftragt ist, so ist im ARGE-Vertrag auch die Frage des Regressverzichts der jeweigen Versicherungen zu regeln (ARGE-Klausel).

12.1.5 Verschulden

Ein Versicherungsschutz kommt dann nicht in Betracht, wenn der Unternehmer den Schaden vorsätzlich herbeigeführt hat. Sie greift auch nicht ein, wenn der Versicherungsnehmer Kenntnis von der Schädlichkeit der Arbeit hatte und diese Kenntnis einer vorsätzlichen Schadensherbeiführung gleichsteht.

Einfach fahrlässig verursachte Verstöße bleiben folgenlos. Bei grob fahrlässigen Verstößen des Versicherungsnehmers gegen Obliegenheiten kann der Versicherer seine Leistung entsprechend der Schwere des Verschuldens kürzen, § 28 Abs.2 VVG.

12.1.6 Gefahrerhöhung

Ohne Einwilligung des Versicherers darf der Versicherungsnehmer keine Gefahrerhöhung vornehmen oder zulassen, § 23 Abs.1 VVG. Unerhebliche oder den Umständen nach mitversicherte Gefahrerhöhungen bleiben dabei außer Betracht, § 27 VVG. Neben das Verbot tritt die Anzeigepflicht für nachträglich erkannte (§ 23 Abs.2 VVG) und für diejenigen Gefahrerhöhungen, welche unabhängig vom Willen des Versicherungsnehmers eingetreten sind (§ 23 Abs.3 VVG).

Hält sich der Versicherungsnehmer nicht daran, steht dem Versicherer nach § 24 Abs.1 VVG ein fristloses Kündigungsrecht zu, wenn der Versicherungsnehmer vorsätzlich oder grob fahrlässig handelt; bei einfacher Fahrlässigkeit hat der Versicherer eine Kündigungsfrist von einem Monat einzuhalten, § 24 Abs.2 VVG.

12.1.7 Aufrechterhaltung der Prämie

Nach § 37 VVG ist der Versicherer, solange die Zahlung der ersten Prämie nicht bewirkt ist, zum Rücktritt vom Vertrag berechtigt, es sei denn, der Versicherungsnehmer hat die Nichtzahlung nicht zu vertreten. Ist die einmalige oder die erste Prämie bei Eintritt des Versicherungsfalles nicht gezahlt, ist der Versicherer nicht zur Leistung verpflichtet, es sei denn, der Versicherungsnehmer hat die Nichtzahlung nicht zu vertreten. Der Versicherer ist nur leistungsfrei, wenn er den Versicherungsnehmer durch gesonderte Mitteilung in Textform oder durch einen auffälligen Hinweis im Versicherungsschein auf diese Rechtsfolge der Nichtzahlung der Prämie aufmerksam gemacht hat.

Für den Auftraggeber empfiehlt es sich dringend, bei Abschluss des Vertrages mit dem Auftragnehmer einen Nachweis über die Zahlung zu verlangen, der bei länger dauernden Projekten in regelmäßigen Abständen zu wiederholen ist. Anderenfalls besteht die Gefahr, dass bei gravierenden Schäden weder der Auftragnehmer noch der Versicherer für einen Regress zur Verfügung steht.

12.1.8 Vorläufige Deckung

Für alle Beteiligten besteht ein Bedürfnis nach schnellem und flexiblem Deckungsschutz. Der Versicherer kann deshalb eine vorläufige Deckung aussprechen. Kommt der Versicherungsvertrag dann nicht zustande oder wird er widerrufen, so endet die Deckung erst mit der entsprechenden Erklärung, aber nicht rückwirkend, § 49 VVG.

12.1.9 Obliegenheiten

Der Versicherungsnehmer muss, wenn ein Schadensfall eintritt, den Versicherer informieren (Haftpflicht: innerhalb einer Woche, Ziff. 25.1 AHB).

Er muss sich nach Möglichkeit um die Abwendung und Minderung des Schadens sorgen.

Werden gerichtliche Maßnahmen gegen ihn eingeleitet, muss er dies dem Versicherer unverzüglich anzeigen.

Anerkenntnisse und Vergleiche, die ohne Zustimmung des Versicherers abgegeben werden, sind für diesen nur insoweit bindend, als der Anspruch auch ohne Anerkenntnis oder Vergleich bestanden hätte (Ziff. 5.1 AHB).

Wenn der Versicherungsnehmer seine Obliegenheiten vorsätzlich verletzt, verliert er den Versicherungsschutz, bei grob fahrlässiger Verletzung kann er seine Leistung kürzen (Ziff. 26 AHB).

12.2 Betriebshaftpflicht

Versicherungsschutz besteht für den Schadensersatzanspruch eines Dritten, der den Versicherten aufgrund gesetzlicher Haftpflichtbestimmungen privatrechtlichen Inhalts in Anspruch nimmt (Ziff. 1.1 AHB - Allgemeine Haftpflichtbedingungen). Es kommen also alle privatrechtlichen Anspruchsgrundlagen für Schadensersatzforderungen in Betracht, seien es Kauf-, Werklieferungs-, Werkverträge oder andere Verträge, allgemeine Pflichtverletzungen, §§ 311; 280 BGB oder Deliktsrecht, z.B. § 823 BGB.

Die Betriebshaftpflichtversicherung kommt zur Hilfe, wenn ein Sach-, Personen- oder sich daraus ergebende Vermögensschäden zugefügt worden sind. Voraussetzung ist, dass ein Mensch verletzt, oder eine im Eigentum des Geschädigten stehende Sache oder ein anderes absolutes Recht (z.B. Eigentum) beschädigt wurde.

Fehlt diese "Substanz"-Beeinträchtigung liegt nur ein reiner Vermögensschaden vor. Dafür besteht in der Regel kein Versicherungsschutz (Ziff. 1.2 Nr. 5 AHB; Ziff. 2.1 AHB). Weil Vermögensschäden aber durchaus vorkommen, werden sie - natürlich gegen eine besondere Prämie - wieder eingekauft.

Die Versicherung deckt die Kosten für die Wiederherstellung der beschädigten Sache und den Ersatz des weiteren Vermögensschadens bis zur Höhe der abgeschlossenen Versicherungssumme.

Beispiele: Wiederherstellung der beschädigten Sache, entgangener Gewinn, Aufräumarbeiten.

Der Versicherungsschutz umfasst die Prüfung der Haftpflichtfrage, die Abwehr unberechtigter Schadensersatzansprüche und die Freistellung des Versicherungsnehmers von berechtigten Schadensersatzverpflichtungen (Ziff. 5.1 AHB). Gleichrangig daneben steht die Pflicht der Versicherung, ihrem Versicherungsnehmer Rechtsschutz zu gewähren, wenn sie den Schaden nicht begleichen will (BGH, Urt. v. 7.2.2007, Az. IV ZR 149/03, NJW 2007, 2258). Die damit verbundenen Kosten trägt die Versicherung.

12.2.1 Erfüllungsschäden

Allerdings sind Schäden, die mit einer mangelhaften Leistung und dem dadurch erforderlich gewordenen Aufwand für seine Beseitigung unmittelbar zusammenhängen, nicht durch die Betriebshaftpflicht abgedeckt.

Mit anderen Worten: Es gibt keine „Murks"-Versicherung, die für die Nacherfüllung einer Schlechtleistung aufkommen würde (siehe aber unten 12.5 Gewährleistungsversicherung).

Beispiel: Bleche einer Tribünenüberdachung lösen sich, weil sie nicht mit den vorgesehenen Schussbolzen mit der Unterkonstruktion verbunden wurden.

Die Kosten für die zum Erfüllungsbereich gehörende Wiederbeschaffung und Neumontage werden ebenso wenig übernommen, wie etwaige Ansprüche des Auftraggebers auf Minderung des Preises oder wegen Rücktritts vom Vertrag. Hingegen würde die Versicherung den Schaden ersetzen, der durch die herunterfallenden Bleche, z.B. an dort geparkten Fahrzeugen, entsteht.

Da Gegenstand der Betriebshaftpflicht keine Schäden sein können, die der Erfüllung des Vertrages zuzurechnen sind, fehlt es an Deckungsschutz bei Ansprüchen (Ziff. 1.2 AHB 2010):

- auf Erfüllung von Verträgen, Nacherfüllung aus Selbstvornahme, Rücktritt, Minderung, auf Schadensersatz statt der Leistung;
- wegen Schäden, die verursacht werden, um die Nacherfüllung durchführen zu können;
- wegen des Ausfalls der Nutzung des Vertragsgegenstandes oder wegen des Ausbleibens des mit der Vertragsleistung geschuldeten Erfolges;
- auf Ersatz vergeblicher Aufwendungen im Vertrauen auf ordnungsgemäße Vertragserfüllung;
- auf Ersatz von Vermögensschäden wegen Verzögerung der Leistung;
- wegen anderer an die Stelle der Erfüllung tretender Ersatzleistungen.

Wenn der Schaden eingetreten ist, muss also geprüft werden, wie er sich zusammensetzt. Alles was erforderlich ist, um eine mangelfreie Leistung zu erbringen, gehört zum Erfüllungsbereich und ist nicht versichert. Dazu gehören Material-, Personal-, Transport- und Reisekosten, § 635 Abs.2 BGB.

Beispiel: Ein Auftragnehmer soll ein Kabel verlegen, das beigestellt wird.

Wird bei den Verlegearbeiten ein anderes Kabel beschädigt, ist es versichert, das beigestellte hingegen nicht.

Zur Erfüllung gehören auch diejenigen Kosten, die notwendig werden, um einen Mangel zu beseitigen, also die Kosten für das Aufspüren des Schadens, das Aufbrechen der umgebenden Konstruktion oder Mauerwerks/Betons und das anschließende wieder verschließen. Deshalb sollte unbedingt darauf geachtet werden, dass der Versicherungsschutz in dem Versicherungsvertrag insoweit erweitert wird (vgl. BGH, Urt. v. 20.11.1990, Az. IV ZR 229/89, NJW-RR 1991, 470).

Ein Sonderfall besteht für die von Architekten und Ingenieuren abzuschließende Vermögensschadenshaftpflichtversicherung: Hat der Architekt oder Ingenieur falsch geplant und gehören die Kosten für Umplanungen etc. zum Erfüllungsbereich, so sind sie nicht versichert. Ob aber die Planung falsch war, stellt sich oft erst heraus, wenn das aufgrund dieser Planung erstellte Gebäude später Mängel aufweist, die beseitigt werden müssen. Diese Mängelbeseitigungskosten treten nicht an die Stelle der geschuldeten Planungsleistungen des Architekten; für sie ist deshalb Versicherungsschutz gegeben. Wären diese Mängelbeseitigungskosten auf eine Schlechtleistung eines Auftragnehmers zurückzuführen, wären sie nicht versichert, als Folge einer Planungsleistung hingegen schon. Es gibt also – entgegen der reinen Lehre - auch Fälle, in denen mangelhafte Erfüllungsleistungen Versicherungsschutz genießen (vgl. unten 12.5 Baugewährleistungsversicherung).

Das kann sich als Rettung für jenen Auftraggeber herausstellen, dem zwar Architekt und Unternehmer gesamtschuldnerisch haften, wenn aber beide den Schaden nicht aus eigener Tasche ersetzen können, dann bleibt wenigstens der Rückgriff auf die Architektenhaftpflicht, denn die Betriebshaftpflicht des Auftragnehmers würde auch nicht zahlen.

Die Berufshaftpflicht des Architekten oder Ingenieurs greift deshalb auch dann nicht, wenn dieser das Werk nicht nur plant, sondern auch selbst Bauleistungen erbringen lässt, z.B. als Generalplaner. Hier ist also vor Abschluss der Verträge eine Prüfung auch der Versicherungslage unbedingt erforderlich.

Dieser Grundgedanke kommt deutlich in der so genannten „Tätigkeitsklausel" oder "Bearbeitungsklausel" in Ziff. 4 I 6b HS2 AHB; 7.7 AHB 2015 zum Ausdruck: Der Versicherungsnehmer soll das Risiko seiner gewerblichen Arbeiten selbst tragen. Haftpflichtansprüche wegen Schäden an fremden Sachen und alle sich daraus ergebenden Vermögensschäden sind deshalb ausgeschlossen, wenn:

- die Schäden durch eine gewerbliche oder berufliche Tätigkeit des Versicherungsnehmers an diesen Sachen (Bearbeitung, Reparatur, Beförderung, Prüfung und dgl.) entstanden sind; bei unbeweglichen Sachen gilt dieser Ausschluss nur insoweit, als diese Sachen oder Teile von ihnen unmittelbar von der Tätigkeit betroffen waren;

- die Schäden dadurch entstanden sind, dass der Versicherungsnehmer diese Sachen zur Durchführung seiner gewerblichen oder beruflichen Tätigkeiten (als Werkzeug, Hilfsmittel, Materialablagefläche und dgl.) benutzt hat; bei unbeweglichen Sachen gilt dieser Ausschluss nur insoweit, als diese Sachen oder Teile von ihnen unmittelbar von der Benutzung betroffen waren;

- die Schäden durch eine gewerbliche oder berufliche Tätigkeit des Versicherungsnehmers entstanden sind und sich diese Sachen oder - sofern es sich um unbewegliche Sachen handelt - deren Teile im unmittelbaren Einwirkungsbereich der Tätigkeit befunden haben; dieser Ausschluss gilt nicht, wenn der Versicherungsnehmer beweist, dass er zum Zeitpunkt der Tätigkeit offensichtlich notwendige Schutzvorkehrungen zur Vermeidung von Schäden getroffen hatte.

Die Ausschlussklausel greift ein, sobald mit der Leistung begonnen wurde.

Dabei kommt es nicht darauf an, ob sich der Auftrag auf das beschädigte Objekt selbst bezieht oder ob der Schaden nur anlässlich der Ausführung gewerblicher Leistungen an dem in seiner Obhut befindlichen Objekt eingetreten ist.

Die Klausel greift auch ein, wenn eine unmittelbare Einwirkung auf die beschädigte Sache bei Vornahme der gewerblichen Tätigkeit gerade vermieden werden sollte.

Es handelt sich um Gegenstände im Gefahrenbereich der jeweiligen Tätigkeit, wenn ihre Einwirkung auf sie unvermeidlich ist und die beschädigte Sache notgedrungen von der Leistung ergriffen wird.

Beispiel: Beim Aufbringen von Bitumenbahnen wird notgedrungen auch die Oberfläche der Betondecke mit erfasst. Die Betonoberfläche ist damit automatisch auch in die Obhut des Unternehmers gegeben und damit von der Ausschlussklausel erfasst.

Mit dem Einbau der Werkleistungen verliert der Auftragnehmer sein Eigentum an der Sache, § 946 BGB; ebenso bei Abnahme bzw. Ablieferung einer beweglichen Sache. Für den Versicherer bleiben diese Teile aber als Gegenstand der eigenen Leistung vom Versicherungsschutz ausgeschlossen, sofern nichts anderes geregelt wurde. Werden diese Teile also später, z.B. im Rahmen von Nacherfüllungsleistungen, beschädigt, wird die Versicherung diesen Schaden nicht übernehmen. Wer dieses Risiko nicht eingehen will, muss versuchen, mit seinem Versicherer hierüber eine Sonderregelung zu treffen.

Der Risikoausschluss für sog. Bearbeitungsschäden (AHB § 4 I 6 b, 2. Halbs.) greift nur ein, wenn der beschädigte Grundstücks- bzw. Gebäudebestandteil der Auftragsgegenstand gewesen ist. Eine nur gelegentliche Benutzung im Rahmen der Auftragsarbeiten, z.B. als Materialablagefläche, genügt nicht.

Ein besonderes Problem kann sich im Anlagenbau ergeben. Dort schließt sich häufig an die Abnahme noch eine Inbetriebnahmephase an (siehe oben Kapitel 8 „Abnahme", dort Ziffer 8.3 „Typen der Abnahme"). Passiert der Schaden in dieser Zeit, z.B. im Rahmen der Einregulierung, besteht kein Versicherungsschutz aus der Haftpflichtversicherungspolice, da die beschädigte Sache ja keine fremde Sache ist. Andererseits greift aber auch der Schutz der Montageversicherung nicht mehr ein, da die Sache bereits abgenommen war. Hier muss bei der Gestaltung der Versicherungsverträge besondere Vorsicht gelten, ggf. sind projektbezogene Sondervereinbarungen zu treffen.

Ausgeschlossen sind weiter Haftpflichtansprüche wegen Schäden an vom Versicherungsnehmer hergestellten oder gelieferten Sachen, Arbeiten oder sonstigen Leistungen infolge einer in der Herstellung, Lieferung oder Leistung liegenden Ursache und alle sich daraus ergebenden Vermögensschäden (vgl. Ziff. 7.8 AHB). Dies gilt auch dann, wenn die Schadenursache in einem mangelhaften Einzelteil der Sache oder in einer mangelhaften Teilleistung liegt und zur Beschädigung oder Vernichtung der Sache oder Leistung führt.

Dieser Ausschluss findet auch dann Anwendung, wenn Dritte im Auftrag oder für Rechnung des Versicherungsnehmers die Herstellung oder Lieferung der Sachen oder die Arbeiten oder sonstigen Leistungen übernommen haben.

12.2.2 Spezialrisiken

Über den in den Allgemeinen Haftpflichtbedingungen gewährten Versicherungsschutz hinaus wird mit dem Versicherer häufig besonderer Versicherungsschutz vereinbart hinsichtlich:

- Planungsschäden,
- Bearbeitungsschäden an fremden Sachen,
- Schäden an selbst hergestellten Sachen,
- Leitungsschäden,
- Umweltschäden.

12.3 Bauleistungsversicherung

12.3.1 Grundgedanke der Bauleistungsversicherung

Durch eine Bauleistungsversicherung können von Baubeginn bis zur Abnahme die Bauleistungen gegen unvorhergesehene Beschädigung oder Zerstörung versichert werden, also in der Zeit einer erhöhten Schadensanfälligkeit während des Herstellungsprozesses.

Die Bauleistungsversicherung ist eine Sachversicherung, d.h. Deckungsschutz besteht nur für die Substanz der Bauleistungen. Übernommen werden die Kosten, die für die Wiederherstellung der beschädigten oder zerstörten Sache anfallen, nicht aber die sich aus dem Ereignis ergebenden Folgekosten. Die Reparatur mangelhafter Bauleistungen und ihre Folgeschäden sind keine unvorhergesehen eingetretenen Schäden an der erbrachten Bauleistung und fallen nicht unter den Versicherungsschutz.

Ob ein Ereignis für das Unternehmen unvorhersehbar war, richtet sich danach, ob der Repräsentant des Unternehmens das Ereignis hätte voraussehen können. Repräsentant ist in der Regel der für die Bauausführung Verantwortliche (Geschäftsführer, Bauleiter, etc.), nicht aber der bauausführenden Arbeitnehmer.

12.3.2 Gefahrübergang

Das Risiko der zufälligen Verschlechterung oder gar des Untergangs wird bei einem Werkvertrag/Bauvertrag nach BGB anders geregelt, als bei einem VOB/B-Bauvertrag: Während der Unternehmer bei einem BGB-Werkvertrag die beschädigte Sache auf seine Kosten reparieren oder neu erstellen muss, bekommt er bei einem VOB/B-Bauvertrag die bis dahin erbrachten Leistungen vom Auftraggeber bezahlt, sofern die Voraussetzungen des § 7 VOB/B erfüllt sind: Der Auftraggeber trägt hier das Preisrisiko.

Dementsprechend können sowohl Auftraggeber als auch Auftragnehmer Versicherungsnehmer sein. Häufig schließt der Auftraggeber auch dann eine Bauleistungsversicherung ab, wenn die Gefahr vom Auftragnehmer getragen wird, um sich von seinem Auftragnehmer unabhängig zu machen. In diesem Fall wird meist eine Aufteilung der Prämie unter den mitversicherten Unternehmen vereinbart. Der Auftragnehmer ist gut beraten, die Bedingungen des vom Auftraggeber abgeschlossenen Vertrages zu prüfen, um zu entscheiden, inwieweit ggf. offen bleibende Risiken anderweitig abgedeckt sind bzw. zusätzlich abzudecken sind (z.B. durch eine Konditionen-Differenz-Versicherung).

12.3.3 Deckungsumfang

Für die Bauleistungsversicherung werden unterschiedliche Vertragsbedingungen mit leicht unterschiedlichem Deckungsumfang verwendet, je nachdem, ob der Auftraggeber oder der Auftragnehmer die Versicherung abschließt.

Schließt der Unternehmer die Bauleistungsversicherung ab, so gelten die **ABU**: Schutz der Bauleistungen (Entstehen des Bauwerks oder Bauteile und Baustoffe, die dem versicherten Bauunternehmer nicht gehören).

Schließt der Bauherr die Bauleistungsversicherung ab, so gelten die **ABN**: Schutz aller wesentlichen Bestandteile mit gewissen Ausnahmen für hochwertige Sachen.

Wird eine Sache mangelhaft hergestellt, so ist dies begrifflich kein Sachschaden an einer gedacht mangelfreien Sache. Folglich wird auch bei der Bauleistungsversicherung die Schlechtleistung nicht von der Versicherung bezahlt.

12.4 Montageversicherung Grundgedanken

Die Montageversicherung ist - wie die Bauleistungsversicherung - eine Sachversicherung. Sie soll solche Schäden abdecken, die am Montageobjekt während der Bauausführung entstehen. So gesehen handelt es sich bei der Montageversicherung um das Gegenstück zur Tätigkeitsklausel der Betriebshaftpflichtversicherung, die gerade das Objekt, an dem gearbeitet wird, vom Versicherungsschutz ausnimmt.

12.4.1 Beginn der Haftung

Die Regelung in § 7 AMoB wonach Aufwendungen ab Eintritt des Versicherungsfalles versichert sind, wird in der Praxis üblicherweise abgeändert:

Bei Werksmontagen beginnt die Haftung des Versicherers nicht erst mit Eintritt des mit Entnahme der zu montierenden Güter aus dem Bereitstellungslager oder nach erfolgtem Abladen der versicherten Sachen/Güter (bei direkter Anlieferung) im unmittelbaren Bereich der Werksmontage.

Bei Baustellenmontagen beginnt der Versicherungsschutz dann, wenn die Transportversicherung endet.

12.4.2 Ende der Versicherung

Die Versicherung endet grundsätzlich mit der Abnahme der Leistung. Das bedeutet, dass Schäden infolge einer Nachbesserung von bei der Abnahme erkannten Mängeln nicht mehr von der Montageversicherung gedeckt sind.

Sofern diese Fälle für den Versicherungsnehmer von Bedeutung sind, sollte mit dem Versicherer hierzu eine besondere Regelung getroffen werden.

Im Anlagenbau kann es erforderlich sein, darüber hinausgehende Regelungen zu vereinbaren, wenn Inbetriebnahme/Probebetrieb vor oder nach der Abnahme eine Rolle spielen. Schon vor der Abnahme wird der Versicherer wegen des mit der Inbetriebnahme verbundenen höheren Risikos bestrebt sein, dieses zu begrenzen. So kann es vorkommen, dass der Versicherungsnehmer nur bis zu einer bestimmten Höchstdauer bis zur Inbetriebnahme bzw. bis zum Probebetrieb versichert ist und gar nicht, wenn die Inbetriebnahme erst nach der Abnahme folgt.

12.4.3 Deckungsumfang

Soweit das Montageobjekt einen Schaden erleidet, ist dieser durch die Montageversicherung gedeckt. Hierzu gehört das Bauteil, an dem montiert wird, aber auch - je nach Formulierung des Montageversicherungsvertrages - das hierzu verwandte Gerät einschließlich gemieteter Geräte, wie z.B. Kräne (auch Autokräne).

Nicht von der Montageversicherung erfasst sind dagegen all jene Schäden, die sich außerhalb des Montageobjektes ergeben, sofern die Parteien nichts anderes vereinbaren, was möglich ist (BGH, Urt. v. 18.11.2009, Az. IV ZR 58/06, NJW-RR 2010, 383). Die Montageversicherung dient dazu, das Interesse des Versicherungsnehmers abzusichern, dass die Sache, um die es geht, erhalten bleibt ("Sacherhaltungs-Interesse"). Bei der Haftpflichtversicherung wird das Interesse des Versicherungsnehmers abgesichert, dass er nicht mit Schadensersatzforderungen der Geschädigten belastet wird ("Sachersatz-Interesse"). Deshalb besteht auch keine Doppel-Versicherung, wenn der Versicherungsnehmer beide Versicherungen abgeschlossen hat.

Das wird zusätzlich auch durch die sogenannte "Subsidiaritätsklausel" bekräftigt, die eine solche Doppelversicherung von vorneherein ausschließt (BGH, Urt. v. 13.9.2006, Az. IV ZR 273/05, NJW 2006, 3707, RN 24).

Gemäß § 1 AMoB versichert werden:

- Konstruktionen aller Art,
- Maschinen, maschinelle und elektrische Einrichtungen,
- zugehörige Reserveteile.

Außerdem können aufgrund besonderer Vereinbarung zusammen mit dem Montageobjekt versichert werden:

- Montageausrüstung. Zur Montageausrüstung zählen auch Pläne, Konstruktionszeichnungen, Akten und Datenträger. Sie können ohne weiteres in den Vertrag mit dem Versicherer aufgenommen werden.
- Fremde Sachen, z.B. persönliche Sachen des Montagepersonals.

Über die Montageversicherung können – neben dem Montageobjekt oder der Montageausrüstung – auch Schäden abgedeckt werden, die an Gegenständen außerhalb des Montageobjektes auftreten, sofern es sich um „Sachen im Gefahrenbereich" des Montageortes, vgl. § 1 Nr.3b AmoB, handelt, z.B. vorhandene Sachen, Beistellungen des Auftraggebers, Lieferungen oder Leistungen anderer für das Projekt tätiger Firmen, Schäden an fremden Gebäuden. Sind Sachen im Gefahrenbereich in der Montagepolice mit abgedeckt, so können Schäden an fremdem Eigentum leichter reguliert werden als über Haftpflichtpolicen, da bei der Montagedeckung kein Verschuldensnachweis erforderlich ist.

Der Versicherer leistet Ersatz für Schäden an und Verluste von versicherten Sachen, § 2 AMoB. Entschädigung wird für beschädigte, zerstörte oder abhanden gekommene versicherte Sachen geleistet. Vermögensschäden - wie z.B. Produktionsausfall - werden nicht ersetzt, auch nicht wenn sie infolge eines Sachschadens eintreten, § 10 AMoB.

Ersetzt wird bei Zerstörung der Zeitwert, bei Beschädigung die Wiederherstellungskosten. Das sind solche, die aufgewendet werden müssen, um die Sache in den Zustand zu versetzen, in dem sie sich unmittelbar vor Eintritt des Versicherungsfalles befand, § 11 AMoB.

12.5 Baugewährleistungsversicherung

Die Gewährleistungsversicherung gibt es erst seit relativ kurzer Zeit, ihre wirtschaftliche Bedeutung ist in Deutschland nicht groß. In Ländern mit z.B. zehnjähriger Gewährleistung (Frankreich: „décennale") sieht das anders aus.

Sie soll den Auftragnehmer vor finanziellen Risiken sichern, die sich dadurch ergeben, dass nach der Abnahme Mängel festgestellt werden, für die er nacherfüllungspflichtig ist.

Im Gegensatz zur Betriebshaftpflichtversicherung sind Ansprüche auf Vertragserfüllung versichert.

Im Gegensatz zur Bauleistungsversicherung ist die Zeit nach der Abnahme versichert.

Auch dieses Produkt weicht damit – wie zuvor schon bei der Vermögensschadenshaftpflichtversicherung für Architekten und Ingenieure - die bisherige starre Haltung der Versicherer auf, wonach Erfüllungsleistungen grundsätzlich nicht versichert werden sollen.

Der Versicherer erstattet die Kosten, die zur Beseitigung der Mängel einschließlich aller Nebenkosten erforderlich sind, allerdings auf Selbstkostenbasis, d.h. Wagnis und Gewinn des Auftragnehmers werden nicht ersetzt. Die vereinbarte Deckungssumme begrenzt für den Versicherer das Risiko.

Nicht versichert sind u.a. andere Gewährleistungsansprüche des Auftraggebers, das Baugrundrisiko, das Planungsrisiko, Mängelfolgeschäden, Ansprüche aus Wartungsverträgen und viele andere in der Praxis nicht unwichtige Fälle. Vor Abschluss einer solchen Versicherung sollten die Ausschlussbestimmungen deshalb genau mit den Anforderungsprofilen abgeglichen werden.

12.6 Transportversicherung

Die Versicherung deckt alle Gefahren, denen das zu befördernde Gut während der gesamten Dauer des Transportes ausgesetzt ist, beginnend mit der Aufnahme der Ladung an der Stelle, wo sie bisher lagerte, bis zum Abladen am Ablieferungsort. Ob überhaupt eine Transportversicherung für das anstehende Projekt abgeschlossen werden muss, hängt davon ab, ob in der Montageversicherung oder den Spezialversicherungen des evtl. beauftragten Transportunternehmens bereits die wesentlichen Risiken abgesichert sind. Der Auftraggeber sollte auf jeden Fall sicherstellen, dass das Transportrisiko abgedeckt wird.

Mit dem Abladen der Fracht erlischt auch der Transportversicherungsschutz. Deshalb sind etwaige Beschädigungen sofort zu melden.

Internationaler Kaufvertrag

Wer für die Versicherung des Transportgutes zuständig ist, hängt von den getroffenen Vereinbarungen ab. Hier ist auf die verwendete Formel der Incoterms zu achten (siehe oben Kapitel 8.2.2.1).

12.7 Feuerbetriebsunterbrechungsversicherung

Während im Fall von Schäden bei der Ausführung der Bauleistung die Bauleistungs- oder Montageversicherung für die Wiederbeschaffungs- oder Wiederherstellungskosten aufkommt, wird dieser Sachschaden bei Beschädigung oder Zerstörung durch Brand, Explosion oder Blitzschlag von der Feuerversicherung übernommen. Brandschäden, die an versicherten Sachen dadurch entstehen, dass sie einem Nutzfeuer oder der Wärme zur Bearbeitung oder zu sonstigen Zwecken ausgesetzt werden sind nicht versichert.

12.8 Kreditversicherung

Siehe hierzu die Hinweise oben in Kapitel 11 „Sicherheiten und ihr Bestand in der Insolvenz des Vertragspartners", dort unter Ziffer 11.2.13 zur „Ausfallversicherung".

12.9 Baufertigstellungsversicherung

Damit soll das Risiko des Auftraggebers gegen den Insolvenzausfall seines Aufragnehmers abgesichert werden. Der Auftraggeber erwirbt dann einen Direktanspruch gegen die Versicherung. Während eine Erfüllungsbürgschaft in der Regel nur 10 % des Auftragswertes abdeckt, wird hier der gesamte Schaden abgesichert. Schäden wegen Verzögerung sind allerdings ausgeschlossen.

Bislang findet dieses Produkt noch selten Anwendung.

13 Haftung und gesetzliche Mithaftungstatbestände (Güntzer)

13.1 Allgemeines

Der Begriff der „Haftung" wird in unterschiedlichem Zusammenhang benutzt. Für die Gestaltung von Verträgen oder die Geltendmachung oder Abwehr von Ansprüchen im Laufe der Auftragsabwicklung muss deshalb vorab geklärt werden, was gemeint sein soll, wenn verlangt wird, dass jemand für sein Verhalten oder Unterlassen „haftet".

Zunächst ist zu unterscheiden zwischen Zivilrecht und Strafrecht: Im Zivilrecht geht es darum, dass der Schädiger den Schaden ersetzt, den er einem anderen zugefügt hat. Im Strafrecht macht der Staat seinen Strafanspruch gegen jemanden geltend, der sich nicht an die strafbewehrten Vorschriften gehalten hat. (zur strafrechtlichen Haftung siehe unten Kapitel 13.12).

Beispiel: Während der Auftragsabwicklung fällt dem Mitarbeiter des Auftragnehmers ein ungesicherter Werkzeugkasten vom Gerüst und beschädigt die Fassade des Auftraggebers und dann den Auftraggeber selbst.

Zivilrechtlich haftet der Auftragnehmer dem Auftraggeber auf Schadensersatz für die beschädigte Fassade und evtl. Ersatz von Krankenhauskosten, Verdienstausfall und Schmerzensgeld, strafrechtlich haftet der Mitarbeiter wegen fahrlässiger Körperverletzung (eine Sachbeschädigung ist nur bei Vorsatz strafbar).

Bei der zivilrechtlichen Haftung lässt sich wiederum unterteilen in vertragliche Haftung und deliktische Haftung. Bei der vertraglichen Haftung geht es darum, dass jemand seine Haupt- oder Nebenpflichten, die sich aus einem Vertrag ergeben, verletzt und den sich hieraus ergebenden Schaden zu ersetzten hat, insbesondere nach §§ 280 ff. BGB. Bei der deliktischen Haftung geht es darum, dass der Schädiger auch ohne Vertrag den Schaden ersetzen muss, den er einem anderen angetan hat, indem er dessen absolut geschützte Rechtsgütern, wie Leben, Gesundheit, Eigentum etc. verletzt hat, insbesondere nach §§ 823 ff. BGB. (Zur deliktischen Haftung siehe unten Kapitel 13.4.2).

Beispiel: Wie eben: Der Auftragnehmer haftet einerseits wegen der Verletzung einer vertraglichen Nebenpflicht aus dem zugrundliegenden Bauvertrag, §§ 241 Abs.2; 278 BGB, andererseits wegen Eigentumsverletzung nach §§ 823; 831 BGB, weil er sich das schuldhafte Verhalten seines Mitarbeiters zurechnen lassen muss.

Damit jemand haftet, müssen bestimmte Anspruchsvoraussetzungen – eben Haftungstatbestände – erfüllt sein, die je nach der zugrunde liegenden Haftungsnorm unterschiedliche Vorbedingungen haben können. Wenn alle Tatbestandsvoraussetzungen erfüllt sind, ist der Schädiger zum Ersatz des Schadens verpflichtet – oder noch allgemeiner formuliert: unterliegt das Vermögen des Schuldners dem Haftungszugriff des Gläubigers.

Der Umfang der Haftung hängt davon ab, ob die Haftung begrenzt oder sogar ganz ausgeschlossen wurde, ob schuldhaftes Handeln erforderlich ist und wenn ja in welcher Intensität, ob der Zusammenhang zwischen dem Handeln oder Unterlassen und dem eingetretenen Schaden gegeben ist, ob auch andere für den Schaden haften, und wie der Schaden berechnet wird.

13.2 Haftung wegen Pflichtverletzung

Standardtypus der Haftung ist die „Verschuldenshaftung", d.h. der Schadensverursacher muss eine Pflichtverletzung und alle kausal daraus folgenden Schäden und Folgeschäden vorsätzlich oder fahrlässig verursacht haben. Die Verschuldenshaftung ist der Urtypus der Haftungstatbestände; spätere Fortentwicklungen wie die Produkthaftung, Fehlerhaftung oder Gefährdungshaftung haben sich daraus erst im Laufe der Zeit und entsprechend dem technischen Fortschritt weiterentwickelt.

In juristischer Hinsicht muss der Geschädigte und Anspruchsteller bei der „Verschuldenshaftung" die nachfolgend aufgelisteten gesetzlich festgelegten bzw. von der Rechtsprechung definierten Tatbestandsvoraussetzungen darlegen und beweisen können:

- Durch ein willentliches Verhalten (Tun oder Unterlassen) eines Verantwortlichen,

- ist ein Rechtsgut (z.B. Leben, Gesundheit, Eigentum - aber auch der eingerichtete und ausgeübte Gewerbebetrieb, Besitz, etc.) verletzt worden,

- wobei gerade die Pflichtverletzung zu einer Schädigung des verletzten Rechtsgutes geführt haben muss (Ursachenzusammenhang zwischen den Punkten 1 und 2 = „haftungsbegründende Kausalität"),

- dadurch ist ein Schaden entstanden,

- der Schaden (auch mittelbarer Schaden bzw. Folgeschaden) muss kausal durch die schuldhafte und rechtswidrige Pflichtverletzung/Rechtsgutsverletzung des Verantwortlichen herbeigeführt worden sein (Ursachenzusammenhang zwischen den Punkten 1, 2 und 3 = „haftungsausfüllende Kausalität"),

- diese Schädigung war rechtswidrig, weil es für sie keinen rechtfertigenden Grund gab (z.B. Gefahrenabwehr, Schutz eines höherwertigen Rechtsgutes, etc.),

- die Schädigung wurde auch schuldhaft (vorsätzlich oder fahrlässig) verursacht.

Vorstehend ist der klassische Aufbau der Tatbestandsvoraussetzungen eines vorvertraglichen, vertraglichen bzw. deliktischen Schadensersatzanspruches - z.B. nach § 280 BGB bzw. § 823 BGB - dargestellt. Nachstehend werden die einzelnen Tatbestandsvoraussetzungen detailliert erläutert.

13.2.1 Pflichtverletzung und Rechtsgutverletzung

Bereits in den vorangegangenen Kapiteln wurde von den vertraglichen Pflichten der Parteien gesprochen. Hierbei gibt es Hauptpflichten, wie z.B. beim Werkvertrag die Herbeiführung eines mangelfreien Werkerfolges durch den Auftragnehmer – oder die Abnahme und die Bezahlung der Vergütung als Hauptpflichten des Auftraggebers.

Neben diesen Hauptpflichten gibt es eine große Zahl nebenvertraglicher – und sogar vorvertraglicher und nachvertraglicher – Pflichten, wie z.B. Hinweis-, Obhuts-, Aufklärungs-, Sorgfalts- und Schadenminderungspflichten, etc., um nur einige namentlich zu erwähnen.

Kern dieser Hauptpflichten und Nebenpflichten ist stets, auf die Rechtsgüter des Verhandlungspartners (im vorvertraglichen Bereich) bzw. des Vertragspartners (nach Zustandekommen eines Vertrages) bzw. generell anderer Rechtsteilnehmer (im deliktischen Bereich) Rücksicht zu nehmen. Wer diese Haupt- und Nebenpflichten verletzt, muss alle daraus resultierende Schäden ersetzen.

Die vertraglichen Hauptpflichten zielen üblicherweise auf die erfolgreiche Erfüllung des jeweiligen Vertrages und damit auf die Erfüllung der zivilrechtlichen Interessen der Vertragspartner ab; beim Werkvertrag die Erfüllung des Wunsches des Auftraggebers auf Herstellung eines mangelfreien Gebäudes – und Erfüllung des Wunsches des Auftragnehmers auf umgehende Abnahme und vollständige Bezahlung der Vergütung und damit Erzielung eines zufriedenstellenden Gewinns.

Gerade bei den Nebenpflichten – vertraglichen wie vorvertraglichen (bzw. nachvertragliche Nebenpflichten, wie z.B. Auskunftspflichten) – ist der Schutzzweck vordringlich auf die Rücksichtnahme der Rechtsgüter anderer Personen oder Firmen gerichtet. Als Rechtsgüter in diesem Sinne kommen zum einen institutionalisierte Rechtsgüter wie „Leben", „Eigentum", „Besitz", „körperliche Unversehrtheit" – aber auch das „Recht am eingerichteten und ausgeübten Gewerbebetrieb" in Frage. Schutzzweck bei den Nebenpflichten kann jedoch auch hier die Rücksichtnahme auf fremde Interessenlagen sein, wie z.B. das Interesse des Auftraggebers an einem zügigen Baufortschritt – und damit das Interesse, dass die Baumaßnahme nicht durch Leistungsstörungen einer am Bau tätigen Firma behindert wird.

13.2.2 Verletzungshandlung: Tun oder Unterlassen

Die Verletzung der zuvor beschriebenen Haupt- und/oder Nebenpflichten kann durch ein Tun – also durch ein aktives Handeln – erfolgen.

Beispiel: An einer Baumaßnahme sind parallel mehrere Firmen an ihren Fachgewerken tätig. Ein Bauunternehmen soll am Hauptgebäude den Putz auf die Fassade aufbringen. Dabei kleckert diese Firma die gerade in der Montage befindliche Stahlkonstruktion des dem Hauptgebäude vorgelagerten Treppenhauses mit Putz voll.

Denkbar ist aber auch die Herbeiführung eines Verletzungserfolges durch ein Unterlassen.

Beispiel: Bei einer Kraftwerksanlage verabsäumt die Anlagenbaufirma, die Stahlbaufirma von Konstruktionsänderungen bezüglich des Verlaufes von Rohrleitungen rechtzeitig zu informieren. Dies führt letztlich dazu, dass zu einem sehr späten Zeitpunkt auf der Baustelle umfangreiche und kostenaufwendige Änderungsarbeiten an der Stahlunterkonstruktion durchgeführt werden müssen.

13.2.3 Haftungsbegründende Kausalität

Für die Annahme einer Haftung ist entscheidend, dass die Rechtsgutsverletzung gerade durch die Pflichtverletzung verursacht wurde – also durch das Vorliegen eines Kausalzusammenhangs zwischen diesen beiden Punkten. Verdeutlicht werden kann dies durch die Lehre von der „conditio sine qua non" – was letztlich bedeutet, dass jede Handlung oder Unterlassung ursächlich (auch „mitursächlich") ist, die nicht hinweggedacht werden kann, ohne dass der konkrete Verletzungserfolg entfiele.

Beispiel: Hätte im vorstehenden Beispiel die Anlagenbaufirma ihre nebenvertraglichen Hinweis-, Aufklärungs- und Informationspflichten ernst genommen und die Stahlbaufirma von den Konstruktionsänderungen rechtzeitig informiert, wären letztlich auf der Baustelle keine kostenaufwendigen Änderungsarbeiten erforderlich geworden.

13.2.4 Schadensverursachung und haftungsausfüllende Kausalität

Zum Begriff des „Schadens" kann auf die Ausführungen oben in Kapitel 12 „Versicherungen" (dort Ziffer 12.2 zur Betriebshaftpflichtversicherung) verwiesen werden.

Im Sinne der erforderlichen haftungsausfüllenden Kausalität muss der konkrete Schaden gerade durch die Pflichtverletzung verursacht worden sein. Damit sollen gerade untypische Geschehnisabläufe ausgesondert werden.

13.2.4.1 Rechtmäßiges Alternativverhalten

Selbst wenn eine schuldhafte Pflichtverletzung vorliegt, kann es dennoch sein, dass ein Schadensersatzanspruch deshalb nicht greift, weil kein Zusammenhang zwischen Rechtsgutverletzung und Schaden bzw. Handlung und Schaden besteht.

Das ist insbesondere dann der Fall, wenn der konkrete Schaden auch ohne die Pflichtverletzung eingetreten wäre.

Beispiel: Bei Bauarbeiten wird das Nachbarhaus beschädigt. Der Auftragnehmer wendet ein, dass das Nachbarhaus sowieso abgerissen werden wird.

Indes widerspricht es dem Schutzzweck des Gesetzes, Reserveursachen, die erst nach der Handlung eintreten, nicht zu berücksichtigen, denn der Schädiger soll insoweit nicht entlastet werden. Da im Beispielsfall die

Abrissfirma nicht haftet, muss es bei der Haftung des Auftragnehmers bleiben. Andererseits sind Folgeschäden, die ohnehin später erwachsen wären, zu berücksichtigen.

Beispiel: Die Firma A war von der Firma B-GmbH mit der Durchführung umfassender Aus- und Umbauarbeiten in einer Papiersortieranlage beauftragt. Am 1.8.2017 führten mehrere Mitarbeiter der Firma A Schweiß-, Schleif- und Trennarbeiten an der Ballenrutsche durch. Eine Brandwache stellten die Mitarbeiter beim Verlassen der Halle nicht auf. Um 18:00 Uhr meldete der Brandmelder in der Halle den Ausbruch eines Feuers. Die eintreffende Feuerwehr konnte das Entstehen eines erheblichen Brandschadens nicht mehr verhindern. Die Feuerversicherung der B-GmbH zahlte an diese wegen des Gebäudeschadens EUR 781.994 und wegen des Schadens an der vernichteten Papiersortieranlage und der kaufmännischen Betriebseinrichtung weitere EUR 960.090,08. Wer das Feuer entfacht hatte, ließ sich nicht mehr feststellen. Der Gutachter stellte fest, dass eine abgestellte Brandwache aufgrund der örtlichen Gegebenheiten einen Glimm- oder Schwelbrand wohl nicht hätte feststellen können.

Ein nach § 86 VVG 2008 auf die Versicherung übergegangener vertraglicher oder deliktischer Schadensersatzanspruch der A-GmbH wegen des Brandschadens besteht nicht: Zwar hat Firma A nach Abschluss der Arbeiten eine Brandwache nicht gestellt. Damit hat sie gegen Unfallverhütungsvorschriften der Berufsgenossenschaft § 30 Abschnitt 6 der BGV D1 - Unfallverhütungsvorschrift für Schweißen, Schneiden und verwandte Verfahren – verstoßen (eine entsprechende Verpflichtung sieht die „BGI 560 Arbeitssicherheit durch vorbeugenden Brandschutz" vor). Die fehlende Brandwache ist vorliegend jedoch für die Brandentstehung nicht ursächlich geworden. Eine von der Firma A gestellte Brandwache hätte die Brandentstehung oder einen der Brandentstehung vorausgehenden Glimm- oder Schwelbrand nicht wahrnehmen können. Selbst wenn sich Firma A rechtmäßig verhalten hätte, wäre der Schaden dennoch eingetreten (OLG Frankfurt a.M., Urt. v. 5.4.2006, Az. 19 U 120/06, IBRRS 58124).

13.2.4.2 Hypothetische Kausalität („Sowieso"-Kosten)

Eng damit verbunden sind die sogenannten „Sowieso"-Kosten". Das sind Kosten, die auch dann angefallen wären, wenn der Auftragnehmer mangelfrei geleistet hätte.

Beispiel: Der Auftraggeber beauftragte einen Auftragnehmer mit der Modernisierung und Sanierung eines Handelsspeichers. Die ursprünglich vorgesehene Art der Ausführung entsprach aber nicht dem Stand der Technik. Es kam zum Streit, zur Kündigung und zur Ersatzvornahme durch den Auftraggeber. Wegen der Mängel will der Auftraggeber nicht zahlen.

Auch wenn die Parteien eine bestimmte Ausführungsart zum Gegenstand des Vertrages gemacht haben, muss der Auftragnehmer nach dem Stand der Technik arbeiten, anderenfalls ist die Leistung mangelhaft. Da die Leistungen nach dem Stand der Technik aber nicht vereinbart waren, handelt es sich um zusätzliche Leistungen, deren Vergütung er vom Auftraggeber verlangen kann. Diese Kosten wären also auch bei mangelfreier Leistung ohnehin angefallen. Im Rahmen der Gewährleistung müssen diese Kosten deshalb als „Sowieso"-Kosten berücksichtigt werden (abgewandelt nach BGH, Urt. v. 27.7.2006, Az. VII ZR 202/04, NJW 2006, 3413).

13.2.5 Schuldhaftes Handeln

Die Verantwortlichkeit des Schuldners für sein Handeln („Tun" und/oder „Unterlassen") ist in § 276 BGB geregelt. Danach hat der Schuldner Vorsatz und Fahrlässigkeit zu vertreten. Vorsätzlich handelt, wer um die Schadensträchtigkeit seines Verhaltens weiß und auch will, dass der Schaden eintritt (volles Wissen und Wollen). Fahrlässig im zivilrechtlichen Sinne handelt, wer die im Rechtsverkehr erforderliche Sorgfalt außer Acht lässt, § 276 Abs.2 BGB.

Ein strengerer oder milderer Haftungsmaßstab kann sich aus einer vertraglichen Vereinbarung, aus dem Gesetz oder aus dem sonstigen Inhalt einer Vertrags- oder Rechtsbeziehung ergeben. Strengere Haftungsmaßstäbe können z.B. aus der Übernahme einer „Garantie" oder eines „Beschaffungsrisikos" resultieren.

Zu beachten ist, dass die Definitionen von „Vorsatz" und „Fahrlässigkeit" – also die Verschuldensmaßstäbe – im Zivilrecht anders definiert werden als im Strafrecht. Während im Strafrecht die sogenannten „subjektiven Schuldbegriffe" gelten, die auch auf die Vorhersehbarkeit und die persönlichen Fähigkeiten des „Täters" abstellen, gelten im Zivilrecht die sogenannten „objektiven Verschuldensmaßstäbe".

Die strafrechtlichen Schuldbegriffe sind breiter gefächert („direkter Vorsatz", „bedingter Vorsatz", „dolus eventualis"/Eventualvorsatz, „bewusste Fahrlässigkeit", „unbewusste Fahrlässigkeit" – insgesamt 5 Stufen) und die Einschätzung hängt vom individuellen Einzelfall und der Gesamtpersönlichkeit des Täters ab (zur strafrechtlichen Haftung sie unten Kapitel 13.3 und 13.12).

Der Haftungsrahmen bei der zivilrechtliche Fahrlässigkeit nach § 276 Abs.2 BGB reicht von leichtester Fahrlässigkeit bis zur groben Fahrlässigkeit; letztere liegt nach der Rechtsprechung vor, wenn „die im Verkehr erforderliche Sorgfalt in besonders grobem Maße verletzt wird". Der Haftungsrahmen erstreckt sich somit von einer leichten Fahrlässigkeit bis hin zu besonders groben Verstößen.

Ist nichts anderes bestimmt, reicht die leichte Fahrlässigkeit für die Haftung aus.

13.3 Deliktische Haftung

Anders als bei den vertraglichen Schadensersatzansprüchen (und diese umfassen auch den vorvertraglichen und nachvertraglichen Bereich) ist es denkbar, dass bei einem Schadensfall zwischen dem Geschädigten und dem Schädiger keinerlei vertragliche Beziehungen bestehen.

Beispiel: Bei einem Verkehrsunfall im Straßenverkehr treffen zwei fremde Personen aufeinander, zwischen denen keinerlei vertragliche oder vertragsähnliche Rechtsbeziehungen bestehen.

Auch im Baubereich bzw. in der industriellen Produktion kommt es zu Kontakt zwischen Fremden, die nicht vertraglich verbunden sind.

Beispiel: Der Hersteller eines Baustoffes erfindet und entwickelt Neuerungen, die dann in den Geschäftsverkehr gebracht werden und schließlich nach Durchlaufen einer Lieferkette mit mehreren Zwischenstufen von einem Auftragnehmer in ein Bauwerk seines Auftraggebers eingebaut werden und sich dort aber als mangelhaft bzw. schädigend herausstellen (z.B. nicht tragfähig, zu leicht entflammbar oder zu korrosionsanfällig).

Kraft dem Bauvertrag/Werkvertrag kann der Auftraggeber vom Auftragnehmer Mängelbeseitigung verlangen; wirtschaftlich bedeutet dies, dass der Schaden zum Auftragnehmer „wandert" und dieser nun das Problem hat, von dem ursprünglichen Schädiger Ersatz aller seiner Aufwendungen zu erlangen.

In diesen Fallkonstellationen besteht zwischen dem geschädigten Auftragnehmer und dem den mangelhaften Baustoff produzierenden Unternehmen aufgrund der arbeitsteiligen Produktionsweise und der bestehenden Lieferketten keinerlei Vertragsbeziehung; hier kommt eine Haftung des Schädigers nach den §§ 823 ff. BGB bzw. weiteren von der Rechtsprechung entwickelten Anspruchsgrundlagen in Frage.

Bei der deliktischen Haftung werden „absolut geschützte Rechtsgüter", wie sie in § 823 BGB zum Teil genannt und von der Rechtsprechung fortentwickelt worden sind, geschützt. „Eigentum", „Leben" und „körperliche Unversehrtheit" wurden bereits genannt; zu den sonstigen „absolut geschützten Rechtsgütern" hat die Rechtsprechung auch den „Besitz" an einer beweglichen Sache oder an einem Grundstück und das „Recht am eingerichteten und ausgeübten Gewerbebetrieb" deklariert.

13.3.1 § 823 Abs.2 BGB in Verbindung mit diversen Strafgesetzen

Eine deliktische Haftung kommt auch in Betracht, wenn jemand gegen ein den Schutz eines anderen bezweckendes Gesetz verstößt, § 823 Abs.2 BGB. Das sind insbesondere die Strafnormen in diversen Einzelgesetzen – vor allem im Strafgesetzbuch (StGB).

Im Baubereich kommen als strafrechtliche Schutznorm vor allem in Frage:

- § 222 StGB Fahrlässige Tötung – Schutz des Lebens,
- § 229 StGB Fahrlässige Körperverletzung – Schutz der körperlichen Unversehrtheit),
- § 319 StGB Baugefährdung – Schutz von Leben und körperlicher Unversehrtheit, wobei im Rahmen dieses Gefährdungsdeliktes überhaupt kein „strafrechtlicher Erfolg" bzw. unmittelbarer zivilrechtlicher Schaden eingetreten sein muss; - bereits die bloße Gefährdungslage reicht im Rahmen des § 319 StGB bereits aus,

- §§ 305 und 305a StGB – Sachbeschädigung. In diesem Zusammenhang ist auch an Fälle zu denken, in denen z.B. auf der Baustelle Bauwerke bzw. Bauwerksteile und technische Arbeitsmittel vorsätzlich rechtswidrig zerstört werden, vgl. und die geschädigte Firma den Schaden auf ihre Kosten beheben muss.
- § 263 StGB – Betrug. Zu denken ist dabei nicht nur an die Fälle, bei denen ein Auftragnehmer oder Subunternehmer vorsätzlich handelnd schlechte Leistungen (Mängel, Lieferung von „Schrott" etc.) erbringt, sondern auch jedwedes abgestimmtes Verhalten bei der Abgabe von Angeboten (z.B. Preisabsprachen).
- Als spezialgesetzliche Regelungen ist auch an § 298 StGB „Wettbewerbsbeschränkende Absprachen bei Ausschreibungen" und § 299 StGB „Bestechlichkeit und Bestechung im geschäftlichen Verkehr" zu denken. In Betracht kommen bei öffentlichen Bauvorhaben ferner § 333 StGB „Vorteilsgewährung" und § 334 StGB „Bestechung". Die Texte dieser Vorschriften können im Internet recherchiert werden.

13.3.2 § 823 Abs.2 BGB i.V.m. anderen Schutzgesetzen

Nach § 823 Abs.2 BGB kommen als Schutzgesetze nicht nur solche die betreffenden Rechtsgüter schützenden Strafgesetze in Frage, sondern generell die betreffenden Rechtsgüter schützenden Gesetze aus anderen Zivilgesetzen oder aus dem öffentlichen Recht.

Schutzgesetz im Sinne des § 823 Abs.2 BGB ist jede Rechtsnorm, deren Ziel es ist, bestimmte Rechtsgüter des Einzelnen wie Leben, körperliche Unversehrtheit, Eigentum, etc. zu schützen.

- In § 2 BauFordSiG findet sich ein Straftatbestand – Schutzzweck: Keine Benachteiligung der Vermögensinteressen des Baugeldgläubigers.
- Alleine der Text des § 1 GWB (Verbot wettbewerbsbeschränkender Vereinbarungen) offeriert einem phantasievollen Täter ein breites Feld zur Entfaltung seiner kriminellen Persönlichkeit. Anspruchsgrundlage für ein Schadensersatzbegehren wäre neben anderen Anspruchsgrundlagen dann § 823 Abs.2 BGB i.V.m. § 1 GWB (Gesetz gegen Wettbewerbsbeschränkungen).
- Bei derartigen Fällen ist stets auch an das „Gesetz gegen den unlauteren Wettbewerb" (UWG) zu denken; auch im UWG finden sich Schadensersatz- und Strafnormen (vgl. z.B. § 4 UWG oder § 19 UWG).

Bei der Prüfung, ob ein das jeweilige Rechtsgut schützendes anderes Gesetz vorliegt, ist stets nach dem „Schutzzweck der Norm" zu fragen.

Beispiel: Infolge der Überschreitung der Höchstgeschwindigkeit kommt es zu einem Verkehrsunfall, bei dem der Geschädigte verletzt wird.

Neben anderen Anspruchsgrundlagen kommt für eine zivilrechtliche Haftung des Schädigers auch § 823 Abs.2 BGB in Verbindung mit § 3 StVO (Straßenverkehrsordnung, öffentliches Recht) in Frage, der alle Verkehrsteilnehmer vor Schäden bewahren will, indem der den Führer eines Kraftfahrzeuges dazu anhält, entsprechend seinen Fähigkeiten und den Straßen-, Sicht- und Wetterverhältnissen mit angemessener Geschwindigkeit zu fahren. Daneben käme natürlich auch eine Haftung nach § 823 Abs.2 BGB i.V.m. § 229 StGB wegen fahrlässiger Körperverletzung in Frage.

13.3.3 Sittenwidrige vorsätzliche Schädigung, § 826 BGB

Innerhalb der Anspruchsgrundlagen des Deliktsrechtes kommt bei besonders groben und dreisten Verstößen gegen die Rechtsordnung auch § 826 BGB „sittenwidrige vorsätzliche Schädigung" zumindest gedanklich in Frage.

„Wer in einer gegen die guten Sitten verstoßenden Weise einem anderen vorsätzlich Schaden zufügt, ist dem anderen zum Ersatz des Schadens verpflichtet", so der Gesetzestext. Gemeint ist, dass der Schädiger seinem Opfer mit vollem Wissen und Wollen einen Schaden zufügen wollte und zugefügt hat, der in den Augen aller „billig und gerecht Denkenden" (so die Formulierung der Gerichte) Empörung und spontanen Unwillen hervorruft. Das ist nicht nur bei der vorsätzlichen Verletzung von strafrechtlichen Verboten der Fall, sondern bei allen vorsätzlich begangenen schädigenden Handlungen.

Wer als Geschädigter seinen Schadensersatzanspruch auf § 823 Abs.2 BGB in Verbindung mit einer Vorsatznorm (z.B. Betrug, Preisabsprachen, etc.) stützen kann, wird in aller Regel als zusätzliche Anspruchsgrundlage auch § 826 BGB prüfen können.

13.3.4 Produzentenhaftung

Ausgehend von der klassischen deliktischen Anspruchsgrundlage des § 823 Abs.1 BGB hat die Rechtsprechung die „Produzentenhaftung" entwickelt (nicht zu verwechseln mit der „Produkthaftung" – siehe nachstehend).

Wirtschaftlich interessant ist die Frage, ob ein Auftragnehmer aufgrund der "Produzentenhaftung" Schadensersatzansprüche an den Hersteller mangelhaften Baumaterials stellen kann? Ausgangsbasis ist wieder § 823 Abs.1 BGB nach dem Prüfungsschema:

- Verletzung eines absolut geschützten Rechtsgutes? – Hier "Eigentum am Material" bzw. „eingerichteter und ausgeübter Gewerbebetrieb" des Auftragnehmers als Gewerbebetrieb/Unternehmen.

- Schaden? – Da der Auftragnehmer einen mangelfreien Werkerfolg für den Auftraggeber herbeiführen muss, besteht sein wirtschaftlicher Schaden in dem Kaufpreis für mangelhafte Ware, Beschaffung mangelfreier Ware als Ersatz sowie eventuellen Ausbau- und Wiedereinbaukosten, erhöhtem Arbeits- und Verwaltungsaufwand, Fahrkosten etc. etc.

- Haftungsbegründende Kausalität zwischen Rechtsgutsverletzung und diesem Schaden? – Vorliegend zu bejahen, da dieser Schaden beim Auftragnehmer durch Lieferung des mangelhaften Baumaterials verursacht wurde.

- Haftungsausfüllende Kausalität? – Zwischen allen Tatbestandsmerkmalen bis hin zum konkreten Folgeschaden muss ein ununterbroche-

- ner Ursachenzusammenhang bestehen; was auch hier zu bejahen ist, da das mangelhaft gelieferte Material Ursache aller unmittelbaren, mittelbaren und Folgeschäden ist.
- Rechtswidrigkeit des Handelns des Herstellers des mangelhaften Materials? – Kann unterstellt werden, denn Rechtfertigungsgründe sind nicht ersichtlich.
- Verschulden des Herstellers? – Kernfrage hier bei der Produzentenhaftung: Wusste die Herstellerfirma des mangelhaften Materials von der Untauglichkeit ihres Produktes? Nach der Rechtsprechung hätte die Herstellerfirma Testserien fahren müssen, denn bevor ein Produkt in den Verkehr gebracht werden darf, muss der Hersteller sorgfältig prüfen und Vorsorge treffen, damit von dem in den Verkehr gebrachten Produkt seines Hauses keine Gefahren ausgehen.

Ein wichtiges Thema beim Prüfungspunkt „Verschulden" ist auch die Beweislastumkehr und Exkulpation des Herstellers des mangelhaften Materials; diese Exkulpation dürfte für einen Hersteller sehr schwierig bzw. unmöglich sein.

Es ist trotzdem Frage des Einzelfalles, ob ein Gericht in einem solchen Fall ein Verschulden beim Hersteller des mangelhaften Materials annimmt und ihn aus dem Gesichtspunkt der Produzentenhaftung zum Schadensersatz verurteilt.

Die „Produzentenhaftung" wurde von der Rechtsprechung speziell für den Industriebereich entwickelt, weil hier bei den heute üblichen arbeitsteiligen Produktionsabläufen regelmäßig Fallkonstellationen auftreten, bei denen ein „Dritter" für den beim Geschädigten entstandenen Schaden verantwortlich ist, zu dem aber keine direkte Rechts- oder Vertragsbeziehung besteht.

Grundgedanke der „Produzentenhaftung" ist, dass jemand ein Produkt entwickelt und in den Verkehr bringt und schuldhaft handelnd eine ihm obliegende **Verkehrssicherungspflicht** rechtswidrig verletzt. Die haftungsbegründende Handlung (bzw. Unterlassen) des Herstellers ist also die Verletzung der Verkehrssicherungspflicht. Der Verstoß gegen die dem Hersteller obliegende Verkehrssicherungspflicht begründet zugleich die Rechtswidrigkeit. Die Verletzung der Verkehrssicherungspflicht kann in der Verursachung von Konstruktions-, Fabrikations- und/oder Instruktionsfehlern bestehen.

Anspruchsberechtigt ist jeder Geschädigte, egal ob es sich um den Abnehmer des Produktes, einen sonstigen Benutzer oder um einen unbeteiligten Dritten handelt.

Der zu ersetzende Schaden umfasst sämtliche Begleitschäden aus der Rechtsgutsverletzung, nicht aber den allgemeinen Vermögensschaden und auch nicht das Leistungsinteresse bezüglich des Produktes selbst; dafür ist der Gewährleistungsanspruch maßgebend, der aber nur in der unmittelbaren Rechtsbeziehung zum Verkäufer des Produktes besteht.

13.3.5 Produkthaftung

Zur Angleichung der Rechtsvorschriften in der Europäischen Union (EU) hatte die EU-Kommission schon 1985 eine „Produkthaftungsrichtlinie" erlassen, die binnen gewisser Fristen in nationales Recht umzusetzen war. Grundgedanke dieser EU-Produkthaftungsrichtlinie war der in Deutschland schon seit mehreren Jahrzehnten entwickelte Gedanke einer Haftung für fehlerhafte Produkte, wie vorstehend zum Stichwort „Produzentenhaftung" dargelegt. Diese Produkthaftungsrichtlinie wurde in Deutschland durch das Produkthaftungsgesetz (ProdHaftG) vom 15. Dezember 1989 umgesetzt, das inzwischen mehrfach geändert wurde. Grundgedanke der Fehlerhaftung ist: „Wer ein Produkt entwickelt und in den Verkehr bringt, haftet auch gegenüber dem Endverbraucher für alle aus einem Fehler resultierenden Schäden."

Ein Verschulden des Herstellers ist nicht erforderlich. Er haftet schon aufgrund der Tatsache, dass sein Produkt fehlerhaft ist. Deshalb kann er sich auch – anders als im deutschen Deliktsrecht – nicht nach § 831 BGB exkulpieren, d.h. darlegen und nachweisen, dass ihn kein Verschulden bzw. Auswahlverschulden trifft. Somit haftet der Hersteller nach dem ProdHaftG auch für nicht vermeidbare Fehler an Einzelstücken, sogenannte „Ausreißer".

Entsprechend der EU-Richtlinie sieht das deutsche ProdHaftG eine Selbstbeteiligung bei Sachschäden von EUR 575,- vor, vgl. § 11 ProdHaftG. Bei Personenschäden sieht § 10 ProdHaftG eine Haftungshöchstgrenze von EUR 8,1 Mio. vor. Für immaterielle Schäden oder erlittene Schmerzen kann kein Ersatz verlangt werden.

Wichtig für die produzierende Industrie bzw. produzierendes Gewerbe (Bauwirtschaft, Holzbau, Stahlbau, Anlagenbau, etc.) sind die Ausschlüsse des Anwendungsbereiches in § 1 S.2 ProdHaftG, wonach im Falle einer Sachbeschädigung die Ersatzpflicht des Herstellers nur dann besteht, „wenn eine andere Sache als das fehlerhafte Produkt beschädigt wird und diese andere Sache ihrer Art nach gewöhnlich für den privaten Ge- oder Verbrauch bestimmt und hierzu von dem Geschädigten hauptsächlich verwendet worden ist."

Damit wird deutlich, dass die „Fehlerhaftung" des ProdHaftG den Endverbraucher – also den Konsumenten – schützen will. In der Konsumgüterproduktion – z.B. bei der Serienfertigung von Waschmaschinen und PKWs – sowie beim Bau von Einfamilienhäusern bietet die Fehlerhaftung des ProdHaftG dem Geschädigten eine wichtige zusätzliche und verschuldensunabhängige Anspruchsgrundlage.

Produkte und Bauwerke zur Deckung des Eigenbedarfes des produzierenden Gewerbes und der Investitionsgüterindustrie, Maschinenbau- und Stahlbauprodukte kommen kaum als Konsumgut vom Endverbraucher zu privaten Konsumzwecken in Betracht. Dies bedeutet, dass das ProdHaftG für den Bereich der Investitionsgüter in Deutschland nur untergeordnete Bedeutung hat.

13.4 Haftung für Dritte

Anders als im Strafrecht, wo im individuellen Einzelfall auf die Gesamtpersönlichkeit des „Täters" abgestellt wird, besteht nach dem deutschen Zivilrecht eine Verantwortlichkeit nicht nur für eigenes Handeln, sondern auch für das Verhalten derjenigen Personen und Institutionen, deren man sich für die Erfüllung eigener Verbindlichkeiten bedient. Bei der Haftung für Dritte ist zu unterscheiden, ob ein Vertragsverhältnis zwischen Geschädigtem und Schädiger vorliegt, oder nicht.

13.4.1 Vertragliche Haftung

Natürliche Personen und/oder Unternehmen haften nicht nur für eigenes Verschulden, sondern nach § 278 BGB auch für schuldhaftes Handeln oder Unterlassen ihrer gesetzlichen Vertreter (Stichwort: „Organhaftung" bei juristischen Personen, § 31 BGB) und aller derjenigen Personen und Firmen, deren sie sich zur Erfüllung ihrer Verbindlichkeiten bedienen; - deren Verschulden haben sie in gleichem Umfang zu vertreten, wie eigenes Verschulden.

§ 278 BGB schreibt diese Haftung für Erfüllungsgehilfen, also auch für alle Mitarbeiter eines Unternehmens und für alle im Rahmen einer Vertragserfüllung eingeschalteten Subunternehmer fest.

Wenn der Subunternehmer mit Rechtsgütern des Auftraggebers in Berührung kommt und dabei einen Schaden verursacht, muss sich der Auftragnehmer dies zurechnen lassen, wenn die Tätigkeit des Gehilfen in den Umkreis desjenigen Aufgabenbereichs fällt, den er für den Auftragnehmer auszuführen hat (BGH, Urt. v. 14.11.1989, Az. XC ZR 106/88, NJW-RR 1990, 308).

Handelt es sich hingegen um einen Lieferanten und nicht um einen Subunternehmer, ist dieser nach der ständigen BGH-Rechtsprechung kein Erfüllungsgehilfe des Auftragnehmers im Verhältnis zum Auftraggeber (BGH, Urt. v. 9.2.1978, Az. VII ZR 84/77, NJW 1978, 1157).

Beispiel: Bei der Herstellung von Stahl kommt es schuldhaft zu einem Legierungsmangel. Der Mangel wird trotz Prüfung nicht bemerkt. Nachdem das Material vom Auftragnehmer übernommen und eingebaut wird, geht das Material zu Bruch. Daran angehängte Bauteile des Auftraggebers stürzen ab. Der Auftraggeber verlangt von dem Auftragnehmer Ersatz.

Anders wiederum, wenn der Lieferant ausdrücklich in die Vertragsverhandlung, z.B. durch Beratung, einbezogen wird (BGH, Urt. 26.8.2014, Az. VIII ZR 225/13, BeckRS 2014, 17609).

Umgekehrt liegt nicht immer eine Erfüllungsgehilfen-Eigenschaft vor. Der Vor- oder Neben-Unternehmer, den der Auftraggeber auch (mit anderen Fachgewerken) beauftragt hatte und der zuvor oder parallel auf der Baustelle tätig ist, ist kein Erfüllungsgehilfe des Auftraggebers im Verhältnis zum Nachunternehmer.

Beispiel: Eine Stahlbaufirma soll für ein außen liegendes Treppenhaus die feuerverzinkte Stahlkonstruktion erstellen. Kurz vor der Fertigstellung wird die weitgehend fertig montierte Stahlkonstruktion von einer anderen am Bauvorhaben tätigen Firma beschädigt, die den Außenputz für das übrige Gebäude (Massivbauweise) mit einer Spritzvorrichtung aufbringt.

Nach der BGH-Rechtsprechung (vgl. BGH, Urt. v. 27.6.1985, Az. VII ZR 23/84, NJW 1985, 2475 f.) ist die Außenputzfirma im Verhältnis zur Stahlbaufirma nicht Erfüllungsgehilfe des Auftraggebers; hier muss sich die Stahlbaufirma wegen ihrer Schadensersatzansprüche direkt an die Außenputzfirma wenden.

Vor dem Hintergrund dieser Rechtsprechung ist dem Auftragnehmer zu empfehlen, schon bei den Vertragsverhandlungen eine Regelung in den Vertrag aufzunehmen, die die Haftung und Zurechnung des Verhaltens anderer vom Auftraggeber auf der Baustelle in seinem Auftrag tätiger Firmen vertraglich festlegt. Eine solche Klausel könnte zum **Beispiel** lauten:

„Der Auftraggeber steht gegenüber dem Auftragnehmer für das Verhalten anderer in seinem Auftrag für das Projekt tätiger Firmen ein."

13.4.2 Deliktische Haftung

Wenn indes kein Vertragsverhältnis zwischen Geschädigtem und Schädiger besteht, kann eine Haftung für Dritte zwar auch in Frage kommen, jedoch mit der Möglichkeit, sich nach § 831 BGB „exkulpieren" zu können. Der Schädiger kann unter Umständen einer Haftung entgehen, wenn er darlegen und beweisen kann, dass er beispielsweise den für ihn handelnden Dritten sorgfältig ausgewählt und stets überwacht und überprüft hat und dieser bis dato noch nie eine Schädigung verursacht hat.

13.5 Haftungsbegrenzungen

Vom Grundsatz her ist die Haftung nicht auf einen bestimmten Betrag – beispielsweise den Auftragswert – oder auf eine bestimmte Schadensart beschränkt. Nach deutschem Zivilrecht haftet jede natürliche und juristische Person in vollem Umfang für alle aus ihrem Tun oder Unterlassen resultierenden Folgen - über den unmittelbaren Schaden hinaus auch für alle mittelbaren Schäden und Folgeschäden.

Selbst im kaufmännischen und handwerklichen Bereich ist die Haftung nicht etwa per se auf den Auftragswert begrenzt. Auch hier gilt der Grundsatz der unbegrenzten Haftung. Dies bedeutet, dass man auch bei einem kleinen Auftragswert unbegrenzt haftet – was einen in letzter Konsequenz auch ruinieren kann.

13.5.1 Vertragliche Haftungsbegrenzungen

Durch beiderseitige und individuell ausgehandelte Vereinbarungen kann die Haftung jedoch begrenzt werden - sowohl betragsmäßig der Höhe nach:

Beispiel: „Die Haftung wird auf maximal EUR 2 Mio. begrenzt."

oder der Schadensart nach für bestimmte Schäden:

Beispiel: „Die Haftung ist begrenzt auf die unmittelbaren Schäden. Folgeschäden und Vermögensschäden werden, soweit nicht Vorsatz oder grobe Fahrlässigkeit vorliegt, aus der Haftung ausgeschlossen."

oder nach beiden Kriterien:

Beispiel: „Die Haftung für Personenschäden beträgt max. 2 Mio. EUR, für Sachschäden max. 1 Mio. EUR. Die Haftung für Folgeschäden und Vermögensschäden wird - soweit nicht Vorsatz oder grobe Fahrlässigkeit vorliegt - ausgeschlossen."

Durch Allgemeine Geschäftsbedingungen sind derartige Haftungsbegrenzungen nach § 309 Nr.7 BGB nur noch sehr eingeschränkt möglich (vgl. die **Beispiele** oben in Kapitel 3 „Allgemeine Geschäftsbedingungen", dort Ziffer 3.2.11 „Haftung"). Hier ist vor allem die BGH-Rechtsprechung zu beachten, wonach die Haftung für Vorsatz und für grobe Fahrlässigkeit nicht von vornherein durch AGBs ausgeschlossen werden kann.

Individuell kann eine solche Haftungsbegrenzung schon bei Abschluss eines Vertrages vereinbart und in den Vertragstext hineingeschrieben werden. Aber auch nachträglich - insbesondere nach einem entstandenem Schaden - ist die Vereinbarung einer individuell ausgehandelten Haftungsbegrenzung noch möglich. Sie kann dann im Einzelfall den Charakter eines Teilerlasses bzw. (Teil-)Verzichtes annehmen.

13.5.2 Haftungsbegrenzung kraft Verkehrssitte bzw. Handelsbrauch

Haftungsbegrenzungen kraft Verkehrssitte sind jedem zunächst aus der KFZ-Haftpflichtversicherung bekannt, wo bei der Haftung zwischen Personen- und Sachschaden unterschieden wird und außerdem die Haftungshöchstgrenzen unterschiedlich bemessen sind. Das gibt es aber nicht nur bei der KFZ-Haftpflichtversicherung, sondern auch im kaufmännischen Geschäftsverkehr in bestimmten Branchen - quasi als Verkehrssitte bzw. Handelsbrauch.

So sind vertragliche Haftungsbegrenzungen auf einen bestimmten Teil des Auftragswertes im Maschinenbau bereits seit vielen Jahrzehnten branchenüblich, insbesondere im Auslandsgeschäft. Dabei ist zu bedenken, dass auch der Stahlbau - wie der Maschinenbau - zur Investitionsgüterindustrie und nicht zum Bauwesen gehört (dogmatische Begründung: Weil die Wertschöpfung im Wesentlichen in der Werkstatt und nicht auf der Baustelle erfolgt). Größere Stahlbauunternehmen, die im Ausland und in aller Welt bauen, kennen ebenfalls derartige Haftungsbegrenzungen.

Eigenartigerweise kennt die Baubranche - insbesondere im Inlandsgeschäft - diese Haftungsbegrenzungen nicht. In Deutschland werden größere Bauaufträge üblicherweise an Massivbauunternehmen aus der Baubranche als Generalunternehmer/Hauptauftragnehmer vergeben. Folglich sind solche

Haftungsbegrenzungen im Bereich des Stahlbaus gegenüber der Bauwirtschaft im Inlandsgeschäft nur schwer durchsetzbar.

Indes ist bei Lieferungen ins Ausland beim Thema „Haftung" Vorsicht geboten. Die Möglichkeit einer Begrenzung der Haftung auf einen Teil des Auftragswertes sowie die Reduzierung der Haftung auf Vorsatz und grobe Fahrlässigkeit sollte nicht vernachlässigt werden.

13.5.3 Haftungsbegrenzungen kraft Gesetzes

In zahlreichen Sondergesetzen finden sich Haftungsbegrenzungen zugunsten von Unternehmen, die die Bevölkerung versorgen (z.B. mit Strom, Wasser, Verkehr/Transportleistungen, Telekommunikation, etc.), die Produkte herstellen oder erforschen, die im besonderen Interesse der Allgemeinheit stehen, aber mit besonderen Risiken behaftet sind (z.B. Atomindustrie, Medizin, Pharmaindustrie, Banken, Versicherungen) oder Dienstleistungen im staatlichen Auftrag anbieten (Notare, Richter, Beamte, etc.).

Darüber hinaus finden sich gesetzliche Haftungsbegrenzungen in Spezialfällen, in denen der Gesetzgeber aus übergeordneten Gründen eine Haftungsbegrenzung auch im Privatbereich für richtig hält.

Beispiel: Bei Bauarbeiten stürzt A vom Gerüst. B, der Mitarbeiter einer anderen auf der Baustelle tätigen Firma ist, hatte eine Absperrung grob fahrlässig entfernt und C, Arbeitskollege des A, hatte dies erkannt, den A aber nicht gewarnt. Die Berufsgenossenschaft übernimmt zunächst die Krankenversorgung für den abgestürzten A. Nach § 116 SGB X gehen evtl. Schadensersatzansprüche des A gegen B und C auf die Berufsgenossenschaft über, die die von ihr verauslagten Krankenbehandlungskosten ersetzt verlangt.

Der Anspruch gegen den Arbeitskollegen C ist jedoch nach §§ 104; 105 SGB VII ausgeschlossen. Das Gesetz will verhindern, dass durch Arbeitsunfälle Unfriede in den Betrieb des Geschädigten hineingetragen wird.

Aber auch der Anspruch gegen den eigentlichen Verursacher B, der bei einer anderen Firma beschäftigt ist, besteht nicht, § 106 SGB VII: Üben Versicherte mehrerer Unternehmen vorübergehend betriebliche Tätigkeiten auf einer gemeinsamen Betriebsstätte aus, gelten die §§ 104 u. 105 SGB VII auch für die Ersatzpflicht der für die beteiligten Unternehmen Tätigen untereinander. Auch hier kann die Berufsgenossenschaft keine Forderung stellen.

Eine gemeinsame Betriebsstätte setzt ein bewusstes Miteinander im Betriebsablauf, ein aufeinander bezogenes betriebliches Zusammenwirken voraus. Die Beteiligten müssen sich "ablaufbedingt in die Quere kommen" (BGH, Urt. v. 10.5.2011, Az. VI ZR 152/10, BeckRS 2011, 14199; BGH, Urt. v. 16.12.2003, Az. VI RZ 103/03, NJW 2004, 947).

13.5.4 Haftungsbegrenzung bei öffentlichen Aufträgen

Bei öffentlichen Aufträgen gelten einige Besonderheiten. Diese sind in der VOB/A geregelt. § 9 Abs.4 VOB/A bestimmt:

„Der Auftraggeber darf in den Verdingungsunterlagen eine Pauschalierung des Verzugsschadens, § 5 Abs.4 VOB/B vorsehen; sie soll 5 v. H. der Auftragssumme nicht überschreiten. Der Nachweis eines geringeren Schadens ist zuzulassen."

Somit ist es dem mit der öffentlichen Ausschreibung Beauftragten nach VOB/A ausdrücklich gestattet, Haftungsbegrenzungen vorzusehen, die sich an dem orientieren soll, was für die Branche des Auftragnehmers üblich ist.

Hiernach kann eine Pauschale für den Verzugsschaden in Höhe von maximal 5 % der Auftragssumme vereinbart werden. Hintergrund dieser Regelung (z.B. in § 9 Abs.4 VOB/A) ist die Überlegung, dass die Pauschalierung des Verzugsschadens in der Regel für beide Vertragsparteien Vorteile bietet. Für den Auftragnehmer ist im Konfliktfall der von ihm zu zahlende Betrag überschaubar, wobei er die Möglichkeit des Nachweises hat, dass dem Auftraggeber gegebenenfalls nur ein geringerer Schaden entstanden ist (vgl. § 9 Abs.4 S.2 VOB/A). Andererseits muss der Auftraggeber lediglich nachweisen, dass der Auftragnehmer mit der Erbringung seiner Leistung in Verzug gekommen ist; aufgrund der Pauschalierung erübrigt sich jedoch ein substantiierter Nachweis zur Schadenshöhe.

Durch eine solche Haftungsbegrenzung wird das Haftungsrisiko – auch für Verzugsschäden – auf einen Prozentsatz begrenzt, der für die Auftragnehmerfirma nicht mehr Existenz bedrohenden Charakter hat. Das ist insbesondere für kleinere und mittelständische Unternehmen von Bedeutung.

Auch bei einer freihändigen Vergabe und beim Verhandlungsverfahren lassen sich die Haftungsbegrenzungen vereinbaren. Da auch der Auftraggeber schon allein im Hinblick auf seine Gewährleistungsansprüche ein Interesse daran hat, sich den Auftragnehmer zu erhalten, wird er geneigt sein, einer solchen Haftungsbegrenzung zuzustimmen, wenn dies zur Diskussion gestellt wird. Im Einzelfall ist zu prüfen, ob die Haftung für Verzugsschäden als Folgeschäden durch einen entsprechenden Versicherungsschutz abgedeckt werden und die Haftung auf den Versicherungsschutz begrenzt werden kann.

Für eine Haftungsbegrenzung auch bei öffentlichen Aufträgen gibt es weitere wirtschaftliche Gründe. Nach dem öffentlichen Preisrecht soll der zulässige kalkulatorische Gewinn 5 % betragen, die Haftung für das Verzugsschadensrisiko jedoch unbegrenzt sein. Es erscheint jedoch unangemessen, wenn das Haftungsrisiko für Terminüberschreitungen höher sein soll als der zulässigerweise anzusetzende kalkulatorische Gewinn. Aus wirtschaftlichen Gesichtspunkten sollte das Haftungsrisiko den kalkulatorischen Gewinn nicht übersteigen.

Bei der Vereinbarung einer Haftungsbegrenzung ist auch zu beachten, ob diese allgemein in der Branche üblich ist. Andernfalls muss das Risiko eines Verzugsschadens als zusätzliches Wagnis in die Kalkulation aufgenommen werden. Wirtschaftszweige wie der Stahlbau (vgl. Ziffer VII. „Lieferfristen / Liefertermine" - dort Ziffer 4 – und Ziffer XI „Haftung" der „Allgemeinen Bedingungen für die Lieferung und Montage von Stahlkonstruktionen" des Deutschen Stahlbau-Verbandes e.V. DSTV), der Maschinenbau (vgl. Ziffer IV Nr.4 der „Allgemeine Bedingungen für die Lieferung von Maschinen für Inlandsgeschäfte") und die Elektroindustrie, bei denen in den Lieferbedingungen generell eine Begrenzung des Verzugsschadens vorgesehen ist, werden dieses Risiko nicht in die Kalkulation der Einzelpreise aufnehmen.

Ist jedoch eine Haftungsbeschränkung in einer Branche allgemein nicht üblich, müssen - wie beispielsweise in der Bauwirtschaft - diese Risikokosten gesondert in Ansatz gebracht werden.

13.5.5 Keine Haftungsbegrenzung zu Lasten Dritter

Eine Begrenzung der Haftung ist immer nur durch einvernehmliche vertragliche Regelung der unmittelbaren Vertragspartner möglich. Durch Allgemeine Geschäftsbedingungen kann dies nur in engen Grenzen erfolgen (vgl. oben Ziffer 13.3.1 und in Kapitel 3 „Allgemeine Geschäftsbedingungen", dort Ziffer 3.2.11 „Haftung").

Eine Haftungsbegrenzung zu Lasten von Dritten – z.B. Baustellenbesuchern oder Lieferanten – ist gänzlich ausgeschlossen, denn dies würde einen „Vertrag zu Lasten Dritter" bedeuten, der nach unserer Rechtsordnung eindeutig unwirksam ist.

13.5.6 Haftungsübernahme / Freistellung

Denkbar ist die Fallkonstellation, dass der Auftraggeber wegen des Handelns (Tun oder Unterlassen) des Auftragnehmers von geschädigten Dritten auf Schadensersatz in Anspruch genommen wird.

Beispiel: In einem Industriepark befindet sich neben der A-GmbH die B-GmbH. Im Rahmen von Bauarbeiten auf dem Grundstück der A-GmbH wird die Hauptstromleitung getroffen und durchtrennt. Durch den Produktionsausfall bei der B-GmbH entstehen erhebliche Kosten, die sie von der benachbarten A-GmbH verlangt, weil ihr nur die Anschrift ihrer Nachbarin und nicht der bauausführenden Firma bekannt ist.

Die A-GmbH möchte von ihrer Auftragnehmerin entlastet werden.

Eine mögliche Lösung besteht darin, dass der Auftraggeber und der Auftragnehmer – was schon bei Vertragsschluss, aber auch im Schadensfall noch möglich ist – eine Vereinbarung treffen, dass für den Fall, dass der Auftraggeber (im Beispielsfall die A-GmbH) wegen Verletzungshandlungen durch die Auftragnehmerfirma, ihre Mitarbeiter und Subunternehmer auf Schadensersatz in Anspruch nimmt, der Auftragnehmer die Haftung in vollem Umfang übernimmt (Haftungsübernahme). Der Beispielsfall wäre dann ein Fall für die Betriebshaftpflichtversicherung des Auftragnehmers.

Eine andere Möglichkeit besteht in der Vereinbarung einer Freistellungserklärung. Viele Verträge enthalten eine so genannte „Freistellungsklausel" dahingehend, dass der Vertragspartner von allen Kosten freizustellen ist, wenn er von Dritten wegen Leistungen der ausführenden Firma in Anspruch genommen wird.

Eine solche Freistellung geht weiter als der eigentliche Schadensersatzanspruch. Sie kann insbesondere auch die Erstattung derjenigen Kosten mit sich bringen, die im eigenen Hause für die Bearbeitung des Schadensersatzes entstehen, z.B. für die Erstellung von Unterlagen, für technische Stellungnahmen, für die juristische Abwehr usw. - während andernfalls solche Kosten nicht als Schaden geltend gemacht werden könnten.

Internationales Beispiel:

>FIDIC, Ziffer 17.2 und Ziffer 17.5 (infringment of intellectual property).

13.6 Haftungserweiterungen

Umgekehrt ist aber auch ein strengerer Haftungsmaßstab denkbar. Eine solche Haftungserweiterung kann sich aus dem Gesetz oder den vertraglichen Vereinbarungen ergeben.

Das Gesetz sieht Haftungsverschärfungen, z.B. durch § 7 Straßenverkehrsgesetz (StVG) im Straßenverkehr durch Einführung einer „Gefährdungshaftung" vor.

Gleiches gilt z.B. im Wasserhaushaltsgesetz (WHG). Nach § 19 WHG können zur Sicherstellung des Trinkwassers Wasserschutzgebiete eingerichtet werden; in diesen Wasserschutzgebieten gelten besonders strenge Anforderungen. In den Wasserschutzgebieten können bestimmte Handlungen entweder ganz verboten oder nur unter besonders strengen Beschränkungen zugelassen werden (Generelles Verbot mit Erlaubnisvorbehalt). Nur Fachbetriebe mit speziellen Zulassungen nach § 19g WHG dürfen in diesen Bereichen nach § 19l WHG bauliche Anlagen errichten, ändern oder rückbauen. Ähnliche Haftungsverschärfungen existieren im Umweltrecht und im Atomgesetz.

Auch aus dem Inhalt einer vertraglichen Vereinbarung kann sich ein strengerer Haftungsmaßstab ergeben, so z.B. aus der Übernahme einer „Garantie" oder eines „Beschaffungsrisikos".

Bei einer „Garantie" im juristischen Sinne übernimmt der Versprechende (z.B. Verkäufer oder Werkauftragnehmer) ausdrücklich oder stillschweigend die Gewähr dafür, dass eine von ihm zu liefernde oder herzustellende Sache bestimmte Beschaffenheiten aufweist („Beschaffenheitsgarantie") bzw., dass die Sache für eine bestimmte Dauer („Garantiefrist") eine bestimmte Beschaffenheit behält („Haltbarkeitsgarantie"). Hierdurch wird mit dem Vertragspartner ein besonderer Garantievertrag vereinbart. Inhalt und Umfang der Haftung aus diesem Garantievertrag richten sich dann nach dem Inhalt der Verpflichtung. Dabei ist nicht nur der Inhalt der Garantieurkunde maßgebend, sondern auch sonstige Erklärungen des Versprechenden - z.B. im Rahmen von Prospekten und der Werbung.

Tritt dann ein Garantiefall ein, so stehen dem Auftraggeber – unbeschadet seiner gesetzlichen Ansprüche gegen den Auftragnehmer – die Rechte aus der Garantie gegen den Versprechenden zu, z.B. auf Nacherfüllung und Schadloshaltung (vgl. § 443 BGB „Beschaffenheits- und Haltbarkeitsgarantie"). Im Rahmen einer Haltbarkeitsgarantie wird nach § 443 Abs.2 BGB gesetzlich vermutet, dass ein während ihrer Geltungsdauer auftretender Sachmangel die Rechte aus der Garantie begründet, - mit der Konsequenz, dass somit unabhängig vom Zeitpunkt der Entstehung des Sachmangels alle innerhalb der Garantiefrist auftretenden Mängel auf Kosten des Versprechenden zu beseitigen sind.

Bei der Übernahme eines „Beschaffungsrisikos" verspricht der Auftragnehmer, dem Auftraggeber mit eigenen Geldmitteln bestimmte Gegenstände – z.B. Stahlbauprofile oder Bleche – bis zu einem bestimmten Zeitpunkt zu beschaffen. Gelingt ihm dies nicht, so hat er für alle daraus resultierenden Folgen und Schäden ohne summenmäßige Begrenzung einzustehen.

13.7 Schadensumfang und Schadensberechnung

13.7.1 Schadensumfang

Wer Schadensersatz zu leisten hat, muss nach § 249 S.1 BGB den Zustand herstellen, der bestehen würde, wenn der zum Ersatz verpflichtende Umstand nicht eingetreten wäre (Grundsatz der Naturalrestitution). In der Praxis wird Schadensersatz regelmäßig jedoch nach § 249 S.2 BGB durch Zahlung des entsprechenden Geldbetrages geleistet. Das Wahlrecht des Geschädigten, entweder Naturalrestitution oder den dazu erforderlichen Geldbetrag zu verlangen, wird in der Gerichtspraxis durchweg durch Schadensersatz in Geld ersetzt.

Es ist eine Differenzbetrachtung anzustellen: Welcher Zustand würde bestehen, wenn das schädigende Ereignis nicht eingetreten wäre, im Vergleich zu dem bestehenden Schadenszustand, unter Betrachtung der Kosten, die dazu erforderlich sein werden, den hypothetischen Zustand herzustellen, wenn kein Schaden eingetreten wäre (vgl. hierzu Kapitel 12.1 „Grundgedanken des Versicherungsrechts").

Bezüglich der Verpflichtung zur Schadensersatzleistung durch den Auftragnehmer vgl. auch oben Kapitel 5 „Störungen in der Auftragsabwicklung durch den Auftragnehmer".

Bezüglich der Verpflichtung zur Schadensersatzleistung durch den Auftraggeber vgl. auch oben Kapitel 6 „Störungen in der Auftragsabwicklung durch den Auftraggeber".

13.7.2 Schadensberechnung

Der Geschädigte muss zur Durchsetzung seines Schadensersatzanspruches – im „worst case" vor Gericht – seine Forderung sehr detailliert aufstellen und vortragen. Eine pauschale Schadensschätzung reicht dazu keinesfalls aus. Durch detaillierte Aufstellung aller beschädigten Teile sind die zur Wiederherstellung erforderlichen Kosten – ähnlich der Aufstellung in einem Leistungsverzeichnis bei einem Einheitspreisvertrag – Position für Position aufzulisten und mit Preisen zu versehen, wobei auch die zu den einzelnen Positionen erforderlichen Lohnkosten nach Verrechnungssätzen, Qualifikation und Anzahl des Personals und erforderlichem Zeitaufwand detailliert und nachvollziehbar aufzulisten sind.

Im Schadensfall sollte eine sorgfältige Dokumentation mit Kamerabildern und schriftlicher Beschreibung selbstverständlich sein. Um vorhersehbaren

Einwendungen des Schädigers ("War ja alles halb so schlimm!") von vornherein substantiiert entgegentreten zu können, sollte der Aufwand eines selbständiges Beweisverfahrens, §§ 485 - 494a ZPO und die Kosten eines Sachverständigen nicht gescheut werden (vgl. Kapitel 15 „Streitschlichtung/Konfliktbearbeitung, dort Ziffer 15.5 „Selbständiges Beweisverfahren"). Zur Erstellung der Schadensersatzforderung sollte ggf. ein Claim-Manager eingeschaltet werden.

Wenn der Anspruchsteller seine Schadensersatzforderung ausreichend substantiiert vorgetragen und unter Beweis gestellt hat, kann eine „Schadensschätzung" in einem späteren Prozess nach § 287 ZPO durch das Gericht zulässigerweise vorgenommen werden. Üblicherweise wird, wenn die Höhe der Forderung streitig ist, aber auch dort ein Sachverständiger gehört, dessen Ergebnis sich das Gericht in aller Regel zu Eigen macht.

13.8 Gesamtschuldnerische Haftung

Haben mehrere Personen oder mehrere Firmen den Schaden gemeinsam verursacht, so haften sie nach §§ 427 ff. BGB – im Deliktsrecht über § 840 BGB – als Gesamtschuldner. Anders liegt der Fall, wenn den Tätern der Verursachungsanteil exakt zugerechnet werden kann. Regulär gilt jedoch, dass bei der Schadensverursachung durch mehrere Akteure alle nebeneinander verantwortlich sind und jeder neben den/dem anderen als Gesamtschuldner haftet.

Gesamtschuldnerische Haftung bedeutet, dass jeder Schädiger auf die volle Schadenssumme haftet, der Gläubiger sich somit denjenigen mit der - seiner Ansicht nach - besten Bonität aussuchen kann. Insgesamt kann der Gläubiger Schadensersatz aber nur einmal fordern. Unter den gesamtschuldnerisch haftenden Schädigern hat dann ein Schadensausgleich zu erfolgen.

Besonderheiten können auftreten, wenn eine Arbeitsgemeinschaft (ARGE) zum Schadensersatz verpflichtet ist. Die ARGE haftet dem Auftraggeber für die Erfüllung eines mangelfreien Werkerfolges ohnehin gesamtschuldnerisch. Selbiges gilt hinsichtlich einer eventuellen Schadensersatzpflicht. Nur im Innenverhältnis kann im ARGE-Vertrag für die interne Schadensaufteilung vorgesehen sein, dass diese entsprechend dem Liefer- und Leistungsanteil gemäß ARGE-Vertrag umzulegen ist (siehe oben Kapitel 10).

Wird einer der Gesamtschuldner von dem Gläubiger in Anspruch genommen, kann dieser von dem anderen Gesamtschuldner Ausgleich verlangen, § 426 Abs.2 BGB. Die Grundregel, wonach jeder zu gleichen Teilen haftet, wird regelmäßig durch den Grad der Verursachung ersetzt. Kommt einer der Gesamtschuldner in den Genuss einer vertraglichen oder gesetzlichen Haftungsfreistellung im Verhältnis zum Gläubiger spricht man von einem gestörten Gesamtschuldverhältnis.

Hier ist im Einzelnen vieles zu bedenken. Wer einen solchen Rückgriff vornehmen möchte, sollte anwaltlichen Rat einholen und zwar sobald erkennbar wird, dass der Gläubiger einen Anspruch hat. Der Ausgleichsanspruch innerhalb des Gesamtschuldverhältnisses unterliegt der regelmäßigen

Verjährung, § 199 BGB, ist also unabhängig von der möglicherweise viel längeren Verjährung der Ansprüche, die der Gläubiger geltend macht.

13.9 Mitverschulden des Geschädigten

In der Praxis kommt nicht selten der Fall vor, dass sich der Geschädigte vorwerfen lassen muss, zur Schadensverursachung mit beigetragen zu haben. Hierin liegt eine Obliegenheitsverletzung (vgl. oben Kapitel 6.4).

Beispiele: Der Auftraggeber beseitigt einen Mangel, ohne den Auftragnehmer vorher über den Mangel informiert und Beseitigung verlangt zu haben.

Der Auftraggeber unterlässt es, den Auftragnehmer vor der Gefahr eines drohenden ungewöhnlich hohen Schadens zu warnen, § 254 Abs.2 BGB.

Wenn bei der Entstehung des Schadens ein Verschulden des Geschädigten mitursächlich war, so hängt die Verpflichtung zum Schadensersatz sowie der Umfang des zu leistenden Ersatzes von den Umständen des Einzelfalles ab, insbesondere davon, inwieweit der Schaden vorwiegend von dem einen oder anderen Teil – Schädiger oder Geschädigten – herbeigeführt worden ist, § 254 Abs.1 BGB.

Auch hinsichtlich der Anrechnung eines Mitverschuldensanteils gilt das vorstehend zur Erfüllungsgehilfenhaftung Gesagte; auch hier muss sich der Geschädigte ein eventuelles Mitverschulden seiner Mitarbeiter oder Subunternehmer anrechnen lassen, vgl. §§ 254 Abs.2; 278 BGB.

Für die praktische Abwicklung von Haftungsfällen spielt das Mitverschulden eine erhebliche Rolle. Bei komplexen Aufträgen ist regelmäßig nicht nur eine Seite für auftretenden Schäden verantwortlich. So kann es gelingen, die Lasten zwischen den Beteiligten fair zu verteilen (ausführlich Hammacher, Prüf- und Hinweispflichten).

13.10 Gesetzliche Mithaftungstatbestände

Bei der Abwicklung von Bau- und Werkverträgen gibt es in zahlreichen Gesetzen und Verordnungen diverse gesetzliche Mithaftungstatbestände, kraft denen ein Unternehmer entweder gesamtschuldnerisch oder subsidiär für Verbindlichkeiten seiner Auftragnehmer bzw. deren Subunternehmer haftet. Diese gesetzlichen Mithaftungstatbestände sind typisch für das Steuer- und Sozialversicherungsrecht und der Laie wie der Jurist haben nicht selten ihre Probleme, die betreffenden Gesetzestexte in der jeweils aktuellen und neuesten Fassung aufzufinden.

13.10.1 Begriffsklärung

Gesamtschuldnerische Haftung nach § 421 BGB bedeutet, dass der Gläubiger - z.B. die Finanzverwaltung bzw. ein Sozialversicherungsträger - sich nach seiner Wahl an einen von mehreren Gesamtschuldnern wenden und diesen gegebenenfalls auch gerichtlich in Anspruch nehmen kann, soweit der öffentlich-rechtliche Gläubiger im Einzelfall nicht per se eigene hoheitliche Vollstreckungsbefugnisse hat und direkt vollstrecken kann, ohne dass es eines vorhergehenden Gerichtsverfahrens bedarf.

Der betreffende Gesamtschuldner bzw. die betreffende gesamtschuldnerisch haftende Firma haftet neben dem Hauptschuldner auf die volle Leistung. Der in Anspruch genommene Gesamtschuldner muss die Leistung in vollem Umfang erbringen und kann sich wegen eventueller Rückgriffsansprüche dann an die übrigen Gesamtschuldner wenden.

Für den Gläubiger besteht die komfortable Situation, dass er nach seiner Wahl von jedem Gesamtschuldner die Erbringung der vollen Leistung fordern kann, - wobei er nur einmal Erfüllung verlangen kann.

Subsidiäre Haftung - auch „Ausfallhaftung" genannt - bedeutet demgegenüber, dass sich der Gläubiger (z.B. die Finanzverwaltung oder ein Sozialversicherungsträger) wegen der Erfüllung seiner Forderung zunächst an einen bestimmten Schuldner wenden muss; kann dieser nicht zahlen, so muss der subsidiär haftende Drittschuldner leisten.

Die Gesamtthematik ist in vielen Firmen wenig bekannt, birgt jedoch enorme Haftungsrisiken in sich, da die Finanzverwaltung bzw. Sozialversicherungsträger noch nach mehreren Jahren kommen und Bezahlung verlangen können (Verjährungszeitraum im Sozialversicherungsrecht i.d.R. 4 Jahre – in Ausnahmefällen 10 Jahre, im Steuerrecht i.d.R. 10 Jahre!).

13.10.2 Gesamtschuldnerische Haftung nach dem Arbeitnehmerüberlassungsgesetz

Wegen der engen arbeitsrechtlichen und sozialversicherungsrechtlichen Bezüge wird zu diesem Haftungspunkt unten auf Ziffern 14.7 und 14.8 verwiesen.

13.10.3 Generalunternehmerhaftung nach dem Arbeitnehmerentsendegesetz

Auch hierzu wird wegen der engen arbeitsrechtlichen und sozialversicherungsrechtlichen Bezüge zu diesem Haftungsthema unten auf Ziffern 14.7 und 14.8 verwiesen.

13.10.4 Haftung für Beiträge zur Berufsgenossenschaft bei Dienst- und Werkverträgen – sowie bei der Arbeitnehmerüberlassung

Wegen der engen arbeitsrechtlichen und sozialversicherungsrechtlichen Bezüge wird zu diesem Haftungspunkt unten auf Ziffern 14.7 und 14.8 verwiesen.

13.10.5 Einkommenssteuergesetz (EStG), Arbeitgeberhaftung nach § 42d EStG

§ 42d EStG schreibt in Abs.1 zunächst die Verpflichtung – und damit verbunden auch die Haftung – des Arbeitgebers fest, die Lohnsteuer einzubehalten, ordnungsgemäß zu deklarieren und abzuführen.

§ 42d Abs.6 EStG schreibt die gesamtschuldnerische Haftung von Verleiher und Entleiher im Falle einer unwirksamen Arbeitnehmerüberlassung bzw. im Falle der Überschreitung der maximalen Überlassungsdauer fest. Die gesamtschuldnerische Haftung des Entleihers ist auf den Zeitraum begrenzt, für den ihm Arbeitskräfte überlassen wurden. Soweit die Haftung des Entleihers reicht, sind sogar Verleiher, Entleiher und Leiharbeitnehmer Gesamtschuldner für die Lohnsteuer (vgl. § 42d Abs.6 S.5 EStG). Allerdings muss sich die Finanzverwaltung zunächst an den Verleiher wenden. In bestimmten Fallkonstellationen besteht für den Entleiher eine Entlastungsmöglichkeit; insoweit wird auf den Gesetzestext in § 42d Abs.6 EStG verwiesen.

13.10.6 Mithaftung für die Umsatzsteuerschuld nach § 13b UStG

Mit dem „Steuerverkürzungsbekämpfungsgesetz" – offizielle Bezeichnung: „Gesetz zur Bekämpfung von Steuerverkürzungen bei der Umsatzsteuer und zur Änderung anderer Gesetze vom 19.12.2001" (vgl. BGBl.2001 I, 3922), in Kraft seit dem 1.1.2002 – erhoffte sich der Gesetzgeber, einer missbräuchlichen Inanspruchnahme des Vorsteuerabzugsrechts entgegenwirken zu können. Vor allem sogenannte "Vorsteuerkarusselle" hatten in der Vergangenheit bei den Finanzämtern zu erheblichen Umsatzsteuereinbußen geführt. Mittels zwischengeschalteter betrügerischer Unternehmen wurde in zahlreichen Fällen eine in Rechnung gestellte, aber nicht gezahlte Umsatzsteuer als Vorsteuer beim Finanzamt zur „Erstattung" geltend gemacht.

Das "Steuerverkürzungsbekämpfungsgesetz" ändert bzw. ergänzt verschiedene steuerrechtliche Gesetze - vor allem das Umsatzsteuergesetz (UStG).

Seit dem 1.4.2004 sind daher alle im Baubereich tätigen Firmen, die nicht direkt Vertragspartner des Bauherrn sind, gehalten, ihrem Auftraggeber nur noch Nettorechnungen zu schreiben. Die im Baubereich in der Wertschöpfungskette übergeordneten Firmen bezahlen vom Grundsatz her nur noch die Netto-Werkvertragsrechnungen. Soweit ein Bauunternehmen Material zukauft und dem Verkäufer die gesetzliche Umsatzsteuer bezahlen muss (für das Kaufrecht gilt diese Regelung nicht), muss das Bauunternehmen bei seinem zuständigen Betriebsfinanzamt einen entsprechenden Umsatzsteuererstattungsantrag stellen.

Dieses Prinzip ist jedoch durch viele Ausnahmen durchbrochen. Viele Handwerkszweige und Werkauftragnehmer sind von dieser Regelung wiederum ausgenommen und müssen nach wie vor ihren Auftraggebern Rechnungen über den Bruttobetrag inklusive ausgewiesener Umsatzsteuer ausstellen.

Ein **Beispiel** hierfür sind die Gerüstbauer, die nach wie vor Brutto-Rechnungen ausstellen müssen. Selbiges gilt für die Planung und Überwachung von Bauleistungen. Seit 2011 und nochmals seit 2016 sind weitere Neuerungen in § 13b UStG festgeschrieben worden, die dieses System noch unübersichtlicher machen. Jeder im Baubereich tätigen Firma kann daher nur empfohlen werden, diese Problematik mit ihrem Steuerberater bzw. Wirtschaftsprüfer zu besprechen und nach Rückversicherung entsprechend zu verfahren.

13.10.7 Haftung für schuldhaft nicht abgeführte Umsatzsteuer nach § 25d UStG

Ferner wurde durch die Neuregelung des § 25d UStG eine gesamtschuldnerische „Haftung für schuldhaft nicht abgeführte Umsatzsteuer" eingefügt. Hiernach haftet ein Unternehmer für die Steuer aus einem vorangegangenen Umsatz, soweit die Steuer in einer Rechnung im Sinne des § 14 UStG ausgewiesen wurde, der Aussteller der Rechnung entsprechend seiner vorgefassten Absicht die ausgewiesene Steuer aber nicht entrichtet oder sich vorsätzlich außer Stande gesetzt hat, die ausgewiesene Steuer zu entrichten und der Unternehmer bei Abschluss des Vertrages über seinen Eingangsumsatz davon Kenntnis hatte. Trifft dies auf mehrere Unternehmer zu, so haften auch diese als Gesamtschuldner.

13.10.8 Haftung nach dem Steuerhinterziehungsbekämpfungsgesetz

Das sog. „Steuerhinterziehungsbekämpfungsgesetz" von 2002 (offizielle Bezeichnung: „Gesetz zur Eindämmung illegaler Betätigung im Baugewerbe") erfuhr anno 2004 eine Überarbeitung und Verschärfung - vor allem wiederum im UStG. Die neue offizielle Bezeichnung lautet: „Gesetz zur Intensivierung der Bekämpfung der Schwarzarbeit und damit zusammenhängender Steuerhinterziehung".

Mit diesem Gesetz wurde eine neue „Bauabzugssteuer" für das Baugewerbe in § 48 Einkommenssteuergesetz EStG eingeführt. Alle diejenigen, die einen anderen mit der Durchführung einer Bauleistung beauftragen, sind bereits seit dem 1.1.2002 verpflichtet, 15 % der Bruttoauftragssumme als Steuerabzug an das Betriebsfinanzamt des Auftragnehmers abzuführen. Dieser Steuerabzug ist auf die vom Leistenden zu entrichtende Lohn-, Einkommens- und Körperschaftssteuer anzurechnen.

„Bauleistungen" im Sinne dieses Gesetzes sind alle Leistungen, die der Herstellung, Instandsetzung, Instandhaltung, Änderung oder Beseitigung von Bauwerken dienen. Der Begriff der „Bauleistung" in § 48 Abs.1 Satz3 EStG ist dabei derselbe wie in § 101 Abs.2 Satz 2 SGB III sowie in den §§ 1 und 2 der BaubetriebeVO. Bei der Bauabzugssteuer kommt es nur auf den Katalog der §§ 1 u. 2 BaubetriebeVO an und nicht auf die inhaltliche Aussage, dass die in § 2 BaubetriebeVO aufgezählten Branchen (wie z.B. der reine Stahlbau in Nr.13) nicht zum Bauwesen gehören und damit keine Winterbauförderung und keine Sozialleistungen in die Sozialkassen des Deutschen Baugewerbes (SoKaBau) abführen müssen. Auch die in § 2 BaubetriebeVO genannten Unternehmen müssen grundsätzlich die Bauabzugssteuer einbehalten; dies soll der Rechtsvereinheitlichung dienen.

Zur Abführung dieser Abzugssteuer verpflichtet sind der Bauherr und alle Auftraggeber und Nachauftraggeber, die in der Wertschöpfungskette bei der Errichtung, Änderung oder dem Rückbau einer baulichen Anlage einen anderen (Handwerker, Firma, Subunternehmer) beauftragen. Zur Abführung der Abzugssteuer verpflichtet ist damit auch ein öffentlicher Auftraggeber.

Die Abzugssteuer beträgt nach § 48 Abs.1 EStG 15 % der Bruttoauftragssumme. Einzubeziehen sind sowohl der Hauptauftrag als auch Neben- und Nachtragsaufträge.

Diese Abzugssteuer entfällt, wenn der Auftragnehmer oder der Subunternehmer rechtzeitig vor Zahlungen eine gültige „Freistellungsbescheinigung" seines Betriebsfinanzamtes vorgelegt hat oder die Bauleistungen im laufenden Kalenderjahr unterhalb einer bestimmten Bagatellgrenze liegen, vgl. § 48 Abs.2 EStG. Diese Bagatellgrenze liegt derzeit bei 5.000,- EURO pro anno, d.h. der Steuerabzug kann unterbleiben, wenn die Jahresgesamtsumme der Gegenleistungen (also die Vergütungen für alle Bauleistungen pro anno) im laufenden Kalenderjahr 5.000,- EURO voraussichtlich nicht übersteigen werden. Eine Sonderregelung gilt für Vermieter mit ausschließlich steuerfreien Umsätzen nach § 4 Nr.12 S.1 UStG, für die die Bagatellgrenze bei derzeit 15.000,- EURO p. a. liegt.

Grenzfälle können auftreten, wenn ein Stahlbau- oder ein Maschinenbau- bzw. Elektrounternehmen gemäß Werkauftrag nur die Werkstattfertigung zu erbringen hat und die fertige Konstruktion entweder ab Werk einem Spediteur übergibt oder frei Baustelle liefert. Das Gesetz sieht hierin noch keine „Bauleistung" (unmittelbarer Einbau auf der Baustelle), auch wenn die Konstruktion bzw. Teilkonstruktion letztlich von einer anderen Firma in ein Bauwerk eingefügt werden soll. Alle diejenigen, die Baustoffe lediglich auf die Baustelle anliefern und keine Bauleistung erbringen, fallen nicht unter dieses Gesetz. Auftretenden Problemen kann jedoch ohne großen Aufwand mit der Beschaffung einer „Freistellungsbescheinigung" des zuständigen Betriebsfinanzamtes vorgebeugt werden.

Nach Auskunft der Finanzverwaltung gibt es grundsätzlich zwei Arten einer Freistellungsbescheinigung nach § 48b EStG:

a) die „abstrakte Freistellungsbescheinigung", die in der Regel für 1 Jahr - und maximal bis zu einer Dauer von 3 Jahren - ausgestellt wird. Die Praxis der einzelnen Bundesländer bei diesen Befristungen ist sehr unterschiedlich.

b) die „auftragsbezogene Freistellungsbescheinigung"; diese wird meist bei größeren Baumaßnahmen auftragsbezogen erteilt.

In der Regel kann der Auftraggeber auf eine ihm vorgelegte Freistellungsbescheinigung vertrauen, die er jederzeit durch Internetabfrage beim Bundesamt für Finanzen überprüfen kann und sollte. Jede Freistellungsbescheinigung enthält eine Sicherheitsnummer, mit der die Echtheit der Freistellungsbescheinigung überprüft werden kann. Der Auftraggeber kann die Richtigkeit dieser Sicherheitsnummer über die Internetseiten des Bundeszentralamtes für Steuern unter www.bzst.bund.de oder in Ausnahmefällen auch beim örtlichen Betriebsfinanzamt der Auftragnehmerfirma überprüfen.

Von Ausnahmefällen abgesehen, bei denen Bedenken und/oder besondere Verdachtsmomente gegen den Vertragspartner vorliegen, kann der 15 %igen Betrag bzgl. der Bauabzugsteuer bei Vorliegen einer wirksamen Freistellungsbescheinigung an den Vertragspartner ausgezahlt werden.

13.10.9 Praktische Hinweise

Jedes Unternehmen muss firmenspezifisch prüfen, welche der oben aufgelisteten Risiken für die Firma und die jeweiligen Aufträge konkret relevant werden könnten. Danach bestimmt sich, welche Absicherungen getroffen bzw. verlangt werden müssen. Gegebenenfalls können bzw. müssen für konkret darstellbare und nachweisbare Risiken Rückstellungen gebildet werden.

Allen am Bau tätigen Firmen ist zu empfehlen, nicht nur die Gewährleistungsansprüche durch eine entsprechende Bürgschaft abzusichern, sondern zweckmäßigerweise im Rahmen der Erfüllungs- bzw. Gewährleistungsbürgschaft auch die zuvor beschriebenen Haftungsrisiken durch Bürgschaft mit abzusichern. Das **Muster-AN+AG 12** geht von der Kombination der Absicherung der Gewährleistungsansprüche zusammen mit der Absicherung der oben genannten Mithaftungstatbestände aus.

Denkbar ist auch, durch eine spezielle Bürgschaftserklärung ausschließlich die zuvor beschriebenen Haftungsrisiken abzusichern. In der Praxis kann dies bei Kautionsversicherern auf Schwierigkeiten stoßen; daher sollte man diesen Punkt rechtzeitig vorher klären, vgl. **Muster-AN+AG 12**.

13.11 Haftung nach Bauforderungssicherungsgesetz (BauFordSiG)

Vertragspartner des Auftragnehmers ist in der Regel eine juristische Person. Ansprüche können in der Regel nur ihr gegenüber geltend gemacht werden.

Gleichwohl gibt es Fälle, in denen der Auftragnehmer auch direkt gegen die handelnden Personen vorgehen kann. Die Voraussetzungen sind zwar sehr hoch. Auch hängt der Erfolg der Maßnahme letztlich von den Vermögensverhältnissen der einzelnen Person ab. Dennoch sollte man als Anspruchsteller diese Möglichkeit im Blick behalten. Aber auch die betreffenden Personen in einem Unternehmen sollten diese Haftungsdurchgriffe gegen sie persönlich im Auge behalten.

Mit Wirkung zum 1.1.2009 hatte der Gesetzgeber ein Bauforderungssicherungsgesetz (BauFordSiG) eingeführt. Danach sollte Folgendes gelten:

- Der Empfänger von Baugeld – und das ist derjenige, "der über die Verwendung der Baugelder an die am Bau beteiligten Firmen entscheiden kann" (vgl. OLG Düsseldorf, Urt. v. 5.11.2004, Az. 14 U 63/04, BeckRS 2004, 12062),

- hat Baugeld – das sind all jene Geldbeträge, die für im Zusammenhang mit der Errichtung oder Änderung eines Bauwerkes erbrachten Leistungen gezahlt werden - also Vergütungsforderungen aus Kauf-, Dienst- und Werkverträgen am Bau, Eigenmittel des Bauherrn, etc. (vgl. § 1 Abs.1 S.1 BauFordSiG),

- zweckentsprechend zu verwenden, d.h. er muss das Geld auftragsbezogen an die am Bau beteiligten Auftragnehmer weiterleiten (vgl. Hammacher, Wann ist das Bauforderungssicherungsgesetz auch auf Altverträge anwendbar? NZBau 2011, 713 ff.).

- Der Empfänger hat das Baugeld somit treuhänderisch zu behandeln. Sinn des Gesetzes ist es gerade, dass alle Subunternehmer das für ihre Gewerke und Leistungen bestimmte „Baugeld" - und zwar bezogen auf die jeweilige Einzelbaumaßnahme - zügig und sicher erhalten sollen, vgl. wiederum § 1 Abs.1 S.1 BauFordSiG.

Kann nun der Empfänger das Baugeld, das er bereits erhalten hat, nicht an den Subunternehmer auskehren, würde er sich gem. § 823 Abs.2 BGB in Verbindung mit § 1 BauFordSiG Schadensersatzpflichtig machen. Mit diesem BauFordSiG sollte die reelle Chance geschaffen werden, z.B. den Geschäftsführer, aber auch den Prokuristen oder den Leiter der Finanzabteilung, etc. des Auftraggebers persönlich auf Zahlung in Anspruch nehmen zu können. Diese Personen sollten unbegrenzt mit ihrem gesamten Privatvermögen haften.

Für Ansprüche aus der zweckwidrigen Verwendung von „Baugeld" war eine Beweislastumkehr eingeführt worden. Die Baugeldeigenschaft und die zweckwidrige Baugeldverwendung sollten widerlegbar vermutet werden, vgl. § 1 Abs.4 BauFordSiG.

Summa summarum hat dieses BauFordSiG den Verantwortlichen in allen im Baubereich tätigen Firmen, wozu letztlich auch der Stahlbau, der Maschinenbau und die Elektroindustrie und die entsprechenden Handwerkszweige gehören, und den Juristen viel Kopfzerbrechen bereitet, - bis der Bundesgerichtshof anno 2013 eine wichtige Entscheidung fällte.

In einem Beschluss vom 26.4.2013 (BGH, Az.: IX ZR 220 / 11) hat der BGH entschieden: *„Wird Baugeld zweckwidrig verwendet, entfällt ein ersatzfähiger Schaden des Bauhandwerkers, sofern an ihn pflichtgemäß geleistete Zahlungen bei möglicher Anfechtung in der Insolvenz keinen Bestand gehabt hätten. Ein Vorrecht des Baugeldgläubigers vor den Gläubigern der Insolvenz besteht insoweit nicht."*

Dies bedeutet, dass ein Baugeldgläubiger, der auf der Anspruchsgrundlage des BauFordSiG Geld erhalten würde, diese Beträge in der Insolvenz seines Zahlungsschuldners ohnehin direkt an den Insolvenzverwalter, wenn dieser die Anfechtung erklärt, abführen müsste. Das erhaltene Geld käme dann der Insolvenzmasse zugute. Der Baugeldgläubiger hat nach Auffassung der Richter des BGH daher keinen ersatzfähigen Schaden und er kann seine Forderung zur Insolvenztabelle anmelden. Damit wäre das ganze BauFordSiG obsolet. Indes erfolgt nicht in jedem Fall eine Anfechtung durch den Insolvenzverwalter, so dass sowohl Baugeldgläubiger als auch die in einem Bauunternehmen tätigen Entscheidungsträger dieses BauFordSiG im Auge behalten müssen.

13.12 Strafrechtliche Haftung

Dieses Handbuch wäre unvollständig, würden bei dem Thema Haftung nur die zivilrechtlichen Schadensersatzansprüche basierend auf vertraglichen bzw. vertragsähnlichen und deliktischen Anspruchsgrundlagen behandelt. Dieses Handbuch spricht die Projektleiter – aber auch die Geschäftsführungen und die Entscheidungsträger in den Firmen an und die Handelnden stehen neben ihrer zivilrechtlichen Haftung auch in einer strafrechtlichen Verantwortung für ihr Handeln bzw. Unterlassen.

Nachstehend soll dies anhand eines Fallbeispiels erläutert werden, das insbesondere die Metall verarbeitenden Handwerks- und Industriezweige bereits seit einigen Jahren beschäftigt. Hierbei handelt es sich um das Phänomen der Rissbildung in feuerverzinkten Stahlkonstruktionen.

Beispiel: Haftung für Risse in feuerverzinkten Stahlkonstruktionen

Die Maschinenbaufirma XYZ hat sich von einer Stahlbaufirma eine neue Produktionshalle in feuerverzinkter Stahlkonstruktion errichten lassen. In einem kalten Winter mit viel Niederschlag liegen etliche Zentimeter Schnee auf dem Hallendach. An einem Montagvormittag bricht während weiterer Schneefälle unerwartet bei laufender Produktion in der Halle ein Teil der Dachkonstruktion ein und stürzt auf die darunter an den Maschinen arbeitenden Arbeitnehmer. Einige werden tödlich verletzt, viele werden schwer verletzt. Außerdem werden die Maschinen beschädigt.

Die Ursachenuntersuchung der Staatsanwaltschaft ergibt, dass die Dachbinder in einem Zinkbad verzinkt wurden, welches seinerzeit deutlich erhöhte Zinn-, Blei- und Wismutwerte hatte. Dabei hatten die Profile der Dachbinder bei der Verzinkung von außen nicht erkennbare Risse erhalten. Ausgelöst durch die Schneefälle war die Dachkonstruktion unter der erhöhten Belastung zusammengebrochen. Die Staatsanwaltschaft ermittelt nun.

Im Englischen wird die Problematik unter der Bezeichnung „Liquid Metal Embrittlement" (LME) diskutiert, im Deutschen ist das Phänomen auch unter der Bezeichnung „flüssigmetallinduzierte Spannungsrisskorrosion" bekannt. Das Thema betrifft den Stahlbau, den Anlagenbau, den Fahrzeugbau und auch den Maschinenbau sowie das Metallhandwerk.

Die Problematik der „LME" ist schon seit mehreren Jahrzehnten bekannt und man weiß heute, dass vor allem zu hohe Werte von Zinn (vor allem Zinn), aber auch Blei und Wismut in den Zinkschmelzen dafür ursächlich sind, dass Konstruktionsteile aus Stahl im Moment des Eintauchens in das ca. 450°C warme Zinkbad an bestimmten neuralgischen Stellen Risse bekommen. Nach der Verzinkung sind diese Risse optisch nicht erkennbar, weil sie durch die Zinkschicht verdeckt sind; indes ist die Tragfähigkeit der Konstruktion sehr stark beeinträchtigt und kann im Belastungsfall sogar ganz versagen.

Die Ermittlungen der Staatsanwaltschaft richten sich grundsätzlich gegen alle Personen, die eine Ursache bzw. Mitursache zur Verwirklichung der Straftatbestände und des Unrechtserfolgs gesetzt haben könnten. Es gilt die Doktrin der "Conditio sine qua non" = jedes Handeln bzw. Unterlassen ist mitursächlich, welches nicht hinweggedacht werden kann, ohne dass der konkrete Erfolg entfiele.

Folglich wird die Staatsanwaltschaft ermitteln gegen:

a) den Bauherrn,
b) einen eventuellen Generalunternehmer oder Bauträger,
c) die Stahlbaufirma,

c) die Verzinkerei und
d) den Hersteller der Zinkschmelze.

Ermittelt wird in diesen Kreisen/Firmen gegen jede involvierte Person, die mit der Produktion der Stahlhalle für die Maschinenbaufirma XYZ zu tun hatte; - vom Geschäftsführer, Projektleiter bis ggf. zum jüngsten Auszubildenden. Das gilt auch für die Herstellung der erforderlichen Baustoffe, wenn dazu ein konkreter Anlass besteht.

Bezüglich der strafrechtlichen Haftung der Handelnden kommen folgende Straftatbestände in Frage:

- § 222 StGB Fahrlässige Tötung,
- § 229 StGB Fahrlässige Körperverletzung (Antragsdelikt, § 230 StGB),
- § 319 StGB Baugefährdung.

Bei den ersten beiden Straftatbeständen, §§ 222; 229 StGB, wird ein Täter nur bestraft, wenn er vorsätzlich oder fahrlässig einen strafrechtlichen Erfolg verwirklicht hat; es sind so genannte "Erfolgsdelikte". Ein vorsätzliches Handeln (volles Wissen und Wollen der Tatbestandsmerkmale) kann im vorliegenden Fall ausgeschlossen werden. Aus diesem Grunde scheiden schon gedanklich alle Vorsatzdelikte gegen das Leben bzw. die körperliche Unversehrtheit und auch eine Sachbeschädigung nach § 303 StGB aus (= Vorsatzdelikt, eine fahrlässige Sachbeschädigung ist hingegen nicht strafbar).

Es kommt daher nur fahrlässiges Handeln in Frage. Der Begriff der "Fahrlässigkeit" ist im Strafrecht anders definiert als im Zivilrecht. Fahrlässig im Sinne des Strafrechts handelt, wer einen Straftatbestand verwirklicht, ohne dies zu wollen oder zu erkennen, wenn ihm dies jedoch vorzuwerfen ist.

Bei der Fahrlässigkeit unterscheidet das Strafrecht – und dies ist wichtig für die Strafzumessung – zwischen:

- Bewusster Fahrlässigkeit – sie liegt vor, wenn der Täter zwar erkennt, dass er den Tatbestand möglicherweise verwirklicht, aber pflichtwidrig darauf vertraut, der Erfolg werde schon nicht eintreten („es wird schon gutgehen"); - und

- Unbewusster Fahrlässigkeit – sie liegt bei demjenigen vor, der nicht voraussieht, dass er den Tatbestand verwirklicht, dies aber nach den Umständen und seinen persönlichen Fähigkeiten und Kenntnissen hätte erkennen können und müssen.

Im oben genannten Fallbeispiel kommt – wie häufig bei gravierenden und die Standsicherheit eines Gebäudes gefährdenden Mängeln – vor allem eine Baugefährdung nach § 319 StGB in Betracht. Die Baugefährdung ist ein "Gefährdungsdelikt". Für die Strafbarkeit muss kein strafrechtlicher Erfolg verwirklicht sein; - die reine abstrakte Gefährdung wichtiger Güter, wie Leben, Gesundheit, körperliche Unversehrtheit, fremdes Eigentum, reicht bereits aus, um eine Strafbarkeit zu begründen. Der Straftatbestand der Baugefährdung wird hier nicht etwa durch die verwirklichten Erfolgsdelikte „fahrlässige Tötung" und „fahrlässige Körperverletzung" verdrängt, sondern steht neben diesen Erfolgsdelikten, wobei der Straftatbestand der „Baugefährdung" nach § 319 StGB schon erfüllt sein kann, wenn noch gar nichts passiert ist. Für § 319 StGB reicht der abstrakte Gefährdungszustand aus, der von einer baulichen Anlage ausgeht, bei deren Errichtung die allgemein anerkannten Regeln der Technik und Baukunst missachtet wurden.

Vorstehend wurde erwähnt, dass der Grad der strafrechtlichen Fahrlässigkeit – ob also bewusste oder unbewusste Fahrlässigkeit im konkreten Einzelfall und speziell bei eben diesem Täter anzunehmen ist – Auswirkungen auf die Strafzumessung hat. Die Staatsanwaltschaft wird also dahingehend ermitteln, welche Personen von der Schädlichkeit die hier eingesetzten Zinkschmelze wussten.

Das generelle Schadensrisiko bei der Feuerverzinkung - auch mit unkritischen Schmelzen - ist in Fachkreisen bereits seit vielen Jahren bekannt. Allerdings liegt das Schadensrisiko im Bereich von 0,05 bis 0,5 % aller Fälle. Es stellt sich die Frage, ob ein Gericht im Schadensfall vor diesem Hintergrund die Verwendung einer neuen und bisher noch nicht verwendeten Zinkschmelze in einer Verzinkerei ohne vorherige Tests als fahrlässige Schadensverursachung ansehen würde.

In vielen Fällen wird bei einer kritischen Zinkschmelzen - das Risiko liegt laut Aussagen von Fachleuten bei 80 % und höher - die zur Verzinkung gegebene Konstruktion beschädigt bzw. zerstört. Dabei ist die Beantwortung der Kernfrage entscheidend, ob die Verzinkerei von der Schädlichkeit ihrer Zinkschmelze bzw. ihres Handelns wusste oder nicht?

Beispiel: Erster von einem Gericht zur LME (*Liquid Metal Embrittlement*) entschiedener Fall: LG Ellwangen, Urt. v. 29.5.2006, Az. 10 O 163/03; das Gericht hat die zivilrechtliche Schadensersatzforderung des Geschädigten aus § 280 BGB abgewiesen mit der Begründung, dass ein schuldhaftes, d.h. vorsätzliches oder fahrlässiges Verhalten des Lieferanten – ausweislich der Feststellungen des Sachverständigen – nicht vorlag, weil das fragliche Schadensbild in der gesamten Branche nicht bzw. nicht ausreichend bekannt war, - wie der Sachverständige meinte.

Dieser Fall und die Entscheidung des LG Ellwangen sind jedoch völlig untypisch und können nicht als Präzedenzfall zur LME angesehen werden; denn hätte der vom Gericht beauftragte Sachverständige in der Branche nicht nach LME „Liquid Metal Embrittlement"(womit niemand etwas anzufangen wusste), sondern nach „flüssigmetallinduzierter Spannungsrisskorrosion" gefragt, hätte er zur Antwort erhalten, dass das Phänomen der Rissbildung bei feuerverzinkten Stahlkonstruktionen bereits seit den 1930er Jahren bekannt ist.

Letztlich kommt es bei den betreffenden Personen darauf an, ob

a) beim Hersteller der Zinkschmelze den Verantwortlichen im Sinne einer bewussten Fahrlässigkeit bzw. unbewussten Fahrlässigkeit bewusst oder sogar bekannt war, dass das Rissrisiko bei einer solchen Zusammensetzung mit entsprechenden Anteilen an Zinn etc. derart hoch ist, dass der Verzinkungsprozess mit einer Wahrscheinlichkeit von bis zu 80 % schädigende Auswirkungen auf die Stabilität der Bauteile aus Stahl hat,

b) bei der Verzinkerei derartige Kenntnisse oder auch schon Vermutungen vorlagen, dass ein entsprechend hoher Zinnanteil in der Zinkschmelze zwar die erforderliche Betriebstemperatur verringert (wirtschaftlicher Aspekt) und die Ausbildung besonders schöner Verzinkungsblumen hervorbringt (ästhetischer Aspekt), jedoch die Wahrscheinlichkeit einer Rissbildung in den Stahlbauteilen gewaltig von 0,05 % aller Fälle auf 80 % hochschnellen lässt,

c) beim Stahlbauunternehmen es eventuell unterlassen wurde, nach der genauen chemischen Zusammensetzung des Korrosionsschutzes durch Feuerverzinkung (Zinkschmelze) nachzufragen und stichprobenartige Test an den verzinkten Bauteilen vorzunehmen (auch hier spielt das Thema der „Materialeingangskontrolle" durch Bearbeitung bei einem Subunternehmer eine Rolle),

d) bei den übrigen am Bau Beteiligten (Bauherr, Generalunternehmer, projektbegleitende Ingenieure) bewusst oder unbewusst Informationen oder Vermutungen über die Risiken bei feuerverzinkten Stahlkonstruktionen vorlagen.

Danach richten sich die strafrechtliche Vorwerfbarkeit einer Tat und die Höhe des Strafmaßes.

14 Fremdpersonaleinsatz und Haftungsfragen (Lamberty)

14.1 Einleitung

Ein Auftragnehmer kann einen Auftrag entweder klassisch mit eigenem Personal abarbeiten oder er bedient sich fremden Personals. Je nach vertraglicher und tatsächlicher Ausgestaltung des Personaleinsatzes handelt es sich um eine Arbeitsgemeinschaft, eine Arbeitnehmerüberlassung, einen Nachunternehmer- bzw. Dienstleistereinsatz oder um die Überlassung von (Spezial-)Maschinen mit Bedienpersonal. Die Einsatzformen unterliegen jeweils eigenständigen Voraussetzungen und weitreichenden, zum Teil verschuldensunabhängigen Haftungsregelungen. Zudem sind die Grenzen zum illegalen Personaleinsatz im Einzelfall von Teilaspekten abhängig und damit nahezu fließend.

Nachdem der Fremdpersonaleinsatz in der Wirtschaft seit Jahrzehnten der Regelfall ist und diese Entwicklung nicht vor Großprojekten halt macht, sondern auch den vielfach handwerklich geprägten Mittelstand umfasst, findet sich nahezu jeder Auftragnehmer auch in der Rolle des - potentiell haftenden – „Hauptunternehmers" wieder. Für den Auftragnehmer stellt sich damit in nahezu jedem Projekt die Frage des korrekten, das Haftungsrisiko möglichst ausschließenden Umgangs mit dem Thema Fremdpersonaleinsatz. Die nachfolgende Darstellung geht aus Sicht des „Hauptunternehmers" auf die zentralen Personaleinsatzformen und die damit verbundenen Risiken ein.

14.2 Einsatzes von Leiharbeitnehmern - Arbeitnehmerüberlassung

Die Arbeitnehmerüberlassung ist durch das Arbeitnehmerüberlassungsgesetz (AÜG) umfassend geregelt. Arbeitnehmerüberlassung liegt vor, wenn ein Arbeitgeber (= Verleiher, Stammbetrieb) einem Dritten (= Entleiher, Einsatzbetrieb) gewerbsmäßig gegen entsprechende Vergütung seine Arbeitskräfte (= Leiharbeitnehmer) vorübergehend zum Zweck der Arbeitsleistung zur Verfügung stellt, § 1 Abs.1 S.1 AÜG. Der Entleiher setzt die Leiharbeitnehmer nach seinen Vorstellungen und Zielen wie seine eigenen Arbeitnehmer ein, d.h. diese sind in die betrieblichen Abläufe eingegliedert und führen ihre Arbeit allein nach Weisung des Entleihers aus, § 1 Abs.1 S.2 AÜG. Der Leiharbeitnehmer wird im Interesse des Entleiherbetriebes tätig.

14.2.1 Erlaubnispflicht und Sonderfälle privilegierter Arbeitnehmerüberlassung

14.2.1.1 Grundsatz der erlaubnispflichtigen Arbeitnehmerüberlassung

Das AÜG definiert den Rechtscharakter der gewerbsmäßigen Arbeitnehmerüberlassung als grundsätzliches Verbot mit Erlaubnisvorbehalt, d.h. die gewerbsmäßige Arbeitnehmerüberlassung bedarf grundsätzlich einer

Verleiherlaubnis. Hiervon ausgenommen sind lediglich die im Gesetz benannten Fälle privilegierter Arbeitnehmerüberlassung, dazu sogleich unter Ziffer 14.2.1.2 und der Sonderfall der anzeigepflichtigen Arbeitnehmerüberlassung, dazu unter Ziffer 14.2.1.2.6.

Die Erlaubnis zur Arbeitnehmerüberlassung wird auf Antrag von der für den Betriebssitz des Verleiherbetriebes zuständigen Regionaldirektion der Agentur für Arbeit erteilt. Es besteht ein Rechtsanspruch auf die Erteilung einer Verleiherlaubnis soweit keiner der im Gesetz benannten Versagensgründe vorliegt, §§ 2 u. 3 AÜG. Die Verleiherlaubnis wird zunächst für ein Jahr erteilt. Sie kann unbefristet erteilt werden, wenn der Verleiher drei aufeinanderfolgende Jahre lang als Verleihbetrieb erlaubt tätig war. Derzeit fallen für die Erteilung oder Verlängerung einer befristeten Erlaubnis Gebühren in Höhe von 1.000,- EUR, für die Erteilung einer unbefristeten Erlaubnis Gebühren in Höhe von 2.500,- EUR an.

Verfügt der Verleiher nicht über die erforderliche Erlaubnis, wird das Arbeitsverhältnis zum Leiharbeitnehmer unwirksam, § 9 Abs.1 Nr.1 AÜG. Zwischen Leiharbeitnehmer und Entleiherbetrieb wird ein Arbeitsverhältnis fingiert, § 10 AÜG. Der Entleiher tritt damit gegenüber dem Leiharbeitnehmer vollständig in die Arbeitgeberpflichten ein.

14.2.1.2 Sonderfälle privilegierter Arbeitnehmerüberlassung

14.2.1.2.1 Abordnung zur Arbeitsgemeinschaft

Die Abordnung von Arbeitnehmern zu einer zur Herstellung eines Werkes (= Durchführung eines Auftrages) gebildeten Arbeitsgemeinschaft ist gem. § 1 Abs.1a AÜG keine Arbeitnehmerüberlassung, wenn der Arbeitgeber (=Verleiher) Mitglied der Arbeitsgemeinschaft ist und für alle Mitglieder der Arbeitsgemeinschaft Tarifverträge desselben Wirtschaftszweiges gelten und alle Mitglieder der Arbeitsgemeinschaft aufgrund des Gesellschaftsvertrages zur selbstständigen Erbringung von Vertragsleistungen verpflichtet sind. Zwar erfolgt die Abordnung von Arbeitnehmern zu einer Arbeitsgemeinschaft aus dem bestehenden Stammarbeitsverhältnis heraus und stellt damit nach allgemeinen Grundsätzen dogmatisch eine Arbeitnehmerüberlassung dar. Aufgrund der in § 1 Abs.1a S.1 AÜG geregelten gesetzlichen Fiktion wird die Überlassung jedoch - bei Vorliegen der oben genannten Voraussetzungen - nicht als Arbeitnehmerüberlassung im Sinne des AÜG angesehen.

Beispiel: A, B und C haben als ARGE einen größeren Bau-Auftrag übernommen. Jeder Gesellschafter hat einen Teil der Gesamtleistung auszuführen. Die von A, B und C der ARGE beigestellten Arbeiter bleiben bei ihrem jeweiligen Arbeitgeber beschäftigt, erhalten jedoch die Anweisung zur konkreten Arbeitsleistung von der ARGE.

Es handelt sich um Arbeitnehmerüberlassung, die jedoch gem. § 1 Abs.1a S.1 AÜG nicht dem AÜG unterfällt.

Zu weiteren Aspekten der Arbeitsgemeinschaft, insbes. zu Sonderregelungen für das Bauhauptgewerbe vgl. die Ausführungen unter Ziffer 14.5.

14.2.1.2.2 Vermeidung von Kurzarbeit und Entlassungen

Das AÜG ist nicht anwendbar auf die Arbeitnehmerüberlassung zwischen Arbeitgebern desselben Wirtschaftszweiges zur Vermeidung von Kurzarbeit oder Entlassungen, wenn ein für den Entleiher und den Verleiher geltender Tarifvertrag dies vorsieht, § 1 Abs.3 Nr.1 AÜG. Voraussetzung der Privilegierung ist, dass sowohl der Verleiher als auch der Entleiher derselben Branche angehören und die Überlassung von Arbeitnehmern zur Vermeidung von Entlassungen oder Kurzarbeit ausdrücklich in dem betreffenden Tarifvertrag der Branche vorgesehen ist. In der Metall- und Elektroindustrie sowie im Metallhandwerk und dem Bauhauptgewerbe gibt es soweit ersichtlich aktuell keine entsprechenden tarifvertraglichen Regelungen.

14.2.1.2.3 Abordnung in Konzernunternehmen

Im Falle der Arbeitnehmerüberlassung zwischen Konzernunternehmen im Sinne des § 18 Aktiengesetzes (AktG) gelten die Vorgaben des AÜG nicht, soweit der Arbeitnehmer nicht zum Zweck der Überlassung eingestellt und beschäftigt wird, § 1 Abs.3 Nr.2 AÜG.

Eine Berechtigung zur Überlassung im Arbeitsvertrag ist unproblematisch soweit der tatsächliche, regelmäßige Beschäftigungszweck nicht die Tätigkeit unter dem Weisungsrecht eines Dritten (= Entleiher) beinhaltet. Konzerninterne Personalführungsgesellschaften fallen nicht unter die Ausnahmebestimmung.

14.2.1.2.4 Gelegentliche Überlassung

Die Kernvorschriften des AÜG gelten weiter nicht zwischen Arbeitgebern, wenn die Überlassung nur gelegentlich erfolgt und der Arbeitnehmer nicht zum Zweck der Überlassung eingestellt und beschäftigt ist, § 1 Abs.3 Nr.2a AÜG.

Die Überlassung darf aus Sicht des Verleihers nur gelegentlich erfolgen, d.h. aufgrund eines seltenen, vorübergehenden und nicht geplanten betrieblichen Erfordernisses im Betrieb des Verleihers.

14.2.1.2.5 Abordnung in deutsch-ausländisches Gemeinschaftsunternehmen

Das AÜG ist nicht anwendbar auf die Arbeitnehmerüberlassung in das Ausland, wenn der Leiharbeitnehmer in ein auf der Grundlage zwischenstaatlicher Vereinbarungen begründetes deutsch-ausländisches Gemeinschaftsunternehmen verliehen wird, an dem der Verleiher beteiligt ist, § 1 Abs.3 Nr.3 AÜG. Die Ausnahmevorschrift findet nur Anwendung beim Verleih von Arbeitnehmern vom Inland in das Ausland, umgekehrt unterliegt der Verleih allen Bestimmungen des AÜG.

14.2.1.2.6 Anzeigepflichtige Arbeitnehmerüberlassung, sog. Kollegenhilfe

Einer bloßen Anzeige - und damit keiner Erlaubnis - bedarf ein Arbeitgeber (= Verleiher) mit weniger als 50 Beschäftigten, der zur Vermeidung von Kurzarbeit oder Entlassungen Arbeitnehmer, die nicht zum Zwecke der Überlassung eingestellt oder beschäftigt werden, bis zur Dauer von 12 Monaten an andere Arbeitgeber (= Entleiher) überlässt.

Die schriftliche Anzeige ist vom Verleiher, möglichst unter Verwendung des von der Bundesagentur für Arbeit bereitgestellten Vordrucks, abzugeben. Zur Fristwahrung genügt eine Übersendung der Anzeige vor dem Beginn der Überlassung mittels Telefax, wenn anschließend das Original-Schriftstück auf dem Postweg nachgereicht wird. Eine Anzeige per E-Mail ist nicht ausreichend. Je nach Betriebssitz des Verleihbetriebs sind die Agenturen für Arbeit in Düsseldorf, Kiel und Nürnberg örtlich für die Entgegennahme und Prüfung der Anzeige zuständig, wobei zur Fristwahrung ausreichend ist, wenn die Anzeige rechtzeitig bei irgendeiner Dienststelle der Bundesagentur für Arbeit eingeht.

Der Anwendungsbereich der anzeigepflichtigen Arbeitnehmerüberlassung ist auf Betriebe mit weniger als 50 Arbeitnehmer beschränkt. Hierzu zählen alle beim Verleiher beschäftigten gewerblichen Arbeitnehmer, Angestellten und Auszubildenden, unabhängig ob diese befristet oder in Teilzeit beschäftigt sind. Auch geringfügig Beschäftigte, sog. Minijobber sind zu berücksichtigen. Die Betriebsgröße des Entleihbetriebes ist unerheblich.

Der Verleiher hat darzulegen, dass die Arbeitnehmerüberlassung zur Vermeidung von Kurzarbeit oder Entlassungen dient. Erforderlich ist eine kurze Schilderung der betrieblichen Situation, die ohne die beabsichtigte Arbeitnehmerüberlassung zu Kurzarbeit oder Entlassungen führen würde. Folgende Situationen kommen in Betracht (nicht abschließende, beispielhafte Aufzählung):
- Überkapazität an Arbeitskräften im Verhältnis zum vorhandenen Arbeitsvolumen,
- vorübergehende Auftragslücke,
- Arbeitsausfall aufgrund des Wegfalls eines Auftrages,
- Verzögerung/Unterbrechung einer geplanten Maßnahme,
- Ausbleiben eines in Aussicht gestellten Folgeauftrages,
- Verzögerung einer Ausschreibung/Auftragsvergabe/des Baubeginns,
- Auftragsmangel/Umsatzrückgang, der zum Wegfall des Arbeitsplatzes führt.

14.2.2 Höchstüberlassungsdauer

Nachdem mit Einführung des AÜG die maximale Überlassungsdauer von Leiharbeitnehmern auf 3 Monate befristet und nach mehrfacher Anpassung des Gesetzes zwischenzeitlich eine zeitlich weitgehend unbestimmte Dauer der Arbeitnehmerüberlassung zulässig war, darf seit dem 1. April 2017 die „vorübergehende" Arbeitnehmerüberlassung nun maximal 18 Monate betragen, § 1 Abs.1b AÜG. Tarifvertraglich bzw. aufgrund einer tarifvertraglichen Öffnungsklausel durch Betriebsvereinbarung ist eine, ggf. auch deutlich über 24 Monate hinausgehende Erhöhung der Höchstüberlassungsdauer möglich, sodass künftig Sonderregelungen der Einsatzbranche und die Frage ihrer Anwendbarkeit auf den konkreten Entleiherbetrieb zu beachten sind.

Für den Bereich des Bauhauptgewerbes besteht weder eine von der gesetzlichen Vorgabe von 18 Monaten abweichende tarifvertragliche Regelung noch eine tarifvertragliche Öffnungsklausel für den Abschluss abweichender Betriebsvereinbarungen. Zu beachten ist jedoch im Falle einer lediglich anzeigepflichtigen Arbeitnehmerüberlassung, vgl. hierzu die Ausführungen unter Ziffer 14.2.1.2.6, die zwingend vorgegebene Höchstüberlassungsdauer von 12 Monaten in § 1a Abs.1 AÜG.

Bei der Berechnung der neuen Überlassungshöchstdauer werden Überlassungszeiten vor dem 1. April 2017 nicht berücksichtigt, § 19 Abs.2 AÜG. Unklar ist derzeit die Frage der Berechnung der Überlassungshöchstdauer. Je nach rechtlicher Grundlage - streitig ist, ob die Frist gemäß §§ 186; 188 Abs.2 u. 3 BGB endet oder § 191 BGB heranzuziehen ist - würde die Überlassungshöchstdauer bei einem Fristbeginn am 1. April 2017 erstmals am 23. September 2018 (191 BGB), nach anderer, wohl zutreffender Auffassung am 1. Oktober 2018 (§§ 186; 188 Abs.2 u. 3 BGB) überschritten werden. Gleichwohl kann nach derzeitigem Stand unter Sicherheitsaspekten, vgl. zu den bei einer Fristüberschreitung eingreifenden Sanktionen die nachfolgenden Ausführungen, nur die Berücksichtigung der kürzeren Frist empfohlen werden. Ist die Überlassungshöchstdauer für den konkreten Arbeitnehmer ausgeschöpft, darf er beim selben Entleiher erst wieder 3 Monate und einen Tag nach dem letzten dortigen Einsatz als Leiharbeitnehmer tätig werden. Der zwischenzeitliche Einsatz eines anderen Leiharbeitnehmers auf dem gleichen Arbeitsplatz ist jedoch möglich.

Künftig lassen Unterbrechungen der Überlassung von mehr als 3 Monaten die Frist der Überlassungshöchstdauer neu beginnen, kürzere Zeiträume werden vollständig angerechnet. Unklar ist derzeit, ob jede tatsächliche Unterbrechung der Tätigkeit im Entleihbetrieb als Unterbrechung i.S.d. § 1 Abs.1b S.2 AÜG zu werten ist, beispielsweise Urlaub, Krankheit oder vorübergehender Abzug des Leiharbeitnehmers durch den Verleiher oder aber eine Unterbrechung erst bei Beendigung des Arbeitnehmerüberlassungsvertrages und dem Abzug des Leiharbeitnehmers vorliegt. Das Gesetz stellt auf den jeweiligen „Einsatz" ab, so dass wohl auf die tatsächliche Unterbrechung der Tätigkeit abzustellen ist. Die Beendigung des Arbeitnehmerüberlassungsvertrages als Voraussetzung einer relevanten Unterbrechung stellt eine in der Anwendungspraxis wenig praktikable, auf Zufällen beruhende und nicht mit dem Schutzgedanken der gesetzlichen Regelung zu vereinbarende Vorgabe dar. Gleichwohl kann nach derzeitigem Stand unter Sicherheitsaspekten, vgl. zu den bei einer fehlerhaft berechneten Unterbrechungszeit eingreifenden Sanktionen die nachfolgenden Ausführungen, nur die formelle Betrachtung empfohlen werden. Relevante Unterbrechungszeiten sind damit aktuell nur bei Beendigung des Arbeitnehmerüberlassungsvertrages und dem darauf beruhenden Abzug des Leiharbeitnehmers zu berücksichtigen.

Mit dem Überschreiten der zulässigen Überlassungshöchstdauer wird der Arbeitsvertrag zwischen dem Leiharbeitnehmer und dem Verleiher unwirksam. Die Unwirksamkeit tritt im Zeitpunkt des Überschreitens der Überlassungshöchstdauer ein, d.h. ab dem 1. Tag nach dem 18. Einsatzmonat. Entsprechendes gilt im Falle einer darüber hinausgehenden tarifvertraglichen Überlassungshöchstdauer. Gleichzeitig fingiert das Gesetz ein Arbeitsverhältnis zum Entleiher, § 9 Abs.1 Nr.1b AÜG. Der Entleiher tritt damit gegenüber dem Leiharbeitnehmer vollständig in die Arbeitgeberpflichten ein. Das Überschreiten der Überlassungshöchstdauer ist zudem für den Verleiher bußgeldbewehrt, § 16 Abs.1 Nr.1e AÜG.

14.2.3 Equal Treatment - Gleichstellungsgrundsatz

Der Verleiher ist grundsätzlich verpflichtet, dem Leiharbeitnehmer für die Zeit der Überlassung die im Betrieb des Entleihers für vergleichbare Arbeitnehmer geltenden Arbeitsbedingungen einschließlich des Arbeitsentgelts zu gewähren (Equal-Pay- bzw. Equal-Treatment-Grundsatz). Der Gesetzesbegründung ist zu entnehmen, dass das Arbeitsentgelt im Sinne des Gesetzes alles umfasst, was der Leiharbeitnehmer erhalten hätte, wenn er für die gleiche Tätigkeit beim Entleiher als Arbeitnehmer eingestellt worden wäre. Abzustellen ist damit auf die in den Lohnabrechnungen vergleichbarer Stammarbeitnehmer ausgewiesenen Vergütungsbestandteile, insbesondere auch Zulagen und Zuschläge, Sonderzahlungen, etc.. Erhält der Leiharbeitnehmer das für einen vergleichbaren Arbeitnehmer des Entleihers geschuldete tarifliche Entgelt bzw. ein für vergleichbare Arbeitnehmer in der Einsatzbranche geltenden tarifvertragliche Entgelt, wird die Beachtung des Gleichstellungsgrundsatzes vermutet, § 8 Abs.1 AÜG.

Das Gesetz sieht vor, dass aufgrund spezieller tarifvertraglicher Regelungen für die ersten 9 Monate vom Gleichbehandlungsgrundsatz abgewichen werden kann, § 8 Abs.2 bis 3 AÜG. Unter der Voraussetzung einer tarifvertraglich geregelten, sukzessiven Heranführung an das vom Entleiher gezahlte bzw. in der Branche geltende Arbeitsentgelt ist eine Abweichung vom Gleichbehandlungsgrundsatz bis zu 15 Monate möglich, § 8 Abs.4 AÜG. Hinsichtlich der Fristberechnung gelten die Ausführungen unter Ziffer 14.2.2.

Für eine Vielzahl von Branchen, so auch für den Bereich des Bauhauptgewerbes kann damit hinsichtlich des Equal-Pay-Grundsatzes nicht schematisch auf die Lohngruppen des allgemeinverbindlichen Mindestlohntarifvertrages verwiesen werden. Es bedarf vielmehr im Einzelfall der Ermittlung des Entgeltgefüges im Entleihbetrieb.

Beispiel: Ein tarifungebundener Baubetrieb verleiht - unter den Voraussetzungen des § 1b AÜG - einen Arbeitnehmer an einen den Tarifvertrag Lohn/West vom 10.6.2016 beachtenden Baubetrieb.

Der Leiharbeitnehmer ist nach diesen Tarifbedingungen - entsprechend einem vergleichbaren Arbeitnehmer im Entleihbetrieb - zu entlohnen.

14.2.4 Verbot des Einsatzes als Streikbrecher

Dem Entleiher ist es untersagt, die Arbeitsleistung eines Leiharbeitnehmers entgegenzunehmen, soweit sein Betrieb unmittelbar vom Arbeitskampf betroffen ist. Der Entleiher kann jedoch auch während des Arbeitskampfs entliehene Arbeitskräfte einsetzen und tätig werden lassen, sofern diese nicht die Arbeitsleistung unmittelbar oder mittelbar vom Arbeitskampf betroffener Arbeitnehmer des Entleiherbetriebes erledigen, § 11 Abs.5 AÜG. Das Verbot des Einsatzes von Leiharbeitnehmern im Arbeitskampf betrifft nur den Fall, dass Leiharbeitnehmer Tätigkeiten übernehmen, die unmittelbar vom Arbeitskampf betroffene Arbeitnehmer vor Beginn des Arbeitskampfs ausgeübt haben bzw. die diese in Vertretung eines im Arbeitskampf befindlichen Kollegen übernommen haben. Bereits im Betrieb tätige

Leiharbeitnehmer übernehmen diese Tätigkeit regelmäßig nicht, da sie „eigene", Ihnen bereits vor dem Arbeitskampf zugewiesene Tätigkeiten ausüben.

Soweit der Entleiher durch einen Arbeitskampf unmittelbar betroffen ist, steht dem Leiharbeitnehmer ein Leistungsverweigerungsrecht zu. Der Verleiher trägt insoweit das Vergütungsrisiko.

14.2.5 Gesetzliche Vorgaben an den Inhalt des Überlassungsvertrages

Der zwischen dem Verleiher und Entleiher geschlossene Arbeitnehmerüberlassungsvertrag verpflichtet den Verleiher, dem Entleiher vorübergehend geeignete <u>eigene</u> Arbeitnehmer zur Arbeitsleistung beizustellen. Er unterliegt der Schriftform, § 12 Abs.1 S.1 AÜG.

Verleiher und Entleiher haben die Überlassung von Leiharbeitnehmern in Ihrem Überlassungsvertrag ausdrücklich als Arbeitnehmerüberlassung zu bezeichnen, bevor sie den Arbeitnehmer überlassen oder tätig werden lassen. Zudem ist die Person des Leiharbeitnehmers unter Bezugnahme auf den Vertrag zu konkretisieren, § 1 Abs.1 S.5 u. 6 AÜG. Wird der Arbeitnehmerüberlassungsvertrag als Rahmenvertrag geschlossen, muss hinsichtlich jedes einzelnen Einsatzes die Person des Leiharbeitnehmers unter Bezugnahme auf den Arbeitnehmerüberlassungsvertrag vor der Überlassung konkretisiert werden. Ein Verstoß gegen die Konkretisierungs- und die Bezeichnungspflicht hat die Unwirksamkeit des Arbeitsvertrages zwischen Verleiher und Leiharbeitnehmer gemäß § 9 Abs.1 Nr.1a AÜG zur Folge. Nach § 10 Abs.1 AÜG wird dann ein Arbeitsverhältnis zum Entleiherbetrieb fingiert. Damit soll letztlich der „Vorratsüberlassungserlaubnis" bei Scheinwerkverträgen begegnet werden, d.h. die bisher angesichts der im Einzelfall schwierigen Abgrenzung von Dienst- oder Werkverträgen zur Arbeitnehmerüberlassung empfohlene Vorgehensweise, vorsorglich bei Abschluss eines Dienst- oder Werkvertrages auch eine Erlaubnis zur Arbeitnehmerüberlassung vorzuhalten, um damit ggf. der gesetzlichen Fiktion eines Arbeitsverhältnisses zwischen Leiharbeitnehmer und Entleiher zu entgehen, ist künftig wirkungslos.

Die fehlende, nicht korrekte oder nicht rechtzeitige Bezeichnung und die fehlende, nicht korrekte oder nicht rechtzeitige Konkretisierung stehen unter Androhung eines Ordnungsgeldes nach § 16 Abs.1 Nr.1c und 1d AÜG.

Während der Überlassungszeit bleibt der Arbeitnehmer arbeitsrechtlich Mitarbeiter des Verleihers, d.h. diesem obliegen weiterhin sämtliche Arbeitgeberpflichten nach dem Arbeits-, Steuer- und Sozialversicherungsrecht. Leiharbeitnehmer dürfen nur von ihrem vertraglichen Arbeitgeber verliehen werden, d.h. ein Ketten-, Zwischen- oder Weiterverleih ist unzulässig. Der Verleiher hat den Leiharbeitnehmer vor jeder Überlassung darüber zu informieren, dass er als Leiharbeitnehmer tätig wird, § 11 Abs.2 S.4 AÜG. Der Entleiher erhält durch den Überlassungsvertrag das Recht, den Arbeitnehmer fachlich anzuweisen sowie Zeit, Dauer, Art und Ort der Arbeitsausführung vorzugeben (Direktionsrecht). Der Leiharbeitnehmer wird somit im Interesse des Entleiherbetriebes tätig.

14.2.6 Verbot der Arbeitnehmerüberlassung in das Baugewerbe

§ 1b S.1 AÜG beinhaltet ein Verbot der Arbeitnehmerüberlassung in Betriebe des Baugewerbes. Das Verbot ist beschränkt auf Tätigkeiten des Leiharbeitnehmers, die üblicherweise von Arbeitern verrichtet werden, d.h. sog. gewerbliche Tätigkeiten (Maurer, Straßenbauer, Einschaler). Nicht verboten ist es daher, Arbeitskräfte für Arbeiten zu überlassen, die üblicherweise von Angestellten erledigt werden (Bauleiter, kaufmännische Angestellte).

Gleichzeitig hat der Gesetzgeber das Bedürfnis erkannt, zumindest zwischen Betrieben des Baugewerbes die Überlassung von gewerblichen Mitarbeitern zu ermöglichen, um so die Flexibilität der Betriebe zu gewährleisten. Das Gesetz gestattet daher in § 1b S.2 AÜG die Arbeitnehmerüberlassung zwischen Betrieben des Baugewerbes, wenn der verleihende Betrieb nachweislich seit mindestens drei Jahren von denselben Rahmen- und Sozialkassentarifverträgen oder von deren Allgemeinverbindlichkeit erfasst wird.

Die Vertragspartner des Verleihvertrages müssen als Betriebe des Baugewerbes am Markt tätig sein. § 101 Abs.2 SGB III definiert den Betrieb des Baugewerbes als ein Betrieb, der gewerblich überwiegend Bauleistungen auf dem Baumarkt erbringt. Bauleistungen sind alle Leistungen, die der Herstellung, Instandsetzung, Instandhaltung, Änderung oder Beseitigung von Bauwerken dienen. Erbringt ein Betrieb Bauleistungen auf dem Baumarkt, wird (widerleglich) vermutet, dass er ein Betrieb des Baugewerbes im vorgenannten Sinne ist, § 101 Abs. 3 SGB III. Baubetriebe im vorgenannten Sinne unterliegen der Winterbauförderung nach der Baubetriebe-Verordnung, sodass nach § 1 Baubetriebe-Verordnung ausschließlich Betriebe des Bauhauptgewerbes, des Gerüstbauerhandwerks, des Dachdeckerhandwerks und des Garten- und Landschaftsbaues den Einschränkungen des § 1b AÜG unterliegen.

Eine Arbeitnehmerüberlassung ist zudem nur innerhalb des jeweiligen Gewerks zulässig.

Beispiel: Ein Gerüstbaubetrieb überlässt Arbeitnehmer an einen Kollegenbetrieb, der ebenfalls Gerüstbau betreibt.

Die Überlassung ist grundsätzlich möglich.

Beispiel: Ein Garten- und Landschaftsbaubetrieb überlässt einem Dachdecker für Hilfstätigkeiten zwei Mitarbeiter.

Die Überlassung erfolgt an einen nicht dem eigenen Gewerk zugehörigen Betrieb und ist damit unzulässig.

Der Verleihbetrieb muss zudem seit mindestens drei Jahren als Betrieb des Baugewerbes tätig sein. Der Nachweis kann u.a. durch Vorlage einer Bestätigung der SOKA-BAU erfolgen. Die Dauer der Geschäftstätigkeit des Entleihbetriebes ist unerheblich.

Über die vorgenannten Voraussetzungen hinaus sind im Einzelfall die weitergehenden Voraussetzungen einer anzeigepflichtigen Arbeitnehmerüberlassung bzw. einer erlaubnispflichtigen Arbeitnehmerüberlassung zu beachten, vgl. die Ausführungen unter Ziffer 14.2.1.1 und Ziffer 14.2.1.2.6.

14.3 Einsatz von Nachunternehmern

14.3.1 Werkvertrag

Der Einsatz von Fremdarbeitskräften ist arbeitsmarktpolitisch unproblematisch, wenn diese als Arbeitnehmer eines Nachunternehmers auf der Grundlage eines zwischen Besteller und Nachunternehmer geschlossenen Werkvertrages tätig werden. Im Gegensatz zur Arbeitnehmerüberlassung, bei der der Leiharbeitnehmer den Weisungen des Entleihers unterliegt und in dessen Betrieb eingegliedert ist, schuldet der Unternehmer beim Werkvertrag ein abgrenzbares, konkret festgelegtes Werk. Die Leistung des Werkunternehmers ist erfolgsbezogen, die von ihm eingesetzten Arbeitnehmer führen die Arbeit ausschließlich im Interesse Ihres Arbeitgebers, des Werkunternehmers aus.

Für einen Werkvertrag sind folgende Merkmale charakteristisch:

- vertragliche Vereinbarung eines konkreten Werkerfolges, d.h. Festlegung einer abgrenzbaren, dem Werkunternehmer als eigene Leistung zurechenbaren und abnahmefähigen Leistung,

- Pflicht zur mangelfreien Herstellung des versprochenen Werkes, Übernahme der Gewährleistungspflicht, d.h. Haftung und Einstehen für den versprochenen Erfolg, die Qualität und Funktionsfähigkeit der Leistung,

- eigenverantwortliche Organisation aller sich aus der werkvertraglichen Verpflichtungen ergebender Handlungen durch den Werkunternehmer, sog. unternehmerische Dispositionsfreiheit, auch in zeitlicher Hinsicht,

- grundsätzlich keine Einflussnahme des Bestellers auf Anzahl und Qualifikation der vom Werkunternehmer eingesetzten Arbeitnehmer, in der Regel Verwendung eigener Arbeitsmittel und eigenen Materials,

- Weisungsrecht des Werkunternehmers gegenüber seinen Arbeitnehmern, keine Eingliederung in die Arbeitsabläufe oder in den Produktionsprozess des Bestellers,

- in der Regel ergebnisbezogene Vergütung, keine Abrechnung nach Zeiteinheiten.

Wird der Werkvertrag jedoch nur als Vorwand genutzt, um die Anforderungen und Grenzen des AÜG zu umgehen, so etwa im Hinblick auf die Überlassungshöchstdauer, den Gleichbehandlungsgrundsatz oder um das im Baugewerbe bestehende Verbot der Arbeitnehmerüberlassung zu meiden, handelt es sich um einen sog. Schein-Werkvertrag. Ein solcher „unechter" Nachunternehmereinsatz stellt regelmäßig eine illegale Arbeitnehmerüberlassung dar. Diese ist bußgeldbewehrt und führt aufgrund gesetzlicher Fiktion zum Entstehen eines Arbeitsverhältnisses zwischen dem Besteller der „Werkleistung" und dem tätigen Arbeitnehmer, §§ 9; 10 AÜG.

Für einen Schein-Werkvertrag sprechen folgende Indizien:

- der „Werkunternehmer" (Verleiher) übt keine Aufsicht über seine Arbeitskräfte aus und erteilt keine Weisungen durch eigene Vorarbeiter, Weisungen gegenüber den Arbeitskräften erfolgen durch den Besteller (Entleiher),
- der konkrete Inhalt (genaue auszuführende Tätigkeit und/oder Tätigkeitsort) der vertraglichen Leistung wird erst durch eine (An-)Weisung des Bestellers bestimmt,
- die Arbeiten werden (teilweise) gemeinschaftlich mit Beschäftigten des Bestellers (Entleiher) durchgeführt,
- Arbeitsgeräte und Arbeitsmaterialien werden vom Besteller (Entleiher) zur Verfügung gestellt,
- eine Haftung für mangelhafte Leistungen und Gewährleistungsansprüche sind nicht geregelt, eine Abnahme findet nicht statt,
- der Besteller (Entleiher) legt fest, welche Qualifikation die Arbeitskräfte haben müssen,
- die Vergütung erfolgt nach geleisteten Arbeitsstunden, evtl. nach Umrechnung in eine Pauschale.

Die bloße Bezeichnung der zwischen Besteller und Werkunternehmer getroffenen Vereinbarung als „Werkvertrag" ist unerheblich, wenn die tatsächliche Durchführung des Vertrages dem nicht entspricht. Das Bundesarbeitsgericht hat in seiner Entscheidung vom 15.4.2014 (Az. 3 AZR 395/11) für die rechtliche Beurteilung folgende Vorgabe gemacht: *„Der Geschäftsinhalt kann sich sowohl aus den ausdrücklichen Vereinbarungen der Vertragsparteien als auch aus der praktischen Durchführung des Vertrags ergeben. Widersprechen sich beide, so ist die tatsächliche Durchführung des Vertrags maßgebend, weil sich aus der praktischen Handhabung der Vertragsbeziehungen am ehesten Rückschlüsse darauf ziehen lassen, von welchen Rechten und Pflichten die Vertragsparteien ausgegangen sind, was sie also wirklich gewollt haben. Der so ermittelte wirkliche Wille der Vertragsparteien bestimmt den Geschäftsinhalt und damit den Vertragstyp."*

Die in der Vergangenheit häufig erfolgte Empfehlung, bei zweifelhaften vertraglichen Konstruktionen im Grenzbereich zwischen Arbeitnehmerüberlassung und Nachunternehmereinsatz vorsorglich eine Arbeitnehmerüberlassungserlaubnis vorzuhalten, um auf diese Weise bei tatsächlich vorliegender Arbeitnehmerüberlassung der Rechtsfolge fingierter Arbeitsverhältnisse zu entgehen, ist seit der Novellierung des AÜG überholt. § 1 Abs.1 S.5 u. 6 AÜG regelt nunmehr, dass jede tatsächliche Arbeitnehmerüberlassung im Vertrag zwischen Verleiher und Entleiher als solche zu bezeichnen und der jeweilige Leiharbeitnehmer als solcher konkretisiert werden muss. Verstoßen die Parteien gegen diese Verpflichtung, wie dies beim Schein-Werkvertrag regelmäßig der Fall ist, wird ein Arbeitsverhältnis zwischen Entleiher (= Besteller) und Leiharbeitnehmer fingiert. Dies gilt unabhängig davon, ob der Verleiher (= „Werkunternehmer") vorsorglich eine Arbeitnehmerüberlassungserlaubnis vorhält. Den Parteien des Werkvertrages bzw. des Arbeitnehmerüberlassungsvertrag ist daher dringend zu empfehlen, bei der

Vertragsgestaltung darauf zu achten, keine Zweifel an dem tatsächlich Gewollten aufkommen zu lassen und den der praktischen Handhabung der Vertragsbeziehung entsprechenden Vertragstyp zu wählen.

Die Bundesagentur für Arbeit hat zur Abgrenzung zwischen Arbeitnehmerüberlassung und Entsendung von Arbeitnehmern im Rahmen von Werk- und selbstständigen Dienstverträgen sowie anderen Formen drittbezogenen Personaleinsatzes das Merkblatt 10 - 04/2017 herausgegeben, das unter Angabe der höchstrichterlichen Rechtsprechung die Abgrenzungskriterien kurz und prägnant zusammenfasst.

14.3.2 Dienstvertrag

Bei Dienstverträgen wird, anders als bei Werkverträgen, kein bestimmter Erfolg, sondern eine bestimmte Tätigkeit geschuldet. Der Nachunternehmer verpflichtet sich also nicht zur Erstellung eines bestimmten Werkes, sondern zur Erbringung einer Leistung.

Ein selbstständiger Dienstvertrag liegt vor, wenn der Nachunternehmer seine Dienste in eigener Verantwortung ausführt. Er organisiert und disponiert seine Leistung selbst und entscheidet allein, ob und in welcher Anzahl und Konstellation er seinem Weisungsrecht unterliegende Erfüllungsgehilfen einsetzt.

Obliegt dem Auftraggeber das Weisungsrecht gegenüber den Erfüllungsgehilfen und sind diese in seine Arbeitsorganisation eingegliedert, liegt eine Arbeitnehmerüberlassung vor. Diese ist regelmäßig unzulässig, da die Parteien durch Abschluss eines „Dienstvertrages" gegen die in § 1 Abs.1 S. 5 u. 6 AÜG geregelte Verpflichtung, jede tatsächliche Arbeitnehmerüberlassung im Vertrag zwischen Verleiher und Entleiher als solche zu bezeichnen und den jeweiligen Leiharbeitnehmer als solchen zu konkretisieren, verstoßen. Als Rechtsfolge fingiert § 10 AÜG ein Arbeitsverhältnis zwischen Auftraggeber (= Entleiher) und Leiharbeitnehmer. Zu Einzelheiten hierzu vgl. die Ausführungen oben unter Ziffer 14.2.5.

14.4 Überlassung von (Spezial-) Maschinen mit Bedienpersonal

Die Überlassung von technischem Gerät erfolgt in der Regel im Rahmen eines Miet- und/oder Dienstverschaffungsvertrages. Entscheidend ist, ob ein bestimmter Arbeitserfolg geschuldet wird.

Beispiel: Demontage eines industriellen Ofenhauses einschließlich Verbringens von Teilen auf ein Binnenschiff mittels Schwerlastkran (BGH, Urt. v. 28.1.2016, Az. I ZR 60/14, BeckRS 2016, 04377).

Hier ist das Vertragsverhältnis als Werkvertrag einzuordnen. Kommt es hier zu Problemen beim Aufstellen des Krans, stellt sich die Frage, wer für etwa ungeeignete Bodenverhältnisse haftet. Nach Ansicht des BGH trägt der Auftraggeber das Bodenrisiko, während spezifische Anforderungen an die Standsicherheit von dem Auftragnehmer besser beherrschbar sein sollen.

Liegt ein Miet- und/oder Dienstverschaffungsvertrag vor, wird die Maschine (zum Beispiel Gleisstopfmaschine, schwere Ramme) mit dem für die Bedienung der Maschine ausgebildeten Personal zur Verfügung gestellt. Dies stellt dann keine Arbeitnehmerüberlassung dar, wenn die Gebrauchsüberlassung der Maschine für den Vertrag prägend ist. Dies wird von der Rechtsprechung angenommen, wenn die Personalgestellung die Nutzung des speziellen Geräts erst ermöglicht und damit lediglich vertragliche Nebenleistung ist.

Wird eine Baumaschine vermietet und der Maschinenführer vom Vermieter gestellt, ist ein etwaiges Fehlverhalten des Maschinenführers jedenfalls dann dem Vermieter zuzurechnen, wenn die Obhut an der Baumaschine beim Vermieter verbleibt und dieser über den Maschinenführer entscheidenden Einfluss auf die konkrete Verwendung der Baumaschine nimmt. (OLG München, Urt. v. 12.1.2012, Az. 14 U 489/10, IBRRS).

Bedienpersonal für Kleinmaschinen, Standardgeräte sowie das Führen eines LKW stellen regelmäßig Arbeitnehmerüberlassung dar.

Wird jedoch das Personal für die Zeit des Einsatzes in den Betriebsablauf des Auftraggebers integriert ist dies für den Auftraggeber nicht ohne Risiken:

Beispiel: Ein Unternehmen vermietet Autokrane mit Fahrer. Der Fahrer stellt den Autokran an dem ihm zugewiesenen Ort ab, fährt beim Aufstellen des Autokrans aber eine Pratze nicht vollständig aus. Beim Aufnehmen der Last stürzt der Autokran zur Seite. Die Last, ein Gebäude und der Kran werden beschädigt.

Steht die Miete des Gerätes im Vordergrund, ist es Sache des Auftraggebers, für die ordnungsgemäße Bedienung zu sorgen. Wird der Kranfahrer in die Organisation des Auftraggebers eingegliedert, wird er also mehr oder weniger nach dessen Weisung tätig, wird das Fehlverhalten des Kranfahrers dem Auftraggeber zugerechnet. Das gilt selbst dann, wenn das Bedienungspersonal besonders qualifiziert ist. Der Vermieter haftet nur für die Ordnungsmäßigkeit des Gerätes im Rahmen des Mietvertrages und für die Ordnungsmäßigkeit der Auswahl des Bedienpersonals. Begeht das Bedienpersonal nun einen Fehler und wird dadurch ein Schaden verursacht, haftet der Vermieter nicht, denn die Handlung ist ihm nicht zuzurechnen, § 831 BGB. Stattdessen muss sich das das Gerät anmietende Unternehmen den Fehler des Bedienpersonals wie eigenes Verschulden zurechnen lassen, haftet also für den Schaden von Personen, mit denen es weder ein Arbeitsverhältnis noch ein Arbeitnehmerüberlassungsverhältnis noch einen Werk- oder Dienstvertrag abgeschlossen hat. Im schlechtesten Fall muss das anmietende Unternehmen damit nicht nur den Schaden an der Last und am Gebäude, sondern auch noch am Kran selber tragen, denn „es" hat den Autokran ja durch „sein" Personal beschädigt. (Hammacher, Prüf- und Hinweispflichten, 2. Aufl. / 2016; Montagearbeitsverhältnisse, 1994, 127 ff; Hammacher, „Der Einsatz von Fremdfirmen" in BB 1997, 1686).

Um hier keine Überraschungen zu erleben, sollten klare – individuelle – Regelungen zwischen Vermieter und anmietendem Unternehmen getroffen werden, ggf. unterstützt durch eine Versicherungslösung. Die Verwendung von Allgemeinen Geschäftsbedingungen ist hier ungeeignet.

14.5 Zusammenschluss zur Arbeitsgemeinschaft

Die Arbeitsgemeinschaft (ARGE) ist ein Zusammenschluss zweier oder mehrerer selbstständiger Unternehmen zur gemeinsamen Ausführung eines Auftrages. Sie ist, soweit sie kein Handelsgewerbe i.S.d. § 1 Abs.1 u. 2 HGB betreibt, eine Gesellschaft bürgerlichen Rechts, auf die die §§ 705 ff. BGB Anwendung finden.

Die Gesellschafter sind regelmäßig vertraglich verpflichtet, der Arbeitsgemeinschaft das für die Durchführung der Arbeiten notwendige Personal zur Verfügung zu stellen. Die Personalgestellung kann sowohl im Wege der Abordnung als auch einer (tariflichen) Freistellung erfolgen.

Für den Bereich des Bauhauptgewerbes sehen die §§ 9 BRTV, 8 RTV die Möglichkeit einer tariflichen Freistellung der Gestalt vor, dass während der Dauer der Freistellung das Arbeitsverhältnis des Arbeitnehmers zum Stammbetrieb (= Gesellschafter der Arbeitsgemeinschaft) ruht und für die Dauer des Einsatzes bei der Arbeitsgemeinschaft ein neues Arbeitsverhältnis mit dieser begründet wird. Nach Rückkehr zum Stammbetrieb lebt das ursprüngliche Arbeitsverhältnis unter Wahrung erdienter Ansprüche und sozialer Absicherung wieder auf. Entsprechende Regelungen können außerhalb des Bauhauptgewerbes auf individualvertraglicher Grundlage getroffen werden. Die (tarifliche) Freistellung setzt zwingend den Abschluss eines neuen Arbeitsverhältnisses mit der Arbeitsgemeinschaft voraus und stellt damit <u>keine</u> Arbeitnehmerüberlassung dar.

Im Gegensatz zur Freistellung setzt die Abordnung von Arbeitnehmern zu einer Arbeitsgemeinschaft nicht den Abschluss eines neuen Arbeitsverhältnisses voraus. Sie erfolgt aus dem bestehenden Stammarbeitsverhältnis heraus und stellt dogmatisch eine Arbeitnehmerüberlassung dar. Eine Ausnahme - und damit keine Arbeitnehmerüberlassung - besteht nur, soweit die Voraussetzungen der in § 1 Abs.1a S.1 AÜG geregelten gesetzlichen Fiktion vorliegen, d.h. die Abordnung von Arbeitnehmern zu einer zur Herstellung eines Werkes gebildeten Arbeitsgemeinschaft ist keine Arbeitnehmerüberlassung, wenn:

- der Arbeitgeber Mitglied der Arbeitsgemeinschaft ist, und

- für alle Mitglieder der Arbeitsgemeinschaft Tarifverträge desselben Wirtschaftszweiges gelten, und

- alle Mitglieder der Arbeitsgemeinschaft aufgrund des Gesellschaftsvertrages zur selbstständigen Erbringung von Vertragsleistungen verpflichtet sind.

Vgl. in diesem Zusammenhang auch die Ausführungen unter Ziffer 14.2.1.2.1.

Eine Arbeitsgemeinschaft ausschließlich bestehend aus Unternehmen des Bauhauptgewerbes unterfällt, da in diesem Wirtschaftszweig zwingende, sog. allgemeinverbindliche Tarifverträge existieren, regelmäßig der Ausnahmeregelung und begegnet damit keinen Bedenken in Bezug auf die Regelungen des AÜG. Im Stahl- und Anlagenbau werden dagegen häufig nicht alle Mitglieder der Arbeitsgemeinschaft Tarifverträgen desselben Wirtschaftszweiges unterworfen sein. Dies gilt auch im Falle von Dacharbeitsgemeinschaften als Bindeglied zwischen einer Massivbau-ARGE und einer Stahlbau-ARGE.

14.6 Scheinselbstständigkeit

Unter einem Scheinselbständigen wird eine Person verstanden, die vordergründig per Vertrag und Bezeichnung als selbständiger Einzelunternehmer agiert, tatsächlich jedoch nur seine Arbeitsleistung als solche zur Verfügung stellt und vom Auftraggeber in seine Arbeitsorganisation, insbesondere zeitlich und örtlich eingegliedert ist. Scheinselbständige haben häufig – nicht zwingend – nur einen Auftraggeber und sind daher i.d.R. wirtschaftlich von diesem abhängig. Typischerweise beschäftigen sie, evtl. mit Ausnahme eines Familienangehörigen (Minijob), keine eigenen Arbeitnehmer. Zielsetzung des Einsatzes Scheinselbständiger ist es, arbeitsrechtliche Pflichten, insbesondere Mindestlohnansprüche zu vermeiden, Sozialversicherungsabgaben zu ersparen und den Umsatzsteueranteil an der Vergütung verrechnen zu können.

Eine schematische Betrachtung, etwa dergestalt, dass jeder Unternehmer ohne Beschäftigte (sog. UoB bzw. Solo-Selbständige) als Scheinselbständiger anzusehen ist, verbietet sich. Entscheidend ist eine Bewertung aller Umstände des Einzelfalls und darauf basierend das Herausarbeiten eines Gesamtbildes der tatsächlichen Durchführung des Vertrages. Dabei ist darauf hinzuweisen, dass sich Einzelmerkmale zur Überprüfung/Begründung einer Scheinselbständigkeit mit denen eines Schein-Werkvertrages überschneiden.

Beispiel: Ein Einzelunternehmer schließt mit dem Auftraggeber einen „Werkvertrag" über eine „Fliesenverlegung" ohne Angabe weiterer Details und ohne Objektbezug zu einem Pauschalpreis.

Es ist von einem Schein-Werkvertrag auszugehen. Der aufgrund dieses Vertrages, ggf. über längere Zeit an verschiedenen Objekten tätige Einzelunternehmer wird mit einiger Wahrscheinlichkeit als scheinselbständig anzusehen sein.

Beispiel: Der Auftraggeber erstellt als GU ein Altenwohnheim und beauftragt insgesamt fünf als Verputzer tätige Einzelunternehmer in separaten Verträgen jeweils mit dem Verputz des <u>gesamten</u> Gebäudes zum Pauschalpreis in jeweils gleicher Höhe.

Die Verputzer sind mit einiger Wahrscheinlichkeit als scheinselbständig anzusehen.

Typische Einzelmerkmale, die in einer wertenden Gesamtschau zur Annahme einer Scheinselbständigkeit führen können, sind:

- der Nachunternehmervertrag enthält nur eine allgemeine Umschreibung der Arbeitsleistung, der geschuldete Werkerfolg ist nicht geregelt,

- Weisungsrecht und Eingliederung in den Betrieb des Auftraggebers, insbes. bzgl. der Arbeitszeit, Arbeitsort und der Ausführung der Arbeit,
- kein Unternehmerrisiko, d.h. nicht vorhanden sind z.B. Lagerplatz, Betriebsausstattung, Leasingverträge, eigene Arbeitnehmer; keine eigene Materialbeschaffung, keine eigenen Werkzeuge,
- keine eigenen Geschäftsräume,
- wirtschaftliche Abhängigkeit vom Auftraggeber, insbes. bei Tätigkeit jahreszeitlich überwiegend nur für einen Auftraggeber, keine nennenswerten Kapazitäten für andere Aufträge,
- Ausführung der Arbeiten „Hand in Hand" mit anderen Beschäftigten des Auftraggebers bzw. weiteren Nachunternehmern.

Steht fest, dass ein Nachunternehmer als Scheinselbständiger tätig geworden ist, ist zwischen dem Auftraggeber (= Arbeitgeber) und dem Scheinselbständigen (= Arbeitnehmer) ein Arbeitsverhältnis zustande gekommen. Dieses ist rückwirkend ordnungsgemäß abzurechnen, Sozialversicherungsabgaben, etc. sind in voller Höhe abzuführen. Das entstandene Arbeitsverhältnis besteht mangels schriftlicher Kündigung/Aufhebungsvertrag, § 623 BGB, fort und ist (beiderseits) bis auf weiteres zu erfüllen bzw. zu beenden.

Scheinselbständigkeit kann zudem in der Form einer Scheingesellschaft auftreten. Der Zusammenschluss mehrerer selbständiger Einzelunternehmer zu einer Gesellschaft bürgerlichen Rechts (GbR) bzw. einer offenen Handelsgesellschaft (OHG) ist zwar grundsätzlich zulässig, führt jedoch dann zu Schwierigkeiten, wenn die Gesellschaft nur zur Verschleierung der tatsächlich ausgeübten Arbeitnehmertätigkeit (= weisungsgebundene und in persönlicher Abhängigkeit von einem anderen gegen Entgelt erbrachte, fremdbestimmte Tätigkeit) dient.

Beispiel: Der Sitz der GbR befindet sich am Betriebssitz des Auftraggebers. Dort wohnen die Gesellschafter in Containern des Auftraggebers und sprechen ausschließlich eine osteuropäische Sprache, arbeiten zu vom Besteller festgelegten Zeiten und rechnen die gearbeiteten Stunden über Tagesrapporte mit dem Auftraggeber ab. (nach SG Heilbronn, Urt. v. 6.12.2016, Az. S 11 R 1878/16).

Es bleiben keine Zweifel am Vorliegen einer Scheingesellschaft. Dies führt zur Unwirksamkeit des Werkvertrages zwischen Besteller und GbR, § 117 BGB, sowie zur vollen Haftung des Bestellers aus seiner (tatsächlichen) Arbeitgeberfunktion auf Sozialversicherungsbeiträge, ges. Unfallversicherung, ggf. SOKA-BAU-Beiträgen und zur nachträglichen Abrechnung der Lohnansprüche nebst Berücksichtigung lohnsteuerlicher Aspekte. Den gezahlten Rechnungen der GbR wird die Anerkennung als Betriebsausgabe versagt.

Stellt sich im Einzelfall heraus, dass der Besteller die Scheinselbständigkeit gekannt hat, ggf. auch die wirtschaftlichen Vorteile bewusst für seine Interessen nutzen wollte, kommt die Verwirklichung der Straftatbestände des Betruges nach § 263 StGB, des Vorenthaltens oder Veruntreuens von Arbeitsentgelt nach § 266a StGB sowie der Steuerhinterziehung nach § 370

Abgabenordnung (AO) zusammen mit Bußgeldtatbeständen nach den Sozialgesetzbüchern in Betracht.

14.7 Hauptunternehmerhaftung bei Arbeitnehmerüberlassung und Nachunternehmereinsatz

In den vergangenen Jahren hat der Gesetzgeber eine Reihe von Haftungsregelungen für Hauptunternehmer bei Einsatz von entliehenem Personal und bei Beauftragung von Nachunternehmern eingeführt. Es handelt sich hierbei einerseits um die Haftung für Mindestlohnansprüche des am Projekt eingesetzten Personals sowie um Beiträge zum Sozialkassenverfahren der jeweiligen Branche und andererseits um die Haftung für die auf den Personaleinsatz entfallenden Sozialversicherungs- und Unfallversicherungsbeiträge.

14.7.1 Haftung für den Gesamtsozialversicherungsbeitrag

Ein Unternehmer des Baugewerbes, der einen anderen Unternehmer mit der Erbringung von Bauleistungen beauftragt, haftet für den Gesamtsozialversicherungsbeitrag, den dieser für die bei ihm während der Ausführung des Werkvertrages beschäftigten Arbeitnehmer abzuführen hat wie ein selbstschuldnerischer Bürge, § 28e Abs.3a bis 3f SGB IV. Die Haftung ist verschuldensabhängig und umfasst die Beiträge zur Renten-, Kranken-, Pflege- und Arbeitslosenversicherung sowie Säumniszuschläge und Stundungszinsen. Die Haftung gilt entsprechend für die vom ausländischen Nachunternehmer gegenüber ausländischen Sozialversicherungsträgern abzuführenden Beiträge, § 28e Abs.3a S.2 SGB IV.

Die Haftung besteht, soweit ein Unternehmer des Baugewerbes einen Nachunternehmer mit der Erbringung von Bauleistungen i.S.d. § 101 Abs.2 SGB III beauftragt hat. Bauleistungen sind demnach alle Leistungen, die der Herstellung, Instandsetzung, Instandhaltung, Änderung oder Beseitigung von Bauwerken dienen. Erfasst werden damit auch Leistungen des Gerüstbaugewerbes, des Dachdeckerhandwerks, des Maler- und Lackiererhandwerks, des Garten- und Landschaftsbaus, des Sanitärgewerbes oder anderer Ausbaugewerke.

„Unternehmer des Baugewerbes" ist neben dem klassischen bauausführenden Unternehmer auch der Generalunternehmer, Generalübernehmer oder Bauträgergesellschaften. Von der Haftung umfasst sind auch Sozialversicherungsbeiträge für Leiharbeitnehmer.

Eine Haftung besteht jedoch nur, soweit der geschätzte Gesamtwert aller für das Bauwerk in Auftrag gegebenen Bauleistungen mindestens 275.000,- EUR beträgt, § 28e Abs.3d S.1 SGB IV. Zur Ermittlung des geschätzten Gesamtwerts ist auf den Inhalt des Vertrages zwischen dem Bauherrn und dem Hauptunternehmer abzustellen. Überschreitet die Summe die Bagatellgrenze, greift die Beitragshaftung für den Gesamtwert.

Die Haftung des Unternehmers erstreckt sich grundsätzlich nur auf das von ihm beauftragte nächste Unternehmen. Handelt es sich dabei jedoch bei verständiger Würdigung der Umstände um ein Geschäft zur Umgehung der Haftung, kommt eine Erweiterung der Haftung auf die Nachunternehmerkette in Betracht. In der Regel liegt ein Umgehungssachverhalt vor, wenn:

- der unmittelbare Nachunternehmer weder selbst eigene Bauleistungen noch planerische oder kaufmännische Leistungen erbringt,
- der unmittelbare Nachunternehmer weder technisches noch planerisches oder kaufmännisches Fachpersonal in nennenswertem Umfang beschäftigt - oder
- der unmittelbare Nachunternehmer in einem gesellschaftsrechtlichen Abhängigkeitsverhältnis zum Hauptunternehmer steht.

Der Höhe nach ist die Haftung begrenzt auf die zur konkreten Vertragsausführung durch den Nachunternehmer oder Verleiher angefallenen Arbeitsentgelte und der sich daraus berechnenden Sozialversicherungsbeiträge.

Die Haftung ist verschuldensabhängig und entfällt unter den Voraussetzungen des § 28e Abs.3b SGB IV (vgl. dazu die Ausführungen unter Ziffer 14.7.3).

14.7.2 Haftung für den Beitrag zur Unfallversicherung (Berufsgenossenschaft)

Ebenso wie bei der Haftung für den Gesamtsozialversicherungsbeitrag haftet ein Unternehmer des Baugewerbes für den Unfallversicherungsbeitrag (= Beitrag zur Berufsgenossenschaft) des von ihm mit der Erbringung von Bauleistungen beauftragten Nachunternehmers bzw. Verleihers wie ein selbstschuldnerischer Bürge, § 28e Abs.3a bis 3f SGB IV; § 150 Abs.3 SGB VII. Hinsichtlich der Voraussetzungen und Einschränkungen der Haftung gelten die Ausführungen unter Ziffer 14.7.1 entsprechend.

Die Haftung ist verschuldensabhängig und entfällt unter den Voraussetzungen des § 28e Abs.3b SGB IV; § 150 Abs.3 S.2 SGB IV. § 116a SGB IV enthält eine Sonderregelung bei Beauftragung der Bauleistungen vor dem 1. Oktober 2009 (zu weiteren Details vgl. die Ausführungen unter 14.7.3).

14.7.3 Möglichkeiten der Verringerung von Haftungsrisiken

Die Haftung für Sozial- und Unfallversicherungsbeiträge ist nicht verschuldensunabhängig. Nach § 28e Abs.3b SGB IV entfällt die Haftung, wenn der Unternehmer nachweist, dass er ohne eigenes Verschulden davon ausgehen konnte, dass der Nachunternehmer oder ein von ihm beauftragter Verleiher seine Zahlungspflicht erfüllt. Ein Verschulden des Unternehmers ist ausgeschlossen, soweit und solange er Fachkunde, Zuverlässigkeit und Leistungsfähigkeit des Nachunternehmers oder des von diesem beauftragten Verleihers durch eine Präqualifikation nachweist, die die Eignungsvoraussetzungen nach § 8 VOB/A in der Fassung der Bekanntmachung vom 20. März 2006 (Bundesanzeiger Nr. 94 a vom 18. Mai 2006) erfüllt.

Die Präqualifikation ist eine vorgezogene auftragsunabhängige Eignungsprüfung, bei der Unternehmen des Bauhaupt- und Baunebengewerbes - unabhängig von einer konkreten Ausschreibung - ihre Fachkunde, Zuverlässigkeit und Leistungsfähigkeit entsprechend der Anforderungen in § 6 VOB/A nachweisen. Die Präqualifikation erfolgt durch den Verein für Präqualifikation von Bauunternehmen e.V. (www.pq-verein.de). Die Haftung entfällt, soweit und solange der beauftragte Nachunternehmer präqualifiziert ist.

Der Unternehmer kann den Nachweis, dass er ohne eigenes Verschulden davon ausgehen konnte, der Nachunternehmer oder ein von ihm beauftragter Verleiher erfülle seine Zahlungspflicht anstelle der Präqualifikation auch durch Vorlage einer Unbedenklichkeitsbescheinigung der zuständigen Einzugsstelle für den Nachunternehmer oder den von diesem beauftragten Verleiher erbringen. Diese enthält Angaben über die ordnungsgemäße Zahlung der Sozialversicherungsbeiträge und die Zahl der gemeldeten Beschäftigten, § 28e Abs.3f SGB IV.

Hinsichtlich der Haftung für Unfallversicherungsbeiträge bedarf es nach § 150 Abs.3 S.2 SGB VII für den Nachweis der Enthaftung des Unternehmers einer qualifizierten Unbedenklichkeitsbescheinigung des zuständigen Unfallversicherungsträgers. Diese enthält insbesondere Angaben über die bei dem Unfallversicherungsträger eingetragenen Unternehmensteile und die diesen zugehörigen Lohnsummen des Nachunternehmers oder des von diesem beauftragten Verleihers sowie die ordnungsgemäße Zahlung der Beiträge.

Die Unbedenklichkeitsbescheinigungen der BG Bau können vom Unternehmer über den Extranetbereich der BG Bau angefordert werden, soweit dem Unternehmer eine Zugriffsberechtigung vorliegt. Weitere Informationen zum Verfahren sowie eine Checkliste und das Vollmachtformular sind online abrufbar unter: www.bgbau.de. Nach Auffassung der BG Bau ist für eine Enthaftung sowohl im Zeitpunkt der Auftragsvergabe als auch für die gesamte Bauzeit entweder der Nachweis einer Präqualifikation oder eine qualifizierte Unbedenklichkeitsbescheinigungen vorzuhalten. Diese Auffassung geht über den Wortlaut der gesetzlichen Regelung hinaus und war soweit ersichtlich bisher nicht Gegenstand einer gerichtlichen Entscheidung. Im Projektablauf erscheint es sinnvoll, die Auffassung der BG Bau zu beachten und die erforderlichen Unterlagen rechtzeitig einzufordern. Im Falle einer Inanspruchnahme seitens der BG Bau ist im Einzelfall zu prüfen, ob die streitige Frage einer Entscheidung zuzuführen ist.

Beispiel: Der GU beauftragt den NU am 10.5.2017. Die Arbeiten des NU werden vom 10.7. bis 20.10.2017 ausgeführt. Nach der Rechtsauffassung der BG Bau bedarf es sowohl am 10.05. als auch vom 10.7. bis 20.10.2017 einer Präqualifikation oder einer qualifizierten Unbedenklichkeitsbescheinigung.

Liegt diese Voraussetzung schon am 10.5.2017 nicht vor, kommt es auf Unbedenklichkeitsbescheinigungen für die Bauzeit nicht an. Eine Enthaftung tritt nicht ein, d.h. der GU haftet für die vom NU nicht gezahlten Beiträge an die BG Bau, ferner besteht eine Haftung nach Mindestlohngesetz (MiLoG) und Arbeitnehmerentsendegesetz (AEntG).

14.7.4 Arbeitgeberpflichten nach dem Mindestlohngesetz

Seit dem 1.1.2015 gilt in Deutschland erstmals ein allgemeiner gesetzlicher Mindestlohn. Dieser beträgt seit dem 1.1.2017 nun 8,84 EUR brutto je Zeitstunde. Ab dem 1.1.2018 ist derzeit eine Anhebung in der Diskussion; man kann davon ausgehen, dass dieser Mindestlohn in regelmäßigen Abständen überprüft und angehoben wird, was sich zeitnah im Internet recherchieren lässt. Das Gesetz enthält neben besonderen Fälligkeitsregelungen für die Praxis wichtige Ausnahmebestimmungen sowie umfangreiche Melde-, Aufzeichnungs- und Dokumentationspflichten. Die Kontrolle des gesetzlichen Mindestlohns obliegt der Zollverwaltung (Finanzkontrolle Schwarzarbeit). Verstöße gegen die gesetzlichen Vorgaben sind bußgeldbewehrt.

Anspruch auf den gesetzlichen Mindestlohn hat jeder volljährige Arbeitnehmer unabhängig von einer Voll- oder Teilzeitbeschäftigung, d.h. auch so genannte Minijobber, § 22 Abs.1 S.1 u. Abs.2 MiLoG. Erfasst wird grundsätzlich die vom Arbeitnehmer im Inland ausgeübte Tätigkeit, auch bei im Ausland ansässigen Arbeitgebern (vgl. Art. 3 I RL 96/71/EG).

Vom Anwendungsbereich ausgenommen sind Organmitglieder juristischer Personen (Geschäftsführer einer GmbH, Vorstand einer AG) mangels Arbeitnehmereigenschaft (= weisungsgebundene, in persönlicher Abhängigkeit von einem anderen gegen Entgelt erbrachte, fremdbestimmte Tätigkeit).

Die Eigenschaft als Gesellschafter einer Gesellschaft bürgerlichen Rechts (GbR) oder offenen Handelsgesellschaft/Kommanditgesellschaft (OHG/KG) schließt die Stellung als Arbeitnehmer dann nicht aus, wenn eine arbeitsrechtliche Weisungsbefugnis der Gesellschaft (= Arbeitgeber) gegenüber einem Gesellschafter (= Arbeitnehmer) besteht und die Weisungsbefugnis von einer anderen Person (= Arbeitgebervertreter/Gesellschafter) ausgeübt wird.

Beispiel: 5 Personen beabsichtigen, sich künftig um größere Aufträge zu bemühen und wollen diese Aufträge gemeinschaftlich auszuführen.

Die Personen bilden eine Gesellschaft bürgerlichen Rechts (GbR), bestehend aus 5 Gesellschaftern. Soweit die Gesellschafter gemeinschaftlich und gleichberechtigt für die GbR tätig werden und Weisungsrechte untereinander nicht bestehen, ist die Tätigkeit der Gesellschafter für die Gesellschaft nicht mindestlohnpflichtig. Obliegt jedoch einem oder mehreren Gesellschaftern ein Weisungsrecht gegenüber einem anderen Gesellschafter, d.h. wird diesem gegenüber vorgegeben, welche Arbeit er wie auszuführen hat, innerhalb welcher Zeit bzw. für welche Dauer und an welchem Ort, ist dieser Gesellschafter tatsächlich als Arbeitnehmer für die Gesellschaft tätig. Seine Arbeitsleistung ist mindestlohnpflichtig (und folglich auch sozialversicherungspflichtig).

Auszubildende sind generell vom Anwendungsbereich des Mindestlohngesetzes ausgenommen, § 22 Abs.3 MiLoG. Praktikanten sind zwar nach der gesetzlichen Definition keine Arbeitnehmer, vgl. § 22 Abs.1 S.3 MiLoG, werden jedoch vom MiLoG einem Arbeitnehmer gleichgestellt und damit grundsätzlich als mindestlohnpflichtig angesehen. Gleichwohl fällt die

Mehrzahl der Praktikanten unter die Ausnahmeregelung in § 22 Abs.1 S.2 MiLoG (= nicht mindestlohnpflichtig), wenn sie ein Praktikum

- verpflichtend im Rahmen einer Schul-, Ausbildungs- oder Studienordnung leisten (sog. Pflichtpraktika, und wenn die Ausbildungsordnung dies vorsieht; unabhängig von der Dauer des Praktikums),

- von bis zu drei Monaten zur Orientierung für eine Berufsausbildung oder für die Aufnahme eines Studiums leisten (sog. Orientierungspraktika für maximal drei Monate, bei Zeitüberschreitung wird die gesamte Praktikumszeit mindestlohnpflichtig),

- von bis zu drei Monaten begleitend zu einer Berufs- oder Hochschulausbildung leisten, wenn nicht zuvor ein solches Praktikumsverhältnis mit demselben Betrieb bestanden hat (bei Zeitüberschreitung wird die gesamte Praktikumszeit mindestlohnpflichtig).

Praktikant ist - in Abgrenzung zur Arbeitnehmereigenschaft - unabhängig von der Bezeichnung des Rechtsverhältnisses im Vertrag, wer sich nach der tatsächlichen Ausgestaltung und Durchführung des Vertragsverhältnisses für eine begrenzte Dauer zum Erwerb praktischer Kenntnisse und Erfahrungen einer bestimmten betrieblichen Tätigkeit zur Vorbereitung auf eine berufliche Tätigkeit unterzieht, ohne dass es sich um eine Berufsausbildung handelt, § 22 Abs.1 S.3 MiLoG.

Zur Frage der Anwendung des Mindestlohngesetzes im Kontext der Anerkennung ausländischer Berufsqualifikationen und der in diesem Zusammenhang erforderlichen sog. Anerkennungspraktika haben das Bundesministerium für Arbeit und Soziales (BMAS), das Bundesministerium der Finanzen (BMF) und das Bundesministerium für Bildung und Forschung (BMBF) eine gemeinsame Auslegung veröffentlicht unter: http://www.der-mindestlohn-wirkt.de. Demnach unterfallen Anerkennungspraktika i.d.R. den Ausnahmebestimmungen des § 22 MiLoG. Die Arbeitsgerichte sind jedoch nicht an die gemeinsame Auslegung der drei Bundesministerien gebunden.

Darüber hinaus sind Personen, die an einer Einstiegsqualifizierung oder an einer Berufsausbildungsvorbereitung teilnehmen sowie ehrenamtlich Tätige und Minderjährige ohne abgeschlossene Berufsausbildung vom Anwendungsbereich ausgeschlossen (= nicht mindestlohnpflichtig).

Der Bezugspunkt für den Mindestlohn ist die Zeitstunde. Welche Vergütungsbestandteile auf den Mindestlohn angerechnet werden können, lässt das Gesetz offen. Berücksichtigungsfähig sind Leistungen des Arbeitgebers zur Abgeltung der „Normalleistung" des Arbeitnehmers, d.h. nicht berücksichtigungsfähig (= darf nicht in den Mindestlohn eingerechnet werden) sind außerordentliche Zulagen und Zuschläge zur Abgeltung von Überstunden, Feiertags- und Nachtarbeit, Schmutz- oder Gefahrenzulagen, Akkord- oder Qualitätsprämien. Weihnachts- und Urlaubsgeld ist nur berücksichtigungsfähig im Monat der Auszahlung und nur bei unwiderruflicher Gewährung.

Beispiel: Der Arbeitsvertrag sieht neben dem Anspruch auf Weihnachtsgeld eine Rückzahlungspflicht für den Fall des Ausscheidens bis zum 30.3. des Folgejahres vor. Die Zahlung des

Weihnachtsgeldes kann nicht auf den Mindestlohn angerechnet werden.

Die Auszahlung des Mindestlohns hat zu dem von den Vertragsparteien vereinbarten Zeitpunkt zu erfolgen, spätestens jedoch - unabhängig von einer ggf. abweichenden vertraglichen Vereinbarung - zum letzten Bankarbeitstag des Folgemonats der Leistungserbringung, § 2 Abs.1 S.1 MiLoG.

Soweit ein Arbeitszeitguthaben auf einem Arbeitszeitkonto verbucht wird, bedarf es der <u>schriftlichen Vereinbarung des Arbeitszeitkontos</u>. Die auf dem Arbeitszeitkonto gutgeschriebenen Stunden dürfen monatlich jeweils 50 % der vertraglich vereinbarten Arbeitszeit nicht übersteigen.

Beispiel: Der Arbeitnehmer ist in Teilzeit 40 Std./Monat tätig. Während der Inventur arbeitet er in einem Monat 120 Std. Grundsätzlich ist der AG zur vollständigen Abrechnung und Auszahlung der mtl. geleisteten Stunden verpflichtet.

Nur wenn ein Arbeitszeitkonto schriftlich vereinbart ist, kann ein Teil der Stunden eingebucht werden. Die Grenze liegt bei 50 % der vereinbarten Arbeitszeit, d.h. 20 Std./Monat. Die darüber hinausgehenden Std. sind auszuzahlen.

<u>Arbeitszeitguthaben</u>

Das Arbeitszeitguthaben ist spätestens innerhalb von 12 Monaten nach Erfassung durch bezahlte Freizeitgewährung oder Auszahlung auszugleichen.

Das MiLoG sieht besondere Aufzeichnungspflichten des Arbeitgebers vor. Diese entsprechen inhaltlich den Aufzeichnungspflichten auf Grundlage des Arbeitnehmer-Entsendegesetzes (AEntG), §§ 17 MiLoG; § 19 AentG (vgl. die Ausführungen unter 14.7.4.3).

Der Arbeitgeber ist damit verpflichtet, Beginn, Ende und Dauer der täglichen Arbeitszeit der Arbeitnehmer aufzuzeichnen und diese Aufzeichnungen mindestens 2 Jahre aufzubewahren. Die Aufzeichnung hat spätestens bis zum Ablauf des 7. auf den Tag der Arbeitsleistung folgenden Kalendertages zu erfolgen. Die Aufzeichnungen sind in deutscher Sprache im Inland bereitzuhalten. Eine bestimmte Form für die Aufzeichnung ist nicht vorgesehen, die Aufzeichnung muss weder vom Arbeitnehmer noch vom Aufzeichnenden unterschrieben werden. Eine Formularvorlage ist unter <u>www.der-mindestlohn-wirkt.de</u> abrufbar.

Der Aufzeichnungspflicht unterliegen:

- alle geringfügig Beschäftigten (sog. Minijobber, unabhängig von der Branchenzugehörigkeit) sowie

- alle Beschäftigten in den in § 2a SchwarzArbG genannten Wirtschaftsbereichen oder Wirtschaftszweigen, d.h. im Baugewerbe, im Gaststätten- und Beherbergungsgewerbe, im Personenbeförderungsgewerbe, Speditions-, Transport- und damit verbundenen Logistikgewerbe, im Schaustellergewerbe, bei Unternehmen der Forstwirtschaft, im Gebäudereinigungsgewerbe, bei Unternehmen, die sich am Auf- und Abbau von Messen und Ausstellungen beteiligen, in der Fleischwirtschaft sowie im Prostitutionsgewerbe.

Für Arbeitgeber mit Sitz im Ausland, die Arbeitnehmer in den in § 2a SchwarzArbG genannten Wirtschaftsbereichen oder Wirtschaftszweigen im Inland beschäftigen, gelten besondere Meldepflichten gegenüber der Zollverwaltung, § 16 Abs.1 MiLoG. Überlässt ein Verleiher mit Sitz im Ausland Arbeitnehmer an einen Entleiher im Inland, gelten für den Entleiher entsprechende Meldepflichten, § 16 Abs.2 MiLoG. Der Entleiher hat der Anmeldung eine Versicherung des Verleihers über die Einhaltung des Mindestlohnes sowie der rechtzeitigen Zahlung beizufügen.

Keine Aufzeichnungs- bzw. Meldepflicht nach den §§ 16; 17 MiLoG besteht für Arbeitnehmer, deren

- versteigtes regelmäßiges Monatsentgelt brutto 2.958,- EUR überschreitet oder

- das versteigte regelmäßige Monatsentgelt brutto 2.000,- EUR überschreitet und der Arbeitgeber dieses Monatsentgelt für die letzten 12 Monate nachweislich gezahlt hat.

Eine ggf. bestehende Aufzeichnungspflicht aus § 19 AEntG bleibt davon unberührt. Dies betrifft Beschäftigte in den in § 2a SchwarzArbG genannten Branchen (z.B. gewerbliche Arbeitnehmer im Bauhauptgewerbe), die dem allgemeinverbindlichen Branchentarifvertrag (z.B. TV Mindestlohn im Bauhauptgewerbe) unterfallen. Die Arbeitszeit dieser Beschäftigten ist - unabhängig von der Höhe des monatlichen Entgelts – aufzeichnungspflichtig, vgl. § 1 Abs.1 Mindestlohndokumentationspflichtenverordnung (MiLoDokV).

Weiter besteht keine Aufzeichnung- bzw. Meldepflicht nach den §§ 16; 17 MiLoG und § 19 AEntG für

- im Betrieb des Arbeitgebers arbeitende Ehegatten, eingetragene Lebenspartner, Kinder und Eltern des Arbeitgebers sowie,

- wenn der Arbeitgeber eine juristische Person (z.B. GmbH) oder eine rechtsfähige Personengesellschaft (z.B. KG) ist, des vertretungsberechtigten Organs der juristischen Person (= Geschäftsführer) oder eines Mitglieds eines solchen Organs oder eines vertretungsberechtigten Gesellschafters der rechtsfähigen Personengesellschaft (= Komplementär der KG).

Diese Ausnahmebestimmung gilt sowohl für die Aufzeichnung- bzw. Meldepflicht nach dem MiLoG als auch die Aufzeichnungspflicht nach dem AEntG. Auch Beschäftigte in den in § 2a SchwarzArbG benannten Branchen (z.B. gewerbliche Arbeitnehmer im Bauhauptgewerbe), die dem allgemeinverbindlichen Branchentarifvertrag (z.B. TV Mindestlohn im Bauhauptgewerbe) unterfallen, unterliegen unter den vorgenannten Voraussetzungen nicht der Aufzeichnungspflicht, vgl. § 1 Abs.2 Mindestlohndokumentationspflichtenverordnung (MiLoDokV).

Von diesen Ausnahmen unberührt bleibt die nach dem Arbeitszeitgesetz bestehende Verpflichtung des Arbeitgebers, die über die werktägliche Arbeitszeit von 8 Stunden hinausgehende Arbeitszeit der Arbeitnehmer aufzuzeichnen und diese für mindestens 2 Jahre aufzubewahren, § 16 Abs.2 ArbZG.

Die Kontrolle des gesetzlichen Mindestlohns obliegt den Behörden der Zollverwaltung (Finanzkontrolle Schwarzarbeit). Der Zoll ist insbesondere befugt, Grundstücke und Geschäftsräume des Arbeitgebers zu betreten, Personalien festzustellen und Personenbefragungen durchzuführen sowie Arbeitsverträge und Geschäftsunterlagen einzusehen. Die Kontrollrechte bestehen verdachtsunabhängig. Arbeitgeber und Arbeitnehmer sind zur Duldung, Mitwirkung und Auskunft verpflichtet. Ein Verstoß gegen Aufzeichnungs-, Nachweis- und Dokumentationspflichten kann mit einem Bußgeld bis zu 30.000,- EUR geahndet werden. Ein Verstoß gegen die Pflicht zur Zahlung des Mindestlohns, d.h. auch im Fall einer nicht vollständigen oder nicht rechtzeitigen Zahlung, kann ein Bußgeld bis zu 500.000,- EUR nach sich ziehen. Darüber hinaus kann im Falle einer Geldbuße von mindestens 2.500,- EUR der Betrieb von öffentlichen Vergabeverfahren ausgeschlossen werden, § 19 MiLoG.

14.7.5 (Haupt)Unternehmerhaftung nach MiLoG

§ 13 MiLoG regelt die Haftung des (Haupt)Unternehmers als Auftraggeber von Werk- und Dienstleistungen für Mindestlohnverstöße des von ihm beauftragten Nachunternehmers. Die Durchgriffshaftung folgt aus dem Verweis in § 13 MiLoG auf § 14 AEntG und führt zur Haftung für die korrekte Mindestlohnzahlung über die gesamte Nachunternehmerkette, d.h. auch für Mindestlohnverstöße eines vom Nachunternehmer seinerseits eingesetzten Nachunternehmers oder Verleihunternehmens.

Entgegen dem Wortlaut des Gesetzes handelt es sich nicht um eine umfassende Auftraggeberhaftung in dem Sinne, dass jeder Unternehmer, der irgendeine Werk- oder Dienstleistung in Anspruch nimmt, den Arbeitnehmern seines Vertragspartners für die Erfüllung ihrer Mindestlohnansprüche haftet. Leitbild der Haftungsregelung in § 14 AEntG ist der Hauptunternehmer, der selbst die Leistung schuldet, diese jedoch aufgrund eigener, zumeist wirtschaftlicher Interessen an Dritte weitergibt. Die verschuldensunabhängige Haftung, eine Einschränkung der durch Art. 12 Abs.1 Grundgesetz (GG) geschützten unternehmerischen Betätigungsfreiheit, ist nur dann gerechtfertigt, wenn eine hinreichende Verantwortungsbeziehung zwischen Auftragsvergabe und Nichtzahlung des Mindestlohnes besteht, d.h., wenn sich aus der besonderen Konstellation des Personaleinsatzes ein zusätzliches Risiko ergibt. Eine solche Verantwortungsbeziehung ist jedoch nur dann denkbar, wenn der Hauptunternehmer die Ausführung eines Auftrages bewusst nicht mit eigenem Personal durchführt, sondern sich eines Nachunternehmers bedient. Erfüllt der Nachunternehmer die Mindestlohnansprüche seiner Arbeitnehmer nicht, realisiert sich das vom Hauptunternehmer geschaffene zusätzliche Risiko. Lediglich in diesem Fall ist eine verschuldensunabhängige Haftung aus § 14 AEntG gerechtfertigt. Die einschränkende Auslegung gilt auch für den Bereich des gesetzlichen Mindestlohnes bei entsprechender Anwendung des § 14 AEntG über § 13 MiLoG, da dem Gesetzgeber des MiLoG die von der Rechtsprechung geprägte Einschränkung des Unternehmerbegriffs bekannt war und er sich bewusst für eine Rechtsgrundverweisung in § 13 MiLoG („§ 14 des Arbeitnehmer-Entsendegesetzes findet entsprechende Anwendung.") und damit auch für eine Übernahme der zum AEntG ergangenen Rechtsprechung für den Bereich des MiLoG entschieden hat. Letztlich dient die Auftraggeberhaftung in § 13 MiLoG nicht der pauschalen Grundversorgung eines im Dienstleistungsbereich tätigen Arbeitnehmers mit einem weiteren Schuldner.

Beispiel: Der AG (z.B. Heizungsbaubetrieb) beauftragt einen Steuerberater mit der Erstellung der Steuererklärung. Der für den Steuerberater tätige Steuerfachangestellte erhält einen Stundenlohn von 5,- EUR. Es liegt eine Mindestlohnunterschreitung vor.

Der AG haftet nicht für die Mindestlohnunterschreitung, da er die beauftragte Leistung (= Erstellung der Steuererklärung) seinerseits nicht einem Dritten schuldet, sondern die Leistung des Steuerberaters für sich selbst/sein Unternehmen benötigt. Er hat mit der Beauftragung des Steuerberaters kein zusätzliches Risiko geschaffen.

Beispiel: Ein Heizungsbaubetrieb bekommt den Auftrag zur Lieferung und Montage eines Solarmoduls. Er hat nicht genügend eigenes Personal und beauftragt einen Nachunternehmer, der seinerseits zur Ausführung der Arbeiten beim Arbeitnehmerüberlasser Personal leiht. Dieser zahlt einen Stundenlohn von 5,- EUR.

Es liegt eine Mindestlohnunterschreitung vor. Der Auftragnehmer haftet (neben dem Nachunternehmer) für die Mindestlohnunterschreitung des Arbeitnehmerüberlassers, da er seinem Auftraggeber zur Lieferung und Montage des Solarmoduls verpflichtet ist, diese Leistung jedoch - statt selbst mit eigenem Personal auszuführen - einem Nachunternehmer überträgt. Das damit geschaffene zusätzliche Risiko hat sich durch die Mindestlohnunterschreitung des Arbeitnehmerüberlassers realisiert.

Die Haftung des (Haupt)Unternehmers ist zudem begrenzt auf den Nettolohnanspruch, d.h. das Entgelt nach Abzug von Steuern und Sozialversicherungsabgaben. Hat der Arbeitnehmer einen Teillohn erhalten, geht die Haftung auf die Nettolohndifferenz.

Beispiel: Der Heizungsbaubetrieb beauftragt den NU1 mit der Montage der Heizanlage, die dieser an den NU2 weiter vergibt. NU2 zahlt seinen Mitarbeitern einen Stundenlohn von 5,- EUR.

Der Heizungsbaubetrieb und NU1 haften auf die Nettolohndifferenz zwischen dem Nettoentgelt aus einem Stundenlohn in Höhe von 5,- EUR brutto und dem Nettoentgelt aus einem Stundenlohn in Höhe von 8,84 EUR (= gesetzlicher Mindestlohn brutto) für die am konkreten Objekt erbrachten Stunden. Der Arbeitnehmer kann nach seiner Wahl den Heizungsbauer oder den NU1 in Anspruch nehmen.

Der (Haupt)Unternehmer haftet gegenüber den Arbeitnehmern der Nachunternehmer oder Arbeitnehmerüberlasser wie ein Bürge, der auf die Einrede der Vorausklage verzichtet hat, §§ 765; 771; 773 BGB, d.h. der Arbeitnehmer kann direkt gegen haftenden Unternehmer vorgehen. Das MiloG/AEntG gewährt somit dem Arbeitnehmer neben seinem Arbeitgeber einen oder mehrere weitere Schuldner und überlässt ihm die Entscheidung, welchen er in Anspruch nimmt.

Nimmt der Arbeitnehmer den (Haupt)Unternehmer auf die Nettolohndifferenz in Anspruch, geht der Lohnanspruch des Arbeitnehmers gegen seinen Arbeitgeber kraft Gesetzes auf den (Haupt)Unternehmer über, § 774 BGB. Befindet sich der Arbeitgeber in Insolvenz, geht der Regressanspruch ins Leere. Dem (Haupt)Unternehmer bleibt lediglich ein (nur zu gleichen Teilen, d.h. anteiliger!) Rückgriffsanspruch gegen die in der Kette tätigen Nachunternehmer aus dem Gesamtschuldverhältnis, § 426 BGB. Im Interesse des (Haupt)Unternehmers und jedes in der Kette befindlichen Nachunternehmers bedarf es daher einer ausdrücklichen, umfassenden Absicherung des Haftungsrisikos aus § 13 MiLoG; § 14 AEntG im Nachunternehmervertrag (vgl. dazu die Ausführungen in Ziffer 14.7.4).

14.8 Hauptunternehmerhaftung nach AEntG

Zielsetzung des Arbeitnehmer-Entsendegesetzes ist die Schaffung und Durchsetzung angemessener Mindestarbeitsbedingungen für

- grenzüberschreitend entsandte und
- für regelmäßig im Inland beschäftigte Arbeitnehmer,

sowie die Gewährleistung fairer Wettbewerbsbedingungen durch Heranziehung einheitlicher Branchentarifverträge.

Damit finden die in Rechts- oder Verwaltungsvorschriften enthaltenen Regelungen über Mindestentgelte, bezahlten Mindestjahresurlaub, Höchstarbeitszeiten und Mindestruhezeiten usw. auch auf Arbeitsverhältnisse zwischen einem im Ausland ansässigen Arbeitgeber und einem im Inland beschäftigten Arbeitnehmer Anwendung, § 2 AEntG. Darüber hinaus sind gem. §§ 3; 4 AEntG insbesondere die Vorgaben der für allgemeinverbindlich erklärten Tarifverträge in den nachfolgend (nicht abschließend) benannten Branchen zwingend zu beachten:

- Bauhauptgewerbe und Baunebengewerbe im Sinne der Baubetriebe-Verordnung einschließlich der Erbringung von Montageleistungen auf Baustellen außerhalb des Betriebssitzes,
- Gebäudereinigung,
- Briefdienstleistungen,
- Sicherheitsdienstleistungen,
- Bergbauspezialarbeiten auf Steinkohlebergwerken,
- Abfallwirtschaft einschließlich Straßenreinigung und Winterdienst.

Arbeitsbedingungen, die Gegenstand eines relevanten Tarifvertrages sein können, sind insbesondere

- Mindestentgeltsätze einschließlich Überstundensätze,
- die Dauer des Erholungsurlaubs, das Urlaubsentgelt oder ein zusätzliches Urlaubsgeld,
- die Einziehung von Beiträgen und die Gewährung von Leistungen im Zusammenhang mit Urlaubsansprüchen durch eine gemeinsame Ein-

richtung der Tarifvertragsparteien (insbesondere Ansprüche der Urlaubs- und Lohnausgleichskasse der Bauwirtschaft, sog. ULAK oder SOKA-BAU).

Arbeitgeber (z.B. Bauunternehmer), die einer der vorgenannten Rechtsverordnungen oder einem der vorgenannten allgemeinverbindlichen Tarifverträge unterfallen (z.B. TV Mindestlohn Bauhauptgewerbe), sind verpflichtet, ihren im Inland beschäftigten Arbeitnehmern die vorgeschriebenen Arbeitsbedingungen (= Mindestlohn, u.a.) zu gewähren und gegebenenfalls Beiträge an die gemeinsame Einrichtung der Tarifvertragsparteien (= insbesondere Urlaubs- und Lohnausgleichskasse der Bauwirtschaft, sog. ULAK oder SOKA-BAU) zu zahlen, § 8 Abs.1 u. 2 AEntG. Die Verpflichtung trifft sowohl Arbeitgeber mit Sitz im Ausland als auch mit Sitz im Inland.

Wird ein Leiharbeitnehmer vom Entleiher mit Tätigkeiten beschäftigt (z.B. Maurerarbeiten), die in den Geltungsbereich eines der vorgenannten allgemeinverbindlichen Tarifverträge (z.B. TV Mindestlohn Bauhauptgewerbe) oder unter eine vorgenannte Rechtsverordnung fällt, hat der Verleiher die vorgeschriebenen Arbeitsbedingungen (= Mindestlohn) zu gewähren und gegebenenfalls Beiträge an die gemeinsame Einrichtung der Tarifvertragspartei (= Urlaubs- und Lohnausgleichskasse der Bauwirtschaft, sog. ULAK oder SOKA-BAU) zu leisten, § 8 Abs.3 Halbsatz 1 AEntG. Dies gilt auch dann, wenn der Betrieb des Entleihers (z.B. Maschinenbaubetrieb) nicht in den fachlichen Geltungsbereich des Tarifvertrages oder der Rechtsverordnung fällt, § 8 Abs. 3 Halbsatz 2 AEntG. Die Verpflichtung trifft sowohl Verleiher mit Sitz im Ausland als auch mit Sitz im Inland.

Zur Absicherung der aus den vorgenannten Pflichten resultierenden Ansprüche sieht § 14 AEntG eine verschuldensunabhängige, gesamtschuldnerische Haftung des (Haupt)Unternehmers für den Fall vor, dass dieser einen anderen Unternehmer (= Nachunternehmer oder Verleiher) mit der Erbringung von Werk- oder Dienstleistungen beauftragt. Die als gesetzliche Bürgenhaftung ausgestaltete Kettenhaftung umfasst den tarifvertraglichen Mindestentgeltanspruch der vom jeweiligen Nachunternehmer oder Verleiher eingesetzten Arbeitnehmer sowie, im Falle der Ausführung von dem Bauhauptgewerbe unterfallenden Bauleistungen, den Urlaubskassenbeitrag an die Urlaubs- und Lohnausgleichskasse der Bauwirtschaft bzw. der Beiträge an vergleichbare Einrichtungen anderer Branchen.

Der Unternehmerbegriff ist einschränkend auszulegen. Einer Haftung unterliegt nur ein Unternehmer, der sich zur Erfüllung eigener Verpflichtungen (= schuldet die Leistung seinem Auftraggeber) eines oder mehrerer Nachunternehmer bzw. Verleiher bedient und die ihm eigentlich obliegende Pflicht zur Vergütung der von ihm eingesetzten Arbeitnehmer auf den Nachunternehmer bzw. Verleiher verlagert (zu Einzelheiten vgl. die Ausführungen oben in Ziffer 14.7.4).

Ebenso wie der Unternehmerbegriff ist der Begriff „Werk- oder Dienstleistung" entsprechend dem Sinn und Zweck der Haftungsregelung auszulegen und abzugrenzen. Die Haftung des Hauptunternehmers ist nur gerechtfertigt, wenn dieser eine erfolgsorientierte Zusage, d.h. eine klassische werkvertragliche Verpflichtung, oder eine handlungsorientierte, nur unter Zuhilfenahme von Personal umsetzbare Zusage abgegeben hat und sich zur Erfüllung seiner Pflicht eines Nachunternehmers oder Verleiher bedient. Die

Vertragsbeziehung muss damit ein prägendes werk- oder dienstvertragliches Element aufweisen, d.h. Fracht-, Speditions-und Lagerverträge sowie Geschäftsbesorgungsverträge und Auftragsverhältnisse unterfallen der Haftungsregelung.

Kaufverträge in Lieferantenketten scheiden dagegen aus.

Werklieferverträge, in § 6 Abs.1 AEntG ausdrücklich in einem Sonderfall erwähnt, unterfallen bei Lieferung vertretbarer Sachen (= serienmäßig hergestellte neue Waren) aufgrund der Nähe zum Kaufrecht nicht der Haftung, - jedoch bei Lieferung unvertretbarer Sachen (= individuell angefertigte Waren, z.B. Filigrandeckenplatte) unterfallen sie der Haftung aufgrund des überwiegend werkvertraglichen Elements nach § 14 AEntG.

Beispiel: Der Bauunternehmer errichtet im Auftrag des Investors ein Gebäude. Er bestellt beim Fertigteilwerk eine Filigrandeckenplatte und lässt diese anliefern.

Zahlt das Fertigteilwerk weder Mindestlohn noch ggf. Beiträge zur Urlaubskasse, haftet der Bauunternehmer nach § 14 AEntG. Dies ist folgerichtig, da sich der Bauunternehmer mit der Bestellung einer unvertretbaren Sache der Arbeitskraft Dritter (= Arbeitnehmer des Fertigteilwerks) bedient, um eine eigene Leistungspflicht (aus dem Werk mit dem Investor) zu erfüllen und den Einsatz eigenen Personals zu ersparen. Die Filigrandeckenplatte ist nach Vorgabe individuell angefertigt, so dass das werkvertraglich Element überwiegt.

Zu den Aufzeichnungspflichten nach § 19 AEntG vgl. die Ausführungen oben in Ziffer 14.7.4).

14.8.1 Haftung für tarifvertraglichen Mindestlohn

Die Haftung für das Mindestentgelt umfasst aufgrund der Verweisung in § 14 AEntG auf § 8 AEntG die Mindestlöhne in den für allgemeinverbindlich erklärten Tarifverträgen der nachfolgend (nicht abschließend) benannten Branchen:

Bauhauptgewerbe und Baunebengewerbe im Sinne der Baubetriebe-Verordnung einschließlich der Erbringung von Montageleistungen auf Baustellen außerhalb des Betriebssitzes,

- Gebäudereinigung,
- Briefdienstleistungen,
- Sicherheitsdienstleistungen,
- Bergbauspezialarbeiten auf Steinkohlebergwerken,
- Abfallwirtschaft einschließlich Straßenreinigung und Winterdienst.

Zu weitergehenden Details vgl. die Ausführungen oben in Ziffer 14.7.4.

Für Nachunternehmer- bzw. Arbeitnehmerüberlassungsleistungen im Bereich des Bauhauptgewerbes ist damit auf den Tarifvertrag zur Regelung der Mindestlöhne im Baugewerbe im Gebiet der Bundesrepublik Deutschland (TV Mindestlohn) vom 3.5.2013 abzustellen. Der Tarifvertrag sieht einen Mindestlohn 1 (Helfer) in Höhe von 11,30 EUR sowie für Facharbeiter in Höhe von 14,70 EUR vor (Tarifvertrag gekündigt zum 31.12.2017, steht zur Neuverhandlung an).

Für den Bereich des Gerüstbauer-Handwerks sieht die zweite Stufe des Mindestlohntarifvertrages vom 4.7.2015 seit dem 1.5.2017 einen Mindestlohn in Höhe von 11,00 EUR vor.

Im Elektrohandwerk gilt bis 31.12.2017 ein Mindestlohn von 10,40 EUR (Ost) bzw. 10,65 EUR (West), ab 1.1.2018 bundeseinheitlich 10,95 EUR. Im Dachdeckerhandwerk gilt seit dem 1.1.2017 ein bundeseinheitlicher Mindestlohn von 12,25 EUR. Soweit die Nachunternehmerleistungen das Baunebengewerbe betreffen, gelten die jeweiligen, allgemeinverbindlich erklärten Branchenmindestlöhne.

Der Haftungsumfang ist beschränkt auf das Nettoentgelt, das heißt den Betrag, der nach Abzug der Steuern und der Beiträge zur Sozialversicherung und zur Arbeitsförderung oder entsprechender Aufwendungen zur sozialen Sicherung an den Arbeitnehmer auszuzahlen ist, § 14 S.2 AEntG. Bei aus dem Ausland entsandten Arbeitnehmern sind Steuern und Sozialversicherungsabgaben nach ausländischem Recht zu berücksichtigen. Eine pauschalierte Abrechnung unter Zugrundelegung von fiktiven Beiträgen ist nicht zulässig.

Der Arbeitnehmer kann den Anspruch gegen den (Haupt)Unternehmer sowie die in der Nachunternehmerkette eingesetzten Unternehmer und Verleiher geltend machen.

Die Haftung umfasst nur Vergütung für die tatsächlich vom jeweiligen Arbeitnehmer geleistete Arbeit, d.h. weder sind Zeiten des Annahmeverzugs, noch der Entgeltfortzahlung, noch Urlaubsentgelt zu berücksichtigen. Erfasst werden zudem - entgegen dem insoweit uneingeschränkten Wortlaut des § 14 AEntG - nur Vergütungsansprüche des Arbeitnehmers, die bei Ausführung der jeweils vom (Haupt)Unternehmer in Auftrag gegebenen Werk- oder Dienstleistung angefallen sind, d.h. nur die für das jeweilige Projekt geleisteten Stunden.

Beispiel: Der GU beauftragt einen NU, der seinerseits, neben dem Auftrag des GU, drei Projekte im laufenden Jahr abgewickelt hat und Insolvenz anmelden muss.

Die Arbeitnehmer des NU können dem GU gegenüber nur Mindestlohnansprüche aus dem für diesen abgewickelten Auftrag geltend machen. Mindestlohnansprüche aus den anderen Projekten bestehen nur gegenüber dem jeweiligen Auftraggeber.

Beispiel: Der GU beauftragt einen NU, der seinerseits an einen Subunternehmer untervergibt. Dieser setzt auch Mitarbeiter eines Verleihbetriebes ein. Weder Subunternehmer noch Verleihbetrieb zahlen Mindestlohn. Von alledem erfährt der GU erst durch die bei ihm bzgl. der Mindestlohnhaftung anfragenden Mitarbeiter.

Die Haftung des GU ist verschuldensunabhängig, d.h. sie tritt auch unabhängig von der Kenntnis vom Nachunternehmer- oder dem Verleihereinsatz ein.

14.8.2 Haftung für Urlaubskassenbeitrag (Soka-Bau)

Die Haftung umfasst die Zahlung von Beiträgen an eine gemeinsame Einrichtung der Tarifvertragsparteien, soweit eine solche in der jeweiligen Branche durch allgemeinverbindliche Tarifverträge eingerichtet ist.

Damit umfasst die Haftung des (Haupt)Unternehmers im Bereich des Bauhauptgewerbes gem. § 14 S.1; § 8 Abs.1; § 5 S.1 Nr.3 AEntG auch die Zahlung von Beiträgen zum Urlaubskassenverfahren der Bauwirtschaft auf der Grundlage des Tarifvertrages über das Sozialkassenverfahren im Baugewerbe (VTV). Berechnungsgrundlage nach dem VTV ist die Bruttolohnsumme des gewerblichen Arbeitnehmers. Der Arbeitgeber ist gem. § 15 i.V.m. § 18 VTV verpflichtet, monatlich 14,5 v.H. der Bruttolohnsumme an die Einzugsstelle abzuführen. Die Haftung des Hauptunternehmers gem. § 14 AEntG ist im Umkehrschluss zu § 14 S.2 AEntG nicht auf den sich aus dem Mindestlohn ergebenden Urlaubskassenbeitrag begrenzt, sondern umfasst auch einen sich gegebenenfalls aus höherem Arbeits- oder tarifvertraglichem Bruttolohn ergebenden Beitrag.

Die Haftung des (Haupt)Unternehmers ist verschuldensunabhängig. Sie besteht auch, wenn dieser nichts von einem weiteren Nachunternehmer- bzw. Verleihereinsatz wusste.

14.8.3 Exkurs: Sozialkassen des Bauhaupt- und -nebengewerbes

Neben der gesetzlichen Grundabsicherung bestehen in Deutschland von Branche zu Branche sehr unterschiedliche, üblicherweise auf allgemeinverbindlicher tarifvertraglicher Grundlage basierende Vereinbarungen zur sozialen Absicherung. Im Baubereich ist insbesondere das Urlaubskassenverfahren etabliert, so im Gerüstbaugewerbe und im Maler- und Lackiererhandwerk sowie insbesondere im Bereich des Bauhauptgewerbes.

Für den Bereich des Bauhauptgewerbes erbringt die SOKA-BAU eine Vielzahl von Leistungen, die auf die besondere Situation der Betriebe und der Arbeitnehmer der Bauwirtschaft abgestimmt sind. Die tarifvertraglich geregelten Verfahren, welche die SOKA-BAU umsetzt, gleichen branchenspezifische Nachteile aus, die Arbeitnehmern in der Bauwirtschaft entstehen.

Die Teilnahmeberechtigungen bzw. -verpflichtung folgt allgemein aus der Branchenzugehörigkeit des Betriebes. Entsprechende Unterteilungen enthält das „Systematische Verzeichnis der Produktionsgütergruppen (SYPRO)", die Baubetriebe-Verordnung sowie die Regelungen im Geltungsbereich des Tarifvertrages über das Sozialkassenverfahren im Baugewerbe (VTV) i.V.m. der „Großen Einschränkungsklausel" für Allgemeinverbindlicherklärungen von Tarifverträgen für das Bauhauptgewerbe (Bundesanzeiger vom 4.11.2013).

Der Bauwirtschaft werden vor allem solche Betriebe zugeordnet, bei denen die Wertschöpfung im Wesentlichen auf der Baustelle erfolgt. Zur Investitionsgüterindustrie zählen solche Betriebe, bei denen die Wertschöpfung im Wesentlichen in einer Produktionsstätte (Werkstatt) erfolgt. § 2 Baubetriebe-Verordnung listet Branchen und Betriebe auf, die nicht der Förderung der ganzjährigen Beschäftigung durch Saison-Kurzarbeitergeld unterfallen und damit gewerblich nicht überwiegend Bauleistungen erbringen, so z.B.

nach § 2 Nr. 13 der reine „Stahlbau" als zur Investitionsgüterindustrie zählend.

Rechtsgrundlage für die Teilnahmeberechtigung am Sozialkassenverfahren der Bauwirtschaft ist der Tarifvertrag über das Sozialkassenverfahren im Baugewerbe (VTV). Es gilt insoweit der Grundsatz der „Tarifkonkurrenz", d.h. der jeweils tatsächlich geltende speziellere Tarifvertrag und das für die betreffende Branche speziellere Vergütungs- und Absicherungssystem gehen stets vor. Der speziellere und branchenspezifischere Tarifvertrag verdrängt stets andere tarifvertragliche Regelwerke, auch wenn diese für allgemein verbindlich erklärt wurden, vgl. die Regelungen in der „Großen Einschränkungsklausel" für Allgemeinverbindlicherklärungen von Tarifverträgen für das Bauhauptgewerbe (Bundesanzeiger vom 4.11.2013).

In Einzelfällen kann es zu Überschneidungen kommen, z.B. wenn ein „Stahlbauunternehmen" eine schlüsselfertige Gesamtleistung anbietet und klassische Gewerke des Bauhauptgewerbes nicht durch Subunternehmer sondern durch betriebseigene Abteilungen ausführen lässt. Derartige Überschneidungen und eine mögliche Beitragspflicht können durch Ausgründung oder rechtliche Verselbstständigung eingegrenzt werden. Diskussionspotenzial bieten auch „Stahlbauunternehmen", die als Metall verarbeitende Unternehmen weder beim Arbeitgeberverband Gesamtmetall noch bei einer Schlosser- oder Metallbauinnung organisiert sind.

Neben den Sozialkassen des Bauhauptgewerbes sind die „Urlaubskasse des Maler- und Lackiererhandwerks e.V." sowie die „Zusatzversorgungskasse des Maler und Lackiererhandwerks VVaG" (UK und ZVK Maler und Lackiererhandwerk) für Stahlbauunternehmen von Bedeutung, wenn im Betrieb Korrosionsschutzarbeiten - entweder maschinell, quasi in industrieller Serienfertigung oder althergebracht „von Hand" - ausgeführt werden.

14.8.4 Möglichkeiten der Verringerung von Haftungsrisiken

Die Haftung nach § 14 AEntG kann nicht vertraglich ausgeschlossen werden. Es bestehen jedoch diverse Möglichkeiten, das Haftungsrisiko zu verringern. Die verschiedenen Möglichkeiten sind nicht jeweils als eigenständige Option anzusehen sondern entfalten, abgestimmt auf das konkrete Projekt und die individuelle Situation, in Kombination miteinander eine weitgehende Haftungsminimierung:

- Einfordern allgemeiner Nachweise, wie Gewerbeanmeldung, Handelsregisterauszug, steuerliche Freistellungsbescheinigungen, handwerksrechtliche Bestätigungen, Eigenerklärung zu Umsatz und Anzahl von Arbeitskräften, etc.,
- vertragliche Verpflichtung zur Zahlung von Mindestlohn und Urlaubskassenbeitrag,
- vertragliche Verpflichtung zur Vorlage konkreter Nachweise, Unterlagen, Erklärungen und Vollmachten, insbesondere:
  - Nachweis der Zahlung des Mindestlohns (auch baubegleitend),

- Nachweis der Zahlung des Urlaubskassenbeitrags durch sog. „Bürgen-Frühwarnsystem" und „Enthaftungsbescheinigung" der SOKA-BAU sowie bestehender Präqualifikation (www.sokabau.de),
- vertragliche Vereinbarung von Kontrollrechten des Hauptunternehmers auf der Baustelle (Feststellung von Personalien usw.),
- vertragliche Vereinbarung zur Durchsetzung der Kontrollregelungen durch Vereinbarung einer Vertragsstrafe, von Zurückbehaltungsrechten, von Sonderkündigungsrechten, etc.,
- vertragliche Vereinbarungen des Verbots der Weitervergabe von Aufträgen, ggf. unter Benennung von Auflagen und Vorbehalten,
- Vereinbarung einer Freistellungsvereinbarung für den Fall einer Inanspruchnahme, Vereinbarung von Sicherheitsleistungen.

Soweit vertraglich die Beibringung von Unbedenklichkeitsbescheinigungen und sonstigen Nachweisen vereinbart ist und diese nicht vorgelegt werden, berechtigt dies zu einem angemessenen Einbehalt vom Werklohn. Eine solche Vereinbarung gilt auch gegenüber dem Insolvenzverwalter.

Im Hinblick auf die bestehende Bußgeldhaftung aus § 23 Abs.2 AEntG bzw. § 21 Abs.2 MiLoG, die bereits an einen Fahrlässigkeitsvorwurf anknüpft, bedarf es vor Beauftragung des Nachunternehmers immer einer Überprüfung des Angebotes und entsprechender Dokumentation im Hinblick auf die Auskömmlichkeit der Preise vor dem Hintergrund der bestehenden Pflicht zur Mindestlohnzahlung sowie ggf. der Teilnahmepflicht am Urlaubskassenverfahren.

15 Streit vermeiden – Konflikte bearbeiten (Hammacher)

15.1 Lohnt sich der Streit?

Wenn Sie sich für dieses Kapitel interessieren, haben Sie vermutlich ein Problem, von dem Sie glauben, dass Sie es nicht mehr alleine lösen können. Sie denken darüber nach, ob Sie nicht die Hilfe Dritter in Anspruch nehmen sollten.

Bevor Sie jedoch diesen Schritt vollziehen, sollten Sie noch einmal genau Ihre Ausgangslage überprüfen:

- Sind die technischen Gegebenheiten wirklich so eindeutig wie Sie das bisher behauptet haben?
- Was sagt der Vertrag über die Risikoverteilung?
- Wie leicht lassen sich Schwachpunkte in Ihrer Argumentation, die Sie selbst schon erkannt haben, aufdecken?
- Können Sie Ihre Behauptungen auch beweisen?

„Recht haben und Recht bekommen sind zweierlei" sagt der Volksmund und so unbefriedigend dies auch für jedermann sein muss: Es liegt ein Körnchen Wahrheit darin. Es macht keinen Sinn, allein mit der Überzeugung „im Recht zu sein", Anwälte und Gerichte zu bemühen, wenn Sie bereits selbst ahnen, dass Sie Ihre Ansprüche wohl nicht werden durchsetzen können.

Dazu ist die Zeit und das Geld zu schade: Bedenken Sie, dass alle Streitigkeiten, die Sie vor einem Gericht oder einem Schiedsgericht austragen, Monate, wenn nicht Jahre in Anspruch nehmen. Oft ist die Wut über eine Ungerechtigkeit, die Ihnen widerfahren ist, schon längst verraucht, haben Sie Ansprüche, die sie nicht realisieren konnten, gedanklich oder tatsächlich schon längst abgeschrieben, beschäftigen Sie sich schon längst wieder mit ganz anderen Dingen, wenn die Angelegenheit in eine Phase der Entscheidung kommt. Währenddessen müssen Sie sich ständig mit der Angelegenheit beschäftigen, müssen Sie für Ihre Anwälte die Fakten aufbereiten, die Sie in dem Verfahren vortragen wollen. Sie kämpfen gegen die menschliche Vergesslichkeit, die plötzlich Sie selbst, aber auch die von Ihnen benannten Zeugen erfasst und zu verblüffenden Ergebnissen führen kann.

Es versteht sich von selbst, dass diese Zeit bei Ihnen auch interne Kosten verursacht. Diese internen Kosten ersetzt Ihnen im Falle einer gerichtlichen Auseinandersetzung niemand.

Führen Sie ein Gerichtsverfahren und verlieren Sie den Prozess, so müssen Sie außer den Gebühren für den eigenen Anwalt auch die Gebühren des Gerichts sowie die Gebühren des Sachverständigen und diejenigen der gegnerischen Anwälte übernehmen. Sie müssen also abwägen, ob die Höhe der in Frage stehenden Summe im rechten Verhältnis zu dem Prozesskostenrisiko steht. Bei der Ermittlung des Prozesskostenrisikos müssen Sie in Ihrer Kalkulation mit dem für Sie ungünstigsten Ausgang des Verfahrens rechnen, d.h. der Übernahme nicht nur der eigenen, sondern auch der gegnerischen Anwaltskosten zzgl. Verfahrenskosten.

Einige **Beispiele** unter Zugrundelegung des Rechtsanwaltsvergütungsgesetzes (RVG) und des Vergütungsverzeichnisses (VV) in EUR sollen dies aufzeigen:

Streitwert	Kosten in der 1. Instanz (Gericht, 2 RAe) netto	weitere Kosten für 2. Instanz netto
2.000,- EUR	1.057,- EUR	1.236,00 EUR
10.000,- EUR	3.553,- EUR	4.128,50 EUR
100.000,- EUR	10.633,- EUR	12560,80 EUR
500.000,- EUR	26.713,- EUR	32.176,80 EUR
1.000.000,- EUR	39.613,- EUR	47.776,80 EUR

Die Anwaltskosten erhöhen sich deutlich, wenn ein gerichtlicher Vergleich geschlossen wird, was den Vorteil der Rückerstattung von nicht verbrauchten Gerichtskosten meist aufhebt. Bei Vernehmung von Zeugen, sind diese für die ausgefallene Zeit zu entschädigen. Werden Sachverständige eingeschaltet, sind auch deren Leistungen zu bezahlen. Letzteres kann empfindlich zu Buche schlagen.

Viele Rechtsanwälte vereinbaren nicht nur für ihre Beratungsleistungen sondern auch für ihre gerichtliche Tätigkeit eine Vergütung nach Stundenaufwand – vor allem, wenn der Streitwert gering, die Arbeit aber voraussichtlich hoch ist. Der Rechnungsbetrag darf nicht unter der Vergütung nach RVG liegen.

Je nach Größenordnung des Streitfalls und des betroffenen Betriebes kann es deshalb bei nüchterner Abwägung der Risiken und Vorteile vernünftiger sein, den Groll herunterzuschlucken und zurückzustecken.

15.2 Verhandeln

Wenn Sie sich dieses alles überlegen, könnte es sein, dass Sie sich vor Ergreifen von gerichtlichen Maßnahmen doch noch einmal einen außergerichtlichen Kompromissvorschlag versuchen möchten (**Muster-AN+AG 09**). Vielleicht helfen Ihnen dabei die folgenden Überlegungen:

Auch der potentielle Gegner trägt Risiken. Er muss die gleichen Abwägungen treffen, wie Sie es getan haben. Manchmal nutzt es, ihm dies anhand konkreter Beispiele klar zu machen.

Überprüfen Sie, ob Sie Ihre Argumente in einer Form vorgetragen haben, die den anderen überzeugt. Wortgefechte, Drohungen und vorwurfsvolle bis beleidigende Briefe ersetzen keine Sachdiskussion.

Haben Sie Ihr Problem einem Ratgeber vorgetragen, der die Sache beurteilen kann? Zu denken ist hier an technisch versierte Kollegen, einen Privatgutachter oder - wenn es um die vertragliche und juristische Fragestellung geht - einen Rechtsanwalt, der sich im Werkvertrags- und Baurecht auskennt. Das Gespräch mit dem Experten, aber auch seine Hilfe bei der Formulierung von Schriftsätzen kann zur Versachlichung der Auseinandersetzung beitragen und die Dinge auf den Kern zurückführen. Es kann aber auch dazu führen, dass Sie Fehler in Ihren eigenen Überlegungen erkennen und Sie so möglicherweise davor bewahrt werden, einem Irrweg zu folgen, der sich auf Ihre wirtschaftliche Situation auswirken könnte.

Bestehen zwischen Ihnen und Ihrem Vertragspartner bereits "atmosphärische Störungen", die eine sachliche Auseinandersetzung unmöglich machen, dann überlegen Sie bitte, wie Sie diese zuerst abbauen, bevor Sie die Diskussion fortsetzen. Wenn nun einmal Fehler gemacht wurden, ist es manchmal besser, sie zuzugeben als zu leugnen. Der Vertragspartner wird in vielen Fällen Ihre Aufrichtigkeit und Ihr ernstliches Bemühen, den Fehler zu korrigieren, zu würdigen wissen. Das Vertrauen wird wieder hergestellt und kommt Ihnen zugute, wenn später in einem anderen Zusammenhang nicht Sie, sondern Ihr Vertragspartner die Verantwortung für auftretende Probleme trägt. Erinnern Sie sich in diesen schwierigen Situationen auch daran, dass Verständnis für die Gegenseite, Freundlichkeit und kleine menschliche Gesten schon so manches schwierige Gespräch entkrampft und damit den Weg zu einer sachlichen Auseinandersetzung geöffnet haben.

15.3 Mediation

15.3.1 Verfahren

Bilaterale Verhandlungen kommen u.U. an einen Punkt, bei dem sich nichts mehr bewegt. Dann kann es sinnvoll sein, eine dritte Person hinzuziehen, einen Mediator (aus dem Lateinischen „medias"- die Mitte). Mit seiner Hilfe erarbeiten die Konfliktpartner Lösungsmöglichkeiten im direkten Gespräch miteinander. Anders als bei den (schieds-)gerichtlichen Entscheidungen bleiben die Streitparteien also selbst für „ihren" Konflikt verantwortlich und suchen aktiv nach einer Lösung.

Das scheint im ersten Augenblick überraschend: Die Streitparteien haben sich bereits monatelang auseinandergesetzt – ohne Erfolg. Und jetzt soll durch Hinzuziehung eines Dritten das Problem überwunden werden?

Der Erfolg gibt der Methode Recht. Nach internationalen Untersuchungen endet die Mehrzahl der eingeleiteten Mediationsverfahren mit einer Abschlussvereinbarung.

Der Mediator schafft einen Perspektivenwechsel; er hilft als Vermittler dabei, die Scheuklappen abzulegen und mit erweitertem Blick an die gemeinsame Aufgabe heranzugehen, Emotionen abzubauen und sachlich, konstruktiv und zukunftsorientiert an der Lösung zu arbeiten.

Wer wäre mehr dazu berufen, Probleme, die sich während der Auftragsabwicklung stellen, zu klären, als diejenigen, die das Projekt gemeinsam geplant und bis zum Eintritt des Konfliktes auch erfolgreich gemeinsam durchgezogen haben? Warum also die Entscheidung Dritten überlassen? Die Mediation stellt den erforderlichen Rahmen und die Struktur zur Verfügung, damit die Parteien ihre Kompetenz einbringen.

Für die am Bau beteiligten Fachleute, Architekten, Fachplaner, Projektsteuerer, etc. ist der Mediator kein Konkurrent. Bei ordentlicher Schnittstellendefinition führt sein Einsatz vielmehr zur Versachlichung, Deeskalation und damit zu ihrer spürbaren Entlastung; die Fachleute können ihre Arbeit wieder zielgerichtet und effizient erledigen.

International, z.B. in den USA, Australien und vielen asiatischen Ländern gehört die Mediation zum Standard (ADR „Alternative Dispute Resolution"). Viele internationale Verträge sehen Mediation oder ähnliche Verfahren zur Streitbeilegung vor.

15.3.2 Vorteile

Der Bundesgerichtshof hat in ständiger Rechtsprechung (BGH, Urt. v. 23.5.1996, Az. VII ZR 245/94, NJW 1996, 2158; BGH, Urt. v. 28.10.1999, Az. VII ZR 393/98, NJW 2000, 807; BGH, Urt. v. 26.1.2001, Az. V ZR 462/99, IBRRS 5744) die Verpflichtung der Baubeteiligten betont, zu kooperieren und aktiv an dem Gelingen des Projektes mitzuwirken. Er hat herausgestellt, dass das Verharren auf herkömmlichen Konfliktbeziehungen gerade bei komplexen Bauverträgen sinnlos ist und die Parteien verpflichtet sind, sich frühzeitig zu verständigen. Verstöße gegen das Kooperationsgebot werden mit Verschlechterungen der ansonsten zunächst günstigen Rechtslage sanktioniert.

Entschließt sich der Auftraggeber bereits von vorneherein, in den Vertragsverhandlungen, spätestens jedoch bei Erkennbarwerden von Konflikten, die Einbeziehung eines Mediators vorzuschlagen, kann dies das Vertrauen der Vertragspartner in den Auftraggeber entscheidend verbessern. Indem er den Vertragspartnern anbietet, die Verhandlungsführung einem neutralen Dritten zu übertragen, nimmt er sich selbst zurück und verzichtet auf die unmittelbare Ausübung von Macht zugunsten einer sachlichen Konfliktlösung. Das ist honorig und wird von dem Vertragspartner anerkannt werden. Freilich ist damit nicht ohne weiteres auch ein Nachgeben verbunden. Aber der Stärkere dokumentiert seine Bereitschaft, die Interessen seiner Vertragspartner zur Kenntnis zu nehmen und mit ihnen eine, an der Sache orientierte Lösung anzustreben.

Gleichzeitig fördert diese Vorgehensweise das Renommee des Auftraggebers erheblich, zumal bei Bauprojekten, die sich einer gewissen öffentlichen Begleitung sicher sein können, wie etwa bei der Sanierung von Mietwohnungen durch einen privaten Bauträger zum Zwecke des späteren Verkaufs mit Gewinn oder generell bei Projekten der öffentlichen Hand. Die Mediation erlaubt die Einbeziehung aller betroffenen evtl. auch aller interessierten Kreise. So kann mit Hilfe der Mediation auch dafür gesorgt werden, dass Presse und Fernsehen nicht tendenziös von den einzelnen Parteien, sondern sachorientiert von allen Streitparteien gemeinsam informiert wird.

Schließlich kann die Mediation einen Beitrag zur Effizienzsteigerung der Auftragsabwicklung und damit zur Kostenersparnis leisten. Strukturierte Verhandlungen unter professioneller Führung bedeuten Zeitersparnis gegenüber „Teppichhandel" und endlosen Beschuldigungen. Je besser der Mediator dabei laufend über den Fortgang des Projektes informiert ist, desto besser kann er die Parteien zu einer erfolgsorientierten Vorgehensweise motivieren.

15.3.3 Kosten

Die Kosten der Mediation liegen in aller Regel deutlich unter den Verfahrenskosten der herkömmlichen Konfliktlösungsmethoden. Dies gilt vor allem dann, wenn man die enormen Transaktionskosten berücksichtigt, die sich im Unternehmen selbst durch lang andauernde Konfliktbearbeitung ergeben.

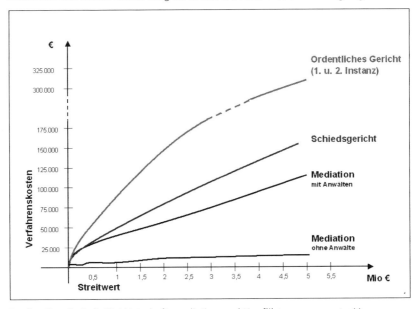

Quelle: Gesellschaft für Wirtschaftsmediation und Konfliktmanagement e.V.

15.3.4 Auswahl der Mediatoren

Für Mediationen in Konfliktsituationen sollte man Mediatoren wählen, die neben einer Fachausbildung eine intensive, praktische Ausbildung absolviert haben. Auch sollten sie eine gute „Feldkompetenz" in den zu verhandelnden Sachfragen haben. Man muss kein Jurist sein, um Mediator werden zu können. So finden sich unter den Mediatoren viele interessante Menschen mit unterschiedlichsten Lebensläufen, oft mit psychologischem oder sozialem Hintergrund. Je nach Fallkonstellation kann eine Co-Mediation mit unterschiedlichem Background, Alter oder Geschlecht für die Streitparteien sehr fruchtbar sein. In Verfahren mit bau- oder planungsrechtlichem Bezug ist eine Co-Mediation aus Baurechtler und Ingenieur/Planer optimal (siehe z.B. www.mediation-planenundbauen.de).

15.4 Privatgutachten

Jede Seite hat jederzeit das Recht, ihre eigene Haltung durch Hinzuziehung eines Sachverständigen zu untermauern.

Das macht natürlich nur dann Sinn, wenn dieser Sachverständige auch tatsächlich für das konkrete Problem als Experte ausgewiesen ist. Bei den Industrie- und Handelskammern und den Handwerkskammern liegen öffentliche Listen aus von Personen, die die Voraussetzungen erfüllt haben, um von den Kammern zu vereidigten Sachverständigen ernannt zu werden. Aber auch Experten, die in Wissenschaft und Technik einen Namen haben, können sich sachverständig äußern, ohne vereidigt zu sein.

Die Gegenseite wird die Argumente des Privatgutachters eher zur Kenntnis nehmen, wenn er bekannt ist und auch von der Persönlichkeit her über jeden Verdacht erhaben ist, gegen Honorierung „Gefälligkeitsgutachten" abzugeben. Es kann deshalb nützlich sein, sich vor Beauftragung eines Sachverständigen bei der Gegenseite darüber zu erkundigen, ob grundsätzliche Bedenken gegen den Vorschlag bestehen. Allerdings ist die Gegenseite nicht zur Mitwirkung bei der Auswahl und Beauftragung des Privatgutachters verpflichtet.

Die prozessuale Bedeutung des Privatgutachtens ist allerdings beschränkt. Da er von einer Seite beauftragt wird, sind seine Ausführungen nur wie die eigenen Ausführungen der Partei zu betrachten. Seine Expertenmeinung ersetzt insbesondere noch nicht ein evtl. gerichtlich angeordnetes Sachverständigengutachten. Für ein solches wird sich das Gericht entscheiden, wenn aufgrund der bisherigen Ausführungen der Parteien (und ihrer Gutachter) noch keine Entscheidung getroffen werden kann.

Andererseits ist nicht zu unterschätzen, dass die sachkundige Stellungnahme einer anerkannten Autorität bei Gericht Gewicht hat. Auch ein vom Gericht bestellter Sachverständiger wird sich das Privatgutachten ansehen und in die eigenen Überlegungen einfließen lassen.

Hat die Gegenseite ihrerseits bereits ein Privatgutachten vorgelegt, kann es sinnvoll sein, die eigene Position zu stärken, indem man die Ausführungen dieses Gutachters durch einen "eigenen" Gutachter überprüfen lässt. Letztlich entscheidend ist die Kompetenz, mit der der Privatgutachter an seine Aufgabe herangeht.

15.5 Selbständiges Beweisverfahren

15.5.1 Allgemeines

Die Zivilprozessordnung sieht die Möglichkeit vor, ohne Prozess in der Hauptsache das Gericht zur Bestellung eines unabhängigen und neutralen Sachverständigen zu veranlassen. Auf Antrag nur einer Partei bestimmt das Gericht einen Gutachter, der in der Lage ist, die von der Partei formulierten (und von dem Gericht ggf. umformulierten) Fragen zu beantworten. Die beantragende Partei kann für die Benennung des Sachverständigen einen Vorschlag unterbreiten; das Gericht ist hieran aber nicht gebunden. Sehr zu empfehlen wäre es, wenn sich die Parteien auf den richtigen Sachverständigen einigen könnten und diesen gemeinsam dem Gericht empfehlen. Leider ist das Misstrauen im Konfliktfall so groß, dass dies nur ganz ausnahmsweise gelingen wird.

Das selbständige Beweisverfahren ist grundsätzlich geeignet, den Konflikt zu begrenzen: Hat der Sachverständige gründlich recherchiert und methodisch korrekt gearbeitet und kommt er zu einem für beide Parteien nachvollziehbaren Ergebnis, so wird sich in vielen Fällen ein aufwendiger Folgeprozess vermeiden lassen. Hat der Sachverständige einen Verursacher des Schadens ermittelt und eine Zuweisung aus technischer Sicht vorgenommen, wird sich der Unterliegende sehr oft fragen, ob es sich lohnt, trotz der Ergebnisse des Sachverständigen den Streit fortzuführen. Dazu wird er sich nur entscheiden, wenn entweder die Ergebnisse zu entkräften sind oder wenn es rechtliche Gründe gibt, die trotz technischer Belastung eine andere Risikozuweisung ergeben.

15.5.2 Rechtliche Bedeutung des selbst. Beweisverfahrens

Diejenige Partei, die im Prozess Behauptungen aufstellt, muss diese auch beweisen. Der Beweis durch Sachverständigengutachten ist legitim und effektiv. Kommt es trotz des vorgängigen selbständigen Beweisverfahrens zu einem Hauptverfahren, so sind die Feststellungen des gerichtlich bestellten Sachverständigen in diesem Hauptverfahren zu nutzen, oft wird eine erneute technische Beweisaufnahme entbehrlich.

Da das selbständige Beweisverfahren sich ausschließlich um die Feststellung von Tatsachen oder die Erforschung von Ursachen bemüht, ist es im Idealfall auch geeignet, relativ schnell Feststellungen zum Zustand einer Sache zu treffen. Dies ist für den Auftragnehmer von großer Bedeutung, wenn er noch in der Erfüllung seiner Leistungen steckt und angebliche Mängel schnell beseitigt werden müssten, um mit dem Bauwerk nicht in Verzug zu geraten.

Die zweite rechtliche Bedeutung kommt den Fristen zu. Durch die Einleitung des Verfahrens werden die Verjährungsfristen nach § 203 BGB gehemmt (siehe oben Kapitel 5 „Störungen in der Auftragsabwicklung durch den Auftragnehmer", dort Ziffer 5.13 „Verjährung der Ansprüche des Auftraggebers").

15.5.3 Streitverkündung

Das selbständige Beweisverfahren kann auf alle an dem Konflikt beteiligten Parteien ausgedehnt werden. Für die Beteiligten macht es durchaus Sinn, das Verfahren zu begleiten und u.U. bei den Ortsbegehungen und Anhörungen des Sachverständigen ihren Beitrag zur Wahrheitsfindung zu leisten. Nur so kann sichergestellt werden, dass auch alle Argumente ausreichend gehört werden.

Feststellungen, die so von dem Sachverständigen getroffen werden, haben auch in dem Verhältnis zwischen dem Streitverkünder und dem Streitverkündeten Bedeutung, ggf. auch in einem dann später zwischen diesen zu führenden Prozess.

15.5.4 Verfahren

Die Durchführung des selbständigen Beweisverfahrens muss bei demjenigen Gericht beantragt werden, das für die Entscheidung in der Hauptsache zuständig wäre oder das bereits in der Hauptsache mit der Angelegenheit befasst ist. Der Antragsteller (sofern er Kaufmann ist) muss also ggf. seinen Vertrag auf Gerichtsstandsvereinbarungen überprüfen. Er muss in dem Antrag die Beweistatsachen vortragen und sie glaubhaft machen. Ferner sind nach Aufforderung durch das Gericht ein Gerichtskostenvorschuss und ein Vorschuss für die Gutachterkosten einzuzahlen.

Dies alles kann der Antragsteller gem. § 486 Abs.4 ZPO und § 78 Abs.3 ZPO selbst und ohne Anwalt einleiten. Zu empfehlen ist dies allerdings nicht, denn die einzelnen Schritte und Formulierungen sollten gut überlegt sein, um auch im Hinblick auf einen später vielleicht doch zu führenden Hauptprozess gewappnet zu sein.

Das Verfahren ist beendet, wenn das Gutachten vorliegt und die Fristen für die Prüfung und Stellungnahme abgelaufen sind. Sechs Monate nach Beendigung des selbständigen Beweisverfahrens endet die Hemmung der Verjährung, § 204 Abs.2 BGB. Also Fristen genau notieren und prüfen!

15.6 Schiedsgutachter

Eine weitere Möglichkeit, ohne Gerichtsverfahren eine Einigung zu erzielen, besteht in der Beauftragung eines Schiedsgutachters. Auftragnehmer und Auftraggeber, die sich über ein bestimmtes Problem nicht einigen können, beauftragen gemeinsam eine fachkundige dritte Person, die den Streit für sie entscheiden soll.

Dieser Weg setzt ein hohes Vertrauen in die Integrität und Sachkunde des Schiedsgutachters voraus. Das trifft zwar im Grunde auch auf den Privatgutachter oder den vom Gericht bestellten Sachverständigen zu. Hier soll jedoch der Gutachter zugleich auch Richter sein. Er muss unter Umständen auch die juristischen Rahmenbedingungen einschätzen und einen Vertrag auslegen können. Eine Überprüfungsinstanz für sein „Urteil" gibt es nicht, außer bei groben Rechtsverstößen.

Dennoch kann der Schiedsgutachter in vielen Fällen für die Beteiligten die richtige Strategie zur Konfliktlösung sein:

- Bei lang laufenden Projekten, bei denen stets mit Störungen zu rechnen ist, ist es sinnvoll, jemanden zu benennen, der technische Entscheidungen fällt, auch wenn dadurch die eine oder andere Partei benachteiligt werden sollte. Zu hoch sind die Nachteile, die durch Bauverzögerungen für alle Beteiligten entstehen könnten.

- Bei internationalen Großprojekten ist dies durchaus üblich, wobei sogar eine Entscheidung durch einen von dem Auftraggeber bestimmten Sachverständigen in Frage kommt.

Beispiel: FIDIC, Ziffer 3. „Engineer", insbesondere Ziffer 3.3

Die Entscheidungen können verbindlich oder vorläufig sein. Die Rechtsfolgen der Entscheidung richten sich nach dem Vertrag, z.B. Nachträge oder Kostentragung.

Besonders sinnvoll ist der Einsatz von Schiedsgutachtern, wenn sowieso ein Sachverständiger vor Ort sein muss.

Beispiel: Ein Bauträger sieht in seinen Bauträgerverträgen mit den kaufwilligen Interessenten vor, dass bei der Abnahme des fertig gestellten Gebäudes ein neutraler Sachverständiger anwesend ist, der das zu übergebende Gebäude auf Herz und Nieren überprüft.

Stellt der Sachverständige bei der Abnahme Mängel fest, wird es in vielen Fällen nur noch darum gehen, um wie viel der Kaufpreis gemindert werden darf, denn ein Rücktritt, eine Kündigung oder Schadensersatz wird ernstlich nicht in Betracht kommen, eine Nacherfüllung vielleicht aus Zeit- oder Zumutbarkeitsgründen vom Auftraggeber abgelehnt wird.

Haben sich die Parteien bereits bei Vertragsschluss auf einen Schiedsgutachter geeinigt, wobei nach der Rechtsprechung das Wahlrecht nicht durch AGB unbillig beschnitten werden darf, kann dieser schnelle und effektive Entscheidungen fällen.

Die Aufgabenstellung an den Schiedsgutachter wird sich im technischen Bereich bewegen. Juristische Fragen, wie die Auslegung des Vertrages, Gestaltungen der Rechtsbeziehungen, etc. werden die Parteien möglicherweise lieber einem Experten aus dem rechtlichen Bereich anvertrauen. Zwingend ist dies aber nicht.

Sinnvoll kann hier eine vorausschauende vertragliche Gestaltung sein, die den in erster Linie für die technischen Fragen zuständigen Sachverständigen mit einem Mediator (siehe oben Ziffer 15.3 „Mediation") zusammenbringt, der sich um eine lösungsorientierte Verhandlung kümmert. Ein solches Team aus technisch/juristisch/kommunikativer Kompetenz kann den eingebrochenen Karren wieder auf den richtigen Weg ziehen.

15.7 Schlichtung, Adjudikation, Expertenschlichtung

15.7.1 Schlichtung

Insbesondere Kammern und Berufsverbände haben Schlichtungsordnungen, die die Beilegung mit Hilfe eines neutralen Dritten vorsehen. Aber auch für den Baubereich werden Schlichtungen vorgeschlagen.

Beispiele: SOBau Schlichtungs- und Schiedsordnung für Baustreitigkeiten der ARGE Baurecht des Deutschen Anwaltvereins

Die Schlichtungsordnungen sind sehr unterschiedlich und lassen dem Schlichter, der von den Parteien oder von den Kammern benannt wird, einen gewissen Spielraum, wie er das Verfahren zu einem Erfolg bringen will. Je nach der zugrunde liegenden Ordnung oder Vorgabe der Parteien ist der Schlichter entweder nur gehalten, die Parteien zu einer Lösung zu führen, selbst einen Vorschlag zur Lösung zu formulieren oder sogar eine

Entscheidung zu fällen. Letzteres entspricht der Aufgabe eines Schiedsrichters.

Internationale Verträge sehen häufig ebenfalls Verfahren vor, die einzuleiten sind, bevor ein Schiedsgericht oder ein ordentliches Gericht angerufen werden darf. Hier hat sich der Begriff des „Dispute Adjudication Board" etabliert. Welche Kompetenzen dieser Board hat, wie er zusammengesetzt ist und ob er den Weg der Mediation gehen oder eher wie ein Schiedsgericht arbeiten soll, ist möglichst bereits bei Vertragsschluss zu geregelt.

Beispiel: FIDIC, Ziffer 20

15.7.2 Adjudikation

Für Deutschland noch relativ neu ist der Vorschlag zur verbindlichen Einführung eines Adjudikations-Verfahrens nach englischem Vorbild für Bauprojekte, an denen Verbraucher nicht beteiligt sind. Die Parteien sollen ihre Streitigkeiten vor Klageeinreichung zunächst einem auch juristisch geschuldeten Ingenieur vorlegen, der innerhalb einer bestimmten Frist (in der Diskussion sind 30 bis 60 Tage) eine vorläufig verbindliche Entscheidung trifft (näheres hierzu unter Veröffentlichungen bei www.drhammacher.de/). Es ist nicht zu erwarten, dass der Gesetzgeber kurzfristig diese Vorschläge aufgreifen wird. So wird die Adjudikation auch weiterhin nur bei Großprojekten mit ausländischer Beteiligung angewendet werden, obwohl die Idee einer stärkeren Einbindung technischer Kompetenz und einer (relativ) schnellen vorläufigen Entscheidung viel zur Vermeidung von Bauprozessen beitragen könnte.

15.7.3 Experten-Schlichtung-Bau

Ebenfalls auf Basis einer Vereinbarung kommt die hier vorgestellte Experten-Schlichtung-Bau zur Anwendung (www.experten-schlichtung-bau.de).

Das Verfahren kombiniert bewährte Bausteine aus Mediation, Adjudikation, Schlichtung und Schiedsgutachten. Es kommt wegen der relativ geringen Kosten und der hohen Geschwindigkeit auch schon für Streitigkeiten mit einem Wert ab ca. EUR 20.000,- in Betracht.

<u>Experten-Schlichter</u>

Es werden in der Regel zwei Experten-Schlichter tätig, und zwar ein öffentlich bestellter und vereidigter Sachverständiger mit besonderen Kenntnissen in dem technischen Gebiet, um das es geht und einem im Baurecht und Schiedsverfahrensrecht versierten Rechtsanwalt. Wichtig: Beide Experten-Schlichter haben eine Zusatzqualifikation als Mediator.

<u>Konfliktklärung</u>

Die Experten-Schlichter setzen zunächst auf Interessen- und Sachklärung mit mediativen Mitteln. Oft werden die Baupartner so selbst eine Lösung erarbeiten und verbindlich vereinbaren, ohne dass es noch einer Entscheidung bedarf. Die Baupartner setzen die Experten-Schlichter über die wesentlichen Eckpunkte der streitigen Themen ins Bild durch Ausfüllen und

Zusenden eines Fragebogens (Informationsabfrage nicht mehr als drei Seiten ggf. zusammen mit Planunterlagen, falls unbedingt erforderlich).

Die Baupartner und die Experten-Schlichter vereinbaren den schnellst möglichen Termin mit den Baupartnern, ihren entscheidungsbevollmächtigten Vertretern und ggf. ihren Beratern.

Unter Anleitung der Experten-Schlichter werden die Themen identifiziert und Schritt für Schritt die Interessen und Lösungsmöglichkeiten erarbeitet.

Konfliktstrukturierung

Die Experten-Schlichter unterstützen die Partner bei der Lösungsfindung, indem sie den Partnern ihre technische und juristische Expertise zur Einschätzung der Situation und für mögliche Lösungsoptionen zur Verfügung stellen.

Die Experten-Schlichter identifizieren solche Punkte, die nach ihrer und der Auffassung der Partner nicht sofort geklärt werden können und bestimmen gemeinsam mit diesen einen Weg, wie diese Punkte erledigt werden können.

Die Experten-Schlichter bestärken die Partner, die verbleibenden Punkte durch Vereinbarung zu klären.

Konfliktlösung

Können sich die Partner einigen, wird hierüber vor dem juristischen Experten-Schlichter in seiner Funktion als gerichtlich anerkannter Gütestelle ein Vergleich abgeschlossen. Dieser Vergleich kann nach §§ 794; 797a ZPO für vollstreckbar erklärt werden.

Können sich die Partner nicht einigen, fällen die Experten-Schlichter vorläufig bindende Entscheidungen. Dies können auch Teilentscheidungen sein, wenn die Experten-Schlichter der Meinung sind, dass nicht alle Punkte entschieden werden können oder müssen. Die Entscheidungen verpflichten die Partner zu einem Tun oder Unterlassen.

Die Entscheidungen sind vorläufig verbindlich. Die Entscheidungen werden mündlich erläutert, jedoch nicht schriftlich begründet. Wenn die Baupartner dies wünschen, werden die Experten-Schlichter ein Angebot zur Erstellung einer ausführlichen Begründung unterbreiten, das die Baupartner nur gemeinsam annehmen können.

Damit wird ein Problem gelöst, das viele davon abhält, sich für eine Bau-Mediation zu entscheiden, in der es eben nur dann ein Ergebnis gibt, wenn sich die Parteien verständigen können.

Auf gemeinsamen Wunsch der Parteien kann ein anderer Verfahrensablauf vereinbart werden.

Zeit und Kosten

Das Verfahren soll in der Regel an nur einem Tag zu einer Lösung kommen. Dadurch entstehen nur geringe interne Kosten. Der Tagessatz für zwei Schlichter plus Spesen hält sich in Grenzen und spart ein Vielfaches an Folgekosten durch Bauzeitverzögerung.

15.8 Schiedsverfahren

Die Schiedsgerichtsbarkeit hat sich bei großen Aufträgen als Methode der alternativen Streitregulierung etabliert. Gegenüber der ordentlichen Gerichtsbarkeit nimmt sie für sich in Anspruch, schneller und kostengünstiger zu sein, was leider nicht immer zutrifft. Die Möglichkeit, sich seine Richter selbst zu suchen, scheint verlockend: Oft handelt es sich um Schiedsrichter-Kollegien, die aus drei Schiedsrichtern bestehen, von denen je einer von einer Partei benannt wurde und der dritte von diesen beiden ausgesucht wurde. Fast immer handelt es sich um Juristen, die entweder besondere prozessuale Erfahrung mitbringen oder mit der Branche oder dem streitigen Thema besonders betraut sind.

Denjenigen, die sich für ein Schiedsverfahren entscheiden möchten, stehen institutionelle Verfahren oder sogenannte „ad-hoc-Verfahren" nach der ZPO zur Verfügung. Zu den bekanntesten institutionellen Verfahren gehören in Deutschland die Regeln der „Deutschen Institution für Schiedsgerichtsbarkeit" (D.I.S.) - (www.dis-arb.de), in Europa die Regeln der Internationalen Handelskammer Paris (ICC) und weltweit die Regeln der Vereinten Nationen UNCITRAL. Daneben gibt es zahlreiche Wirtschaftsverbände, Institutionen und private Anbieter, die ihre Verfahrensordnungen zur Verfügung stellen.

Bei der Auswahl zwischen den verschiedenen Verfahrensordnungen werden die Unternehmen sich von Praktikabilitäts-, Kompetenz-, und Kostengesichtspunkten leiten lassen. So macht es keinen Sinn, Rechtsverhältnisse zwischen Unternehmen mit deutschem Hintergrund durch ein ICC-Schiedsgericht klären zu lassen. Umgekehrt werden sich ausländische Unternehmen evtl. wohler fühlen, wenn sie ihren Streit einem international besetzten Schiedsgericht vorlegen können, statt sich vor einem deutschen Gericht zu streiten.

Die Kosten der institutionellen Schiedsgerichte sind deutlich höher als bei „ad-hoc"-Schiedsgerichten nach ZPO, und die Kosten nach ICC sind höher als nach DIS. Andererseits erhalten die Konfliktparteien bei institutionellen Schiedsgerichten auch einen Service bei Auswahl der Schiedsrichter und Beachtung von Formalitäten, die sich ggf. bei der Umsetzung eines Schiedsspruches (Vollstreckung) als sehr nützlich erweisen können. Auch der Autor Dr. Hammacher war und ist in nationalen und internationalen Schiedsverfahren adhoc, nach DIS, ICC und UN als Schiedsrichter tätig.

15.9 Einstweilige Verfügung

Wenn sich die Parteien nicht einigen können, bleibt in der Regel nur der Rechtsweg. Dies kann aber sehr lange dauern. Bis dahin können viele Veränderungen geschehen sein, die es entweder erschweren, die Situation zu analysieren, wie sie zu Beginn der Streitigkeiten bestand oder Änderungen zu verhindern, um welche es gerade ging.

Hierzu bietet das Gesetz in §§ 920 ff. ZPO im Wesentlichen zwei Möglichkeiten: den Arrest, § 916 ZPO - und die einstweilige Verfügung, §§ 935; 940 ZPO.

Bei dem Arrest geht es um die Sicherung der Zwangsvollstreckung in das bewegliche Vermögen wegen einer Geldforderung oder eines Anspruchs.

Bei der einstweiligen Verfügung geht es um den Erhalt des Streitgegenstandes, wenn zu befürchten ist, dass dieser verändert wird, was die Rechte einer Partei erschweren könnte, § 935 BGB, - oder um die Regelung eines einstweiligen Zustandes, wenn dies zur Abwendung wesentlicher Nachteile erforderlich erscheint, § 940 ZPO.

Unterschieden wird zwischen dem sogenannten „Verfügungsanspruch" und dem „Verfügungsgrund". Es muss dargestellt werden, dass der Antragsteller gegen die andere Partei einen Anspruch hat, dessen Sicherung er begehrt. Sodann muss er darlegen, dass die Durchsetzung dieses Anspruchs gefährdet wäre, wenn nicht einstweilige Maßnahmen mithilfe des Gerichtes eingeleitet werden.

Der gesamte Vortrag ist „glaubhaft" zu machen. Es muss zwar kein Beweis geführt werden, über das, was vorgetragen wird, aber doch Unterlagen oder auch eine Versicherung an Eides statt vorgelegt werden, aus der hervorgeht, dass Verfügungsanspruch und Verfügungsgrund gegeben sein könnten.

Bauvertrag, VOB/B-Bauvertrag, Architekten- und Ingenieurvertrag

Haben die Parteien schon versucht, unter Beiziehung eines Sachverständigen, eine Streitigkeit über die Vergütungsanpassung bei Anordnungen nach § 650b Abs.2 BGB einvernehmlich beizulegen, und sind dabei gescheitert, kann die einstweilige Verfügung die letzte Möglichkeit für den Anspruchsteller sein, einstweiligen Rechtsschutz zu gelangen. § 650c Abs.5 BGB will den Antragsteller entlasten, in dem er nun zwar noch den Verfügungsanspruch, nicht aber mehr den Verfügungsgrund glaubhaft machen muss. Damit wird ihm ein wenig Arbeit erspart. Ob dies allerdings zu einer erheblichen Entlastung bei Baustreitigkeiten führen wird, erscheint eher fraglich.

Das Verfahren findet vor dem Gericht statt, das für eine eventuell schon anhängige Hauptsache zuständig ist, in dringenden Fällen auch vor dem Amtsgericht der Sache, um die es geht, § 942 ZPO. Da es hier auch um die korrekte Formulierung des Antrags geht und die Glaubhaftmachung des Vortrags, damit das Gericht sich überhaupt mit der Sache auseinandersetzt, wird hier die Einschaltung eines Rechtsanwalts auf jeden Fall erforderlich.

15.10 Zivilprozess

Der leider festzustellende Hang nach interner Rückversicherung - in der Verwaltung wie bei größeren Unternehmen - führt dazu, dass die handelnden Personen manchmal mit verbindlichen Entscheidungen Dritter besser umgehen können, als mit Verhandlungsergebnissen, die sie selbst herbeiführen und rechtfertigen müssen. Der ganz überwiegende Teil der Baustreitigkeiten wird noch immer vor den ordentlichen Gerichten ausgetragen.

Dabei gehören Bauprozesse zu den langwierigsten, aufwendigsten und oft auch am schwersten planbaren Zivilrechtsverfahren überhaupt. Bis zu einer Entscheidung des Landgerichts (Eingangsinstanz), geschweige denn die letztinstanzliche Entscheidung durch den Bundesgerichtshof (Revisionsinstanz), können viele Jahre vergehen. Die Mehrzahl der Prozesse wird von Auftragnehmern angestrengt, die zurückgehaltene Vergütung einfordern. Auftragnehmern und Auftraggebern ist bewusst, dass sie während der Dauer des Prozesses Wissen und Unterstützungsleistung ihrer Mitarbeiter vorhalten und ständig reaktivieren müssen. Die verlorene Arbeitszeit wird subjektiv als zunehmende Belastung empfunden, je länger der Prozess andauert. Hinzu kommt die Unlust, ja der Frust der betroffenen Mitarbeiter, die sich jahrelang mit „alten Kamellen" beschäftigen müssen. Verglichen mit diesem quälenden Zeitaufwand entspräche ein straff organisiertes Mediationsverfahren oder eine Experten-Schlichtung einem Fingerschnippen.

Die Unsicherheit über den Ausgang eines Gerichtsprozesses ist sprichwörtlich („Auf hoher See und vor Gericht ..."). Auch bei noch so guter Prozessvorbereitung mit Hilfe von Projektmanagern und Anwälten ist ein vollständiges Obsiegen nicht zu garantieren. Insbesondere komplexe Bauprojekte bieten zu viele Angriffsmöglichkeiten für beide Parteien: Es gibt Versäumnisse, Unklarheiten, nicht mehr reproduzierbare oder nachweisbare Vorgänge und Verhaltensweisen, die plötzlich eine Bedeutung erhalten, die man ihnen zu Beginn der Auseinandersetzungen nicht beigemessen hatte. Diese Unberechenbarkeit hat mindestens zwei fatale Auswirkungen auf die betroffenen Parteien: Der ordentliche Kaufmann muss Forderungen, die nicht gerade unbestritten sind, in seiner Buchhaltung einzelwertberichtigen bzw. umgekehrt, er muss Rückstellungen für die sich aus einem evtl. verlorenen Prozess ergebenden Konsequenzen bilden. Dies hat unmittelbare Auswirkungen auf das Jahresergebnis.

Ein Baurechtsstreit, der bis zum Bundesgerichtshof betrieben wird, beschäftigt Richter und Anwälte, in der Regel nicht weniger als 13 Juristen! Wollen die Parteien das wirklich? Warum sollten ausgerechnet Juristen die Richtigen sein, um den Konflikt zu lösen?

Wer dennoch den Weg zu den Gerichten wählt, kann frei zwischen allen, zurzeit rund 160.000 bei deutschen Rechtsanwaltskammern zugelassenen Rechtsanwälten, wählen. Örtliche Begrenzungen sind aufgehoben. Die Wahl eines „Fachanwalts für Bau- und Architektenrecht" stellt wenigstens sicher, dass dieser Anwalt sich zur Erlangung seiner Qualifikation eine Zeitlang theoretisch und praktisch mit baurechtlichen Fragen beschäftigt hat und sich im Jahr 10 Stunden lang in diesem Rechtsgebiet fortbildet.

15.11 Konfliktmanagement - Erfahrungen aus der Praxis

Auftragsabwicklung ist immer konfliktbehaftet. Wer sich das einmal klargemacht - oder sich zum ersten Mal eine blutige Nase geholt hat - wird versuchen, sich künftig optimal aufzustellen. Dieses Buch ist voll von Hinweisen, wie man schwierige Situationen vermeiden kann, bzw. wie man sich verhält, wenn sie eintreten.

Im Folgenden stellen wir Ihnen noch einige Erfahrungen und Überlegungen zur Verfügung und überlassen es Ihnen, ob Sie sie annehmen möchten. Jede Situation ist anders und jeder Mensch ist anders - was bei dem einen wirkt, muss nicht auch für den anderen passen.

- Bereits die Formulierung des Vertrages kann darüber entscheiden, ob es zu Konflikten kommen wird. Ein guter Vertrag lässt möglichst wenige Missverständnisse zu über den Liefer- und Leistungsumfang des Auftragnehmers, die Mitwirkungsobliegenheiten des Auftraggebers, das Verfahren, mit dem Änderungen und zusätzliche Leistungen und deren Vergütung vereinbart wird, die Art, wie Missverständnisse aufgeklärt und gelöst werden.

- Konflikte kündigen sich an. Es ist wichtig, sie frühzeitig offen anzusprechen und nach Lösungen zu suchen, statt die Probleme auf die lange Bank zu schieben und eskalieren zu lassen. Das gilt wie fast immer für alle Baubeteiligten.

- Die Parteien sollten sicherstellen, dass sie für die anderen Baubeteiligten stets erreichbar sind. Das gilt auch für deren Erfüllungsgehilfen. Wenn z.B. ein Architekt mehrere Projekte betreut und sich an der Baustelle nur gelegentlich blicken lässt, muss die Kommunikation dennoch sichergestellt sein.

- Nachträge, Behinderungsanzeigen, Hinweise, etc. sollten sofort bearbeitet werden. Zugegeben: manche Probleme lösen sich auch durch Zeitablauf. Meistens aber führt Liegenlassen nur dazu, dass sich das Problem noch vergrößert. Außerdem ist es ein Zeichen von Missachtung gegenüber dem anderen, wenn man sich nicht um seine Anliegen kümmert. Damit bekommt das Problem auch eine emotionale Seite.

- Auch wenn wir aus juristischer Sicht unbedingt empfehlen müssen, Hinweise, Bedenken, Forderungen, etc. dem Partner schriftlich zukommen zu lassen und möglichst sogar mit Zugangsnachweis: Dabei darf es nie sein Bewenden haben! Kündigen Sie notwendige schriftliche Mitteilungen vorher mündlich an, führen Sie parallele Gespräche oder bieten Sie diese jedenfalls sofort an.

- "Wie es in den Wald hineinschallt, …!" Bemühen Sie sich, höflich und sachlich zu bleiben, auch wenn es schwer fällt. Trennen Sie die persönliche von der sachlichen Ebene - im Gespräch und in der Korrespondenz.

- Sie verbessern Ihre Chancen, wenn Sie unfaire Angriffe der anderen Seite zwar als solche ansprechen, aber nicht mit gleicher Münze heimzahlen.

- Die notwendigen Schreiben, die wir in den Musterbriefen empfehlen, sind formal korrekt und juristisch belastbar. Es ist aber nicht zu verkennen, dass die juristische Sprache viele Menschen abschreckt und bereits die Schriftform an sich als Angriff verstanden wird. Ein paar freundliche Worte können dies bereits ändern. Seien Sie aber vorsichtig, dass Sie dabei die Kernaussagen nicht verwässern!

- Bei Verhandlungen prallen unterschiedliche Charaktere mit unterschiedlichen Interessen aufeinander. Das prägt auch den Verhandlungsstil. Ist die eine Seite eher auf Kampf ausgerichtet, zieht die andere den Kürzeren, wenn sie dem Konflikt nur ausweicht und nachgibt. Auch diejenige Partei, die bewusst interessen- und sachorientiert verhandeln will, kommt an einem bestimmten Punkt nicht mehr weiter, wenn die andere Seite sich darauf nicht einlassen will und stattdessen versucht, mit unfairen Methoden die Verhandlung für sich zu entscheiden. Dann wird es notwendig gegenzuhalten. Aber auch hier gilt es, mit Überlegung und Augenmaß vorzugehen, um sich nicht weiter angreifbar zu machen.

Weitere Unterstützung finden Sie in:

Hammacher/Erzigkeit/Sage,
So funktioniert Mediation in Planen+Bauen, mit Fallbeispielen und Checklisten
3. Aufl./ 2014, ISBN 978-3-658-05107-5

EUR 29,99 inkl. MwSt zzgl. Versand
Bestellformular am Ende des Buches

auch als E-Book: www.springer.com/de

Musterbriefe, -formulare und -verträge

Stand: 2017-07-21

> **Nutzerhinweis:**
>
> Käufer der Print-Ausgabe haben die Möglichkeit, die **Musterbriefe, -formulare und –verträge** sowie die **Gesetzesauswahl** innerhalb von **vier Wochen** nach Erwerb auch als Word-Datei abzurufen unter www.ghc-verlag.de. Den **Zugangs-Code** erhält der Käufer beim Kauf der Printausgabe.
> Nach Ablauf der Frist kann die Datei von dem Käufer gegen Zahlung eines Entgelts von 55,- EUR zzgl. 19 % MwSt. (brutto 65,45 EUR) separat käuflich erworben werden. Die Nutzung der digitalen Texte ist nicht beschränkt!
>
> In der digital abrufbaren Version dieses Textes finden Sie zusätzlich hinterlegte Kommentierungen, die Ihnen beim Verständnis und der Anpassung des Musters an Ihr Projekt behilflich sein sollen. Einstellung unter Word: Überprüfen / Änderungen nachverfolgen.
> Wir empfehlen, vor elektronischer Weiterleitung des geänderten Textes, die Kommentierungen zu löschen!

Verzeichnis der Musterbriefe, -formulare und -verträge

Musterbriefe, -formulare und -verträge		427
Muster-AN 01	Widerrufsbelehrung bei Verbraucherbauverträgen	431
Muster-AN 02	Anzeige von geänderten und / oder Zusatzleistungen	432
Muster-AN 03	Angebot oder Widerspruch weil keine zumutbare Änderungsleistung	433
Muster-AN 04	Aufforderung zur Vereinbarung eines neuen Preises	434
Muster-AN 05	Anmahnung Kooperationspflicht / Androhung Zurückbehaltung	435
Muster-AN 06	Aufforderung zur Mitwirkung	436
Muster-AN 07	Behinderungsanzeige	437
Muster-AN 08	Anzeige Ende der Behinderung	438
Muster-AN 09	Abrechnung nach Unterbrechung	439
Muster-AN 10	Bedenken gegen Vorleistungen und Anweisungen	440
Muster-AN 11	Entgegennahme von Mängelrügen	441
Muster-AN 12	Reaktion auf Kündigung des AG / Aufforderung	

	zu gemeinsamem Aufmaß und Abnahme	442
Muster-AN 13	Nachfristsetzung wegen Behinderung / fehlender Mitwirkung Kündigungsandrohung	443
Muster-AN 14	Rücktritt / Kündigung wegen Behinderung / fehlender Mitwirkung	444
Muster-AN 15	Aufforderung zur Auskunft wegen Fälligkeit der Zahlung	445
Muster-AN 16	Übersendung Abschlagsrechnung Angebot Eigentumsübergang	446
Muster-AN 17	Abschlagsrechnung 80	447
Muster-AN 18	Mahnung zur Zahlung	448
Muster-AN 19	Nachfristsetzung wegen Nichtzahlung / Androhung Arbeitseinstellung	449
Muster-AN 20	Arbeitseinstellung wegen Nichtzahlung	450
Muster-AN 21	Nachfristsetzung wegen Nichtzahlung / Kündigungsandrohung	451
Muster-AN 22	Kündigung / Rücktritt wegen Nichtzahlung	452
Muster-AN 23	Kündigung wegen Nichtzahlung einer Abschlagsrechnung	453
Muster-AN 24	Anzeige der Fertigstellung der Leistung	454
Muster-AN 25	Anzeige Fertigstellung von Nacherfüllungsarbeiten Aufforderung zur Abnahme	455
Muster-AN 26	Bereitstellung der Ware, Gefahrübergang auf den Käufer	456
Muster-AN 27	Teilabnahme	457
Muster-AN 28	Gefahrübergang / Schutz des Gewerkes	458
Muster-AN 29	Aufforderung zur Abnahme der fertig gestellten Leistung (Gläubigerverzug)	460
Muster-AN 30	nochmalige Aufforderung zur Abnahme (Schuldnerverzug)	461
Muster-AN 31	Übersendung der Schlussrechnung	462
Muster-AN 32	Einspruch gegen Schluss-zahlung / Schlusszahlungs-erklärung	463
Muster-AN 33	Aufforderung zum Austausch von Bürgschaften	464
Muster-AN 34	Aufforderung zur Rückgabe der Bürgschaft	465
Muster-AN 35	Fristsetzung zur Gestellung Bauhandwerkersicherung nach § 650f Abs.5 BGB	466
Muster-AN 36	Kündigung wegen Nichterbringung der Zahlungssicherheit nach § 650f BGB	467
Muster-AN 37	Projektbegleitbogen	468
Muster-AN 38	Bautagebuch	471
Muster-AN 39	Einfacher und verlängerter Eigentumsvorbehalt	472
Muster-AN 40	Offenlegung eines verlängerten	

	Eigentumsvorbehaltes gegenüber Dritten	474
Muster-AN 41	Ausübung des Unternehmerpfandrechtes	475
Muster-AN 42	Offenlegung einer Sicherungsabtretung gegenüber Dritten	476
Muster-AN 43	Brief an Kunden des Auftraggebers wegen Direktzahlung	478
Muster-AG 01	Bitte um geänderte Ausführung	479
Muster-AG 02	Anordnung zur geänderten Ausführung	480
Muster-AG 03	Abhilfeverlangen bei unzureichender Ausstattung	481
Muster-AG 04	Mängelrüge mit Fristsetzung	482
Muster-AG 05	Mängelrüge mit Terminstaffelung zur Abarbeitung	483
Muster-AG 06	Nachfristsetzung zur Mängelbeseitigung	484
Muster-AG 07	Interne Mitteilung an Buchhaltung Geldeinbehalt wegen Mängeln	485
Muster-AG 08	Interne Erfassung der Kosten für Mängelbeseitigung	486
Muster-AG 09	Vertragskündigung wegen Mängeln	487
Muster-AG 10	Rücktrittserklärung wegen nicht oder nicht vertragsgemäß erbrachter Leistung	488
Muster-AG 11	Kostenvorschuss zur Mängelbeseitigung durch Dritte	489
Muster-AG 12	Aufrechnung mit Kostenvorschussanspruch zur Mängelbeseitigung	490
Muster-AG 13	Geltendmachung des Zurückbehaltungsrechts wegen Mängel	491
Muster-AG 14	Erklärung der Minderung wegen Mängel	492
Muster-AG 15	Verlangen von Schadensersatz wegen Mängel	493
Muster-AG 16	Verlangen von Schadensersatz, Mangelfolgeschäden und andere	494
Muster-AG 17	Mahnung und Fristsetzung - verzögerte Leistung	495
Muster-AG 18	Mahnung und Fristsetzung zur Leistung mit Terminstaffelung / verzögerte Leistung	496
Muster-AG 19	Kündigung aus wichtigem Grund	497
Muster-AG 20	Kündigung wegen verzögerter Fertigstellung nach § 5 Nr.4, § 8 Nr.3 VOB/B	498
Muster-AG 21	Angebot der Abnahme durch den Endkunden	499
Muster-AG 22	Abnahmeprotokoll	500
Muster-AG 23	Schlusszahlungsvermerk	501
Muster-AG 24	Übernahme Kaufgegenstand und Vorbehalt	502
Muster-AG 25	Mitteilung Prüfergebnis und Vorbehalt Vertragsstrafe	503
Muster-AG 26	Direktzahlung - Aufforderung an Auftragnehmer	

	nach § 16 Nr.6 VOB/B	504
Muster-AG 27	Anzeige der Abtretung einer Forderung	505
Muster-AN+AG 01	Zusatz- / Nachtragsverein-barung	506
Muster-AN+AG 02	Verhandlungsprotokoll / Werkvertrag	507
Muster-AN+AG 03	ARGE-Vertrag	528
Muster-AN+AG 04	IngenieurNachunternehmervertrag	547
Muster-AN+AG 05	Nachunternehmervertrag	556
Muster-AN+AG 06	Vertrag über Forderungsabtretung zur Sicherheit	563
Muster-AN+AG 07	Vertrag über Sicherungsübereignung	564
Muster-AN+AG 08	Übereignungsvertrag	567
Muster-AN+AG 09	Vergleichsvereinbarung	568
Muster-AN+AG 10	Vertrag über Direktzahlung Kunde an Subunternehmer	569
Muster-AN+AG 11	Interne Bürgschaft - ARGE mit 2 Mitgliedern	572
Muster-AN+AG 12	Erfüllungsbürgschaft gesamte Auftragsabwicklung	573
Muster-AN+AG 13	Vertragserfüllungsbürgschaft (bis zur Abnahme	575
Muster-AN+AG 14	Anzahlungs-/ Abschlags-zahlungsbürgschaft	577
Muster-AN+AG 15	Gewährleistungsbürgschaft (ab Abnahme bis Ablauf der Verjährung der Mängelansprüche)	579
Muster-AN+AG 16	Bürgschaft nach § 650f BGB zur Sicherung des Zahlungsanspruches	581
Muster-AN+AG 17	Bürgschaft zur Sicherung eines Zahlungsanspruches allgemein	583

Muster-AN 01 Widerrufsbelehrung bei Verbraucherbauverträgen

Anwendungsbereich: Verbraucherbauvertrag
Kapitel 5.3

Einschreiben/Rückschein
Herrn/Frau

Datum

Projekt/Bauvorhaben: ....
Auftrags-Nr.:   ....
hier: Anzeige von Zusatzleistungen

Sehr geehrte Damen und Herren,

vielen Dank für Ihren Auftrag.
Sie haben das Recht, binnen 14 Tagen ohne Angabe von Gründen diesen Vertrag zu widerrufen. Die Widerrufsfrist beträgt 14 Tage ab dem Tag des Vertragsabschlusses. Sie beginnt nicht zu laufen, bevor Sie diese Belehrung in Textform erhalten haben. Um Ihr Widerrufsrecht auszuüben, müssen Sie uns mittels einer eindeutigen Erklärung (z.B. Brief, Telefax oder E-Mail) über Ihren Entschluss, diesen Vertrag zu widerrufen, informieren. Zur Wahrung der Widerrufsfrist reicht es aus, dass Sie die Erklärung über die Ausübung des Widerrufsrechts vor Ablauf der Widerrufsfrist absenden.

Folgen des Widerrufs:
Wenn Sie diesen Vertrag widerrufen, haben wir Ihnen alle Zahlungen, die wir von Ihnen erhalten haben, unverzüglich zurückzuzahlen. Sie müssen uns im Falle des Widerrufs alle Leistungen zurückgeben, die Sie bis zum Widerruf von uns erhalten haben. Ist die Rückgewähr einer Leistung ihrer Natur nach ausgeschlossen, lassen sich etwa verwendete Baumaterialien nicht ohne Zerstörung entfernen, müssen Sie Wertersatz dafür bezahlen.

Mit freundlichen Grüßen
(AN)

Güntzer / Hammacher Handbuch der Auftragsabwicklung

Muster-AN 02   Anzeige von geänderten und / oder Zusatzleistungen

Anwendungsbereich: BGB und VOB/B
Kapitel 4.2.1

Einschreiben/Rückschein
Firma AG

Datum

Projekt/Bauvorhaben: ....
Auftrags-Nr.: ....
hier: Anzeige von geänderten und/oder Zusatzleistungen

Sehr geehrte Damen und Herren,

Herr/Frau .... hat uns am .... die folgende Leistungen in Auftrag gegeben:

1) ....
2) ....
3) .... (Beschreibung der Zusatzleistungen)

Es handelt sich um geänderte oder zusätzliche Leistungen, für die wir eine besondere Vergütung beanspruchen.

Wir beginnen mit der Ausführung am ....

Vorsorglich weisen wir darauf an, dass diese geänderten oder Zusatzleistungen auch zeitliche Auswirkungen auf den Projektverlauf haben werden, was ggf. weitere Kosten verursachen könnte. Sobald wir diese abschätzen können, werden wir Sie über die notwendigen Terminverlängerungen informieren.

Mit freundlichen Grüßen
(AN)

Muster-AN 03   Angebot oder Widerspruch weil keine zumutbare Änderungsleistung

Anwendungsbereich: Bauvertrag
Kapitel 4.1.10

Einschreiben/Rückschein
Firma AG

                                                                Datum

Projekt/Bauvorhaben: ....
Auftrags-Nr.: ....
hier: Geänderte Leistungen

Sehr geehrte Damen und Herren,

Sie haben uns mit Schreiben vom ...., - bei uns eingegangen am ..... – gebeten, geänderte Leistungen auszuführen.

☐ Hierzu sind wir gerne bereit. Wir übersenden Ihnen anliegend unser Angebot für die aufgrund der gewünschten Änderungen sich ergebenden Mehr- oder Mindervergütung und bitten um Ihren Auftrag.

☐ Die Änderungen betreffen jedoch den geschuldeten Werkerfolg, so wie vertraglich vereinbart. Wir bitten um Verständnis, dass uns diese Leistungen nicht zumutbar sind: ....

Näheres hierzu entnehmen Sie bitte auch den beigefügten Nachweisen. Selbstverständlich werden wir die Leistungen, wie ursprünglich beauftragt weiterhin erbringen. Sollten Sie dies nicht wünschen, bitten wir Sie uns dies unverzüglich mitzuteilen, um darüberhinausgehende Störungen zu vermeiden.

Für Rückfragen stehen wir jederzeit gerne zur Verfügung.
Mit freundlichen Grüßen
(AN)

Anlage ....

Muster-AN 04   Aufforderung zur Vereinbarung eines neuen Preises

Anwendungsbereich: VOB/B, Bauvertrag, Architekten-/Ingenieurvertrag
Kapitel 4.32.1, 6.3

Einschreiben/Rückschein
Firma AG

Datum

Projekt/Bauvorhaben: ....
Auftrags-Nr.: ....
hier: Aufforderung zur Vereinbarung eines neuen Preises

Sehr geehrte Damen und Herren,

wir haben Ihnen am .... unser Nachtragsangebot vom ...... Nr. ...... über geänderte bzw. zusätzliche Leistungen zukommen lassen.
<u>alternativ: VOB/B:</u> Gemäß § 2 Abs.5 und 6 VOB/B soll eine Vereinbarung über die Vergütung vor Ausführungsbeginn getroffen werden. Das wäre hier der Beginn der Montage am ....
<u>alternativ: Bauvertrag:</u> Gemäß § 650b BGB streben die Vertragsparteien Einvernehmen über die Änderung und die infolge der Änderung zu leistende Mehr- oder Mindervergütung an.

Wir möchten Sie deshalb bitten, mit uns einen Termin für die Besprechung der Nachträge zu vereinbaren. Wir können hierzu folgende Termine anbieten ....

Mit freundlichen Grüßen
(AN)

Muster-AN 05 Anmahnung Kooperationspflicht / Androhung Zurückbehaltung

Anwendungsbereich: VOB/B
Kapitel 9.13.1; 11.5.1

Einschreiben/Rückschein
Firma AG

Datum

Projekt/Bauvorhaben: ....
Auftrags-Nr.: ....
hier: Aufforderung zur Vereinbarung eines neuen Preises

Sehr geehrte Damen und Herren,

wir haben Ihnen am .... unser Nachtragsangebot vom .... Nr. ..... über geänderte bzw. zusätzliche Leistungen zukommen lassen und Sie am .... gebeten, mit uns einen Termin abzustimmen, zwecks Vereinbarung eines neuen Preises. Leider haben Sie darauf bisher nicht reagiert.

Auch auf unsere telefonische Erinnerung vom ... haben Sie unsere Terminvorschläge nicht angenommen und keinen neuen Termin vorgeschlagen. Letzte Möglichkeit zur Vereinbarung vor Beginn der Ausführung ist der ...... Wir haben uns diesen Termin für eine Besprechung reserviert. Wir erinnern an Ihre Kooperationspflicht und bitten Sie, diesen Termin bis spätestens ...... zu bestätigen.

Anderenfalls müssen wir davon ausgehen, dass Sie keine Vereinbarung mit uns vor Ausführung der Arbeiten abschließen möchten. Für diesen Fall behalten wir uns vor, insoweit von unserem Zurückbehaltungsrecht Gebrauch zu machen.

Mit freundlichen Grüßen
(AN)

Güntzer / Hammacher Handbuch der Auftragsabwicklung

Muster-AN 06 Aufforderung zur Mitwirkung

Anwendungsbereich: BGB und VOB/B
Kapitel 4.1.10.4; 4.2.3; 6.1.1; 6.1.3

Einschreiben/Rückschein
Firma AG

Datum

Projekt/Bauvorhaben: ....
Auftrags-Nr.:   ....
hier: fehlende Mitwirkung

Sehr geehrte Damen und Herren,

wir benötigen Ihre Unterstützung: ....

☐   (z.B.. Übergabe von Planunterlagen, Zugang zur Baustelle, Bereitstellung bauseitig zu stellender Geräte, etc.)

☐   Entscheidung über bestimmte Art der Ausführung

Wir sind gerne bereit und in der Lage unsere vertraglichen Leistungen zu erbringen, benötigen dazu aber Ihre Mitwirkung.

Mit freundlichen Grüßen
(AN)

Muster-AN 07   Behinderungsanzeige

Anwendungsbereich: BGB und VOB/B
Kapitel 4.2.1; 7.3.1

Einschreiben/Rückschein
Firma AG

Datum

Projekt/Bauvorhaben: ....
Auftrags-Nr.:   ....
hier: Behinderungsanzeige

Sehr geehrte Damen und Herren,

Als wir am Morgen des … anreisten, um wie vereinbart mit der Montage der Stahlkonstruktion zu beginnen, stellten wir fest, dass, die für die Arbeitsvorbereitung und den Autokran vorgesehene Fläche noch mit Baustoff-Paletten belegt ist. Wir haben uns bemüht, von der Seite an die Montagestelle heranzukommen. Das ist uns jedoch nur in ganz geringem Umfang gelungen.

Deshalb bitten wir Sie um Ihre Unterstützung: Bitte veranlassen Sie, dass die vorgesehen Fläche geräumt wird, damit wir morgen wie geplant die Montage fortsetzen können. Wir sind dazu bereit und in der Lage, aber nur wenn wir die für uns vorgesehenen Fläche nutzen können. Dadurch entstehen Kosten und Zeitverluste, die wir im Interesse des gemeinsamen Projektes gerne vermeiden möchten.

Vielen Dank!

Mit freundlichen Grüßen
(AN)

Kopie: Bauherr   Architekt   Verursacher

Muster-AN 08 Anzeige Ende der Behinderung

Anwendungsbereich: BGB und VOB/B
Kapitel 7.3.5

Einschreiben/Rückschein
Firma AG

                                                                            Datum

Projekt/Bauvorhaben: ……………………….
Auftrags-Nr.: ……………………….
hier: Wegfall der hindernden Umstände gem. unserem Schreiben vom ……………………….

Sehr geehrte Damen und Herren,

die Umstände, die uns daran gehindert hatten, unsere Arbeiten wie geplant fortzusetzen, sind am …. um …. weggefallen, so dass wir unsere Arbeiten wieder in vollem Umfang aufnehmen konnten.

Dank Ihres schnellen Eingreifens werden sich unsere Mehrkosten in Grenzen halten. Wir haben unsere Montage zwar sofort umgeplant und konnten dadurch einige Leistungen vorziehen, die erst für später geplant waren. Dies konnte aber die Störungen im Montageablauf nicht vollständig ausgleichen, so dass sich unser Fertigstellungstermin aufgrund dieses Vorfalls um voraussichtlich ... Tage verschieben wird.

Mit freundlichen Grüßen
(AN)

Kopie: Bauherr   Architekt   Verursacher

Muster-AN 09 Abrechnung nach Unterbrechung

Anwendungsbereich: BGB und VOB/B
Kapitel 7.3.7

Einschreiben/Rückschein
Firma AG

                                                                      Datum

Projekt/Bauvorhaben: ....
Auftrags-Nr.: ....
hier: Abrechnung nach Unterbrechung der Ausführung

Sehr geehrte Damen und Herren,

wie Sie wissen, ist die Ausführung unserer Leistungen für voraussichtlich längere Dauer unterbrochen.
Selbstverständlich sind wir gerne wieder bereit, die Arbeiten aufzunehmen, wenn die hindernden Umstände weggefallen sind. Bis dahin möchten wir aber gerne die bisher ausgeführten Leistungen nach den Vertragspreisen, sowie diejenigen Kosten abrechnen, die uns bis zur Unterbrechung der Leistungen entstanden und in den Vertragspreisen des noch nicht ausgeführten Teils der Leistung enthalten sind.

Eine entsprechende Abrechnung/Rechnung haben wir diesem Schreiben beigefügt. Sollten Sie hierzu Fragen haben, sprechen Sie uns bitte an. Ansonsten bitten wir um Bezahlung bis zum ....

Mit freundlichen Grüßen
(AN)

Muster-AN 10   Bedenken gegen Vorleistungen und Anweisungen

Anwendungsbereich: BGB und VOB/B
Kapitel 5.8.2; 6.2.1; 6.2.3

Einschreiben/Rückschein
Firma AG

Datum

Projekt/Bauvorhaben: ....
Auftrags-Nr.: ....
hier: Bedenken gegen Vorleistungen und Anweisungen

Sehr geehrte Damen und Herren,

mit unserem Gewerk bauen wir auf einer Vorleistung eines von Ihnen beauftragten Vorunternehmers auf. Bezüglich dieser Vorleistung haben wir folgende Bedenken:
....
(z.B. unterdimensioniert, nicht tragfähig, nicht miteinander verträgliche Materialien)

☐ Ferner haben Sie uns statische Berechnungen zur Verfügung gestellt. Wir haben Zweifel, ob folgende Werte richtig sind:
....
(z.B. Belastbarkeit, Dimensionen, erforderliches Material)

☐ Ferner hat Ihre Bauleitung uns angewiesen, ... zu tun. Wir meinen jedoch, dass es richtiger wäre, ... , weil ..... Anderenfalls besteht das Risiko, dass .....

Wir bitten bis zum .... um Ihre verbindliche Mitteilung, ob wir trotzdem wie bisher fortfahren oder welche anderen Maßnahmen wir ergreifen sollen.

Mit freundlichen Grüßen
(AN)

Muster-AN 11 Entgegennahme von Mängelrügen

Anwendungsbereich: BGB und VOB/B
Kapitel 5.7.16; 8.2.1

Firma AG
....

Datum

Projekt/Bauvorhaben: ....
Ihre Mitteilung vom: ....

Sehr geehrte Damen und Herren,

vielen Dank für Ihre oben genannte Mitteilung. Wie gewünscht, werden sich unsere qualifizierten Mitarbeiter umgehend vor Ort begeben und sich um die Störung kümmern. Wir werden Sie anrufen, um einen genauen Termin zu vereinbaren und den Zugang zu den Räumlichkeiten sicherzustellen.

Sollte es sich um einen von uns zu verantwortenden Mangel handeln, werden wir diesen unverzüglich zu Ihrer Zufriedenheit beseitigen.

Falls kein Mangel vorliegt, den wir zu vertreten haben, werden wir unsere Serviceleistung nach unseren üblichen Stundensätzen abrechnen.

Mit freundlichen Grüßen
(AN)

Muster-AN 12 Reaktion auf Kündigung des AG / Aufforderung zu gemeinsamem Aufmaß und Abnahme

Anwendungsbereich: BGB und VOB/B
Kapitel 6.8.3
Alternativen im Text auswählen!

Einschreiben/Rückschein
Firma AG
....

Datum

Projekt/Bauvorhaben: ....
Ihre Mitteilung vom: ....

Sehr geehrte Damen und Herren,

Sie haben uns am ...., - hier eingegangen am .... - ein Kündigungs-/Rücktrittsschreiben zugesandt.

Wir nehmen die Kündigung/den Rücktritt zur Kenntnis. Wir sind der Auffassung, dass die Voraussetzungen für eine Kündigung/einen Rücktritt wegen Nichterfüllung / mangelhafter Leistung / Verzug / Kündigung aus wichtigem Grund nicht gegeben sind. Wir werten Ihr Schreiben als freie Kündigung nach § 648 BGB / § 8 Abs.1 VOB/B; dementsprechend werden wir abrechnen.

Wir fordern Sie auf, mit uns gemeinsam bis zum .... den Leistungsstand der von uns erbrachten Leistungen festzustellen und die erbrachten Leistungen abzunehmen.

Als Termin schlagen wir den .... vor.

Mit freundlichen Grüßen
(AN)

Muster-AN 13 Nachfristsetzung wegen Behinderung / fehlender Mitwirkung Kündigungsandrohung

Anwendungsbereich: BGB und VOB/B
Kapitel 6.1.3

Einschreiben/Rückschein
Firma AG
....

Datum

Projekt/Bauvorhaben: ....
Auftrags-Nr.: ....
hier: Nachfristsetzung mit Kündigungsandrohung / Rücktrittsandrohung wegen fehlender Mitwirkung

Sehr geehrte Damen und Herren,

mit unserem Schreiben vom .... hatten wir Sie um Ihre Mitwirkung in den dort näher bezeichneten Fällen gebeten. Leider sind Sie dem nicht nachgekommen. Ohne Ihre Unterstützung können wir aber nicht weiterarbeiten. Wir haben Sorge, dass dies für uns wirtschaftliche Nachteile haben wird.

Wir bitten Sie deshalb erneut um Ihre Mitwirkung und setzen Ihnen hierfür eine Nachfrist bis zum .... Nach ergebnislosem Ablauf dieser Nachfrist werden wir den Vertrag kündigen / vom Vertrag zurücktreten.

Mit freundlichen Grüßen
(AN)

Güntzer / Hammacher Handbuch der Auftragsabwicklung

Muster-AN 14   Rücktritt / Kündigung wegen Behinderung / fehlender Mitwirkung

Anwendungsbereich: BGB und VOB/B
Kapitel 6.1.3.3

Einschreiben/Rückschein
Firma AG
....

Datum

Projekt/Bauvorhaben: ....
Auftrags-Nr.:   ....
hier: Rücktritt /
                         <u>alternativ:</u> Kündigung wegen fehlender Mitwirkung

Sehr geehrte Damen und Herren,

Sie haben trotz unseres Schreibens vom .... Ihre Mitwirkungshandlungen nicht erbracht.

Mit unserem weiteren Schreiben vom .... hatten wir Ihnen eine Nachfrist gesetzt und den Rücktritt / die Kündigung des Vertrages angedroht.

Die gesetzte Nachfrist ist jetzt verstrichen, ohne dass Sie Ihren Verpflichtungen nachgekommen sind. Wir treten hiermit vom Vertrag zurück / kündigen hiermit den Vertrag und behalten uns alle Rechte vor.

Mit freundlichen Grüßen
(AN)

Muster-AN 15 Aufforderung zur Auskunft wegen Fälligkeit der Zahlung

Anwendungsbereich: BGB und VOB/B
Kapitel 9.2;

Einschreiben/Rückschein
Firma AG

....

Datum

Projekt/Bauvorhaben: ....
Auftrags-Nr.: ....
hier: Aufforderung zur Auskunft wegen Fälligkeit der Zahlung

Sehr geehrte Damen und Herren,

wir bitten um Mitteilung bis zum ....

- ob, bzw. wann Ihr Kunde Ihre Leistung abgenommen hat oder Ihre Leistung als abgenommen gilt und
- ob, bzw. wann Sie eine Vergütung für die uns betreffenden Werkleistung erhalten haben.

Mit freundlichen Grüßen
(AN)

Güntzer / Hammacher Handbuch der Auftragsabwicklung

Muster-AN 16   Übersendung Abschlagsrechnung Angebot Eigentumsübergang

Anwendungsbereich: BGB und VOB/B
Kapitel 9.2

Einschreiben/Rückschein
Firma AG

Datum

Projekt/Bauvorhaben: ....
Auftrags-Nr.: ....
hier: Übersendung Abschlagsrechnung

Sehr geehrte Damen und Herren,

beigefügt erhalten Sie unsere Abschlagsrechnung, die wir auf der Grundlage des Leistungsverzeichnisses über die bis zum …… erbrachten Lieferungen und Leistungen erstellt haben.
Unter Ziff. …. haben wir auch diejenigen Stoffe und Bauteile aufgenommen, die zwar noch nicht eingebaut wurden, die wir aber für Sie bereits gefertigt und bereitgestellt haben. Diese Materialien lagern … .
Wir bieten Ihnen an, nach Ihrer Wahl
- Ihnen das Eigentum an diesem Material zu übertragen. Für diesen Fall haben wir hier als Anlage den Entwurf eines Vertrages vorbereitet, mit der Bitte um Prüfung und ggf. Änderung oder Rücksendung eines von Ihnen rechtskräftig unterzeichneten Exemplars per E-Mail/Fax vorab und im Original auf dem Postweg,
- Ihnen eine Sicherheit in Höhe von EUR …. in Form einer Bürgschaft unserer Bank / unserer Versicherung nach beigefügtem Muster zu übergeben.

Bitte teilen Sie uns bis zum …. mit, welcher Weg Ihnen lieber ist.

Wir bitten um Ihre schnelle Bearbeitung und Freigabe der Abschlagsrechnung - oder zumindest der unstrittigen Beträge, sollten noch Punkte aufgeklärt werden müssen.
Mit freundlichen Grüßen
(AN)   <u>Anlage:</u> Vertragsentwurf Muster AN+AG 7

Muster-AN 17   Abschlagsrechnung 80

Anwendungsbereich: BGB
Kapitel: 9.9

Einschreiben/Rückschein
Firma AG
....

Datum

Projekt/Bauvorhaben: ....
Auftrags-Nr.:   ....
hier: Abschlagsrechnung

Sehr geehrte Damen und Herren,

wir hatten Ihnen am .... unsere Abschlagsrechnung über die Vergütung der von Ihnen angeordneten geänderten Leistungen übermittelt. Leider haben Sie diese Abschlagsrechnung nicht [vollständig] beglichen.

Wir bitten deshalb gem. § 650c Abs.3 BGB um eine Abschlagszahlung in Höhe von 80% unseres Angebotes, also netto EUR ... (ggf: zzgl. MwSt) bis spätestens zum ....

<u>Ggf. ergänzen:</u> Unser Angebot auf Eigentumsübertragung bzw. Sicherheit gem. Nachtrag halten wir aufrecht.

<u>Ggf. ergänzen:</u> Es handelt sich um einen nicht nur geringfügigen Betrag, mit dem wir für Sie in Vorleistung getreten sind. Bitte haben Sie Verständnis, dass wir, sollte die Abschlagszahlung nicht rechtzeitig bei uns eingehen,

    ☐   unsere Leistungen vorläufig einstellen.

    ☐   den Vertrag kündigen werden.

Mit freundlichen Grüßen
(AN)

Muster-AN 18   Mahnung zur Zahlung

Anwendungsbereich: BGB und VOB/B
Kapitel 6.7.2; 9.12.1; 11.5.1

Einschreiben/Rückschein
Firma AG
....

                                                                    Datum

Projekt/Bauvorhaben: ....
Auftrags-Nr.:   ....
hier: Mahnung zur Zahlung

Sehr geehrte Damen und Herren,

unsere Rechnung Nr. .... vom .... liegt Ihnen bereits seit einiger Zeit vor. Leider konnten wir bis gestern keinen Zahlungseingang feststellen. Wir bitten Sie deshalb nochmals um Bezahlung bis zum ....

Sollten Sie inzwischen bereits die Überweisung veranlasst haben, danken wir Ihnen.

Mit freundlichen Grüßen
(AN)

Muster-AN 19 Nachfristsetzung wegen Nichtzahlung / Androhung Arbeitseinstellung

Anwendungsbereich: BGB, VOB/B
Kapitel 6.7.2.1; 6.7.2.2; 9.13.1

Einschreiben/Rückschein
Firma AG
....

Datum

Projekt/Bauvorhaben: ....
Auftrags-Nr.: ....
hier: Nachfristsetzung wegen Nichtzahlung vor Arbeitseinstellung

Sehr geehrte Damen und Herren,

Sie haben unsere seit dem .... fällige Rechnung Nr. .... vom .... nicht bezahlt.

Wir setzen Ihnen hiermit eine Nachfrist zur Zahlung bis zum ....

Nach ergebnislosem Ablauf dieser Frist werden wir unsere Leistungen einstellen.

Mit freundlichen Grüßen
(AN)

Muster-AN 20 Arbeitseinstellung wegen Nichtzahlung

Anwendungsbereich: BGB sofort;
VOB/B nach Nachfristsetzung
Kapitel 6.1.3; 6.1.3.2; 6.7.2.1

Einschreiben/Rückschein
Firma AG
....

Datum

Projekt/Bauvorhaben: ....
Auftrags-Nr.: ....
hier: Arbeitseinstellung wegen Nichtzahlung

Sehr geehrte Damen und Herren,

Sie haben unsere seit dem .... fällige Rechnung Nr. .... vom .... nicht bezahlt.

Wir teilen Ihnen mit, dass wir unsere Arbeiten an dem oben genannten Projekt/Bauvorhaben deswegen mit sofortiger Wirkung einstweilen eingestellt haben.

Die Wiederaufnahme der Arbeiten erfolgt nach Eingang der fälligen Zahlung(en) bei uns. Entsprechend verschiebt sich der Fertigstellungstermin.

Für die uns durch die Arbeitseinstellung entstehenden Mehrkosten (z.B. Gerätevorhaltung auf der Baustelle) melden wir hiermit dem Grunde nach unseren Anspruch auf gesonderte Vergütung an.

Mit freundlichen Grüßen
(AN)

Muster-AN 21 Nachfristsetzung wegen Nichtzahlung / Kündigungsandrohung

Anwendungsbereich: BGB und VOB/B
Kapitel 6.7.2.2

Einschreiben/Rückschein
Firma AG
....

Datum

Projekt/Bauvorhaben: ....
Auftrags-Nr.: ....
hier: Nachfristsetzung mit Kündigungsandrohung wegen Nichtzahlung

Sehr geehrte Damen und Herren,

Sie haben unsere seit dem .... fällige Rechnung Nr. .... vom .... nicht bezahlt. Mit unserem Schreiben vom .... hatten wir Sie erstmalig zur Zahlung gemahnt. Seitdem befinden Sie sich in Zahlungsverzug. Auch auf unsere persönliche Rückfrage am..... bei ..... haben Sie leider keine Zahlung geleistet.

Deshalb haben wir heute Morgen unsere Arbeiten eingestellt.

Wir setzen Ihnen hiermit eine Nachfrist zur Zahlung bis zum .... Sollten Sie auch diese Nachfrist verstreichen lassen, werden wir den Vertrag kündigen.

Mit freundlichen Grüßen
(AN)

Güntzer / Hammacher Handbuch der Auftragsabwicklung

Muster-AN 22 Kündigung / Rücktritt wegen Nichtzahlung

Anwendungsbereich: BGB und VOB/B
Kapitel 6.1.3.3; 6.7.2.2

Einschreiben/Rückschein
Firma AG
....

Datum

Projekt/Bauvorhaben: ....
Auftrags-Nr.: ....
hier: Kündigung /Rücktritt wegen Nichtzahlung

Sehr geehrte Damen und Herren,

Sie haben unsere seit dem .... fällige Rechnung Nr. .... vom .... nicht bezahlt.

Mit unserem Schreiben vom .... haben wir Sie erstmalig zur Zahlung gemahnt und damit in Verzug gesetzt.

Mit unserem weiteren Schreiben vom .... haben wir Ihnen eine Nachfrist gesetzt und die Kündigung des Vertrages /Rücktritt angedroht.

Die gesetzte Nachfrist ist jetzt verstrichen, ohne dass wir einen Zahlungseingang feststellen konnten. Wir kündigen deshalb hiermit den Vertrag.

Wir fordern Sie auf, unsere bisher erbrachten Leistungen gemeinsam mit uns aufzumessen und bis zum .... abzunehmen.

Mit freundlichen Grüßen
(AN)

Muster-AN 23   Kündigung wegen Nichtzahlung einer Abschlagsrechnung

Anwendungsbereich: Bauvertrag , VOB/B-Bauvertrag
Kapitel 9.9

Einschreiben/Rückschein
Firma AG
....

                                                                        Datum

Projekt/Bauvorhaben: ....
Auftrags-Nr.:   ....
hier: Kündigung wegen Nichtzahlung

Sehr geehrte Damen und Herren,

Leider haben Sie unsere Abschlagsrechnung Nr. .... vom .... nicht bezahlt.

<u>nur BGB</u>:
Mit unserem Schreiben vom .... hatten wir Sie gebeten, wenigstens 80% unseres Nachtrags über geänderte Leistung in Höhe von netto EUR .... bis zum ..... zu zahlen.

<u>nur VOB/B</u>:
Mit unserem Schreiben vom .... hatten wir Ihnen eine angemessene Nachfrist gesetzt und erklärt, dass wir nach fruchtlosem Ablauf der Frist den Vertrag kündigen werden.

Die gesetzte Nachfrist ist jetzt verstrichen, ohne dass wir einen Zahlungseingang feststellen konnten. Wir kündigen deshalb hiermit den Vertrag. Wir fordern Sie auf, unsere bisher erbrachten Leistungen gemeinsam mit uns aufzumessen und bis zum .... abzunehmen.

Mit freundlichen Grüßen
(AN)

Muster-AN 24   Anzeige der Fertigstellung der Leistung

Anwendungsbereich: nur VOB/B
Kapitel 8.3.4

Einschreiben/Rückschein
Firma AG
....

Datum

Projekt/Bauvorhaben: ....
Auftrags-Nr.: ....
hier: Fertigstellung der Leistungen

Sehr geehrte Damen und Herren,

unsere Leistungen sind fertig gestellt.
Die Schlussrechnung ist beigefügt.

Mit freundlichen Grüßen
(AN)

Anlage: Schlußrechnung

Muster-AN 25 Anzeige Fertigstellung von Nacherfüllungsarbeiten Aufforderung zur Abnahme

Anwendungsbereich: 640 BGB und § 12 VOB/B
Kapitel 5.7.6

Firma AG
....

Datum

Projekt/Bauvorhaben: ....
Auftrags-Nr.: ....
hier: Abnahme der Nacherfüllungsarbeiten

Sehr geehrte Damen und Herren,

die Nacherfüllungsarbeiten gem. Abnahmetermin vom ..... haben wir am .... fertig gestellt. Wir bitten um deren Abnahme bis zum ....

Mit freundlichen Grüßen
(AN)

Muster-AN 26 Bereitstellung der Ware, Gefahrübergang auf den Käufer

Anwendungsbereich: § 299 BGB; Art. 67; 68; 69 Abs.1 CISG
Kapitel 6.6.2

Firma AG
....

Datum

Ihre Mitteilung vom: ....

Sehr geehrte Damen und Herren,

Wir teilen Ihnen mit, dass wir die Ware vereinbarungsgemäß ab dem .... [angemessene Zeit vorher] in .... zu Ihrer Abholung bereitstellen.

Damit geht die Gefahr auf Sie über.

Wir bitten wir Sie deshalb in Ihrem eigenen Interesse, die Ware unverzüglich abzuholen.

Mit freundlichen Grüßen
(AN)

Muster-AN 27   Teilabnahme

Anwendungsbereich: BGB (nur wenn Teilabnahme vertraglich vereinbart) und VOB/B-Bauvertrag
Kapitel 8.3.5

Firma AG
....

                                                                Datum

Ihre Mitteilung vom: ....

Sehr geehrte Damen und Herren,

nach dem Bauvertrag [in Verbindung mit § 12 Abs.2 VOB/B] sind in sich abgeschlossene Teile der Leistung besonders abzunehmen.

Wir bitten um Ihre Abnahmeerklärung binnen 12 Werktagen.

Freundliche Grüße
(AN)

Muster-AN 28 Gefahrübergang / Schutz des Gewerkes

Anwendungsbereich: BGB auch VOB/B
Kapitel 6.6.2, 8.2.3

Firma AG
....

Datum

Projekt/Bauvorhaben: ....
Auftrags-Nr.: ....
hier: Gefahrübergang

Sehr geehrte Damen und Herren,

Wir hatten Sie um Teil-Abnahme unserer Leistungen gebeten. Dies haben Sie abgelehnt.

Bis zur Erklärung der Abnahme unserer Leistungen insgesamt müssen wir unsere bereits fertig gestellte Teil-Leistung vor Beschädigung schützen.

Wir bitten Sie deshalb dafür Sorge zu tragen, dass im Bereich unseres Gewerkes nur noch Arbeiten von Ihren Mitarbeitern oder anderen Unternehmern ausgeführt werden, wenn dies zuvor mit uns abgestimmt wurde. Wir werden dann mit der Baustellenleitung sowie mit vertretungsberechtigten Vertretern der beteiligten Firmen an jedem Tag zunächst eine Baustellenbesichtigung durchführen und den Zustand unserer Gewerke protokollieren. Am Abend werden wir wiederum mit sämtlichen Baubeteiligten eine Baustellenbesichtigung durchführen. Hierüber wird ein Protokoll erstellt, in dem sämtliche Einzelheiten über evtl. Beschädigungen z.B. des Korrosionsschutzes fotografisch dokumentiert, beschrieben und von allen Beteiligten unterzeichnet werden wird.
Zusätzlich wird jeder Mitarbeiter der beteiligten Firmen vor Beginn der Arbeiten über seine Schutzpflicht belehrt. In einem gesonderten Schreiben hat er unter Angabe seines Namens und seiner Adresse zu bestätigen, dass die Konstruktion zu Beginn seiner Arbeiten mangelfrei war. Auf diese Weise wird es uns möglich sein, Schädiger zu identifizieren, die wir dann ggfls. im Wege eines Schadensersatzprozesses wegen unerlaubter Handlung zur

Rechenschaft ziehen werden, da sich die beteiligten Firmen selbst voraussichtlich gem. § 831 BGB exkulpieren werden.

Wir halten diese Maßnahme zum Schutz unseres Gewerkes für sinnvoll und geeignet, - allerdings zieht sie einen enormen Verwaltungs- und Zeitaufwand nach sich, den wir nicht zu vertreten haben. Zeitliche Verschübe werden sich dadurch bis zur Abnahme leider nicht verhindern lassen.

Desweiteren untersagen wir das Betreten und sonstige Nutzungen unserer Konstruktion bis zur Abnahme. Da wir bis zur endgültigen Vergütung unserer Leistungen Besitzer mit Besitzrecht sind, haben wir auch das Recht, Dritten, zu denen auch die Erfüllungsgehilfen des Auftraggebers gehören, das Betreten und Nutzen unserer Konstruktion zu untersagen, §§ 862; 823; 1004 BGB. Leider wird auch diese zum Schutz unseres Gewerkes erforderliche Maßnahme zu Behinderungen im Baustellenablauf führen, denn unsere Leistungen können bis zur Abnahme von niemandem mehr genutzt werden.

Die Abnahme unserer Teilleistung bieten wir ausdrücklich an, § 644 Abs.1 S.1 BGB.

Freundliche Grüße
(AN)

Güntzer / Hammacher Handbuch der Auftragsabwicklung

Muster-AN 29 Aufforderung zur Abnahme der fertig gestellten Leistung (Gläubigerverzug

Anwendungsbereich: BGB auch VOB/B
Kapitel 6.6.2; 6.6.6; 8.4

Einschreiben/Rückschein
Firma AG
....

Datum

Projekt/Bauvorhaben: ....
Auftrags-Nr.: ....
hier: Abnahme fertig gestellter Lieferungen / Leistungen

Sehr geehrte Damen und Herren,

unsere Leistungen sind fertig gestellt. Wir bieten sie Ihnen hiermit zur Abnahme an.

Unsere Schlussrechnung ist beigefügt.

Wir bitten Sie, unsere Lieferungen und Leistungen bis zum .... abzunehmen.

Mit freundlichen Grüßen
(AN)

Muster-AN 30   nochmalige Aufforderung zur Abnahme (Schuldnerverzug

Anwendungsbereich: BGB auch VOB/B
Kapitel 8.4

Firma AG
....

Datum

Projekt/Bauvorhaben: ....
Auftrags-Nr.:   ....
hier: Anmahnung der Abnahme

Sehr geehrte Damen und Herren,

wir hatten Ihnen die Abnahme unserer Leistungen angeboten; aber leider haben Sie die Abnahme bisher nicht erklärt.

Zur Wahrung unserer Rechte mahnen wir die Abnahme unserer Leistungen hiermit nochmals an [und machen darauf aufmerksam, dass wir den uns durch die Nichtabnahme entstehenden Verzugsschaden geltend machen werden].

Mit freundlichen Grüßen
(AN)

Güntzer / Hammacher Handbuch der Auftragsabwicklung

Muster-AN 31   Übersendung der Schlussrechnung

Anwendungsbereich: <u>nur</u> VOB/B
Kapitel 9.2; 9.4

Einschreiben/Rückschein
Firma AG
....

                                                                                               Datum

Projekt/Bauvorhaben: ....
Auftrags-Nr.:   ....
hier: Schlussrechnung

Sehr geehrte Damen und Herren,

wir übersenden Ihnen unsere Schlussrechnung mit der Bitte um schnelle Prüfung.

Wir halten aufgrund Art und Umfang unser Schlussrechnung eine Prüfung innerhalb von .... Tagen für möglich, so dass wir um Freigabe der Schlusszahlung bis zum .... bitten.

Unstrittige Beträge stehen uns bereits jetzt zu. Deshalb bitten wir um eine weitere Abschlagszahlung in Höhe von EUR .... Unsere Abschlagsrechnung Nr. ... liegt hier ebenfalls bei.

Mit freundlichen Grüßen
(AN)

Muster-AN 32 Einspruch gegen Schlusszahlung / Schlusszahlungserklärung

Anwendungsbereich: nur VOB/B
Kapitel 9.11

Einschreiben/Rückschein
Firma AG
....

                                                                    Datum

Projekt/Bauvorhaben: ....
Auftrags-Nr.:   ....
hier: Einspruch gegen Schlusszahlung

Sehr geehrte Damen und Herren,

auf unsere Schlussrechnung vom .... haben Sie am .... Schlusszahlung geleistet / erklärt.

Gegen diese Schlusszahlung / Schlusszahlungserklärung legen wir hiermit gemäß § 16 Nr.3 VOB/B Einspruch ein.

Eine detaillierte Begründung werden wir innerhalb der in § 16 Nr.3 Abs.5 VOB/B vorgesehenen Frist nachreichen.
[Alternative: Da Ihnen bereits eine von Ihnen geprüfte Schlussrechnung vorliegt, ist die nochmalige Übersendung und Begründung entbehrlich.]

Damit die offenen Punkte schnellstens erledigt werden können, schlagen wir Ihnen die folgenden Termine für eine Besprechung in ..... vor: .... Bitte teilen Sie uns bis zum .... mit, an welchem Tag wir uns treffen können.

Mit freundlichen Grüßen
(AN)

Muster-AN 33   Aufforderung zum Austausch von Bürgschaften

Anwendungsbereich: BGB und VOB/B
Kapitel 11.3.3

Einschreiben/Rückschein
Firma AG
....

Datum

Projekt/Bauvorhaben: ....
Auftrags-Nr.: ....
hier: Austausch von Bürgschaften

Sehr geehrte Damen und Herren,

nach dem Vertrag steht Ihnen mit der Abnahme unserer Leistungen eine Gewährleistungsbürgschaft in Höhe von ...% des Auftragswertes zu. Gleichzeitig ist uns die Erfüllungsbürgschaft in Höhe von ... % Zug um Zug zurückzugeben.

Beigefügt erhalten Sie unsere Gewährleistungsbürgschaft, mit der Bitte um Rücksendung der Erfüllungsbürgschaft bis zum ....

Mit freundlichen Grüßen
(AN)

Muster-AN 34 Aufforderung zur Rückgabe der Bürgschaft

Anwendungsbereich: BGB und VOB/B
Kapitel 11.3.3

Einschreiben/Rückschein
Firma AG
....

                                                        Datum

Projekt/Bauvorhaben: ....
Auftrags-Nr.: ....
hier: Rückgabe der Gewährleistungsbürgschaft

Sehr geehrte Damen und Herren,

wir haben Ihnen am .... nach der Abnahme unserer Leistung eine Gewährleistungsbürgschaft der ....-Bank über EUR .... übersandt.

Die Gewährleistungsfrist ist abgelaufen. Bitte reichen Sie uns deshalb diese Bürgschaftsurkunde bis zum .... an uns zurück.

Mit freundlichen Grüßen
(AN)

Muster-AN 35 — Fristsetzung zur Gestellung Bauhandwerkersicherung nach § 650f Abs.5 BGB

Anwendungsbereich: BGB und VOB/B
Kapitel 11.2.7

Einschreiben/Rückschein
Firma AG
....

Datum

Projekt/Bauvorhaben: ....
Auftrags-Nr.: ....
hier: Fristsetzung zur Gestellung einer Zahlungssicherheit

Sehr geehrte Damen und Herren,

gemäß § 650f Abs.5 BGB setzen wir Ihnen hiermit eine Frist, uns bis zum ...., eine Sicherheit in Höhe unserer voraussichtlichen Vergütungsansprüche zu stellen.

Nach ergebnislosem Ablauf der vorgenannten Frist werden wir unsere Leistungen zurückbehalten oder den Vertrag kündigen.

Unsere voraussichtlichen Vergütungsansprüche betragen EUR ....

Mit freundlichen Grüßen
(AN)

Muster-AN 36 Kündigung wegen Nichterbringung der Zahlungssicherheit nach § 650f BGB

Anwendungsbereich: BGB und VOB/B
Kapitel 11.2.7

Einschreiben/Rückschein
Firma AG
....

Datum

Projekt/Bauvorhaben: ....
Auftrags-Nr.: ....
hier: Kündigungsandrohung wegen Nichterbringung der Zahlungssicherheit nach § 650f BGB

Sehr geehrte Damen und Herren,

mit unserem Schreiben vom .... hatten wir Sie zur Erbringung einer Zahlungssicherheit nach § 650f BGB für unsere Vergütungsansprüche aufgefordert. Leider liegt diese Zahlungssicherheit bis heute nicht bei uns vor.

Hiermit kündigen wir den Vertrag.

Wir fordern Sie auf, unsere bisher erbrachten Leistungen gemeinsam mit uns aufzumessen und bis zum .... abzunehmen:

Mit freundlichen Grüßen
(AN)

Muster-AN 37   Projektbegleitbogen

Anwendungsbereich: BGB und VOB/B
Kapitel 2.16; 4.8.2; 5.13.2

Ausgefüllt am: ....

Grundlage:
Ausschreibungsbedingungen ( )   Angebot ( )   Vertrag ( )
Kopie an: Bauleitung ( )   Einkauf ( )   GF ( )

1. **Allgemeine Angaben zum Projekt**
1.1   Projektbezeichnung:
1.2   Gesellschaft / Kommissions-Nr.:
1.3   Land:
1.4.1 Auftraggeber:
1.4.2 Endkunde:
1.4.3 Ingenieur / Consultant / Architekt:
1.5.1 Art der Lieferung / Leistung:
1.5.2 Technologie mit eigener Erfahrung:
1.6   Auftragswert / Währung: (bei Konsortium eigener Anteil)
1.7.1 Angebotsabgabetermin / Termine / Fristen:
1.7.2 Zeitraum der Gültigkeit des Angebotes / der Bindefrist:
1.8.1 Beginn / Ende der Liefer- / Leistungszeit:
1.9   Inkrafttreten des Vertrages: ....
      (abhängig von bestimmten Umständen ?)

2. **Zahlungen des Auftraggebers / Zahlungsbedingungen**
2.1   Einheitspreis ( )   Pauschalpreis ( )   Stundenlohn ( )
2.2   Zahlungsplan:
2.3   Preisgleitklausel:
2.5   Muss Auftragnehmer bestimmte Zertifikate o. ä. beibringen?
2.5.1 Spätest-Termin für Zahlungen?
2.6   Zahlungssicherheiten zugunsten des Auftragnehmers?
2.7   Gewährleistungssicherheit?

3. **Verzögerung der Lieferung oder Leistung**
3.1   Vertragsstrafe / pauschalierter Verzugsschadensersatz
      (Liquidated Damages)
3.1.1 Höhe:
      Gesamtmaximum mit anderen Pönalen
      und Schadensersatzansprüchen?
3.1.2 Setzen einer Nachfrist erforderlich? ... Karenzzeit? ...
3.1.3 Pönalisierter Zeitpunkt: Zwischentermin ( ) Endtermin ( )

3.1.4	Verzugsschaden:	begrenzt ( ) unbegrenzt ( )
3.2.1	Rücktrittsrecht des Auftraggebers?	
3.2.2	Annullierung?	
	Sistierung (Unterbrechung) sonstige Gründe?	
3.2.3	Besondere Voraussetzungen (Nachfrist)?	
3.3	Ausdrücklicher Ausschluss weitergehender Ansprüche (Folgeschäden), insbesondere auf Schadensersatz?	

4.	Höhere Gewalt
4.1.1	- Arbeitskämpfe
4.1.2	- Zulieferbetriebe

5.	Abnahme / VOB / BGB
5.1	Zeitpunkt:
	- bei Fertigstellung der eigenen Leistung?
	- Fertigstellung des Gesamtprojektes?
	- Gefahrübergang vor Abnahme?
5.2.1	Bestimmte eigene Handlungen (z. B. schriftlicher Antrag) erforderlich?
5.2.2	Mitwirkung des Auftraggebers / Ingenieurs / Consultants / Architekten erforderlich?
5.2.3	Zertifikate: vom AN vorzulegende Bescheinigungen:
5.3	Förmliche Abnahme mit Abnahmeprotokoll?
5.4	Abnahmefiktion, z.B.
	- durch Ingebrauchnahme
	- durch Fertigstellungsanzeige
5.5	Ausnahmen von der Gefahrtragungsregelung bis zur Abnahme: (z. B. Krieg, Naturkatastrophe)?

6.	Gewährleistung - Mängel der Lieferung oder Leistung	
6.1	Nachbesserung?	( )
	Neulieferung?	( )
	Ein- und Ausbaukosten trägt:	
	- der Auftraggeber	( )
	- der Auftragnehmer	( )
	- keine ausdrückliche Regelung	( )
6.2.1	Dauer der Gewährleistungszeit:	
	Beginn:	
	Ende:	
	Datumsmäßig befristet?	Spätestfrist?
6.2.2	Dauer der Gewährleistungszeit für Nachbesserung / Neulieferung:	
	Datumsmäßig befristet?	Spätestfrist?
6.2.3	Dauer der Gewährleistungszeit für Reserveteile:	

	Datumsmäßig befristet? Spätestfrist?
6.2.4	Dauer der Gewährleistungszeit für Verschleißteile: elektrotechnische und maschinelle Anlagen: datumsmäßig befristet? Spätestfrist?
6.3	Ausdrücklicher Ausschluss der Gewährleistung für normalen Verschleiß und bei Bedienungsfehlern?
6.4	Ausdrücklicher Ausschluss weitergehender Ansprüche?
6.5	Ausdrücklicher Ausschluss von Folgeschäden?
6.6	Haftungsbegrenzung?
6.7	Beschaffenheitsgarantie?
7.	**Haftung**
7.1	Höhenmäßige Begrenzung?
7.2	Begrenzung nach Schadensart?
8.	**Bürgschaften/Garantien**
8.1	Bürgschaft auf erstes Anfordern? Höhe? Datumsmäßig befristet?
8.2	Bietungsgarantie? Höhe? Datumsmäßig befristet?
8.3	Anzahlungsgarantie / Bürgschaft? Höhe? Datumsmäßig befristet?
8.4	Inkrafttreten erst bei Eingang der Anzahlung? Ermäßigung entsprechend Liefer- und Leistungsfortschritt?
8.5	Vertragserfüllungsgarantie / -bürgschaft? Höhe? Datumsmäßig befristet?
8.6	Gewährleistungsgarantie / -bürgschaft? Höhe? Datumsmäßig befristet?
8.7	Bürgschaftsgeber: Bank ( ) Versicherung ( ) Konzern ( )
9.	**Sonstiges**
9.1	Anwendbares Recht:
9.2	Gerichtsbarkeit:
9.2.1	außergerichtliche Streitbeilegung (Mediation)
9.2.2	staatlich ( ) Schiedsgericht ( )
9.2.3	Bei Schiedsgericht: Nach welcher Schieds(gerichts)ordnung? Verfahrenssprache?
9.2.4	Gerichtsstand:
9.3	Allgemein anerkannte Regeln der Technik: Zum Zeitpunkt des Vertragsschlusses? Zum Zeitpunkt der Vertragserfüllung?
9.4	Vertragsbestandteile (z. B. BVB / ZVB): ....

Muster-AN 38   Bautagebuch
Kapitel 4.8.2; 7.3.9

Wetter: Temperatur …°C: min.: ………… max.: …………
Luftfeuchte … %: min.: ………… max.: …………
Baustelle: ……………………………   Gewerk: ……………
Auftrags-Nr.: ……………………………   Auftraggeber: ………
Tag: ……………………………………

Verteiler: ………………………………………………………………………

Baustoffe-Lieferungen:
Menge   Einheiten   Bezeichnung

von ………… bis ………… Uhr
von ………… bis ………… Uhr
von ………… bis ………… Uhr

Einsatz von Baumaschinen / Kran / LKW:
Eingang der Baupläne / Nr. Bauteil:

Vertragliche Leistungen Menge Einh. LV-Nr. Zusatzleistungen

Anordnungen des Auftraggebers: ……………………………………………

Behinderungen: …………………………………………………………………

Bemerkungen: …………………………………………………………………

Aufgestellt: am: ……………………………
Bauleiter Auftragnehmer

Geprüft und bestätigt am:
Bauleiter Auftraggeber

Muster-AN 39   Einfacher und verlängerter Eigentumsvorbehalt

Anwendungsbereich: BGB und VOB/B
Kapitel 11.2.2; 11.2.3

Einseitige Erklärung eines <u>einfachen Eigentumsvorbehalts</u>:

Die Ware bleibt bis zur vollständigen Bezahlung des vereinbarten Preises Eigentum des Auftragnehmers.

Vereinbarung eines <u>verlängerten Eigentumsvorbehalts,</u>
z.B. im Rahmen von Allgemeinen Verkaufsbedingungen:

1. Das Eigentum am Liefergegenstand geht auf den Auftraggeber erst über nach vollständiger Bezahlung aller gegenwärtigen und zukünftigen Forderungen des Auftragnehmers, gleich auf welchem Rechtsgrunde sie beruhen. Dies gilt auch dann, wenn Forderungen des Auftragnehmers in eine laufende Rechnung aufgenommen werden und der Saldo gezogen und anerkannt ist. Der Auftraggeber hat bis dahin auf seine Kosten den Liefergegenstand zugunsten des Auftragnehmers gegen Feuer-, Wasser- und sonstige Schäden zu versichern. Der Auftraggeber ist zur Übertragung oder Verfügung über das Eigentum des Auftragnehmers ohne schriftliche Genehmigung des Auftragnehmers nicht berechtigt.

2. Be- und Verarbeitung der Vorbehaltswaren erfolgen für den Auftragnehmer - ohne ihn zu verpflichten - als Hersteller im Sinne von § 950 BGB unter Ausschluss des Eigentumserwerbs des Auftraggebers an der neuen Sache. Die be- und verarbeitete Ware dient zur Sicherung des Auftragnehmers in Höhe des Rechnungswertes der Vorbehaltsware.

Bei Verbindung oder Vermischung mit einer Sache des Auftraggebers, die im Sinne von § 947 Abs.2 BGB als Hauptsache anzusehen ist, sind sich Auftraggeber und Auftragnehmer bereits jetzt darüber einig, dass der Auftraggeber die ihm zustehenden Eigentumsrechte an der einheitlichen Sache im Umfang des Rechnungswertes der Vorbehaltsware an den Auftragnehmer überträgt und sie unentgeltlich für ihn verwahrt.

Im Übrigen gelten bei Verbindung, Vermischung und Verarbeitung die gesetzlichen Vorschriften. Die entstehenden Eigentumsrechte des Auftragnehmers gelten als Vorbehaltsware.

3. Sofern der Auftraggeber entgegen Ziffer 1 Satz 4 über das Eigentum des

Auftragnehmers in einer Weise verfügt hat, dass es auf Dritte übergegangen ist, sind die Forderungen des Auftraggebers aus der Weiterveräußerung der Vorbehaltsware oder deren Verbindung mit der einem Dritten gehörenden Hauptsache oder deren Einbau in ein fremdes Grundstück - gegebenenfalls zusammen mit anderen, nicht dem Auftragnehmer gehörenden Waren - bereits jetzt an den Auftragnehmer abgetreten.

Im Voraus abgetreten sind ferner Ansprüche des Auftraggebers gegen Versicherer oder sonstige Dritte aufgrund Beschädigung, Minderung, Verlust oder Untergang der Vorbehaltsware.

Nimmt der Auftraggeber seine Forderung aus der Weiterveräußerung, Verbindung oder dem Einbau der Vorbehaltsware in ein Kontokorrentverhältnis mit seinem Abnehmer auf, bezieht sich die Vorausabtretung auf die Kontokorrentforderung und nach erfolgter Saldierung auf den Schlusssaldo.

Die Abtretung der Forderung gilt in Höhe des Rechnungswertes der jeweils weiter veräußerten, verbundenen oder eingebauten Vorbehaltsware. Bei Waren, an denen der Auftragnehmer Miteigentumsanteile hat, gilt die Abtretung in Höhe dieser Miteigentumsanteile.

Auf Verlangen des Auftragnehmers hat der Auftraggeber die Vorausabtretung seinen Schuldnern anzuzeigen.

4. Soweit die Vorbehaltsware oder die abgetretene Forderung gepfändet oder in anderer Weise durch Dritte beeinträchtigt wird, hat der Auftraggeber den Auftragnehmer unverzüglich zu benachrichtigen. Die Kosten von Interventionen trägt der Auftraggeber.

Auf Verlangen des Auftragnehmers hat der Auftraggeber ihm die Schuldner der abgetretenen Forderung mitzuteilen sowie die zur Einziehung oder zur Intervention erforderlichen Auskünfte und Unterlagen zu geben.

5. Das Recht des Auftraggebers, die Vorbehaltsware zu besitzen, erlischt, wenn er seinen vertraglichen Verpflichtungen nicht nachkommt, insbesondere bei Zahlungsverzug oder Gefährdung des Vorbehaltseigentums. Der Auftragnehmer kann dann - ohne vom Vertrag zurückzutreten oder eine Nachfrist setzen zu müssen - die Vorbehaltsware herausverlangen.

6. Der Auftragnehmer verpflichtet sich, für ihn bestehende Sicherheiten auf Verlangen nach seiner Wahl insoweit freizugeben, als ihr Wert die noch zu sichernden Forderungen um mehr als 15 % übersteigt.

Muster-AN 40   **Offenlegung eines verlängerten Eigentumsvorbehaltes gegenüber Dritten**

Anwendungsbereich: BGB und VOB/B
Kapitel 11.2.3; 11.2.4

Einschreiben/Rückschein
Firma Dritter GmbH

                                                                                  Datum

Projekt/Bauvorhaben: ....
Auftrags-Nr.: ....
hier: Offenlegung der Vereinbarung eines verlängerten Eigentumsvorbehaltes mit Firma Auftraggeber GmbH

Sehr geehrte Damen und Herren,

wir sind Unterlieferant der Firma Auftraggeber GmbH bei dem oben genannten Projekt/Bauvorhaben, die wiederum in einem Vertragsverhältnis zu Ihrer Firma steht.

Wir haben bzw. werden noch der Firma Auftraggeber GmbH Waren liefern, die diese an Sie weiterliefern wird. Es handelt sich dabei um folgende Waren: .... (kurze Beschreibung der Leistungen).

Mit der Firma Auftraggeber GmbH haben wir einen verlängerten Eigentumsvorbehalt vereinbart. Dieser sieht unter anderem vor, dass alle aus der Weiterveräußerung unserer Waren an Dritte entstehenden Forderungen der Firma Auftraggeber GmbH gegen diese Dritten an uns im Voraus abgetreten sind.

Solche Forderungen der Firma Auftraggeber GmbH können Sie deshalb ab jetzt nur noch mit schuldbefreiender Wirkung an uns bezahlen. Unser Auftragswert mit der Firma Auftraggeber GmbH beträgt insgesamt EUR .... Davon sind bisher über Abschlagszahlungen EUR .... gezahlt worden.
Bitte reservieren Sie deshalb noch zu unseren Gunsten einen Betrag in Höhe von EUR ....
Mit freundlichen Grüßen
(AN)

Muster-AN 41   Ausübung des Unternehmerpfandrechtes

Anwendungsbereich: BGB und VOB/B
Kapitel 11.2.5

Einschreiben/Rückschein
Firma AG
....

                                                           Datum

Projekt/Bauvorhaben: ....
Auftrags-Nr.:   ....
hier: Ausübung des Unternehmerpfandrechtes

Sehr geehrte Damen und Herren,

Sie haben uns am .... Teile zur Bearbeitung übersandt. Die Arbeiten sind abgeschlossen. Unsere Rechnung liegt Ihnen vor. Mangels anderweitiger Vereinbarungen ist die Vergütung sofort fällig. Wie Sie uns haben wissen lassen, ist mit einer sofortigen Bezahlung jedoch nicht zu rechnen.

Wir mahnen die Zahlung an und machen von unserem gesetzlichen Unternehmerpfandrecht Gebrauch. Sollte unsere Rechnung nicht bis zum .... bezahlt sein, werden wir das Pfandgut freihändig verkaufen oder versteigern lassen.

Mit freundlichen Grüßen
(AN)

Muster-AN 42 Offenlegung einer Sicherungsabtretung gegenüber Dritten

Anwendungsbereich: BGB und VOB/B
Kapitel 11.5.2

Einschreiben/Rückschein
Firma Dritter GmbH
....

Datum

Projekt/Bauvorhaben: ....
Auftrags-Nr.: ....
hier: Offenlegung der Vereinbarung einer Sicherungsabtretung mit Firma Auftraggeber GmbH

Sehr geehrte Damen und Herren,

wir sind Unterlieferant der Firma Auftraggeber GmbH bei dem oben genannten Projekt/Bauvorhaben, die wiederum in einem Vertragsverhältnis zu Ihrer Firma steht.

Wir haben bzw. werden noch der Firma Auftraggeber GmbH Waren liefern, die diese an Sie weiterliefern wird. Es handelt sich dabei um folgende Waren:
....
(kurze Beschreibung der Leistungen)

Mit der Firma Auftraggeber GmbH haben wir die in Kopie beigefügte Sicherungsabtretung vereinbart. Diese sieht unter anderem vor, dass die aus dem Vertrag zwischen Ihnen und der Firma Auftraggeber GmbH entstehende Forderung in Höhe unserer Forderung gegen die Firma Auftraggeber GmbH von EUR .... an uns abgetreten ist.

Wir bitten Sie, uns bis zum .... schriftlich zu bestätigen, dass Sie mit dieser Abtretung einverstanden sind, die Zahlung in der vorgenannten Höhe direkt an uns leisten und nicht mit etwaigen Gegenforderungen aufrechnen werden, die Sie gegen die Firma Auftraggeber GmbH haben oder noch haben werden.

Sollten Sie die gewünschte Erklärung nicht abgeben, werden wir im

Vertragsverhältnis zur Firma Auftraggeber GmbH unsere Leistungen einstweilen einstellen. Dies wird voraussichtlich den Ablauf Ihres Projektes negativ beeinflussen, was wir bedauern würden, aber bei der dann eingetretenen Sachlage leider nicht vermeiden können.

Mit freundlichen Grüßen
(AN)

Muster-AN 43   Brief an Kunden des Auftraggebers wegen Direktzahlung

Anwendungsbereich: BGB und VOB/B
Kapitel 11.5

Einschreiben/Rückschein
Firma Kunde GmbH
....

                                                                                               Datum

Projekt/Bauvorhaben: ....
Auftrags-Nr.:   ....
hier: Anzeige von Zahlungsverzug unseres Auftraggebers –
                        Antrag auf direkte Zahlung an uns durch Sie

Sehr geehrte Damen und Herren,

wir sind Subunternehmer der Firma .... , die uns mit .... - Arbeiten für Ihr Projekt/Bauvorhaben beauftragt hat: (vgl. Anlage 1: Auftragsschreiben).

Seit dem .... befindet sich unser Auftraggeber mit einer fälligen Zahlung in Höhe von EUR .... in Zahlungsverzug (vgl. Anlage 2: Rechnung und Mahnschreiben).

Wir haben unsere Arbeiten bislang ohne Beanstandung ausgeführt. Ohne Bezahlung ist uns eine Fortführung der Arbeiten jedoch nicht zumutbar, weshalb wir erwägen, in Kürze unsere Arbeiten einzustellen.

Wir wären jedoch einverstanden, die Arbeiten vertragsgemäß zu Ende zu führen, wenn Sie sich bereit erklären, anstelle unseres Auftraggebers die fälligen Zahlungen an uns zu leisten und mit unserem Auftraggeber zu verrechnen. Den Entwurf einer solchen Vereinbarung haben wir beigefügt (vgl. Anlage 3: Entwurf **Direktzahlungsvertrag**).

Wir bitten Sie, uns Ihre Entscheidung spätestens bis zum .... mitzuteilen. Sollten wir bis dahin keine positive Antwort oder Zahlung von Ihnen erhalten haben, werden wir spätestens dann unsere Arbeiten an Ihrem Projekt/Bauvorhaben einstellen.

Mit freundlichen Grüßen
(AN)

Muster-AG 01 Bitte um geänderte Ausführung

Anwendungsbereich: Bauvertrag
Kapitel 4.1.10.5

Firma AN
....

Datum

Projekt/Bauvorhaben: ....
Auftrags-Nr.:   ....
hier: Bitte einer geänderten Ausführung

Sehr geehrte Damen und Herren,

Wir möchten Sie bitten, die folgenden Leistungen anders als ursprünglich vereinbart auszuführen:

☐ Leistungsänderungen, die den im Vertrag vereinbarten Werkerfolg ändern: ....
☐ Leistungsänderungen, die zur Erreichung des vereinbarten Werkerfolgs notwendig sind: ....

Wegen der Einzelheiten verweisen wir auf ....
Über die Einzelheiten würden wir gerne mit Ihnen sprechen.

Wir bitten Sie, uns bis zum .... ein Angebot über die Ausführung der geänderten Leistungen und die damit verbundenen Mehr- oder Mindervergütung zu übersenden. Sollte Ihnen dies hinsichtlich der den Werkerfolg ändernden Leistungen nicht zumutbar sein, bitten wir um Ihre Erläuterungen.

Sobald uns Ihr Angebot vorliegt, werden wir es prüfen und kurzfristig wieder auf Sie zukommen.

Mit freundlichen Grüßen
(AG)

Güntzer / Hammacher Handbuch der Auftragsabwicklung

Muster-AG 02   Anordnung zur geänderten Ausführung

Anwendungsbereich: Bauvertrag
Kapitel 4.1.10.5

Firma AN
....

Datum

Projekt/Bauvorhaben: ....
Auftrags-Nr.: ....
hier: Anordnung zur geänderten Ausführung

Sehr geehrte Damen und Herren,

Wir hatten Sie mit Schreiben vom ..... – Ihnen zugegangen am .... – gebeten, folgende geänderte Leistungen auszuführen:

☐ Es handelt sich lediglich um Änderungen, die zur Erreichung des vereinbarten Werkerfolges notwendig sind, § 650b Abs.1 Nr.2 BGB.
☐ Es handelt sich auch um Änderungen, die den vereinbarten Werkerfolg ändern, § 650b Abs.1 Nr.1 BGB, die jedoch von Ihnen ohne weiteres erledigt werden können und deshalb zumutbar sind.

Hierzu hatten Sie uns am ..... ihr Angebot über die Mehr- oder Mindervergütung übersandt. Leider konnten wir uns über die Vergütung der geänderten Leistung bislang nicht einigen.

Gem. § 6750b Abs.2 S.1 BGB ordnen wir deshalb die Ausführung der geänderten Leistungen an. [Achtung: nicht vor Ablauf von 30 Tagen nach **Zugang des Änderungsbegehrens !**].

Wir bitten Sie unverzüglich, spätestens jedoch am ......, mit der geänderten Ausführung zu beginnen.

Mit freundlichen Grüßen
(AG)

Muster-AG 03   Abhilfeverlangen bei unzureichender Ausstattung

Anwendungsbereich: § 5 Abs.3 ,VOB/B, Werkvertrag / Bauvertrag
Kapitel 5

Einschreiben/Rückschein
Firma AN
....

Datum

Projekt/Bauvorhaben: ....
Auftrags-Nr.: ....
hier: Abhilfeverlangen bei unzureichender Ausstattung

Sehr geehrte Damen und Herren,

wir haben festgestellt, dass die von Ihnen eingesetzten Arbeitskräfte, Geräte, Materialien, etc. so unzureichend sind, dass die Ausführungsfristen offenbar nicht eingehalten werden können.

Wir fordern Sie auf, unverzüglich Abhilfe zu schaffen, damit die vereinbarten Fristen eingehalten werden können.

Sollten Sie dem nicht nachkommen, werden wir bei Aufrechterhaltung des Vertrages Schadensersatz verlangen - oder eine angemessene Frist zur Vertragserfüllung setzen und nach fruchtlosem Ablauf den Auftrag kündigen.

Mit freundlichen Grüßen
(AG)

Güntzer / Hammacher Handbuch der Auftragsabwicklung

Muster-AG 04 Mängelrüge mit Fristsetzung

Anwendungsbereich: Kaufvertrag / Werkvertrag / Bauvertrag / VOB/B-Bauvertrag
Kapitel 5.7.8

Einschreiben/Rückschein
Firma AN
....

Datum

Projekt/Bauvorhaben: ....
Auftrags-Nr.: ....
hier: Mängelrüge mit Fristsetzung

Sehr geehrte Damen und Herren,

leider haben wir festgestellt, dass Ihre Lieferungen und Leistungen folgende Mängel aufweisen:

....
Wir bitten Sie, bis zum ..... die mangelhaft bzw. vertragswidrigen Leistungen durch mangelfreie zu ersetzen (abzustellen, zu beseitigen, zuzulassen, …).

(**Nur Kauf- / Werklieferungsvertrag**: Wir bitten um Lieferung einer neuen Sache bis zum ....)

Wir behalten uns vor, nach Ablauf der Frist von unseren weiteren Rechten wegen der Mängel Gebrauch zu machen.

Mit freundlichen Grüßen
(AG)

Muster-AG 05 Mängelrüge mit Terminstaffelung zur Abarbeitung

Anwendungsbereich: BGB und VOB/B
Kapitel 5.6.3; 5.7.6

Einschreiben/Rückschein
Firma AN
....

Datum

Projekt/Bauvorhaben: ....
Auftrags-Nr.: ....
hier: Mängelrüge

Sehr geehrte Damen und Herren,

an Ihren Leistungen haben wir folgende Mängel festgestellt:
....
Wir bitten Sie, am .... mit der Mängelbeseitigung zu beginnen und die Mängel wie folgt abzuarbeiten:

Erdgeschoß: bis ....
1. Geschoß: bis ....
2. Geschoß: bis ....
3. Geschoß: bis ....

Sämtliche Mängel müssen bis zum .... beseitigt sein. Sollten die Fristen nicht eingehalten werden, machen wir von unseren Rechten Gebrauch.

Wegen der Dringlichkeit der Mängelbeseitigung bitten wir um Mitteilung bis zum .... , ob Sie zur Mängelbeseitigung bereit und in der Lage sind. Sollten wir bis dahin nichts von Ihnen hören, müssen wir davon ausgehen, dass dies nicht der Fall ist. Ein weiteres Zuwarten ist uns dann nicht mehr zumutbar. Wir werden dann sofort von unseren rechtlichen Möglichkeiten Gebrauch machen.

Mit freundlichen Grüßen
(AG)

Güntzer / Hammacher Handbuch der Auftragsabwicklung

Muster-AG 06   Nachfristsetzung zur Mängelbeseitigung

Anwendungsbereich: <u>nur</u> VOB/B
Kapitel 5.5.2

Einschreiben/Rückschein
Firma AN
....

Datum

Projekt/Bauvorhaben: ....
Auftrags-Nr.: ....
hier: Nachfristsetzung zur Mängelbeseitigung

Sehr geehrte Damen und Herren,

mit unserer Mängelrüge Nr. .... vom .... sind Ihnen verschiedene Mängel angezeigt und eine Frist zur Beseitigung gesetzt worden.

Leider sind die Mängel bisher nicht beseitigt worden.

Wir setzen Ihnen hiermit eine Nachfrist zur vollständigen Mängelbeseitigung
                 bis zum ....
und weisen Sie darauf hin, dass wir nach fruchtlosem Ablauf der Frist den Auftrag ganz oder teilweise kündigen werden. Die Leistungen werden dann auf Ihre Kosten von einer anderen Firma fertig gestellt werden.

Den sich aus den Mängeln und ihrer Säumigkeit und Vertragswidrigkeit ergebenden Schaden machen wir hiermit dem Grunde nach geltend.

Mit freundlichen Grüßen
(AG)

Muster-AG 07   Interne Mitteilung an Buchhaltung Geldeinbehalt wegen Mängeln

Anwendungsbereich: BGB und VOB/B
Kapitel 5.7.7

Interne Mitteilung an
- Buchhaltung –

Datum

Projekt/Bauvorhaben: ....
Auftrags-Nr.: ....
hier: Mängelrüge

wir haben der Firma AN die in Kopie beigefügte Mängelrüge übersandt. Wir schätzen die Kosten für die Beseitigung dieser Mängel auf EUR ....

Wir bitten Sie, das Kundenkonto der Firma AN sofort in Höhe des Doppelten dieser voraussichtlichen Mängelbeseitigungskosten, also insgesamt in Höhe von EUR .... zu sperren und fällige Forderungen dieser Firma in dieser Höhe nicht zu begleichen.

Sobald die Firma AN die Mängel vollständig beseitigt hat, erhalten Sie von uns unaufgefordert eine entsprechende Freigabe des vorgenannten Zahlungseinbehaltes.

Die Einkaufsabteilung hat Kopie dieser Schreiben erhalten.

Bauleitung

Muster-AG 08   Interne Erfassung der Kosten für Mängelbeseitigung

Anwendungsbereich: BGB und VOB/B
Kapitel 5.7.13

Projekt/Bauvorhaben: ....
Auftrags-Nr.: ....
hier: Mängel der <u>Firma AN</u>

Zur Beseitigung der Mängel sind in der Zeit vom .... bis .... folgende Leistungen erbracht worden:
....
Folgende Kosten sind dadurch entstanden:
....

A) für durch Dritte erbrachte Leistungen:
     Rechnung Firma .... vom ....

B) für eigene Leistungen:
1. Personalaufwand:
1.1 Arbeiterstunden:
     Herr ....
     Herr ....
     Herr ....

1.2 Vorarbeiterstunden:
     Herr ....

1.3 Meisterstunden:
     Herr ....

2. Materialaufwand:

3. Zur Mängelrüge gehörende Dokumentation (z.B. Fotografien, Sachverständiger)

Aufgestellt am .... durch ....
(Unterschrift)

Muster-AG 09   Vertragskündigung wegen Mängeln

Anwendungsbereich: <u>nur</u> VOB/B
Kapitel 5.2.7; 5.2.12

Einschreiben/Rückschein
Firma AN
....

                                                                            Datum

Projekt/Bauvorhaben: ....
Auftrags-Nr.:   ....
hier: Kündigung wegen Mängeln

Sehr geehrte Damen und Herren,

mit unserer Mängelrüge Nr. .... vom .... sind Ihnen verschiedene Mängel angezeigt und eine Frist zur Beseitigung gesetzt worden.

Mit unserem weiteren Schreiben vom .... haben wir Ihnen eine Nachfrist gesetzt, verbunden mit der Androhung der Kündigung des Vertrages.

Leider sind die Mängel bisher nicht beseitigt worden. Daher kündigen wir Ihnen hiermit gem. §§ 4 Abs.7 mit 8 Abs.3 VOB/B [<u>alternativ</u>]

- ☐   den Auftrag
- ☐   die folgenden abgeschlossene Teile des Auftrages: ....

Für die Weiterführung der Arbeiten erforderlichen Geräte, Gerüste, auf der Baustelle vorhandene andere Einrichtungen und angelieferte Stoffe und Bauteile nehmen wir gegen angemessene Vergütung in Anspruch.

Mit freundlichen Grüßen
(AG)

Güntzer / Hammacher Handbuch der Auftragsabwicklung

Muster-AG 10 Rücktrittserklärung wegen nicht oder nicht vertragsgemäß erbrachter Leistung

Anwendungsbereich: BGB
Kapitel 5.6.3; 5.7.10

Einschreiben/Rückschein
Firma AN
....

                                                        Datum

Projekt/Bauvorhaben: ....
Auftrags-Nr.: ....
hier: Rücktrittserklärung wegen nicht oder nicht vertragsgemäß erbrachter Leistung

Sehr geehrte Damen und Herren,

von Ihnen wurden die fälligen Lieferungen und Leistungen nicht ordnungsgemäß erbracht.

Mit unserem Schreiben vom .... hatten wir Ihnen eine angemessene Frist gesetzt:
☐ zur Erfüllung,
☐ zur Einhaltung der vertraglich vereinbarten Zwischentermine,
☐ zum Beginn der Leistungen im Hinblick auf den anderenfalls nicht mehr einzuhaltenden Fertigstellungstermin,
und Sie auf die mögliche Ausübung unser Rechte im Falle der Erfolglosigkeit der Fristsetzung hingewiesen.

Die gesetzte Frist ist jetzt verstrichen, ohne dass wir eine vollständige Erfüllung feststellen konnten.

Wir erklären deshalb hiermit den Rücktritt:
☐ vom ganzen Vertrag,
☐ mit Ausnahme von folgenden Teilleistungen, an denen wir interessiert sind: ....

Mit freundlichen Grüßen
(AG)

Muster-AG 11 Kostenvorschuss zur Mängelbeseitigung durch Dritte

Anwendungsbereich: BGB und VOB/B
Kapitel 5.7.9

Einschreiben/Rückschein
Firma AN

Datum

Projekt/Bauvorhaben: ....
Auftrags-Nr.: ....
hier: Kostenvorschuss zur Mängelbeseitigung durch Dritte

Sehr geehrte Damen und Herren,

mit unserer Mängelrüge Nr. ..... vom .... sind Ihnen verschiedene Mängel angezeigt worden, die trotz Fristsetzung nicht beseitigt worden sind. Wir sind nunmehr gezwungen, die Mängel auf Ihre Kosten beseitigen zu lassen.

Wir haben einen Anspruch auf Zahlung eines Kostenvorschusses in Höhe der voraussichtlichen Mängelbeseitigungskosten. Wir schätzen diese Kosten derzeit auf EUR ....

Wir fordern Sie hiermit zur Zahlung eines Vorschusses in dieser Höhe auf und bitten um Überweisung bis zum .... auf unser Konto bei der xxx- Bank (IBAN _____ BIC ___). Nach fruchtlosem Ablauf dieser Frist müssten wir gerichtliche Hilfe in Anspruch nehmen.

Mit freundlichen Grüßen
(AG)

Muster-AG 12   Aufrechnung mit Kostenvorschussanspruch zur Mängelbeseitigung

Anwendungsbereich: BGB und VOB/B
Kapitel 5.7.9

Einschreiben/Rückschein
Firma AN
....

Datum

Projekt/Bauvorhaben: ....
Auftrags-Nr.: ....
hier: Aufrechnung mit Kostenvorschussanspruch zur Mängelbeseitigung durch Dritte

Sehr geehrte Damen und Herren,

mit unserer Mängelrüge Nr. ..... vom .... sind Ihnen verschiedene Mängel angezeigt worden, die trotz Fristsetzung nicht beseitigt worden sind. Wir sind nunmehr gezwungen, die Mängel auf Ihre Kosten zu beseitigen.

Bei dieser Sachlage haben wir einen Anspruch auf Zahlung eines Kostenvorschusses in Höhe der voraussichtlichen Mängelbeseitigungskosten. Wir schätzen diese Kosten derzeit auf EUR ....

Mit diesem Anspruch auf Kostenvorschuss erklären wir hiermit die Aufrechnung gegenüber Ihren fälligen Forderungen aus der Rechnung Nr. .... betreffend unseren Auftrag ....

Mit freundlichen Grüßen
(AG)

Muster-AG 13 — Geltendmachung des Zurückbehaltungsrechts wegen Mängel

Anwendungsbereich: BGB und VOB/B
Kapitel 11.3.2

Einschreiben/Rückschein
Firma AN
....

Datum

Projekt/Bauvorhaben: ....
Auftrags-Nr.: ....
hier: Geltendmachung des Zurückbehaltungsrechtes wegen Mängel

Sehr geehrte Damen und Herren,

mit unserer Mängelrüge Nr. ...... vom .... sind Ihnen verschiedene Mängel angezeigt worden, die trotz Fristsetzung nicht beseitigt worden sind.

Bis zur Erledigung der Mängelbeseitigung sind wir berechtigt, einen Betrag in Höhe des Zweifachen der voraussichtlichen Mängelbeseitigungskosten von den fälligen Zahlungsansprüchen Ihrer Firma zurückzubehalten. Wir schätzen diese Mängelbeseitigungskosten derzeit auf EUR .... Multipliziert mit dem Faktor 2 ergibt sich ein Zurückbehaltungsrecht in Höhe von EUR .... , von dem wir hiermit Gebrauch machen.

Wir haben unsere Buchhaltung angewiesen, hinsichtlich Ihrer fälligen Zahlungsansprüche diesen Betrag bis zur Beseitigung der Mängel zu sperren.

Mit freundlichen Grüßen
(AG)

Güntzer / Hammacher Handbuch der Auftragsabwicklung

Muster-AG 14 Erklärung der Minderung wegen Mängel

Anwendungsbereich: alle Vertragsarten
Kapitel 5.7.12

Einschreiben/Rückschein
Firma AN
....

Datum

Projekt/Bauvorhaben: ....
Auftrags-Nr.: ....
hier: Erklärung der Minderung wegen Mängel

Sehr geehrte Damen und Herren,

mit Schreiben vom .... hatten wir Ihnen eine Frist zur Nacherfüllung der dort aufgelisteten Mängel gesetzt.

Leider sind die Mängel bisher nicht beseitigt worden. Wir machen deshalb hiermit von unserem Minderungsrecht Gebrauch.

Wir halten eine Minderung des vereinbarten Preises um einen Betrag von EUR .... für angemessen und werden eine entsprechende Kürzung Ihrer fälligen Zahlungsansprüche vornehmen.

Mit freundlichen Grüßen
(AG)

Muster-AG 15 — Verlangen von Schadensersatz wegen Mängel

Anwendungsbereich: BGB und VOB/B
Kapitel 5.7.13

Einschreiben/Rückschein
Firma AN
....

Datum

Projekt/Bauvorhaben: ....
Auftrags-Nr.: ....
hier: Verlangen von Schadensersatz wegen Mängel

Sehr geehrte Damen und Herren,

mit Schreiben vom .... hatten wir Ihnen eine Frist zur Nacherfüllung der dort aufgelisteten Mängel gesetzt.

Leider sind die Mängel nicht beseitigt worden. Wir verlangen insoweit keine Erfüllung mehr, sondern machen stattdessen von unserem Recht auf Schadensersatz Gebrauch. Den genauen Schadensbetrag werden wir Ihnen aufgeben, sobald unsere Kostenermittlungen abgeschlossen sind.

[Alternativ ergänzend:
Bereits jetzt machen wir einen Kostenvorschuss in Höhe von EUR .... geltend und bitten um Überweisung bis zum .... auf unser Konto bei der xxx- Bank (IBAN _____ BIC _____). Wir werden diesen Kostenvorschuss im Rahmen der Schadensabrechnung verrechnen.]

Mit freundlichen Grüßen
(AG)

Muster-AG 16 Verlangen von Schadensersatz, Mangelfolgeschäden und andere

Anwendungsbereich: BGB und VOB/B
Kapitel 5.7.13

Einschreiben/Rückschein
Firma AN
....

Datum

Projekt/Bauvorhaben: ....
Auftrags-Nr.: ....
hier: Schadensersatz

Sehr geehrte Damen und Herren,

durch Ihr Handeln sind uns folgende Schäden entstanden: ....
....(Nachweise siehe Anlage).

Wir fordern Sie auf, den Schadensbetrag bis zum .... zu begleichen durch Überweisung auf unser Konto bei der xxx-Bank (IBAN _____ BIC _____).

Wir gehen davon aus, dass Sie Ihre Haftpflichtversicherung informiert haben und bitten um Mitteilung der Versicherungsgesellschaft, Versicherungsnummer und des Aktenzeichens, unter dem der Schaden geführt wird.

Mit freundlichen Grüßen
(AG)

Muster-AG 17   Mahnung und Fristsetzung
- verzögerte Leistung

Anwendungsbereich: BGB und VOB/B
Kapitel 5.6.3

Einschreiben/Rückschein
Firma AN
....

Datum

Projekt/Bauvorhaben: ....
Auftrags-Nr.: ....
hier: Mahnung und Fristsetzung zur Leistung

Sehr geehrte Damen und Herren,

- ☐ Ihre fälligen Leistungen sind noch nicht von Ihnen erbracht worden. Wir bitten um Ausführung bis zum ....
- ☐ Ihre Leistungen sind nach unseren Absprachen bis zum ... fertig zu stellen. Soweit ersichtlich, haben Sie jedoch bisher noch nicht mit der Ausführung begonnen, sodass wir ernste Bedenken haben, dass Sie den Termin einhalten werden. Wir fordern Sie deshalb auf, bis spätestens zum .... mit der Ausführung des Auftrags zu beginnen.

Sollten Sie diese Frist nicht einhalten, werden wir:

- ☐ Schadensersatz neben der Leistung verlangen,
- ☐ vom Vertrag zurücktreten,
- ☐ und zwar auch hinsichtlich der erbrachten Teilleistung, an der wir dann kein Interesse mehr haben [nur BGB],
- ☐ den Vertrag ganz aus wichtigem Grund kündigen,
- ☐ hinsichtlich des abgrenzbaren Teils aus wichtigem Grund kündigen.

Mit freundlichen Grüßen
(AG)

Muster-AG 18   Mahnung und Fristsetzung zur Leistung mit Terminstaffelung / verzögerte Leistung

Anwendungsbereich BGB und VOB/B
Kapitel 5.6.3

Firma AN
z.Hd Geschäftsführung

                                                                          Datum

Projekt/Bauvorhaben: …………………………
Auftrags-Nr.: …………………………
hier: Mahnung und Fristsetzung zur Leistung

Sehr geehrte Damen und Herren,

die von Ihnen geschuldeten Leistungen sind bis zum Tag der Fälligkeit von Ihnen nicht erbracht worden. Es fehlen noch folgende Leistungen:
…………………………………………………………………………………………… .
Wegen der Dringlichkeit bitten wir um Mitteilung bis zum ……… , ob Sie hierzu bereit und in der Lage sind.
Wir bitten Sie, mit der Nacherfüllung am …………. zu beginnen.

Wir bitten Sie ferner, die noch ausstehenden Leistungen wie folgt abzuarbeiten:
Erdgeschoß: bis ………….
1. Geschoß: bis ………….
2. Geschoß: bis ………….
3. Geschoß: bis ………….

Sämtliche Leistungen müssen bis zum ……… abgeschlossen worden sein.
Sollten Sie eine dieser Fristen nicht einhalten, werden wir:

- ☐ Schadensersatz neben der Leistung verlangen, oder
- ☐ [nur BGB] vom Vertrag zurücktreten oder
- ☐ den Vertrag aus wichtigem Grund kündigen
- ☐ [nur VOB/B] eine Nachfrist setzen und bei fruchtlosem Ablauf den Vertrag kündigen.

Mit freundlichen Grüßen
(AG)

Muster-AG 19   Kündigung aus wichtigem Grund

Anwendungsbereich: nur Bauvertrag
Kapitel 5.6.3

Einschreiben/Rückschein
Firma AN

                                                                                 Datum

Projekt/Bauvorhaben: ....
Auftrags-Nr.:   ....
hier: Kündigung aus wichtigem Grund

Sehr geehrte Damen und Herren,

mit Schreiben vom .... hatten wir Sie gebeten:
- ☐ die dort aufgelisteten Mängel zu beseitigen,
- ☐ vereinbarte Fristen und Termine einzuhalten,
- ☐ ....

Leider sind Sie dem nicht nachgekommen. Auch unter Berücksichtigung Ihres Interesses an einer Fertigstellung Ihrer Leistungen, ist es uns nicht zuzumuten,

- ☐ hinzunehmen, dass Sie Mängel, auf die wir Sie ausdrücklich hingewiesen hatten, nicht beseitigen. Dadurch entsteht ein Werk, das zum Zeitpunkt der Abnahme von uns nicht akzeptiert werden kann. Die Nacherfüllung bzw. Rückabwicklung des Vertrages würde einen Zeitverlust und einen nicht unerheblichen Schaden verursachen, den wir vermeiden möchten.
- ☐ weiterhin mit Ihnen zusammenzuarbeiten, da Sie sich mehrfach nicht an Termine und Absprachen gehalten haben, obwohl Ihnen bekannt ist, dass ....
- ☐ ....

Wir kündigen deshalb den Vertrag aus wichtigem Grund, gem. § 648a BGB [alternativ: hinsichtlich folgender abgrenzbarer Teilleistungen: ....] und fordern Sie auf, den bisherigen Leistungsstand bis zum .... mit uns festzustellen.

Unser Anspruch auf Schadensersatz bleibt durch diese Kündigung unberührt.

Mit freundlichen Grüßen
(AG)

Muster-AG 20 Kündigung wegen verzögerter Fertigstellung nach § 5 Nr.4, § 8 Nr.3 VOB/B

Anwendungsbereich: nur VOB/B
Kapitel 5.6.3

Einschreiben/Rückschein
Firma AN
....

Datum

Projekt/Bauvorhaben: ....
Auftrags-Nr.: ....
hier: Kündigung wegen verzögerter Fertigstellung eines Werkes nach §§ 5 Nr.4 und 8 Nr.3 VOB/B

Sehr geehrte Damen und Herren,

mit unserem Schreiben vom .... hatten wir Ihnen eine Nachfrist zur Vertragserfüllung gesetzt, verbunden mit der Androhung der Kündigung.

Leider haben Sie diese Frist nicht genutzt. Wir kündigen deshalb den Auftrag.

Für die Weiterführung der Arbeiten erforderliche Geräte, Gerüste, auf der Baustelle vorhandene andere Einrichtungen und angelieferte Stoffe und Bauteile nehmen wir gegen angemessene Vergütung in Anspruch.

Mit freundlichen Grüßen
(AG)

Muster-AG 21   Angebot der Abnahme durch den Endkunden

Anwendungsbereich: BGB und VOB/B
Kapitel 8.4

Firma AN
....

Datum

Projekt/Bauvorhaben: ....
Ihre Mitteilung vom: ....

Sehr geehrte Damen und Herren,

wir beziehen uns auf Ihr Schreiben vom .... , mit dem Sie eine Abnahme Ihrer Leistung wünschen.

Hierzu möchten wir Ihnen mitteilen, dass durch den Bauherrn - Firma xyz - eine Gesamtabnahme des Bauwerks erfolgt, d. h. keine Abnahme der einzelnen Gewerke stattfinden soll.

Wir gehen davon aus, dass Sie mit dieser Regelung einverstanden sind.

Mit freundlichen Grüßen
(AG)

Muster-AG 22   Abnahmeprotokoll

Anwendungsbereich: BGB und VOB/B
Kapitel 8.3.1; 8.3.2

Abnahmeprotokoll
über die Abnahmebegehung am: ....

Projekt/Bauvorhaben: ....
Gewerk: ....
Auftrags-Nr.: ....
Auftraggeber: ....(AG)
Auftragnehmer: ....(AN)

Teilnehmer für den Auftraggeber (AG):
....
Teilnehmer für den Auftragnehmer (AN):
....
Bei der Besichtigung wurden folgende Mängel festgestellt:
....
(etwaige weitere Mängel in **Anlage 1** zu diesem Protokoll)

☐   Der Auftraggeber erklärt, dass er die vorstehend beschriebene Leistung hiermit insgesamt abnimmt.

☐   Der Auftraggeber erklärt, dass er die vorstehend beschriebene Leistung hiermit **nur** hinsichtlich folgender Teile abnimmt:................

Die Abnahme erfolgt vorbehaltlich der Rechte des Auftraggebers wegen der in diesem Protokoll aufgezählten Mängel. Diese Mängel sind bis zum .... vom Auftragnehmer zu beseitigen.

Der Auftraggeber behält sich ferner die Geltendmachung einer vereinbarten Vertragsstrafe vor.

Ort .... , den ....
(Auftraggeber)   (Auftragnehmer)

Anlage: Mängelliste

Muster-AG 23   Schlusszahlungsvermerk

Anwendungsbereich: nur VOB/B
Kapitel 9.11

Einschreiben/Rückschein
Firma AN
....

Datum

Projekt/Bauvorhaben: ....
Auftrags-Nr.:   ....
hier: Schlusszahlung

Sehr geehrte Damen und Herren,

beigefügt erhalten Sie die korrigierte Schlussrechnung. Den dort ausgewiesenen Restbetrag nach Kürzung werden wir als Schlusszahlung auf Ihr Konto überweisen:

alternativ:
Sie weist eine Überzahlung aus, die Sie bitte bis zum .... auf unser Konto bei der XXX-Bank (IBAN _____ BIC _____) erstatten wollen.

Wir weisen darauf hin, dass die vorbehaltlose Annahme der Schlusszahlung gem. § 16 Abs.3 Nr.2 VOB/B Nachforderungen ausschließt. Auch Mitteilungen über eine Überzahlung gelten als Schlusszahlung. Ein Vorbehalt ist innerhalb von 28 Tagen nach Zugang dieser Mitteilung zu erklären. Er wird hinfällig, wenn nicht innerhalb von weiteren 28 Tagen – beginnend am Tag nach Ablauf der in Satz 1 genannten 28 Tage – eine prüfbare Rechnung über die vorbehaltenen Forderungen eingereicht oder, wenn das nicht möglich ist, der Vorbehalt eingehend begründet wird.

Mit freundlichen Grüßen
(AG)

Muster-AG 24   Übernahme Kaufgegenstand und Vorbehalt

Anwendungsbereich: Kaufvertag / Werklieferungsvertrag, § 372 HGB
Kapitel 8.7.1; 8.7.2; 8.7.3

Einschreiben/Rückschein
Firma AN
....

                                                                                            Datum

Projekt/Bauvorhaben: ....
Auftrags-Nr.:   ....
hier: Prüfung

Sehr geehrte Damen und Herren,

wir teilen Ihnen mit, dass die letzte Teillieferung am .... auf der Baustelle eingetroffen ist. Damit geht die Gefahr auf uns über. Zugleich behalten wir uns unsere Rechte wegen etwaiger Mängel sowie die Geltendmachung einer Vertragsstrafe vor.

Wir werden die Lieferungen unverzüglich prüfen. Sobald die Prüfung abgeschlossen ist, teilen wir Ihnen das Ergebnis mit.

Mit freundlichen Grüßen
(AG)

Muster-AG 25   Mitteilung Prüfergebnis und Vorbehalt Vertragsstrafe

Anwendungsbereich: Kaufvertrag, Werklieferungsvertrag, § 372 HGB
Kapitel 8.8.1, 8.8.3

Einschreiben/Rückschein
Firma AN
....

Datum

Projekt/Bauvorhaben: ....
Auftrags-Nr.: ....
hier: Prüfung

Sehr geehrte Damen und Herren,

wir teilen Ihnen mit, dass wir die Lieferung, soweit uns dies möglich war, auf Vollständigkeit und Mängel überprüft und keine Mängel festgestellt haben.

Unsere Rechte wegen solcher Mängel, die bei der Untersuchung nicht erkennbar waren, sowie die Geltendmachung einer Vertragsstrafe, behalten wir uns vor.

Mit freundlichen Grüßen
(AG)

Güntzer / Hammacher Handbuch der Auftragsabwicklung

Muster-AG 26   Direktzahlung - Aufforderung an Auftragnehmer nach § 16 Nr.6 VOB/B

Anwendungsbereich: nur VOB/B
Kapitel 11.5.1

Einschreiben/Rückschein
Firma AN
....

Datum

Projekt/Bauvorhaben: ....
Auftrags-Nr.: ....
hier: Zahlungsforderung Ihres Subunternehmers,
Firma .... , vom ....

Sehr geehrte Damen und Herren,

Ihr Subunternehmer (Firma .....) hat uns darüber informiert, dass Sie Ihren vertraglichen Zahlungsverpflichtungen derzeit nicht nachkommen.

Um den ordnungsgemäßen Bauablauf nicht durch etwaige Arbeitseinstellungen zu gefährden, erwägen wir, Ihren Subunternehmer direkt zu bezahlen. Die beanspruchte Vergütung beläuft sich nach seinen Angaben auf EUR ....

Wir fordern Sie auf, bis zum .... zu erklären, ob und inwieweit Sie die Forderungen Ihres Subunternehmers anerkennen. Anderenfalls gelten die Voraussetzungen für die Direktzahlung gem. § 16 Nr.6 VOB/B als anerkannt.

Mit freundlichen Grüßen
(AG)

Muster-AG 27   Anzeige der Abtretung einer Forderung

Anwendungsbereich: alle Vertragsarten
Kapitel 11.5.1

Einschreiben/Rückschein
Firma AN
....

Datum

Projekt/Bauvorhaben: ....
Auftrags-Nr.: ....
hier: Anzeige einer Abtretung

Sehr geehrte Damen und Herren,

von Ihrem Subunternehmer (<u>Firma</u> ....) sind uns gegen Sie gerichtete Forderungen abgetreten worden.

Wegen der Einzelheiten verweisen wir auf die diesem Schreiben in Kopie beiliegende Vereinbarung zwischen diesem Subunternehmer und uns (<u>Anlage</u>).

Wir machen Sie darauf aufmerksam, dass schuldbefreiende Zahlungen nur noch an uns geleistet werden können.

Mit freundlichen Grüßen
(AG)

Muster-AN+AG 01 Zusatz- / Nachtragsvereinbarung

Anwendungsbereich: BGB und VOB/B
Kapitel 4.2.1

Zusatzvereinbarung / Nachtragsvereinbarung

zwischen.. - Auftraggeber -
und.. - Auftragnehmer -

Für das Projekt/Bauvorhaben .... hat der Auftragnehmer durch Vertrag vom .... die Ausführung des Gewerkes .... übernommen. Hinsichtlich des Leistungsumfanges werden folgende geänderte bzw. zusätzliche Leistungen vereinbart: ....

Die geänderten bzw. neuen Preise zu den nachstehenden Leistungen / LV-Positionen ergeben sich aus der beigefügten **Anlage 1**, die Vertragsbestandteil wird.

1. Summe des erteilten Auftrags: EUR ......
2. Summe bisheriger Änderungen der Gesamtvergütung: EUR ......
3. Summe der bisherigen Gesamtvergütung: EUR ......
4. Summe der zusätzlichen Vergütung gem. der **Anlage 1**: EUR ......
5. Summe neue Gesamtvergütung gem. der **Anlage 1**: EUR ......
6. Vertragsbedingungen und weitere vertragliche Vereinbarungen:

☐ 6.1 Es gelten alle Bedingungen des Hauptauftrags einschließlich der dort vereinbarten Nachlässe (ohne oder mit Bedingungen) und der sonstigen Vereinbarungen.

☐ 6.2 Fristen:

☐ 6.2.1 Die Ausführungsfrist wird um … Werktage auf den verlängert / verkürzt.

☐ 6.2.2 Die Ausführungsfrist wird nicht berührt.

☐ 6.2.3 Der Fertigstellungstermin wird auf den ..... festgesetzt.

7. Sonstiges: ....

Soweit zuvor nichts anderes vereinbart wurde, haben die geänderten oder zusätzlichen Leistungen im Übrigen keine finanziellen oder zeitlichen Auswirkungen.

Ort ...., am ......   Ort ...., am ......
....
(AG)   (AN)

Anlage 1

Muster-AN+AG 02 Verhandlungsprotokoll / Werkvertrag

Kapitel 2.

> Nutzerhinweis:
> In der digital abrufbaren Version dieses Textes finden Sie zusätzlich hinterlegte Kommentierungen, die Ihnen beim Verständnis und der Anpassung des Musters an Ihr Projekt behilflich sein sollen. Einstellung unter Word: Überprüfen / Änderungen nachverfolgen.
>
> Wir empfehlen, vor elektronischer Weiterleitung des geänderten Textes, die Kommentierungen zu löschen!

Zutreffendes bitte ankreuzen bzw. nicht Zutreffendes streichen; handschriftliche Änderungen und Ergänzungen bitte deutlich schreiben

1	Allgemeine Angaben	508
2	Vertragsbestandteile	508
3	Liefer- und Leistungsumfang	509
4	Fristen / Lieferzeiten	512
5	Preisstellung / Verpackung	514
6	Vergütung	514
7	Zahlungsbedingungen	515
8	Sicherheiten	517
9	Rechte des Auftraggebers aus Mängeln	518
10	Vertragsstrafen	518
11	Dokumentation	519
12	Personal	520
13	Abnahme	521
14	Haftung	521
15	Versicherungen	522
16	Vertreter AG und AN	523
17	Ersatzbeschaffung / Rückgabe	523
18	Verhältnis zum Kunden	523
19	Veröffentlichungen, Werbung, Planungsunterlagen	524
20	Vertragsbeendigung	524
21	Sonstiges , Schriftform/Salvatorische Klausel	525
22	Recht / Gericht	526
23	Inkrafttreten des Vertrages	526
24	Hinweis zur Verwendung dieses Verhandlungsprotokolls	527

1. Allgemeine Angaben

Projekt/Bauwerk: ....
Projektnummer: ....
Kunde: ....
Auftraggeber: ....
Auftragnehmer: ....
Verhandlungsort: ....
Datum: ....

Bevollmächtigte Vertreter:
für Auftragnehmer   für Auftraggeber

2. Vertragsbestandteile

Im Auftragsfall werden die folgenden Dokumente Vertragsbestandteil und gelten in der angegebenen Reihenfolge:

1. dieses Verhandlungsprotokoll
2. die Leistungsbeschreibung/Baubeschreibung vom [...], Anlage [...].
3. das Leistungsverzeichnis vom [...], Anlage [...].
4. die Pläne/Ausführungszeichnungen Nr. [...] vom [...], Anlage [...].
5. das Angebot vom [...].
6. der Bauzeitenplan vom [...], Anlage [...].
7. der Zahlungsplan vom [...], Anlage [...].
8. die technischen Vertragsbedingungen des Kunden, Anlage [...].
9. alle einschlägigen technischen Vorschriften und Normen, insbesondere [..]
10. die allgemeinen Bestellbedingungen des Auftraggebers in der zum Zeitpunkt des Vertragsschlusses gültigen Fassung, Anlage [...].
11. die kaufmännischen Vertragsbedingungen des Kunden, Anlage [...].
☐   12. VOB/B bzw.
☐   12. VOL/B, jeweils in der zum Vertragsschluss gültigen Fassung.

Die von dem Kunden vorgelegten und oben aufgeführten Vertragsunterlagen gelten zwischen Auftragnehmer und Auftraggeber in der Weise, dass an die Stelle des Kunden (Auftraggeber, Besteller, usw.) der Auftraggeber und an die Stelle des Ausführenden (Auftragnehmer, Unternehmer, usw.) der Auftragnehmer tritt.

Bei Überschneidungen bzw. Widersprüchen in den oben genannten Vertragsbestandteilen oder innerhalb einzelner Bestimmungen, ist der Auftragnehmer verpflichtet, den Auftragnehmer auf die festgestellten Überschneidungen bzw. widersprüchlichen Aussagen aufmerksam zu machen und die Weisung des Auftraggebers zum weiteren Vorgehen einzuholen. Hält der Auftragnehmer diese Nebenpflicht nicht ein, gehen alle Konsequenzen zu seinen Lasten.

Inhaltliche Abweichungen in der Auftragsbestätigung ändern den Vertragsinhalt nur, wenn der Auftraggeber diese schriftlich bestätigt.

3. Liefer- und Leistungsumfang

Beschaffenheit:
Der Liefer- und Leistungsumfang des Auftragnehmers ergibt sich aus den genannten Vertragsbestandteilen.

Funktionalität:
Der Erfolg der Leistung ist eingetreten,

- ☐ wenn die Lieferungen und Leistungen des Auftragnehmers in ihrer Eigenschaft als Bestandteil der Gesamtanlage funktionieren,
- ☐ wenn die in Anlage […] abschließend aufgeführten Lieferungen und Leistungen erbracht sind; eine darüber hinausgehende Funktionalität ist nicht geschuldet,
- ☐ wenn die Stahlkonstruktion maßgenau gefertigt, gegen Korrosion geschützt, am vorgesehenen Standort maßgenau montiert und geeignet ist, die weiteren Teile des so aufzunehmen, dass das Gesamtwerk seine, in den Vertragsunterlagen beschriebene Aufgabe erfüllen kann.

Nicht zum geschuldeten Liefer- und Leistungsumfang gehören:

- ☐ die Schnittstellenüberwachung zu den Gewerken,
- ☐ die Erstellung der Statik,
- ☐ die Erstellung der Ausführungspläne,
- ☐ die Erstellung der Werkstattpläne und Stücklisten,
- ☐ die Änderung bereits erstellter Werkstattpläne und Stücklisten, soweit sich diese aus Planungsänderungen des Architekten oder Statikers nach Vertragsschluss ergeben,
- ☐ die Überprüfung von Statik und Ausführungsplänen im Hinblick auf die Funktionalität des Gesamtbauwerks/der Anlage,
- ☐ die Überprüfung von anderen Gewerken, soweit nicht daran angeschlossen wird.

Der Auftraggeber ist berechtigt, Umfang und Ausführungsart des Liefer- und Leistungsumfangs jederzeit zu berichtigen, zu ergänzen oder sonst zu ändern, wenn dies zur Erreichung des vertraglichen Zwecks erforderlich ist. Die Vergütung richtet sich in diesen Fällen nach Ziff. 6.

Erfüllungsort, auch für Nacherfüllungsleistungen ist ....

Garantien

Der Auftragnehmer übernimmt die Garantie dafür, dass seine Lieferungen und Leistungen
- ☐ folgende Beschaffenheiten haben: ....
....
Der Auftragnehmer garantiert insbesondere, dass seine Lieferungen und Leistungen dem derzeitigen Stand der Technik entsprechen und insbesondere alle relevanten technischen Vorschriften (z.B. EN, DIN, VdE usw.) und Hersteller-Normen sowie die Vorschriften der Berufsgenossenschaften (BGV) eingehalten werden

- ☐ für eine Dauer von .... ihre Beschaffenheiten behalten
....

Fertigung / Montage

Aufgrund der Vorgaben des Kunden kann der Auftraggeber von dem Auftragnehmer verlangen,

- ☐ dass die Fertigung in Ländern der Europäischen Union / nur in .... erfolgen darf,
- ☐ dass Montagepersonal nur aus Ländern der Europäischen Union / nur aus .... eingesetzt werden darf.

Nebenleistungen, die im Preis eingeschlossen sind:

- ☐ Erstellung der Ausführungszeichnungen/-planungen,
- ☐ Festigkeitsberechnungen / Prüffähige Statik,
- ☐ Werkstoffprüfung,
- ☐ zerstörungsfreie Prüfung,
- ☐ Druckprüfung, Dichtheitsprüfung,
- ☐ Elektrotechnische Prüfungen und Protokolle entsprechend techn. Vorgaben,
- ☐ MSR-Prüfungen und Protokolle entsprechend techn. Vorgaben,
- ☐ Funktionsprüfung,
- ☐ Probebetrieb/Kaltcheck,
- ☐ Inbetriebnahme,
- ☐ Warmcheck,
- ☐ Wärmebehandlung,
- ☐ Kennzeichnung und Signierung,

- ☐ Korrosionsschutz,
- ☐ Reinigung,
- ☐ Dokumentation, ... fach in Deutsch, franz., englisch, ...
- ☐ Zeichnungen, ... fach,
- ☐ Ersatzteilliste,
- ☐ Gerüste,
- ☐ Baustelleneinrichtung nach neuesten UVV und Baustellen- und ArbeitsstättenVO,
- ☐ Hebezeuge,
- ☐ Krangestellung,
- ☐ Einholung erforderlicher Genehmigungen, insbesondere .... ,
- ☐ Sachliche Prüfung durch .... ,
- ☐ Persönliche Prüfung durch .... ,
- ☐ Erstellung und Beschaffung der erforderlichen Zolldokumente,
- ☐ Schallschutzmaßnahmen,
- ☐ Einweisung Bedienungspersonal,
- ☐ Bündelung,
- ☐ Abladen,
- ☐ Verpackung,
- ☐ Ladungssicherung / -gestelle,
- ☐ Verpackungsentsorgung,
- ☐ Baustellentransporte,
- ☐ Montage,
- ☐ Monteurgestellung,
- ☐ Führen eines detaillierten Bautagebuches,
- ☐ nach Muster des Auftraggebers,
- ☐ Ursprungszeugnis,
- ☐ Langzeit-Lieferantenerklärung nach EWG-VO 3351/83,
- ☐ EG Konformitätserklärung,
- ☐ Gefahrenanalyse nach EU-Druckgeräte-Richtlinie,
- ☐ Werkzeuge und Geräte,
- ☐ Schweißzusatzwerkstoffe,
- ☐ Schutz gegen Winterschäden, Grundwasser, Beseitigung von Schnee, Eis (§ 4 Nr.5 VOB/B),
- ☐ Sonstiges ....

Zum geschuldeten Leistungsumfang gehören auch solche Lieferungen und Leistungen, die erforderlich sind, um die Leistung vollständig und funktionsfähig zu erbringen, selbst wenn sie in den Vertragsunterlagen nicht ausdrücklich erwähnt sind.

Die Lieferungen und Leistungen sind frei von Rechten Dritter.

Die Leistung hat sich einwandfrei an vorausgehende Gewerke anzuschließen. Der Auftragnehmer hat sich im Rahmen der vereinbarten Vertragsfristen mit anderen am Bauwerk beteiligten Firmen in terminlicher und fachlicher Hinsicht abzustimmen.

Der Auftragnehmer hat sich vor Vertragsabschluss durch Besichtigung der Örtlichkeiten und Durchsicht der technischen und kaufmännischen Unterlagen über alle die Preisbildung beeinflussenden Faktoren unterrichtet. Der Auftragnehmer ist gegebenenfalls verpflichtet, beim Auftraggeber diejenigen Unterlagen anzufordern, die zur richtigen Beurteilung der vertragsgemäßen Erfüllung seiner Lieferungen und Leistungen notwendig sind. Mit Unkenntnis oder falscher Beurteilung der Verhältnisse begründete Nachforderungen werden nicht anerkannt.

Sind Planungen oder Berechnungen geschuldet, sichert der Auftragnehmer ausdrücklich zu, dass diese den wirtschaftlichsten Einsatz von Personal und Material in Fertigung und Montage sicherstellen.

Der Auftragnehmer ist verpflichtet, diesen Auftrag selbst durchzuführen. Eine Weitergabe ist nur mit der schriftlichen Zustimmung des Auftraggebers möglich.

Der Auftragnehmer ist verpflichtet, selbst dafür zu sorgen, dass die für ihn und seine Mitarbeiter maßgeblichen Unfallverhütungs- und andere Arbeitsschutzvorschriften und allgemein anerkannten sicherheitstechnischen und arbeitsmedizinischen Regeln beachtet werden.

4. Fristen, Lieferzeiten

Der Auftragnehmer wird darauf aufmerksam gemacht, dass bei der Verletzung von Vertragspflichten bzw. Vertragsfristen die Gefahr eines ungewöhnlich hohen Schadens, der den Auftragswert erheblich übersteigen kann, besteht.

☐ Für die nachfolgend bestimmten Leistungen können Ausführungsfristen nach dem Kalender noch nicht benannt werden. Für diese Leistungen wird deshalb eine nach Tagen fest bestimmte Ausführungszeit vereinbart. Diese für den Auftragnehmer verbindliche Frist beginnt ..... Werktage nach Aufforderung zur Aufnahme der Arbeiten durch den Auftraggeber:

Leistung	Ausführungszeit

- ☐ Es gelten folgende Vertragsfristen/-termine:
- ☐ nach Terminplan, wie beigefügt,
- ☐ Terminplan wird noch vereinbart,
- ☐ Übergabe der Zeichnungen / Berechnungen bis ....
- ☐ Werksprüfung: ....
- ☐ Meldung der Versandbereitschaft: ....
- ☐ Lieferung: ....
- ☐ Montagebeginn: ....
- ☐ Montageende: ....
- ☐ Fertig zur Prüfung: ....
- ☐ Fertig zum Probebetrieb: ....
- ☐ Fertig zur Abnahme: ....
- ☐ Fertig zur Inbetriebnahme: ....
- ☐ Endtermin: ....
- ☐ Übergabe an den Bauherrn: ....
- ☐ Gesamtfertigstellung: ....
- ☐ ....
- ☐ ....

Alle genannten Fristen/Termine, auch die Zwischenfristen/-termine, sind Vertragsfristen.

Der Auftragnehmer verpflichtet sich, die Ausführung der Arbeiten innerhalb der Vertragsfristen zu beginnen, angemessen zu fördern und zu vollenden. Wenn Arbeitskräfte, Geräte, Gerüste, Stoffe oder Bauteile so unzureichend sind, dass die Vertragsfristen voraussichtlich nicht eingehalten werden können, hat er unverzüglich Abhilfe zu schaffen.

- ☐ Der Auftragnehmer ist verpflichtet, dem Auftraggeber jeweils zum ..... eines jeden Monats detaillierte Fortschrittsberichte über die Leistungen zuzustellen

Der Auftraggeber und / oder der Kunde haben das Recht, jederzeit Qualitäts- und/ oder Terminkontrollen sowie Kontrollen der Arbeitssicherheit in sämtlichen vom Auftragnehmer beauftragten Fertigungsstätten/Baustellen selbst oder durch einen Dritten durchzuführen. Die sachlichen Kosten der Qualitätskontrolle gehen zu Lasten des Auftragnehmers, die personellen Kosten zu Lasten des Auftraggebers. Dies gilt jedoch nicht, wenn erhebliche Beanstandungen eine Wiederholung der Kontrolle erforderlich machen. In diesem Fall gehen auch alle personellen Kosten einschließlich der erforderlichen Aufwendungen zu Lasten des Auftragnehmers.

☐ Bei schuldhaft verspäteter Lieferung hat der Auftragnehmer alle zusätzlichen Kosten für Sondertransporte zu tragen.

5. Preisstellung / Verpackung

Erfüllungsort, auch für Nacherfüllungsleistungen ist ....

Die Lieferung erfolgt:
- ☐ frei Baustelle / Verwendungsstelle
  nach INCOTERMS 2000:
- ☐ EXW Ab Werk,
- ☐ FOB Frei an Bord,
- ☐ FCA Frei Frachtführer,
- ☐ CIF Kosten, Versicherung, Fracht,
- ☐ CIP Frachtfrei, Versichert,
- ☐ CPT Frachtfrei, Unversichert,
- ☐ DDP Geliefert, Verzollt,
- ☐ ....
- ☐ Verpackung ....

6. Vergütung

Alle folgenden Preisangaben in EUR. Angebotspreis aus Angebots-Nr. .... vom ....

Zwischensumme: ....

Nachlass: ....

Bestellwert: ....
zzgl. der gesetzlichen MwSt. (sofern nicht nach § 13b UStG die Steuerschuld auf den Auftraggeber übergeht).

Der vereinbarte Preis
- ☐ ist ein Pauschalpreis,
- ☐ setzt sich zusammen aus Einheitspreisen,
- ☐ wird nach Stunden abgerechnet.

Optionen:

Der Auftraggeber beabsichtigt, die folgenden Lieferungen und Leistungen

spätestens bis zum................ in Auftrag zu geben: ....
....
Der Auftragnehmer verpflichtet sich, im Auftragsfalle diese optionalen Lieferungen und Leistungen zu
- ☐ denselben Einheitspreisen,
- ☐ zum Preis von .... ,

und zu denselben Bedingungen auszuführen, wie sie in diesem Verhandlungsprotokoll vereinbart sind.

Zusätzliche Leistungen werden nur vergütet, wenn der Auftragnehmer sie vor Beginn der Leistungen dem Auftraggeber schriftlich angeboten und der Auftraggeber sie schriftlich beauftragt hat.

Für **Stundenlohnarbeiten** gelten die folgenden Stundenverrechnungssätze:

Projektleiter	EUR/Std. ....
Oberbauleiter	EUR/Std. ....
Bauleiter	EUR/Std. ....
Facharbeiter	EUR/Std. ....
Helfer	EUR/Std. ....
Ingenieur	EUR/Std. ....
Techniker	EUR/Std. ....
Technischer Zeichner	EUR/Std. ....
Mischstundensatz	EUR/Std. ....

Die Stunden-Verrechnungssätze umfassen alle Gemeinkosten und Lohnnebenkosten, wie Zulagen, Auslösung, Übernachtung, Reisestunden, Fahrgeld, Beistellung von Werkzeugen und Geräten, usw.
- ☐ einschließlich Überstundenvergütung,
- ☐ zuzüglich Überstundenvergütung.

Der Basis-Verrechnungssatz für die Berechnung von Überstunden beträgt bei einer wöchentlichen Arbeitszeit von .... Stunden.
- ☐ ....EUR/Std.
- ☐ ....% der Stundenverrechnungssätze

Die Höhe der Vergütung von Lohnarbeiten richtet sich nach den vom Beauftragten des Auftraggebers unterschriebenen und anerkannten Stundenzetteln. Reisezeiten sind nicht aufzuführen und werden nicht vergütet.

7. Zahlungsbedingungen

Die Schlusszahlung erfolgt entweder innerhalb von ..... Tagen unter Abzug von .....% Skonto, innerhalb von ..... Tagen unter Abzug von ..... % Skonto

oder innerhalb von ..... Tagen ohne Abzug.
Abschlagszahlungen erfolgen innerhalb von .... Tagen unter Abzug von .... % Skonto oder innerhalb von .... Tagen ohne Abzug.
Die Fristen laufen ab Zugang der prüffähigen Rechnung, jedoch nicht vor Eingang der Ware bzw. Erbringen der Leistungen und, sofern Dokumentationen und Prüfzeugnisse zum Leistungsumfang gehören, nicht vor deren vertragsgemäßen Übergabe an den Auftraggeber.

☐ Abschlagszahlungen können auf Leistungsnachweis in Höhe von ..... % der Rechnungssumme gewährt werden. Geleistete Abschlagszahlungen stellen kein Anerkenntnis des Auftraggebers hinsichtlich der erbrachten Leistungen des Auftragnehmers dar.

☐ Es wird folgender Zahlungsplan vereinbart:
..... % der Auftragssumme
..... % ....
..... % ....
..... % ....
..... % ....
..... % ....
..... % ....

Grundlage der Abrechnung ist : ....
☐ Stückliste,
☐ verwogenes Gewicht,
☐ Aufmaß,

Dem Auftragnehmer werden
☐ Strom ☐ Schutt- und Abfallcontainer
☐ Wasser ☐ sanitäre Einrichtungen
zum Verbrauch bzw. zur Benutzung zur Verfügung gestellt. Die Kosten hierfür werden mit ..... % des Bruttoendbetrages vereinbart und anteilig an den Abschlagsrechnungen und der Schlußrechnung abgezogen.

☐ Der AN beteiligt sich mit 0,3 % des Bruttoendbetrages an den Kosten der Bauleistungs-/Montageversicherung, in deren Schutz er aufgenommen wird.

☐ Der AN beteiligt sich mit ... % des Bruttoendbetrages an den Kosten der Baureinigung
☐ ....
☐ ....

Der Auftraggeber ist Bauunternehmer im Sinne des § 13 b UStG. Sofern der Auftragnehmer Bauleistungen erbringt, ist in den Rechnungen keine

Mehrwertsteuer auszuweisen.

8. Sicherheiten

☐ Anzahlungsbürgschaft auf erstes Anfordern eines in der EU zugelassenen Kreditinstituts oder Kreditversicherers in Höhe der Anzahlung inkl. MwSt.,
☐ entsprechend beiliegendem Muster,
☐ Vertragserfüllungsbürgschaft eines in der EU zugelassenen Kreditinstituts oder Kreditversicherers, die nicht auf erstes Anfordern lautet , in Höhe von ..... % der Auftragssumme inkl. MwSt.
☐ entsprechend beiliegendem Muster
☐ Die Vertragsparteien haben bis zur Verjährung der Mängelansprüche des Auftraggebers (Gewährleistung) einen Sicherheitseinbehalt in Höhe von ..... % des Gesamtrechnungsbetrages inkl. MwSt. vereinbart, der durch Gestellung einer unbefristet ausgestellten Bankbürgschaft, die nicht auf erstes Anfordern lautet, abgelöst werden kann
☐ entsprechend beiliegendem Muster.
§ 17 Nr. 8 Abs.2 VOB/B gilt nicht.

Ist keine Vertragserfüllungsbürgschaft vereinbart, können bis zur Feststellung des Gesamtrechnungsbetrages von Vorauszahlungen, Abschlagszahlungen und Teilschlusszahlungen .....% bis zur Erreichung von .....% der Gesamtauftragssumme einbehalten werden.

Die Bürgschaften sichern auch
- Ansprüche des Auftraggebers gegen den Auftragnehmer auf Erfüllung und Nacherfüllung, die sich im Falle der mangelhaften Erfüllung des oben genannten Auftrages ergeben,
- Ansprüche des Auftraggebers auf Vorschuss für voraussichtliche Mängelbeseitigungskosten, Rückzahlungsansprüche bei Rücktritt oder Überzahlung sowie Schadensersatzansprüche,
- Ansprüche des Auftraggebers, wenn dieser selbst aus gesetzlicher Bürgschaft, Gesamtschuld oder subsidiärer Haftung im Zusammenhang mit Verstößen des Auftragnehmers oder dessen Auftragnehmern gegen Arbeitnehmerüberlassungs-, Arbeitnehmerentsende-, Schwarzarbeitergesetz, Gesetz zur Eindämmung illegaler Betätigung im Baugewerbe, Zuwanderungsgesetz (§ 66, Abs.4,5), Sozialgesetzbuch (§ 28e SGB IV, § 176 Nr. 1-3 SGB V, § 150 Abs.3 SGB VII) , Einkommensteuergesetz (§ 42d EStG), Umsatzsteuergesetz (§ 25d UStG), Tariftreuegesetze, Vergabegesetze der Länder von Behörden, Sozialversicherungen oder Arbeitnehmern des Auftragnehmers oder dessen Subunternehmern in An-

spruch genommen wird.

Der Auftraggeber hat eine nicht verwertete Sicherheit wegen Mängeln nach Verjährung gem. Ziff. 9 unten zurückzugeben. Soweit jedoch zu diesem Zeitpunkt seine geltend gemachten Ansprüche noch nicht erfüllt sind, darf er einen entsprechenden Teil der Sicherheit zurückhalten.

9. Rechte des Auftraggebers aus Mängeln

Die Ansprüche des Auftraggebers wegen Mängeln richten sich, sofern nicht VOB/B bzw. VOL/B vereinbart ist, nach den gesetzlichen Vorschriften.
Kleinere Mängel oder solche, deren Behebung Auswirkung auf den Terminplan haben können, darf der Auftraggeber auf Kosten des Auftragnehmers beseitigen, ohne dass es einer Mängelbeseitigungsaufforderung mit Fristsetzung an den Auftragnehmer und ohne dass es einer Kündigung des Vertrages bedarf. Der Auftraggeber wird in diesem Fall den Auftragnehmer unverzüglich über die getroffenen Maßnahmen unterrichten.

Die Rechte des Auftraggebers wegen Mängeln verjähren in ..... **Jahren** und einem Monat ab Abnahme.
....
....
Alle Mängel sind unverzüglich und auf Rechnung des Auftragnehmers zu beseitigen. Soweit Mängel aus betrieblichen Gründen des Kunden nicht unverzüglich beseitigt werden können, hat der Auftragnehmer die Mängel zu einem späteren Zeitpunkt zu beheben. Der Auftraggeber kann eine provisorische Beseitigung der Mängel vor einer endgültigen Beseitigung auf Kosten des Auftragnehmers verlangen, selbst vornehmen oder vornehmen lassen.

Der Auftragnehmer tritt die gegenwärtigen und zukünftigen Forderungen gegen seine Subunternehmer und Lieferanten auf Erfüllung, Gewährleistung und Schadensersatz aus den von ihm zur Erfüllung seiner Leistungspflichten aus vorbezeichnetem Vorhaben geschlossenen oder noch abzuschließenden Verträgen an den Auftraggeber ab.

Die Abtretung wird vorläufig nicht offen gelegt. Der Auftraggeber kann die Abtretung offen legen, wenn er berechtigt ist, das Vertragsverhältnis zu kündigen.

10. Vertragsstrafen

☐   Bei schuldhafter **Überschreitung von Vertragsfristen/-terminen**

wird eine Vertragsstrafe in Höhe von:
- ☐ 0,3 % des endgültigen Nettoauftragsumfangs pro Werktag,
- ☐ ...... EUR/ Werktag,
- ☐ .... % des endgültigen Nettoauftragsumfangs pro angefangene Woche,
- ☐ .... EUR / angefangener Woche,

bis max. 5 % der gesamten Netto-Vergütung fällig.

☐ Bei schuldhafter **Nichteinhaltung von Beschaffenheits- oder Haltbarkeitsgarantien** wird eine Vertragsstrafe fällig in Höhe von:
- ☐ ....EUR
- ☐ .... % des endgültigen Nettoauftragsumfangs
- ☐ Bei schuldhafter **Weitervergabe von Leistungen ohne Zustimmung** des Auftraggebers wird eine Vertragsstrafe fällig in Höhe von:
  - ☐ .... % des endgültigen Nettoauftragsumfangs
  - ☐ .... EUR für jeden Fall der Zuwiderhandlung.

☐ Bei schuldhaftem Verstoß gegen das **Verbot illegaler Beschäftigung** (z.B. nach Schwarzarbeitergesetz, Arbeitnehmerüberlassungsgesetz, Arbeitnehmerentsendegesetz Gesetz zur Eindämmung illegaler Betätigung im Baugewerbe, Sozialgesetzbuch , Einkommensteuergesetz, Umsatzsteuergesetz, Tariftreuegesetz,) wird eine Vertragsstrafe in Höhe von 250,- EUR pro Mann/Tag fällig.

Der Vorbehalt der Vertragsstrafen kann bis zur Schlußzahlung erklärt werden.
Die Vertragsstrafen können kumulativ, max. jedoch bis zu 15 % der gesamten Netto-Vergütung geltend gemacht werden.

11. Dokumentation

Die Erstellung folgender Dokumentationsunterlagen ist Bestandteil des Liefer- und Leistungsumfangs:

- ☐ Genehmigungen der ....
- ☐ Ersatzteillisten
- ☐ Geräteliste
- ☐ Kabelliste
- ☐ Zeichnungen
- ☐ Gerätezeichnungen
- ☐ As-built-Zeichnungen
- ☐ Messprotokolle

- ☐ Pläne
- ☐ Schaltpläne
- ☐ Schaltschrankansicht
- ☐ Betriebsanleitungen
- ☐ Montageanleitungen
- ☐ Inbetriebnahmeanleitungen
- ☐ Bedienungs- und Wartungsunterlagen/-anweisungen
- ☐ Revisionspläne/unterlagen
- ☐ Handbuch
- ☐ Prüfberichte der ....
- ☐ Abnahmezeugnisse
- ☐ Herstellerzeugnisse
- ☐ Werkszertifikat
- ☐ Zeugnisse der ....
- ☐ in deutscher / englischer / französischer / spanischer Sprache jeweils in .....-facher Ausführung

Die Dokumentationsunterlagen sind dem Auftraggeber vor Abnahme zuzuleiten.

12. Personal

Einsatzort

Der Auftrag ist eigenverantwortlich im Unternehmen des Auftragnehmers bzw. auf der oben benannten Baustelle abzuwickeln.
Soweit für die Planung und Absprache erforderlich, sind die Leistungen auch im Hause des Auftraggebers oder im Hause des Kunden zu erbringen.

Einsatzzeit

Die Baustellenbesetzung muss der jeweiligen Terminsituation, den örtlichen Verhältnissen und dem Bauablauf angepasst werden. Bei Ausfall von Personal muss gewährleistet sein, dass innerhalb eines Tages Ersatzpersonal ohne zusätzliche Kosten für den AG zur Verfügung stehen.

Qualifikation

Der Auftragnehmer stellt sicher, dass zur Abarbeitung der beauftragten Leistung ausreichend qualifiziertes Personal zur Verfügung steht. Die Zeugnisse sind unaufgefordert vor Beginn der Arbeiten vorzulegen.

Erforderlich sind insbesondere

- ☐ Schweißernachweis
- ☐ ....☐

Arbeitserlaubnisse

Der Auftragnehmer stellt sicher, dass Mitarbeiter aus Nicht-EU-Ländern über die erforderlichen Arbeitserlaubnisse verfügen. Die Dokumente sind jederzeit zur sofortigen Verfügung zu halten bzw. auf Verlangen der Bauleitung vor Arbeitsaufnahme in Kopie auszuhändigen.

Projektleiter/Bauleiter des Auftragnehmers

Der Auftragnehmer benennt einen Projektleiter/Bauleiter, der für den Einsatz, die Überwachung und Koordination des Personals des Auftragnehmers verantwortlich ist. Das Personal des Auftragnehmers untersteht arbeitsrechtlich dem Projektleiter/Bauleiter. Der Projektleiter/Bauleiter steht dem Auftraggeber während der Abwicklung des Auftrages jederzeit zur Verfügung.

Arbeitssicherheit

Der Auftragnehmer verpflichtet sich, eine nach den einschlägigen Vorschriften der Berufsgenossenschaft ausgebildete Sicherheitsfachkraft zu benennen.

Der Auftragnehmer hat sicherzustellen, dass die am jeweiligen Leistungsort geltenden Sicherheits-/Unfallverhütungsvorschriften sowie die allgemeinen Bau- und Montagebedingungen, Betriebsvorschriften und sonstige Vorschriften des Kunden eingehalten werden. Der Projektleiter/Bauleiter des Auftragnehmers hat sich vor Montagebeginn der Bauabschnitte mit der Bauleitung des AG in Verbindung zu setzen und sich über die Baumaßnahmen und deren Abwicklung zu informieren.

13. Abnahme

Es wird eine förmliche Abnahme der Leistung vereinbart.

☐ Der Auftragnehmer erklärt sich damit einverstanden, dass die **Abnahme / Übernahme** erst im Rahmen der Endabnahme des Gesamtbauwerks durch den Kunden durchgeführt wird, spätestens jedoch am ....

14. Haftung

Der Auftragnehmer haftet für alle Schäden, die er, seine Mitarbeiter oder seine Verrichtungs- oder Erfüllungsgehilfen - unabhängig davon, ob diese während der Arbeit in den Betrieb des Auftraggebers eingegliedert sind oder nicht - dem Auftraggeber, seinen Mitarbeitern oder einem Dritten schuldhaft zugefügt haben.

Sollte der Auftraggeber wegen eines solchen Schadens in Anspruch genommen werden, stellt der Auftragnehmer den Auftraggeber von jeglichen sich hieraus ergebenden Ansprüchen und Kosten frei.

Der Auftragnehmer stellt den Auftraggeber des Weiteren frei von allen Kosten, die ihm entstehen, wenn dieser selbst aus gesetzlicher Bürgschaft, Gesamtschuld oder subsidiärer Haftung im Zusammenhang mit Verstößen des Auftragnehmers gegen Arbeitnehmerüberlassungs-, Arbeitnehmerentsende-, Mindestlohngesetz, Schwarzarbeitergesetz, Gesetz zur Eindämmung illegaler Betätigung im Baugewerbe, Tariftreuegesetz von Behörden, Sozialversicherungen oder Arbeitnehmern des Auftragnehmers in Anspruch genommen wird.

15. Versicherungen

- ☐ Zur Abdeckung des Haftungs- und Gewährleistungsrisikos hat der Auftragnehmer
- ☐ eine Betriebshaftpflichtversicherung
- ☐ eine Umwelthaftpflichtversicherung
- ☐ eine Planungshaftpflichtversicherung

mit mindestens folgenden Deckungssummen abzuschließen:

Sachschaden .... EUR / Schadensfall
Personenschaden .... EUR / Schadensfall
Vermögensschaden .... EUR / Schadensfall

- ☐ Der Auftragnehmer hat eine Montageversicherung mit mindestens folgenden Deckungssummen abzuschließen

Sachschaden .... EUR / Schadensfall

- ☐ Der Auftragnehmer hat für alle Lieferungen eine Transportversicherung abzuschließen.

Der Abschluss der Versicherung ist dem Auftraggeber umgehend, spätestens jedoch 10 Kalendertage nach Auftragserteilung nachzuweisen. Der Auftraggeber kann den Vertrag kündigen, wenn der Nachweis auch nach Setzen einer angemessenen Nachfrist nicht erfolgt ist und dem Auftragnehmer dies schriftlich angekündigt wurde.

16. Vertreter AG und AN

Der Auftragnehmer benennt

☐ .... und als Stellvertreter ....
☐ spätestens eine Woche vor Beginn der Arbeiten einen Mitarbeiter und einen Stellvertreter

als verantwortlichen Bauleiter, der berechtigt ist, im Namen des Auftragnehmers alle erforderlichen Erklärungen verbindlich abzugeben und entgegenzunehmen. Dieser ist zugleich Fachbauleiter für die dem Auftragnehmer übertragenen Pflichten.

☐ Der benannte Mitarbeiter muss der
☐ deutschen Sprache
☐ englischen Sprache

in Wort und Schrift mächtig sein.

Der Auftraggeber benennt .... als verantwortlichen Projektleiter, der berechtigt ist, im Namen des Auftraggebers alle erforderlichen Erklärungen verbindlich abzugeben und entgegenzunehmen und als Stellvertreter .... Der Projektleiter ist auch berechtigt, Nachträge zu erteilen.

17. Ersatzbeschaffung, Rückgabe

Der Auftragnehmer übernimmt für die von ihm zu liefernden Teile die Garantie, dass auch in den nächsten zehn Jahren nach Lieferung alle Teile seines Lieferumfangs oder gleichwertige Teile von ihm nachgeliefert werden können.

Für Nachbestellungen gelten die gleichen Preise und Bedingungen der Bestellung mindestens bis Bauzeitende bzw. bis ....

Sollten bestellte Bauteile oder Materialien keine Verwendung finden, ist der Auftraggeber berechtigt, diese gegen Erstattung des Kaufpreises zurückzugeben.

18. Verhältnis zum Kunden

Alle den Kunden betreffende Fragen aus der Abwicklung dieses Vertrages klärt ausschließlich der Auftraggeber. Der Auftragnehmer ist nicht berechtigt, ohne Zustimmung des Auftraggebers mit dem Kunden direkt Kontakt aufzunehmen.

Der Auftragnehmer verpflichtet sich, während der Dauer des Vertrages ohne Zustimmung des Auftraggebers keinen Direktauftrag des Kunden für das Projekt anzunehmen und dessen Anfragen an den Auftraggeber weiterzuleiten. Der Auftragnehmer verpflichtet sich, für den Fall der Zuwiderhandlung eine Vertragsstrafe von ....EUR zu bezahlen. Die Geltendmachung darüber hinausgehender Schadensersatzansprüche bleibt dem Auftraggeber vorbehalten.

Der Auftragnehmer verpflichtet sich darüber hinaus, in allen Angelegenheiten dieses Vertrages gegenüber dem Kunden Stillschweigen zu bewahren. Bei einer Verletzung dieser Verpflichtungen ist der Auftraggeber – unbeschadet der sonstigen Rechte – berechtigt, den Auftrag aus wichtigem Grund zu kündigen.

19. Veröffentlichungen, Werbung, Planungsunterlagen

Veröffentlichungen jeglicher Art über die Lieferung/Leistung des Auftragnehmers und das Projekt, für die sie bestimmt sind, bedürfen der vorherigen Zustimmung des Auftraggebers.

Der Auftragnehmer darf seine Liefergegenstände und Baustelleneinrichtungen nur mit schriftlicher Zustimmung des Auftraggebers mit Werbeaufklebern versehen. Ohne Zustimmung aufgebrachte Werbeaufkleber darf der Auftraggeber ohne vorherige Ankündigung auf Kosten des Auftragnehmers entfernen lassen.

Alle Pläne und sonstigen Unterlagen, die dem Auftragnehmer im Rahmen des Auftrages zur Verfügung gestellt wurden, bleiben Eigentum des Auftraggebers und sind bei Auftragsende unaufgefordert, ansonsten jederzeit auf Verlangen zurückzugeben. Ein Zurückbehaltungsrecht ist ausgeschlossen.

20. Vertragsbeendigung

Sollte der Auftraggeber den Vertrag kündigen, hat der Auftragnehmer - sofern die Kündigung nicht von ihm zu vertreten ist - Anspruch auf Vergütung der bis dahin nachweislich geleisteten Aufwendungen.

Außer in den gesetzlichen bzw. nach VOB/B vorgesehenen Fällen steht dem Auftraggeber das Kündigungsrecht zu

- wenn ein Grund für die Eröffnung des Insolvenzverfahrens gegeben ist oder ein entsprechender Antrag gestellt wurde oder bei freiwilliger Liquidation des Auftragnehmers,
- wenn der Auftragnehmer die vereinbarte Vertragserfüllungsbürgschaft trotz Androhung mit angemessener Fristsetzung nicht vorlegt.

Hat der Auftragnehmer die Kündigung durch den Auftraggeber zu vertreten, ist er verpflichtet, die von ihm gestellten Geräte, Maschinen und Einrichtungen auf der Baustelle zu belassen, soweit und solange dies nach Einschätzung des Auftraggebers für die ordnungsgemäße Projektabwicklung erforderlich ist.

Der Auftragnehmer gewährt dem Auftraggeber zur Sicherung von dessen Ansprüchen im Zusammenhang mit der Kündigung mit der Unterzeichnung des Vertrages ein Pfandrecht an allen von ihm auf die Baustelle eingebrachten Materialien und Baustoffen.

Der Auftraggeber ist berechtigt, alle auf der Baustelle befindlichen Baustoffe des Auftragnehmers freihändig zu verkaufen oder anderweitig darüber zu verfügen und einen evtl. Verkaufserlös mit allen gegen ihn bestehenden Forderungen aufzurechnen.

Der Auftragnehmer hat alle sich anderweitig in seinem Besitz befindlichen Materialien, angearbeiteten oder fertig gestellten Teile etc., die für das Projekt benötigt werden, herauszugeben. Ein Zurückbehaltungsrecht des Auftragnehmers ist ausgeschlossen.

Der Auftragnehmer tritt bereits jetzt alle Mängelansprüche gegen seine Subunternehmer an den Auftraggeber ab. Der Auftraggeber wird die Abtretung nur offenlegen, wenn der Auftragnehmer seine vertraglichen Verpflichtungen gegenüber dem Auftraggeber nicht erfüllt. Der Auftragnehmer ist berechtigt, bis auf Widerruf des Auftraggebers die Mängelansprüche gegen seine Subunternehmer in eigenem Namen geltend zu machen.

21. Sonstiges, Schriftform, Salvatorische Klausel

Änderungen oder Ergänzungen des Vertrages bedürfen der Schriftform. Die Bedingungen dieses Verhandlungsprotokolls gelten auch für Nachträge und Zusatzaufträge.

Sollten Teile dieses Vertrages wegen Verstoßes gegen zwingende gesetzliche

Vorschriften oder aus anderen Gründen ungültig sein, so verpflichten sich die Parteien, eine zulässige Regelung zu treffen, die dem ungültigen Teil inhaltlich am nächsten kommt. Die Gültigkeit der übrigen Bestandteile dieses Vertrages bleibt unberührt.

22. Mediation, Recht, Gericht

Die Parteien werden versuchen, alle Meinungsverschiedenheiten, die bei der Durchführung dieses Vertrages auftreten, gütlich durch Verhandlungen zu lösen.

Gelingt es den Parteien nicht, ihre Meinungsverschiedenheiten binnen 30 Tagen nach der Aufforderung zur Aufnahme von Verhandlungen gütlich beizulegen, werden sie ein Mediationsverfahren durchführen.
Als Mediator werden entweder einzeln oder gemeinsam berufen:
....
Kommt kein Mediationsverfahren zustande oder führt es nicht zum Erfolg, entscheiden die ordentlichen Gerichte. Ausschließlicher Gerichtsstand ist
....

Es gilt das Recht der Bundesrepublik Deutschland.

Durch diese Vereinbarung ist keine Partei gehindert, ein gerichtliches Eilverfahren, insbesondere ein Arrest- oder einstweiliges Verfügungsverfahren durchzuführen.

Alternative:
Hinsichtlich aller Streitigkeiten, die sich aus oder in Zusammenhang mit diesem Vertrag ergeben und für deren Lösung die Parteien noch keine Vereinbarung über das Streitbeilegungsverfahren getroffen haben, wird ein Konfliktmanagementverfahren nach der Konfliktmanagementordnung der Deutschen Institution für Schiedsgerichtsbarkeit e.V. (DIS) (DIS-KMO) mit dem Ziel der Festlegung eines Streitbeilegungsverfahrens durchgeführt.

23. Inkrafttreten des Vertrages

Das Inkrafttreten dieses Vertrages nebst allen aufgeführten Änderungen, Ergänzungen und Vertragsbestandteilen steht unter der Bedingung, dass sich der Auftraggeber bei der Auftragsvergabe für den Auftragnehmer entscheidet.

Hierfür räumt der Auftragnehmer dem Auftraggeber eine Bindefrist bis zum .... ein.

Fernschriftlicher Bescheid über die Erteilung eines Auftrages innerhalb der Bindefrist wird vom Auftragnehmer akzeptiert.

☐ Zum Inkrafttreten des Vertrages ist die Zustimmung des Kunden erforderlich.

24. Hinweis zur Verwendung dieses Verhandlungsprotokolls

Auftragnehmer und Auftraggeber haben auf der Grundlage der Regelungen dieses Verhandlungsprotokolls ernsthafte Verhandlungen über die Erteilung des Auftrages geführt. Beide stehen zu den getroffenen Vereinbarungen und wollen im Auftragsfalle auf dieser Grundlage den Vertrag erfüllen.

In der Vergangenheit ist es jedoch vorgekommen, dass Auftragnehmer im Nachhinein die getroffenen Vereinbarungen für unwirksam erklärt haben, mit der Begründung, die Regelungen des Verhandlungsprotokolls seien zwischen den Parteien nicht im Einzelnen ausgehandelt worden. Das darf nicht sein! Verträge sind einzuhalten!
Der Auftraggeber wünscht deshalb von dem Auftragnehmer eine schriftliche Bestätigung, dass – wie es ja auch den Tatsachen entspricht - jede einzelne Bestimmung dieses Verhandlungsprotokolls zwischen den Vertretern der Vertragspartner ausführlich erörtert und ausgehandelt worden ist.

☐ Der Auftraggeber ist berechtigt, vom Vertrag zurückzutreten, wenn die gewünschte Erklärung nicht abgegeben wird.

Datum: .... Ort: ....

AN   AG

Anlagen:
☐ technische Leistungsbeschreibung
☐ Vertragsbedingungen des Kunden
☐ Bestellbedingungen des Auftraggebers
☐ Muster-Bürgschaften
☐ Terminplan/Bauzeitenplan
☐ Personalliste
☐

Muster-AN+AG 03 ARGE-Vertrag

Kapitel 2.14.4, 2.16; 10

> Nutzerhinweis:
> In der digital abrufbaren Version dieses Textes finden Sie zusätzlich hinterlegte Kommentierungen, die Ihnen beim Verständnis und der Anpassung des Musters an Ihr Projekt behilflich sein sollen. Einstellung unter Word: Überprüfen / Änderungen nachverfolgen. Wir empfehlen, vor elektronischer Weiterleitung des geänderten Textes, die Kommentierungen zu löschen!

Inhaltsverzeichnis

§ 1	Gegenstand der Vereinbarung
§ 2	Liefer- und Leistungsanteile
§ 3	Planung
§ 4	Treuepflicht
§ 5	Geheimhaltung
§ 6	Schutzrechte
§ 7	Gegenseitige Unterrichtung
§ 8	Beschlussfassung
§ 9	Federführung
§ 10	Termine
§ 11	Zahlungen
§ 12	Kosten
§ 13	Bürgschaften/Garantien
§ 14	Steuern, Zölle und sonstige Abgaben
§ 15	Vertretungen
§ 16	Haftung
§ 17	Versicherungen
§ 18	Ausscheiden eines Partners
§ 19	Vertragsbeendigung
§ 20	Schlussbestimmungen

Arbeitsgemeinschaftsvertrag

zwischen

1.) .... - nachstehend „..." genannt -
2.) .... - nachstehend „..." genannt -
3.) .... - nachstehend „..." genannt -

nachstehend auch als Partner bezeichnet,

wird im Hinblick auf das Projekt: ....
auszuführen für den Auftraggeber: ....

Folgendes vereinbart:

1.0 Gegenstand der Vereinbarung

1.1 Die Partner bilden eine Arbeitsgemeinschaft (ARGE; Gesellschaft bürgerlichen Rechts), um ein Angebot für das Projekt aufgrund der Ausschreibung des Auftraggebers gemeinsam zu erstellen und im Auftragsfall gemeinsam auszuführen.

1.2 Das Projekt wird auf der Basis und zu den Bedingungen des zwischen dem Auftraggeber und dieser ARGE bestehenden oder noch zu schließenden Vertrages ausgeführt, der integraler Bestandteil dieser Vereinbarung ist und der jedem Partner vollständig bekannt ist.

1.3 Die ARGE führt im internen und externen Schriftverkehr die Bezeichnung:
....

1.4 Bis zur Beendigung dieser Vereinbarung verpflichten sich die Partner, weder allein noch zusammen mit Dritten ein Angebot für das Projekt abzugeben. Dieses Ausschließlichkeitsprinzip gilt auch für Tochtergesellschaften oder sonstige Firmen, die in einem Abhängigkeitsverhältnis zu einem der Partner stehen.

2.0 Liefer- und Leistungsanteile

2.1 Der gesamte Liefer- und Leistungsumfang der ARGE ist in der Ausschreibung des Auftraggebers bzw. im Auftragsfalle in dem Vertrag mit dem Auftraggeber definiert.

2.2 Die Liefer- und Leistungsanteile der einzelnen Partner und die darauf entfallenden Preisanteile des dem Auftraggeber angebotenen bzw. mit ihm vereinbarten Gesamtpreises sind in <u>Anlage 1</u> festgelegt.

Solange die Liefer- und Leistungsanteile der Partner noch nicht endgültig festliegen, wird zur Vereinfachung der Abwicklung dieser Vereinbarung von folgender Aufteilung ausgegangen:
a) .... %
b) .... %
c) .... %

2.3 Geschuldete Lieferungen und Leistungen, die nicht im Liefer- und Leitungsumgang berücksichtigt sind.

Sollten bei der Auftragsabwicklung Lieferungen und Leistungen anfallen, die in dem Vertrag mit dem Auftraggeber nicht gesondert spezifiziert sind, jedoch für die Erfüllung der vertraglichen Verpflichtungen der ARGE mit dem Auftraggeber notwendigerweise dazugehören, gilt Folgendes:

2.3.1 Derjenige Partner hat diese Lieferungen und Leistungen auf seine Kosten zu erbringen, dessen Liefer- und Leistungsanteil sie zuzuordnen sind.

Falls diese Lieferungen und Leistungen durch einen anderen Partner verursacht worden sind, z.B. durch falsche oder unvollständige Angaben vor Unterzeichnung des Vertrages mit dem Auftraggeber, trägt dieser die anfallenden Selbstkosten.

2.3.2 Ist die Lieferung und Leistung nicht innerhalb angemessener Zeit klar zuzuordnen, entscheidet vorläufig der technische Federführer, wer diese Lieferungen und Leistungen auszuführen hat. Die Kosten tragen die Partner vorläufig entsprechend ihrem Anteil am Liefer- und Leistungsumfang. Die Selbstkosten werden dem ausführenden Partner in angemessenen Abständen erstattet.

Die Frage, wer diese Kosten letztendlich zu tragen hat, ist schnellstmöglich von den Partnern zu entscheiden.

2.4 Lieferungen und Leistungen aufgrund von Zusatz- oder Änderungsaufträgen

2.4.1 Sollten zusätzliche Lieferungen und Leistungen anfallen, die nicht von Anfang an in dem Vertrag mit dem Auftraggeber enthalten sind, hat sich die ARGE dafür einzusetzen, dass der Auftraggeber hierüber einen Zusatzauftrag zu erteilt.

Zu diesem Zweck werden die betroffenen Partner Mehrkostenforderungen ggf. in der vorgeschriebenen Form vorbereiten und anmelden.

2.4.2 Den Zusatzauftrag erhält im Innenverhältnis derjenige Partner, dessen Lieferungs- und Leistungsanteil er technisch zuzuordnen ist. Dieser Partner hat solche Lieferungen und Leistungen auch dann auszuführen, wenn der Auftraggeber einen Zusatzauftrag dafür nicht erteilt, trotzdem aber auf dessen Ausführung besteht. Den Mehrkostenanspruch hat der Federführer vor der Ausführung der Arbeiten beim Auftraggeber anzumelden und entsprechend den vertraglichen Anforderungen zu verfolgen.

2.4.3 Falls Mehrungen oder irgendwelche Minderungen des Liefer- und Leistungsumfanges + ... % des Preises des ursprünglichen Gesamtauftragsvolumens überschreiten, kann eine Neuaufteilung entsprechend den veränderten Anforderungen zwischen den Partnern verlangt werden. Die Neuaufteilung ist unter Berücksichtigung der ursprünglichen Liefer- und Leistungsanteile der einzelnen Partner vorzunehmen.

2.5 Ändert ein Partner nach Abschluss des Vertrages mit dem Auftraggeber seinen Leistungsteil und führt dies insgesamt zu einer Kostenerhöhung im Leistungsteil eines anderen Partners, so hat der Partner, von dem die Änderungen vorgenommen worden sind, den betroffenen Partnern die entstehenden Selbstkosten zu erstatten, falls sie nicht der Auftraggeber bezahlt. Außer Betracht bleiben Kosten, die die betreffenden Partner aufwenden müssen, um im Vertrag mit dem Auftraggeber bereits enthaltene Spezifikationen für ihren Leistungsteil zu erfüllen.
Führen die Änderungen insgesamt zu einer Kostenminderung bei einem oder mehreren anderen Partnern, findet entsprechend eine Kostenerstattung an die Partner statt, die die Änderung vorgenommen haben, falls sie nicht dem Auftraggeber zugutekommt.

2.6 Ansprüche wegen durch Änderungen bedingter Mehrkosten sind von den betroffenen Partnern innerhalb einer Ausschlussfrist von einem Monat nach Eingang der sie verursachenden Konstruktionsunterlagen bei den Partnern schriftlich geltend zu machen, die die Änderungen vorgenommen haben.

2.7 Sollte ein Partner beabsichtigen, wichtige Teile des von ihm zu erbringenden Liefer- und Leistungsumfanges unterzuvergeben, sind die anderen Partner davon im Voraus zu informieren.

2.8 Kein Partner ist berechtigt, seine Lieferungen und Leistungen von der Anerkennung oder Bezahlung der Ansprüche durch die anderen Partner abhängig zu machen, die er gegen den/die anderen Partner hat.

3.0 Planung

3.1 Jeder Partner führt für seinen Liefer- und Leistungsanteil die technische Planung durch.

3.2 Jeder Partner wird die Unterlagen und Informationen seines Liefer- und Leistungsanteils, die von den anderen Partnern für deren Planung benötigt werden, rechtzeitig zur Verfügung stellen. Ferner haben sich die

Partner untereinander abzustimmen, um insbesondere an den technischen Nahtstellen die Vollständigkeit und Ordnungsmäßigkeit sicherzustellen.

3.3 Jeder Partner hat Fehler in den Unterlagen und Informationen, die den anderen Partnern zur Verfügung zu stellen sind, unverzüglich nach der Entdeckung richtig zu stellen und bekannt zu geben.

3.4 Jeder Partner hat die anderen Partner unverzüglich zu informieren, wenn er einen Termin nicht einhalten kann, der Einfluss auf die Lieferungen und Leistungen der anderen Partner hat.

4.0 Treuepflicht

4.1 Die Partner verpflichten sich, nach Treu und Glauben zusammenzuarbeiten und alle Handlungen zu unterlassen, die dem Sinn und Zweck dieses Arbeitsgemeinschaftsvertrages zuwiderlaufen und alle zumutbaren Anstrengungen zu unternehmen, um Nachteile von den anderen Partnern fernzuhalten und zu minimieren.

4.2 Die Partner werden sich bei der Abwehr streitiger Ansprüche des Auftraggebers, gleich gegen welchen Partner sie erhoben werden, nach besten Kräften gegenseitig unterstützen.

5.0 Geheimhaltung

5.1 Vor Veröffentlichungen über dieses Projekt ist jeder Partner verpflichtet, die anderen Partner darüber zu informieren. In der Veröffentlichung ist auf die Beteiligung der anderen Partner hinzuweisen.

5.2 Die Partner sind verpflichtet, Geschäfts- und Betriebsgeheimnisse der anderen Partner, die ihnen im Zusammenhang mit diesem Vertrag und dem Vertrag mit dem Auftraggeber bekannt werden, weder für eigene Zwecke zu verwerten noch Dritten mitzuteilen und ihren Mitarbeitern und Subunternehmern eine entsprechende Geheimhaltungsverpflichtung aufzuerlegen.

5.3 Diese Geheimhaltungsverpflichtung gilt nicht für Zeichnungen, Dokumente, Informationen etc., soweit und sobald sie zu dem der Allgemeinheit zugänglichen Stand der Technik gehören oder sich bereits im Besitz der jeweiligen Partner befunden haben, bevor sie von einem Partner überlassen worden sind oder von einem Dritten, dessen Besitz solcher Zeichnungen, Dokumente, Informationen rechtmäßig ist und der keiner Verpflichtung zur Geheimhaltung unterliegt, berechtigt erlangt worden sind.

5.4 Der Arbeitsgemeinschaftsvertrag darf Dritten nur mit Zustimmung aller Partner zur Kenntnis gebracht werden. Diese Geheimhaltungsverpflichtung bleibt für fünf Jahre nach Beendigung dieses Vertrages in Kraft.

6.0 Schutzrechte

6.1 Jeder Partner stellt sicher, dass durch seine Planung und Ausführung der Leistungen keine Schutzrechte Dritter verletzt werden. Für Entschädigungsansprüche hat derjenige Partner einzustehen, der das Schutzrecht verletzt hat.

6.2 Falls bei der Durchführung des Arbeitsgemeinschaftsvertrages bei einem der Partner Erfindungen oder andere schutzfähige Schöpfungen entstehen, hat dieser das ausschließliche Recht, das Schutzrecht anzumelden.

6.3 Die anderen Partner erhalten ausschließlich im Bereich dieses Arbeitsgemeinschaftsvertrages ein kostenloses Mitbenutzungsrecht sowohl für diese neuen als auch für die bestehenden Schutzrechte, soweit dies für die Erbringung ihrer Lieferungen und Leistungen erforderlich ist. Vergütungen für etwaige Arbeitnehmererfindungen werden von den Benutzern nach dem Verhältnis der Benutzung getragen.

6.4 Sollten an der Entwicklung mehrere Partner beteiligt gewesen sein, ist die Schutzrechtanmeldung grundsätzlich gemeinsam von diesen vorzunehmen. Die Angelegenheit wird dann von Fall zu Fall von den entsprechenden Partnern gemeinsam bearbeitet.

6.5 Kein Partner übernimmt eine Haftung für seine Schutzrechte, die er den anderen Partnern für die Zwecke dieses Arbeitsgemeinschaftsvertrages zur Verfügung stellt.

7.0 Gegenseitige Unterrichtung

7.1 Jeder Partner unterrichtet - insbesondere durch Übersendung von Kopien - die anderen Partner über alle Vorgänge, die für die Gesamtarbeit und für die Arbeit der anderen Partner im Rahmen dieser ARGE von Interesse sind.

7.2 Behinderungen der Leistungen der Partner, die auf der Baustelle auftreten und die durch einen anderen Partner verursacht worden sind, sind innerhalb einer Ausschlussfrist von drei Tagen nach ihrem Entstehen entweder in ein sich auf der Baustelle befindliches gemeinsames

Bautagebuch einzutragen oder innerhalb dieser Frist der Projektleitung des verursachenden Partners schriftlich anzuzeigen.

8.0 Beschlussfassung

8.1 Wenn ein Partner dies wünscht, lädt der Federführer zu einer beschlussfassenden Besprechung ein. Die Einberufung soll mindestens 7 Tage vorher schriftlich oder per Telefax unter Angabe der Tagesordnung ergehen.

Jeder Partner benennt seine Vertreter schriftlich. Die in der ARGE-Sitzung erscheinenden Vertreter gelten als bevollmächtigt.

8.2 Beschlüsse bedürfen der Einstimmigkeit. Für den Fall, dass Einstimmigkeit nicht erreicht werden kann, soll derjenige Partner vorläufig entscheiden, aus dessen Gewerk die Streitfrage stammt. Das Recht des durch diese Entscheidung benachteiligten Partners, ggf. Ansprüche gemäß § 15.3 (Haftung) geltend zu machen, bleibt unberührt.

8.3 Der Federführer hält das Ergebnis in einer Niederschrift fest und verteilt sie an die Partner. Diese Nachricht gilt als richtige und vollständige Wiedergabe der Besprechungsergebnisse, soweit nicht innerhalb von 14 Tagen nach Erhalt der Niederschrift ein schriftlicher Widerspruch beim Federführer eingeht.

9.0 Federführung

9.1 Die kaufmännische Federführung ist die Aufgabe von:
....

9.2 Die technische Federführung ist die Aufgabe von:
....

9.3 Der Federführer ist verpflichtet, die Interessen jedes Partners mit der Sorgfalt eines gewissenhaften Kaufmanns wahrzunehmen. Er hat alle für die Erfüllung des Zweckes dieser ARGE erforderlichen gemeinsamen Belange wahrzunehmen. Die anderen Partner werden ihn bei der Durchführung der Federführungsaufgaben nach besten Kräften unterstützen und die erforderlichen Unterlagen und Informationen rechtzeitig zur Verfügung stellen.

9.4 Aufgaben der Federführung sind:

9.4.1 im kaufmännischen Bereich:

- Ausarbeitung der kaufmännischen Angebotsbedingungen in Abstimmung mit den anderen Partnern;
- Zusammenstellung der Liefer- und Leistungsanteile der einzelnen Partner aufgrund ihrer Angaben und der kaufmännischen Angebotsbedingungen zum Gesamtangebot der ARGE. Unterzeichnung des Gesamtangebotes und Einreichung beim Auftraggeber;
- Führung der Verhandlungen mit dem Auftraggeber zusammen mit den anderen Partnern bzw. nach vorheriger Abstimmung mit ihnen;
- Eröffnung, Verwaltung und Schließung gemeinsamer Bankkonten;
- Eintragung und Löschung der ARGE bei den zuständigen Behörden und Führung der Korrespondenz mit ihnen;
- Koordinierung der Abrechnung, insbesondere Zusammenfassung der Einzelrechnungen der Partner sowie Weitergabe an den Auftraggeber;
- Abruf von Zahlungen des Auftraggebers;
- Einberufung, Durchführung und Leitung von Arbeitsgemeinschaftssitzungen;
- Führung des Schriftverkehrs der ARGE;
- Abschluss gemeinsamer Versicherungen für die ARGE, falls dies vereinbart wird;
- Stellung gemeinsamer Sicherheitsleistungen für die ARGE, falls dies vereinbart wird;
- Führung von Büchern für Umsatzsteuerzwecke und Entrichtung der Umsatzsteuer für die von der ARGE bewirkten Umsätze, sofern eine steuerpflichtige Lieferung und Leistung vorliegt sowie die Inanspruchnahme der für die ARGE anfallenden Vorsteuer;
- ……

9.4.2 im technischen Bereich:
- die technische Gesamtkoordinierung bei der Ausarbeitung von Angeboten und bei der Ausführung des Auftrages einschließlich Terminkoordinierung zwischen den Liefer- und Leistungsanteilen der Partner;
- Koordinierung der Montagearbeiten einschließlich Abnahme und - soweit vorgesehen - Inbetriebnahme, falls diese Leistungen nicht ausschließlich Bestandteil des Liefer- und Leistungsanteils eines Partners sind;
- Einholung der Zustimmung des Auftraggebers im Falle technischer Abweichungen von den Vertragsspezifikationen.

9.5 Der Federführer vertritt die ARGE gegenüber dem Auftraggeber und Dritten. Die Verhandlungen mit dem Auftraggeber werden von ihm mit den betroffenen Partnern oder allein nach vorheriger Abstimmung mit diesen geführt.

Der Schriftwechsel mit dem Auftraggeber wird von dem Federführer auf Briefbögen mit den Firmennamen der Partner geführt und von ihm als Federführer allein unterzeichnet. Schriftstücke, in denen Interessen der Partner berührt werden, müssen vor Absendung mit den betroffenen Partnern abgestimmt werden.

Der Federführer übersendet den Partnern die notwendigen Kopien dieses Schriftwechsels.

9.6 Sitzungen der ARGE werden vom Federführer mit einer Einladungsfrist von zwei Wochen einberufen, entweder auf eigene Initiative oder auf Wunsch eines anderen Partners.

In dringenden Fällen und zur Wahrung wesentlicher Interessen der ARGE können Sondersitzungen mit einer Einladungsfrist von 24 Stunden einberufen werden.

Die Partner sind verpflichtet, mit einem bevollmächtigten Vertreter ihrer Firma an der Sitzung teilzunehmen oder einen anderen Partner, der an der Sitzung teilnimmt, schriftlich zu beauftragen und entsprechend zu bevollmächtigen.

Mit Einverständnis aller Partner und soweit möglich und zweckmäßig, kann eine Einigung über anstehende Fragen auch telefonisch oder schriftlich (Brief/ Telex/ Telefax/ Mail) herbeigeführt werden.

Über das Ergebnis von Sitzungen der ARGE fertigt der Federführer ein Protokoll an und stellt Kopien davon unverzüglich den anderen Partnern zu. Telefonische Einigungen werden vom Federführer unverzüglich schriftlich bestätigt.

Diese Protokolle/ Briefe/ Telexe/ Telefaxe/ Mails gelten als verbindliches Besprechungsergebnis, wenn nicht innerhalb einer Woche nach Eingang bei den anderen Partnern schriftlich widersprochen wird oder die Protokolle bereits in der jeweiligen Besprechung unterschriftlich anerkannt worden sind.

9.7 Der Federführer kann die anderen Partner nur mit deren vorheriger Einwilligung verpflichten. Das gleiche gilt für die anderen Partner gegenüber den anderen Partnern. Die Einwilligung darf nicht ohne ausreichenden Grund verweigert werden. Die Partner sind verpflichtet, eine Bitte um Einwilligung unverzüglich zu beantworten.

9.8 Im Auftragsfall zahlen die Partner an den Federführer eine Gebühr von ... % des Abrechnungswertes ihrer Liefer- und Leistungsanteile ausschließlich Mehrwertsteuer.

Die Federführungsgebühr ist zahlbar in EUR. Soweit für die Erfüllung der Federführungsaufgaben die Einschaltung externer Berater wie Steuerberater, Rechtsanwälte etc. durch den Federführer notwendig ist, sind deren Kosten nicht in der Federführungsgebühr enthalten und werden von allen Partnern im Verhältnis ihrer Liefer- und Leistungsanteile getragen.

9.9 Die Federführungsgebühr ist pro rata des Einganges der Zahlungen vom Auftraggeber fällig. Im Falle kreditierter Zahlungen ist für alle nach Schlussrechnung fälligen Zahlungsraten des Auftraggebers die Federführungsgebühr mit Stellung der Schlussrechnung zahlbar.

Ergänzungsvorschlag bei Großprojekten mit eigenem Projektmanagement:

9.10. Projektmanager

9.10.1 Der Federführer ernennt einen Projektmanager mit folgenden Aufgaben:

    a) technische, kaufmännische und organisatorische Koordination der Partner bei der Erfüllung des ARGE-Vertrages. Die Koordination umfasst solche Aufgaben nicht, die in diesem ARGE-Vertrag einen oder mehreren Partnern ausdrücklich zugewiesen sind;

    b) Führen von Verhandlungen mit dem Auftraggeber, Behörden oder Dritten, einschl. der notwendigen Korrespondenz, soweit für das Projekt oder im Namen des Konsortiums erforderlich;

    c) alle anderen Aufgaben, die dem Projektmanager durch die Partner zugewiesen werden.

9.10.2. Der Projektmanager ist nicht berechtigt, die ARGE oder die Partner ohne deren vorheriges schriftliches Einverständnis zu verpflichten.

9.10.3. Der Projektmanager unterrichtet alle Partner unverzüglich über herausragende Angelegenheiten, die ihm bekannt werden und stellt ihnen Kopien der ihren Liefer- und Leistungsumfang betreffenden Korrespondenz zur Verfügung.

9.10.4. Kosten für den Projektmanager, die im gemeinsamen Interesse entstanden sind und die nach der Meinung aller Partner nicht in der Federführungsgebühr enthalten sind, tragen die Partner im Verhältnis ihrer Liefer- und Leistungsanteile und werden dem technischen Federführer unverzüglich erstattet. Der Projektmanager leitet den Partnern eine spezifizierte Kostenrechnung zu.

10.0 Termine

10.1 Die Partner stellen unverzüglich nach Abschluss dieses Vertrages einen detaillierten internen Terminplan auf, in dem festgelegt wird, wann die Partner ihre Lieferungen und Leistungen zu erbringen haben (Anlage 2).

10.2 Sollte ein Partner für seine Lieferungen und Leistungen den internen Terminplan nicht einhalten oder sollte Verzug drohen, hat dieser Partner unverzüglich Unterstützungsmaßnahmen einzuleiten und den Federführer zu informieren.

10.3 Sollte der säumige Partner diesen Verpflichtungen nicht nachkommen oder nur unzureichende Maßnahmen treffen, so ist die Angelegenheit in einer ARGE-Sitzung zu erörtern. Danach ist der Federführer berechtigt, dem betreffenden Partner eine angemessene Frist zur Erfüllung seiner Verpflichtungen zu setzen.

10.4 Nach dem fruchtlosen Ablauf sind die Partner berechtigt, auf Kosten des säumigen Partners jegliche Maßnahme zu ergreifen, die erforderlich ist, um den Verzug aufzuholen. Die den ausführenden Partnern entstandenen Kosten hat der säumige Partner unverzüglich zu erstatten.

10.5 Einer Fristsetzung bedarf es nicht, wenn diese nach den Umständen nicht zumutbar ist oder er die Erfüllung seiner Verpflichtung bereits verweigert hat.

11.0 Zahlungen

11.1 Die Partner richten bei einer deutschen Großbank ein gemeinsames Konto auf den Namen der ARGE ein, auf das der Auftraggeber die vertraglichen Zahlungen zu leisten hat.
Die Partner sind nur gemeinsam verfügungsberechtigt. Für die einzelnen Partner zeichnen folgende Personen:
für 1) .... ,
für 2) .... ,
für 3) ....

11.2 Anzahlungen des Auftraggebers können anteilig an die Partner ausgezahlt werden gegen Gestellung einer geeigneten ausgestellten Bürgschaft einer Bank oder Versicherungsgesellschaft in betreffender Höhe gem. Anlage 3 zu diesem Vertrag.

11.3 Zahlungen des Auftraggebers werden nach Maßgabe der Bestimmung des Auftraggebers, für welche Leistungen er zahlen will, ansonsten im Verhältnis der von den einzelnen Partnern tatsächlich erbrachten Leistungen aufgeteilt und unverzüglich an diese weitergeleitet.

11.4 Die Auszahlung der vom Auftraggeber gezahlten und nach Absatz 1 zu verteilenden Beträge darf innerhalb der Arbeitsgemeinschaft nicht von der Erfüllung etwaiger Ansprüche gegen den/die Partner abhängig gemacht werden, gleichgültig auf welchem Rechtsgrund solche Ansprüche beruhen mögen. Eine Verweigerung der Auszahlung oder Aufrechnung ist jedoch solange und in dem Umfang gegenüber dem Partner zulässig, wie dieser seine aus dem Vertrag mit dem Auftraggeber folgenden Pflichten nicht erfüllt oder ein Verzug bei der Erfüllung eingetreten ist oder droht und in den Fällen der Ziffer 18.

11.5 Das Risiko der Nichtzahlung durch den Auftraggeber trägt jeder Partner für die von ihm erbrachten Leistungen allein. Den Abschluss etwaiger Kreditversicherungen führt jeder Partner für seine Leistungen auf eigene Kosten und Verantwortung durch.

11.6 Jeder Partner kann die auf seinen Liefer- und Leistungsanteil entfallenden Ansprüche gegen den Auftraggeber auch ohne die anderen Partner allein gegen den Auftraggeber gerichtlich geltend machen und Erfüllung unmittelbar an sich selbst verlangen.
Vor Einreichung einer solchen Klage hat er jedoch die anderen Partner über den Inhalt der vom ihm beabsichtigten Klage zu informieren.

11.7 Zahlungen des Auftraggebers für Entschädigungen und als Schadensersatz werden im Verhältnis der bei den Partnern entstandenen bzw. noch entstehenden Kosten verteilt.

11.8 Nicht zuordenbare Zahlungen werden im Verhältnis der Liefer- und Leistungsanteile der Partner verteilt.

11.9 Zahlungen aus einer gemeinsamen Kreditversicherung werden nach Abzug eines etwaigen Selbstbehaltes im Verhältnis der Liefer- und Leistungsanteile der Partner verteilt.

12.0 Kosten

12.1 Jeder Partner trägt die bei ihm anfallenden Kosten und alle Risiken für seinen Liefer- und Leistungsanteil selbst, soweit in diesem Vertrag nichts Abweichendes geregelt ist. Die Bildung eines Gesamthandvermögens findet nicht statt. Eine Gewinn- und Verlustteilung ist ausgeschlossen.

12.2 Kosten, welche alle Partner gemeinsam betreffen, werden im Verhältnis des Wertes ihrer Liefer- und Leistungsanteile getragen. Über die Notwendigkeit solcher Kosten ist jedoch nach Möglichkeit vor Entstehung Einvernehmen zwischen den Partnern herbeizuführen.

13.0 Bürgschaften/Garantien

13.1 Bei Garantien und Sicherheiten (z.B. Bankgarantien), die die Partner nach gemeinsamer Abstimmung für das Projekt herauslegen, übernehmen alle Partner das Obligo und die Kosten gegenüber dem Institut, das die Garantien oder Sicherheiten zur Verfügung stellt, im Verhältnis ihrer Liefer- und Leistungsanteile und stellen den/die betreffenden Partner entsprechend frei.

13.2 Jeder Partner hat zugunsten der anderen Partner als Gesamtgläubiger eine Bürgschaft einer deutschen Bank für die Erfüllung seiner vertraglichen Verpflichtungen aus diesem ARGE-Vertrag in Höhe von .... % seines Liefer- und Leistungsanteils zu stellen.
Die Kosten für diese Bürgschaft trägt jeder Partner selbst.

13.3 Der Text der Bürgschaft muss dem Mustertext der Anlage 3 zu diesem Arbeitsgemeinschaftsvertrag entsprechen. Die Bürgschaftsurkunden sind von jedem Partner innerhalb von 14 Kalendertagen nach in Kraft treten des Liefervertrages mit dem Auftraggeber zu beschaffen und dem Federführer zu übersenden, der sie für die ARGE verwahrt und jedem Partner nach Erhalt der Urkunde eine Kopie übersendet.

13.4 Im Innenverhältnis zwischen den Partnern wechselseitig zugelieferte Lieferungen und Leistungen bleiben Eigentum des ausliefernden Partners bis der Auftraggeber das Projekt abgenommen hat.

14.0 Steuern, Zölle und sonstige Abgaben

14.1 Die Anmeldung der ARGE bei den für die Umsatzsteuer zuständigen Finanzbehörden erfolgt durch den kaufmännischen Federführer.

14.2 Jeder Partner haftet selbständig und unmittelbar gegenüber den Behörden für die Zahlung von Steuern, Zöllen und sonstigen Abgaben, die seinen Liefer- und Leistungsanteil betreffen. Er ist für die Einhaltung der sich darauf beziehenden gesetzlichen, vertraglichen und sonstigen Verpflichtungen selbst verantwortlich.

14.3 Soweit der ARGE insgesamt Steuern, Zölle oder sonstige Abgaben auferlegt werden, übernehmen im Innenverhältnis die betroffenen Partner diese Zahlungen entsprechend ihrem Liefer- und Leistungsanteil.

15.0 Vertretungen

15.1 Der Verkehr zwischen einer eventuellen örtlichen Vertretung eines Partners und dem Auftraggeber wird gesondert geregelt. Die Provisionen für seine Vertretung trägt jeder Partner selbst.

16.0 Haftung

16.1 Gegenüber dem Auftraggeber haften die Partner gesamtschuldnerisch.

16.2 Jeder Partner haftet dem Auftraggeber und den anderen Partnern für die einwandfreie, vertragsgemäße und rechtzeitige Erfüllung der von ihm für seinen Liefer- und Leistungsanteil übernommenen Verpflichtungen und für die im Falle ihrer Verletzung vereinbarten Folgen nach Maßgabe des mit dem Auftraggeber geschlossenen Vertrages. Soweit in diesem Vertrag nicht anders vereinbart, trägt jeder Partner für seinen Liefer- und Leistungsanteil das volle technische, kommerzielle und rechtliche Risiko.

16.3 Erhebt der Auftraggeber einen Anspruch, dessen Erfüllung er von der ARGE verlangen kann, so ist unabhängig von der Frage der internen Haftung jeder Partner im Bereich seines Lieferanteils verpflichtet, den Anspruch zunächst unverzüglich ohne Rücksicht auf eine etwaige spätere andere Regelung der Ersatzpflicht zu erfüllen.

16.4 Nimmt der Auftraggeber oder ein Dritter die ARGE oder einen Partner in Anspruch, so hat derjenige Partner, in dessen Liefer- und Leistungsanteil der Grund für die Inanspruchnahme liegt, die nicht beteiligten Partner freizustellen und schadlos zu halten. Dies gilt insbesondere für Vertragsstrafen und/oder Verzugsentschädigungen, die die ARGE dem Auftraggeber aufgrund des mit ihm geschlossenen Vertrages schuldet.

Alternative: Verzugsregelung:
Befriedigung von Ansprüchen des Auftraggebers wegen Verzuges:

> Gerät die ARGE in Verzug und macht der Auftraggeber deswegen Ansprüche auf Schadensersatz oder Vertragsstrafe geltend, so gilt folgende Regelung:

Derjenige Partner, der den Verzug verursacht hat, haftet vorab in Höhe des Verhältnisses seines Liefer- und Leistungsumfanges zum gesamten Auftragswert. Darüber hinausgehende Ansprüche werden von allen Partnern gemeinsam im Verhältnis ihres jeweiligen Liefer- und Leistungsumfanges zum gesamten Auftragswert befriedigt.

16.5 Unbeschadet etwaiger Ansprüche des Auftraggebers haftet jeder der Partner den anderen Partnern für die Erfüllung der in diesem Arbeitsgemeinschaftsvertrag übernommenen Verpflichtungen. Ferner haftet jeder Partner für die Schäden, die er gegenüber den anderen Partnern oder Dritten zu vertreten hat. Mehrere Partner haften nach dem Grad ihrer Beteiligung.
Die Haftung zwischen den Partnern für Schäden ist begrenzt auf die nachgewiesenen Selbstkosten.

Alternative Regelung:
Die Haftung zwischen den Partnern für indirekte oder Folgeschäden, insbesondere entgangenen Gewinn und Produktionsausfall, ist ausgeschlossen, es sei denn, für diese Schäden besteht Versicherungsschutz.
Die Haftung des Federführers wird beschränkt auf ....

16.6 Jeder Partner haftet für die Lieferungen und Leistungen von Unterlieferanten, die er für seinen Liefer- und Leistungsanteil beauftragt hat. Für von allen Partnern gemeinsam beauftragte Lieferungen und Leistungen von Unterlieferanten haften die Partner nach ihren Anteilen am Bestellwert des Unterlieferantenvertrages.

16.7 Ist unter den Partnern streitig, wer für entstandene Kosten, Zahlungen oder Zahlungsausfälle haftet, so sind sie vorläufig von den beteiligten Partnern im Verhältnis ihrer Liefer- und Leistungsanteile zu tragen.
Sobald wegen dieser Angelegenheit(en) eine Übereinkunft erzielt worden ist oder eine bindende Entscheidung vorliegt, sind die Partner verpflichtet, ihre Ansprüche sofort entsprechend auszugleichen.

16.8 Soweit Mehrkosten oder Mindererlöse entstehen, die aus rechtlich unbegründeten, aber faktisch nicht abwendbaren Ansprüchen des Auftraggebers oder Dritter entstehen, tragen sie alle Partner nach dem Verhältnis ihrer Liefer- und Leistungsanteile.

16.9 Haftungsausschlüsse und -begrenzungen im Innenverhältnis zwischen den Partnern gelten nicht, wenn der Schaden durch den betreffenden Partner vorsätzlich verursacht worden ist.

16.10 Betrifft ein Anspruch mehrere Partner, so haftet jeder nach dem Grad seines Verschuldens, bei einer gesetzlich vorgesehenen Haftung ohne Verschulden, nach dem Grad der Mitverursachung.

16.11 Soweit eine Freistellung und Schadloshaltung durch den verantwortlichen Partner wegen dessen Zahlungsunfähigkeit nicht möglich ist, übernehmen die übrigen Partner die Kosten im Verhältnis ihrer bisherigen Liefer- und Leistungsanteile.

16.12 Als Haftungsmaßstab im Innenverhältnis zwischen den Partnern gilt § 276 BGB anstatt § 708 BGB.

17.0 Versicherungen

17.1 Jeder Partner ist im Rahmen seines Liefer- und Leistungsanteils für eine vollständige Versicherung gemäß den Regelungen des Vertrages mit dem Auftraggeber und die Deckung aller ihn betreffenden Risiken allein verantwortlich und trägt sämtliche in Zusammenhang damit anfallenden Prämien und Kosten selbst. Der Deckungsschutz der Partner ergibt sich aus Anlage 4.

17.2 Um weitere Risiken aus dem Kundenvertrag abzusichern, werden die Partner, soweit nach einvernehmlicher Auffassung zweckmäßig und möglich, gemeinsame Versicherungen abschließen. Die Abwicklung dieser Versicherungen übernimmt der Federführer, falls deren Abschluss beschlossen wird. Die anfallenden Prämien und Kosten werden von den Partnern im Verhältnis ihrer Liefer- und Leistungsanteile getragen.

17.3 Vom Versicherungsschutz ausgeschlossen bleiben Haftpflichtansprüche der Partner untereinander. Zwischen den Partnern und ihren Versicherern ist Regressverzicht (ARGE-Klausel) vereinbart.

18.0 Ausscheiden eines Partners

18.1 Ein Partner kann durch einstimmigen Beschluss der anderen Partner im Rahmen einer beschlussfassenden Besprechung gem. Ziff. 8.0 ausgeschlossen werden,
- wenn gegen ihn gepfändet worden ist und er nicht innerhalb von 7 Tagen seit dem Tage der Pfändung die Aufhebung der Pfändung nachweist;
- wenn er die Zahlungen einstellt, die Eröffnung des Insolvenzverfahrens beantragt worden ist oder er in Liquidation geht;
- wenn er die Bürgschaft gemäß Ziffer 13.2 dieses Arbeitsgemeinschaftsvertrages nicht fristgerecht beschafft;

- wenn er seine Pflichten vorsätzlich oder fahrlässig verletzt und diese trotz schriftlicher Mahnung innerhalb einer angemessenen Frist nicht erfüllt.

18.2 Dem auszuschließenden Partner ist Gelegenheit zu geben in der beschlussfassenden Besprechung seine Interessen zu vertreten. An der Abstimmung wirkt er nicht mit.

18.3 Der Beschluss/die Erklärung ist dem auszuschließenden Partner in schriftlicher Form zu übersenden. Der Ausschluss gilt als vom ausgeschlossenen Partner gebilligt, wenn er nicht innerhalb von 30 Tagen nach Zugang ein Mediationsverfahren nach Ziff. 20.4 eingeleitet hat bzw. wenn dieses nicht zustande kommt innerhalb von 30 Tagen nach Scheitern beim zuständigen Gericht deswegen Klage eingereicht hat.

18.4 Die ARGE wird unter den verbleibenden Partnern, gegebenenfalls unter Aufnahme eines neuen Partners, fortgesetzt.

18.5 Der ausgeschiedene Partner haftet den verbleibenden Partnern für alle durch sein Ausscheiden verursachten Schäden.
Seine Ansprüche, die gegen seine Subunternehmer bestehen, die im Rahmen dieses Projektes für ihn tätig sind, gelten einschließlich der dafür bestehenden Sicherheiten im Zeitpunkt der Mitteilung des Ausschlusses als an die anderen Partner zu deren gesamten Hand abgetreten. Auf deren Aufforderung hin hat er über deren Bestand Auskunft zu erteilen.

18.6 Der ausgeschiedene Partner ist verpflichtet, die von ihm gestellten Geräte, Maschinen und Einrichtungen auf der Baustelle zu belassen, soweit und solange die verbleibenden Partner dies für erforderlich erachten.

18.7 Zur Sicherung der vorgenannten Ansprüche gewährt jeder Partner mit der Unterzeichnung dieses ARGE-Vertrages den übrigen Partnern ein Pfandrecht an allen von ihm auf die Baustelle eingebrachten Materialien und Baustoffen, für den Fall, dass er aus einem der in Ziffer 18.1 genannten Gründen aus der ARGE ausgeschlossen wird.

18.9 Die verbleibenden Partner sind berechtigt, alle auf der Baustelle befindlichen Baustoffe des ausgeschiedenen Partners freihändig zu verkaufen oder anderweitig darüber zu verfügen und einen eventuellen Verkaufserlös mit allen gegen den ausgeschiedenen Partner bestehenden Forderungen aufzurechnen.
Ferner hat er alle sich anderweitig in seinem Besitz befindlichen Materialien, angearbeiteten oder fertig gestellten Teile, Dokumente, Zeichnungen etc., die für das Projekt benötigt werden, auf Verlangen

an die verbleibenden Partner herauszugeben. Sein Zurückbehaltungsrecht ist ausgeschlossen.

18.10 Sind der Umfang und die Höhe möglicher Verpflichtungen und Risiken (z.B. Haftung für Mängelansprüche) für die verbleibenden Partner nach dem Ausscheiden nicht hinreichend zu überblicken, können die verbleibenden Partner ein etwaiges Ausscheidungsguthaben des ausgeschiedenen Partners bis zum Ablauf der mit dem Auftraggeber vereinbarten Gewährleistungszeit und Erfüllung aller sonstigen Verpflichtungen der ARGE zurückbehalten.

19.0 Vertragsbeendigung

19.1 Dieser Arbeitsgemeinschaftsvertrag ist auf bestimmte Zeit geschlossen und endet, ohne dass es einer weiteren Erklärung bedarf:
- wenn der Auftrag der ARGE nicht erteilt wird
  oder
- wenn der Auftrag der ARGE nicht spätestens bis zum .... erteilt worden ist
  oder
- mit der Erfüllung des gesamten Auftrages, Abwicklung aller Zahlungen, aller Verpflichtungen und aller Gerichtsverfahren, sowohl zwischen dem Auftraggeber und der ARGE als auch zwischen den Partnern.

19.2 Falls der Auftraggeber über die von der ARGE angebotenen Lieferungen und Leistungen nicht einen Vertrag mit der ARGE schließen will, sondern nur mit einem Partner als Generalunternehmer, endet dieser Arbeitsgemeinschaftsvertrag aus diesem Grunde nicht. Vielmehr wird dann der Auftrag von den Partnern als stille Arbeitsgemeinschaft ausgeführt.

20.0 Schlussbestimmungen

20.1 Die Abtretung irgendwelcher Ansprüche oder sonstiger Rechte aus diesem Arbeitsgemeinschaftsvertrag oder dem mit dem Auftraggeber abgeschlossenen Vertrag ist nur mit vorheriger Einwilligung der anderen Partner zulässig. Dies gilt nicht für die Zession von Zahlungs- und Herausgabeansprüchen zu Finanzierungszwecken.

20.2 Sollte eine der vorstehenden Regelungen ganz oder teilweise unwirksam sein oder werden, so bleibt der Vertrag im Übrigen wirksam.

20.3 Auf diesen Vertrag findet das Recht der Bundesrepublik Deutschland Anwendung.

20.4 Die Parteien werden versuchen, alle Meinungsverschiedenheiten, die bei der Durchführung dieses Vertrages auftreten, gütlich durch Verhandlungen zu lösen. Gelingt es den Parteien nicht, ihre Meinungsverschiedenheiten binnen 30 Tagen nach der Aufforderung zur Aufnahme von Verhandlungen gütlich beizulegen, werden sie ein Mediationsverfahren durchführen. Entsprechendes gilt, wenn die Verhandlungen nicht binnen 30 Tagen nach Zugang der Aufforderung aufgenommen werden.

Als Mediator werden entweder einzeln oder gemeinsam berufen:
....

Durch diese Vereinbarung ist keine Partei gehindert, ein gerichtliches Eilverfahren, insbesondere ein Arrest- oder einstweiliges Verfügungsverfahren durchzuführen.

Kommt kein Mediationsverfahren zustande oder führt es nicht zum Erfolg, entscheiden die ordentlichen Gerichte. Ausschließlicher Gerichtsstand ist ....

20.5 Änderungen und Ergänzungen dieses Vertrages bedürfen der Schriftform. Mündliche Nebenabreden bestehen nicht.

20.6 Dieser Vertrag besteht aus ... Seiten und folgenden Anlagen:

- Anlage 1: Liefer- und Leistungsanteile der einzelnen Partner entsprechend Ziff. 2.2,
- Anlage 2: Interner Terminplan entsprechend Ziff. 10.1,
- Anlage 3: Mustertext der internen Bürgschaft entsprechend Ziff. 13.3,
- Anlage 4: Versicherungsbestätigungen für die Partner.

Muster-AN+AG 04 Ingenieur-Nachunternehmervertrag

Kapitel 2.16;

Inhaltsverzeichnis

§ 1	Vertragsinhalt
§ 2	Leistungsumfang
§ 3	Änderungen und zusätzliche Leistungen
§ 4	Leistungen des Auftraggebers
§ 5	Vergütung
§ 6	Fehlerbeseitigung
§ 7	Zahlungsbedingungen
§ 8	Termine
§ 9	Haftpflichtversicherung
§ 10	Verzugsentschädigung und Haftung
§ 11	Abnahme
§ 12	Verjährung der Mängelansprüche
§ 13	Kündigung
§ 14	Urheberrechte
§ 15	Aufbewahrungspflichten und Geheimhaltung
§ 16	Erfüllungsort, Recht und Gerichtsstand
§ 17	Schiedsgerichtsvereinbarung
§ 18	Salvatorische Klausel

Ingenieur-Nachunternehmervertrag

zwischen

1. .... ,
als Auftraggeber
- nachstehend „AG" genannt -

und dem Ingenieurbüro

2: .... ,
als Auftragnehmer
- nachstehend „AN" genannt -

wird im Hinblick auf das Projekt: ....

auszuführen für den Bauherrn: ....
Folgendes vereinbart:

1. Vertragsinhalt

1.1 Der Inhalt des Ingenieurvertrages ergibt sich aus den nachfolgenden Unterlagen: (nicht Zutreffendes bitte streichen)

a) Dieser Ingenieur-Nachunternehmervertrag,
b) Das Verhandlungsprotokoll vom .... ,
c) Folgende vom AG zu übergebende Unterlagen:
   ....
d) Die „Zusätzlichen Technischen Vertragsbedingungen" ZTV des Auftraggebers,
e) Die anerkannten Regeln der Technik und Baukunst,
f) Die einschlägigen technischen Regelwerke und Normen,
g) Eventuell der Hauptvertrag des AG mit seinem Kunden.

1.2 Bei Widersprüchen gelten die Unterlagen in der oben stehenden Reihenfolge.

2 Leistungsumfang

2.1 Der AG beauftragt den AN mit der Erbringung der nachfolgend beschriebenen Leistung:
Erstellen der Konstruktionszeichnungen ....
(genaue Beschreibung der geschuldeten Konstruktionsleistung).
Erstellen der Werkstattzeichnungen ....
(genaue Beschreibung der geschuldeten Leistung)
Erstellen der Statikleistungen ....
(genaue Beschreibung der geschuldeten Leistung)
Erstellen sonstiger Leistungen ....
(genaue Beschreibung der geschuldeten sonstigen Leistung)

2.2 Die Form, in welcher der AN das Leistungsergebnis an den AG übergeben soll, richtet sich nach den technischen Spezifikationen im <u>Anhang 1</u> zu diesem Vertrag.

3 Änderungen und zusätzliche Leistungen

3.1 Wird der Leistungsumfang auf Anordnung des AG geändert oder durch zusätzliche Leistungen ergänzt, so wird der AN diese durchführen.

3.2 Änderungen und Zusatzleistungen dürfen nur durch den Bevollmächtigten des AG angeordnet werden. Als Bevollmächtigter des AG wird benannt: ....

3.3 Der AN wird dem AG alle Kosten verursachenden und gegebenenfalls Termin beeinflussenden Änderungen und Zusatzleistungen vor Ausführung mitteilen.

3.4 Die Vergütung für Änderungen und Zusatzleistungen richtet sich nach der HOAI.

4 Leistungen des Auftraggebers

4.1 Der AG wird folgende Unterlagen zu folgenden Terminen beistellen:
a) .... am ....
b) .... am ....
c) .... am ....
d) .... am ....

4.2 Der AN wird die ihm übergebenen Unterlagen innerhalb von .... (Tagen/Wochen) überprüfen und den AG auf entdeckte oder vermutete Fehler und Widersprüche hinweisen.

5 Vergütung

5.1 Die Vergütung des AN richtet sich nach der Honorarordnung für Architekten und Ingenieure HOAI in der jeweils gültigen Fassung.

5.2 Werden Bausachleistungen zusammen mit Architektur- bzw. Ingenieurleistungen vergeben, so richtet sich die Vergütung nach dem Bauleistungsvertrag.

6 Fehlerbeseitigung

6.1 Werden in den Leistungen des AN Mängel festgestellt, so teilt der AG diese dem AN unverzüglich zwecks umgehender Behebung mit.

6.2 Werden die Mängel nicht innerhalb einer vom AG zu setzenden angemessenen Frist beseitigt, kann der AG die Mängel zu Lasten des AN selbst beheben bzw. von Dritten beheben lassen.

6.3 Zur Bestimmung des Ersatzanspruches des AG gelten folgende Verrechnungssätze:
- <u>Technisches Büro:</u> bis zu .... h/Tonne ohne Berechnung, darüber hinaus:
Verrechnungssatz Konstruktion .... EUR/h,
- <u>Fertigung:</u> bis zu .... h/Tonne ohne Berechnung, darüber hinaus:
Werkstattlohn-Verrechnungssatz: .... EUR/h,
- <u>Montage:</u> bis zu .... h/Tonne ohne Berechnung, darüber hinaus:
Baustellen-Verrechnungssatz: .... EUR/h.

- Krankosten und Gerüstkosten berechnen sich auf Nachweis zuzüglich eines Gemeinkostenzuschlages von .... %.

7 Zahlungsbedingungen

Der AN erhält folgende Teilzahlungen:
a) Die Anzahlung in Höhe von .... EUR wird nach Zugang einer entsprechenden Rechnung ... Tage nach Vertragsschluss fällig.
b) Abschlagszahlungen in Höhe von jeweils .... EUR werden nach ... Kalendertagen bzw. nach Einreichung folgender Teilleistungen mit dem Zugang einer prüffähigen Abschlagsrechnung fällig:
1. .... am ....
(Beschreibung der 1. Teilleistung)
2. .... am ....
(Beschreibung der 2. Teilleistung)
3. .... am ....
(Beschreibung der 3. Teilleistung)
c) Die Schlusszahlung wird nach .... Kalendertagen nach Zugang einer prüffähigen Schlussrechnung fällig.

8 Termine

8.1 Der AN wird seine Leistungen gemäß dem als <u>Anlage</u> beiliegenden Terminplan erbringen.
8.2 Alle im Terminplan ausgewiesenen Fristen sind Vertragsfristen.

9 Haftpflichtversicherung

9.1 Der AN weist dem AG bei Vertragsschluss das Bestehen einer branchenüblichen Haftpflichtversicherung durch Vorlage einer Versicherungspolice nach, die mindestens folgende Deckungssummen aufweist:
- für Personenschäden:.......................... EUR
- für Sachschäden: .... EUR
- für Vermögensschäden:....................... EUR

9.2 Sollte die Versicherungspolice älter als 6 Monate sein, so wird der AN die schriftliche Bestätigung seiner Haftpflichtversicherung über das Bestehen des Deckungsschutzes vorlegen.

10 Verzugsentschädigung und Haftung

10.1 Der AN wird dem AG bei einer von ihm zu vertretenden Überschreitung der vertraglichen Zwischentermine bzw. Endtermins die hierdurch entstandenen Kosten ersetzen.

10.2 Im Übrigen haftet der AN nach den gesetzlichen Vorschriften für Personen-, Sach- und Vermögensschäden.

11 Abnahme

Die Leistung des AN gilt ..... Werktage nach Zugang der vollständigen und vertragsgemäßen Unterlagen beim AG als abgenommen.

12 Verjährung der Mängelansprüche

Die Verjährungsfrist der Mängelansprüche des AG beginnt mit der Abnahme nach § 11 dieses Vertrages und beträgt ..... Jahre.

13 Kündigung

13.1 Der AG hat das Recht, den Vertrag bis zur Vollendung der Leistung jederzeit nach § 648 BGB zu kündigen.

13.2 In diesem Fall wird der AN alle weiteren Arbeiten einstellen. Ferner wird der AN dem AG die auftragsspezifisch gefertigten technischen Unterlagen herausgeben und frei von Rechten Dritter übereignen.

13.3 Der AG wird dem AN die vereinbarte Vergütung zahlen. Der AN muss sich jedoch dasjenige anrechnen lassen,
    a) was er infolge der Aufhebung des Vertrags an Aufwendungen erspart - und/oder
    b) was er durch anderweitige Verwendung seiner Arbeitskraft erwirbt - und/oder
    c) was er zu erwerben böswillig unterlässt.

13.4 Der AG kann die Kündigung auch auf einen Teil des Vertrages beschränken.

13.5 Der AG kann den Vertrag auch kündigen, wenn der AN seine Zahlungen einstellt oder die Eröffnung des Insolvenzverfahrens beantragt hat. Der AG hat die bis zur Kündigung erbrachte vertragsgemäße Leistung zu vergüten.

13.6 Die Kündigung bzw. Teilkündigung muss schriftlich erklärt werden.

14 Urheberrechte

14.1 Soweit die Unterlagen des AN urheberrechtsfähig sind, bleiben die Urheberrechte beim AN.

14.2 Der AG darf die Unterlagen für die im Vertrag genannten Leistungen uneingeschränkt nutzen.

14.3 Bei Veröffentlichungen bedürfen die Parteien die vorherige schriftliche Zustimmung des Vertragspartners.

14.4 Bei Veröffentlichungen werden die Parteien die Namen/Firmierungen und die Art der Mitwirkung des Vertragspartners nennen.

15 Aufbewahrungspflichten und Geheimhaltung

15.1 Nach Erfüllung der Leistung durch den AN und Ausgleich des Vergütungsanspruches kann der AG verlangen, dass ihm die Bauvorlagen, Bauunterlagen und sonstigen Unterlagen - soweit dies noch nicht erfolgt ist - übergeben werden. Der AN ist nicht verpflichtet, die Bauunterlagen länger als 10 Jahre nach Abnahme aufzubewahren. Der AN ist verpflichtet, die Bauunterlagen vor ihrer Vernichtung dem AG anzubieten.

15.2 Beide Parteien werden alle ihnen in Zusammenhang mit der gemeinsamen Tätigkeit bekannt werdenden Daten vertraulich behandeln.

16 Erfüllungsort, Recht und Gerichtsstand

16.1 Erfüllungsort für die Leistungen des AN ist der Sitz des AG.
16.2 Anzuwendendes Recht ist das Recht der Bundesrepublik Deutschland.
16.3 Ausschließlicher Gerichtsstand ist ....

17 Konfliktlösung

Die Parteien werden versuchen, alle Meinungsverschiedenheiten, die bei der Durchführung dieses Vertrages auftreten, gütlich durch Verhandlungen zu lösen. Gelingt es den Parteien nicht, ihre Meinungsverschiedenheiten binnen 30 Tagen nach der Aufforderung zur Aufnahme von Verhandlungen gütlich beizulegen, werden sie ein Mediationsverfahren durchführen. Entsprechendes gilt, wenn die Verhandlungen nicht binnen 30 Tagen nach Zugang der Aufforderung aufgenommen werden.

Als Mediator werden entweder einzeln oder gemeinsam berufen:
....

Durch diese Vereinbarung ist keine Partei gehindert, ein gerichtliches Eilverfahren, insbesondere ein Arrest- oder einstweiliges Verfügungsverfahren durchzuführen.

Kommt kein Mediationsverfahren zustande oder führt es nicht zum Erfolg, entscheiden die ordentlichen Gerichte. Ausschließlicher Gerichtsstand ist:
....

Alternative:
Hinsichtlich aller Streitigkeiten, die sich aus oder in Zusammenhang mit diesem Vertrag ergeben und für deren Lösung die Parteien noch keine Vereinbarung über das Streitbeilegungsverfahren getroffen haben, wird ein Konfliktmanagementverfahren nach der Konfliktmanagementordnung der Deutschen Institution für Schiedsgerichtsbarkeit e.V. (DIS) (DIS-KMO) mit dem Ziel der Festlegung eines Streitbeilegungsverfahrens durchgeführt.

18 Salvatorische Klausel

Sollte eine der vorstehenden Regelungen ganz oder teilweise unwirksam sein oder werden, so bleibt der Vertrag im Übrigen wirksam.

Ort, den ....   Ort, den ....

....
(Auftraggeber)   (Auftragnehmer)

Anlagen:
zu Ziffer 2 „Leistungsumfang" - **Anhang 1** - „Technische Spezifikationen",
zu Ziffer 8 „Termine" - der Terminplan (muss individuell erstellt werden).

Anhang 1 (zum Ingenieur-Nachunternehmervertrag)

„Technische Spezifikationen"

1. Der AN liefert seine Leistungen:

( )   als Papierpausen (kopierfähig), Anzahl der Kopien ..... ,
      jede weitere Kopie zum Preis von ...... EUR pro Kopie.

      Die Größe der Zeichnungen ist
( )   beschränkt auf DIN-A 0,
( )   darf länger sein als DIN-A 0 bis zu einer Länge von ...... cm.

( )   als DXF-Dateien (Layer-Belegung, Farbwahl, Strichstärken nach Vorgabe ......)
( )   als DWG-Dateien nach AUTOCAD .... nach Vorgabe ....
( )   als HPGL-Files, Stiftbelegung nach Vorgabe .... -

Max. Größe der Zeichnungen:
( )   DIN-A 0, ( ) mit Schnittrand,
( )   ohne Schnittrand.
( )   DGN-Files nach Vorgabe ....
( )   ....

2. Der AN überträgt die Konstruktionszeichnungen per:

( )   Mail (Adresse: .... @ ....)
( )   Web-Seite (Adresse: http//...)
        Login: .... Passwort: ....
( )   RAS (Telefonnummer: .... Login: ....
        Domain .... Passwort ....
( )   Modem (Protokoll, z.B. Z-Modem ...., Telefon-Nr.: ....)
( )   ISDN - Protokoll: ( ) Eurofile ( ) Id-trans,
        Ruf-Nr.: .... Login: .... Passwort: ....
        Die Daten sollen ( ) vom AN gesendet werden, ( ) vom AG abgeholt werden.

3. Der AN übergibt die Daten auf Datenträger:
( )   CD, ( ) Zip-Disk mit einer Kapazität von .... MB,
( )   DAT-Tape (DDS ....),
( )   Disketten,
( )   cpio,
( )   andere: ....

4. Betriebssystem:

( )   WIN 95
( )   WIN 98
( )   WIN NT
( )   WIN 2000
( )   LINUX
( )   UNIX
( )   andere: ....

5. Der AN liefert die Stücklisten:

( )   ausgedruckt auf Papier

( )   als Übergabedatei nach DSTV-Schnittstelle Stückliste, dabei ist zu beachten:
Profilbezeichnungen nach Vorgabe .... ( ) Diskette mit Profilbezeichnungen
Schrauben und Kaufteile nach Vorgabe .... ( ) Diskette mit Vorgaben.

Ordnungskriterien:
- ( )   Baugruppenweise
- ( )   Trennung nach Eigenfertigung/Zukaufteile
- ( )   Zeichnungsweise
- ( )   Teilsystemweise (d. h. zu einem Teilsystem können auch mehrere Zeichnungen gehören)
- ( )   Quadranten (o.ä.)
- ( )   Fertigungslose
- ( )   Montagelose
- ( )   nach Vorgabe ....
- ( )   LV-Positionen nach LV ....
- ( )   Fertigungslinien/Arbeitsgänge nach Vorgabe: ....

6. Der AN liefert NC-Daten nach.............-Schnittstelle:

- ( )   Signierung nach Vorgabe: ....
- ( )   Pulverlinien nach Vorgabe: ....
- ( )   Ausnahmen von der DSTV-Definition nach Vorgabe: ....

Festgestellte Unstimmigkeiten der übergebenen Unterlagen sind unverzüglich anzuzeigen.

Muster-AN+AG 05 Nachunternehmervertrag

BGB-Werkvertrag, Bauvertrag
Kapitel 2.16

Inhaltsverzeichnis

§ 1	Vertragsgrundlagen
§ 2	Leistungsumfang
§ 3	Änderungen und Ergänzungen des Leistungsumfanges
§ 4	Leistungen des Auftraggebers
§ 5	Vergütung
§ 6	Zahlungsbedingungen
§ 7	Sicherheiten
§ 8	Termine
§ 9	Abnahme
§ 10	Verjährung der Mängelansprüche
§ 11	Kündigung des Vertrages wegen Zahlungsunfähigkeit oder Überschuldung
§ 12	Qualitätskontrolle
§ 13	Salvatorische Klausel
§ 14	Gerichtsstand

Nachunternehmervertrag / Werkvertrag

zwischen

1. ....
   - nachstehend „AG" genannt -

und

2. ....
   - nachstehend „AN" genannt -

wird im Hinblick auf das Projekt: ....
auszuführen für den Endkunden: ....
folgendes vereinbart:

1.0 Vertragsgrundlagen

Grundlagen dieses Vertrages sind die nachfolgenden Unterlagen:

1.1 Die Regelungen dieses Nachunternehmervertrages und seine Verhandlungsprotokolle vom ....

1.2 Der Vertrag zwischen dem AG und dem Endkunden, der vollständig diesem Vertrag als **Anlage 1** beigefügt ist.

1.3 Ferner folgende Unterlagen: ....

1.4 Im Übrigen gelten die gesetzlichen Vorschriften.

1.5 Bei Widersprüchen dieser Unterlagen untereinander gilt die vorstehende Reihenfolge.

2.0 Leistungsumfang

2.1 Der AG beauftragt den AN mit der vollständigen Erstellung der nachfolgend näher beschriebenen Leistung: ....
Der AN übernimmt alle hiermit im Zusammenhang stehenden Liefer- und Leistungsverpflichtungen, die zu einer zweckentsprechenden Erfüllung des Vertrages erforderlich sind.
Zum geschuldeten Leistungsumfang des AN gehören auch solche Lieferungen und Leistungen, die erforderlich sind, um die Leistung vollständig und funktionsfähig zu erbringen, selbst wenn sie in den Vertragsunterlagen nicht ausdrücklich erwähnt sind.

2.2 Der Leistungsumfang bestimmt sich nach folgenden Bedingungen in der genannten Reihenfolge:

2.2.1 Bestimmungen dieses Vertrages und seine folgenden Anlagen:
- Leistungsverzeichnis (**Anlage 2**)
- Technische Spezifikationen........................(**Anlage 3**)
- Pläne und Zeichnungen (**Anlage 4**)

2.2.2 die zwischen dem AG und dem Endkunden für das Projekt vereinbarten Vertragsbedingungen in entsprechender Anwendung; - insbesondere dessen Leistungsverzeichnis, Ausführungspläne und technische Bedingungen.

2.3 Der AN ist nicht verpflichtet, die ihm vom AG sowie die vom AG beauftragten Dritten zur Verfügung gestellten Unterlagen und beigestellten Leistungen zu überprüfen.

2.4 Der AN hat sich vor Vertragsabschluss mit den örtlichen Gegebenheiten der Verkehrswege und der Baustelle vertraut gemacht.

2.5 Der AN kann von folgender Beschaffenheit des Baugrundes ausgehen: ....
Der AN hat den Baugrund nicht zu untersuchen. Werden bei der Bauausführung Abweichungen von dieser Beschaffenheit des Baugrundes vorgefunden, die dem AN erhöhte Kosten und verlängerte Bauzeit verursachen, sind diese Kosten dem AN vom AG zusätzlich zu vergüten und die Bauzeit angemessen zu verlängern.

2.6 Alle vom AG im Zusammenhang mit der Ausführung des Projektes von ihm beauftragte oder in Anspruch genommene Dritte (z.B. Genehmigungsbehörden / Statiker / Prüfingenieur / Architekt / andere Baufirmen) sind Erfüllungsgehilfen des AG im Vertragsverhältnis zum AN.

2.7. Die Lieferungen des AN erfolgen: .... (z.B. "ab Werk"; frei Baustelle; CIF) gemäß Incoterms 2000 (6. Revision).

3.0 Änderungen und Ergänzungen des Leistungsumfanges

3.1 Änderungen und Ergänzungen des Leistungsumfanges bedürfen der Schriftform. Sie dürfen nur durch den Bauleiter des AG, Herrn ...., sowie seinen Architekten, Herrn .... angeordnet werden, die im Übrigen umfassend zur Vertretung des AG bevollmächtigt sind.

3.2 Wird der Leistungsumfang auf Anordnung des AG geändert oder ergänzt, so sind diese Änderungen und Ergänzungen durchzuführen.

3.3 Ist es während der Bauausführung zwischen AN und AG streitig, ob eine bestimmte Leistung vorliegt, die der AG dem AN gesondert zu vergüten hat, z.B. weil eine Änderungs- oder Ergänzungsmaßnahme vorliegt oder vom AG zu vertretende Behinderungen bei der Bauausführung vorgelegen haben, die den AG gegenüber dem AN zum Ersatz der daraus entstandenen Mehrkosten verpflichten, so kann der AN vom AG unbeschadet seiner sonstigen Rechte Sicherheitsleistung in Höhe dieser strittigen Ansprüche durch die Gestellung einer Bürgschaft einer europäischen Bank oder europäischen Kreditversicherung verlangen. Für den Fall, dass der AG diese Bürgschaft nicht stellt, hat der AN ein Leistungsverweigerungsrecht. Wenn und soweit sich der strittige Anspruch des AN später als begründet erweist, hat der AG die Kosten dieser Bürgschaft zu tragen, anderenfalls der AN.

3.4 Bescheinigungen des AG, dass eine bestimmte Leistung erbracht worden ist, sollen nur Beweis für ihre Durchführung erbringen. Die Frage, ob und wie solche Leistungen zu vergüten sind, beurteilt sich ausschließlich nach dem geschlossenen Vertrag und wird durch solche Bescheinigungen nicht präjudiziert.

3.5 Für zusätzliche Leistungen oder Nachtragsaufträge gelten die gesamten Bestimmungen dieses Vertrages, soweit keine gesonderten Vereinbarungen getroffen wurden.

4.0 Leistungen des Auftraggebers

Der AG hat folgende Leistungen dem AN beizustellen:

....

5.0 Vergütung

Für den in Ziffer 2.0 beschriebenen Leistungsumfang zahlt der AG dem AN folgende Vergütung zuzüglich der im Zeitpunkt der Abrechnung gültigen gesetzlichen Mehrwertsteuer, soweit dem § 13b UStG nicht entgegensteht:

....

6.0 Zahlungsbedingungen

6.1 Alle Zahlungen sind gegen entsprechende Zahlungsaufforderung ohne Abzug zu leisten und auf das Äußerste zu beschleunigen.

6.2 Sofern nichts Abweichendes vereinbart wird, erfolgen die Zahlungen wie folgt:

(Beispiel)
- 30 % des vorläufigen Auftragswerts, fällig mit Vertragsschluss,
- 35 % fällig bei Montagebeginn,
- 30 % fällig bei Beendigung der Montage,
- 5 % fällig bei Abnahme.

7.0 Sicherheiten

7.1 Sicherheiten des AN zugunsten des AG:

7.1.1 Die Anzahlung der vorstehenden Ziffer 6.1 ist nur fällig und zahlbar gegen eine vom AN dem AG zu stellende Anzahlungsbürgschaft in gleicher Höhe gemäß Mustertext, **Anlage ...** zum Vertrag.
Die Anzahlungsbürgschaft ist vom AG zurückzugeben, wenn folgendes Ereignis eingetreten ist: ....

7.1.2 Die Zahlung der vorstehenden Ziffer 6.2 ist nur fällig und zahlbar gegen Übereignung der dort genannten Komponenten vom AN an den AG durch Unterzeichnung eines Übereignungsvertrages gemäß Mustertext - **Anlage ...** zum Vertrag.

7.1.3 Zur Sicherung der Erfüllungsansprüche des AG stellt der AN dem AG eine Erfüllungsbürgschaft in Höhe von 10 % des Vertragspreises gemäß Mustertext, **Anlage ...** zum Vertrag innerhalb von 10 Tagen nach Vertragsabschluss. Diese Erfüllungsbürgschaft ist gültig bis zur Erklärung der Abnahme durch den AG.
Stellt der AN diese Erfüllungsbürgschaft nicht fristgemäß, ist der AG berechtigt, stattdessen nach seiner Wahl die fälligen Zahlungsansprüche des AN solange zu kürzen, bis ein Bareinbehalt von 10 % des Vertragspreises erreicht ist oder dem AN eine Nachfrist von 10 weiteren Tagen zur Erbringung dieser Bürgschaft zu setzen und nach fruchtlosem Ablauf dieser Frist den Vertrag zu kündigen und vom AN

Schadensersatz zu verlangen.

7.1.4 Die Rate der vorstehenden Ziffer 6.5 ist nur fällig und zahlbar gegen eine vom AN dem AG zu stellende Gewährleistungsbürgschaft in gleicher Höhe gemäß Mustertext, **Anlage ...** zum Vertrag.
Die Gewährleistungsbürgschaft ist vom AG zurückzugeben, wenn die Gewährleistungszeit abgelaufen und alle Gewährleistungsansprüche des AG erfüllt sind.

7.2 Sicherheiten des AG zugunsten des AN:

7.2.1 Zur Sicherung der Zahlungsansprüche des AN stellt der AG dem AN eine Zahlungsbürgschaft in Höhe von ... % des Vertragspreises gemäß Mustertext, **Anlage ...** zum Vertrag innerhalb von 10 Tagen nach Vertragsabschluss.

7.2.2 Diese Zahlungsbürgschaft reduziert sich auf ... % des Vertragspreises, sobald der AN vom AG die oben genannten Anzahlung erhalten hat und auf ... % des Vertragspreises nach Erhalt der Abschlagszahlungen gemäß Ziffer 6.2 und erlischt nach vollständiger Bezahlung aller Zahlungsansprüche des AN aus diesem Vertrag.

7.2.3 Stellt der AG diese Zahlungsbürgschaft nicht fristgemäß, ist der AN berechtigt, nach seiner Wahl die Erbringung seiner Leistungen solange zu verweigern, bis der AG diese Bürgschaft vorgelegt hat oder dem AG eine Nachfrist von 10 weiteren Tagen zur Erbringung dieser Bürgschaft zu setzen und nach fruchtlosem Ablauf dieser Frist den Vertrag zu kündigen und vom AG Schadensersatz zu verlangen.

7.3 Alle Bürgschaften müssen ausgestellt sein von einer deutschen Bank oder deutschen Kreditversicherung als Bürgen. Sie lauten nicht „auf erstes Anfordern".

8.0 Termine

8.1 Die in Ziffer 2.0 genannten Leistungen des AN sind gemäß dem als **Anlage 5** beiliegenden Terminplan zu erbringen.

8.2 Die in Ziffer 4.0 genannten Leistungen des AG sind gemäß dem als **Anlage 6** beiliegenden Terminplan zu erbringen.

8.3 Alle im Terminplan ausgewiesenen Fristen sind verbindliche Vertragsfristen.

9.0 Abnahme

9.1 Der AG hat innerhalb von 14 Kalendertagen nach Zugang des schriftlichen Abnahmeverlangens des AN die Abnahme durchzuführen. Der AG darf die Abnahme nur wegen wesentlicher, die Funktionsfähigkeit der Leistung beeinträchtigender Mängel verweigern.

9.2 Kommt der AG einem berechtigten Abnahmeverlangen des AN innerhalb der Frist der Ziffer 9.1 nicht nach, so gilt die Leistung nach Ablauf dieser Frist als abgenommen.

9.3 Nimmt der AG die Leistung in Gebrauch, so gilt die Leistung als abgenommen.

9.4 Von den Abnahmefiktionen der Ziffern 9.2 und 9.3 bleibt das Recht des AG unberührt, die Beseitigung von Mängeln vom AN zu verlangen und seine sonstigen aus einer Mangelhaftigkeit folgenden Rechte geltend zu machen.

10 Verjährung der Mängelansprüche

Die Gewährleistungszeit beträgt ...... Monate und beginnt mit der Abnahme gemäß Ziffer 9.0 dieses Vertrages.

11 Kündigung des Vertrages wegen Zahlungsunfähigkeit oder Überschuldung

11.1 Die eine Partei kann den Vertrag kündigen, wenn die andere Partei ihre Zahlungen einstellt, überschuldet ist oder die Eröffnung des Insolvenzverfahrens beantragt hat.

11.2 Die Kündigung kann auch auf einen Teil des Vertrages beschränkt werden.

11.3 Die bis zum Zeitpunkt dieser Kündigung erbrachten vertragsgemäßen Leistungen sind zu vergüten, soweit sie für die Vertragspartei, die gekündigt hat, verwertbar sind.

11.4 Die kündigende Partei kann Ersatz des ihr durch die Kündigung entstandenen Schadens verlangen.

12 Qualitätskontrolle

12.1 Der AG, der Endkunde und/oder ein von diesen beauftragtes Unternehmen sind berechtigt, die Ausführung der vertraglichen Leistungen in den Werkstätten des AN bzw. seiner Unterlieferanten jederzeit während der Arbeitszeit - auch zum Zwecke der Terminkontrolle - zu prüfen.

12.2 Der AN muss bei solchen Prüfungen kostenlos alle bei ihm zu Prüfzwecken vorhandenen Einrichtungen zur Verfügung stellen.

12.3 Der AN muss die vertraglich vereinbarten und nach den Normen vorgesehenen Prüfstücke, Prüfbescheinigungen und andere Unterlagen auf eigene Kosten liefern. Auf Verlangen des AG sind diese Prüfungen in Gegenwart des AG und/oder des Endkunden oder des beauftragten Unternehmens durchzuführen.

12.4 Die Teilnahme von Personen oder Unternehmen auf Seiten des AG an solchen Prüfungen bedeuten weder ganz noch teilweise eine Vorwegnahme der vertraglichen Abnahme nach Gesamtfertigstellung der Leistungen.

13 Salvatorische Klausel

Sollte eine der vorstehenden Regelungen ganz oder teilweise unwirksam sein oder werden, so bleibt der Vertrag im Übrigen wirksam.

14 Gerichtsstand

Die Parteien werden versuchen, alle Meinungsverschiedenheiten, die bei der Durchführung dieses Vertrages auftreten, gütlich durch Verhandlungen zu lösen. Gelingt es den Parteien nicht, ihre Meinungsverschiedenheiten binnen 30 Tagen nach der Aufforderung zur Aufnahme von Verhandlungen gütlich beizulegen, werden sie ein Mediationsverfahren durchführen. Entsprechendes gilt, wenn die Verhandlungen nicht binnen 30 Tagen nach Zugang der Aufforderung aufgenommen werden.

Als Mediator werden entweder einzeln oder gemeinsam berufen:
....
Durch diese Vereinbarung ist keine Partei gehindert, ein gerichtliches Eilverfahren, insbesondere ein Arrest- oder einstweiliges Verfügungsverfahren durchzuführen.

Kommt kein Mediationsverfahren zustande oder führt es nicht zum Erfolg, entscheiden die ordentlichen Gerichte. Ausschließlicher Gerichtsstand ist:
....

<u>Alternative</u>:
Hinsichtlich aller Streitigkeiten, die sich aus oder in Zusammenhang mit diesem Vertrag ergeben und für deren Lösung die Parteien noch keine Vereinbarung über das Streitbeilegungsverfahren getroffen haben, wird ein Konfliktmanagementverfahren nach der Konfliktmanagementordnung der Deutschen Institution für Schiedsgerichtsbarkeit e.V. (DIS) (DIS-KMO) mit dem Ziel der Festlegung eines Streitbeilegungsverfahrens durchgeführt.

Ort, den ....   Ort, den ....
....
(Auftraggeber)   (Auftragnehmer)

Muster-AN+AG 06 Vertrag über Forderungsabtretung zur Sicherheit

Anwendungsbereich: BGB und VOB/B
Kapitel 11.2.4

Vertrag über eine Sicherungsabtretung

zwischen ....
- nachstehend Sicherungsgeber genannt -
und ....
- nachstehend Sicherungsgeber genannt -

Der Sicherungsnehmer ist gemäß Bestellschreiben vom Sicherungsgeber beauftragt, ... zu erstellen. Zur Absicherung der Vergütung in Höhe von .... vereinbaren die Parteien das Folgende:

1. Der Sicherungsgeber tritt einen Teil seiner Forderung auf Zahlung der Vergütung gegen den Kunden / gegen Firma .... in Höhe von .... an den Sicherungsnehmer ab. Der Sicherungsnehmer nimmt die Abtretung erfüllungshalber an.

2. Der Sicherungsnehmer wird dem Kunden / Firma .... die Abtretung unter Vorlegung dieser Vereinbarung mitteilen und seine Bestätigung fordern. Erfolgt diese Bestätigung nicht, kann der Sicherungsnehmer bis zur anderweitigen Erbringung einer Sicherheit durch den Sicherungsgeber seine Leistungen einstellen.

3. Der Sicherungsgeber versichert, dass er alleiniger Berechtigter der Forderung ist und insbesondere bisher keinerlei anderweitige Abtretungen vorgenommen hat.

4. Weigert sich der Kunde / Firma .... die Zahlung an den Sicherungsnehmer zu bewirken, wird der Sicherungsgeber bei dem Kunden auf Zahlung an den Sicherungsnehmer drängen. Zahlt der Kunde trotz Forderungsabtretung an den Sicherungsgeber, verpflichtet sich dieser, unverzüglich den vollen Betrag an den Sicherungsnehmer zu überweisen.

5. Der ausschließliche Gerichtsstand für alle aus diesem Vertrag entstehenden Rechtsstreitigkeiten ist der Sitz des Sicherungsnehmers.

..................., den   ...., den
(Sicherungsgeber)   (Sicherungsnehmer)

Muster-AN+AG 07 Vertrag über Sicherungsübereignung

Anwendungsbereich: BGB und VOB/B
Kapitel 9.8.1; 11.3.1

Sicherungsübereignungsvertrag

Zwischen

Auftraggeber GmbH ....
- nachstehend "Sicherungsnehmer" genannt -

und

Auftragnehmer GmbH ....
- nachstehend "Sicherungsgeber" genannt -

wird folgendes vereinbart:

1. Der Sicherungsnehmer hat beim Sicherungsgeber gemäß Bestell-Nr. .... vom .... (Auftrags-Nr.: ....) die in der Anlage bezeichneten Gegenstände bestellt. Zu den Gegenständen im Sinne dieser Vereinbarung gehören auch die in der Bestellung ausgewiesenen Zubehöre, Ersatzteile, Werkzeuge, Verbrauchsstoffe etc., die in Zusammenhang mit den Gegenständen stehen, ohne dass sie einzeln aufgelistet sein müssen.
Der Sicherungsgeber versichert, dass er zur unbeschränkten Verfügung über das Eigentum an diesen Gegenständen befugt ist.

2. Sicherungsgeber und Sicherungsnehmer sind sich einig, dass das Eigentum an diesen Gegenständen auf den Sicherungsnehmer übergeht. Die Übergabe wird dadurch ersetzt, dass der Sicherungsgeber mit der Sorgfalt eines ordentlichen Kaufmanns die Gegenstände unentgeltlich für den Sicherungsnehmer verwahrt.
Soweit sich die Gegenstände im Besitz Dritter befinden, tritt der Sicherungsgeber hiermit seine Ansprüche gegen diese Dritte, insbesondere auf Herausgabe dieser Gegenstände, an den Sicherungsnehmer ab.

Der Sicherungsgeber wird die Gegenstände:
- getrennt von anderen lagern und als Eigentum des Sicherungsnehmers kennzeichnen,
- in seinen Geschäftsbüchern als Eigentum des Sicherungsnehmers ausweisen,
- jederzeit auf Verlangen des Sicherungsnehmers herausgeben, ohne dagegen Rechte geltend zu machen.

3. Der Sicherungsgeber trägt auch weiterhin die Gefahr des zufälligen Untergangs oder der zufälligen Verschlechterung der Gegenstände so lange, bis die Gegenstände auf Verlangen des Sicherungsnehmers an ihn selbst oder auf seine schriftliche Weisung an einen Dritten übergeben worden sind.
Der Sicherungsgeber verpflichtet sich, die Gegenstände gegen Feuer, Einbruchdiebstahl sowie sonstige Beschädigungen und Beeinträchtigungen zu versichern und während der Dauer der Verwahrung in voller Höhe unter Versicherungsschutz zu halten.
Versicherungsgesellschaft und Versicherungsscheinnummer sind dem Sicherungsnehmer bekannt zu geben. Entschädigungsansprüche des Sicherungsgebers gegen die Versicherungsgesellschaft werden hiermit an den Sicherungsnehmer im Voraus abgetreten.
Der Sicherungsgeber ist zur Einziehung der abgetretenen Entschädigungsforderung bis zum Widerspruch durch den Sicherungsnehmer berechtigt. Ohne schriftliche Zustimmung des Sicherungsnehmers dürfen die Gegenstände nicht an einen Dritten übergeben werden.
Bezüglich solcher Gegenstände, die der Sicherungsgeber anstelle oder als Ersatz für untergegangene, abhanden gekommene oder beschädigte Gegenstände liefert, geht das Eigentum mit der Fertigstellung auf den Sicherungsnehmer über. Sicherungsgeber und Sicherungsnehmer sind sich schon jetzt über den Rechtsübergang auf den Sicherungsnehmer einig.
Die Übergabe wird gleichfalls durch einen bereits hiermit vereinbarten Verwahrungsvertrag oder - wenn sich die Gegenstände im Besitz eines Dritten befinden - durch Abtretung des Herausgabeanspruches ersetzt. Für diese Gegenstände gelten die oben getroffenen Vereinbarungen bezüglich Lagerung, Nachweis und Herausgabe sowie bezüglich Gefahrtragung, Versicherung und Übergabe an Dritte sinngemäß. Weitergehende Ansprüche des Sicherungsnehmers auf Schadensersatz bleiben unberührt.

4. Werden die Rechte des Sicherungsnehmers an den Gegenständen durch Maßnahmen Dritter oder durch besondere Ereignisse - insbesondere durch Pfändungen - beeinträchtigt, so wird der Sicherungsgeber unverzüglich den Sicherungsnehmer benachrichtigen. Im Falle einer

Pfändung oder sonstigen Beschlagnahme wird der Sicherungsgeber die betreibende Stelle davon unterrichten, dass die Gegenstände im Eigentum des Sicherungsnehmers stehen. Die Kosten etwaiger Interventionen trägt der Sicherungsgeber.

5. Der ausschließliche Gerichtsstand für alle aus diesem Vertrag entstehenden Rechtsstreitigkeiten ist der Sitz des Sicherungsnehmers.

.............................., den ....
(Sicherungsgeber)   Sicherungsnehmer

<u>Anlage</u> zum Sicherungsübereignungsvertrag vom ....

Nachweis der übereigneten Gegenstände:

Lfd. Nr.   Bezeichnung der Gegenstände, Wert

Muster-AN+AG 08 Übereignungsvertrag

Anwendungsbereich: BGB und VOB/B
Kapitel 9.8.1

Übereignungsvertrag

Zwischen der Auftraggeber GmbH ....
- nachstehend Auftraggeber genannt -

und der Auftragnehmer GmbH ....
- nachstehend Auftragnehmer genannt -

wird folgendes vereinbart:

1. Auftragnehmer und Auftraggeber sind sich einig, dass die in der Anlage aufgeführten Gegenstände mit Wirkung vom .... in das Eigentum des Auftraggebers übergehen.
2. Der Auftragnehmer versichert, dass er zur unbeschränkten Verfügung über das Eigentum an diesen Gegenständen befugt ist.

<u>Alternativ:</u>
Die Gegenstände wurden dem Auftraggeber übergeben.
Die Übergabe wird dadurch ersetzt, dass der Sicherungsgeber mit der Sorgfalt eines ordentlichen Kaufmanns die Gegenstände unentgeltlich für den Sicherungsnehmer verwahrt.
Soweit sich die Gegenstände im Besitz Dritter befinden, tritt der Sicherungsgeber hiermit seine Ansprüche gegen diese Dritte, insbesondere auf Herausgabe dieser Gegenstände, an den Auftraggeber ab.

[Ggf. weitere Regelungen zur Aufbewahrung, Gefahrübergang etc., vgl. Muster Sicherungsübereignung]

3. Im Übrigen gelten die Bedingungen des Hauptauftrages vom ....

.................., ...

AN   AG

<u>Anlage:</u>
Verzeichnis der übereigneten Gegenstände:
Wert: .... EUR

Muster-AN+AG 09 Vergleichsvereinbarung

Anwendungsbereich: BGB und VOB/B
Kapitel 4.8.3; 15.2

Vereinbarung

Zwischen ....
- nachstehend AG genannt -
und ....
- nachstehend AN genannt -
bezüglich des Projektes ....

Zwischen den Parteien ist umstritten, ob bestimmte vom AN erbrachte Leistungen bereits im Liefer- und Leistungsumfang des AN enthalten sind, oder nicht.und ob AN hierfür eine über die vertraglichen Einheitspreise hinausgehende Vergütung zusteht. AG und AN vereinbaren das Folgende:

1) AG zahlt an AN einen Betrag in Höhe von EUR …. zzgl. MWSt. zur Abgeltung der in seinen Nachträgen Nr. …… geltend gemachten Vergütungsansprüche des AN wegen geänderter oder zusätzlicher Leistungen.

2) AG zahlt an AN einen Betrag in Höhe von EUR …. zur Abgeltung der in seinen Nachträgen Nr. … geltend gemachten Schadensersatzansprüche wegen angeblicher Behinderung, bzw. angeblicher Verletzung von Mitwirkungspflichten, gem. Nachtrag Nr. … MWSt fällt hierfür nicht an.

3) Die Zahlung ist am … fällig und auf das Konto des AN (genaue Bezeichnung) zu überweisen.

4) Die folgenden Forderungen des AN sind von dieser Vereinbarung nicht erfasst. Hierüber wird ....

5) Die Ansprüche des AG wegen etwaiger Mängel werden durch diese Vereinbarung nicht berührt.

6) Mit der Erfüllung der vorgenannten Punkte sind alle gegenseitigen Ansprüche aus dem Vertrag …….. mit Ausnahme von …… endgültig abgegolten

7) Die Parteien tragen ihre außergerichtlichen Kosten im Zusammenhang mit diesem Vertrag selbst.

8) Im Übrigen gelten die Regelungen des Hauptauftrages. [alternativ: Aufnahme salvatorische Klausel, Erfüllungsort, Gerichtsstand etc.]

Muster-AN+AG 10 Vertrag über Direktzahlung Kunde an Subunternehmer

Anwendungsbereich: BGB und VOB/B
Kapitel 11.5.1; 11.5.2

Direktzahlungsvertrag

Zwischen

....
- nachstehend Kunde genannt -

und

....
- nachstehend Subunternehmer genannt -

wird bezüglich des Projektes ....

folgendes vereinbart:

Präambel

Die Firma (Auftraggeber des Subunternehmers) ....
führt für den Kunden Leistungen aus und hat ihrerseits diesbezüglich einen
Unterauftrag an den Subunternehmer betreffend ....
(Beschreibung der Leistung des Subunternehmers) ....
erteilt.

Der Auftraggeber des Subunternehmers kommt derzeit seinen vertraglichen Zahlungsverpflichtungen gegenüber dem Subunternehmer nicht nach. Kunde und Subunternehmer wollen jetzt die ordnungsgemäße Abwicklung des Projekt/Bauvorhabens sicherstellen.

1. Der Kunde leistet folgende Zahlungen an den Subunternehmer:
1.1 Einen Betrag von EUR .... (in Worten ....) zur Aufholung des derzeit bestehenden Zahlungsrückstandes des Subunternehmers gegen den Auftraggeber des Subunternehmers. Dieser Betrag ist innerhalb von 7 Tagen nach Wirksamwerden dieses Vertrages fällig.
1.2 Einen Betrag von insgesamt EUR .... (in Worten ....) für die Leistungen, die der Subunternehmer in Zukunft noch bis zur vollständigen Erfüllung seines Vertrages mit dem Auftraggeber des Subunternehmers erbringen wird. Dieser Betrag ist fällig in Raten entsprechend den Zahlungsbedingungen, die der Subunternehmer mit seinem Auftraggeber vereinbart hat und diesem Vertrag als Anlage 1

beigefügt sind.

1.3 Über die in Ziffern 1.1 und 1.2 genannten Beträge hat der Subunternehmer dem Kunden entsprechende Rechnungen zu erteilen. Soweit Raten nach Leistungsfortschritt fällig sind, sind den Rechnungen die Bescheinigungen des Leistungsfortschritts der Bauleitung des Kunden beizufügen.

1.4 Ein Werkvertrag zwischen Kunde und Subunternehmer kommt durch diesen Vertrag ausdrücklich nicht zustande. Sollte aber der Auftraggeber des Subunternehmers Konkurs- oder Vergleichsantrag stellen oder die eidesstattliche Versicherung über sein Vermögen abgeben, ist der Kunde berechtigt, alle Ansprüche des Auftraggebers des Subunternehmers aus dessen Vertrag mit dem Subunternehmer, insbesondere dessen Erfüllungs- und Gewährleistungsansprüche, selbst unmittelbar gegen den Subunternehmer geltend zu machen.

2. Der Subunternehmer führt seine Leistungen entsprechend dem Vertrag mit seinem Auftraggeber zu Ende.

3. Der Subunternehmer tritt hiermit in Höhe des in Ziffer 1.1 genannten Betrages den derzeit fälligen Teil seiner Forderung auf Zahlung der Vergütung gegen seinen Auftraggeber an den Kunden ab.
Die für seinen künftigen Leistungsfortschritt noch fällig werdenden Vergütungsansprüche gegen seinen Auftraggeber werden hiermit vom Subunternehmer an den Kunden im Voraus abgetreten.
Der Kunde nimmt hiermit diese Abtretungen an.

4. Der Subunternehmer versichert, dass er alleiniger Berechtigter der Forderungen gegen seinen Auftraggeber ist und insbesondere bisher keine anderweitigen Abtretungen vorgenommen hat. Der Subunternehmer wird dem Kunden etwaige Zahlungen seines Auftraggebers auf die abgetretenen Forderungen sofort schriftlich anzeigen.

5. Der Kunde wird den Auftraggeber des Subunternehmers zur Unterzeichnung der diesem Vertrag als __Anlage 2__ beigefügten Erklärung auffordern. Dieser Vertrag wird nur wirksam, wenn der Auftraggeber spätestens bis zum .... diese Erklärung unterzeichnet hat und sie beim Kunden eingegangen ist.

6. Der ausschließliche Gerichtsstand für alle aus diesem Vertrag entstehenden Rechtsstreitigkeiten ist der Sitz des Kunden

...................., den..................

(Kunde)   (Subunternehmer)

Anlage 2 zum Direktzahlungsvertrag vom ....
Projekt: ....

Zustimmungserklärung des Auftraggebers des Subunternehmers

Wir, die Firma .... (Auftraggeber des Subunternehmers)

stimmen dem Direktzahlungsvertrag zwischen dem Kunden
.... (Kunde)
und unserem Subunternehmer .... (Subunternehmer)
vom .... zu.

Wir erklären hiermit, dass

- die in Ziffer 1.1 des Direktzahlungsvertrages genannte Forderung in dieser Höhe berechtigt ist und Einwendungen dagegen nicht bestehen.
- der in Ziffer 1.2 des Direktzahlungsvertrages genannte Betrag zutreffend ist.
- wir gegen an den Kunden abgetretene gegenwärtige und zukünftige Forderungen unseres Subunternehmers nicht mit etwaigen uns gegen den Subunternehmer zustehenden Gegenforderungen aufrechnen werden.
- wir damit einverstanden sind, dass der Kunde die an ihn abgetretenen Forderungen des Subunternehmers mit unseren fälligen Forderungen gegen den Kunden verrechnen kann.

....................., den..................

....
(AG)

Muster-AN+AG 11 Interne Bürgschaft - ARGE mit 2 Mitgliedern

Anwendungsbereich: Muster-ARGE-Vertrag AN + AG 3
Kapitel 10

Bürgschaftserklärung

Die Firma .... - nachstehend VERPFLICHTETE genannt - hat mit folgender Firma .... - nachstehend BERECHTIGTE genannt - einen Arbeitsgemeinschaftsvertrag vom .... betreffend das Projekt .... geschlossen.

Gemäß den Vereinbarungen in Ziffer 13.2 dieses Arbeitsgemeinschaftsvertrages hat die VERPFLICHTETE der BERECHTIGTEN eine selbstschuldnerische Bürgschaft zur Sicherung sämtlicher Ansprüche der BERECHTIGTEN gegen die VERPFLICHTETE aus diesem Arbeitsgemeinschaftsvertrag in Höhe von ..... % ihres Liefer- und Leistungsanteiles zu stellen.

Dies vorausgeschickt übernehmen wir ....
(voller Name und Anschrift des Bürgen)
hiermit gegenüber der BERECHTIGTEN für die Erfüllung der vertraglichen Verpflichtungen der VERPFLICHTETEN aus diesem Arbeitsgemeinschaftsvertrag die selbstschuldnerische Bürgschaft bis zu einem Betrag von EUR .... (in Worten: ....).
Wir können aus dieser Bürgschaft nur auf Zahlung in Geld in Anspruch genommen werden. Wir verzichten auf die Einreden der Vorausklage und der Anfechtung sowie der Aufrechnung, sofern nicht die Gegenforderung unbestritten oder rechtskräftig festgestellt worden ist. Diese Bürgschaft erlischt .... Ansprüche gegen uns aus dieser Bürgschaft verjähren nicht vor Ablauf der Verjährung der durch diese Bürgschaft gesicherten Ansprüche gegen den VERPFLICHTETEN.
Auf diese Bürgschaft ist das Recht der Bundesrepublik Deutschland anzuwenden. Gerichtsstand ist ....
Die Bürgschaftsurkunde ist dem Bürgen nach Erledigung unaufgefordert zurückzugeben.
............, den ....
....
(Unterschrift des Bürgen)

Muster-AN+AG 12 Erfüllungsbürgschaft gesamte Auftragsabwicklung

Anwendungsbereich: BGB und VOB/B
Kapitel 11.3.3.3; 11.3.3.5; 11.3.3.9; 13.10.9

Bürgschaftserklärung

Die Firma

....
- nachstehend Auftragnehmer genannt -
hat gegenüber der Firma
....
- nachstehend Auftraggeber genannt -
im Rahmen des Auftrages für .... gemäß Vertrag vom .... eine Erfüllungsbürgschaft in Höhe von .... EUR zu stellen.

Dies vorausgeschickt, übernehmen wir ....
(Name und Anschrift des Bürgen)
hiermit gegenüber dem Auftraggeber für
- Ansprüche des Auftraggebers gegen den Auftragnehmer auf Erfüllung und Nacherfüllung, die sich im Falle der mangelhaften Erfüllung des oben genannten Auftrages ergeben,
- Ansprüche des Auftraggebers auf Vorschuss für voraussichtliche Mängelbeseitigungskosten, Rückzahlungsansprüche bei Rücktritt oder Überzahlung sowie Schadensersatzansprüche,
- Ansprüche des Auftraggebers, wenn dieser selbst aus gesetzlicher Bürgschaft, Gesamtschuld oder subsidiärer Haftung im Zusammenhang mit Verstößen des Auftragnehmers gegen Arbeitnehmerüberlassungs-, Arbeitnehmerentsende-, Mindestlohn-, Schwarzarbeitergesetz, Gesetz zur Eindämmung illegaler Betätigung im Baugewerbe, Zuwanderungsgesetz (§ 66, Abs.4 u.5), Sozialgesetzbuch (§ 28e SGB IV, § 176 Nr.1-3 SGB V, § 150 Abs.3 SGB VII) , Einkommensteuergesetz (§ 42d EStG), Umsatzsteuergesetz (§ 25d UStG), Vergabegesetze der Länder von Behörden, Sozialversicherungen oder Arbeitnehmern des Auftragnehmers oder dessen Subunternehmern in Anspruch genommen wird,

die selbstschuldnerische Bürgschaft bis zu einem Betrag in Höhe von .... EUR (in Worten: .... EUR).

Wir können aus dieser Bürgschaft nur auf Zahlung in Geld in Anspruch genommen werden. Wir verzichten auf die Einreden der Vorausklage und der Anfechtung sowie der Aufrechnung, sofern nicht die Gegenforderung unbestritten ist oder rechtskräftig festgestellt worden ist.

Wir sind nicht berechtigt, uns durch Hinterlegung des verbürgten Betrages aus der Bürgschaft zu befreien.

Diese Bürgschaft erlischt, sofern sie nicht zuvor in Anspruch genommen wurde, wenn die Ansprüche des Auftraggebers verjährt sind. Die Bürgschaftsurkunde ist danach an uns zurückzugeben.

Ansprüche gegen uns aus dieser Bürgschaft verjähren nicht vor Ablauf von 3 Monaten nach Ablauf der Verjährung der durch diese Bürgschaft gesicherten Ansprüche gegen den Auftragnehmer.Nach Abschluss des Bürgschaftsvertrages getroffene Vereinbarungen über die Verjährung der Hauptforderung zwischen dem Auftraggeber und dem Auftragnehmer sind für den Bürgen nur im Falle seiner schriftlichen Zustimmung bindend.

Erfüllungsort für die Zahlung und Gerichtsstand ist ....

Sollte eine der vorstehenden Bestimmungen unwirksam sein, so berührt dies die Gültigkeit der Bürgschaft im Übrigen nicht.

...................., den ....
(Unterschrift des Bürgen)

Muster-AN+AG 13 Vertragserfüllungsbürgschaft (bis zur Abnahme

Anwendungsbereich: BGB und VOB/B
(Fassung: Gültig bis zur Abnahme)
Kapitel 11.3.3.3; 11.3.3.9

Bürgschaftserklärung

Die Firma

....

- nachstehend Auftragnehmer genannt -

hat gegenüber der Firma

....

- nachstehend Auftraggeber genannt -

im Rahmen des Auftrages für ....
gemäß Vertrag vom .... eine Vertragserfüllungsbürgschaft in Höhe von
...... EUR zu stellen.
Dies vorausgeschickt, übernehmen wir ....
(Name und Anschrift des Bürgen)
hiermit gegenüber dem Auftraggeber für

- Ansprüche des Auftraggebers gegen den Auftragnehmer auf Erfüllung und Nacherfüllung, die sich im Falle der mangelhaften Erfüllung des oben genannten Auftrages ergeben,
- Ansprüche des Auftraggebers auf Vorschuss für voraussichtliche Mängelbeseitigungskosten, Rückzahlungsansprüche bei Rücktritt oder Überzahlung sowie Schadensersatzansprüche,
- Ansprüche des Auftraggebers, wenn dieser selbst aus gesetzlicher Bürgschaft, Gesamtschuld oder subsidiärer Haftung im Zusammenhang mit Verstößen des Auftragnehmers oder dessen Auftragnehmern gegen Arbeitnehmerüberlassungs-, Arbeitnehmerentsende-, Mindestlohn-, Schwarzarbeitergesetz, Gesetz zur Eindämmung illegaler Betätigung im Baugewerbe, Zuwanderungsgesetz (§ 66, Abs.4 u.5), Sozialgesetzbuch (§ 28e SGB IV, § 176 Nr.1-3 SGB V, § 150 Abs.3 SGB VII) , Einkommenssteuergesetz (§ 42d EStG), Umsatzsteuergesetz (§ 25d UStG), Vergabegesetze der Länder von Behörden, Sozialversicherungen oder Arbeitnehmern des Auftragnehmers oder dessen Subunternehmern in Anspruch genommen wird,

die selbstschuldnerische Bürgschaft bis zu einem Betrag in Höhe von
.... EUR (in Worten: .... EUR).

Wir können aus dieser Bürgschaft nur auf Zahlung in Geld in Anspruch genommen werden. Wir verzichten auf die Einreden der Vorausklage und der Anfechtung sowie der Aufrechnung, sofern nicht die Gegenforderung unbestritten ist oder rechtskräftig festgestellt worden ist.

Diese Bürgschaft erlischt, sofern sie nicht zuvor in Anspruch genommen wurde mit der Abnahme/Übergabe der gesamten vertraglichen Leistung. Die Bürgschaftsurkunde ist danach an uns zurückzugeben.

Wir sind nicht berechtigt, uns durch Hinterlegung des verbürgten Betrages aus der Bürgschaft zu befreien. Bei Erteilung mehrerer Bürgschaften für das vorgenannte Vorhaben haftet jeder Bürge für sich in Höhe der jeweils verbürgten Beträge.

Ansprüche gegen uns aus dieser Bürgschaft verjähren nicht vor Ablauf der Verjährung der durch diese Bürgschaft gesicherten Ansprüche gegen den Auftragnehmer. Nach Abschluss des Bürgschaftsvertrages getroffene Vereinbarungen über die Verjährung der Hauptforderung zwischen dem Auftraggeber und dem Auftragnehmer sind für den Bürgen nur im Falle seiner schriftlichen Zustimmung bindend.

Erfüllungsort für die Zahlung und Gerichtsstand ist ....

Sollte eine der vorstehenden Bestimmungen unwirksam sein, so berührt dies die Gültigkeit der Bürgschaft im Übrigen nicht.

................, den ....

(Unterschrift des Bürgen)

Muster-AN+AG 14 Anzahlungs-/ Abschlagszahlungsbürgschaft

Anwendungsbereich: BGB und VOB/B
Kapitel 11.3.3.2; 11.3.3.9

Bürgschaftserklärung

Die Firma ....
                             - nachstehend Auftragnehmer genannt -
hat gegenüber der Firma ....
                             - nachstehend Auftraggeber genannt -
im Rahmen des Auftrages für ....
gemäß Vertrag vom .... für eine vom Auftraggeber zu leistende Anzahlung in Höhe von .... EUR eine Anzahlungsbürgschaft in gleicher Höhe zu stellen.

Dies vorausgeschickt, übernehmen wir ....
(Name und Anschrift des Bürgen)
hiermit gegenüber dem Auftraggeber zur Sicherung seiner die Anzahlung/Abschlagszahlung betreffenden eventuellen Rückzahlungsansprüche die selbstschuldnerische Bürgschaft bis zu einem Betrag in Höhe von .... EUR (in Worten: .... EUR).

Wir können aus dieser Bürgschaft nur auf Zahlung in Geld in Anspruch genommen werden.

Wir verzichten auf die Einreden der Vorausklage und der Anfechtung sowie der Aufrechnung, sofern nicht die Gegenforderung unbestritten ist oder rechtskräftig festgestellt worden ist.

Wir sind nicht berechtigt, uns durch Hinterlegung des verbürgten Betrages aus der Bürgschaft zu befreien. Bei Erteilung mehrerer Bürgschaften für das vorgenannte Vorhaben haftet jeder Bürge für sich in Höhe der jeweils verbürgten Beträge.

Die Bürgschaft tritt in Kraft, wenn die verbürgte Anzahlung auf einem Konto des Auftragnehmers eingegangen ist. Die Bürgschaft erlischt, wenn .... (z.B. „die Leistung mangelfrei abgenommen wurde" oder „mit Rückgabe der Bürgschaftsurkunde"). Die Bürgschaftsurkunde ist danach an uns zurückzugeben.

Ansprüche gegen uns aus dieser Bürgschaft verjähren nicht vor Ablauf von 3 Monaten nach Ablauf der Verjährung der durch diese Bürgschaft gesicherten

Ansprüche gegen den Auftragnehmer.

Nach Abschluss des Bürgschaftsvertrages getroffene Vereinbarungen über die Verjährung der Hauptforderung zwischen dem Auftraggeber und dem Auftragnehmer sind für den Bürgen nur im Falle seiner schriftlichen Zustimmung bindend.

Erfüllungsort für die Zahlung und Gerichtsstand ist ....
Sollte eine der vorstehenden Bestimmungen unwirksam sein, so berührt dies die Gültigkeit der Bürgschaft im Übrigen nicht.

................, den ....
....
(Unterschrift des Bürgen)

Muster-AN+AG 15 Gewährleistungsbürgschaft (ab Abnahme bis Ablauf der Verjährung der Mängelansprüche)

Anwendungsbereich: BGB und VOB/B
(Fassung: ab der Abnahme)
Kapitel 11.3.3.4

Bürgschaftserklärung

Die Firma ....
                                    - nachstehend Auftragnehmer genannt -
hat gegenüber der Firma ....
                                    - nachstehend Auftraggeber genannt -
im Rahmen des Auftrages für .... gemäß Vertrag vom ....
für einen vom Auftraggeber auszuzahlenden Gewährleistungseinbehalt in Höhe von .... EUR eine Gewährleistungsbürgschaft in gleicher Höhe zu stellen.

Dies vorausgeschickt, übernehmen wir ....
(Name und Anschrift des Bürgen)
hiermit gegenüber dem Auftraggeber für die ordnungsgemäße Erfüllung sämtlicher Gewährleistungsverpflichtungen des Auftragnehmers aus diesem Vertrag nebst allen späteren Nachträgen, einschließlich etwaiger im Falle der vollen oder teilweisen Nichterfüllung an die Stelle der Gewährleistungsansprüche tretender Ersatzansprüche (z.B. auf Vorschuss für voraussichtliche Mängelbeseitigungskosten, Rückzahlungsansprüche, Schadensersatzansprüche usw.) die selbstschuldnerische Bürgschaft bis zu einem Betrag in Höhe von .... EUR (in Worten: .... EUR).

Wir können aus dieser Bürgschaft nur auf Zahlung in Geld in Anspruch genommen werden.

Wir verzichten auf die Einreden der Vorausklage und der Anfechtung sowie der Aufrechnung, sofern nicht die Gegenforderung unbestritten ist oder rechtskräftig festgestellt worden ist.

Wir sind nicht berechtigt, uns durch Hinterlegung des verbürgten Betrages aus der Bürgschaft zu befreien. Bei Erteilung mehrerer Bürgschaften für das vorgenannte Vorhaben haftet jeder Bürge für sich in Höhe der jeweils verbürgten Beträge. Diese Bürgschaft erlischt, sofern sie nicht zuvor in Anspruch genommen wurde, wenn die Ansprüche des Auftraggebers verjährt sind. Die Bürgschaftsurkunde ist danach an uns zurückzugeben.

Ansprüche gegen uns aus dieser Bürgschaft verjähren nicht vor Ablauf von drei Monaten nach der Verjährung der durch diese Bürgschaft gesicherten Ansprüche gegen den Auftragnehmer.

Nach Abschluss des Bürgschaftsvertrages getroffene Vereinbarungen über die Verjährung der Hauptforderung zwischen dem Auftraggeber und dem Auftragnehmer sind für den Bürgen nur im Falle seiner schriftlichen Zustimmung bindend.

Erfüllungsort für die Zahlung und Gerichtsstand ist ....
Sollte eine der vorstehenden Bestimmungen unwirksam sein, so berührt dies die Gültigkeit der Bürgschaft im Übrigen nicht.

(Unterschrift des Bürgen)

Muster-AN+AG 16 Bürgschaft nach § 650f BGB zur Sicherung des Zahlungsanspruches

Anwendungsbereich: BGB und VOB/B
Kapitel 11.2.7

Bürgschaftserklärung

Die Firma ....
                                             - nachstehend Auftraggeber genannt -
hat gegenüber der Firma ....
                                             - nachstehend Auftragnehmer genannt -
im Rahmen des Auftrages für ....
aus dem Vertrag vom .... gem. § 650f BGB eine Sicherheit für die auch in Zusatzaufträgen vereinbarte und noch nicht gezahlte Vergütung zu stellen, einschließlich dazugehöriger Nebenforderungen, die mit 10 % des zu sichernden Vergütungsanspruchs anzusetzen sind. Dies gilt in demselben Umfang auch für Ansprüche, die an die Stelle der Vergütung treten.

Dies vorausgeschickt, übernehmen wir ....
(Name und Anschrift des Bürgen)
hiermit gegenüber dem Auftragnehmer für alle Zahlungsansprüche des Auftragnehmers gegenüber dem Auftraggeber aus dem genannten Vertrag und seinen Nachträgen die selbstschuldnerische Bürgschaft bis zu einem Betrag in Höhe von .... EUR (i.W.: .... EUR).

Wir können aus dieser Bürgschaft nur auf Zahlung in Geld in Anspruch genommen werden. Wir verzichten auf die Einreden der Vorausklage und der Anfechtung sowie der Aufrechnung, sofern nicht die Gegenforderung unbestritten ist oder rechtskräftig festgestellt worden ist.

Wir sind nicht berechtigt, uns durch Hinterlegung des verbürgten Betrages aus der Bürgschaft zu befreien. Bei Erteilung mehrerer Bürgschaften für das vorgenannte Vorhaben haftet jeder Bürge für sich in Höhe der jeweils verbürgten Beträge.

Wir sind nur verpflichtet, aus dieser Bürgschaft an den Auftragnehmer zu zahlen, soweit der Auftraggeber den Vergütungsanspruch anerkennt oder durch vorläufig vollstreckbares Urteil zur Zahlung der Vergütung verurteilt worden ist und die Voraussetzungen vorliegen, unter denen die Zwangsvollstreckung begonnen werden darf.

Diese Bürgschaft ermäßigt sich um jede unter ihr geleistete Zahlung.

Diese Bürgschaft ist unbefristet und endet mit Rückgabe dieser Urkunde an uns, wenn wir nicht schon vorher zur Zahlung in Anspruch genommen worden sind.

Ansprüche gegen uns aus dieser Bürgschaft verjähren nicht vor Ablauf von 3 Monaten nach Ablauf der Verjährung der durch diese Bürgschaft gesicherten Ansprüche gegen den Auftraggeber.

Erfüllungsort für die Zahlung und Gerichtsstand ist ………………………………… .

Sollte eine der vorstehenden Bestimmungen unwirksam sein, so berührt dies die Gültigkeit der Bürgschaft im Übrigen nicht.

……………….., den …………

………………………………
(Unterschrift des Bürgen)

Muster-AN+AG 17 Bürgschaft zur Sicherung eines Zahlungsanspruches allgemein

Kapitel 11.2.7; 11.2.8; 14.2.11

Bürgschaftserklärung

Die Firma ....
- nachstehend Auftraggeber genannt -

hat gegenüber der Firma ....
- nachstehend Auftragnehmer genannt -

im Rahmen des Auftrages für .... gemäß Vertrag vom .... eine Bürgschaft zur Absicherung der Zahlungsansprüche des Auftragnehmers in Höhe von .... EUR zu stellen.

Dies vorausgeschickt, übernehmen wir ....
(Name und Anschrift des Bürgen)
hiermit gegenüber dem Auftragnehmer für alle Zahlungsansprüche des Auftragnehmers gegen den Auftraggeber aus dem genannten Vertrag einschließlich der Vergütungsansprüche für geänderte oder zusätzliche Leistungen, Erstattungsansprüche aus Geschäftsführung ohne Auftrag oder Schadensersatzansprüchen

die selbstschuldnerische Bürgschaft bis zu einem Betrag in Höhe von .... EUR (in Worten: .... EUR).

Wir können aus dieser Bürgschaft nur auf Zahlung in Geld in Anspruch genommen werden. Wir verzichten auf die Einreden der Vorausklage und der Anfechtung sowie der Aufrechnung, sofern nicht die Gegenforderung unbestritten ist oder rechtskräftig festgestellt worden ist.

Wir sind nicht berechtigt, uns durch Hinterlegung des verbürgten Betrages aus der Bürgschaft zu befreien. Bei Erteilung mehrerer Bürgschaften für das vorgenannte Vorhaben haftet jeder Bürge für sich in Höhe der jeweils verbürgten Beträge.

Diese Bürgschaft erlischt, sofern sie nicht zuvor in Anspruch genommen wurde, mit der vollständigen Erfüllung der vorgenannten Zahlungsansprüche gegenüber dem Auftragnehmer. Die Bürgschaftsurkunde ist danach an uns zurückzugeben.

Ansprüche gegen uns aus dieser Bürgschaft verjähren nicht vor Ablauf von drei Monaten der Verjährung der durch diese Bürgschaft gesicherten Ansprüche gegen den Auftragnehmer.

Nach Abschluss des Bürgschaftsvertrages getroffene Vereinbarungen über die Verjährung der Hauptforderung zwischen dem Auftraggeber und dem Auftragnehmer sind für den Bürgen nur im Falle seiner schriftlichen Zustimmung bindend.

Erfüllungsort für die Zahlung und Gerichtsstand ist ....

Sollte eine der vorstehenden Bestimmungen unwirksam sein, so berührt dies die Gültigkeit der Bürgschaft im Übrigen nicht.

................., den ....

....
(Unterschrift des Bürgen)

Conditions of Contract
for EPC/Turnkey Projects

General Conditions

1st Edition 1999

FEDERATION INTERNATIONALE DES INGENIEURS-CONSEILS
INTERNATIONAL FEDERATION OF CONSULTING ENGINEERS
INTERNATIONALE VEREINIGUNG BERATENDER INGENIEURE
FEDERACION INTERNACIONAL DE INGENIEROS CONSOLTORES

General Conditions

CONTENTS

1	**GENERAL PROVISIONS** 1	
1.1	Definitions	
1.2	Interpretation	
1.3	Communications	
1.4	Law and Language	
1.5	Priority of Documents	
1.6	Contract Agreement	
1.7	Assignment	
1.8	Care and Supply of Documents	
1.9	Confidentiality	
1.10	Employer's Use of Contractor's Documents	
1.11	Contractor's Use of Employer's Documents	
1.12	Confidential Details	
1.13	Compliance with Laws	
1.14	Joint and Several Liability	
2	**THE EMPLOYER** 7	
2.1	Right of Access to the Site	
2.2	Permits, Licences or Approvals	
2.3	Employer's Personnel	
2.4	Employer's Financial Arrangements	
2.5	Employer's Claims	
3	**THE EMPLOYER'S ADMINISTRATION** 9	
3.1	The Employer's Representative	
3.2	Other Employer's Personnel	
3.3	Delegated Persons	
3.4	Instructions	
3.5	Determinations	
4	**THE CONTRACTOR** 10	
4.1	Contractor's General Obligations	
4.2	Performance Security	
4.3	Contractor's Representative	
4.4	Subcontractors	

	4.5	Nominated Subcontractors
	4.6	Co-operation
	4.7	Setting Out
	4.8	Safety Procedures
	4.9	Quality Assurance
	4.10	Site Data
	4.11	Sufficiency of the Contract Price
	4.12	Unforeseeable Difficulties
	4.13	Rights of Way and Facilities
	4.14	Avoidance of Interference
	4.15	Access Route
	4.16	Transport of Goods
	4.17	Contractor's Equipment
	4.18	Protection of the Environment
	4.19	Electricity, Water and Gas
	4.20	Employer's Equipment and Free-Issue Material
	4.21	Progress Reports
	4.22	Security of the Site
	4.23	Contractor's Operations on Site
	4.24	Fossils

5 DESIGN 17

- 5.1 General Design Obligations
- 5.2 Contractor's Documents
- 5.3 Contractor's Undertaking
- 5.4 Technical Standards and Regulations
- 5.5 Training
- 5.6 As-Built Documents
- 5.7 Operation and Maintenance Manuals
- 5.8 Design Error

6 STAFF AND LABOUR 20

- 6.1 Engagement of Staff and Labour
- 6.2 Rates of Wages and Conditions of Labour
- 6.3 Persons in the Service of Employer
- 6.4 Labour Laws
- 6.5 Working Hours
- 6.6 Facilities for Staff and Labour
- 6.7 Health and Safety
- 6.8 Contractor's Superintendence
- 6.9 Contractor's Personnel
- 6.10 Records of Contractor's Personnel and Equipment
- 6.11 Disorderly Conduct

7 PLANT, MATERIALS AND WORKMANSHIP 21

- 7.1 Manner of Execution
- 7.2 Samples
- 7.3 Inspection
- 7.4 Testing
- 7.5 Rejection
- 7.6 Remedial Work
- 7.7 Ownership of Plant and Materials
- 7.8 Royalties

| 8 | COMMENCEMENT, DELAYS AND SUSPENSION | 24 |

8.1 Commencement of Works
8.2 Time for Completion
8.3 Programme
8.4 Extension of Time for Completion
8.5 Delays Caused by Authorities
8.6 Rate of Progress
8.7 Delay Damages
8.8 Suspension of Work
8.9 Consequences of Suspension
8.10 Payment for Plant and Materials in Event of Suspension
8.11 Prolonged Suspension
8.12 Resumption of Work

| 9 | TESTS ON COMPLETION | 27 |

9.1 Contractor's Obligations
9.2 Delayed Tests
9.3 Retesting
9.4 Failure to Pass Tests on Completion

| 10 | EMPLOYER'S TAKING OVER | 29 |

10.1 Taking Over of the Works and Sections
10.2 Taking Over of Parts of the Works
10.3 Interference with Tests on Completion

| 11 | DEFECTS LIABILITY | 30 |

11.1 Completion of Outstanding Work and Remedying Defects
11.2 Cost of Remedying Defects
11.3 Extension of Defects Notification Period
11.4 Failure to Remedy Defects
11.5 Removal of Defective Work
11.6 Further Tests
11.7 Right of Access
11.8 Contractor to Search
11.9 Performance Certificate
11.10 Unfulfilled Obligations
11.11 Clearance of Site

| 12 | TESTS AFTER COMPLETION | 32 |

12.1 Procedure for Tests after Completion
12.2 Delayed Tests
12.3 Retesting
12.4 Failure to Pass Tests after Completion

| 13 | VARIATIONS AND ADJUSTMENTS | 34 |

13.1 Right to Vary
13.2 Value Engineering
13.3 Variation Procedure
13.4 Payment in Applicable Currencies
13.5 Provisional Sums
13.6 Daywork

- 13.7 Adjustments for Changes in Legislation
- 13.8 Adjustments for Changes in Cost

14 CONTRACT PRICE AND PAYMENT 36

- 14.1 The Contract Price
- 14.2 Advance Payment
- 14.3 Application for Interim Payments
- 14.4 Schedule of Payments
- 14.5 Plant and Materials intended for the Works
- 14.6 Interim Payments
- 14.7 Timing of Payments
- 14.8 Delayed Payment
- 14.9 Payment of Retention Money
- 14.10 Statement at Completion
- 14.11 Application for Final Payment
- 14.12 Discharge
- 14.13 Final Payment
- 14.14 Cessation of Employer's Liability
- 14.15 Currencies of Payment

15 TERMINATION BY EMPLOYER 41

- 15.1 Notice to Correct
- 15.2 Termination by Employer
- 15.3 Valuation at Date of Termination
- 15.4 Payment after Termination
- 15.5 Employer's Entitlement to Termination

16 SUSPENSION AND TERMINATION BY CONTRACTOR 43

- 16.1 Contractor's Entitlement to Suspend Work
- 16.2 Termination by Contractor
- 16.3 Cessation of Work and Removal of Contractor's Equipment
- 16.4 Payment on Termination

17 RISK AND RESPONSIBILITY 45

- 17.1 Indemnities
- 17.2 Contractor's Care of the Works
- 17.3 Employer's Risks
- 17.4 Consequences of Employer's Risks
- 17.5 Intellectual and Industrial Property Rights
- 17.6 Limitation of Liability

18 INSURANCE 47

- 18.1 General Requirements for Insurances
- 18.2 Insurance for Works and Contractor's Equipment
- 18.3 Insurance against Injury to Persons and Damage to Property
- 18.4 Insurance for Contractor's Personnel

19 FORCE MAJEURE 50

- 19.1 Definition of Force Majeure
- 19.2 Notice of Force Majeure

19.3 Duty to Minimise Delay
19.4 Consequences of Force Majeure
19.5 Force Majeure Affecting Subcontractor
19.6 Optional Termination, Payment and Release
19.7 Release from Performance under the Law

20 CLAIMS, DISPUTES AND ARBITRATION 52

20.1 Contractor's Claims
20.2 Appointment of the Dispute Adjudication Board
20.3 Failure to Agree Dispute Adjudication Board
20.4 Obtaining Dispute Adjudication Board's Decision
20.5 Amicable Settlement
20.6 Arbitration
20.7 Failure to Comply with Dispute Adjudication Board's Decision
20.8 Expiry of Dispute Adjudication Board's Appointment

APPENDIX

GENERAL CONDITIONS OF DISPUTE ADJUDICATION AGREEMENT ...57

INDEX OF SUB-CLAUSES i

Definitions listed alphabetically

1.1.3.1	Base Date		1.1.6.5	Laws
1.1.3.2	Commencement Date		1.1.4.5	Local Currency
1.1.1.1	Contract		1.1.5.3	Materials
1.1.1.2	Contract Agreement		1.1.2.1	Party
1.1.4.1	Contract Price		1.1.3.8	Performance Certificate
1.1.2.3	Contractor		1.1.1.5	Performance Guarantees
1.1.6.1	Contractor's Documents		1.1.6.6	Performance Security
1.1.5.1	Contractor's Equipment		1.1.5.4	Permanent Works
1.1.2.7	Contractor's Personnel		1.1.5.5	Plant
1.1.2.5	Contractor's Representative		1.1.4.6	Provisional Sum
1.1.4.2	Cost		1.1.4.7	Retention Money
1.1.6.2	Country		1.1.1.5	Schedule of Payments
1.1.2.9	DAB		1.1.5.6	Section
1.1.3.9	day		1.1.6.7	Site
1.1.3.7	Defects Notification Period		1.1.4.8	Statement
1.1.2.2	Employer		1.1.2.8	Subcontractor
1.1.6.3	Employer's Equipment		1.1.3.5	Taking-Over Certificate
1.1.2.6	Employer's Personnel		1.1.5.7	Temporary Works
1.1.2.4	Employer's Representative		1.1.1.4	Tender
1.1.1.3	Employer's Requirements		1.1.3.6	Tests after Completion
1.1.2.10	FIDIC		1.1.3.4	Tests on Completion
1.1.4.3	Final Statement		1.1.3.3	Time for Completion
1.1.6.4	Force Majeure		1.1.6.8	Variation
1.1.4.4	Foreign Currency		1.1.5.8	Works
1.1.5.2	Goods		1.1.3.9	year

General Conditions

1 General Provisions

1.1 Definitions

In the Conditions of Contract ("these Conditions"), which include Particular Conditions and these General Conditions, the following words and expressions shall have the meanings stated. Words indicating persons or parties include corporations and other legal entities, except where the context requires otherwise.

1.1.1 The Contract

1.1.1.1 "**Contract**" means the Contract Agreement, these Conditions, the Employer's Requirements, the Tender, and the further documents (if any) which are listed in the Contract Agreement.

1.1.1.2 "**Contract Agreement**" means the contract agreement referred to in Sub-Clause 1.6 [*Contract Agreement*], including any annexed memoranda.

1.1.1.3 "**Employer's Requirements**" means the document entitled employer's requirements, as included in the Contract, and any additions and modifications to such document in accordance with the Contract. Such document specifies the purpose, scope, and/or design and/or other technical criteria, for the Works.

1.1.1.4 "**Tender**" means the Contractor's signed offer for the Works and all other documents which the Contractor submitted therewith (other than these Conditions and the Employer's Requirements, if so submitted), as included in the Contract.

1.1.1.5 "**Performance Guarantees**" and "**Schedule of Payments**" mean the documents so named (if any), as included in the Contract.

1.1.2 Parties and Persons

1.1.2.1 "**Party**" means the Employer or the Contractor, as the context requires.

1.1.2.2 "**Employer**" means the person named as employer in the Contract Agreement and the legal successors in title to this person.

1.1.2.3 "**Contractor**" means the person(s) named as contractor in the Contract Agreement and the legal successors in title to this person(s).

1.1.2.4 "**Employer's Representative**" means the person named by the Employer in the Contract or appointed from time to time by the Employer under Sub-Clause 3.1 [*The Employer's Representative*], who acts on behalf of the Employer.

1.1.2.5 "**Contractor's Representative**" means the person named by the Contractor in the Contract or appointed from time to time by the Contractor under Sub-Clause 4.3 [*Contractor's Representative*], who acts on behalf of the Contractor.

1.1.2.6 "**Employer's Personnel**" means the Employer's Representative, the assistants referred to in Sub-Clause 3.2 [*Other Employer's Personnel*] and all other staff, labour and other employees of the Employer and of the Employer's Representative; and any other personnel notified to the Contractor, by the Employer or the Employer's Representative, as Employer's Personnel.

1.1.2.7 "**Contractor's Personnel**" means the Contractor's Representative and all personnel whom the Contractor utilises on Site, who may include the staff, labour and other employees of the Contractor and of each Subcontractor; and any other personnel assisting the Contractor in the execution of the Works.

1.1.2.8 "**Subcontractor**" means any person named in the Contract as a subcontractor, or any person appointed as a subcontractor, for a part of the Works; and the legal successors in title to each of these persons.

1.1.2.9 "**DAB**" means the person or three persons so named in the Contract, or other person(s) appointed under Sub-Clause 20.2 [*Appointment of the Dispute Adjudication Board*] or Sub-Clause 20.3 [*Failure to Agree Dispute Adjudication Board*].

1.1.2.10 "**FIDIC**" means the Fédération Internationale des Ingénieurs-Conseils, the international federation of consulting engineers.

1.1.3 Dates, Tests, Periods and Completion

1.1.3.1 "**Base Date**" means the date 28 days prior to the latest date for submission of the Tender.

1.1.3.2 "**Commencement Date**" means the date notified under Sub-Clause 8.1 [*Commencement of Works*], unless otherwise defined in the Contract Agreement.

1.1.3.3 "**Time for Completion**" means the time for completing the Works or a Section (as the case may be) under Sub-Clause 8.2 [*Time for Completion*], as stated in the Particular Conditions (with any extension under Sub-Clause 8.4 [*Extension of Time for Completion*]), calculated from the Commencement Date.

1.1.3.4 "**Tests on Completion**" means the tests which are specified in the Contract or agreed by both Parties or instructed as a Variation, and which are carried out under Clause 9 [*Tests on Completion*] before the Works or a Section (as the case may be) are taken over by the Employer.

1.1.3.5 "**Taking-Over Certificate**" means a certificate issued under Clause 10 [*Employer's Taking Over*].

1.1.3.6 "**Tests after Completion**" means the tests (if any) which are specified in the Contract and which are carried out under Clause 12 [*Tests after Completion*] after the Works or a Section (as the case may be) are taken over by the Employer.

1.1.3.7 "**Defects Notification Period**" means the period for notifying defects in the Works or a Section (as the case may be) under Sub-Clause 11.1 [*Completion of Outstanding Work and Remedying Defects*], as stated in the Particular Conditions (with any extension under Sub-Clause 11.3 [*Extension of Defects Notification Period*]), calculated from the date on which the Works or Section is completed as certified under Sub-Clause

10.1 [*Taking Over of the Works and Sections*]. If no such period is stated in the Particular Conditions, the period shall be one year.

1.1.3.8 "**Performance Certificate**" means the certificate issued under Sub-Clause 11.9 [*Performance Certificate*].

1.1.3.9 "**day**" means a calendar day and "**year**" means 365 days.

1.1.4 Money and Payments

1.1.4.1 "**Contract Price**" means the agreed amount stated in the Contract Agreement for the design, execution and completion of the Works and the remedying of any defects, and includes adjustments (if any) in accordance with the Contract.

1.1.4.2 "**Cost**" means all expenditure reasonably incurred (or to be incurred) by the Contractor, whether on or off the Site, including overhead and similar charges, but does not include profit.

1.1.4.3 "**Final Statement**" means the statement defined in Sub-Clause 14.11 [*Application for Final Payment*].

1.1.4.4 "**Foreign Currency**" means a currency in which part (or all) of the Contract Price is payable, but not the Local Currency.

1.1.4.5 "**Local Currency**" means the currency of the Country.

1.1.4.6 "**Provisional Sum**" means a sum (if any) which is specified in the Contract as a provisional sum, for the execution of any part of the Works or for the supply of Plant, Materials or services under Sub-Clause 13.5 [*Provisional Sums*].

1.1.4.7 "**Retention Money**" means the accumulated retention moneys which the Employer retains under Sub-Clause 14.3 [*Application for Interim Payments*] and pays under Sub-Clause 14.9 [*Payment of Retention Money*].

1.1.4.8 "**Statement**" means a statement submitted by the Contractor as part of an application for payment under Clause 14 [*Contract Price and Payment*].

1.1.5 Works and Goods

1.1.5.1 "**Contractor's Equipment**" means all apparatus, machinery, vehicles and other things required for the execution and completion of the Works and the remedying of any defects. However, Contractor's Equipment excludes Temporary Works, Employer's Equipment (if any), Plant, Materials and any other things intended to form or forming part of the Permanent Works.

1.1.5.2 "**Goods**" means Contractor's Equipment, Materials, Plant and Temporary Works, or any of them as appropriate.

1.1.5.3 "**Materials**" means things of all kinds (other than Plant) intended to form or forming part of the Permanent Works, including the supply-only materials (if any) to be supplied by the Contractor under the Contract.

1.1.5.4 "**Permanent Works**" means the permanent works to be designed and executed by the Contractor under the Contract.

	1.1.5.5	"**Plant**" means the apparatus, machinery and vehicles intended to form or forming part of the Permanent Works.
	1.1.5.6	"**Section**" means a part of the Works specified in the Particular Conditions as a Section (if any).
	1.1.5.7	"**Temporary Works**" means all temporary works of every kind (other than Contractor's Equipment) required on Site for the execution and completion of the Permanent Works and the remedying of any defects.
	1.1.5.8	"**Works**" mean the Permanent Works and the Temporary Works, or either of them as appropriate.
1.1.6 Other Definitions	1.1.6.1	"**Contractor's Documents**" means the calculations, computer programs and other software, drawings, manuals, models and other documents of a technical nature supplied by the Contractor under the Contract; as described in Sub-Clause 5.2 [*Contractor's Documents*].
	1.1.6.2	"**Country**" means the country in which the Site (or most of it) is located, where the Permanent Works are to be executed.
	1.1.6.3	"**Employer's Equipment**" means the apparatus, machinery and vehicles (if any) made available by the Employer for the use of the Contractor in the execution of the Works, as stated in the Employer's Requirements; but does not include Plant which has not been taken over by the Employer.
	1.1.6.4	"**Force Majeure**" is defined in Clause 19 [*Force Majeure*].
	1.1.6.5	"**Laws**" means all national (or state) legislation, statutes, ordinances and other laws, and regulations and by-laws of any legally constituted public authority.
	1.1.6.6	"**Performance Security**" means the security (or securities, if any) under Sub-Clause 4.2 [*Performance Security*].
	1.1.6.7	"**Site**" means the places where the Permanent Works are to be executed and to which Plant and Materials are to be delivered, and any other places as may be specified in the Contract as forming part of the Site.
	1.1.6.8	"**Variation**" means any change to the Employer's Requirements or the Works, which is instructed or approved as a variation under Clause 13 [*Variations and Adjustments*].

1.2 Interpretation

In the Contract, except where the context requires otherwise:

(a) words indicating one gender include all genders;
(b) words indicating the singular also include the plural and words indicating the plural also include the singular;
(c) provisions including the word "agree", "agreed" or "agreement" require the agreement to be recorded in writing, and
(d) "written" or "in writing" means hand-written, type-written, printed or electronically made, and resulting in a permanent record.

The marginal words and other headings shall not be taken into consideration in the interpretation of these Conditions.

1.3 Communications

Wherever these Conditions provide for the giving or issuing of approvals, certificates, consents, determinations, notices and requests, these communications shall be:

(a) in writing and delivered by hand (against receipt), sent by mail or courier, or transmitted using any of the agreed systems of electronic transmission as stated in the Particular Conditions; and
(b) delivered, sent or transmitted to the address for the recipient's communications as stated in the Contract. However:

   (i) if the recipient gives notice of another address, communications shall thereafter be delivered accordingly; and
   (ii) if the recipient has not stated otherwise when requesting an approval or consent, it may be sent to the address from which the request was issued.

Approvals, certificates, consents and determinations shall not be unreasonably withheld or delayed.

1.4 Law and Language

The Contract shall be governed by the law of the country (or other jurisdiction) stated in the Particular Conditions.

If there are versions of any part of the Contract which are written in more than one language, the version which is in the ruling language stated in the Particular Conditions shall prevail.

The language for communications shall be that stated in the Particular Conditions. If no language is stated there, the language for communications shall be the language in which the Contract (or most of it) is written.

1.5 Priority of Documents

The documents forming the Contract are to be taken as mutually explanatory of one another. For the purposes of interpretation, the priority of the documents shall be in accordance with the following sequence:

(a) the Contract Agreement,
(b) the Particular Conditions,
(c) these General Conditions,
(d) the Employer's Requirements,
(e) the Tender and any other documents forming part of the Contract.

1.6 Contract Agreement

The Contract shall come into full force and effect on the date stated in the Contract Agreement. The costs of stamp duties and similar charges (if any) imposed by law in connection with entry into the Contract Agreement shall be borne by the Employer.

1.7 Assignment

Neither Party shall assign the whole or any part of the Contract or any benefit or interest in or under the Contract. However, either Party:

(a) may assign the whole or any part with the prior agreement of the other Party, at the sole discretion of such other Party, and

(b) may, as security in favour of a bank or financial institution, assign its right to any moneys due, or to become due, under the Contract.

1.8 Care and Supply of Documents

Each of the Contractor's Documents shall be in the custody and care of the Contractor, unless and until taken over by the Employer. Unless otherwise stated in the Contract, the Contractor shall supply to the Employer six copies of each of the Contractor's Documents.

The Contractor shall keep, on the Site, a copy of the Contract, publications named in the Employer's Requirements, the Contractor's Documents, and Variations and other communications given under the Contract. The Employer's Personnel shall have the right of access to all these documents at all reasonable times.

If a Party becomes aware of an error or defect of a technical nature in a document which was prepared for use in executing the Works, the Party shall promptly give notice to the other Party of such error or defect.

1.9 Confidentiality

Both Parties shall treat the details of the Contract as private and confidential, except to the extent necessary to carry out obligations under it or to comply with applicable Laws. The Contractor shall not publish, permit to be published, or disclose any particulars of the Works in any trade or technical paper or elsewhere without the previous agreement of the Employer.

1.10 Employer's Use of Contractor's Documents

As between the Parties, the Contractor shall retain the copyright and other intellectual property rights in the Contractor's Documents and other design documents made by (or on behalf of) the Contractor.

The Contractor shall be deemed (by signing the Contract) to give to the Employer a non-terminable transferable non-exclusive royalty-free licence to copy, use and communicate the Contractor's Documents, including making and using modifications of them. This licence shall:

(a) apply throughout the actual or intended working life (whichever is longer) of the relevant parts of the Works,
(b) entitle any person in proper possession of the relevant part of the Works to copy, use and communicate the Contractor's Documents for the purposes of completing, operating, maintaining, altering, adjusting, repairing and demolishing the Works, and
(c) in the case of Contractor's Documents which are in the form of computer programs and other software, permit their use on any computer on the Site and other places as envisaged by the Contract, including replacements of any computers supplied by the Contractor.

The Contractor's Documents and other design documents made by (or on behalf of) the Contractor shall not, without the Contractor's consent, be used, copied or communicated to a third party by (or on behalf of) the Employer for purposes other than those permitted under this Sub-Clause.

1.11 Contractor's Use of Employer's Documents

As between the Parties, the Employer shall retain the copyright and other intellectual property rights in the Employer's Requirements and other documents made by (or on behalf of) the Employer. The Contractor may, at his cost, copy, use, and obtain communication of these documents for the purposes of the Contract.

They shall not, without the Employer's consent, be copied, used or communicated to a third party by the Contractor, except as necessary for the purposes of the Contract.

1.12 Confidential Details

The Contractor shall not be required to disclose, to the Employer, any information which the Contractor described in the Tender as being confidential. The Contractor shall disclose any other information which the Employer may reasonably require in order to verify the Contractor's compliance with the Contract.

1.13 Compliance with Laws

The Contractor shall, in performing the Contract, comply with applicable Laws. Unless otherwise stated in the Particular Conditions:

(a) the Employer shall have obtained (or shall obtain) the planning, zoning or similar permission for the Permanent Works, and any other permissions described in the Employer's Requirements as having been (or being) obtained by the Employer; and the Employer shall indemnify and hold the Contractor harmless against and from the consequences of any failure to do so; and

(b) the Contractor shall give all notices, pay all taxes, duties and fees, and obtain all permits, licences and approvals, as required by the Laws in relation to the design, execution and completion of the Works and the remedying of any defects; and the Contractor shall indemnify and hold the Employer harmless against and from the consequences of any failure to do so.

1.14 Joint and Several Liability

If the Contractor constitutes (under applicable Laws) a joint venture, consortium or other unincorporated grouping of two or more persons:

(a) these persons shall be deemed to be jointly and severally liable to the Employer for the performance of the Contract;

(b) these persons shall notify the Employer of their leader who shall have authority to bind the Contractor and each of these persons; and

(c) the Contractor shall not alter its composition or legal status without the prior consent of the Employer.

The Employer

2.1 Right of Access to the Site

The Employer shall give the Contractor right of access to, and possession of, all parts of the Site within the time (or times) stated in the Particular Conditions. The right and possession may not be exclusive to the Contractor. If, under the Contract, the Employer is required to give (to the Contractor) possession of any foundation, structure, plant or means of access, the Employer shall do so in the time and manner stated in the Employer's Requirements. However, the Employer may withhold any such right or possession until the Performance Security has been received.

If no such time is stated in the Particular Conditions, the Employer shall give the Contractor right of access to, and possession of, the Site with effect from the Commencement Date.

If the Contractor suffers delay and/or incurs Cost as a result of a failure by the Employer to give any such right or possession within such time, the Contractor shall give notice to the Employer and shall be entitled subject to Sub-Clause 20.1 [*Contractor's Claims*] to:

(a) an extension of time for any such delay, if completion is or will be delayed, under Sub-Clause 8.4 [*Extension of Time for Completion*], and
(b) payment of any such Cost plus reasonable profit, which shall be added to the Contract Price.

After receiving this notice, the Employer shall proceed in accordance with Sub-Clause 3.5 [*Determinations*] to agree or determine these matters.

However, if and to the extent that the Employer's failure was caused by any error or delay by the Contractor, including an error in, or delay in the submission of, any of the Contractor's Documents, the Contractor shall not be entitled to such extension of time, Cost or profit.

2.2 Permits, Licences or Approvals

The Employer shall (where he is in a position to do so) provide reasonable assistance to the Contractor at the request of the Contractor:

(a) by obtaining copies of the Laws of the Country which are relevant to the Contract but are not readily available, and
(b) for the Contractor's applications for any permits, licences or approvals required by the Laws of the Country:

   (i) which the Contractor is required to obtain under Sub-Clause 1.13 [*Compliance with Laws*],
   (ii) for the delivery of Goods, including clearance through customs, and
   (iii) for the export of Contractor's Equipment when it is removed from the Site.

2.3 Employer's Personnel

The Employer shall be responsible for ensuring that the Employer's Personnel and the Employer's other contractors on the Site:

(a) co-operate with the Contractor's efforts under Sub-Clause 4.6 [*Co-operation*], and
(b) take actions similar to those which the Contractor is required to take under sub-paragraphs (a), (b) and (c) of Sub-Clause 4.8 [*Safety Procedures*] and under Sub-Clause 4.18 [*Protection of the Environment*].

2.4 Employer's Financial Arrangements

The Employer shall submit, within 28 days after receiving any request from the Contractor, reasonable evidence that financial arrangements have been made and are being maintained which will enable the Employer to pay the Contract Price (as estimated at that time) in accordance with Clause 14 [*Contract Price and Payment*]. If the Employer intends to make any material change to his financial arrangements, the Employer shall give notice to the Contractor with detailed particulars.

2.5 Employer's Claims

If the Employer considers himself to be entitled to any payment under any Clause of these Conditions or otherwise in connection with the Contract, and/or to any extension of the Defects Notification Period, he shall give notice and particulars to the Contractor. However, notice is not required for payments due under Sub-Clause 4.19 [*Electricity, Water and Gas*], under Sub-Clause 4.20 [*Employer's Equipment and Free-Issue Material*], or for other services requested by the Contractor.

The notice shall be given as soon as practicable after the Employer became aware of the event or circumstances giving rise to the claim. A notice relating to any extension of the Defects Notification Period shall be given before the expiry of such period.

The particulars shall specify the Clause or other basis of the claim, and shall include substantiation of the amount and/or extension to which the Employer considers himself to be entitled in connection with the Contract. The Employer shall then proceed in accordance with Sub-Clause 3.5 [*Determinations*] to agree or determine (i) the amount (if any) which the Employer is entitled to be paid by the Contractor, and/or (ii) the extension (if any) of the Defects Notification Period in accordance with Sub-Clause 11.3 [*Extension of Defects Notification Period*].

The Employer may deduct this amount from any moneys due, or to become due, to the Contractor. The Employer shall only be entitled to set off against or make any deduction from an amount due to the Contractor, or to otherwise claim against the Contractor, in accordance with this Sub-Clause or with sub-paragraph (a) and/or (b) of Sub-Clause 14.6 [*Interim Payments*].

3 The Employer's Administration

3.1 The Employer's Representative

The Employer may appoint an Employer's Representative to act on his behalf under the Contract. In this event, he shall give notice to the Contractor of the name, address, duties and authority of the Employer's Representative.

The Employer's Representative shall carry out the duties assigned to him, and shall exercise the authority delegated to him, by the Employer. Unless and until the Employer notifies the Contractor otherwise, the Employer's Representative shall be deemed to have the full authority of the Employer under the Contract, except in respect of Clause 15 [*Termination by Employer*].

If the Employer wishes to replace any person appointed as Employer's Representative, the Employer shall give the Contractor not less than 14 days' notice of the replacement's name, address, duties and authority, and of the date of appointment.

3.2 Other Employer's Personnel

The Employer or the Employer's Representative may from time to time assign duties and delegate authority to assistants, and may also revoke such assignment or delegation. These assistants may include a resident engineer, and/or independent inspectors appointed to inspect and/or test items of Plant and/or Materials. The assignment, delegation or revocation shall not take effect until a copy of it has been received by the Contractor.

Assistants shall be suitably qualified persons, who are competent to carry out these duties and exercise this authority, and who are fluent in the language for communications defined in Sub-Clause 1.4 [*Law and Language*].

3.3 Delegated Persons

All these persons, including the Employer's Representative and assistants, to whom duties have been assigned or authority has been delegated, shall only be authorised to issue instructions to the Contractor to the extent defined by the delegation. Any approval, check, certificate, consent, examination, inspection, instruction, notice, proposal, request, test, or similar act by a delegated person, in accordance with the delegation, shall have the same effect as though the act had been an act of the Employer. However:

(a) unless otherwise stated in the delegated person's communication relating to such act, it shall not relieve the Contractor from any responsibility he has under the Contract, including responsibility for errors, omissions, discrepancies and non-compliances;

(b) any failure to disapprove any work, Plant or Materials shall not constitute approval, and shall therefore not prejudice the right of the Employer to reject the work, Plant or Materials; and

(c) if the Contractor questions any determination or instruction of a delegated person, the Contractor may refer the matter to the Employer, who shall promptly confirm, reverse or vary the determination or instruction.

3.4 Instructions

The Employer may issue to the Contractor instructions which may be necessary for the Contractor to perform his obligations under the Contract. Each instruction shall be given in writing and shall state the obligations to which it relates and the Sub-Clause (or other term of the Contract) in which the obligations are specified. If any such instruction constitutes a Variation, Clause 13 [*Variations and Adjustments*] shall apply.

The Contractor shall take instructions from the Employer, or from the Employer's Representative or an assistant to whom the appropriate authority has been delegated under this Clause.

3.5 Determinations

Whenever these Conditions provide that the Employer shall proceed in accordance with this Sub-Clause 3.5 to agree or determine any matter, the Employer shall consult with the Contractor in an endeavour to reach agreement. If agreement is not achieved, the Employer shall make a fair determination in accordance with the Contract, taking due regard of all relevant circumstances.

The Employer shall give notice to the Contractor of each agreement or determination, with supporting particulars. Each Party shall give effect to each agreement or determination, unless the Contractor gives notice, to the Employer, of his dissatisfaction with a determination within 14 days of receiving it. Either Party may then refer the dispute to the DAB in accordance with Sub-Clause 20.4 [*Obtaining Dispute Adjudication Board's Decision*].

4 The Contractor

4.1 Contractor's General Obligations

The Contractor shall design, execute and complete the Works in accordance with the Contract, and shall remedy any defects in the Works. When completed, the Works shall be fit for the purposes for which the Works are intended as defined in the Contract.

The Contractor shall provide the Plant and Contractor's Documents specified in the Contract, and all Contractor's Personnel, Goods, consumables and other things and services, whether of a temporary or permanent nature, required in and for this design, execution, completion and remedying of defects.

The Works shall include any work which is necessary to satisfy the Employer's Requirements, or is implied by the Contract, and all works which (although not mentioned in the Contract) are necessary for stability or for the completion, or safe and proper operation, of the Works.

The Contractor shall be responsible for the adequacy, stability and safety of all Site operations, of all methods of construction and of all the Works.

The Contractor shall, whenever required by the Employer, submit details of the arrangements and methods which the Contractor proposes to adopt for the execution of the Works. No significant alteration to these arrangements and methods shall be made without this having previously been notified to the Employer.

4.2 Performance Security

The Contractor shall obtain (at his cost) a Performance Security for proper performance, in the amount and currencies stated in the Particular Conditions. If an amount is not stated in the Particular Conditions, this Sub-Clause shall not apply.

The Contractor shall deliver the Performance Security to the Employer within 28 days after both Parties have signed the Contract Agreement. The Performance Security shall be issued by an entity and from within a country (or other jurisdiction) approved by the Employer, and shall be in the form annexed to the Particular Conditions or in another form approved by the Employer.

The Contractor shall ensure that the Performance Security is valid and enforceable until the Contractor has executed and completed the Works and remedied any defects. If the terms of the Performance Security specify its expiry date, and the Contractor has not become entitled to receive the Performance Certificate by the date 28 days prior to the expiry date, the Contractor shall extend the validity of the Performance Security until the Works have been completed and any defects have been remedied.

The Employer shall not make a claim under the Performance Security, except for amounts to which the Employer is entitled under the Contract in the event of:

(a) failure by the Contractor to extend the validity of the Performance Security as described in the preceding paragraph, in which event the Employer may claim the full amount of the Performance Security,

(b) failure by the Contractor to pay the Employer an amount due, as either agreed by the Contractor or determined under Sub-Clause 2.5 [*Employer's Claims*] or Clause 20 [*Claims, Disputes and Arbitration*], within 42 days after this agreement or determination,

(c) failure by the Contractor to remedy a default within 42 days after receiving the Employer's notice requiring the default to be remedied, or

(d) circumstances which entitle the Employer to termination under Sub-Clause 15.2 [*Termination by Employer*], irrespective of whether notice of termination has been given.

The Employer shall indemnify and hold the Contractor harmless against and from all damages, losses and expenses (including legal fees and expenses) resulting from a claim under the Performance Security to the extent to which the Employer was not entitled to make the claim.

The Employer shall return the Performance Security to the Contractor within 21 days after the Contractor has become entitled to receive the Performance Certificate.

4.3 Contractor's Representative

The Contractor shall appoint the Contractor's Representative and shall give him all authority necessary to act on the Contractor's behalf under the Contract.

Unless the Contractor's Representative is named in the Contract, the Contractor shall, prior to the Commencement Date, submit to the Employer for consent the name and particulars of the person the Contractor proposes to appoint as Contractor's Representative. If consent is withheld or subsequently revoked, or if the appointed person fails to act as Contractor's Representative, the Contractor shall similarly submit the name and particulars of another suitable person for such appointment.

The Contractor shall not, without the prior consent of the Employer, revoke the appointment of the Contractor's Representative or appoint a replacement.

The Contractor's Representative shall, on behalf of the Contractor, receive instructions under Sub-Clause 3.4 [Instructions].

The Contractor's Representative may delegate any powers, functions and authority to any competent person, and may at any time revoke the delegation. Any delegation or revocation shall not take effect until the Employer has received prior notice signed by the Contractor's Representative, naming the person and specifying the powers, functions and authority being delegated or revoked.

The Contractor's Representative and all these persons shall be fluent in the language for communications defined in Sub-Clause 1.4 [Law and Language].

4.4 Subcontractors

The Contractor shall not subcontract the whole of the Works.

The Contractor shall be responsible for the acts or defaults of any Subcontractor, his agents or employees, as if they were the acts or defaults of the Contractor. Where specified in the Particular Conditions, the Contractor shall give the Employer not less than 28 days' notice of:

(a) the intended appointment of the Subcontractor, with detailed particulars which shall include his relevant experience,
(b) the intended commencement of the Subcontractor's work, and
(c) the intended commencement of the Subcontractor's work on the Site.

4.5 Nominated Subcontractors

In this Sub-Clause, "nominated Subcontractor" means a Subcontractor whom the Employer, under Clause 13 [Variations and Adjustments], instructs the Contractor to employ as a Subcontractor. The Contractor shall not be under any obligation to employ a nominated Subcontractor against whom the Contractor raises reasonable objection by notice to the Employer as soon as practicable, with supporting particulars.

4.6 Co-operation

The Contractor shall, as specified in the Contract or as instructed by the Employer, allow appropriate opportunities for carrying out work to:

(a) the Employer's Personnel,
(b) any other contractors employed by the Employer, and
(c) the personnel of any legally constituted public authorities,

who may be employed in the execution on or near the Site of any work not included in the Contract.

Any such instruction shall constitute a Variation if and to the extent that it causes the Contractor to incur Cost in an amount which was not reasonably foreseeable by an experienced contractor by the date for submission of the Tender. Services for these personnel and other contractors may include the use of Contractor's Equipment, Temporary Works or access arrangements which are the responsibility of the Contractor.

The Contractor shall be responsible for his construction activities on the Site, and shall co-ordinate his own activities with those of other contractors to the extent (if any) specified in the Employer's Requirements.

If, under the Contract, the Employer is required to give to the Contractor possession of any foundation, structure, plant or means of access in accordance with Contractor's Documents, the Contractor shall submit such documents to the Employer in the time and manner stated in the Employer's Requirements.

4.7 Setting Out

The Contractor shall set out the Works in relation to original points, lines and levels of reference specified in the Contract. The Contractor shall be responsible for the correct positioning of all parts of the Works, and shall rectify any error in the positions, levels, dimensions or alignment of the Works.

4.8 Safety Procedures

The Contractor shall:

(a) comply with all applicable safety regulations,
(b) take care for the safety of all persons entitled to be on the Site,
(c) use reasonable efforts to keep the Site and Works clear of unnecessary obstruction so as to avoid danger to these persons,
(d) provide fencing, lighting, guarding and watching of the Works until completion and taking over under Clause 10 [*Employer's Taking Over*], and
(e) provide any Temporary Works (including roadways, footways, guards and fences) which may be necessary, because of the execution of the Works, for the use and protection of the public and of owners and occupiers of adjacent land.

4.9 Quality Assurance

The Contractor shall institute a quality assurance system to demonstrate compliance with the requirements of the Contract. The system shall be in accordance with the details stated in the Contract. The Employer shall be entitled to audit any aspect of the system.

Details of all procedures and compliance documents shall be submitted to the Employer for information before each design and execution stage is commenced. When any document of a technical nature is issued to the Employer, evidence of the prior approval by the Contractor himself shall be apparent on the document itself.

Compliance with the quality assurance system shall not relieve the Contractor of any of his duties, obligations or responsibilities under the Contract.

4.10 Site Data

The Employer shall have made available to the Contractor for his information, prior to the Base Date, all relevant data in the Employer's possession on subsurface and hydrological conditions at the Site, including environmental aspects. The Employer shall similarly make available to the Contractor all such data which come into the Employer's possession after the Base Date.

The Contractor shall be responsible for verifying and interpreting all such data. The Employer shall have no responsibility for the accuracy, sufficiency or completeness of such data, except as stated in Sub-Clause 5.1 [*General Design Responsibilities*].

4.11 Sufficiency of the Contract Price

The Contractor shall be deemed to have satisfied himself as to the correctness and sufficiency of the Contract Price.

Unless otherwise stated in the Contract, the Contract Price covers all the Contractor's obligations under the Contract (including those under Provisional Sums, if any) and all things necessary for the proper design, execution and completion of the Works and the remedying of any defects.

4.12 Unforeseeable Difficulties

Except as otherwise stated in the Contract:

(a) the Contractor shall be deemed to have obtained all necessary information as to risks, contingencies and other circumstances which may influence or affect the Works;

(b) by signing the Contract, the Contractor accepts total responsibility for having foreseen all difficulties and costs of successfully completing the Works; and

(c) the Contract Price shall not be adjusted to take account of any unforeseen difficulties or costs.

4.13 Rights of Way and Facilities

The Contractor shall bear all costs and charges for special and/or temporary rights-of-way which he may require, including those for access to the Site. The Contractor shall also obtain, at his risk and cost, any additional facilities outside the Site which he may require for the purposes of the Works.

4.14 Avoidance of Interference

The Contractor shall not interfere unnecessarily or improperly with:

(a) the convenience of the public, or
(b) the access to and use and occupation of all roads and footpaths, irrespective of whether they are public or in the possession of the Employer or of others.

The Contractor shall indemnify and hold the Employer harmless against and from all damages, losses and expenses (including legal fees and expenses) resulting from any such unnecessary or improper interference.

4.15 Access Route

The Contractor shall be deemed to have been satisfied as to the suitability and availability of access routes to the Site. The Contractor shall use reasonable efforts to prevent any road or bridge from being damaged by the Contractor's traffic or by the Contractor's Personnel. These efforts shall include the proper use of appropriate vehicles and routes.

Except as otherwise stated in these Conditions:

(a) the Contractor shall (as between the Parties) be responsible for any maintenance which may be required for his use of access routes;
(b) the Contractor shall provide all necessary signs or directions along access routes, and shall obtain any permission which may be required from the relevant authorities for his use of routes, signs and directions;
(c) the Employer shall not be responsible for any claims which may arise from the use or otherwise of any access route,
(d) the Employer does not guarantee the suitability or availability of particular access routes, and
(e) Costs due to non-suitability or non-availability, for the use required by the Contractor, of access routes shall be borne by the Contractor.

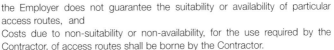

4.16 Transport of Goods

Unless otherwise stated in the Particular Conditions:

(a) the Contractor shall give the Employer not less than 21 days' notice of the date on which any Plant or a major item of other Goods will be delivered to the Site;

(b) the Contractor shall be responsible for packing, loading, transporting, receiving, unloading, storing and protecting all Goods and other things required for the Works; and

(c) the Contractor shall indemnify and hold the Employer harmless against and from all damages, losses and expenses (including legal fees and expenses) resulting from the transport of Goods, and shall negotiate and pay all claims arising from their transport.

4.17 Contractor's Equipment

The Contractor shall be responsible for all Contractor's Equipment. When brought on to the Site, Contractor's Equipment shall be deemed to be exclusively intended for the execution of the Works.

4.18 Protection of the Environment

The Contractor shall take all reasonable steps to protect the environment (both on and off the Site) and to limit damage and nuisance to people and property resulting from pollution, noise and other results of his operations.

The Contractor shall ensure that emissions, surface discharges and effluent from the Contractor's activities shall not exceed the values indicated in the Employer's Requirements, and shall not exceed the values prescribed by applicable Laws.

4.19 Electricity, Water and Gas

The Contractor shall, except as stated below, be responsible for the provision of all power, water and other services he may require.

The Contractor shall be entitled to use for the purposes of the Works such supplies of electricity, water, gas and other services as may be available on the Site and of which details and prices are given in the Employer's Requirements. The Contractor shall, at his risk and cost, provide any apparatus necessary for his use of these services and for measuring the quantities consumed.

The quantities consumed and the amounts due (at these prices) for such services shall be agreed or determined in accordance with Sub-Clause 2.5 [*Employer's Claims*] and Sub-Clause 3.5 [*Determinations*]. The Contractor shall pay these amounts to the Employer.

4.20 Employer's Equipment and Free-Issue Material

The Employer shall make the Employer's Equipment (if any) available for the use of the Contractor in the execution of the Works in accordance with the details, arrangements and prices stated in the Employer's Requirements. Unless otherwise stated in the Employer's Requirements:

(a) the Employer shall be responsible for the Employer's Equipment, except that

(b) the Contractor shall be responsible for each item of Employer's Equipment whilst any of the Contractor's Personnel is operating it, driving it, directing it or in possession or control of it.

The appropriate quantities and the amounts due (at such stated prices) for the use of Employer's Equipment shall be agreed or determined in accordance with Sub-Clause 2.5 [*Employer's Claims*] and Sub-Clause 3.5 [*Determinations*]. The Contractor shall pay these amounts to the Employer.

The Employer shall supply, free of charge, the "free-issue materials" (if any) in accordance with the details stated in the Employer's Requirements. The Employer shall, at his risk and cost, provide these materials at the time and place specified in the Contract. The Contractor shall then visually inspect them, and shall promptly give notice to the Employer of any shortage, defect or default in these materials. Unless otherwise agreed by both Parties, the Employer shall immediately rectify the notified shortage, defect or default.

After this visual inspection, the free-issue materials shall come under the care, custody and control of the Contractor. The Contractor's obligations of inspection, care, custody and control shall not relieve the Employer of liability for any shortage, defect or default not apparent from a visual inspection.

4.21 Progress Reports

Unless otherwise stated in the Particular Conditions, monthly progress reports shall be prepared by the Contractor and submitted to the Employer in six copies. The first report shall cover the period up to the end of the first calendar month following the Commencement Date. Reports shall be submitted monthly thereafter, each within 7 days after the last day of the period to which it relates.

Reporting shall continue until the Contractor has completed all work which is known to be outstanding at the completion date stated in the Taking-Over Certificate for the Works.

Each report shall include:

(a) charts and detailed descriptions of progress, including each stage of design, Contractor's Documents, procurement, manufacture, delivery to Site, construction, erection, testing, commissioning and trial operation;
(b) photographs showing the status of manufacture and of progress on the Site;
(c) for the manufacture of each main item of Plant and Materials, the name of the manufacturer, manufacture location, percentage progress, and the actual or expected dates of:

  (i) commencement of manufacture,
  (ii) Contractor's inspections,
  (iii) tests, and
  (iv) shipment and arrival at the Site;

(d) the details described in Sub-Clause 6.10 [*Records of Contractor's Personnel and Equipment*];
(e) copies of quality assurance documents, test results and certificates of Materials;
(f) list of Variations, notices given under Sub-Clause 2.5 [*Employer's Claims*] and notices given under Sub-Clause 20.1 [*Contractor's Claims*];
(g) safety statistics, including details of any hazardous incidents and activities relating to environmental aspects and public relations; and
(h) comparisons of actual and planned progress, with details of any events or circumstances which may jeopardize the completion in accordance with the Contract, and the measures being (or to be) adopted to overcome delays.

4.22 Security of the Site

Unless otherwise stated in the Particular Conditions:

(a) the Contractor shall be responsible for keeping unauthorised persons off the Site, and

(b) authorised persons shall be limited to the Contractor's Personnel and the Employer's Personnel; and to any other personnel notified to the Contractor, by (or on behalf of) the Employer, as authorised personnel of the Employer's other contractors on the Site.

4.23 Contractor's Operations on Site

The Contractor shall confine his operations to the Site, and to any additional areas which may be obtained by the Contractor and agreed by the Employer as working areas. The Contractor shall take all necessary precautions to keep Contractor's Equipment and Contractor's Personnel within the Site and these additional areas, and to keep them off adjacent land.

During the execution of the Works, the Contractor shall keep the Site free from all unnecessary obstruction, and shall store or dispose of any Contractor's Equipment or surplus materials. The Contractor shall clear away and remove from the Site any wreckage, rubbish and Temporary Works which are no longer required.

Upon the issue of the Taking-Over Certificate for the Works, the Contractor shall clear away and remove all Contractor's Equipment, surplus material, wreckage, rubbish and Temporary Works. The Contractor shall leave the Site and the Works in a clean and safe condition. However, the Contractor may retain on Site, during the Defects Notification Period, such Goods as are required for the Contractor to fulfil obligations under the Contract.

4.24 Fossils

All fossils, coins, articles of value or antiquity, and structures and other remains or items of geological or archaeological interest found on the Site shall be placed under the care and authority of the Employer. The Contractor shall take reasonable precautions to prevent Contractor's Personnel or other persons from removing or damaging any of these findings.

The Contractor shall, upon discovery of any such finding, promptly give notice to the Employer, who shall issue instructions for dealing with it. If the Contractor suffers delay and/or incurs Cost from complying with the instructions, the Contractor shall give a further notice to the Employer and shall be entitled subject to Sub-Clause 20.1 [Contractor's Claims] to:

(a) an extension of time for any such delay, if completion is or will be delayed, under Sub-Clause 8.4 [Extension of Time for Completion], and
(b) payment of any such Cost, which shall be added to the Contract Price.

After receiving this further notice, the Employer shall proceed in accordance with Sub-Clause 3.5 [Determinations] to agree or determine these matters.

5 Design

5.1 General Design Obligations

The Contractor shall be deemed to have scrutinised, prior to the Base Date, the Employer's Requirements (including design criteria and calculations, if any). The Contractor shall be responsible for the design of the Works and for the accuracy of such Employer's Requirements (including design criteria and calculations), except as stated below.

The Employer shall not be responsible for any error, inaccuracy or omission of any kind in the Employer's Requirements as originally included in the Contract and shall not be deemed to have given any representation of accuracy or completeness of any data or information, except as stated below. Any data or information received by the Contractor, from the Employer or otherwise, shall not relieve the Contractor from his responsibility for the design and execution of the Works.

However, the Employer shall be responsible for the correctness of the following portions of the Employer's Requirements and of the following data and information provided by (or on behalf of) the Employer:

(a) portions, data and information which are stated in the Contract as being immutable or the responsibility of the Employer,
(b) definitions of intended purposes of the Works or any parts thereof,
(c) criteria for the testing and performance of the completed Works, and
(d) portions, data and information which cannot be verified by the Contractor, except as otherwise stated in the Contract.

5.2 Contractor's Documents

The Contractor's Documents shall comprise the technical documents specified in the Employer's Requirements, documents required to satisfy all regulatory approvals, and the documents described in Sub-Clause 5.6 [*As-Built Documents*] and Sub-Clause 5.7 [*Operation and Maintenance Manuals*]. Unless otherwise stated in the Employer's Requirements, the Contractor's Documents shall be written in the language for communications defined in Sub-Clause 1.4 [*Law and Language*].

The Contractor shall prepare all Contractor's Documents, and shall also prepare any other documents necessary to instruct the Contractor's Personnel.

If the Employer's Requirements describe the Contractor's Documents which are to be submitted to the Employer for review, they shall be submitted accordingly, together with a notice as described below. In the following provisions of this Sub-Clause, (i) "review period" means the period required by the Employer for review, and (ii) "Contractor's Documents" exclude any documents which are not specified as being required to be submitted for review.

Unless otherwise stated in the Employer's Requirements, each review period shall not exceed 21 days, calculated from the date on which the Employer receives a Contractor's Document and the Contractor's notice. This notice shall state that the Contractor's Document is considered ready, both for review in accordance with this Sub-Clause and for use. The notice shall also state that the Contractor's Document complies with the Contract, or the extent to which it does not comply.

The Employer may, within the review period, give notice to the Contractor that a Contractor's Document fails (to the extent stated) to comply with the Contract. If a Contractor's Document so fails to comply, it shall be rectified, resubmitted and reviewed in accordance with this Sub-Clause, at the Contractor's cost.

For each part of the Works, and except to the extent that the Parties otherwise agree:

(a) execution of such part of the Works shall not commence prior to the expiry of the review periods for all the Contractor's Documents which are relevant to its design and execution;
(b) execution of such part of the Works shall be in accordance with these Contractor's Documents, as submitted for review; and

(c) if the Contractor wishes to modify any design or document which has previously been submitted for review, the Contractor shall immediately give notice to the Employer. Thereafter, the Contractor shall submit revised documents to the Employer in accordance with the above procedure.

Any such agreement (under the preceding paragraph) or any review (under this Sub-Clause or otherwise) shall not relieve the Contractor from any obligation or responsibility.

5.3 Contractor's Undertaking

The Contractor undertakes that the design, the Contractor's Documents, the execution and the completed Works will be in accordance with:

(a) the Laws in the Country, and
(b) the documents forming the Contract, as altered or modified by Variations.

5.4 Technical Standards and Regulations

The design, the Contractor's Documents, the execution and the completed Works shall comply with the Country's technical standards, building, construction and environmental Laws, Laws applicable to the product being produced from the Works, and other standards specified in the Employer's Requirements, applicable to the Works, or defined by the applicable Laws.

All these Laws shall, in respect of the Works and each Section, be those prevailing when the Works or Section are taken over by the Employer under Clause 10 [*Employer's Taking Over*]. References in the Contract to published standards shall be understood to be references to the edition applicable on the Base Date, unless stated otherwise.

If changed or new applicable standards come into force in the Country after the Base Date, the Contractor shall give notice to the Employer and (if appropriate) submit proposals for compliance. In the event that:

(a) the Employer determines that compliance is required, and
(b) the proposals for compliance constitute a variation,

then the Employer shall initiate a Variation in accordance with Clause 13 [*Variations and Adjustments*].

5.5 Training

The Contractor shall carry out the training of Employer's Personnel in the operation and maintenance of the Works to the extent specified in the Employer's Requirements. If the Contract specifies training which is to be carried out before taking-over, the Works shall not be considered to be completed for the purposes of taking-over under Sub-Clause 10.1 [*Taking Over of the Works and Sections*] until this training has been completed.

5.6 As-Built Documents

The Contractor shall prepare, and keep up-to-date, a complete set of "as-built" records of the execution of the Works, showing the exact as-built locations, sizes and details of the work as executed. These records shall be kept on the Site and shall be used exclusively for the purposes of this Sub-Clause. Two copies shall be supplied to the Employer prior to the commencement of the Tests on Completion.

In addition, the Contractor shall supply to the Employer as-built drawings of the Works, showing all Works as executed, and submit them to the Employer for review under Sub-Clause 5.2 [*Contractor's Documents*]. The Contractor shall obtain the consent of the Employer as to their size, the referencing system, and other relevant details.

Prior to the issue of any Taking-Over Certificate, the Contractor shall supply to the Employer the specified numbers and types of copies of the relevant as-built drawings, in accordance with the Employer's Requirements. The Works shall not be considered to be completed for the purposes of taking-over under Sub-Clause 10.1 [*Taking Over of the Works and Sections*] until the Employer has received these documents.

5.7 Operation and Maintenance Manuals

Prior to commencement of the Tests on Completion, the Contractor shall supply to the Employer provisional operation and maintenance manuals in sufficient detail for the Employer to operate, maintain, dismantle, reassemble, adjust and repair the Plant.

The Works shall not be considered to be completed for the purposes of taking-over under Sub-Clause 10.1 [*Taking Over of the Works and Sections*] until the Employer has received final operation and maintenance manuals in such detail, and any other manuals specified in the Employer's Requirements for these purposes.

5.8 Design Error

If errors, omissions, ambiguities, inconsistencies, inadequacies or other defects are found in the Contractor's Documents, they and the Works shall be corrected at the Contractor's cost, notwithstanding any consent or approval under this Clause.

6 Staff and Labour

6.1 Engagement of Staff and Labour

Except as otherwise stated in the Employer's Requirements, the Contractor shall make arrangements for the engagement of all staff and labour, local or otherwise, and for their payment, housing, feeding and transport.

6.2 Rates of Wages and Conditions of Labour

The Contractor shall pay rates of wages, and observe conditions of labour, which are not lower than those established for the trade or industry where the work is carried out. If no established rates or conditions are applicable, the Contractor shall pay rates of wages and observe conditions which are not lower than the general level of wages and conditions observed locally by employers whose trade or industry is similar to that of the Contractor.

6.3 Persons in the Service of Others

The Contractor shall not recruit, or attempt to recruit, staff and labour from amongst the Employer's Personnel.

6.4 Labour Laws

The Contractor shall comply with all the relevant labour Laws applicable to the Contractor's Personnel, including Laws relating to their employment, health, safety, welfare, immigration and emigration, and shall allow them all their legal rights.

The Contractor shall require his employees to obey all applicable Laws, including those concerning safety at work.

6.5 Working Hours

No work shall be carried out on the Site on locally recognised days of rest, or outside normal working hours, unless:

(a) otherwise stated in the Contract,
(b) the Employer gives consent, or
(c) the work is unavoidable, or necessary for the protection of life or property or for the safety of the Works, in which case the Contractor shall immediately advise the Employer.

6.6 Facilities for Staff and Labour

Except as otherwise stated in the Employer's Requirements, the Contractor shall provide and maintain all necessary accommodation and welfare facilities for the Contractor's Personnel. The Contractor shall also provide facilities for the Employer's Personnel as stated in the Employer's Requirements.

The Contractor shall not permit any of the Contractor's Personnel to maintain any temporary or permanent living quarters within the structures forming part of the Permanent Works.

6.7 Health and Safety

The Contractor shall at all times take all reasonable precautions to maintain the health and safety of the Contractor's Personnel. In collaboration with local health authorities, the Contractor shall ensure that medical staff, first aid facilities, sick bay and ambulance service are available at all times at the Site and at any accommodation for Contractor's and Employer's Personnel, and that suitable arrangements are made for all necessary welfare and hygiene requirements and for the prevention of epidemics.

The Contractor shall appoint an accident prevention officer at the Site, responsible for maintaining safety and protection against accidents. This person shall be qualified for this responsibility, and shall have the authority to issue instructions and take protective measures to prevent accidents. Throughout the execution of the Works, the Contractor shall provide whatever is required by this person to exercise this responsibility and authority.

The Contractor shall send, to the Employer, details of any accident as soon as practicable after its occurrence. The Contractor shall maintain records and make reports concerning health, safety and welfare of persons, and damage to property, as the Employer may reasonably require.

6.8 Contractor's Superintendence

Throughout the design and execution of the Works, and as long thereafter as is necessary to fulfil the Contractor's obligations, the Contractor shall provide all necessary superintendence to plan, arrange, direct, manage, inspect and test the work.

Superintendence shall be given by a sufficient number of persons having adequate knowledge of the language for communications (defined in Sub-Clause 1.4 [*Law and Language*]) and of the operations to be carried out (including the methods and techniques required, the hazards likely to be encountered and methods of preventing accidents), for the satisfactory and safe execution of the Works.

6.9 Contractor's Personnel

The Contractor's Personnel shall be appropriately qualified, skilled and experienced in their respective trades or occupations. The Employer may require the Contractor to remove (or cause to be removed) any person employed on the Site or Works, including the Contractor's Representative if applicable, who:

(a) persists in any misconduct or lack of care,
(b) carries out duties incompetently or negligently,

(c) fails to conform with any provisions of the Contract, or
(d) persists in any conduct which is prejudicial to safety, health, or the protection of the environment.

If appropriate, the Contractor shall then appoint (or cause to be appointed) a suitable replacement person.

6.10 Records of Contractor's Personnel and Equipment

The Contractor shall submit, to the Employer, details showing the number of each class of Contractor's Personnel and of each type of Contractor's Equipment on the Site. Details shall be submitted each calendar month, in a form approved by the Employer, until the Contractor has completed all work which is known to be outstanding at the completion date stated in the Taking-Over Certificate for the Works.

6.11 Disorderly Conduct

The Contractor shall at all times take all reasonable precautions to prevent any unlawful, riotous or disorderly conduct by or amongst the Contractor's Personnel, and to preserve peace and protection of persons and property on and near the Site.

7 Plant, Materials and Workmanship

7.1 Manner of Execution

The Contractor shall carry out the manufacture of Plant, the production and manufacture of Materials, and all other execution of the Works:

(a) in the manner (if any) specified in the Contract,
(b) in a proper workmanlike and careful manner, in accordance with recognised good practice, and
(c) with properly equipped facilities and non-hazardous Materials, except as otherwise specified in the Contract.

7.2 Samples

The Contractor shall submit samples to the Employer, for review in accordance with the procedures for Contractor's Documents described in Sub-Clause 5.2 [Contractor's Documents], as specified in the Contract and at the Contractor's cost. Each sample shall be labelled as to origin and intended use in the Works.

7.3 Inspection

The Employer's Personnel shall at all reasonable times:

(a) have full access to all parts of the Site and to all places from which natural Materials are being obtained, and
(b) during production, manufacture and construction (at the Site and, to the extent specified in the Contract, elsewhere), be entitled to examine, inspect, measure and test the materials and workmanship, and to check the progress of manufacture of Plant and production and manufacture of Materials.

The Contractor shall give the Employer's Personnel full opportunity to carry out these activities, including providing access, facilities, permissions and safety equipment. No such activity shall relieve the Contractor from any obligation or responsibility.

In respect of the work which Employer's Personnel are entitled to examine, inspect, measure and/or test, the Contractor shall give notice to the Employer whenever any such work is ready and before it is covered up, put out of sight, or packaged for storage or transport. The Employer shall then either carry out the examination, inspection, measurement or testing without unreasonable delay, or promptly give notice to the Contractor that the Employer does not require to do so. If the Contractor fails to give the notice, he shall, if and when required by the Employer, uncover the work and thereafter reinstate and make good, all at the Contractor's cost.

7.4 Testing

This Sub-Clause shall apply to all tests specified in the Contract, other than the Tests after Completion (if any).

The Contractor shall provide all apparatus, assistance, documents and other information, electricity, equipment, fuel, consumables, instruments, labour, materials, and suitably qualified and experienced staff, as are necessary to carry out the specified tests efficiently. The Contractor shall agree, with the Employer, the time and place for the specified testing of any Plant, Materials and other parts of the Works.

The Employer may, under Clause 13 [*Variations and Adjustments*], vary the location or details of specified tests, or instruct the Contractor to carry out additional tests. If these varied or additional tests show that the tested Plant, Materials or workmanship is not in accordance with the Contract, the cost of carrying out this Variation shall be borne by the Contractor, notwithstanding other provisions of the Contract.

The Employer shall give the Contractor not less than 24 hours' notice of the Employer's intention to attend the tests. If the Employer does not attend at the time and place agreed, the Contractor may proceed with the tests, unless otherwise instructed by the Employer, and the tests shall then be deemed to have been made in the Employer's presence.

If the Contractor suffers delay and/or incurs Cost from complying with these instructions or as a result of a delay for which the Employer is responsible, the Contractor shall give notice to the Employer and shall be entitled subject to Sub-Clause 20.1 [*Contractor's Claims*] to:

(a) an extension of time for any such delay, if completion is or will be delayed, under Sub-Clause 8.4 [*Extension of Time for Completion*], and
(b) payment of any such Cost plus reasonable profit, which shall be added to the Contract Price.

After receiving this notice, the Employer shall proceed in accordance with Sub-Clause 3.5 [*Determinations*] to agree or determine these matters.

The Contractor shall promptly forward to the Employer duly certified reports of the tests. When the specified tests have been passed, the Employer shall endorse the Contractor's test certificate, or issue a certificate to him, to that effect. If the Employer has not attended the tests, he shall be deemed to have accepted the readings as accurate.

7.5 Rejection

If, as a result of an examination, inspection, measurement or testing, any Plant, Materials, design or workmanship is found to be defective or otherwise not in accordance with the Contract, the Employer may reject the Plant, Materials, design or workmanship by giving notice to the Contractor, with reasons. The Contractor shall then promptly make good the defect and ensure that the rejected item complies with the Contract.

If the Employer requires this Plant, Materials, design or workmanship to be retested, the tests shall be repeated under the same terms and conditions. If the rejection and retesting cause the Employer to incur additional costs, the Contractor shall subject to Sub-Clause 2.5 [*Employer's Claims*] pay these costs to the Employer.

7.6 Remedial Work

Notwithstanding any previous test or certification, the Employer may instruct the Contractor to:

(a) remove from the Site and replace any Plant or Materials which is not in accordance with the Contract,
(b) remove and re-execute any other work which is not in accordance with the Contract, and
(c) execute any work which is urgently required for the safety of the Works, whether because of an accident, unforeseeable event or otherwise.

If the Contractor fails to comply with any such instruction, which complies with Sub-Clause 3.4 [*Instructions*], the Employer shall be entitled to employ and pay other persons to carry out the work. Except to the extent that the Contractor would have been entitled to payment for the work, the Contractor shall subject to Sub-Clause 2.5 [*Employer's Claims*] pay to the Employer all costs arising from this failure.

7.7 Ownership of Plant and Materials

Each item of Plant and Materials shall, to the extent consistent with the Laws of the Country, become the property of the Employer at whichever is the earlier of the following times, free from liens and other encumbrances:

(a) when it is delivered to the Site;
(b) when the Contractor is entitled to payment of the value of the Plant and Materials under Sub-Clause 8.10 [*Payment for Plant and Materials in Event of Suspension*].

7.8 Royalties

Unless otherwise stated in the Employer's Requirements, the Contractor shall pay all royalties, rents and other payments for:

(a) natural Materials obtained from outside the Site, and
(b) the disposal of material from demolitions and excavations and of other surplus material (whether natural or man-made), except to the extent that disposal areas within the Site are specified in the Contract.

8 Commencement, Delays and Suspension

8.1 Commencement of Works

Unless otherwise stated in the Contract Agreement:

(a) the Employer shall give the Contractor not less than 7 days' notice of the Commencement Date; and
(b) the Commencement Date shall be within 42 days after the date on which the Contract comes into full force and effect under Sub-Clause 1.6 [*Contract Agreement*].

The Contractor shall commence the design and execution of the Works as soon as is reasonably practicable after the Commencement Date, and shall then proceed with the Works with due expedition and without delay.

8.2
Time for Completion

The Contractor shall complete the whole of the Works, and each Section (if any), within the Time for Completion for the Works or Section (as the case may be), including:

(a) achieving the passing of the Tests on Completion, and
(b) completing all work which is stated in the Contract as being required for the Works or Section to be considered to be completed for the purposes of taking-over under Sub-Clause 10.1 [*Taking Over of the Works and Sections*].

8.3
Programme

The Contractor shall submit a time programme to the Employer within 28 days after the Commencement Date. The Contractor shall also submit a revised programme whenever the previous programme is inconsistent with actual progress or with the Contractor's obligations. Unless otherwise stated in the Contract, each programme shall include:

(a) the order in which the Contractor intends to carry out the Works, including the anticipated timing of each major stage of the Works,
(b) the periods for reviews under Sub-Clause 5.2 [*Contractor's Documents*],
(c) the sequence and timing of inspections and tests specified in the Contract, and
(d) a supporting report which includes:

  (i) a general description of the methods which the Contractor intends to adopt for the execution of each major stage of the Works, and
  (ii) the approximate number of each class of Contractor's Personnel and of each type of Contractor's Equipment for each major stage.

Unless the Employer, within 21 days after receiving a programme, gives notice to the Contractor stating the extent to which it does not comply with the Contract, the Contractor shall proceed in accordance with the programme, subject to his other obligations under the Contract. The Employer's Personnel shall be entitled to rely upon the programme when planning their activities.

The Contractor shall promptly give notice to the Employer of specific probable future events or circumstances which may adversely affect or delay the execution of the Works. In this event, or if the Employer gives notice to the Contractor that a programme fails (to the extent stated) to comply with the Contract or to be consistent with actual progress and the Contractor's stated intentions, the Contractor shall submit a revised programme to the Employer in accordance with this Sub-Clause.

8.4
Extension of Time for Completion

The Contractor shall be entitled subject to Sub-Clause 20.1 [*Contractor's Claims*] to an extension of the Time for Completion if and to the extent that completion for the purposes of Sub-Clause 10.1 [*Taking Over of the Works and Sections*] is or will be delayed by any of the following causes:

(a) a Variation (unless an adjustment to the Time for Completion has been agreed under Sub-Clause 13.3 [*Variation Procedure*]),
(b) a cause of delay giving an entitlement to extension of time under a Sub-Clause of these Conditions, or
(c) any delay, impediment or prevention caused by or attributable to the Employer, the Employer's Personnel, or the Employer's other contractors on the Site.

If the Contractor considers himself to be entitled to an extension of the Time for Completion, the Contractor shall give notice to the Employer in accordance with Sub-

Clause 20.1 [*Contractor's Claims*]. When determining each extension of time under Sub-Clause 20.1, the Employer shall review previous determinations and may increase, but shall not decrease, the total extension of time.

8.5 Delays Caused by Authorities

If the following conditions apply, namely:

(a) the Contractor has diligently followed the procedures laid down by the relevant legally constituted public authorities in the Country,
(b) these authorities delay or disrupt the Contractor's work, and
(c) the delay or disruption was not reasonably foreseeable by an experienced contractor by the date for submission of the Tender,

then this delay or disruption will be considered as a cause of delay under sub-paragraph (b) of Sub-Clause 8.4 [*Extension of Time for Completion*].

8.6 Rate of Progress

If, at any time:

(a) actual progress is too slow to complete within the Time for Completion, and/or
(b) progress has fallen (or will fall) behind the current programme under Sub-Clause 8.3 [*Programme*],

other than as a result of a cause listed in Sub-Clause 8.4 [*Extension of Time for Completion*], then the Employer may instruct the Contractor to submit, under Sub-Clause 8.3 [*Programme*], a revised programme and supporting report describing the revised methods which the Contractor proposes to adopt in order to expedite progress and complete within the Time for Completion.

Unless the Employer notifies otherwise, the Contractor shall adopt these revised methods, which may require increases in the working hours and/or in the numbers of Contractor's Personnel and/or Goods, at the risk and cost of the Contractor. If these revised methods cause the Employer to incur additional costs, the Contractor shall subject to Sub-Clause 2.5 [*Employer's Claims*] pay these costs to the Employer, in addition to delay damages (if any) under Sub-Clause 8.7 below.

8.7 Delay Damages

If the Contractor fails to comply with Sub-Clause 8.2 [*Time for Completion*], the Contractor shall subject to Sub-Clause 2.5 [*Employer's Claims*] pay delay damages to the Employer for this default. These delay damages shall be the sum stated in the Particular Conditions, which shall be paid for every day which shall elapse between the relevant Time for Completion and the date stated in the Taking-Over Certificate. However, the total amount due under this Sub-Clause shall not exceed the maximum amount of delay damages (if any) stated in the Particular Conditions.

These delay damages shall be the only damages due from the Contractor for such default, other than in the event of termination under Sub-Clause 15.2 [*Termination by Employer*] prior to completion of the Works. These damages shall not relieve the Contractor from his obligation to complete the Works, or from any other duties, obligations or responsibilities which he may have under the Contract.

8.8 Suspension of Work

The Employer may at any time instruct the Contractor to suspend progress of part or all of the Works. During such suspension, the Contractor shall protect, store and secure such part or the Works against any deterioration, loss or damage.

The Employer may also notify the cause for the suspension. If and to the extent that the cause is notified and is the responsibility of the Contractor, the following Sub-Clauses 8.9, 8.10 and 8.11 shall not apply.

8.9 Consequences of Suspension

If the Contractor suffers delay and/or incurs Cost from complying with the Employer's instructions under Sub-Clause 8.8 [*Suspension of Work*] and/or from resuming the work, the Contractor shall give notice to the Employer and shall be entitled subject to Sub-Clause 20.1 [*Contractor's Claims*] to:

(a) an extension of time for any such delay, if completion is or will be delayed, under Sub-Clause 8.4 [*Extension of Time for Completion*], and
(b) payment of any such Cost, which shall be added to the Contract Price.

After receiving this notice, the Employer shall proceed in accordance with Sub-Clause 3.5 [*Determinations*] to agree or determine these matters.

The Contractor shall not be entitled to an extension of time for, or to payment of the Cost incurred in, making good the consequences of the Contractor's faulty design, workmanship or materials, or of the Contractor's failure to protect, store or secure in accordance with Sub-Clause 8.8 [*Suspension of Work*].

8.10 Payment for Plant and Materials in Event of Suspension

The Contractor shall be entitled to payment of the value (as at the date of suspension) of Plant and/or Materials which have not been delivered to Site, if:

(a) the work on Plant or delivery of Plant and/or Materials has been suspended for more than 28 days, and
(b) the Contractor has marked the Plant and/or Materials as the Employer's property in accordance with the Employer's instructions.

8.11 Prolonged Suspension

If the suspension under Sub-Clause 8.8 [*Suspension of Work*] has continued for more than 84 days, the Contractor may request the Employer's permission to proceed. If the Employer does not give permission within 28 days after being requested to do so, the Contractor may, by giving notice to the Employer, treat the suspension as an omission under Clause 13 [*Variations and Adjustments*] of the affected part of the Works. If the suspension affects the whole of the Works, the Contractor may give notice of termination under Sub-Clause 16.2 [*Termination by Contractor*].

8.12 Resumption of Work

After the permission or instruction to proceed is given, the Parties shall jointly examine the Works and the Plant and Materials affected by the suspension. The Contractor shall make good any deterioration or defect in or loss of the Works or Plant or Materials, which has occurred during the suspension.

9 Tests on Completion

9.1 Contractor's Obligations

The Contractor shall carry out the Tests on Completion in accordance with this Clause and Sub-Clause 7.4, [*Testing*] after providing the documents in accordance with Sub-Clause 5.6 [*As-Built Documents*] and Sub-Clause 5.7 [*Operation and Maintenance Manuals*].

The Contractor shall give to the Employer not less than 21 days' notice of the date after which the Contractor will be ready to carry out each of the Tests on Completion. Unless otherwise agreed, Tests on Completion shall be carried out within 14 days after this date, on such day or days as the Employer shall instruct.

Unless otherwise stated in the Particular Conditions, the Tests on Completion shall be carried out in the following sequence:

(a) pre-commissioning tests, which shall include the appropriate inspections and ("dry" or "cold") functional tests to demonstrate that each item of Plant can safely under-take the next stage, (b);
(b) commissioning tests, which shall include the specified operational tests to demonstrate that the Works or Section can be operated safely and as specified, under all available operating conditions; and
(c) trial operation, which shall demonstrate that the Works or Section perform reliably and in accordance with the Contract.

During trial operation, when the Works are operating under stable conditions, the Contractor shall give notice to the Employer that the Works are ready for any other Tests on Completion, including performance tests to demonstrate whether the Works conform with criteria specified in the Employer's Requirements and with the Performance Guarantees.

Trial operation shall not constitute a taking-over under Clause 10 [*Employer's Taking Over*]. Unless otherwise stated in the Particular Conditions, any product produced by the Works during trial operation shall be the property of the Employer.

In considering the results of the Tests on Completion, appropriate allowances shall be made for the effect of any use of the Works by the Employer on the performance or other characteristics of the Works. As soon as the Works, or a Section, have passed each of the Tests on Completion described in sub-paragraph (a), (b) or (c), the Contractor shall submit a certified report of the results of these Tests to the Employer.

9.2 Delayed Tests

If the Tests on Completion are being unduly delayed by the Employer, Sub-Clause 7.4 [*Testing*] (fifth paragraph) and/or Sub-Clause 10.3 [*Interference with Tests on Completion*] shall be applicable.

If the Tests on Completion are being unduly delayed by the Contractor, the Employer may by notice require the Contractor to carry out the Tests within 21 days after receiving the notice. The Contractor shall carry out the Tests on such day or days within that period as the Contractor may fix and of which he shall give notice to the Employer

If the Contractor fails to carry out the Tests on Completion within the period of 21 days, the Employer's Personnel may proceed with the Tests at the risk and cost of the Contractor. These Tests on Completion shall then be deemed to have been carried out in the presence of the Contractor and the results of the Tests shall be accepted as accurate.

9.3 Retesting

If the Works, or a Section, fail to pass the Tests on Completion, Sub-Clause 7.5 [*Rejection*] shall apply, and the Employer or the Contractor may require the failed Tests, and Tests on Completion on any related work, to be repeated under the same terms and conditions.

| 9.4 Failure to Pass Tests on Completion | If the Works, or a Section, fail to pass the Tests on Completion repeated under Sub-Clause 9.3 [*Retesting*], the Employer shall be entitled to: |

(a) order further repetition of Tests on Completion under Sub-Clause 9.3;
(b) if the failure deprives the Employer of substantially the whole benefit of the Works or Section, reject the Works or Section (as the case may be), in which event the Employer shall have the same remedies as are provided in sub-paragraph (c) of Sub-Clause 11.4 [*Failure to Remedy Defects*]; or
(c) issue a Taking-Over Certificate.

In the event of sub-paragraph (c), the Contractor shall proceed in accordance with all other obligations under the Contract, and the Contract Price shall be reduced by such amount as shall be appropriate to cover the reduced value to the Employer as a result of this failure. Unless the relevant reduction for this failure is stated (or its method of calculation is defined) in the Contract, the Employer may require the reduction to be (i) agreed by both Parties (in full satisfaction of this failure only) and paid before this Taking-Over Certificate is issued, or (ii) determined and paid under Sub-Clause 2.5 [*Employer's Claims*] and Sub-Clause 3.5 [*Determinations*].

10 Employer's Taking Over

10.1 Taking Over of the Works and Sections

Except as stated in Sub-Clause 9.4 [*Failure to Pass Tests on Completion*], the Works shall be taken over by the Employer when (i) the Works have been completed inaccordance with the Contract, including the matters described in Sub-Clause 8.2 [*Time for Completion*] and except as allowed in sub-paragraph (a) below, and (ii) a Taking-Over Certificate for the Works has been issued, or is deemed to have been issued in accordance with this Sub-Clause.

The Contractor may apply by notice to the Employer for a Taking-Over Certificate not earlier than 14 days before the Works will, in the Contractor's opinion, be complete and ready for taking over. If the Works are divided into Sections, the Contractor may similarly apply for a Taking-Over Certificate for each Section.

The Employer shall, within 28 days after receiving the Contractor's application:

(a) issue the Taking-Over Certificate to the Contractor, stating the date on which the Works or Section were completed in accordance with the Contract, except for any minor outstanding work and defects which will not substantially affect the use of the Works or Section for their intended purpose (either until or whilst this work is completed and these defects are remedied); or
(b) reject the application, giving reasons and specifying the work required to be done by the Contractor to enable the Taking-Over Certificate to be issued. The Contractor shall then complete this work before issuing a further notice under this Sub-Clause.

If the Employer fails either to issue the Taking-Over Certificate or to reject the Contractor's application within the period of 28 days, and if the Works or Section (as the case may be) are substantially in accordance with the Contract, the Taking-Over Certificate shall be deemed to have been issued on the last day of that period.

10.2 Taking Over of Parts of the Works

Parts of the Works (other than Sections) shall not be taken over or used by the Employer, except as may be stated in the Contract or as may be agreed by both Parties.

| 10.3 Interference with Tests on Completion | If the Contractor is prevented, for more than 14 days, from carrying out the Tests on Completion by a cause for which the Employer is responsible, the Contractor shall carry out the Tests on Completion as soon as practicable.

If the Contractor suffers delay and/or incurs Cost as a result of this delay in carrying out the Tests on Completion, the Contractor shall give notice to the Employer and shall be entitled subject to Sub-Clause 20.1 [*Contractor's Claims*] to:

(a) an extension of time for any such delay, if completion is or will be delayed, under Sub-Clause 8.4 [*Extension of Time for Completion*], and
(b) payment of any such Cost plus reasonable profit, which shall be added to the Contract Price.

After receiving this notice, the Employer shall proceed in accordance with Sub-Clause 3.5 [*Determinations*] to agree or determine these matters.

11 Defects Liability

11.1 Completion of Outstanding Work and Remedying Defects

In order that the Works and Contractor's Documents, and each Section, shall be in the condition required by the Contract (fair wear and tear excepted) by the expiry date of the relevant Defects Notification Period or as soon as practicable thereafter, the Contractor shall:

(a) complete any work which is outstanding on the date stated in a Taking-Over Certificate, within such reasonable time as is instructed by the Employer, and
(b) execute all work required to remedy defects or damage, as may be notified by the Employer on or before the expiry date of the Defects Notification Period for the Works or Section (as the case may be).

If a defect appears or damage occurs, the Employer shall notify the Contractor accordingly.

11.2 Cost of Remedying Defects

All work referred to in sub-paragraph (b) of Sub-Clause 11.1 [*Completion of Outstanding Work and Remedying Defects*] shall be executed at the risk and cost of the Contractor, if and to the extent that the work is attributable to:

(a) the design of the Works,
(b) Plant, Materials or workmanship not being in accordance with the Contract,
(c) improper operation or maintenance which was attributable to matters for which the Contractor is responsible (under Sub-Clauses 5.5 to 5.7 or otherwise), or
(d) failure by the Contractor to comply with any other obligation.

If and to the extent that such work is attributable to any other cause, the Employer shall give notice to the Contractor accordingly, and Sub-Clause 13.3 [*Variation Procedure*] shall apply.

11.3 Extension of Defects Notification Period

The Employer shall be entitled subject to Sub-Clause 2.5 [*Employer's Claims*] to an extension of the Defects Notification Period for the Works or a Section if and to the extent that the Works, Section or a major item of Plant (as the case may be, and after taking over) cannot be used for the purposes for which they are intended by reason of a defect or damage. However, a Defects Notification Period shall not be extended by more than two years.

If delivery and/or erection of Plant and/or Materials was suspended under Sub-Clause 8.8 [*Suspension of Work*] or Sub-Clause 16.1 [*Contractor's Entitlement to Suspend Work*], the Contractor's obligations under this Clause shall not apply to any defects or damage occurring more than two years after the Defects Notification Period for the Plant and/or Materials would otherwise have expired.

11.4
Failure to Remedy Defects

If the Contractor fails to remedy any defect or damage within a reasonable time, a date may be fixed by (or on behalf of) the Employer, on or by which the defect or damage is to be remedied. The Contractor shall be given reasonable notice of this date.

If the Contractor fails to remedy the defect or damage by this notified date and this remedial work was to be executed at the cost of the Contractor under Sub-Clause 11.2 [*Cost of Remedying Defects*], the Employer may (at his option):

(a) carry out the work himself or by others, in a reasonable manner and at the Contractor's cost, but the Contractor shall have no responsibility for this work; and the Contractor shall subject to Sub-Clause 2.5 [*Employer's Claims*] pay to the Employer the costs reasonably incurred by the Employer in remedying the defect or damage;

(b) agree or determine a reasonable reduction in the Contract Price in accordance with Sub-Clause 3.5 [*Determinations*]; or

(c) if the defect or damage deprives the Employer of substantially the whole benefit of the Works or any major part of the Works, terminate the Contract as a whole or in respect of such major part which cannot be put to the intended use. Without prejudice to any other rights, under the Contract or otherwise, the Employer shall then be entitled to recover all sums paid for the Works or for such part (as the case may be), plus financing costs and the cost of dismantling the same, clearing the Site and returning Plant and Materials to the Contractor.

11.5
Removal of Defective Work

If the defect or damage cannot be remedied expeditiously on the Site and the Employer gives consent, the Contractor may remove from the Site for the purposes of repair such items of Plant as are defective or damaged. This consent may require the Contractor to increase the amount of the Performance Security by the full replacement cost of these items, or to provide other appropriate security.

11.6
Further Tests

If the work of remedying of any defect or damage may affect the performance of the Works, the Employer may require the repetition of any of the tests described in the Contract, including Tests on Completion and/or Tests after Completion. The requirement shall be made by notice within 28 days after the defect or damage is remedied.

These tests shall be carried out in accordance with the terms applicable to the previous tests, except that they shall be carried out at the risk and cost of the Party liable, under Sub-Clause 11.2 [*Cost of Remedying Defects*], for the cost of the remedial work.

11.7
Right of Access

Until the Performance Certificate has been issued, the Contractor shall have the right of access to all parts of the Works and to records of the operation and performance of the Works, except as may be inconsistent with the Employer's reasonable security restrictions.

11.8
Contractor to Search

The Contractor shall, if required by the Employer, search for the cause of any defect, under the direction of the Employer. Unless the defect is to be remedied at the cost of the Contractor under Sub-Clause 11.2 [*Cost of Remedying Defects*], the Cost of the search plus reasonable profit shall be agreed or determined in accordance with Sub-Clause 3.5 [*Determinations*] and shall be added to the Contract Price.

11.9
Performance Certificate

Performance of the Contractor's obligations shall not be considered to have been completed until the Employer has issued the Performance Certificate to the Contractor, stating the date on which the Contractor completed his obligations under the Contract.

The Employer shall issue the Performance Certificate within 28 days after the latest of the expiry dates of the Defects Notification Periods, or as soon thereafter as the Contractor has supplied all the Contractor's Documents and completed and tested all the Works, including remedying any defects. If the Employer fails to issue the Performance Certificate accordingly:

(a) the Performance Certificate shall be deemed to have been issued on the date 28 days after the date on which it should have been issued, as required by this Sub-Clause, and

(b) Sub-Clause 11.11 [*Clearance of Site*] and sub-paragraph (a) of Sub-Clause 14.14 [*Cessation of Employer's Liability*] shall be inapplicable.

Only the Performance Certificate shall be deemed to constitute acceptance of the Works.

11.10
Unfulfilled Obligations

After the Performance Certificate has been issued, each Party shall remain liable for the fulfilment of any obligation which remains unperformed at that time. For the purposes of determining the nature and extent of unperformed obligations, the Contract shall be deemed to remain in force.

11.11
Clearance of Site

Upon receiving the Performance Certificate, the Contractor shall remove any remaining Contractor's Equipment, surplus material, wreckage, rubbish and Temporary Works from the Site.

If all these items have not been removed within 28 days after the Employer issues the Performance Certificate, the Employer may sell or otherwise dispose of any remaining items. The Employer shall be entitled to be paid the costs incurred in connection with, or attributable to, such sale or disposal and restoring the Site.

Any balance of the moneys from the sale shall be paid to the Contractor. If these moneys are less than the Employer's costs, the Contractor shall pay the outstanding balance to the Employer.

12 Tests after Completion

12.1
Procedure for Tests after Completion

If Tests after Completion are specified in the Contract, this Clause shall apply. Unless otherwise stated in the Particular Conditions:

(a) the Employer shall provide all electricity, fuel and materials, and make the Employer's Personnel and Plant available;

(b) the Contractor shall provide any other plant, equipment and suitably qualified and experienced staff, as are necessary to carry out the Tests after Completion efficiently; and

(c) the Contractor shall carry out the Tests after Completion in the presence of such Employer's and/or Contractor's Personnel as either Party may reasonably request

The Tests after Completion shall be carried out as soon as is reasonably practicable after the Works or Section have been taken over by the Employer. The Employer shall give to the Contractor 21 days' notice of the date after which the Tests after Completion will be carried out. Unless otherwise agreed, these Tests shall be carried out within 14 days after this date, on the day or days determined by the Employer.

The results of the Tests after Completion shall be compiled and evaluated by the Contractor, who shall prepare a detailed report. Appropriate account shall be taken of the effect of the Employer's prior use of the Works.

12.2 Delayed Tests

If the Contractor incurs Cost as a result of any unreasonable delay by the Employer to the Tests after Completion, the Contractor shall (i) give notice to the Employer and (ii) be entitled subject to Sub-Clause 20.1 [*Contractor's Claims*] to payment of any such Cost plus reasonable profit, which shall be added to the Contract Price.

After receiving this notice, the Employer shall proceed in accordance with Sub-Clause 3.5 [*Determinations*] to agree or determine this Cost and profit.

If, for reasons not attributable to the Contractor, a Test after Completion on the Works or any Section cannot be completed during the Defects Notification Period (or any other period agreed upon by both Parties), then the Works or Section shall be deemed to have passed this Test after Completion.

12.3 Retesting

If the Works, or a Section, fail to pass the Tests after Completion:

(a) sub-paragraph (b) of Sub-Clause 11.1 [*Completion of Outstanding Work and Remedying of Defects*] shall apply, and
(b) either Party may then require the failed Tests, and the Tests after Completion on any related work, to be repeated under the same terms and conditions.

If and to the extent that this failure and retesting are attributable to any of the matters listed in sub-paragraphs (a) to (d) of Sub-Clause 11.2 [*Cost of Remedying Defects*] and cause the Employer to incur additional costs, the Contractor shall subject to Sub-Clause 2.5 [*Employer's Claims*] pay these costs to the Employer.

12.4 Failure to Pass Tests after Completion

If the following conditions apply, namely:

(a) the Works, or a Section, fail to pass any or all of the Tests after Completion,
(b) the relevant sum payable as non-performance damages for this failure is stated (or its method of calculation is defined) in the Contract, and
(c) the Contractor pays this relevant sum to the Employer during the Defects Notification Period,

then the Works or Section shall be deemed to have passed these Tests after Completion.

If the Works, or a Section, fail to pass a Test after Completion and the Contractor proposes to make adjustments or modifications to the Works or such Section, the Contractor may be instructed by (or on behalf of) the Employer that right of access to the Works or Section cannot be given until a time that is convenient to the Employer. The Contractor shall then remain liable to carry out the adjustments or modifications and to satisfy this Test, within a reasonable period of receiving notice by (or on behalf of) the Employer of the time that is convenient to the Employer. However, if the Contractor does not receive this notice during the relevant Defects Notification Period, the Contractor shall be relieved of this obligation and the Works or Section (as the case may be) shall be deemed to have passed this Test after Completion.

If the Contractor incurs additional Cost as a result of any unreasonable delay by the Employer in permitting access to the Works or Plant by the Contractor, either to investigate the causes of a failure to pass a Test after Completion or to carry out any adjustments or modifications, the Contractor shall (i) give notice to the Employer and (ii) be entitled subject to Sub-Clause 20.1 [*Contractor's Claims*] to payment of any such Cost plus reasonable profit, which shall be added to the Contract Price.

After receiving this notice, the Employer shall proceed in accordance with Sub-Clause 3.5 [*Determinations*] to agree or determine this Cost and profit.

13 Variations and Adjustments

13.1 Right to Vary

Variations may be initiated by the Employer at any time prior to issuing the Taking-Over Certificate for the Works, either by an instruction or by a request for the Contractor to submit a proposal. A Variation shall not comprise the omission of any work which is to be carried out by others.

The Contractor shall execute and be bound by each Variation, unless the Contractor promptly gives notice to the Employer stating (with supporting particulars) that (i) the Contractor cannot readily obtain the Goods required for the Variation, (ii) it will reduce the safety or suitability of the Works, or (iii) it will have an adverse impact on the achievement of the Performance Guarantees. Upon receiving this notice, the Employer shall cancel, confirm or vary the instruction.

13.2 Value Engineering

The Contractor may, at any time, submit to the Employer a written proposal which (in the Contractor's opinion) will, if adopted, (i) accelerate completion, (ii) reduce the cost to the Employer of executing, maintaining or operating the Works, (iii) improve the efficiency or value to the Employer of the completed Works, or (iv) otherwise be of benefit to the Employer.

The proposal shall be prepared at the cost of the Contractor and shall include the items listed in Sub-Clause 13.3 [*Variation Procedure*].

13.3 Variation Procedure

If the Employer requests a proposal, prior to instructing a Variation, the Contractor shall respond in writing as soon as practicable, either by giving reasons why he cannot comply (if this is the case) or by submitting:

(a) a description of the proposed design and/or work to be performed and a programme for its execution,

(b) the Contractor's proposal for any necessary modifications to the programme according to Sub-Clause 8.3 [*Programme*] and to the Time for Completion, and

(c) the Contractor's proposal for adjustment to the Contract Price.

The Employer shall, as soon as practicable after receiving such proposal (under Sub Clause 13.2 [*Value Engineering*] or otherwise), respond with approval, disapproval or comments. The Contractor shall not delay any work whilst awaiting a response.

Each instruction to execute a Variation, with any requirements for the recording of Costs, shall be issued by the Employer to the Contractor, who shall acknowledge receipt.

Upon instructing or approving a Variation, the Employer shall proceed in accordance with Sub-Clause 3.5 [*Determinations*] to agree or determine adjustments to the Contract Price and the Schedule of Payments. These adjustments shall include reasonable profit, and shall take account of the Contractor's submissions under Sub-Clause 13.2 [*Value Engineering*] if applicable.

13.4 Payment in Applicable Currencies

If the Contract provides for payment of the Contract Price in more than one currency, then whenever an adjustment is agreed, approved or determined as stated above, the amount payable in each of the applicable currencies shall be specified. For this purpose, reference shall be made to the actual or expected currency proportions of the Cost of the varied work, and to the proportions of various currencies specified for payment of the Contract Price.

13.5 Provisional Sums

Each Provisional Sum shall only be used, in whole or in part, in accordance with the Employer's instructions, and the Contract Price shall be adjusted accordingly. The total sum paid to the Contractor shall include only such amounts, for the work, supplies or services to which the Provisional Sum relates, as the Employer shall have instructed. For each Provisional Sum, the Employer may instruct:

(a) work to be executed (including Plant, Materials or services to be supplied) by the Contractor and valued under Sub-Clause 13.3 [*Variation Procedure*]; and/or

(b) Plant, Materials or services to be purchased by the Contractor, for which there shall be added to the Contract Price less the original Provisional Sums:

(i) the actual amounts paid (or due to be paid) by the Contractor, and
(ii) a sum for overhead charges and profit, calculated as a percentage of these actual amounts by applying the relevant percentage rate (if any) stated in the Contract.

The Contractor shall, when required by the Employer, produce quotations, invoices, vouchers and accounts or receipts in substantiation.

13.6 Daywork

For work of a minor or incidental nature, the Employer may instruct that a Variation shall be executed on a daywork basis. The work shall then be valued in accordance with the daywork schedule included in the Contract, and the following procedure shall apply. If a daywork schedule is not included in the Contract, this Sub-Clause shall not apply.

Before ordering Goods for the work, the Contractor shall submit quotations to the Employer. When applying for payment, the Contractor shall submit invoices, vouchers and accounts or receipts for any Goods.

Except for any items for which the daywork schedule specifies that payment is not due, the Contractor shall deliver each day to the Employer accurate statements in duplicate which shall include the following details of the resources used in executing the previous day's work:

(a) the names, occupations and time of Contractor's Personnel,
(b) the identification, type and time of Contractor's Equipment and Temporary Works, and
(c) the quantities and types of Plant and Materials used.

One copy of each statement will, if correct, or when agreed, be signed by the Employer and returned to the Contractor. The Contractor shall then submit priced statements of these resources to the Employer, prior to their inclusion in the next Statement under Sub-Clause 14.3 [*Application for Interim Payments*].

13.7 Adjustments for Changes in Legislation

The Contract Price shall be adjusted to take account of any increase or decrease in Cost resulting from a change in the Laws of the Country (including the introduction of new Laws and the repeal or modification of existing Laws) or in the judicial or official governmental interpretation of such Laws, made after the Base Date, which affect the Contractor in the performance of obligations under the Contract.

If the Contractor suffers (or will suffer) delay and/or incurs (or will incur) additional Cost as a result of these changes in the Laws or in such interpretations, made after the Base Date, the Contractor shall give notice to the Employer and shall be entitled subject to Sub-Clause 20.1 [*Contractor's Claims*] to:

(a) an extension of time for any such delay, if completion is or will be delayed, under Sub-Clause 8.4 [*Extension of Time for Completion*], and
(b) payment of any such Cost, which shall be added to the Contract Price.

After receiving this notice, the Employer shall proceed in accordance with Sub-Clause 3.5 [*Determinations*] to agree or determine these matters.

13.8 Adjustments for Changes in Costs

If the Contract Price is to be adjusted for rises or falls in the cost of labour, Goods and other inputs to the Works, the adjustments shall be calculated in accordance with the provisions in the Particular Conditions.

14 Contract Price and Payment

14.1 The Contract Price

Unless otherwise stated in the Particular Conditions:

(a) payment for the Works shall be made on the basis of the lump sum Contract Price, subject to adjustments in accordance with the Contract; and
(b) the Contractor shall pay all taxes, duties and fees required to be paid by him under the Contract, and the Contract Price shall not be adjusted for any of these costs, except as stated in Sub-Clause 13.7 [*Adjustments for Changes in Legislation*].

14.2 Advance Payment

The Employer shall make an advance payment, as an interest-free loan for mobilization and design, when the Contractor submits a guarantee in accordance with this Sub-Clause including the details stated in the Particular Conditions. If the Particular Conditions does not state:

(a) the amount of the advance payment, then this Sub-Clause shall not apply;
(b) the number and timing of instalments, then there shall be only one;
(c) the applicable currencies and proportions, then they shall be those in which the Contract Price is payable; and/or
(d) the amortisation rate for repayments, then it shall be calculated by dividing the total amount of the advance payment by the Contract Price stated in the Contract Agreement less Provisional Sums.

The Employer shall pay the first instalment after receiving (i) a Statement (under Sub-Clause 14.3 [*Application for Interim Payments*]), (ii) the Performance Security in accordance with Sub-Clause 4.2 [*Performance Security*], and (iii) a guarantee in amounts and currencies equal to the advance payment. This guarantee shall be issued by an entity and from within a country (or other jurisdiction) approved by the Employer, and shall be in the form annexed to the Particular Conditions or in another form approved by the Employer. Unless and until the Employer receives this guarantee, this Sub-Clause shall not apply.

The Contractor shall ensure that the guarantee is valid and enforceable until the advance payment has been repaid, but its amount may be progressively reduced by the amount repaid by the Contractor. If the terms of the guarantee specify its expiry date, and the advance payment has not been repaid by the date 28 days prior to the expiry date, the Contractor shall extend the validity of the guarantee until the advance payment has been repaid.

The advance payment shall be repaid through proportional deductions in interim payments. Deductions shall be made at the amortization rate stated in the Particular Conditions (or, if not so stated, as stated in sub-paragraph (d) above), which shall be applied to the amount otherwise due (excluding the advance payment and deductions and repayments of retention), until such time as the advance payment has been repaid.

If the advance payment has not been repaid prior to the issue of the Taking-Over Certificate for the Works or prior to termination under Clause 15 [*Termination by Employer*], Clause 16 [*Suspension and Termination by Contractor*] or Clause 19 [*Force Majeure*] (as the case may be), the whole of the balance then outstanding shall immediately become due and payable by the Contractor to the Employer.

14.3 Application for Interim Payments

The Contractor shall submit a Statement in six copies to the Employer after the end of the period of payment stated in the Contract (if not stated, after the end of each month), in a form approved by the Employer, showing in detail the amounts to which the Contractor considers himself to be entitled, together with supporting documents which shall include the relevant report on progress in accordance with Sub-Clause 4.21 [*Progress Reports*].

The Statement shall include the following items, as applicable, which shall be expressed in the various currencies in which the Contract Price is payable, in the sequence listed:

(a) the estimated contract value of the Works executed and the Contractor's Documents produced up to the end of the month (including Variations but excluding items described in sub-paragraphs (b) to (f) below);
(b) any amounts to be added and deducted for changes in legislation and changes in cost, in accordance with Sub-Clause 13.7 [*Adjustments for Changes in Legislation*] and Sub-Clause 13.8 [*Adjustments for Changes in Cost*];
(c) any amount to be deducted for retention, calculated by applying the percentage of retention stated in the Particular Conditions to the total of the

above amounts, until the amount so retained by the Employer reaches the limit of Retention Money (if any) stated in the Particular Conditions;

(d) any amounts to be added and deducted for the advance payment and repayments in accordance with Sub-Clause 14.2 [*Advance Payment*];

(e) any other additions or deductions which may have become due under the Contract or otherwise, including those under Clause 20 [*Claims, Disputes and Arbitration*]; and

(f) the deduction of amounts included in previous Statements.

14.4 Schedule of Payments

If the Contract includes a Schedule of Payments specifying the instalments in which the Contract Price will be paid, then unless otherwise stated in this Schedule:

(a) the instalments quoted in the Schedule of Payments shall be the estimated contract values for the purposes of sub-paragraph (a) of Sub-Clause 14.3 [*Application for Interim Payments*], subject to Sub-Clause 14.5 [*Plant and Materials intended for the Works*]; and

(b) if these instalments are not defined by reference to the actual progress achieved in executing the Works, and if actual progress is found to be less than that on which the Schedule of Payments was based, then the Employer may proceed in accordance with Sub-Clause 3.5 [*Determinations*] to agree or determine revised instalments, which shall take account of the extent to which progress is less than that on which the instalments were previously based.

If the Contract does not include a Schedule of Payments, the Contractor shall submit non-binding estimates of the payments which he expects to become due during each quarterly period. The first estimate shall be submitted within 42 days after the Commencement Date. Revised estimates shall be submitted at quarterly intervals, until the Taking-Over Certificate has been issued for the Works.

14.5 Plant and Materials intended for the Works

If the Contractor is entitled, under the Contract, to an interim payment for Plant and Materials which are not yet on the Site, the Contractor shall nevertheless not be entitled to such payment unless:

(a) the relevant Plant and Materials are in the Country and have been marked as the Employer's property in accordance with the Employer's instructions; or

(b) the Contractor has delivered, to the Employer, evidence of insurance and a bank guarantee in a form and issued by an entity approved by the Employer in amounts and currencies equal to such payment. This guarantee may be in a similar form to the form referred to in Sub-Clause 14.2 [*Advance Payment*] and shall be valid until the Plant and Materials are properly stored on Site and protected against loss, damage or deterioration.

14.6 Interim Payments

No amount will be paid until the Employer has received and approved the Performance Security. Thereafter, the Employer shall within 28 days after receiving a Statement and supporting documents, give to the Contractor notice of any items in the Statement with which the Employer disagrees, with supporting particulars. Payments due shall not be withheld, except that:

(a) if any thing supplied or work done by the Contractor is not in accordance with the Contract, the cost of rectification or replacement may be withheld until rectification or replacement has been completed; and/or

(b) if the Contractor was or is failing to perform any work or obligation in accordance with the Contract, and had been so notified by the Employer, the value of this work or obligation may be withheld until the work or obligation has been performed.

The Employer may, by any payment, make any correction or modification that should properly be made to any amount previously considered due. Payment shall not be deemed to indicate the Employer's acceptance, approval, consent or satisfaction.

14.7 Timing of Payments

Except as otherwise stated in Sub-Clause 2.5 [*Employer's Claims*], the Employer shall pay to the Contractor:

(a) the first instalment of the advance payment within 42 days after the date on which the Contract came into full force and effect or within 21 days after the Employer receives the documents in accordance with Sub-Clause 4.2 [*Performance Security*] and Sub-Clause 14.2 [*Advance Payment*], whichever is later;

(b) the amount which is due in respect of each Statement, other than the Final Statement, within 56 days after receiving the Statement and supporting documents; and

(c) the final amount due, within 42 days after receiving the Final Statement and written discharge in accordance with Sub-Clause 14.11 [*Application for Final Payment*] and Sub-Clause 14.12 [*Discharge*].

Payment of the amount due in each currency shall be made into the bank account, nominated by the Contractor, in the payment country (for this currency) specified in the Contract.

14.8 Delayed Payment

If the Contractor does not receive payment in accordance with Sub-Clause 14.7 [*Timing of Payments*], the Contractor shall be entitled to receive financing charges compounded monthly on the amount unpaid during the period of delay.

Unless otherwise stated in the Particular Conditions, these financing charges shall be calculated at the annual rate of three percentage points above the discount rate of the central bank in the country of the currency of payment, and shall be paid in such currency.

The Contractor shall be entitled to this payment without formal notice, and without prejudice to any other right or remedy.

14.9 Payment of Retention Money

When the Taking-Over Certificate has been issued for the Works, and the Works have passed all specified tests (including the Tests after Completion, if any), the first half of the Retention Money shall be paid to the Contractor. If a Taking-Over Certificate is issued for a Section, the relevant percentage of the first half of the Retention Money shall be paid when the Section passes all tests.

Promptly after the latest of the expiry dates of the Defects Notification Periods, the outstanding balance of the Retention Money shall be paid to the Contractor. If a Taking-Over Certificate was issued for a Section, the relevant percentage of the second half of the Retention Money shall be paid promptly after the expiry date of the Defects Notification Period for the Section.

However, if any work remains to be executed under Clause 11 [*Defects Liability*] or Clause 12 [*Tests after Completion*], the Employer shall be entitled to withhold the estimated cost of this work until it has been executed.

The relevant percentage for each Section shall be the percentage value of the Section as stated in the Contract. If the percentage value of a Section is not stated in the Contract, no percentage of either half of the Retention Money shall be released under this Sub-Clause in respect of such Section.

14.10 Statement at Completion

Within 84 days after receiving the Taking-Over Certificate for the Works, the Contractor shall submit to the Employer six copies of a Statement at completion with supporting documents, in accordance with Sub-Clause 14.3 [Application for Interim Payments], showing:

(a) the value of all work done in accordance with the Contract up to the date stated in the Taking-Over Certificate for the Works,

(b) any further sums which the Contractor considers to be due, and

(c) an estimate of any other amounts which the Contractor considers will become due to him under the Contract. Estimated amounts shall be shown separately in this Statement at completion.

The Employer shall then give notice to the Contractor in accordance with Sub-Clause 14.6 [Interim Payments] and make payment in accordance with Sub-Clause 14.7 [Timing of Payments].

14.11 Application for Final Payment

Within 56 days after receiving the Performance Certificate, the Contractor shall submit, to the Employer, six copies of a draft final statement with supporting documents showing in detail in a form approved by the Employer:

(a) the value of all work done in accordance with the Contract, and

(b) any further sums which the Contractor considers to be due to him under the Contract or otherwise.

If the Employer disagrees with or cannot verify any part of the draft final statement, the Contractor shall submit such further information as the Employer may reasonably require and shall make such changes in the draft as may be agreed between them. The Contractor shall then prepare and submit to the Employer the final statement as agreed. This agreed statement is referred to in these Conditions as the "Final Statement".

However if, following discussions between the Parties and any changes to the draft final statement which are agreed, it becomes evident that a dispute exists, the Employer shall pay the agreed parts of the draft final statement in accordance with Sub-Clause 14.6 [Interim Payments] and Sub-Clause 14.7 [Timing of Payments]. Thereafter, if the dispute is finally resolved under Sub-Clause 20.4 [Obtaining Dispute Adjudication Board's Decision] or Sub-Clause 20.5 [Amicable Settlement], the Contractor shall then prepare and submit to the Employer a Final Statement.

14.12 Discharge

When submitting the Final Statement, the Contractor shall submit a written discharge which confirms that the total of the Final Statement represents full and final settlement of all moneys due to the Contractor under or in connection with the Contract. This discharge may state that it becomes effective when the Contractor has received the Performance Security and the out-standing balance of this total, in which event the discharge shall be effective on such date.

14.13 Final Payment

In accordance with sub-paragraph (c) of Sub-Clause 14.7 [Timing of Payments], the Employer shall pay to the Contractor the amount which is finally due, less all amounts previously paid by the Employer and any deductions in accordance with Sub-Clause 2.5 [*Employer's Claims*].

14.14

Cessation of Employer's Liability

The Employer shall not be liable to the Contractor for any matter or thing under or in connection with the Contract or execution of the Works, except to the extent that the Contractor shall have included an amount expressly for it:

(a) in the Final Statement and also
(b) (except for matters or things arising after the issue of the Taking-Over Certificate for the Works) in the Statement at completion described in Sub-Clause 14.10 [*Statement at Completion*].

However, this Sub-Clause shall not limit the Employer's liability under his indemnification obligations, or the Employer's liability in any case of fraud, deliberate default or reckless misconduct by the Employer.

14.15

Currencies of Payment

The Contract Price shall be paid in the currency or currencies named in the Contract Agreement. Unless otherwise stated in the Particular Conditions, if more than one currency is so named, payments shall be made as follows:

(a) if the Contract Price was expressed in Local Currency only:

   (i) the proportions or amounts of the Local and Foreign Currencies, and the fixed rates of exchange to be used for calculating the payments, shall be as stated in the Contract Agreement, except as otherwise agreed by both Parties;
   (ii) payments and deductions under Sub-Clause 13.5 [*Provisional Sums*] and Sub-Clause 13.7 [*Adjustments for Changes in Legislation*] shall be made in the applicable currencies and proportions; and
   (iii) other payments and deductions under sub-paragraphs (a) to (d) of Sub-Clause 14.3 [*Application for Interim Payments*] shall be made in the currencies and proportions specified in sub-paragraph (a)(i) above;

(b) payment of the damages specified in the Particular Conditions shall be made in the currencies and proportions specified in the Particular Conditions;
(c) other payments to the Employer by the Contractor shall be made in the currency in which the sum was expended by the Employer, or in such currency as may be agreed by both Parties;
(d) if any amount payable by the Contractor to the Employer in a particular currency exceeds the sum payable by the Employer to the Contractor in that currency, the Employer may recover the balance of this amount from the sums otherwise payable to the Contractor in other currencies; and
(e) if no rates of exchange are stated in the Contract, they shall be those prevailing on the Base Date and determined by the central bank of the Country.

Termination by Employer

15.1

Notice to Correct

If the Contractor fails to carry out any obligation under the Contract, the Employer may by notice require the Contractor to make good the failure and to remedy it within a specified reasonable time.

| 15.2 Termination by Employer | The Employer shall be entitled to terminate the Contract if the Contractor: |

(a) fails to comply with Sub-Clause 4.2 [*Performance Security*] or with a notice under Sub-Clause 15.1 [*Notice to Correct*],

(b) abandons the Works or otherwise plainly demonstrates the intention not to continue performance of his obligations under the Contract,

(c) without reasonable excuse fails to proceed with the Works in accordance with Clause 8 [*Commencement, Delays and Suspension*],

(d) subcontracts the whole of the Works or assigns the Contract without the required agreement,

(e) becomes bankrupt or insolvent, goes into liquidation, has a receiving or administration order made against him, compounds with his creditors, or carries on business under a receiver, trustee or manager for the benefit of his creditors, or if any act is done or event occurs which (under applicable Laws) has a similar effect to any of these acts or events, or

(f) gives or offers to give (directly or indirectly) to any person any bribe, gift, gratuity, commission or other thing of value, as an inducement or reward:

 (i) for doing or forbearing to do any action in relation to the Contract, or

 (ii) for showing or forbearing to show favour or disfavour to any person in relation to the Contract,

or if any of the Contractor's Personnel, agents or Subcontractors gives or offers to give (directly or indirectly) to any person any such inducement or reward as is described in this sub-paragraph (f). However, lawful inducements and rewards to Contractor's Personnel shall not entitle termination.

In any of these events or circumstances, the Employer may, upon giving 14 days' notice to the Contractor, terminate the Contract and expel the Contractor from the Site. However, in the case of sub-paragraph (e) or (f), the Employer may by notice terminate the Contract immediately.

The Employer's election to terminate the Contract shall not prejudice any other rights of the Employer, under the Contract or otherwise.

The Contractor shall then leave the Site and deliver any required Goods, all Contractor's Documents, and other design documents made by or for him, to the Employer. However, the Contractor shall use his best efforts to comply immediately with any reasonable instructions included in the notice (i) for the assignment of any sub-contract, and (ii) for the protection of life or property or for the safety of the Works.

After termination, the Employer may complete the Works and/or arrange for any other entities to do so. The Employer and these entities may then use any Goods, Contractor's Documents and other design documents made by or on behalf of the Contractor.

The Employer shall then give notice that the Contractor's Equipment and Temporary Works will be released to the Contractor at or near the Site. The Contractor shall promptly arrange their removal, at the risk and cost of the Contractor. However, if by this time the Contractor has failed to make a payment due to the Employer, these items may be sold by the Employer in order to recover this payment. Any balance of the proceeds shall then be paid to the Contractor.

15.3
Valuation at Date of Termination

As soon as practicable after a notice of termination under Sub-Clause 15.2 [*Termination by Employer*] has taken effect, the Employer shall proceed in accordance with Sub-Clause 3.5 [*Determinations*] to agree or determine the value of the Works,

Goods and Contractor's Documents, and any other sums due to the Contractor for work executed in accordance with the Contract.

15.4
Payment after Termination

After a notice of termination under Sub-Clause 15.2 [*Termination by Employer*] has taken effect, the Employer may:

(a) proceed in accordance with Sub-Clause 2.5 [*Employer's Claims*],

(b) with-hold further payments to the Contractor until the costs of design, execution, completion and remedying of any defects, damages for delay in completion (if any), and all other costs incurred by the Employer, have been established, and/or

(c) recover from the Contractor any losses and damages incurred by the Employer and any extra costs of completing the Works, after allowing for any sum due to the Contractor under Sub-Clause 15.3 [*Valuation at Date of Termination*]. After recovering any such losses, damages and extra costs, the Employer shall pay any balance to the Contractor.

15.5
Employer's Entitlement to Termination

The Employer shall be entitled to terminate the Contract, at any time for the Employer's convenience, by giving notice of such termination to the Contractor. The termination shall take effect 28 days after the later of the dates on which the Contractor receives this notice or the Employer returns the Performance Security. The Employer shall not terminate the Contract under this Sub-Clause in order to execute the Works himself or to arrange for the Works to be executed by another contractor.

After this termination, the Contractor shall proceed in accordance with Sub-Clause 16.3 [*Cessation of Work and Removal of Contractor's Equipment*] and shall be paid in accordance with Sub-Clause 19.6 [*Optional Termination, Payment and Release*].

16 Suspension and Termination by Contractor

16.1
Contractor's Entitlement to Suspend Work

If the Employer fails to comply with Sub-Clause 2.4 [*Employer's Financial Arrangements*] or Sub-Clause 14.7 [*Timing of Payments*], the Contractor may, after giving not less than 21 days' notice to the Employer, suspend work (or reduce the rate of work) unless and until the Contractor has received the reasonable evidence or payment, as the case may be and as described in the notice.

The Contractor's action shall not prejudice his entitlements to financing charges under Sub-Clause 14.8 [*Delayed Payment*] and to termination under Sub-Clause 16.2 [*Termination by Contractor*].

If the Contractor subsequently receives such evidence or payment (as described in the relevant Sub-Clause and in the above notice) before giving a notice of termination, the Contractor shall resume normal working as soon as is reasonably practicable.

If the Contractor suffers delay and/or incurs Cost as a result of suspending work (or reducing the rate of work) in accordance with this Sub-Clause, the Contractor shall give notice to the Employer and shall be entitled subject to Sub-Clause 20.1 [*Contractor's Claims*] to:

(a) an extension of time for any such delay, if completion is or will be delayed, under Sub-Clause 8.4 [*Extension of Time for Completion*], and

	(b) payment of any such Cost plus reasonable profit, which shall be added to the Contract Price.
	After receiving this notice, the Employer shall proceed in accordance with Sub-Clause 3.5 [*Determinations*] to agree or determine these matters.
16.2 **Termination by** **Contractor**	The Contractor shall be entitled to terminate the Contract if:
	(a) the Contractor does not receive the reasonable evidence within 42 days after giving notice under Sub-Clause 16.1 [*Contractor's Entitlement to Suspend Work*] in respect of a failure to comply with Sub-Clause 2.4 [*Employer's Financial Arrangements*],
	(b) the Contractor does not receive the amount due within 42 days after the expiry of the time stated in Sub-Clause 14.7 [*Timing of Payments*] within which payment is to be made (except for deductions in accordance with Sub-Clause 2.5 [*Employer's Claims*]),
	(c) the Employer substantially fails to perform his obligations under the Contract,
	(d) the Employer fails to comply with Sub-Clause 1.7 [*Assignment*],
	(e) a prolonged suspension affects the whole of the Works as described in Sub-Clause 8.11 [*Prolonged Suspension*], or
	(f) the Employer becomes bankrupt or insolvent, goes into liquidation, has a receiving or administration order made against him, compounds with his creditors, or carries on business under a receiver, trustee or manager for the benefit of his creditors, or if any act is done or event occurs which (under applicable Laws) has a similar effect to any of these acts or events.
	In any of these events or circumstances, the Contractor may, upon giving 14 days' notice to the Employer, terminate the Contract. However, in the case of sub-paragraph (e) or (f), the Contractor may by notice terminate the Contract immediately.
	The Contractor's election to terminate the Contract shall not prejudice any other rights of the Contractor, under the Contract or otherwise.
16.3 **Cessation of Work and** **Removal of Contractor's** **Equipment**	After a notice of termination under Sub-Clause 15.5 [*Employer's Entitlement to Termination*], Sub-Clause 16.2 [*Termination by Contractor*] or Sub-Clause 19.6 [*Optional Termination, Payment and Release*] has taken effect, the Contractor shall promptly:
	(a) cease all further work, except for such work as may have been instructed by the Employer for the protection of life or property or for the safety of the Works,
	(b) hand over Contractor's Documents, Plant, Materials and other work, for which the Contractor has received payment, and
	(c) remove all other Goods from the Site, except as necessary for safety, and leave the Site.
16.4 **Payment on Termination**	After a notice of termination under Sub-Clause 16.2 [*Termination by Contractor*] has taken effect, the Employer shall promptly:
	(a) return the Performance Security to the Contractor,
	(b) pay the Contractor in accordance with Sub-Clause 19.6 [*Optional Termination, Payment and Release*], and
	(c) pay to the Contractor the amount of any loss of profit or other loss or damage sustained by the Contractor as a result of this termination.

17 Risk and Responsibility

17.1
Indemnities

The Contractor shall indemnify and hold harmless the Employer, the Employer's Personnel, and their respective agents, against and from all claims, damages, losses and expenses (including legal fees and expenses) in respect of:

(a) bodily injury, sickness, disease or death, of any person whatsoever arising out of or in the course of or by reason of the design, execution and completion of the Works and the remedying of any defects, unless attributable to any negligence, wilful act or breach of the Contract by the Employer, the Employer's Personnel, or any of their respective agents, and

(b) damage to or loss of any property, real or personal (other than the Works), to the extent that such damage or loss:

  (i) arises out of or in the course of or by reason of the design, execution and completion of the Works and the remedying of any defects, and

  (ii) is not attributable to any negligence, wilful act or breach of the Contract by the Employer, the Employer's Personnel, their respective agents, or anyone directly or indirectly employed by any of them.

The Employer shall indemnify and hold harmless the Contractor, the Contractor's Personnel, and their respective agents, against and from all claims, damages, losses and expenses (including legal fees and expenses) in respect of (1) bodily injury, sickness, disease or death, which is attributable to any negligence, wilful act or breach of the Contract by the Employer, the Employer's Personnel, or any of their respective agents, and (2) the matters for which liability may be excluded from insurance cover, as described in sub-paragraphs (d)(i), (ii) and (iii) of Sub-Clause 18.3 [*Insurance Against Injury to Persons and Damage to Property*].

17.2
Contractor's Care of the Works

The Contractor shall take full responsibility for the care of the Works and Goods from the Commencement Date until the Taking-Over Certificate is issued (or is deemed to be issued under Sub-Clause 10.1 [*Taking Over of the Works and Sections*]) for the Works, when responsibility for the care of the Works shall pass to the Employer. If a Taking-Over Certificate is issued (or is so deemed to be issued) for any Section of the Works, responsibility for the care of the Section shall then pass to the Employer.

After responsibility has accordingly passed to the Employer, the Contractor shall take responsibility for the care of any work which is outstanding on the date stated in a Taking-Over Certificate, until this outstanding work has been completed.

If any loss or damage happens to the Works, Goods or Contractor's Documents during the period when the Contractor is responsible for their care, from any cause not listed in Sub-Clause 17.3 [*Employer's Risks*], the Contractor shall rectify the loss or damage at the Contractor's risk and cost, so that the Works, Goods and Contractor's Documents conform with the Contract.

The Contractor shall be liable for any loss or damage caused by any actions performed by the Contractor after a Taking-Over Certificate has been issued. The Contractor shall also be liable for any loss or damage which occurs after a Taking-Over Certificate has been issued and which arose from a previous event for which the Contractor was liable.

17.3 **Employer's Risks**	The risks referred to in Sub-Clause 17.4 below are: (a) war, hostilities (whether war be declared or not), invasion, act of foreign enemies, (b) rebellion, terrorism, revolution, insurrection, military or usurped power, or civil war, within the Country, (c) riot, commotion or disorder within the Country by persons other than the Contractor's Personnel and other employees of the Contractor and Subcontractors, (d) munitions of war, explosive materials, ionising radiation or contamination by radio-activity, within the Country, except as may be attributable to the Contractor's use of such munitions, explosives, radiation or radio-activity, and (e) pressure waves caused by aircraft or other aerial devices travelling at sonic or supersonic speeds.
17.4 **Consequences of Employer's Risks**	If and to the extent that any of the risks listed in Sub-Clause 17.3 above results in loss or damage to the Works, Goods or Contractor's Documents, the Contractor shall promptly give notice to the Employer and shall rectify this loss or damage to the extent required by the Employer. If the Contractor suffers delay and/or incurs Cost from rectifying this loss or damage, the Contractor shall give a further notice to the Employer and shall be entitled subject to Sub-Clause 20.1 [*Contractor's Claims*] to: (a) an extension of time for any such delay, if completion is or will be delayed, under Sub-Clause 8.4 [*Extension of Time for Completion*], and (b) payment of any such Cost, which shall be added to the Contract Price. After receiving this further notice, the Employer shall proceed in accordance with Sub Clause 3.5 [*Determinations*] to agree or determine these matters.

17.5
Intellectual and Industrial Property Rights
	In this Sub-Clause, "infringement" means an infringement (or alleged infringement) of any patent, registered design, copyright, trade mark, trade name, trade secret or other intellectual or industrial property right relating to the Works; and "claim" means a claim (or proceedings pursuing a claim) alleging an infringement.
	
	Whenever a Party does not give notice to the other Party of any claim within 28 days of receiving the claim, the first Party shall be deemed to have waived any right to indemnity under this Sub-Clause.
	
	The Employer shall indemnify and hold the Contractor harmless against and from any claim alleging an infringement which is or was:
	
	(a) an unavoidable result of the Contractor's compliance with the Employer's Requirements, or
	(b) a result of any Works being used by the Employer:
	  (i) for a purpose other than that indicated by, or reasonably to be inferred from, the Contract, or
	  (ii) in conjunction with any thing not supplied by the Contractor, unless such use was disclosed to the Contractor prior to the Base Date or is stated in the Contract.
	
	The Contractor shall indemnify and hold the Employer harmless against and from any other claim which arises out of or in relation to (i) the Contractor's design,

manufacture, construction or execution of the Works, (ii) the use of Contractor's Equipment, or (iii) the proper use of the Works.

If a Party is entitled to be indemnified under this Sub-Clause, the indemnifying Party may (at its cost) conduct negotiations for the settlement of the claim, and any litigation or arbitration which may arise from it. The other Party shall, at the request and cost of the indemnifying Party, assist in contesting the claim. This other Party (and its Personnel) shall not make any admission which might be prejudicial to the indemnifying Party, unless the indemnifying Party failed to take over the conduct of any negotiations, litigation or arbitration upon being requested to do so by such other Party.

17.6 Limitation of Liability

Neither Party shall be liable to the other Party for loss of use of any Works, loss of profit, loss of any contract or for any indirect or consequential loss or damage which may be suffered by the other Party in connection with the Contract, other than under Sub-Clause 16.4 [*Payment on Termination*] and Sub-Clause 17.1 [*Indemnities*].

The total liability of the Contractor to the Employer, under or in connection with the Contract other than under Sub-Clause 4.19 [*Electricity, Water and Gas*], Sub-Clause 4.20 [*Employer's Equipment and Free-Issue Material*], Sub-Clause 17.1 [*Indemnities*] and Sub-Clause 17.5 [*Intellectual and Industrial Property Rights*], shall not exceed the sum stated in the Particular Conditions or (if a sum is not so stated) the Contract Price stated in the Contract Agreement.

This Sub-Clause shall not limit liability in any case of fraud, deliberate default or reckless misconduct by the defaulting Party.

18 Insurance

18.1 General Requirements for Insurances

In this Clause, "insuring Party" means, for each type of insurance, the Party responsible for effecting and maintaining the insurance specified in the relevant Sub-Clause.

Wherever the Contractor is the insuring Party, each insurance shall be effected with insurers and in terms approved by the Employer. These terms shall be consistent with any terms agreed by both Parties before they signed the Contract Agreement. This agreement of terms shall take precedence over the provisions of this Clause.

Wherever the Employer is the insuring Party, each insurance shall be effected with insurers and in terms consistent with the details annexed to the Particular Conditions.

If a policy is required to indemnify joint insured, the cover shall apply separately to each insured as though a separate policy had been issued for each of the joint insured. If a policy indemnifies additional joint insured, namely in addition to the insured specified in this Clause, (i) the Contractor shall act under the policy on behalf of these additional joint insured except that the Employer shall act for Employer's Personnel, (ii) additional joint insured shall not be entitled to receive payments directly from the insurer or to have any other direct dealings with the insurer, and (iii) the insuring Party shall require all additional joint insured to comply with the conditions stipulated in the policy.

Each policy insuring against loss or damage shall provide for payments to be made in the currencies required to rectify the loss or damage. Payments received from insurers shall be used for the rectification of the loss or damage.

The relevant insuring Party shall, within the respective periods stated in the Particular Conditions (calculated from the Commencement Date), submit to the other Party:

(a) evidence that the insurances described in this Clause have been effected, and
(b) copies of the policies for the insurances described in Sub-Clause 18.2 [*Insurance of Works and Contractor's Equipment*] and Sub-Clause 18.3 [*Insurance against Injury to Persons and Damage to Property*].

When each premium is paid, the insuring Party shall submit evidence of payment to the other Party.

Each Party shall comply with the conditions stipulated in each of the insurance policies. The insuring Party shall keep the insurers informed of any relevant changes to the execution of the Works and ensure that insurance is maintained in accordance with this Clause.

Neither Party shall make any material alteration to the terms of any insurance without the prior approval of the other Party. If an insurer makes (or attempts to make) any alteration, the Party first notified by the insurer shall promptly give notice to the other Party.

If the insuring Party fails to effect and keep in force any of the insurances it is required to effect and maintain under the Contract, or fails to provide satisfactory evidence and copies of policies in accordance with this Sub-Clause, the other Party may (at its option and without prejudice to any other right or remedy) effect insurance for the relevant coverage and pay the premiums due. The insuring Party shall pay the amount of these premiums to the other Party, and the Contract Price shall be adjusted accordingly.

Nothing in this Clause limits the obligations, liabilities or responsibilities of the Contractor or the Employer, under the other terms of the Contract or otherwise. Any amounts not insured or not recovered from the insurers shall be borne by the Contractor and/or the Employer in accordance with these obligations, liabilities or responsibilities. However, if the insuring Party fails to effect and keep in force an insurance which is available and which it is required to effect and maintain under the Contract, and the other Party neither approves the omission nor effects insurance for the coverage relevant to this default, any moneys which should have been recoverable under this insurance shall be paid by the insuring Party.

Payments by one Party to the other Party shall be subject to Sub-Clause 2.5 [*Employer's Claims*] or Sub-Clause 20.1 [*Contractor's Claims*], as applicable.

18.2
Insurance for Works and Contractor's Equipment

The insuring Party shall insure the Works, Plant, Materials and Contractor's Documents for not less than the full reinstatement cost including the costs of demolition, removal of debris and professional fees and profit. This insurance shall be effective from the date by which the evidence is to be submitted under sub-paragraph (a) of Sub-Clause 18.1 [*General Requirements for Insurances*], until the date of issue of the Taking-Over Certificate for the Works.

The insuring Party shall maintain this insurance to provide cover until the date of issue of the Performance Certificate, for loss or damage for which the Contractor is liable arising from a cause occurring prior to the issue of the Taking-Over Certificate, and for loss or damage caused by the Contractor or Subcontractors in the course of any other operations (including those under Clause 11 [*Defects Liability*] and Clause 12 [*Tests after Completion*]).

The insuring Party shall insure the Contractor's Equipment for not less than the full replacement value, including delivery to Site. For each item of Contractor's Equipment, the insurance shall be effective while it is being transported to the Site and until it is no longer required as Contractor's Equipment.

Unless otherwise stated in the Particular Conditions, insurances under this Sub-Clause:

(a) shall be effected and maintained by the Contractor as insuring Party,
(b) shall be in the joint names of the Parties, who shall be jointly entitled to receive payments from the insurers, payments being held or allocated between the Parties for the sole purpose of rectifying the loss or damage,
(c) shall cover all loss and damage from any cause not listed in Sub-Clause 17.3 [Employer's Risks],
(d) shall also cover loss or damage from the risks listed in sub-paragraph (c) of Sub-Clause 17.3 [Employer's Risks], with deductibles per occurrence of not more than the amount stated in the Particular Conditions (if an amount is not so stated, this sub-paragraph (d) shall not apply), and
(e) may however exclude loss of, damage to, and reinstatement of:

(i) a part of the Works which is in a defective condition due to a defect in its design, materials or workmanship (but cover shall include any other parts which are lost or damaged as a direct result of this defective condition and not as described in sub-paragraph (ii) below),
(ii) a part of the Works which is lost or damaged in order to reinstate any other part of the Works if this other part is in a defective condition due to a defect in its design, materials or workmanship,
(iii) a part of the Works which has been taken over by the Employer, except to the extent that the Contractor is liable for the loss or damage, and
(iv) Goods while they are not in the Country, subject to Sub-Clause 14.5 [Plant and Materials intended for the Works].

If, more than one year after the Base Date, the cover described in sub-paragraph (d) above ceases to be available at commercially reasonable terms, the Contractor shall (as insuring Party) give notice to the Employer, with supporting particulars. The Employer shall then (i) be entitled subject to Sub-Clause 2.5 [Employer's Claims] to payment of an amount equivalent to such commercially reasonable terms as the Contractor should have expected to have paid for such cover, and (ii) be deemed, unless he obtains the cover at commercially reasonable terms, to have approved the omission under Sub-Clause 18.1 [General Requirements for Insurances].

18.3 Insurance against Injury to Persons and Damage to Property

The insuring Party shall insure against each Party's liability for any loss, damage, death or bodily injury which may occur to any physical property (except things insured under Sub-Clause 18.2 [Insurance for Works and Contractor's Equipment]) or to any person (except persons insured under Sub-Clause 18.4 [Insurance for Contractor's Personnel]), which may arise out of the Contractor's performance of the Contract and occurring before the issue of the Performance Certificate.

This insurance shall be for a limit per occurrence of not less than the amount stated in the Particular Conditions, with no limit on the number of occurrences. If an amount is not stated in the Contract, this Sub-Clause shall not apply.

Unless otherwise stated in the Particular Conditions, the insurances specified in this Sub-Clause:

(a) shall be effected and maintained by the Contractor as insuring Party,
(b) shall be in the joint names of the Parties,
(c) shall be extended to cover liability for all loss and damage to the Employer's property (except things insured under Sub-Clause 18.2) arising out of the Contractor's performance of the Contract, and
(d) may however exclude liability to the extent that it arises from:

   (i) the Employer's right to have the Permanent Works executed on, over, under, in or through any land, and to occupy this land for the Permanent Works,
   (ii) damage which is an unavoidable result of the Contractor's obligations to execute the Works and remedy any defects, and
   (iii) a cause listed in Sub-Clause 17.3 [*Employer's Risks*], except to the extent that cover is available at commercially reasonable terms.

18.4 Insurance for Contractor's Personnel

The Contractor shall effect and maintain insurance against liability for claims, damages, losses and expenses (including legal fees and expenses) arising from injury, sickness, disease or death of any person employed by the Contractor or any other of the Contractor's Personnel.

The Employer shall also be indemnified under the policy of insurance, except that this insurance may exclude losses and claims to the extent that they arise from any act or neglect of the Employer or of the Employer's Personnel.

The insurance shall be maintained in full force and effect during the whole time that these personnel are assisting in the execution of the Works. For a Subcontractor's employees, the insurance may be effected by the Subcontractor, but the Contractor shall be responsible for compliance with this Clause.

19 Force Majeure

19.1 Definition of Force Majeure

In this Clause, "Force Majeure" means an exceptional event or circumstance:

(a) which is beyond a Party's control,
(b) which such Party could not reasonably have provided against before entering into the Contract,
(c) which, having arisen, such Party could not reasonably have avoided or overcome, and
(d) which is not substantially attributable to the other Party.

Force Majeure may include, but is not limited to, exceptional events or circumstances of the kind listed below, so long as conditions (a) to (d) above are satisfied:

   (i) war, hostilities (whether war be declared or not), invasion, act of foreign enemies,
   (ii) rebellion, terrorism, revolution, insurrection, military or usurped power, or civil war,
   (iii) riot, commotion, disorder, strike or lockout by persons other than the Contractor's Personnel and other employees of the Contractor and Sub-contractors,
   (iv) munitions of war, explosive materials, ionising radiation or contamination

by radio-activity, except as may be attributable to the Contractor's use of such munitions, explosives, radiation or radio-activity, and

(v) natural catastrophes such as earthquake, hurricane, typhoon or volcanic activity.

19.2
Notice of Force Majeure

If a Party is or will be prevented from performing any of its obligations under the Contract by Force Majeure, then it shall give notice to the other Party of the event or circumstances constituting the Force Majeure and shall specify the obligations, the performance of which is or will be prevented. The notice shall be given within 14 days after the Party became aware, or should have become aware, of the relevant event or circumstance constituting Force Majeure.

The Party shall, having given notice, be excused performance of such obligations for so long as such Force Majeure prevents it from performing them.

Notwithstanding any other provision of this Clause, Force Majeure shall not apply to obligations of either Party to make payments to the other Party under the Contract.

19.3
Duty to Minimise Delay

Each Party shall at all times use all reasonable endeavours to minimise any delay in the performance of the Contract as a result of Force Majeure.

A Party shall give notice to the other Party when it ceases to be affected by the Force Majeure.

19.4
Consequences of Force Majeure

If the Contractor is prevented from performing any of his obligations under the Contract by Force Majeure of which notice has been given under Sub-Clause 19.2 [*Notice of Force Majeure*], and suffers delay and/or incurs Cost by reason of such Force Majeure, the Contractor shall be entitled subject to Sub-Clause 20.1 [*Contractor's Claims*] to:

(a) an extension of time for any such delay, if completion is or will be delayed, under Sub-Clause 8.4 [*Extension of Time for Completion*], and

(b) if the event or circumstance is of the kind described in sub-paragraphs (i) to (iv) of Sub-Clause 19.1 [*Definition of Force Majeure*] and, in the case of sub-paragraphs (ii) to (iv), occurs in the Country, payment of any such Cost.

After receiving this notice, the Employer shall proceed in accordance with Sub-Clause 3.5 [*Determinations*] to agree or determine these matters.

19.5
Force Majeure Affecting Subcontractor

If any Subcontractor is entitled under any contract or agreement relating to the Works to relief from force majeure on terms additional to or broader than those specified in this Clause, such additional or broader force majeure events or circumstances shall not excuse the Contractor's non-performance or entitle him to relief under this Clause.

19.6
Optional Termination, Payment and Release

If the execution of substantially all the Works in progress is prevented for a continuous period of 84 days by reason of Force Majeure of which notice has been given under Sub-Clause 19.2 [*Notice of Force Majeure*], or for multiple periods which total more than 140 days due to the same notified Force Majeure, then either Party may give to the other Party a notice of termination of the Contract. In this event, the termination shall take effect 7 days after the notice is given, and the Contractor shall proceed in accordance with Sub-Clause 16.3 [*Cessation of Work and Removal of Contractor's Equipment*].

Upon such termination, the Employer shall pay to the Contractor:

(a) the amounts payable for any work carried out for which a price is stated in the Contract;

(b) the Cost of Plant and Materials ordered for the Works which have been delivered to the Contractor, or of which the Contractor is liable to accept delivery: this Plant and Materials shall become the property of (and be at the risk of) the Employer when paid for by the Employer, and the Contractor shall place the same at the Employer's disposal;

(c) any other Cost or liability which in the circumstances was reasonably incurred by the Contractor in the expectation of completing the Works;

(d) the Cost of removal of Temporary Works and Contractor's Equipment from the Site and the return of these items to the Contractor's works in his country (or to any other destination at no greater cost); and

(e) the Cost of repatriation of the Contractor's staff and labour employed wholly in connection with the Works at the date of termination.

19.7
Release from Performance under the Law

Notwithstanding any other provision of this Clause, if any event or circumstance outside the control of the Parties (including, but not limited to, Force Majeure) arises which makes it impossible or unlawful for either or both Parties to fulfil its or their contractual obligations or which, under the law governing the Contract, entitles the Parties to be released from further performance of the Contract, then upon notice by either Party to the other Party of such event or circumstance:

(a) the Parties shall be discharged from further performance, without prejudice to the rights of either Party in respect of any previous breach of the Contract, and

(b) the sum payable by the Employer to the Contractor shall be the same as would have been payable under Sub-Clause 19.6 [*Optional Termination, Payment and Release*] if the Contract had been terminated under Sub-Clause 19.6.

20 Claims, Disputes and Arbitration

20.1
Contractor's Claims

If the Contractor considers himself to be entitled to any extension of the Time for Completion and/or any additional payment, under any Clause of these Conditions or otherwise in connection with the Contract, the Contractor shall give notice to the Employer, describing the event or circumstance giving rise to the claim. The notice shall be given as soon as practicable, and not later than 28 days after the Contractor became aware, or should have become aware, of the event or circumstance.

If the Contractor fails to give notice of a claim within such period of 28 days, the Time for Completion shall not be extended, the Contractor shall not be entitled to additional payment, and the Employer shall be discharged from all liability in connection with the claim. Otherwise, the following provisions of this Sub-Clause shall apply.

The Contractor shall also submit any other notices which are required by the Contract, and supporting particulars for the claim, all as relevant to such event or circumstance.

The Contractor shall keep such contemporary records as may be necessary to substantiate any claim, either on the Site or at another location acceptable to the Employer. Without admitting liability, the Employer may, after receiving any notice under this Sub-Clause, monitor the record-keeping and/or instruct the Contractor to keep further contemporary records. The Contractor shall permit the Employer to inspect all these records, and shall (if instructed) submit copies to the Employer.

Within 42 days after the Contractor became aware (or should have become aware) of the event or circumstance giving rise to the claim, or within such other period as may be proposed by the Contractor and approved by the Employer, the Contractor shall send to the Employer a fully detailed claim which includes full supporting particulars of the basis of the claim and of the extension of time and/or additional payment claimed. If the event or circumstance giving rise to the claim has a continuing effect:

(a) this fully detailed claim shall be considered as interim;
(b) the Contractor shall send further interim claims at monthly intervals, giving the accumulated delay and/or amount claimed, and such further particulars as the Employer may reasonably require; and
(c) the Contractor shall send a final claim within 28 days after the end of the effects resulting from the event or circumstance, or within such other period as may be proposed by the Contractor and approved by the Employer.

Within 42 days after receiving a claim or any further particulars supporting a previous claim, or within such other period as may be proposed by the Employer and approved by the Contractor, the Employer shall respond with approval, or with disapproval and detailed comments. He may also request any necessary further particulars, but shall nevertheless give his response on the principles of the claim within such time.

Each interim payment shall include such amounts for any claim as have been reasonably substantiated as due under the relevant provision of the Contract. Unless and until the particulars supplied are sufficient to substantiate the whole of the claim, the Contractor shall only be entitled to payment for such part of the claim as he has been able to substantiate.

The Employer shall proceed in accordance with Sub-Clause 3.5 [*Determinations*] to agree or determine (i) the extension (if any) of the Time for Completion (before or after its expiry) in accordance with Sub-Clause 8.4 [*Extension of Time for Completion*], and/or (ii) the additional payment (if any) to which the Contractor is entitled under the Contract.

The requirements of this Sub-Clause are in addition to those of any other Sub-Clause which may apply to a claim. If the Contractor fails to comply with this or another Sub-Clause in relation to any claim, any extension of time and/or additional payment shall take account of the extent (if any) to which the failure has prevented or prejudiced proper investigation of the claim, unless the claim is excluded under the second paragraph of this Sub-Clause.

20.2 Appointment of the Dispute Adjudication Board

Disputes shall be adjudicated by a DAB in accordance with Sub-Clause 20.4 [*Obtaining Dispute Adjudication Board's Decision*]. The Parties shall jointly appoint a DAB by the date 28 days after a Party gives notice to the other Party of its intention to refer a dispute to a DAB in accordance with Sub-Clause 20.4.

The DAB shall comprise, as stated in the Particular Conditions, either one or three suitably qualified persons ("the members"). If the number is not so stated and the Parties do not agree otherwise, the DAB shall comprise three persons.

If the DAB is to comprise three persons, each Party shall nominate one member for the approval of the other Party. The Parties shall consult both these members and shall agree upon the third member, who shall be appointed to act as chairman.

However, if a list of potential members is included in the Contract, the members shall be selected from those on the list, other than anyone who is unable or unwilling to accept appointment to the DAB.

The agreement between the Parties and either the sole member ("adjudicator") or each of the three members shall incorporate by reference the General Conditions of Dispute Adjudication Agreement contained in the Appendix to these General Conditions, with such amendments as are agreed between them.

The terms of the remuneration of either the sole member or each of the three members, shall be mutually agreed upon by the Parties when agreeing the terms of appointment. Each Party shall be responsible for paying one-half of this remuneration.

If at any time the Parties so agree, they may appoint a suitably qualified person or persons to replace any one or more members of the DAB. Unless the Parties agree otherwise, the appointment will come into effect if a member declines to act or is unable to act as a result of death, disability, resignation or termination of appointment. The replacement shall be appointed in the same manner as the replaced person was required to have been nominated or agreed upon, as described in this Sub-Clause.

The appointment of any member may be terminated by mutual agreement of both Parties, but not by the Employer or the Contractor acting alone. Unless otherwise agreed by both Parties, the appointment of the DAB (including each member) shall expire when the DAB has given its decision on the dispute referred to it under Sub-Clause 20.4, [*Obtaining Dispute Adjudication Board Decision*], unless other disputes have been referred to the DAB by that time under Sub-Clause 20.4, in which event the relevant date shall be when the DAB has also given decisions on those disputes.

20.3

Failure to Agree Dispute Adjudication Board

If any of the following conditions apply, namely:

(a) the Parties fail to agree upon the appointment of the sole member of the DAB by the date stated in the first paragraph of Sub-Clause 20.2,

(b) either Party fails to nominate a member (for approval by the other Party) of a DAB of three persons by such date,

(c) the Parties fail to agree upon the appointment of the third member (to act as chairman) of the DAB by such date, or

(d) the Parties fail to agree upon the appointment of a replacement person within 42 days after the date on which the sole member or one of the three members declines to act or is unable to act as a result of death, disability, resignation or termination of appointment,

then the appointing entity or official named in the Particular Conditions shall, upon the request of either or both of the Parties and after due consultation with both Parties, appoint this member of the DAB. This appointment shall be final and conclusive. Each Party shall be responsible for paying one-half of the remuneration of the appointing entity or official.

20.4

Obtaining Dispute Adjudication Board's Decision

If a dispute (of any kind whatsoever) arises between the Parties in connection with, or arising out of, the Contract or the execution of the Works, including any dispute as to any certificate, determination, instruction, opinion or valuation of the Employer, then after a DAB has been appointed pursuant to Sub-Clauses 20.2 [*Appointment of the Dispute Adjudication Board*] and 20.3 [*Failure to Agree Dispute Adjudication Board*], either Party may refer the dispute in writing to the DAB for its decision, with a copy to the other Party. Such reference shall state that it is given under this Sub-Clause.

For a DAB of three persons, the DAB shall be deemed to have received such reference on the date when it is received by the chairman of the DAB.

Both Parties shall promptly make available to the DAB all information, access to the Site, and appropriate facilities, as the DAB may require for the purposes of making a decision on such dispute. The DAB shall be deemed to be not acting as arbitrator(s).

Within 84 days after receiving such reference, or the advance payment referred to in Clause 6 of the Appendix - General Conditions of Dispute Adjudication Agreement, whichever date is later, or within such other period as may be proposed by the DAB and approved by both Parties, the DAB shall give its decision, which shall be reasoned and shall state that it is given under this Sub-Clause. However, if neither of the Parties has paid in full the invoices submitted by each member pursuant to Clause 6 of the Appendix, the DAB shall not be obliged to give its decision until such invoices have been paid in full. The decision shall be binding on both Parties, who shall promptly give effect to it unless and until it shall be revised in an amicable settlement or an arbitral award as described below. Unless the Contract has already been abandoned, repudiated or terminated, the Contractor shall continue to proceed with the Works in accordance with the Contract.

If either Party is dissatisfied with the DAB's decision, then either Party may, within 28 days after receiving the decision, give notice to the other Party of its dissatisfaction. If the DAB fails to give its decision within the period of 84 days (or as otherwise approved) after receiving such reference or such payment, then either Party may, within 28 days after this period has expired, give notice to the other Party of its dissatisfaction.

In either event, this notice of dissatisfaction shall state that it is given under this Sub-Clause, and shall set out the matter in dispute and the reason(s) for dissatisfaction. Except as stated in Sub-Clause 20.7 [*Failure to Comply with Dispute Adjudication Board's Decision*] and Sub-Clause 20.8 [*Expiry of Dispute Adjudication Board's Appointment*], neither Party shall be entitled to commence arbitration of a dispute unless a notice of dissatisfaction has been given in accordance with this Sub-Clause.

If the DAB has given its decision as to a matter in dispute to both Parties, and no notice of dissatisfaction has been given by either Party within 28 days after it received the DAB's decision, then the decision shall become final and binding upon both Parties.

20.5 Amicable Settlement

Where notice of dissatisfaction has been given under Sub-Clause 20.4 above, both Parties shall attempt to settle the dispute amicably before the commencement of arbitration. However, unless both Parties agree otherwise, arbitration may be commenced on or after the fifty-sixth day after the day on which notice of dissatisfaction was given, even if no attempt at amicable settlement has been made.

20.6 Arbitration

Unless settled amicably, any dispute in respect of which the DAB's decision (if any) has not become final and binding shall be finally settled by international arbitration. Unless otherwise agreed by both Parties:

(a) the dispute shall be finally settled under the Rules of Arbitration of the International Chamber of Commerce,

(b) the dispute shall be settled by three arbitrators appointed in accordance with these Rules, and

(c) the arbitration shall be conducted in the language for communications defined in Sub-Clause 1.4 [*Law and Language*].

The arbitrator(s) shall have full power to open up, review and revise any certificate, determination, instruction, opinion or valuation of (or on behalf of) the Employer, and any decision of the DAB, relevant to the dispute.

Neither Party shall be limited in the proceedings before the arbitrator(s) to the evidence or arguments previously put before the DAB to obtain its decision, or to the reasons for dissatisfaction given in its notice of dissatisfaction. Any decision of the DAB shall be admissible in evidence in the arbitration.

Arbitration may be commenced prior to or after completion of the Works. The obligations of the Parties and the DAB shall not be altered by reason of any arbitration being conducted during the progress of the Works.

20.7 Failure to Comply with Dispute Adjudication Board's Decision

In the event that:

(a) neither Party has given notice of dissatisfaction within the period stated in Sub-Clause 20.4 [*Obtaining Dispute Adjudication Board's Decision*],
(b) the DAB's related decision (if any) has become final and binding, and
(c) a Party fails to comply with this decision,

then the other Party may, without prejudice to any other rights it may have, refer the failure itself to arbitration under Sub-Clause 20.6 [*Arbitration*]. Sub-Clause 20.4 [*Obtaining Dispute Adjudication Board's Decision*] and Sub-Clause 20.5 [*Amicable Settlement*] shall not apply to this reference.

20.8 Expiry of Dispute Adjudication Board's Appointment

If a dispute arises between the Parties in connection with, or arising out of, the Contract or the execution of the Works and there is no DAB in place, whether by reason of the expiry of the DAB's appointment or otherwise:

(a) Sub-Clause 20.4 [*Obtaining Dispute Adjudication Board's Decision*] and Sub-Clause 20.5 [*Amicable Settlement*] shall not apply, and
(b) the dispute may be referred directly to arbitration under Sub-Clause 20.6 [*Arbitration*].

APPENDIX

General Conditions of Dispute Adjudication Agreement

1 Definitions

Each "Dispute Adjudication Agreement" is a tripartite agreement by and between:
(a) the "Employer";
(b) the "Contractor"; and
(c) the "Member" who is defined in the Dispute Adjudication Agreement as being:
  (i) the sole member of the "DAB" (or "adjudicator") and, where this is the case, all references to the "Other Members" do not apply,
  or
  (ii) one of the three persons who are jointly called the "DAB" (or "dispute adjudication board") and, where this is the case, the other two persons are called the "Other Members".

The Employer and the Contractor have entered (or intend to enter) into a contract, which is called the "Contract" and is defined in the Dispute Adjudication Agreement, which incorporates this Appendix. In the Dispute Adjudication Agreement, words and expressions which are not otherwise defined shall have the meanings assigned to them in the Contract.

2 General Provisions

The Dispute Adjudication Agreement shall take effect when the Employer, the Contractor and each of the Members (or Member) have respectively each signed a dispute adjudication agreement.

When the Dispute Adjudication Agreement has taken effect, the Employer and the Contractor shall each give notice to the Member accordingly. If the Member does not receive either notice within six months after entering into the Dispute Adjudication Agreement, it shall be void and ineffective.

This employment of the Member is a personal appointment. No assignment or subcontracting of the Dispute Adjudication Agreement is permitted without the prior written agreement of all the parties to it and of the Other Members (if any).

3 Warranties

The Member warrants and agrees that he/she is and shall be impartial and independent of the Employer, the Contractor and the Employer's Representative. The Member shall promptly disclose, to each of them and to the Other Members (if any), any fact or circumstance which might appear inconsistent with his/her warranty and agreement of impartiality and independence.

When appointing the Member, the Employer and the Contractor relied upon the Member's representations that he/she is:
(a) experienced in the work which the Contractor is to carry out under the Contract,
(b) experienced in the interpretation of contract documentation, and
(c) fluent in the the language for communications defined in the Contract.

4 General Obligations of the Member

The Member shall:
(a) have no interest financial or otherwise in the Employer or the Contractor, nor any financial interest in the Contract except for payment under the Dispute Adjudication Agreement;

(b) not previously have been employed as a consultant or otherwise by the Employer or the Contractor, except in such circumstances as were disclosed in writing to the Employer and the Contractor before they signed the Dispute Adjudication Agreement;

(c) have disclosed in writing to the Employer, the Contractor and the Other Members (if any), before entering into the Dispute Adjudication Agreement and to his/her best knowledge and recollection, any professional or personal relationships with any director, officer or employee of the Employer or the Contractor, and any previous involvement in the overall project of which the Contract forms part;

(d) not, for the duration of the Dispute Adjudication Agreement, be employed as a consultant or otherwise by the Employer or the Contractor, except as may be agreed in writing by the Employer, the Contractor and the Other Members (if any);

(e) comply with the annexed procedural rules and with Sub-Clause 20.4 of the Conditions of Contract;

(f) not give advice to the Employer, the Contractor, the Employer's Personnel or the Contractor's Personnel concerning the conduct of the Contract, other than in accordance with the annexed procedural rules;

(g) not while a Member enter into discussions or make any agreement with the Employer or the Contractor regarding employment by any of them, whether as a consultant or otherwise, after ceasing to act under the Dispute Adjudication Agreement;

(h) ensure his/her availability for any site visit and hearings as are necessary; and

(i) treat the details of the Contract and all the DAB's activities and hearings as private and confidential, and not publish or disclose them without the prior written consent of the Employer, the Contractor and the Other Members (if any).

5 General Obligations of the Employer and the Contractor

The Employer, the Contractor, the Employer's Personnel and the Contractor's Personnel shall not request advice from or consultation with the Member regarding the Contract, otherwise than in the normal course of the DAB's activities under the Contract and the Dispute Adjudication Agreement, and except to the extent that prior agreement is given by the Employer, the Contractor and the Other Members (if any). The Employer and the Contractor shall be responsible for compliance with this provision, by the Employer's Personnel and the Contractor's Personnel respectively.

The Employer and the Contractor undertake to each other and to the Member that the Member shall not, except as otherwise agreed in writing by the Employer, the Contractor, the Member and the Other Members (if any):

(a) be appointed as an arbitrator in any arbitration under the Contract;

(b) be called as a witness to give evidence concerning any dispute before arbitrator(s) appointed for any arbitration under the Contract; or

(c) be liable for any claims for anything done or omitted in the discharge or purported discharge of the Member's functions, unless the act or omission is shown to have been in bad faith.

The Employer and the Contractor hereby jointly and severally indemnify and hold the Member harmless against and from claims from which he/she is relieved from liability under the preceding paragraph.

6 Payment

The Member shall be paid as follows, in the currency named in the Dispute Adjudication Agreement:

(a) a daily fee which shall be considered as payment in full for:

(i) each working day spent reading submissions, attending hearings (if any), preparing decisions, or making site visits (if any); and

(ii) each day or part of a day up to maximum of two days travel time in each direction for the journey (if any) between the Member's home and site or an other location of a meeting with Other Members (if any) and/or the Employer and the Contractor;

(b) all reasonable expenses incurred in connection with the Member's duties, including the cost of secretarial services, telephone calls, courier charges, faxes and telexes, travel expenses, hotel and subsistence costs; a receipt shall be required for each item in excess of five percent of the daily fee referred to in sub-paragraph (a) of this Clause; and

(c) any taxes properly levied in the Country on payments made to the Member (unless a national or permanent resident of the Country) under this Clause 6.

The daily fee shall be as specified in the Dispute Adjudication Agreement.

Immediately after the Dispute Adjudication Agreement takes effect, the Member shall, before engaging in any activities under the Dispute Adjudication Agreement, submit to the Contractor, with a copy to the Employer, an invoice for (a) an advance of twenty-five (25) percent of the estimated total amount of daily fees to which he/she will be entitled and (b) an advance equal to the estimated total expenses that he/she shall incur in connection with his/her duties. Payment of such invoice shall be made by the Contractor upon his receipt of the invoice. The Member shall not be obliged to engage in activities under the Dispute Adjudication Agreement until each of the Members has been paid in full for invoices submitted under this paragraph.

Thereafter the Member shall submit to the Contractor, with a copy to the Employer, invoices for the balance of his/her daily fees and expenses, less the amounts advanced. The DAB shall not be obliged to render its decision until invoices for all daily fees and expenses of each Member for making a decision shall have been paid in full.

Unless paid earlier in accordance with the above, the Contractor shall pay each of the Member's invoices in full within 28 calendar days after receiving each invoice and shall apply to the Employer (in the Statements under the Contract) for reimbursement of one-half of the amounts of these invoices. The Employer shall then pay the Contractor in accordance with the Contract.

If the Contractor fails to pay to the Member the amount to which he/she is entitled under the Dispute Adjudication Agreement, the Employer shall pay the amount due to the Member and any other amount which may be required to maintain the operation of the DAB; and without prejudice to the Employer's rights or remedies. In addition to all other rights arising from this default, the Employer shall be entitled to reimbursement of all sums paid in excess of one-half of these payments, plus all costs of recovering these sums and financing charges calculated at the rate specified in Sub-Clause 14.8 of the Conditions of Contract.

If the Member does not receive payment of the amount due within 28 days after submitting a valid invoice, the Member may (i) suspend his/her services (without notice) until the payment is received, and/or (ii) resign his/her appointment by giving notice to to the Employer and the Contractor. The notice shall take effect when received by them both. Any such notice shall be final and binding on the Employer, the Contractor and the Member.

7

Default of the Member   If the Member fails to comply with any obligation under Clause 4, he/she shall not be entitled to any fees or expenses hereunder and shall, without prejudice to their other rights, reimburse each of the Employer and the Contractor for any fees and expenses received by the Member and the Other Members (if any), for proceedings or decisions (if any) of the DAB which are rendered void or ineffective.

8

Default of the Member

Any dispute or claim arising out of or in connection with this Dispute Adjudication Agreement, or the breach, termination or invalidity thereof, shall be finally settled under the Rules of Arbitration of the International Chamber of Commerce by one arbitrator appointed in accordance with these Rules of Arbitration.

Annex PROCEDURAL RULES

1. The Employer and the Contractor shall furnish to the DAB one copy of all documents which the DAB may request, including Contract documents, progress reports, variation instructions, certificates and other documents pertinent to the matter in dispute. All communications between the DAB and the Employer or the Contractor shall be copied to the other Party. If the DAB comprises three persons, the Employer and the Contractor shall send copies of these requested documents and these communications to each of these persons.

2. The DAB shall proceed in accordance with Sub-Clause 20.4 and these Rules. Subject to the time allowed to give notice of a decision and other relevant factors, the DAB shall:

    (a) act fairly and impartially as between the Employer and the Contractor, giving each of them a reasonable opportunity of putting his case and responding to the other's case, and

    (b) adopt procedures suitable to the dispute, avoiding unnecessary delay or expense.

3. The DAB may conduct a hearing on the dispute, in which event it will decide on the date and place for the hearing and may request that written documentation and arguments from the Employer and the Contractor be presented to it prior to or at the hearing.

4. Except as otherwise agreed in writing by the Employer and the Contractor, the DAB shall have power to adopt an inquisitorial procedure, to refuse admission to hearings or audience at hearings to any persons other than representatives of the Employer and the Contractor, and to proceed in the absence of any party who the DAB is satisfied received notice of the hearing; but shall have discretion to decide whether and to what extent this power may be exercised.

5. The Employer and the Contractor empower the DAB, among other things, to:

    (a) establish the procedure to be applied in deciding a dispute,
    (b) decide upon the DAB's own jurisdiction, and as to the scope of any dispute referred to it,
    (c) conduct any hearing as it thinks fit, not being bound by any rules or procedures other than those contained in the Contract and these Rules,
    (d) take the initiative in ascertaining the facts and matters required for a decision,
    (e) make use of its own specialist knowledge, if any,
    (f) decide upon the payment of financing charges in accordance with the Contract,
    (g) decide upon any provisional relief such as interim or conservatory measures, and
    (h) open up, review and revise any certificate, decision, determination, instruction, opinion or valuation of the Employer, relevant to the dispute.

6. The DAB shall not express any opinions during any hearing concerning the merits of any arguments advanced by the Parties. Thereafter, the DAB shall make and give its decision in accordance with Sub-Clause 20.4, or as otherwise agreed by the Employer and the Contractor in writing. If the DAB comprises three persons:

(a) it shall convene in private after a hearing, if any, in order to have discussions and prepare its decision;
(b) it shall endeavour to reach a unanimous decision: if this proves impossible, the applicable decision shall be made by a majority of the Members, who may require the minority Member to prepare a written report for submission to the Employer and the Contractor; and
(c) if a Member fails to attend a meeting or hearing, or to fulfil any required function, the other two Members may nevertheless proceed to make a decision, unless:

(i) either the Employer or Contractor does nor agree that they do so, or
(ii) the absent Member is the chairman, and he/she instructs the other Members to not make a decision.

INDEX OF SUB-CLAUSES

	Sub-Clause	Page
Access after Taking Over, Right of	11.7	31
Access for Inspection	7.3	22
Access Route	4.15	14
Access to the Site, Right of	2.1	7
Additional Facilities	4.13	14
Addresses for Communications	1.3	5
Adjudication Board	20.2	53
Adjustments for Changes in Cost	13.8	36
Adjustments for Changes in Legislation	13.7	36
Advance Payment	14.2	36
Agreement, Contract	1.6	5
Amicable Settlement	20.5	55
Approval of Contractor's Documents	5.2	18
Approvals, Permits, Licences or	2.2	8
Arbitration	20.6	55
As-Built Documents	5.6	19
Assignment	1.7	5
Assistance by the Employer	2.2	8
Assistants, Employer's Representative's	3.2	9
Authorities, Delays Caused by	8.5	26
Avoidance of Interference	4.14	14
Care of the Works	17.2	45
Certificate, Performance	11.9	32
Certificate, Taking-Over	10.1	29
Claims, Employer's	2.5	8
Claims Procedure	20.1	52
Clearance of Site after Performance Certificate	11.11	32
Clearance of Site after Taking-Over Certificate	4.23	17
Commencement of Works	8.1	24
Communications	1.3	5
Communications, Language for	1.4	5
Completion of Outstanding Work and Remedying Defects	11.1	30
Completion, Statement at	14.10	40
Completion, Time for	8.2	25
Conditions, Unforeseeable	4.12	14
Confidentiality	1.9	6
Confidential Details	1.12	7
Contract Price	14.1	36
Contract Price, Sufficiency of the	4.11	14
Contractor to Search	11.8	31
Contractor's Claims	20.1	52
Contractor's Design Obligations	5.1	17
Contractor's Documents	5.2	18
Contractor's Documents, Employer's Use of	1.10	6
Contractor's Entitlement to Suspend Work	16.1	43
Contractor's Equipment	4.17	15
Contractor's General Obligations	4.1	10
Contractor's Liability, Cessation of	2.5	8

Contractor's Liability, Limitation of	17.6	47
Contractor's Obligations: Tests on Completion	9.1	27
Contractor's Operations on Site	4.23	17
Contractor's Personnel	6.9	21
Contractor's Personnel and Equipment, Records of	6.10	22
Contractor's Representative	4.3	11
Contractor's Superintendence	6.8	21
Contractor's Undertaking	5.3	19
Co-operation	4.6	12
Cost, Adjustments for Changes in	13.8	36
Currencies for Payment of Variations	13.4	35
Currencies of Payment	14.15	41
DAB - see Dispute Adjudication Board		
Data on Conditions at the Site	4.10	13
Daywork	13.6	35
Default of Contractor, Notice of	15.1	41
Default of Contractor: Termination	15.2	42
Default of Employer: Entitlement to Suspend Work	16.1	43
Default of Employer: Termination	16.2	44
Defective Work, Removal of	11.5	31
Defects, Failure to Remedy	11.4	31
Defects Notification Period, Extension of	11.3	30
Defects, Remedying of	11.1	30
Defects, Searching for Cause of	11.8	31
Definitions	1.1	1
Delay Damages	8.7	26
Delays Caused by Authorities	8.5	26
Delegated Persons	3.3	9
Delegation by the Employer's Representative	3.2	9
Design Error	5.8	20
Design Obligations, General	5.1	17
Determinations	3.5	10
Discharge	14.12	40
Disorderly Conduct	6.11	22
Dispute Adjudication Board, Failure to Agree	20.3	54
Dispute Adjudication Board's Appointment, Expiry of	20.8	56
Dispute Adjudication Board's Decision, Failure to Comply with	20.7	56
Dispute Adjudication Board's Decision, Obtaining	20.4	54
Disputes, Amicable Settlement of	20.5	55
Disputes, Arbitration of	20.6	55
Disputes, Failure to Comply with Dispute Adjudication Board's Decision on	20.7	56
Disputes: Obtaining Dispute Adjudication Board's Decision	20.4	54
Documents, As-Built	5.6	19
Documents, Care and Supply of	1.8	6
Documents, Contractor's	5.2	18
Documents, Contractor's Use of Employer's	1.11	6
Documents, Employer's Use of Contractor's	1.10	6
Documents, Priority of	1.5	5
Electricity, Water and Gas	4.19	15
Electronic Transmission of Communications	1.3	5
Employer's Claims	2.5	8
Employer's Claims: Currencies of Payment	14.15	41
Employer's Determinations	3.5	10

Employer's Documents, Contractor's Use of	1.11	6
Employer's Entitlement to Termination	15.5	43
Employer's Equipment and Free-Issue Material	4.20	15
Employer's Financial Arrangements	2.4	8
Employer's Liability, Cessation of	14.14	41
Employer's Personnel	2.3	8
Employer's Personnel, Delegation to Other	3.2	9
Employer's Risks	17.3	46
Employer's Risks, Consequences of	17.4	46
Employer's Representative, Appointment of	3.1	9
Employer's Representative, Delegation by the	3.2	9
Environment, Protection of the	4.18	15
Error by Contractor	5.8	20
Extension of Defects Notifi-cation Period	11.3	30
Extension of Time for Completion	8.4	25
Failure to Pass Tests after Completion	12.4	33
Failure to Pass Tests on Completion	9.4	29
Finances, Employer's	2.4	8
Force Majeure Affecting Subcontractor	19.5	51
Force Majeure, Consequences of	19.4	51
Force Majeure, Definition of	19.1	50
Force Majeure, Notice of	19.2	51
Force Majeure: Optional Termination	19.6	51
Fossils	4.24	17
Frustration of the Contract	19.7	52
Gas, Electricity, Water and	4.19	15
Goods, Transport of	4.16	15
Health and Safety	6.7	21
Indemnities	17.1	45
Inspection	7.3	22
Instructions	3.4	9
Insurance against Injury to Persons and Damage to Property	18.3	49
Insurance for Contractor's Personnel	18.4	50
Insurance for Works and Contractor's Equipment	18.2	48
Insurances, General Requirements for	18.1	47
Intellectual and Industrial Property Rights	17.5	46
Interference, Avoidance of	4.14	14
Interference with Tests on Completion	10.3	30
Interpretation	1.2	4
Joint and Several Liability	1.14	7
Labour, Engagement of Staff and	6.1	20
Labour, Facilities for Staff and	6.6	21
Language	1.4	5
Law, Governing	1.4	5
Laws, Compliance with	1.13	7
Laws, Labour	6.4	20
Legislation, Adjustments for Changes in	13.7	36
Liability, Cessation of Contractor's	2.5	8
Liability, Cessation of Employer's	14.14	41
Liability, Joint and Several	1.14	7

Liability, Limitation of	17.6	47
Liability Unaffected by Insurances	18.1	47
Licences or Approvals, Permits,	2.2	8
Manner of Execution	7.1	22
Manuals, Operation and Maintenance	5.7	20
Materials in Event of Suspension, Payment for	8.10	27
Materials, Ownership of	7.7	24
Materials, Payment for Unfixed	14.5	38
Materials supplied by the Employer	4.20	15
Nominated Subcontractors	4.5	12
Notice of Intention to Deliver	4.16	15
Notice to Correct	15.1	41
Notices, Addresses for	1.3	5
Obligations, after Performance Certificate	11.10	32
Obligations, Contractor's General	4.1	10
Operation and Maintenance Manuals	5.7	20
Other contractors	4.6	12
Payment after Termination by the Contractor	16.4	44
Payment after Termination by the Employer	15.4	43
Payment, Application for Final	14.11	40
Payment, Currencies of	14.15	41
Payment, Delayed	14.8	39
Payment, Final	14.13	40
Payment for Plant and Materials for the Works	14.5	38
Payment in Applicable Currencies	13.4	35
Payment to Contractor after Force Majeure	19.4	51
Payments, Application for Interim	14.3	37
Payments, Interim	14.6	38
Payments, Schedule of	14.4	38
Payments, Timing of	14.7	39
Performance Certificate	11.9	32
Performance Guarantees	9.1	27
Performance Security	4.2	11
Permits, Licences or Approvals	2.2	8
Personnel and Equipment, Records of Contractor's	6.10	22
Personnel, Contractor's	6.9	21
Personnel, Disorderly Conduct by	6.11	22
Personnel, Employer's	2.3	8
Personnel, Insurance for Contractor's	18.4	50
Personnel, Training of	5.5	19
Persons in the Service of Employer	6.3	20
Plant and Materials for the Works, Payment for	14.5	38
Plant and Materials in Event of Suspension, Payment for	8.10	27
Plant and Materials, Ownership of	7.7	24
Programme	8.3	25
Progress, Rate of	8.6	26
Progress Reports	4.21	16
Provisional Sums	13.5	35
Quality Assurance	4.9	13
Records of Contractor's Personnel and Equipment	6.10	22

Regulations and Laws, Compliance with	1.13	7
Regulations, Technical Standards and	5.4	19
Rejection	7.5	23
Release from Performance under the Law	19.7	52
Remedial Work	7.6	24
Remedy Defects, Failure to	11.4	31
Remedying Defects	11.1	30
Remedying Defects, Cost of	11.2	31
Removal of Contractor's Equipment after Termination	16.3	44
Reports on Progress	4.21	16
Representative, Contractor's	4.3	11
Representative, Employer's	3.1	9
Responsibility for the Works	4.1	10
Responsibility Unaffected by Approval	3.3	9
Resumption of Work after Suspension	8.12	27
Retention, Deduction of	14.3	37
Retention Money, Payment of	14.9	39
Retesting after Failure of Tests after Completion	12.3	33
Retesting after Failure of Tests on Completion	9.3	28
Right to Vary	13.1	34
Rights, Claims for Infringement of Intellectual Property	17.5	46
Rights, Intellectual Property, in Contractor's Documents	1.10	6
Rights, Intellectual Property, in Employer's Documents	1.11	6
Rights of Way and Facilities	4.13	14
Risks, Employer's	17.3	46
Royalties	7.8	24
Safety and Health	6.7	21
Safety Procedures	4.8	13
Samples	7.2	22
Schedule of Payments	14.4	38
Search, Contractor to	11.8	31
Security, Performance	4.2	11
Setting Out	4.7	13
Site, Clearance of	11.11	32
Site, Contractor's Operations on	4.23	17
Site Data	4.10	13
Site, Right of Access to the	2.1	7
Site, Security of the	4.22	16
Staff and Labour, Engagement of	6.1	20
Staff and Labour, Facilities for	6.6	21
Standards and Regulations, Technical	5.4	19
Statement at Completion	14.10	40
Statement, Final	14.11	40
Statement, Interim	14.3	37
Statutes, Regulations and Laws, Compliance with	1.13	6
Subcontractor, Force Majeure Affecting	19.5	51
Subcontractors	4.4	12
Subcontractors, nominated	4.5	12
Superintendence, Contractor's	6.8	21
Suspension, Consequences of	8.9	27
Suspension due to Employer's Default	16.1	43
Suspension of Work	8.8	26
Suspension, Payment for Plant and Materials in Event of	8.10	27
Suspension, Prolonged	8.11	27
Suspension, Resumption of Work after	8.12	27

Taking Over of Parts of the Works	10.2	29
Taking Over of the Works and Sections	10.1	29
Technical Standards and Regulations	5.4	19
Termination by the Contractor	16.2	44
Termination by the Contractor, Payment after	16.4	44
Termination by the Employer	15.2	42
Termination by the Employer, Optional	15.5	43
Termination by the Employer, Payment after	15.4	43
Termination, Optional: after Force Majeure	19.6	51
Termination, Optional: at Employer's Convenience	15.5	43
Termination, Valuation at Date of	15.3	42
Termination: Cessation of Work	16.3	44
Testing	7.4	23
Tests after Completion	12.1	32
Tests after Completion, Delayed	12.2	33
Tests after Completion, Failure to Pass	12.4	33
Tests after Completion: Retesting	12.3	33
Tests, Further	11.6	31
Tests on Completion	9.1	27
Tests on Completion, Delayed	9.2	28
Tests on Completion, Failure to Pass	9.4	29
Tests on Completion, Interference with	10.3	30
Third Party Insurance	18.3	49
Time for Completion	8.2	25
Time for Completion, Extension of	8.4	25
Time for Payment	14.7	39
Training	5.5	19
Transport of Goods	4.16	15
Unforeseeable Difficulties	4.12	14
Unfulfilled Obligations	11.10	32
Valuation at Date of Termination	15.3	42
Value Engineering	13.2	34
Variation Procedure	13.3	34
Variations	13.1	34
Variations: Applicable Currencies	13.4	35
Wages and Conditions of Labour	6.2	20
Water and Gas	4.19	15
Working Hours	6.5	20
Works and Contractor's Equipment, Insurance for	18.2	48
Works, Contractor's Care of the	17.2	45

www gesehe im Internet.de

www: ghc-verlag.de
User
Kunden download
PW: H8d1BHa

PW PDF: Erfurt

Synopse BGB vor und nach 1. Januar 2018

neues Bauvertragsrecht ab 1.1.2018	altes BGB bis 31.12.2017
§ 309 8b) cc) (Aufwendungen bei Nacherfüllung)	§ 309 8 b) cc) Aufwendungen bei Nacherfüllung
die Verpflichtung des Verwenders ausgeschlossen oder beschränkt wird, die zum Zweck der Nacherfüllung erforderlichen Aufwendungen nach § 439 Absatz 2 und 3 oder § 635 Absatz 2 zu tragen oder zu ersetzen;".	die Verpflichtung des Verwenders ausgeschlossen oder beschränkt wird, die zum Zwecke der Nacherfüllung erforderlichen Aufwendungen, nach § 439 Absatz 2 und 3 oder § 635 Absatz 2 zu tragen oder zu ersetzen insbesondere Transport-, Wege-, Arbeits- und Materialkosten, zu tragen;
§ 309 Nr 15. (Abschlagszahlungen und Sicherheitsleistung)	§ 309 Nr.15 bis § 357d Keine Entsprechungen
eine Bestimmung, nach der der Verwender bei einem Werkvertrag a) für Teilleistungen Abschlagszahlungen vom anderen Vertragsteil verlangen kann, die wesentlich höher sind als die nach § 632a Absatz 1 und § 650m Absatz 1 zu leistenden Abschlagszahlungen, oder b) die Sicherheitsleistung nach § 650m Absatz 2 nicht oder nur in geringerer Höhe leisten muss.	
§ 356e Widerrufsrecht bei Verbraucherbauverträgen	
Bei einem Verbraucherbauvertrag (§ 650i Absatz 1) beginnt die Widerrufsfrist nicht, bevor der Unternehmer den Verbraucher gemäß Artikel 249 § 3 des Einführungsgesetzes zum Bürgerlichen Gesetzbuche über sein Widerrufsrecht belehrt hat. Das Widerrufsrecht erlischt spätestens zwölf Monate und 14 Tage nach	

dem in § 355 Absatz 2 Satz 2 genannten Zeitpunkt.

§ 357d Rechtsfolgen des Widerrufs bei Verbraucherbauverträgen

Ist die Rückgewähr der bis zum Widerruf erbrachten Leistung ihrer Natur nach ausgeschlossen, schuldet der Verbraucher dem Unternehmer Wertersatz. Bei der Berechnung des Wertersatzes ist die vereinbarte Vergütung zugrunde zu legen. Ist die vereinbarte Vergütung unverhältnismäßig hoch, ist der Wertersatz auf der Grundlage des Marktwertes der erbrachten Leistung zu berechnen

§ 439 BGB – Nacherfüllung	§ 439 BGB – Nacherfüllung
(1)Der Käufer kann als Nacherfüllung nach seiner Wahl die Beseitigung des Mangels oder die Lieferung einer mangelfreien Sache verlangen. (2)Der Verkäufer hat die zum Zweck der Nacherfüllung erforderlichen Aufwendungen, insbesondere Transport-, Wege-, Arbeits- und Materialkosten zu tragen. (3)Hat der Käufer die mangelhafte Sache gemäß ihrer Art und ihrem Verwendungszweck in eine andere Sache eingebaut oder an eine andere Sache angebracht, ist der Verkäufer im Rahmen der Nacherfüllung verpflichtet, dem Käufer die erforderlichen Aufwendungen für das Entfernen der mangelhaften und den Einbau oder das Anbringen der nachgebesserten oder gelieferten mangelfreien Sache zu ersetzen. § 442 Absatz 1 ist mit der Maßgabe anzuwenden, dass für die Kenntnis des Käufers an die Stelle des Vertragsschlusses der Einbau oder das Anbringen der mangelhaften Sache durch den Käufer tritt.	(1)Der Käufer kann als Nacherfüllung nach seiner Wahl die Beseitigung des Mangels oder die Lieferung einer mangelfreien Sache verlangen. (2)Der Verkäufer hat die zum Zweck der Nacherfüllung erforderlichen Aufwendungen, insbesondere Transport-, Wege-, Arbeits- und Materialkosten zu tragen. (3)Der Verkäufer kann die vom Käufer gewählte Art der Nacherfüllung unbeschadet des § 275 Abs. 2 und 3 verweigern, wenn sie nur mit unverhältnismäßigen Kosten möglich ist. Dabei sind insbesondere der Wert der Sache in mangelfreiem Zustand, die Bedeutung des Mangels und die Frage zu berücksichtigen, ob auf die andere Art der Nacherfüllung ohne erhebliche Nachteile für den Käufer zurückgegriffen werden könnte. Der Anspruch des Käufers beschränkt sich in diesem Fall auf die andere Art der Nacherfüllung; das Recht des Verkäufers, auch diese unter den Voraussetzungen des Satzes 1 zu verweigern, bleibt unberührt.

(4) Der Verkäufer kann die vom Käufer gewählte Art der Nacherfüllung unbeschadet des § 275 Abs. 2 und 3 verweigern, wenn sie nur mit unverhältnismäßigen Kosten möglich ist. Dabei sind insbesondere der Wert der Sache in mangelfreiem Zustand, die Bedeutung des Mangels und die Frage zu berücksichtigen, ob auf die andere Art der Nacherfüllung ohne erhebliche Nachteile für den Käufer zurück-gegriffen werden könnte. Der Anspruch des Käufers beschränkt sich in diesem Fall auf die andere Art der Nacherfüllung; das Recht des Verkäufers, auch diese unter den Voraussetzungen des Satzes 1 zu verweigern, bleibt unberührt. (5) Liefert der Verkäufer zum Zweck der Nacherfüllung eine mangelfreie Sache, so kann er vom Käufer Rückgewähr der mangelhaften Sache nach Maßgabe der §§ 346 bis 348 verlangen § 442 Absatz 1 ist mit der Maßgabe anzuwenden, dass für die Kenntnis des Käufers an die Stelle des Vertragsschlusses der Einbau oder das Anbringen der mangelhaften Sache durch den Käufer tritt Die bisherigen Absätze 3 und 4 werden die Absätze 4 und 5.	(4) Liefert der Verkäufer zum Zweck der Nacherfüllung eine mangelfreie Sache, so kann er vom Käufer Rückgewähr der mangelhaften Sache nach Maßgabe der §§ 346 bis 348 verlangen
§ 440 Besondere Bestimmungen für Rücktritt und Schadensersatz Außer in den Fällen des § 281 Absatz 2 und des § 323 Absatz 2 bedarf es der Fristsetzung auch dann nicht, wenn der Verkäufer beide Arten der Nacherfüllung gemäß § 439 Absatz 4 verweigert oder wenn die dem Käufer zustehende Art der Nacherfüllung fehlgeschlagen oder ihm unzumutbar ist. Eine Nachbesserung gilt nach dem erfolglosen zweiten Versuch als fehlgeschlagen, wenn sich nicht insbesondere aus der	**§ 440 Besondere Bestimmungen für Rücktritt und Schadensersatz** Außer in den Fällen des § 281 Abs. 2 und des § 323 Abs. 2 bedarf es der Fristsetzung auch dann nicht, wenn der Verkäufer beide Arten der Nacherfüllung gemäß § 439 Abs. 3 verweigert oder wenn die dem Käufer zustehende Art der Nacherfüllung fehlgeschlagen oder ihm unzumutbar ist. Eine Nachbesserung gilt nach dem erfolglosen zweiten Versuch als fehlgeschlagen, wenn sich nicht insbesondere aus der

Art der Sache oder des Mangels oder den sonstigen Umständen etwas anderes ergibt.	Art der Sache oder des Mangels oder den sonstigen Umständen etwas anderes ergibt.
§ 445a Rückgriff des Verkäufers (1) Der Verkäufer kann beim Verkauf einer neu hergestellten Sache von dem Verkäufer, der ihm die Sache verkauft hatte (Lieferant), Ersatz der Aufwendungen verlangen, die er im Verhältnis zum Käufer nach § 439 Absatz 2 und 3 sowie § 475 Absatz 4 und 6 zu tragen hatte, wenn der vom Käufer geltend gemachte Mangel bereits beim Übergang der Gefahr auf den Verkäufer vorhanden war. (2) Für die in § 437 bezeichneten Rechte des Verkäufers gegen seinen Lieferanten bedarf es wegen des vom Käufer geltend gemachten Mangels der sonst erforderlichen Fristsetzung nicht, wenn der Verkäufer die verkaufte neu hergestellte Sache als Folge ihrer Mangelhaftigkeit zurücknehmen musste oder der Käufer den Kaufpreis gemindert hat. (3) Die Absätze 1 und 2 finden auf die Ansprüche des Lieferanten und der übrigen Käufer in der Lieferkette gegen die jeweiligen Verkäufer entsprechende Anwendung, wenn die Schuldner Unternehmer sind. (4) § 377 des Handelsgesetzbuchs bleibt unberührt.	siehe § 448
§ 445b Verjährung von Rückgriffsansprüchen (1) Die in § 445a Absatz 1 bestimmten Aufwendungsersatzansprüche verjähren in zwei Jahren ab Ablieferung der Sache. (2) Die Verjährung der in den §§ 437 und 445a Absatz 1 bestimmten Ansprüche des Verkäufers gegen seinen Lieferanten wegen des Mangels einer verkauften neu hergestellten Sache tritt frühes-	siehe § 449

tens zwei Monate nach dem Zeitpunkt ein, in dem der Verkäufer die Ansprüche des Käufers erfüllt hat. Diese Ablaufhemmung endet spätestens fünf Jahre nach dem Zeitpunkt, in dem der Lieferant die Sache dem Verkäufer abgeliefert hat
(3) Die Absätze 1 und 2 finden auf die Ansprüche des Lieferanten und der übrigen Käufer in der Lieferkette gegen die jeweiligen Verkäufer entsprechende Anwendung, wenn die Schuldner Unternehmer sind."
§ 474 wird durch die folgenden §§ 474 und 475 ersetzt:

§ 474 Verbrauchsgüterkauf	§ 474 Begriff des Verbrauchsgüterkaufs
(1) Verbrauchsgüterkäufe sind Verträge, durch die ein Verbraucher von einem Unternehmer eine bewegliche Sache kauft. Um einen Verbrauchsgüterkauf handelt es sich auch bei einem Vertrag, der neben dem Verkauf einer beweglichen Sache die Erbringung einer Dienstleistung durch den Unternehmer zum Gegenstand hat. (2) Für den Verbrauchsgüterkauf gelten ergänzend die folgenden Vorschriften dieses Untertitels. Dies gilt nicht für gebrauchte Sachen, die in einer öffentlich zugänglichen Versteigerung verkauft werden, an der der Verbraucher persönlich teilnehmen kann.	(1) Verbrauchsgüterkäufe sind Verträge, durch die ein Verbraucher von einem Unternehmer eine bewegliche Sache kauft. Um einen Verbrauchsgüterkauf handelt es sich auch bei einem Vertrag, der neben dem Verkauf einer beweglichen Sache die Erbringung einer Dienstleistung durch den Unternehmer zum Gegenstand hat. (2) Für den Verbrauchsgüterkauf gelten ergänzend die folgenden Vorschriften dieses Untertitels. Dies gilt nicht für gebrauchte Sachen, die in einer öffentlich zugänglichen Versteigerung verkauft werden, an der der Verbraucher persönlich teilnehmen kann.
Der bisherige § 475 wird § 476. Der bisherige § 476 wird § 477. Der bisherige § 477 wird aufgehoben	§ 475 BGB - Abweichende Vereinbarungen (1) Auf eine vor Mitteilung eines Mangels an den Unternehmer getroffene Vereinbarung, die zum Nachteil des Verbrauchers von den §§ 433 bis 435, 437, 439 bis 443 sowie von den Vorschriften dieses Untertitels abweicht, kann der Unternehmer sich nicht

	berufen. Die in Satz 1 bezeichneten Vorschriften finden auch Anwendung, wenn sie durch anderweitige Gestaltungen umgangen werden. (2) Die Verjährung der in § 437 bezeichneten Ansprüche kann vor Mitteilung eines Mangels an den Unternehmer nicht durch Rechtsgeschäft erleichtert werden, wenn die Vereinbarung zu einer Verjährungsfrist ab dem gesetzlichen Verjährungsbeginn von weniger als zwei Jahren, bei gebrauchten Sachen von weniger als einem Jahr führt. (3) Die Absätze 1 und 2 gelten unbeschadet der §§ 307 bis 309 nicht für den Ausschluss oder die Beschränkung des Anspruchs auf Schadensersatz.
§ 478 Sonderbestimmungen für den Rückgriff des Unternehmers 1) Ist der letzte Vertrag in der Lieferkette ein Verbrauchsgüterkauf (§ 474), findet § 477 in den Fällen des § 445a Absatz 1 und 2 mit der Maßgabe Anwendung, dass die Frist mit dem Übergang der Gefahr auf den Verbraucher beginnt. (2) Auf eine vor Mitteilung eines Mangels an den Lieferanten getroffene Vereinbarung, die zum Nachteil des Unternehmers von Absatz 1 sowie von den §§ 433 bis 435, 437, 439 bis 443, 445a Absatz 1 und 2 sowie von § 445b abweicht, kann sich der Lieferant nicht berufen, wenn dem Rückgriffsgläubiger kein gleichwertiger Ausgleich eingeräumt wird. Satz 1 gilt unbeschadet des § 307 nicht für den Ausschluss oder die Beschränkung des Anspruchs auf Schadensersatz. Die in Satz 1 bezeichneten Vorschriften finden auch Anwendung, wenn sie durch anderweitige Gestaltungen umgangen werden.	**§ 478 Rückgriff des Unternehmers** (1) Wenn der Unternehmer die verkaufte neu hergestellte Sache als Folge ihrer Mangelhaftigkeit zurücknehmen musste oder der Verbraucher den Kaufpreis gemindert hat, bedarf es für die in § 437 bezeichneten Ansprüche und Rechte des Unternehmers gegen den Unternehmer, der ihm die Sache verkauft hatte (Lieferant), wegen des vom Verbraucher geltend gemachten Mangels einer sonst erforderlichen Fristsetzung nicht. (2) Der Unternehmer kann beim Verkauf einer neu hergestellten Sache von seinem Lieferanten Ersatz der Aufwendungen verlangen, die der Unternehmer im Verhältnis zum Verbraucher nach § 439 Abs. 2 zu tragen hatte, wenn der vom Verbraucher geltend gemachte Mangel bereits beim Übergang der Gefahr auf den Unternehmer vorhanden war. (3) In den Fällen der Absätze 1 und 2 findet § 476 mit der Maßgabe

(3) Die Absätze 1 und 2 finden auf die Ansprüche des Lieferanten und der übrigen Käufer in der Lieferkette gegen die jeweiligen Verkäufer entsprechende Anwendung, wenn die Schuldner Unternehmer sind.

Anwendung, dass die Frist mit dem Übergang der Gefahr auf den Verbraucher beginnt.

(4) Auf eine vor Mitteilung eines Mangels an den Lieferanten getroffene Vereinbarung, die zum Nachteil des Unternehmers von den §§ 433 bis 435, 437, 439 bis 443 sowie von den Absätzen 1 bis 3 und von § 479 abweicht, kann sich der Lieferant nicht berufen, wenn dem Rückgriffsgläubiger kein gleichwertiger Ausgleich eingeräumt wird. Satz 1 gilt unbeschadet des § 307 nicht für den Ausschluss oder die Beschränkung des Anspruchs auf Schadensersatz. Die in Satz 1 bezeichneten Vorschriften finden auch Anwendung, wenn sie durch anderweitige Gestaltungen umgangen werden.

(5) Die Absätze 1 bis 4 finden auf die Ansprüche des Lieferanten und der übrigen Käufer in der Lieferkette gegen die jeweiligen Verkäufer entsprechende Anwendung, wenn die Schuldner Unternehmer sind.

(6) § 377 des Handelsgesetzbuchs bleibt unberührt.

§ 479 Verjährung von Rückgriffsansprüchen

(1) Die in § 478 Abs. 2 und 3 bestimmten Aufwendungsersatzansprüche verjähren in zwei Jahren ab Ablieferung der Sache.

(2) Die Verjährung der in den §§ 437 und 478 Abs. 2 bestimmten Ansprüche des Unternehmers gegen seinen Lieferanten wegen des Mangels einer an einen Verbraucher verkauften neu hergestellten Sache tritt frühestens zwei Monate nach dem Zeitpunkt ein, in dem der Un¬ternehmer die Ansprüche des Verbrauchers erfüllt hat. Diese Ablaufhemmung endet spätestens fünf Jahre nach dem Zeitpunkt, in dem der Lieferant die Sache dem

	Unternehmer abgeliefert hat. (3) Die vorstehenden Absätze finden auf die Ansprüche des Lieferanten und der übrigen Käufer in der Lieferkette gegen die jeweiligen Verkäufer entsprechende Anwendung, wenn die Schuldner Unternehmer sind.
§ 479 Sonderbestimmungen für Garantien (1) Eine Garantieerklärung (§ 443) muss einfach und verständlich abgefasst sein. Sie muss enthalten: 1. den Hinweis auf die gesetzlichen Rechte des Verbrauchers sowie darauf, dass sie durch die Garantie nicht eingeschränkt werden, und 2. den Inhalt der Garantie und alle wesentlichen Angaben, die für die Geltendmachung der Garantie erforderlich sind, insbesondere die Dauer und den räumlichen Geltungsbereich des Garantieschutzes sowie Namen und Anschrift des Garantiegebers. (2) Der Verbraucher kann verlangen, dass ihm die Garantieerklärung in Textform mitgeteilt wird. (3) Die Wirksamkeit der Garantieverpflichtung wird nicht dadurch berührt, dass eine der vorstehenden Anforderungen nicht erfüllt wird."	§ 479 keine Entsprechung
§ 632a Abschlagszahlungen 1) Der Unternehmer kann von dem Besteller eine Abschlagszahlung in Höhe des Wertes der von ihm erbrachten und nach dem Vertrag geschuldeten Leistungen verlangen. Sind die erbrachten Leistungen nicht vertragsgemäß, kann der Besteller die Zahlung eines angemessenen Teils des Abschlags verweigern. Die Beweislast für die vertragsgemäße Leistung verbleibt bis zur Abnahme beim Unternehmer§ 641 Abs. 3 gilt entspre-	§ 632a Abschlagszahlungen (1) Der Unternehmer kann von dem Besteller für eine vertragsgemäß erbrachte Leistung eine Abschlagszahlung in der Höhe verlangen, in der der Besteller durch die Leistung einen Wertzuwachs erlangt hat. Wegen unwesentlicher Mängel kann die Abschlagszahlung nicht verweigert werden. § 641 Abs. 3 gilt entsprechend. Die Leistungen sind durch eine Aufstellung nachzuweisen, die eine rasche und

chend. Die Leistungen sind durch eine Aufstellung nachzuweisen, die eine rasche und sichere Beurteilung der Leistungen ermöglichen muss. Die Sätze 1 bis 5 gelten auch für erforderliche Stoffe oder Bauteile, die angeliefert oder ei-gens angefertigt und bereitgestellt sind, wenn dem Besteller nach seiner Wahl Eigentum an den Stoffen oder Bauteilen übertragen oder entsprechende Sicherheit hierfür geleistet wird.
(2)Die Sicherheit nach Absatz 1 Satz 6 kann auch durch eine Garantie oder ein sonstiges Zahlungsversprechen eines im Geltungsbereich dieses Gesetzes zum Geschäftsbetrieb befugten Kreditinstituts oder Kreditversicherers geleistet werden

sichere Beurteilung der Leistungen ermöglichen muss. Die Sätze 1 bis 4 gelten auch für erforderliche Stoffe oder Bauteile, die angeliefert oder eigens angefertigt und bereitgestellt sind, wenn dem Besteller nach seiner Wahl Eigentum an den Stoffen oder Bauteilen übertragen oder entsprechende Sicherheit hierfür geleistet wird.
(2) Wenn der Vertrag die Errichtung oder den Umbau eines Hauses oder eines vergleichbaren Bauwerks zum Gegenstand hat und zugleich die Verpflichtung des Unternehmers enthält, dem Besteller das Eigentum an dem Grundstück zu übertragen oder ein Erbbaurecht zu bestellen oder zu übertragen, können Abschlagszahlungen nur verlangt werden, soweit sie gemäß einer Verordnung auf Grund von Artikel 244 des Einführungsgesetzes zum Bürgerlichen Gesetzbuche vereinbart sind.
(3) Ist der Besteller ein Verbraucher und hat der Vertrag die Errichtung oder den Umbau eines Hauses oder eines vergleichbaren Bauwerks zum Gegenstand, ist dem Besteller bei der ersten Abschlagszahlung eine Sicherheit für die rechtzeitige Herstellung des Werkes ohne wesentliche Mängel in Höhe von 5 vom Hundert des Vergütungsanspruchs zu leisten. Erhöht sich der Vergütungsanspruch infolge von Änderungen oder Ergänzungen des Vertrages um mehr als 10 vom Hundert, ist dem Besteller bei der nächsten Abschlagszahlung eine weitere Sicherheit in Höhe von 5 vom Hundert des zusätzlichen Vergütungsanspruchs zu leisten. Auf Verlangen des Unternehmers ist die Sicherheitsleistung durch Einbehalt dergestalt zu erbringen, dass der Besteller die Abschlagszahlungen bis zu dem Gesamtbetrag der

geschuldeten Sicherheit zurückhält.
(4) Sicherheiten nach dieser Vorschrift können auch durch eine Garantie oder ein sonstiges Zahlungsversprechen eines im Geltungsbereich dieses Gesetzes zum Geschäftsbetrieb befugten Kreditinstituts oder Kreditversicherers geleistet werden

§ 640 Abnahme	§ 640 BGB – Abnahme
(1)Der Besteller ist verpflichtet, das vertragsmäßig hergestellte Werk abzunehmen, sofern nicht nach der Beschaffenheit des Werkes die Abnahme ausgeschlossen ist. Wegen unwesentlicher Mängel kann die Abnahme nicht verweigert werden. (2)Als abgenommen gilt ein Werk auch, wenn der Unternehmer dem Besteller nach Fertigstellung des Werks eine angemessene Frist zur Abnahme gesetzt hat und der Besteller die Abnahme nicht innerhalb dieser Frist unter Angabe mindestens eines Mangels verweigert hat. Ist der Besteller ein Verbraucher, so treten die Rechtsfolgen des Satzes 1 nur dann ein, wenn der Unternehmer den Besteller zusammen mit der Aufforderung zur Abnahme auf die Folgen einer nicht erklärten oder ohne Angabe von Mängeln verweigerten Abnahme hingewiesen hat; der Hinweis muss in Textform erfolgen (3)Nimmt der Besteller ein mangelhaftes Werk gemäß Absatz 1 Satz 1 ab, obschon er den Mangel kennt, so stehen ihm die in den § 634 Nr. 1 bis 3 bezeichneten Rechte nur zu, wenn er sich seine Rechte wegen des Mangels bei der Abnahme vorbehält. wird wie folgt geändert:	(1)Der Besteller ist verpflichtet, das vertragsmäßig hergestellte Werk abzunehmen, sofern nicht nach der Beschaffenheit des Werkes die Abnahme ausgeschlossen ist. Wegen unwesentlicher Mängel kann die Abnahme nicht verweigert werden. Der Abnahme steht es gleich, wenn der Besteller das Werk nicht innerhalb einer ihm vom Unternehmer bestimmten angemessenen Frist abnimmt, obwohl er dazu verpflichtet ist. (2)Nimmt der Besteller ein mangelhaftes Werk gemäß Absatz 1 Satz 1 ab, obschon er den Mangel kennt, so stehen ihm die in den § 634 Nr. 1 bis 3 bezeichneten Rechte nur zu, wenn er sich seine Rechte wegen des Mangels bei der Abnahme vorbehält.

§ 647a Sicherungshypothek des Inhabers einer Schiffswerft Der Inhaber einer Schiffswerft kann für seine Forderungen aus dem Bau oder der Ausbesserung eines Schiffes die Einräumung einer Schiffshypothek an dem Schiffsbauwerk oder dem Schiff des Bestellers verlangen. Ist das Werk noch nicht vollendet, so kann er die Einräumung der Schiffshypothek für einen der geleisteten Arbeit entsprechenden Teil der Vergütung und für die in der Vergütung nicht inbegriffenen Auslagen verlangen. § 647 findet keine Anwendung Die §§ 648 und 648a werden aufgehoben.	siehe § 648 Abs.2 § 648 BGB - Sicherungshypothek des Bauunternehmers (1) Der Unternehmer eines Bauwerkes oder eines einzelnen Teiles eines Bauwerkes kann für seine Forderungen aus dem Vertrag die Einräumung einer Sicherungshypothek an dem Baugrundstücke des Bestellers verlangen. Ist das Werk noch nicht vollendet, so kann er die Einräumung der Sicherungshypothek für einen der geleisteten Arbeit entsprechenden Teil der Vergütung und für die in der Vergütung nicht inbegriffenen Auslagen verlangen. (2) Der Inhaber einer Schiffswerft kann für seine Forderungen aus dem Bau oder der Ausbesserung eines Schiffs die Einräumung einer Schiffshypothek an dem Schiffsbauwerk oder dem Schiff des Bestellers verlangen; Absatz 1 Satz 2 gilt sinngemäß. § 647 findet keine Anwendung. § 648a BGB – Bauhandwerkersicherung (1) Der Unternehmer eines Bauwerks, einer Außenanlage oder eines Teils davon kann vom Besteller Sicherheit für die auch in Zusatzaufträgen vereinbarte und noch nicht gezahlte Vergütung einschließlich dazugehöriger Nebenforderungen, die mit 10 vom Hundert des zu sichernden Vergütungsanspruchs anzusetzen sind, verlangen. Satz 1 gilt in demselben Umfang auch für Ansprüche, die an die Stelle der Vergütung treten. Der Anspruch des Unternehmers auf Sicherheit wird nicht dadurch ausgeschlossen, dass der Besteller Erfüllung verlangen kann oder das Werk abgenommen hat. Ansprüche, mit denen der Besteller gegen

den Anspruch des Unternehmers auf Vergütung aufrechnen kann, bleiben bei der Berechnung der Vergütung unberücksichtigt, es sei denn, sie sind unstreitig oder rechtskräftig festgestellt. Die Sicherheit ist auch dann als ausreichend anzusehen, wenn sich der Sicherungsgeber das Recht vorbehält, sein Versprechen im Falle einer wesentlichen Verschlechterung der Vermögensverhältnisse des Bestellers mit Wirkung für Vergütungsansprüche aus Bauleistungen zu widerrufen, die der Unternehmer bei Zugang der Widerrufserklärung noch nicht erbracht hat.

(2) Die Sicherheit kann auch durch eine Garantie oder ein sonstiges Zahlungsversprechen eines im Geltungsbereich dieses Gesetzes zum Geschäftsbetrieb befugten Kreditinstituts oder Kreditversicherers geleistet werden. Das Kreditinstitut oder der Kreditversicherer darf Zahlungen an den Unternehmer nur leisten, soweit der Besteller den Vergütungsanspruch des Unternehmers anerkennt oder durch vorläufig vollstreckbares Urteil zur Zahlung der Vergütung verurteilt worden ist und die Voraussetzungen vorliegen, unter denen die Zwangsvollstreckung begonnen werden darf.
(3) Der Unternehmer hat dem Besteller die üblichen Kosten der Sicherheitsleistung bis zu einem Höchstsatz von 2 vom Hundert für das Jahr zu erstatten. Dies gilt nicht, soweit eine Sicherheit wegen Einwendungen des Bestellers gegen den Vergütungsanspruch des Unternehmers aufrechterhalten werden muss und die Einwendungen sich als unbegründet erweisen.
(4) Soweit der Unternehmer für seinen Vergütungsanspruch eine Sicherheit nach den Absätzen 1

oder 2 erlangt hat, ist der Anspruch auf Einräumung einer Sicherungshypothek nach § 648 Abs. 1 ausgeschlossen.

(5) Hat der Unternehmer dem Besteller erfolglos eine angemessene Frist zur Leistung der Sicherheit nach Absatz 1 bestimmt, so kann der Unternehmer die Leistung verweigern oder den Vertrag kündigen. Kündigt er den Vertrag, ist der Unternehmer berechtigt, die vereinbarte Vergütung zu verlangen; er muss sich jedoch dasjenige anrechnen lassen, was er infolge der Aufhebung des Vertrages an Aufwendungen erspart oder durch anderweitige Verwendung seiner Arbeitskraft erwirbt oder böswillig zu erwerben unterlässt. Es wird vermutet, dass danach dem Unternehmer 5 vom Hundert der auf den noch nicht erbrachten Teil der Werkleistung entfallenden vereinbarten Vergütung zustehen.

(6) Die Vorschriften der Absätze 1 bis 5 finden keine Anwendung, wenn der Besteller

1. eine juristische Person des öffentlichen Rechts oder ein öffentlich-rechtliches Sondervermögen ist, über deren Vermögen ein Insolvenzverfahren unzulässig ist, oder

2. eine natürliche Person ist und die Bauarbeiten zur Herstellung oder Instandsetzung eines Einfamilienhauses mit oder ohne Einliegerwohnung ausführen lässt. Satz 1 Nr. 2 gilt nicht bei Betreuung des Bauvorhabens durch einen zur Verfügung über die Finanzierungsmittel des Bestellers ermächtigten Baubetreuer.

(7) Eine von den Vorschriften der Absätze 1 bis 5 abweichende Vereinbarung ist unwirksam.

§ 648a Kündigung aus wichtigem Grund	§ 648a keine Entsprechung
(1) Beide Vertragsparteien können den Vertrag aus wichtigem Grund ohne Einhaltung einer Kündigungsfrist kündigen. Ein wichtiger Grund liegt vor, wenn dem kündigenden Teil unter Berücksichtigung aller Umstände des Einzelfalls und unter Abwägung der beiderseitigen Interessen die Fortsetzung des Vertragsverhältnisses bis zur Fertigstellung des Werks nicht zugemutet werden kann. (2) Eine Teilkündigung ist möglich; sie muss sich auf einen abgrenzbaren Teil des geschuldeten Werks beziehen. (3) § 314 Absatz 2 und 3 gilt entsprechend. (4) Nach der Kündigung kann jede Vertragspartei von der anderen verlangen, dass sie an einer gemeinsamen Feststellung des Leistungsstandes mitwirkt. Verweigert eine Vertragspartei die Mitwirkung oder bleibt sie einem vereinbarten oder einem von der anderen Vertragspartei innerhalb einer angemessenen Frist bestimmten Termin zur Leistungsstandfeststellung fern, trifft sie die Beweislast für den Leistungsstand zum Zeitpunkt der Kündigung. Dies gilt nicht, wenn die Vertragspartei infolge eines Umstands fernbleibt, den sie nicht zu vertreten hat und den sie der anderen Vertragspartei unverzüglich mitgeteilt hat. (5) Kündigt eine Vertragspartei aus wichtigem Grund, ist der Unternehmer nur berechtigt, die Vergütung zu verlangen, die auf den bis zur Kündigung erbrachten Teil des Werks entfällt. (6) Die Berechtigung, Schadensersatz zu verlangen, wird durch die Kündigung nicht ausgeschlossen.	

§ 649 wird § 648. § 650 wird § 649. § 651 wird § 650 und in Satz 3 wird die Angabe „649 und 650" durch die Angabe „648 und 649" ersetzt. Neu: § 650a bis § 650v	

Gesetzesauszüge

> Nutzerhinweis:
> Käufer der Print-Ausgabe haben die Möglichkeit die Musterbriefe, -formulare und -verträge sowie die Gesetzesauswahl und die Synopse neues Recht/altes Recht ab 2018 innerhalb von vier Wochen nach Erwerb auch als Word-Datei abzurufen unter www.ghc-verlag.de. Den Zugangs-Code erhält der Käufer beim Kauf der Printausgabe. Bis zum Ablauf der Frist ist die unbegrenzte Nutzung im Kaufpreis enthalten. Nach Ablauf der Frist kann die Datei vom Käufer gegen Zahlung eines Entgelts von 55,- EUR zzgl. 19 % MwSt., brutto 65,45 EUR auch separat käuflich erworben werden. Die Nutzung der digitalen Texte ist nicht beschränkt!
> In der digital abrufbaren Version dieses Textes finden Sie zusätzlich hinterlegte Kommentierungen, die Ihnen beim Verständnis und der Anpassung des Musters an Ihr Projekt behilflich sein sollen. Einstellung unter Word: Überprüfen / Änderungen nachverfolgen. Wir empfehlen, vor elektronischer Weiterleitung des geänderten Textes, die Kommentierungen zu löschen!
> Gesetzestexte unterliegen einem häufigen Wandel: Wenn es auf den genauen Wortlaut ankommt, empfehlen wir das aktuelle Portal des Bundesministeriums der Justiz und für Verbraucherschutz:
> https://www.gesetze-im-internet.de/

Verzeichnis

Gesetzesauszüge	**677**
Bürgerliches Gesetzbuch (BGB)	**679**
Vergabe- und Vertragsordnung für Bauleistungen, Teil B (VOB/B)	**751**
VOB/A	**772**
Einführungsgesetz zum Bürgerlichen Gesetzbuch (EGBGB)	**776**
Handelsgesetzbuch (HGB)	**778**
Übereinkommen der Vereinten Nationen über Verträge über den internationalen Warenkauf (CISG)	**785**
Bauforderungssicherungsgesetz (BauFordSiG)	**809**
Zivilprozessordnung (ZPO)	**810**
Insolvenzordnung (InsO)	**811**
Versicherungsvertragsgesetz (VVG)	**818**

Strafgesetzbuch (StGB)	**821**
Produkthaftungsgesetz (ProdHaftG)	**825**
Arbeitnehmerentsendegesetz (AEntG)	**826**
Arbeitnehmerüberlassungsgesetz (AÜG)	**840**
Sozialgesetzbuch III, IV und VII (SGB)	**864**
Umsatzsteuergesetz (UStG),	**868**
Landesbauordnung Nordrhein-Westfalen (LBauO NRW),	**870**

Bürgerliches Gesetzbuch (BGB)

Stand: 1. Januar 2018

§ 13 BGB - Verbraucher

Verbraucher ist jede natürliche Person, die ein Rechtsgeschäft zu einem Zweck abschließt, der weder ihrer gewerblichen noch ihrer selbständigen beruflichen Tätigkeit zugerechnet werden kann.

§ 14 BGB - Unternehmer

(1) Unternehmer ist eine natürliche oder juristische Person oder eine rechtsfähige Personengesellschaft, die bei Abschluss eines Rechtsgeschäfts in Ausübung ihrer gewerblichen oder selbständigen beruflichen Tätigkeit handelt.

(2) Eine rechtsfähige Personengesellschaft ist eine Personengesellschaft, die mit der Fähigkeit ausgestattet ist, Rechte zu erwerben und Verbindlichkeiten einzugehen.

§ 91 BGB - Vertretbare Sachen

Vertretbare Sachen im Sinne des Gesetzes sind bewegliche Sachen, die im Verkehr nach Zahl, Maß oder Gewicht bestimmt zu werden pflegen.

§ 119 BGB - Anfechtbarkeit wegen Irrtums

(1) Wer bei der Abgabe einer Willenserklärung über deren Inhalt im Irrtum war oder eine Erklärung dieses Inhalts überhaupt nicht abgeben wollte, kann die Erklärung anfechten, wenn anzunehmen ist, dass er sie bei Kenntnis der Sachlage und bei verständiger Würdigung des Falles nicht abgegeben haben würde.

(2) Als Irrtum über den Inhalt der Erklärung gilt auch der Irrtum über solche Eigenschaften der Person oder der Sache, die im Verkehr als wesentlich angesehen werden.

§ 121 BGB - Anfechtungsfrist

(1) Die Anfechtung muss in den Fällen der §§ 119, 120 ohne schuldhaftes Zögern (unverzüglich) erfolgen, nachdem der Anfechtungsberechtigte von dem Anfechtungsgrund Kenntnis erlangt hat. Die einem Abwesenden gegenüber erfolgte Anfechtung gilt als rechtzeitig erfolgt, wenn die Anfechtungserklärung unverzüglich abgesendet worden ist.

(2) Die Anfechtung ist ausgeschlossen, wenn seit der Abgabe der Willenserklärung zehn Jahre verstrichen sind.

§ 123 BGB - Anfechtbarkeit wegen Täuschung oder Drohung

(1) Wer zur Abgabe einer Willenserklärung durch arglistige Täuschung oder widerrechtlich durch Drohung bestimmt worden ist, kann die Erklärung anfechten.

(2) Hat ein Dritter die Täuschung verübt, so ist eine Erklärung, die einem anderen gegenüber abzugeben war, nur dann anfechtbar, wenn dieser die Täuschung kannte oder kennen musste. Soweit ein anderer als derjenige, welchem gegenüber die Erklärung abzugeben war, aus der Erklärung unmittelbar ein Recht erworben hat, ist die Erklärung ihm gegenüber anfechtbar, wenn er die Täuschung kannte oder kennen musste.

§ 126 BGB - Schriftform

(1) Ist durch Gesetz schriftliche Form vorgeschrieben, so muss die Urkunde von dem Aussteller eigenhändig durch Namensunterschrift oder mittels notariell beglaubigten Handzeichens unterzeichnet werden.

(2) Bei einem Vertrag muss die Unterzeichnung der Parteien auf derselben Urkunde erfolgen. Werden über den Vertrag mehrere gleichlautende Urkunden aufgenommen, so genügt es, wenn jede Partei die für die andere Partei bestimmte Urkunde unterzeichnet.

(3) Die schriftliche Form kann durch die elektronische Form ersetzt werden, wenn sich nicht aus dem Gesetz ein anderes ergibt.

(4) Die schriftliche Form wird durch die notarielle Beurkundung ersetzt.

§ 126a BGB - Elektronische Form

(1) Soll die gesetzlich vorgeschriebene schriftliche Form durch die elektronische Form ersetzt werden, so muss der Aussteller der Erklärung dieser seinen Namen hinzufügen und das elektronische Dokument mit einer qualifizierten elektronischen Signatur nach dem Signaturgesetz versehen.

(2) Bei einem Vertrag müssen die Parteien jeweils ein gleichlautendes Dokument in der in Absatz 1 bezeichneten Weise elektronisch signieren.

§ 126b BGB - Textform

Ist durch Gesetz Textform vorgeschrieben, so muss die Erklärung in einer Urkunde oder auf andere zur dauerhaften Wiedergabe in Schriftzeichen geeignete Weise abgegeben, die Person des Erklärenden genannt und der Abschluss der Erklärung durch Nachbildung der Namensunterschrift oder anders erkennbar gemacht werden.

§ 127 BGB - Vereinbarte Form

(1) Die Vorschriften des § 126, des § 126a oder des § 126b gelten im Zweifel auch für die durch Rechtsgeschäft bestimmte Form.

(2) Zur Wahrung der durch Rechtsgeschäft bestimmten schriftlichen Form genügt, soweit nicht ein anderer Wille anzunehmen ist, die telekommunikative Übermittlung und bei einem Vertrag der Briefwechsel. Wird eine solche Form gewählt, so kann nachträglich eine dem § 126 entsprechende Beurkundung verlangt werden.

(3) Zur Wahrung der durch Rechtsgeschäft bestimmten elektronischen Form genügt, soweit nicht ein anderer Wille anzunehmen ist, auch eine andere als die in § 126a bestimmte elektronische Signatur und bei einem Vertrag der Austausch von Angebots- und Annahmeerklärung, die jeweils mit einer elektronischen Signatur versehen sind. Wird eine solche Form gewählt, so kann nachträglich eine dem § 126a entsprechende elektronische Signierung oder, wenn diese einer der Parteien nicht möglich ist, eine dem § 126 entsprechende Beurkundung verlangt werden.

§ 133 BGB - Auslegung einer Willenserklärung

Bei der Auslegung einer Willenserklärung ist der wirkliche Wille zu erforschen und nicht an dem buchstäblichen Sinne des Ausdrucks zu haften.

§ 145 BGB - Bindung an den Antrag

Wer einem anderen die Schließung eines Vertrags anträgt, ist an den Antrag gebunden, es sei denn, dass er die Gebundenheit ausgeschlossen hat

§ 146 BGB - Erlöschen des Antrags

Der Antrag erlischt, wenn er dem Antragenden gegenüber abgelehnt oder wenn er nicht diesem gegenüber nach den §§ 147 bis 149 rechtzeitig angenommen wird.

§ 147 BGB - Annahmefrist

(1) Der einem Anwesenden gemachte Antrag kann nur sofort angenommen werden. Dies gilt auch von einem mittels Fernsprechers oder einer sonstigen technischen Einrichtung von Person zu Person gemachten Antrag.

(2) Der einem Abwesenden gemachte Antrag kann nur bis zu dem Zeitpunkt angenommen werden, in welchem der Antragende den Eingang der Antwort unter regelmäßigen Umständen erwarten darf.

§ 148 BGB - Bestimmung einer Annahmefrist

Hat der Antragende für die Annahme des Antrags eine Frist bestimmt, so kann die Annahme nur innerhalb der Frist erfolgen.

§ 149 BGB - Verspätet zugegangene Annahmeerklärung

Ist eine dem Antragenden verspätet zugegangene Annahmeerklärung dergestalt abgesendet worden, dass sie bei regelmäßiger Beförderung ihm rechtzeitig zugegangen sein würde, und musste der Antragende dies erkennen, so hat er die Verspätung dem Annehmenden unverzüglich nach dem Empfang der Erklärung anzuzeigen, sofern es nicht schon vorher geschehen ist. Verzögert er die Absendung der Anzeige, so gilt die Annahme als nicht verspätet.

§ 150 BGB - Verspätete und abändernde Annahme

(1) Die verspätete Annahme eines Antrags gilt als neuer Antrag.

(2) Eine Annahme unter Erweiterungen, Einschränkungen oder sonstigen Änderungen gilt als Ablehnung verbunden mit einem neuen Antrag.

§ 151 BGB - Annahme ohne Erklärung gegenüber dem Antragenden

Der Vertrag kommt durch die Annahme des Antrags zustande, ohne dass die Annahme dem Antragenden gegenüber erklärt zu werden braucht, wenn eine solche Erklärung nach der Verkehrssitte nicht zu erwarten ist oder der Antragende auf sie verzichtet hat. Der Zeitpunkt, in welchem der Antrag erlischt, bestimmt sich nach dem aus dem Antrag oder den Umständen zu entnehmenden Willen des Antragenden.

§ 154 BGB - Offener Einigungsmangel; fehlende Beurkundung

(1) Solange nicht die Parteien sich über alle Punkte eines Vertrags geeinigt haben, über die nach der Erklärung auch nur einer Partei eine Vereinbarung getroffen werden soll, ist im Zweifel der Vertrag nicht geschlossen. Die Verständigung über einzelne Punkte ist auch dann nicht bindend, wenn eine Aufzeichnung stattgefunden hat.

(2) Ist eine Beurkundung des beabsichtigten Vertrags verabredet worden, so ist im Zweifel der Vertrag nicht geschlossen, bis die Beurkundung erfolgt ist.

§ 155 BGB - Versteckter Einigungsmangel

Haben sich die Parteien bei einem Vertrag, den sie als geschlossen ansehen, über einen Punkt, über den eine Vereinbarung getroffen werden sollte, in Wirklichkeit nicht geeinigt, so gilt das Vereinbarte, sofern anzunehmen ist, dass der Vertrag auch ohne eine Bestimmung über diesen Punkt geschlossen sein würde.

§ 157 BGB - Auslegung von Verträgen

Verträge sind so auszulegen, wie Treu und Glauben mit Rücksicht auf die Verkehrssitte es erfordern.

§ 158 BGB - Aufschiebende und auflösende Bedingung

(1) Wird ein Rechtsgeschäft unter einer aufschiebenden Bedingung vorgenommen, so tritt die von der Bedingung abhängig gemachte Wirkung mit dem Eintritt der Bedingung ein.

(2) Wird ein Rechtsgeschäft unter einer auflösenden Bedingung vorgenommen, so endigt mit dem Eintritt der Bedingung die Wirkung des Rechtsgeschäfts; mit diesem Zeitpunkt tritt der frühere Rechtszustand wieder ein.

§ 162 BGB - Verhinderung oder Herbeiführung des Bedingungseintritts

(1) Wird der Eintritt der Bedingung von der Partei, zu deren Nachteil er gereichen würde, wider Treu und Glauben verhindert, so gilt die Bedingung als eingetreten.

(2) Wird der Eintritt der Bedingung von der Partei, zu deren Vorteil er gereicht, Treu und Glauben herbeigeführt, so gilt der Eintritt als nicht erfolgt.

§ 174 BGB - Einseitiges Rechtsgeschäft eines Bevollmächtigten

Ein einseitiges Rechtsgeschäft, das ein Bevollmächtigter einem anderen gegenüber vornimmt, ist unwirksam, wenn der Bevollmächtigte eine Vollmachtsurkunde nicht vorlegt und der andere das Rechtsgeschäft aus diesem Grunde unverzüglich zurückweist. Die Zurückweisung ist ausgeschlossen, wenn der Vollmachtgeber den anderen von der Bevollmächtigung in Kenntnis gesetzt hatte.

§ 177 BGB - Vertragsschluss durch Vertreter ohne Vertretungsmacht

(1) Schließt jemand ohne Vertretungsmacht im Namen eines anderen einen Vertrag, so hängt die Wirksamkeit des Vertrags für und gegen den Vertretenen von dessen Genehmigung ab.

(2) Fordert der andere Teil den Vertretenen zur Erklärung über die Genehmigung auf, so kann die Erklärung nur ihm gegenüber erfolgen; eine vor der Aufforderung dem Vertreter gegenüber erklärte Genehmigung oder Verweigerung der Genehmigung wird unwirksam. Die Genehmigung kann nur bis zum Ablauf von zwei Wochen nach dem Empfang der Aufforderung erklärt werden; wird sie nicht erklärt, so gilt sie als verweigert.

§ 179 BGB - Haftung des Vertreters ohne Vertretungsmacht

(1) Wer als Vertreter einen Vertrag geschlossen hat, ist, sofern er nicht seine Vertretungsmacht nachweist, dem anderen Teil nach dessen Wahl zur Erfüllung oder zum Schadensersatz verpflichtet, wenn der Vertretene die Genehmigung des Vertrags verweigert.

(2) Hat der Vertreter den Mangel der Vertretungsmacht nicht gekannt, so ist er nur zum Ersatz desjenigen Schadens verpflichtet, welchen der andere Teil dadurch erleidet, dass er auf die Ver-

tretungsmacht vertraut, jedoch nicht über den Betrag des Interesses hinaus, welches der andere Teil an der Wirksamkeit des Vertrags hat.

(3) Der Vertreter haftet nicht, wenn der andere Teil den Mangel der Vertretungsmacht kannte oder kennen musste. Der Vertreter haftet auch dann nicht, wenn er in der Geschäftsfähigkeit beschränkt war, es sei denn, dass er mit Zustimmung seines gesetzlichen Vertreters gehandelt hat.

§ 182 BGB - Zustimmung

(1) Hängt die Wirksamkeit eines Vertrags oder eines einseitigen Rechtsgeschäfts, das einem anderen gegenüber vorzunehmen ist, von der Zustimmung eines Dritten ab, so kann die Erteilung sowie die Verweigerung der Zustimmung sowohl dem einen als dem anderen Teil gegenüber erklärt werden.

(2) Die Zustimmung bedarf nicht der für das Rechtsgeschäft bestimmten Form.

(3) Wird ein einseitiges Rechtsgeschäft, dessen Wirksamkeit von der Zustimmung eines Dritten abhängt, mit Einwilligung des Dritten vorgenommen, so finden die Vorschriften des § 111 Satz 2, 3 entsprechende Anwendung.

§ 194 BGB - Gegenstand der Verjährung

(1) Das Recht, von einem anderen ein Tun oder Unterlassen zu verlangen (Anspruch), unterliegt der Verjährung. ...

§ 195 BGB - Regelmäßige Verjährungsfrist

Die regelmäßige Verjährungsfrist beträgt drei Jahre.

§ 196 BGB - Verjährungsfrist bei Rechten an einem Grundstück

Ansprüche auf Übertragung des Eigentums an einem Grundstück sowie auf Begründung, Übertragung oder Aufhebung eines Rechts an einem Grundstück oder auf Änderung des Inhalts eines solchen Rechts sowie die Ansprüche auf die Gegenleistung verjähren in zehn Jahren.

§ 197 BGB - Dreißigjährige Verjährungsfrist

(1) In 30 Jahren verjähren, soweit nicht ein anderes bestimmt ist,
   1. Herausgabeansprüche aus Eigentum und anderen dinglichen Rechten,
   2. familien- und erbrechtliche Ansprüche,
   3. rechtskräftig festgestellte Ansprüche,
   4. Ansprüche aus vollstreckbaren Vergleichen oder vollstreckbaren Urkunden und
   5. Ansprüche, die durch die im Insolvenzverfahren erfolgte Feststellung vollstreckbar geworden sind.

(2) Soweit Ansprüche nach Absatz 1 Nr.2 regelmäßig wiederkehrende Leistungen oder Unterhaltsleistungen und Ansprüche nach Absatz 1 Nr.3 bis 5 künftig fällig werdende regelmäßig wiederkehrende Leistungen zum Inhalt haben, tritt an die Stelle der Verjährungsfrist von 30 Jahren die regelmäßige Verjährungsfrist.

§ 198 BGB - Verjährung bei Rechtsnachfolge

Gelangt eine Sache, hinsichtlich derer ein dinglicher Anspruch besteht, durch Rechtsnachfolge in den Besitz eines Dritten, so kommt die während des Besitzes des Rechtsvorgängers verstrichene Verjährungszeit dem Rechtsnachfolger zugute.

§ 199 BGB - Beginn der regelmäßigen Verjährungsfrist und Höchstfristen

(1) Die regelmäßige Verjährungsfrist beginnt mit dem Schluss des Jahres, in dem

1. der Anspruch entstanden ist und
2. der Gläubiger von den den Anspruch begründenden Umständen und der Person des Schuldners Kenntnis erlangt oder ohne grobe Fahrlässigkeit erlangen müsste.

(2) Schadensersatzansprüche, die auf der Verletzung des Lebens, des Körpers, der Gesundheit oder der Freiheit beruhen, verjähren ohne Rücksicht auf ihre Entstehung und die Kenntnis oder grob fahrlässige Unkenntnis in 30 Jahren von der Begehung der Handlung, der Pflichtverletzung oder dem sonstigen, den Schaden auslösenden Ereignis an.

(3) Sonstige Schadensersatzansprüche verjähren

1. ohne Rücksicht auf die Kenntnis oder grob fahrlässige Unkenntnis in zehn Jahren von ihrer Entstehung an und
2. ohne Rücksicht auf ihre Entstehung und die Kenntnis oder grob fahrlässige Unkenntnis in 30 Jahren von der Begehung der Handlung, der Pflichtverletzung oder dem sonstigen, den Schaden auslösenden Ereignis an. Maßgeblich ist die früher endende Frist.

(4) Andere Ansprüche als Schadensersatzansprüche verjähren ohne Rücksicht auf die Kenntnis oder grob fahrlässige Unkenntnis in zehn Jahren von ihrer Entstehung an.

(5) Geht der Anspruch auf ein Unterlassen, so tritt an die Stelle der Entstehung die Zuwiderhandlung.

§ 200 BGB - Beginn anderer Verjährungsfristen

Die Verjährungsfrist von Ansprüchen, die nicht der regelmäßigen Verjährungsfrist unterliegen, beginnt mit der Entstehung des Anspruchs, soweit nicht ein anderer Verjährungsbeginn bestimmt ist. § 199 Abs.5 findet entsprechende Anwendung.

§ 201 BGB - Beginn der Verjährungsfrist von festgestellten Ansprüchen

Die Verjährung von Ansprüchen der in § 197 Abs.1 Nr.3 bis 5 bezeichneten Art beginnt mit der Rechtskraft der Entscheidung, der Errichtung des vollstreckbaren Titels oder der Feststellung im Insolvenzverfahren, nicht jedoch vor der Entstehung des Anspruchs. § 199 Abs.5 findet entsprechende Anwendung.

§ 202 BGB - Unzulässigkeit von Vereinbarungen über die Verjährung

(1) Die Verjährung kann bei Haftung wegen Vorsatzes nicht im Voraus durch Rechtsgeschäft erleichtert werden.

(2) Die Verjährung kann durch Rechtsgeschäft nicht über eine Verjährungsfrist von 30 Jahren ab dem gesetzlichen Verjährungsbeginn hinaus erschwert werden.

§ 203 BGB - Hemmung der Verjährung bei Verhandlungen

Schweben zwischen dem Schuldner und dem Gläubiger Verhandlungen über den Anspruch oder die den Anspruch begründenden Umstände, so ist die Verjährung gehemmt, bis der eine oder der andere Teil die Fortsetzung der Verhandlungen verweigert. Die Verjährung tritt frühestens drei Monate nach dem Ende der Hemmung ein.

§ 204 BGB - Hemmung der Verjährung durch Rechtsverfolgung

(1) Die Verjährung wird gehemmt durch

1. die Erhebung der Klage auf Leistung oder auf Feststellung des Anspruchs, auf Erteilung der Vollstreckungsklausel oder auf Erlass des Vollstreckungsurteils,

2. die Zustellung des Antrags im vereinfachten Verfahren über den Unterhalt Minderjähriger,

3. die Zustellung des Mahnbescheids im Mahnverfahren,

4. die Veranlassung der Bekanntgabe des Güteantrags, der bei einer durch die Landesjustizverwaltung eingerichteten oder anerkannten Gütestelle oder, wenn die Parteien den Einigungsversuch einvernehmlich unternehmen, bei einer sonstigen Gütestelle, die Streitbeilegungen betreibt, eingereicht ist; wird die Bekanntgabe demnächst nach der Einreichung des Antrags veranlasst, so tritt die Hemmung der Verjährung bereits mit der Einreichung ein,

5. die Geltendmachung der Aufrechnung des Anspruchs im Prozess,

6. die Zustellung der Streitverkündung,

7. die Zustellung des Antrags auf Durchführung eines selbständigen Beweisverfahrens,

8. den Beginn eines vereinbarten Begutachtungsverfahrens oder die Beauftragung des Gutachters in dem Verfahrens nach § 641a,

9. die Zustellung des Antrags auf Erlass eines Arrestes, einer einstweiligen Verfügung oder einer einstweiligen Anordnung oder, wenn der Antrag nicht zugestellt wird, dessen Einreichung, wenn der Arrestbefehl, die einstweilige Verfügung oder die einstweilige Anordnung innerhalb eines Monats seit Verkündung oder Zustellung an den Gläubiger dem Schuldner zugestellt wird,

10. die Anmeldung des Anspruchs im Insolvenzverfahren oder im schifffahrtsrechtlichen Verteilungsverfahren,

11. den Beginn des schiedsrichterlichen Verfahrens,

12. die Einreichung des Antrags bei einer Behörde, wenn die Zulässigkeit der Klage von der Vorentscheidung dieser Behörde abhängt und innerhalb von drei Monaten nach Erledigung des Gesuchs die Klage erhoben wird; dies gilt entsprechend für bei einem Gericht oder bei einer in Nummer 4 bezeichneten Gütestelle zu stellende Anträge, deren Zulässigkeit von der Vorentscheidung einer Behörde abhängt,

13. die Einreichung des Antrags bei dem höheren Gericht, wenn dieses das zuständige Gericht zu bestimmen hat und innerhalb von drei Monaten nach Erledigung des Gesuchs die Klage erhoben oder der Antrag, für den die Gerichtsstandsbestimmung zu erfolgen hat, gestellt wird, und

14. die Veranlassung der Bekanntgabe des erstmaligen Antrags auf Gewährung von Prozesskostenhilfe; wird die Bekanntgabe demnächst nach der Einreichung des Antrags veranlasst, so tritt die Hemmung der Verjährung bereits mit der Einreichung ein.

(2) Die Hemmung nach Absatz 1 endet sechs Monate nach der rechtskräftigen Entscheidung oder anderweitigen Beendigung des eingeleiteten Verfahrens. Gerät das Verfahren dadurch in Stillstand, dass die Parteien es nicht betreiben, so tritt an die Stelle der Beendigung des Verfahrens die letzte Verfahrenshandlung der Parteien, des Gerichts oder der sonst mit dem Verfahren befassten Stelle. Die Hemmung beginnt erneut, wenn eine der Parteien das Verfahren weiter betreibt.

(3) Auf die Frist nach Absatz 1 Nr.9, 12 und 13 finden die §§ 206, 210 und 211 entsprechende Anwendung.

§ 205 BGB - Hemmung der Verjährung bei Leistungsverweigerungsrecht

Die Verjährung ist gehemmt, solange der Schuldner auf Grund einer Vereinbarung mit dem Gläubiger vorübergehend zur Verweigerung der Leistung berechtigt ist.

§ 206 BGB - Hemmung der Verjährung bei höherer Gewalt

Die Verjährung ist gehemmt, solange der Gläubiger innerhalb der letzten sechs Monate der Verjährungsfrist durch höhere Gewalt an der Rechtsverfolgung gehindert ist.

§ 209 BGB - Wirkung der Hemmung

Der Zeitraum, währenddessen die Verjährung gehemmt ist, wird in die Verjährungsfrist nicht eingerechnet.

§ 212 BGB - Neubeginn der Verjährung

(1) Die Verjährung beginnt erneut, wenn

1. der Schuldner dem Gläubiger gegenüber den Anspruch durch Abschlagszahlung, Zinszahlung, Sicherheitsleistung oder in anderer Weise anerkennt oder
2. eine gerichtliche oder behördliche Vollstreckungshandlung vorgenommen oder beantragt wird.

(2) Der erneute Beginn der Verjährung infolge einer Vollstreckungshandlung gilt als nicht eingetreten, wenn die Vollstreckungshandlung auf Antrag des Gläubigers oder wegen Mangels der gesetzlichen Voraussetzungen aufgehoben wird.

(3) Der erneute Beginn der Verjährung durch den Antrag auf Vornahme einer Vollstreckungshandlung gilt als nicht eingetreten, wenn dem Antrag nicht stattgegeben oder der Antrag vor der Vollstreckungshandlung zurückgenommen oder die erwirkte Vollstreckungshandlung nach Absatz 2 aufgehoben wird.

§ 213 BGB - Hemmung, Ablaufhemmung und erneuter Beginn der Verjährung bei anderen Ansprüchen

Die Hemmung, die Ablaufhemmung und der erneute Beginn der Verjährung gelten auch für Ansprüche, die aus demselben Grund wahlweise neben dem Anspruch oder an seiner Stelle gegeben sind.

§ 214 BGB - Wirkung der Verjährung

(1) Nach Eintritt der Verjährung ist der Schuldner berechtigt, die Leistung zu verweigern.

(2) Das zur Befriedigung eines verjährten Anspruchs Geleistete kann nicht zurückgefordert werden, auch wenn in Unkenntnis der Verjährung geleistet worden ist. Das Gleiche gilt von einem vertragsmäßigen Anerkenntnis sowie einer Sicherheitsleistung des Schuldners.

§ 215 BGB - Aufrechnung und Zurückbehaltungsrecht nach Eintritt der Verjährung

Die Verjährung schließt die Aufrechnung und die Geltendmachung eines Zurückbehaltungsrechts nicht aus, wenn der Anspruch in dem

Zeitpunkt noch nicht verjährt war, in dem erstmals aufgerechnet oder die Leistung verweigert werden konnte.

§ 216 BGB - Wirkung der Verjährung bei gesicherten Ansprüchen

(1) Die Verjährung eines Anspruchs, für den eine Hypothek, eine Schiffshypothek oder ein Pfandrecht besteht, hindert den Gläubiger nicht, seine Befriedigung aus dem belasteten Gegenstand zu suchen.

(2) Ist zur Sicherung eines Anspruchs ein Recht verschafft worden, so kann die Rückübertragung nicht auf Grund der Verjährung des Anspruchs gefordert werden. Ist das Eigentum vorbehalten, so kann der Rücktritt vom Vertrag auch erfolgen, wenn der gesicherte Anspruch verjährt ist.

(3) Die Absätze 1 und 2 finden keine Anwendung auf die Verjährung von Ansprüchen auf Zinsen und andere wiederkehrenden Leistungen.

§ 217 BGB - Verjährung von Nebenleistungen

Mit dem Hauptanspruch verjährt der Anspruch auf die von ihm abhängenden Nebenleistungen, auch wenn die für diesen Anspruch geltende besondere Verjährung noch nicht eingetreten ist.

§ 218 BGB - Unwirksamkeit des Rücktritts

(1) Der Rücktritt wegen nicht oder nicht vertragsgemäß erbrachter Leistung ist unwirksam, wenn der Anspruch auf die Leistung oder der Nacherfüllungsanspruch verjährt ist und der Schuldner sich hierauf beruft. Dies gilt auch, wenn der Schuldner nach § 275 Abs.1 bis 3, § 439 Abs.3 oder § 635 Abs.3 nicht zu leisten braucht und der Anspruch auf die Leistung oder der Nacherfüllungsanspruch verjährt wäre. § 216 Abs.2 Satz 2 bleibt unberührt.

(2) § 214 Abs.2 findet entsprechende Anwendung.

§ 241 BGB - Schuldverhältnis und Leistungspflicht

(1) Kraft des Schuldverhältnisses ist der Gläubiger berechtigt, von dem Schuldner eine Leistung zu fordern. Die Leistung kann auch in einem Unterlassen bestehen.

(2) Das Schuldverhältnis kann unter Berücksichtigung seines Inhalts und seiner Natur jeden Teil zu besonderer Rücksicht auf die Rechte und Rechtsgüter des anderen Teils verpflichten. Hierauf kann sich das Schuldverhältnis beschränken.

§ 241a BGB - Lieferung unbestellter Sachen

(1) Durch die Lieferung unbestellter Sachen oder durch die Erbringung unbestellter sonstiger Leistungen durch einen Unternehmer an einen Verbraucher wird ein Anspruch gegen diesen nicht begründet.

(2) Gesetzliche Ansprüche sind nicht ausgeschlossen, wenn die Leistung nicht für den Empfänger bestimmt war oder in der irrigen Vorstellung einer Bestellung erfolgte und der Empfänger dies erkannt hat oder bei Anwendung der im Verkehr erforderlichen Sorgfalt hätte erkennen können.

(3) Eine unbestellte Leistung liegt nicht vor, wenn dem Verbraucher statt der bestellten eine nach Qualität und Preis gleichwertige Leistung angeboten und er darauf hingewiesen wird, dass er zur Annahme nicht verpflichtet ist und die Kosten der Rücksendung nicht zu tragen hat.

§ 242 BGB - Leistung nach Treu und Glauben

Der Schuldner ist verpflichtet, die Leistung so zu bewirken, wie Treu und Glauben mit Rücksicht auf die Verkehrssitte es erfordern.

§ 244 BGB - Geldschuld

(1) Ist eine in einer anderen Währung als Euro ausgedrückte Geldschuld im Inland zu zahlen, so kann die Zahlung in Euro erfolgen, es sei denn, dass Zahlung in der anderen Währung ausdrücklich vereinbart ist.

(2) Die Umrechnung erfolgt nach dem Kurswert, der zur Zeit der Zahlung für den Zahlungsort maßgebend ist.

§ 246 BGB - Gesetzlicher Zinssatz

(1) Ist eine Schuld nach Gesetz oder Rechtsgeschäft zu verzinsen, so sind vier vom Hundert für das Jahr zu entrichten, sofern nicht ein anderes bestimmt ist.

(2) Das Schuldverhältnis kann unter Berücksichtigung seines Inhalts und seiner Natur jeden Teil zu besonderer Rücksicht auf die Rechte und Rechtsgüter des anderen Teils verpflichten. Hierauf kann sich das Schuldverhältnis beschränken.

§ 247 BGB - Basiszinssatz

(1) Der Basiszinssatz beträgt 3,62 Prozent. Er verändert sich zum 1. Januar und 1. Juli eines jeden Jahres um die Prozentpunkte, um welche die Bezugsgröße seit der letzten Veränderung des Basiszinssatzes gestiegen oder gefallen ist. Bezugsgröße ist der Zinssatz für die jüngste Hauptrefinanzierungsoperation der Europäischen Zentralbank vor dem ersten Kalendertag des betreffenden Halbjahres.

(2) Die Deutsche Bundesbank gibt den geltenden Basiszinssatz unverzüglich nach den in Absatz 1 Satz 2 genannten Zeitpunkten im Bundesanzeiger bekannt.

§ 248 BGB - Zinseszinsen

(1) Eine im Voraus getroffene Vereinbarung, dass fällige Zinsen wieder Zinsen tragen sollen, ist nichtig.

(2) Sparkassen, Kreditanstalten und Inhaber von Bankgeschäften können im Voraus vereinbaren, dass nicht erhobene Zinsen von Einlagen als neue verzinsliche Einlagen gelten sollen. Kreditanstalten, die berechtigt sind, für den Betrag der von ihnen gewährten Darlehen verzinsliche Schuldverschreibungen auf den Inhaber auszugeben, können sich bei solchen Darlehen die Verzinsung rückständiger Zinsen im Voraus versprechen lassen.

§ 249 BGB - Art und Umfang des Schadensersatzes

Wer zum Schadensersatz verpflichtet ist, hat den Zustand herzustellen, der bestehen würde, wenn der zum Ersatz verpflichtende Umstand nicht eingetreten wäre. Ist wegen Verletzung einer Person oder wegen Beschädigung einer Sache Schadensersatz zu leisten, so kann der Gläubiger statt der Herstellung den dazu erforderlichen Geldbetrag verlangen. Bei der Beschädigung einer Sache schließt der nach Satz 1 erforderliche Geldbetrag die Umsatzsteuer nur mit ein, wenn und soweit sie tatsächlich angefallen ist.

§ 250 BGB - Schadensersatz in Geld nach Fristsetzung

Der Gläubiger kann dem Ersatzpflichtigen zur Herstellung eine angemessene Frist mit der Erklärung bestimmen, dass er die Herstellung nach dem Ablauf der Frist ablehne. Nach dem Ablauf der Frist kann der Gläubiger den Ersatz in Geld verlangen, wenn nicht die Herstellung rechtzeitig erfolgt; der Anspruch auf die Herstellung ist ausgeschlossen.

§ 251 BGB - Schadensersatz in Geld ohne Fristsetzung

(1) Soweit die Herstellung nicht möglich oder zur Entschädigung des Gläubigers nicht genügend ist, hat der Ersatzpflichtige den Gläubiger in Geld zu entschädigen.

(2) Der Ersatzpflichtige kann den Gläubiger in Geld entschädigen, wenn die Herstellung nur mit unverhältnismäßigen Aufwendungen möglich ist. Die aus der Heilbehandlung eines verletzten Tieres entstandenen Aufwendungen sind nicht bereits dann unverhältnismäßig, wenn sie dessen Wert erheblich übersteigen.

§ 252 BGB - Entgangener Gewinn

Der zu ersetzende Schaden umfasst auch den entgangenen Gewinn. Als entgangen gilt der Gewinn, welcher nach dem gewöhnlichen Lauf der Dinge oder nach den besonderen Umständen, insbesondere nach den getroffenen Anstalten und Vorkehrungen, mit Wahrscheinlichkeit erwartet werden konnte.

§ 253 BGB - Immaterieller Schaden

(1) Wegen eines Schadens, der nicht Vermögensschaden ist, kann Entschädigung in Geld nur in den durch das Gesetz bestimmten Fällen gefordert werden.

(2) Ist wegen einer Verletzung des Körpers, der Gesundheit, der Freiheit oder der sexuellen Selbstbestimmung Schadensersatz zu

leisten, kann auch wegen des Schadens, der nicht Vermögensschaden ist, eine billige Entschädigung in Geld gefordert werden.

§ 254 BGB - Mitverschulden

(1) Hat bei der Entstehung des Schadens ein Verschulden des Beschädigten mitgewirkt, so hängt die Verpflichtung zum Ersatz sowie der Umfang des zu leistenden Ersatzes von den Umständen, insbesondere davon ab, inwieweit der Schaden vorwiegend von dem einen oder dem anderen Teil verursacht worden ist.

(2) Dies gilt auch dann, wenn sich das Verschulden des Beschädigten darauf beschränkt, dass er unterlassen hat, den Schuldner auf die Gefahr eines ungewöhnlich hohen Schadens aufmerksam zu machen, die der Schuldner weder kannte noch kennen musste oder dass er unterlassen hat, den Schaden abzuwenden oder zu mindern. Die Vorschrift des § 278 findet entsprechende Anwendung.

§ 266 BGB - Teilleistungen

Der Schuldner ist zu Teilleistungen nicht berechtigt.

§ 269 BGB - Leistungsort

(1) Ist ein Ort für die Leistung weder bestimmt noch aus den Umständen, insbesondere aus der Natur des Schuldverhältnisses, zu entnehmen, so hat die Leistung an dem Ort zu erfolgen, an welchem der Schuldner zur Zeit der Entstehung des Schuldverhältnisses seinen Wohnsitz hatte.

(2) Ist die Verbindlichkeit im Gewerbebetrieb des Schuldners entstanden, so tritt, wenn der Schuldner seine gewerbliche Niederlassung an einem anderen Ort hatte, der Ort der Niederlassung an die Stelle des Wohnsitzes.

(3) Aus dem Umstand allein, dass der Schuldner die Kosten der Versendung übernommen hat, ist nicht zu entnehmen, dass der Ort, nach welchem die Versendung zu erfolgen hat, der Leistungsort sein soll.

§ 270 BGB - Zahlungsort

(1) Geld hat der Schuldner im Zweifel auf seine Gefahr und seine Kosten dem Gläubiger an dessen Wohnsitz zu übermitteln.

(2) Ist die Forderung im Gewerbebetrieb des Gläubigers entstanden, so tritt, wenn der Gläubiger seine gewerbliche Niederlassung an einem anderen Ort hat, der Ort der Niederlassung an die Stelle des Wohnsitzes.

(3) Erhöhen sich infolge einer nach der Entstehung des Schuldverhältnisses eintretenden Änderung des Wohnsitzes oder der gewerblichen Niederlassung des Gläubigers die Kosten oder die Gefahr der Übermittlung, so hat der Gläubiger im ersteren Falle die Mehrkosten, im letzteren Falle die Gefahr zu tragen.

(4) Die Vorschriften über den Leistungsort bleiben unberührt.

§ 271 BGB - Leistungszeit

(1) Ist eine Zeit für die Leistung weder bestimmt noch aus den Umständen zu entnehmen, so kann der Gläubiger die Leistung sofort verlangen, der Schuldner sie sofort bewirken.

(2) Ist eine Zeit bestimmt, so ist im Zweifel anzunehmen, dass der Gläubiger die Leistung nicht vor dieser Zeit verlangen, der Schuldner aber sie vorher bewirken kann.

§ 271a BGB - Vereinbarungen über Zahlungs-, Überprüfungs- oder Abnahmefristen

(1) Eine Vereinbarung, nach der der Gläubiger die Erfüllung einer Entgeltforderung erst nach mehr als 60 Tagen nach Empfang der Gegenleistung verlangen kann, ist nur wirksam, wenn sie ausdrücklich getroffen und im Hinblick auf die Belange des Gläubigers nicht grob unbillig ist. 2Geht dem Schuldner nach Empfang der Gegenleistung eine Rechnung oder gleichwertige Zahlungsaufstellung zu, tritt der Zeitpunkt des Zugangs dieser Rechnung oder Zahlungsaufstellung an die Stelle des in Satz 1 genannten Zeitpunkts des Empfangs der Gegenleistung. 3Es wird bis zum Beweis eines anderen Zeitpunkts vermutet, dass der Zeitpunkt des Zugangs der Rechnung oder Zahlungsaufstellung auf den Zeitpunkt des Empfangs der Gegenleistung fällt; hat der Gläubiger einen späteren Zeitpunkt benannt, so tritt dieser an die Stelle des Zeitpunkts des Empfangs der Gegenleistung.

(2) Ist der Schuldner ein öffentlicher Auftraggeber im Sinne von § 98 Nummer 1 bis 3 des Gesetzes gegen Wettbewerbsbeschränkungen, so ist abweichend von Absatz 1

1. eine Vereinbarung, nach der der Gläubiger die Erfüllung einer Entgeltforderung erst nach mehr als 30 Tagen nach Empfang der Gegenleistung verlangen kann, nur wirksam, wenn die Vereinbarung ausdrücklich getroffen und aufgrund der besonderen Natur oder der Merkmale des Schuldverhältnisses sachlich gerechtfertigt ist;

2. eine Vereinbarung, nach der der Gläubiger die Erfüllung einer Entgeltforderung erst nach mehr als 60 Tagen nach Empfang der Gegenleistung verlangen kann unwirksam.

Absatz 1 Satz 2 und 3 ist entsprechend anzuwenden.

(3) Ist eine Entgeltforderung erst nach Überprüfung oder Abnahme der Gegenleistung zu erfüllen, so ist eine Vereinbarung, nach der die Zeit für die Überprüfung oder Abnahme der Gegenleistung mehr als 30 Tage nach Empfang der Gegenleistung beträgt, nur wirksam, wenn sie ausdrücklich getroffen und im Hinblick auf die Belange des Gläubigers nicht grob unbillig ist.

(4) Ist eine Vereinbarung nach den Absätzen 1 bis 3 unwirksam, bleibt der Vertrag im Übrigen wirksam.

(5) Die Absätze 1 bis 3 sind nicht anzuwenden auf

1. die Vereinbarung von Abschlagszahlungen und sonstigen Ratenzahlungen sowie

2. ein Schuldverhältnis, aus dem ein Verbraucher die Erfüllung der Entgeltforderung schuldet.

(6) Die Absätze 1 bis 3 lassen sonstige Vorschriften, aus denen sich die Beschränkungen für Vereinbarungen über Zahlungs-, Überprüfungs- oder Abnahmefristen ergeben, unberührt.

§ 273 BGB - Zurückbehaltungsrecht

(1) Hat der Schuldner aus demselben rechtlichen Verhältnis, auf dem seine Verpflichtung beruht, einen fälligen Anspruch gegen den Gläubiger, so kann er, sofern nicht aus dem Schuldverhältnis sich ein anderes ergibt, die geschuldete Leistung verweigern, bis die ihm gebührende Leistung bewirkt wird (Zurückbehaltungsrecht).

(2) Wer zur Herausgabe eines Gegenstands verpflichtet ist, hat das gleiche Recht, wenn ihm ein fälliger Anspruch wegen Verwendungen auf den Gegenstand oder wegen eines ihm durch diesen verursachten Schadens zusteht, es sei denn, dass er den Gegenstand durch eine vorsätzlich begangene unerlaubte Handlung erlangt hat.

(3) Der Gläubiger kann die Ausübung des Zurückbehaltungsrechts durch Sicherheitsleistung abwenden. Die Sicherheitsleistung durch Bürgen ist ausgeschlossen.

§ 274 BGB - Wirkungen des Zurückbehaltungsrechts

(1) Gegenüber der Klage des Gläubigers hat die Geltendmachung des Zurückbehaltungsrechts nur die Wirkung, dass der Schuldner zur Leistung gegen Empfang der ihm gebührenden Leistung (Erfüllung Zug um Zug) zu verurteilen ist.

(2) Auf Grund einer solchen Verurteilung kann der Gläubiger seinen Anspruch ohne Bewirkung der ihm obliegenden Leistung im Wege der Zwangsvollstreckung verfolgen, wenn der Schuldner im Verzug der Annahme ist.

§ 275 BGB - Ausschluss der Leistungspflicht

(1) Der Anspruch auf Leistung ist ausgeschlossen, soweit diese für den Schuldner oder für jedermann unmöglich ist.

(2) Der Schuldner kann die Leistung verweigern, soweit diese einen Aufwand erfordert, der unter Beachtung des Inhalts des Schuldverhältnisses und der Gebote von Treu und Glauben in einem groben Missverhältnis zu dem Leistungsinteresse des Gläubigers steht. Bei der Bestimmung der dem Schuldner zuzumutenden Anstrengungen ist auch zu berücksichtigen, ob der Schuldner das Leistungshindernis zu vertreten hat.

(3) Der Schuldner kann die Leistung ferner verweigern, wenn er die Leistung persönlich zu erbringen hat und sie ihm unter Abwägung

des seiner Leistung entgegenstehenden Hindernisses mit dem Leistungsinteresse des Gläubigers nicht zugemutet werden kann.

(4) Die Rechte des Gläubigers bestimmen sich nach den §§ 280, 283 bis 285, 311a und 326.

§ 276 BGB - Verantwortlichkeit des Schuldners

(1) Der Schuldner hat Vorsatz und Fahrlässigkeit zu vertreten, wenn eine strengere oder mildere Haftung weder bestimmt noch aus dem sonstigen Inhalt des Schuldverhältnisses, insbesondere aus der Übernahme einer Garantie oder eines Beschaffungsrisikos zu entnehmen ist. Die Vorschriften der §§ 827 und 828 finden entsprechende Anwendung.

(2) Fahrlässig handelt, wer die im Verkehr erforderliche Sorgfalt außer Acht lässt.

(3) Die Haftung wegen Vorsatzes kann dem Schuldner nicht im Voraus erlassen werden.

§ 278 BGB - Verschulden von Erfüllungsgehilfen

(1) Der Schuldner hat ein Verschulden seines gesetzlichen Vertreters und der Personen, deren er sich zur Erfüllung seiner Verbindlichkeit bedient, in gleichem Umfange zu vertreten wie eigenes Verschulden.

(2) Die Vorschrift des § 276 Abs.3 findet keine Anwendung.

§ 280 BGB - Schadensersatz wegen Pflichtverletzung

(1) Verletzt der Schuldner eine Pflicht aus dem Schuldverhältnis, so kann der Gläubiger Ersatz des hierdurch entstehenden Schadens verlangen. Dies gilt nicht, wenn der Schuldner die Pflichtverletzung nicht zu vertreten hat.

(2) Schadensersatz wegen Verzögerung der Leistung kann der Gläubiger nur unter der zusätzlichen Voraussetzung des § 286 verlangen.

(3) Schadensersatz statt der Leistung kann der Gläubiger nur unter den zusätzlichen Voraussetzungen des § 281, des § 282 oder des § 283 verlangen.

§ 281 BGB - Schadensersatz statt der Leistung wegen nicht oder nicht wie geschuldet erbrachter Leistung

(1) Soweit der Schuldner die fällige Leistung nicht oder nicht wie geschuldet erbringt, kann der Gläubiger unter den Voraussetzungen des § 280 Abs.1 Schadensersatz statt der Leistung verlangen, wenn er dem Schuldner erfolglos eine angemessene Frist zur Leistung oder Nacherfüllung bestimmt hat. Hat der Schuldner eine Teilleistung bewirkt, so kann der Gläubiger Schadensersatz statt der ganzen Leistung nur verlangen, wenn er an der Teilleistung kein Interesse hat. Hat der Schuldner die Leistung nicht wie ge-

schuldet bewirkt, so kann der Gläubiger Schadensersatz statt der ganzen Leistung nicht verlangen, wenn die Pflichtverletzung unerheblich ist.

(2) Die Fristsetzung ist entbehrlich, wenn der Schuldner die Leistung ernsthaft und endgültig verweigert oder wenn besondere Umstände vorliegen, die unter Abwägung der beiderseitigen Interessen die sofortige Geltendmachung des Schadenersatzanspruchs rechtfertigen.

(3) Kommt nach der Art der Pflichtverletzung eine Fristsetzung nicht in Betracht, so tritt an deren Stelle eine Abmahnung.

(4) Der Anspruch auf die Leistung ist ausgeschlossen, sobald der Gläubiger statt der Leistung Schadensersatz verlangt hat.

(5) Verlangt der Gläubiger Schadensersatz statt der ganzen Leistung, so ist der Schuldner zur Rückforderung des Geleisteten nach den §§ 346 bis 348 berechtigt.

§ 282 BGB - Schadensersatz statt der Leistung wegen Verletzung einer Pflicht nach § 241 Abs.2

Verletzt der Schuldner eine Pflicht nach § 241 Abs.2, kann der Gläubiger unter den Voraussetzungen des § 280 Abs.1 Schadensersatz statt der Leistung verlangen, wenn ihm die Leistung durch den Schuldner nicht mehr zuzumuten ist.

§ 283 BGB - Schadensersatz statt der Leistung bei Ausschluss der Leistungspflicht

Braucht der Schuldner nach § 275 Abs.1 bis 3 nicht zu leisten, kann der Gläubiger unter den Voraussetzungen des § 280 Abs. 1 Schadensersatz statt der Leistung verlangen. § 281 Abs.1 Satz 2 und 3 und Abs.5 finden entsprechende Anwendung.

§ 284 BGB - Ersatz vergeblicher Aufwendungen

Anstelle des Schadensersatzes statt der Leistung kann der Gläubiger Ersatz der Aufwendungen verlangen, die er im Vertrauen auf den Erhalt der Leistung gemacht hat und billigerweise machen durfte, es sei denn, deren Zweck wäre auch ohne die Pflichtverletzung des Schuldners nicht erreicht worden.

§ 285 BGB - Herausgabe des Ersatzes

(1) Erlangt der Schuldner infolge des Umstandes, auf Grund dessen er die Leistung nach § 275 Abs.1 bis 3 nicht zu erbringen braucht, für den geschuldeten Gegenstand einen Ersatz oder einen Ersatzanspruch, so kann der Gläubiger Herausgabe des als Ersatz Empfangenen oder Abtretung des Ersatzanspruchs verlangen.

(2) Kann der Gläubiger statt der Leistung Schadensersatz verlangen, so mindert sich dieser, wenn er von dem in Absatz 1 bestimmten Recht Gebrauch macht, um den Wert des erlangten Ersatzes oder Ersatzanspruchs.

§ 286 BGB - Verzug des Schuldners

(1) Leistet der Schuldner auf eine Mahnung des Gläubigers nicht, die nach dem Eintritt der Fälligkeit erfolgt, so kommt er durch die Mahnung in Verzug. Der Mahnung stehen die Erhebung der Klage auf die Leistung sowie die Zustellung eines Mahnbescheids im Mahnverfahren gleich.

(2) Der Mahnung bedarf es nicht, wenn

1. für die Leistung eine Zeit nach dem Kalender bestimmt ist,
2. der Leistung ein Ereignis vorauszugehen hat und eine angemessene Zeit für die Leistung in der Weise bestimmt ist, dass sie sich von dem Ereignis an nach dem Kalender berechnen lässt,
3. der Schuldner die Leistung ernsthaft und endgültig verweigert,
4. aus besonderen Gründen unter Abwägung der beiderseitigen Interessen der sofortige Eintritt des Verzugs gerechtfertigt ist.

(3) Der Schuldner einer Entgeltforderung kommt spätestens in Verzug, wenn er nicht innerhalb von 30 Tagen nach Fälligkeit und Zugang einer Rechnung oder gleichwertigen Zahlungsaufstellung leistet; dies gilt gegenüber einem Schuldner, der Verbraucher ist, nur, wenn auf diese Folgen in der Rechnung oder Zahlungsaufstellung besonders hingewiesen worden ist. Wenn der Zeitpunkt des Zugangs der Rechnung oder Zahlungsaufstellung unsicher ist, kommt der Schuldner, der nicht Verbraucher ist, spätestens 30 Tage nach Fälligkeit und Empfang der Gegenleistung in Verzug.

(4) Der Schuldner kommt nicht in Verzug, solange die Leistung infolge eines Umstandes unterbleibt, den er nicht zu vertreten hat.

§ 287 BGB - Verantwortlichkeit während des Verzugs

Der Schuldner hat während des Verzugs jede Fahrlässigkeit zu vertreten. Er haftet wegen der Leistung auch für Zufall, es sei denn, dass der Schaden auch bei rechtzeitiger Leistung eingetreten sein würde.

§ 288 BGB - Verzugszinsen

(1) Eine Geldschuld ist während des Verzugs zu verzinsen. Der Verzugszinssatz beträgt für das Jahr fünf Prozentpunkte über dem Basiszinssatz.

(2) Bei Rechtsgeschäften, an denen ein Verbraucher nicht beteiligt ist, beträgt der Zinssatz für Entgeltforderungen neun Prozentpunkte über dem Basiszinssatz.

(3) Der Gläubiger kann aus einem anderen Rechtsgrund höhere Zinsen verlangen.

(4) Die Geltendmachung eines weiteren Schadens ist nicht ausgeschlossen.

(5) Der Gläubiger einer Entgeltforderung hat bei Verzug des Schuldners, wenn dieser kein Verbraucher ist, außerdem einen Anspruch auf Zahlung einer Pauschale in Höhe von 40 Euro. Dies gilt auch, wenn es sich bei der Entgeltforderung um eine Abschlagszahlung oder sonstige Ratenzahlung handelt. Die Pauschale nach Satz 1 ist auf einen geschuldeten Schadensersatz anzurechnen, soweit der Schaden in Kosten der Rechtsverfolgung begründet ist.

(6) Eine im Voraus getroffene Vereinbarung, die den Anspruch des Gläubigers einer Entgeltforderung auf Verzugszinsen ausschließt, ist unwirksam. Gleiches gilt für eine Vereinbarung, die diesen Anspruch beschränkt oder den Anspruch des Gläubigers einer Entgeltforderung auf die Pauschale nach Absatz 5 oder auf Ersatz des Schadens, der in Kosten der Rechtsverfolgung begründet ist, ausschließt oder beschränkt, wenn sie im Hinblick auf die Belange des Gläubigers grob unbillig ist. Eine Vereinbarung über den Ausschluss der Pauschale nach Absatz 5 oder des Ersatzes des Schadens, der in Kosten der Rechtsverfolgung begründet ist, ist im Zweifel als grob unbillig anzusehen. Die Sätze 1 bis 3 sind nicht anzuwenden, wenn sich der Anspruch gegen einen Verbraucher richtet.

§ 293 BGB - Annahmeverzug

Der Gläubiger kommt in Verzug, wenn er die ihm angebotene Leistung nicht annimmt.

§ 294 BGB - Tatsächliches Angebot

Die Leistung muss dem Gläubiger so, wie sie zu bewirken ist, tatsächlich angeboten werden.

§ 295 BGB - Wörtliches Angebot

Ein wörtliches Angebot des Schuldners genügt, wenn der Gläubiger ihm erklärt hat, dass er die Leistung nicht annehmen werde, oder wenn zur Bewirkung der Leistung eine Handlung des Gläubigers erforderlich ist, insbesondere wenn der Gläubiger die geschuldete Sache abzuholen hat. Dem Angebot der Leistung steht die Aufforderung an den Gläubiger gleich, die erforderliche Handlung vorzunehmen.

§ 296 BGB - Entbehrlichkeit des Angebots

Ist für die von dem Gläubiger vorzunehmende Handlung eine Zeit nach dem Kalender bestimmt, so bedarf es des Angebots nur, wenn der Gläubiger die Handlung rechtzeitig vornimmt. Das Gleiche gilt, wenn der Handlung ein Ereignis vorauszugehen hat und eine angemessene Zeit für die Handlung in der Weise bestimmt ist, dass sie sich von dem Ereignis an nach dem Kalender berechnen lässt.

§ 297 BGB - Unvermögen des Schuldners

Der Gläubiger kommt nicht in Verzug, wenn der Schuldner zur Zeit des Angebots oder im Falle des § 296 zu der für die Handlung des Gläubigers bestimmten Zeit außerstande ist, die Leistung zu bewirken.

§ 298 BGB - Zug-um-Zug-Leistungen

Ist der Schuldner nur gegen eine Leistung des Gläubigers zu leisten verpflichtet, so kommt der Gläubiger in Verzug, wenn er zwar die angebotene Leistung anzunehmen bereit ist, die verlangte Gegenleistung aber nicht anbietet.

§ 299 BGB - Vorübergehende Annahmeverhinderung

Ist die Leistungszeit nicht bestimmt oder ist der Schuldner berechtigt, vor der bestimmten Zeit zu leisten, so kommt der Gläubiger nicht dadurch in Verzug, dass er vorübergehend an der Annahme der angebotenen Leistung verhindert ist, es sei denn, dass der Schuldner ihm die Leistung eine angemessene Zeit vorher angekündigt hat.

§ 300 BGB - Wirkungen des Gläubigerverzugs

(1) Der Schuldner hat während des Verzugs des Gläubigers nur Vorsatz und grobe Fahrlässigkeit zu vertreten.

(2) Wird eine nur der Gattung nach bestimmte Sache geschuldet, so geht die Gefahr mit dem Zeitpunkt auf den Gläubiger über, in welchem er dadurch in Verzug kommt, dass er die angebotene Sache nicht annimmt

§ 304 BGB - Ersatz von Mehraufwendungen

Der Schuldner kann im Falle des Verzugs des Gläubigers Ersatz der Mehraufwendungen verlangen, die er für das erfolglose Angebot sowie für die Aufbewahrung und Erhaltung des geschuldeten Gegenstands machen musste.

§ 305 BGB - Einbeziehung Allgemeiner Geschäftsbedingungen in den Vertrag

(1) Allgemeine Geschäftsbedingungen sind alle für eine Vielzahl von Verträgen vorformulierten Vertragsbedingungen, die eine Vertragspartei (Verwender) der anderen Vertragspartei bei Abschluss eines Vertrags stellt. Gleichgültig ist, ob die Bestimmungen einen äußerlich gesonderten Bestandteil des Vertrags bilden oder in die Vertragsurkunde selbst aufgenommen werden, welchen Umfang sie haben, in welcher Schriftart sie verfasst sind und welche Form der Vertrag hat. Allgemeine Geschäftsbedingungen liegen nicht vor, soweit die Vertragsbedingungen zwischen den Vertragsparteien im Einzelnen ausgehandelt sind.

(2) Allgemeine Geschäftsbedingungen werden nur dann Bestandteil eines Vertrags, wenn der Verwender bei Vertragsschluss

1. die andere Vertragspartei ausdrücklich oder, wenn ein ausdrücklicher Hinweis wegen der Art des Vertragsschlusses nur unter unverhältnismäßigen Schwierigkeiten möglich ist, durch deutlich sichtbaren Aushang am Ort des Vertragsschlusses auf sie hinweist und

2. der anderen Vertragspartei die Möglichkeit verschafft, in zumutbarer Weise, die auch eine für den Verwender erkennbare körperliche Behinderung der anderen Vertragspartei angemessen berücksichtigt, von ihrem Inhalt Kenntnis zu nehmen und wenn die andere Vertragspartei mit ihrer Geltung einverstanden ist.

(3) Die Vertragsparteien können für eine bestimmte Art von Rechtsgeschäften die Geltung bestimmter Allgemeiner Geschäftsbedingungen unter Beachtung der in Absatz 2 bezeichneten Erfordernisse im Voraus vereinbaren.

§ 305a BGB - Einbeziehung in besonderen Fällen

Auch ohne Einhaltung der in § 305 Abs.2 Nr.1 und 2 bezeichneten Erfordernisse werden einbezogen, wenn die andere Vertragspartei mit ihrer Geltung einverstanden ist,

1. die mit Genehmigung der zuständigen Verkehrsbehörde oder auf Grund von internationalen Übereinkommen erlassenen Tarife und Ausführungsbestimmungen der Eisenbahnen und die nach Maßgabe des Personenbeförderungsgesetzes genehmigten Beförderungsbedingungen der Straßenbahnen, Obusse und Kraftfahrzeuge im Linienverkehr in den Beförderungsvertrag,

2. die im Amtsblatt der Regulierungsbehörde für Telekommunikation und Post veröffentlichten und in den Geschäftsstellen des Verwenders bereitgehaltenen Allgemeinen Geschäftsbedingungen

    a) in Beförderungsverträge, die außerhalb von Geschäftsräumen durch den Einwurf von Postsendungen in Briefkästen abgeschlossen werden,

    b) in Verträge über Telekommunikations-, Informations- und andere Dienstleistungen, die unmittelbar durch Einsatz von Fernkommunikationsmitteln und während der Erbringung einer Telekommunikationsdienstleistung in einem Mal erbracht werden, wenn die Allgemeinen Geschäftsbedingungen der anderen Vertragspartei nur unter unverhältnismäßigen Schwierigkeiten vor dem Vertragsschluss zugänglich gemacht werden können.

§ 305b BGB - Vorrang der Individualabrede

Individuelle Vertragsabreden haben Vorrang vor Allgemeinen Geschäftsbedingungen.

§ 305c BGB - Überraschende und mehrdeutige Klauseln

(1) Bestimmungen in Allgemeinen Geschäftsbedingungen, die nach den Umständen, insbesondere nach dem äußeren Erscheinungs-

bild des Vertrags, so ungewöhnlich sind, dass der Vertragspartner des Verwenders mit ihnen nicht zu rechnen braucht, werden nicht Vertragsbestandteil.

(2) Zweifel bei der Auslegung Allgemeiner Geschäftsbedingungen gehen zu Lasten des Verwenders.

§ 306 BGB - Rechtsfolgen bei Nichteinbeziehung und Unwirksamkeit

(1) Sind Allgemeine Geschäftsbedingungen ganz oder teilweise nicht Vertragsbestandteil geworden oder unwirksam, so bleibt der Vertrag im Übrigen wirksam.

(2) Soweit die Bestimmungen nicht Vertragsbestandteil geworden oder unwirksam sind, richtet sich der Inhalt des Vertrags nach den gesetzlichen Vorschriften.

(3) Der Vertrag ist unwirksam, wenn das Festhalten an ihm auch unter Berücksichtigung der nach Absatz 2 vorgesehenen Änderung eine unzumutbare Härte für eine Vertragspartei darstellen würde.

§ 306a BGB - Umgehungsverbot

Die Vorschriften dieses Abschnitts finden auch Anwendung, wenn sie durch anderweitige Gestaltungen umgangen werden.

§ 307 BGB - Inhaltskontrolle

(1) Bestimmungen in Allgemeinen Geschäftsbedingungen sind unwirksam, wenn sie den Vertragspartner des Verwenders entgegen den Geboten von Treu und Glauben unangemessen benachteiligen. Eine unangemessene Benachteiligung kann sich auch daraus ergeben, dass die Bestimmung nicht klar und verständlich ist.

(2) Eine unangemessene Benachteiligung ist im Zweifel anzunehmen, wenn eine Bestimmung

1. mit wesentlichen Grundgedanken der gesetzlichen Regelung, von der abgewichen wird, nicht zu vereinbaren ist, oder

2. wesentliche Rechte oder Pflichten, die sich aus der Natur des Vertrags ergeben, so einschränkt, dass die Erreichung des Vertragszwecks gefährdet ist.

(3) Die Absätze 1 und 2 sowie die §§ 308 und 309 gelten nur für Bestimmungen in Allgemeinen Geschäftsbedingungen, durch die von Rechtsvorschriften abweichende oder diese ergänzende Regelungen vereinbart werden. Andere Bestimmungen können nach Absatz 1 Satz 2 in Verbindung mit Absatz 1 Satz 1 unwirksam sein.

§ 308 BGB - Klauselverbote mit Wertungsmöglichkeit

In Allgemeinen Geschäftsbedingungen ist insbesondere unwirksam

1. (Annahme- und Leistungsfrist) eine Bestimmung, durch die sich der Verwender unangemessen lange oder nicht hinreichend bestimmte Fristen für die Annahme oder Ablehnung eines Angebots oder die Erbringung einer Leistung vorbehält; ausgenommen hiervon ist der Vorbehalt, erst nach Ablauf der Widerrufs- oder Rückgabefrist nach § 355 Abs.1 und 2 und § 356 zu leisten;

2. (Nachfrist) eine Bestimmung, durch die sich der Verwender für die von ihm zu bewirkende Leistung abweichend von Rechtsvorschriften eine unangemessen lange oder nicht hinreichend bestimmte Nachfrist vorbehält;

3. (Rücktrittsvorbehalt) die Vereinbarung eines Rechts des Verwenders, sich ohne sachlich gerechtfertigten und im Vertrag angegebenen Grund von seiner Leistungspflicht zu lösen; dies gilt nicht für Dauerschuldverhältnisse;

4. (Änderungsvorbehalt) die Vereinbarung eines Rechts des Verwenders, die versprochene Leistung zu ändern oder von ihr abzuweichen, wenn nicht die Vereinbarung der Änderung oder Abweichung unter Berücksichtigung der Interessen des Verwenders für den anderen Vertragsteil zumutbar ist;

5. (Fingierte Erklärungen) eine Bestimmung, wonach eine Erklärung des Vertragspartners des Verwenders bei Vornahme oder Unterlassung einer bestimmten Handlung als von ihm abgegeben oder nicht abgegeben gilt, es sei denn, dass

   a) dem Vertragspartner eine angemessene Frist zur Abgabe einer ausdrücklichen Erklärung eingeräumt ist und

   b) der Verwender sich verpflichtet, den Vertragspartner bei Beginn der Frist auf die vorgesehene Bedeutung seines Verhaltens besonders hinzuweisen;

   dies gilt nicht für Verträge, in die Teil B der Verdingungsordnung für Bauleistungen insgesamt einbezogen ist;

6. (Fiktion des Zugangs) eine Bestimmung, die vorsieht, dass eine Erklärung des Verwenders von besonderer Bedeutung dem anderen Vertragsteil als zugegangen gilt;

7. (Abwicklung von Verträgen) eine Bestimmung, nach der der Verwender für den Fall, dass eine Vertragspartei vom Vertrag zurücktritt oder den Vertrag kündigt,

   a) eine unangemessen hohe Vergütung für die Nutzung oder den Gebrauch einer Sache oder eines Rechts oder für erbrachte Leistungen oder

   b) einen unangemessen hohen Ersatz von Aufwendungen verlangen kann;

8. (Nichtverfügbarkeit der Leistung) die nach Nummer 3 zulässige Vereinbarung eines Vorbehalts des Verwenders, sich von der Verpflichtung zur Erfüllung des Vertrags bei Nichtverfügbarkeit der Leistung zu lösen, wenn sich der Verwender nicht verpflichtet,

a) den Vertragspartner unverzüglich über die Nichtverfügbarkeit zu informieren und

b) Gegenleistungen des Vertragspartners unverzüglich zu erstatten.

§ 309 BGB - Klauselverbote ohne Wertungsmöglichkeit

Auch soweit eine Abweichung von den gesetzlichen Vorschriften zulässig ist, ist in Allgemeinen Geschäftsbedingungen unwirksam

1. (Kurzfristige Preiserhöhungen) eine Bestimmung, welche die Erhöhung des Entgelts für Waren oder Leistungen vorsieht, die innerhalb von vier Monaten nach Vertragsschluss geliefert oder erbracht werden sollen; dies gilt nicht bei Waren oder Leistungen, die im Rahmen von Dauerschuldverhältnissen geliefert oder erbracht werden;

2. (Leistungsverweigerungsrechte) eine Bestimmung, durch die

    a) das Leistungsverweigerungsrecht, das dem Vertragspartner des Verwenders nach § 320 zusteht, ausgeschlossen oder eingeschränkt wird oder

    b) ein dem Vertragspartner des Verwenders zustehendes Zurückbehaltungsrecht, soweit es auf demselben Vertragsverhältnis beruht, ausgeschlossen oder eingeschränkt, insbesondere von der Anerkennung von Mängeln durch den Verwender abhängig gemacht wird;

3. (Aufrechnungsverbot) eine Bestimmung, durch die dem Vertragspartner des Verwenders die Befugnis genommen wird, mit einer unbestrittenen oder rechtskräftig festgestellten Forderung aufzurechnen;

4. (Mahnung, Fristsetzung) eine Bestimmung, durch die der Verwender von der gesetzlichen Obliegenheit freigestellt wird, den anderen Vertragsteil zu mahnen oder ihm eine Frist für die Leistung oder Nacherfüllung zu setzen;

5. (Pauschalierung von Schadensersatzansprüchen) die Vereinbarung eines pauschalierten Anspruchs des Verwenders auf Schadensersatz oder Ersatz einer Wertminderung, wenn

    a) die Pauschale den in den geregelten Fällen nach dem gewöhnlichen Lauf der Dinge zu erwartenden Schaden oder die gewöhnlich eintretende Wertminderung übersteigt oder

    b) dem anderen Vertragsteil nicht ausdrücklich der Nachweis gestattet wird, ein Schaden oder eine Wertminderung sei überhaupt nicht entstanden oder wesentlich niedriger als die Pauschale;

6. (Vertragsstrafe) eine Bestimmung, durch die dem Verwender für den Fall der Nichtabnahme oder verspäteten Abnahme der Leistung, des Zahlungsverzugs oder für den Fall, dass der andere Vertragsteil sich vom Vertrag löst, Zahlung einer Vertragsstrafe versprochen wird;

7. (Haftungsausschluss bei Verletzung von Leben, Körper, Gesundheit und bei grobem Verschulden)

   a) (Verletzung von Leben, Körper, Gesundheit) ein Ausschluss oder eine Begrenzung der Haftung für Schäden aus der Verletzung des Lebens, des Körpers oder der Gesundheit, die auf einer fahrlässigen Pflichtverletzung des Verwenders oder einer vorsätzlichen oder fahrlässigen Pflichtverletzung eines gesetzlichen Vertreters oder Erfüllungsgehilfen des Verwenders beruhen;

   b) (grobes Verschulden) ein Ausschluss oder eine Begrenzung der Haftung für sonstige Schäden, die auf einer grob fahrlässigen Pflichtverletzung des Verwenders oder auf einer vorsätzlichen oder grob fahrlässigen Pflichtverletzung eines gesetzlichen Vertreters oder Erfüllungsgehilfen des Verwenders beruhen;

   die Buchstaben a und b gelten nicht für Haftungsbeschränkungen in den nach Maßgabe des Personenbeförderungsgesetzes genehmigten Beförderungsbedingungen und Tarifvorschriften der Straßenbahnen, Obusse und Kraftfahrzeuge im Linienverkehr, soweit sie nicht zum Nachteil des Fahrgastes von der Verordnung über die Allgemeinen Beförderungsbedingungen für den Straßenbahn- und Obusverkehr sowie den Linienverkehr mit Kraftfahrzeugen vom 27. Februar 1970 abweichen; Buchstabe b gilt nicht für Haftungsbeschränkungen für staatlich genehmigte Lotterie- oder Ausspielverträge;

8. (Sonstige Haftungsausschlüsse bei Pflichtverletzung)

   a) (Ausschluss des Rechts, sich vom Vertrag zu lösen) eine Bestimmung, die bei einer vom Verwender zu vertretenden, nicht in einem Mangel der Kaufsache oder des Werks bestehenden Pflichtverletzung das Recht des anderen Vertragsteils, sich vom Vertrag zu lösen, ausschließt oder einschränkt;

   dies gilt nicht für die in der Nummer 7 bezeichneten Beförderungsbedingungen und Tarifvorschriften unter den dort genannten Voraussetzungen;

   b) (Mängel) eine Bestimmung, durch die bei Verträgen über Lieferungen neu hergestellter Sachen und über Werkleistungen

   aa) (Ausschluss und Verweisung auf Dritte) die Ansprüche gegen den Verwender wegen eines Mangels insgesamt oder bezüglich einzelner Teile ausgeschlossen, auf die Einräumung von Ansprüchen gegen Dritte beschränkt oder von der vorherigen gerichtlichen Inanspruchnahme Dritter abhängig gemacht werden;

   bb) (Beschränkung auf Nacherfüllung) die Ansprüche gegen den Verwender insgesamt oder bezüglich einzelner Teile auf ein Recht auf Nacherfüllung beschränkt werden, sofern dem anderen Vertragsteil nicht ausdrücklich das Recht vorbehalten wird, bei Fehlschlagen der Nacherfüllung zu mindern oder, wenn nicht eine Bauleistung Gegenstand der Mängelhaftung ist, nach seiner Wahl vom Vertrag zurückzutreten;

cc) (Aufwendungen bei Nacherfüllung) die Verpflichtung des Verwenders ausgeschlossen oder beschränkt wird, die zum Zwecke der Nacherfüllung erforderlichen Aufwendungen, nach § 439 Absatz 2 und 3 oder § 635 Absatz 2 zu tragen oder zu ersetzen;

dd) (Vorenthalten der Nacherfüllung) der Verwender die Nacherfüllung von der vorherigen Zahlung des vollständigen Entgelts oder eines unter Berücksichtigung des Mangels unverhältnismäßig hohen Teils des Entgelts abhängig macht;

ee) (Ausschlussfrist für Mängelanzeige) der Verwender dem anderen Vertragsteil für die Anzeige nicht offensichtlicher Mängel eine Ausschlussfrist setzt, die kürzer ist als die nach dem Doppelbuchstaben ff zulässige Frist;

ff) (Erleichterung der Verjährung) die Verjährung von Ansprüchen gegen den Verwender wegen eines Mangels in den Fällen des § 438 Abs.1 Nr.2 und des § 634a Abs.1 Nr.2 erleichtert oder in den sonstigen Fällen eine weniger als ein Jahr betragende Verjährungsfrist ab dem gesetzlichen Verjährungsbeginn erreicht wird; dies gilt nicht für Verträge, in die Teil B der Verdingungsordnung für Bauleistungen insgesamt einbezogen ist;

9. (Laufzeit bei Dauerschuldverhältnissen) bei einem Vertragsverhältnis, das die regelmäßige Lieferung von Waren oder die regelmäßige Erbringung von Dienst- oder Werkleistungen durch den Verwender zum Gegenstand hat,

   a) eine den anderen Vertragsteil länger als zwei Jahre bindende Laufzeit des Vertrags,

   b) eine den anderen Vertragsteil bindende stillschweigende Verlängerung des Vertragsverhältnisses um jeweils mehr als ein Jahr oder

   c) zu Lasten des anderen Vertragsteils eine längere Kündigungsfrist als drei Monate vor Ablauf der zunächst vorgesehenen oder stillschweigend verlängerten Vertragsdauer;

dies gilt nicht für Verträge über die Lieferung als zusammengehörig verkaufter Sachen, für Versicherungsverträge sowie für Verträge zwischen den Inhabern urheberrechtlicher Rechte und Ansprüche und Verwertungsgesellschaften im Sinne des Gesetzes über die Wahrnehmung von Urheberrechten und verwandten Schutzrechten;

10. (Wechsel des Vertragspartners) eine Bestimmung, wonach bei Kauf-, Dienst- oder Werkverträgen ein Dritter anstelle des Verwenders in die sich aus dem Vertrag ergebenden Rechte und Pflichten eintritt oder eintreten kann, es sei denn, in der Bestimmung wird

a) der Dritte namentlich bezeichnet oder

b) dem anderen Vertragsteil das Recht eingeräumt, sich vom Vertrag zu lösen;

11. (Haftung des Abschlussvertreters) eine Bestimmung, durch die der Verwender einem Vertreter, der den Vertrag für den anderen Vertragsteil abschließt,

    a) ohne hierauf gerichtete ausdrückliche und gesonderte Erklärung eine eigene Haftung oder Einstandspflicht oder

    b) im Falle vollmachtsloser Vertretung eine über § 179 hinausgehende Haftung auferlegt;

12. (Beweislast) eine Bestimmung, durch die der Verwender die Beweislast zum Nachteil des anderen Vertragsteils ändert, insbesondere indem er

    a) diesem die Beweislast für Umstände auferlegt, die im Verantwortungsbereich des Verwenders liegen oder

    b) den anderen Vertragsteil bestimmte Tatsachen bestätigen lässt;

Buchstabe b gilt nicht für Empfangsbekenntnisse, die gesondert unterschrieben oder mit einer gesonderten qualifizierten elektronischen Signatur versehen sind;

13. (Form von Anzeigen und Erklärungen) eine Bestimmung, durch die Anzeigen oder Erklärungen, die dem Verwender oder einem Dritten gegenüber abzugeben sind, gebunden werden

    a) an eine strengere Form als die schriftliche Form in einem Vertrag, für den durch Gesetz notarielle Beurkundung vorgeschrieben ist oder

    b) an eine strengere Form als die Textform in anderen als den in Buchstabe a genannten Verträgen oder

    c) an besondere Zugangserfordernisse;

14. (Klageverzicht) eine Bestimmung, wonach der andere Vertragsteil seine Ansprüche gegen den Verwender gerichtlich nur geltend machen darf, nachdem er eine gütliche Einigung in einem Verfahren zur außergerichtlichen Streitbeilegung versucht hat;

15. (Abschlagszahlungen und Sicherheitsleistung) eine Bestimmung, nach der der Verwender bei einem Werkvertrag

    a) für Teilleistungen Abschlagszahlungen vom anderen Vertragsteil verlangen kann, die wesentlich höher sind als die nach § 632a Absatz 1 und § 650m Absatz 1 zu leistenden Abschlagszahlungen, oder

    b) die Sicherheitsleistung nach § 650m Absatz 2 nicht oder nur in geringerer Höhe leisten muss.

§ 310 BGB - Anwendungsbereich

(1) § 305 Abs.2 und 3 und die §§ 308 und 309 finden keine Anwendung auf Allgemeine Geschäftsbedingungen, die gegenüber einem Unternehmer, einer juristischen Person des öffentlichen Rechts oder einem öffentlich-rechtlichen Sondervermögen verwendet werden. § 307 Abs.1 und 2 findet in den Fällen des Satzes 1 auch insoweit Anwendung, als dies zur Unwirksamkeit von in den §§ 308 und 309 genannten Vertragsbestimmungen führt; auf die im Handelsverkehr geltenden Gewohnheiten und Gebräuche ist angemessen Rücksicht zu nehmen.

(2) Die §§ 308 und 309 finden keine Anwendung auf Verträge der Elektrizitäts-, Gas-, Fernwärme- und Wasserversorgungsunternehmen über die Versorgung von Sonderabnehmern mit elektrischer Energie, Gas, Fernwärme und Wasser aus dem Versorgungsnetz, soweit die Versorgungsbedingungen nicht zum Nachteil der Abnehmer von Verordnungen über Allgemeine Bedingungen für die Versorgung von Tarifkunden mit elektrischer Energie, Gas, Fernwärme und Wasser abweichen. Satz 1 gilt entsprechend für Verträge über die Entsorgung von Abwasser.

(3) Bei Verträgen zwischen einem Unternehmer und einem Verbraucher (Verbraucherverträge) finden die Vorschriften dieses Abschnitts mit folgenden Maßgaben Anwendung:

1. Allgemeine Geschäftsbedingungen gelten als vom Unternehmer gestellt, es sei denn, dass sie durch den Verbraucher in den Vertrag eingeführt wurden;

2. § 305c Abs.2 und die §§ 306 und 307 bis 309 dieses Gesetzes sowie Artikel 29a des Einführungsgesetzes zum Bürgerlichen Gesetzbuche finden auf vorformulierte Vertragsbedingungen auch dann Anwendung, wenn diese nur zur einmaligen Verwendung bestimmt sind und soweit der Verbraucher auf Grund der Vorformulierung auf ihren Inhalt keinen Einfluss nehmen konnte;

3. bei der Beurteilung der unangemessenen Benachteiligung nach § 307 Abs.1 und 2 sind auch die den Vertragsschluss begleitenden Umstände zu berücksichtigen.

(4) Dieser Abschnitt findet keine Anwendung bei Verträgen auf dem Gebiet des Erb-, Familien- und Gesellschaftsrechts sowie auf Tarifverträge, Betriebs- und Dienstvereinbarungen. Bei der Anwendung auf Arbeitsverträge sind die im Arbeitsrecht geltenden Besonderheiten angemessen zu berücksichtigen; § 305 Abs.2 und 3 ist nicht anzuwenden. Tarifverträge, Betriebs- und Dienstvereinbarungen stehen Rechtsvorschriften im Sinne von § 307 Abs.3 gleich.

§ 311 BGB - Rechtsgeschäftliche und rechtsgeschäftsähnliche Schuldverhältnisse

(1) Zur Begründung eines Schuldverhältnisses durch Rechtsgeschäft sowie zur Änderung des Inhalts eines Schuldverhältnisses ist ein

Vertrag zwischen den Beteiligten erforderlich, soweit nicht das Gesetz ein anderes vorschreibt.

(2) Ein Schuldverhältnis mit Pflichten nach § 241 Abs.2 entsteht auch durch

1. die Aufnahme von Vertragsverhandlungen,
2. die Anbahnung eines Vertrags, bei welcher der eine Teil im Hinblick auf eine etwaige rechtsgeschäftliche Beziehung dem anderen Teil die Möglichkeit zur Einwirkung auf seine Rechte, Rechtsgüter und Interessen gewährt oder ihm diese anvertraut oder
3. ähnliche geschäftliche Kontakte.

§ 311a BGB - Leistungshindernis bei Vertragsschluss

(1) Der Wirksamkeit eines Vertrags steht es nicht entgegen, dass der Schuldner nach § 275 Abs.1 bis 3 nicht zu leisten braucht und das Leistungshindernis schon bei Vertragsschluss vorliegt.

(2) Der Gläubiger kann nach seiner Wahl Schadensersatz statt der Leistung oder Ersatz seiner Aufwendungen in dem in § 284 bestimmten Umfang verlangen. Dies gilt nicht, wenn der Schuldner das Leistungshindernis bei Vertragsschluss nicht kannte und seine Unkenntnis auch nicht zu vertreten hat. § 281 Abs.1 Satz 2 und 3 und Abs.5 finden entsprechende Anwendung.

§ 312 BGB Anwendungsbereich

(1) Die Vorschriften der Kapitel 1 und 2 dieses Untertitels sind nur auf Verbraucherverträge im Sinne des § 310 Absatz 3 anzuwenden, die eine entgeltliche Leistung des Unternehmers zum Gegenstand haben.

(2) Von den Vorschriften der Kapitel 1 und 2 dieses Untertitels ist nur § 312a Absatz 1, 3, 4 und 6 auf folgende Verträge anzuwenden:

....

3 Verbraucherbauverträge nach § 650i Absatz 1,

....

§ 313 BGB - Störung der Geschäftsgrundlage

(1) Haben sich Umstände, die zur Grundlage des Vertrags geworden sind, nach Vertragsschluss schwerwiegend verändert und hätten die Parteien den Vertrag nicht oder mit anderem Inhalt geschlossen, wenn sie diese Veränderung vorausgesehen hätten, so kann Anpassung des Vertrags verlangt werden, soweit einem Teil unter Berücksichtigung aller Umstände des Einzelfalles, insbesondere der vertraglichen oder gesetzlichen Risikoverteilung, das Festhalten am unveränderten Vertrag nicht zugemutet werden kann.

(2) Einer Veränderung der Umstände steht es gleich, wenn wesentliche Vorstellungen, die zur Grundlage des Vertrags geworden sind, sich als falsch herausstellen.

(3) Ist eine Anpassung des Vertrags nicht möglich oder einem Teil nicht zumutbar, so kann der benachteiligte Teil vom Vertrag zurücktreten. An die Stelle des Rücktrittsrechts tritt für Dauerschuldverhältnisse das Recht zur Kündigung.

§ 314 BGB - Kündigung von Dauerschuldverhältnissen aus wichtigem Grund

(1) Dauerschuldverhältnisse kann jeder Vertragsteil aus wichtigem Grund ohne Einhaltung einer Kündigungsfrist kündigen. Ein wichtiger Grund liegt vor, wenn dem kündigenden Teil unter Berücksichtigung aller Umstände des Einzelfalls und unter Abwägung der beiderseitigen Interessen die Fortsetzung des Vertragsverhältnisses bis zur vereinbarten Beendigung oder bis zum Ablauf einer Kündigungsfrist nicht zugemutet werden kann.

(2) Besteht der wichtige Grund in der Verletzung einer Pflicht aus dem Vertrag, ist die Kündigung erst nach erfolglosem Ablauf einer zur Abhilfe bestimmten Frist oder nach erfolgloser Abmahnung zulässig. § 323 Abs.2 findet entsprechende Anwendung.

(3) Der Berechtigte kann nur innerhalb einer angemessenen Frist kündigen, nachdem er vom Kündigungsgrund Kenntnis erlangt hat.

(4) Die Berechtigung, Schadensersatz zu verlangen, wird durch die Kündigung nicht ausgeschlossen.

§ 315 BGB - Bestimmung der Leistung durch eine Partei

(1) Soll die Leistung durch einen der Vertragschließenden bestimmt werden, so ist im Zweifel anzunehmen, dass die Bestimmung nach billigem Ermessen zu treffen ist.

(2) Die Bestimmung erfolgt durch Erklärung gegenüber dem anderen Teil.

(3) Soll die Bestimmung nach billigem Ermessen erfolgen, so ist die getroffene Bestimmung für den anderen Teil nur verbindlich, wenn sie der Billigkeit entspricht. Entspricht sie nicht der Billigkeit, so wird die Bestimmung durch Urteil getroffen; das Gleiche gilt, wenn die Bestimmung verzögert wird.

§ 320 BGB - Einrede des nicht erfüllten Vertrags

(1) Wer aus einem gegenseitigen Vertrag verpflichtet ist, kann die ihm obliegende Leistung bis zur Bewirkung der Gegenleistung verweigern, es sei denn, dass er vorzuleisten verpflichtet ist. Hat die Leistung an mehrere zu erfolgen, so kann dem einzelnen der ihm gebührende Teil bis zur Bewirkung der ganzen Gegenleistung verweigert werden. Die Vorschrift des § 273 Abs.3 findet keine Anwendung.

(2) Ist von der einen Seite teilweise geleistet worden, so kann die Gegenleistung insoweit nicht verweigert werden, als die Verweigerung nach den Umständen, insbesondere wegen verhältnismä-

ßiger Geringfügigkeit des rückständigen Teiles, gegen Treu und Glauben verstoßen würde.

§ 321 BGB - Unsicherheitseinrede

(1) Wer aus einem gegenseitigen Vertrag vorzuleisten verpflichtet ist, kann die ihm obliegende Leistung verweigern, wenn nach Abschluss des Vertrags erkennbar wird, dass sein Anspruch auf die Gegenleistung durch mangelnde Leistungsfähigkeit des anderen Teils gefährdet wird. Das Leistungsverweigerungsrecht entfällt, wenn die Gegenleistung bewirkt oder Sicherheit für sie geleistet wird.

(2) Der Vorleistungspflichtige kann eine angemessene Frist bestimmen, in welcher der andere Teil Zug um Zug gegen die Leistung nach seiner Wahl die Gegenleistung zu bewirken oder Sicherheit zu leisten hat. Nach erfolglosem Ablauf der Frist kann der Vorleistungspflichtige vom Vertrag zurücktreten. § 323 findet entsprechende Anwendung.

§ 322 BGB - Verurteilung zur Leistung Zug-um-Zug

(1) Erhebt aus einem gegenseitigen Vertrag der eine Teil Klage auf die ihm geschuldete Leistung, so hat die Geltendmachung des dem anderen Teil zustehenden Rechts, die Leistung bis zur Bewirkung der Gegenleistung zu verweigern, nur die Wirkung, dass der andere Teil zur Erfüllung Zug um Zug zu verurteilen ist.

(2) Hat der klagende Teil vorzuleisten, so kann er, wenn der andere Teil im Verzug der Annahme ist, auf Leistung nach Empfang der Gegenleistung klagen.

(3) Auf die Zwangsvollstreckung findet die Vorschrift des § 274 Abs.2 Anwendung.

§ 323 BGB - Rücktritt wegen nicht oder nicht vertragsgemäß erbrachter Leistung

(1) Erbringt bei einem gegenseitigen Vertrag der Schuldner eine fällige Leistung nicht oder nicht vertragsgemäß, so kann der Gläubiger, wenn er dem Schuldner erfolglos eine angemessene Frist zur Leistung oder Nacherfüllung bestimmt hat, vom Vertrag zurücktreten.

(2) Die Fristsetzung ist entbehrlich, wenn

  1. der Schuldner die Leistung ernsthaft und endgültig verweigert,

  2. der Schuldner die Leistung zu einem im Vertrag bestimmten Termin oder innerhalb einer bestimmten Frist nicht bewirkt und der Gläubiger im Vertrag den Fortbestand seines Leistungsinteresses an die Rechtzeitigkeit der Leistung gebunden hat oder

3. besondere Umstände vorliegen, die unter Abwägung der beiderseitigen Interessen den sofortigen Rücktritt rechtfertigen.

(3) Kommt nach der Art der Pflichtverletzung eine Fristsetzung nicht in Betracht, so tritt an deren Stelle eine Abmahnung.

(4) Der Gläubiger kann bereits vor dem Eintritt der Fälligkeit der Leistung zurücktreten, wenn offensichtlich ist, dass die Voraussetzungen des Rücktritts eintreten werden.

(5) Hat der Schuldner eine Teilleistung bewirkt, so kann der Gläubiger vom ganzen Vertrag nur zurücktreten, wenn er an der Teilleistung kein Interesse hat. Hat der Schuldner die Leistung nicht vertragsgemäß bewirkt, so kann der Gläubiger vom Vertrag nicht zurücktreten, wenn die Pflichtverletzung unerheblich ist.

(6) Der Rücktritt ist ausgeschlossen, wenn der Gläubiger für den Umstand, der ihn zum Rücktritt berechtigen würde, allein oder weit überwiegend verantwortlich ist oder wenn der vom Schuldner nicht zu vertretende Umstand zu einer Zeit eintritt, zu welcher der Gläubiger im Verzug der Annahme ist.

§ 324 BGB - Rücktritt wegen Verletzung einer Pflicht nach § 241 Abs.2

Verletzt der Schuldner bei einem gegenseitigen Vertrag eine Pflicht nach § 241 Abs.2, so kann der Gläubiger zurücktreten, wenn ihm ein Festhalten am Vertrag nicht mehr zuzumuten ist.

§ 325 BGB - Schadensersatz und Rücktritt

Das Recht, bei einem gegenseitigen Vertrag Schadensersatz zu verlangen, wird durch den Rücktritt nicht ausgeschlossen.

§ 326 BGB - Befreiung von der Gegenleistung und Rücktritt beim Ausschluss der Leistungspflicht

(1) Braucht der Schuldner nach § 275 Abs.1 bis 3 nicht zu leisten, entfällt der Anspruch auf die Gegenleistung; bei einer Teilleistung findet § 441 Abs.3 entsprechende Anwendung. Satz 1 gilt nicht, wenn der Schuldner im Fall der nicht vertragsgemäßen Leistung die Nacherfüllung nach § 275 Abs.1 bis 3 nicht zu erbringen braucht.

(2) Ist der Gläubiger für den Umstand, auf Grund dessen der Schuldner nach § 275 Abs.1 bis 3 nicht zu leisten braucht, allein oder weit überwiegend verantwortlich oder tritt dieser vom Schuldner nicht zu vertretende Umstand zu einer Zeit ein, zu welcher der Gläubiger im Verzug der Annahme ist, so behält der Schuldner den Anspruch auf die Gegenleistung. Er muss sich jedoch dasjenige anrechnen lassen, was er infolge der Befreiung von der Leistung erspart oder durch anderweitige Verwendung seiner Arbeitskraft erwirbt oder zu erwerben böswillig unterlässt.

(3) Verlangt der Gläubiger nach § 285 Herausgabe des für den geschuldeten Gegenstand erlangten Ersatzes oder Abtretung des Ersatzanspruchs, so bleibt er zur Gegenleistung verpflichtet. Diese mindert sich jedoch nach Maßgabe des § 441 Abs.3 insoweit, als der Wert des Ersatzes oder des Ersatzanspruchs hinter dem Wert der geschuldeten Leistung zurückbleibt.

(4) Soweit die nach dieser Vorschrift nicht geschuldete Gegenleistung bewirkt ist, kann das Geleistete nach den §§ 346 bis 348 zurückgefordert werden.

(5) Braucht der Schuldner nach § 275 Abs.1 bis 3 nicht zu leisten, kann der Gläubiger zurücktreten; auf den Rücktritt findet § 323 mit der Maßgabe entsprechende Anwendung, dass die Fristsetzung entbehrlich ist.

§ 328 BGB - Vertrag zugunsten Dritter

(1) Durch Vertrag kann eine Leistung an einen Dritten mit der Wirkung bedungen werden, dass der Dritte unmittelbar das Recht erwirbt, die Leistung zu fordern.

(2) In Ermangelung einer besonderen Bestimmung ist aus den Umständen, insbesondere aus dem Zwecke des Vertrags, zu entnehmen, ob der Dritte das Recht erwerben, ob das Recht des Dritten sofort oder nur unter gewissen Voraussetzungen entstehen und ob den Vertragschließenden die Befugnis vorbehalten sein soll, das Recht des Dritten ohne dessen Zustimmung aufzuheben oder zu ändern.

§ 336 BGB - Auslegung der Draufgabe

(1) Wird bei der Eingehung eines Vertrags etwas als Draufgabe gegeben, so gilt dies als Zeichen des Abschlusses des Vertrags.

(2) Die Draufgabe gilt im Zweifel nicht als Reugeld.

§ 339 BGB - Verwirkung der Vertragsstrafe

Verspricht der Schuldner dem Gläubiger für den Fall, dass er seine Verbindlichkeit nicht oder nicht in gehöriger Weise erfüllt, die Zahlung einer Geldsumme als Strafe, so ist die Strafe verwirkt, wenn er in Verzug kommt. Besteht die geschuldete Leistung in einem Unterlassen, so tritt die Verwirkung mit der Zuwiderhandlung ein.

§ 340 BGB - Strafversprechen für Nichterfüllung

(1) Hat der Schuldner die Strafe für den Fall versprochen, dass er seine Verbindlichkeit nicht erfüllt, so kann der Gläubiger die verwirkte Strafe statt der Erfüllung verlangen. Erklärt der Gläubiger dem Schuldner, dass er die Strafe verlange, so ist der Anspruch auf Erfüllung ausgeschlossen.

(2) Steht dem Gläubiger ein Anspruch auf Schadensersatz wegen Nichterfüllung zu, so kann er die verwirkte Strafe als Mindestbe-

trag des Schadens verlangen. Die Geltendmachung eines weiteren Schadens ist nicht ausgeschlossen.

§ 341 BGB - Strafversprechen für nicht gehörige Erfüllung

(1) Hat der Schuldner die Strafe für den Fall versprochen, dass er seine Verbindlichkeit nicht in gehöriger Weise, insbesondere nicht zu der bestimmten Zeit, erfüllt, so kann der Gläubiger die verwirkte Strafe neben der Erfüllung verlangen.

(2) Steht dem Gläubiger ein Anspruch auf Schadensersatz wegen der nicht gehörigen Erfüllung zu, so findet die Vorschrift des § 340 Abs. 2 Anwendung.

(3) Nimmt der Gläubiger die Erfüllung an, so kann er die Strafe nur verlangen, wenn er sich das Recht dazu bei der Annahme vorbehält.

§ 342 BGB - Andere als Geldstrafe

Wird als Strafe eine andere Leistung als die Zahlung einer Geldsumme versprochen, so finden die Vorschriften der §§ 339 bis 341 Anwendung; der Anspruch auf Schadensersatz ist ausgeschlossen, wenn der Gläubiger die Strafe verlangt.

§ 343 BGB - Herabsetzung der Strafe

(1) Ist eine verwirkte Strafe unverhältnismäßig hoch, so kann sie auf Antrag des Schuldners durch Urteil auf den angemessenen Betrag herabgesetzt werden. Bei der Beurteilung der Angemessenheit ist jedes berechtigte Interesse des Gläubigers, nicht bloß das Vermögensinteresse, in Betracht zu ziehen. Nach der Entrichtung der Strafe ist die Herabsetzung ausgeschlossen.

(2) Das Gleiche gilt auch außer in den Fällen der §§ 339, 342, wenn jemand eine Strafe für den Fall verspricht, dass er eine Handlung vornimmt oder unterlässt.

§ 344 BGB - Unwirksames Strafversprechen

Erklärt das Gesetz das Versprechen einer Leistung für unwirksam, so ist auch die für den Fall der Nichterfüllung des Versprechens getroffene Vereinbarung einer Strafe unwirksam, selbst wenn die Parteien die Unwirksamkeit des Versprechens gekannt haben.

§ 345 BGB - Beweislast

Bestreitet der Schuldner die Verwirkung der Strafe, weil er seine Verbindlichkeit erfüllt habe, so hat er die Erfüllung zu beweisen, sofern nicht die geschuldete Leistung in einem Unterlassen besteht.

§ 346 BGB - Wirkungen des Rücktritts

(1) Hat sich eine Vertragspartei vertraglich den Rücktritt vorbehalten oder steht ihr ein gesetzliches Rücktrittsrecht zu, so sind im Falle

des Rücktritts die empfangenen Leistungen zurückzugewähren und die gezogenen Nutzungen herauszugeben.

(2) Statt der Rückgewähr oder Herausgabe hat der Schuldner Wertersatz zu leisten, soweit

1. die Rückgewähr oder die Herausgabe nach der Natur des Erlangten ausgeschlossen ist,

2. er den empfangenen Gegenstand verbraucht, veräußert, belastet, verarbeitet oder umgestaltet hat,

3. der empfangene Gegenstand sich verschlechtert hat oder untergegangen ist; jedoch bleibt die durch die bestimmungsgemäße Ingebrauchnahme entstandene Verschlechterung außer Betracht.

Ist im Vertrag eine Gegenleistung bestimmt, ist sie bei der Berechnung des Wertersatzes zugrunde zu legen; ist Wertersatz für den Gebrauchsvorteil eines Darlehens zu leisten, kann nachgewiesen werden, dass der Wert des Gebrauchsvorteils niedriger war.

(3) Die Pflicht zum Wertersatz entfällt,

1. wenn sich der zum Rücktritt berechtigende Mangel erst während der Verarbeitung oder Umgestaltung des Gegenstandes gezeigt hat,

2. soweit der Gläubiger die Verschlechterung oder den Untergang zu vertreten hat oder der Schaden bei ihm gleichfalls eingetreten wäre,

3. wenn im Falle eines gesetzlichen Rücktrittsrechts die Verschlechterung oder der Untergang beim Berechtigten eingetreten ist, obwohl dieser diejenige Sorgfalt beobachtet hat, die er in eigenen Angelegenheiten anzuwenden pflegt.

Eine verbleibende Bereicherung ist herauszugeben.

(4) Der Gläubiger kann wegen Verletzung einer Pflicht aus Absatz 1 nach Maßgabe der §§ 280 bis 283 Schadensersatz verlangen.

§ 348 BGB - Erfüllung Zug-um-Zug

Die sich aus dem Rücktritt ergebenden Verpflichtungen der Parteien sind Zug um Zug zu erfüllen. Die Vorschriften der §§ 320, 322 finden entsprechende Anwendung.

§ 355 BGB - Widerrufsrecht bei Verbraucherverträgen

(1) Wird einem Verbraucher durch Gesetz ein Widerrufsrecht nach dieser Vorschrift eingeräumt, so sind der Verbraucher und der Unternehmer an ihre auf den Abschluss des Vertrags gerichteten Willenserklärungen nicht mehr gebunden, wenn der Verbraucher seine Willenserklärung fristgerecht widerrufen hat. Der Widerruf erfolgt durch Erklärung gegenüber dem Unternehmer. Aus der Erklärung muss der Entschluss des Verbrauchers zum Widerruf des Vertrags eindeutig hervorgehen. Der Widerruf muss keine Be-

gründung enthalten. Zur Fristwahrung genügt die rechtzeitige Absendung des Widerrufs.

(2) Die Widerrufsfrist beträgt 14 Tage. Sie beginnt mit Vertragsschluss, soweit nichts anderes bestimmt ist.

(3) Im Falle des Widerrufs sind die empfangenen Leistungen unverzüglich zurückzugewähren. Bestimmt das Gesetz eine Höchstfrist für die Rückgewähr, so beginnt diese für den Unternehmer mit dem Zugang und für den Verbraucher mit der Abgabe der Widerrufserklärung. Ein Verbraucher wahrt diese Frist durch die rechtzeitige Absendung der Waren. Der Unternehmer trägt bei Widerruf die Gefahr der Rücksendung der Waren.

§ 356d BGB - Widerrufsrecht bei Verbraucherbauverträgen

Bei einem Verbraucherbauvertrag (§ 650i Absatz 1) beginnt die Widerrufsfrist nicht, bevor der Unternehmer den Verbraucher gemäß Artikel 249 § 3 des Einführungsgesetzes zum Bürgerlichen Gesetzbuche über sein Widerrufsrecht belehrt hat. Das Widerrufsrecht erlischt spätestens zwölf Monate und 14 Tage nach dem in § 355 Absatz 2 Satz 2 genannten Zeitpunkt.

§ 357d BGB - Rechtsfolgen des Widerrufs bei Verbraucherbauverträgen

Ist die Rückgewähr der bis zum Widerruf erbrachten Leistung ihrer Natur nach ausgeschlossen, schuldet der Verbraucher dem Unternehmer Wertersatz. Bei der Berechnung des Wertersatzes ist die vereinbarte Vergütung zugrunde zu legen. Ist die vereinbarte Vergütung unverhältnismäßig hoch, ist der Wertersatz auf der Grundlage des Marktwertes der erbrachten Leistung zu berechnen.

§ 358 BGB - Mit dem widerrufenen Vertrag verbundener Vertrag

(1) Hat der Verbraucher seine auf den Abschluss eines Vertrags über die Lieferung einer Ware oder die Erbringung einer anderen Leistung durch einen Unternehmer gerichtete Willenserklärung wirksam widerrufen, so ist er auch an seine auf den Abschluss eines mit diesem Vertrag verbundenen Darlehensvertrags gerichtete Willenserklärung nicht mehr gebunden.

(2) Hat der Verbraucher seine auf den Abschluss eines Darlehensvertrags gerichtete Willenserklärung auf Grund des § 495 Absatz 1 oder des § 514 Absatz 2 Satz 1 wirksam widerrufen, so ist er auch nicht mehr an diejenige Willenserklärung gebunden, die auf den Abschluss eines mit diesem Darlehensvertrag verbundenen Vertrags über die Lieferung einer Ware oder die Erbringung einer anderen Leistung gerichtet ist.

(3) Ein Vertrag über die Lieferung einer Ware oder über die Erbringung einer anderen Leistung und ein Darlehensvertrag nach den Absätzen 1 oder 2 sind verbunden, wenn das Darlehen ganz oder teilweise der Finanzierung des anderen Vertrags

dient und beide Verträge eine wirtschaftliche Einheit bilden. Eine wirtschaftliche Einheit ist insbesondere anzunehmen, wenn der Unternehmer selbst die Gegenleistung des Verbrauchers finanziert, oder im Falle der Finanzierung durch einen Dritten, wenn sich der Darlehensgeber bei der Vorbereitung oder dem Abschluss des Darlehensvertrags der Mit-wirkung des Unternehmers bedient. Bei einem finanzierten Erwerb eines Grundstücks oder eines grundstücksgleichen Rechts ist eine wirtschaftliche Einheit nur anzunehmen, wenn der Darlehensgeber selbst dem Verbraucher das Grundstück oder das grundstücksgleiche Recht verschafft oder wenn er über die Zurverfügungstellung von Darlehen hinaus den Erwerb des Grundstücks oder grundstücksgleichen Rechts durch Zusammenwirken mit dem Unternehmer fördert, indem er sich dessen Veräußerungsinteressen ganz oder teilweise zu Eigen macht, bei der Planung, Werbung oder Durchführung des Projekts Funktionen des Veräußerers übernimmt oder den Veräußerer einseitig begünstigt.

(4) Auf die Rückabwicklung des verbundenen Vertrags sind unabhängig von der Vertriebsform § 355 Absatz 3 und, je nach Art des verbundenen Vertrags, die §§ 357 bis 357b entsprechend anzuwenden. Ist der verbundene Vertrag ein Vertrag über die Lieferung von nicht auf einem körperlichen Datenträger befindlichen digitalen Inhalten und hat der Unternehmer dem Verbraucher eine Abschrift oder Bestätigung des Vertrags nach § 312f zur Verfügung gestellt, hat der Verbraucher abweichend von § 357 Absatz 9 unter den Voraussetzungen des § 356 Absatz 5 zweiter und dritter Halbsatz Wertersatz für die bis zum Widerruf gelieferten digitalen Inhalte zu leisten. Ist der verbundene Vertrag ein im Fernabsatz oder außerhalb von Geschäftsräumen geschlossener Ratenlieferungsvertrag, ist neben § 355 Absatz 3 auch § 357 entsprechend anzuwenden; im Übrigen gelten für verbundene Ratenlieferungsverträge § 355 Absatz 3 und § 357c entsprechend. Im Falle des Absatzes 1 sind jedoch Ansprüche auf Zahlung von Zinsen und Kosten aus der Rückabwicklung des Darlehensvertrags gegen den Verbraucher ausgeschlossen. Der Darlehensgeber tritt im Verhältnis zum Verbraucher hinsichtlich der Rechtsfolgen des Widerrufs in die Rechte und Pflichten des Unternehmers aus dem verbundenen Vertrag ein, wenn das Darlehen dem Unternehmer bei Wirksamwerden des Widerrufs bereits zugeflossen ist.

(5) Die Absätze 2 und 4 sind nicht anzuwenden auf Darlehensverträge, die der Finanzierung des Erwerbs von Finanzinstrumenten dienen.

§ 362 BGB - Erlöschen durch Leistung

(1) Das Schuldverhältnis erlischt, wenn die geschuldete Leistung an den Gläubiger bewirkt wird.

(2) Wird an einen Dritten zum Zwecke der Erfüllung geleistet, so findet die Vorschrift des § 185 Anwendung.

§ 363 BGB - Beweislast bei Annahme als Erfüllung

Hat der Gläubiger eine ihm als Erfüllung angebotene Leistung als Erfüllung angenommen, so trifft ihn die Beweislast, wenn er die Leistung deshalb nicht als Erfüllung gelten lassen will, weil sie eine andere als die geschuldete Leistung oder weil sie unvollständig gewesen sei.

§ 387 BGB - Voraussetzungen

Schulden zwei Personen einander Leistungen, die ihrem Gegenstand nach gleichartig sind, so kann jeder Teil seine Forderung gegen die Forderung des anderen Teiles aufrechnen, sobald er die ihm gebührende Leistung fordern und die ihm obliegende Leistung bewirken kann.

§ 388 BGB - Erklärung der Aufrechnung

Die Aufrechnung erfolgt durch Erklärung gegenüber dem anderen Teile. Die Erklärung ist unwirksam, wenn sie unter einer Bedingung oder einer Zeitbestimmung abgegeben wird.

§ 389 BGB - Wirkung der Aufrechnung

Die Aufrechnung bewirkt, dass die Forderungen, soweit sie sich decken, als in dem Zeitpunkt erloschen gelten, in welchem sie zur Aufrechnung geeignet gegenübergetreten sind.

§ 390 BGB - Keine Aufrechnung mit einredebehafteter Forderung

Eine Forderung, der eine Einrede entgegensteht, kann nicht aufgerechnet werden. Die Verjährung schließt die Aufrechnung nicht aus, wenn die verjährte Forderung zu der Zeit, zu welcher sie gegen die andere Forderung aufgerechnet werden konnte, noch nicht verjährt war.

§ 391 BGB - Aufrechnung bei Verschiedenheit der Leistungsorte

(1) Die Aufrechnung wird nicht dadurch ausgeschlossen, dass für die Forderungen verschiedene Leistungs- oder Ablieferungsorte bestehen. Der aufrechnende Teil hat jedoch den Schaden zu ersetzen, den der andere Teil dadurch erleidet, dass er infolge der Aufrechnung die Leistung nicht an dem bestimmten Ort erhält oder bewirken kann.

(2) Ist vereinbart, dass die Leistung zu einer bestimmten Zeit an einem bestimmten Ort erfolgen soll, so ist im Zweifel anzunehmen, dass die Aufrechnung einer Forderung, für die ein anderer Leistungsort besteht, ausgeschlossen sein soll.

§ 392 BGB - Aufrechnung gegen beschlagnahmte Forderung

Durch die Beschlagnahme einer Forderung wird die Aufrechnung einer dem Schuldner gegen den Gläubiger zustehenden Forderung nur dann ausgeschlossen, wenn der Schuldner seine Forderung nach der Beschlagnahme erworben hat oder wenn seine Forderung erst nach der Beschlagnahme und später als die in Beschlag genommene Forderung fällig geworden ist.

§ 393 BGB - Keine Aufrechnung gegen Forderung aus unerlaubter Handlung

Gegen eine Forderung aus einer vorsätzlich begangenen unerlaubten Handlung ist die Aufrechnung nicht zulässig.

§ 394 BGB - Keine Aufrechnung gegen unpfändbare Forderung

Soweit eine Forderung der Pfändung nicht unterworfen ist, findet die Aufrechnung gegen die Forderung nicht statt. Gegen die aus Kranken-, Hilfs- oder Sterbekassen, insbesondere aus Knappschaftskassen und Kassen der Knappschaftsvereine, zu beziehenden Hebungen können jedoch geschuldete Beiträge aufgerechnet werden.

§ 395 BGB - Aufrechnung gegen öffentlich-rechtliche Forderung

Gegen eine Forderung des Reichs oder eines Bundesstaats sowie gegen eine Forderung einer Gemeinde oder eines anderen Kommunalverbandes ist die Aufrechnung nur zulässig, wenn die Leistung an dieselbe Kasse zu erfolgen hat, aus der die Forderung des Aufrechnenden zu berichtigen ist.

§ 396 BGB - Mehrheit von Forderungen

(1) Hat der eine oder der andere Teil mehrere zur Aufrechnung geeignete Forderungen, so kann der aufrechnende Teil die Forderungen bestimmen, die gegeneinander aufgerechnet werden sollen. Wird die Aufrechnung ohne eine solche Bestimmung erklärt oder widerspricht der andere Teil unverzüglich, so findet die Vorschrift des § 366 Abs. 2 entsprechende Anwendung.

(2) Schuldet der aufrechnende Teil dem anderen Teil außer der Hauptleistung Zinsen und Kosten, so finden die Vorschriften des § 367 entsprechende Anwendung.

§ 399 BGB - Ausschluss der Abtretung

Eine Forderung kann nicht abgetreten werden, wenn die Leistung an einen anderen als den ursprünglichen Gläubiger nicht ohne Veränderung ihres Inhalts erfolgen kann oder wenn die Abtretung durch Vereinbarung mit dem Schuldner ausgeschlossen ist.

§ 404 BGB - Einwendungen des Schuldners

Der Schuldner kann dem neuen Gläubiger die Einwendungen entgegensetzen, die zur Zeit der Abtretung der Forderung gegen den bisherigen Gläubiger begründet waren.

§ 406 BGB - Aufrechnung gegenüber dem neuen Gläubiger

Der Schuldner kann eine ihm gegen den bisherigen Gläubiger zustehende Forderung auch dem neuen Gläubiger gegenüber aufrechnen, es sei denn, dass er bei dem Erwerb der Forderung von der Abtretung Kenntnis hatte oder dass die Forderung erst nach der Erlangung der Kenntnis und später als die abgetretene Forderung fällig geworden ist.

§ 407 BGB - Rechtshandlungen gegenüber dem bisherigen Gläubiger

(1) Der neue Gläubiger muss eine Leistung, die der Schuldner nach der Abtretung an den bisherigen Gläubiger bewirkt, sowie jedes Rechtsgeschäft, das nach der Abtretung zwischen dem Schuldner und dem bisherigen Gläubiger in Ansehung der Forderung vorgenommen wird, gegen sich gelten lassen, es sei denn, dass der Schuldner die Abtretung bei der Leistung oder der Vornahme des Rechtsgeschäfts kennt.

(2) Ist in einem nach der Abtretung zwischen dem Schuldner und dem bisherigen Gläubiger anhängig gewordenen Rechtsstreit ein rechtskräftiges Urteil über die Forderung ergangen, so muss der neue Gläubiger das Urteil gegen sich gelten lassen, es sei denn, dass der Schuldner die Abtretung bei dem Eintritt der Rechtshängigkeit gekannt hat.

Titel 1: Kauf, Tausch

Untertitel Allgemeine Vorschriften

§ 433 BGB - Vertragstypische Pflichten beim Kaufvertrag

(1) Durch den Kaufvertrag wird der Verkäufer einer Sache verpflichtet, dem Käufer die Sache zu übergeben und das Eigentum an der Sache zu verschaffen. Der Verkäufer hat dem Käufer die Sache frei von Sach- und Rechtsmängeln zu verschaffen.

(2) Der Käufer ist verpflichtet, dem Verkäufer den vereinbarten Kaufpreis zu zahlen und die gekaufte Sache abzunehmen.

§ 434 BGB - Sachmangel

(1) Die Sache ist frei von Sachmängeln, wenn sie bei Gefahrübergang die vereinbarte Beschaffenheit hat. Soweit die Beschaffenheit nicht vereinbart ist, ist die Sache frei von Sachmängeln,

1. wenn sie sich für die nach dem Vertrag vorausgesetzte Verwendung eignet, sonst

2. wenn sie sich für die gewöhnliche Verwendung eignet und eine Beschaffenheit aufweist, die bei Sachen der gleichen Art üblich ist und die der Käufer nach der Art der Sache erwarten kann.

Zu der Beschaffenheit nach Satz 2 Nr.2 gehören auch Eigenschaften, die der Käufer nach den öffentlichen Äußerungen des Verkäufers, des Herstellers (§ 4 Abs.1 und 2 des Produkthaftungsgesetzes) oder seines Gehilfen insbesondere in der Werbung oder bei der Kennzeichnung über bestimmte Eigenschaften der Sache erwarten kann, es sei denn, dass der Verkäufer die Äußerung nicht kannte und auch nicht kennen musste, dass sie im Zeitpunkt des Vertragsschlusses in gleichwertiger Weise berechtigt war oder dass sie die Kaufentscheidung nicht beeinflussen konnte.

(2) Ein Sachmangel ist auch dann gegeben, wenn die vereinbarte Montage durch den Verkäufer oder dessen Erfüllungsgehilfen unsachgemäß durchgeführt worden ist. Ein Sachmangel liegt bei einer zur Montage bestimmten Sache ferner vor, wenn die Montageanleitung mangelhaft ist, es sei denn, die Sache ist fehlerfrei montiert worden.

(3) Einem Sachmangel steht es gleich, wenn der Verkäufer eine andere Sache oder eine zu geringe Menge liefert.

§ 435 BGB - Rechtsmangel

Die Sache ist frei von Rechtsmängeln, wenn Dritte in Bezug auf die Sache keine oder nur die im Kaufvertrag übernommenen Rechte gegen den Käufer geltend machen können. Einem Rechtsmangel steht es gleich, wenn im Grundbuch ein Recht eingetragen ist, das nicht besteht.

§ 437 BGB - Rechte des Käufers bei Mängeln

Ist die Sache mangelhaft, kann der Käufer, wenn die Voraussetzungen der folgenden Vorschriften vorliegen und soweit nicht ein anderes bestimmt ist,

1. nach § 439 Nacherfüllung verlangen,
2. nach den §§ 440, 323 und 326 Abs.5 von dem Vertrag zurücktreten oder nach § 441 den Kaufpreis mindern und
3. nach den §§ 440, 280, 281, 283 und 311a Schadensersatz oder nach § 284 Ersatz vergeblicher Aufwendungen verlangen.

§ 438 BGB - Verjährung der Mängelansprüche

(1) Die in § 437 Nr.1 und 3 bezeichneten Ansprüche verjähren

    1. in 30 Jahren, wenn der Mangel

        a) in einem dinglichen Recht eines Dritten, auf Grund dessen Herausgabe der Kaufsache verlangt werden kann, oder

        b) in einem sonstigen Recht, das im Grundbuch eingetragen ist besteht,

    2. in fünf Jahren

        a) bei einem Bauwerk und

        b) bei einer Sache, die entsprechend ihrer üblichen Verwendungsweise für ein Bauwerk verwendet worden ist und dessen Mangelhaftigkeit verursacht hat und

Gesetzesauszüge

3. im Übrigen in zwei Jahren.

(2) Die Verjährung beginnt bei Grundstücken mit der Übergabe, im Übrigen mit der Ablieferung der Sache.

(3) Abweichend von Absatz 1 Nr.2 und 3 und Absatz 2 verjähren die Ansprüche in der regelmäßigen Verjährungsfrist, wenn der Verkäufer den Mangel arglistig verschwiegen hat. Im Falle des Abs.1 Nr.2 tritt die Verjährung jedoch nicht vor Ablauf der dort bestimmten Frist ein.

(4) Für das in § 437 bezeichnete Rücktrittsrecht gilt § 218. Der Käufer kann trotz einer Unwirksamkeit des Rücktritts nach § 218 Abs.1 die Zahlung des Kaufpreises insoweit verweigern, als er auf Grund des Rücktritts dazu berechtigt sein würde. Macht er von diesem Recht Gebrauch, kann der Verkäufer vom Vertrag zurücktreten.

(5) Auf das in § 437 bezeichnete Minderungsrecht finden § 218 und Absatz 4 Satz 2 entsprechende Anwendung.

§ 439 BGB - Nacherfüllung

(1) Der Käufer kann als Nacherfüllung nach seiner Wahl die Beseitigung des Mangels oder die Lieferung einer mangelfreien Sache verlangen.

(2) Der Verkäufer hat die zum Zweck der Nacherfüllung erforderlichen Aufwendungen, insbesondere Transport-, Wege-, Arbeits- und Materialkosten zu tragen.

(3) Hat der Käufer die mangelhafte Sache gemäß ihrer Art und ihrem Verwendungszweck in eine andere Sache eingebaut oder an eine andere Sache angebracht, ist der Verkäufer im Rahmen der Nacherfüllung verpflichtet, dem Käufer die erforderlichen Aufwendungen für das Entfernen der mangelhaften und den Einbau oder das Anbringen der nachgebesserten oder gelieferten mangelfreien Sache zu ersetzen.

§ 442 Absatz 1 ist mit der Maßgabe anzuwenden, dass für die Kenntnis des Käufers an die Stelle des Vertragsschlusses der Einbau oder das Anbringen der mangelhaften Sache durch den Käufer tritt.

(4) Der Verkäufer kann die vom Käufer gewählte Art der Nacherfüllung unbeschadet des § 275 Abs.2 und 3 verweigern, wenn sie nur mit unverhältnismäßigen Kosten möglich ist. Dabei sind insbesondere der Wert der Sache in mangelfreiem Zustand, die Bedeutung des Mangels und die Frage zu berücksichtigen, ob auf die andere Art der Nacherfüllung ohne erhebliche Nachteile für den Käufer zurückgegriffen werden könnte. Der Anspruch des Käufers beschränkt sich in diesem Fall auf die andere Art der Nacherfüllung; das Recht des Verkäufers, auch diese unter den Voraussetzungen des Satzes 1 zu verweigern, bleibt unberührt.

(5) Liefert der Verkäufer zum Zweck der Nacherfüllung eine mangelfreie Sache, so kann er vom Käufer Rückgewähr der mangelhaften Sache nach Maßgabe der §§ 346 bis 348 verlangen.

§ 440 BGB - Besondere Bestimmungen für Rücktritt und Schadensersatz

Außer in den Fällen des § 281 Abs.2 und des § 323 Abs.2 bedarf es der Fristsetzung auch dann nicht, wenn der Verkäufer beide Arten der Nacherfüllung gemäß § 439 Abs.3 verweigert oder wenn die dem Käufer zustehende Art der Nacherfüllung fehlgeschlagen oder ihm unzumutbar ist. Eine Nachbesserung gilt nach dem erfolglosen zweiten Versuch als fehlgeschlagen, wenn sich nicht insbesondere aus der Art der Sache oder des Mangels oder den sonstigen Umständen etwas anderes ergibt.

§ 441 BGB - Minderung

(1) Statt zurückzutreten, kann der Käufer den Kaufpreis durch Erklärung gegenüber dem Verkäufer mindern. Der Ausschlussgrund des § 323 Abs.4 Satz 2 findet keine Anwendung.

(2) Sind auf der Seite des Käufers oder auf der Seite des Verkäufers mehrere beteiligt, so kann die Minderung nur von allen oder gegen alle erklärt werden.

(3) Bei der Minderung ist der Kaufpreis in dem Verhältnis herabzusetzen, in welchem zur Zeit des Vertragsschlusses der Wert der Sache in mangelfreiem Zustand zu dem wirklichen Wert gestanden haben würde. Die Minderung ist, soweit erforderlich, durch Schätzung zu ermitteln.

(4) Hat der Käufer mehr als den geminderten Kaufpreis gezahlt, so ist der Mehrbetrag vom Verkäufer zu erstatten. § 346 Abs.1 und § 347 Abs.1 finden entsprechende Anwendung.

§ 442 BGB - Kenntnis des Käufers

(1) Die Rechte des Käufers wegen eines Mangels sind ausgeschlossen, wenn er bei Vertragsschluss den Mangel kennt. Ist dem Käufer ein Mangel infolge grober Fahrlässigkeit unbekannt geblieben, kann der Käufer Rechte wegen dieses Mangels nur geltend machen, wenn der Verkäufer den Mangel arglistig verschwiegen oder eine Garantie für die Beschaffenheit der Sache übernommen hat.

(2) Ein im Grundbuch eingetragenes Recht hat der Verkäufer zu beseitigen, auch wenn es der Käufer kennt.

§ 443 BGB - Beschaffenheits- und Haltbarkeitsgarantie

(1) Übernimmt der Verkäufer oder ein Dritter eine Garantie für die Beschaffenheit der Sache oder dafür, dass die Sache für eine bestimmte Dauer eine bestimmte Beschaffenheit behält (Haltbarkeitsgarantie), so stehen dem Käufer im Garantiefall unbeschadet der gesetzlichen Ansprüche die Rechte aus der Garantie zu den in der Garantieerklärung und der einschlägigen Werbung angegebe-

nen Bedingungen gegenüber demjenigen zu, der die Garantie eingeräumt hat.

(2) Soweit eine Haltbarkeitsgarantie übernommen worden ist, wird vermutet, dass ein während ihrer Geltungsdauer auftretender Sachmangel die Rechte aus der Garantie begründet.

§ 444 BGB - Haftungsausschluss

Auf eine Vereinbarung, durch welche die Rechte des Käufers wegen eines Mangels ausgeschlossen oder beschränkt werden, kann sich der Verkäufer nicht berufen, wenn er den Mangel arglistig verschwiegen oder eine Garantie für die Beschaffenheit der Sache übernommen hat.

§ 445 BGB - Haftungsbegrenzung bei öffentlichen Versteigerungen

Wird eine Sache auf Grund eines Pfandrechts in einer öffentlichen Versteigerung unter der Bezeichnung als Pfand verkauft, so stehen dem Käufer Rechte wegen eines Mangels nur zu, wenn der Verkäufer den Mangel arglistig verschwiegen oder eine Garantie für die Beschaffenheit der Sache übernommen hat.

§ 445a BGB - Rückgriff des Verkäufers

(1) Der Verkäufer kann beim Verkauf einer neu hergestellten Sache von dem Verkäufer, der ihm die Sache verkauft hatte (Lieferant), Ersatz der Aufwendungen verlangen, die er im Verhältnis zum Käufer nach § 439 Absatz 2 und 3 sowie § 475 Absatz 4 und 6 zu tragen hatte, wenn der vom Käufer geltend gemachte Mangel bereits beim Übergang der Gefahr auf den Verkäufer vorhanden war.

(2) Für die in § 437 bezeichneten Rechte des Verkäufers gegen seinen Lieferanten bedarf es wegen des vom Käufer geltend gemachten Mangels der sonst erforderlichen Fristsetzung nicht, wenn der Verkäufer die verkaufte neu hergestellte Sache als Folge ihrer Mangelhaftigkeit zurücknehmen musste oder der Käufer den Kaufpreis gemindert hat.

(3) Die Absätze 1 und 2 finden auf die Ansprüche des Lieferanten und der übrigen Käufer in der Lieferkette gegen die jeweiligen Verkäufer entsprechende Anwendung, wenn die Schuldner Unternehmer sind.

(4) § 377 des Handelsgesetzbuchs bleibt unberührt.

§ 445b BGB - Verjährung von Rückgriffsansprüchen

(1) Die in § 445a Absatz 1 bestimmten Aufwendungsersatzansprüche verjähren in zwei Jahren ab Ablieferung der Sache.

(2) Die Verjährung der in den §§ 437 und 445a Absatz 1 bestimmten Ansprüche des Verkäufers gegen seinen Lieferanten wegen des Mangels einer verkauften neu hergestellten Sache tritt frühestens zwei Monate nach dem Zeitpunkt ein, in dem der Verkäufer die Ansprüche des Käufers erfüllt hat. Diese Ablaufhemmung endet

spätestens fünf Jahre nach dem Zeitpunkt, in dem der Lieferant die Sache dem Verkäufer abgeliefert hat.

(3) Die Absätze 1 und 2 finden auf die Ansprüche des Lieferanten und der übrigen Käufer in der Lieferkette gegen die jeweiligen Verkäufer entsprechende Anwendung, wenn die Schuldner Unternehmer sind.

§ 446 BGB - Gefahr- und Lastenübergang

Mit der Übergabe der verkauften Sache geht die Gefahr des zufälligen Untergangs und der zufälligen Verschlechterung auf den Käufer über. Von der Übergabe an gebühren dem Käufer die Nutzungen und trägt er die Lasten der Sache. Der Übergabe steht es gleich, wenn der Käufer im Verzug der Annahme ist.

§ 447 BGB - Gefahrübergang beim Versendungskauf

(1) Versendet der Verkäufer auf Verlangen des Käufers die verkaufte Sache nach einem anderen Ort als dem Erfüllungsort, so geht die Gefahr auf den Käufer über, sobald der Verkäufer die Sache dem Spediteur, dem Frachtführer oder der sonst zur Ausführung der Versendung bestimmten Person oder Anstalt ausgeliefert hat.

(2) Hat der Käufer eine besondere Anweisung über die Art der Versendung erteilt und weicht der Verkäufer ohne dringenden Grund von der Anweisung ab, so ist der Verkäufer dem Käufer für den daraus entstehenden Schaden verantwortlich.

§ 448 BGB - Kosten der Übergabe und vergleichbare Kosten

(1) Der Verkäufer trägt die Kosten der Übergabe der Sache, der Käufer die Kosten der Abnahme und der Versendung der Sache nach einem anderen Ort als dem Erfüllungsort.

(2) Der Käufer eines Grundstücks trägt die Kosten der Beurkundung des Kaufvertrags und der Auflassung, der Eintragung ins Grundbuch und der zu der Eintragung erforderlichen Erklärungen.

§ 449 BGB - Eigentumsvorbehalt

(1) Hat sich der Verkäufer einer beweglichen Sache das Eigentum bis zur Zahlung des Kaufpreises vorbehalten, so ist im Zweifel anzunehmen, dass das Eigentum unter der aufschiebenden Bedingung vollständiger Zahlung des Kaufpreises übertragen wird (Eigentumsvorbehalt).

(2) Auf Grund des Eigentumsvorbehalts kann der Verkäufer die Sache nur herausverlangen, wenn er vom Vertrag zurückgetreten ist.

(3) Die Vereinbarung eines Eigentumsvorbehalts ist nichtig, soweit der Eigentumsübergang davon abhängig gemacht wird, dass der Käufer Forderungen eines Dritten, insbesondere eines mit dem Verkäufer verbundenen Unternehmens, erfüllt.

Untertitel 3 Verbrauchsgüterkauf

§ 474 BGB - Begriff des Verbrauchsgüterkaufs

(1) Kauft ein Verbraucher von einem Unternehmer eine bewegliche Sache (Verbrauchsgüterkauf), gelten ergänzend die folgenden Vorschriften. Dies gilt nicht für gebrauchte Sachen, die in einer öffentlichen Versteigerung verkauft werden, an der der Verbraucher persönlich teilnehmen kann.

(2) Die §§ 445 und 447 finden auf die in diesem Untertitel geregelten Kaufverträge keine Anwendung.

§ 474 BGB - Verbrauchsgüterkauf

(1) Verbrauchsgüterkäufe sind Verträge, durch die ein Verbraucher von einem Unternehmer eine bewegliche Sache kauft. Um einen Verbrauchsgüterkauf handelt es sich auch bei einem Vertrag, der neben dem Verkauf einer beweglichen Sache die Erbringung einer Dienstleistung durch den Unternehmer zum Gegenstand hat.

(2) Für den Verbrauchsgüterkauf gelten ergänzend die folgenden Vorschriften dieses Untertitels. Dies gilt nicht für gebrauchte Sachen, die in einer öffentlich zugänglichen Versteigerung verkauft werden, an der der Verbraucher persönlich teilnehmen kann.

§ 475 BGB - Anwendbare Vorschriften

(1) Ist eine Zeit für die nach § 433 zu erbringenden Leistungen weder bestimmt noch aus den Umständen zu entnehmen, so kann der Gläubiger diese Leistungen abweichend von § 271 Absatz 1 nur unverzüglich verlangen. Der Unternehmer muss die Sache in diesem Fall spätestens 30 Tage nach Vertragsschluss übergeben.

Die Vertragsparteien können die Leistungen sofort bewirken.

(2) § 447 Absatz 1 gilt mit der Maßgabe, dass die Gefahr des zufälligen Untergangs und der zufälligen Verschlechterung nur dann auf den Käufer übergeht, wenn der Käufer den Spediteur, den Frachtführer oder die sonst zur Ausführung der Versendung bestimmte Person oder Anstalt mit der Ausführung beauftragt hat und der Unternehmer dem Käufer diese Person oder Anstalt nicht zuvor benannt hat.

(3) § 439 Absatz 5 ist mit der Maßgabe anzuwenden, dass Nutzungen nicht herauszugeben oder durch ihren Wert zu ersetzen sind. Die §§ 445 und 447 Absatz 2 sind nicht anzuwenden.

(4) Ist die eine Art der Nacherfüllung nach § 275 Absatz 1 ausgeschlossen oder kann der Unternehmer diese nach § 275 Absatz 2 oder 3 oder § 439 Absatz 4 Satz 1 verweigern, kann er die andere Art der Nacherfüllung nicht wegen Unverhältnismäßigkeit der Kosten nach § 439 Absatz 4 Satz 1 verweigern. Ist die andere Art der Nacherfüllung wegen der Höhe der Aufwendungen nach § 439 Absatz 2 oder Absatz 3 Satz 1 unverhältnismäßig, kann der Unternehmer den Aufwendungsersatz auf einen angemessenen

Betrag beschränken. Bei der Bemessung dieses Betrages sind insbesondere der Wert der Sache in mangelfreiem Zustand und die Bedeutung des Mangels zu berücksichtigen.

(5) § 440 Satz 1 ist auch in den Fällen anzuwenden, in denen der Verkäufer die Nacherfüllung gemäß Absatz 4 Satz 2 beschränkt.

(6) Der Verbraucher kann von dem Unternehmer für Aufwendungen, die ihm im Rahmen der Nacherfüllung gemäß § 439 Absatz 2 und 3 entstehen und die vom Unternehmer zu tragen sind, Vorschuss verlangen.

§ 476 BGB - Abweichende Vereinbarungen

(1) Auf eine vor Mitteilung eines Mangels an den Unternehmer getroffene Vereinbarung, die zum Nachteil des Verbrauchers von den §§ 433 bis 435, 437, 439 bis 443 sowie von den Vorschriften dieses Untertitels abweicht, kann der Unternehmer sich nicht berufen. Die in Satz 1 bezeichneten Vorschriften finden auch Anwendung, wenn sie durch anderweitige Gestaltungen umgangen werden.

(2) Die Verjährung der in § 437 bezeichneten Ansprüche kann vor Mitteilung eines Mangels an den Unternehmer nicht durch Rechtsgeschäft erleichtert werden, wenn die Vereinbarung zu einer Verjährungsfrist ab dem gesetzlichen Verjährungsbeginn von weniger als zwei Jahren, bei gebrauchten Sachen von weniger als einem Jahr führt.

(3) Die Absätze 1 und 2 gelten unbeschadet der §§ 307 bis 309 nicht für den Ausschluss oder die Beschränkung des Anspruchs auf Schadensersatz.

§ 477 BGB - Beweislastumkehr

Zeigt sich innerhalb von sechs Monaten seit Gefahrübergang ein Sachmangel, so wird vermutet, dass die Sache bereits bei Gefahrübergang mangelhaft war, es sei denn, diese Vermutung ist mit der Art der Sache oder des Mangels unvereinbar.

§ 478 BGB - Sonderbestimmungen für den Rückgriff des Unternehmers

(1) Ist der letzte Vertrag in der Lieferkette ein Verbrauchsgüterkauf (§ 474), findet § 477 in den Fällen des § 445a Absatz 1 und 2 mit der Maßgabe Anwendung, dass die Frist mit dem Übergang der Gefahr auf den Verbraucher beginnt.

(2) Auf eine vor Mitteilung eines Mangels an den Lieferanten getroffene Vereinbarung, die zum Nachteil des Unternehmers von Absatz 1 sowie von den §§ 433 bis 435, 437, 439 bis 443, 445a Absatz 1 und 2 sowie von § 445b abweicht, kann sich der Lieferant nicht berufen, wenn dem Rückgriffsgläubiger kein gleichwertiger Ausgleich eingeräumt wird. Satz 1 gilt unbeschadet des § 307 nicht für den Ausschluss oder die Beschränkung des Anspruchs auf Schadensersatz. Die in Satz 1 bezeichneten Vorschrif-

ten finden auch Anwendung, wenn sie durch anderweitige Gestaltungen umgangen werden.

(3) Die Absätze 1 und 2 finden auf die Ansprüche des Lieferanten und der übrigen Käufer in der Lieferkette gegen die jeweiligen Verkäufer entsprechende Anwendung, wenn die Schuldner Unternehmer sind.

§ 479 BGB - Sonderbestimmungen für Garantien

(1) Eine Garantieerklärung (§ 443) muss einfach und verständlich abgefasst sein. Sie muss enthalten:

 1. den Hinweis auf die gesetzlichen Rechte des Verbrauchers sowie darauf, dass sie durch die Garantie nicht eingeschränkt werden, und

 2. den Inhalt der Garantie und alle wesentlichen Angaben, die für die Geltendmachung der Garantie erforderlich sind, insbesondere die Dauer und den räumlichen Geltungsbereich des Garantieschutzes sowie Namen und Anschrift des Garantiegebers.

(2) Der Verbraucher kann verlangen, dass ihm die Garantieerklärung in Textform mitgeteilt wird.

(3) Die Wirksamkeit der Garantieverpflichtung wird nicht dadurch berührt, dass eine der vorstehenden Anforderungen nicht erfüllt wird.

Titel 8: Dienstvertrag

§ 611 BGB - Vertragstypische Pflichten beim Dienstvertrag

(1) Durch den Dienstvertrag wird derjenige, welcher Dienste zusagt, zur Leistung der versprochenen Dienste, der andere Teil zur Gewährung der vereinbarten Vergütung verpflichtet.

(2) Gegenstand des Dienstvertrags können Dienste jeder Art sein.

§ 611a BGB - Arbeitsvertrag

(1) Durch den Arbeitsvertrag wird der Arbeitnehmer im Dienste eines anderen zur Leistung weisungsgebundener, fremdbestimmter Arbeit in persönlicher Abhängigkeit verpflichtet. Das Weisungsrecht kann Inhalt, Durchführung, Zeit und Ort der Tätigkeit betreffen. Weisungsgebunden ist, wer nicht im Wesentlichen frei seine Tätigkeit gestalten und seine Arbeitszeit bestimmen kann. Der Grad der persönlichen Abhängigkeit hängt dabei auch von der Eigenart der jeweiligen Tätigkeit ab. Für die Feststellung, ob ein Arbeitsvertrag vorliegt, ist eine Gesamtbetrachtung aller Umstände vorzunehmen. Zeigt die tatsächliche Durchführung des Vertragsverhältnisses, dass es sich um ein Arbeitsverhältnis handelt, kommt es auf die Bezeichnung im Vertrag nicht an.

(2) Der Arbeitgeber ist zur Zahlung der vereinbarten Vergütung verpflichtet.

§ 612 BGB - Vergütung

(1) Eine Vergütung gilt als stillschweigend vereinbart, wenn die Dienstleistung den Umständen nach nur gegen eine Vergütung zu erwarten ist.

(2) Ist die Höhe der Vergütung nicht bestimmt, so ist bei dem Bestehen einer Taxe die taxmäßige Vergütung, in Ermangelung einer Taxe die übliche Vergütung als vereinbart anzusehen.

§ 614 BGB - Fälligkeit der Vergütung

Die Vergütung ist nach der Leistung der Dienste zu entrichten. Ist die Vergütung nach Zeitabschnitten bemessen, so ist sie nach dem Ablauf der einzelnen Zeitabschnitte zu entrichten.

§ 615 BGB - Vergütung bei Annahmeverzug und bei Betriebsrisiko

Kommt der Dienstberechtigte mit der Annahme der Dienste in Verzug, so kann der Verpflichtete für die infolge des Verzugs nicht geleisteten Dienste die vereinbarte Vergütung verlangen, ohne zur Nachleistung verpflichtet zu sein. Er muss sich jedoch den Wert desjenigen anrechnen lassen, was er infolge des Unterbleibens der Dienstleistung erspart oder durch anderweitige Verwendung seiner Dienste erwirbt oder zu erwerben böswillig unterlässt. Die Sätze 1 und 2 gelten entsprechend in den Fällen, in denen der Arbeitgeber das Risiko des Arbeitsausfalls trägt.

§ 616 BGB - Vorübergehende Verhinderung

Der zur Dienstleistung Verpflichtete wird des Anspruchs auf die Vergütung nicht dadurch verlustig, dass er für eine verhältnismäßig nicht erhebliche Zeit durch einen in seiner Person liegenden Grund ohne sein Verschulden an der Dienstleistung verhindert wird. Er muss sich jedoch den Betrag anrechnen lassen, welcher ihm für die Zeit der Verhinderung aus einer auf Grund gesetzlicher Verpflichtung bestehenden Kranken- oder Unfallversicherung zukommt.

Titel 9: Werkvertrag und ähnliche Verträge

Untertitel 1 - Werkvertrag

Kapitel 1 - Allgemeine Vorschriften des Werkvertragsrechts

§ 631 BGB - Begriff

(1) Durch den Werkvertrag wird der Unternehmer zur Herstellung des versprochenen Werkes, der Besteller zur Entrichtung der vereinbarten Vergütung verpflichtet.

(2) Gegenstand des Werkvertrags kann sowohl die Herstellung oder Veränderung einer Sache als ein anderer durch Arbeit oder Dienstleistung herbeizuführender Erfolg sein.

§ 632 BGB - Vergütung

(1) Eine Vergütung gilt als stillschweigend vereinbart, wenn die Herstellung des Werkes den Umständen nach nur gegen eine Vergütung zu erwarten ist.

(2) Ist die Höhe der Vergütung nicht bestimmt, so ist bei dem Bestehen einer Taxe die taxmäßige Vergütung, in Ermangelung einer Taxe die übliche Vergütung als vereinbart anzusehen.

(3) Ein Kostenanschlag ist im Zweifel nicht zu vergüten.

§ 632a BGB - Abschlagszahlungen

(1) Der Unternehmer kann von dem Besteller eine Abschlagszahlung in Höhe des Wertes der von ihm erbrachten und nach dem Vertrag geschuldeten Leistungen verlangen. Sind die erbrachten Leistungen nicht vertragsgemäß, kann der Besteller die Zahlung eines angemessenen Teils des Abschlags verweigern. Die Beweislast für die vertragsgemäße Leistung verbleibt bis zur Abnahme beim Unternehmer. § 641 Abs.3 gilt entsprechend. Die Leistungen sind durch eine Aufstellung nachzuweisen, die eine rasche und sichere Beurteilung der Leistungen ermöglichen muss. Die Sätze 1bis 5 gelten auch für erforderliche Stoffe oder Bauteile, die angeliefert oder eigens angefertigt und bereitgestellt sind, wenn dem Besteller nach seiner Wahl Eigentum an den Stoffen oder Bauteilen übertragen oder entsprechende Sicherheit hierfür geleistet wird.

(2) Die Sicherheit nach Absatz 1 Satz 6 kann auch durch eine Garantie oder ein sonstiges Zahlungsversprechen eines im Geltungsbereich dieses Gesetzes zum Geschäftsbetrieb befugten Kreditinstituts oder Kreditversicherers geleistet werden.

§ 633 BGB - Sach- und Rechtsmangel

(1) Der Unternehmer hat dem Besteller das Werk frei von Sach- und Rechtsmängeln zu verschaffen.

(2) Das Werk ist frei von Sachmängeln, wenn es die vereinbarte Beschaffenheit hat. Soweit die Beschaffenheit nicht vereinbart ist, ist das Werk frei von Sachmängeln,

   1. wenn es sich für die nach dem Vertrag vorausgesetzte, sonst
   2. für die gewöhnliche Verwendung eignet und eine Beschaffenheit aufweist, die bei Werken der gleichen Art üblich ist und die der Besteller nach der Art des Werks erwarten kann.

Einem Sachmangel steht es gleich, wenn der Unternehmer ein anderes als das bestellte Werk oder das Werk in zu geringer Menge herstellt.

(3) Das Werk ist frei von Rechtsmängeln, wenn Dritte in Bezug auf das Werk keine oder nur die im Vertrag übernommenen Rechte gegen den Besteller geltend machen können.

§ 634 BGB - Rechte des Bestellers bei Mängeln

Ist das Werk mangelhaft, kann der Besteller, wenn die Voraussetzungen der folgenden Vorschriften vorliegen und soweit nicht ein anderes bestimmt ist,

1. nach § 635 Nacherfüllung verlangen,
2. nach § 637 den Mangel selbst beseitigen und Ersatz der erforderlichen Aufwendungen verlangen,
3. nach den §§ 636, 323 und 326 Abs.5 von dem Vertrag zurücktreten oder nach § 638 die Vergütung mindern und
4. nach den §§ 636, 280, 281, 283 und 311a Schadensersatz oder nach § 284 Ersatz vergeblicher Aufwendungen verlangen.

§ 634a BGB - Verjährung der Mängelansprüche

(1) Die in § 634 Nr.1, 2 und 4 bezeichneten Ansprüche verjähren

1. vorbehaltlich der Nummer 2 in zwei Jahren bei einem Werk, dessen Erfolg in der Herstellung, Wartung oder Veränderung einer Sache oder in der Erbringung von Planungs- oder Überwachungsleistungen hierfür besteht,
2. in fünf Jahren bei einem Bauwerk und einem Werk, dessen Erfolg in der Erbringung von Planungs- oder Überwachungsleistungen hierfür besteht und
3. im Übrigen in der regelmäßigen Verjährungsfrist.

(2) Die Verjährung beginnt in den Fällen des Abs.1 Nr.1 und 2 mit der Abnahme.

(3) Abweichend von Abs.1 Nr.1 und 2 und Abs.2 verjähren die Ansprüche in der regelmäßigen Verjährungsfrist, wenn der Unternehmer den Mangel arglistig verschwiegen hat. Im Fall des Abs.1 Nr.2 tritt die Verjährung jedoch nicht vor Ablauf der dort bestimmten Frist ein.

(4) Für das in § 634 bezeichnete Rücktrittsrecht gilt § 218. Der Besteller kann trotz einer Unwirksamkeit des Rücktritts nach § 218 Abs.1 die Zahlung der Vergütung insoweit verweigern, als er auf Grund des Rücktritts dazu berechtigt sein würde. Macht er von diesem Recht Gebrauch, kann der Unternehmer vom Vertrag zurücktreten.

(5) Auf das in § 634 bezeichnete Minderungsrecht finden § 218 und Absatz 4 Satz 2 entsprechende Anwendung.

§ 635 BGB - Nacherfüllung

(1) Verlangt der Besteller Nacherfüllung, so kann der Unternehmer nach seiner Wahl den Mangel beseitigen oder ein neues Werk herstellen.

(2) Der Unternehmer hat die zum Zweck der Nacherfüllung erforderlichen Aufwendungen, insbesondere Transport-, Wege-, Arbeits- und Materialkosten zu tragen.

(3) Der Unternehmer kann die Nacherfüllung unbeschadet des § 275 Abs.2 und 3 verweigern, wenn sie nur mit unverhältnismäßigen Kosten möglich ist.

(4) Stellt der Unternehmer ein neues Werk her, so kann er vom Besteller Rückgewähr des mangelhaften Werks nach Maßgabe der §§ 346 bis 348 verlangen.

§ 636 BGB - Besondere Bestimmungen für Rücktritt und Schadensersatz

Außer in den Fällen der §§ 281 Abs.2 und 323 Abs.2 bedarf es der Fristsetzung auch dann nicht, wenn der Unternehmer die Nacherfüllung gemäß § 635 Abs.3 verweigert oder wenn die Nacherfüllung fehlgeschlagen oder dem Besteller unzumutbar ist.

§ 637 BGB - Selbstvornahme

(1) Der Besteller kann wegen eines Mangels des Werks nach erfolglosem Ablauf einer von ihm zur Nacherfüllung bestimmten angemessenen Frist den Mangel selbst beseitigen und Ersatz der erforderlichen Aufwendungen verlangen, wenn nicht der Unternehmer die Nacherfüllung zu Recht verweigert.

(2) § 323 Abs. 2 findet entsprechende Anwendung. Der Bestimmung einer Frist bedarf es auch dann nicht, wenn die Nacherfüllung fehlgeschlagen oder dem Besteller unzumutbar ist.

(3) Der Besteller kann von dem Unternehmer für die zur Beseitigung des Mangels erforderlichen Aufwendungen Vorschuss verlangen.

§ 638 BGB - Minderung

(1) Statt zurückzutreten, kann der Besteller die Vergütung durch Erklärung gegenüber dem Unternehmer mindern. Der Ausschlussgrund des § 323 Abs.4 Satz 2 findet keine Anwendung.

(2) Sind auf der Seite des Bestellers oder auf der Seite des Unternehmers mehrere beteiligt, so kann die Minderung nur von allen oder gegen alle erklärt werden.

(3) Bei der Minderung ist die Vergütung in dem Verhältnis herabzusetzen, in welchem zur Zeit des Vertragsschlusses der Wert des Werks in mangelfreiem Zustand zu dem wirklichen Wert gestanden haben würde. Die Minderung ist, soweit erforderlich, durch Schätzung zu ermitteln.

(4) Hat der Besteller mehr als die geminderte Vergütung gezahlt, so ist der Mehrbetrag vom Unternehmer zu erstatten. § 346 Abs.1 und § 347 Abs.1 finden entsprechende Anwendung.

§ 639 BGB - Haftungsausschluss

Auf eine Vereinbarung, durch welche die Rechte des Bestellers wegen eines Mangels ausgeschlossen oder beschränkt werden, kann sich der Unternehmer nicht berufen, wenn er den Mangel arglistig verschwiegen oder eine Garantie für die Beschaffenheit des Werks übernommen hat.

§ 640 BGB - Abnahme

(1) Der Besteller ist verpflichtet, das vertragsmäßig hergestellte Werk abzunehmen, sofern nicht nach der Beschaffenheit des Werkes die Abnahme ausgeschlossen ist. Wegen unwesentlicher Mängel kann die Abnahme nicht verweigert werden.

(2) Als abgenommen gilt ein Werk auch, wenn der Unternehmer dem Besteller nach Fertigstellung des Werks eine angemessene Frist zur Abnahme gesetzt hat und der Besteller die Abnahme nicht innerhalb dieser Frist unter Angabe mindestens eines Mangels verweigert hat. Ist der Besteller ein Verbraucher, so treten die Rechtsfolgen des Satzes 1 nur dann ein, wenn der Unternehmer den Besteller zusammen mit der Aufforderung zur Abnahme auf die Folgen einer nicht erklärten oder ohne Angabe von Mängeln verweigerten Abnahme hingewiesen hat; der Hinweis muss in Textform erfolgen.

(3) Nimmt der Besteller ein mangelhaftes Werk gemäß Absatz 1 Satz 1 ab, obschon er den Mangel kennt, so stehen ihm die in den § 634 Nr.1 bis 3 bezeichneten Rechte nur zu, wenn er sich seine Rechte wegen des Mangels bei der Abnahme vorbehält.

§ 641 BGB - Fälligkeit der Vergütung

(1) Die Vergütung ist bei der Abnahme des Werkes zu entrichten. Ist das Werk in Teilen abzunehmen und die Vergütung für die einzelnen Teile bestimmt, so ist die Vergütung für jeden Teil bei dessen Abnahme zu entrichten.

(2) Die Vergütung des Unternehmers für ein Werk, dessen Herstellung der Besteller einem Dritten versprochen hat, wird spätestens fällig,

1. soweit der Besteller von dem Dritten für das versprochene Werk wegen dessen Herstellung seine Vergütung oder Teile davon erhalten hat,

2. soweit das Werk des Bestellers von dem Dritten abgenommen worden ist oder als abgenommen gilt oder

3. wenn der Unternehmer dem Besteller erfolglos eine angemessene Frist zur Auskunft über die in den Nummern 1 und 2 bezeichneten Umstände bestimmt hat.

Hat der Besteller dem Dritten wegen möglicher Mängel des Werks Sicherheit geleistet, gilt Satz 1 nur, wenn der Unternehmer dem Besteller entsprechende Sicherheit leistet.

(3) Kann der Besteller die Beseitigung eines Mangels verlangen, so kann er nach der Fälligkeit die Zahlung eines angemessenen Teils der Vergütung verweigern; angemessen ist in der Regel das Doppelte der für die Beseitigung des Mangels erforderlichen Kosten.

(4) Eine in Geld festgesetzte Vergütung hat der Besteller von der Abnahme des Werkes an zu verzinsen, sofern nicht die Vergütung gestundet ist.

§ 642 BGB - Mitwirkung des Bestellers

(1) Ist bei der Herstellung des Werkes eine Handlung des Bestellers erforderlich, so kann der Unternehmer, wenn der Besteller durch das Unterlassen der Handlung in Verzug der Annahme kommt, eine angemessene Entschädigung verlangen.

(2) Die Höhe der Entschädigung bestimmt sich einerseits nach der Dauer des Verzugs und der Höhe der vereinbarten Vergütung, andererseits nach demjenigen, was der Unternehmer infolge des Verzugs an Aufwendungen erspart oder durch anderweitige Verwendung seiner Arbeitskraft erwerben kann.

§ 643 BGB - Fristsetzung zur Mitwirkung; Kündigungsandrohung

Der Unternehmer ist im Falle des § 642 berechtigt, dem Besteller zur Nachholung der Handlung eine angemessene Frist mit der Erklärung zu bestimmen, dass er den Vertrag kündige, wenn die Handlung nicht bis zum Ablauf der Frist vorgenommen werde. Der Vertrag gilt als aufgehoben, wenn nicht die Nachholung bis zum Ablauf der Frist erfolgt.

§ 644 BGB - Gefahrtragung

(1) Der Unternehmer trägt die Gefahr bis zur Abnahme des Werkes. Kommt der Besteller in Verzug der Annahme, so geht die Gefahr auf ihn über. Für den zufälligen Untergang und eine zufällige Verschlechterung des von dem Besteller gelieferten Stoffes ist der Unternehmer nicht verantwortlich.

(2) Versendet der Unternehmer das Werk auf Verlangen des Bestellers nach einem anderen Ort als dem Erfüllungsort, so finden die für den Kauf geltenden Vorschriften des § 447 entsprechende Anwendung.

§ 645 BGB - Haftung des Bestellers

(1) Ist das Werk vor der Abnahme infolge eines Mangels des von dem Besteller gelieferten Stoffes oder infolge einer von dem Besteller für die Ausführung erteilten Anweisung untergegangen, verschlechtert oder unausführbar geworden, ohne dass ein Umstand mitgewirkt hat, den der Unternehmer zu vertreten hat, so kann der Unternehmer einen der geleisteten Arbeit entsprechenden Teil

der Vergütung und Ersatz der in der Vergütung nicht inbegriffenen Auslagen verlangen. Das gleiche gilt, wenn der Vertrag in Gemäßheit des § 643 aufgehoben wird.

(2) Eine weitergehende Haftung des Bestellers wegen Verschuldens bleibt unberührt.

§ 646 BGB - Vollendung statt Abnahme

Ist nach der Beschaffenheit des Werkes die Abnahme ausgeschlossen, so tritt in den Fällen der §§ 634a Abs.2, 641, 644, 645 an die Stelle der Abnahme die Vollendung des Werkes.

§ 647 BGB - Unternehmerpfandrecht

Der Unternehmer hat für seine Forderungen aus dem Vertrag ein Pfandrecht an den von ihm hergestellten oder ausgebesserten beweglichen Sachen des Bestellers, wenn sie bei der Herstellung oder zum Zwecke der Ausbesserung in seinen Besitz gelangt sind.

§ 647a BGB - Sicherungshypothek des Inhabers einer Schiffswerft

Der Inhaber einer Schiffswerft kann für seine Forderungen aus dem Bau oder der Ausbesserung eines Schiffes die Einräumung einer Schiffshypothek an dem Schiffsbauwerk oder dem Schiff des Bestellers verlangen. Ist das Werk noch nicht vollendet, so kann er die Einräumung der Schiffshypothek für einen der geleisteten Arbeit entsprechenden Teil der Vergütung und für die in der Vergütung nicht inbegriffenen Auslagen verlangen. § 647 findet keine Anwendung.

§ 648 BGB - Kündigungsrecht des Bestellers

Der Besteller kann bis zur Vollendung des Werkes jederzeit den Vertrag kündigen. Kündigt der Besteller, so ist der Unternehmer berechtigt, die vereinbarte Vergütung zu verlangen; er muss sich jedoch dasjenige anrechnen lassen, was er infolge der Aufhebung des Vertrags an Aufwendungen erspart oder durch anderweitige Verwendung seiner Arbeitskraft erwirbt oder zu erwerben böswillig unterlässt. Es wird vermutet, dass danach dem Unternehmer 5 vom Hundert der auf den noch nicht erbrachten Teil der Werkleistung entfallenden vereinbarten Vergütung zustehen.

§ 648a BGB - Kündigung aus wichtigem Grund

(1) Beide Vertragsparteien können den Vertrag aus wichtigem Grund ohne Einhaltung einer Kündigungsfrist kündigen. Ein wichtiger Grund liegt vor, wenn dem kündigenden Teil unter Berücksichtigung aller Umstände des Einzelfalls und unter Abwägung der beiderseitigen Interessen die Fortsetzung des Vertragsverhältnisses bis zur Fertigstellung des Werks nicht zugemutet werden kann.

(2) Eine Teilkündigung ist möglich; sie muss sich auf einen abgrenzbaren Teil des geschuldeten Werks beziehen.

(3) § 314 Absatz 2 und 3 gilt entsprechend.

(4) Nach der Kündigung kann jede Vertragspartei von der anderen verlangen, dass sie an einer gemeinsamen Feststellung des Leistungsstandes mitwirkt. Verweigert eine Vertragspartei die Mitwirkung oder bleibt sie einem vereinbarten oder einem von der anderen Vertragspartei innerhalb einer angemessenen Frist bestimmten Termin zur Leistungsstandfeststellung fern, trifft sie die Beweislast für den Leistungsstand zum Zeitpunkt der Kündigung. Dies gilt nicht, wenn die Vertragspartei infolge eines Umstands fernbleibt, den sie nicht zu vertreten hat und den sie der anderen Vertragspartei unverzüglich mitgeteilt hat.

(5) Kündigt eine Vertragspartei aus wichtigem Grund, ist der Unternehmer nur berechtigt, die Vergütung zu verlangen, die auf den bis zur Kündigung erbrachten Teil des Werks entfällt.

(6) Die Berechtigung, Schadensersatz zu verlangen, wird durch die Kündigung nicht ausgeschlossen.

§ 649 BGB - Kostenanschlag *(Kostenvoranschlag)*

(1) Ist dem Vertrag ein Kostenanschlag zugrunde gelegt worden, ohne dass der Unternehmer die Gewähr für die Richtigkeit des Anschlags übernommen hat, und ergibt sich, dass das Werk nicht ohne eine wesentliche Überschreitung des Anschlags ausführbar ist, so steht dem Unternehmer, wenn der Besteller den Vertrag aus diesem Grunde kündigt, nur der im § 645 Abs.1 bestimmte Anspruch zu.

(2) Ist eine solche Überschreitung des Anschlags zu erwarten, so hat der Unternehmer dem Besteller unverzüglich Anzeige zu machen.

§ 650 BGB - Anwendung des Kaufrechts

Auf einen Vertrag, der die Lieferung herzustellender oder zu erzeugender beweglicher Sachen zum Gegenstand hat, finden die Vorschriften über den Kauf Anwendung. § 442 Abs.1 Satz 1 findet bei diesen Verträgen auch Anwendung, wenn der Mangel auf den vom Besteller gelieferten Stoff zurückzuführen ist. Soweit es sich bei den herzustellenden oder zu erzeugenden beweglichen Sachen um nicht vertretbare Sachen handelt, sind auch die §§ 642, 643, 645, 648 und 649 mit der Maßgabe anzuwenden, dass an die Stelle der Abnahme der nach den §§ 446 und 447 maßgebliche Zeitpunkt tritt.

Kapitel 2 - Bauvertrag

§ 650a BGB - Bauvertrag

(1) Ein Bauvertrag ist ein Vertrag über die Herstellung, die Wiederherstellung, die Beseitigung oder den Umbau eines Bauwerks, einer Außenanlage oder eines Teils davon. Für den Bauvertrag gelten ergänzend die folgenden Vorschriften dieses Kapitels.

(2) Ein Vertrag über die Instandhaltung eines Bauwerks ist ein Bauvertrag, wenn das Werk für die Konstruktion, den Bestand

oder den bestimmungsgemäßen Gebrauch von wesentlicher Bedeutung ist.

§ 650b BGB - Änderung des Vertrags; Anordnungsrecht des Bestellers

(1) Begehrt der Besteller

1. eine Änderung des vereinbarten Werkerfolgs (§ 631 Absatz 2) oder

2. eine Änderung, die zur Erreichung des vereinbarten Werkerfolgs notwendig ist,

streben die Vertragsparteien Einvernehmen über die Änderung und die infolge der Änderung zu leistende Mehr- oder Mindervergütung an. Der Unternehmer ist verpflichtet, ein Angebot über die Mehr- oder Mindervergütung zu erstellen, im Falle einer Änderung nach Satz 1 Nummer 1 jedoch nur, wenn ihm die Ausführung der Änderung zumutbar ist. Macht der Unternehmer betriebsinterne Vorgänge für die Unzumutbarkeit einer Anordnung nach Absatz 1 Satz 1 Nummer 1 geltend, trifft ihn die Beweislast hierfür. Trägt der Besteller die Verantwortung für die Planung des Bauwerks oder der Außenanlage, ist der Unternehmer nur dann zur Erstellung eines Angebots über die Mehr- oder Mindervergütung verpflichtet, wenn der Besteller die für die Änderung erforderliche Planung vorgenommen und dem Unternehmer zur Verfügung gestellt hat. Begehrt der Besteller eine Änderung, für die dem Unternehmer nach § 650c Absatz 1 Satz 2 kein Anspruch auf Vergütung für vermehrten Aufwand zusteht, streben die Parteien nur Einvernehmen über die Änderung an; Satz 2 findet in diesem Fall keine Anwendung.

(2) Erzielen die Parteien binnen 30 Tagen nach Zugang des Änderungsbegehrens beim Unternehmer keine Einigung nach Absatz 1, kann der Besteller die Änderung in Textform anordnen. Der Unternehmer ist verpflichtet, der Anordnung des Bestellers nachzukommen, einer Anordnung nach Absatz 1 Satz 1 Nummer 1 jedoch nur, wenn ihm die Ausführung zumutbar ist. Absatz 1 Satz 3 gilt entsprechend.

§ 650c BGB - Vergütungsanpassung bei Anordnungen nach § 650b Abs.2 BGB

(1) Die Höhe des Vergütungsanspruchs für den infolge einer Anordnung des Bestellers nach § 650b Absatz 2 vermehrten oder verminderten Aufwand ist nach den tatsächlich erforderlichen Kosten mit angemessenen Zuschlägen für allgemeine Geschäftskosten, Wagnis und Gewinn zu ermitteln. Umfasst die Leistungspflicht des Unternehmers auch die Planung des Bauwerks oder der Außenanlage, steht diesem im Fall des § 650b Absatz 1 Satz 1 Nummer 2 kein Anspruch auf Vergütung für vermehrten Aufwand zu.

(2) Der Unternehmer kann zur Berechnung der Vergütung für den Nachtrag auf die Ansätze in einer vereinbarungsgemäß hinterleg-

ten Urkalkulation zurückgreifen. Es wird vermutet, dass die auf Basis der Urkalkulation fortgeschriebene Vergütung der Vergütung nach Absatz 1 entspricht.

(3) Bei der Berechnung von vereinbarten oder gemäß § 632a geschuldeten Abschlagszahlungen kann der Unternehmer 80 Prozent einer in einem Angebot nach § 650b Absatz 1 Satz 2 genannten Mehrvergütung ansetzen, wenn sich die Parteien nicht über die Höhe geeinigt haben oder keine anderslautende gerichtliche Entscheidung ergeht. Wählt der Unternehmer diesen Weg und ergeht keine anderslautende gerichtliche Entscheidung, wird die nach den Absätzen 1 und 2 geschuldete Mehrvergütung erst nach der Abnahme des Werkes fällig. Zahlungen nach Satz 1, die die nach den Absätzen 1 und 2 geschuldete Mehrvergütung übersteigen, sind dem Besteller zurück zu gewähren und ab ihrem Eingang beim Unternehmer zu verzinsen. § 288 Absatz 1 Satz 2, Absatz 2 und § 289 Satz 1 gelten entsprechend.

(4) Die Parteien können eine andere Vereinbarung für die Vergütungsanpassung treffen. Wird die Vertragsordnung für Bauleistungen Teil B (VOB/B) in der jeweils zum Zeitpunkt des Vertragsschlusses geltenden Fassung gegenüber einem Unternehmer, einer juristischen Person des öffentlichen Rechts oder einem öffentlich-rechtlichen Sondervermögen als Allgemeine Geschäftsbedingungen verwendet, findet § 307 Absatz 1 und 2 in Bezug auf eine Inhaltskontrolle von Bestimmungen zur Berechnung der Vergütungsanpassung abweichend von § 310 Absatz 1 Satz 3 auch dann keine Anwendung, wenn nur die Bestimmungen der VOB/B zum Anordnungsrecht und zur Vergütungsanpassung ohne inhaltliche Abweichungen insgesamt in den Vertrag einbezogen sind.

(5) Zum Erlass einer einstweiligen Verfügung ist es nach Beginn der Bauausführung nicht erforderlich, dass der Verfügungsgrund glaubhaft gemacht wird, wenn zuvor unter Beiziehung eines Sachverständigen versucht worden ist, die Streitigkeit einvernehmlich beizulegen. Die Kosten des Sachverständigen sind von beiden Vertragsparteien je zur Hälfte zu tragen.

§ 650d BGB - Einstweilige Verfügung

Zum Erlass einer einstweiligen Verfügung in Streitigkeiten über das Anordnungsrecht gemäß § 650b oder die Vergütungsanpassung gemäß § 650c ist es nach Beginn der Bauausführung nicht erforderlich, dass der Verfügungsgrund glaubhaft gemacht wird.

§ 650e BGB - Sicherungshypothek des Bauunternehmers

Der Unternehmer kann für seine Forderungen aus dem Vertrag die Einräumung einer Sicherungshypothek an dem Baugrundstück des Bestellers verlangen. Ist das Werk noch nicht vollendet, so kann er die Einräumung der Sicherungshypothek für einen der geleisteten Arbeit entsprechenden Teil der Vergütung und für die in der Vergütung nicht inbegriffenen Auslagen verlangen.

§ 650f BGB - Bauhandwerkersicherung

(1) Der Unternehmer kann vom Besteller Sicherheit für die auch in Zusatzaufträgen vereinbarte und noch nicht gezahlte Vergütung einschließlich dazugehöriger Nebenforderungen, die mit 10 Prozent des zu sichernden Vergütungsanspruchs anzusetzen sind, verlangen. Satz 1 gilt in demselben Umfang auch für Ansprüche, die an die Stelle der Vergütung treten. Der Anspruch des Unternehmers auf Sicherheit wird nicht dadurch ausgeschlossen, dass der Besteller Erfüllung verlangen kann oder das Werk abgenommen hat. Ansprüche, mit denen der Besteller gegen den Anspruch des Unternehmers auf Vergütung aufrechnen kann, bleiben bei der Berechnung der Vergütung unberücksichtigt, es sei denn, sie sind unstreitig oder rechtskräftig festgestellt. Die Sicherheit ist auch dann als ausreichend anzusehen, wenn sich der Sicherungsgeber das Recht vorbehält, sein Versprechen im Falle einer wesentlichen Verschlechterung der Vermögensverhältnisse des Bestellers mit Wirkung für Vergütungsansprüche aus Bauleistungen zu widerrufen, die der Unternehmer bei Zugang der Widerrufserklärung noch nicht erbracht hat.

(2) Die Sicherheit kann auch durch eine Garantie oder ein sonstiges Zahlungsversprechen eines im Geltungsbereich dieses Gesetzes zum Geschäftsbetrieb befugten Kreditinstituts oder Kreditversicherers geleistet werden. Das Kreditinstitut oder der Kreditversicherer darf Zahlungen an den Unternehmer nur leisten, soweit der Besteller den Vergütungsanspruch des Unternehmers anerkennt oder durch vorläufig vollstreckbares Urteil zur Zahlung der Vergütung verurteilt worden ist und die Voraussetzungen vorliegen, unter denen die Zwangsvollstreckung begonnen werden darf.

(3) Der Unternehmer hat dem Besteller die üblichen Kosten der Sicherheitsleistung bis zu einem Höchstsatz von 2 Prozent für das Jahr zu erstatten. Dies gilt nicht, soweit eine Sicherheit wegen Einwendungen des Bestellers gegen den Vergütungsanspruch des Unternehmers aufrechterhalten werden muss und die Einwendungen sich als unbegründet erweisen.

(4) Soweit der Unternehmer für seinen Vergütungsanspruch eine Sicherheit nach Absatz 1 oder 2 erlangt hat, ist der Anspruch auf Einräumung einer Sicherungshypothek nach § 650e ausgeschlossen.

(5) Hat der Unternehmer dem Besteller erfolglos eine angemessene Frist zur Leistung der Sicherheit nach Absatz 1 bestimmt, so kann der Unternehmer die Leistung verweigern oder den Vertrag kündigen. Kündigt er den Vertrag, ist der Unternehmer berechtigt, die vereinbarte Vergütung zu verlangen; er muss sich jedoch dasjenige anrechnen lassen, was er infolge der Aufhebung des Vertrages an Aufwendungen erspart oder durch anderweitige Verwendung seiner Arbeitskraft erwirbt oder böswillig zu erwerben unterlässt. Es wird vermutet, dass danach dem Unternehmer 5 Prozent der auf den noch nicht erbrachten Teil der Werkleistung entfallenden vereinbarten Vergütung zustehen.

(6) Die Absätze 1 bis 5 finden keine Anwendung, wenn der Besteller

1. eine juristische Person des öffentlichen Rechts oder ein öffentlich-rechtliches Sondervermögen ist, über deren Vermögen ein Insolvenzverfahren unzulässig ist, oder

2. Verbraucher ist und es sich um einen Verbraucherbauvertrag nach § 650i oder um einen Bauträgervertrag nach § 650u handelt. Satz 1 Nummer 2 gilt nicht bei Betreuung des Bauvorhabens durch einen zur Verfügung über die Finanzierungsmittel des Bestellers ermächtigten Baubetreuer.

(7) Eine von den Absätzen 1 bis 5 abweichende Vereinbarung ist unwirksam.

§ 650g BGB - Zustandsfeststellung bei Verweigerung der Abnahme; Schlussrechnung

(1) Verweigert der Besteller die Abnahme unter Angabe von Mängeln, hat er auf Verlangen des Unternehmers an einer gemeinsamen Feststellung des Zustands des Werks mitzuwirken. Die gemeinsame Zustandsfeststellung soll mit der Angabe des Tages der Anfertigung versehen werden und ist von beiden Vertragsparteien zu unterschreiben.

(2) Bleibt der Besteller einem vereinbarten oder einem von dem Unternehmer innerhalb einer angemessenen Frist bestimmten Termin zur Zustandsfeststellung fern, so kann der Unternehmer die Zustandsfeststellung auch einseitig vornehmen. Dies gilt nicht, wenn der Besteller infolge eines Umstands fernbleibt, den er nicht zu vertreten hat und den er dem Unternehmer unverzüglich mitgeteilt hat. Der Unternehmer hat die einseitige Zustandsfeststellung mit der Angabe des Tages der Anfertigung zu versehen und sie zu unterschreiben sowie dem Besteller eine Abschrift der einseitigen Zustandsfeststellung zur Verfügung zu stellen.

(3) Ist das Werk dem Besteller verschafft worden und ist in der Zustandsfeststellung nach Absatz 1 oder 2 ein offenkundiger Mangel nicht angegeben, wird vermutet, dass dieser nach der Zustandsfeststellung entstanden und vom Besteller zu vertreten ist. Die Vermutung gilt nicht, wenn der Mangel nach seiner Art nicht vom Besteller verursacht worden sein kann.

(3) Die Vergütung ist zu entrichten, wenn

1. der Besteller das Werk abgenommen hat oder die Abnahme nach § 641 Absatz 2 entbehrlich ist, und

2. der Unternehmer dem Besteller eine prüffähige Schlussrechnung erteilt hat.

Die Schlussrechnung ist prüffähig, wenn sie eine übersichtliche Aufstellung der erbrachten Leistungen enthält und für den Besteller nachvollziehbar ist. Sie gilt als prüffähig, wenn der Besteller nicht innerhalb von 30 Tagen nach Zugang der Schlussrechnung begründete Einwendungen gegen ihre Prüffähigkeit erhoben hat.

§ 650h BGB - Schriftform der Kündigung

Die Kündigung des Bauvertrags bedarf der schriftlichen Form.

Kapitel 3 - Verbraucherbauvertrag

§ 650i BGB - Verbraucherbauvertrag

(1) Verbraucherbauverträge sind Verträge, durch die der Unternehmer von einem Verbraucher zum Bau eines neuen Gebäudes oder zu erheblichen Umbaumaßnahmen an einem bestehenden Gebäude verpflichtet wird.

(2) Der Verbraucherbauvertrag bedarf der Textform.

§ 650j BGB - Baubeschreibung

Der Unternehmer hat den Verbraucher über die sich aus Artikel 249 des Einführungsgesetzes zum Bürgerlichen Gesetzbuche ergebenden Einzelheiten in der dort vorgesehenen Form zu unterrichten, es sei denn, der Verbraucher oder ein von ihm Beauftragter macht die wesentlichen Planungsvorgaben.

§ 650k BGB - Inhalt des Vertrags [siehe Art. 249, § 1 EGBGB]

(1) Die Angaben der vorvertraglich zur Verfügung gestellten Baubeschreibung in Bezug auf die Bauausführung werden Inhalt des Vertrags, es sei denn, die Vertragsparteien haben ausdrücklich etwas anderes vereinbart.

(2) Soweit die Baubeschreibung unvollständig oder unklar ist, ist der Vertrag unter Berücksichtigung sämtlicher vertragsbegleitender Umstände, insbesondere des Komfort- und Qualitätsstandards nach der übrigen Leistungsbeschreibung, auszulegen. Zweifel bei der Auslegung des Vertrags bezüglich der vom Unternehmer geschuldeten Leistung gehen zu dessen Lasten.

(3) Der Bauvertrag muss verbindliche Angaben zum Zeitpunkt der Fertigstellung des Werks oder, wenn dieser Zeitpunkt zum Zeitpunkt des Abschlusses des Bauvertrags nicht angegeben werden kann, zur Dauer der Bauausführung enthalten. Enthält der Vertrag diese Angaben nicht, werden die vorvertraglich in der Baubeschreibung übermittelten Angaben zum Zeitpunkt der Fertigstellung des Werks oder zur Dauer der Bauausführung Inhalt des Vertrags.

§ 650l BGB - Widerrufsrecht

Dem Verbraucher steht ein Widerrufsrecht gemäß § 355 zu, es sei denn, der Vertrag wurde notariell beurkundet. Der Unternehmer ist verpflichtet, den Verbraucher nach Maßgabe des Artikels 249 § 3 des Einführungsgesetzes zum Bürgerlichen Gesetzbuche über sein Widerrufsrecht zu belehren.

§ 650m BGB - Abschlagszahlungen; Absicherung des Vergütungsanspruchs

(1) Verlangt der Unternehmer Abschlagszahlungen nach § 632a, darf der Gesamtbetrag der Abschlagszahlungen 90 Prozent der vereinbarten Gesamtvergütung einschließlich der Vergütung für Nachtragsleistungen nach § 650c nicht übersteigen.

(2) Dem Verbraucher ist bei der ersten Abschlagszahlung eine Sicherheit für die rechtzeitige Herstellung des Werks ohne wesentliche Mängel in Höhe von 5 Prozent der vereinbarten Gesamtvergütung zu leisten. Erhöht sich der Vergütungsanspruch infolge einer Anordnung des Verbrauchers nach den §§ 650b und 650c oder infolge sonstiger Änderungen oder Ergänzungen des Vertrags um mehr als 10 Prozent, ist dem Verbraucher bei der nächsten Abschlagszahlung eine weitere Sicherheit in Höhe von 5 Prozent des zusätzlichen Vergütungsanspruchs zu leisten. Auf Verlangen des Unternehmers ist die Sicherheitsleistung durch Einbehalt dergestalt zu erbringen, dass der Verbraucher die Abschlagszahlungen bis zu dem Gesamtbetrag der geschuldeten Sicherheit zurückhält.

(3) Sicherheiten nach Absatz 2 können auch durch eine Garantie oder ein sonstiges Zahlungsversprechen eines im Geltungsbereich dieses Gesetzes zum Geschäftsbetrieb befugten Kreditinstituts oder Kreditversicherers geleistet werden.

(4) Verlangt der Unternehmer Abschlagszahlungen nach § 632a, ist eine Vereinbarung unwirksam, die den Verbraucher zu einer Sicherheitsleistung für die vereinbarte Vergütung verpflichtet, die die nächste Abschlagszahlung oder 20 Prozent der vereinbarten Vergütung übersteigt. Gleiches gilt, wenn die Parteien Abschlagszahlungen vereinbart haben.

§ 650n BGB - Erstellung und Herausgabe von Unterlagen

(1) Rechtzeitig vor Beginn der Ausführung einer geschuldeten Leistung hat der Unternehmer diejenigen Planungsunterlagen zu erstellen und dem Verbraucher herauszugeben, die dieser benötigt, um gegenüber Behörden den Nachweis führen zu können, dass die Leistung unter Einhaltung der einschlägigen öffentlich-rechtlichen Vorschriften ausgeführt werden wird. Die Pflicht besteht nicht, soweit der Verbraucher oder ein von ihm Beauftragter die wesentlichen Planungsvorgaben erstellt.

(2) Spätestens mit der Fertigstellung des Werks hat der Unternehmer diejenigen Unterlagen zu erstellen und dem Verbraucher herauszugeben, die dieser benötigt, um gegenüber Behörden den Nachweis führen zu können, dass die Leistung unter Einhaltung der einschlägigen öffentlich-rechtlichen Vorschriften ausgeführt worden ist.

(3) Die Absätze 1 und 2 gelten entsprechend, wenn ein Dritter, etwa ein Darlehensgeber, Nachweise für die Einhaltung bestimmter Bedingungen verlangt und wenn der Unternehmer die berechtigte

Erwartung des Verbrauchers geweckt hat, diese Bedingungen einzuhalten.

Kapitel 4 - Unabdingbarkeit

§ 650o BGB - Abweichende Vereinbarungen

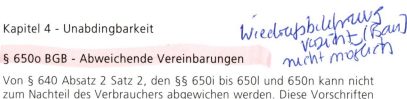

Von § 640 Absatz 2 Satz 2, den §§ 650i bis 650l und 650n kann nicht zum Nachteil des Verbrauchers abgewichen werden. Diese Vorschriften finden auch Anwendung, wenn sie durch anderweitige Gestaltungen umgangen werden.

Untertitel 2 - Architektenvertrag und Ingenieurvertrag

§ 650p BGB - Vertragstypische Pflichten aus Architekten- und Ingenieurverträgen

(1) Durch einen Architekten- oder Ingenieurvertrag wird der Unternehmer verpflichtet, die Leistungen zu erbringen, die nach dem jeweiligen Stand der Planung und Ausführung des Bauwerks oder der Außenanlage erforderlich sind, um die zwischen den Parteien vereinbarten Planungs- und Überwachungsziele zu erreichen.

(2) Soweit wesentliche Planungs- und Überwachungsziele noch nicht vereinbart sind, hat der Unternehmer zunächst eine Planungsgrundlage zur Ermittlung dieser Ziele zu erstellen. Er legt dem Besteller die Planungsgrundlage zusammen mit einer Kosteneinschätzung für das Vorhaben zur Zustimmung vor.

§ 650q BGB - Anwendbare Vorschriften

(1) Für Architekten- und Ingenieurverträge gelten die Vorschriften des Kapitels 1 des Untertitels 1 sowie die §§ 650b, 650e bis 650h entsprechend, soweit sich aus diesem Untertitel nichts anderes ergibt.

(2) Für die Vergütungsanpassung im Fall von Anordnungen nach § 650b Absatz 2 gelten die Entgeltberechnungsregeln der Honorarordnung für Architekten und Ingenieure in der jeweils geltenden Fassung, soweit infolge der Anordnung zu erbringende oder entfallende Leistungen vom Anwendungsbereich der Honorarordnung erfasst werden. Im Übrigen ist die Vergütungsanpassung für den vermehrten oder verminderten Aufwand auf Grund der angeordneten Leistung frei vereinbar. Soweit die Vertragsparteien keine Vereinbarung treffen, gilt § 650c entsprechend.

§ 650r BGB - Sonderkündigungsrecht

(1) Nach Vorlage von Unterlagen gemäß § 650p Absatz 2 kann der Besteller den Vertrag kündigen. Das Kündigungsrecht erlischt zwei Wochen nach Vorlage der Unterlagen, bei einem Verbraucher jedoch nur dann, wenn der Unternehmer ihn bei der Vorlage der Unterlagen in Textform über das Kündigungsrecht, die Frist, in

der es ausgeübt werden kann, und die Rechtsfolgen der Kündigung unterrichtet hat.

(2) Der Unternehmer kann dem Besteller eine angemessene Frist für die Zustimmung nach § 650p Absatz 2 Satz 2 setzen. Er kann den Vertrag kündigen, wenn der Besteller die Zustimmung verweigert oder innerhalb der Frist nach Satz 1 keine Erklärung zu den Unterlagen abgibt.

(3) Wird der Vertrag nach Absatz 1 oder 2 gekündigt, ist der Unternehmer nur berechtigt, die Vergütung zu verlangen, die auf die bis zur Kündigung erbrachten Leistungen entfällt.

§ 650s BGB - Teilabnahme

Der Unternehmer kann ab der Abnahme der letzten Leistung des bauausführenden Unternehmers oder der bauausführenden Unternehmer eine Teilabnahme der von ihm bis dahin erbrachten Leistungen verlangen.

§ 650t BGB - Gesamtschuldnerische Haftung mit dem bauausführenden Unternehmer

Nimmt der Besteller den Unternehmer wegen eines Überwachungsfehlers in Anspruch, der zu einem Mangel an dem Bauwerk oder an der Außenanlage geführt hat, kann der Unternehmer die Leistung verweigern, wenn auch der ausführende Bauunternehmer für den Mangel haftet und der Besteller dem bauausführenden Unternehmer noch nicht erfolglos eine angemessene Frist zur Nacherfüllung bestimmt hat.

Untertitel 3 - Bauträgervertrag

§ 650u BGB - Bauträgervertrag; anwendbare Vorschriften

(1) Ein Bauträgervertrag ist ein Vertrag, der die Errichtung oder den Umbau eines Hauses oder eines vergleichbaren Bauwerks zum Gegenstand hat und der zugleich die Verpflichtung des Unternehmers enthält, dem Besteller das Eigentum an dem Grundstück zu übertragen oder ein Erbbaurecht zu bestellen oder zu übertragen. Hinsichtlich der Errichtung oder des Umbaus finden die Vorschriften des Untertitels 1 Anwendung, soweit sich aus den nachfolgenden Vorschriften nichts anderes ergibt. Hinsichtlich des Anspruchs auf Übertragung des Eigentums an dem Grundstück oder auf Übertragung oder Bestellung des Erbbaurechts finden die Vorschriften über den Kauf Anwendung.

(2) Keine Anwendung finden die §§ 648, 648a, 650b bis 650e, 650k Absatz 1 sowie die §§ 650l und 650m Absatz 1.

§ 650v BGB - Abschlagszahlungen

Der Unternehmer kann von dem Besteller Abschlagszahlungen nur verlangen, soweit sie gemäß einer Verordnung auf Grund von Artikel 244 des Einführungsgesetzes zum Bürgerlichen Gesetzbuche vereinbart sind.

Titel 12: Auftrag, Geschäftsbesorgungsvertrag

§ 670 BGB - Ersatz von Aufwendungen

Macht der Beauftragte zum Zwecke der Ausführung des Auftrags Aufwendungen, die er den Umständen nach für erforderlich halten darf, so ist der Auftraggeber zum Ersatz verpflichtet.

§ 675 BGB - Entgeltliche Geschäftsbesorgung

(1) Auf einen Dienstvertrag oder einen Werkvertrag, der eine Geschäftsbesorgung zum Gegenstand hat, finden, soweit in diesem Untertitel nichts Abweichendes bestimmt wird, die Vorschriften der §§ 663, 665 bis 670, 672 bis 674 und, wenn dem Verpflichteten das Recht zusteht, ohne Einhaltung einer Kündigungsfrist zu kündigen, auch die Vorschrift des § 671 Abs.2 entsprechende Anwendung.

(2) Wer einem anderen einen Rat oder eine Empfehlung erteilt, ist, unbeschadet der sich aus einem Vertragsverhältnis, einer unerlaubten Handlung oder einer sonstigen gesetzlichen Bestimmung ergebenden Verantwortlichkeit, zum Ersatz des aus der Befolgung des Rates oder der Empfehlung entstehenden Schadens nicht verpflichtet.

Titel 13: Geschäftsführung ohne Auftrag

§ 677 BGB - Pflichten des Geschäftsführers

Wer ein Geschäft für einen anderen besorgt, ohne von ihm beauftragt oder ihm gegenüber sonst dazu berechtigt zu sein, hat das Geschäft so zu führen, wie das Interesse des Geschäftsherrn mit Rücksicht auf dessen wirklichen oder mutmaßlichen Willen es erfordert.

§ 678 BGB - Geschäftsführung gegen den Willen des Geschäftsherrn

Steht die Übernahme der Geschäftsführung mit dem wirklichen oder dem mutmaßlichen Willen des Geschäftsherrn in Widerspruch und musste der Geschäftsführer dies erkennen, so ist er dem Geschäftsherrn zum Ersatz des aus der Geschäftsführung entstehenden Schadens auch dann verpflichtet, wenn ihm ein sonstiges Verschulden nicht zur Last fällt.

§ 683 BGB - Ersatz von Aufwendungen

Entspricht die Übernahme der Geschäftsführung dem Interesse und dem wirklichen oder dem mutmaßlichen Willen des Geschäftsherrn, so kann der Geschäftsführer wie ein Beauftragter Ersatz seiner Aufwendungen verlangen. In den Fällen des § 679 steht dieser Anspruch dem Geschäftsführer zu, auch wenn die Übernahme der Geschäftsführung mit dem Willen des Geschäftsherrn in Widerspruch steht.

Titel 16: Gesellschaft (§§ 705 – 740 BGB)

§ 705 BGB - Inhalt des Gesellschaftsvertrags

Durch den Gesellschaftsvertrag verpflichten sich die Gesellschafter gegenseitig, die Erreichung eines gemeinsamen Zweckes in der durch den Vertrag bestimmten Weise zu fördern, insbesondere die vereinbarten Beiträge zu leisten.

Titel 20: Bürgschaft

§ 765 BGB - Vertragstypische Pflichten bei der Bürgschaft

(1) Durch den Bürgschaftsvertrag verpflichtet sich der Bürge gegenüber dem Gläubiger eines Dritten, für die Erfüllung der Verbindlichkeit des Dritten einzustehen.

(2) Die Bürgschaft kann auch für eine künftige oder eine bedingte Verbindlichkeit übernommen werden.

§ 766 BGB - Schriftform der Bürgschaftserklärung

Zur Gültigkeit des Bürgschaftsvertrags ist schriftliche Erteilung der Bürgschaftserklärung erforderlich. Die Erteilung der Bürgschaftserklärung in elektronischer Form ist ausgeschlossen. Soweit der Bürge die Hauptverbindlichkeit erfüllt, wird der Mangel der Form geheilt.

§ 767 BGB - Umfang der Bürgschaftsschuld

(1) Für die Verpflichtung des Bürgen ist der jeweilige Bestand der Hauptverbindlichkeit maßgebend. Dies gilt insbesondere auch, wenn die Hauptverbindlichkeit durch Verschulden oder Verzug des Hauptschuldners geändert wird. Durch ein Rechtsgeschäft, das der Hauptschuldner nach der Übernahme der Bürgschaft vornimmt, wird die Verpflichtung des Bürgen nicht erweitert.

(2) Der Bürge haftet für die dem Gläubiger von dem Hauptschuldner zu ersetzenden Kosten der Kündigung und der Rechtsverfolgung.

§ 768 BGB - Einreden des Bürgen

(1) Der Bürge kann die dem Hauptschuldner zustehenden Einreden geltend machen. Stirbt der Hauptschuldner, so kann sich der Bürge nicht darauf berufen, dass der Erbe für die Verbindlichkeit nur beschränkt haftet.

(2) Der Bürge verliert eine Einrede nicht dadurch, dass der Hauptschuldner auf sie verzichtet.

§ 769 BGB - Mitbürgschaft

Verbürgen sich mehrere für dieselbe Verbindlichkeit, so haften sie als Gesamtschuldner, auch wenn sie die Bürgschaft nicht gemeinschaftlich übernehmen.

§ 770 BGB - Einreden der Anfechtbarkeit und der Aufrechenbarkeit

(1) Der Bürge kann die Befriedigung des Gläubigers verweigern, solange dem Hauptschuldner das Recht zusteht, das seiner Verbindlichkeit zugrunde liegende Rechtsgeschäft anzufechten.

(2) Die gleiche Befugnis hat der Bürge, solange sich der Gläubiger durch Aufrechnung gegen eine fällige Forderung des Hauptschuldners befriedigen kann.

§ 771 BGB - Einrede der Vorausklage

Der Bürge kann die Befriedigung des Gläubigers verweigern, solange nicht der Gläubiger eine Zwangsvollstreckung gegen den Hauptschuldner ohne Erfolg versucht hat (Einrede der Vorausklage). Erhebt der Bürge die Einrede der Vorausklage, ist die Verjährung des Anspruchs des Gläubigers gegen den Bürgen gehemmt, bis der Gläubiger eine Zwangsvollstreckung gegen den Hauptschuldner ohne Erfolg versucht hat.

§ 773 BGB - Ausschluss der Einrede der Vorausklage

(1) Die Einrede der Vorausklage ist ausgeschlossen:
   1. wenn der Bürge auf die Einrede verzichtet, insbesondere wenn er sich als Selbstschuldner verbürgt hat,
   2. wenn die Rechtsverfolgung gegen den Hauptschuldner infolge einer nach der Übernahme der Bürgschaft eingetretenen Änderung des Wohnsitzes, der gewerblichen Niederlassung oder des Aufenthaltsorts des Hauptschuldners wesentlich erschwert ist,
   3. wenn über das Vermögen des Hauptschuldners das Insolvenzverfahren eröffnet ist,
   4. wenn anzunehmen ist, dass die Zwangsvollstreckung in das Vermögen des Hauptschuldners nicht zur Befriedigung des Gläubigers führen wird.

(2) In den Fällen der Nummern 3, 4 ist die Einrede insoweit zulässig, als sich der Gläubiger aus einer beweglichen Sache des Hauptschuldners befriedigen kann, an der er ein Pfandrecht oder ein Zurückbehaltungsrecht hat; die Vorschrift des § 772 Abs.2 Satz 2 findet Anwendung.

§ 774 BGB - Gesetzlicher Forderungsübergang

(1) Soweit der Bürge den Gläubiger befriedigt, geht die Forderung des Gläubigers gegen den Hauptschuldner auf ihn über. Der Übergang kann nicht zum Nachteil des Gläubigers geltend gemacht werden. Einwendungen des Hauptschuldners aus einem zwischen ihm und dem Bürgen bestehenden Rechtsverhältnis bleiben unberührt.

(2) Mitbürgen haften einander nur nach § 426 BGB.

§ 775 BGB - Anspruch des Bürgen auf Befreiung

(1) Hat sich der Bürge im Auftrag des Hauptschuldners verbürgt oder stehen ihm nach den Vorschriften über die Geschäftsführung ohne Auftrag wegen der Übernahme der Bürgschaft die Rechte eines Beauftragten gegen den Hauptschuldner zu, so kann er von diesem Befreiung von der Bürgschaft verlangen:

1. wenn sich die Vermögensverhältnisse des Hauptschuldners wesentlich verschlechtert haben,
2. wenn die Rechtsverfolgung gegen den Hauptschuldner infolge einer nach der Übernahme der Bürgschaft eingetretenen Änderung des Wohnsitzes, der gewerblichen Niederlassung oder des Aufenthaltsorts des Hauptschuldners wesentlich erschwert ist,
3. wenn der Hauptschuldner mit der Erfüllung seiner Verbindlichkeit im Verzug ist,
4. wenn der Gläubiger gegen den Bürgen ein vollstreckbares Urteil auf Erfüllung erwirkt hat.

(2) Ist die Hauptverbindlichkeit noch nicht fällig, so kann der Hauptschuldner dem Bürgen, statt ihn zu befreien, Sicherheit leisten.

§ 779 BGB - Begriff des Vergleichs, Irrtum über die Vergleichsgrundlage

(1) Ein Vertrag, durch den der Streit oder die Ungewissheit der Parteien über ein Rechtsverhältnis im Wege gegenseitigen Nachgebens beseitigt wird (Vergleich), ist unwirksam, wenn der nach dem Inhalt des Vertrags als feststehend zugrunde gelegte Sachverhalt der Wirklichkeit nicht entspricht und der Streit oder die Ungewissheit bei Kenntnis der Sachlage nicht entstanden sein würde.

(2) Der Ungewissheit über ein Rechtsverhältnis steht es gleich, wenn die Verwirklichung eines Anspruchs unsicher ist.

§ 780 BGB - Schuldversprechen

Zur Gültigkeit eines Vertrags, durch den eine Leistung in der Weise versprochen wird, dass das Versprechen die Verpflichtung selbständig begründen soll (Schuldversprechen), ist, soweit nicht eine andere Form vorgeschrieben ist, schriftliche Erteilung des Versprechens erforderlich. Die Erteilung des Versprechens in elektronischer Form ist ausgeschlossen.

§ 781 BGB - Schuldanerkenntnis

Zur Gültigkeit eines Vertrags, durch den das Bestehen eines Schuldverhältnisses anerkannt wird (Schuldanerkenntnis), ist schriftliche Erteilung der Anerkennungserklärung erforderlich. Die Erteilung der Anerkennungserklärung in elektronischer Form ist ausgeschlossen. Ist für die Begründung des Schuldverhältnisses, dessen Bestehen anerkannt wird, eine andere Form vorgeschrieben, so bedarf der Anerkennungsvertrag dieser Form.

§ 782 BGB - Formfreiheit bei Vergleich

Wird ein Schuldversprechen oder ein Schuldanerkenntnis auf Grund einer Abrechnung oder im Wege des Vergleichs erteilt, so ist die Beobachtung der in den §§ 780, 781 vorgeschriebenen schriftlichen Form nicht erforderlich.

Titel 26: Ungerechtfertigte Bereicherung

§ 812 BGB - Grundsatz

(1) Wer durch die Leistung eines anderen oder in sonstiger Weise auf dessen Kosten etwas ohne rechtlichen Grund erlangt, ist ihm zur Herausgabe verpflichtet. Diese Verpflichtung besteht auch dann, wenn der rechtliche Grund später wegfällt oder der mit einer Leistung nach dem Inhalt des Rechtsgeschäfts bezweckte Erfolg nicht eintritt.

(2) Als Leistung gilt auch die durch Vertrag erfolgte Anerkennung des Bestehens oder des Nichtbestehens eines Schuldverhältnisses.

Titel 27: Unerlaubte Handlungen

§ 823 BGB - Schadensersatzpflicht

(1) Wer vorsätzlich oder fahrlässig das Leben, den Körper, die Gesundheit, die Freiheit, das Eigentum oder ein sonstiges Recht eines anderen widerrechtlich verletzt, ist dem anderen zum Ersatz des daraus entstehenden Schadens verpflichtet.

(2) Die gleiche Verpflichtung trifft denjenigen, welcher gegen ein den Schutz eines anderen bezweckendes Gesetz verstößt. Ist nach dem Inhalt des Gesetzes ein Verstoß gegen dieses auch ohne Verschulden möglich, so tritt die Ersatzpflicht nur im Falle des Verschuldens ein.

§ 824 BGB - Kreditgefährdung

(1) Wer der Wahrheit zuwider eine Tatsache behauptet oder verbreitet, die geeignet ist, den Kredit eines anderen zu gefährden oder sonstige Nachteile für dessen Erwerb oder Fortkommen herbeizuführen, hat dem anderen den daraus entstehenden Schaden auch dann zu ersetzen, wenn er die Unwahrheit zwar nicht kennt, aber kennen muss.

(2) Durch eine Mitteilung, deren Unwahrheit dem Mitteilenden unbekannt ist, wird dieser nicht zum Schadensersatz verpflichtet, wenn er oder der Empfänger der Mitteilung an ihr ein berechtigtes Interesse hat.

§ 826 BGB - Sittenwidrige vorsätzliche Schädigung

Wer in einer gegen die guten Sitten verstoßenden Weise einem anderen vorsätzlich Schaden zufügt, ist dem anderen zum Ersatz des Schadens verpflichtet.

§ 830 BGB - Mittäter und Beteiligte

(1) Haben mehrere durch eine gemeinschaftlich begangene unerlaubte Handlung einen Schaden verursacht, so ist jeder für den Schaden verantwortlich. Das Gleiche gilt, wenn sich nicht ermitteln lässt, wer von mehreren Beteiligten den Schaden durch seine Handlung verursacht hat.

(2) Anstifter und Gehilfen stehen Mittätern gleich.

§ 831 BGB - Haftung für den Verrichtungsgehilfen

(1) Wer einen anderen zu einer Verrichtung bestellt, ist zum Ersatz des Schadens verpflichtet, den der andere in Ausführung der Verrichtung einem Dritten widerrechtlich zufügt. Die Ersatzpflicht tritt nicht ein, wenn der Geschäftsherr bei der Auswahl der bestellten Person und, sofern er Vorrichtungen oder Gerätschaften zu beschaffen oder die Ausführung der Verrichtung zu leiten hat, bei der Beschaffung oder der Leitung die im Verkehr erforderliche Sorgfalt beobachtet oder wenn der Schaden auch bei Anwendung dieser Sorgfalt entstanden sein würde.

(2) Die gleiche Verantwortlichkeit trifft denjenigen, welcher für den Geschäftsherrn die Besorgung eines der im Absatz 1 Satz 2 bezeichneten Geschäfte durch Vertrag übernimmt.

§ 832 BGB - Haftung des Aufsichtspflichtigen

(1) Wer kraft Gesetzes zur Führung der Aufsicht über eine Person verpflichtet ist, die wegen Minderjährigkeit oder wegen ihres geistigen oder körperlichen Zustands der Beaufsichtigung bedarf, ist zum Ersatz des Schadens verpflichtet, den diese Person einem Dritten widerrechtlich zufügt. Die Ersatzpflicht tritt nicht ein, wenn er seiner Aufsichtspflicht genügt oder wenn der Schaden auch bei gehöriger Aufsichtsführung entstanden sein würde.

(2) Die gleiche Verantwortlichkeit trifft denjenigen, welcher die Führung der Aufsicht durch Vertrag übernimmt.

§ 840 BGB - Haftung mehrerer

(1) Sind für den aus einer unerlaubten Handlung entstehenden Schaden mehrere nebeneinander verantwortlich, so haften sie als Gesamtschuldner.

(2) Ist neben demjenigen, welcher nach den §§ 831, 832 zum Ersatz des von einem anderen verursachten Schadens verpflichtet ist, auch der andere für den Schaden verantwortlich, so ist in ihrem Verhältnis zueinander der andere allein, im Falle des § 829 der Aufsichtspflichtige allein verpflichtet.

(3) Ist neben demjenigen, welcher nach den §§ 833 bis 838 zum Ersatz des Schadens verpflichtet ist, ein Dritter für den Schaden verantwortlich, so ist in ihrem Verhältnis zueinander der Dritte allein verpflichtet.

Untertitel 3 - Verbindung, Vermischung, Verarbeitung

§ 946 BGB - Verbindung mit einem Grundstück

Wird eine bewegliche Sache mit einem Grundstück dergestalt verbunden, dass sie wesentlicher Bestandteil des Grundstücks wird, so erstreckt sich das Eigentum an dem Grundstück auf diese Sache.

§ 947 BGB - Verbindung mit beweglichen Sachen

(1) Werden bewegliche Sachen miteinander dergestalt verbunden, dass sie wesentliche Bestandteile einer einheitlichen Sache werden, so werden die bisherigen Eigentümer Miteigentümer dieser Sache; die Anteile bestimmen sich nach dem Verhältnis des Wertes, den die Sachen zur Zeit der Verbindung haben.

(2) Ist eine der Sachen als die Hauptsache anzusehen, so erwirbt ihr Eigentümer das Alleineigentum.

§ 948 BGB - Vermischung

(1) Werden bewegliche Sachen miteinander untrennbar vermischt oder vermengt, so findet die Vorschrift des § 947 entsprechende Anwendung.

(2) Der Untrennbarkeit steht es gleich, wenn die Trennung der vermischten oder vermengten Sachen mit unverhältnismäßigen Kosten verbunden sein würde.

§ 951 BGB - Entschädigung für Rechtsverlust

(1) Wer infolge der Vorschriften der §§ 946 bis 950 einen Rechtsverlust erleidet, kann von demjenigen, zu dessen Gunsten die Rechtsänderung eintritt, Vergütung in Geld nach den Vorschriften über die Herausgabe einer ungerechtfertigten Bereicherung fordern. Die Wiederherstellung des früheren Zustands kann nicht verlangt werden.

(2) Die Vorschriften über die Verpflichtung zum Schadensersatz wegen unerlaubter Handlungen sowie die Vorschriften über den Ersatz von Verwendungen und über das Recht zur Wegnahme einer Einrichtung bleiben unberührt. In den Fällen der §§ 946, 947 ist die Wegnahme nach den für das Wegnahmerecht des Besitzers gegenüber dem Eigentümer geltenden Vorschriften auch dann zulässig, wenn die Verbindung nicht von dem Besitzer der Hauptsache bewirkt worden ist.

Vergabe- und Vertragsordnung für Bauleistungen, Teil B (VOB/B)

Allgemeine Vertragsbedingungen für die Ausführung von Bauleistungen (VOB/B), in der Fassung 2016, in Anwendung seit dem 18.4.2016 gem. § 2 Vergabeverordnung (Art. 1 der Verordnung vom 12.4.2016, BGBl. I S. 624) i.V.m. § 8a Abs. 1 VOB/A, 2016.

§ 1 VOB/B - Art und Umfang der Leistung

(1) Die auszuführende Leistung wird nach Art und Umfang durch den Vertrag bestimmt. Als Bestandteil des Vertrages gelten auch die Allgemeinen Technischen Vertragsbedingungen für Bauleistungen (VOB/C).

(2) Bei Widersprüchen im Vertrag gelten nacheinander:

1. die Leistungsbeschreibung,

2. die Besonderen Vertragsbedingungen,

3. etwaige Zusätzliche Vertragsbedingungen,

4. etwaige Zusätzliche Technische Vertragsbedingungen,

5. die Allgemeinen Technischen Vertragsbedingungen für Bauleistungen,

6. die Allgemeinen Vertragsbedingungen für die Ausführung von Bauleistungen.

(3) Änderungen des Bauentwurfs anzuordnen, bleibt dem Auftraggeber vorbehalten.

(4) Nicht vereinbarte Leistungen, die zur Ausführung der vertraglichen Leistung erforderlich werden, hat der Auftragnehmer auf Verlangen des Auftraggebers mit auszuführen, außer wenn sein Betrieb auf derartige Leistungen nicht eingerichtet ist. Andere Leistungen können dem Auftragnehmer nur mit seiner Zustimmung übertragen werden.

§ 2 VOB/B - Vergütung

(1) Durch die vereinbarten Preise werden alle Leistungen abgegolten, die nach der Leistungsbeschreibung, den Besonderen Vertragsbedingungen, den Zusätzlichen Vertragsbedingungen, den Zusätzlichen Technischen Vertragsbedingungen, den Allgemeinen Technischen Vertragsbedingungen für Bauleistungen und der gewerblichen Verkehrssitte zur vertraglichen Leistung gehören.

(2) Die Vergütung wird nach den vertraglichen Einheitspreisen und den tatsächlich ausgeführten Leistungen berechnet, wenn keine andere Berechnungsart (z.B. durch Pauschalsumme, nach Stundenlohnsätzen, nach Selbstkosten) vereinbart ist.

(3) 1. Weicht die ausgeführte Menge der unter einem Einheitspreis erfassten Leistung oder Teilleistung um nicht mehr als 10 v.H. von dem im Vertrag vorgesehenen Umfang ab, so gilt der vertragliche Einheitspreis.

2. Für die über 10 v.H. hinausgehende Überschreitung des Mengenansatzes ist auf Verlangen ein neuer Preis unter Berücksichtigung der Mehr- oder Minderkosten zu vereinbaren.

3. Bei einer über 10 v.H. hinausgehenden Unterschreitung des Mengenansatzes ist auf Verlangen der Einheitspreis für die tatsächlich ausgeführte Menge der Leistung oder Teilleistung zu erhöhen, soweit der Auftragnehmer nicht durch Erhöhung der Mengen bei anderen Ordnungszahlen (Positionen) oder in anderer Weise einen Ausgleich erhält. Die Erhöhung des Einheitspreises soll im Wesentlichen dem Mehrbetrag entsprechen, der sich durch Verteilung der Baustelleneinrichtungs- und Baustellengemeinkosten und der Allgemeinen Geschäftskosten auf die verringerte Menge ergibt. Die Umsatzsteuer wird entsprechend dem neuen Preis vergütet.

4. Sind von der unter einem Einheitspreis erfassten Leistung oder Teilleistung andere Leistungen abhängig, für die eine Pauschalsumme vereinbart ist, so kann mit der Änderung des Einheitspreises auch eine angemessene Änderung der Pauschalsumme gefordert werden.

(4) Werden im Vertrag ausbedungene Leistungen des Auftragnehmers vom Auftraggeber selbst übernommen (z.B. Lieferung von Bau-, Bauhilfs- und Betriebsstoffen), so gilt, wenn nichts anderes vereinbart wird, § 8 Absatz 1 Nummer 2 entsprechend.

(5) Werden durch Änderung des Bauentwurfs oder andere Anordnungen des Auftraggebers die Grundlagen des Preises für eine im Vertrag vorgesehene Leistung geändert, so ist ein neuer Preis unter Berücksichtigung der Mehr- oder Minderkosten zu vereinbaren. Die Vereinbarung soll vor der Ausführung getroffen werden.

(6) 1. Wird eine im Vertrag nicht vorgesehene Leistung gefordert, so hat der Auftragnehmer Anspruch auf besondere Vergütung. Er muss jedoch den Anspruch dem Auftraggeber ankündigen, bevor er mit der Ausführung der Leistung beginnt.

2. Die Vergütung bestimmt sich nach den Grundlagen der Preisermittlung für die vertragliche Leistung und den besonderen Kosten der geforderten Leistung. Sie ist möglichst vor Beginn der Ausführung zu vereinbaren.

(7) 1. Ist als Vergütung der Leistung eine Pauschalsumme vereinbart, so bleibt die Vergütung unverändert. Weicht jedoch die ausgeführte Leistung von der vertraglich vorgesehenen Leistung

so erheblich ab, dass ein Festhalten an der Pauschalsumme nicht zumutbar ist (§ 313 BGB), so ist auf Verlangen ein Ausgleich unter Berücksichtigung der Mehr- oder Minderkosten zu gewähren. Für die Bemessung des Ausgleichs ist von den Grundlagen der Preisermittlung auszugehen.

2. Die Regelungen der Absätze 4, 5 und 6 gelten auch bei Vereinbarung einer Pauschalsumme.

3. Wenn nichts anderes vereinbart ist, gelten die Nummern 1 und 2 auch für Pauschalsummen, die für Teile der Leistung vereinbart sind; Absatz 3 Nummer 4 bleibt unberührt.

(8) 1. Leistungen, die der Auftragnehmer ohne Auftrag oder unter eigenmächtiger Abweichung vom Vertrag ausführt, werden nicht vergütet. Der Auftragnehmer hat sie auf Verlangen innerhalb einer angemessenen Frist zu beseitigen; sonst kann es auf seine Kosten geschehen. Er haftet außerdem für andere Schäden, die dem Auftraggeber hieraus entstehen.

2. Eine Vergütung steht dem Auftragnehmer jedoch zu, wenn der Auftraggeber solche Leistungen nachträglich anerkennt. Eine Vergütung steht ihm auch zu, wenn die Leistungen für die Erfüllung des Vertrages notwendig waren, dem mutmaßlichen Willen des Auftraggebers entsprachen und ihm unverzüglich angezeigt wurden. Soweit dem Auftragnehmer eine Vergütung zusteht, gelten die Berechnungsgrundlagen für geänderte oder zusätzliche Leistungen der Absätze 5 und 6 entsprechend.

3. Die Vorschriften des BGB über die Geschäftsführung ohne Auftrag (§§ 677 ff. BGB) bleiben unberührt.

(9) 1. Verlangt der Auftraggeber Zeichnungen, Berechnungen oder andere Unterlagen, die der Auftragnehmer nach dem Vertrag, besonders den Technischen Vertragsbedingungen oder der gewerblichen Verkehrssitte, nicht zu beschaffen hat, so hat er sie zu vergüten.

2. Lässt er vom Auftragnehmer nicht aufgestellte technische Berechnungen durch den Auftragnehmer nachprüfen, so hat er die Kosten zu tragen.

(10) Stundenlohnarbeiten werden nur vergütet, wenn sie als solche vor ihrem Beginn ausdrücklich vereinbart worden sind (§ 15).

§ 3 VOB/B - Ausführungsunterlagen

(1) Die für die Ausführung nötigen Unterlagen sind dem Auftragnehmer unentgeltlich und rechtzeitig zu übergeben.

(2) Das Abstecken der Hauptachsen der baulichen Anlagen, ebenso der Grenzen des Geländes, das dem Auftragnehmer zur Verfügung gestellt wird, und das Schaffen der notwendigen Höhenfestpunkte in unmittelbarer Nähe der baulichen Anlagen sind Sache des Auftraggebers.

(3) Die vom Auftraggeber zur Verfügung gestellten Geländeaufnahmen und Absteckungen und die übrigen für die Ausführung übergebenen Unterlagen sind für den Auftragnehmer maßgebend. Jedoch hat er sie, soweit es zur ordnungsgemäßen Vertragserfüllung gehört, auf etwaige Unstimmigkeiten zu überprüfen und den Auftraggeber auf entdeckte oder vermutete Mängel hinzuweisen.

(4) Vor Beginn der Arbeiten ist, soweit notwendig, der Zustand der Straßen und Geländeoberfläche, der Vorfluter und Vorflutleitungen, ferner der baulichen Anlagen im Baubereich in einer Niederschrift festzuhalten, die vom Auftraggeber und Auftragnehmer anzuerkennen ist.

(5) Zeichnungen, Berechnungen, Nachprüfungen von Berechnungen oder andere Unterlagen, die der Auftragnehmer nach dem Vertrag, besonders den Technischen Vertragsbedingungen, oder der gewerblichen Verkehrssitte oder auf besonderes Verlangen des Auftraggebers (§ 2 Absatz 9) zu beschaffen hat, sind dem Auftraggeber nach Aufforderung rechtzeitig vorzulegen.

(6) 1. Die in Absatz 5 genannten Unterlagen dürfen ohne Genehmigung ihres Urhebers nicht veröffentlicht, vervielfältigt, geändert oder für einen anderen als den vereinbarten Zweck benutzt werden.

2. An DV-Programmen hat der Auftraggeber das Recht zur Nutzung mit den vereinbarten Leistungsmerkmalen in unveränderter Form auf den festgelegten Geräten. Der Auftraggeber darf zum Zwecke der Datensicherung zwei Kopien herstellen. Diese müssen alle Identifikationsmerkmale enthalten. Der Verbleib der Kopien ist auf Verlangen nachzuweisen.

3. Der Auftragnehmer bleibt unbeschadet des Nutzungsrechts des Auftraggebers zur Nutzung der Unterlagen und der DV-Programme berechtigt.

§ 4 VOB/B - Ausführung

(1) 1. Der Auftraggeber hat für die Aufrechterhaltung der allgemeinen Ordnung auf der Baustelle zu sorgen und das Zusammenwirken der verschiedenen Unternehmer zu regeln. Er hat die erforderlichen öffentlich-rechtlichen Genehmigungen und Erlaubnisse - z.B. nach dem Baurecht, dem Straßenverkehrsrecht, dem Wasserrecht, dem Gewerberecht - herbeizuführen.

2. Der Auftraggeber hat das Recht, die vertragsgemäße Ausführung der Leistung zu überwachen. Hierzu hat er Zutritt zu den Arbeitsplätzen, Werkstätten und Lagerräumen, wo die vertragliche Leistung oder Teile von ihr hergestellt oder die hierfür bestimmten Stoffe und Bauteile gelagert werden. Auf Verlangen sind ihm die Werkzeichnungen oder andere Ausführungsunterlagen sowie die Ergebnisse von Güteprüfungen zur Einsicht vorzulegen und die erforderlichen Auskünfte zu erteilen, wenn hierdurch keine Geschäftsgeheimnisse preisgegeben werden. Als

Geschäftsgeheimnis bezeichnete Auskünfte und Unterlagen hat er vertraulich zu behandeln.

3. Der Auftraggeber ist befugt, unter Wahrung der dem Auftragnehmer zustehenden Leistung (Absatz 2) Anordnungen zu treffen, die zur vertragsgemäßen Ausführung der Leistung notwendig sind. Die Anordnungen sind grundsätzlich nur dem Auftragnehmer oder seinem für die Leitung der Ausführung bestellten Vertreter zu erteilen, außer wenn Gefahr im Verzug ist. Dem Auftraggeber ist mitzuteilen, wer jeweils als Vertreter des Auftragnehmers für die Leitung der Ausführung bestellt ist.

4. Hält der Auftragnehmer die Anordnungen des Auftraggebers für unberechtigt oder unzweckmäßig, so hat er seine Bedenken geltend zu machen, die Anordnungen jedoch auf Verlangen auszuführen, wenn nicht gesetzliche oder behördliche Bestimmungen entgegenstehen. Wenn dadurch eine ungerechtfertigte Erschwerung verursacht wird, hat der Auftraggeber die Mehrkosten zu tragen.

(2) 1. Der Auftragnehmer hat die Leistung unter eigener Verantwortung nach dem Vertrag auszuführen. Dabei hat er die anerkannten Regeln der Technik und die gesetzlichen und behördlichen Bestimmungen zu beachten. Es ist seine Sache, die Ausführung seiner vertraglichen Leistung zu leiten und für Ordnung auf seiner Arbeitsstelle zu sorgen.

2. Er ist für die Erfüllung der gesetzlichen, behördlichen und berufsgenossenschaftlichen Verpflichtungen gegenüber seinen Arbeitnehmern allein verantwortlich. Es ist ausschließlich seine Aufgabe, die Vereinbarungen und Maßnahmen zu treffen, die sein Verhältnis zu den Arbeitnehmern regeln.

(3) Hat der Auftragnehmer Bedenken gegen die vorgesehene Art der Ausführung (auch wegen der Sicherung gegen Unfallgefahren), gegen die Güte der vom Auftraggeber gelieferten Stoffe oder Bauteile oder gegen die Leistungen anderer Unternehmer, so hat er sie dem Auftraggeber unverzüglich - möglichst schon vor Beginn der Arbeiten – schriftlich mitzuteilen; der Auftraggeber bleibt jedoch für seine Angaben, Anordnungen oder Lieferungen verantwortlich.

(4) Der Auftraggeber hat, wenn nichts anderes vereinbart ist, dem Auftragnehmer unentgeltlich zur Benutzung oder Mitbenutzung zu überlassen:

1. die notwendigen Lager- und Arbeitsplätze auf der Baustelle,

2. vorhandene Zufahrtswege und Anschlussgleise,

3. vorhandene Anschlüsse für Wasser und Energie. Die Kosten für den Verbrauch und den Messer oder Zähler trägt der Auftragnehmer, mehrere Auftragnehmer tragen sie anteilig.

(5) Der Auftragnehmer hat die von ihm ausgeführten Leistungen und die ihm für die Ausführung übergebenen Gegenstände bis zur Abnahme vor Beschädigung und Diebstahl zu schützen. Auf

Verlangen des Auftraggebers hat er sie vor Winterschäden und Grundwasser zu schützen, ferner Schnee und Eis zu beseitigen. Obliegt ihm die Verpflichtung nach Satz 2 nicht schon nach dem Vertrag, so regelt sich die Vergütung nach § 2 Absatz 6.

(6) Stoffe oder Bauteile, die dem Vertrag oder den Proben nicht entsprechen, sind auf Anordnung des Auftraggebers innerhalb einer von ihm bestimmten Frist von der Baustelle zu entfernen. Geschieht es nicht, so können sie auf Kosten des Auftragnehmers entfernt oder für seine Rechnung veräußert werden.

(7) Leistungen, die schon während der Ausführung als mangelhaft oder vertragswidrig erkannt werden, hat der Auftragnehmer auf eigene Kosten durch mangelfreie zu ersetzen. Hat der Auftragnehmer den Mangel oder die Vertragswidrigkeit zu vertreten, so hat er auch den daraus entstehenden Schaden zu ersetzen. Kommt der Auftragnehmer der Pflicht zur Beseitigung des Mangels nicht nach, so kann ihm der Auftraggeber eine angemessene Frist zur Beseitigung des Mangels setzen und erklären, dass er ihm nach fruchtlosem Ablauf der Frist den Auftrag kündige (§ 8 Absatz 3).

(8) 1. Der Auftragnehmer hat die Leistung im eigenen Betrieb auszuführen. Mit schriftlicher Zustimmung des Auftraggebers darf er sie an Nachunternehmer übertragen. Die Zustimmung ist nicht notwendig bei Leistungen, auf die der Betrieb des Auftragnehmers nicht eingerichtet ist. Erbringt der Auftragnehmer ohne schriftliche Zustimmung des Auftraggebers Leistungen nicht im eigenen Betrieb, obwohl sein Betrieb darauf eingerichtet ist, kann der Auftraggeber ihm eine angemessene Frist zur Aufnahme der Leistung im eigenen Betrieb setzen und erklären, dass er ihm nach fruchtlosem Ablauf der Frist den Vertrag kündigen werde (§ 8 Absatz 3).

2. Der Auftragnehmer hat bei der Weitervergabe von Bauleistungen an Nachunter-nehmer die Vergabe- und Vertragsordnung für Bauleistungen Teile B und C zugrunde zu legen.

3. Der Auftragnehmer hat dem Auftraggeber die Nachunternehmer und deren Nachunternehmer ohne Aufforderung spätestens bis zum Leistungsbeginn des Nachunternehmers mit Namen, gesetzlichen Vertretern und Kontaktdaten bekannt zu geben. Auf Verlangen des Auftraggebers hat der Auftragnehmer für seine Nachunternehmer Erklärungen und Nachweise zur Eignung vorzulegen.

(9) Werden bei Ausführung der Leistung auf einem Grundstück Gegenstände von Altertums-, Kunst- oder wissenschaftlichem Wert entdeckt, so hat der Auftragnehmer vor jedem weiteren Aufdecken oder Ändern dem Auftraggeber den Fund anzuzeigen und ihm die Gegenstände nach näherer Weisung abzuliefern. Die Vergütung etwaiger Mehrkosten regelt sich nach § 2 Absatz 6. Die Rechte des Entdeckers (§ 984 BGB) hat der Auftraggeber.

(10) Der Zustand von Teilen der Leistung ist auf Verlangen gemeinsam von Auftraggeber und Auftragnehmer festzustellen, wenn diese Teile der Leistung durch die weitere Ausführung der Prüfung und Feststellung entzogen werden. Das Ergebnis ist schriftlich niederzulegen.

§ 5 VOB/B - Ausführungsfristen

(1) Die Ausführung ist nach den verbindlichen Fristen (Vertragsfristen) zu beginnen, angemessen zu fördern und zu vollenden. In einem Bauzeitenplan enthaltene Einzelfristen gelten nur dann als Vertragsfristen, wenn dies im Vertrag ausdrücklich vereinbart ist.

(2) Ist für den Beginn der Ausführung keine Frist vereinbart, so hat der Auftraggeber dem Auftragnehmer auf Verlangen Auskunft über den voraussichtlichen Beginn zu erteilen. Der Auftragnehmer hat innerhalb von 12 Werktagen nach Aufforderung zu beginnen. Der Beginn der Ausführung ist dem Auftraggeber anzuzeigen.

(3) Wenn Arbeitskräfte, Geräte, Gerüste, Stoffe oder Bauteile so unzureichend sind, dass die Ausführungsfristen offenbar nicht eingehalten werden können, muss der Auftragnehmer auf Verlangen unverzüglich Abhilfe schaffen.

(4) Verzögert der Auftragnehmer den Beginn der Ausführung, gerät er mit der Vollendung in Verzug oder kommt er der in Absatz 3 erwähnten Verpflichtung nicht nach, so kann der Auftraggeber bei Aufrechterhaltung des Vertrages Schadensersatz nach § 6 Absatz 6 verlangen oder dem Auftragnehmer eine angemessene Frist zur Vertragserfüllung setzen und erklären, dass er nach fruchtlosem Ablauf der Frist den Vertrag kündigen werde (§ 8 Absatz 3).

§ 6 VOB/B - Behinderung und Unterbrechung der Ausführung

(1) Glaubt sich der Auftragnehmer in der ordnungsgemäßen Ausführung der Leistung behindert, so hat er es dem Auftraggeber unverzüglich schriftlich anzuzeigen. Unterlässt er die Anzeige, so hat er nur dann Anspruch auf Berücksichtigung der hindernden Umstände, wenn dem Auftraggeber offenkundig die Tatsache und deren hindernde Wirkung bekannt waren.

(2) 1. Ausführungsfristen werden verlängert, soweit die Behinderung verursacht ist:

   a) durch einen Umstand aus dem Risikobereich des Auftraggebers,

   b) durch Streik oder eine von der Berufsvertretung der Arbeitgeber angeordnete Aussperrung im Betrieb des Auftragnehmers oder in einem unmittelbar für ihn arbeitenden Betrieb,

   c) durch höhere Gewalt oder andere für den Auftragnehmer unabwendbare Umstände.

2. Witterungseinflüsse während der Ausführungszeit, mit denen bei Abgabe des Angebots normalerweise gerechnet werden musste, gelten nicht als Behinderung.

(3) Der Auftragnehmer hat alles zu tun, was ihm billigerweise zugemutet werden kann, um die Weiterführung der Arbeiten zu ermöglichen. Sobald die hindernden Umstände wegfallen, hat er ohne weiteres und unverzüglich die Arbeiten wieder aufzunehmen und den Auftraggeber davon zu benachrichtigen.

(4) Die Fristverlängerung wird berechnet nach der Dauer der Behinderung mit einem Zuschlag für die Wiederaufnahme der Arbeiten und die etwaige Verschiebung in eine ungünstigere Jahreszeit.

(5) Wird die Ausführung für voraussichtlich längere Dauer unterbrochen, ohne dass die Leistung dauernd unmöglich wird, so sind die ausgeführten Leistungen nach den Vertragspreisen abzurechnen und außerdem die Kosten zu vergüten, die dem Auftragnehmer bereits entstanden und in den Vertragspreisen des nicht ausgeführten Teils der Leistung enthalten sind.

(6) Sind die hindernden Umstände von einem Vertragsteil zu vertreten, so hat der andere Teil Anspruch auf Ersatz des nachweislich entstandenen Schadens, des entgangenen Gewinns aber nur bei Vorsatz oder grober Fahrlässigkeit. Im Übrigen bleibt der Anspruch des Auftragnehmers auf angemessene Entschädigung nach § 642 BGB unberührt, sofern die Anzeige nach Absatz 1 Satz 1 erfolgt oder wenn Offenkundigkeit nach Absatz 1 Satz 2 gegeben ist.

(7) Dauert eine Unterbrechung länger als 3 Monate, so kann jeder Teil nach Ablauf dieser Zeit den Vertrag schriftlich kündigen. Die Abrechnung regelt sich nach den Absätzen 5 und 6; wenn der Auftragnehmer die Unterbrechung nicht zu vertreten hat, sind auch die Kosten der Baustellenräumung zu vergüten, soweit sie nicht in der Vergütung für die bereits ausgeführten Leistungen enthalten sind.

§ 7 VOB/B - Verteilung der Gefahr

(1) Wird die ganz oder teilweise ausgeführte Leistung vor der Abnahme durch höhere Gewalt, Krieg, Aufruhr oder andere objektiv unabwendbare vom Auftragnehmer nicht zu vertretende Umstände beschädigt oder zerstört, so hat dieser für die ausgeführten Teile der Leistung die Ansprüche nach § 6 Absatz 5; für andere Schäden besteht keine gegenseitige Ersatzpflicht.

(2) Zu der ganz oder teilweise ausgeführten Leistung gehören alle mit der baulichen Anlage unmittelbar verbundenen, in ihre Substanz eingegangenen Leistungen, un-abhängig von deren Fertigstellungsgrad.

(3) Zu der ganz oder teilweise ausgeführten Leistung gehören nicht die noch nicht eingebauten Stoffe und Bauteile sowie die Baustelleneinrichtung und Absteckungen. Zu der ganz oder teilweise ausgeführten Leistung gehören ebenfalls nicht Hilfs-

konstruktionen und Gerüste, auch wenn diese als Besondere Leistung oder selbständig vergeben sind.

§ 8 VOB/B - Kündigung durch den Auftraggeber

(1) 1. Der Auftraggeber kann bis zur Vollendung der Leistung jederzeit den Vertrag kündigen.

2. Dem Auftragnehmer steht die vereinbarte Vergütung zu. Er muss sich jedoch anrechnen lassen, was er infolge der Aufhebung des Vertrages an Kosten erspart oder durch anderweitige Verwendung seiner Arbeitskraft und seines Betriebes erwirbt oder zu erwerben böswillig unterlässt (§ 649 BGB).

(2) 1. Der Auftraggeber kann den Vertrag kündigen, wenn der Auftragnehmer seine Zahlungen einstellt, von ihm oder zulässigerweise vom Auftraggeber oder einem anderen Gläubiger das Insolvenzverfahren (§§ 14 und 15 InsO) beziehungsweise ein vergleichbares gesetzliches Verfahren beantragt ist, ein solches Verfahren eröffnet wird oder dessen Eröffnung mangels Masse abgelehnt wird.

2. Die ausgeführten Leistungen sind nach § 6 Absatz 5 abzurechnen. Der Auftraggeber kann Schadenersatz wegen Nichterfüllung des Restes verlangen.

(3) 1. Der Auftraggeber kann den Vertrag kündigen, wenn in den Fällen des § 4 Absätze 7 und 8 Nummer 1 und des § 5 Absatz 4 die gesetzte Frist fruchtlos abgelaufen ist. Die Kündigung des Auftrages kann auf einen in sich abgeschlossenen Teil der vertraglichen Leistung beschränkt werden.

2. Nach der Kündigung des Auftrages ist der Auftraggeber berechtigt, den noch nicht vollendeten Teil der Leistung zu Lasten des Auftragnehmers durch einen Dritten ausführen zu lassen, doch bleiben seine Ansprüche auf Ersatz des etwa entstehenden weiteren Schadens bestehen. Er ist auch berechtigt, auf die weitere Ausführung zu verzichten und Schadenersatz wegen Nichterfüllung zu verlangen, wenn die Ausführung aus den Gründen, die zur Entziehung des Auftrages geführt haben, für ihn kein Interesse mehr hat.

3. Für die Weiterführung der Arbeiten kann der Auftraggeber Geräte, Gerüste, auf der Baustelle vorhandene andere Einrichtungen und angelieferte Stoffe und Bauteile gegen angemessene Vergütung in Anspruch nehmen.

4. Der Auftraggeber hat dem Auftragnehmer eine Aufstellung über die entstandenen Mehrkosten und über seine anderen Ansprüche spätestens binnen 12 Werktagen nach Abrechnung mit dem Dritten zuzusenden.

(4) Der Auftraggeber kann den Vertrag kündigen,

1. wenn der Auftragnehmer aus Anlass der Vergabe eine Abrede getroffen hatte, die eine unzulässige Wettbewerbsbeschränkung darstellt. 2 Absatz 3 Nummer 1 Satz 2 und Nummer 2 bis 4 gilt entsprechend.

2. sofern dieser im Anwendungsbereich des 4. Teils des GWB geschlossen wurde,

a) wenn der Auftragnehmer wegen eines zwingenden Ausschlussgrundes zum Zeitpunkt des Zuschlags nicht hätte beauftragt werden dürfen. Absatz 3 Nummer 1 Satz 2 und Nummer 2 bis 4 gilt entsprechend.

b) bei wesentlicher Änderung des Vertrages oder bei Feststellung einer schweren Verletzung der Verträge über die Europäische Union und die Arbeitsweise der Europäischen Union durch den Europäischen Gerichtshof. Die ausgeführten Leistungen sind nach § 6 Absatz 5 abzurechnen. Etwaige Schadensersatzansprüche der Parteien bleiben unberührt.

Die Kündigung ist innerhalb von 12 Werktagen nach Bekanntwerden des Kündigungsgrundes auszusprechen.

(5) Sofern der Auftragnehmer die Leistung, ungeachtet des Anwendungsbereichs des 4. Teils des GWB, ganz oder teilweise an Nachunternehmer weitervergeben hat, steht auch ihm das Kündigungsrecht gemäß Absatz 4 Nummer 2 Buchstabe b zu, wenn der ihn als Auftragnehmer verpflichtende Vertrag (Hauptauftrag) gemäß Absatz 4 Nummer 2 Buchstabe b gekündigt wurde. Entsprechendes gilt für jeden Auftraggeber der Nachunternehmerkette, sofern sein jeweiliger Auftraggeber den Vertrag gemäß Satz 1 gekündigt hat.

(6) Die Kündigung ist schriftlich zu erklären.

(7) Der Auftragnehmer kann Aufmaß und Abnahme der von ihm ausgeführten Leistungen alsbald nach der Kündigung verlangen; er hat unverzüglich eine prüfbare Rechnung über die ausgeführten Leistungen vorzulegen.

(8) Eine wegen Verzugs verwirkte, nach Zeit bemessene Vertragsstrafe kann nur für die Zeit bis zum Tag der Kündigung des Vertrages gefordert werden.

§ 9 VOB/B - Kündigung durch den Auftragnehmer

(1) Der Auftragnehmer kann den Vertrag kündigen:

1. wenn der Auftraggeber eine ihm obliegende Handlung unterlässt und dadurch den Auftragnehmer außerstande setzt, die Leistung auszuführen (Annahmeverzug nach §§ 293 ff. BGB).

2. wenn der Auftraggeber eine fällige Zahlung nicht leistet oder sonst in Schuldnerverzug gerät.

(2) Die Kündigung ist schriftlich zu erklären. Sie ist erst zulässig, wenn der Auftragnehmer dem Auftraggeber ohne Erfolg eine angemessene Frist zur Vertragserfüllung gesetzt und erklärt hat, dass er nach fruchtlosem Ablauf der Frist den Vertrag kündigen werde.

(3) Die bisherigen Leistungen sind nach den Vertragspreisen abzurechnen. Außerdem hat der Auftragnehmer Anspruch auf angemessene Entschädigung nach § 642 BGB; etwaige weitergehende Ansprüche des Auftragnehmers bleiben unberührt.

§ 10 VOB/B - Haftung der Vertragsparteien

(1) Die Vertragsparteien haften einander für eigenes Verschulden sowie für das Verschulden ihrer gesetzlichen Vertreter und der Personen, deren sie sich zur Erfüllung ihrer Verbindlichkeiten bedienen (§§ 276, 278 BGB).

(2) 1. Entsteht einem Dritten im Zusammenhang mit der Leistung ein Schaden, für den auf Grund gesetzlicher Haftpflichtbestimmungen beide Vertragsparteien haften, so gelten für den Ausgleich zwischen den Vertragsparteien die allgemeinen gesetzlichen Bestimmungen, soweit im Einzelfall nichts anderes vereinbart ist. Soweit der Schaden des Dritten nur die Folge einer Maßnahme ist, die der Auftraggeber in dieser Form angeordnet hat, trägt er den Schaden allein, wenn ihn der Auftragnehmer auf die mit der angeordneten Ausführung verbundene Gefahr nach § 4 Absatz 3 hingewiesen hat.

2. Der Auftragnehmer trägt den Schaden allein, soweit er ihn durch Versicherung seiner gesetzlichen Haftpflicht gedeckt hat oder durch eine solche zu tarifmäßigen, nicht auf außergewöhnliche Verhältnisse abgestellten Prämien und Prämienzuschlägen bei einem im Inland zum Geschäftsbetrieb zugelassenen Versicherer hätte decken können.

(3) Ist der Auftragnehmer einem Dritten nach §§ 823 ff. BGB zu Schadenersatz verpflichtet wegen unbefugten Betretens oder Beschädigung angrenzender Grundstücke, wegen Entnahme oder Auflagerung von Boden oder anderen Gegenständen außerhalb der vom Auftraggeber dazu angewiesenen Flächen oder wegen der Folgen eigenmächtiger Versperrung von Wegen oder Wasserläufen, so trägt er im Verhältnis zum Auftraggeber den Schaden allein.

(4) Für die Verletzung gewerblicher Schutzrechte haftet im Verhältnis der Vertragsparteien zueinander der Auftragnehmer allein, wenn er selbst das geschützte Verfahren oder die Verwendung geschützter Gegenstände angeboten oder wenn der Auftraggeber die Verwendung vorgeschrieben und auf das Schutzrecht hingewiesen hat.

(5) Ist eine Vertragspartei gegenüber der anderen nach den Absätzen 2, 3 oder 4 von der Ausgleichspflicht befreit, so gilt diese Befreiung auch zugunsten ihrer gesetzlichen Vertreter und

Erfüllungsgehilfen, wenn sie nicht vorsätzlich oder grob fahrlässig gehandelt haben.

(6) Soweit eine Vertragspartei von dem Dritten für einen Schaden in Anspruch genommen wird, den nach den Absätzen 2, 3 oder 4 die andere Vertragspartei zu tragen hat, kann sie verlangen, dass ihre Vertragspartei sie von der Verbindlichkeit gegenüber dem Dritten befreit. Sie darf den Anspruch des Dritten nicht anerkennen oder befriedigen, ohne der anderen Vertragspartei vorher Gelegenheit zur Äußerung gegeben zu haben.

§ 11 VOB/B - Vertragsstrafe

(1) Wenn Vertragsstrafen vereinbart sind, gelten die §§ 339 bis 345 BGB.

(2) Ist die Vertragsstrafe für den Fall vereinbart, dass der Auftragnehmer nicht in der vorgesehenen Frist erfüllt, so wird sie fällig, wenn der Auftragnehmer in Verzug gerät.

(3) Ist die Vertragsstrafe nach Tagen bemessen, so zählen nur Werktage; ist sie nach Wochen bemessen, so wird jeder Werktag angefangener Wochen als 1/6 Woche gerechnet.

(4) Hat der Auftraggeber die Leistung abgenommen, so kann er die Strafe nur verlangen, wenn er dies bei der Abnahme vorbehalten hat.

§ 12 VOB/B - Abnahme

(1) Verlangt der Auftragnehmer nach der Fertigstellung - gegebenenfalls auch vor Ablauf der vereinbarten Ausführungsfrist - die Abnahme der Leistung, so hat sie der Auftraggeber binnen 12 Werktagen durchzuführen; eine andere Frist kann vereinbart werden.

(2) Auf Verlangen sind in sich abgeschlossene Teile der Leistung besonders abzunehmen.

(3) Wegen wesentlicher Mängel kann die Abnahme bis zur Beseitigung verweigert werden.

(4) 1. Eine förmliche Abnahme hat stattzufinden, wenn eine Vertragspartei es verlangt. Jede Partei kann auf ihre Kosten einen Sachverständigen zuziehen. Der Befund ist in gemeinsamer Verhandlung schriftlich niederzulegen. In die Niederschrift sind etwaige Vorbehalte wegen bekannter Mängel und wegen Vertragsstrafen aufzunehmen, ebenso etwaige Einwendungen des Auftragnehmers. Jede Partei erhält eine Ausfertigung.

2. Die förmliche Abnahme kann in Abwesenheit des Auftragnehmers stattfinden, wenn der Termin vereinbart war oder der Auftraggeber mit genügender Frist dazu eingeladen hatte. Das Ergebnis der Abnahme ist dem Auftragnehmer alsbald mitzuteilen.

(5) 1. Wird keine Abnahme verlangt, so gilt die Leistung als abgenommen mit Ablauf von 12 Werktagen nach schriftlicher Mitteilung über die Fertigstellung der Leistung.

2. Wird keine Abnahme verlangt und hat der Auftraggeber die Leistung oder einen Teil der Leistung in Benutzung genommen, so gilt die Abnahme nach Ablauf von 6 Werktagen nach Beginn der Benutzung als erfolgt, wenn nichts anderes vereinbart ist. Die Benutzung von Teilen einer baulichen Anlage zur Weiterführung der Arbeiten gilt nicht als Abnahme.

3. Vorbehalte wegen bekannter Mängel oder wegen Vertragsstrafen hat der Auftraggeber spätestens zu den in den Nummern 1 und 2 bezeichneten Zeitpunkten geltend zu machen.

(6) Mit der Abnahme geht die Gefahr auf den Auftraggeber über, soweit er sie nicht schon nach § 7 trägt.

§ 13 VOB/B - Mängelansprüche

(1) Der Auftragnehmer hat dem Auftraggeber seine Leistung zum Zeitpunkt der Abnahme frei von Sachmängeln zu verschaffen. Die Leistung ist zur Zeit der Abnahme frei von Sachmängeln, wenn sie die vereinbarte Beschaffenheit hat und den anerkannten Regeln der Technik entspricht. Ist die Beschaffenheit nicht vereinbart, so ist die Leistung zur Zeit der Abnahme frei von Sachmängeln,

1. wenn sie sich für die nach dem Vertrag vorausgesetzte,

sonst

2. für die gewöhnliche Verwendung eignet und eine Beschaffenheit aufweist, die bei Werken der gleichen Art üblich ist und die der Auftraggeber nach der Art der Leistung erwarten kann.

(2) Bei Leistungen nach Probe gelten die Eigenschaften der Probe als vereinbarte Beschaffenheit, soweit nicht Abweichungen nach der Verkehrssitte als bedeutungslos anzusehen sind. Dies gilt auch für Proben, die erst nach Vertragsabschluss als solche anerkannt sind.

(3) Ist ein Mangel zurückzuführen auf die Leistungsbeschreibung oder auf Anordnungen des Auftraggebers, auf die von diesem gelieferten oder vorgeschriebenen Stoffe oder Bauteile, oder die Beschaffenheit der Vorleistung eines anderen Unternehmers, haftet der Auftragnehmer, es sei denn, er hat die ihm nach § 4 Absatz 3 obliegende Mitteilung gemacht.

(4) 1. Ist für Mängelansprüche keine Verjährungsfrist im Vertrag vereinbart, so beträgt sie für Bauwerke 4 Jahre, für andere Werke, deren Erfolg in der Herstellung, Wartung oder Veränderung einer Sache besteht, und für die vom Feuer berührten Teile von Feuerungsanlagen 2 Jahre. Abweichend von Satz 1 beträgt die Verjährungsfrist für feuerberührte und abgasdämmende Teile von industriellen Feuerungsanlagen 1 Jahr.

2. Ist für Teile von maschinellen und elektrotechnischen/ elektronischen Anlagen, bei denen die Wartung Einfluss auf Sicherheit und Funktionsfähigkeit hat, nichts anderes vereinbart, beträgt für diese Anlagenteile die Verjährungsfrist für Mängelansprüche abweichend von Nummer 1 zwei Jahre, wenn der Auftraggeber sich dafür entschieden hat, dem Auftragnehmer die Wartung für die Dauer der Verjährungsfrist nicht zu übertragen; dies gilt auch, wenn für weitere Leistungen eine andere Verjährungsfrist vereinbart ist.

3. Die Frist beginnt mit der Abnahme der gesamten Leistung; nur für in sich abgeschlossene Teile der Leistung beginnt sie mit der Teilabnahme (§ 12 Absatz. 2).

(5) 1. Der Auftragnehmer ist verpflichtet, alle während der Verjährungsfrist hervortretenden Mängel, die auf vertragswidrige Leistung zurückzuführen sind, auf seine Kosten zu beseitigen, wenn es der Auftraggeber vor Ablauf der Frist schriftlich verlangt. Der Anspruch auf Beseitigung der gerügten Mängel verjährt in 2 Jahren, gerechnet vom Zugang des schriftlichen Verlangens an, jedoch nicht vor Ablauf der Regelfristen nach Absatz 4 oder der an ihrer Stelle vereinbarten Frist. Nach Abnahme der Mängelbeseitigungsleistung beginnt für diese Leistung eine Verjährungsfrist von 2 Jahren neu, die jedoch nicht vor Ablauf der Regelfristen nach Absatz 4 oder der an ihrer Stelle vereinbarten Frist endet.

2. Kommt der Auftragnehmer der Aufforderung zur Mängelbeseitigung in einer vom Auftraggeber gesetzten angemessenen Frist nicht nach, so kann der Auftraggeber die Mängel auf Kosten des Auftragnehmers beseitigen lassen.

(6) Ist die Beseitigung des Mangels für den Auftraggeber unzumutbar oder ist sie unmöglich oder würde sie einen unverhältnismäßig hohen Aufwand erfordern und wird sie deshalb vom Auftragnehmer verweigert, so kann der Auftraggeber durch Erklärung gegenüber dem Auftragnehmer die Vergütung mindern (§ 638 BGB).

(7) 1. Der Auftragnehmer haftet bei schuldhaft verursachten Mängeln für Schäden aus der Verletzung des Lebens, des Körpers oder der Gesundheit.

2. Bei vorsätzlich oder grob fahrlässig verursachten Mängeln haftet er für alle Schäden.

3. Im Übrigen ist dem Auftraggeber der Schaden an der baulichen Anlage zu ersetzen, zu deren Herstellung, Instandhaltung oder Änderung die Leistung dient, wenn ein wesentlicher Mangel vorliegt, der die Gebrauchsfähigkeit erheblich beeinträchtigt und auf ein Verschulden des Auftragnehmers zurückzuführen ist. Einen darüber hinausgehenden Schaden hat der Auftragnehmer nur dann zu ersetzen,

    a) wenn der Mangel auf einen Verstoß gegen die anerkannten Regeln der Technik beruht,

b) wenn der Mangel in dem Fehlen einer vertraglich vereinbarten Beschaffenheit besteht oder

c) soweit der Auftragnehmer den Schaden durch Versicherung seiner gesetzlichen Haftpflicht gedeckt hat oder durch eine solche zu tarifmäßigen, nicht auf außergewöhnliche Verhältnisse abgestellten Prämien und Prämienzuschlägen bei einem im Inland zum Geschäftsbetrieb zugelassenen Versicherer hätte decken können.

4. Abweichend von Absatz 4 gelten die gesetzlichen Verjährungsfristen, soweit sich der Auftragnehmer nach Absatz 3 durch Versicherung geschützt hat oder hätte schützen können oder soweit ein besonderer Versicherungsschutz vereinbart ist.

5. Eine Einschränkung oder Erweiterung der Haftung kann in begründeten Sonderfällen vereinbart werden.

§ 14 VOB/B - Abrechnung

(1) Der Auftragnehmer hat seine Leistungen prüfbar abzurechnen. Er hat die Rechnungen übersichtlich aufzustellen und dabei die Reihenfolge der Posten einzuhalten und die in den Vertragsbestandteilen enthaltenen Bezeichnungen zu verwenden. Die zum Nachweis von Art und Umfang der Leistung erforderlichen Mengenberechnungen, Zeichnungen und andere Belege sind beizufügen. Änderungen und Ergänzungen des Vertrages sind in der Rechnung besonders kenntlich zu machen; sie sind auf Verlangen getrennt abzurechnen.

(2) Die für die Abrechnung notwendigen Feststellungen sind dem Fortgang der Leistung entsprechend möglichst gemeinsam vorzunehmen. Die Abrechnungsbestimmungen in den Technischen Vertragsbedingungen und den anderen Vertragsunterlagen sind zu beachten. Für Leistungen, die bei Weiterführung der Arbeiten nur schwer feststellbar sind, hat der Auftragnehmer rechtzeitig gemeinsame Feststellungen zu beantragen.

(3) Die Schlussrechnung muss bei Leistungen mit einer vertraglichen Ausführungsfrist von höchstens 3 Monaten spätestens 12 Werktage nach Fertigstellung eingereicht werden, wenn nichts anderes vereinbart ist; diese Frist wird um je 6 Werktage für je weitere 3 Monate Ausführungsfrist verlängert.

(4) Reicht der Auftragnehmer eine prüfbare Rechnung nicht ein, obwohl ihm der Auftraggeber dafür eine angemessene Frist gesetzt hat, so kann sie der Auftraggeber selbst auf Kosten des Auftragnehmers aufstellen.

§ 15 VOB/B - Stundenlohnarbeiten

(1) 1. Stundenlohnarbeiten werden nach den vertraglichen Vereinbarungen abgerechnet.

2. Soweit für die Vergütung keine Vereinbarungen getroffen worden sind, gilt die ortsübliche Vergütung. Ist diese nicht zu ermitteln, so werden die Aufwendungen des Auftragnehmers für Lohn- und Gehaltskosten der Baustelle, Lohn- und Gehaltsnebenkosten der Baustelle, Stoffkosten der Baustelle, Kosten der Einrichtungen, Geräte, Maschinen und maschinellen Anlagen der Baustelle, Fracht-, Fuhr- und Ladekosten, Sozialkassenbeiträge und Sonderkosten, die bei wirtschaftlicher Betriebsführung entstehen, mit angemessenen Zuschlägen für Gemeinkosten und Gewinn (einschließlich allgemeinem Unternehmerwagnis) zuzüglich Umsatzsteuer vergütet.

(2) Verlangt der Auftraggeber, dass die Stundenlohnarbeiten durch einen Polier oder eine andere Aufsichtsperson beaufsichtigt werden, oder ist die Aufsicht nach den einschlägigen Unfallverhütungsvorschriften notwendig, so gilt Absatz 1 entsprechend.

(3) Dem Auftraggeber ist die Ausführung von Stundenlohnarbeiten vor Beginn anzuzeigen. Über die geleisteten Arbeitsstunden und den dabei erforderlichen, besonders zu vergütenden Aufwand für den Verbrauch von Stoffen, für Vorhaltung von Einrichtungen, Geräten, Maschinen und maschinellen Anlagen, für Frachten, Fuhr- und Ladeleistungen sowie etwaige Sonderkosten sind, wenn nichts anderes vereinbart ist, je nach der Verkehrssitte werktäglich oder wöchentlich Listen (Stundenlohnzettel) einzureichen. Der Auftraggeber hat die von ihm bescheinigten Stundenlohnzettel unverzüglich, spätestens jedoch innerhalb von 6 Werktagen nach Zugang, zurückzugeben. Dabei kann er Einwendungen auf den Stundenlohnzetteln oder gesondert schriftlich erheben. Nicht fristgemäß zurückgegebene Stundenlohnzettel gelten als anerkannt.

(4) Stundenlohnrechnungen sind alsbald nach Abschluss der Stundenlohnarbeiten, längstens jedoch in Abständen von 4 Wochen, einzureichen. Für die Zahlung gilt § 16.

(5) Wenn Stundenlohnarbeiten zwar vereinbart waren, über den Umfang der Stundenlohnleistungen aber mangels rechtzeitiger Vorlage der Stundenlohnzettel Zweifel bestehen, so kann der Auftraggeber verlangen, dass für die nachweisbar ausgeführten Leistungen eine Vergütung vereinbart wird, die nach Maßgabe von Absatz 1 Nummer 2 für einen wirtschaftlich vertretbaren Aufwand an Arbeitszeit und Verbrauch von Stoffen, für Vorhaltung von Einrichtungen, Geräten, Maschinen und maschinellen Anlagen, für Frachten, Fuhr- und Ladeleistungen sowie etwaige Sonderkosten ermittelt wird.

§ 16 VOB/B - Zahlung

(1) 1. Abschlagszahlungen sind auf Antrag in möglichst kurzen Zeitabständen oder zu den vereinbarten Zeitpunkten zu gewähren, und zwar in Höhe des Wertes der jeweils nachgewiesenen vertragsgemäßen Leistungen einschließlich des ausgewiesenen, darauf entfallenden Umsatzsteuerbetrages. Die Leistungen sind durch eine prüfbare Aufstellung nachzuweisen, die eine rasche

und sichere Beurteilung der Leistungen ermöglichen muss. Als Leistungen gelten hierbei auch die für die geforderte Leistung eigens angefertigten und bereitgestellten Bauteile sowie die auf der Baustelle angelieferten Stoffe und Bauteile, wenn dem Auftraggeber nach seiner Wahl das Eigentum an ihnen übertragen ist oder entsprechende Sicherheit gegeben wird.

2. Gegenforderungen können einbehalten werden. Andere Einbehalte sind nur in den im Vertrag und in den gesetzlichen Bestimmungen vorgesehenen Fällen zulässig.

3. Ansprüche auf Abschlagszahlungen werden binnen 21 Tagen nach Zugang der Aufstellung fällig.

4. Die Abschlagszahlungen sind ohne Einfluss auf die Haftung des Auftragnehmers; sie gelten nicht als Abnahme von Teilen der Leistung.

(2) 1. Vorauszahlungen können auch nach Vertragsabschluss vereinbart werden; hierfür ist auf Verlangen des Auftraggebers ausreichende Sicherheit zu leisten. Diese Vorauszahlungen sind, sofern nichts anderes vereinbart wird, mit 3 v.H. über dem Basiszinssatz des § 247 BGB zu verzinsen.

2. Vorauszahlungen sind auf die nächstfälligen Zahlungen anzurechnen, soweit damit Leistungen abzugelten sind, für welche die Vorauszahlungen gewährt worden sind.

(3) 1. Der Anspruch auf Schlusszahlung wird alsbald nach Prüfung und Feststellung fällig, spätestens innerhalb von 30 Tagen nach Zugang der Schlussrechnung. Die Frist verlängert sich auf höchstens 60 Tage, wenn sie aufgrund der besonderen Natur oder Merkmale der Vereinbarung sachlich gerechtfertigt ist und ausdrücklich vereinbart wurde. Werden Einwendungen gegen die Prüfbarkeit unter Angabe der Gründe hierfür nicht spätestens bis zum Ablauf der jeweiligen Frist erhoben, so kann der Auftraggeber sich nicht mehr auf die fehlende Prüfbarkeit berufen. Die Prüfung der Schlussrechnung ist nach Möglichkeit zu beschleunigen. Verzögert sie sich, so ist das unbestrittene Guthaben als Abschlagszahlung sofort zu zahlen.

2. Die vorbehaltlose Annahme der Schlusszahlung schließt Nachforderungen aus, wenn der Auftragnehmer über die Schlusszahlung schriftlich unterrichtet und auf die Ausschlusswirkung hingewiesen wurde.

3. Einer Schlusszahlung steht es gleich, wenn der Auftraggeber unter Hinweis auf geleistete Zahlungen weitere Zahlungen endgültig und schriftlich ablehnt.

4. Auch früher gestellte, aber unerledigte Forderungen werden ausgeschlossen, wenn sie nicht nochmals vorbehalten werden.

5. Ein Vorbehalt ist innerhalb von 28 Tagen nach Zugang der Mitteilung nach den Nummern 2 und 3 über die Schlusszahlung zu erklären. Er wird hinfällig, wenn nicht innerhalb von weiteren 28 Tagen – beginnend am Tag nach Ablauf der in Satz 1 ge-

nannten 28 Tage – eine prüfbare Rechnung über die vorbehaltenen Forderungen eingereicht oder, wenn das nicht möglich ist, der Vorbehalt eingehend begründet wird.

6. Die Ausschlussfristen gelten nicht für ein Verlangen nach Richtigstellung der Schlussrechnung und -zahlung wegen Aufmaß-, Rechen- und Übertragungsfehlern.

(4) In sich abgeschlossene Teile der Leistung können nach Teilabnahme ohne Rücksicht auf die Vollendung der übrigen Leistungen endgültig festgestellt und bezahlt werden.

(5) 1. Alle Zahlungen sind aufs äußerste zu beschleunigen.

2. Nicht vereinbarte Skontoabzüge sind unzulässig.

3. Zahlt der Auftraggeber bei Fälligkeit nicht, so kann ihm der Auftragnehmer eine angemessene Nachfrist setzen. Zahlt er auch innerhalb der Nachfrist nicht, so hat der Auftragnehmer vom Ende der Nachfrist an Anspruch auf Zinsen in Höhe der in § 288 Absatz 2 BGB angegebenen Zinssätze, wenn er nicht einen höheren Verzugsschaden nachweist. Der Auftraggeber kommt jedoch, ohne dass es einer Nachfristsetzung bedarf, spätestens 30 Tage nach Zugang der Rechnung oder der Aufstellung bei Abschlagszahlungen in Zahlungsverzug, wenn der Auftragnehmer seine vertraglichen und gesetzlichen Verpflichtungen erfüllt und den fälligen Entgeltbetrag nicht rechtzeitig erhalten hat, es sei denn, der Auftraggeber ist für den Zahlungsverzug nicht verantwortlich. Die Frist verlängert sich auf höchstens 60 Tage, wenn sie aufgrund der besonderen Natur oder Merkmale der Vereinbarung sachlich gerechtfertigt ist und ausdrücklich vereinbart wurde.

4. Der Auftragnehmer darf die Arbeiten bei Zahlungsverzug einstellen, sofern eine dem Auftraggeber zuvor gesetzte angemessene Frist erfolglos verstrichen ist.

(6) Der Auftraggeber ist berechtigt, zur Erfüllung seiner Verpflichtungen aus den Absätzen 1 bis 5 Zahlungen an Gläubiger des Auftragnehmers zu leisten, soweit sie an der Ausführung der vertraglichen Leistung des Auftragnehmers aufgrund eines mit diesem abgeschlossenen Dienst- oder Werkvertrages beteiligt sind, wegen Zahlungsverzugs des Auftragnehmers die Fortsetzung ihrer Leistung zu Recht verweigern und die Direktzahlung die Fortsetzung der Leistung sicherstellen soll. Der Auftragnehmer ist verpflichtet, sich auf Verlangen des Auftraggebers innerhalb einer von diesem gesetzten Frist darüber zu erklären, ob und inwieweit er die Forderungen seiner Gläubiger anerkennt; wird diese Erklärung nicht rechtzeitig abgegeben, so gelten die Voraussetzungen für die Direktzahlung als anerkannt.

§ 17 VOB/B - Sicherheitsleistung

(1) 1. Wenn Sicherheitsleistung vereinbart ist, gelten die §§ 232 bis 240 BGB, soweit sich aus den nachstehenden Bestimmungen nichts anderes ergibt.

2. Die Sicherheit dient dazu, die vertragsgemäße Ausführung der Leistung und die Mängelansprüche sicherzustellen.

(2) Wenn im Vertrag nichts anderes vereinbart ist, kann Sicherheit durch Einbehalt oder Hinterlegung von Geld oder durch Bürgschaft eines Kreditinstituts oder Kreditversicherers geleistet werden, sofern das Kreditinstitut oder der Kreditversicherer

1. in der Europäischen Gemeinschaft oder

2. in einem Staat der Vertragsparteien des Abkommens über den Europäischen Wirtschaftsraum oder

3. in einem Staat der Vertragsparteien des WTO-Übereinkommens über das öffentliche Beschaffungswesen

zugelassen ist.

(3) Der Auftragnehmer hat die Wahl unter den verschiedenen Arten der Sicherheit; er kann eine Sicherheit durch eine andere ersetzen.

(4) Bei Sicherheitsleistung durch Bürgschaft ist Voraussetzung, dass der Auftraggeber den Bürgen als tauglich anerkannt hat. Die Bürgschaftserklärung ist schriftlich unter Verzicht auf die Einrede der Vorausklage abzugeben (§ 771 BGB); sie darf nicht auf bestimmte Zeit begrenzt und muss nach Vorschrift des Auftraggebers ausgestellt sein. Der Auftraggeber kann als Sicherheit keine Bürgschaft fordern, die den Bürgen zur Zahlung auf erstes Anfordern verpflichtet.

(5) Wird Sicherheit durch Hinterlegung von Geld geleistet, so hat der Auftragnehmer den Betrag bei einem zu vereinbarenden Geldinstitut auf ein Sperrkonto einzuzahlen, über das beide nur gemeinsam verfügen können („Und-Konto"). Etwaige Zinsen stehen dem Auftragnehmer zu.

(6) 1. Soll der Auftraggeber vereinbarungsgemäß die Sicherheit in Teilbeträgen von seinen Zahlungen einbehalten, so darf er jeweils die Zahlung um höchstens 10 v.H. kürzen, bis die vereinbarte Sicherheitssumme erreicht ist. Sofern Rechnungen ohne Umsatzsteuer gemäß § 13 b UStG gestellt werden, bleibt die Umsatzsteuer bei der Berechnung des Sicherheitseinbehalts unberücksichtigt. Den jeweils einbehaltenen Betrag hat er dem Auftragnehmer mitzuteilen und binnen 18 Werktagen nach dieser Mitteilung auf ein Sperrkonto bei dem vereinbarten Geldinstitut einzuzahlen. Gleichzeitig muss er veranlassen, dass dieses Geldinstitut den Auftragnehmer von der Einzahlung des Sicherheitsbetrages benachrichtigt. Absatz 5 gilt entsprechend.

2. Bei kleineren oder kurzfristigen Aufträgen ist es zulässig, dass der Auftraggeber den einbehaltenen Sicherheitsbetrag erst bei der Schlusszahlung auf ein Sperrkonto einzahlt.

3. Zahlt der Auftraggeber den einbehaltenen Betrag nicht rechtzeitig ein, so kann ihm der Auftragnehmer hierfür eine angemessene Nachfrist setzen. Lässt der Auftraggeber auch diese

verstreichen, so kann der Auftragnehmer die sofortige Auszahlung des einbehaltenen Betrags verlangen und braucht dann keine Sicherheit mehr zu leisten.

4. Öffentliche Auftraggeber sind berechtigt, den als Sicherheit einbehaltenen Betrag auf eigenes Verwahrgeldkonto zu nehmen; der Betrag wird nicht verzinst.

(7) Der Auftragnehmer hat die Sicherheit binnen 18 Werktagen nach Vertragsabschluss zu leisten, wenn nichts anderes vereinbart ist. Soweit er diese Verpflichtung nicht erfüllt hat, ist der Auftraggeber berechtigt, vom Guthaben des Auftragnehmers einen Betrag in Höhe der vereinbarten Sicherheit einzubehalten. Im Übrigen gelten die Absätze 5 und 6 außer Nummer 1 Satz 1 entsprechend.

(8) 1. Der Auftraggeber hat eine nicht verwertete Sicherheit für die Vertragserfüllung zum vereinbarten Zeitpunkt, spätestens nach Abnahme und Stellung der Sicherheit für Mängelansprüche, zurückzugeben, es sei denn, dass Ansprüche des Auftraggebers, die nicht von der gestellten Sicherheit für Mängelansprüche umfasst sind, noch nicht erfüllt sind. Dann darf er für diese Vertragserfüllungsansprüche einen entsprechenden Teil der Sicherheit zurückhalten.

2. Der Auftraggeber hat eine nicht verwertete Sicherheit für Mängelansprüche nach Ablauf von 2 Jahren zurückzugeben, sofern kein anderer Rückgabezeitpunkt vereinbart worden ist. Soweit jedoch zu diesem Zeitpunkt seine geltend gemachten Ansprüche noch nicht erfüllt sind, darf er einen entsprechenden Teil der Sicherheit zurückhalten.

§ 18 VOB/B - Streitigkeiten

(1) Liegen die Voraussetzungen für eine Gerichtsstandvereinbarung nach § 38 Zivilprozessordnung vor, richtet sich der Gerichtsstand für Streitigkeiten aus dem Vertrag nach dem Sitz der für die Prozessvertretung des Auftraggebers zuständigen Stelle, wenn nichts anderes vereinbart ist. Sie ist dem Auftragnehmer auf Verlangen mitzuteilen.

(2) 1. Entstehen bei Verträgen mit Behörden Meinungsverschiedenheiten, so soll der Auftragnehmer zunächst die der auftraggebenden Stelle unmittelbar vorgesetzte Stelle anrufen. Diese soll dem Auftragnehmer Gelegenheit zur mündlichen Aussprache geben und ihn möglichst innerhalb von 2 Monaten nach der Anrufung schriftlich bescheiden und dabei auf die Rechtsfolgen des Satzes 3 hinweisen. Die Entscheidung gilt als anerkannt, wenn der Auftragnehmer nicht innerhalb von 3 Monaten nach Eingang des Bescheides schriftlich Einspruch beim Auftraggeber erhebt und dieser ihn auf die Ausschlussfrist hingewiesen hat.

2. Mit dem Eingang des schriftlichen Antrages auf Durchführung eines Verfahrens nach Nummer 1 wird die Verjährung des in diesem Antrag geltend gemachten Anspruchs gehemmt. Wollen Auftraggeber oder Auftragnehmer das Verfahren nicht wei-

ter betreiben, teilen sie dies dem jeweils anderen Teil schriftlich mit. Die Hemmung endet 3 Monate nach Zugang des schriftlichen Bescheides oder der Mitteilung nach Satz 2.

(3) Daneben kann ein Verfahren zur Streitbeilegung vereinbart werden. Die Vereinbarung sollte mit Vertragsabschluss erfolgen.

(4) Bei Meinungsverschiedenheiten über die Eigenschaft von Stoffen und Bauteilen, für die allgemein gültige Prüfungsverfahren bestehen, und über die Zulässigkeit oder Zuverlässigkeit der bei der Prüfung verwendeten Maschinen oder angewendeten Prüfungsverfahren kann jede Vertragspartei nach vorheriger Benachrichtigung der anderen Vertragspartei die materialtechnische Untersuchung durch eine staatliche oder staatlich anerkannte Materialprüfungsstelle vornehmen lassen; deren Feststellungen sind verbindlich. Die Kosten trägt der unterliegende Teil.

(5) Streitfälle berechtigen den Auftragnehmer nicht, die Arbeiten einzustellen.

VOB/A

Abschnitt 1

§ 7 VOB/A - Leistungsbeschreibung

(1) 1. Die Leistung ist eindeutig und so erschöpfend zu beschreiben, dass alle Bewerber die Beschreibung im gleichen Sinne verstehen müssen und ihre Preise sicher und ohne umfangreiche Vorarbeiten berechnen können.

2. Um eine einwandfreie Preisermittlung zu ermöglichen, sind alle sie beeinflussenden Umstände festzustellen und in den Vergabeunterlagen anzugeben.

3. Dem Auftragnehmer darf kein ungewöhnliches Wagnis aufgebürdet werden für Um-stände und Ereignisse, auf die er keinen Einfluss hat und deren Einwirkung auf die Preise und Fristen er nicht im Voraus schätzen kann.

4. Bedarfspositionen sind grundsätzlich nicht in die Leistungsbeschreibung aufzunehmen. Angehängte Stundenlohnarbeiten dürfen nur in dem unbedingt erforderlichen Umfang in die Leistungsbeschreibung aufgenommen werden.

5. Erforderlichenfalls sind auch der Zweck und die vorgesehene Beanspruchung der fertigen Leistung anzugeben.

6. Die für die Ausführung der Leistung wesentlichen Verhältnisse der Baustelle, z. B. Boden- und Wasserverhältnisse, sind so zu beschreiben, dass der Bewerber ihre Auswirkungen auf die bauliche Anlage und die Bauausführung hinreichend beurteilen kann.

7. Die „Hinweise für das Aufstellen der Leistungsbeschreibung" in Abschnitt 0 der Allgemeinen Technischen Vertragsbedingungen für Bauleistungen, DIN 18299 ff., sind zu beachten.

(2) In technischen Spezifikationen darf nicht auf eine bestimmte Produktion oder Herkunft oder ein besonderes Verfahren, das die von einem bestimmten Unternehmen bereitgestellten Produkte charakterisiert, oder auf Marken, Patente, Typen oder einen bestimmten Ursprung oder eine bestimmte Produktion verwiesen werden, es sei denn

 1. dies ist durch den Auftragsgegenstand gerechtfertigt oder

 2. der Auftragsgegenstand kann nicht hinreichend genau und allgemein verständlich beschrieben werden; solche Verweise sind mit dem Zusatz "oder gleichwertig" zu versehen.

(3) Bei der Beschreibung der Leistung sind die verkehrsüblichen Bezeichnungen zu beachten.

§ 7a VOB/A - Technische Spezifikationen

(1) Die technischen Anforderungen (Spezifikationen – siehe Anhang TS Nummer 1) an den Auftragsgegenstand müssen allen Bewerbern gleichermaßen zugänglich sein.

(2) Die technischen Spezifikationen sind in den Vergabeunterlagen zu formulieren:

1. entweder unter Bezugnahme auf die in Anhang TS definierten technischen Spezifikationen in der Rangfolge

   a) nationale Normen, mit denen europäische Normen umgesetzt werden,

   b) europäische technische Zulassungen,

   c) gemeinsame technische Spezifikationen,

   d) internationale Normen und andere technische Bezugsysteme, die von den europäischen Normungsgremien erarbeitet wurden oder,

   e) falls solche Normen und Spezifikationen fehlen, nationale Normen, nationale technische Zulassungen oder nationale technische Spezifikationen für die Planung, Berechnung und Ausführung von Bauwerken und den Einsatz von Produkten.

   Jede Bezugnahme ist mit dem Zusatz „oder gleichwertig" zu versehen;

2. oder in Form von Leistungs- oder Funktionsanforderungen, die so genau zu fassen sind, dass sie den Unternehmen ein klares Bild vom Auftragsgegenstand vermitteln und dem Auftraggeber die Erteilung des Zuschlags ermöglichen;

3. oder in Kombination von Nummer 1 und Nummer 2, d. h.

   a) in Form von Leistungs- oder Funktionsanforderungen unter Bezugnahme auf die Spezifikationen gemäß Nummer 1 als Mittel zur Vermutung der Konformität mit diesen Leistungs- oder Funktionsanforderungen;

   b) oder mit Bezugnahme auf die Spezifikationen gemäß Nummer 1 hinsichtlich bestimmter Merkmale und mit Bezugnahme auf die Leistungs- oder Funktions-anforderungen gemäß Nummer 2 hinsichtlich anderer Merkmale.

(3) Verweist der Auftraggeber in der Leistungsbeschreibung auf die in Absatz 4 Nummer 1 genannten Spezifikationen, so darf er ein Angebot nicht mit der Begründung ablehnen, die angebotene Leistung entspräche nicht den herangezogenen Spezifikationen, sofern der Bieter in seinem Angebot dem Auftraggeber nachweist, dass die von ihm vorgeschlagenen Lösungen den Anforderungen der technischen Spezifikation, auf die Bezug genommen wurde, gleichermaßen entsprechen. Als geeignetes Mittel kann eine technische Beschreibung des Herstellers oder ein Prüfbericht einer anerkannten Stelle gelten.

(4) Legt der Auftraggeber die technischen Spezifikationen in Form von Leistungs- oder Funktionsanforderungen fest, so darf er ein Angebot, das einer nationalen Norm entspricht, mit der eine europäische Norm umgesetzt wird, oder einer europäischen technischen Zulassung, einer gemeinsamen technischen Spezifikation, einer internationalen Norm oder einem technischen Bezugssystem, das von den europäischen Normungsgremien erarbeitet wurde, entspricht, nicht zurückweisen, wenn diese Spezifikationen die geforderten Leistungs- oder Funktionsanforderungen betreffen. Der Bieter muss in seinem Angebot mit geeigneten Mitteln dem Auftraggeber nachweisen, dass die der Norm entsprechende jeweilige Leistung den Leistungs- oder Funktionsanforderungen des Auftraggebers entspricht. Als geeignetes Mittel kann eine technische Beschreibung des Herstellers oder ein Prüfbericht einer anerkannten Stelle gel-ten.

(5) Schreibt der Auftraggeber Umwelteigenschaften in Form von Leistungs- oder Funktionsanforderungen vor, so kann er die Spezifikationen verwenden, die in europäischen, multinationalen oder anderen Umweltzeichen definiert sind, wenn

    1.   sie sich zur Definition der Merkmale des Auftragsgegenstands eignen,

    2.   die Anforderungen des Umweltzeichens auf Grundlage von wissenschaftlich abgesicherten Informationen ausgearbeitet werden,

    3.   die Umweltzeichen im Rahmen eines Verfahrens erlassen werden, an dem interessierte Kreise – wie z. B. staatliche Stellen, Verbraucher, Hersteller, Händler und Umweltorganisationen – teilnehmen können, und

    4.   wenn das Umweltzeichen für alle Betroffenen zugänglich und verfügbar ist.

Der Auftraggeber kann in den Vergabeunterlagen angeben, dass bei Leistungen, die mit einem Umweltzeichen ausgestattet sind, vermutet wird, dass sie den in der Leistungsbeschreibung festgelegten technischen Spezifikationen genügen. Der Auftrag-geber muss jedoch auch jedes andere geeignete Beweismittel, wie technische Unter-lagen des Herstellers oder Prüfberichte anerkannter Stellen, akzeptieren. Anerkannte Stellen sind die Prüf- und Eichlaboratorien sowie die Inspektions- und Zertifizierungs-stellen, die mit den anwendbaren europäischen Normen übereinstimmen. Der Auftraggeber erkennt Bescheinigungen von in anderen Mitgliedstaaten ansässigen anerkannten Stellen an.

§ 7b VOB/A - Leistungsbeschreibung mit Leistungsverzeichnis

(1) Die Leistung ist in der Regel durch eine allgemeine Darstellung der Bauaufgabe (Baubeschreibung) und ein in Teilleistungen gegliedertes Leistungsverzeichnis zu beschreiben.

(2) Erforderlichenfalls ist die Leistung auch zeichnerisch oder durch Probestücke darzustellen oder anders zu erklären, z. B. durch Hinweise auf ähnliche Leistungen, durch Mengen- oder statische

Berechnungen. Zeichnungen und Proben, die für die Ausführung maßgebend sein sollen, sind eindeutig zu bezeichnen.

(3) Leistungen, die nach den Vertragsbedingungen, den Technischen Vertragsbedingungen oder der gewerblichen Verkehrssitte zu der geforderten Leistung gehören (§ 2 Absatz 1 VOB/B), brauchen nicht besonders aufgeführt zu werden.

(4) Im Leistungsverzeichnis ist die Leistung derart aufzugliedern, dass unter einer Ordnungszahl (Position) nur solche Leistungen aufgenommen werden, die nach ihrer technischen Beschaffenheit und für die Preisbildung als in sich gleichartig anzusehen sind. Ungleichartige Leistungen sollen unter einer Ordnungszahl (Sammelposition) nur zusammengefasst werden, wenn eine Teilleistung gegenüber einer anderen für die Bildung eines Durchschnittspreises ohne nennenswerten Einfluss ist.

§ 7c VOB/A - Leistungsbeschreibung mit Leistungsprogramm

(1) Wenn es nach Abwägen aller Umstände zweckmäßig ist, abweichend von Absatz 9 zusammen mit der Bauausführung auch den Entwurf für die Leistung dem Wettbewerb zu unterstellen, um die technisch, wirtschaftlich und gestalterisch beste sowie funktionsgerechteste Lösung der Bauaufgabe zu ermitteln, kann die Leistung durch ein Leistungsprogramm dargestellt werden.

(2) 1. Das Leistungsprogramm umfasst eine Beschreibung der Bauaufgabe, aus der die Bewerber alle für die Entwurfsbearbeitung und ihr Angebot maßgebenden Bedingungen und Umstände erkennen können und in der sowohl der Zweck der fertigen Leistung als auch die an sie gestellten technischen, wirtschaftlichen, gestalterischen und funktionsbedingten Anforderungen angegeben sind, sowie gegebenenfalls ein Musterleistungs-verzeichnis, in dem die Mengenangaben ganz oder teilweise offen gelassen sind.

2. Die Absätze 10 bis 12 gelten sinngemäß.

(3) Von dem Bieter ist ein Angebot zu verlangen, das außer der Ausführung der Leistung den Entwurf nebst eingehender Erläuterung und eine Darstellung der Bauausführung sowie eine eingehende und zweckmäßig gegliederte Beschreibung der Leistung – gegebenenfalls mit Mengen- und Preisangaben für Teile der Leistung – umfasst. Bei Beschreibung der Leistung mit Mengen- und Preisangaben ist vom Bieter zu verlangen, dass er

1. die Vollständigkeit seiner Angaben, insbesondere die von ihm selbst ermittelten Mengen, entweder ohne Einschränkung oder im Rahmen einer in den Vergabeunter-lagen anzugebenden Mengentoleranz vertritt, und dass er

2. etwaige Annahmen, zu denen er in besonderen Fällen gezwungen ist, weil zum Zeitpunkt der Angebotsabgabe einzelne Teilleistungen nach Art und Menge noch nicht bestimmt werden können (z. B. Aushub-, Abbruch- oder Wasserhaltungsarbeiten) – erforderlichenfalls anhand von Plänen und Mengenermittlungen – begründet.

Einführungsgesetz zum Bürgerlichen Gesetzbuch (EGBGB)

Stand 10.06.2017

Auf ein Schuldverhältnis, das vor dem 1. Januar 2018 entstanden ist, finden die Vorschriften dieses Gesetzes, des Bürgerlichen Gesetzbuchs und der Verordnung über Abschlagszahlungen bei Bauträgerverträgen in der bis zu diesem Tag geltenden Fassung Anwendung.

Artikel 249 Informationspflichten bei Verbraucherbauverträgen [siehe § 650j BGB]

§ 1 Informationspflichten bei Verbraucherbauverträgen

Der Unternehmer ist nach § 650j des Bürgerlichen Gesetzbuchs verpflichtet, dem Verbraucher rechtzeitig vor Abgabe von dessen Vertragserklärung eine Baubeschreibung in Textform zur Verfügung zu stellen.

§ 2 Inhalt der Baubeschreibung

(1) In der Baubeschreibung sind die wesentlichen Eigenschaften des angebotenen Werks in klarer Weise darzustellen. Sie muss mindestens folgende Informationen enthalten:

1. allgemeine Beschreibung des herzustellenden Gebäudes oder der vorzunehmenden Umbauten, gegebenenfalls Haustyp und Bauweise,
2. Art und Umfang der angebotenen Leistungen, gegebenenfalls der Planung und der Bauleitung, der Arbeiten am Grundstück und der Baustelleneinrichtung sowie der Ausbaustufe,
3. Gebäudedaten, Pläne mit Raum- und Flächenangaben sowie Ansichten, Grundrisse und Schnitte,
4. gegebenenfalls Angaben zum Energie-, zum Brandschutz- und zum Schallschutzstandard sowie zur Bauphysik,
5. Angaben zur Beschreibung der Baukonstruktionen aller wesentlichen Gewerke,
6. gegebenenfalls Beschreibung des Innenausbaus,
7. gegebenenfalls Beschreibung der gebäudetechnischen Anlagen,
8. Angaben zu Qualitätsmerkmalen, denen das Gebäude oder der Umbau genügen muss,

9. gegebenenfalls Beschreibung der Sanitärobjekte, der Armaturen, der Elektroanlage, der Installationen, der Informationstechnologie und der Außenanlagen.

(2) Die Baubeschreibung hat verbindliche Angaben zum Zeitpunkt der Fertigstellung des Werks zu enthalten. Steht der Beginn der Baumaßnahme noch nicht fest, ist ihre Dauer anzugeben.

§ 3 Widerrufsbelehrung

(1) Steht dem Verbraucher ein Widerrufsrecht nach § 650l Satz 1 des Bürgerlichen Gesetzbuchs zu, ist der Unternehmer verpflichtet, den Verbraucher vor Abgabe von dessen Vertragserklärung in Textform über sein Widerrufsrecht zu belehren. Die Widerrufsbelehrung muss deutlich gestaltet sein und dem Verbraucher seine wesentlichen Rechte in einer an das benutzte Kommunikationsmittel angepassten Weise deutlich machen. Sie muss Folgendes enthalten:

1. einen Hinweis auf das Recht zum Widerruf, 2. einen Hinweis darauf, dass der Widerruf durch Erklärung gegenüber dem Unternehmer erfolgt und keiner Begründung bedarf,

3. den Namen, die ladungsfähige Anschrift und die Telefonnummer desjenigen, gegenüber dem der Widerruf zu erklären ist, gegebenenfalls seine Telefaxnummer und E-Mail-Adresse,

4. einen Hinweis auf die Dauer und den Beginn der Widerrufsfrist sowie darauf, dass zur Fristwahrung die rechtzeitige Absendung der Widerrufserklärung genügt, und

5. einen Hinweis darauf, dass der Verbraucher dem Unternehmer Wertersatz nach § 357d des Bürgerlichen Gesetzbuchs schuldet, wenn die Rückgewähr der bis zum Widerruf erbrachten Leistung ihrer Natur nach ausgeschlossen ist.

(2) Der Unternehmer kann seine Belehrungspflicht dadurch erfüllen, dass er dem Verbraucher das in Anlage 10 vorgesehene Muster für die Widerrufsbelehrung zutreffend ausgefüllt in Textform übermittelt.

Anlage 10 (zu Artikel 249 § 3)

Muster für die Widerrufsbelehrung bei Verbraucherbauverträgen

Widerrufsbelehrung

Widerrufsrecht

Sie haben das Recht, binnen 14 Tagen ohne Angabe von Gründen diesen Vertrag zu widerrufen. Die Widerrufsfrist beträgt 14 Tage ab dem Tag des Vertragsabschlusses. Sie beginnt nicht zu laufen, bevor Sie diese Belehrung in Textform erhalten haben. Um Ihr Widerrufsrecht auszuüben, müssen Sie uns (*) mittels einer eindeutigen Erklärung (z.B. Brief, Telefax oder E-Mail) über Ihren Entschluss, diesen Vertrag zu widerrufen, informieren. Zur Wahrung der Widerrufsfrist reicht es aus, dass Sie die Erklärung über die Ausübung des Widerrufsrechts vor Ablauf der Widerrufsfrist absenden.

Folgen des Widerrufs

Wenn Sie diesen Vertrag widerrufen, haben wir Ihnen alle Zahlungen, die wir von Ihnen erhalten haben, unverzüglich zurückzuzahlen. Sie müssen uns im Falle des Widerrufs alle Leistungen zurückgeben, die Sie bis zum Widerruf von uns erhalten haben. Ist die Rückgewähr einer Leistung ihrer Natur nach ausgeschlossen, lassen sich etwa verwendete Baumaterialien nicht ohne Zerstörung entfernen, müssen Sie Wertersatz dafür bezahlen.

Gestaltungshinweis:

* Fügen Sie Ihren Namen oder den Namen Ihres Unternehmens, Ihre Anschrift und Ihre Telefonnummer ein. Sofern verfügbar sind zusätzlich anzugeben: Ihre Telefaxnummer und E-Mail-Adresse.

Handelsgesetzbuch (HGB)

Stand: 27.7.2017

Fünfter Abschnitt: Prokura und Handlungsvollmacht

§ 48 HGB - Erteilung der Prokura, Gesamtprokura

(1) Die Prokura kann nur von dem Inhaber des Handelsgeschäfts oder seinem gesetzlichen Vertreter und nur mittels ausdrücklicher Erklärung erteilt werden.

(2) Die Erteilung kann an mehrere Personen gemeinschaftlich erfolgen (Gesamtprokura).

§ 49 HGB - Umfang der Prokura

(1) Die Prokura ermächtigt zu allen Arten von gerichtlichen und außergerichtlichen Geschäften und Rechtshandlungen, die der Betrieb eines Handelsgewerbes mit sich bringt.

(2) Zur Veräußerung und Belastung von Grundstücken ist der Prokurist nur ermächtigt, wenn ihm diese Befugnis besonders erteilt ist.

§ 50 HGB - Beschränkung des Umfanges

(1) Eine Beschränkung des Umfangs der Prokura ist Dritten gegenüber unwirksam.

(2) ....

§ 54 HGB - Handlungsbevollmächtigter

(1) Ist jemand ohne Erteilung der Prokura zum Betrieb eines Handelsgewerbes oder zur Vornahme einer bestimmten zu einem Handelsgewerbe gehörigen Art von Geschäften oder zur Vornahme einzelner zu einem Handelsgewerbe gehöriger Geschäfte ermächtigt, so erstreckt sich die Vollmacht (Handlungsvollmacht) auf alle Geschäfte und Rechtshandlungen, die der Betrieb eines derartigen Handelsgewerbes oder die Vornahme derartiger Geschäfte gewöhnlich mit sich bringt.

(2) Zur Veräußerung oder Belastung von Grundstücken, zur Eingehung von Wechselverbindlichkeiten, zur Aufnahme von Darlehen und zur Prozessführung ist der Handlungsbevollmächtigte nur ermächtigt, wenn ihm eine solche Befugnis besonders erteilt ist.

(3) Sonstige Beschränkungen der Handlungsvollmacht braucht ein Dritter nur dann gegen sich gelten zu lassen, wenn er sie kannte oder kennen musste.

§ 55 HGB - Abschlussvertreter

(1) Die Vorschriften des § 54 finden auch Anwendung auf Handlungsbevollmächtigte, die Handelsvertreter sind oder die als Handlungsgehilfen damit betraut sind, außerhalb des Betriebs des Prinzipals Geschäfte in dessen Namen abzuschließen.

(2) Die ihnen erteilte Vollmacht zum Abschluss von Geschäften bevollmächtigt sie nicht, abgeschlossene Verträge zu ändern, insbesondere Zahlungsfristen zu gewähren.

(3) Zur Annahme von Zahlungen sind sie nur berechtigt, wenn sie dazu bevollmächtigt sind.

(4) Sie gelten als ermächtigt, die Anzeige von Mängeln einer Ware, die Erklärung, dass eine Ware zur Verfügung gestellt werde, sowie ähnliche Erklärungen, durch die ein Dritter seine Rechte aus mangelhafter Leistung geltend macht oder sie vorbehält, entgegenzunehmen; sie können die dem Unternehmer (Prinzipal) zustehenden Rechte auf Sicherung des Beweises geltend machen.

Viertes Buch: Handelsgeschäfte

Erster Abschnitt: Allgemeine Vorschriften

§ 343 HGB - Begriff der Handelsgeschäfte

Handelsgeschäfte sind alle Geschäfte eines Kaufmanns, die zum Betrieb seines Handelsgewerbes gehören.

§ 344 HGB - Vermutung für das Handelsgeschäft

(1) Die von einem Kaufmann vorgenommenen Rechtsgeschäfte gelten im Zweifel als zum Betrieb seines Handelsgewerbes gehörig.

(2) ....

§ 345 HGB - Einseitige Handelsgeschäfte

Auf ein Rechtsgeschäft, das für einen der beiden Teile ein Handelsgeschäft ist, kommen die Vorschriften über Handelsgeschäfte für beide Teile gleichmäßig zur Anwendung, soweit nicht aus diesen Vorschriften sich ein anderes ergibt.

§ 346 HGB - Handelsbräuche

Unter Kaufleuten ist in Ansehung der Bedeutung und Wirkung von Handlungen und Unterlassungen auf die im Handelsverkehr geltenden Gewohnheiten und Gebräuche Rücksicht zu nehmen.

§ 347 HGB - Sorgfaltspflicht

(1) Wer aus einem Geschäft, das auf seiner Seite ein Handelsgeschäft ist, einem anderen zur Sorgfalt verpflichtet ist, hat für die Sorgfalt eines ordentlichen Kaufmanns einzustehen.

(2) Unberührt bleiben die Vorschriften des Bürgerlichen Gesetzbuchs, nach welchen der Schuldner in bestimmten Fällen nur grobe Fahrlässigkeit zu vertreten oder nur für diejenige Sorgfalt einzustehen hat, welche er in eigenen Angelegenheiten anzuwenden pflegt.

§ 348 HGB - Vertragsstrafe

Eine Vertragsstrafe, die von einem Kaufmann im Betrieb seines Handelsgewerbes versprochen ist, kann nicht auf Grund der Vorschriften des § 343 des Bürgerlichen Gesetzbuchs herabgesetzt werden.

§ 349 HGB - Keine Einrede der Vorausklage

Dem Bürgen steht, wenn die Bürgschaft für ihn ein Handelsgeschäft ist, die Einrede der Vorausklage nicht zu. Das Gleiche gilt unter der bezeichneten Voraussetzung für denjenigen, welcher aus einem Kreditauftrag als Bürge haftet.

§ 350 HGB - Formfreiheit

Auf eine Bürgschaft, ein Schuldversprechen oder ein Schuldanerkenntnis finden, sofern die Bürgschaft auf der Seite des Bürgen, das Versprechen oder das Anerkenntnis auf der Seite des Schuldners ein Handelsgeschäft ist, die Formvorschriften des § 766 Satz 1 und 2, des § 780 und des § 781 Satz 1 und 2 des Bürgerlichen Gesetzbuchs keine Anwendung.

§ 352 HGB - Gesetzlicher Zinssatz

(1) Die Höhe der gesetzlichen Zinsen, mit Ausnahme der Verzugszinsen, ist bei beiderseitigen Handelsgeschäften fünf vom Hundert für das Jahr. Das Gleiche gilt, wenn für eine Schuld aus einem solchen Handelsgeschäft Zinsen ohne Bestimmung des Zinsfußes versprochen sind.

(2) Ist in diesem Gesetzbuch die Verpflichtung zur Zahlung von Zinsen ohne Bestimmung der Höhe ausgesprochen, so sind darunter Zinsen zu fünf vom Hundert für das Jahr zu verstehen.

§ 353 HGB - Fälligkeitszinsen

Kaufleute untereinander sind berechtigt, für ihre Forderungen aus beiderseitigen Handelsgeschäften vom Tag der Fälligkeit an Zinsen zu fordern. Zinsen von Zinsen können auf Grund dieser Vorschrift nicht gefordert werden.

§ 354 HGB - Provision, Lagergeld, Zinsen

(1) Wer in Ausübung seines Handelsgewerbes einem anderen Geschäfte besorgt oder Dienste leistet, kann dafür auch ohne Verabredung Provision und, wenn es sich um Aufbewahrung handelt, Lagergeld nach den an dem Ort üblichen Sätzen fordern.

(2) Für Darlehen, Vorschüsse, Auslagen und andere Verwendungen kann er vom Tag der Leistung an Zinsen berechnen.

§ 354a HGB - Wirksamkeit der Abtretung einer Geldforderung

(1) Ist die Abtretung einer Geldforderung durch Vereinbarung mit dem Schuldner gemäß § 399 des Bürgerlichen Gesetzbuchs ausgeschlossen und ist das Rechtsgeschäft, das diese Forderung begründet hat, für beide Teile ein Handelsgeschäft oder ist der Schuldner eine juristische Person des öffentlichen Rechts oder ein öffentlich-rechtliches Sondervermögen, so ist die Abtretung gleichwohl wirksam. Der Schuldner kann jedoch mit befreiender Wirkung an den bisherigen Gläubiger leisten. Abweichende Vereinbarungen sind unwirksam.

(2) Absatz 1 ist nicht auf eine Forderung aus einem Darlehensvertrag anzuwenden, deren Gläubiger ein Kreditinstitut im Sinne des Kreditwesengesetzes ist.

§ 362 HGB - Schweigen des Kaufmanns auf Anträge

(1) Geht einem Kaufmann, dessen Gewerbebetrieb die Besorgung von Geschäften für andere mit sich bringt, ein Antrag über die Besorgung solcher Geschäfte von jemand zu, mit dem er in Geschäftsverbindung steht, so ist er verpflichtet, unverzüglich zu antworten; sein Schweigen gilt als Annahme des Antrags. Das gleiche gilt, wenn einem Kaufmann ein Antrag über die Besorgung von Geschäften von jemand zugeht, dem gegenüber er sich zur Besorgung solcher Geschäfte erboten hat.

(2) Auch wenn der Kaufmann den Antrag ablehnt, hat er die mitgesendeten Waren auf Kosten des Antragstellers, soweit er für diese Kosten gedeckt ist und soweit es ohne Nachteil für ihn geschehen kann, einstweilen vor Schaden zu bewahren.

§ 366 HGB - Gutgläubiger Erwerb von beweglichen Sachen

(1) Veräußert oder verpfändet ein Kaufmann im Betrieb seines Handelsgewerbes eine ihm nicht gehörige bewegliche Sache, so finden die Vorschriften des Bürgerlichen Gesetzbuchs zugunsten derjenigen, welche Rechte von einem Nichtberechtigten herleiten, auch dann Anwendung, wenn der gute Glaube des Erwerbers die Befugnis des Veräußerers oder Verpfänders, über die Sache für den Eigentümer zu verfügen, betrifft.

(2) Ist die Sache mit dem Recht eines Dritten belastet, so finden die Vorschriften des Bürgerlichen Gesetzbuchs zugunsten derjenigen, welche Rechte von einem Nichtberechtigten herleiten, auch dann Anwendung, wenn der gute Glaube die Befugnis des Veräußerers oder Verpfänders, ohne Vorbehalt des Rechtes über die Sache zu verfügen, betrifft.

(3) ....

§ 369 HGB - Kaufmännisches Zurückbehaltungsrecht

(1) Ein Kaufmann hat wegen der fälligen Forderungen, welche ihm gegen einen anderen Kaufmann aus den zwischen ihnen geschlossenen beiderseitigen Handelsgeschäften zustehen, ein Zurückbehaltungsrecht an den beweglichen Sachen und Wertpapieren des Schuldners, welche mit dessen Willen auf Grund von Handelsgeschäften in seinen Besitz gelangt sind, sofern er sie noch im Besitz hat, insbesondere mittels Konnossements, Ladescheins oder Lagerscheins darüber verfügen kann. Das Zurückbehaltungsrecht ist auch dann begründet, wenn das Eigentum an dem Gegenstand von dem Schuldner auf den Gläubiger übergegangen oder von einem Dritten für den Schuldner auf den Gläubiger übertragen, aber auf den Schuldner zurück zu übertragen ist.

(2) Einem Dritten gegenüber besteht das Zurückbehaltungsrecht insoweit, als dem Dritten die Einwendungen gegen den Anspruch des Schuldners auf Herausgabe des Gegenstands entgegengesetzt werden können.

(3) Das Zurückbehaltungsrecht ist ausgeschlossen, wenn die Zurückbehaltung des Gegenstands der von dem Schuldner vor oder bei der Übergabe erteilten Anweisung oder der von dem Gläubiger übernommenen Verpflichtung, in einer bestimmten Weise mit dem Gegenstand zu verfahren, widerstreitet.

(4) Der Schuldner kann die Ausübung des Zurückbehaltungsrechts durch Sicherheitsleistung abwenden. Die Sicherheitsleistung durch Bürgen ist ausgeschlossen.

§ 371 HGB - Befriedigungsrecht

(1) Der Gläubiger ist kraft des Zurückbehaltungsrechts befugt, sich aus dem zurückbehaltenen Gegenstand für seine Forderung zu befriedigen. Steht einem Dritten ein Recht an dem Gegenstand zu, gegen welches das Zurückbehaltungsrecht nach § 369 Abs. 2

geltend gemacht werden kann, so hat der Gläubiger in Ansehung der Befriedigung aus dem Gegenstand den Vorrang.

(2) Die Befriedigung erfolgt nach den für das Pfandrecht geltenden Vorschriften des Bürgerlichen Gesetzbuchs. An die Stelle der in § 1234 des Bürgerlichen Gesetzbuches bestimmten Frist von einem Monat tritt eine solche von einer Woche.

....

Zweiter Abschnitt: Handelskauf

§ 373 HGB - Annahmeverzug des Käufers

(1) Ist der Käufer mit der Annahme der Ware im Verzug, so kann der Verkäufer die Ware auf Gefahr und Kosten des Käufers in einem öffentlichen Lagerhaus oder sonst in sicherer Weise hinterlegen.

(2) Er ist ferner befugt, nach vorgängiger Androhung die Ware öffentlich versteigern zu lassen; er kann, wenn die Ware einen Börsen- oder Marktpreis hat, nach vorgängiger Androhung den Verkauf auch aus freier Hand durch einen zu solchen Verkäufen öffentlich ermächtigten Handelsmakler oder durch eine zur öffentlichen Versteigerung befugte Person zum laufenden Preis bewirken. Ist die Ware dem Verderb ausgesetzt und Gefahr im Verzug, so bedarf es der vorgängigen Androhung nicht; dasselbe gilt, wenn die Androhung aus anderen Gründen untunlich ist.

(3) Der Selbsthilfeverkauf erfolgt für Rechnung des säumigen Käufers.

....

§ 375 HGB - Bestimmungskauf

(1) Ist bei dem Kauf einer beweglichen Sache dem Käufer die nähere Bestimmung über Form, Maß oder ähnliche Verhältnisse vorbehalten, so ist der Käufer verpflichtet, die vorbehaltene Bestimmung zu treffen.

(2) Ist der Käufer mit der Erfüllung dieser Verpflichtung im Verzug, so kann der Verkäufer die Bestimmung statt des Käufers vornehmen oder gemäß den §§ 280, 281 des Bürgerlichen Gesetzbuchs Schadensersatz statt der Leistung verlangen oder gemäß § 323 des Bürgerlichen Gesetzbuchs vom Vertrag zurücktreten. Im ersteren Falle hat der Verkäufer die von ihm getroffene Bestimmung dem Käufer mitzuteilen und ihm zugleich eine angemessene Frist zur Vornahme einer anderweitigen Bestimmung zu setzen. Wird eine solche innerhalb der Frist von dem Käufer nicht vorgenommen, so ist die von dem Verkäufer getroffene Bestimmung maßgebend.

§ 376 HGB - Fixhandelskauf

(1) Ist bedungen, dass die Leistung des einen Teiles genau zu einer fest bestimmten Zeit oder innerhalb einer fest bestimmten Frist bewirkt werden soll, so kann der andere Teil, wenn die Leistung nicht zu der bestimmten Zeit oder nicht innerhalb der bestimmten Frist erfolgt, von dem Vertrag zurücktreten oder, falls der Schuldner im Verzug ist, statt der Erfüllung Schadensersatz wegen Nichterfüllung verlangen. Erfüllung kann er nur beanspruchen, wenn er sofort nach dem Ablauf der Zeit oder der Frist dem Gegner anzeigt, dass er auf Erfüllung bestehe.

....

§ 377 HGB - Untersuchungs- und Rügepflicht

(1) Ist der Kauf für beide Teile ein Handelsgeschäft, so hat der Käufer die Ware unverzüglich nach der Ablieferung durch den Verkäufer, soweit dies nach ordnungsmäßigem Geschäftsgang tunlich ist, zu untersuchen und, wenn sich ein Mangel zeigt, dem Verkäufer unverzüglich Anzeige zu machen.

(2) Unterlässt der Käufer die Anzeige, so gilt die Ware als genehmigt, es sei denn, dass es sich um einen Mangel handelt, der bei der Untersuchung nicht erkennbar war.

(3) Zeigt sich später ein solcher Mangel, so muss die Anzeige unverzüglich nach der Entdeckung gemacht werden; anderenfalls gilt die Ware auch in Ansehung dieses Mangels als genehmigt.

(4) Zur Erhaltung der Rechte des Käufers genügt die rechtzeitige Absendung der Anzeige.

(5) Hat der Verkäufer den Mangel arglistig verschwiegen, so kann er sich auf diese Vorschriften nicht berufen.

§ 379 HGB - Einstweilige Aufbewahrung, Notverkauf

(1) Ist der Kauf für beide Teile ein Handelsgeschäft, so ist der Käufer, wenn er die ihm von einem anderen Ort übersendete Ware beanstandet, verpflichtet, für ihre einstweilige Aufbewahrung zu sorgen.

(2) Er kann die Ware, wenn sie dem Verderb ausgesetzt und Gefahr im Verzug ist, unter Beobachtung der Vorschriften des § 373 verkaufen lassen.

§ 381 HGB - Kauf von Wertpapieren, Werklieferungsvertrag

(1) Die in diesem Abschnitt für den Kauf von Waren getroffenen Vorschriften gelten auch für den Kauf von Wertpapieren.

(2) Sie finden auch auf einen Vertrag Anwendung, der die Lieferung herzustellender oder zu erzeugender beweglicher Sachen zum Gegenstand hat.

Übereinkommen der Vereinten Nationen über Verträge über den internationalen Warenkauf (CISG)

Vom 11. April 1980 (BGBl. 1989 II S. 588)

Hinweis: Die deutsche Fassung des Übereinkommens ist gemäß der Unterzeichnungsklausel für die Anwendung des CISG nicht verbindlich. Die deutschsprachigen Staaten (Bundesrepublik, ehem. DDR, Österreich, Schweiz) haben auf einer Konferenz im Jahr 1982 eine gemeinsame Übersetzung erarbeitet, so dass in diesen Ländern ein bis auf geringfügige Abweichungen übereinstimmender Text gilt. Nachfolgend ist der amtliche Text für die Bundesrepublik Deutschland abgedruckt.

Präambel

Die Vertragsstaaten dieses Übereinkommens -

im Hinblick auf die allgemeinen Ziele der Entschließungen, die von der Sechsten Außerordentlichen Tagung der Generalversammlung der Vereinten Nationen über die Errichtung einer neuen Weltwirtschaftsordnung angenommen worden sind,

in der Erwägung, dass die Entwicklung des internationalen Handels auf der Grundlage der Gleichberechtigung und des gegenseitigen Nutzens ein wichtiges Element zur Förderung freundschaftlicher Beziehungen zwischen den Staaten ist,

in der Meinung, dass die Annahme einheitlicher Bestimmungen, die auf Verträge über den internationalen Warenkauf Anwendung finden und die verschiedenen Gesellschafts-, Wirtschafts- und Rechtsordnungen berücksichtigen, dazu beitragen würde, die rechtlichen Hindernisse im internationalen Handel zu beseitigen und seine Entwicklung zu fördern

- haben folgendes vereinbart:

Teil I - Anwendungsbereich und allgemeine Bestimmungen

Kapitel I. - Anwendungsbereich

Artikel 1 CISG [Anwendungsbereich]

(1) Dieses Übereinkommen ist auf Kaufverträge über Waren zwischen Parteien anzuwenden, die ihre Niederlassung in verschiedenen Staaten haben,

    a) wenn diese Staaten Vertragsstaaten sind oder

    b) wenn die Regeln des internationalen Privatrechts zur Anwendung des Rechts eines Vertragsstaats führen.

(2) Die Tatsache, dass die Parteien ihre Niederlassung in verschiedenen Staaten haben, wird nicht berücksichtigt, wenn sie sich nicht

aus dem Vertrag, aus früheren Geschäftsbeziehungen oder aus Verhandlungen oder Auskünften ergibt, die vor oder bei Vertragsabschluss zwischen den Parteien geführt oder von ihnen erteilt worden sind.

(3) Bei Anwendung dieses Übereinkommens wird weder berücksichtigt, welche Staatsangehörigkeit die Parteien haben, noch ob sie Kaufleute oder Nichtkaufleute sind oder ob der Vertrag handelsrechtlicher oder bürgerlich-rechtlicher Art ist.

Artikel 2 CISG [Anwendungsausschlüsse]

Dieses Übereinkommen findet keine Anwendung auf den Kauf

a) von Ware für den persönlichen Gebrauch oder den Gebrauch in der Familie oder im Haushalt, es sei denn, dass der Verkäufer vor oder bei Vertragsabschluss weder wusste noch wissen musste, dass die Ware für einen solchen Gebrauch gekauft wurde,

b) bei Versteigerungen,

c) aufgrund von Zwangsvollstreckungs- oder anderen gerichtlichen Maßnahmen,

d) von Wertpapieren oder Zahlungsmitteln,

e) von Seeschiffen, Binnenschiffen, Luftkissenfahrzeugen oder Luftfahrzeugen,

f) von elektrischer Energie.

Artikel 3 CISG [Verträge über herzustellende Waren oder Dienstleistungen]

(1) Den Kaufverträgen stehen Verträge über die Lieferung herzustellender oder zu erzeugender Ware gleich, es sei denn, dass der Besteller einen wesentlichen Teil der für die Herstellung oder Erzeugung notwendigen Stoffe selbst zur Verfügung zu stellen hat.

(2) Dieses Übereinkommen ist auf Verträge nicht anzuwenden, bei denen der überwiegende Teil der Pflichten der Partei, welche die Ware liefert, in der Ausführung von Arbeiten oder anderen Dienstleistungen besteht.

Artikel 4 CISG [Sachlicher Geltungsbereich]

Dieses Übereinkommen regelt ausschließlich den Abschluss des Kaufvertrages und die aus ihm erwachsenden Rechte und Pflichten des Verkäufers und des Käufers. Soweit in diesem Übereinkommen nicht ausdrücklich etwas anderes bestimmt ist, betrifft es insbesondere nicht

a) die Gültigkeit des Vertrages oder einzelner Vertragsbestimmungen oder die Gültigkeit von Gebräuchen,

b) die Wirkungen, die der Vertrag auf das Eigentum an der verkauften Ware haben kann.

Artikel 5 CISG [Ausschluss der Haftung für Tod oder Körperverlet-

zung]

Dieses Übereinkommen findet keine Anwendung auf die Haftung des Verkäufers für den durch die Ware verursachten Tod oder die Körperverletzung einer Person.

Artikel 6 CISG [Ausschluss, Abweichung oder Änderung durch Parteiabrede]

Die Parteien können die Anwendung dieses Übereinkommens ausschließen oder, vorbehaltlich des Artikels 12, von seinen Bestimmungen abweichen oder deren Wirkung ändern.

Kapitel II. Allgemeine Bestimmungen

Artikel 7 CISG [Auslegung des Übereinkommens und Lückenfüllung]

(1) Bei der Auslegung dieses Übereinkommens sind sein internationaler Charakter und die Notwendigkeit zu berücksichtigen, seine einheitliche Anwendung und die Wahrung des guten Glaubens im internationalen Handel zu fordern.

(2) Fragen, die in diesem Übereinkommen geregelte Gegenstände betreffen, aber in diesem Übereinkommen nicht ausdrücklich entschieden werden, sind nach den allgemeinen Grundsätzen, die diesem Übereinkommen zugrunde liegen, oder mangels solcher Grundsätze nach dem Recht zu entscheiden, das nach den Regeln des internationalen Privatrechts anzuwenden ist.

Artikel 8 CISG [Auslegung von Erklärungen und Verhalten]

(1) Für die Zwecke dieses Übereinkommens sind Erklärungen und das sonstige Verhalten einer Partei nach deren Willen auszulegen, wenn die andere Partei diesen Willen kannte oder darüber nicht in Unkenntnis sein konnte.

(2) Ist Absatz 1 nicht anwendbar, so sind Erklärungen und das sonstige Verhalten einer Partei so auszulegen, wie eine vernünftige Person der gleichen Art wie die andere Partei sie unter den gleichen Umständen aufgefasst hätte.

(3) Um den Willen einer Partei oder die Auffassung festzustellen, die eine vernünftige Person gehabt hätte, sind alle erheblichen Umstände zu berücksichtigen, insbesondere die Verhandlungen zwischen den Parteien, die zwischen ihnen entstandenen Gepflogenheiten, die Gebräuche und das spätere Verhalten der Parteien.

Artikel 9 CISG [Handelsbräuche und Gepflogenheiten]

(1) Die Parteien sind an die Gebräuche, mit denen sie sich einverstanden erklärt haben und an die Gepflogenheiten gebunden, die zwischen ihnen entstanden sind.

(2) Haben die Parteien nichts anderes vereinbart, so wird angenommen, dass sie sich in ihrem Vertrag oder bei seinem Abschluss

stillschweigend auf Gebräuche bezogen haben, die sie kannten oder kennen mussten und die im internationalen Handel den Parteien von Verträgen dieser Art in dem betreffenden Geschäftszweig weithin bekannt sind und von ihnen regelmäßig beachtet werden.

Artikel 10 CISG [Niederlassung]

Für die Zwecke dieses Übereinkommens ist,

a) falls eine Partei mehr als eine Niederlassung hat, die Niederlassung maßgebend, die unter Berücksichtigung der vor oder bei Vertragsabschluss den Parteien bekannten oder von ihnen in Betracht gezogenen Umstände die engste Beziehung zu dem Vertrag und zu seiner Erfüllung hat;

b) falls eine Partei keine Niederlassung hat, ihr gewöhnlicher Aufenthalt maßgebend.

Artikel 11 CISG [Formfreiheit]

Der Kaufvertrag braucht nicht schriftlich geschlossen oder nachgewiesen zu werden und unterliegt auch sonst keinen Formvorschriften. Er kann auf jede Weise bewiesen werden, auch durch Zeugen.

Artikel 12 CISG [Wirkungen eines Vorbehaltes hinsichtlich der Formfreiheit]

Die Bestimmungen der Artikel 11 und 29 oder des Teils 11 dieses Übereinkommens, die für den Abschluss eines Kaufvertrages, seine Änderung oder Aufhebung durch Vereinbarung oder für ein Angebot, eine Annahme oder eine sonstige Willenserklärung eine andere als die schriftliche Form gestatten, gelten nicht, wenn eine Partei ihre Niederlassung in einem Vertragsstaat hat, der eine Erklärung nach Artikel 96 abgegeben hat. Die Parteien dürfen von dem vorliegenden Artikel weder abweichen noch seine Wirkung ändern.

Artikel 13 CISG [Schriftlichkeit]

Für die Zwecke dieses Übereinkommens umfasst der Ausdruck „schriftlich" auch Mitteilungen durch Telegramm oder Fernschreiben.

Teil II – Abschluss des Vertrages

Artikel 14 CISG [Begriff des Angebots]

(1) Der an eine oder mehrere bestimmte Personen gerichtete Vorschlag zum Abschluss eines Vertrages stellt ein Angebot dar, wenn er bestimmt genug ist und den Willen des Anbietenden zum Ausdruck bringt, im Falle der Annahme gebunden zu sein. Ein Vorschlag ist bestimmt genug, wenn er die Ware bezeichnet und ausdrücklich oder stillschweigend die Menge und den Preis festsetzt oder deren Festsetzung ermöglicht.

(2) Ein Vorschlag, der nicht an eine oder mehrere bestimmte Personen gerichtet ist, gilt nur als Aufforderung, ein Angebot abzuge-

ben, wenn nicht die Person, die den Vorschlag macht, das Gegenteil deutlich zum Ausdruck bringt.

Artikel 15 CISG [Wirksamwerden des Angebots, Rücknahme]

(1) Ein Angebot wird wirksam, sobald es dem Empfänger zugeht.

(2) Ein Angebot kann, selbst wenn es unwiderruflich ist, zurückgenommen werden, wenn die Rücknahmeerklärung dem Empfänger vor oder gleichzeitig mit dem Angebot zugeht.

Artikel 16 CISG [Widerruf des Angebots]

(1) Bis zum Abschluss des Vertrages kann ein Angebot widerrufen werden, wenn der Widerruf dem Empfänger zugeht, bevor dieser eine Annahmeerklärung abgesandt hat.

(2) Ein Angebot kann jedoch nicht widerrufen werden,

    a) wenn es durch Bestimmung einer festen Frist zur Annahme oder auf andere Weise zum Ausdruck bringt, dass es unwiderruflich ist oder

    b) wenn der Empfänger vernünftigerweise darauf vertrauen konnte, dass das Angebot unwiderruflich ist und er im Vertrauen auf das Angebot gehandelt hat.

Artikel 17 CISG [Erlöschen des Angebots]

Ein Angebot erlischt, selbst wenn es unwiderruflich ist, sobald dem Anbietenden eine Ablehnung zugeht.

Artikel 18 CISG [Begriff der Annahme]

(1) Eine Erklärung oder ein sonstiges Verhalten des Empfängers, das eine Zustimmung zum Angebot ausdrückt, stellt eine Annahme dar. Schweigen oder Untätigkeit allein stellen keine Annahme dar.

(2) Die Annahme eines Angebots wird wirksam, sobald die Äußerung der Zustimmung dem Anbietenden zugeht. Sie wird nicht wirksam, wenn die Äußerung der Zustimmung dem Anbietenden nicht innerhalb der von ihm gesetzten Frist oder, bei Fehlen einer solchen Frist, innerhalb einer angemessenen Frist zugeht; dabei sind die Umstände des Geschäfts einschließlich der Schnelligkeit der vom Anbietenden gewählten Übermittlungsart zu berücksichtigen. Ein mündliches Angebot muss sofort angenommen werden, wenn sich aus den Umständen nichts anderes ergibt.

(3) Äußert jedoch der Empfänger aufgrund des Angebots, der zwischen den Parteien entstandenen Gepflogenheiten oder der Gebräuche seine Zustimmung dadurch, dass er eine Handlung vornimmt, die sich zum Beispiel auf die Absendung der Ware oder die Zahlung des Preises bezieht, ohne den Anbietenden davon zu unterrichten, so ist die Annahme zum Zeitpunkt der Handlung wirksam, sofern diese innerhalb der in Absatz 2 vorgeschriebenen Frist vorgenommen wird.

Artikel 19 CISG [Ergänzungen, Einschränkungen und sonstige Änderungen zum Angebot]

(1) Eine Antwort auf ein Angebot, die eine Annahme darstellen soll, aber Ergänzungen, Einschränkungen oder sonstige Änderungen enthält, ist eine Ablehnung des Angebots und stellt ein Gegenangebot dar.

(2) Eine Antwort auf ein Angebot, die eine Annahme darstellen soll, aber Ergänzungen oder Abweichungen enthält, welche die Bedingungen des Angebots nicht wesentlich ändern, stellt jedoch eine Annahme dar, wenn der Anbietende das Fehlen der Übereinstimmung nicht unverzüglich mündlich beanstandet oder eine entsprechende Mitteilung absendet. Unterlässt er dies, so bilden die Bedingungen des Angebots mit den in der Annahme enthaltenen Änderungen den Vertragsinhalt.

(3) Ergänzungen oder Abweichungen, die sich insbesondere auf Preis, Bezahlung, Qualität und Menge der Ware, auf Ort und Zeit der Lieferung, auf den Umfang der Haftung der einen Partei gegenüber der anderen oder auf die Beilegung von Streitigkeiten beziehen, werden so angesehen, als änderten sie die Bedingungen des Angebots wesentlich.

Artikel 20 CISG [Annahmefrist]

(1) Eine vom Anbietenden in einem Telegramm oder einem Brief gesetzte Frist beginnt mit Aufgabe des Telegramms oder mit dem im Brief angegebenen Datum oder, wenn kein Datum angegeben ist, mit dem auf dem Umschlag angegebenen Datum zu laufen. Eine vom Anbietenden telefonisch, durch Fernschreiben oder eine andere sofortige Übermittlungsart gesetzte Annahmefrist beginnt zu laufen, sobald das Angebot dem Empfänger zugeht.

(2) Gesetzliche Feiertage oder arbeitsfreie Tage, die in die Laufzeit der Annahmefrist fallen, werden bei der Fristberechnung mitgezählt. Kann jedoch die Mitteilung der Annahme am letzten Tag der Frist nicht an die Anschrift des Anbietenden zugestellt werden, weil dieser Tag am Ort der Niederlassung des Anbietenden auf einen gesetzlichen Feiertag oder arbeitsfreien Tag fällt, so verlängert sich die Frist bis zum ersten darauf folgenden Arbeitstag.

Artikel 21 CISG [Verspätete Annahme]

(1) Eine verspätete Annahme ist dennoch als Annahme wirksam, wenn der Anbietende unverzüglich den Annehmenden in diesem Sinne mündlich unterrichtet oder eine entsprechende schriftliche Mitteilung absendet.

(2) Ergibt sich aus dem eine verspätete Annahme enthaltenden Brief oder anderen Schriftstück, dass die Mitteilung nach den Umständen, unter denen sie abgesandt worden ist, bei normaler Beförderung dem Anbietenden rechtzeitig zugegangen wäre, so ist die verspätete Annahme als Annahme wirksam, wenn der Anbietende nicht unverzüglich den Annehmenden mündlich davon unterrich-

tet, dass er sein Angebot als erloschen betrachtet, oder eine entsprechende schriftliche Mitteilung absendet.

Artikel 22 CISG [Rücknahme der Annahme]

Eine Annahme kann zurückgenommen werden, wenn die Rücknahmeerklärung dem Anbietenden vor oder in dem Zeitpunkt zugeht, in dem die Annahme wirksam geworden wäre.

Artikel 23 CISG [Zeitpunkt des Vertragsschlusses]

Ein Vertrag ist in dem Zeitpunkt geschlossen, in dem die Annahme eines Angebots nach diesem Übereinkommen wirksam wird.

Artikel 24 CISG [Begriff des Zugangs]

Für die Zwecke dieses Teils des Übereinkommens „geht" ein Angebot, eine Annahmeerklärung oder sonstige Willenserklärung dem Empfänger „zu", wenn sie ihm mündlich gemacht wird oder wenn sie auf anderem Weg ihm persönlich, an seiner Niederlassung oder Postanschrift oder, wenn diese fehlen, an seinem gewöhnlichen Aufenthaltsort zugestellt wird.

Teil III – Warenkauf

Kapitel I. - Allgemeine Bestimmungen

Artikel 25 CISG [Wesentliche Vertragsverletzung]

Eine von einer Partei begangene Vertragsverletzung ist wesentlich, wenn sie für die andere Partei solchen Nachteil zur Folge hat, dass ihr im Wesentlichen entgeht, was sie nach dem Vertrag hätte erwarten dürfen, es sei denn, dass die vertragsbrüchige Partei diese Folge nicht vorausgesehen hat und eine vernünftige Person der gleichen Art diese Folge unter den gleichen Umständen auch nicht vorausgesehen hätte.

Artikel 26 CISG [Aufhebungserklärung]

Eine Erklärung, dass der Vertrag aufgehoben wird, ist nur wirksam, wenn sie der anderen Partei mitgeteilt wird.

Artikel 27 CISG [Absendertheorie]

Soweit in diesem Teil des Übereinkommens nicht ausdrücklich etwas anderes bestimmt wird, nimmt bei einer Anzeige, Aufforderung oder sonstigen Mitteilung, die eine Partei gemäß diesem Teil mit den nach den Umständen geeigneten Mitteln macht, eine Verzögerung oder ein Irrtum bei der Übermittlung der Mitteilung oder deren Nichteintreffen dieser Partei nicht das Recht, sich auf die Mitteilung zu berufen.

Artikel 28 CISG [Erfüllungsanspruch]

Ist eine Partei nach diesem Übereinkommen berechtigt, von der anderen Partei die Erfüllung einer Verpflichtung zu verlangen, so braucht ein Gericht eine Entscheidung auf Erfüllung in Natur nur zu fällen, wenn es dies auch nach seinem eigenen Recht bei gleichartigen Kaufverträgen täte, die nicht unter dieses Übereinkommen fallen.

Artikel 29 CISG [Vertragsänderung oder -aufhebung]

(1) Ein Vertrag kann durch bloße Vereinbarung der Parteien geändert oder aufgehoben werden.

(2) Enthält ein schriftlicher Vertrag eine Bestimmung, wonach jede Änderung oder Aufhebung durch Vereinbarung schriftlich zu erfolgen hat, so darf er nicht auf andere Weise geändert oder aufgehoben werden. Eine Partei kann jedoch aufgrund ihres Verhaltens davon ausgeschlossen sein, sich auf eine solche Bestimmung zu berufen, soweit die andere Partei sich auf dieses Verhalten verlassen hat.

Kapitel II. – Pflichten des Verkäufers

Artikel 30 CISG [Pflichten des Verkäufers]

Der Verkäufer ist nach Maßgabe des Vertrages und dieses Übereinkommens verpflichtet, die Ware zu liefern, die sie betreffenden Dokumente zu übergeben und das Eigentum an der Ware zu übertragen.

Abschnitt I. – Lieferung der Ware und Übergabe der Dokumente

Artikel 31 CISG [Inhalt der Lieferpflicht und Ort der Lieferung]

Hat der Verkäufer die Ware nicht an einem anderen bestimmten Ort zu liefern, so besteht seine Lieferpflicht in Folgendem:

a) Erfordert der Kaufvertrag eine Beförderung der Ware, so hat sie der Verkäufer dem ersten Beförderer zur Übermittlung an den Käufer zu übergeben;

b) bezieht sich der Vertrag in Fällen, die nicht unter Buchstabe a fallen, auf bestimmte Ware oder auf gattungsmäßig bezeichnete Ware, die aus einem bestimmten Bestand zu entnehmen ist oder auf herzustellende oder zu erzeugende Ware und wussten die Parteien bei Vertragsabschluss, dass die Ware sich an einem bestimmten Ort befand oder dort herzustellen oder zu erzeugen war, so hat der Verkäufer die Ware dem Käufer an diesem Ort zur Verfügung zu stellen;

c) in den anderen Fällen hat der Verkäufer die Ware dem Käufer an dem Ort zur Verfügung zu stellen. an dem der Verkäufer bei Vertragsabschluss seine Niederlassung hatte.

Artikel 32 CISG [Verpflichtungen hinsichtlich der Beförderung der Ware]

(1) Übergibt der Verkäufer nach dem Vertrag oder diesem Übereinkommen die Ware einem Beförderer und ist die Ware nicht deutlich durch daran angebrachte Kennzeichen oder durch Beförde-

rungsdokumente oder auf andere Weise dem Vertrag zugeordnet, so hat der Verkäufer dem Käufer die Versendung anzuzeigen und dabei die Ware im Einzelnen zu bezeichnen.

(2) Hat der Verkäufer für die Beförderung der Ware zu sorgen, so hat er die Verträge zu schließen, die zur Beförderung an den festgesetzten Ort mit den nach den Umständen angemessenen Beförderungsmitteln und zu den für solche Beförderungen üblichen Bedingungen erforderlich sind.

(3) Ist der Verkäufer nicht zum Abschluss einer Transportversicherung verpflichtet, so hat er dem Käufer auf dessen Verlangen alle ihm verfügbaren zum Abschluss einer solchen Versicherung erforderlichen Auskünfte zu erteilen.

Artikel 33 CISG [Zeit der Lieferung]

Der Verkäufer hat die Ware zu liefern,

a) wenn ein Zeitpunkt im Vertrag bestimmt ist oder aufgrund des Vertrages bestimmt werden kann, zu diesem Zeitpunkt,

b) wenn ein Zeitraum im Vertrag bestimmt ist oder aufgrund des Vertrages bestimmt werden kann, jederzeit innerhalb dieses Zeitraums, sofern sich nicht aus den Umständen ergibt, dass der Käufer den Zeitpunkt zu wählen hat oder

c) in allen anderen Fällen innerhalb einer angemessenen Frist nach Vertragsabschluss.

Artikel 34 CISG [Übergabe von Dokumenten]

Hat der Verkäufer Dokumente zu übergeben, die sich auf die Ware beziehen, so hat er sie zu dem Zeitpunkt, an dem Ort und in der Form zu übergeben, die im Vertrag vorgesehen sind. Hat der Verkäufer die Dokumente bereits vorher übergeben, so kann er bis zu dem für die Übergabe vorgesehenen Zeitpunkt jede Vertragswidrigkeit der Dokumente beheben, wenn die Ausübung dieses Rechts dem Käufer nicht unzumutbare Unannehmlichkeiten oder unverhältnismäßige Kosten verursacht. Der Käufer behält jedoch das Recht, Schadenersatz nach diesem Übereinkommen zu verlangen.

Abschnitt II. – Vertragsmäßigkeit der Ware sowie Rechte oder Ansprüche Dritter

Artikel 35 CISG [Vertragsmäßigkeit der Ware]

(1) Der Verkäufer hat Ware zu liefern, die in Menge, Qualität und Art sowie hinsichtlich Verpackung oder Behältnis den Anforderungen des Vertrages entspricht.

(2) Haben die Parteien nichts anderes vereinbart, so entspricht die Ware dem Vertrag nur,

  a) wenn sie sich für die Zwecke eignet, für die Ware der gleichen Art gewöhnlich gebraucht wird;

b) wenn sie sich für einen bestimmten Zweck eignet, der dem Verkäufer bei Vertragsabschluss ausdrücklich oder auf andere Weise zur Kenntnis gebracht wurde, sofern sich nicht aus den Umständen ergibt, dass der Käufer auf die Sachkenntnis und das Urteilsvermögen des Verkäufers nicht vertraute oder vernünftigerweise nicht vertrauen konnte;

c) wenn sie die Eigenschaften einer Ware besitzt, die der Verkäufer dem Käufer als Probe oder Muster vorgelegt hat;

d) wenn sie in der für Ware dieser Art üblichen Weise oder, falls es eine solche Weise nicht gibt, in einer für die Erhaltung und den Schutz der Ware angemessenen Weise verpackt ist.

(3) Der Verkäufer haftet nach Absatz 2 Buchstaben a bis d nicht für eine Vertragswidrigkeit der Ware, wenn der Käufer bei Vertragsabschluss diese Vertragswidrigkeit kannte oder darüber nicht in Unkenntnis sein konnte.

Artikel 36 CISG [Maßgeblicher Zeitpunkt für die Vertragsmäßigkeit]

(1) Der Verkäufer haftet nach dem Vertrag und diesem Übereinkommen für eine Vertragswidrigkeit, die im Zeitpunkt des Übergangs der Gefahr auf den Käufer besteht, auch wenn die Vertragswidrigkeit erst nach diesem Zeitpunkt offenbar wird.

(2) Der Verkäufer haftet auch für eine Vertragswidrigkeit, die nach dem in Absatz I angegebenen Zeitpunkt eintritt und auf die Verletzung einer seiner Pflichten zurückzuführen ist, einschließlich der Verletzung einer Garantie dafür, dass die Ware für eine bestimmte Zeit für den üblichen Zweck oder für einen bestimmten Zweck geeignet bleiben oder besondere Eigenschaften oder Merkmale behalten wird.

Artikel 37 CISG [Nacherfüllung bei vorzeitiger Lieferung]

Bei vorzeitiger Lieferung der Ware behält der Verkäufer bis zu dem für die Lieferung festgesetzten Zeitpunkt das Recht, fehlende Teile nachzuliefern, eine fehlende Menge auszugleichen, für nicht vertragsgemäße Ware Ersatz zu liefern oder die Vertragswidrigkeit der gelieferten Ware zu beheben, wenn die Ausübung dieses Rechts dem Käufer nicht unzumutbare Unannehmlichkeiten oder unverhältnismäßige Kosten verursacht. Der Käufer behält jedoch das Recht, Schadenersatz nach diesem Übereinkommen zu verlangen.

Artikel 38 CISG [Untersuchung der Ware]

(1) Der Käufer hat die Ware innerhalb einer so kurzen Frist zu untersuchen oder untersuchen zu lassen, wie es die Umstände erlauben.

(2) Erfordert der Vertrag eine Beförderung der Ware, so kann die Untersuchung bis nach dem Eintreffen der Ware am Bestimmungsort aufgeschoben werden.

(3) Wird die Ware vom Käufer umgeleitet oder von ihm weiterversandt, ohne dass er ausreichend Gelegenheit hatte, sie zu untersuchen und kannte der Verkäufer bei Vertragsabschluss die Möglichkeit einer solchen Umleitung oder Weiterversendung oder musste er sie kennen, so kann die Untersuchung bis nach dem Eintreffen der Ware an ihrem neuen Bestimmungsort aufgeschoben werden.

Artikel 39 CISG [Mängelrüge]

(1) Der Käufer verliert das Recht, sich auf eine Vertragswidrigkeit der Ware zu berufen, wenn er sie dem Verkäufer nicht innerhalb einer angemessenen Frist nach dem Zeitpunkt, in dem er sie festgestellt hat oder hätte feststellen müssen, anzeigt und dabei die Art der Vertragswidrigkeit genau bezeichnet.

(2) Der Käufer verliert in jedem Fall das Recht, sich auf die Vertragswidrigkeit der Ware zu berufen, wenn er sie nicht spätestens innerhalb von zwei Jahren, nachdem ihm die Ware tatsächlich übergeben worden ist, dem Verkäufer anzeigt, es sei denn, dass diese Frist mit einer vertraglichen Garantiefrist unvereinbar ist.

Artikel 40 CISG [Bösgläubigkeit des Verkäufers]

Der Verkäufer kann sich auf die Artikel 38 und 39 nicht berufen, wenn die Vertragswidrigkeit auf Tatsachen beruht, die er kannte oder über die er nicht in Unkenntnis sein konnte und die er dem Käufer nicht offenbart hat.

Artikel 41 CISG [Rechtsmängel]

Der Verkäufer hat Ware zu liefern, die frei von Rechten oder Ansprüchen Dritter ist, es sei denn, dass der Käufer eingewilligt hat, die mit einem solchen Recht oder Anspruch behaftete Ware zu nehmen. Beruhen jedoch solche Rechte oder Ansprüche auf gewerblichem oder anderem geistigen Eigentum, so regelt Artikel 42 die Verpflichtung des Verkäufers.

Artikel 42 CISG [Belastung mit Schutzrechten Dritter]

(1) Der Verkäufer hat Ware zu liefern, die frei von Rechten oder Ansprüchen Dritter ist, die auf gewerblichem oder anderem geistigen Eigentum beruhen und die der Verkäufer bei Vertragsabschluss kannte oder über die er nicht in Unkenntnis sein konnte, vorausgesetzt, das Recht oder der Anspruch beruht auf gewerblichem oder anderem geistigen Eigentum

    a) nach dem Recht des Staates, in dem die Ware weiterverkauft oder in dem sie in anderer Weise verwendet wird, wenn die Parteien bei Vertragsabschluss in Betracht gezogen haben, dass die Ware dort weiterverkauft oder verwendet werden wird oder

    b) in jedem anderen Falle nach dem Recht des Staates, in dem der Käufer seine Niederlassung hat.

(2) Die Verpflichtung des Verkäufers nach Absatz 1 erstreckt sich nicht auf Fälle,

    a) in denen der Käufer im Zeitpunkt des Vertragsabschlusses das Recht oder den Anspruch kannte oder darüber nicht in Unkenntnis sein konnte oder

    b) in denen das Recht oder der Anspruch sich daraus ergibt, dass der Verkäufer sich nach technischen Zeichnungen, Entwürfen, Formeln oder sonstigen Angaben gerichtet hat, die der Käufer zur Verfügung gestellt hat.

Artikel 43 CISG [Rügepflicht]

(1) Der Käufer kann sich auf Artikel 41 oder 42 nicht berufen, wenn er dem Verkäufer das Recht oder den Anspruch des Dritten nicht innerhalb einer angemessenen Frist nach dem Zeitpunkt, in dem er davon Kenntnis erlangt hat oder hätte erlangen müssen, anzeigt und dabei genau bezeichnet, welcher Art das Recht oder der Anspruch des Dritten ist.

(2) Der Verkäufer kann sich nicht auf Absatz 1 berufen, wenn er das Recht oder den Anspruch des Dritten und seine Art kannte.

Artikel 44 CISG [Entschuldigung für unterlassene Anzeige]

Ungeachtet des Artikels 39 Absatz 1 und des Artikels 43 Absatz I kann der Käufer den Preis nach Artikel 50 herabsetzen oder Schadenersatz, außer für entgangenen Gewinn, verlangen, wenn er eine vernünftige Entschuldigung dafür hat, dass er die erforderliche Anzeige unterlassen hat.

Abschnitt III. – Rechtsbehelfe des Käufers wegen Vertragsverletzung durch den Verkäufer

Artikel 45 CISG [Rechtsbehelfe des Käufers; keine zusätzliche Frist]

(1) Erfüllt der Verkäufer eine seiner Pflichten nach dem Vertrag oder diesem Übereinkommen nicht, so kann der Käufer

    a) die in Artikel 46 bis 52 vorgesehenen Rechte ausüben;

    b) Schadenersatz nach Artikel 74 bis 77 verlangen.

(2) Der Käufer verliert das Recht, Schadenersatz zu verlangen, nicht dadurch, dass er andere Rechtsbehelfe ausübt.

(3) Übt der Käufer einen Rechtsbehelf wegen Vertragsverletzung aus, so darf ein Gericht oder Schiedsgericht dem Verkäufer keine zusätzliche Frist gewähren.

Artikel 46 CISG [Recht des Käufers auf Erfüllung oder Nacherfüllung]

(1) Der Käufer kann vom Verkäufer Erfüllung seiner Pflichten verlangen, es sei denn, dass der Käufer einen Rechtsbehelf ausgeübt hat, der mit diesem Verlangen unvereinbar ist.

(2) Ist die Ware nicht vertragsgemäß, so kann der Käufer Ersatzlieferung nur verlangen, wenn die Vertragswidrigkeit eine wesentliche Vertragsverletzung darstellt und die Ersatzlieferung entweder zusammen mit einer Anzeige nach Artikel 39 oder innerhalb einer angemessenen Frist danach verlangt wird.

(3) Ist die Ware nicht vertragsgemäß, so kann der Käufer den Verkäufer auffordern, die Vertragswidrigkeit durch Nachbesserung zu beheben, es sei denn, dass dies unter Berücksichtigung aller Umstände unzumutbar ist. Nachbesserung muss entweder zusammen mit einer Anzeige nach Artikel 39 oder innerhalb einer angemessenen Frist danach verlangt werden.

Artikel 47 CISG [Nachfrist]

(1) Der Käufer kann dem Verkäufer eine angemessene Nachfrist zur Erfüllung seiner Pflichten setzen.

(2) Der Käufer kann vor Ablauf dieser Frist keinen Rechtsbehelf wegen Vertragsverletzung ausüben, außer wenn er vom Verkäufer die Anzeige erhalten hat, dass dieser seine Pflichten nicht innerhalb der so gesetzten Frist erfüllen wird. Der Käufer behält jedoch das Recht, Schadenersatz wegen verspäteter Erfüllung zu verlangen.

Artikel 48 CISG [Recht des Verkäufers zur Nacherfüllung]

(1) Vorbehaltlich des Artikels 49 kann der Verkäufer einen Mangel in der Erfüllung seiner Pflichten auch nach dem Liefertermin auf eigene Kosten beheben, wenn dies keine unzumutbare Verzögerung nach sich zieht und dem Käufer weder unzumutbare Unannehmlichkeiten noch Ungewissheit über die Erstattung seiner Auslagen durch den Verkäufer verursacht. Der Käufer behält jedoch das Recht, Schadenersatz nach diesem Übereinkommen zu verlangen.

(2) Fordert der Verkäufer den Käufer auf, ihm mitzuteilen, ob er die Erfüllung annehmen will und entspricht der Käufer der Aufforderung nicht innerhalb einer angemessenen Frist, so kann der Verkäufer innerhalb der in seiner Aufforderung angegebenen Frist erfüllen. Der Käufer kann vor Ablauf dieser Frist keinen Rechtsbehelf ausüben, der mit der Erfüllung durch den Verkäufer unvereinbar ist.

(3) Zeigt der Verkäufer dem Käufer an, dass er innerhalb einer bestimmten Frist erfüllen wird, so wird vermutet, dass die Anzeige eine Aufforderung an den Käufer nach Absatz 2 enthält, seine Entscheidung mitzuteilen.

(4) Eine Aufforderung oder Anzeige des Verkäufers nach Absatz 2 oder 3 ist nur wirksam, wenn der Käufer sie erhalten hat.

Artikel 49 CISG [Vertragsaufhebung]

(1) Der Käufer kann die Aufhebung des Vertrages erklären,

a) wenn die Nichterfüllung einer dem Verkäufer nach dem Vertrag oder diesem Übereinkommen obliegenden Pflicht eine wesentliche Vertragsverletzung darstellt oder

b) wenn im Falle der Nichtlieferung der Verkäufer die Ware nicht innerhalb der vom Käufer nach Artikel 47 Absatz 1 gesetzten Nachfrist liefert oder wenn er erklärt, dass er nicht innerhalb der so gesetzten Frist liefern wird.

(2) Hat der Verkäufer die Ware geliefert, so verliert jedoch der Käufer sein Recht, die Aufhebung des Vertrages zu erklären, wenn er

a) im Falle der verspäteten Lieferung die Aufhebung nicht innerhalb einer angemessenen Frist erklärt, nachdem er erfahren hat, dass die Lieferung erfolgt ist oder

b) im Falle einer anderen Vertragsverletzung als verspäteter Lieferung die Aufhebung nicht innerhalb einer angemessenen Frist erklärt,

i) nachdem er die Vertragsverletzung kannte oder kennen musste,

ii) nachdem eine vom Käufer nach Artikel 47 Absatz 1 gesetzte Nachfrist abgelaufen ist oder nachdem der Verkäufer erklärt hat, dass er seine Pflichten nicht innerhalb der Nachfrist erfüllen wird oder

iii) nachdem eine vom Verkäufer nach Artikel 48 Absatz 2 gesetzte Frist abgelaufen ist oder nachdem der Käufer erklärt hat, dass er die Erfüllung nicht annehmen wird.

Artikel 50 CISG [Minderung]

Ist die Ware nicht vertragsgemäß, so kann der Käufer unabhängig davon, ob der Kaufpreis bereits gezahlt worden ist oder nicht, den Preis in dem Verhältnis herabsetzen, in dem der Wert, den die tatsächlich gelieferte Ware im Zeitpunkt der Lieferung hatte, zu dem Wert steht, den vertragsgemäße Ware zu diesem Zeitpunkt gehabt hätte. Behebt jedoch der Verkäufer nach Artikel 37 oder 48 einen Mangel in der Erfüllung seiner Pflichten oder weigert sich der Käufer, Erfüllung durch den Verkäufer nach den genannten Artikeln anzunehmen, so kann der Käufer den Preis nicht herabsetzen.

Artikel 51 CISG [Teilweise Nichterfüllung]

(1) Liefert der Verkäufer nur einen Teil der Ware oder ist nur ein Teil der gelieferten Ware vertragsgemäß, so gelten für den Teil, der fehlt oder der nicht vertragsgemäß ist, die Artikel 46 bis 50.

(2) Der Käufer kann nur dann die Aufhebung des gesamten Vertrages erklären, wenn die unvollständige oder nicht vertragsgemäße Lieferung eine wesentliche Vertragsverletzung darstellt.

Artikel 52 CISG [Vorzeitige Lieferung und Zuviel-Lieferung]

(1) Liefert der Verkäufer die Ware vor dem festgesetzten Zeitpunkt, so steht es dem Käufer frei, sie abzunehmen oder die Abnahme zu verweigern.

(2) Liefert der Verkäufer eine größere als die vereinbarte Menge, so kann der Käufer die zu viel gelieferte Menge abnehmen oder ihre Abnahme verweigern. Nimmt der Käufer die zu viel gelieferte Menge ganz oder teilweise ab, so hat er sie entsprechend dem vertraglichen Preis zu bezahlen.

Kapitel III. – Pflichten des Käufers

Artikel 53 CISG [Zahlung des Kaufpreises; Abnahme der Ware]

Der Käufer ist nach Maßgabe des Vertrages und dieses Übereinkommens verpflichtet, den Kaufpreis zu zahlen und die Ware abzunehmen.

Abschnitt I. Zahlung des Kaufpreises

Artikel 54 CISG [Kaufpreiszahlung]

Zur Pflicht des Käufers, den Kaufpreis zu zahlen, gehört es auch, die Maßnahmen zu treffen und die Förmlichkeiten zu erfüllen, die der Vertrag oder Rechtsvorschriften erfordern, damit Zahlung geleistet werden kann.

Artikel 55 CISG [Bestimmung des Preises]

Ist ein Vertrag gültig geschlossen worden, ohne dass er den Kaufpreis ausdrücklich oder stillschweigend festsetzt oder dessen Festsetzung ermöglicht, so wird mangels gegenteiliger Anhaltspunkte vermutet, dass die Parteien sich stillschweigend auf den Kaufpreis bezogen haben, der bei Vertragsabschluss allgemein für derartige Ware berechnet wurde, die in dem betreffenden Geschäftszweig unter vergleichbaren Umständen verkauft wurde.

Artikel 56 CISG [Kaufpreis nach Gewicht]

Ist der Kaufpreis nach dem Gewicht der Ware festgesetzt, so bestimmt er sich im Zweifel nach dem Nettogewicht.

Artikel 57 CISG [Zahlungsort]

(1) Ist der Käufer nicht verpflichtet, den Kaufpreis an einem anderen bestimmten Ort zu zahlen, so hat er ihn dem Verkäufer wie folgt zu zahlen:

   a) am Ort der Niederlassung des Verkäufers oder,

   b) wenn die Zahlung gegen Übergabe der Ware oder von Dokumenten zu leisten ist, an dem Ort, an dem die Übergabe stattfindet.

(2) Der Verkäufer hat alle mit der Zahlung zusammenhängenden Mehrkosten zu tragen, die durch einen Wechsel seiner Niederlassung nach Vertragsabschluss entstehen.

Artikel 58 CISG [Zahlungszeit; Zahlung als Bedingung der Übergabe; Untersuchung vor Zahlung]

(1) Ist der Käufer nicht verpflichtet, den Kaufpreis zu einer bestimmten Zeit zu zahlen, so hat er den Preis zu zahlen, sobald ihm der Verkäufer entweder die Ware oder die Dokumente, die zur Verfügung darüber berechtigen, nach dem Vertrag und diesem Übereinkommen zur Verfügung gestellt hat. Der Verkäufer kann die Übergabe der Ware oder der Dokumente von der Zahlung abhängig machen.

(2) Erfordert der Vertrag eine Beförderung der Ware, so kann der Verkäufer sie mit der Maßgabe versenden, dass die Ware oder die Dokumente, die zur Verfügung darüber berechtigen, dem Käufer nur gegen Zahlung des Kaufpreises zu übergeben sind.

(3) Der Käufer ist nicht verpflichtet, den Kaufpreis zu zahlen, bevor er Gelegenheit gehabt hat, die Ware zu untersuchen, es sei denn, die von den Parteien vereinbarten Lieferungs- oder Zahlungsmodalitäten bieten hierzu keine Gelegenheit.

Artikel 59 CISG [Zahlung ohne Aufforderung]

Der Käufer hat den Kaufpreis zu dem Zeitpunkt, der in dem Vertrag festgesetzt oder nach dem Vertrag und diesem Übereinkommen bestimmbar ist, zu zahlen, ohne dass es einer Aufforderung oder der Einhaltung von Förmlichkeiten seitens des Verkäufers bedarf.

Abschnitt II. – Abnahme

Artikel 60 CISG [Begriff der Abnahme]

Die Pflicht des Käufers zur Abnahme besteht darin,

a) alle Handlungen vorzunehmen, die vernünftigerweise von ihm erwartet werden können, damit dem Verkäufer die Lieferung ermöglicht wird und

b) die Ware zu übernehmen.

Abschnitt III. Rechtsbehelfe des Verkäufers wegen Vertragsverletzung durch den Käufer

Artikel 61 CISG [Rechtsbehelfe des Verkäufers; keine zusätzliche Frist]

(1) Erfüllt der Käufer eine seiner Pflichten nach dem Vertrag oder diesem Übereinkommen nicht, so kann der Verkäufer

a) die in Artikel 62 bis 65 vorgesehenen Rechte ausüben;

b) Schadenersatz nach Artikel 74 bis 77 verlangen.

(2) Der Verkäufer verliert das Recht, Schadenersatz zu verlangen, nicht dadurch, dass er andere Rechtsbehelfe ausübt.

(3) Übt der Verkäufer einen Rechtsbehelf wegen Vertragsverletzung aus, so darf ein Gericht oder Schiedsgericht dem Käufer keine zusätzliche Frist gewähren.

Artikel 62 CISG [Zahlung des Kaufpreises; Abnahme der Ware]

Der Verkäufer kann vom Käufer verlangen, dass er den Kaufpreis zahlt, die Ware abnimmt sowie seine sonstigen Pflichten erfüllt, es sei denn, dass der Verkäufer einen Rechtsbehelf ausgeübt hat, der mit diesem Verlangen unvereinbar ist.

Artikel 63 CISG [Nachfrist]

(1) Der Verkäufer kann dem Käufer eine angemessene Nachfrist zur Erfüllung seiner Pflichten setzen.

(2) Der Verkäufer kann vor Ablauf dieser Frist keinen Rechtsbehelf wegen Vertragsverletzung ausüben, außer wenn er vom Käufer die Anzeige erhalten hat, dass dieser seine Pflichten nicht innerhalb der so gesetzten Frist erfüllen wird. Der Verkäufer verliert dadurch jedoch nicht das Recht, Schadenersatz wegen verspäteter Erfüllung zu verlangen.

Artikel 64 CISG [Vertragsaufhebung]

(1) Der Verkäufer kann die Aufhebung des Vertrages erklären,

    a) wenn die Nichterfüllung einer dem Käufer nach dem Vertrag oder diesem Übereinkommen obliegenden Pflicht eine wesentliche Vertragsverletzung darstellt oder

    b) wenn der Käufer nicht innerhalb der vom Verkäufer nach Artikel 63 Absatz 1 gesetzten Nachfrist seine Pflicht zur Zahlung des Kaufpreises oder zur Abnahme der Ware erfüllt oder wenn er erklärt, dass er dies nicht innerhalb der so gesetzten Frist tun wird.

(2) Hat der Käufer den Kaufpreis gezahlt, so verliert jedoch der Verkäufer sein Recht, die Aufhebung des Vertrages zu erklären, wenn er

    a) im Falle verspäteter Erfüllung durch den Käufer die Aufhebung nicht erklärt, bevor er erfahren hat, dass erfüllt worden ist oder

    b) im Falle einer anderen Vertragsverletzung als verspäteter Erfüllung durch den Käufer die Aufhebung nicht innerhalb einer angemessenen Zeit erklärt,

        i) nachdem der Verkäufer die Vertragsverletzung kannte oder kennen musste oder

        ii) nachdem eine vom Verkäufer nach Artikel 63 Absatz 1 gesetzte Nachfrist abgelaufen ist oder nachdem der

Käufer erklärt hat, dass er seine Pflichten nicht innerhalb der Nachfrist erfüllen wird.

Artikel 65 CISG [Spezifizierung durch den Verkäufer]

(1) Hat der Käufer nach dem Vertrag die Form, die Maße oder andere Merkmale der Ware näher zu bestimmen und nimmt er diese Spezifizierung nicht zu dem vereinbarten Zeitpunkt oder innerhalb einer angemessenen Frist nach Eingang einer Aufforderung durch den Verkäufer vor, so kann der Verkäufer unbeschadet aller ihm zustehenden sonstigen Rechte die Spezifizierung nach den Bedürfnissen des Käufers, soweit ihm diese bekannt sind, selbst vornehmen.

(2) Nimmt der Verkäufer die Spezifizierung selbst vor, so hat er dem Käufer deren Einzelheiten mitzuteilen und ihm eine angemessene Frist zu setzen, innerhalb deren der Käufer eine abweichende Spezifizierung vornehmen kann. Macht der Käufer nach Eingang einer solchen Mitteilung von dieser Möglichkeit innerhalb der so gesetzten Frist keinen Gebrauch, so ist die vom Verkäufer vorgenommene Spezifizierung verbindlich.

Kapitel IV. Übergang der Gefahr

Artikel 66 CISG [Wirkung des Gefahrübergangs]

Untergang oder Beschädigung der Ware nach Übergang der Gefahr auf den Käufer befreit diesen nicht von der Pflicht, den Kaufpreis zu zahlen, es sei denn, dass der Untergang oder die Beschädigung auf eine Handlung oder Unterlassung des Verkäufers zurückzuführen ist.

Artikel 67 CISG [Gefahrübergang bei Beförderung der Ware]

(1) Erfordert der Kaufvertrag eine Beförderung der Ware und ist der Verkäufer nicht verpflichtet, sie an einem bestimmten Ort zu übergeben, so geht die Gefahr auf den Käufer über, sobald die Ware gemäß dem Kaufvertrag dem ersten Beförderer zur Übermittlung an den Käufer übergeben wird. Hat der Verkäufer dem Beförderer die Ware an einem bestimmten Ort zu übergeben, so geht die Gefahr erst auf den Käufer über, wenn die Ware dem Beförderer an diesem Ort übergeben wird. Ist der Verkäufer befugt, die Dokumente, die zur Verfügung über die Ware berechtigen, zurückzubehalten, so hat dies keinen Einfluss auf den Übergang der Gefahr.

(2) Die Gefahr geht jedoch erst auf den Käufer über, wenn die Ware eindeutig dem Vertrag zugeordnet ist, sei es durch an der Ware angebrachte Kennzeichen, durch Beförderungsdokumente, durch eine Anzeige an den Käufer oder auf andere Weise.

Artikel 68 CISG [Gefahrübergang bei Verkauf der Ware, die sich auf dem Transport befindet]

Wird Ware, die sich auf dem Transport befindet, verkauft, so geht die Gefahr im Zeitpunkt des Vertragsabschlusses auf den Käufer über. Die

Gefahr wird jedoch bereits im Zeitpunkt der Übergabe der Ware an den Beförderer, der die Dokumente über den Beförderungsvertrag ausgestellt hat, von dem Käufer übernommen, falls die Umstände diesen Schluss nahelegen. Wenn dagegen der Verkäufer bei Abschluss des Kaufvertrages wusste oder wissen musste, dass die Ware untergegangen oder beschädigt war und er dies dem Käufer nicht offenbart hat, geht der Untergang oder die Beschädigung zu Lasten des Verkäufers.

Artikel 69 CISG [Gefahrübergang in anderen Fällen]

(1) In den durch Artikel 67 und 68 nicht geregelten Fällen geht die Gefahr auf den Käufer über, sobald er die Ware übernimmt oder, wenn er sie nicht rechtzeitig übernimmt, in dem Zeitpunkt, in dem ihm die Ware zur Verfügung gestellt wird und er durch Nichtabnahme eine Vertragsverletzung begeht.

(2) Hat jedoch der Käufer die Ware an einem anderen Ort als einer Niederlassung des Verkäufers zu übernehmen, so geht die Gefahr über, sobald die Lieferung fällig ist und der Käufer Kenntnis davon hat, dass ihm die Ware an diesem Ort zur Verfügung steht.

(3) Betrifft der Vertrag Ware, die noch nicht individualisiert ist, so gilt sie erst dann als dem Käufer zur Verfügung gestellt, wenn sie eindeutig dem Vertrag zugeordnet worden ist.

Artikel 70 CISG [Wesentliche Vertragsverletzung und Gefahrübergang]

Hat der Verkäufer eine wesentliche Vertragsverletzung begangen, so berühren die Artikel 67, 68 und 69 nicht die dem Käufer wegen einer solchen Verletzung zustehenden Rechtsbehelfe.

Kapitel V. – Gemeinsame Bestimmungen über die Pflichten des Verkäufers und des Käufers

Abschnitt I. – Vorweggenommene Vertragsverletzung und Verträge über aufeinander folgende Lieferungen

Artikel 71 CISG [Verschlechterungseinrede]

(1) Eine Partei kann die Erfüllung ihrer Pflichten aussetzen, wenn sich nach Vertragsabschluss herausstellt, dass die andere Partei einen wesentlichen Teil ihrer Pflichten nicht erfüllen wird

   a) wegen eines schwerwiegenden Mangels ihrer Fähigkeit, den Vertrag zu erfüllen oder ihrer Kreditwürdigkeit oder

   b) wegen ihres Verhaltens bei der Vorbereitung der Erfüllung oder bei der Erfüllung des Vertrages.

(2) Hat der Verkäufer die Ware bereits abgesandt, bevor sich die in Absatz 1 bezeichneten Gründe herausstellen, so kann er sich der Übergabe der Ware an den Käufer widersetzen, selbst wenn der Käufer ein Dokument hat, das ihn berechtigt, die Ware zu erlan-

gen. Der vorliegende Absatz betrifft nur die Rechte auf die Ware im Verhältnis zwischen Käufer und Verkäufer.

(3) Setzt eine Partei vor oder nach der Absendung der Ware die Erfüllung aus, so hat sie dies der anderen Partei sofort anzuzeigen; sie hat die Erfüllung fortzusetzen, wenn die andere Partei für die Erfüllung ihrer Pflichten ausreichende Gewähr gibt.

Artikel 72 CISG [Antizipierter Vertragsbruch]

(1) Ist schon vor dem für die Vertragserfüllung festgesetzten Zeitpunkt offensichtlich, dass eine Partei eine wesentliche Vertragsverletzung begehen wird, so kann die andere Partei die Aufhebung des Vertrages erklären.

(2) Wenn es die Zeit erlaubt und es nach den Umständen vernünftig ist, hat die Partei, welche die Aufhebung des Vertrages erklären will, dies der anderen Partei anzuzeigen, um ihr zu ermöglichen, für die Erfüllung ihrer Pflichten ausreichende Gewähr zu geben.

(3) Absatz 2 ist nicht anzuwenden, wenn die andere Partei erklärt hat, dass sie ihre Pflichten nicht erfüllen wird.

Artikel 73 CISG [Sukzessivlieferungsvertrag; Aufhebung]

(1) Sieht ein Vertrag aufeinander folgende Lieferungen von Ware vor und begeht eine Partei durch Nichterfüllung einer eine Teillieferung betreffenden Pflicht eine wesentliche Vertragsverletzung in Bezug auf diese Teillieferung, so kann die andere Partei die Aufhebung des Vertrages in Bezug auf diese Teillieferung erklären.

(2) Gibt die Nichterfüllung einer eine Teillieferung betreffenden Pflicht durch eine der Parteien der anderen Partei triftigen Grund zu der Annahme, dass eine wesentliche Vertragsverletzung in Bezug auf künftige Teillieferungen zu erwarten ist, so kann die andere Partei innerhalb angemessener Frist die Aufhebung des Vertrages für die Zukunft erklären.

(3) Ein Käufer, der den Vertrag in Bezug auf eine Lieferung als aufgehoben erklärt, kann gleichzeitig die Aufhebung des Vertrages in Bezug auf bereits erhaltene Lieferungen oder in Bezug auf künftige Lieferungen erklären, wenn diese Lieferungen wegen des zwischen ihnen bestehenden Zusammenhangs nicht mehr für den Zweck verwendet werden können, den die Parteien im Zeitpunkt des Vertragsabschlusses in Betracht gezogen haben.

Abschnitt II. Schadensersatz

Artikel 74 CISG [Umfang des Schadensersatzes]

Als Schadensersatz für die durch eine Partei begangene Vertragsverletzung ist der der anderen Partei infolge der Vertragsverletzung entstandene Verlust, einschließlich des entgangenen Gewinns, zu ersetzen. Dieser Schadensersatz darf jedoch den Verlust nicht übersteigen, den die vertragsbrüchige Partei bei Vertragsabschluss als mögliche Folge der Vertragsverletzung vorausgesehen hat oder unter Berücksichtigung der

Umstände, die sie kannte oder kennen musste, hätte voraussehen müssen.

Artikel 75 CISG [Schadensberechnung bei Vertragsaufhebung und Deckungsgeschäft]

Ist der Vertrag aufgehoben und hat der Käufer einen Deckungskauf oder der Verkäufer einen Deckungsverkauf in angemessener Weise und innerhalb eines angemessenen Zeitraums nach der Aufhebung vorgenommen, so kann die Partei, die Schadenersatz verlangt, den Unterschied zwischen dem im Vertrag vereinbarten Preis und dem Preis des Deckungskaufs oder des Deckungsverkaufs sowie jeden weiteren Schadenersatz nach Artikel 74 verlangen.

Artikel 76 CISG [Schadensberechnung bei Vertragsaufhebung ohne Deckungsgeschäft]

(1) Ist der Vertrag aufgehoben und hat die Ware einen Marktpreis, so kann die Schadenersatz verlangende Partei, wenn sie keinen Deckungskauf oder Deckungsverkauf nach Artikel 75 vorgenommen hat, den Unterschied zwischen dem im Vertrag vereinbarten Preis und dem Marktpreis zur Zeit der Aufhebung sowie jeden weiteren Schadenersatz nach Artikel 74 verlangen. Hat jedoch die Partei, die Schadenersatz verlangt, den Vertrag aufgehoben, nachdem sie die Ware übernommen hat, so gilt der Marktpreis zur Zeit der Übernahme und nicht der Marktpreis zur Zeit der Aufhebung.

(2) Als Marktpreis im Sinne von Absatz 1 ist maßgebend der Marktpreis, der an dem Ort gilt, an dem die Lieferung der Ware hätte erfolgen sollen oder, wenn dort ein Marktpreis nicht besteht, der an einem angemessenen Ersatzort geltende Marktpreis; dabei sind Unterschiede in den Kosten der Beförderung der Ware zu berücksichtigen.

Artikel 77 CISG [Schadensminderungspflicht des Ersatzberechtigten]

Die Partei, die sich auf eine Vertragsverletzung beruft, hat alle den Umständen nach angemessenen Maßnahmen zur Verringerung des aus der Vertragsverletzung folgenden Verlusts, einschließlich des entgangenen Gewinns, zu treffen. Versäumt sie dies, so kann die vertragsbrüchige Partei Herabsetzung des Schadenersatzes in Höhe des Betrags verlangen, um den der Verlust hätte verringert werden sollen.

Abschnitt III. – Zinsen

Artikel 78 CISG [Zinsen]

Versäumt eine Partei, den Kaufpreis oder einen anderen fälligen Betrag zu zahlen, so hat die andere Partei für diese Beträge Anspruch auf Zinsen, unbeschadet eines Schadenersatzanspruchs nach Artikel 74.

Abschnitt IV. – Befreiungen

Artikel 79 CISG [Hinderungsgrund außerhalb des Einflussbereichs des Schuldners]

(1) Eine Partei hat für die Nichterfüllung einer ihrer Pflichten nicht einzustehen, wenn sie beweist, dass die Nichterfüllung auf einem außerhalb ihres Einflussbereichs liegenden Hinderungsgrund beruht und dass von ihr vernünftigerweise nicht erwartet werden konnte, den Hinderungsgrund bei Vertragsabschluss in Betracht zu ziehen oder den Hinderungsgrund oder seine Folgen zu vermeiden oder zu überwinden.

(2) Beruht die Nichterfüllung einer Partei auf der Nichterfüllung durch einen Dritten, dessen sie sich zur völligen oder teilweisen Vertragserfüllung bedient, so ist diese Partei von der Haftung nur befreit,

a) wenn sie nach Absatz 1 befreit ist und

b) wenn der Dritte selbst ebenfalls nach Absatz 1 befreit wäre, sofern Absatz 1 auf ihn Anwendung fände.

(3) Die in diesem Artikel vorgesehene Befreiung gilt für die Zeit, während der der Hinderungsgrund besteht.

(4) Die Partei, die nicht erfüllt, hat den Hinderungsgrund und seine Auswirkung auf ihre Fähigkeit zu erfüllen der anderen Partei mitzuteilen. Erhält die andere Partei die Mitteilung nicht innerhalb einer angemessenen Frist, nachdem die nicht erfüllende Partei den Hinderungsgrund kannte oder kennen musste, so haftet diese für den aus dem Nichterhalt entstehenden Schaden.

(5) Dieser Artikel hindert die Parteien nicht, ein anderes als das Recht auszuüben, Schadenersatz nach diesem Übereinkommen zu verlangen.

Artikel 80 CISG [Verursachung der Nichterfüllung durch die andere Partei]

Eine Partei kann sich auf die Nichterfüllung von Pflichten durch die andere Partei nicht berufen, soweit diese Nichterfüllung durch ihre Handlung oder Unterlassung verursacht wurde.

Abschnitt V. – Wirkungen der Aufhebung

Artikel 81 CISG [Erlöschen der Leistungspflichten; Rückgabe des Geleisteten]

(1) Die Aufhebung des Vertrages befreit beide Parteien von ihren Vertragspflichten, mit Ausnahme etwaiger Schadenersatzpflichten. Die Aufhebung berührt nicht Bestimmungen des Vertrages über die Beilegung von Streitigkeiten oder sonstige Bestimmungen des Vertrages, welche die Rechte und Pflichten der Parteien nach Vertragsaufhebung regeln.

(2) Hat eine Partei den Vertrag ganz oder teilweise erfüllt, so kann sie Rückgabe des von ihr Geleisteten von der anderen Partei verlangen. Sind beide Parteien zur Rückgabe verpflichtet, so sind die Leistungen Zug um Zug zurückzugeben.

Artikel 82 CISG [Verlust der Rechte auf Vertragsaufhebung oder Ersatzlieferung wegen Unmöglichkeit der Rückgabe im ursprünglichen Zustand]

(1) Der Käufer verliert das Recht, die Aufhebung des Vertrages zu erklären oder vom Verkäufer Ersatzlieferung zu verlangen, wenn es ihm unmöglich ist, die Ware im Wesentlichen in dem Zustand zurückzugeben, indem er sie erhalten hat.

(2) Absatz 1 findet keine Anwendung,

    a) wenn die Unmöglichkeit, die Ware zurückzugeben oder sie im Wesentlichen in dem Zustand zurückzugeben, in dem der Käufer sie erhalten hat, nicht auf einer Handlung oder Unterlassung des Käufers beruht,

    b) wenn die Ware ganz oder teilweise infolge der in Artikel 38 vorgesehenen Untersuchung untergegangen oder verschlechtert worden ist oder

    c) wenn der Käufer die Ware ganz oder teilweise im normalen Geschäftsverkehr verkauft oder der normalen Verwendung entsprechend verbraucht oder verändert hat, bevor er die Vertragswidrigkeit entdeckt hat oder hätte entdecken müssen.

Artikel 83 CISG [Fortbestand anderer Rechte des Käufers]

Der Käufer, der nach Artikel 82 das Recht verloren hat, die Aufhebung des Vertrages zu erklären oder vom Verkäufer Ersatzlieferung zu verlangen, behält alle anderen Rechtsbehelfe, die ihm nach dem Vertrag und diesem Übereinkommen zustehen.

Artikel 84 CISG [Ausgleich von Vorteilen im Falle der Rückabwicklung]

(1) Hat der Verkäufer den Kaufpreis zurückzuzahlen, so hat er außerdem vom Tag der Zahlung an auf den Betrag Zinsen zu zahlen.

(2) Der Käufer schuldet dem Verkäufer den Gegenwert aller Vorteile, die er aus der Ware oder einem Teil der Ware gezogen hat,

    a) wenn er die Ware ganz oder teilweise zurückgeben muss oder

    b) wenn es ihm unmöglich ist, die Ware ganz oder teilweise zurückzugeben oder sie ganz oder teilweise im Wesentlichen in dem Zustand zurückzugeben, indem er sie erhalten hat, er aber dennoch die Aufhebung des Vertrages erklärt oder vom Verkäufer Ersatzlieferung verlangt hat.

Abschnitt VI. – Erhaltung der Ware

Artikel 85 CISG [Pflicht des Verkäufers zur Erhaltung der Ware]

Nimmt der Käufer die Ware nicht rechtzeitig ab oder versäumt er, falls Zahlung des Kaufpreises und Lieferung der Ware Zug um Zug erfolgen sollen, den Kaufpreis zu zahlen und hat der Verkäufer die Ware noch in Besitz oder ist er sonst in der Lage, über sie zu verfügen, so hat der Verkäufer die den Umständen angemessenen Maßnahmen zu ihrer Erhaltung zu treffen. Er ist berechtigt, die Ware zurückzubehalten, bis ihm der Käufer seine angemessenen Aufwendungen erstattet hat.

Artikel 86 CISG [Pflicht des Käufers zur Inbesitznahme und Erhaltung der Ware]

(1) Hat der Käufer die Ware empfangen und beabsichtigt er, ein nach dem Vertrag oder diesem Übereinkommen bestehendes Zurückweisungsrecht auszuüben, so hat er die den Umständen angemessenen Maßnahmen zu ihrer Erhaltung zu treffen. Er ist berechtigt, die Ware zurückzubehalten, bis ihm der Verkäufer seine angemessenen Aufwendungen erstattet hat.

(2) Ist die dem Käufer zugesandte Ware ihm am Bestimmungsort zur Verfügung gestellt worden und übt er das Recht aus, sie zurückzuweisen, so hat er sie für Rechnung des Verkäufers in Besitz zu nehmen, sofern dies ohne Zahlung des Kaufpreises und ohne unzumutbare Unannehmlichkeiten oder unverhältnismäßige Kosten möglich ist. Dies gilt nicht, wenn der Verkäufer oder eine Person, die befugt ist, die Ware für Rechnung des Verkäufers in Obhut zu nehmen, am Bestimmungsort anwesend ist. Nimmt der Käufer die Ware nach diesem Absatz in Besitz, so werden seine Rechte und Pflichten durch Absatz 1 geregelt.

Artikel 87 CISG [Einlagerung bei Dritten]

Eine Partei, die Maßnahmen zur Erhaltung der Ware zu treffen hat, kann die Ware auf Kosten der anderen Partei in den Lagerräumen eines Dritten einlagern, sofern daraus keine unverhältnismäßigen Kosten entstehen.

Artikel 88 CISG [Selbsthilfeverkauf]

(1) Eine Partei, die nach Artikel 85 oder 86 zur Erhaltung der Ware verpflichtet ist, kann sie auf jede geeignete Weise verkaufen, wenn die andere Partei die Inbesitznahme oder die Rücknahme der Ware oder die Zahlung des Kaufpreises oder der Erhaltungskosten ungebührlich hinauszögert, vorausgesetzt, dass sie der anderen Partei ihre Verkaufsabsicht in vernünftiger Weise angezeigt hat.

(2) Ist die Ware einer raschen Verschlechterung ausgesetzt oder würde ihre Erhaltung unverhältnismäßige Kosten verursachen, so hat die Partei, der nach Artikel 85 oder 86 die Erhaltung der Ware obliegt, sich in angemessener Weise um ihren Verkauf zu bemü-

hen. Soweit möglich hat sie der anderen Partei ihre Verkaufsabsicht anzuzeigen.

(3) Hat eine Partei die Ware verkauft, so kann sie aus dem Erlös des Verkaufs den Betrag behalten, der den angemessenen Kosten der Erhaltung und des Verkaufs der Ware entspricht. Den Überschuss schuldet sie der anderen Partei.

Bauforderungssicherungsgesetz (BauFordSiG)

Stand 27.7.2017

§ 1 BauFordSiG

(1) Der Empfänger von Baugeld ist verpflichtet, das Baugeld zur Befriedigung solcher Personen, die an der Herstellung oder dem Umbau des Baues auf Grund eines Werk-, Dienst- oder Kaufvertrags beteiligt sind, zu verwenden. Eine anderweitige Verwendung des Baugeldes ist bis zu dem Betrag statthaft, in welchem der Empfänger aus anderen Mitteln Gläubiger der bezeichneten Art bereits befriedigt hat. Die Verpflichtung nach Satz 1 hat auch zu erfüllen, wer als Baubetreuer bei der Betreuung des Bauvorhabens zur Verfügung über die Finanzierungsmittel des Bestellers ermächtigt ist.

(2) Ist der Empfänger selbst an der Herstellung oder dem Umbau beteiligt, so darf er das Baugeld in Höhe des angemessenen Wertes der von ihm erbrachten Leistungen für sich behalten.

(3) Baugeld sind Geldbeträge,

 1. die zum Zweck der Bestreitung der Kosten eines Baues oder Umbaues in der Weise gewährt werden, dass zur Sicherung der Ansprüche des Geldgebers eine Hypothek oder Grundschuld an dem zu bebauenden Grundstück dient oder die Übertragung eines Eigentums an dem Grundstück erst nach gänzlicher oder teilweiser Herstellung des Baues oder Umbaues erfolgen soll, oder

 2. die der Empfänger von einem Dritten für eine im Zusammenhang mit der Herstellung des Baues oder Umbaues stehende Leistung, die der Empfänger dem Dritten versprochen hat, erhalten hat, wenn an dieser Leistung andere Unternehmer (§ 14 des Bürgerlichen Gesetzbuchs) auf Grund eines Werk-, Dienst- oder Kaufvertrags beteiligt waren.

Beträge, die zum Zweck der Bestreitung der Kosten eines Baues oder Umbaues gewährt werden, sind insbesondere Abschlagszahlungen und solche, deren Auszahlung ohne nähere Bestimmung des Zweckes der Verwendung nach Maßgabe des Fortschrittes des Baues oder Umbaues erfolgen soll.

(4) Ist die Baugeldeigenschaft oder die Verwendung des Baugeldes streitig, so trifft die Beweislast den Empfänger.

§ 2 BauFordSiG

Baugeldempfänger, welche ihre Zahlungen eingestellt haben oder über deren Vermögen das Insolvenzverfahren eröffnet worden ist und deren in § 1 Abs.1 bezeichnete Gläubiger zur Zeit der Zahlungseinstellung oder der Eröffnung des Insolvenzverfahrens benachteiligt sind, werden mit Freiheitsstrafe bis zu fünf Jahren oder Geldstrafe bestraft, wenn sie zum Nachteil der bezeichneten Gläubiger den Vorschriften des § 1 zuwidergehandelt haben.

Zivilprozessordnung (ZPO)

§ 920 ZPO - Arrestgesuch

(1) Das Gesuch soll die Bezeichnung des Anspruchs unter Angabe des Geldbetrages oder des Geldwertes sowie die Bezeichnung des Arrestgrundes enthalten.

(2) Der Anspruch und der Arrestgrund sind glaubhaft zu machen.

(3) Das Gesuch kann vor der Geschäftsstelle zu Protokoll erklärt werden.

§ 935 ZPO - Einstweilige Verfügung bezüglich Streitgegenstand

Einstweilige Verfügungen in Bezug auf den Streitgegenstand sind zulässig, wenn zu besorgen ist, dass durch eine Veränderung des bestehenden Zustandes die Verwirklichung des Rechts einer Partei vereitelt oder wesentlich erschwert werden könnte.

§ 936 ZPO - Anwendung der Arrestvorschriften

Auf die Anordnung einstweiliger Verfügungen und das weitere Verfahren sind die Vorschriften über die Anordnung von Arresten und über das Arrestverfahren entsprechend anzuwenden, soweit nicht die nachfolgenden Paragraphen abweichende Vorschriften enthalten.

§ 937 ZPO - Zuständiges Gericht

(1) Für den Erlass einstweiliger Verfügungen ist das Gericht der Hauptsache zuständig.

(2) Die Entscheidung kann in dringenden Fällen sowie dann, wenn der Antrag auf Erlass einer einstweiligen Verfügung zurückzuweisen ist, ohne mündliche Verhandlung ergehen.

§ 938 ZPO - Inhalt der einstweiligen Verfügung

(1) Das Gericht bestimmt nach freiem Ermessen, welche Anordnungen zur Erreichung des Zweckes erforderlich sind.

(2) Die einstweilige Verfügung kann auch in einer Sequestration sowie darin bestehen, dass dem Gegner eine Handlung geboten oder verboten, insbesondere die Veräußerung, Belastung oder Verpfändung eines Grundstücks oder eines eingetragenen Schiffes oder Schiffsbauwerks untersagt wird.

§ 939 ZPO - Aufhebung gegen Sicherheitsleistung

Nur unter besonderen Umständen kann die Aufhebung einer einstweiligen Verfügung gegen Sicherheitsleistung gestattet werden.

§ 940 ZPO Einstweilige Verfügung zur Regelung eines einstweiligen Zustandes

Einstweilige Verfügungen sind auch zum Zwecke der Regelung eines einstweiligen Zustandes in Bezug auf ein streitiges Rechtsverhältnis zulässig, sofern diese Regelung, insbesondere bei dauernden Rechtsverhältnissen zur Abwendung wesentlicher Nachteile oder zur Verhinderung drohender Gewalt oder aus anderen Gründen nötig erscheint.

Insolvenzordnung (InsO)

Stand: 27.7.2017

§ 22 InsO - Rechtsstellung des vorläufigen Insolvenzverwalters

(1) Wird ein vorläufiger Insolvenzverwalter bestellt und dem Schuldner ein allgemeines Verfügungsverbot auferlegt, so geht die Verwaltungs- und Verfügungsbefugnis über das Vermögen des Schuldners auf den vorläufigen Insolvenzverwalter über. In diesem Fall hat der vorläufige Insolvenzverwalter:

1. das Vermögen des Schuldners zu sichern und zu erhalten;

2. ein Unternehmen, das der Schuldner betreibt, bis zur Entscheidung über die Eröffnung des Insolvenzverfahrens fortzuführen, soweit nicht das Insolvenzgericht einer Stilllegung zustimmt, um eine erhebliche Verminderung des Vermögens zu vermeiden;

3. zu prüfen, ob das Vermögen des Schuldners die Kosten des Verfahrens decken wird; das Gericht kann ihn zusätzlich beauftragen, als Sachverständiger zu prüfen, ob ein Eröffnungsgrund vorliegt und welche Aussichten für eine Fortführung des Unternehmens des Schuldners bestehen.

(2) Wird ein vorläufiger Insolvenzverwalter bestellt, ohne dass dem Schuldner ein allgemeines Verfügungsverbot auferlegt wird, so bestimmt das Gericht die Pflichten des vorläufigen Insolvenzverwalters. Sie dürfen nicht über die Pflichten nach Absatz 1 Satz 2 hinausgehen.

(3) Der vorläufige Insolvenzverwalter ist berechtigt, die Geschäftsräume des Schuldners zu betreten und dort Nachforschungen anzustellen. Der Schuldner hat dem vorläufigen Insolvenzverwalter Einsicht in seine Bücher und Geschäftspapiere zu gestatten. Er hat ihm alle erforderlichen Auskünfte zu erteilen und ihn bei der Erfüllung seiner Aufgaben zu unterstützen; die §§ 97, 98, 101 Abs.1 Satz 1, 2, Abs.2 gelten entsprechend.

§ 47 InsO - Aussonderung

Wer auf Grund eines dinglichen oder persönlichen Rechts geltend machen kann, dass ein Gegenstand nicht zur Insolvenzmasse gehört, ist kein Insolvenzgläubiger. Sein Anspruch auf Aussonderung des Gegenstands bestimmt sich nach den Gesetzen, die außerhalb des Insolvenzverfahrens gelten.

§ 50 InsO - Abgesonderte Befriedigung der Pfandgläubiger

(1) Gläubiger, die an einem Gegenstand der Insolvenzmasse ein rechtsgeschäftliches Pfandrecht, ein durch Pfändung erlangtes Pfandrecht oder ein gesetzliches Pfandrecht haben, sind nach Maßgabe der §§ 166 bis 173 für Hauptforderung, Zinsen und Kosten zur abgesonderten Befriedigung aus dem Pfandgegenstand berechtigt.

(2) Das gesetzliche Pfandrecht des Vermieters oder Verpächters kann im Insolvenzverfahren wegen der Miete oder Pacht für eine frühere Zeit als die letzten zwölf Monate vor der Eröffnung des Verfahrens sowie wegen der Entschädigung, die infolge einer Kündigung des Insolvenzverwalters zu zahlen ist, nicht geltend gemacht werden. Das Pfandrecht des Verpächters eines landwirtschaftlichen Grundstücks unterliegt wegen der Pacht nicht dieser Beschränkung.

§ 55 InsO - Sonstige Masseverbindlichkeiten

(1) Masseverbindlichkeiten sind weiter die Verbindlichkeiten:

1. die durch Handlungen des Insolvenzverwalters oder in anderer Weise durch die Verwaltung, Verwertung und Verteilung der Insolvenzmasse begründet werden, ohne zu den Kosten des Insolvenzverfahrens zu gehören;

2. aus gegenseitigen Verträgen, soweit deren Erfüllung zur Insolvenzmasse verlangt wird oder für die Zeit nach der Eröffnung des Insolvenzverfahrens erfolgen muss;

3. aus einer ungerechtfertigten Bereicherung der Masse.

(2) Verbindlichkeiten, die von einem vorläufigen Insolvenzverwalter begründet worden sind, auf den die Verfügungsbefugnis über das

Vermögen des Schuldners übergegangen ist, gelten nach der Eröffnung des Verfahrens als Masseverbindlichkeiten. Gleiches gilt für Verbindlichkeiten aus einem Dauerschuldverhältnis, soweit der vorläufige Insolvenzverwalter für das von ihm verwaltete Vermögen die Gegenleistung in Anspruch genommen hat.

....

§ 94 InsO - Erhaltung einer Aufrechnungslage

Ist ein Insolvenzgläubiger zur Zeit der Eröffnung des Insolvenzverfahrens kraft Gesetzes oder auf Grund einer Vereinbarung zur Aufrechnung berechtigt, so wird dieses Recht durch das Verfahren nicht berührt.

§ 96 InsO - Unzulässigkeit der Aufrechnung

(1) Die Aufrechnung ist unzulässig,

1. wenn ein Insolvenzgläubiger erst nach der Eröffnung des Insolvenzverfahrens etwas zur Insolvenzmasse schuldig geworden ist,

2. wenn ein Insolvenzgläubiger seine Forderung erst nach der Eröffnung des Verfahrens von einem anderen Gläubiger erworben hat,

3. wenn ein Insolvenzgläubiger die Möglichkeit der Aufrechnung durch eine anfechtbare Rechtshandlung erlangt hat,

4. wenn ein Gläubiger, dessen Forderung aus dem freien Vermögen des Schuldners zu erfüllen ist, etwas zur Insolvenzmasse schuldet.

(2) ....

§ 103 InsO - Wahlrecht des Insolvenzverwalters

(1) Ist ein gegenseitiger Vertrag zur Zeit der Eröffnung des Insolvenzverfahrens vom Schuldner und vom anderen Teil nicht oder nicht vollständig erfüllt, so kann der Insolvenzverwalter anstelle des Schuldners den Vertrag erfüllen und die Erfüllung vom anderen Teil verlangen.

(2) Lehnt der Verwalter die Erfüllung ab, so kann der andere Teil eine Forderung wegen der Nichterfüllung nur als Insolvenzgläubiger geltend machen. Fordert der andere Teil den Verwalter zur Ausübung seines Wahlrechts auf, so hat der Verwalter unverzüglich zu erklären, ob er die Erfüllung verlangen will. Unterlässt er dies, so kann er auf der Erfüllung nicht bestehen.

§ 105 InsO - Teilbare Leistungen

Sind die geschuldeten Leistungen teilbar und hat der andere Teil die ihm obliegende Leistung zur Zeit der Eröffnung des Insolvenzverfahrens bereits teilweise erbracht, so ist er mit dem der Teilleistung entsprechenden Betrag seines Anspruchs auf die Gegenleistung Insolvenzgläubiger, auch wenn der Insolvenzverwalter wegen der noch ausstehenden Leistung Erfüllung verlangt. Der andere Teil ist nicht berechtigt, wegen der Nichterfüllung seines Anspruchs auf die Gegenleistung die Rückgabe einer vor der Eröffnung des Verfahrens in das Vermögen des Schuldners übergegangenen Teilleistung aus der Insolvenzmasse zu verlangen.

§ 107 InsO - Eigentumsvorbehalt

1) Hat vor der Eröffnung des Insolvenzverfahrens der Schuldner eine bewegliche Sache unter Eigentumsvorbehalt verkauft und dem Käufer den Besitz an der Sache übertragen, so kann der Käufer die Erfüllung des Kaufvertrages verlangen. Dies gilt auch, wenn der Schuldner dem Käufer gegenüber weitere Verpflichtungen übernommen hat und diese nicht oder nicht vollständig erfüllt sind.

(2) Hat vor der Eröffnung des Insolvenzverfahrens der Schuldner eine bewegliche Sache unter Eigentumsvorbehalt gekauft und vom Verkäufer den Besitz an der Sache erlangt, so braucht der Insolvenzverwalter, den der Verkäufer zur Ausübung des Wahlrechts aufgefordert hat, die Erklärung nach § 103 Abs.2 Satz 2 erst unverzüglich nach dem Berichtstermin abzugeben. Dies gilt nicht, wenn in der Zeit bis zum Berichtstermin eine erhebliche Verminderung des Wertes der Sache zu erwarten ist und der Gläubiger den Verwalter auf diesen Umstand hingewiesen hat.

§ 119 InsO - Unwirksamkeit abweichender Vereinbarungen

Vereinbarungen, durch die im Voraus die Anwendung der §§ 103 bis 118 ausgeschlossen oder beschränkt wird, sind unwirksam.

Dritter Abschnitt: Insolvenzanfechtung

§ 129 InsO - Grundsatz

(1) Rechtshandlungen, die vor der Eröffnung des Insolvenzverfahrens vorgenommen worden sind und die Insolvenzgläubiger benachteiligen, kann der Insolvenzverwalter nach Maßgabe der §§ 130 bis 146 anfechten.

(2) Eine Unterlassung steht einer Rechtshandlung gleich.

§ 130 InsO - Kongruente Deckung

(1) Anfechtbar ist eine Rechtshandlung, die einem Insolvenzgläubiger eine Sicherung oder Befriedigung gewährt oder ermöglicht hat,

    1. wenn sie in den letzten drei Monaten vor dem Antrag auf Eröffnung des Insolvenzverfahrens vorgenommen worden ist, wenn zur Zeit der Handlung der Schuldner zahlungsunfähig war und wenn der Gläubiger zu dieser Zeit die Zahlungsunfähigkeit kannte oder

2. wenn sie nach dem Eröffnungsantrag vorgenommen worden ist und wenn der Gläubiger zur Zeit der Handlung die Zahlungsunfähigkeit oder den Eröffnungsantrag kannte.

Dies gilt nicht, soweit die Rechtshandlung auf einer Sicherungsvereinbarung beruht, die die Verpflichtung enthält, eine Finanzsicherheit, eine andere oder eine zusätzliche Finanzsicherheit im Sinne des § 1 Abs.17 des Kreditwesengesetzes zu bestellen, um das in der Sicherungsvereinbarung festgelegte Verhältnis zwischen dem Wert der gesicherten Verbindlichkeiten und dem Wert der geleisteten Sicherheiten wiederherzustellen (Margensicherheit).

(2) Der Kenntnis der Zahlungsunfähigkeit oder des Eröffnungsantrags steht die Kenntnis von Umständen gleich, die zwingend auf die Zahlungsunfähigkeit oder den Eröffnungsantrag schließen lassen.

(3) Gegenüber einer Person, die dem Schuldner zur Zeit der Handlung nahestand (§ 138), wird vermutet, dass sie die Zahlungsunfähigkeit oder den Eröffnungsantrag kannte.

§ 131 InsO - Inkongruente Deckung

(1) Anfechtbar ist eine Rechtshandlung, die einem Insolvenzgläubiger eine Sicherung oder Befriedigung gewährt oder ermöglicht hat, die er nicht oder nicht in der Art oder nicht zu der Zeit zu beanspruchen hatte,

1. wenn die Handlung im letzten Monat vor dem Antrag auf Eröffnung des Insolvenzverfahrens oder nach diesem Antrag vorgenommen worden ist,

2. wenn die Handlung innerhalb des zweiten oder dritten Monats vor dem Eröffnungsantrag vorgenommen worden ist und der Schuldner zur Zeit der Handlung zahlungsunfähig war oder

3. wenn die Handlung innerhalb des zweiten oder dritten Monats vor dem Eröffnungsantrag vorgenommen worden ist und dem Gläubiger zur Zeit der Handlung bekannt war, dass sie die Insolvenzgläubiger benachteiligte.

(2) Für die Anwendung des Absatzes 1 Nr.3 steht der Kenntnis der Benachteiligung der Insolvenzgläubiger die Kenntnis von Umständen gleich, die zwingend auf die Benachteiligung schließen lassen. Gegenüber einer Person, die dem Schuldner zur Zeit der Handlung nahestand (§ 138), wird vermutet, dass sie die Benachteiligung der Insolvenzgläubiger kannte.

§ 132 InsO - Unmittelbar nachteilige Rechtshandlungen

(1) Anfechtbar ist ein Rechtsgeschäft des Schuldners, das die Insolvenzgläubiger unmittelbar benachteiligt,

1. wenn es in den letzten drei Monaten vor dem Antrag auf Eröffnung des Insolvenzverfahrens vorgenommen worden ist, wenn zur Zeit des Rechtsgeschäfts der Schuldner zahlungs-

unfähig war und wenn der andere Teil zu dieser Zeit die Zahlungsunfähigkeit kannte oder

2. wenn es nach dem Eröffnungsantrag vorgenommen worden ist und wenn der andere Teil zur Zeit des Rechtsgeschäfts die Zahlungsunfähigkeit oder den Eröffnungsantrag kannte.

(2) Einem Rechtsgeschäft, das die Insolvenzgläubiger unmittelbar benachteiligt, steht eine andere Rechtshandlung des Schuldners gleich, durch die der Schuldner ein Recht verliert oder nicht mehr geltend machen kann oder durch die ein vermögensrechtlicher Anspruch gegen ihn erhalten oder durchsetzbar wird.

(3) § 130 Abs.2 und 3 gilt entsprechend.

§ 133 InsO - Vorsätzliche Benachteiligung

(1) Anfechtbar ist eine Rechtshandlung, die der Schuldner in den letzten zehn Jahren vor dem Antrag auf Eröffnung des Insolvenzverfahrens oder nach diesem Antrag mit dem Vorsatz, seine Gläubiger zu benachteiligen, vorgenommen hat, wenn der andere Teil zur Zeit der Handlung den Vorsatz des Schuldners kannte. Diese Kenntnis wird vermutet, wenn der andere Teil wusste, dass die Zahlungsunfähigkeit des Schuldners drohte und dass die Handlung die Gläubiger benachteiligte.

(2) Hat die Rechtshandlung dem anderen Teil eine Sicherung oder Befriedigung gewährt oder ermöglicht, beträgt der Zeitraum nach Absatz 1 Satz 1 vier Jahre.

(3) Hat die Rechtshandlung dem anderen Teil eine Sicherung oder Befriedigung gewährt oder ermöglicht, welche dieser in der Art und zu der Zeit beanspruchen konnte, tritt an die Stelle der drohenden Zahlungsunfähigkeit des Schuldners nach Absatz 1 Satz 2 die eingetretene. Hatte der andere Teil mit dem Schuldner eine Zahlungsvereinbarung getroffen oder diesem in sonstiger Weise eine Zahlungserleichterung gewährt, wird vermutet, dass er zur Zeit der Handlung die Zahlungsunfähigkeit des Schuldners nicht kannte.

(4) Anfechtbar ist ein vom Schuldner mit einer nahestehenden Person (§ 138) geschlossener entgeltlicher Vertrag, durch den die Insolvenzgläubiger unmittelbar benachteiligt werden. Die Anfechtung ist ausgeschlossen, wenn der Vertrag früher als zwei Jahre vor dem Eröffnungsantrag geschlossen worden ist oder wenn dem anderen Teil zur Zeit des Vertragsschlusses ein Vorsatz des Schuldners, die Gläubiger zu benachteiligen, nicht bekannt war.

§ 134 InsO - Unentgeltliche Leistung

(1) Anfechtbar ist eine unentgeltliche Leistung des Schuldners, es sei denn, sie ist früher als vier Jahre vor dem Antrag auf Eröffnung des Insolvenzverfahrens vorgenommen worden.

(2) Richtet sich die Leistung auf ein gebräuchliches Gelegenheitsgeschenk geringen Werts, so ist sie nicht anfechtbar.

§ 142 InsO - Bargeschäft

(1) Eine Leistung des Schuldners, für die unmittelbar eine gleichwertige Gegenleistung in sein Vermögen gelangt, ist nur anfechtbar, wenn die Voraussetzungen des § 133 Absatz 1 bis 3 gegeben sind und der andere Teil erkannt hat, dass der Schuldner unlauter handelte.

(2) Der Austausch von Leistung und Gegenleistung ist unmittelbar, wenn er nach Art der ausgetauschten Leistungen und unter Berücksichtigung der Gepflogenheiten des Geschäftsverkehrs in einem engen zeitlichen Zusammenhang erfolgt. Gewährt der Schuldner seinem Arbeitnehmer Arbeitsentgelt, ist ein enger zeitlicher Zusammenhang gegeben, wenn der Zeitraum zwischen Arbeitsleistung und Gewährung des Arbeitsentgelts drei Monate nicht übersteigt. Der Gewährung des Arbeitsentgelts durch den Schuldner steht die Gewährung dieses Arbeitsentgelts durch einen Dritten nach § 267 des Bürgerlichen Gesetzbuchs gleich, wenn für den Arbeitnehmer nicht erkennbar war, dass ein Dritter die Leistung bewirkt hat.

§ 143 InsO - Rechtsfolgen

(1) Was durch die anfechtbare Handlung aus dem Vermögen des Schuldners veräußert, weggegeben oder aufgegeben ist, muss zur Insolvenzmasse zurückgewährt werden. Die Vorschriften über die Rechtsfolgen einer ungerechtfertigten Bereicherung, bei der dem Empfänger der Mangel des rechtlichen Grundes bekannt ist, gelten entsprechend. Eine Geldschuld ist nur zu verzinsen, wenn die Voraussetzungen des Schuldnerverzugs oder des § 291 des Bürgerlichen Gesetzbuchs vorliegen; ein darüber hinausgehender Anspruch auf Herausgabe von Nutzungen eines erlangten Geldbetrags ist ausgeschlossen.

(2) Der Empfänger einer unentgeltlichen Leistung hat diese nur zurückzugewähren, soweit er durch sie bereichert ist. Dies gilt nicht, sobald er weiß oder den Umständen nach wissen muss, dass die unentgeltliche Leistung die Gläubiger benachteiligt.

(3) Im Fall der Anfechtung nach § 135 Abs.2 hat der Gesellschafter, der die Sicherheit bestellt hatte oder als Bürge haftete, die dem Dritten gewährte Leistung zur Insolvenzmasse zu erstatten. Die Verpflichtung besteht nur bis zur Höhe des Betrags, mit dem der Gesellschafter als Bürge haftete oder der dem Wert der von ihm bestellten Sicherheit im Zeitpunkt der Rückgewähr des Darlehens oder der Leistung auf die gleichgestellte Forderung entspricht. Der Gesellschafter wird von der Verpflichtung frei, wenn er die Gegenstände, die dem Gläubiger als Sicherheit gedient hatten, der Insolvenzmasse zur Verfügung stellt.

Versicherungsvertragsgesetz (VVG)

Stand: 27.7.2017

§ 15 VVG - Hemmung der Verjährung

Ist ein Anspruch aus dem Versicherungsvertrag beim Versicherer angemeldet worden, ist die Verjährung bis zu dem Zeitpunkt gehemmt, zu dem die Entscheidung des Versicherers dem Anspruchsteller in Textform zugeht.

§ 23 VVG - Gefahrerhöhung

(1) Der Versicherungsnehmer darf nach Abgabe seiner Vertragserklärung ohne Einwilligung des Versicherers keine Gefahrerhöhung vornehmen oder deren Vornahme durch einen Dritten gestatten.

(2) Erkennt der Versicherungsnehmer nachträglich, dass er ohne Einwilligung des Versicherers eine Gefahrerhöhung vorgenommen oder gestattet hat, hat er die Gefahrerhöhung dem Versicherer unverzüglich anzuzeigen.

(3) Tritt nach Abgabe der Vertragserklärung des Versicherungsnehmers eine Gefahrerhöhung unabhängig von seinem Willen ein, hat er die Gefahrerhöhung, nachdem er von ihr Kenntnis erlangt hat, dem Versicherer unverzüglich anzuzeigen.

§ 24 VVG - Kündigung wegen Gefahrerhöhung

(1) Verletzt der Versicherungsnehmer seine Verpflichtung nach § 23 Abs.1, kann der Versicherer den Vertrag ohne Einhaltung einer Frist kündigen, es sei denn, der Versicherungsnehmer hat die Verpflichtung weder vorsätzlich noch grob fahrlässig verletzt. Beruht die Verletzung auf einfacher Fahrlässigkeit, kann der Versicherer unter Einhaltung einer Frist von einem Monat kündigen.

(2) In den Fällen einer Gefahrerhöhung nach § 23 Abs.2 und 3 kann der Versicherer den Vertrag unter Einhaltung einer Frist von einem Monat kündigen.

(3) Das Kündigungsrecht nach den Absätzen 1 und 2 erlischt, wenn es nicht innerhalb eines Monats ab der Kenntnis des Versicherers von der Erhöhung der Gefahr ausgeübt wird oder wenn der Zustand wiederhergestellt ist, der vor der Gefahrerhöhung bestanden hat.

§ 26 VVG - Leistungsfreiheit wegen Gefahrerhöhung

(1) Tritt der Versicherungsfall nach einer Gefahrerhöhung ein, ist der Versicherer nicht zur Leistung verpflichtet, wenn der Versicherungsnehmer seine Verpflichtung nach § 23 Abs.1 vorsätzlich verletzt hat. Im Fall einer grob fahrlässigen Verletzung ist der Versicherer berechtigt, seine Leistung in einem der Schwere des Ver-

schuldens des Versicherungsnehmers entsprechenden Verhältnis zu kürzen; die Beweislast für das Nichtvorliegen einer groben Fahrlässigkeit trägt der Versicherungsnehmer.

(2) ....

(3) ....

§ 28 VVG - Verletzung einer vertraglichen Obliegenheit

(1) Bei Verletzung einer vertraglichen Obliegenheit, die vom Versicherungsnehmer vor Eintritt des Versicherungsfalles gegenüber dem Versicherer zu erfüllen ist, kann der Versicherer den Vertrag innerhalb eines Monats, nachdem er von der Verletzung Kenntnis erlangt hat, ohne Einhaltung einer Frist kündigen, es sei denn, die Verletzung beruht nicht auf Vorsatz oder auf grober Fahrlässigkeit.

(2) Bestimmt der Vertrag, dass der Versicherer bei Verletzung einer vom Versicherungsnehmer zu erfüllenden vertraglichen Obliegenheit nicht zur Leistung verpflichtet ist, ist er leistungsfrei, wenn der Versicherungsnehmer die Obliegenheit vorsätzlich verletzt hat. Im Fall einer grob fahrlässigen Verletzung der Obliegenheit ist der Versicherer berechtigt, seine Leistung in einem der Schwere des Verschuldens des Versicherungsnehmers entsprechenden Verhältnis zu kürzen; die Beweislast für das Nichtvorliegen einer groben Fahrlässigkeit trägt der Versicherungsnehmer.

(3 - 5) ....

§ 86 VVG - Übergang von Ersatzansprüchen

(1) Steht dem Versicherungsnehmer ein Ersatzanspruch gegen einen Dritten zu, geht dieser Anspruch auf den Versicherer über, soweit der Versicherer den Schaden ersetzt. Der Übergang kann nicht zum Nachteil des Versicherungsnehmers geltend gemacht werden.

(2) Der Versicherungsnehmer hat seinen Ersatzanspruch oder ein zur Sicherung dieses Anspruchs dienendes Recht unter Beachtung der geltenden Form- und Fristvorschriften zu wahren und bei dessen Durchsetzung durch den Versicherer soweit erforderlich mitzuwirken. Verletzt der Versicherungsnehmer diese Obliegenheit vorsätzlich, ist der Versicherer zur Leistung insoweit nicht verpflichtet, als er infolge dessen keinen Ersatz von dem Dritten erlangen kann. Im Fall einer grob fahrlässigen Verletzung der Obliegenheit ist der Versicherer berechtigt, seine Leistung in einem der Schwere des Verschuldens des Versicherungsnehmers entsprechenden Verhältnis zu kürzen; die Beweislast für das Nichtvorliegen einer groben Fahrlässigkeit trägt der Versicherungsnehmer.

(3) Richtet sich der Ersatzanspruch des Versicherungsnehmers gegen eine Person, mit der er bei Eintritt des Schadens in häuslicher Gemeinschaft lebt, kann der Übergang nach Absatz 1 nicht geltend gemacht werden, es sei denn, diese Person hat den Schaden vorsätzlich verursacht.

§ 104 VVG - Anzeigepflicht des Versicherungsnehmers

(1) Der Versicherungsnehmer hat dem Versicherer innerhalb einer Woche die Tatsachen anzuzeigen, die seine Verantwortlichkeit gegenüber einem Dritten zur Folge haben könnten. Macht der Dritte seinen Anspruch gegenüber dem Versicherungsnehmer geltend, ist der Versicherungsnehmer zur Anzeige innerhalb einer Woche nach der Geltendmachung verpflichtet.

(2 - 3) ....

§ 110 VVG - Insolvenz des Versicherungsnehmers

Ist über das Vermögen des Versicherungsnehmers das Insolvenzverfahren eröffnet, kann der Dritte wegen des ihm gegen den Versicherungsnehmer zustehenden Anspruchs abgesonderte Befriedigung aus dem Freistellungsanspruch des Versicherungsnehmers verlangen.

§ 115 VVG - Direktanspruch

(1) Der Dritte kann seinen Anspruch auf Schadensersatz auch gegen den Versicherer geltend machen,

1. wenn es sich um eine Haftpflichtversicherung zur Erfüllung einer nach dem Pflichtversicherungsgesetz bestehenden Versicherungspflicht handelt oder

2. wenn über das Vermögen des Versicherungsnehmers das Insolvenzverfahren eröffnet oder der Eröffnungsantrag mangels Masse abgewiesen worden ist oder ein vorläufiger Insolvenzverwalter bestellt worden ist oder

3. wenn der Aufenthalt des Versicherungsnehmers unbekannt ist.

Der Anspruch besteht im Rahmen der Leistungspflicht des Versicherers aus dem Versicherungsverhältnis und, soweit eine Leistungspflicht nicht besteht, im Rahmen des § 117 Abs.1 bis 4. Der Versicherer hat den Schadensersatz in Geld zu leisten. Der Versicherer und der ersatzpflichtige Versicherungsnehmer haften als Gesamtschuldner.

(2) Der Anspruch nach Absatz 1 unterliegt der gleichen Verjährung wie der Schadensersatzanspruch gegen den ersatzpflichtigen Versicherungsnehmer. Die Verjährung beginnt mit dem Zeitpunkt, zu dem die Verjährung des Schadensersatzanspruchs gegen den ersatzpflichtigen Versicherungsnehmer beginnt; sie endet jedoch spätestens nach zehn Jahren von dem Eintritt des Schadens an. Ist der Anspruch des Dritten bei dem Versicherer angemeldet worden, ist die Verjährung bis zu dem Zeitpunkt gehemmt, zu dem die Entscheidung des Versicherers dem Anspruchsteller in Textform zugeht. Die Hemmung, die Ablaufhemmung und der Neubeginn der Verjährung des Anspruchs gegen den Versicherer wirken auch gegenüber dem ersatzpflichtigen Versicherungsnehmer und umgekehrt.

Strafgesetzbuch (StGB)

Stand: 27.7.2017

§ 222 StGB - Fahrlässige Tötung

Wer durch Fahrlässigkeit den Tod eines Menschen verursacht, wird mit Freiheitsstrafe bis zu fünf Jahren oder mit Geldstrafe bestraft.

§ 229 StGB - Fahrlässige Körperverletzung

Wer durch Fahrlässigkeit die Körperverletzung einer anderen Person verursacht, wird mit Freiheitsstrafe bis zu drei Jahren oder mit Geldstrafe bestraft.

§ 230 StGB - Strafantrag

(1) Die vorsätzliche Körperverletzung nach § 223 und die fahrlässige Körperverletzung nach § 229 werden nur auf Antrag verfolgt, es sei denn, dass die Strafverfolgungsbehörde wegen des besonderen öffentlichen Interesses an der Strafverfolgung ein Einschreiten von Amts wegen für geboten hält. Stirbt die verletzte Person, so geht bei vorsätzlicher Körperverletzung das Antragsrecht nach § 77 Abs.2 auf die Angehörigen über.

(2) ....

§ 298 StGB - Wettbewerbsbeschränkende Absprachen bei Ausschreibungen

(1) Wer bei einer Ausschreibung über Waren oder gewerbliche Leistungen ein Angebot abgibt, das auf einer rechtswidrigen Absprache beruht, die darauf abzielt, den Veranstalter zur Annahme eines bestimmten Angebots zu veranlassen, wird mit Freiheitsstrafe bis zu fünf Jahren oder mit Geldstrafe bestraft.

(2) Der Ausschreibung im Sinne des Absatzes 1 steht die freihändige Vergabe eines Auftrages nach vorausgegangenem Teilnahmewettbewerb gleich.

(3) Nach Absatz 1, auch in Verbindung mit Absatz 2, wird nicht bestraft, wer freiwillig verhindert, dass der Veranstalter das Angebot annimmt oder dieser seine Leistung erbringt. Wird ohne Zutun des Täters das Angebot nicht angenommen oder die Leistung des Veranstalters nicht erbracht, so wird er straflos, wenn er sich freiwillig und ernsthaft bemüht, die Annahme des Angebots oder das Erbringen der Leistung zu verhindern.

§ 299 StGB - Bestechlichkeit und Bestechung im geschäftlichen Verkehr

(1) Mit Freiheitsstrafe bis zu drei Jahren oder Geldstrafe wird bestraft, wer im geschäftlichen Verkehr als Angestellter oder Beauftragter eines Unternehmens

1. einen Vorteil für sich oder einen Dritten als Gegenleistung dafür fordert, sich versprechen lässt oder annimmt, dass er bei dem Bezug von Waren oder Dienstleistungen einen anderen im inländischen oder ausländischen Wettbewerb in unlauterer Weise bevorzuge, oder

2. ohne Einwilligung des Unternehmens einen Vorteil für sich oder einen Dritten als Gegenleistung dafür fordert, sich versprechen lässt oder annimmt, dass er bei dem Bezug von Waren oder Dienstleistungen eine Handlung vornehme oder unterlasse und dadurch seine Pflichten gegenüber dem Unternehmen verletze.

(2) Ebenso wird bestraft, wer im geschäftlichen Verkehr einem Angestellten oder Beauftragten eines Unternehmens

1. einen Vorteil für diesen oder einen Dritten als Gegenleistung dafür anbietet, verspricht oder gewährt, dass er bei dem Bezug von Waren oder Dienstleistungen ihn oder einen anderen im inländischen oder ausländischen Wettbewerb in unlauterer Weise bevorzuge, oder

2. ohne Einwilligung des Unternehmens einen Vorteil für diesen oder einen Dritten als Gegenleistung dafür anbietet, verspricht oder gewährt, dass er bei dem Bezug von Waren oder Dienstleistungen eine Handlung vornehme oder unterlasse und dadurch seine Pflichten gegenüber dem Unternehmen verletze.

§ 300 StGB - Besonders schwere Fälle der Bestechlichkeit und Bestechung im geschäftlichen Verkehr

In besonders schweren Fällen wird eine Tat nach § 299 mit Freiheitsstrafe von drei Monaten bis zu fünf Jahren bestraft. Ein besonders schwerer Fall liegt in der Regel vor, wenn

1. die Tat sich auf einen Vorteil großen Ausmaßes bezieht oder
2. der Täter gewerbsmäßig oder als Mitglied einer Bande handelt, die sich zur fortgesetzten Begehung solcher Taten verbunden hat.

§ 301 STGB - Strafantrag

(1) Die Bestechlichkeit und Bestechung im geschäftlichen Verkehr nach § 299 wird nur auf Antrag verfolgt, es sei denn, dass die Strafverfolgungsbehörde wegen des besonderen öffentlichen Interesses an der Strafverfolgung ein Einschreiten von Amts wegen für geboten hält.

(2) Das Recht, den Strafantrag nach Absatz 1 zu stellen, hat neben dem Verletzten jeder der in § 8 Abs.3 Nr.1, 2 und 4 des Gesetzes gegen den unlauteren Wettbewerb bezeichneten Gewerbetreibenden, Verbände und Kammern.

§ 303 StGB - Sachbeschädigung

(1) Wer rechtswidrig eine fremde Sache beschädigt oder zerstört, wird mit Freiheitsstrafe bis zu zwei Jahren oder mit Geldstrafe bestraft.

(2) Ebenso wird bestraft, wer unbefugt das Erscheinungsbild einer fremden Sache nicht nur unerheblich und nicht nur vorübergehend verändert.

(3) Der Versuch ist strafbar.

§ 305 StGB - Zerstörung von Bauwerken

(1) Wer rechtswidrig ein Gebäude, ein Schiff, eine Brücke, einen Damm, eine gebaute Straße, eine Eisenbahn oder ein anderes Bauwerk, welche fremdes Eigentum sind, ganz oder teilweise zerstört, wird mit Freiheitsstrafe bis zu fünf Jahren oder mit Geldstrafe bestraft.

(2) Der Versuch ist strafbar.

§ 305a StGB - Zerstörung wichtiger Arbeitsmittel

(1) Wer rechtswidrig

1. ein fremdes technisches Arbeitsmittel von bedeutendem Wert, das für die Errichtung einer Anlage oder eines Unternehmens im Sinne des § 316b Abs.1 Nr.1 oder 2 oder einer Anlage, die dem Betrieb oder der Entsorgung einer solchen Anlage oder eines solchen Unternehmens dient, von wesentlicher Bedeutung ist, oder

2. ein für den Einsatz wesentliches technisches Arbeitsmittel der Polizei, der Bundeswehr, der Feuerwehr, des Katastrophenschutzes oder eines Rettungsdienstes, das von bedeutendem Wert ist, oder

3. ein Kraftfahrzeug der Polizei, der Bundeswehr, der Feuerwehr, des Katastrophenschutzes oder eines Rettungsdienstes

ganz oder teilweise zerstört, wird mit Freiheitsstrafe bis zu fünf Jahren oder mit Geldstrafe bestraft.

(2) Der Versuch ist strafbar.

§ 319 StGB - Baugefährdung

(1) Wer bei der Planung, Leitung oder Ausführung eines Baues oder des Abbruchs eines Bauwerks gegen die allgemein anerkannten Regeln der Technik verstößt und dadurch Leib oder Leben eines anderen Menschen gefährdet, wird mit Freiheitsstrafe bis zu fünf Jahren oder mit Geldstrafe bestraft.

(2) Ebenso wird bestraft, wer in Ausübung eines Berufs oder Gewerbes bei der Planung, Leitung oder Ausführung eines Vorhabens, technische Einrichtungen in ein Bauwerk einzubauen oder eingebaute Einrichtungen dieser Art zu ändern, gegen die allgemein anerkannten Regeln der Technik verstößt und dadurch Leib oder Leben eines anderen Menschen gefährdet.

(3) Wer die Gefahr fahrlässig verursacht, wird mit Freiheitsstrafe bis zu drei Jahren oder mit Geldstrafe bestraft.

(4) Wer in den Fällen der Absätze 1 und 2 fahrlässig handelt und die Gefahr fahrlässig verursacht, wird mit Freiheitsstrafe bis zu zwei Jahren oder mit Geldstrafe bestraft.

§ 333 StGB - Vorteilsgewährung

(1) Wer einem Amtsträger, einem für den öffentlichen Dienst besonders Verpflichteten oder einem Soldaten der Bundeswehr für die Dienstausübung einen Vorteil für diesen oder einen Dritten anbietet, verspricht oder gewährt, wird mit Freiheitsstrafe bis zu drei Jahren oder mit Geldstrafe bestraft.

(2) Wer einem Richter oder Schiedsrichter einen Vorteil für diesen oder einen Dritten als Gegenleistung dafür anbietet, verspricht oder gewährt, dass er eine richterliche Handlung vorgenommen hat oder künftig vornehme, wird mit Freiheitsstrafe bis zu fünf Jahren oder mit Geldstrafe bestraft.

(3) Die Tat ist nicht nach Absatz 1 strafbar, wenn die zuständige Behörde im Rahmen ihrer Befugnisse entweder die Annahme des Vorteils durch den Empfänger vorher genehmigt hat oder sie auf unverzügliche Anzeige des Empfängers genehmigt.

§ 334 StGB - Bestechung

(1) Wer einem Amtsträger, einem für den öffentlichen Dienst besonders Verpflichteten oder einem Soldaten der Bundeswehr einen Vorteil für diesen oder einen Dritten als Gegenleistung dafür anbietet, verspricht oder gewährt, dass er eine Diensthandlung vorgenommen hat oder künftig vornehme und dadurch seine Dienstpflichten verletzt hat oder verletzen würde, wird mit Freiheitsstrafe von drei Monaten bis zu fünf Jahren bestraft. In minder schweren Fällen ist die Strafe Freiheitsstrafe bis zu zwei Jahren oder Geldstrafe.

(2) Wer einem Richter oder Schiedsrichter einen Vorteil für diesen oder einen Dritten als Gegenleistung dafür anbietet, verspricht oder gewährt, dass er eine richterliche Handlung

1. vorgenommen und dadurch seine richterlichen Pflichten verletzt hat oder

2. künftig vornehme und dadurch seine richterlichen Pflichten verletzen würde,

wird in den Fällen der Nummer 1 mit Freiheitsstrafe von drei Monaten bis zu fünf Jahren, in den Fällen der Nummer 2 mit Freiheitsstrafe von sechs Monaten bis zu fünf Jahren bestraft. Der Versuch ist strafbar.

(3) Falls der Täter den Vorteil als Gegenleistung für eine künftige Handlung anbietet, verspricht oder gewährt, so sind die Absätze 1 und 2 schon dann anzuwenden, wenn er den anderen zu bestimmen versucht, dass dieser

1. bei der Handlung seine Pflichten verletzt oder,

2. soweit die Handlung in seinem Ermessen steht, sich bei der Ausübung des Ermessens durch den Vorteil beeinflussen lässt.

Produkthaftungsgesetz (ProdHaftG)

Stand 17.7.2017

§ 1 ProdHaftG - Haftung

(1) Wird durch den Fehler eines Produkts jemand getötet, sein Körper oder seine Gesundheit verletzt oder eine Sache beschädigt, so ist der Hersteller des Produkts verpflichtet, dem Geschädigten den daraus entstehenden Schaden zu ersetzen. Im Falle der Sachbeschädigung gilt dies nur, wenn eine andere Sache als das fehlerhafte Produkt beschädigt wird und diese andere Sache ihrer Art nach gewöhnlich für den privaten Ge- oder Verbrauch bestimmt und hierzu von dem Geschädigten hauptsächlich verwendet worden ist.

(2) Die Ersatzpflicht des Herstellers ist ausgeschlossen, wenn

1. er das Produkt nicht in den Verkehr gebracht hat,
2. nach den Umständen davon auszugehen ist, dass das Produkt den Fehler, der den Schaden verursacht hat, noch nicht hatte, als der Hersteller es in den Verkehr brachte,
3. er das Produkt weder für den Verkauf oder eine andere Form des Vertriebs mit wirtschaftlichem Zweck hergestellt noch im Rahmen seiner beruflichen Tätigkeit hergestellt oder vertrieben hat,
4. der Fehler darauf beruht, dass das Produkt in dem Zeitpunkt, in dem der Hersteller es in den Verkehr brachte, dazu zwingenden Rechtsvorschriften entsprochen hat oder
5. der Fehler nach dem Stand der Wissenschaft und Technik in dem Zeitpunkt, in dem der Hersteller das Produkt in den Verkehr brachte, nicht erkannt werden konnte.

(3) Die Ersatzpflicht des Herstellers eines Teilprodukts ist ferner ausgeschlossen, wenn der Fehler durch die Konstruktion des Produkts, in welches das Teilprodukt eingearbeitet wurde oder durch die Anleitungen des Herstellers des Produkts verursacht worden ist. Satz 1 ist auf den Hersteller eines Grundstoffes entsprechend anzuwenden.

(4) Für den Fehler, den Schaden und den ursächlichen Zusammenhang zwischen Fehler und Schaden trägt der Geschädigte die Be-

weislast. Ist streitig, ob die Ersatzpflicht gemäß Absatz 2 oder 3 ausgeschlossen ist, so trägt der Hersteller die Beweislast.

§ 3 ProdHaftG - Fehler

(1) Ein Produkt hat einen Fehler, wenn es nicht die Sicherheit bietet, die unter Berücksichtigung aller Umstände, insbesondere

    a) seiner Darbietung,

    b) des Gebrauchs, mit dem billigerweise gerechnet werden kann,

    c) des Zeitpunkts, in dem es in den Verkehr gebracht wurde,

berechtigterweise erwartet werden kann.

(2) Ein Produkt hat nicht allein deshalb einen Fehler, weil später ein verbessertes Produkt in den Verkehr gebracht wurde.

§ 4 ProdHaftG - Hersteller

(1) Hersteller im Sinne dieses Gesetzes ist, wer das Endprodukt, einen Grundstoff oder ein Teilprodukt hergestellt hat. Als Hersteller gilt auch jeder, der sich durch das Anbringen seines Namens, seiner Marke oder eines anderen unterscheidungskräftigen Kennzeichens als Hersteller ausgibt.

(2) Als Hersteller gilt ferner, wer ein Produkt zum Zweck des Verkaufs, der Vermietung, des Mietkaufs oder einer anderen Form des Vertriebs mit wirtschaftlichem Zweck im Rahmen seiner geschäftlichen Tätigkeit in den Geltungsbereich des Abkommens über den Europäischen Wirtschaftsraum einführt oder verbringt.

(3) Kann der Hersteller des Produkts nicht festgestellt werden, so gilt jeder Lieferant als dessen Hersteller, es sei denn, dass er dem Geschädigten innerhalb eines Monats, nachdem ihm dessen diesbezügliche Aufforderung zugegangen ist, den Hersteller oder diejenige Person benennt, die ihm das Produkt geliefert hat. Dies gilt auch für ein eingeführtes Produkt, wenn sich bei diesem die in Absatz 2 genannte Person nicht feststellen lässt, selbst wenn der Name des Herstellers bekannt ist.

Arbeitnehmerentsendegesetz (A-EntG)

Gesetz über zwingende Arbeitsbedingungen für grenzüberschreitend entsandte und für regelmäßig im Inland beschäftigte Arbeitnehmer und Arbeitnehmerinnen (Arbeitnehmer-Entsendegesetz - AEntG)

Stand: 27.7.2017

§ 1 AEntG - Zielsetzung

Ziele des Gesetzes sind die Schaffung und Durchsetzung angemessener Mindestarbeitsbedingungen für grenzüberschreitend entsandte und für regelmäßig im Inland beschäftigte Arbeitnehmer und Arbeitnehmerinnen sowie die Gewährleistung fairer und funktionierender Wettbewerbsbedingungen durch die Erstreckung der Rechtsnormen von Branchentarifverträgen. Dadurch sollen zugleich sozialversicherungspflichtige Beschäftigung erhalten und die Ordnungs- und Befriedungsfunktion der Tarifautonomie gewahrt werden.

§ 2 AEntG - Allgemeine Arbeitsbedingungen

Die in Rechts- oder Verwaltungsvorschriften enthaltenen Regelungen über

1. die Mindestentgeltsätze einschließlich der Überstundensätze,
2. den bezahlten Mindestjahresurlaub,
3. die Höchstarbeitszeiten und Mindestruhezeiten,
4. die Bedingungen für die Überlassung von Arbeitskräften, insbesondere durch Leiharbeitsunternehmen,
5. die Sicherheit, den Gesundheitsschutz und die Hygiene am Arbeitsplatz,
6. die Schutzmaßnahmen im Zusammenhang mit den Arbeits- und Beschäftigungsbedingungen von Schwangeren und Wöchnerinnen, Kindern und Jugendlichen und
7. die Gleichbehandlung von Männern und Frauen sowie andere Nichtdiskriminierungsbestimmungen

finden auch auf Arbeitsverhältnisse zwischen einem im Ausland ansässigen Arbeitgeber und seinen im Inland beschäftigten Arbeitnehmern und Arbeitnehmerinnen zwingend Anwendung.

§ 3 AEntG - Tarifvertragliche Arbeitsbedingungen

Die Rechtsnormen eines bundesweiten Tarifvertrages finden unter den Voraussetzungen der §§ 4 bis 6 auch auf Arbeitsverhältnisse zwischen einem Arbeitgeber mit Sitz im Ausland und seinen im räumlichen Geltungsbereich dieses Tarifvertrages beschäftigten Arbeitnehmern und Arbeitnehmerinnen zwingend Anwendung, wenn der Tarifvertrag als Tarifvertrag nach § 4 Absatz 1 Nummer 1 für allgemeinverbindlich erklärt ist oder eine Rechtsverordnung nach § 7 oder § 7a vorliegt. Eines bundesweiten Tarifvertrages bedarf es nicht, soweit Arbeitsbedingungen im Sinne des § 5 Nr.2 oder 3 Gegenstand tarifvertraglicher Regelungen sind, die zusammengefasst räumlich den gesamten Geltungsbereich dieses Gesetzes abdecken.

§ 4 AEntG - Branchen

(1)   § 3 gilt für Tarifverträge

1. des Bauhauptgewerbes oder des Baunebengewerbes im Sinne der Baubetriebe-Verordnung vom 28. Oktober 1980 (BGBl. I S. 2033), zuletzt geändert durch die Verordnung vom 26. April 2006 (BGBl. I S. 1085), in der jeweils geltenden Fassung einschließlich der Erbringung von Montageleistungen auf Baustellen außerhalb des Betriebssitzes,
2. der Gebäudereinigung,
3. für Briefdienstleistungen,
4. für Sicherheitsdienstleistungen,
5. für Bergbauspezialarbeiten auf Steinkohlebergwerken,
6. für Wäschereidienstleistungen im Objektkundengeschäft,
7. der Abfallwirtschaft einschließlich Straßenreinigung und Winterdienst,
8. für Aus- und Weiterbildungsdienstleistungen nach dem Zweiten oder Dritten Buch Sozialgesetzbuch und
9. für Schlachten und Fleischverarbeitung.

(2) § 3 gilt darüber hinaus für Tarifverträge aller anderen als der in Absatz 1 genannten Branchen, wenn die Erstreckung der Rechtsnormen des Tarifvertrages im öffentlichen Interesse geboten erscheint, um die in § 1 genannten Gesetzesziele zu erreichen und dabei insbesondere einem Verdrängungswettbewerb über die Lohnkosten entgegen zu wirken.

§ 5 AEntG - Arbeitsbedingungen

Gegenstand eines Tarifvertrages nach § 3 können sein

1. Mindestentgeltsätze, die nach Art der Tätigkeit, Qualifikation der Arbeitnehmer und Arbeitnehmerinnen und Regionen differieren können, einschließlich der Überstundensätze,
2. die Dauer des Erholungsurlaubs, das Urlaubsentgelt oder ein zusätzliches Urlaubsgeld,
3. die Einziehung von Beiträgen und die Gewährung von Leistungen im Zusammenhang mit Urlaubsansprüchen nach Nummer 2 durch eine gemeinsame Einrichtung der Tarifvertragsparteien, wenn sichergestellt ist, dass der ausländische Arbeitgeber nicht gleichzeitig zu Beiträgen zu der gemeinsamen Einrichtung der Tarifvertragsparteien und zu einer vergleichbaren Einrichtung im Staat seines Sitzes herangezogen wird und das Verfahren der gemeinsamen Einrichtung der Tarifvertragsparteien eine Anrechnung derjenigen Leistungen vorsieht, die der ausländische Arbeitgeber zur Erfüllung des gesetzlichen, tarifvertraglichen oder einzelvertraglichen Urlaubsanspruchs seines Arbeitnehmers oder seiner Arbeitnehmerin bereits erbracht hat, und
4. Arbeitsbedingungen im Sinne des § 2 Nr.3 bis 7.

Die Arbeitsbedingungen nach Satz 1 Nummer 1 bis 3 umfassen auch Regelungen zur Fälligkeit entsprechender Ansprüche einschließlich hierzu vereinbarter Ausnahmen und deren Voraussetzungen.

§ 6 AEntG - Besondere Regelungen

(1) Dieser Abschnitt findet keine Anwendung auf Erstmontage- oder Einbauarbeiten, die Bestandteil eines Liefervertrages sind, für die Inbetriebnahme der gelieferten Güter unerlässlich sind und von Facharbeitern oder Facharbeiterinnen oder angelernten Arbeitern oder Arbeiterinnen des Lieferunternehmens ausgeführt werden, wenn die Dauer der Entsendung acht Tage nicht übersteigt. Satz 1 gilt nicht für Bauleistungen im Sinne des § 101 Abs.2 des Dritten Buches Sozialgesetzbuch und nicht für Arbeitsbedingungen nach § 5 Nr.4.

(2) Im Falle eines Tarifvertrages nach § 4 Absatz 1 Nr.1 findet dieser Abschnitt Anwendung, wenn der Betrieb oder die selbstständige Betriebsabteilung im Sinne des fachlichen Geltungsbereichs des Tarifvertrages überwiegend Bauleistungen gemäß § 101 Abs. 2 des Dritten Buches Sozialgesetzbuch erbringt.

(3) Im Falle eines Tarifvertrages nach § 4 Absatz 1 Nr.2 findet dieser Abschnitt Anwendung, wenn der Betrieb oder die selbstständige Betriebsabteilung überwiegend Gebäudereinigungsleistungen erbringt.

(4) Im Falle eines Tarifvertrages nach § 4 Absatz 1 Nr.3 findet dieser Abschnitt Anwendung, wenn der Betrieb oder die selbstständige Betriebsabteilung überwiegend gewerbs- oder geschäftsmäßig Briefsendungen für Dritte befördert.

(5) Im Falle eines Tarifvertrages nach § 4 Absatz 1 Nr.4 findet dieser Abschnitt Anwendung, wenn der Betrieb oder die selbstständige Betriebsabteilung überwiegend Dienstleistungen des Bewachungs- und Sicherheitsgewerbes oder Kontroll- und Ordnungsdienste erbringt, die dem Schutz von Rechtsgütern aller Art, insbesondere von Leben, Gesundheit oder Eigentum dienen.

(6) Im Falle eines Tarifvertrages nach § 4 Absatz 1 Nr.5 findet dieser Abschnitt Anwendung, wenn der Betrieb oder die selbstständige Betriebsabteilung im Auftrag eines Dritten überwiegend auf inländischen Steinkohlebergwerken Grubenräume erstellt oder sonstige untertägige bergbauliche Spezialarbeiten ausführt.

(7) Im Falle eines Tarifvertrages nach § 4 Absatz 1 Nr. 6 findet dieser Abschnitt Anwendung, wenn der Betrieb oder die selbstständige Betriebsabteilung gewerbsmäßig überwiegend Textilien für gewerbliche Kunden sowie öffentlich-rechtliche oder kirchliche Einrichtungen wäscht, unabhängig davon, ob die Wäsche im Eigentum der Wäscherei oder des Kunden steht. Dieser Abschnitt findet keine Anwendung auf Wäschereidienstleistungen, die von Werkstätten für behinderte Menschen im Sinne des § 136 des Neunten Buches Sozialgesetzbuch erbracht werden.

(8) Im Falle eines Tarifvertrages nach § 4 Absatz 1 Nr.7 findet dieser Abschnitt Anwendung, wenn der Betrieb oder die selbstständige Betriebsabteilung überwiegend Abfälle im Sinne des § 3 Absatz 1 Satz 1 des Kreislaufwirtschaftsgesetzes sammelt, befördert, lagert, beseitigt oder verwertet oder Dienstleistungen des Kehrens und Reinigens öffentlicher Verkehrsflächen und Schnee- und Eisbeseitigung von öffentlichen Verkehrsflächen einschließlich Streudienste erbringt.

(9) Im Falle eines Tarifvertrages nach § 4 Absatz 1 Nr.8 findet dieser Abschnitt Anwendung, wenn der Betrieb oder die selbstständige Betriebsabteilung überwiegend Aus- und Weiterbildungsmaßnahmen nach dem Zweiten oder Dritten Buch Sozialgesetzbuch durchführt. Ausgenommen sind Einrichtungen der beruflichen Rehabilitation im Sinne des § 35 Abs.1 Satz 1 des Neunten Buches Sozialgesetzbuch.

(10) Im Falle eines Tarifvertrages nach § 4 Absatz 1 Nummer 9 findet dieser Abschnitt Anwendung in Betrieben und selbstständigen Betriebsabteilungen, in denen überwiegend geschlachtet oder Fleisch verarbeitet wird (Betriebe der Fleischwirtschaft) sowie in Betrieben und selbstständigen Betriebsabteilungen, die ihre Arbeitnehmer und Arbeitnehmerinnen überwiegend in Betrieben der Fleischwirtschaft einsetzen. Das Schlachten umfasst dabei alle Tätigkeiten des Schlachtens und Zerlegens von Tieren mit Ausnahme von Fischen. Die Verarbeitung umfasst alle Tätigkeiten der Weiterverarbeitung von beim Schlachten gewonnenen Fleischprodukten zur Herstellung von Nahrungsmitteln sowie deren Portionierung und Verpackung. Nicht erfasst ist die Verarbeitung, wenn die Behandlung, die Portionierung oder die Verpackung beim Schlachten gewonnener Fleischprodukte direkt auf Anforderung des Endverbrauchers erfolgt.

§ 7 AEntG - Rechtsverordnung für die Fälle des § 4 Absatz 1

(1) Auf gemeinsamen Antrag der Parteien eines Tarifvertrages im Sinne von § 4 Absatz 1 sowie §§ 5 und 6 kann das Bundesministerium für Arbeit und Soziales durch Rechtsverordnung ohne Zustimmung des Bundesrates bestimmen, dass die Rechtsnormen dieses Tarifvertrages auf alle unter seinen Geltungsbereich fallenden und nicht an ihn gebundenen Arbeitgeber sowie Arbeitnehmer und Arbeitnehmerinnen Anwendung finden, wenn dies im öffentlichen Interesse geboten erscheint, um die in § 1 genannten Gesetzesziele zu erreichen.

(2) Kommen in einer Branche mehrere Tarifverträge mit zumindest teilweise demselben fachlichen Geltungsbereich zur Anwendung, hat der Verordnungsgeber bei seiner Entscheidung nach Absatz 1 im Rahmen einer Gesamtabwägung ergänzend zu den in § 1 genannten Gesetzeszielen die Repräsentativität der jeweiligen Tarifverträge zu berücksichtigen. Bei der Feststellung der Repräsentativität ist vorrangig abzustellen auf

1. die Zahl der von den jeweils tarifgebundenen Arbeitgebern beschäftigten unter den Geltungsbereich des Tarifvertrages fallenden Arbeitnehmer und Arbeitnehmerinnen,
2. die Zahl der jeweils unter den Geltungsbereich des Tarifvertrages fallenden Mitglieder der Gewerkschaft, die den Tarifvertrag geschlossen hat.

(3) Liegen für mehrere Tarifverträge Anträge auf Allgemeinverbindlicherklärung vor, hat der Verordnungsgeber mit besonderer Sorgfalt die von einer Auswahlentscheidung betroffenen Güter von Verfassungsrang abzuwägen und die widerstreitenden Grundrechtsinteressen zu einem schonenden Ausgleich zu bringen.

(4) Vor Erlass der Rechtsverordnung gibt das Bundesministerium für Arbeit und Soziales den in den Geltungsbereich der Rechtsverordnung fallenden Arbeitgebern sowie Arbeitnehmern und Arbeitnehmerinnen, den Parteien des Tarifvertrages sowie in den Fällen des Absatzes 2 den Parteien anderer Tarifverträge und paritätisch besetzten Kommissionen, die auf der Grundlage kirchlichen Rechts Arbeitsbedingungen für den Bereich kirchlicher Arbeitgeber zumindest teilweise im Geltungsbereich der Rechtsverordnung festlegen, Gelegenheit zur schriftlichen Stellungnahme innerhalb von drei Wochen ab dem Tag der Bekanntmachung des Entwurfs der Rechtsverordnung.

(5) Wird in einer Branche nach § 4 Absatz 1 erstmals ein Antrag nach Absatz 1 gestellt, wird nach Ablauf der Frist nach Absatz 4 der Ausschuss nach § 5 Absatz 1 Satz 1 des Tarifvertragsgesetzes (Tarifausschuss) befasst. Stimmen mindestens vier Ausschussmitglieder für den Antrag oder gibt der Tarifausschuss innerhalb von zwei Monaten keine Stellungnahme ab, kann eine Rechtsverordnung nach Absatz 1 erlassen werden. Stimmen zwei oder drei Ausschussmitglieder für den Antrag, kann eine Rechtsverordnung nur von der Bundesregierung erlassen werden. Die Sätze 1 bis 3 gelten nicht für Tarifverträge nach § 4 Absatz 1 Nummer 1 bis 8.

§ 7a AEntG - Rechtsverordnung für die Fälle des § 4 Absatz 2

(1) Auf gemeinsamen Antrag der Parteien eines Tarifvertrages im Sinne von § 4 Absatz 2 sowie §§ 5 und 6 Absatz 1 kann das Bundesministerium für Arbeit und Soziales durch Rechtsverordnung ohne Zustimmung des Bundesrates bestimmen, dass die Rechtsnormen dieses Tarifvertrages auf alle unter seinen Geltungsbereich fallenden und nicht an ihn gebundenen Arbeitgeber sowie Arbeitnehmer und Arbeitnehmerinnen Anwendung finden, wenn dies im öffentlichen Interesse geboten erscheint, um die in § 1 genannten Gesetzesziele zu erreichen und dabei insbesondere einem Verdrängungswettbewerb über die Lohnkosten entgegenzuwirken.

(2) § 7 Absatz 2 und 3 findet entsprechende Anwendung.

(3) Vor Erlass der Rechtsverordnung gibt das Bundesministerium für Arbeit und Soziales den in den Geltungsbereich der Rechtsverordnung fallenden und den möglicherweise von ihr betroffenen Ar-

beitgebern sowie Arbeitnehmern und Arbeitnehmerinnen, den Parteien des Tarifvertrages sowie allen am Ausgang des Verfahrens interessierten Gewerkschaften, Vereinigungen der Arbeitgeber und paritätisch besetzten Kommissionen, die auf der Grundlage kirchlichen Rechts Arbeitsbedingungen für den Bereich kirchlicher Arbeitgeber festlegen, Gelegenheit zur schriftlichen Stellungnahme innerhalb von drei Wochen ab dem Tag der Bekanntmachung des Entwurfs der Rechtsverordnung. Die Gelegenheit zur Stellungnahme umfasst insbesondere auch die Frage, inwieweit eine Erstreckung der Rechtsnormen des Tarifvertrages geeignet ist, die in § 1 genannten Gesetzesziele zu erfüllen und dabei insbesondere einem Verdrängungswettbewerb über die Lohnkosten entgegenzuwirken.

(4) Wird ein Antrag nach Absatz 1 gestellt, wird nach Ablauf der Frist nach Absatz 3 der Ausschuss nach § 5 Absatz 1 Satz 1 des Tarifvertragsgesetzes (Tarifausschuss) befasst. Stimmen mindestens vier Ausschussmitglieder für den Antrag oder gibt der Tarifausschuss innerhalb von zwei Monaten keine Stellungnahme ab, kann eine Rechtsverordnung nach Absatz 1 erlassen werden. Stimmen zwei oder drei Ausschussmitglieder für den Antrag, kann eine Rechtsverordnung nur von der Bundesregierung erlassen werden.

§ 8 AEntG - Pflichten des Arbeitgebers zur Gewährung von Arbeitsbedingungen

(1) Arbeitgeber mit Sitz im In- oder Ausland, die unter den Geltungsbereich eines für allgemeinverbindlich erklärten Tarifvertrages nach § 4 Absatz 1 Nummer 1 sowie §§ 5 und 6 Absatz 2 oder einer Rechtsverordnung nach § 7 oder § 7a fallen, sind verpflichtet, ihren Arbeitnehmern und Arbeitnehmerinnen mindestens die in dem Tarifvertrag für den Beschäftigungsort vorgeschriebenen Arbeitsbedingungen zu gewähren sowie einer gemeinsamen Einrichtung der Tarifvertragsparteien die ihr nach § 5 Nr.3 zustehenden Beiträge zu leisten. Satz 1 gilt unabhängig davon, ob die entsprechende Verpflichtung kraft Tarifbindung nach § 3 des Tarifvertragsgesetzes oder kraft Allgemeinverbindlicherklärung nach § 5 des Tarifvertragsgesetzes oder aufgrund einer Rechtsverordnung nach § 7 oder § 7a besteht.

(2) Ein Arbeitgeber ist verpflichtet, einen Tarifvertrag nach § 4 Absatz 1 Nummer 1 sowie §§ 5 und 6 Absatz 2, der durch Allgemeinverbindlicherklärung sowie einen Tarifvertrag nach §§ 4 bis 6, der durch Rechtsverordnung nach § 7 oder § 7a auf nicht an ihn gebundene Arbeitgeber sowie Arbeitnehmer und Arbeitnehmerinnen erstreckt wird, auch dann einzuhalten, wenn er nach § 3 des Tarifvertragsgesetzes oder kraft Allgemeinverbindlicherklärung nach § 5 des Tarifvertragsgesetzes an einen anderen Tarifvertrag gebunden ist.

(3) Wird ein Leiharbeitnehmer oder eine Leiharbeitnehmerin vom Entleiher mit Tätigkeiten beschäftigt, die in den Geltungsbereich eines für allgemeinverbindlich erklärten Tarifvertrages nach § 4 Absatz 1 Nummer 1 sowie §§ 5 und 6 Absatz 2 oder einer

Rechtsverordnung nach § 7 oder § 7a fallen, hat der Verleiher zumindest die in diesem Tarifvertrag oder in dieser Rechtsverordnung vorgeschriebenen Arbeitsbedingungen zu gewähren sowie die der gemeinsamen Einrichtung nach diesem Tarifvertrag zustehenden Beiträge zu leisten; dies gilt auch dann, wenn der Betrieb des Entleihers nicht in den fachlichen Geltungsbereich dieses Tarifvertrages oder dieser Rechtsverordnung fällt.

§ 9 AEntG - Verzicht, Verwirkung

Ein Verzicht auf den entstandenen Anspruch auf das Mindestentgelt nach § 8 ist nur durch gerichtlichen Vergleich zulässig; im Übrigen ist ein Verzicht ausgeschlossen. Die Verwirkung des Anspruchs der Arbeitnehmer und Arbeitnehmerinnen auf das Mindestentgelt nach § 8 ist ausgeschlossen. Ausschlussfristen für die Geltendmachung des Anspruchs können ausschließlich in dem für allgemeinverbindlich erklärten Tarifvertrag nach den §§ 4 bis 6 oder dem der Rechtsverordnung nach § 7 zugrunde liegenden Tarifvertrag geregelt werden; die Frist muss mindestens sechs Monate betragen.

§ 14 AEntG - Haftung des Auftraggebers

Ein Unternehmer, der einen anderen Unternehmer mit der Erbringung von Werk- oder Dienstleistungen beauftragt, haftet für die Verpflichtungen dieses Unternehmers, eines Nachunternehmers oder eines von dem Unternehmer oder einem Nachunternehmer beauftragten Verleihers zur Zahlung des Mindestentgelts an Arbeitnehmer oder Arbeitnehmerinnen oder zur Zahlung von Beiträgen an eine gemeinsame Einrichtung der Tarifvertragsparteien nach § 8 wie ein Bürge, der auf die Einrede der Vorausklage verzichtet hat. Das Mindestentgelt im Sinne des Satzes 1 umfasst nur den Betrag, der nach Abzug der Steuern und der Beiträge zur Sozialversicherung und zur Arbeitsförderung oder entsprechender Aufwendungen zur sozialen Sicherung an Arbeitnehmer oder Arbeitnehmerinnen auszuzahlen ist (Nettoentgelt).

§ 15 AEntG - Gerichtsstand

Arbeitnehmer und Arbeitnehmerinnen, die in den Geltungsbereich dieses Gesetzes entsandt sind oder waren, können eine auf den Zeitraum der Entsendung bezogene Klage auf Erfüllung der Verpflichtungen nach den §§ 2, 8 oder 14 auch vor einem deutschen Gericht für Arbeitssachen erheben. Diese Klagemöglichkeit besteht auch für eine gemeinsame Einrichtung der Tarifvertragsparteien nach § 5 Nr.3 in Bezug auf die ihr zustehenden Beiträge.

§ 16 AEntG - Zuständigkeit

Für die Prüfung der Einhaltung der Pflichten eines Arbeitgebers nach § 8, soweit sie sich auf die Gewährung von Arbeitsbedingungen nach § 5 Satz 1 Nummer 1 bis 3 beziehen, sind die Behörden der Zollverwaltung zuständig.

§ 17 AEntG - Befugnisse der Behörden der Zollverwaltung und anderer Behörden

Die §§ 2 bis 6, 14, 15, 20, 22 und 23 des Schwarzarbeitsbekämpfungsgesetzes sind entsprechend anzuwenden mit der Maßgabe, dass

1. die dort genannten Behörden auch Einsicht in Arbeitsverträge, Niederschriften nach § 2 des Nachweisgesetzes und andere Geschäftsunterlagen nehmen können, die mittelbar oder unmittelbar Auskunft über die Einhaltung der Arbeitsbedingungen nach § 8 geben, und

2. die nach § 5 Abs. 1 des Schwarzarbeitsbekämpfungsgesetzes zur Mitwirkung Verpflichteten diese Unterlagen vorzulegen haben.

Die §§ 16 bis 19 des Schwarzarbeitsbekämpfungsgesetzes finden Anwendung. § 6 Abs.3 des Schwarzarbeitsbekämpfungsgesetzes findet entsprechende Anwendung. Für die Datenverarbeitung, die dem in § 16 genannten Zweck oder der Zusammenarbeit mit den Behörden des Europäischen Wirtschaftsraums nach § 20 Abs.2 dient, findet § 67 Abs.2 Nr.4 des Zehnten Buches Sozialgesetzbuch keine Anwendung.

§ 18 AEntG - Meldepflicht

(1) Soweit die Rechtsnormen eines für allgemeinverbindlich erklärten Tarifvertrages nach § 4 Absatz 1 Nummer 1, § 5 Satz 1 Nummer 1 bis 3 und § 6 Absatz 2 oder einer Rechtsverordnung nach § 7 oder § 7a, soweit sie Arbeitsbedingungen nach § 5 Satz 1 Nummer 1 bis 3 vorschreibt, auf das Arbeitsverhältnis Anwendung finden, ist ein Arbeitgeber mit Sitz im Ausland, der einen Arbeitnehmer oder eine Arbeitnehmerin oder mehrere Arbeitnehmer oder Arbeitnehmerinnen innerhalb des Geltungsbereichs dieses Gesetzes beschäftigt, verpflichtet, vor Beginn jeder Werk- oder Dienstleistung eine schriftliche Anmeldung in deutscher Sprache bei der zuständigen Behörde der Zollverwaltung vorzulegen, die die für die Prüfung wesentlichen Angaben enthält. Wesentlich sind die Angaben über

1. Familienname, Vornamen und Geburtsdatum der von ihm im Geltungsbereich dieses Gesetzes beschäftigten Arbeitnehmer und Arbeitnehmerinnen,

2. Beginn und voraussichtliche Dauer der Beschäftigung,

3. Ort der Beschäftigung, bei Bauleistungen die Baustelle,

4. Ort im Inland, an dem die nach § 19 erforderlichen Unterlagen bereitgehalten werden,

5. Familienname, Vornamen, Geburtsdatum und Anschrift in Deutschland des oder der verantwortlich Handelnden,

6. Branche, in die die Arbeitnehmer und Arbeitnehmerinnen entsandt werden sollen, und

7. Familienname, Vornamen und Anschrift in Deutschland eines oder einer Zustellungsbevollmächtigten, soweit dieser oder

diese nicht mit dem oder der in Nummer 5 genannten verantwortlich Handelnden identisch ist.

Änderungen bezüglich dieser Angaben hat der Arbeitgeber im Sinne des Satzes 1 unverzüglich zu melden.

(2) Der Arbeitgeber hat der Anmeldung eine Versicherung beizufügen, dass er seine Verpflichtungen nach § 8 einhält.

(3) Überlässt ein Verleiher mit Sitz im Ausland einen Arbeitnehmer oder eine Arbeitnehmerin oder mehrere Arbeitnehmer oder Arbeitnehmerinnen zur Arbeitsleistung einem Entleiher, hat der Entleiher unter den Voraussetzungen des Absatzes 1 Satz 1 vor Beginn jeder Werk- oder Dienstleistung der zuständigen Behörde der Zollverwaltung eine schriftliche Anmeldung in deutscher Sprache mit folgenden Angaben zuzuleiten:

1. Familienname, Vornamen und Geburtsdatum der überlassenen Arbeitnehmer und Arbeitnehmerinnen,

2. Beginn und Dauer der Überlassung,

3. Ort der Beschäftigung, bei Bauleistungen die Baustelle,

4. Ort im Inland, an dem die nach § 19 erforderlichen Unterlagen bereitgehalten werden,

5. Familienname, Vornamen und Anschrift in Deutschland eines oder einer Zustellungsbevollmächtigten des Verleihers,

6. Branche, in die die Arbeitnehmer und Arbeitnehmerinnen entsandt werden sollen, und

7. Familienname, Vornamen oder Firma sowie Anschrift des Verleihers.

Absatz 1 Satz 3 gilt entsprechend.

(4) Der Entleiher hat der Anmeldung eine Versicherung des Verleihers beizufügen, dass dieser seine Verpflichtungen nach § 8 einhält.

(5) Das Bundesministerium der Finanzen kann durch Rechtsverordnung im Einvernehmen mit dem Bundesministerium für Arbeit und Soziales ohne Zustimmung des Bundesrates bestimmen,

1. dass, auf welche Weise und unter welchen technischen und organisatorischen Voraussetzungen eine Anmeldung, Änderungsmeldung und Versicherung abweichend von Absatz 1 Satz 1 und 3, Absatz 2 und 3 Satz 1 und 2 und Absatz 4 elektronisch übermittelt werden kann,

2. unter welchen Voraussetzungen eine Änderungsmeldung ausnahmsweise entfallen kann, und

3. wie das Meldeverfahren vereinfacht oder abgewandelt werden kann, sofern die entsandten Arbeitnehmer und Arbeitnehmerinnen im Rahmen einer regelmäßig wiederkehrenden Werk- oder Dienstleistung eingesetzt werden oder sonstige

Besonderheiten der zu erbringenden Werk- oder Dienstleistungen dies erfordern.

(6) Das Bundesministerium der Finanzen kann durch Rechtsverordnung ohne Zustimmung des Bundesrates die zuständige Behörde nach Absatz 1 Satz 1 und Absatz 3 Satz 1 bestimmen.

§ 19 AEntG - Erstellen und Bereithalten von Dokumenten

(1) Soweit die Rechtsnormen eines für allgemeinverbindlich erklärten Tarifvertrages nach § 4 Absatz 1 Nummer 1, § 5 Satz 1 Nummer 1 bis 3 und § 6 Absatz 2 oder einer entsprechenden Rechtsverordnung nach § 7 oder § 7a über die Zahlung eines Mindestentgelts oder die Einziehung von Beiträgen und die Gewährung von Leistungen im Zusammenhang mit Urlaubsansprüchen auf das Arbeitsverhältnis Anwendung finden, ist der Arbeitgeber verpflichtet, Beginn, Ende und Dauer der täglichen Arbeitszeit der Arbeitnehmer und Arbeitnehmerinnen spätestens bis zum Ablauf des siebten auf den Tag der Arbeitsleistung folgenden Kalendertages aufzuzeichnen und diese Aufzeichnungen mindestens zwei Jahre beginnend ab dem für die Aufzeichnung maßgeblichen Zeitpunkt aufzubewahren. Satz 1 gilt entsprechend für einen Entleiher, dem ein Verleiher einen Arbeitnehmer oder eine Arbeitnehmerin oder mehrere Arbeitnehmer oder Arbeitnehmerinnen zur Arbeitsleistung überlässt.

(2) Jeder Arbeitgeber ist verpflichtet, die für die Kontrolle der Einhaltung eines für allgemeinverbindlich erklärten Tarifvertrages nach § 4 Absatz 1 Nummer 1, § 5 Satz 1 Nummer 1 bis 3 und § 6 Absatz 2 oder einer entsprechenden Rechtsverordnung nach § 7 oder § 7a erforderlichen Unterlagen im Inland für die gesamte Dauer der tatsächlichen Beschäftigung der Arbeitnehmer und Arbeitnehmerinnen im Geltungsbereich dieses Gesetzes, mindestens für die Dauer der gesamten Werk- oder Dienstleistung, insgesamt jedoch nicht länger als zwei Jahre in deutscher Sprache bereitzuhalten. Auf Verlangen der Prüfbehörde sind die Unterlagen auch am Ort der Beschäftigung bereitzuhalten, bei Bauleistungen auf der Baustelle.

(3) Das Bundesministerium für Arbeit und Soziales kann durch Rechtsverordnung ohne Zustimmung des Bundesrates die Verpflichtungen des Arbeitgebers oder eines Entleihers nach § 18 und den Absätzen 1 und 2 hinsichtlich einzelner Branchen oder Gruppen von Arbeitnehmern und Arbeitnehmerinnen einschränken.

(4) Das Bundesministerium der Finanzen kann durch Rechtsverordnung im Einvernehmen mit dem Bundesministerium für Arbeit und Soziales ohne Zustimmung des Bundesrates bestimmen, wie die Verpflichtung des Arbeitgebers, die tägliche Arbeitszeit bei ihm beschäftigter Arbeitnehmer und Arbeitnehmerinnen aufzuzeichnen und diese Aufzeichnungen aufzubewahren, vereinfacht oder abgewandelt werden kann, sofern Besonderheiten der zu erbringenden Werk- oder Dienstleistungen oder Besonderheiten der Branche dies erfordern.

§ 20 AEntG - Zusammenarbeit der in- und ausländischen Behörden

(1) Die Behörden der Zollverwaltung unterrichten die zuständigen örtlichen Landesfinanzbehörden über Meldungen nach § 18 Abs. 1 und 3.

(2) Die Behörden der Zollverwaltung und die übrigen in § 2 des Schwarzarbeitsbekämpfungsgesetzes genannten Behörden dürfen nach Maßgabe der datenschutzrechtlichen Vorschriften auch mit Behörden anderer Vertragsstaaten des Abkommens über den Europäischen Wirtschaftsraum zusammenarbeiten, die diesem Gesetz entsprechende Aufgaben durchführen oder für die Bekämpfung illegaler Beschäftigung zuständig sind oder Auskünfte geben können, ob ein Arbeitgeber seine Verpflichtungen nach § 8 erfüllt. Die Regelungen über die internationale Rechtshilfe in Strafsachen bleiben hiervon unberührt.

(3) Die Behörden der Zollverwaltung unterrichten das Gewerbezentralregister über rechtskräftige Bußgeldentscheidungen nach § 23 Abs. 1 bis 3, sofern die Geldbuße mehr als zweihundert Euro beträgt.

(4) (weggefallen)

§ 21 AEntG - Ausschluss von der Vergabe öffentlicher Aufträge

(1) Von der Teilnahme an einem Wettbewerb um einen Liefer-, Bau- oder Dienstleistungsauftrag der in §§ 99 und 100 des Gesetzes gegen Wettbewerbsbeschränkungen genannten Auftraggeber sollen Bewerber oder Bewerberinnen für eine angemessene Zeit bis zur nachgewiesenen Wiederherstellung ihrer Zuverlässigkeit ausgeschlossen werden, die wegen eines Verstoßes nach § 23 mit einer Geldbuße von wenigstens zweitausendfünfhundert Euro belegt worden sind. Das Gleiche gilt auch schon vor Durchführung eines Bußgeldverfahrens, wenn im Einzelfall angesichts der Beweislage kein vernünftiger Zweifel an einer schwerwiegenden Verfehlung im Sinne des Satzes 1 besteht.

(2) Die für die Verfolgung oder Ahndung der Ordnungswidrigkeiten nach § 23 zuständigen Behörden dürfen öffentlichen Auftraggebern nach § 99 des Gesetzes gegen Wettbewerbsbeschränkungen und solchen Stellen, die von öffentlichen Auftraggebern zugelassene Präqualifikationsverzeichnisse oder Unternehmer- und Lieferantenverzeichnisse führen, auf Verlangen die erforderlichen Auskünfte geben.

(3) Öffentliche Auftraggeber nach Absatz 2 fordern im Rahmen ihrer Tätigkeit beim Gewerbezentralregister Auskünfte über rechtskräftige Bußgeldentscheidungen wegen einer Ordnungswidrigkeit nach § 23 Abs. 1 oder 2 an oder verlangen von Bewerbern oder Bewerberinnen eine Erklärung, dass die Voraussetzungen für einen Ausschluss nach Absatz 1 nicht vorliegen. Im Falle einer Erklärung des Bewerbers oder der Bewerberin können öffentliche Auftraggeber nach Absatz 2 jederzeit zusätzlich Auskünfte des Gewerbezentralregisters nach § 150a der Gewerbeordnung anfordern.

(4) Bei Aufträgen ab einer Höhe von 30 000 Euro fordert der öffentliche Auftraggeber nach Absatz 2 für den Bewerber oder die Bewerberin, der oder die den Zuschlag erhalten soll, vor der Zuschlagserteilung eine Auskunft aus dem Gewerbezentralregister nach § 150a der Gewerbeordnung an.

(5) Vor der Entscheidung über den Ausschluss ist der Bewerber oder die Bewerberin zu hören.

§ 23 AEntG - Bußgeldvorschriften

(1) Ordnungswidrig handelt, wer vorsätzlich oder fahrlässig

　1. entgegen § 8 Abs.1 Satz 1 oder Abs.3 eine dort genannte Arbeitsbedingung nicht oder nicht rechtzeitig gewährt oder einen Beitrag nicht oder nicht rechtzeitig leistet,

　2. entgegen § 17 Satz 1 in Verbindung mit § 5 Abs.1 Satz 1 des Schwarzarbeitsbekämpfungsgesetzes eine Prüfung nicht duldet oder bei einer Prüfung nicht mitwirkt,

　3. entgegen § 17 Satz 1 in Verbindung mit § 5 Abs.1 Satz 2 des Schwarzarbeitsbekämpfungsgesetzes das Betreten eines Grundstücks oder Geschäftsraums nicht duldet,

　4. entgegen § 17 Satz 1 in Verbindung mit § 5 Abs.3 Satz 1 des Schwarzarbeitsbekämpfungsgesetzes Daten nicht, nicht richtig, nicht vollständig, nicht in der vorgeschriebenen Weise oder nicht rechtzeitig übermittelt,

　5. entgegen § 18 Abs.1 Satz 1 oder Abs.3 Satz 1 eine Anmeldung nicht, nicht richtig, nicht vollständig, nicht in der vorgeschriebenen Weise oder nicht rechtzeitig vorlegt oder nicht, nicht richtig, nicht vollständig, nicht in der vorgeschriebenen Weise oder nicht rechtzeitig zuleitet,

　6. entgegen § 18 Abs.1 Satz 3, auch in Verbindung mit Absatz 3 Satz 2, eine Änderungsmeldung nicht, nicht richtig, nicht vollständig, nicht in der vorgeschriebenen Weise oder nicht rechtzeitig macht,

　7. entgegen § 18 Abs.2 oder 4 eine Versicherung nicht, nicht richtig oder nicht rechtzeitig beifügt,

　8. entgegen § 19 Absatz 1 Satz 1, auch in Verbindung mit Satz 2, eine Aufzeichnung nicht, nicht richtig, nicht vollständig oder nicht rechtzeitig erstellt oder nicht oder nicht mindestens zwei Jahre aufbewahrt oder

　9. entgegen § 19 Abs.2 eine Unterlage nicht, nicht richtig, nicht vollständig oder nicht in der vorgeschriebenen Weise bereithält.

(2) Ordnungswidrig handelt, wer Werk- oder Dienstleistungen in erheblichem Umfang ausführen lässt, indem er als Unternehmer einen anderen Unternehmer beauftragt, von dem er weiß oder fahrlässig nicht weiß, dass dieser bei der Erfüllung dieses Auftrags

1. entgegen § 8 Abs.1 Satz 1 oder Abs.3 eine dort genannte Arbeitsbedingung nicht oder nicht rechtzeitig gewährt oder einen Beitrag nicht oder nicht rechtzeitig leistet oder

2. einen Nachunternehmer einsetzt oder zulässt, dass ein Nachunternehmer tätig wird, der entgegen § 8 Abs.1 Satz 1 oder Abs.3 eine dort genannte Arbeitsbedingung nicht oder nicht rechtzeitig gewährt oder einen Beitrag nicht oder nicht rechtzeitig leistet.

(3) Die Ordnungswidrigkeit kann in den Fällen des Absatzes 1 Nr.1 und des Absatzes 2 mit einer Geldbuße bis zu fünfhunderttausend Euro, in den übrigen Fällen mit einer Geldbuße bis zu dreißigtausend Euro geahndet werden.

(4) Verwaltungsbehörden im Sinne des § 36 Abs.1 Nr.1 des Gesetzes über Ordnungswidrigkeiten sind die in § 16 genannten Behörden jeweils für ihren Geschäftsbereich.

(5) Für die Vollstreckung zugunsten der Behörden des Bundes und der bundesunmittelbaren juristischen Personen des öffentlichen Rechts sowie für die Vollziehung des dinglichen Arrestes nach § 111d der Strafprozessordnung in Verbindung mit § 46 des Gesetzes über Ordnungswidrigkeiten durch die in § 16 genannten Behörden gilt das Verwaltungs-Vollstreckungsgesetz des Bundes.

§ 24 AEntG - Evaluation

Die nach § 7 festgesetzten Mindestentgeltsätze sind im Hinblick auf ihre Beschäftigungswirkungen, insbesondere auf sozialversicherungspflichtige Beschäftigung sowie die Schaffung angemessener Mindestarbeitsbedingungen, fünf Jahre nach Inkrafttreten des Gesetzes zu überprüfen.

§ 24a AEntG - Übergangsregelung

In der Zeit vom 1. Januar 2015 bis zum 31. Dezember 2017 gilt § 1 mit der Maßgabe, dass eine Unterschreitung des nach dem Mindestlohngesetz vorgeschriebenen Mindestlohns mit den Zielen des § 1 vereinbar ist, wenn diese Unterschreitung erforderlich ist, um in der betreffenden Branche eine schrittweise Heranführung des Lohnniveaus an die Vorgaben des Mindestlohngesetzes zu bewirken und dabei faire und funktionierende Wettbewerbsbedingungen und den Erhalt sozialversicherungspflichtiger Beschäftigung zu berücksichtigen.

§ 25 AEntG - Inkrafttreten, Außerkrafttreten

Dieses Gesetz tritt am Tag nach der Verkündung in Kraft.

Arbeitnehmerüberlassungsgesetz (AÜG)

Gesetz zur Regelung der gewerbsmäßigen Arbeitnehmerüberlassung (Arbeitnehmerüberlassungsgesetz - AÜG)

Stand: 27.7.2017

§ 1 AÜG - Arbeitnehmerüberlassung, Erlaubnispflicht

(1) Arbeitgeber, die als Verleiher Dritten (Entleihern) Arbeitnehmer (Leiharbeitnehmer) im Rahmen ihrer wirtschaftlichen Tätigkeit zur Arbeitsleistung überlassen (Arbeitnehmerüberlassung) wollen, bedürfen der Erlaubnis. Arbeitnehmer werden zur Arbeitsleistung überlassen, wenn sie in die Arbeitsorganisation des Entleihers eingegliedert sind und seinen Weisungen unterliegen. Die Überlassung und das Tätigwerdenlassen von Arbeitnehmern als Leiharbeitnehmer ist nur zulässig, soweit zwischen dem Verleiher und dem Leiharbeitnehmer ein Arbeitsverhältnis besteht. Die Überlassung von Arbeitnehmern ist vorübergehend bis zu einer Überlassungshöchstdauer nach Absatz 1b zulässig. Verleiher und Entleiher haben die Überlassung von Leiharbeitnehmern in ihrem Vertrag ausdrücklich als Arbeitnehmerüberlassung zu bezeichnen, bevor sie den Leiharbeitnehmer überlassen oder tätig werden lassen. Vor der Überlassung haben sie die Person des Leiharbeitnehmers unter Bezugnahme auf diesen Vertrag zu konkretisieren.

(1a) Die Abordnung von Arbeitnehmern zu einer zur Herstellung eines Werkes gebildeten Arbeitsgemeinschaft ist keine Arbeitnehmerüberlassung, wenn der Arbeitgeber Mitglied der Arbeitsgemeinschaft ist, für alle Mitglieder der Arbeitsgemeinschaft Tarifverträge desselben Wirtschaftszweiges gelten und alle Mitglieder auf Grund des Arbeitsgemeinschaftsvertrages zur selbständigen Erbringung von Vertragsleistungen verpflichtet sind. Für einen Arbeitgeber mit Geschäftssitz in einem anderen Mitgliedstaat des Europäischen Wirtschaftsraumes ist die Abordnung von Arbeitnehmern zu einer zur Herstellung eines Werkes gebildeten Arbeitsgemeinschaft auch dann keine Arbeitnehmerüberlassung, wenn für ihn deutsche Tarifverträge desselben Wirtschaftszweiges wie für die anderen Mitglieder der Arbeitsgemeinschaft nicht gelten, er aber die übrigen Voraussetzungen des Satzes 1 erfüllt.

(1b) Der Verleiher darf denselben Leiharbeitnehmer nicht länger als 18 aufeinander folgende Monate demselben Entleiher überlassen; der Entleiher darf denselben Leiharbeitnehmer nicht länger als 18 aufeinander folgende Monate tätig werden lassen. Der Zeitraum vorheriger Überlassungen durch denselben oder einen anderen Verleiher an denselben Entleiher ist vollständig anzurechnen, wenn zwischen den Einsätzen jeweils nicht mehr als drei Monate liegen. In einem Tarifvertrag von Tarifvertragsparteien der Einsatzbranche kann eine von Satz 1 abweichende Überlassungshöchstdauer festgelegt werden. Im Geltungsbereich eines Tarifvertrages nach Satz 3 können abweichende tarifvertragliche Regelungen im Betrieb eines nicht tarifgebundenen Entleihers durch Betriebs- oder Dienstvereinbarung übernommen werden. In einer auf Grund eines Tarifvertrages von Tarifvertragsparteien der Einsatzbranche getroffenen Betriebs- oder Dienstvereinbarung kann eine von Satz 1 abweichende Überlassungshöchstdauer festgelegt werden. Können auf Grund eines Tarifvertrages nach Satz 5 abweichende Regelungen in einer Betriebs- oder Dienstvereinbarung getroffen werden, kann auch in Betrieben eines nicht tarifgebundenen Entleihers bis zu einer Überlassungshöchstdauer von 24 Monaten davon Gebrauch gemacht werden, soweit nicht durch diesen Tarifvertrag eine von Satz 1 abweichende Überlassungshöchstdauer für Betriebs- oder Dienstvereinbarungen festgelegt ist. Unterfällt der Betrieb des nicht tarifgebundenen Entleihers bei Abschluss einer Betriebs- oder Dienstvereinbarung nach Satz 4 oder Satz 6 den Geltungsbereichen mehrerer Tarifverträge, ist auf den für die Branche des Entleihers repräsentativen Tarifvertrag abzustellen. Die Kirchen und die öffentlich-rechtlichen Religionsgesellschaften können von Satz 1 abweichende Überlassungshöchstdauern in ihren Regelungen vorsehen.

(2) Werden Arbeitnehmer Dritten zur Arbeitsleistung überlassen und übernimmt der Überlassende nicht die üblichen Arbeitgeberpflichten oder das Arbeitgeberrisiko (§ 3 Abs.1 Nr.1 bis 3), so wird vermutet, daß der Überlassende Arbeitsvermittlung betreibt.

(3) Dieses Gesetz ist mit Ausnahme des § 1b Satz 1, des § 16 Absatz 1 Nummer 1f und Absatz 2 bis 5 sowie der §§ 17 und 18 nicht anzuwenden auf die Arbeitnehmerüberlassung

1. zwischen Arbeitgebern desselben Wirtschaftszweiges zur Vermeidung von Kurzarbeit oder Entlassungen, wenn ein für den Entleiher und Verleiher geltender Tarifvertrag dies vorsieht,

2. zwischen Konzernunternehmen im Sinne des § 18 des Aktiengesetzes, wenn der Arbeitnehmer nicht zum Zweck der Überlassung eingestellt und beschäftigt wird,

2a. zwischen Arbeitgebern, wenn die Überlassung nur gelegentlich erfolgt und der Arbeitnehmer nicht zum Zweck der Überlassung eingestellt und beschäftigt wird,

2b. zwischen Arbeitgebern, wenn Aufgaben eines Arbeitnehmers von dem bisherigen zu dem anderen Arbeitgeber verlagert werden und auf Grund eines Tarifvertrages des öffentlichen Dienstes

   a) das Arbeitsverhältnis mit dem bisherigen Arbeitgeber weiter besteht und

   b) die Arbeitsleistung zukünftig bei dem anderen Arbeitgeber erbracht wird,

2c. zwischen Arbeitgebern, wenn diese juristische Personen des öffentlichen Rechts sind und Tarifverträge des öffentlichen Dienstes oder Regelungen der öffentlich-rechtlichen Religionsgesellschaften anwenden, oder

3. in das Ausland, wenn der Leiharbeitnehmer in ein auf der Grundlage zwischenstaatlicher Vereinbarungen begründetes deutsch-ausländisches Gemeinschaftsunternehmen verliehen wird, an dem der Verleiher beteiligt ist.

§ 1a AÜG - Anzeige der Überlassung

(1) Keiner Erlaubnis bedarf ein Arbeitgeber mit weniger als 50 Beschäftigten, der zur Vermeidung von Kurzarbeit oder Entlassungen an einen Arbeitgeber einen Arbeitnehmer, der nicht zum Zweck der Überlassung eingestellt und beschäftigt wird, bis zur Dauer von zwölf Monaten überlässt, wenn er die Überlassung vorher schriftlich der Bundesagentur für Arbeit angezeigt hat.

(2) In der Anzeige sind anzugeben

1. Vor- und Familiennamen, Wohnort und Wohnung, Tag und Ort der Geburt des Leiharbeitnehmers,

2. Art der vom Leiharbeitnehmer zu leistenden Tätigkeit und etwaige Pflicht zur auswärtigen Leistung,

3. Beginn und Dauer der Überlassung,

4. Firma und Anschrift des Entleihers.

§ 1b AÜG - Einschränkungen im Baugewerbe

Arbeitnehmerüberlassung nach § 1 in Betriebe des Baugewerbes für Arbeiten, die üblicherweise von Arbeitern verrichtet werden, ist unzulässig. Sie ist gestattet

a) zwischen Betrieben des Baugewerbes und anderen Betrieben, wenn diese Betriebe erfassende, für allgemeinverbindlich erklärte Tarifverträge dies bestimmen,

b) zwischen Betrieben des Baugewerbes, wenn der verleihende Betrieb nachweislich seit mindestens drei Jahren von denselben Rahmen- und Sozialkassentarifverträgen oder von deren Allgemeinverbindlichkeit erfasst wird.

Abweichend von Satz 2 ist für Betriebe des Baugewerbes mit Geschäftssitz in einem anderen Mitgliedstaat des Europäischen Wirtschaftsraumes Arbeitnehmerüberlassung auch gestattet, wenn die ausländischen Betriebe nicht von deutschen Rahmen- und Sozialkassentarifverträgen oder für allgemeinverbindlich erklärten Tarifverträgen erfasst werden, sie aber nachweislich seit mindestens drei Jahren überwiegend Tätigkeiten ausüben, die unter den Geltungsbereich derselben Rahmen- und Sozialkassentarifverträge fallen, von denen der Betrieb des Entleihers erfasst wird.

§ 2 AÜG - Erteilung und Erlöschen der Erlaubnis

(1) Die Erlaubnis wird auf schriftlichen Antrag erteilt.

(2) Die Erlaubnis kann unter Bedingungen erteilt und mit Auflagen verbunden werden, um sicherzustellen, dass keine Tatsachen eintreten, die nach § 3 die Versagung der Erlaubnis rechtfertigen.

Die Aufnahme, Änderung oder Ergänzung von Auflagen sind auch nach Erteilung der Erlaubnis zulässig.

(3) Die Erlaubnis kann unter dem Vorbehalt des Widerrufs erteilt werden, wenn eine abschließende Beurteilung des Antrags noch nicht möglich ist.

(4) Die Erlaubnis ist auf ein Jahr zu befristen. Der Antrag auf Verlängerung der Erlaubnis ist spätestens drei Monate vor Ablauf des Jahres zu stellen. Die Erlaubnis verlängert sich um ein weiteres Jahr, wenn die Erlaubnisbehörde die Verlängerung nicht vor Ablauf des Jahres ablehnt. Im Fall der Ablehnung gilt die Erlaubnis für die Abwicklung der nach § 1 erlaubt abgeschlossenen Verträge als fortbestehend, jedoch nicht länger als zwölf Monate.

(5) Die Erlaubnis kann unbefristet erteilt werden, wenn der Verleiher drei aufeinanderfolgende Jahre lang nach § 1 erlaubt tätig war. Sie erlischt, wenn der Verleiher von der Erlaubnis drei Jahre lang keinen Gebrauch gemacht hat.

§ 2a AÜG - Gebühren und Auslagen

(1) Für die Bearbeitung von Anträgen auf Erteilung und Verlängerung der Erlaubnis werden vom Antragsteller Gebühren und Auslagen erhoben.

(2) Die Bundesregierung wird ermächtigt, durch Rechtsverordnung die gebührenpflichtigen Tatbestände näher zu bestimmen und dabei feste Sätze und Rahmensätze vorzusehen. Die Gebühr darf im Einzelfall 2.500 Euro nicht überschreiten.

§ 3 AÜG - Versagung

(1) Die Erlaubnis oder ihre Verlängerung ist zu versagen, wenn Tatsachen die Annahme rechtfertigen, dass der Antragsteller

　1. die für die Ausübung der Tätigkeit nach § 1 erforderliche Zuverlässigkeit nicht besitzt, insbesondere weil er die Vorschriften des Sozialversicherungsrechts, über die Einbehaltung und Abführung der Lohnsteuer, über die Arbeitsvermittlung, über die Anwerbung im Ausland oder über die Ausländerbeschäftigung, über die Überlassungshöchstdauer nach § 1 Absatz 1b, die Vorschriften des Arbeitsschutzrechts oder die arbeitsrechtlichen Pflichten nicht einhält;

　2. nach der Gestaltung seiner Betriebsorganisation nicht in der Lage ist, die üblichen Arbeitgeberpflichten ordnungsgemäß zu erfüllen;

　3. dem Leiharbeitnehmer die ihm nach § 8 zustehenden Arbeitsbedingungen einschließlich des Arbeitsentgelts nicht gewährt.

(2) Die Erlaubnis oder ihre Verlängerung ist ferner zu versagen, wenn für die Ausübung der Tätigkeit nach § 1 Betriebe, Betriebsteile oder Nebenbetriebe vorgesehen sind, die nicht in einem Mitgliedstaat der Europäischen Wirtschaftsgemeinschaft oder einem ande-

ren Vertragsstaat des Abkommens über den Europäischen Wirtschaftsraum liegen.

(3) Die Erlaubnis kann versagt werden, wenn der Antragsteller nicht Deutscher im Sinne des Artikels 116 des Grundgesetzes ist oder wenn eine Gesellschaft oder juristische Person den Antrag stellt, die entweder nicht nach deutschem Recht gegründet ist oder die weder ihren satzungsmäßigen Sitz noch ihre Hauptverwaltung noch ihre Hauptniederlassung im Geltungsbereich dieses Gesetzes hat.

(4) Staatsangehörige der Mitgliedstaaten der Europäischen Wirtschaftsgemeinschaft oder eines anderen Vertragsstaates des Abkommens über den Europäischen Wirtschaftsraum erhalten die Erlaubnis unter den gleichen Voraussetzungen wie deutsche Staatsangehörige. Den Staatsangehörigen dieser Staaten stehen gleich Gesellschaften und juristische Personen, die nach den Rechtsvorschriften dieser Staaten gegründet sind und ihren satzungsgemäßen Sitz, ihre Hauptverwaltung oder ihre Hauptniederlassung innerhalb dieser Staaten haben. Soweit diese Gesellschaften oder juristische Personen zwar ihren satzungsmäßigen Sitz, jedoch weder ihre Hauptverwaltung noch ihre Hauptniederlassung innerhalb dieser Staaten haben, gilt Satz 2 nur, wenn ihre Tätigkeit in tatsächlicher und dauerhafter Verbindung mit der Wirtschaft eines Mitgliedstaates oder eines Vertragsstaates des Abkommens über den Europäischen Wirtschaftsraum steht.

(5) Staatsangehörige anderer als der in Absatz 4 genannten Staaten, die sich aufgrund eines internationalen Abkommens im Geltungsbereich dieses Gesetzes niederlassen und hierbei sowie bei ihrer Geschäftstätigkeit nicht weniger günstig behandelt werden dürfen als deutsche Staatsangehörige, erhalten die Erlaubnis unter den gleichen Voraussetzungen wie deutsche Staatsangehörige. Den Staatsangehörigen nach Satz 1 stehen gleich Gesellschaften, die nach den Rechtsvorschriften des anderen Staates gegründet sind.

§ 3a AÜG - Lohnuntergrenze

(1) Gewerkschaften und Vereinigungen von Arbeitgebern, die zumindest auch für ihre jeweiligen in der Arbeitnehmerüberlassung tätigen Mitglieder zuständig sind (vorschlagsberechtigte Tarifvertragsparteien) und bundesweit tarifliche Mindeststundenentgelte im Bereich der Arbeitnehmerüberlassung miteinander vereinbart haben, können dem Bundesministerium für Arbeit und Soziales gemeinsam vorschlagen, diese als Lohnuntergrenze in einer Rechtsverordnung verbindlich festzusetzen; die Mindeststundenentgelte können nach dem jeweiligen Beschäftigungsort differenzieren und auch Regelungen zur Fälligkeit entsprechender Ansprüche einschließlich hierzu vereinbarter Ausnahmen und deren Voraussetzungen umfassen. Der Vorschlag muss für Verleihzeiten und verleihfreie Zeiten einheitliche Mindeststundenentgelte sowie eine Laufzeit enthalten. Der Vorschlag ist schriftlich zu begründen.

(2) Das Bundesministerium für Arbeit und Soziales kann, wenn dies im öffentlichen Interesse geboten erscheint, in einer Rechtsverordnung ohne Zustimmung des Bundesrates bestimmen, dass die vorgeschlagenen tariflichen Mindeststundenentgelte nach Absatz 1 als verbindliche Lohnuntergrenze auf alle in den Geltungsbereich der Verordnung fallenden Arbeitgeber sowie Leiharbeitnehmer Anwendung findet. Der Verordnungsgeber kann den Vorschlag nur inhaltlich unverändert in die Rechtsverordnung übernehmen.

(3) Der Verordnungsgeber hat bei seiner Entscheidung nach Absatz 2 im Rahmen einer Gesamtabwägung neben den Zielen dieses Gesetzes zu prüfen, ob eine Rechtsverordnung nach Absatz 2 insbesondere geeignet ist, die finanzielle Stabilität der sozialen Sicherungssysteme zu gewährleisten. Der Verordnungsgeber hat zu berücksichtigen

1. die bestehenden bundesweiten Tarifverträge in der Arbeitnehmerüberlassung und

2. die Repräsentativität der vorschlagenden Tarifvertragsparteien.

(4) Liegen mehrere Vorschläge nach Absatz 1 vor, hat der Verordnungsgeber bei seiner Entscheidung nach Absatz 2 im Rahmen der nach Absatz 3 erforderlichen Gesamtabwägung die Repräsentativität der vorschlagenden Tarifvertragsparteien besonders zu berücksichtigen. Bei der Feststellung der Repräsentativität ist vorrangig abzustellen auf

1. die Zahl der jeweils in den Geltungsbereich einer Rechtsverordnung nach Absatz 2 fallenden Arbeitnehmer, die bei Mitgliedern der vorschlagenden Arbeitgebervereinigung beschäftigt sind;

2. die Zahl der jeweils in den Geltungsbereich einer Rechtsverordnung nach Absatz 2 fallenden Mitglieder der vorschlagenden Gewerkschaften.

(5) Vor Erlass ist ein Entwurf der Rechtsverordnung im Bundesanzeiger bekannt zu machen. Das Bundesministerium für Arbeit und Soziales gibt Verleihern und Leiharbeitnehmern sowie den Gewerkschaften und Vereinigungen von Arbeitgebern, die im Geltungsbereich der Rechtsverordnung zumindest teilweise tarifzuständig sind, Gelegenheit zur schriftlichen Stellungnahme innerhalb von drei Wochen ab dem Tag der Bekanntmachung des Entwurfs der Rechtsverordnung im Bundesanzeiger. Nach Ablauf der Stellungnahmefrist wird der in § 5 Absatz 1 Satz 1 des Tarifvertragsgesetzes genannte Ausschuss mit dem Vorschlag befasst.

(6) Nach Absatz 1 vorschlagsberechtigte Tarifvertragsparteien können gemeinsam die Änderung einer nach Absatz 2 erlassenen Rechtsverordnung vorschlagen. Die Absätze 1 bis 5 finden entsprechend Anwendung.

§ 4 AÜG - Rücknahme

(1) Eine rechtswidrige Erlaubnis kann mit Wirkung für die Zukunft zurückgenommen werden. § 2 Abs.4 Satz 4 gilt entsprechend.

(2) Die Erlaubnisbehörde hat dem Verleiher auf Antrag den Vermögensnachteil auszugleichen, den dieser dadurch erleidet, daß er auf den Bestand der Erlaubnis vertraut hat, soweit sein Vertrauen unter Abwägung mit dem öffentlichen Interesse schutzwürdig ist. Auf Vertrauen kann sich der Verleiher nicht berufen, wenn er

1. die Erlaubnis durch arglistige Täuschung, Drohung oder eine strafbare Handlung erwirkt hat;
2. die Erlaubnis durch Angaben erwirkt hat, die in wesentlicher Beziehung unrichtig oder unvollständig waren, oder
3. die Rechtswidrigkeit der Erlaubnis kannte oder infolge grober Fahrlässigkeit nicht kannte.

Der Vermögensnachteil ist jedoch nicht über den Betrag des Interesses hinaus zu ersetzen, das der Verleiher an dem Bestand der Erlaubnis hat. Der auszugleichende Vermögensnachteil wird durch die Erlaubnisbehörde festgesetzt. Der Anspruch kann nur innerhalb eines Jahres geltend gemacht werden; die Frist beginnt, sobald die Erlaubnisbehörde den Verleiher auf sie hingewiesen hat.

(3) Die Rücknahme ist nur innerhalb eines Jahres seit dem Zeitpunkt zulässig, in dem die Erlaubnisbehörde von den Tatsachen Kenntnis erhalten hat, die die Rücknahme der Erlaubnis rechtfertigen.

§ 5 AÜG - Widerruf

(1) Die Erlaubnis kann mit Wirkung für die Zukunft widerrufen werden, wenn

1. der Widerruf bei ihrer Erteilung nach § 2 Abs.3 vorbehalten worden ist;
2. der Verleiher eine Auflage nach § 2 nicht innerhalb einer ihm gesetzten Frist erfüllt hat;
3. die Erlaubnisbehörde aufgrund nachträglich eingetretener Tatsachen berechtigt wäre, die Erlaubnis zu versagen, oder
4. die Erlaubnisbehörde aufgrund einer geänderten Rechtslage berechtigt wäre, die Erlaubnis zu versagen; § 4 Abs.2 gilt entsprechend.

(2) Die Erlaubnis wird mit dem Wirksamwerden des Widerrufs unwirksam. § 2 Abs.4 Satz 4 gilt entsprechend.

(3) Der Widerruf ist unzulässig, wenn eine Erlaubnis gleichen Inhalts erneut erteilt werden müßte.

(4) Der Widerruf ist nur innerhalb eines Jahres seit dem Zeitpunkt zulässig, in dem die Erlaubnisbehörde von den Tatsachen Kenntnis erhalten hat, die den Widerruf der Erlaubnis rechtfertigen.

§ 6 AÜG - Verwaltungszwang

Werden Leiharbeitnehmer von einem Verleiher ohne die erforderliche Erlaubnis überlassen, so hat die Erlaubnisbehörde dem Verleiher dies zu untersagen und das weitere Überlassen nach den Vorschriften des Verwaltungsvollstreckungsgesetzes zu verhindern.

§ 7 AÜG - Anzeigen und Auskünfte

(1) Der Verleiher hat der Erlaubnisbehörde nach Erteilung der Erlaubnis unaufgefordert die Verlegung, Schließung und Errichtung von Betrieben, Betriebsteilen oder Nebenbetrieben vorher anzuzeigen, soweit diese die Ausübung der Arbeitnehmerüberlassung zum Gegenstand haben. Wenn die Erlaubnis Personengesamtheiten, Personengesellschaften oder juristischen Personen erteilt ist und nach ihrer Erteilung eine andere Person zur Geschäftsführung oder Vertretung nach Gesetz, Satzung oder Gesellschaftsvertrag berufen wird, ist auch dies unaufgefordert anzuzeigen.

(2) Der Verleiher hat der Erlaubnisbehörde auf Verlangen die Auskünfte zu erteilen, die zur Durchführung des Gesetzes erforderlich sind. Die Auskünfte sind wahrheitsgemäß, vollständig, fristgemäß und unentgeltlich zu erteilen. Auf Verlangen der Erlaubnisbehörde hat der Verleiher die geschäftlichen Unterlagen vorzulegen, aus denen sich die Richtigkeit seiner Angaben ergibt, oder seine Angaben auf sonstige Weise glaubhaft zu machen. Der Verleiher hat seine Geschäftsunterlagen drei Jahre lang aufzubewahren.

(3) In begründeten Einzelfällen sind die von der Erlaubnisbehörde beauftragten Personen befugt, Grundstücke und Geschäftsräume des Verleihers zu betreten und dort Prüfungen vorzunehmen. Der Verleiher hat die Maßnahmen nach Satz 1 zu dulden. Das Grundrecht der Unverletzlichkeit der Wohnung (Artikel 13 des Grundgesetzes) wird insoweit eingeschränkt.

(4) Durchsuchungen können nur auf Anordnung des Richters bei dem Amtsgericht, in dessen Bezirk die Durchsuchung erfolgen soll, vorgenommen werden. Auf die Anfechtung dieser Anordnung finden die §§ 304 bis 310 der Strafprozessordnung entsprechende Anwendung. Bei Gefahr im Verzug können die von der Erlaubnisbehörde beauftragten Personen während der Geschäftszeit die erforderlichen Durchsuchungen ohne richterliche Anordnung vornehmen. An Ort und Stelle ist eine Niederschrift über die Durchsuchung und ihr wesentliches Ergebnis aufzunehmen, aus der sich, falls keine richterliche Anordnung ergangen ist, auch die Tatsachen ergeben, die zur Annahme einer Gefahr im Verzug geführt haben.

(5) Der Verleiher kann die Auskunft auf solche Fragen verweigern, deren Beantwortung ihn selbst oder einen der in § 383 Abs. 1 Nr. 1 bis 3 der Zivilprozessordnung bezeichneten Angehörigen der Gefahr strafgerichtlicher Verfolgung oder eines Verfahrens nach dem Gesetz über Ordnungswidrigkeiten aussetzen würde.

§ 8 AÜG - Grundsatz der Gleichstellung

(1) Der Verleiher ist verpflichtet, dem Leiharbeitnehmer für die Zeit der Überlassung an den Entleiher die im Betrieb des Entleihers für einen vergleichbaren Arbeitnehmer des Entleihers geltenden wesentlichen Arbeitsbedingungen einschließlich des Arbeitsentgelts zu gewähren (Gleichstellungsgrundsatz). Erhält der Leiharbeitnehmer das für einen vergleichbaren Arbeitnehmer des Entleihers im Entleihbetrieb geschuldete tarifvertragliche Arbeitsentgelt oder in Ermangelung eines solchen ein für vergleichbare Arbeitnehmer in der Einsatzbranche geltendes tarifvertragliches Arbeitsentgelt, wird vermutet, dass der Leiharbeitnehmer hinsichtlich des Arbeitsentgelts im Sinne von Satz 1 gleichgestellt ist. Werden im Betrieb des Entleihers Sachbezüge gewährt, kann ein Wertausgleich in Euro erfolgen.

(2) Ein Tarifvertrag kann vom Gleichstellungsgrundsatz abweichen, soweit er nicht die in einer Rechtsverordnung nach § 3a Absatz 2 festgesetzten Mindeststundenentgelte unterschreitet. Soweit ein solcher Tarifvertrag vom Gleichstellungsgrundsatz abweicht, hat der Verleiher dem Leiharbeitnehmer die nach diesem Tarifvertrag geschuldeten Arbeitsbedingungen zu gewähren. Im Geltungsbereich eines solchen Tarifvertrages können nicht tarifgebundene Arbeitgeber und Arbeitnehmer die Anwendung des Tarifvertrages vereinbaren. Soweit ein solcher Tarifvertrag die in einer Rechtsverordnung nach § 3a Absatz 2 festgesetzten Mindeststundenentgelte unterschreitet, hat der Verleiher dem Leiharbeitnehmer für jede Arbeitsstunde das im Betrieb des Entleihers für einen vergleichbaren Arbeitnehmer des Entleihers für eine Arbeitsstunde zu zahlende Arbeitsentgelt zu gewähren.

(3) Eine abweichende tarifliche Regelung im Sinne von Absatz 2 gilt nicht für Leiharbeitnehmer, die in den letzten sechs Monaten vor der Überlassung an den Entleiher aus einem Arbeitsverhältnis bei diesem oder einem Arbeitgeber, der mit dem Entleiher einen Konzern im Sinne des § 18 des Aktiengesetzes bildet, ausgeschieden sind.

(4) Ein Tarifvertrag im Sinne des Absatzes 2 kann hinsichtlich des Arbeitsentgelts vom Gleichstellungsgrundsatz für die ersten neun Monate einer Überlassung an einen Entleiher abweichen. Eine längere Abweichung durch Tarifvertrag ist nur zulässig, wenn

1. nach spätestens 15 Monaten einer Überlassung an einen Entleiher mindestens ein Arbeitsentgelt erreicht wird, das in dem Tarifvertrag als gleichwertig mit dem tarifvertraglichen Arbeitsentgelt vergleichbarer Arbeitnehmer in der Einsatzbranche festgelegt ist, und

2. nach einer Einarbeitungszeit von längstens sechs Wochen eine stufenweise Heranführung an dieses Arbeitsentgelt erfolgt.

Im Geltungsbereich eines solchen Tarifvertrages können nicht tarifgebundene Arbeitgeber und Arbeitnehmer die Anwendung der tariflichen Regelungen vereinbaren. Der Zeitraum vorheriger

Überlassungen durch denselben oder einen anderen Verleiher an denselben Entleiher ist vollständig anzurechnen, wenn zwischen den Einsätzen jeweils nicht mehr als drei Monate liegen.

(5) Der Verleiher ist verpflichtet, dem Leiharbeitnehmer mindestens das in einer Rechtsverordnung nach § 3a Absatz 2 für die Zeit der Überlassung und für Zeiten ohne Überlassung festgesetzte Mindeststundenentgelt zu zahlen.

§ 9 AÜG - Unwirksamkeit

(1) Unwirksam sind:

1. Verträge zwischen Verleihern und Entleihern sowie zwischen Verleihern und Leiharbeitnehmern, wenn der Verleiher nicht die nach § 1 erforderliche Erlaubnis hat; der Vertrag zwischen Verleiher und Leiharbeitnehmer wird nicht unwirksam, wenn der Leiharbeitnehmer schriftlich bis zum Ablauf eines Monats nach dem zwischen Verleiher und Entleiher für den Beginn der Überlassung vorgesehenen Zeitpunkt gegenüber dem Verleiher oder dem Entleiher erklärt, dass er an dem Arbeitsvertrag mit dem Verleiher festhält; tritt die Unwirksamkeit erst nach Aufnahme der Tätigkeit beim Entleiher ein, so beginnt die Frist mit Eintritt der Unwirksamkeit,

1a. Arbeitsverträge zwischen Verleihern und Leiharbeitnehmern, wenn entgegen § 1 Absatz 1 Satz 5 und 6 die Arbeitnehmerüberlassung nicht ausdrücklich als solche bezeichnet und die Person des Leiharbeitnehmers nicht konkretisiert worden ist, es sei denn, der Leiharbeitnehmer erklärt schriftlich bis zum Ablauf eines Monats nach dem zwischen Verleiher und Entleiher für den Beginn der Überlassung vorgesehenen Zeitpunkt gegenüber dem Verleiher oder dem Entleiher, dass er an dem Arbeitsvertrag mit dem Verleiher festhält,

1b. Arbeitsverträge zwischen Verleihern und Leiharbeitnehmern mit dem Überschreiten der zulässigen Überlassungshöchstdauer nach § 1 Absatz 1b, es sei denn, der Leiharbeitnehmer erklärt schriftlich bis zum Ablauf eines Monats nach Überschreiten der zulässigen Überlassungshöchstdauer gegenüber dem Verleiher oder dem Entleiher, dass er an dem Arbeitsvertrag mit dem Verleiher festhält,

2. Vereinbarungen, die für den Leiharbeitnehmer schlechtere als die ihm nach § 8 zustehenden Arbeitsbedingungen einschließlich des Arbeitsentgelts vorsehen,

2a. Vereinbarungen, die den Zugang des Leiharbeitnehmers zu den Gemeinschaftseinrichtungen oder -diensten im Unternehmen des Entleihers entgegen § 13b beschränken,

3. Vereinbarungen, die dem Entleiher untersagen, den Leiharbeitnehmer zu einem Zeitpunkt einzustellen, in dem dessen Arbeitsverhältnis zum Verleiher nicht mehr besteht; dies schließt die Vereinbarung einer angemessenen Vergütung zwischen Verleiher und Entleiher für die nach vorangegan-

genem Verleih oder mittels vorangegangenem Verleih erfolgte Vermittlung nicht aus,

4. Vereinbarungen, die dem Leiharbeitnehmer untersagen, mit dem Entleiher zu einem Zeitpunkt, in dem das Arbeitsverhältnis zwischen Verleiher und Leiharbeitnehmer nicht mehr besteht, ein Arbeitsverhältnis einzugehen,

5. Vereinbarungen, nach denen der Leiharbeitnehmer eine Vermittlungsvergütung an den Verleiher zu zahlen hat.

(2) Die Erklärung nach Absatz 1 Nummer 1, 1a oder 1b (Festhaltenserklärung) ist nur wirksam, wenn

1. der Leiharbeitnehmer diese vor ihrer Abgabe persönlich in einer Agentur für Arbeit vorlegt,

2. die Agentur für Arbeit die abzugebende Erklärung mit dem Datum des Tages der Vorlage und dem Hinweis versieht, dass sie die Identität des Leiharbeitnehmers festgestellt hat, und

3. die Erklärung spätestens am dritten Tag nach der Vorlage in der Agentur für Arbeit dem Ver- oder Entleiher zugeht.

(3) Eine vor Beginn einer Frist nach Absatz 1 Nummer 1 bis 1b abgegebene Festhaltenserklärung ist unwirksam. Wird die Überlassung nach der Festhaltenserklärung fortgeführt, gilt Absatz 1 Nummer 1 bis 1b. Eine erneute Festhaltenserklärung ist unwirksam. § 28e Absatz 2 Satz 4 des Vierten Buches Sozialgesetzbuch gilt unbeschadet der Festhaltenserklärung.

§ 10 AÜG - Rechtsfolgen bei Unwirksamkeit

(1) Ist der Vertrag zwischen einem Verleiher und einem Leiharbeitnehmer nach § 9 unwirksam, so gilt ein Arbeitsverhältnis zwischen Entleiher und Leiharbeitnehmer zu dem zwischen dem Entleiher und dem Verleiher für den Beginn der Tätigkeit vorgesehenen Zeitpunkt als zustande gekommen; tritt die Unwirksamkeit erst nach Aufnahme der Tätigkeit beim Entleiher ein, so gilt das Arbeitsverhältnis zwischen Entleiher und Leiharbeitnehmer mit dem Eintritt der Unwirksamkeit als zustande gekommen. Das Arbeitsverhältnis nach Satz 1 gilt als befristet, wenn die Tätigkeit des Leiharbeitnehmers bei dem Entleiher nur befristet vorgesehen war und ein die Befristung des Arbeitsverhältnisses sachlich rechtfertigender Grund vorliegt. Für das Arbeitsverhältnis nach Satz 1 gilt die zwischen dem Verleiher und dem Entleiher vorgesehene Arbeitszeit als vereinbart. Im Übrigen bestimmen sich Inhalt und Dauer dieses Arbeitsverhältnisses nach den für den Betrieb des Entleihers geltenden Vorschriften und sonstigen Regelungen; sind solche nicht vorhanden, gelten diejenigen vergleichbarer Betriebe. Der Leiharbeitnehmer hat gegen den Entleiher mindestens Anspruch auf das mit dem Verleiher vereinbarte Arbeitsentgelt.

(2) Der Leiharbeitnehmer kann im Fall der Unwirksamkeit seines Vertrags mit dem Verleiher nach § 9 von diesem Ersatz des Schadens verlangen, den er dadurch erleidet, dass er auf die Gültigkeit

des Vertrags vertraut. Die Ersatzpflicht tritt nicht ein, wenn der Leiharbeitnehmer den Grund der Unwirksamkeit kannte.

(3) Zahlt der Verleiher das vereinbarte Arbeitsentgelt oder Teile des Arbeitsentgelts an den Leiharbeitnehmer, obwohl der Vertrag nach § 9 unwirksam ist, so hat er auch sonstige Teile des Arbeitsentgelts, die bei einem wirksamen Arbeitsvertrag für den Leiharbeitnehmer an einen anderen zu zahlen wären, an den anderen zu zahlen. Hinsichtlich dieser Zahlungspflicht gilt der Verleiher neben dem Entleiher als Arbeitgeber; beide haften insoweit als Gesamtschuldner.

(4) und (5) weggefallen

§ 10a AÜG - Rechtsfolgen bei Überlassung durch eine andere Person als den Arbeitgeber

Werden Arbeitnehmer entgegen § 1 Absatz 1 Satz 3 von einer anderen Person überlassen und verstößt diese Person hierbei gegen § 1 Absatz 1 Satz 1, 5 und 6 oder Absatz 1b, gelten für das Arbeitsverhältnis des Leiharbeitnehmers § 9 Absatz 1 Nummer 1 bis 1b und § 10 entsprechend.

§ 11 AÜG - Sonstige Vorschriften über das Leiharbeitsverhältnis

(1) Der Nachweis der wesentlichen Vertragsbedingungen des Leiharbeitsverhältnisses richtet sich nach den Bestimmungen des Nachweisgesetzes. Zusätzlich zu den in § 2 Abs.1 des Nachweisgesetzes genannten Angaben sind in die Niederschrift aufzunehmen:

1. Firma und Anschrift des Verleihers, die Erlaubnisbehörde sowie Ort und Datum der Erteilung der Erlaubnis nach § 1,

2. Art und Höhe der Leistungen für Zeiten, in denen der Leiharbeitnehmer nicht verliehen ist.

(2) Der Verleiher ist ferner verpflichtet, dem Leiharbeitnehmer bei Vertragsschluss ein Merkblatt der Erlaubnisbehörde über den wesentlichen Inhalt dieses Gesetzes auszuhändigen. Nichtdeutsche Leiharbeitnehmer erhalten das Merkblatt und den Nachweis nach Absatz 1 auf Verlangen in ihrer Muttersprache. Die Kosten des Merkblatts trägt der Verleiher. Der Verleiher hat den Leiharbeitnehmer vor jeder Überlassung darüber zu informieren, dass er als Leiharbeitnehmer tätig wird.

(3) Der Verleiher hat den Leiharbeitnehmer unverzüglich über den Zeitpunkt des Wegfalls der Erlaubnis zu unterrichten. In den Fällen der Nichtverlängerung (§ 2 Abs.4 Satz 3), der Rücknahme (§ 4) oder des Widerrufs (§ 5) hat er ihn ferner auf das voraussichtliche Ende der Abwicklung (§ 2 Abs.4 Satz 4) und die gesetzliche Abwicklungsfrist (§ 2 Abs.4 Satz 4 letzter Halbsatz) hinzuweisen.

(4) § 622 Abs.5 Nr.1 des Bürgerlichen Gesetzbuchs ist nicht auf Arbeitsverhältnisse zwischen Verleihern und Leiharbeitnehmern anzuwenden. Das Recht des Leiharbeitnehmers auf Vergütung bei

Annahmeverzug des Verleihers (§ 615 Satz 1 des Bürgerlichen Gesetzbuchs) kann nicht durch Vertrag aufgehoben oder beschränkt werden; § 615 Satz 2 des Bürgerlichen Gesetzbuchs bleibt unberührt. Das Recht des Leiharbeitnehmers auf Vergütung kann durch Vereinbarung von Kurzarbeit für die Zeit aufgehoben werden, für die dem Leiharbeitnehmer Kurzarbeitergeld nach dem Dritten Buch Sozialgesetzbuch gezahlt wird; eine solche Vereinbarung kann das Recht des Leiharbeitnehmers auf Vergütung bis längstens zum 31. Dezember 2011 ausschließen.

(5) Der Entleiher darf Leiharbeitnehmer nicht tätig werden lassen, wenn sein Betrieb unmittelbar durch einen Arbeitskampf betroffen ist. Satz 1 gilt nicht, wenn der Entleiher sicherstellt, dass Leiharbeitnehmer keine Tätigkeiten übernehmen, die bisher von Arbeitnehmern erledigt wurden, die

1. sich im Arbeitskampf befinden oder

2. ihrerseits Tätigkeiten von Arbeitnehmern, die sich im Arbeitskampf befinden, übernommen haben.

Der Leiharbeitnehmer ist nicht verpflichtet, bei einem Entleiher tätig zu sein, soweit dieser durch einen Arbeitskampf unmittelbar betroffen ist. In den Fällen eines Arbeitskampfes hat der Verleiher den Leiharbeitnehmer auf das Recht, die Arbeitsleistung zu verweigern, hinzuweisen.

(6) Die Tätigkeit des Leiharbeitnehmers bei dem Entleiher unterliegt den für den Betrieb des Entleihers geltenden öffentlich-rechtlichen Vorschriften des Arbeitsschutzrechts; die hieraus sich ergebenden Pflichten für den Arbeitgeber obliegen dem Entleiher unbeschadet der Pflichten des Verleihers. Insbesondere hat der Entleiher den Leiharbeitnehmer vor Beginn der Beschäftigung und bei Veränderungen in seinem Arbeitsbereich über Gefahren für Sicherheit und Gesundheit, denen er bei der Arbeit ausgesetzt sein kann, sowie über die Maßnahmen und Einrichtungen zur Abwendung dieser Gefahren zu unterrichten. Der Entleiher hat den Leiharbeitnehmer zusätzlich über die Notwendigkeit besonderer Qualifikationen oder beruflicher Fähigkeiten oder einer besonderen ärztlichen Überwachung sowie über erhöhte besondere Gefahren des Arbeitsplatzes zu unterrichten.

(7) Hat der Leiharbeitnehmer während der Dauer der Tätigkeit bei dem Entleiher eine Erfindung oder einen technischen Verbesserungsvorschlag gemacht, so gilt der Entleiher als Arbeitgeber im Sinne des Gesetzes über Arbeitnehmererfindungen.

§ 12 AÜG - Rechtsbeziehungen zwischen Verleiher und Entleiher

(1) Der Vertrag zwischen dem Verleiher und dem Entleiher bedarf der Schriftform. Wenn der Vertrag und seine tatsächliche Durchführung einander widersprechen, ist für die rechtliche Einordnung des Vertrages die tatsächliche Durchführung maßgebend. In der Urkunde hat der Verleiher zu erklären, ob er die Erlaubnis nach § 1 besitzt. Der Entleiher hat in der Urkunde anzugeben, welche besonderen Merkmale die für den Leiharbeitnehmer vorgesehene

Tätigkeit hat und welche berufliche Qualifikation dafür erforderlich ist sowie welche im Betrieb des Entleihers für einen vergleichbaren Arbeitnehmer des Entleihers wesentlichen Arbeitsbedingungen einschließlich des Arbeitsentgelts gelten; Letzteres gilt nicht, soweit die Voraussetzungen der in § 8 Absatz 2 und 4 Satz 2 genannten Ausnahme vorliegen.

(2) Der Verleiher hat den Entleiher unverzüglich über den Zeitpunkt des Wegfalls der Erlaubnis zu unterrichten. In den Fällen der Nichtverlängerung (§ 2 Abs. 4 Satz 3), der Rücknahme (§ 4) oder des Widerrufs (§ 5) hat er ihn ferner auf das voraussichtliche Ende der Abwicklung (§ 2 Abs. 4 Satz 4) und die gesetzliche Abwicklungsfrist (§ 2 Abs. 4 Satz 4 letzter Halbsatz) hinzuweisen.

(3) (weggefallen)

§ 13 AÜG - Auskunftsanspruch des Leiharbeitnehmers

Der Leiharbeitnehmer kann im Falle der Überlassung von seinem Entleiher Auskunft über die im Betrieb des Entleihers für einen vergleichbaren Arbeitnehmer des Entleihers geltenden wesentlichen Arbeitsbedingungen einschließlich des Arbeitsentgelts verlangen; dies gilt nicht, soweit die Voraussetzungen der in § 8 Absatz 2 und 4 Satz 2 genannten Ausnahme vorliegen.

§ 13a AÜG - Informationspflicht des Entleihers über freie Arbeitsplätze

Der Entleiher hat den Leiharbeitnehmer über Arbeitsplätze des Entleihers, die besetzt werden sollen, zu informieren. Die Information kann durch allgemeine Bekanntgabe an geeigneter, dem Leiharbeitnehmer zugänglicher Stelle im Betrieb und Unternehmen des Entleihers erfolgen.

§ 13b AÜG - Zugang des Leiharbeitnehmers zu Gemeinschaftseinrichtungen oder -diensten

Der Entleiher hat dem Leiharbeitnehmer Zugang zu den Gemeinschaftseinrichtungen oder -diensten im Unternehmen unter den gleichen Bedingungen zu gewähren wie vergleichbaren Arbeitnehmern in dem Betrieb, in dem der Leiharbeitnehmer seine Arbeitsleistung erbringt, es sei denn, eine unterschiedliche Behandlung ist aus sachlichen Gründen gerechtfertigt. Gemeinschaftseinrichtungen oder -dienste im Sinne des Satzes 1 sind insbesondere Kinderbetreuungseinrichtungen, Gemeinschaftsverpflegung und Beförderungsmittel.

§ 14 AÜG - Mitwirkungs- und Mitbestimmungsrechte

(1) Leiharbeitnehmer bleiben auch während der Zeit ihrer Arbeitsleistung bei einem Entleiher Angehörige des entsendenden Betriebs des Verleihers.

(2) Leiharbeitnehmer sind bei der Wahl der Arbeitnehmervertreter in den Aufsichtsrat im Entleiherunternehmen und bei der Wahl der betriebsverfassungsrechtlichen Arbeitnehmervertretungen im Ent-

leiherbetrieb nicht wählbar. Sie sind berechtigt, die Sprechstunden dieser Arbeitnehmervertretungen aufzusuchen und an den Betriebs- und Jugendversammlungen im Entleiherbetrieb teilzunehmen. Die §§ 81, 82 Abs. 1 und die §§ 84 bis 86 des Betriebsverfassungsgesetzes gelten im Entleiherbetrieb auch in Bezug auf die dort tätigen Leiharbeitnehmer. Soweit Bestimmungen des Betriebsverfassungsgesetzes mit Ausnahme des § 112a, des Europäische Betriebsräte-Gesetzes oder der auf Grund der jeweiligen Gesetze erlassenen Wahlordnungen eine bestimmte Anzahl oder einen bestimmten Anteil von Arbeitnehmern voraussetzen, sind Leiharbeitnehmer auch im Entleiherbetrieb zu berücksichtigen. Soweit Bestimmungen des Mitbestimmungsgesetzes, des Montan-Mitbestimmungsgesetzes, des Mitbestimmungsergänzungsgesetzes, des Drittelbeteiligungsgesetzes, des Gesetzes über die Mitbestimmung der Arbeitnehmer bei einer grenzüberschreitenden Verschmelzung, des SE- und des SCE-Beteiligungsgesetzes oder der auf Grund der jeweiligen Gesetze erlassenen Wahlordnungen eine bestimmte Anzahl oder einen bestimmten Anteil von Arbeitnehmern voraussetzen, sind Leiharbeitnehmer auch im Entleiherunternehmen zu berücksichtigen. Soweit die Anwendung der in Satz 5 genannten Gesetze eine bestimmte Anzahl oder einen bestimmten Anteil von Arbeitnehmern erfordert, sind Leiharbeitnehmer im Entleiherunternehmen nur zu berücksichtigen, wenn die Einsatzdauer sechs Monate übersteigt.

(3) Vor der Übernahme eines Leiharbeitnehmers zur Arbeitsleistung ist der Betriebsrat des Entleiherbetriebs nach § 99 des Betriebsverfassungsgesetzes zu beteiligen. Dabei hat der Entleiher dem Betriebsrat auch die schriftliche Erklärung des Verleihers nach § 12 Abs.1 Satz 2 vorzulegen. Er ist ferner verpflichtet, Mitteilungen des Verleihers nach § 12 Abs.2 unverzüglich dem Betriebsrat bekanntzugeben.

(4) Die Absätze 1 und 2 Satz 1 und 2 sowie Absatz 3 gelten für die Anwendung des Bundespersonalvertretungsgesetzes sinngemäß.

§ 15 AÜG - Ausländische Leiharbeitnehmer ohne Genehmigung

(1) Wer als Verleiher einen Ausländer, der einen erforderlichen Aufenthaltstitel nach § 4 Abs.3 des Aufenthaltsgesetzes, eine Aufenthaltsgestattung oder eine Duldung, die zur Ausübung der Beschäftigung berechtigen, oder eine Genehmigung nach § 284 Abs.1 des Dritten Buches Sozialgesetzbuch nicht besitzt, entgegen § 1 einem Dritten ohne Erlaubnis überlässt, wird mit Freiheitsstrafe bis zu drei Jahren oder mit Geldstrafe bestraft.

(2) In besonders schweren Fällen ist die Strafe Freiheitsstrafe von sechs Monaten bis zu fünf Jahren. Ein besonders schwerer Fall liegt in der Regel vor, wenn der Täter gewerbsmäßig oder aus grobem Eigennutz handelt.

§ 15a AÜG - Entleih von Ausländern ohne Genehmigung

(1) Wer als Entleiher einen ihm überlassenen Ausländer, der einen erforderlichen Aufenthaltstitel nach § 4 Abs.3 des Aufenthaltsge-

setzes, eine Aufenthaltsgestattung oder eine Duldung, die zur Ausübung der Beschäftigung berechtigen, oder eine Genehmigung nach § 284 Abs.1 des Dritten Buches Sozialgesetzbuch nicht besitzt, zu Arbeitsbedingungen des Leiharbeitsverhältnisses tätig werden lässt, die in einem auffälligen Missverhältnis zu den Arbeitsbedingungen deutscher Leiharbeitnehmer stehen, die die gleiche oder eine vergleichbare Tätigkeit ausüben, wird mit Freiheitsstrafe bis zu drei Jahren oder mit Geldstrafe bestraft. In besonders schweren Fällen ist die Strafe Freiheitsstrafe von sechs Monaten bis zu fünf Jahren; ein besonders schwerer Fall liegt in der Regel vor, wenn der Täter gewerbsmäßig oder aus grobem Eigennutz handelt.

(2) Wer als Entleiher

1. gleichzeitig mehr als fünf Ausländer, die einen erforderlichen Aufenthaltstitel nach § 4 Abs.3 des Aufenthaltsgesetzes, eine Aufenthaltsgestattung oder eine Duldung, die zur Ausübung der Beschäftigung berechtigen, oder eine Genehmigung nach § 284 Abs.1 des Dritten Buches Sozialgesetzbuch nicht besitzen, tätig werden lässt oder

2. eine in § 16 Abs.1 Nr.2 bezeichnete vorsätzliche Zuwiderhandlung beharrlich wiederholt,

wird mit Freiheitsstrafe bis zu einem Jahr oder mit Geldstrafe bestraft. Handelt der Täter aus grobem Eigennutz, ist die Strafe Freiheitsstrafe bis zu drei Jahren oder Geldstrafe.

§ 16 AÜG - Ordnungswidrigkeiten

(1) Ordnungswidrig handelt, wer vorsätzlich oder fahrlässig

1. entgegen § 1 einen Leiharbeitnehmer einem Dritten ohne Erlaubnis überlässt,

1a. einen ihm von einem Verleiher ohne Erlaubnis überlassenen Leiharbeitnehmer tätig werden lässt,

1b. entgegen § 1 Absatz 1 Satz 3 einen Arbeitnehmer überlässt oder tätig werden lässt,

1c. entgegen § 1 Absatz 1 Satz 5 eine dort genannte Überlassung nicht, nicht richtig oder nicht rechtzeitig bezeichnet,

1d. entgegen § 1 Absatz 1 Satz 6 die Person nicht, nicht richtig oder nicht rechtzeitig konkretisiert,

1e. entgegen § 1 Absatz 1b Satz 1 einen Leiharbeitnehmer überlässt,

1f. entgegen § 1b Satz 1 Arbeitnehmer überlässt oder tätig werden lässt,

2. einen ihm überlassenen ausländischen Leiharbeitnehmer, der einen erforderlichen Aufenthaltstitel nach § 4 Abs.3 des Aufenthaltsgesetzes, eine Aufenthaltsgestattung oder eine Duldung, die zur Ausübung der Beschäftigung berechtigen,

oder eine Genehmigung nach § 284 Abs.1 des Dritten Buches Sozialgesetzbuch nicht besitzt, tätig werden lässt,

2a. eine Anzeige nach § 1a nicht richtig, nicht vollständig oder nicht rechtzeitig erstattet,

3. einer Auflage nach § 2 Abs.2 nicht, nicht vollständig oder nicht rechtzeitig nachkommt,

4. eine Anzeige nach § 7 Abs.1 nicht, nicht richtig, nicht vollständig oder nicht rechtzeitig erstattet,

5. eine Auskunft nach § 7 Abs.2 Satz 1 nicht, nicht richtig, nicht vollständig oder nicht rechtzeitig erteilt,

6. seiner Aufbewahrungspflicht nach § 7 Abs.2 Satz 4 nicht nachkommt,

6a. entgegen § 7 Abs. 3 Satz 2 eine dort genannte Maßnahme nicht duldet,

7. (weggefallen)

7a. entgegen § 8 Absatz 1 Satz 1 oder Absatz 2 Satz 2 oder 4 eine Arbeitsbedingung nicht gewährt,

7b. entgegen § 8 Absatz 5 in Verbindung mit einer Rechtsverordnung nach § 3a Absatz 2 Satz 1 das dort genannte Mindeststundenentgelt nicht oder nicht rechtzeitig zahlt,

8. einer Pflicht nach § 11 Abs. 1 oder Abs. 2 nicht nachkommt,

8a. entgegen § 11 Absatz 5 Satz 1 einen Leiharbeitnehmer tätig werden lässt,

9. entgegen § 13a Satz 1 den Leiharbeitnehmer nicht, nicht richtig oder nicht vollständig informiert,

10. entgegen § 13b Satz 1 Zugang nicht gewährt,

11. entgegen § 17a in Verbindung mit § 5 Absatz 1 Satz 1 des Schwarzarbeitsbekämpfungsgesetzes eine Prüfung nicht duldet oder bei dieser Prüfung nicht mitwirkt,

12. entgegen § 17a in Verbindung mit § 5 Absatz 1 Satz 2 des Schwarzarbeitsbekämpfungsgesetzes das Betreten eines Grundstücks oder Geschäftsraums nicht duldet,

13. entgegen § 17a in Verbindung mit § 5 Absatz 3 Satz 1 des Schwarzarbeitsbekämpfungsgesetzes Daten nicht, nicht richtig, nicht vollständig, nicht in der vorgeschriebenen Weise oder nicht rechtzeitig übermittelt,

14. entgegen § 17b Absatz 1 Satz 1 eine Anmeldung nicht, nicht richtig, nicht vollständig, nicht in der vorgeschriebenen Weise oder nicht rechtzeitig zuleitet,

15. entgegen § 17b Absatz 1 Satz 2 eine Änderungsmeldung nicht, nicht richtig, nicht vollständig, nicht in der vorgeschriebenen Weise oder nicht rechtzeitig macht,

16. entgegen § 17b Absatz 2 eine Versicherung nicht beifügt,

17. entgegen § 17c Absatz 1 eine Aufzeichnung nicht, nicht richtig, nicht vollständig oder nicht rechtzeitig erstellt oder nicht oder nicht mindestens zwei Jahre aufbewahrt oder

18 entgegen § 17c Absatz 2 eine Unterlage nicht, nicht richtig, nicht vollständig oder nicht in der vorgeschriebenen Weise bereithält.

(2) Die Ordnungswidrigkeit nach Absatz 1 Nummer 1 bis 1f, 6 und 11 bis 18 kann mit einer Geldbuße bis zu dreißigtausend Euro, die Ordnungswidrigkeit nach Absatz 1 Nummer 2, 7a, 7b und 8a mit einer Geldbuße bis zu fünfhunderttausend Euro, die Ordnungswidrigkeit nach Absatz 1 Nummer 2a, 3, 9 und 10 mit einer Geldbuße bis zu zweitausendfünfhundert Euro, die Ordnungswidrigkeit nach Absatz 1 Nummer 4, 5, 6a und 8 mit einer Geldbuße bis zu tausend Euro geahndet werden.

(3) Verwaltungsbehörden im Sinne des § 36 Absatz 1 Nummer 1 des Gesetzes über Ordnungswidrigkeiten sind in den Fällen des Absatzes 1 Nummer 1, 1a, 1c, 1d, 1f, 2, 2a und 7b sowie 11 bis 18 die Behörden der Zollverwaltung jeweils für ihren Geschäftsbereich, in den Fällen des Absatzes 1 Nummer 1b, 1e, 3 bis 7a sowie 8 bis 10 die Bundesagentur für Arbeit.

(4) §§ 66 des Zehnten Buches Sozialgesetzbuch gilt entsprechend.

(5) Die Geldbußen fließen in die Kasse der zuständigen Verwaltungsbehörde. Sie trägt abweichend von § 105 Abs.2 des Gesetzes über Ordnungswidrigkeiten die notwendigen Auslagen und ist auch ersatzpflichtig im Sinne des § 110 Abs.4 des Gesetzes über Ordnungswidrigkeiten.

§ 17 AÜG - Durchführung

(1) Die Bundesagentur für Arbeit führt dieses Gesetz nach fachlichen Weisungen des Bundesministeriums für Arbeit und Soziales durch. Verwaltungskosten werden nicht erstattet.

(2) Die Prüfung der Arbeitsbedingungen nach § 8 Absatz 5 obliegt zudem den Behörden der Zollverwaltung nach Maßgabe der §§ 17a bis 18a.

§ 17a AÜG - Befugnisse der Behörden der Zollverwaltung

Die §§ 2, 3 bis 6 und 14 bis 20, 22, 23 des Schwarzarbeitsbekämpfungsgesetzes sind entsprechend anzuwenden mit der Maßgabe, dass die dort genannten Behörden auch Einsicht in Arbeitsverträge, Niederschriften nach § 2 des Nachweisgesetzes und andere Geschäftsunterlagen nehmen können, die mittelbar oder unmittelbar Auskunft über die Einhaltung der Arbeitsbedingungen nach § 8 Absatz 5 geben.

§ 17b AÜG - Meldepflicht

(1) Überlässt ein Verleiher mit Sitz im Ausland einen Leiharbeitnehmer zur Arbeitsleistung einem Entleiher, hat der Entleiher, sofern eine Rechtsverordnung nach § 3a auf das Arbeitsverhältnis An-

wendung findet, vor Beginn jeder Überlassung der zuständigen Behörde der Zollverwaltung eine schriftliche Anmeldung in deutscher Sprache mit folgenden Angaben zuzuleiten:

1. Familienname, Vornamen und Geburtsdatum des überlassenen Leiharbeitnehmers,
2. Beginn und Dauer der Überlassung,
3. Ort der Beschäftigung,
4. Ort im Inland, an dem die nach § 17c erforderlichen Unterlagen bereitgehalten werden,
5. Familienname, Vornamen und Anschrift in Deutschland eines oder einer Zustellungsbevollmächtigten des Verleihers,
6. Branche, in die die Leiharbeitnehmer überlassen werden sollen, und
7. Familienname, Vornamen oder Firma sowie Anschrift des Verleihers.

Änderungen bezüglich dieser Angaben hat der Entleiher unverzüglich zu melden.

(2) Der Entleiher hat der Anmeldung eine Versicherung des Verleihers beizufügen, dass dieser seine Verpflichtungen nach § 8 Absatz 5 einhält.

(3) Das Bundesministerium der Finanzen kann durch Rechtsverordnung im Einvernehmen mit dem Bundesministerium für Arbeit und Soziales ohne Zustimmung des Bundesrates bestimmen,

1. dass, auf welche Weise und unter welchen technischen und organisatorischen Voraussetzungen eine Anmeldung, Änderungsmeldung und Versicherung abweichend von den Absätzen 1 und 2 elektronisch übermittelt werden kann,
2. unter welchen Voraussetzungen eine Änderungsmeldung ausnahmsweise entfallen kann und
3. wie das Meldeverfahren vereinfacht oder abgewandelt werden kann.

(4) Das Bundesministerium der Finanzen kann durch Rechtsverordnung ohne Zustimmung des Bundesrates die zuständige Behörde nach Absatz 1 Satz 1 bestimmen.

§ 17c AÜG - Erstellen und Bereithalten von Dokumenten

(1) Sofern eine Rechtsverordnung nach § 3a auf ein Arbeitsverhältnis Anwendung findet, ist der Entleiher verpflichtet, Beginn, Ende und Dauer der täglichen Arbeitszeit des Leiharbeitnehmers spätestens bis zum Ablauf des siebten auf den Tag der Arbeitsleistung folgenden Kalendertages aufzuzeichnen und diese Aufzeichnungen mindestens zwei Jahre beginnend ab dem für die Aufzeichnung maßgeblichen Zeitpunkt aufzubewahren.

(2) Jeder Verleiher ist verpflichtet, die für die Kontrolle der Einhaltung einer Rechtsverordnung nach § 3a erforderlichen Unterlagen im Inland für die gesamte Dauer der tatsächlichen Beschäftigung des Leiharbeitnehmers im Geltungsbereich dieses Gesetzes, insgesamt jedoch nicht länger als zwei Jahre, in deutscher Sprache bereitzuhalten. Auf Verlangen der Prüfbehörde sind die Unterlagen auch am Ort der Beschäftigung bereitzuhalten.

§ 18 AÜG - Zusammenarbeit mit anderen Behörden

(1) Zur Verfolgung und Ahndung der Ordnungswidrigkeiten nach § 16 arbeiten die Bundesagentur für Arbeit und die Behörden der Zollverwaltung insbesondere mit folgenden Behörden zusammen:

1. den Trägern der Krankenversicherung als Einzugsstellen für die Sozialversicherungsbeiträge,
2. den in § 71 des Aufenthaltsgesetzes genannten Behörden,
3. den Finanzbehörden,
4. den nach Landesrecht für die Verfolgung und Ahndung von Ordnungswidrigkeiten nach dem Schwarzarbeitsbekämpfungsgesetz zuständigen Behörden,
5. den Trägern der Unfallversicherung,
6. den für den Arbeitsschutz zuständigen Landesbehörden,
7. den Rentenversicherungsträgern,
8. den Trägern der Sozialhilfe.

(2) Ergeben sich für die Bundesagentur für Arbeit oder die Behörden der Zollverwaltung bei der Durchführung dieses Gesetzes im Einzelfall konkrete Anhaltspunkte für

1. Verstöße gegen das Schwarzarbeitsbekämpfungsgesetz,
2. eine Beschäftigung oder Tätigkeit von Ausländern ohne erforderlichen Aufenthaltstitel nach § 4 Abs. 3 des Aufenthaltsgesetzes, eine Aufenthaltsgestattung oder eine Duldung, die zur Ausübung der Beschäftigung berechtigen, oder eine Genehmigung nach § 284 Abs. 1 des Dritten Buches Sozialgesetzbuch,
3. Verstöße gegen die Mitwirkungspflicht nach § 60 Abs. 1 Satz 1 Nr. 2 des Ersten Buches Sozialgesetzbuch gegenüber einer Dienststelle der Bundesagentur für Arbeit, einem Träger der gesetzlichen Kranken-, Pflege-, Unfall- oder Rentenversicherung oder einem Träger der Sozialhilfe oder gegen die Meldepflicht nach § 8a des Asylbewerberleistungsgesetzes,
4. Verstöße gegen die Vorschriften des Vierten und Siebten Buches Sozialgesetzbuch über die Verpflichtung zur Zahlung von Sozialversicherungsbeiträgen, soweit sie im Zusammen-

hang mit den in den Nummern 1 bis 3 genannten Verstößen sowie mit Arbeitnehmerüberlassung entgegen § 1 stehen,

5. Verstöße gegen die Steuergesetze,

6. Verstöße gegen das Aufenthaltsgesetz,

unterrichten sie die für die Verfolgung und Ahndung zuständigen Behörden, die Träger der Sozialhilfe sowie die Behörden nach § 71 des Aufenthaltsgesetzes.

(3) In Strafsachen, die Straftaten nach den §§ 15 und 15a zum Gegenstand haben, sind der Bundesagentur für Arbeit und den Behörden der Zollverwaltung zur Verfolgung von Ordnungswidrigkeiten

1. bei Einleitung des Strafverfahrens die Personendaten des Beschuldigten, der Straftatbestand, die Tatzeit und der Tatort,

2. im Falle der Erhebung der öffentlichen Klage die das Verfahren abschließende Entscheidung mit Begründung

zu übermitteln. Ist mit der in Nummer 2 genannten Entscheidung ein Rechtsmittel verworfen worden oder wird darin auf die angefochtene Entscheidung Bezug genommen, so ist auch die angefochtene Entscheidung zu übermitteln. Die Übermittlung veranlasst die Strafvollstreckungs- oder die Strafverfolgungsbehörde. Eine Verwendung

1. der Daten der Arbeitnehmer für Maßnahmen zu ihren Gunsten,

2. der Daten des Arbeitgebers zur Besetzung seiner offenen Arbeitsplätze, die im Zusammenhang mit dem Strafverfahren bekanntgeworden sind,

3. der in den Nummern 1 und 2 genannten Daten für Entscheidungen über die Einstellung oder Rückforderung von Leistungen der Bundesagentur für Arbeit

ist zulässig.

(4) (weggefallen)

(5) Die Behörden der Zollverwaltung unterrichten die zuständigen örtlichen Landesfinanzbehörden über den Inhalt von Meldungen nach § 17b.

(6) Die Behörden der Zollverwaltung und die übrigen in § 2 des Schwarzarbeitsbekämpfungsgesetzes genannten Behörden dürfen nach Maßgabe der jeweils einschlägigen datenschutzrechtlichen Bestimmungen auch mit Behörden anderer Vertragsstaaten des Abkommens über den Europäischen Wirtschaftsraum zusammenarbeiten, die dem § 17 Absatz 2 entsprechende Aufgaben durchführen oder für die Bekämpfung illegaler Beschäftigung zuständig sind oder Auskünfte geben können, ob ein Arbeitgeber seine Verpflichtungen nach § 8 Absatz 5 erfüllt. Die Regelungen über die internationale Rechtshilfe in Strafsachen bleiben hiervon unberührt.

§ 19 AÜG - Übergangsvorschrift

(1) § 8 Absatz 3 findet keine Anwendung auf Leiharbeitsverhältnisse, die vor dem 15. Dezember 2010 begründet worden sind.

(2) Überlassungszeiten vor dem 1. April 2017 werden bei der Berechnung der Überlassungshöchstdauer nach § 1 Absatz 1b und der Berechnung der Überlassungszeiten nach § 8 Absatz 4 Satz 1 nicht berücksichtigt.

§ 20 AÜG - Evaluation

Die Anwendung dieses Gesetzes ist im Jahr 2020 zu evaluieren.

Einkommensteuergesetz (EStG)

Stand: 27.7.2017

§ 42d EStG - Haftung des Arbeitgebers und Haftung bei Arbeitnehmerüberlassung

(1) Der Arbeitgeber haftet

1. für die Lohnsteuer, die er einzubehalten und abzuführen hat,

2. für die Lohnsteuer, die er beim Lohnsteuer-Jahresausgleich zu Unrecht erstattet hat,

3. für die Einkommensteuer (Lohnsteuer), die auf Grund fehlerhafter Angaben im Lohnkonto oder in der Lohnsteuerbescheinigung verkürzt wird.

4. für die Lohnsteuer, die in den Fällen des § 38 Absatz 3a der Dritte zu übernehmen hat.

(2 - 5) nicht relevant

(6) Soweit einem Dritten (Entleiher) Arbeitnehmer im Sinne des § 1 Absatz 1 Satz 1 des Arbeitnehmerüberlassungsgesetzes in der Fassung der Bekanntmachung vom 3. Februar 1995 (BGBl. I S. 158), das zuletzt durch Artikel 26 des Gesetzes vom 20. Dezember 2011 (BGBl. I S. 2854) geändert worden ist, zur Arbeitsleistung überlassen werden, haftet er mit Ausnahme der Fälle, in denen eine Arbeitnehmerüberlassung nach § 1 Absatz 3 des Arbeitnehmerüberlassungsgesetzes vorliegt, neben dem Arbeitgeber. Der Entleiher haftet nicht, wenn der Überlassung eine Erlaubnis nach § 1 des Arbeitnehmerüberlassungsgesetzes in der jeweils geltenden Fassung zugrunde liegt und soweit er nachweist, dass er den nach § 51 Absatz 1 Nummer 2 Buchstabe d vorgesehenen Mitwirkungspflichten nachgekommen ist. Der Entleiher haftet ferner nicht, wenn er über das Vorliegen einer Arbeitnehmerüberlassung ohne Verschulden irrte. Die Haftung beschränkt sich auf die Lohnsteuer für die Zeit, für die ihm der Arbeitnehmer überlassen worden ist. Soweit die Haftung des Entleihers reicht, sind der

Arbeitgeber, der Entleiher und der Arbeitnehmer Gesamtschuldner. Der Entleiher darf auf Zahlung nur in Anspruch genommen werden, soweit die Vollstreckung in das inländische bewegliche Vermögen des Arbeitgebers fehlgeschlagen ist oder keinen Erfolg verspricht; § 219 Satz 2 der Abgabenordnung ist entsprechend anzuwenden. Ist durch die Umstände der Arbeitnehmerüberlassung die Lohnsteuer schwer zu ermitteln, so ist die Haftungsschuld mit 15 Prozent des zwischen Verleiher und Entleiher vereinbarten Entgelts ohne Umsatzsteuer anzunehmen, solange der Entleiher nicht glaubhaft macht, dass die Lohnsteuer, für die er haftet, niedriger ist. Die Absätze 1 bis 5 sind entsprechend anzuwenden. Die Zuständigkeit des Finanzamts richtet sich nach dem Ort der Betriebsstätte des Verleihers.

(7) Soweit der Entleiher Arbeitgeber ist, haftet der Verleiher wie ein Entleiher nach Absatz 6.

(8) Das Finanzamt kann hinsichtlich der Lohnsteuer der Leiharbeitnehmer anordnen, dass der Entleiher einen bestimmten Teil des mit dem Verleiher vereinbarten Entgelts einzubehalten und abzuführen hat, wenn dies zur Sicherung des Steueranspruchs notwendig ist; Absatz 6 Satz 4 ist anzuwenden. Der Verwaltungsakt kann auch mündlich erlassen werden. Die Höhe des einzubehaltenden und abzuführenden Teils des Entgelts bedarf keiner Begründung, wenn der in Absatz 6 Satz 7 genannte Prozentsatz nicht überschritten wird.

(9) Der Arbeitgeber haftet auch dann, wenn ein Dritter nach § 38 Absatz 3a dessen Pflichten trägt. In diesen Fällen haftet der Dritte neben dem Arbeitgeber. Soweit die Haftung des Dritten reicht, sind der Arbeitgeber, der Dritte und der Arbeitnehmer Gesamtschuldner. Absatz 3 Satz 2 bis 4 ist anzuwenden; Absatz 4 gilt auch für die Inanspruchnahme des Dritten. Im Fall des § 38 Absatz 3a Satz 2 beschränkt sich die Haftung des Dritten auf die Lohnsteuer, die für die Zeit zu erheben ist, für die er sich gegenüber dem Arbeitgeber zur Vornahme des Lohnsteuerabzugs verpflichtet hat; der maßgebende Zeitraum endet nicht, bevor der Dritte seinem Betriebsstättenfinanzamt die Beendigung seiner Verpflichtung gegenüber dem Arbeitgeber angezeigt hat. In den Fällen des § 38 Absatz 3a Satz 7 ist als Haftungsschuld der Betrag zu ermitteln, um den die Lohnsteuer, die für den gesamten Arbeitslohn des Lohnzahlungszeitraums zu berechnen und einzubehalten ist, die insgesamt tatsächlich einbehaltene Lohnsteuer übersteigt. Betrifft die Haftungsschuld mehrere Arbeitgeber, so ist sie bei fehlerhafter Lohnsteuerberechnung nach dem Verhältnis der Arbeitslöhne und für nachträglich zu erfassende Arbeitslohnbeträge nach dem Verhältnis dieser Beträge auf die Arbeitgeber aufzuteilen. In den Fällen des § 38 Absatz 3a ist das Betriebsstättenfinanzamt des Dritten für die Geltendmachung der Steuer- oder Haftungsschuld zuständig.

§ 48 EStG - Steuerabzug

(1) Erbringt jemand im Inland eine Bauleistung (Leistender) an einen Unternehmer im Sinne des § 2 des Umsatzsteuergesetzes oder an

eine juristische Person des öffentlichen Rechts (Leistungsempfänger), ist der Leistungsempfänger verpflichtet, von der Gegenleistung einen Steuerabzug in Höhe von 15 vom Hundert für Rechnung des Leistenden vorzunehmen. Vermietet der Leistungsempfänger Wohnungen, so ist Satz 1 nicht anzuwenden, wenn er nicht mehr als zwei Wohnungen vermietet. Bauleistungen sind alle Leistungen, die der Herstellung, Instandsetzung, Instandhaltung, Änderung oder Beseitigung von Bauwerken dienen. Als Leistender gilt auch derjenige, der über eine Leistung abrechnet, ohne sie erbracht zu haben.

(2) Der Steuerabzug muss nicht vorgenommen werden, wenn der Leistende dem Leistungsempfänger eine im Zeitpunkt der Gegenleistung gültige Freistellungsbescheinigung nach § 48b Abs.1 Satz 1 vorlegt oder die Gegenleistung im laufenden Kalenderjahr den folgenden Betrag voraussichtlich nicht übersteigen wird:

1. 15.000 EURO, wenn der Leistungsempfänger ausschließlich steuerfreie Umsätze nach § 4 Nr.12 Satz 1 des Umsatzsteuergesetzes ausführt,

2. 5.000 EURO in den übrigen Fällen.

Für die Ermittlung des Betrages sind die für denselben Leistungsempfänger erbrachten und voraussichtlich zu erbringenden Bauleistungen zusammenzurechnen.

(3) Gegenleistung im Sinne des Absatzes 1 ist das Entgelt zuzüglich Umsatzsteuer.

(4) Wenn der Leistungsempfänger den Steuerabzugsbetrag angemeldet und abgeführt hat,

1. ist § 160 Abs.1 Satz 1 der Abgabenordnung nicht anzuwenden,

2. sind § 42d Abs.6 und 8 und § 50a Abs.7 nicht anzuwenden.

§ 48a Abs.3 EStG - Verfahren

(1) Der Leistungsempfänger hat bis zum zehnten Tag nach Ablauf des Monats, in dem die Gegenleistung im Sinne des § 48 erbracht wird, eine Anmeldung nach amtlich vorgeschriebenem Vordruck abzugeben, in der er den Steuerabzug für den Anmeldungszeitraum selbst zu berechnen hat. ²Der Abzugsbetrag ist am zehnten Tag nach Ablauf des Anmeldungszeitraums fällig und an das für den Leistenden zuständige Finanzamt für Rechnung des Leistenden abzuführen. ³Die Anmeldung des Abzugsbetrags steht einer Steueranmeldung gleich.

(2) Der Leistungsempfänger hat mit dem Leistenden unter Angabe

1. des Namens und der Anschrift des Leistenden,

2. des Rechnungsbetrags, des Rechnungsdatums und des Zahlungstags,

3. der Höhe des Steuerabzugs und

4. des Finanzamts, bei dem der Abzugsbetrag angemeldet worden ist,

über den Steuerabzug abzurechnen.

(3) Der Leistungsempfänger haftet für einen nicht oder zu niedrig abgeführten Abzugsbetrag. Der Leistungsempfänger haftet nicht, wenn ihm im Zeitpunkt der Gegenleistung eine Freistellungsbescheinigung (§ 48b) vorgelegen hat, auf deren Rechtmäßigkeit er vertrauen konnte. Er darf insbesondere dann nicht auf eine Freistellungsbescheinigung vertrauen, wenn diese durch unlautere Mittel oder durch falsche Angaben erwirkt wurde und ihm dies bekannt oder infolge grober Fahrlässigkeit nicht bekannt war. Den Haftungsbescheid erlässt das für den Leistenden zuständige Finanzamt.

(4) § 50b gilt entsprechend.

Sozialgesetzbuch III, IV und VII (SGB)

Stand: 27.7.2017

§ 284 SGB III - Arbeitsgenehmigung-EU für Staatsangehörige der neuen EU-Mitgliedstaaten

(1) Soweit nach Maßgabe des Beitrittsvertrages eines Mitgliedstaates zur Europäischen Union abweichende Regelungen als Übergangsregelungen von der Arbeitnehmerfreizügigkeit anzuwenden sind, dürfen Staatsangehörige dieses Mitgliedstaates und ihre freizügigkeitsberechtigten Familienangehörigen eine Beschäftigung nur mit Genehmigung der Bundesagentur ausüben sowie von Arbeitgebern nur beschäftigt werden, wenn sie eine solche Genehmigung besitzen.

(2) Die Genehmigung wird befristet als Arbeitserlaubnis-EU erteilt, wenn nicht Anspruch auf eine unbefristete Erteilung als Arbeitsberechtigung-EU besteht. Die Genehmigung ist vor Aufnahme der Beschäftigung einzuholen.

(3) Die Arbeitserlaubnis-EU kann nach Maßgabe des § 39 Abs. 2 bis 4 des Aufenthaltsgesetzes erteilt werden.

(4) Unionsbürgerinnen und Unionsbürger nach Absatz 1 und ihre freizügigkeitsberechtigten Familienangehörigen, die ihren Wohnsitz oder gewöhnlichen Aufenthalt im Ausland haben und eine Beschäftigung im Bundesgebiet aufnehmen wollen, darf eine Arbeitserlaubnis-EU nur erteilt werden, wenn dies durch zwischenstaatliche Vereinbarung bestimmt oder aufgrund einer Rechtsverordnung zulässig ist. Für die Beschäftigungen, die durch Rechtsverordnung zugelassen werden, ist Staatsangehörigen aus den Mitgliedstaaten der Europäischen Union nach Absatz 1 gegenüber Staatsangehörigen aus Dritt-

staaten vorrangig eine Arbeitserlaubnis-EU zu erteilen, soweit dies der EU-Beitrittsvertrag vorsieht.

(5) Die Erteilung der Arbeitsberechtigung-EU bestimmt sich nach der aufgrund des § 288 erlassenen Rechtsverordnung.

(6) Das Aufenthaltsgesetz und die aufgrund des § 42 des Aufenthaltsgesetzes erlassenen Rechtsverordnungen gelten entsprechend, soweit nicht eine aufgrund des § 288 erlassene Rechtsverordnung günstigere Regelungen enthält. Bei Anwendung der Vorschriften steht die Arbeitsgenehmigung-EU der Zustimmung zu einem Aufenthaltstitel nach § 4 Abs. 3 des Aufenthaltsgesetzes gleich.

(7) Ein Aufenthaltstitel zur Ausübung einer Beschäftigung, der vor dem Tag, an dem der Beitrittsvertrag eines Mitgliedstaates zur Europäischen Union, der Übergangsregelungen hinsichtlich der Arbeitnehmerfreizügigkeit vorsieht, für die Bundesrepublik Deutschland in Kraft getreten ist, erteilt wurde, gilt als Arbeitserlaubnis-EU fort. Beschränkungen des Aufenthaltstitels hinsichtlich der Ausübung der Beschäftigung bleiben als Beschränkungen der Arbeitserlaubnis-EU bestehen. Ein vor diesem Zeitpunkt erteilter Aufenthaltstitel, der zur unbeschränkten Ausübung einer Beschäftigung berechtigt, gilt als Arbeitsberechtigung-EU fort.

§ 28e SGB IV - Zahlungspflicht, Vorschuss

Stand: 27.7.2017

(1) Den Gesamtsozialversicherungsbeitrag hat der Arbeitgeber und in den Fällen der nach § 7f Absatz 1 Satz 1 Nummer 2 auf die Deutsche Rentenversicherung Bund übertragenen Wertguthaben die Deutsche Rentenversicherung Bund zu zahlen. Die Zahlung des vom Beschäftigten zu tragenden Teils des Gesamtsozialversicherungsbeitrags gilt als aus dem Vermögen des Beschäftigten erbracht. Ist ein Träger der Kranken- oder Rentenversicherung oder die Bundesagentur für Arbeit der Arbeitgeber, gilt der jeweils für diesen Leistungsträger oder, wenn eine Krankenkasse der Arbeitgeber ist, auch der für die Pflegekasse bestimmte Anteil am Gesamtsozialversicherungsbeitrag als gezahlt; dies gilt für die Beiträge zur Rentenversicherung auch im Verhältnis der Träger der Rentenversicherung untereinander.

(2) Für die Erfüllung der Zahlungspflicht des Arbeitgebers haftet bei einem wirksamen Vertrag der Entleiher wie ein selbstschuldnerischer Bürge, soweit ihm Arbeitnehmer gegen Vergütung zur Arbeitsleistung überlassen worden sind. Er kann die Zahlung verweigern, solange die Einzugsstelle den Arbeitgeber nicht gemahnt hat und die Mahnfrist nicht abgelaufen ist. Zahlt der Verleiher das vereinbarte Arbeitsentgelt oder Teile des Arbeitsentgelts an den Leiharbeitnehmer, obwohl der Vertrag nach § 9 Absatz 1 Nummer 1 bis 1b des Arbeitnehmerüberlassungsgesetzes unwirksam ist, so hat er auch den hierauf entfallenden Gesamtsozialversicherungsbeitrag an die Einzugsstelle zu zahlen. Hinsichtlich der Zahlungspflicht nach Satz 3 gilt der Verleiher neben dem Entleiher als Arbeitgeber; beide haften insoweit als Gesamtschuldner.

(2a) Für die Erfüllung der Zahlungspflicht, die sich für den Arbeitgeber knappschaftlicher Arbeiten im Sinne von § 134 Absatz 4 des Sechsten Buches ergibt, haftet der Arbeitgeber des Bergwerkbetriebes, mit dem die Arbeiten räumlich und betrieblich zusammenhängen, wie ein selbstschuldnerischer Bürge. Der Arbeitgeber des Bergwerkbetriebes kann die Befriedigung verweigern, solange die Einzugsstelle den Arbeitgeber der knappschaftlichen Arbeiten nicht gemahnt hat und die Mahnfrist nicht abgelaufen ist.

(3) Für die Erfüllung der Zahlungspflicht des Arbeitgebers von Seeleuten nach § 13 Absatz 1 Satz 2 haften Arbeitgeber und Reeder als Gesamtschuldner.

(3a) Ein Unternehmer des Baugewerbes, der einen anderen Unternehmer mit der Erbringung von Bauleistungen im Sinne des § 101 Absatz 2 des Dritten Buches beauftragt, haftet für die Erfüllung der Zahlungspflicht dieses Unternehmers oder eines von diesem Unternehmer beauftragten Verleihers wie ein selbstschuldnerischer Bürge. Satz 1 gilt entsprechend für die vom Nachunternehmer gegenüber ausländischen Sozialversicherungsträgern abzuführenden Beiträge. Absatz 2 Satz 2 gilt entsprechend.

(3b) Die Haftung nach Absatz 3a entfällt, wenn der Unternehmer nachweist, dass er ohne eigenes Verschulden davon ausgehen konnte, dass der Nachunternehmer oder ein von ihm beauftragter Verleiher seine Zahlungspflicht erfüllt. Ein Verschulden des Unternehmers ist ausgeschlossen, soweit und solange er Fachkunde, Zuverlässigkeit und Leistungsfähigkeit des Nachunternehmers oder des von diesem beauftragten Verleihers durch eine Präqualifikation nachweist, die die Eignungsvoraussetzungen nach § 8 der Vergabe- und Vertragsordnung für Bauleistungen Teil A in der Fassung der Bekanntmachung vom 20. März 2006 (BAnz. Nr. 94a vom 18. Mai 2006) erfüllt.

(3c) Ein Unternehmer, der Bauleistungen im Auftrag eines anderen Unternehmers erbringt, ist verpflichtet, auf Verlangen der Einzugsstelle Firma und Anschrift dieses Unternehmers mitzuteilen. Kann der Auskunftsanspruch nach Satz 1 nicht durchgesetzt werden, hat ein Unternehmer, der einen Gesamtauftrag für die Erbringung von Bauleistungen für ein Bauwerk erhält, der Einzugsstelle auf Verlangen Firma und Anschrift aller Unternehmer, die von ihm mit der Erbringung von Bauleistungen beauftragt wurden, zu benennen.

(3d) Absatz 3a gilt ab einem geschätzten Gesamtwert aller für ein Bauwerk in Auftrag gegebenen Bauleistungen von 275 000 Euro. Für die Schätzung gilt § 3 der Vergabeverordnung vom 9. Januar 2001 (BGBl. I S. 110), die zuletzt durch Artikel 3 Absatz 1 des Gesetzes vom 16. Mai 2001 (BGBl. I S. 876) geändert worden ist.

(3e) Die Haftung des Unternehmers nach Absatz 3a erstreckt sich in Abweichung von der dort getroffenen Regelung auf das von dem Nachunternehmer beauftragte nächste Unternehmen, wenn die Beauftragung des unmittelbaren Nachunternehmers bei verständiger Würdigung der Gesamtumstände als ein Rechtsgeschäft anzusehen ist, dessen Ziel vor allem die Auflösung der Haftung nach

Absatz 3a ist. Maßgeblich für die Würdigung ist die Verkehrsanschauung im Baubereich. Ein Rechtsgeschäft im Sinne dieser Vorschrift, das als Umgehungstatbestand anzusehen ist, ist in der Regel anzunehmen,

a) wenn der unmittelbare Nachunternehmer weder selbst eigene Bauleistungen noch planerische oder kaufmännische Leistungen erbringt oder

b) wenn der unmittelbare Nachunternehmer weder technisches noch planerisches oder kaufmännisches Fachpersonal in nennenswertem Umfang beschäftigt oder

c) wenn der unmittelbare Nachunternehmer in einem gesellschaftsrechtlichen Abhängigkeitsverhältnis zum Hauptunternehmer steht.

Besonderer Prüfung bedürfen die Umstände des Einzelfalles vor allem in den Fällen, in denen der unmittelbare Nachunternehmer seinen handelsrechtlichen Sitz außerhalb des Europäischen Wirtschaftsraums hat.

(3f) Der Unternehmer kann den Nachweis nach Absatz 3b Satz 2 anstelle der Präqualifikation auch durch Vorlage einer Unbedenklichkeitsbescheinigung der zuständigen Einzugsstelle für den Nachunternehmer oder den von diesem beauftragten Verleiher erbringen. Die Unbedenklichkeitsbescheinigung enthält Angaben über die ordnungsgemäße Zahlung der Sozialversicherungsbeiträge und die Zahl der gemeldeten Beschäftigten. Die Bundesregierung berichtet unter Beteiligung des Normenkontrollrates über die Wirksamkeit und Reichweite der Generalunternehmerhaftung für Sozialversicherungsbeiträge im Baugewerbe, insbesondere über die Haftungsfreistellung nach Satz 1 und nach Absatz 3b, den gesetzgebenden Körperschaften im Jahr 2012.

(4) Die Haftung umfasst die Beiträge und Säumniszuschläge, die infolge der Pflichtverletzung zu zahlen sind, sowie die Zinsen für gestundete Beiträge (Beitragsansprüche).

(5) Die Satzung der Einzugsstelle kann bestimmen, unter welchen Voraussetzungen vom Arbeitgeber Vorschüsse auf den Gesamtsozialversicherungsbeitrag verlangt werden können.

§ 150 SGB VII - Beitragspflichtige

Stand: 27.7.2017

(1) Beitragspflichtig sind die Unternehmer, für deren Unternehmen Versicherte tätig sind oder zu denen Versicherte in einer besonderen, die Versicherung begründenden Beziehung stehen. Die nach § 2 versicherten Unternehmer sowie die nach § 3 Abs.1 Nr.1 und § 6 Abs.1 Versicherten sind selbst beitragspflichtig. Für Versicherte nach § 6 Absatz 1 Satz 2 ist die jeweilige Organisation oder der jeweilige Verband beitragspflichtig. Entsprechendes gilt in den Fällen des § 6 Absatz 1 Satz 3.

(2) Neben den Unternehmern sind beitragspflichtig

1. die Auftraggeber, soweit sie Zwischenmeistern und Hausgewerbetreibenden zur Zahlung von Entgelt verpflichtet sind,

2. die Reeder, soweit beim Betrieb von Seeschiffen andere Unternehmer sind oder auf Seeschiffen durch andere ein Unternehmen betrieben wird.

Die in Satz 1 Nr.1 und 2 Genannten sowie die in § 130 Abs.2 Satz 1 und Abs.3 genannten Bevollmächtigten haften mit den Unternehmern als Gesamtschuldner.

(3) Für die Beitragshaftung bei der Arbeitnehmerüberlassung gilt § 28e Abs.2 und 4 des Vierten Buches und für die Beitragshaftung bei der Ausführung eines Dienst- oder Werkvertrages im Baugewerbe gelten § 28e Absatz 3a bis 3f sowie § 116a des Vierten Buches entsprechend. Der Nachunternehmer oder der von diesem beauftragte Verleiher hat für den Nachweis nach § 28e Absatz 3f des Vierten Buches eine qualifizierte Unbedenklichkeitsbescheinigung des zuständigen Unfallversicherungsträgers vorzulegen; diese enthält insbesondere Angaben über die bei dem Unfallversicherungsträger eingetragenen Unternehmensteile und diesen zugehörigen Lohnsummen des Nachunternehmers oder des von diesem beauftragten Verleihers sowie die ordnungsgemäße Zahlung der Beiträge.

(4) Bei einem Wechsel der Person des Unternehmers sind der bisherige Unternehmer und sein Nachfolger bis zum Ablauf des Kalenderjahres, in dem der Wechsel angezeigt wurde, zur Zahlung der Beiträge und damit zusammenhängender Leistungen als Gesamtschuldner verpflichtet. Beitragspflichtig sind die Unternehmer, für deren Unternehmen Versicherte tätig sind oder zu denen Versicherte in einer besonderen, die Versicherung begründenden Beziehung stehen. Die nach § 2 versicherten Unternehmer sowie die nach § 3 Abs.1 Nr.1 und § 6 Abs.1 Versicherten sind selbst beitragspflichtig.

Umsatzsteuergesetz (UStG),

Stand 27.7.2017

§ 13b UStG - Leistungsempfänger als Steuerschuldner

(1) ....

(2) Für folgende steuerpflichtige Umsätze entsteht die Steuer mit Ausstellung der Rechnung, spätestens jedoch mit Ablauf des der Ausführung der Leistung folgenden Kalendermonats:

1. Werklieferungen und nicht unter Absatz 1 fallende sonstige Leistungen eines im Ausland ansässigen Unternehmers;

2. Lieferungen sicherungsübereigneter Gegenstände durch den Sicherungsgeber an den Sicherungsnehmer außerhalb des Insolvenzverfahrens;

3. Umsätze, die unter das Grunderwerbsteuergesetz fallen;

4. Bauleistungen, einschließlich Werklieferungen und sonstige Leistungen, die der Herstellung, Instandsetzung, Instandhaltung, Änderung oder Beseitigung von Bauwerken dienen, mit Ausnahme von Planungs- und Überwachungsleistungen. Als Grundstücke gelten insbesondere auch Sachen, Ausstattungsgegenstände und Maschinen, die auf Dauer in einem Gebäude oder Bauwerk installiert sind und die nicht bewegt werden können, ohne das Gebäude oder Bauwerk zu zerstören oder zu verändern. Nummer 1 bleibt unberührt;

5. ....

§ 25d UStG - Haftung für die schuldhaft nicht abgeführte Steuer

(1) Der Unternehmer haftet für die Steuer aus einem vorangegangenen Umsatz, soweit diese in einer nach § 14 ausgestellten Rechnung ausgewiesen wurde, der Aussteller der Rechnung entsprechend seiner vorgefassten Absicht die ausgewiesene Steuer nicht entrichtet oder sich vorsätzlich außer Stande gesetzt hat, die ausgewiesene Steuer zu entrichten und der Unternehmer bei Abschluss des Vertrags über seinen Eingangsumsatz davon Kenntnis hatte oder nach der Sorgfalt eines ordentlichen Kaufmanns hätte haben müssen. Trifft dies auf mehrere Unternehmer zu, so haften diese als Gesamtschuldner.

(2) Von der Kenntnis oder dem Kennenmüssen ist insbesondere auszugehen, wenn der Unternehmer für seinen Umsatz einen Preis in Rechnung stellt, der zum Zeitpunkt des Umsatzes unter dem marktüblichen Preis liegt. Dasselbe gilt, wenn der ihm in Rechnung gestellte Preis unter dem marktüblichen Preis oder unter dem Preis liegt, der seinem Lieferanten oder anderen Lieferanten, die am Erwerb der Ware beteiligt waren, in Rechnung gestellt wurde. Weist der Unternehmer nach, dass die Preisgestaltung betriebswirtschaftlich begründet ist, finden die Sätze 1 und 2 keine Anwendung.

(3) Örtlich zuständig für den Erlass des Haftungsbescheides ist das Finanzamt, das für die Besteuerung des Unternehmers zuständig ist. Im Falle des Absatzes 1 Satz 2 ist jedes Finanzamt örtlich zuständig, bei dem der Vorsteueranspruch geltend gemacht wird.

(4) Das zuständige Finanzamt hat zu prüfen, ob die Voraussetzungen für den Erlass des Haftungsbescheides vorliegen. Bis zum Abschluss dieser Prüfung kann die Erteilung der Zustimmung im Sinne von § 168 Satz 2 der Abgabenordnung versagt werden. Satz 2 gilt entsprechend für die Festsetzung nach § 167 Abs. 1 Satz 1 der Abgabenordnung, wenn sie zu einer Erstattung führt.

(5) Für den Erlass des Haftungsbescheides gelten die allgemeinen Grundsätze, mit Ausnahme des § 219 der Abgabenordnung.

Landesbauordnung Nordrhein-Westfalen (LBauO NRW),

Stand: 27.7.2017

§ 26 LBauO NRW – Übereinstimmungserklärung des Herstellers

(1) Der Hersteller darf eine Übereinstimmungserklärung nur abgeben, wenn er durch werkseigene Produktionskontrolle sichergestellt hat, dass das von ihm hergestellte Bauprodukt den maßgebenden technischen Regeln, der allgemeinen bauaufsichtlichen Zulassung, dem allgemeinen bauaufsichtlichen Prüfzeugnis oder der Zustimmung im Einzelfall entspricht.

(2) In den technischen Regeln nach § 20 Abs. 2, in der Bauregelliste A, in den allgemeinen bauaufsichtlichen Zulassungen, in den allgemeinen bauaufsichtlichen Prüfzeugnissen oder in den Zustimmungen im Einzelfall kann eine Prüfung der Bauprodukte durch eine Prüfstelle vor Abgabe der Übereinstimmungserklärung vorgeschrieben werden, wenn dies zur Sicherung einer ordnungsgemäßen Herstellung erforderlich ist. In diesen Fällen hat die Prüfstelle das Bauprodukt daraufhin zu überprüfen, ob es den maßgebenden technischen Regeln, der allgemeinen bauaufsichtlichen Zulassung, dem allgemeinen bauaufsichtlichen Prüfzeugnis oder der Zustimmung im Einzelfall entspricht.

Autoren und Serviceleistungen

Karl-Heinz Güntzer

ist seit 1984 Rechtsanwalt und seit 1987 Syndikus des Deutschen Stahlbau-Verbandes e. V., Düsseldorf, arbeitet im Deutschen Verdingungs-Ausschuss (DVA) mit und berät Architekten, Ingenieurbüros und Stahlbaufirmen und Werften bei der Abwicklung ihrer Aufträge.

Hahnenstraße 32, 50259 Pulheim
T: +49 (02238) 478943, F: +49 (02238) 478944
E: ra-guentzer@netcologne.de

Dr. Peter Hammacher

ist seit 1986 Rechtsanwalt. Er war 20 Jahre lang Leiter von Rechtsabteilungen in national und international tätigen Konzernen in den Branchen Anlagenbau, Stahlbau, Brückenbau, Kraftwerksbau, Gebäudetechnik, Energieversorgung. Er ist jetzt vor allem als Rechtsanwalt, Mediator, Schlichter und Schiedsrichter tätig.

Hangäckerhöfe 7, 69126 Heidelberg
T: +49 (06221) 3379015, F: +49 (03212) 1144539
E: ra@drhammacher.de

www.drhammacher.de

Markus Lamberty, LL.M.

ist Rechtsanwalt, Fachanwalt für Arbeitsrecht und Syndikus des Verbandes baugewerblicher Unternehmer Hessen e.V., Frankfurt am Main, Lehrbeauftragter für Bauvertragsrecht an der Technischen Hochschule Mittelhessen (THM) und berät mittelständische Unternehmen des Bauhaupt- und -nebengewerbes im Arbeits-, Werk- und Bauvertragsrecht.

Altenhöferallee 129, 60438 Frankfurt am Main
T: +49 (069) 95016525, F: +49 (069) 95016524
E: kanzlei@rechtsanwalt-lamberty.de

www.rechtsanwalt-lamberty.de

Seminare

Zum Thema „Auftragsabwicklung" bieten die Autoren auch Seminare, Inhouse-Schulungen und Vorträge an.

Im Rahmen von Zwei-Tages-Seminaren kann der wesentliche Inhalt aller Kapitel dieses Handbuches referiert werden. Im Rahmen von Ein-Tages-Seminaren können die Schwerpunkte bei der Auftragsabwicklung vermittelt werden.

In Firmen-Seminaren können nach vorheriger Abstimmung die spezifischen Schwerpunkte des Unternehmens auch unter Berücksichtigung aktueller Fälle diskutiert und vermittelt werden. Bei Interesse nehmen Sie bitte Kontakt mit den Referenten oder mit GHC-Verlag und Seminare auf www.ghc-verlag.de .

Bestellungen

GHC-Verlag und Seminare
Hangäckerhöfe 7
69126 Heidelberg

Per E-Mail: mail@ghc-verlag.de
Per Fax: 032-12-11-31-634

Bestellung   Auftragsnummer ....

Wir bestellen hiermit

.... Exemplare   Güntzer/Hammacher, **Handbuch der Auftragsabwicklung**, 5. Auflage 2018 zum Preis von EUR 125,- inkl. MWSt. zzgl. Versand, ISBN 978-3-00-056989-0

.... Exemplare   **Download Mustertexte** aus Güntzer/Hammacher, Handbuch der Auftragsabwicklung, 5. Auflage 2018 ohne Buch zum Preis von EUR 65,45 inkl. MWSt.

.... Exemplare   Güntzer/Hammacher, **Hörbuch der Auftragsabwicklung,** 2008, Das Hörbuch zum Handbuch mit 4 CD freier Vortrag zu den Themen des Handbuchs (ca. 5 Std.) in stabiler Multibox EUR 27,90 inkl. MWSt, zzgl. Versand, ISBN 978-3-00-023976-2

.... Exemplare   Hammacher, **Prüf- und Hinweispflichten**, 2. Auflage 2016 zum Preis von EUR 64,00,- inkl. MWSt. zzgl. Versand, ISBN 978-3-410-26364-7

.... Exemplare   Güntzer/Hammacher/Steinmann, **Kommentar zu ATV DIN 18335 „Stahlbauarbeiten"**, 1. Auflage 2016 zum Preis von EUR 54,00,- inkl. MWSt. zzgl. Versand, ISBN 978-3-410-25592-5

.... Exemplare   Hammacher/Erzigkeit/Sage, **So funktioniert Mediation in Planen+Bauen**, 3. Aufl./ 2014, EUR 29,99 inkl. MwSt zzgl. Versand ISBN 978-3-658-05107-5

Firma: ....
Bevollmächtigter: ....
Adresse   ....
Telefon-Nummer   ....
E-Mail   ....

☐   Wir sind an Fortbildungsveranstaltungen für unsere Mitarbeiter interessiert. Bitte rufen Sie uns an.

Mit freundlichen Grüßen

Stichwortverzeichnis

Ablehnung Gewährleistung 212
Abnahme 210, 215, 272, 313
Abnahmeverweigerung 213
Abordnung 377
Abrechnung gekündigter Vertrag 270
Abschlagszahlung 274
Absonderung 323
Abtretungsverbot 299
Adjudikation 417
AGB 55, 247, 264, 279, 310, 316, 319, 320, 322
Akkreditiv 307
Allgemeine Technische Vertragsbedingungen (ATV) 99
Allgemeinverbindlichkeit 383
anerkannten Regeln der Technik 174
Anerkennungspraktika 395
Anfechtung 35, 310
Angebotsannahme 28
angemessen 280
Annahmeverzug 168, 171
Anscheinsvollmacht 50
Anzeige 221
Anzeigepflichtige Arbeitnehmerüberlassung 378
Arbeitnehmer 394
Arbeitnehmereigenschaft 394
Arbeitnehmerentsendegesetz 366, 393
Arbeitnehmerüberlassung 376, 382
Arbeitnehmerüberlassungsgesetz 366
Arbeitnehmerüberlassungsvertrag 41, 382
Arbeitsausfall 379
Arbeitsgemeinschaft 4, 47
 Gesamtschuld 364
Arbeitskampf 381, 382
Arbeitslosenversicherung 391
Arbeitszeit 396, 397
Arbeitszeitgesetz 397
Arbeitszeitguthaben 396
Arbeitszeitkonto 396
Architekt 51

Architektenvertrag und Ingenieurvertrag 39
ARGE 284, 334, 377, 388
Aufmaß 259, 262
Aufmass 264, 265
Aufrechnung 309, 319
Auftraggeberhaftung 398
Auftragslücke 379
Auftragsmangel 379
Aufzeichnungspflicht 396, 397
Aufzeichnungspflichten 396, 402
Ausfallrisiko-Versicherung 308
Aushandeln 61
Auslegung 56, 87
Aussonderung 295
Bauforderungssicherungsgesetz 370
Baugefährdung 373
Baugenehmigung 226
Baugewährleistungsversicherung 343
Bauleistungen 383, 391
Bauleistungsversicherung 237
Baustellenprotokoll 33
Bauträgergesellschaften 391
Bauvertrag 38
Bedienpersonal 386
Bedingung 28
Beendigung des Vertrages 270
Behinderung 120, 203, 205, 225
Beistellung 237
Berufsausbildung 395
Berufsausbildungsvorbereitung 395
Berufsgenossenschaft 392
Beschaffenheitsvereinbarung 94
Betrieb des Baugewerbes 383
Betriebsausstattung 390
Betriebshaftpflicht 336
Beweis des ersten Anscheins 234
Beweislast 173, 256
 Umkehr 173
Bezeichnungspflicht 382
BGB-Gesellschaft 285
BIEGE 285
BIM Building Information Modeling 46
BOT-Projekte 46

Stichwortverzeichnis

Bürgschaft 314, 320
  Anzahlung 315
  Bieter 315
  Erfüllung 315
  erstes Anfordern 303
  erstes Anfordern 318
  Gewährleistung 316
  selbstschuldnerisch 318
  Verjährung 319
Bußgeldhaftung 406
CISG 23
Civil Law 23
Common Law 24
Dach-ARGE 285
Delkredere 308
Detail-Pauschalvertrag 132
Deutsche Institution für
  Schiedsgerichtsbarkeit 419
Dienstvertrag 41, 386
DIN 18800-7 253
Direktionsrecht 383
Direktzahlung 323
Dispositionsfreiheit 384
Dokumentation 140, 406
Dokumentationspflichten 394
Druckzuschlag 167
Duldungsvollmacht 50
Durchstellen von
  Kundenverträgen 55, 92
Durchstellung des Hauptvertrages 91
Ehegatten 397
Eigentumsübergang 281, 313
Eigentumsvorbehalt
  verlängerter 297
Einbehalt 263, 320, 321
einfacher Eigentumsvorbehalt 295
Eingliederung 384, 389
Einigungsmangel 26, 27
Einsatzbetrieb 376
Einsatzmonat 380
Einstiegsqualifizierung 395
Einstweilige Verfügung 419
Einzelunternehmer 389
E-Mail 30, 32
Enthaftungsbescheinigung 405
Entleiher 376
Equal-Pay 381
Equal-Treatment 381
Erfüllungsgehilfen 356
Erlaubnis 377

Erpressung 209
erstes Anfordern 318
Europäische Union 23
Experten-Schlichtung 417
Fachfirma 110, 179
Fahrlässigkeit 156, 173
Fälligkeitszinsen 281
Festpreis 131
FIDIC 4, 58
Finanzkontrolle Schwarzarbeit 397
Forderungsabtretung 299
freibleibend 80
Freistellung 388
Freistellungsbescheinigungen 405
Freistellungsvereinbarung 406
Frühwarnsystem 405
funktionalen
  Leistungbeschreibung 133
Funktionalitätsvereinbarung 96
Garantie 206, 322, 362
Garantiert-Maximaler-Preis 42
Gebrauchsüberlassung 387
Gefährdungsdelikt 373
Gefahrübergang 206, 213, 235, 313
Generalübernehmer 391
Generalunternehmer 391
gensschadenshaftpflichtversicherung 343
Gerichtsvollzieher 306
Gesamtgeschäftsführung 47
Gesamtmetall 405
Gesamtschuld 364, 365
Gesamtsozialversicherungsbeitrag 391
Geschäftsführer 394
Geschäftsführung ohne Auftrag 136
Geschäftsgrundlage 44, 92, 123
Geschäftsräume 390
Gesellschaft bürgerlichen Rechts 285, 390, 394
Gewerbeanmeldung 405
Gläubigerverzug 213, 266
Gleichbehandlungsgrundsatz 381
Gleitklausel 34
Globalisierung 4
Global-Pauschalvertrag 133
Gutschriftverfahren 264
Haftung
  Gesamtschuld 364

875

gesetzliche Mithaftung	345, 365	Lebenspartner	397
Kausalität	348	Leiharbeitnehmer	376
subsidiäre	366	Leistungsbeschreibung	91
Verschulden	346	Leistungsstörungen	143
Haftungsübernahme	361	Leistungsverweigerung	303
Haltbarkeitsgarantie	185	Leistungsverweigerungsrecht	382
Handelsregisterauszug	405	Letter of Intent	34
Handlungsbevollmächtigter	49	Los-ARGE	285
Hauptunternehmer	398	Mangel	157
Hauptunternehmerhaftung	400	Mängelbeseitigung	164
Herstellererklärung	254	Maschinenrichtlinie	159
Hinterlegung	296, 322	Materialbeschaffung	390
Höchstüberlassungsdauer	379	Mediation	289, 410
Inbetriebnahme	240	Mehrwertsteuer	264
Incoterms	23	Meldepflicht	397
Insolvenz	327	Meldepflichten	396
Restabwicklungsvereinbarung	329	Metall- und Elektroindustrie	378
		Metallbauinnung	405
Rücktritt und Kündigung	330	Minderung	172
Wahlreicht InsoVerwalter	327	Mindestlohn	393, 402
Insolvenzverwalter	406	Mindestlohndokumentationspflichtenverordnung	397
vorläufiger	327	Mindestlohngesetz	393
Insolvenzverwalter vorläufiger	295	Minijobber	396
Internationale Handelskammer	419	Mithaftungstatbestände	365
		Mitverschulden	244, 365
Internationales Privatrecht	24	Montageleistungen	400
Investitionsgüterindustrie	404	Montageversicherung	341
Joint Venture	284	Nachunternehmerkette	391, 403
Kalkulationsirrtum	35	Nachunternehmervertrag	4
Kaufmann, HGB	249	Nebenleistungen / Besondere Leistungen	101
Kaufrecht	402		
Kaufvertrag	37	Nettoentgelt	399
Kinder	397	Nettolohnanspruch	399
Kollegenhilfe	378	Nettolohndifferenz	399
Kollisionsrechts	24	Neulieferung	164
Konfliktbearbeitung	408	nichtig	25
Konfliktmanagement	421	Nullpositionen	272
konkludentes Handeln	31, 240	Obliegenheit	202
Konkretisierung	382	offene Risikozuweisung	134
Konsortium	284	öffentliche Äußerung	94
Kontrollrechte	397	Option	34
Kontrollrechten	406	ORGALIME	59
Konzernbürgschaft	317	Organhaftung	356
Konzernunternehmen	378	Organisationsverschulden	196
Konzernverrechnungsklausel	311	Orientierungspraktika	395
Kooperation	118	Partnering/Alliancing	44
Kooperationsgebot	200	Personalführungsgesellschaften	378
Koordination	211		
Kündigung	35	Personalgestellung	387, 388
Kurzarbeit	378	Pflichtpraktika	394

Stichwortverzeichnis

Pflichtverletzung	171
PPP-Verträge	46
Praktikant	395
Präqualifikation	392, 405
Privatgutachten	413
Produkthaftung	355
Produktionskontrolle	253
Produzentenhaftung	353, 354
Prokurist	48
Prozesskostenrisiko	408
Prozesskostenrisikos	408
Prüf- und Hinweispflicht	139
Prüfbarkeit der Rechnung	261
Prüfingenieur	228
Prüfingenieur /-statiker	51
Qualitätsprüfung	254
Qualitätssicherung	140
Rahmenvertrag	31, 43, 56
Rechtsschein	50
Regeln der Technik	159
Regeln von Wissenschaft und Technik	100
Regiearbeiten	268
Restabwicklungsvereinbarungen	329
Rom I-Verordnung	59
Rom-I Verordnung	24
Rom-II Verordnung	24
Rücktritt	35, 170, 305
Rückzahlungspflicht	395
Rügepflicht	249
salvatorische Klausel	63
Säumniszuschläge	391
Schadenminderungspflicht	222
Schadensberechnung	363
Schadensersatz	173
Schadensersatz statt Leistung	174
Scheingesellschaft	390
Scheinselbstständigkeit	389
Schein-Werkvertrag	384, 389
Schiedsgutachter	415
Schiedsverfahren	419
Schlichtung	289, 416
Schlußzahlung Vermerk	278
Schlusszahlung	278
Schriftform	29, 33, 64, 222, 382
schuldhaft	173
Schuldhaftes Handeln	350
Schuldnerverzug	154
Schweigen	31
selbständige Beweisverfahren	414
Selbständiges Beweisverfahren	413
Selbstkostenerstattungsvertrag	43
Seminare	863
Service-Level	161
Sicherheit	202
Sicherheiten	292
Sicherheitsleistungen	406
Sicherungshypothek	300
Skonto	279
Solo-Selbständige	389
Sonderzahlungen	381
Sowieso"-Kosten	349
Sozialversicherungsabgaben	389
Stahlbauunternehmen	405
Stammarbeitnehmer	381
Stammarbeitsverhältnis	377, 388
Stammbetrieb	376, 388
Streikbrecher	381
Stundenlohnarbeiten	257, 268
Stundenlohnvertrag	43
supranationales Recht	23
Systemprüfung	254
Teilzeitbeschäftigung	394
Telefax	32
Textform	29
Transparenzgebot	57, 279, 316
Treu und Glauben	25, 35, 244
Überlassungshöchstdauer	380
Überstunden	395
übliche Vergütung	120
Umsatzrückgang	379
Umsatzsteueranteil	389
Unbedenklichkeitsbescheinigung	393
Unbedenklichkeitsbescheinigungen	406
Unfallverhütungsvorschriften	159
Unfallversicherung	392
Unfallversicherungsbeitrag	392
Unfallversicherungsbeiträge	393
Unfallversicherungsträger	393
UNIDROIT	90
Unionsrecht	23
Unmöglichkeit	201
Unterbrechung	221
Unterbrechungszeiten	380
Unternehmerbegriff	401
Unternehmerpfandrecht	300
Unternehmerrisiko	390

UN-Übereinkommen über die Anerkennung und Vollstreckung ausländischer Schiedssprüche 25
unverzüglich 221
Urkalkulation 117
Urlaubskassenbeitrag 403
Urlaubskassenverfahren 404
Verantwortungsbeziehung 398
Verbot der Arbeitnehmerüberlassung 383
Verbraucherbauvertrag 39
Verbrauchsgüter - Kaufvertrag 38
Verbrauchsgüterkauf 191
Vergütungsrisiko 382
Verhandlungsprotokoll 33
Verhinderung Nacherfüllung 212
Verjährung
   Arglist 195
   Bürgschaft 319
   Organisationsverschulden 196
   Schadensersatz 282
   Vergütung 281
   Verkürzungsmöglichkeiten 191
Verleiher 376
Verleiherlaubnis 377
Vermögensverschlechterung 305
Verschleißteil 160
Versicherung 332

versteckte Mängel 232
Vertragsstrafe 406
Vertreter ohne Vertretungsmacht 51
Vertretung 47
Verzug 168, 279
Verzugszinsen 280
VOB/B als „Ganzes" 58
Vorauszahlung 277
Vorratsüberlassungserlaubnis 382
Vorstand 394
Vorvertrag 34
Weisungsbefugnis 394
Weisungsrecht 384, 389, 394
Weiterverleih 382
Werkerfolg 389
Werklieferungsvertrag 40, 304
Werklieferverträge 401
Werkvertrag 38, 384
Zahlungsbedingungen 293
Zahlungsbürgschaft 304
Zahlungsplan 259, 260
Zivilprozess 420
Zoll 397
Zug-um-Zug 270, 293, 296, 316
Zulagen 381
Zurückbehaltungsrecht 167, 306, 314, 319
Zuschläge 381

Bau und Immobilien

Zöller · Boldt

Baurechtliche und -technische Themensammlung – Heft 8:

Anerkannte Regeln der Technik

Inhalts eines unbestimmten Rechtsbegriffs

Baujuristen und Sachverständige müssen in den beiden großen Themenbereichen Baurecht und Bautechnik umfassend informiert sein, da beide Fachbereiche stark aufeinander angewiesen sind. Baumängel können häufig nur dann abschließend bewertet werden, wenn Juristen und Techniker ihr Fachwissen eng miteinander verknüpfen. Die baurechtliche und -technische Themensammlung bringt die jeweiligen Sichtweisen zusammen, indem gewerke- bzw. bauteilbezogen jeweils anhand vieler Beispiele heutige Kernprobleme des Bauens verständlich erläutert werden. Dazu werden zunächst häufig vorkommende und typische Fragen aufgeworfen, um anhand von Beispielen die wesentlichen technischen Grundlagen darzustellen, die jeweils rechtlich kommentiert werden.

ISBN 978-3-8462-0783-3

2017, 100 Seiten, 14,8 x 21,0 cm, Buch (Softcover), 34,80 €

AUTORENINFO

Herausgegeben und bearbeitet von Prof. Dipl.-Ing. Matthias Zöller und Prof. Dr. Antje Boldt.

IHRE VORTEILE

Verzahnung von baurechtlichen und bautechnischen Aspekten

Hoher Praxisbezug durch zahlreiche Beispiele

Flexibler Bezug der Hefte einzeln oder als Fortsetzungsreihe möglich

AUS DEM INHALT

- Die öffentlich-rechtlichen wie auch die privatrechtlichen Anforderungen und Erwartungen an Bauwerke steigen stetig. Die Änderungen der Bautechnik gehen heute erheblich schneller als früher vonstatten, als sich Bauweisen und -produkte noch über einen längeren Zeitraum bewähren mussten und auch konnten.

- Das Heft 8 behandelt den sich hieraus ergebenden Konflikt: Einerseits soll neu und leistungsfähig gebaut werden, andererseits sollen sich die Bauweisen bereits über längere Zeit praktisch bewährt haben. Diese widersprüchlichen Erwartungen werden an Beispielen aus verschiedenen Bereichen des Bauens verdeutlicht. Hinzu kommt, dass nicht nur die Berufsgruppen, sondern sogar jeder Einzelne etwas anderes unter dem Begriff der a.R.d.T versteht. DIN-Normen und andere Regeln sind nicht von vorneherein mit anerkannten Regeln der Technik gleichzusetzen, wie dies häufig leider geschieht. Einerseits gibt es nicht für alle Fragen des Bauens solche Regeln, andererseits kann aufgrund der nicht mehr überschaubaren Zunahme von Regelwerken des DIN, der Fachverbände sowie der herstellenden Industrie nicht mehr von vornherein vorausgesetzt werden, dass eine Regel auch bekannt ist – eines der wesentlichen Elemente, damit sich eine Regel als anerkannte Regel der Technik etablieren kann.

- Dabei war und bleibt der Begriff der a.R.d.T. als Platzhalter für richtiges Bauen dort notwendig, wo Inhalte nicht umfassend und detailliert beschrieben werden können. Die Autoren diskutieren diese Bedeutung der a.R.d.T.

Weitere Titel und Bestellmöglichkeiten finden Sie unter:
www.betrifft-bau.de/Themensammlung

Jetzt versandkostenfrei (deutschlandweit) bestellen:

shop.bundesanzeiger-verlag.de/0783-3

Telefonisch: 0221/ 9 76 68-306 · Fax: 0221/ 9 76 68-236 in jeder Fachbuchhandlung

DSTV Mitgliedschaft
Seien Sie Mitglied in einem großen Netzwerk

Der Deutsche Stahlbau-Verband, als mittelständische Interessenvertretung, verknüpft den Stahlbau, die Stahlhersteller, die Wirtschaft und die Wissenschaft miteinander.

Durch die Bündelung unserer Aktivitäten mit bauforumstahl haben wir eine einzigartige Sonderstellung in der Verbandslandschaft und können unseren Mitgliedern mit unserem Team aus professionellen Ingenieuren, Architekten und Planern Beratung entlang der gesamten Prozesskette anbieten. Unsere Mitglieder erhalten bei uns Informationen über das Normenwesen, das wirtschaftliche Planen und Bauen mit Stahl.

Netzwerk Stahl

Wir organisieren den Deutschen Stahlbautag und den Fachtag Brückenbau wie auch den Gemeinschaftsstand bauforumstahl auf der Messe BAU.

Dank unserer engen Zusammenarbeit mit Wissenschaft, Wirtschaft und Handel haben wir ein Netzwerk aus namhaften Referenten aufgebaut, das wir gerne mit Ihnen teilen.

Als Mitglied genießen Sie exklusive Vorteile und Preisnachlässe für unsere Kongresse und Seminare. In unserer beliebten Reihe iforum bieten wir umfangreiche Seminare und Fortbildungen in den großen Bereichen – Industriebau, Bemessung, Fertigung und Recht - an.

Richtlinien und Arbeitshilfen

Ein wesentliches Ziel unserer Arbeit ist die Bündelung von Fachwissen. Unsere Arbeitshilfen und Richtlinien bieten praxisnahe Unterstützung und richtungsweisende Anregungen, damit Sie als Mitglied immer aktuell, umfassend und kompetent agieren können.

 Mit dem DSTV-Gütesiegel werden Mitgliedsunternehmen mit hohen Qualitäts- und Sicherheitsstandards und regelmäßiger Weiterbildung ausgezeichnet.

Gemeinsam die Zukunft gestalten

In einer Vielzahl von uns organisierten und betreuten Ausschüssen können unsere Mitglieder aktiv die Entwicklung des Deutschen Stahlbaus und die zukünftige Normung mitgestalten.

Über 290 aktuelle DIN-Normen und Richtlinien in den Bereichen - Fertigung, Montage, Bemessung und Ausschreibung sowie Glas und Fassade - können unsere Mitglieder in einem Jahresabonnement zu einem attraktiven Vorzugspreis auf der Plattform Stahlbau-Normen Online abrufen und ausdrucken.

Mitglied im

Design trifft Funktion im Industrie- und Gewerbebau

Unser Herz schlägt für optisch ansprechenden Industrie- und Gewerbebau in Fertigbauweise.

Wir bieten Ihnen von der Konstruktion, Fertigung und Montage bis zu schlüsselfertigen Leistungen die komplette Leistungspalette aus einer Hand.

Auch bei anspruchsvollsten Architektur-Projekten wählen Sie zwischen:

- individuell abgestimmten Stahlbaulösungen als Einzelgewerk
- Stahlbau in Verbindung mit weiteren Komponenten als geschlossene Hülle
- oder auf Wunsch den schlüsselfertigen Komplettbau.

Alle Infos unter www.ibb-boennigheim.de

Solide Tragwerke aus Stahl für Industrie-, Gewerbe- und Verwaltungsbau

Industriebau Bönnigheim GmbH + Co. KG
Industriestraße 18 · 74357 Bönnigheim
Telefon 07143 274-0 · Telefax 07143 274-290
info@ibb-boennigheim.de
www.ibb-boennigheim.de

VERNETZT UND SYSTEMATISCH DENKEN

UNSERE STUDIENGÄNGE IM BEREICH BAU
- Projektmanagement Bau, M. Eng.
- Immobilien und Facility Management, B. Eng.
- Architektur, B.A.
- Architektur, M.A.

WAS UNS AUSMACHT
- Interdisziplinäre praxisnahe Arbeitsweise
- Studieninhalte zu aktuellen Themen
- Studium und Beruf kombinierbar
- Hervorragende Karrierevorbereitung

School of Engineering and Architecture
Telefon +49 (0) 6221 88-3005 | soea@hochschule-heidelberg.de

WWW.HOCHSCHULE-HEIDELBERG.DE

Als Vollsortiment-Lagerhalter für unsere Kernkompetenz in Flanschen, Bogen und Formstücken in unterschiedlichsten Materialgüten, von einfachen Kohlenstoffstählen, über Edelstähle bis hin zu hochkomplexen Sonderlegierungen, können wir jederzeit mit einem hohen Maß an Effizienz und Flexibilität auf die individuellen Bedürfnisse unserer Kunden eingehen. Darüber hinaus agieren wir als Lösungs- und Systemanbieter, lagern und liefern neben den Rohrverbindungsteilen und weiteren Rohrleitungskomponenten, auch das gewünschte Rohr.

Als Teil der weltweit operierenden GRUPO CUÑADO unterstützen wir Sie gern als Komplettanbieter entsprechend Ihrer individuellen Anforderungen bei der Realisierung Ihrer Projekte. Unsere Kunden sind u.a. in der Prozess- und chemischen Industrie, dem Rohrleitungsbau, dem Maschinen- und Anlagenbau, dem Komponenten- und Apparatebau sowie der Energiewirtschaft und der Sanitär- und Klimatechnik zu Hause.

Eine langfristige und optimale Versorgung für ihre Projekte und Produktionsprozesse garantieren wir durch unsere intelligenten und kundenspezifischen Materialmanagementsysteme, u.a. durch KANBAN-Lieferkonzepte, JiT und Konsignationslager.

Partnerschaftliche Logistikkonzepte und auf unsere Kunden zugeschnittene IT-Lösungen haben für uns einen sehr hohen Stellenwert - von uns dürfen Sie mehr erwarten als Service von der Stange.

www.flaboform.com